마 태 복 음

바이블 코어 성경 주석 강해 시리즈

BIBLE CORE SERIES

MATTHEW

Yu Dong Keun (Ph.D)

Korean Edition

420-867 | 123, Buil-ro, Wonmi Gu, Bucheon City, Gyeonggi Do, Korea

마태복음

MATTHEW

유동근

IMC

서 문

주님께 감사드립니다.

이 책은 2000년 10월, 우리의 사역이 역촌동에서 시작될 때부터 매주일 전한 말씀을 녹취하여 편집한 것입니다. 우리는 이 말씀을 통해 우리의 구주이시며 왕이신 예수 그리스도에 대해 영원히 지울 수 없는 깊은 감상을 갖게 되었습니다.

특히 이번 개정된 서적은 5년 후 서울에서 목회하면서 저의 고등학교 동창 부부들(대전고 49회)의 성경공부가 시작되어 초판의 말씀을 기초로 하여 다시 한 번 상고한 것입니다. 그러므로 그 내용이 초판과 많이 다른 것이 있고 사랑하는 친구들과 함께 공부하며 나누기 위하여 세세하게 다시 수정한 부분들이 많이 있습니다.

1장에서부터 마지막 장까지 말씀을 추구하며 공부한 저희들은 너무나 놀라운 은혜를 얻었지만 전하고 기록한 사람의 부족함으로 말미암아 여러모로 설명이나 강해가 미흡한 부분도 있겠으나 주님의 영광과 존귀하심과 보혈이 우리의 입술의 표현의 부족함을 다 덮어주시기 바랍니다. 그저 그분의 거룩하신 말씀, 성경의 본문 말씀만이 더욱 빛이 나기를 바라고, 독자들의 마음속에 선명히 남기를 바랄 뿐입니다. 그분의 인격의 놀라우심과 아름다우심을 어찌 사람의 말로 온전히 표현할 수 있으리요! 그분께 영원토록 찬양과 경배를 드립니다.

2002년 5월 1일 초판
2006년 6월 재판
2012년 12월 12일

저자 유동근

차례

서 문 | 4

마태복음 1장 7
마태복음 2장 20
마태복음 3장 27
마태복음 4장 49
마태복음 5장 75
마태복음 6장 103
마태복음 7장 123
마태복음 8장 145
마태복음 9장 162
마태복음 10장 175
마태복음 11장 197
마태복음 12장 219
마태복음 13장 252
마태복음 14장 291
마태복음 15장 309
마태복음 16장 334
마태복음 17장 360
마태복음 18장 385
마태복음 19장 411
마태복음 20장 437
마태복음 21장 454
마태복음 22장 484
마태복음 23장 515
마태복음 24장 549
마태복음 25장 591
마태복음 26장 647
마태복음 27장 701
마태복음 28장 760

마태복음 강해

1 장

다윗의 아들이요 아브라함의 아들이신 그리스도

1절, 아브라함과 다윗의 자손 예수 그리스도의 세계라
6절, 이새는 다윗 왕을 낳으니라
11-12절, 바벨론으로 이거할 때에 요시야는 여고냐와 그의 형제를 낳으니라 바벨론으로 이거한 후에 여고냐는 스알디엘을 낳고 스알디엘은 스룹바벨을 낳고
16-17절, 야곱은 마리아의 남편 요셉을 낳았으니 마리아에게서 그리스도라 칭하는 예수가 나시니라 그런즉 모든 대 수가 아브라함부터 다윗까지 열네 대요 다윗부터 바벨론으로 이거할 때까지 열네 대요 바벨론으로 이거한 후부터 그리스도까지 열네 대더라

"아브라함과 다윗의 자손 예수 그리스도의 세계라". '세계(世系)'라고 함은 족보책(a record of genealogy)이라는 뜻이다. 즉 예수 그리스도의 족보인 것이다. 성경은 한 분 예수를 말하는 책이다. 어떤 사람은 성경을 읽고 연구하는데 예수의 인격을 빼놓고 많은 교리와 지식과 사상을 논하는 것을 본다. 그것은 실수이다. 마태복음을 시작하면서 우리는 예수 한분에 집중하기로하자! 그분이 우리의 구원이요 소망이요 모든 것이기 때문이다. 그분에게는 죄 많은 인생의 모든 해결책이 있다. 예수 그리스도를 말하면서 예수 그리스도는 아브라함의 자손이고 다윗의 자손이라고 말한다. 그러나 원문에서는 먼저 다윗의 자손이라고 말한다. "다윗의 자손이요 아브라함의 자손이신 예수 그리스도의 족보 책이라"고 번역되어야 맞다. 마태복음은 왕국복음이기 때문에 왕이 있어야 하는데 예수 그리스도가 곧 왕이시다. 그분이 왕이라는 것을 증명하려면 먼저 왕족으로 출생했는지를 보아야 한다. 구약 성경에 수차 예언된 대로 그리스도는 다윗의 자손으로 오실 것이기 때문에 그 족보를 통해서 그리스도가 분명 왕이시라는 것이 증명되는 것이다. 그래서 먼저 다윗의 자손이심을 기록한 것이다. 원문에는 '다윗의 아들 (Son of David)'

이라고 되어 있다. 예수는 다윗의 아들이시고 또한 아브라함의 아들이시다.

예수 그리스도의 족보를 말할 때 특기할 만한 조상 두 사람이 있는데, 하나는 아브라함이고 또 하나는 다윗이다. 구약의 족보는 아담부터 기록되어 있지만 신약에 올 때 그 족보는 믿음의 조상 아브라함부터 시작된다. 하나님은 아담을 창조하셨지만 아담의 타락으로 인하여 창조된 족속을 포기하시고 아브라함을 불러내시어 선택된 백성, 믿음의 백성의 조상이 되게 하였다. 그런데 그리스도는 믿음의 조상 아브라함의 아들일 뿐 아니라 특히 다윗의 아들이시다. 이는 그분이 왕이시기 때문이다. 다윗에게는 많은 아들이 있었지만 대표적인 아들은 그 위(位)를 이어서 왕이 된 솔로몬이다. 그리고 아브라함의 아들은(물론 이스마엘과 후처에게서 난 아들들이 있었지만) 이삭이다.

예수 그리스도는 어떠한 분이신가? 구약에서 지혜의 말을 하고 성전을 건축한 솔로몬과 같은 분이시다. 그리고 아버지의 사랑을 받고 모든 유업을 물려받고 또한 모리아 산에서 제물로 드려지고 부활로 다시 받은바 되고 같은 족속의 여인 리브가를 아내로 맞이한 이삭과 같은 분이시다. 솔로몬과 이삭의 이 둘의 특이한 면들은 예수 그리스도의 어떠하심을 예표하고 있다. 그러므로 1절에서 예수 그리스도가 다윗의 자손이시고 아브라함의 자손이라고 말한 것은 그분에 대하여 매우 특징짓는 말이다.

인류 역사의 의미이신 그리스도

또 한 가지, 모든 인류의 역사는 다 그리스도를 향하여 있다는 것이다. 어떤 사람들은 'history(역사)'라는 단어가 그리스도의 이야기(His story)라는 뜻이라고 한다. 아브라함에게서 많은 자손들이 태어나고 다윗에게서 많은 자손들이 태어났는데 결국 누구를 출생시키기 위한 것이었는가? 예수 그리스도라는 것이다. 예수 그리스도가 없으면 그 많은 족보의 역사가 하나도 의미가 없는 것이다. 한 대 한 대가 지나면서 그리스도가 태어나는데 초점이 맞추어져 있는 것이다. 과연 몇 대에 가서 그리스도가 태어날 것인가?

여기서 우리는 사십 이(42)대의 낳는 역사를 다 설명할 수는 없다. 구약의 열왕기의 역사가 결국은 그리스도를 출생시키는 역사이다. 42대가 그리스도를 낳는 것을 초점으로 하고 있다. 구약의 이스라엘 역사 전체가 그리스도의 출생과 관계가 있음을 보는 것은 매우 의미가 있다. 우리는 하나하나 따로 관심할 것이다. 그러나 하나님은 아브라함을 부르실 때부터 그에게서 한 자손이 나올 것을 보고 계셨다. 그의 자손으로부터 천하 만민이 복을 얻을 것이라고 말씀하셨는데, 그 자손은 단수의 단어이며, 그리스도를 말한다. 이는 사도 바울이 말한 바이다(갈 3:16). 우리는 룻과 경건한 보아스의 아름다운 만남의 이야기를 안다. 그 역사도 결국은 그리스도의 조상이 되기 위한 비밀한 역사이다(룻 4:17-22). 여호수아 시대에 열두 정탐의 이야기와 여리고의 라합의 역사는 무엇을 목표로 하고 있는가? 단순한 가나안 정복기가 아니다. 이 역시 그리스도의 출생을 내다보며 한 발 씩 걸어가고 있는 역사이다. 우리는 다윗이 범죄하고 밧세바를 아내로 맞아들인 것을 안다. 그러한 역사들이 그리스도의 출생에 관련되었다. 우리는 여기서 인생의 모든 역사는 그리스도와 관련이 있다는 것을 보게 된다. 이런 모든 일들을 볼 때 그리스도가 없는 역사는 공허한 것이다. 우리의 인생도 동일하다. 그분을 만나기 위해 모든 것이 있는 것이다. 그분을 만나지 못했다면 그 모든 역사는 공(空)으로 끝난다. 그분을 만나는 것이 우리 인생의 초점이다.

신약의 역사는 낳는 역사이다. 신약의 하나님은 '아버지'라고 불리운다. 하나님은 진리의 말씀으로 우리를 낳으신 아버지시다. 우리는 이것을 창세기 5장과 비교해 볼 수 있다. 창세기 5장 1절, "아담 자손의 계보가 이러하니라". 이는 아담의 족보 책이라는 말이다. 이 문장은 신약 마태복음 1장 1절의 "예수 그리스도의 족보 책이라"는 문장과 구조가 똑같다. 그런데 여기서 한 족보는 아담의 것이고 또 하나는 예수의 것이다. 두 족보 사이는 차이가 있다. 그리고 4절부터 그 족보가 나온다. "아담이 셋을 낳은 후 팔백 년을 지내며 자녀를 낳았으며 그가 구백삼십 세를 향수하고 죽었더라 셋은 일백오 세에 에노스를 낳았고 에노스를 낳은 후 팔백칠 년을 지내며 자녀를 낳았으며 그가 구백십이 세를 향수하고 죽었더라". 구약의 족보에는 낳은 것이 있을 뿐 아니라 죽은 것이 있다. 그러나 마태복음을 보면 죽었다는 말은 없고 낳았다는 말만 있다. 왜 죽었다는 말이 없을까? 믿음의 자손들은 낳는 것만 있지 죽음이 없다. 이것이 신약의 축복이다. 신약의 하나님은 하나님이실 뿐 아니라 아버지이시다. 자녀를 낳지 않으면 아버지가 될 수 없다. 자녀가 없는 사람은 아버지라는 소리를 들을 수가 없다. 자식을 낳아야 비로소 아버지라는 소리를 듣게 된다.

신약의 하나님은 하나님 '아버지'라고 불리우신다. 그것은 이와 같이 자녀를 낳으셨기 때문이다. 신약의 역사는 낳는 역사이다. 신약의 자녀들은 영생의 자녀들, 영원한 생명을 얻은 자녀로 출생하기 때문에 죽는 것이 없다. 영원히 사는 사람들을 생산하는 것이 신약의 역사이다. 그래서 여기에는 '… 낳고, …낳고'가 있다. '죽고'는 없다. 신약의 첫 장에 '…죽고, …죽고' 가 있다고 생각해보라. 얼마나 절망스럽겠는가? 그러나 새로운 인류의 역사의 시작은 죽음이 없는 역사이다. 그래서 신약의 믿는이인 우리에게는 죽음이 없다고 선언하는 것이다. 단지 좀 긴 잠을 자는 것뿐이다. 언젠가 주님의 오시는 날에 깨어나게 된다. 좀 길게 자는 것뿐이지 우리에게는 죽음이 없다. 대신에 우리에게는 영생이 있는 것이다(요 3:16, 요일 5:13). 신약의 성도들에게는 죽음이 없고 영원한 삶이 있다.

부정한 네 여인

그 다음 우리는 이 족보 속에서 특이한 것들 몇 가지를 얘기해야 한다. 신약을 여는 시작에서 우리는 매우 부정한 여인 네 명을 보게 된다. 왜 예수가 오셨는가? 뒤에 보겠지만 죄인을 구하기 위해서였다. 하나님은 천사들이 타락하였을 때는 심판하시고 끝내셨다. 그러나 사람이 타락한 후 죄인이 되었을 때 긍휼히 여기시고 불쌍히 여기시며 구원하기를 원하셨다. 하나님은 죄인이 멸망하는 것을 차마 보기 원치 않으셨다. "내가 너희를 구원하리라" 하셨다. 하나님은 죄인을 보시고 그 중심이 뜨거우셨다. 그리고 영원한 아들, 그분의 품속에 있는 독생하신 아들을 바라보셨다. 그분의 유일한 사랑의 아들이었다. 아들은 아버지의 바라보시는 눈이 무엇을 의미하는 줄 아셨다. 이 이야기는 창세기 22장의 모리아 산으로 향하는 아브라함과 이삭의 이야기로부터 묵상해볼 수 있다. "하나님이여 보시옵소서 내가 하나님의 뜻을 행하러 가겠나이다"(히10:7, 자유로운 인용). 그분은 죄인을 구하기 위한 제물이 되시기를 작정하셨고 베들레헴에 처녀에게서 구유에 출생하시기로 하신 것이다. 여기에 하나님의 사람에 대한 동정과 사랑, 긍휼이 있다. 이것이 누가가 말한 복음의 찬미이다(눅1:70-79. 2:8-14).

신약의 시작 마태복음에는 네 명의 매우 부정한 여인들이 들어 있다. 죄인을 구원하기 위해 보내심을 받은 아들에 관한 복음 책에는 죄인이 앞서서 기록되어 있다. 병원에서는 환자들의 명단이 우선시되고 우대받는 것과 같다. 다말이 있고, 라합이 있고, 룻이 있고, 우리야의 아내가 있다. 다말은 시아버지와의 근친상간을 통해서 아들을 낳은 여자이다. 베레스와 세라이다. 그리고 라합은 여리고에 있던 기생이며 룻은 이방 여자이다. 여기 우리야의 아내라고 했는데 그 이름은 밧세바이다. 간음을 통해 재혼한 경우이다. 이들은 다 죄인이거나 이방 여자이다.

그리스도의 거룩한 족보 속에 말할 수 없는 죄인들이 들어 있다. 신약의 영생의 족보 속에 어떤 사람들이 들어 있나 보니까 형편없는 죄악된 여인들이 들어 있는 것이다. 그것도 말할 수 없는 죄인들이다. 아브라함이 믿음의 조상인데 바로 그 믿음의 족보 속에 이런 사람들이 들어가 있다. 믿음으로 구원받고 영원한 생명을 얻은 그 대열 속에 들어가 있는 것이다. 이방인도 들어가 있다. 물론 유대인들도 들어 있다. 만일 이 거룩한 족보 속에 보아스나 다윗이나 아브라함 같은 사람들만 있다면 우리 같은 죄인인 사람들은 이런 데 들어갈 수 없다고 생각할 것이다. 그러나 여기에 라합이 있고 다말이 있고 룻이 있다. 이 이름들을 왜 거기에 기록했겠는가? 구약을 보면 다른 거룩한 부녀자들도 많은데 왜 그 이름들은 하나하나 기록하지 않았는가? 하필이면 왜 이 죄 많은 사람, 이방인, 재혼한 여자들의 이름만을 기록했느냐는 것이다. 그것은 이러한 신성한 족보 속에, 신약의 족보 속에 죄인들이 참여할 수 있다는 걸 보여 주기 위한 것이 아니겠는가? 이방인들이 들어올 수 있는 길을 열어준 게 아닌가? 당신이 어떠한 죄인이라도 주 예수를 믿기만 하면 구원받고 영생을 얻을 수 있다는 것을, 신약은 바로 이러한 사람들로 이루어져 있다는 것을 알려 주려는 것이라고 믿는다.

주 예수님은 오히려 이렇게 말씀하셨다. "나는 의인을 부르러 온 것이 아니라 죄인을 불러 회개시키러 왔다. 건강한 자에게는 의원이 필요 없고 병든 자에게라야 의원이 필요하다." 우리는 어떻게 이 족보 속에 들어올 수 있었는가? 우리 역시 근본적으로 죄인이었기 때문이다. 당시에 구원받을 수 있는 하나의 조건이 있는데 그것은 당신이 죄인이라는 것을 아는 것이다. 치료받을 조건이 있었는데 병자라는 것이고 그 병을 알고 주님께 치료를 위해 나온 사람마다 다 치료를 받은 것이다. 정말 우리가 하나님께 감사드리는 것은 죄인을 위해서 하나님 아들 예수를 보내셨다는 것이다.

조금 후에 말하겠지만 '예수'라는 이름은 '자기 백성을 저희 죄에서 구원할 자'라는 뜻이다. 결국 예수 그리스도에 의해서 구원받는 것이다. 어떤 사람들이 구원받는가? 죄인들이다. 어떻게 해서 이 족보에 올라갈 수 있는가? 믿음으로이다. 그래서 아브라함으로부터 시작하는 것이다. 이 족보는 아브라함부터 시작되었다. 아담이 아니다. 믿음의 조상 아브라함부터 시작된 것이다. 그래서 여기에 네 명의 부정한 여인이 기록된 것은 의도적인 것같이 보인다.

족보에서 빠진 네 사람

그 다음에는 족보에서 빠진 네 명이 나온다. 역대 상의 말씀과 비교해 보면 '요람은 웃시야를 낳고'(8절)에서 요람이 바로 웃시야를 낳은 게 아니고 요람은 아하시야를 낳고 아하시야는 요아스를 낳고 요아스는 아마샤를 낳고 그 다음 아마샤가 웃시야를 낳았다. 함께 역대 상을 보기로 하자. 역대 상 3장 11절, "그 아들은 요람이요 그 아들은 아하시야요 그 아들은 요아스요 그 아들은 아마샤요 그 아들은 아사랴요". 여기의 아사랴가 바로 웃시야이다. 여기서 빠진 사람이 세 사람이다. 아하시야, 요아스, 아마샤 이다. 그들도 분명 왕인데 왜 이 족보에서 빠졌는가? 악행을 많이 저질렀기 때문이다. 우상을 섬기고 하나님과 반대로 행하여 그 결과 그들은 왕이지만 이 족보에 들지 못했다.

그 다음에 또 여호야김이 빠졌다. 역대 상 3장 16절에는 여호야김이라는 사람이 나오는데 마태복음에는 그 이름이 나오지 않는다. 여호야김은 바벨론 왕이 세운 왕이다. 왕은 왕이지만 우상을 섬겼고 바벨론 왕에 의해 세워졌다. 그래서 그 왕은 족보에 넣지 않았다. 그래서 도합 네 명이 빠졌다. 당신이 죄인인데 회개치 않고 믿음이 없이 끝까지 죄악만 행한다면 그것은 하나님의 선택을 받지 못했다는 것을 나타낸다. 유감스럽게도 멸망할 죄인인 것이다. 죄인이라도 죄인임을 시인하고 믿고 영접하면 구원을 받지만 회개하지 않고 끝까지 죄의 길을 벗어나지 않는 사람은 길이 없다는 말씀이다. 그러면 그 족보에 들어갈 수가 없다. 결국 네 사람이 들어가지 못했는데 그들은 바로 그리스도가 아닌 우상과 연합한 사람들이다. 12제자 중 유다는 족보에서 빠진 인물이 되었다.

두 세대에 걸쳐 있는 다윗

그런데 여기서 한 사람 다윗은 이 족보에서 두 세대를 차지한다. 모두 42대인데(14대, 14대, 14대) 그 이름만이 두 번 들어가 있다. 다윗을 한 번으로 계산하면 41대가 된다. 그러나 첫 14에서 마지막이 다윗이고 두 번째 14에서 시작이 다윗이다. 왜 그러한가? 다윗은 한 시대를 마감하고 다른 한 시대를 연 사람이기 때문이다. 그는 주님의 족보에서 두드러진 인물이다. 이렇게 빠진 사람들이 있는가 하면 한 번 더 들어가서 하나님께 크게 쓰임 받은 사람이 있다. 두 배의 축복을 받은 것이다. 다윗과 같은 사람은 두 배의 축복을 받았다. 그는 참으로 하나님의 마음에 합한 자였다.

다윗 역시 죄인이었다(시 51편). 그는 간음과 살인에 연루된 자이다. 그러나 그는 자신의 죄를 인정하고 회개할 줄 아는 사람이었다. "대저 나는 내 죄과를 아오니 내 죄가 항상 내 앞에 있나이다" "내가 주께만 범죄하여 주의 목전에 악을 행하였아오니" "주의 구원의 즐거움을 내게 회복시키시고 자원하는 심령을 주사 나를 붙드소서 그리하면 내가 범죄자들에게 주의 도를 가르치리니 죄인들이 주께 돌아오리이다. 하나님이여 나의 구원의 하나님이여 피흘린 죄에서 나를 건지소서" 죄인이 하나님께 돌아오는 것보다 하나님을 기쁘시게 하는 것이 없다(눅15장 참조).

다윗의 회개는 철저했고 온전히 마음을 하나님께로 돌이켰다. 그리고 하나님의 마음과 하나되었다. 하나님과 하나된 삶을 살다보니 대적이 많게 되었다. 그러나 다윗은 길을 바꾸지 않고 끝까지 충성했다. 오늘도 우리가 만일 주님의 구원을 받을 뿐 아니라 하나님의 마음에 합하고 하나님과 동역하는 사람이 된다면 다윗과 같이 두 배의 축복을 받는다. 그러한 사람들은 바로 그 시대를 바꾼 사람들이다. 하나님은 왕국을 세우기 원하셨는데, 다윗은 하나님과 동역해서 주위의 모든 대적들을 물리치고 하나님의 왕국을 세웠다. 그래서 다윗은 그 전 시대인 사사시대 곧 타락한 시대를 마감하고 왕국 시대를 가져왔다. 즉 시대를 바꾼 것이다. 사실상 모든 이기는 자들은 시대를 바꾸는 자들이다. 오늘날 우리가 타락한 교회 중에서 한 시대를 마감하고 새로운 시대를 여는 주역들이 된다면 우리들은 다윗처럼 왕들이다. 다윗처럼 두 배의 축복을 받을 수 있다.

사십이 대

여기에 '42'라는 숫자가 있다. 그런즉 모든 대 수가 아브라함부터 다윗까지 열네 대요 다윗부터 바벨론으로 이거할 때까지 열네 대요 바벨론으로 이거한 후부터 그리스도까지 열네 대러라(17절). 아브라함부터 그리스도까지 열네 대가 세 번 들어 있다. 그래서 총 사십 이(42) 세대이다. 사십 이(42)라는 숫자는 시험과 시련의 숫자이다. 이스라엘 백성들이 홍해를 건너서 광야에서 가나안으로 들어갈 때 사십이 지점을 통과했다(민 33장). 사십삼 지점이 가나안이다. 시험을 거쳐서, 많은 노정을 통과해서 안식 안으로 들어가는 숫자, 그것은 사십 이(42)이다.

또한 이스라엘 백성들의 목적지는 가나안이었다. 신약의 믿는이들의 목적지는 그리스도인데, 그리스도는 아브라함부터 사십이 대를 거쳐서 태어나셨다. 그러므로 그리스도는 믿는이들의 목표라고 말할 수 있다. 또 그리스도 안에 들어갈 때 인생은 참으로 만족을 얻을 수 있다.

또 한 가지는 하나님은 모든 주권의 하나님이시라는 것이다. 왜 의도적으로 마태가 아브라함부터 다윗까지가 열네 대요, 다윗부터 바벨론으로 이거할 때까지가 열네 대요, 바벨론으로 이거한 후부터 그리스도까지가 열네 대라고 기록했겠는가? 이 모든 것이 다 하나님의 주권 아래 있는 일들이라는 것을 말하고자 한 것이다. 하나님께서 그리스도의 출생을 두고 한 가지 한 가지 경륜을 가지시고 역사하셨다는 것이다. 14대를 계획하여 역사하시고, 다음 14대를 보내시고, 그 다음 14대를 지나게 하시고는 '이제 그리스도가 나올 때다'라고 하신 것 같다.

이와 같이 하나님은 계획이 있는 분이시다. 창세기 1장을 볼 때에도 하나님은 주무시다가 갑자기 일어나서 '뭍이 드러나라' 하시지 않고 또 이틀 주무시다가 일어나서 '새가 있으라' 하시지 않았다. 첫째 날이 있고 둘째 날이 있고 셋째 날이 있다. 분명히 하나님은 어떤 계획 안에서 여섯째 날 모든 창조를 마치시고 일곱째 날 안식하셨다. 하나님은 이렇게 모든 것을 그분의 계획안에서 행하신 것이다.

하나님은 계획의 하나님이요, 하나님은 섭리의 하나님이요, 하나님은 경륜의 하나님이시다. 하나님은 역사하실 때 질서를 가지고 하신다. 그리스도가 태어나신 것을 보라. 거기에 하나님의 주권이 들어 있다. 여기서 세 번의 십사 대를 말한 것은 이렇게 의미가 있다. 아브라함부터 다윗까지가 한 시기이고, 다윗부터 바벨론으로 포로될 때까지가 한 시기이며, 포로된 때부터 그리스도까지가 또 한 시기이다. 하나님은 지금도 그렇게 경륜 적으로 일하시고 계신다. 언젠가 주님은 다시 오실 것이며 이 세상은 끝날 것이고 다시 새로운 그리스도의 왕국의 경륜이 시작될 것이다. 이 모든 것은 그리스도께서 장중에 놀라운 계획으로 갖고 계신다(계 5:1-9).

세 시기의 영적인 의미

죄인이 그리스도를 믿음으로써 의롭다 함을 받아 아브라함을 조상 삼고 믿음의 길을 가게 되는데 이것이 첫 번째 단계의 일이다. 그리고 하나님께서는 이들에게 그 분의 마음과 뜻을 열어서 그분의 갈망을 성취하고자 하시는데 이 때가 바로 다윗의 때이다. 이 때가 가장 높은 수준에 이른 때이다. 왕이 되었기 때문이다. 믿는이가 믿음으로 의롭다 함을 얻고 생명을 얻었을 뿐 아니라 이제 자라고 자라서 부활 생명 안에서 왕 노릇 하는 것을 배워 죄와 사망과 많은 소극적인 것들을 이기는 것이다. 그럴 때 우리의 이름은 다윗이 된다.

다음에는 포로로 사로잡혀가는 시기가 있다. 이는 우리가 위대한 인간성을 갖고 이 땅을 정복하고 다스릴 왕으로 창조되었지만 철저히 폐위된 것이다. 그러나 다시 회복되는 것이 있다. 우리의 회복은 그리스도를 통한 것이다. 그리스도는 위대한 인간성을 회복하기 위해 보내심을 받으신 것이다. 예수 그리스도를 믿는 자들을 하나님이 창조하신 위대한 목적을 이루도록 회복하신다. 이는 모두 그리스도의 구속의 역사를 통한 것이다. 여기에 그리스도의 족보의 역사는 우리 개인의 역사이다. 우리의 역사에도 죄로 인해 폐위된 적이 있었다. 그리고 이스라엘 백성들이 바벨론에게 사로잡혀 갔듯이 사로잡힌 적이 있었다. 이러한 포로는 단지 죄로 말미암은 것이 아니다. 종교 세계에도 많은 바벨론이 있다. 우리는 계시록에서 바벨론이 물질적인 바벨론이 있는가 하면 종교적인 바벨론이 있다는 것을 배운다. 우리가 폐위되어 존재한 곳은 바벨론이었다. 그러나 주님은 그곳에서 우리를 회복하여 다시 예루살렘으로 귀환하게 하셨다. 그리고 우리는 다시 회복된 것이다. 우리의 회복은 전보다 나은 회복이다. 학개 선지자는 "나중 영광이 이전 보다 더욱 크리라"고 예언했다. 나중 회복된 자들이 누리는 축복은 원래보다 뛰어난 것이다. 실상 우리가 바벨론에서 체험한 것은 율법과 세상의 멍에인 것이고, 귀환한 후 누리는 것은 은혜요 복음인 것이다. 신약의 복음은 근본적으로 우리를 치유하고 회복한다.

18-21절, 예수 그리스도의 나심은 이러하니라 그 모친 마리아가 요셉과 정혼하고 동거하기 전에 성령으로 잉태된 것이 나타났더니 그 남편 요셉은 의로운 사람이라 저를 드러내지 아니하고 가만히 끊고자 하여 이 일을 생각할 때에 주의 사자가 현몽하여 가로되 다윗의 자손 요셉아 네 아내 마리아 데려오기를 무서워 말라 저에게 잉태된 자는 성령으로 된 것이라 아들을 낳으리니 이름을 예수라 하라 이는 그가 자기 백성을 저희 죄에서 구원할 자이심이라 하니라

이제 이러한 역사를 통해서 예수 그리스도가 출생하시게 되었는데, 이 예수 그리스도의 나심을 보기로 하자. 먼저 예수라는 분이 어떻게 잉태되었는가를 보아야 한다. 그분은 처녀에게 잉태되셨다. 처녀에게 잉태되고 처녀가 출산한 사람이란 말이다. 이것은 보통 일이 아니다. 마태가 이 말을 기록했고 누가도 이것을 기록했지만 이는 그야말로 보통 일이 아니다. 성령이 누구인가? 성령은 하나님이시다. 그분이 여자의 태속에 잉태되셨다는 것을 한 번 생각해 보라. 그리고 9개월간 그 안에 계시다가 사람으로 태어나셨단 말이다.

그래서 여기서 예수의 태어나심부터 볼 때 예수는 분명 그리스도이시고 또 그분은 하나님의 아들이시다. 그 분은 하늘에서 오신 분이라는 말이다. 나는 오늘 그리스도인들 중에 이런 인식이 있는지 모르겠다. "예수 그리스도는 하늘 영광의 보좌를 버리고 이 땅에 오셨다"고 찬송을 하는데 어떻게 그러한 일이 성립될 수 있는가? 하나님이 높고 높은 보좌를 버리고 자기를 비워 이 땅에 사람의 모양으로 오셨다는 말이다. 마태는 1장부터 예수는 이렇게 성령으로 잉태되신 분이라는 것을 설명하고 있다. 요한복음 3장 13절, "하늘에서 내려온 자 곧 인자 외에는 하늘에 올라간 자가 없느니라". 마태는 예수님이 마리아에게서 출생하셨다고 했는데 요한복음에서 주님은 '나는 하늘에서 내려온 자'라고 하셨다. 6장 33절, "하나님의 떡은 하늘에서 내려 세상에게 생명을 주는 것이니라". 38절, "내가 하늘로서 내려온 것은 내 뜻을 행하려 함이 아니요".

우리 주님이 어디서 오셨다는 말인가? 하늘로서 오셨다는 것이다. 그 분이 성령으로 잉태되셨다는 것을 깊이 생각해 보라. 예수는 하늘로부터 오신 왕이다. 그러한 분이 이 땅에 아기로 출생하신 것이다. 이 사실을 믿을 수 있는가? 예수 그리스도는 아기이지만 영존하시는 아버지이고 전능하신 하나님이라는 것이다. 전능하신 하나님이 아기로 오신 것이다. 성경은 우리에게 이것을 말하고 있다. 실상 이것이 복음인 것이고 이를 믿는 자는 하나님의 자녀가 되는 권세를 얻는다.

또 그분은 여자에게서 나셨다. 여자의 씨이신 분이다(창 3:15, 갈 4:4). 우리는 마태복음 1장에서 세 가지를 볼 수 있다. 예수는 아브라함의 씨이다. 구약에서 예언된 것이다. 아브라함의 씨이시고 다윗의 씨이시고 여자의 씨이시다. 그러한 분이 바로 그리스도이시다. 그리스도는 여자의 씨이시고 그리스도는 아브라함의 씨이시고 그리스도는 다윗의 씨이시다. 이 모두가 1장에서 증명되고 있다. 그러니 예수가 그리스도가 아닌가? 그때 태어난 예수, 마리아에게서 태어난 예수, 그가 바로 하나님이란 말이다. 어떻게 잉태되셨는가? 성령으로 잉태되셨다. 그래서 그 분의 이름이 '예수'이다.

'예수'란 구약의 여호수아와 같은 말인데 '여호와 구원자'라는 뜻이다. '여호와가 구원하신다'는 뜻이다. 그분은 '자기 백성을 저희 죄에서 구원할 자'이다. 예수가 오신 것은 당신과 나 같은 죄인을 구원하기 위해서이다.

성경은 바로 이 예수에 대하여 기록한 말씀이다. 너희가 성경에서 영생을 얻는 줄 생각하고 성경을 상고하거니와 이 성경이 곧 내게 대하여 증거하는 것이로다(요 5:39) 여러분은 성경이 무엇을 말하는가를 아는가? 성경은 곧 구원자 예수에 관한 책이다. 우리는 이 성경을 통해서 죄 문제를 해결할 수 있고 영생을 얻을 수 있다. 나는 독자들이 여러분의 구원의 문제를 소홀히 하지 말고 주의깊게 관심하기를 구한다. 여러분이 주 예수를 구주로 만난다면 놀라운 축복을 얻고 구원을 얻게 된다. 구원이란 그야말로 인생의 가장 크고 근본적인 문제에서 건져지는 것이다. 인생의 가장 근본적인 문제가 무엇이란 말인가? 말할 것도 없이 죄 문제이다. 우리는 왜 매사에 불안하고 초조하며 두려워하는가? 구원자를 만나지 못했고 죄 문제를 해결하지 못했기 때문이다. 예수라는 이름 자체가 "저희 백성을 죄에서 구원할 자"라는 뜻이다. 오늘 날 죄 문제를 대충 처리하고 높은 생명으로 넘어가고, 성경의 오묘한 지식세계에서 헤엄치게 만드는 단체가 많다. 그런 가운데 많은 성도들은 아직 구원을 받지 못하였다. 또 구원의 기쁨을 맛보지 못하였다.

죄 사함과 구원은 매우 관계가 있는 말이다. 신약의 모든 복음에 관련된 말씀, 구원에 관련된 말씀을 보라! 모두 죄와 관련이 있다. 주 예수께서 우리의 죄를 용서하기 원하지 않았다면 왜 십자가를 지셨겠나? 왜 그 귀한 피를 흘렸겠나? 그런데 어찌 사람들은 죄 문제를 가볍게 지나가고 보혈을 소홀하게 만들었는가? 이것이 마귀의 구원받지 못하게 하려는 궤계와 술책이 아니면 무엇인가? 사람들을 배나 지옥자식이 되게 만드는 일이 아니면 무엇이던가? 왜 다른 여러 특이하고 묘한 이슈로 사람의 생각과 주의를 돌리게 만들고, 구원을 대강 넘어가게 만들어 일생 내적 깊은 속의 불안과 공허감을 남아있게 만들었던가? 마치 "너는 구원만 받지 말고 다 해도 좋다, 성경공부도 좋고, 찬송도 좋고, 최고봉의 진리로 무장하는 것도 좋고, 새벽기도, QT도 좋고, 양육도 좋고, 교회 생활을 성경적으로 하는 것도 좋고, 몸의 건축도 좋고, 형제 자매라고 부르며 피차 교제하는 것도 좋고, 왕국을 위해 달리는 것도 좋고, 전도와 양육과 헌신도 좋고, 새 예루살렘을 목표로 전진하는 것도 다 좋은데 죄사함과 구원만 받지 말라!"하는 것과 같다. 다른 것은 다하되 구원만 받지 말라! 하고 그 귀한 구원을 숨겨놓은 것이다. 사상누각을 짓게 하는 것과 같다. 아래 구절들을 보라! 주의 구원은 다 죄와 관계가 있다. 복음서의 저자들도, 사도행전의 사도들의 전파도, 서신서들도, 계시록도, 심지어 모세오경의 수많은 제물들이 흘린 피도 사람의 죄를 용서하는 길을 말해준 것이 아니던가?

"마 26:28 이것은 죄 사함을 얻게 하려고 많은 사람을 위하여 흘리는바 나의 피 곧 언약의 피니라" "눅 1:77 주의 백성에게 그 죄 사함으로 말미암는 구원을 알게 하리니" "요 1:29 세상 죄를 지고 가신 하나님의 어린양이로다" "행 10:43 저에 대하여 모든 선지자도 증거하되 저를 믿는 사람들이 다 그 이름을 힘입어 죄 사함을 받는다 하였느니라" "행 13:38 그러므로 형제들아 너희가 알 것은 이 사람을 힘입어 죄 사함을 너희에게 전하는 이것이며" "행 26:18 그 눈을 뜨게 하여 어두움에서 빛으로, 사단의 권세에서 하나님께로 돌아가게 하고 죄 사함과 나를 믿어 거룩케 된 무리 가운데서 기업을 얻게 하리라 하더이다" "엡 1:7 우리가 그리스도 안에서 그의 은혜의 풍성함을 따라 그의 피로 말미암아 구속 곧 죄 사함을 받았으니" "골 1:14 그 아들 안에서 우리가 구속 곧 죄 사함을 얻었도다" "고전 15:3-4 내가 받은 것을 먼저 너희에게 전하였노니 이는 성경대로 그리스도께서 우리 죄를 위하여 죽으시고" "15:4 장사 지낸바 되었다가 성경대로 사흘만에 다시 살아나사" "히 9:12 염소와 송아지의 피로 아니하고 오직 자기 피로 영원한 속죄를 이루사 단번에 성소에 들어가셨느니라" "히 9:28 이와같이 그리스도도 많은 사람의 죄를 담당하시려고 단번에 드리신 바 되었고" "롬 3:23-24 모든 사람이 죄를 범하였으매 하나님의 영광에 이르지 못하더니 그리스도 예수 안에 있는 구속으로 말미암아 하나님의 은혜로 값없이 의롭다 하심을 얻은 자 되었느니라" "롬 5:8 우리가 아직 죄인되었을 때에 그리스도께서 우리를 위하여 죽으심으로 하나님께서 우리에게 대한 자기의 사랑을 확증하셨느니라" "벧전 1:18-19 너희 조상의 망령된 행실에서 구속된 것은 은이나 금같이 없어질 것으로 한 것이 아니요 오직 흠없고 점없는 어린양 같은 그리스도의 피로 한 것이니라" "계 1:5 우리를 사랑하사 그의 피로 우리 죄에서 우리를 해방하시고" "요 10:10 내가 온 것은 양으로 생명을 얻게 하고 더 풍성히 얻게 하려 함이라" "딤전 1:15 미쁘다 모든 사람이 받을 만한 이 말이여 그리스도 예수께서 죄인을 구원하시려고 세상에 임하셨다 하였도다 죄인 중에 내가 괴수니라"

죄인에게는 다 예수가 필요하다. 예수님은 죄인을 구원하러 오신 것이다. 그러기에 나 같은 사람도 소망이 있고 여러분도 소망이 있는 것이다. 의사에게는 전적으로 환자가 필요하듯이 예수님께는 전적으로 죄인이 필요하다. 당신이 죄인이라면 예수님을 만날 자격이 있다. 당신이 죄인이라면 구원받을 가능성이 있다. 죄인이 예수를 믿어 죄 용서함을 받고 영생을 얻는 것이다. 이것이 신약의 큰 은혜이다. 죄인이 구원을 받는 문제에 있어서 사마리아 여인이나 삭개오나 많은 이들의 공통점은 자신이 죄인임을 아는 자들이요 목마른 자들이라는 것이다. 환자가 아닌데, 건강한 자들이 의사를 찾겠나? 치료의 은혜를 맛보겠나? 오랫동안 환자로 고생하던 환자가 병을 낫기 위해 몸부림 하다가 완치되었을 때의 기분이 어떠하겠나? 구원을 받고 가는 사람, 치유를 받고 가는 사람들은 병명과 문제를 정확히 아는 사람들이었다. 혈루증이면 혈루증, 중풍병이면 중풍병, 문둥병이면 문둥병, 소경이면 소경, 귀머거리면 귀머거리, 모두 분명한 병명을 갖고 주 예수님께 왔다. 오늘 날 "나는 대충 죄인입니다. 대충 나를 용서해주십시오" 하는 사람들이 많다. 누구나 자기가 고민하고 속으로 근심하는 죄가 있을 것이다. 그 당신을 정죄하고 괴롭혔던 특정한 무거운 죄를 가지고 주 예수께 나아오라! 그리고 고백하기 바란다. "주 예수여 나의 스스로 무겁게 지고 있던 죄를 주 예수의 십자가 아래 놓습니다."

주 예수 당시에 구원을 받은 자들은 세리와 죄인들이 대부분이었다. 건강한 자들, 의인들은 치료를 필요로 하지 않았다. 우리는 우리의 죄의 문제를 안다. 주님 또한 우리의 모든 죄악을 아신다. 그 수많은 죄악은 우리로 하여금 근심하게 하고 좌절하게 하며 하나님을 섬길 수 있는 용기를 잃어버리게 한다. 그러나 성경은 말한다. "하물며 영원하신 성령으로 말미암아 흠없는 자기를 하나님께 드린 그리스도의 피가 어찌 너희 양심으로 죽은 행실에서 깨끗케 하고 살아계신 하나님을 섬기게 못하겠느뇨?" (히 9:14) 죄의 용서는 우리를 하나님을 섬길 수 있는 담력과 당당함을 회복시켜준다. 주님은 소자에게 말씀하신다. "소자야 안심하라 네 죄사함을 받았느니라"

22-25절, 이 모든 일의 된 것은 주께서 선지자로 하신 말씀을 이루려 하심이니 가라사대 보라 처녀가 잉태하여 아들을 낳을 것이요 그 이름은 임마누엘이라 하리라 하셨으니 이를 번역한즉 하나님이 우리와 함께 계시다 함이라 요셉이 잠을 깨어 일어나서 주의 사자의 분부대로 행하여 그 아내를 데려왔으나 아들을 낳기까지 동침치 아니하더니 낳으매 이름을 예수라 하니라

임마누엘이신 예수. 그분의 이름은 '예수'(여호수아, 즉 여호와 구원자)요 '임마누엘'이다. '임마누엘'은 번역한즉 '하나님이 우리와 함께 계시다'이다. 이것은 우리말 번역이고 원문을 정확히 번역하자면 '우리와 함께하시는 하나님(God with us)'이다. 누가 '우리와 함께하시는 하나님'이라는 말인가? 예수이다. 예수는 우리와 함께하시는 하나님이다. 하나님께서 전에는 우리에게서 멀리 계셨는데 이제는 사람이 되셔서 우리와 함께하시는 하나님이 되셨다. 그래서 그 이름이 '임마누엘'이시다. 지금 주 예수는 죽고 부활하셔서 성령으로 오셨다. 이제 믿음의 말씀이신 주 예수는 우리의 마음과 입에 가까이 와 계셔서 그분을 입으로 시인하고 마음으로 믿으면 구원을 받게 된다(롬 10:7-9). 예수 그리스도께 찬미를 드리고 임마누엘이신 주님께 찬미를 드린다.

2 장

1절, 헤롯왕 때에 예수께서 유대 베들레헴에서 나시매 동방으로부터 박사들이 예루살렘에 이르러 말하되

마태복음 2장은 예수님이 출생하신 후 있었던 몇 가지 일들을 기록하는 장이다. 먼저는 출생할 때의 이스라엘 상황인데, 당시 유대인들은 B.C. 586년 바벨론에 멸망한 이래, 메데 바사와 헬라, 로마에 의해 나라를 차례로 탈취당하고 식민지 상태에 있었다. 그러므로 당시 점령국가인 로마의 황제는 유대와 갈릴리 지방의 섭정 왕으로 헤롯이라는 사람을 세워놓고 있었다. 즉 예수님이 마리아로부터 출생하였던 때는 헤롯이라는 왕이 유대를 다스리고 있던 때인데, 그 헤롯이라는 사람은 에돔 사람으로서, 이삭의 쌍둥이 아들, 에서의 자손이고, 그들은 언제나 야곱(이스라엘)의 대적이 되어 이스라엘의 길을 대적하고 반대하는 입장에 서 있었다. 이스라엘은 하나님께 불순종함으로 자신들의 나라를 잃고, 다른 민족의 지배 하에 신음하면서 간절히 메시아를 기다리고 있었다. 그러나 정작 메시아이신 예수 그리스도는 비밀리에 베들레헴이라는 작은 도시에서 초라하게 태어나신 나머지 사람들의 눈에 그들이 기다리던 왕으로 발견되지 않았다.

다만 한 가지 생각해볼 것은 이스라엘의 메시야에 대하여 예언했던 수많은 선지자들, 이사야, 예레미야, 미가, 등 수많은 선지자들을 배출한 선민 이스라엘은 정작 그리스도가 왔을 때 더 이상 "여기에 그리스도가 출생하였다"고 선포할 선지자를 갖고 있지 않았고, 멀리 동방의 현자들(magi)이 별을 보고 유대인의 왕의 출생을 알았다는 것이다. 당시에는 더 이상 유대나라에 그런 선지자들이 없었다는 말이다. 다시 말해 영적으로 매우 피폐한 상황이었다.

동방의 현자들로부터 유대인의 왕으로 나신 이(메시야의 가능성을 시사하는 말임)가 났다는 말을 들은 유대인들의 반응은 어떠하였는가?

2-3절, 유대인의 왕으로 나신 이가 어디 계시뇨 우리가 동방에서 그의 별을 보고 그에게 경배하러 왔노라 하니 헤롯 왕과 온 예루살렘이 듣고 소동한지라

왕이 태어나셨다는 말을 듣고 온 예루살렘이 소동했다고 말한다. 이상한 일이 아닌가? 기다렸다는 사람들이 막상 메시아가 오셨다는 말을 들을 때 소동했다는 것이다. 헤롯이 그랬다면 이해하겠지만 왜 온 예루살렘이 소동을 하는가? 이것이 문제인 것이다. 소동했다(troubled)는 말은 원문에서 '당황하게 되었다'는 뜻이다. 이는 오늘날 많은 크리스천들에게도 경종이 되는 말이다. 입으로는 주 예수님의 다시오심을 기다린다고 하지만 막상 오신다고 하면 당황스러워 한다는 말이다. 현세의 즐거움과 안락과 평안이 깨질까봐 불안스럽고, 주저된다는 것이다.

4-9절, 왕이 모든 대제사장과 백성의 서기관들을 모아 그리스도가 어디서 나겠느뇨 물으니 가로되 유대 베들레헴이오니 이는 선지자로 이렇게 기록된바 또 유대 땅 베들레헴아 너는 유대 고을 중에 가장 작지 아니하도다 네게서 한 다스리는 자가 나와서 내 백성 이스라엘의 목자가 되리라 하였음이니이다 이에 헤롯이 가만히 박사들을 불러 별이 나타난 때를 자세히 묻고 베들레헴으로 보내며 이르되 가서 아기에 대하여 자세히 알아보고 찾거든 내게 고하여 나도 가서 그에게 경배하게 하라 박사들이 왕의 말을 듣고 갈쌔 동방에서 보던 그 별이 문득 앞서 인도하여 가다가 아기 있는 곳 위에 머물러 섰는지라

헤롯왕은 동방박사들의 말을 듣고 유대인의 대제사장들과 서기관들(성경 박사들)을 모았다. 그리고 그리스도가 태어난다면 어디서 나겠느냐고 물었다. 그러니 헤롯도 영적인 세계에 대하여 전혀 무지한 인물은 아닌듯하다. 그럴 때 당시의 유대인 가운데 가장 중심적인 종교인들인 대제사장들과 서기관들은 그리스도를 찾아 발견하면 잡아 죽이려는 의도를 갖고 있는 왕에게 그들이 아는 성경지식과 정보를 최대한 제공하게 된다. 이들은 정말로 성경을 잘 알았다. 왕이 묻자마자 구약 성경 미가서 5장 2절에 있는 "유대 땅 베들레헴아…네게서 한 다스리는 자가 나와서…"라고 말해주었다. 그들의 성경지식은 결국 예수님을 잡아 죽이려는 왕에게 정보를 제공해주는 것이 되고 말았다. 그들 대제사장들이나 서기관들은 동방 먼 나라에서 온 동방박사들만큼도 메시아의 출생에 대하여 관심이 없었다. 관심이 있는 자들은 동방의 박사들과, 그를 죽이려는 시기로 가득한 왕 헤롯밖에 없었던 것이다. 그러니 진정 예수를 사랑하지 않는 객관적인 성경지식은 무슨 소용이 있는가? 그들은 종교적인 지위로 왕 앞에 나갈 수 있었고, 좋은 생활을 영위할 수 있었겠지만 막상 가난한 목수의 집에 태어난 예수에게는 조금의 관심도 없었다.

10-12절, 저희가 별을 보고 가장 크게 기뻐하고 기뻐하더라 집에 들어가 아기와 그 모친 마리아의 함께 있는 것을 보고 엎드려 아기께 경배하고 보배 합을 열어 황금과 유향과 몰약을 예물로 드리니라 꿈에 헤롯에게로 돌아가지 말라 지시하심을 받아 다른 길로 고국에 돌아가니라

동방 박사들에 대하여 생각을 좀 해보자, 그들은 처음에 별(하나님의 생명의 빛의 인도를 예시함)을 보고 동방에서 왔는데, 오다가 사람의 관념의 지배를 받았다. 기독교는 계시의 종교라는 것을 잊어서는 안 된다. 계시는 물론 하나님을 진정으로 사모하는 자들에게 있게 된다(벧후 1:19). 그들이 별을 보고 길을 찾아 나섰다는 것은 그리스도인들이 내적인 별빛의 인도를 받아 살아나가는 것을 예시해준다. 그러다 그들은 유대인의 왕이 나신 것이니 예루살렘에서 날 것이 아니냐? 또 현재의 왕이 알 것이 아니냐? 왕가에서 태어날 것이 아니냐? 등의 세상적인 개념으로 돌아선 것이다. 그러다보니 그들은 별빛을 보고 오다가 그만 별빛을 소홀히 하고 세상적인 관념의 영역의 지배를 받은 것이다. 결과로 영적이고 내적인 별빛을 상실한 것이다. 그리고 예루살렘에 가서 의도 없이 그곳에다가 불을 지르고 만 것이다. 헤롯은 그들로 말미암아 정보를 취득하였고 그 정보를 통하여 그를 죽일 계획을 갖게 된 것이다. 결과적으로 동방박사나 대제사장이나 서기관들이나 왕에게 정보만 제공한 꼴이 되었다. 헤롯은 동방박사들에게 가서 만나면 그곳을 알려달라고 하고 자기도 가서 경배하겠다고 거짓말을 했다.

위에 구절을 보면 동방박사들이 헤롯 왕을 떠날 때 다시 별의 인도를 따르게 됨을 본다. 그들은 아직 아기 예수를 못 만났어도 별을 보고는 매우 기뻐했다. 이는 그들이 한 동안 별빛을 잃고 헤롯에게 가서 이런 저런 이야기를 하면서 불안하기도 하고 기쁨을 잃어버린 것이 분명하다. 그러다 다시 별빛의 인도를 받게 되었을 때 그들의 마음이 좋았다. '바로 이것이다'라고 한 것이다. 실상 별빛(참된 계시)은 우리를 그리스도께 인도한다. 그리스도께 우리를 인도하는 것이 별빛의 임무이다. 성경의 심오한 지식도 결국은 빛과 함께 우리가 주님을 만나는데 이르는 것이 되어야 한다는 뜻이다. 주님 자신께 인도되지 못하는 지식은 무슨 소용이 있는가?

동방의 박사들은 집에 들어왔다. 이때는 누가복음의 구유에 누인 아이보다는 컸을 때이다. 그래서 여기서 아이는 '베이비'(baby)가 아니라 '차일드'(child)로 되어있다. 누가복음은 강보에 싸여 구유에 누인 아기(a baby wrapped in cloths lying in the manger)로 되어있다. 그러나 여기는 아이(child)인 것이다. 그리고 여기서는 구유가 아니라 집에 계신다. 태어나신 후 항상 구유에 계셨던 것은 아니다. 오늘 많은 교회에서 크리스마스 연극 때 동방박사들이 구유에 계신 예수님께 황금, 몰약, 유향을 드리는 것을 연출한다. 그러나 동방박사들이 온 때는 누가복음의 목자들이 구유에 찾아 온 때와 다르다. 여기서는 집에 계신 아기 예수시다. 그리고 동방박사들은 아기와 모친이 함께 있는 것을 보았고 아기께만 경배를 했다. 그들은 마리아에게 경배한 것이 아니다. 오직 아기 예수께만 경배한 것이다. 찬양과 경배를 받으실 분은 오직 예수이시다. 카톨릭에서의 성모 마리아를 숭배하는 사상은 분명 성경적인 것이 아니다.

동방박사들은 꿈에 지시하심을 받아 다른 길로 고국에 돌아갔다. 그들은 인간적인 의미에서는 왕과의 약속을 깨버린 것이지만 그런 마귀적인 부탁을 지킬 필요는 없다. '사람이 잘못해서 마귀의 일을 하는 자들과 약속을 할 수 있지만 후에 속아서 그렇게 된 줄을 알았으면 그것을 지킬 필요가 없다'(박윤선 주석. p. 97). 계시를 얻지 못한 그리스도인과 계시를 얻은 후의 그리스도인의 발걸음이 다를 때가 있다는 얘기이다. 그때 헤롯과 있을 때는 동방박사들이 잘못 인도되고 있던 중이다. 별빛을 떠나 헤매던 중이고, 그러다가 마귀의 전술에 휘말린 것이다. 하나님은 그들을 꿈을 통해서나마 바로잡아 준 것이다. 그리고 그래도 현명한 그들은 한 번은 모르고 당했지만 두 번째는 속임수에 빠져들지 않은 것이다.

13-15절, 저희가 떠난 후에 주의 사자가 요셉에게 현몽하여 가로되 헤롯이 아기를 찾아 죽이려하니 일어나 아기와 그의 모친을 데리고 애굽으로 피하여 내가 네게 이르기까지 거기 있으라 하시니 요셉이 일어나서 밤에 아기와 그의 모친을 데리고 애굽으로 떠나가 헤롯이 죽기까지 거기 있었으니 이는 주께서 선지자로 말씀하신바 애굽에서 내 아들을 불렀다 함을 이루려 하심이니라

여기서 우리가 한 가지 알아야 할 것은 누가복음에서 예수 그리스도의 출생에 관하여 하나님은 천사를 통하여 마리아에게 많은 말씀을 하셨다. 그러나 하나님은 갈 길에 대하여 요셉에게 현몽하시고 말씀하신다. 이는 하나님의 역사하시는 원리이다. 중요한 일에 쓰임 받은 것은 다 마리아이다. 은혜도 마리아가 크게 받았다. 그렇다고 하나님은 모든 것을 마리아에게 지시하시는 것이 아니다. 요셉은 마리아의 남편이다. 오늘 날도 아내들이 상당히 주님을 사랑하고 계시가 있고 쓰임을 크게 받을지라도 하나님은 많은 경우 갈 길을 남편들을 통하여 지시하신다. 이는 남편이 그 아내의 머리이기 때문이다(엡 5:23-24). 이를 동양철학이나 유교 관념이라고 생각해서는 안 된다. 심지어 귀하게 쓰임을 받고 귀한 계시와 말씀을 많이 갖고 있는 주의 종이라고 하더라도 하나님은 반드시 그에게 모든 권위를 주지 않을 수도 있다. 그를 이끌어줄 다른 사람이 있을 수가 얼마든지 있다. 바울에게는 아나니아가 있었고, 바나바도 있었다. 천하의 계시가 뛰어난 바울이라 하더라도 평범한 그리스도인이나 자기만 못한 다른 사역자의 도움과 인도를 받는 경우가 있는 것이다.

또 한 가지 하나님은 그 분의 아들을 인도하실 때 모든 것을 기적으로만 역사하지는 않으셨다. 헤롯을 죽게 한다든지, 천군을 보내어 지키게 하신 다든지 하지 않으시고, 한 동안 애굽에 가서 피해 있으라고 한 것이다. 언제까지인가? 헤롯이 죽기까지이다. 하나님은 원수 헤롯을 당장에 처치하는 방식으로 아들을 보호하신 것이 아니다. 자연의 질서 속에 그냥 순응하게 하신 것이다. 오늘 많은 그리스도인들이 하는 기도는 이런 때 헤롯을 죽게 하라든지 기적을 베푸시어 아들을 지키라고 하는 것이다. 그러나 하나님은 그렇게 하시지 않았다. '애굽에 피하여 그가 죽을 때까지 머물라'이다. 어린 생명을 보호하기 위해서는 피해야 할 필요가 있었던 것이다. 이렇게 피하는 것이 영적인 것이 아니라고 말하지 말라! "아기와 그의 모친을 데리고 애굽으로 피하여 내가 네게 이르기까지 거기 있으라" 이렇게 하여 선지자가 한 말을 이루게 된 것이다.

16-18절, 이에 헤롯이 박사들에게 속은 줄을 알고 심히 노하여 사람을 보내어 베들레헴과 그 모든 지경 안에 있는 사내 아이를 박사들에게 자세히 알아본 그 때를 표준하여 두 살부터 그 아래로 다 죽이니 이에 선지자 예레미야로 말씀하신바 라마에서 슬퍼하며 크게 통곡하는 소리가 들리니 라헬이 그 자식을 위하여 애곡하는 것이라 그가 자식이 없으므로 위로 받기를 거절하였도다 함이 이루어졌느니라

헤롯은 실상 박사들을 먼저 속인 것이다. '알려주면 나도 가서 그에게 경배하겠다' 라고 한 것은 박사들을 속인 것이다. 죽일 의도를 가지고 있으면서 겉으로는 경배하겠다고 한 것이다. 헤롯은 자기가 박사들을 속인 것은 생각지 않고 박사들이 자기에게 약속을 깬 것만 계산했다. 그리고 헤롯은 진노하였다. 대개의 권력자들이 이렇게 한다. 자신들은 권력을 위해 잘못을 해도 용인이 되고 약자들은 반드시 약속을 지켜야 한다고 윽박지르는 것이다. 이런 사고는 이와 같이 벌써 2000년 전에도 있었다.

많은 때 조직과 권력은 이렇게 크게 잘못을 한다. 그가 이렇게 할 수 있는 권력과 조직의 힘이 없었다면 이런 죄를 짓지 않았을 것이다. 그는 베들레헴과 그 근방에서 태어난 아이들을 두 살 아래로 다 죽였다. 그러므로 힘이 있는 사람들, 돈이 많은 사람들, 큰 권력을 가진 사람들은 조심해야 한다. 종교조직도 마찬가지이다. 즉 할 수 있는 것이 좀 있는 사람들은 할 수 있는 것이 없는 사람보다 배나 조심을 많이 해야 실수가 적다. 자신들의 권력이나 안정이나 번영을 위하여 필요하다 싶으면 다른 많은 것을 고려하지 않고 무자비한 일을 저지르게 되는 것이다. 마음대로 할 수 있는 능력이 자기에게 있기 때문이다. 그럴 때 다른 많은 사람들이 피해를 입는 것은 기정사실이다. 그때 많은 어린아이가 죽었고 큰 슬픔이 있었다. 이런 일이 발생할 것이 또한 구약성경에 기록되어 있다.

19-23절 헤롯이 죽은 후에 주의 사자가 애굽에서 요셉에게 현몽하여 가로되 일어나 아기와 그 모친을 데리고 이스라엘 땅으로 가라 아기의 목숨을 찾던 자들이 죽었느니라 하시니 요셉이 일어나 아기와 그 모친을 데리고 이스라엘 땅으로 들어오니라 그러나 아켈라오가 그 부친 헤롯을 이어 유대의 임금 됨을 듣고 거기로 가기를 무서워하더니 꿈에 지시하심을 받아 갈릴리 지방으로 떠나가 나사렛이란 동네에 와서 사니 이는 선지자로 하신 말씀에 나사렛 사람이라 칭하리라 하심을 이루려 함이러라

헤롯이 죽은 후에 주의 천사는 아기에 대하여 요셉에게 현몽하여 말한다. 일어나 아기와 모친을 데리고 이스라엘로 들어가라는 말이다. 요셉은 그리스도의 출생과 성장에 있어서 지대한 동역을 한다. 예수님은 이스라엘이 아닌 애굽에서 한동안 계셨다. 나실 때부터 핍박과 공격 아래 있었던 것이다. 이것이 하늘로부터 이 땅에 오셨던 구주의 삶이요 인생이다. 그들은 순종하여 이스라엘 땅으로 들어오긴 했지만 그래도 아직 예수의 부모의 마음은 무서웠다. 예루살렘 가까이 와서 살기가 내키지 않았다. 헤롯은 죽었지만 그래도 그 아들이 왕이 된 것이다. 실상 문제는 없는 것이었는데, 요셉과 마리아에게는 아직도 불안한 마음이 있었던 것이다. 하나님은 요셉에게 아무 문제가 없으니 깊숙이 들어가 살라고 하지 않으셨다. 하나님은 그분의 사랑하는 자들의 연약한 마음이라 하더라도 그 자연스런 성정을 이해해 주신다. 그래서 다시 하나님은 적절한 곳으로 인도를 해주었는데 그곳이 나사렛이란 동네이다. 그들의 두려워하는 마음을 살펴 적절한 곳으로 안내해준 것이다. 그래서 살게 된 곳이 나사렛이다. 나사렛은 천한 동네, 당시 알아주지 않는 곳이었다. 우리 주 예수님은 오늘 날로 말하면 모든 이에게 인정받을 만한 도시에서 자라지 않았고, 당시로 보면 그럴듯한 가문도 아니었다. 천한 나사렛 사람, 목수의 아들, 이것이 그분의 신분이었다. 주 예수는 얼마나 자신을 낮추어 이 땅에 오셨고 어찌 그리 천한 동네의 사람이 되셨는가!

3장

1절, 그때에 세례 요한이 이르러 유대 광야에서 전파하여 가로되

2장과 3장 1절과는 시간상 30년이라는 간격이 있다. 주님의 유아기부터 나와서 요한에게 세례를 받고 사역하실 때까지는 30년가량의 시간이 흘렀음에도 불구하고 거기에 대한 기록은 누가복음 2장에 오직 한 번, 12살 때에 성전에 올라가셨던 사건의 기록밖에는 없다. 그리고 이제 주님이 공적으로 사역을 시작하실 때부터의 기록이 있다. 30년이란 시간 동안 주님은 오직 이 때를 위해서 우리와 똑같은 사람으로 출생하시고 자라나셨다. 하나님과 사람의 눈에 사랑스럽게 자라나셨다(눅 2:52).

나는 그분의 인생 30년 동안 다른 사람과 똑같이 그렇게 가정에서 목수인 아버지를 도우면서 부모님을 모시고 성실하게 살았으리라고 생각한다. 주님의 30세 때까지의 인생은 하나의 준비였다. 우리는 그분이 하나님이심을 잊어서는 안 된다. 하나님이신 그리스도께서 인간의 삶 안에 오셔서 정상적인 인간으로 자라시고 육신의 부모를 섬기시며 가난한 집 안에서의 인간의 삶의 비애와 간고를 다 겪으신 것이다. 이제 30세가 되었을 때 비로소 주님은 나오셔서 사역을 시작하셨다. 나는 젊은 사역자 생도들에게 권면하고 싶다. 주님을 섬길 사람들이 인생의 밑바닥의 삶을 몰라서는 안된다. 낮은 생활도 해보고, 생업을 위한 일도 가정을 위해 성실하게 해보기 바란다.

그 30년 동안 예수님은 가정에서 목수인 아버지 요셉의 뒷바라지를 하면서 또 많은 가정사를 돌보았을 것이다. 그러나 그분에게는 한 번도 죄나 불순종이나 악한 말을 하는 것이 없었을 것이다. 그 분은 죄가 없는 분이기 때문이다. 그분은 죄를 알지도 못하신 분이라고 성경은 기록한다(고후 5:21).

그 분이 30세가 되었을 때 그 분보다 6개월 먼저 출생한 세례 요한이 선주자(a forerunner)로서 광야에서 전파를 시작했다. "그때에 세례 요한이 이르러 유대 광야에서 전파하여 가로되" 구약에서 그리스도가 오실 때 선주자의 일을 하는 선지자가 있을 것이라는 말도 이미 예언이 되어있다. 구약 성경의 맨 마지막 말라기의 마지막 구절은 이 선주자의 예언으로 끝이 난다. 그러니 구약 성경의 끝은 예수 그리스도의 초림의 문제로 결론을 맺는다(말 4:5-6). 신약은 그리스도의 재림으로 끝을 맺는다(계 20:20). 이는 신약에 사는 우리의 신앙이 그리스도의 다시 오심에 중심이 맞추어져 있어야 함을 말해주는 것이다. 어쨌든 구약에서 예언된 바 있는 선주자(엘리야의 영과 능력으로 온 선지자)로서 요한이 보내심을 받은 것이다. 그리고 그는 와서 엘리야와 같은 복장을 입고 엘리야가 있었던 것과 같은 광야에서 사역을 시작한 것이다(왕하 1:7-8). 교회 역사에서도 어떠한 새로운 시작이 일어나는 곳은 광야 같은 곳이다. 사람들이 통상적으로 생각하기에 역사가 일어날 만한 그런 곳이 아니라 대부분 사람들이 상상하지 못하는 멀리 떨어진 곳에서 역사는 일어난다.

요한 웨슬레가 일어났을 때 그들은 노방에서 전도를 했고 또 산골짜기에서도 복음을 전했다고 한다. 그 당시 그들은 그런 역사로 말미암아 영국 성공회로부터 많은 핍박을 받았다. 왜냐하면 그들은 거룩한 장소(소위 예배당과 같은 곳) 외에서는 하나님의 말씀을 전하지 못하도록 되어 있었기 때문이다. 그야말로 그들은 '광야'에서 전파를 시작했던 것이다.

2절, 회개하라 천국이 가까웠느니라 하였으니

여기서 세례 요한은 유대 광야에서 전파를 시작했는데 그 전파의 주제는 '회개하라, 천국이 가까웠느니라!'이다. 통상적으로 회개란 말은 곡해되고 있다. 그저 자기가 행한 일에 대한 잘못을 통회한다든지, 죄를 고백하는 행위라든지 하는 말로 이해를 한다. 그러나 성경에서 나온 단어인 회개는 그런 뜻이 아니다. 첫째 이 회개라는 말은 '생각을 바꾼다'는 뜻을 갖고 있다(메타노이아-μετανόια, 헬). 영어로는 라틴어에서 유래된 'repent'로서 다시 생각한다는 뜻이다. 다만 애통하고 슬퍼하는 것이 아니다. 애통하고 슬퍼하지만 생각이 바뀌지 않으면 하나도 회개가 아니다. 그런데 왜 요한은 회개를 해야 한다고 선포하는가? 천국이 가까웠기 때문이라는 것이다. 천국이 왔다고 하지 않고 천국이 가까웠다(has drawn near)고 했다. 주 예수님이 이 땅에 오셨을 때 아직 천국은 오지 않았다. 다만 가까이 와 있었다. 이 천국에 대해서(Kingdom of heavens), 오늘날까지 많은 학자들 사이에 생각이 달랐고 해석이 달랐다. 그저 많은 그리스도인들은 천국 하면 신자들이 죽으면 가는 천당으로 생각한다. 그러면 여기서 요한이 회개하라! 천국이 가까웠느니라 하는 말이 곧 오시는 예수님을 믿고 죽은 후에 천당 가라고 외치는 말이라고 생각하는가? 학자들은 여기서 말하는 천국이 그런 것이 아니라고 말하는 데는 대부분 공감을 한다. 천국은 주님의 초림으로 이루어지는 정신적인 천국과 재림으로 말미암아 이루어지는 영원한 천국을 구분하여 대부분 여기서 요한이 말하는 천국을 정신적인 것으로 보고 있다.

스코필드(C.I. Scofield)는 주 예수님이 천국을 가지고 오셨고, 이 땅에 왕국을 세우러 오셨지만 유대인들이 배척했기 때문에 왕국은 재림 시까지 보류되었다고 보고 있다. 이런 관점은 일리 있는 면이 있지만 성경적으로 완전히 정확하지는 않다고 판단한다. 우리가 성경을 주의 깊게 읽어보고 주님으로부터 빛을 얻는다면 이 천국이 언제부터 시작되었는가를 알 수 있다.

우선 천국(Kingdom of Heavens)이란 용어부터 그 뜻을 보겠다. 성경을 자세히 공부하면 천국과 하나님의 나라(Kingdom of God)는 동의어로 쓰이기도 하고 분별이 있게도 쓰여 졌다. 그러므로 천국을 무조건 '하나님의 나라'라고 말하는 것은 정확하지 않다. 마태 21장 43절에 의하면 "그러므로 내가 너희에게 이르노니 하나님의 나라를 너희는 빼앗기고 그 나라의 열매 맺는 백성이 받으리라"고 되어있다. 이는 당시 이스라엘 백성들은 하나님의 나라를 갖고 있었다는 말이 된다. 당시 유대인들은 하나님의 나라를 갖고 있었다가 주 예수님을 배척함으로 빼앗겼다는 말이다. 그렇지 않다면 세례 요한이 한 말은 이미 그들 가운데 있는 하나님 나라가 가까이 왔다고 말하는 것이 된다. 물론 마가복음에는 하나님 나라가 가까이 왔다고 말한다(막 1:15). 그렇다고 해서 천국과 하나님의 나라가 완전한 동의어는 아니다. 더욱 정확하게 가까이 온 실체는 마태복음에서 자주 씌여진 용어인 '천국'이라고 보아야 한다. 즉 마가복음은 천국을 하나님의 나라로 보고 하나님 나라가 가까웠다고 말한 것이라고 보아야 한다. 서울특별시를 대한민국이라고 할 수 있다. 그렇다고 서울특별시가 곧 대한민국인 것은 아니다. 때로 서울특별시를 대한민국이라고 부를 수 있을 뿐이다. 하나님의 나라는 대한민국과 같이 범위가 더 크고 천국은 서울특별시처럼 범위가 작다.

마태 16장에서 주님은 베드로에게 천국 열쇠를 준다고 하였으며, 천국은 비로소 세례 요한의 때부터 침노를 당한다고 기록되어있다. "세례 요한의 때부터 지금까지 천국은 침노를 당하나니 침노하는 자는 빼앗느니라"(마 11:12) 하나님의 나라에 대하여는 이미 열조시대에도 이미 거기에 있었으며, 광야의 이스라엘과 가나안 땅에 들어가서도 이스라엘은 하나님의 나라였다. 그러나 그들이 메시야를 배척하였을 때 그들은 하나님의 나라를 빼앗기고 열매 맺는 백성인 이방인들에게 넘겨주게 된 것이다.

비로소 주님이 오셨을 때 주님의 입에서 천국에 대한 말씀이 많이 나오고(마 5-7장, 13장, 24장 등), 천국의 비밀을 아는 문제, 천국을 상급으로 받는 문제 등을 중점적으로 가르침 받게 된 것이다. 이는 천국이라는 것이 전에는 없었던 어떤 특별한 영역임을 시사하는 것이다. 천국이란 무엇인가? 문자적으로 천국은 하늘들의 다스림을 뜻한다. 'Kingdom of Heavens'에서 왕국(kingdom)은 왕의 다스리는 영역을 뜻한다. 왕의 통치를 받는 영역을 뜻하는 것이다. 구약시대에 하나님의 나라는 외적인 부분 안에서 이루어졌었지만 신약에서 천국을 말할 때는 이보다 내적인 생명으로 인한 다스림으로 이루어지는 것이다. 그러므로 천국의 비유의 첫 번째가 씨 뿌리는 것부터 시작하는 것이다. 주 예수님이 사람의 마음속에 생명의 씨를 뿌리심으로 비로소 이 땅에는 속에서부터 하늘의 다스림을 받는 백성들이 생겨난다는 말이다. 그분은 이 땅에 이렇게 이루실 천국을 가지고 오신 왕이다. 마태복음 5장부터 주 예수님은 이 땅에 있게 될 천국 백성들의 본질을 다루고 있다.

어떤 사람들이 이 땅에서 일어나는 천국백성들의 특징인가? 그들은 오리(五里)를 가자하면 십리(十里)를 가고, 원수를 사랑하며, 송사하여 속옷을 달라하면 겉옷까지도 내어주는 사람들이다. 오른편 뺨을 치면 왼편도 돌려대는 사람들이다. 심령이 가난하고 애통하며 온유한 사람들이다. 모두가 다 내적인 심령의 변화에 의한 천국이다. 다만 외적인 형식이나 법령이나 규례를 지킴으로 인한 통치가 아니다. 내적인 생명의 다스림과 순종에 의한 것이다. 이런 사람들이 세상의 소금과 빛이 되니 오늘 천국의 백성들은 이 땅에 먼저 존재하게 된다. 자, 그렇다면 요한의 때에는 천국이 가까이 온것이고 아직 거기에 없었다는 것이 분명하다. 비로소 베드로가 열쇠로 천국을 열 때 이 땅에 천국이 시작된다. 그에게 천국 열쇠를 주었기 때문이다. 그 천국이 언제 시작되었는가? 바로 성령이 강림하여 성령 충만을 얻은 오순절 때이며 교회와 함께 시작된 것이다. 그날 베드로가 일어나서 말씀을 선포할 때 성령이 강림하게 된 것이다. 그렇지만 어디까지나 이 시대는 천국의 내적인 실제(reality)가 있을 뿐, 나타남과 실현은 그리스도의 재림과 함께 영광 가운데 임하게 된다. 그러나 오늘의 천국의 실제와 그날의 나타남은 관계가 있고 그 성분과 본질은 동일한 것이다.

간단히 말해서 천국이란 하늘의 왕, 하늘의 주권이 이 땅을 다스린다는 말이다. 그래서 이 땅에 하늘의 통치가 임하는 그것을 천국(天國)이라고 한다. 이것을 주 예수님이 나타나시기 전까지 선주자인 세례 요한이 전파하고 있었다. 그리고나서 4장에서 주 예수님이 똑같은 것을 전파하신다. 당시 이 땅에는 아직 하늘의 다스림이 통행되는 영역이 없었다. 4장 16절에서는 "흑암에 앉은 백성이 큰 빛을 보았고"라고 말한다. 이 땅은 전체적으로 흑암에 놓여져 있었다. 어느 날 메시아이신 주님이 빛으로 오셨고, 그분은 이 땅에 천국의 씨앗을 뿌리고 계셨다.

앞으로 우리는 마태복음 13장에서 천국의 일곱 가지 비유를 보게 된다. 그것은 씨 뿌리는 것으로 비유가 된다. 주 예수님은 씨를 뿌리는 분이시다. 또한 그 씨 자체도 주 예수님 자신이다. 우리는 예수님이 씨를 뿌리는 분도 되고 씨 자체도 된다고 말할 수 있다. 그분이 씨 뿌리는 자로서 그분 자신을 사람들의 마음에 뿌리신다. 이와 같이 천국은 주 예수님이 죽고 부활하셔서 믿는 자에게 성령으로 들어오시는 것이다. 그때 믿는 자들 속에 천국이 시작되는 것이다. 그러면 하나님은 어떻게 이 땅에 있는 그분의 백성들을 다스리는가? 그분 자신을 생명으로 믿는 자들 속에 넣어주셔서, 즉 사람들 속에 그분의 생명의 씨를 뿌리셔서 바깥에서부터 다스리는 것이 아니라 속에서부터 다스리신다. 이것이 바로 천국의 시작이다. 이렇게 천국은 이 땅에서 비밀스럽게 시작이 된다. 따라서 주님은 천국에 대한 일들을 많은 비유를 통해서 말씀하셨다.

하나님은 이 땅을 매우 관심하신다. 그래서 주님께서는 제자들에게 "뜻이 하늘에서 이루어진 것같이 땅에서도 이루어지며", 왕국(나라)이 '이 땅에' 임하도록 기도하라고 하셨다. 하늘 왕국이 이 땅에 임하는 것은 하나님의 뜻이다. 그런데 과연 어떻게 그 천국이 이 땅에 임하는가? 마태복음 16장에서 베드로가 하나님의 아들에 대한 계시를 보았을 때 주님은 "내가 이 반석 위에 내 교회를 세우리니 음부의 권세가 이기지 못하리라" 하시고 "내가 천국 열쇠를 네게 주리니"라고 하셨다. 이 구절들에서 교회라고 하는 말과 천국이라는 말은 서로 바꿔 쓸 수 있는 말처럼 쓰였다. 이 땅에 교회가 세워질 때 천국이 있게 된다. 그래서 정당한 정상적인 교회는 이 땅에 천국이 이루어지는 교회이다. 그렇다고 천국과 교회가 완전 동의어라는 뜻이 아니다. 천국과 교회는 천국과 하나님의 나라처럼 바꾸어 쓸 수 있을 때도 있고, 그렇지 않을 때도 있다.

하나님은 이 땅에 이렇게 하늘에 속한 다스림이 행사되는 사람들을 원하신다. 하나님이 참으로 다스리실 수 있는, 그분의 통치에 온전히 순종할 수 있는 그러한 사람들을 얻기 원하신다. 그것이 이 시대에 하나님이 건축하시는 교회인 것이다. 그리스도의 통치가 이루어지지 않는 교회는 왕국으로서 무슨 의미가 있는가? 물론 주님이 다시 오실 때 왕국의 참된 실현이 있게 된다. 그러나 그 왕국은 그때에야 비로소 시작되는 것이 아니라, 그리스도를 왕과 머리로 삼은 참된 교회가 이 땅에 이루어지는 때부터 본질적인 왕국은 시작되는 것이다.

그러므로 여기 마태복음에서 우리가 예수를 믿는다고 하는 것은 이 천국을 받아들이는 것이라는 것을 알 수 있다. 오늘 우리는 예수를 믿어서 천국의 백성이 되는 것이다. 그리스도의 왕권의 다스림을 받도록 이 복음을 영접하는 것이다. 어떤 사람들은 구원받았다고 하면서 '나는 이제 멸망하지 않는다. 왜냐하면 죄사함을 받았기 때문이다. 그리고 나는 영생을 얻었다.'라고만 생각한다. 그러나 우리가 마태복음 3장을 읽을 때 왜 회개를 해야 하는가? 그것은 참된 하늘들의 다스림이 가까웠기 때문이다. 우리의 회개와 주님을 영접함은 왕이신 그리스도를 받아들일 뿐 아니라 그분의 다스림을 받아들이며 완전히 순종하는 데까지 이르러야 한다. 그래야 참된 회개라고 말할 수 있다.

우리는 우리가 주 예수를 믿었을 때 천국을 받아들였다는 것을 알아야 한다. 천국 백성이 되기 위해 주 예수를 받아들인 것이다. 과거에는 우리가 하늘 왕께 순종하지 않았다. 우리 마음대로 살았다. 우리 육체와 마음의 원하는 대로 행했다. 그러나 주님을 믿는다는 것은 무엇인가? 이제부터 내 뜻대로 살지 않고, 내 마음대로 사는 것을 포기하고, 왕으로 오셨으며 오늘 우리 마음에 내주하시는 그분의 통치에 순종하는 것이다. 우리는 천국이 오늘 교회와 함께 시작된다는 것을 분명히 알아야 한다. 그러므로 교회 생활 안에서 중요한 것은 그리스도의 생명과 성령의 통치에 순종하는 것이다. 그분의 다스림이 이 땅에서 적어도 교회 안에서 만큼은 이루어져야 한다. 그 때 교회는 본질적으로 천국의 범위에 포함된다.

다음에 우리는 여기서 회개에 대해 조금 더 생각해 보아야 하는데, 신약의 복음은 회개로부터 시작되기 때문이다. 그리고 주 예수를 믿어야 한다. 회개와 믿음, 이 두 가지는 매우 필요한 것이다. 회개는 내가 과거에 어떠한 삶을 살았고, 어떠한 관점을 갖고 어떠한 인생관을 가졌으며, 어떠한 마음가짐을 가졌는데 이제는 바뀌어서 과거에 하나님 없이 살고 그리스도를 왕으로 모시지 않고 내 마음대로 산 모든 것, 하나님을 내 마음에 모시지 않고 그분을 등지고 살았던 모든 것들을 참으로 돌이키고 그분을 우리 속에 왕으로, 주로 모셔 들이는 것이다. 우리는 과거의 삶에 대해서 애통한 마음을 갖고 완전히 돌이키는 것이 필요하다. 우리가 얼마나 악한 죄인이었는가, 우리가 얼마나 하나님을 대적하는 삶을 살았는가 등 우리의 과거의 삶에 대해서, 우리 자신에 대해서, 우리의 행한 모든 것들에 대해서 분명한 돌이킴과 전환이 있어야 한다. 그래서 우리가 여기서 기억해야 할 것은 신약의 복음은 요한의 사역부터 시작된다는 것이다. 또한 요한의 사역은 회개의 사역이다. 우리는 이 부분에 대해 분명해야 한다.

그렇다고 해서 회개가 구원의 조건이라는 것이 아니다. 구원의 조건은 오직 믿음이다(sola fide). 먼저 알 것은 회개는 회개할 마음을 하나님이 주신다는 것이다. "이방인에게도 생명 얻는 회개를 주셨도다"(행 11:18). 회개는 하나님이 주시는 은혜의 일부요, 구원의 일부임을 볼 수 있다. 우리는 구원받기 위해서는 오직 믿어야 하는 것이지만, 사람이 회개가 없이는 믿을 수 없다는 것도 알아야 한다. 그러면 왜 회개가 구원의 조건이 아니라고 하는가? 이는 사람이 회개했다고 해서 구원받을 수 있는 것이 아니기 때문이다. 회개만 하고 믿지 않으면 구원받지 못한다. 하나님이 우리로 믿게 해주시려면 회개의 마음을 먼저 주셔야 한다. "네가 하나님의 인자하심이 너를 인도하여 회개케 하심을 알지 못하느냐"(롬 2:4b) 회개가 구원의 조건은 아닐지라도 회개가 없이는 믿을 수 없기에 우리는 복음을 전할 때 당시 요한과 마찬가지로 회개를 요청하는 것이다. 그러므로 신약성경에서 복음의 시작이 회개로 말미암아 시작됨을 볼 수 있다.

마가복음 1장 1-4절, "하나님의 아들 예수 그리스도 복음의 시작이라 선지자 이사야의 글에 보라 내가 내 사자를 네 앞에 보내노니 저가 네 길을 예비하리라 광야에 외치는 자의 소리가 있어 가로되 너희는 주의 길을 예비하라 그의 첩경을 평탄케 하라 기록된 것과 같이 세례 요한이 이르러 광야에서 죄 사함을 받게 하는 회개의 세례를 전파하니". 이 말씀을 보면 1절에서 '예수 그리스도 복음의 시작이라' 하고서 세례 요한의 사역을 소개한다. 그러므로 그리스도의 복음의 시작은 세례 요한부터라는 것을 알 수 있다. 여기에 대해서도 신학자들은 많은 다른 의견들을 제시한다. '아니다, 예수 그리스도의 전파로부터다. 혹은 예수 그리스도의 십자가에 죽으심으로부터다. 또는 성령 강림으로부터다.' 등등 많은 얘기를 하는데 사실 신약의 복음은 침례자 요한으로부터 시작한다.

사도행전 10장 36-37절, "만유의 주 되신 예수 그리스도로 말미암아 화평의 복음을 전하사 이스라엘 자손들에게 보내신 말씀 곧 요한이 그 세례를 반포한 후에 갈릴리에서 시작되어 온 유대에 두루 전파된 그것을 너희도 알거니와". 여기서 '주 예수 그리스도로 말미암아 전파된 화평의 복음'을 말하고 있는데, 이 이스라엘 자손들에게 보내신 말씀 그 화평의 복음이 요한이 세례를 반포한 후에 전파되었다. 따라서 복음 전파는 요한의 전파로부터 시작되었다는 것을 볼 수 있다. 사도행전 11장 16절, "내가 주의 말씀에 요한은 물로 세례를 주었으나 너희는 성령으로 세례 받으리라 하신 것이 생각났노라". 이 말씀에도 요한이 물로 세례 준 것이 언급되어 있다. 사도행전 13장 24절, "그 오시는 앞에 요한이 먼저 회개의 세례를 이스라엘 모든 백성에게 전파하니라". 베드로와 요한이 세례 요한의 세례를 들어서 복음을 말했을 뿐 아니라 사도 바울도 요한의 세례가 먼저 전파되었다는 것을 말하고 있다. 사도행전 1장 21절, "이러하므로 요한의 세례로부터 우리 가운데서 올리워가신 날까지 주 예수께서 우리 가운데 출입하실 때에". 이 말씀을 보면 요한의 세례는 복음에서 중대한 사건임을 볼 수 있다. 주님의 역사를 설명할 때에도 '요한의 세례부터 주님이 올리워가실 때까지'라고 말한다. 그러므로 우리가 복음을 전파할 때 요한의 세례를 빠뜨리고 말할 수 없다. 다시 말하면 회개를 쉽게 생각하고 소홀히 여기면 복음을 전파할 수 없다는 것이다.

요한복음 3장 5절, "예수께서 대답하시되 진실로 진실로 네게 이르노니 사람이 물과 성령으로 나지 아니하면 하나님 나라에 들어갈 수 없느니라". 주님은 거듭나는 것을 말씀하시면서 물과 성령으로 나야 한다고 말씀하신다. 어떤 사람은 여기의 물이 성령의 물이라고 한다. 그럼 물과 성령은 중복된 말이 된다. 또 어떤 학자들은 말씀의 물이라고 한다. 말씀의 물로 거듭나는 것은 맞지만 이 구절에서 주님이 물을 언급하신 것은 말씀의 물이 아니다. 이는 요한복음 1장 31절에 있는 침례의 물과 관계있다. 이어서 32절은 비둘기 같은 성령을 말씀한다. 요한은 물로 세례를 주는 자고 주님은 성령으로 세례를 주시는 분이라는 말이다. 이런 중대한 말씀에서 주님이 단순한 단어의 중복(물도 성령, 성령도 성령)을 말씀하실 리 없고, 물은 하나의 상징(말씀)으로 성령은 문자대로 성령으로 말씀하실 리 없다.

여기서의 물은 침례의 물을 의미한다. 물과 성령으로 거듭나는 것이다. 침례의 물은 장사지내는 것이다. 세례요한은 모든 구약의 선지자의 종결이다. 시내산에서 율법이 반포된 후 이스라엘은 그 율법을 지키지 못했다. 선지자들은 그 율법을 어기는 상황을 놓고 책망하며 심판하며 그리스도의 오심을 예언했다. 그 정점이 요한이다. 요한은 더 이상 책망이나 심판이 아니라 죽어야 마땅하다는 종결 곧 침례의 일을 한 것이다. 부패한 인류는 더 이상 계명을 지킬 수 없고 물 속에 들어가 장사지내야 마땅한 존재라는 말이다. 그는 요단강에서 회개의 세례를 전파했다. 그것은 인간에게는 다른 소망이 없고 죽기에만 합당하며 그리스도에게만 길이 있음을 안내한 것이다. 그러므로 세례요한의 사역은 구약을 끝내고 신약을 여는 사역이 된 것이다.

믿음이 구원받는 유일한 조건이냐 할 때, 그렇다. 우리는 믿음으로 구원받는다. 그러나 그 믿음 속에는 회개가 들어 있어야 한다. 오늘날 많은 그리스도인들이 구원받았다고 하지만 진정한 회개가 없는 것을 볼 수 있다. 자신의 과거의 죄와 하나님을 떠난 그 생활들에 대한 돌이킴, 애통함, 하나님을 대적했던 삶에 대한 통회함, 자복함, 죄를 청산하고자 하는 마음, 죄를 미워하는 마음, 애통해 하는 마음이 없이 그저 '나는 믿었다, 믿었기 때문에 구원받았다'라고 하는 것은 그리 안전하지 않다. 회개가 없는 그 믿음이 다만 정신적인 동의에 불과할 뿐 성경에서 말하는 믿음에 이르지 못하는 것이다.

"첫째는 말씀을 깨달았고 둘째는 믿었다. 그래서 구원받았다. 어떠어떠한 말씀에 근거해서 구원받았다." 자, 어떻습니까? 그럴 때 대부분 구원받았다고 인정한다. 그런데 여기에 중요한 한 가지가 빠져 있다. 회개가 빠져 있다. 당신이 죄인이라는 것을 모르고 지금까지 행한 많은 죄에 대한 어떠한 인식도 없이 다만 믿었으니까 구원받았다고 하는 것은 다시 점검해볼 필요가 있다. 믿는다는 말은 옳다. 우리가 믿음으로 구원받는다는 교리는 전적으로 옳다. 그러나 우리는 복음에 있어서 세례를 통한 회개가 먼저 전파되었다는 것을 반드시 기억해야 한다.

오늘 우리는 복음을 안전하게 전해야 한다. 요한복음 4장에는 사마리아 여인에 대한 주님의 복음전파가 나온다. 주님은 그녀의 회개를 도울 수 있도록 가장 깊은 문제를 만지셨다. 그것은 그녀의 남편문제였다. "네 남편을 불러오라!" 주님은 그녀의 부도덕한 문제를 꾸짖고 정죄하는 식이 아니라 불쌍히 여기고 용서하는 마음이 가득한 눈으로 말씀하셨다. 그녀는 자신의 일생을 짓누르고 정죄하며 무겁게 하는 죄의 문제를 덮어두고, 조상 야곱의 이야기며, 경배의 이야기로 본질을 벗어나려 했다. 그녀가 진정 주님을 만나기 위해서는 그녀의 근저에 있는 죄의 문제를 만져야 했다. 주 예수는 저희 백성을 자기 죄에서 구원할 자이시다. 그분은 의인을 부르러 온 것이 아니라 죄인을 부르러 오셨다. 우리가 주님을 만나기 위해서는 우리의 문제를 그대로 가지고 갈 때 바로 그곳에서 우리는 주님을 만나게 된다. 거기에 회개와 믿음이 있게 되고 구원이 있게 된다.

나는 내 자신이 예수 그리스도가 과연 하나님의 아들이시며 하나님이시라는 것을 보았을 때 에서야 진정으로 내가 주님을 만났다는 느낌을 가졌다. 아마도 그 이전에는 지식적이고 교리적으로 주님에 대하여 알았을 것이다. 그러나 그날 성령께서 내 눈을 여시어 나사렛 사람 예수가 하나님의 아들이시며, 하나님 자신이라는 것을 보게 하셨다. 그 때 얼마나 눈물을 흘렸는지 모른다. 어떤 눈물인가? 내 자신이 얼마나 악한 사람인가를 보았기 때문이다. 달리 악한 게 아니라 '내가 무지하여 이렇게 놀라우신 내 구주 하나님을 몰랐구나.'하는 것 때문이다. 그러한 무지하고 둔하고 악한 마음에 빛이 비칠 때 저는 무릎을 꿇고 주님 앞에서 얼마나 울었는지 모른다. '주여, 당신은 하나님이십니다. 나는 당신을 계신 그대로 몰랐습니다. 그래서 얼마나 방자하게 행했는지요.' 주님을 모르니 자연히 모르는 상태에서 함부로 지냈는데 그것이 다 죄로 인식되었던 것이다. 주님을 만난 그 자체가 나로 하여금 지난날의 방자한 삶이 다 죄뿐임을 깨닫게 한 것이다. 참되게 천국 왕을 만나는 자들은 회개를 하지 않을 수 없는 것이다. 우리가 다 회개해야 함은 하늘로부터 천국의 왕이 오셨기 때문이다.

3절, 저는 선지자 이사야로 말씀하신 자라 일렀으되 광야에 외치는 자의 소리가 있어 가로되 너희는 주의 길을 예비하라 그의 첩경을 평탄케 하라 하였느니라

요한은 스스로 나온 사람이 아니다. 그는 구약의 선지자들에 의해서 예언된 자이다. 이사야가 예언했고 말라기도 예언했다. 그는 엘리야의 능력으로 임할 것이라고 했다. 요한은 '광야에서 외치는 자의 소리'라고 했다. 이렇게 예언된 대로 그는 광야에서 말씀을 전파하기 시작했다. 거기서 그는 하나의 전파하는 소리였다.

여기에서 우리는 '소리'라는 말을 주목할 필요가 있다. 모든 그리스도의 사역자들은 이 소리라는 말을 주의해야 한다. 다만 그들은 사람들을 그리스도께 인도하기 위한 '소리'여야 한다. 여기서 소리라는 것은 그 사람과 구분된 듯한 느낌을 준다. 여기서 내가 말씀을 전하는데 여러분이 다만 '소리'만 듣는다면 내 자신에 대한 이미지는 없어도 된다. 아무 형상을 보지 못해도 그 소리는 들을 수 있다. 그 소리만 듣고 인도를 받을 수 있고 그 소리만 듣고 어떻게 해야 할 바를 알 수가 있다. 다만 '소리'가 되는 것은 사역자의 순수함을 의미한다.

요한복음 3장에서 요한은 '신부를 취하는 자는 신랑'이라고 했다. 그 많은 사람들이 신랑에게 이끌릴 때 곁에 서 있는 친구는 그것을 보고 기뻐한다고 말하면서 자기는 그러한 기쁨이 충만하다고 했다. 사람들로 하여금 그 소리를 듣고 신랑에게 기뻐하며 가도록 하는 일을 할 뿐이다. 요한은 자신이 그리스도를 소개하기 위한 소리일 뿐이라고 자신에 대하여 말한 것이다. 그가 한 일은 주님의 길을 예비하고 그분의 첩경을 평탄케 하는 것이었다.

"주의 길을 예비하라!" 이제 주님이 오시기 때문에 주님을 맞이할 길을 예비하고 그분의 첩경들을 평탄케 해야 한다. 우리가 군대에서 높은 사람들이 부대를 시찰하러 온다할 때 입구에서부터 도로를 평탄케 하는 작업을 한 적이 있다. 길이 울퉁불퉁하기 때문이다. 장마가 지면 시골길은 차가 갈 수 없다. 흙이 큰물에 씻겨 떠내려가서 길에 돌멩이들이 드러나고 골짜기가 생기고 해서 차가 지나가려면 평탄케 하는 작업을 해야 한다.

주 예수님이 오시는데 어떤 사람들의 마음은 너무 높아져서 교만해져 주님을 받을 수 없고 또 어떤 사람은 너무 낙심하여 푹 꺼져서 믿기를 포기하는 사람도 있다. 왠지 하나님을 믿는 것이 유치한 것 같고 자신의 지위나 신분을 낮추는 것이 될까봐 주저하는 사람들은 마음이 높아져 있는 사람인 것이다. 또 "나는 죄를 너무 많이 지어서 하나님이 받아주시지 않을 것이다." 하는 사람도 있고 또 어떤 사람은 너무 교만해서 "나는 나만큼 성실하고 양심적으로 산 사람이 없다고 생각한다. 이대로도 나는 너무나 좋다." 하는 사람도 있다. 이 모든 사람들의 생각의 길이 다 평탄케 하는 작업이 필요한 상태이다. 그래서 요한의 회개하게 하는 사역이 필요한 것이다.

4절, 이 요한은 약대 털옷을 입고 허리에 가죽 띠를 띠고 음식은 메뚜기와 석청이었더라

이 요한은 누가복음을 보면 제사장 사가랴의 아들이다. 아론의 반차를 따른 제사장 집안이다. 그러므로 그는 입는 것이나 먹는 것이 규정대로 하자면 매우 특별해야 했다. 고운 세마포 옷을 입어야 했을 것이고, 먹는 것도 고운 가루라든가 또는 양고기라든가 하는 제물에 관계된 것이어야 했다.

그러나 여기서 요한이 입은 옷은 약대 털옷이었다. 이 약대는 레위기 11장을 보면 부정한 짐승에 속한다. 그 부정한 짐승의 털을 옷으로 입은 것이다. 그리고 음식도 메뚜기와 석청이었다. 석청은 야생 꿀이다. 그는 광야에서 그러한 것들을 먹었다. 우리도 어렸을 적에 메뚜기를 볶아 먹은 적이 있는데 그 때는 가난할 때라 맛있었다. 그러나 지금은 다들 먹지 않는다. 그것은 우리가 먹고 살 것이 없을 때의 일이지 일반적으로 도시인들은 메뚜기를 볶아 먹지 않는다. 그런데 여기 볶아 먹었다는 기록이 없기 때문에 요한은 그나마 날것으로 먹었을 가능성이 있다.

하여간 요한은 특별하게 처신했는데 이것이 유대인들에게는 하나의 선지자의 특이한 행동으로 보여졌을 것이다. 구약에서 어떤 선지자들은 하나님의 위임을 받아서 말할 때 특별하게 무언가를 시사해 주는 복장을 했고 또 무언가를 시사해 주는 행동을 했다. 시사해 주는 그것이 일종의 메시지였다. 예레미야, 에스겔, 호세아 등의 선지자들이 그렇게 했기 때문에 유대인들은 지금 요한이 성령이 충만해서 성령의 능력으로 그러한 옷을 입고 행할 때 하나님께서 저를 통해서 무언가 우리에게 말씀하시려는 메시지가 있으신가보다고 느꼈을 것이다. 다시 말하면 이것은 하나의 경륜의 전환을 의미하는 것이다. 무엇을 시사하는가? 그것은 하나의 경륜의 변환이다. 종래의 율법을 따른 제사장이지만 이전과 다른 어떤 것을 보여준다. 구약의 경륜이 아니고 더 이상 율법 시대가 아니라는 것이다.

이제 요한이 있은 후로는 그 모든 과거에서 철저히 전환하는 것이다. 이전 것이 아니고 이제 새로운 시대의 시작이라는 것을 알려주는 것이다. 그 요한의 입은 옷이나 먹는 것이 그것을 증거하고 있다. '새 시대가 열렸다, 하늘 왕이 오신다' 하는 메시지를 일단은 그가 먹는 것과 입는 것으로 증거하고 있는 것이다.

5-6절, 이때에 예루살렘과 온 유대와 요단 강 사방에서 다 그에게 나아와 자기들의 죄를 자복하고 요단강에서 그에게 세례를 받더니

많은 사람들이 이제 그에게 나아왔다. 예수님이 먼저 나타나시게 하지 않고 예수님 앞서 선주자를 보내셔서 이러한 일을 하게 하신 분은 하나님이시다. 그래서 선지자들에게 익숙한 이스라엘 백성들은 세례 요한의 전파를 비교적 쉽게 받아들였던 것 같다. 그들은 자기들의 죄를 자복했다. 회개하는 사람들은 자기들의 죄를 자복하는 사람들이다. 여기에 소리가 있지 않은가? 성령의 능력으로 외치는 소리가 있지 않은가? 그 음성을 들을 때 사람들은 죄를 자복하게 된다. 그래서 전파는 참으로 필요한 것이다. 전파하는 자가 없이 어찌 듣겠으며 듣지 않고서 어찌 믿겠는가?

전파하는 것을 들을 때 속에 찔림이 있게 되고 생각의 전환이 있게 되며 따라서 자복이 일어나게 된다. 그럴 때 그런 사람들은 요단강에 가서 세례를 받았다. 이 세례는 장사 지내는 물 속에 들어가는 침례이다. 물속에 들어간다는 것은 자기 자신을 끝낸다는 것이다. 구약으로 말하면 씻는다는 뜻도 있었을 것이다. 구약에는 씻는 예법이 있었다. 씻는다는 의미도 있고 또 물속에 완전히 잠기기 때문에 끝낸다는 의미도 있다.

그런데 이것이 요한 때에 와서 침례가 된 것이다. 씻는 정도가 아니라 완전히 끝나야 된다. 사람들은 우리는 죽기에만 합당하다고 하면서, 더 이상 살아 있을 아무런 가치가 없을 정도로 우리는 부패하고 더럽다고 하면서 세례 요한에게 이끌려 물속에 세례를 받았다. 이스라엘은 모세의 시대부터 율법을 지켜왔다. 이제 말라기까지 거쳐 요한의 때까지 왔을 때 그들은 율법을 지킬 수 없는 부패한 인생이라는 것이 증명된 것이다. 따라서 할 일은 물 속으로 들어가 장사지내는 것이다. 그리고 새로운 출생을 가져야 하는 것이다. 이것이 바로 물과 성령으로 거듭나는 문제이다(요 3:5).

7절, 요한이 많은 바리새인과 사두개인이 세례 베푸는 데 오는 것을 보고 이

르되 독사의 자식들아 누가 너희를 가르쳐 임박한 진노를 피하라 하더냐

이 때에 바리새인과 사두개인이 왔다. 바리새인은 여러분들이 알다시피 당시에 스스로 가장 경건하다고 여기는 하나의 당파였다. 당시에 유대인들 가운데는 '바리새인'이 있고 '사두개인'이 있고 또 하나 '에쎄네'라는 파가 있었다. 이렇게 세 파가 있었다. 그런데 그 중에서 에쎄네파는 성경에 나타나지 않는다. 바리새파와 사두개파만 나타난다.

바리새인은 기원전 2세기경부터 생겨났고, 당시 성행했던 헬레니즘 문화에 대항하여 율법수호자들로 자처하고 나선 무리이다. 그들은 구약의 모세 오경부터 선지서까지 모든 성경을 다 인정하고 거기에다 장로들의 유전을 지키며 무언가 경건하기 위한 많은 도덕적인 예법들을 만들어서 열심히 지키는 사람들이었다. 그들은 유대 온 국민이 하나님이 모세를 통해 주신 계명의 말씀과 선지자들을 통해 주신 말씀들을 잘 지키도록 영향을 주고자 열심을 가졌던 사람들이었다. 그래서 바리새인이라는 호칭은 자신들이 스스로 칭한 것이라기보다는 다른 사람들이 붙여준 것 같다. '바리새인'이라는 뜻이 분별된, 구별된, 분리된 사람들이라는 뜻이다. 원래 그들 자신은 '우리는 모두 형제들이다.'라고 했는데 그들이 너무나 특별하게 나타나다 보니까 하나의 당파로 형성되었고, 많은 사람들에게서 분리된 한 무리가 되어 버렸다. 그리고 그들은 오히려 그 무리에 속한 것을 자랑으로 여기고 다른 사람들을 무시했다. 자기들이 율법을 가장 잘 지킨다고 생각했다. 따라서 그들 중에서 아주 훌륭한 학자들도 많이 배출되었다. 가말리엘도 그 무리의 사람이다. 사울도 전환하기 전에 바리새인이었고 그들은 믿음이 좋다고 자처하는 사람들이었다. 결국 이들이 예수님의 대적이 되고 그리스도를 십자가에 못 박게 하는 일을 자행하게 되었다(막 3:6, 15:1).

그런데 사두개인은 다르다. 그들은 모세 오경만 믿고 다른 것은 다 믿지 않는다. 부활도 안 믿고 영도 안 믿고 천사도 안 믿는다. 오늘날로 말하면 현대주의자다. 그런데 오히려 정치적으로는 가장 막강한 힘을 갖고 있었다. 대제사장들이나 높은 지위에 있던 사람들이 다 사두개파이다. 아마 사두개라는 말은 '사독' 자손이라는 의미일지도 모른다. 사독은 다윗 때 배반하지 않고 성전에서 충성되게 섬기는 제사장이었다. 사두개파들은 요한이 나왔을 당시 정치적인 세력과 힘을 많이 소유했던, 그 편에 섰던 사람들이었다.

그런데 이 두 종류의 사람들이 요한이 세례를 준다고 하니까 그에게 나아온 것이다. 많은 사람들이 세례를 받으니까 이 두 종류의 사람들도 종교적인 활동과 정치적인 움직임에 많은 관심이 있었던 것이다. 정말로 그 사람들이 죄를 자복하는 마음으로 왔는지 아니면 많은 사람들이 선지자의 말을 듣고 종교적인 어떤 큰 활동을 하는데 우리가 안 갈 수 있나 하는 마음으로 왔는지는 적혀 있지 않지만, 그들은 정말 가난한 마음으로 겸손하게 죄를 자복하고자 하여 온 것은 절대 아닌 것이다. 저들이 과연 무엇을 하고 있나 한 번 알아볼 양으로, 속에 교만과 의견이 가득하여 왔을 것이다.

그런데 이 선지자 요한, 구약의 마지막 선지자이자 신약의 복음을 첫 번째로 전파한 자인 그가 그들을 보고 "독사의 자식들아!"라고 했다. 왜 독사의 자식들이라고 했겠는가? 그들은 교만하여 자기들만이 소위 '영적이다, 최고다', 또는 '우리는 너희들보다 낫다, 우리는 이것도 하고 저것도 한다.'고 했다. 여러분은 바리새인의 기도를 보았을 것이다. '우리는 일주일에 두 번 금식하고 소득의 십일조를 드리고 이것을 하고 저것을 하고 그러니 우리는 저 세리와 같지 아니함을 주께 감사합니다.'(눅 18:9-14) 이렇게 말하던 것이 바리새인들이다. 그들은 또한 여러 가지 씻고 닦고 하는 예법이 많다. 많은 지키는 것들이 있었다. 하여간 신앙심이 가장 좋다고 자부하는 사람들이 당시 바로 이 사람들이었다. 따라서 자연히 다른 사람들을 많이 멸시하는 것이다. 자기들 말고는 하나님을 제대로 믿는 사람들이 없다고 자부하는 사람들이다.

그런데 어떤 종교적이고 영적인 일들이 새롭게 광야 요단강변에서 벌어지고 있을 때 이 사람들이 좋은 마음으로 왔을 리가 없다. 속에 뭔가 독한 교만과 시기가 있었다. 그런 상태에서 요단강에 나오는 그들을 향해서 요한은 "독사의 자식들아!" 라고 한 것이다. 엄청 강하고 직선적인 말이다. 오늘 그 누가 점잖게 예배하러 오는 사람들을 향해 "독사의 자식들아"라고 하겠는가?

"누가 너희를 가르쳐 임박한 진노를 피하라 하더냐". 이런 사람들이 장래 당할 일은 진노밖에 없다는 말이다. 지금 이 사람들은 임박한 진노를 피하고는 싶을 것이지만 마음이 이미 많이 높아져 있어서 회개할 준비가 되어있지 않다. 요한이 그런 사람들에게는 침례를 베풀고자 하는 마음이 없다는 것이다.

8절, 그러므로 회개에 합당한 열매를 맺고

이 사람들은 회개하라면 할 수 있는 사람들이고 거기서 세례를 주면 자복도 할 수 있는 사람들이다. 그렇지만 여기서 요한은 그들의 말을 믿지 않은 것이다. 심지어 요한은 그들의 회개한다는 입술의 말도 믿지 않은 것이다. 이런 사람들은 어떤 말이든 할 수 있고, 남이 하면 얼마든지 따라서 할 수 있는 사람들이다. 이런 사람들에게 요한은 하는 입의 말을 가지고 말할 것이 아니라 열매를 가지고 얘기하자는 것이다. 그들에게 요한은 "속으로 아브라함이 우리 조상이라고 생각지 말라."고 했다. 이 사람들이 말은 지금 안 하지만 속에 가지고 있는 생각이 있다. '나는 회개할 필요가 없는 사람이야. 나는 저 물 속에 들어갈 필요가 없는 사람이야. 왜 그런지 알아? 나는 아브라함의 자손이기 때문이야. 아브라함의 자손이기 때문에 축복받기로 이미 예정되어 있어. 가만히 있어도 우리는 복을 받게 되어있거든.' 이것이 그들 속에 품은 생각이었을 것이다. 그러니까 그들은 선지자 요한한테 가도 죄인이라고 굽히지 않는 것이다. 지금 아브라함의 자손이 타락해서 문제가 심각하게 되었는데도 불구하고, 그들은 열국 가운데 특별하게 분별된 선민, 아브라함의 자손 됨을 내세우며 그 죄악된 상태를 뉘우칠 마음이 전혀 없었다.

9절, 속으로 아브라함이 우리 조상이라고 생각지 말라 내가 너희에게 이르노니 하나님이 능히 이 돌들로도 아브라함의 자손이 되게 하시리라

"속으로 아브라함이 우리 조상이라고 생각지 말라" 선지자 요한의 메시지는 분명했다. 더 이상 육신적인 아브라함의 자손은 의미가 없다는 말이다. 시대가 바뀐 것이다. 이 사람들은 스스로 아브라함의 자손이라고 생각할 뿐 실제로는 아브라함하고 아무 상관이 없는 사람들이다.

우리 주님이 오셨을 때 그분은 바리새인에게 어떤 말씀을 하셨는가? '아브라함은 나에게 이렇게 하지 않았다. 아브라함은 나에게 이렇게 대우하지 않았느니라'. 그들은 자신들이 아브라함의 자손이라고 하면서 주 예수님을 대적하고 죽이려고 대들었다. 여기서 요한의 말은 무엇인가? '너희는 아브라함하고 아무 관계가 없는 사람이다. 속으로 아브라함이 우리 조상이라고 생각하지 말아라. 하나님께서는 이 돌들로도 아브라함의 자손이 되게 하실 것이다.'

이방인들, 그들은 지금 아무 것도 모르는 돌이나 마찬가지이다. 하나님께서는 결국 이방인들을 아브라함의 자손이 되게 하셨다. 육신적인 아브라함의 자손은 아무런 의미가 없게 된 것이다. 영적인 아브라함의 자손이 참된 그의 자손이 된 것이다.

10절, 이미 도끼가 나무뿌리에 놓였으니 좋은 열매 맺지 아니하는 나무마다

찍혀 불에 던지우리라

바리새인과 사두개인들에게 요한은 좋은 말은 한 마디도 하지 않았다. "이미 도끼가 나무 뿌리에 놓였으니 좋은 열매 맺지 아니하는 나무마다 찍혀 불에 던지우리라". 그러한 상태에 있는 바리새인들과 사두개인들에게는 다른 것이 아닌 도끼밖에 없다. 도끼는 낫이나 칼과는 다르다. 도끼가 뿌리에 놓여 있다는 것은 뿌리까지 완전히 끝내버린다는 것이다. 그러한 사람들의 운명은 도끼이다. 도끼는 아예 밑둥을 끝내 버리는 것이다. 남김없이 끝내겠다고 할 때 쓰여지는 단어가 도끼인 것이다. 이것은 비단 바리새인과 사두개인에게만 해당되는 말은 아니다. 온 인류에게 해당되는 말이다. 우리의 옛 사람은 도끼에 찍히기에만 합당하다. 더 이상 좋아질 소망이 없기 때문이다.

이것은 하나님께서 이러한 바리새인과 사두개인의 행위를 얼마나 미워하시는가를 보여준다. 이러한 바리새인과 사두개인들은 이것을 알아야 한다. 오랜 후에 도끼가 놓여질 것이라는 말이 아니라 이미 도끼가 뿌리 위에 놓여져 있다는 말이다. "좋은 열매 맺지 아니하는 나무마다 찍혀 불에 던지우리라". 이 사람들은 좋은 열매를 맺을 수가 없다. 좋은 나무가 나쁜 열매를 맺을 수 없고, 나쁜 나무가 좋은 열매를 맺을 수 없다. 엉겅퀴에서는 포도 열매가 맺힐 수 없다. 이 바리새인들이 어떻게 좋은 열매를 맺겠는가? 속에 악독이 가득한데 어떻게 좋은 열매를 맺겠는가? 그러니 이 사람들이 심판받는 것은 당연한 일이다. "나무마다 찍혀 불에 던지우리라". 도끼로 찍을 뿐 아니라 다 불에 던진다고 했다.

11절, 나는 너희로 회개케 하기 위하여 물로 세례를 주거니와 내 뒤에 오시는 이는 나보다 능력이 많으시니 나는 그의 신을 들기도 감당치 못하겠노라 그는 성령과 불로 너희에게 세례를 주실 것이요

요한의 사역은 회개의 사역이다. 이 바리새인 중에서도 참으로 회개하는 자는 이러한 심판을 면할 수 있다는 것이다. 이 부분을 보면 요한은 죄인들에 대해서보다 바리새인과 사두개인에게 더 관심을 가진 것처럼 보인다. 정말 하나님은 모든 사람을 사랑하시는 것 같다. 우리 같으면 가능성 없는 사람은 말도 안 한다. 말을 많이 한다는 것은 그들에게 관심이 있다는 말이고 그러한 자들도 돌이키기를, 회개하기를 바란다는 표시이다. 이런 자들 중에 회개한 한 사람이 있으니 사도 바울이다. 사도 바울은 바리새인이었고, 하나님의 교회를 핍박한 자였지만 긍휼을 얻은 자가 되었다.

"내 뒤에 오시는 이는 나보다 능력이 많으시니 나는 그의 신을 들기도 감당치 못하겠노라". 이것은 요한의 겸손한 태도이다. "그는 성령과 불로 너희에게 세례를 주실 것이요". 요한의 세례는 물세례이고 주님의 세례는 성령과 불의 세례이다. 어떤 사람들은 여기의 성령과 불을 둘 다 성령의 방면으로 해석하는 사람들이 있다. 많은 사람이 그렇게 해석하고 있다. 여기의 불을 오순절날 불의 혀같이 갈라진 성령이라고 말한다. 그러나 여기의 불은 성령을 수식하는 것이 아니다. 앞의 물이 문자적인 물이듯이 뒤의 불은 문자적인 불이어야 한다. 한 구절에서 물과 불을 하나는 상징적으로 하나는 문자적으로 말할 리 없다. 그리고 성령과 불이 한 가지 뜻이라면 굳이 두 가지를 말할 필요가 없다. 이 세 단어에서, 물과 성령이 그대로 말해졌기 때문에 불도 문자적으로 해석되어야 할 것이다. 또한 앞의 10절과 12절에서 태우는 '불'이라는 단어가 나오는데 11절의 불만 성령을 의미한다고 볼 수는 없다. 그래서 여기의 불은 문자 그대로 불이라고 알면 된다. 따라서 주님은 두 종류의 침례를 주시는데, 하나는 성령 침례이고 또 하나는 불 침례이다. 그러면 성령 침례는 언제 받는가? 천국이 시작될 때이다. 불 침례는 언제 받는가? 믿지 않는 사람들이 받는 것으로서 천국이 끝날 때이다. 불 침례는 지옥불로 들어가 다 멸망한다는 뜻이다.

성령 세례는 사도행전 2장에서 오순절 날 부어 주었던 성령의 세례이다. 그것이 천국의 시작을 가져왔다. 우리는 이미 성령 세례를 받았다. 그분은 성령으로 세례를 주실 수 있는 분이고 또 불로 세례를 베푸시는 분이시다.

12절, 손에 키를 들고 자기의 타작마당을 정하게 하사 알곡은 모아 곡간에 들이고 쭉정이는 꺼지지 않는 불에 태우시리라

이 두 가지는 다 11절과 연결된 말이다. 그러므로 알곡으로 모아져 곡간에 들여지는 것은 성령세례와 관계가 있고, 쭉정이가 태워지는 것은 불세례와 관계가 있다. 알곡이 되는 것은 성령세례와 관계가 있고, 쭉정이가 불로 태워지는 것은 불세례와 관계가 되는 것이다. 여기서 주님은 손에 키를 들고 계시는 분이다. 곡식을 추수할 때 먼저 타작하고 그 다음에는 키질을 한다. 키질을 하는 이유는 알곡과 쭉정이를 구분하기 위해서이다. 누가 그런 일을 하는가? 주님이 그런 일을 하신다. 이는 하나의 추수의 광경인데 성경에서 추수를 언급할 때는 항상 성도들의 휴거를 가리키기도 하고 부활을 가리키기도 한다.

주님은 자기의 타작마당을 정하게 하사(이것은 심판이다) 알곡은 모아 곡간에 들이시고(주님은 알곡을 귀하게 여기신다) 쭉정이는 꺼지지 않는 불에 태우신다. 오늘 이 시대에 참으로 성령님을 마음에 모시고 그분에 의해 받아들여지고 그분을 왕으로 모신 진정한 그리스도인들, 그들은 알곡이다. 알곡은 다 곡간에 들어가게 된다. 얼마나 큰 기쁨인가? 곡간에 들어간다는 것은 주님의 곡간, 주님이 그분의 양식으로 보관하는 장소에 들어가는 것이다. 그리고 키질을 한 후 가볍게 되어 남아버린 쭉정이는 꺼지지 않는 불에 태우시겠다고 했는데 이것은 지옥불이다. 바리새인과 사두개인들은 정말 회개치 않으면, 겉으로는 가장 잘 믿는 것처럼 행동하지만 결국 쭉정이가 되어 꺼지지 않는 불, 지옥 불에 들어가는 불세례를 받게 된다.

13-14절, 이때에 예수께서 갈릴리로서 요단강에 이르러 요한에게 세례를 받으려 하신대 요한이 말려 가로되 내가 당신에게 세례를 받아야 할 터인데 당신이 내게로 오시나이까

'이때에 예수께서'란 말은 매우 귀하다. 이때에 30세가 된 예수님이 처음으로 이스라엘에게 나타나셨다. 그분이 처음으로 나타나셔서 한 일은 요한에게 세례를 받으시는 일이다. 물론 당시의 세례는 이스라엘 사람들에게도 처음 있는 일이었을 것이다. 세례란 다른 종교에서 유대교로 개종할 때 사용했던 예법이었던 것이다. 그러나 새로운 시대가 열리게 된 이스라엘은 요한에게 나아와 다 세례를 받아야 했다. 그들은 이제 죄사함을 얻는 회개의 세례를 받아야 했던 것이다. 그러나 주 예수님은 죄가 없으신 분인데, 세례를 받으러 나오신 것이다.

예수의 발걸음은 '갈릴리로부터 요단강'이다. 갈릴리는 멸시받는 땅이며, 요단강은 죄인을 물 속에 장사하는, 심판의 장소이다. 주님은 이 땅에서 영광을 얻으려 하시지 않고, 오직 갈릴리로서, 요단강에 이르는 길을 걸어가셨다. 그분은 그렇게 사셨고, 그렇게 가르치셨다. 우리로 말한다면 시골 사람들이 알아주지 않는 곳에서 나타난 것이다. 나사렛, 갈릴리, 멸시받는 곳에서 출발하시어 죽음과 심판의 강으로 여행하신 것이다. 이것이 그분이 첫 번째로 사역을 준비하시기 위해 내디디신 발걸음이다.

오늘 많은 사람들은 그들의 인생길을 이렇게 초라하게 걸어가려하지 않는다. 더욱 영광얻고 사람들에게 유명하게 되는 태세를 갖추어서 사역하려고 한다. 그러나 예수님의 발걸음은 초라한 발걸음이요 알아주지 않는 준비인 것이다. '갈릴리, 요단강 학교 출신'인 것이다. 우리가 성실하게 주님을 따르려면 우리의 길이 이러한 길이 되어야 할 것이다. 주님은 갈릴리 나사렛, 알아주지 않는 곳, 모든 사람이 죄를 자복하고 물속에 자신을 장사지내는 요단강에 오셔서 지금 요한에게 세례를 받으려 하신다. 선생이 제자에게 배우려고 하는 것은 무한한 겸손인 것이다. 창조주께서 죄인 중 한 사람처럼 세례를 받으시고자 하심은 형용할 수 없는 겸손이심에 틀림없는 것이다.

마이어(F.B. Meyer)박사는 이렇게 말하였다 한다. "나는 은혜의 선물이 여러 층의 선반위에 있는 줄로 생각하여 키가 높을수록 그 여러 층의 선반들 위의 선물들을 받을 줄 알았다. 그러나 후에 깨닫기를 아래로 내려가면서 여러 층에 있는 선반에 놓여져 있는 것을 발견했다. 그러므로 이러한 선물들을 받아가지려 하면 내가 높아지기를 구할 것이 아니라 더욱 나를 낮추고 굽혀야 내려가서 선물들을 하나하나 얻을 수 있다."

14절에서 요한이 주님의 세례 받으시려 하심을 만류하여 말한 것은 첫째는 하나의 겸손일 수도 있고, 둘째는 하나님의 역사에 대해서 충분한 인식이 부족한 것일 수도 있다. 그러나 그러한 요한의 주님께 대한 태도는 겸손한 것이고 또 좋은 것이라고 느껴지기도 한다. 그분이 요한에게 세례 받으려 하심은 겸손이실 뿐 아니라 사람들과의 교분(交分)을 위한 것이다. 그분은 죄가 없으신 하나님의 아들이시므로 세례받을 필요가 없으시지만 그분은 고고하게, 거룩하고 의로우시며 죄 없으신 위치에 남아 있지 않으시고 다른 죄인들과 같이 되시어(죄는 없으시지만), 세례를 받으시므로 사람들과 같이 되신 것이다. 우리도 예수님을 닮아 많은 약하고 어린 성도들의 수준에서 그들과 자신을 일치시켜 그들의 마음과 함께 하며 사역하는 것을 배워야 한다.

15절, 예수께서 대답하여 가라사대 이제 허락하라 우리가 이와같이 하여 모든 의를 이루는 것이 합당하니라 하신대

예수님이 요한에게 세례를 받으신 것은 첫째로 그분의 무한하신 겸비요, 둘째는 모든 사람과의 교분을 갖기 위함이요, 셋째는 15절의 말씀처럼, 의를 이루시기 위함이다. 그분은 모든 사람의 대표자로서 오신 것이다. 그분은 우리를 대신하여 율법 아래 속하시고 율법의 요구를 이루는 책임을 갖고 계셨다. 그분이 행한 의는 다 우리에게 돌아오게 된다. 그러므로 그분은 의를 온전히 지키신 것이다.

모든 이스라엘 백성은 당시에 다 침례를 받도록 하나님께서 정하셨다. 주님도 하나님의 아들이시지만 한 사람으로 태어나셨기 때문에 예외 없이 하나님께서 그 당시에 역사하시는 하나의 규정에 순종하셨다. 그분은 그것이 모든 의를 이루는 것이라고 하셨다. 여기서 '우리(we)가 이와같이'라고 하신 것은 그리스도께서 모든 믿는 자의 대표이심을 가리키고, 우리 모두를 그분 안에 포함시키신 것을 나타내는 말이다.

16절, 예수께서 세례를 받으시고 곧 물에서 올라오실새 하늘이 열리고 하나님의 성령이 비둘기같이 자기 위에 임하심을 보시더니

주님이 세례를 받고 물에서 올라오신 것은 모든 이스라엘 백성이 하나님의 뜻에 따라 세례를 받아야 하기 때문에 받으신 것이고, 그것은 하나의 의이다. 이것이 첫 번째이다. 또 하나는 그분 자신은 온전히 자기 자신을 죽음에 넣고 부활 안에서 사역하려 하신다는 것을 선포하신 것이다. 그리고 그분은 실제로 삼 년 반 동안 그렇게 자기 자신을 살지 않고 자기 뜻대로 행하지 않고 자기의 말을 하시지 않고 오로지 죽은 자의 위치에서 아버지의 음성을 듣고 아버지의 뜻을 따라 행하시고 아버지의 말씀을 하시면서 사셨다. 그러므로 이것은 그분이 어떻게 사역하실 것인가를 표명하시는 것이기도 하다. 이렇게 예수님이 세례를 받고 물에서 올라오실 때 하늘이 열렸다고 했다. 오늘 우리도 주 예수님의 세례(침례)에서 한 번 생각해 볼 부분이 있다. 어떻게 하면 하늘이 열릴 수 있다는 말인가? 어떻게 하면 성령이 비둘기같이 내려올 수 있다는 말인가? 어떻게 하면 하늘의 음성을 들을 수 있다는 말인가? 이것은 우리가 다 사모하는 바이다. '비둘기같이'에서 비둘기란 성경에서 온유하고 순수함을 의미한다. 주님의 사역의 일생은 비둘기로 상징된 바처럼 온유하시고 한 가지 일(아버지의 뜻을 순종하시는 것)만을 주목하셨다. 그분은 마음이 온유하고 겸손하심으로 사역하시며(11:29), 그분의 사역은 비둘기같이 순결하심으로 성취될 것이다(10:16). 이것은 요단강에서 받으실 때 성령이 비둘기같이 임하신 것에서 이미 그 특징이 정해진 것이다. 누가복음에는 "형체로"가 추가되어 있다(눅 3:22).

많은 사람들이 성령 충만하기 위해서, 하늘의 음성을 듣기 위해서는 더 많이 추구하고 열심을 내야 한다고 생각할 것이다. 또 기도를 많이 해야 하므로 기도원에 가야겠다고 생각할 것이다. 그런데 여기에서 주님이 하신 것을 보면 아버지의 뜻에 자기를 복종시키신 것이다. "이제 허락하라 우리가 이와같이 하여 모든 의를 이루는 것이 합당하니라". 주님은 반드시 이러한 길을 가셔야 했다. 그것이 주님에게 쉬운 것은 아니었을 것이다. 어쨌든 요한은 주님을 소개하는 사람이다. 참으로 주님은 요한보다 크신 분이다. 그런데 주님이 요한에게 세례를 받으신 것이다. 그것은 참으로 자신을 낮추신 것이다. 그리고 그분은 자신을 기꺼이 물속에 장사지내고 다시 올라오셨다. 그분이야말로 물속에 들어갈 필요가 없는 분이시다. 정작 죽어야 할 사람은 바리새인들이었고 죄인들이었다. 그러나 주 예수님은 물속에 들어갈 필요가 없는 거룩하신 분이신데 물속에 들어가셨다. 자원해서 들어가신 것이다. 이렇게 하나님의 인도하심과 하나님의 주권과 하나님의 뜻에 아무리 어렵고 또 힘들다 해도 순종하는 위치에 설 때 하늘이 열리고 성령이 임하신다. 성령이 임하신 것은 그분의 일생, 사역을 위해 기름부음을 받으신 것이며 이사야 61장 1절, 42장 1절, 시 45편 7절의 성취였다. 그분은 사역을 시작하시기 전에 준비로서 요한에게 죽음과 부활을 상징하는 세례를 받으셨고, 아버지로부터 성령의 기름부음을 받으신 것이다. 죄인을 위한 구속의 역사에서 성부 하나님, 성자 하나님, 성령 하나님은 모두 관련되심을 볼 수 있다. 거룩한 삼위일체 하나님이 여기에 계시다. 아들은 물에서 올라오시고, 성령은 비둘기처럼 아들위에 내려오시며, 아버지는 아들에 관하여 말씀하신다.

17절, 하늘로서 소리가 있어 말씀하시되 이는 내 사랑하는 아들이요 내 기뻐하는 자라 하시니라

하나님의 말씀하심, 곧 성부의 아들에 관하여 증거하심이다. "이는 내 사랑하는 아들이요". 예수 그분은 하나님의 사랑하시는 아들이다. 이러한 성부의 증거는 사람들의 반대와 멸시와 배척에도 불구하고 예수님의 사역의 시작에(3:17), 중간에(17:5), 마지막에(요 12:28) 선포되어졌다. 이는 이사야 42장 1절의 '고난 받는 종의 노래'를 반영하고 있다. 그분의 사역이 시작되는 시점에서 하늘의 소리가 '고난 받으시는 종의 노래'와 연결된 것은 매우 의미 있는 일이다.

이 장면에서 예수님은 하나님께서 '내 아들'로 부르심으로서 신격의 제 2 격인 하나님의 아들로서 공식 인준이 된 것이다. 여기서 '사랑하는'이란 말은 헬라어로 '아가페토스'로서 질적인 측면을 강조한 '유일한 사랑'을 의미한다. 또 이 단어 속에는 사랑이라는 심정적 측면만이 아니라 선택의 측면도 있다. 이 구절에 근거하여 우리는 하나님이 영원 전부터 아들을 유일하게 사랑하셨다는 것을 알 수 있다. '기뻐하는'이란 말은 헬라어로 '유도케사'인데, 시제가 초시간적인 부정 과거이다. 그러므로 그분의 아들에 대한 사랑은 시간을 초월한 영원한 사랑이다. 예수는 '영원 전부터 영원 후까지' 하나님의 사랑하시는 아들이다. 이를 문자의 뜻을 고려하여 번역하면 '이는 영원부터 영원까지 유일하게 나의 선택함으로 사랑하고 기뻐하였던 자'인 것이다. 성부께서는 그를 이 세상에 보내시고 '이는 나의 유일한 영원 전부터 사랑하는 아들이니라'고 확인 인준을 해주신 것이다. 아름답고 귀하다. 오! 우리는 3장 마지막에서 왕이신 예수님이 성령의 기름부음을 받으시고 완전히 왕으로서 즉위하신 것을 본다. 아, 천국의 왕이시여!

4 장

1절, 그때에 예수께서 성령에게 이끌리어 마귀에게 시험을 받으러 광야로 가사

요단강에서 세례를 받으신 주님은 이제 성령에게 이끌리어(led up by the Spirit), 시험을 받으러 광야로 가셨다. 주님이 시험받으러 가신 것은 자신이 스스로 가신 것이 아니라 성령에게 이끌리어 가신 것이다. 그러므로 그분이 시험받으신 것에는 하나님의 뜻과 하나님의 인도하심이 있다. 성령께서는 하나님의 뜻이 없이는 아무 것도 인도하지 않으신다.

그러므로 우리 믿는이들도 때로 환경의 시험이 있을 때 한 가지 기억해야 할 것은 어떤 환경이든지 우연히 발생했다거나 세상 사람들처럼 재수 없어서 그런 일이 일어난 게 아니라는 것이다. 어떤 환경의 시험이 임한 것은 하나님께서 영원전부터 계획하고 설계하신 그것이 우리에게 임한 것임을 알아야 한다.

시험(temptation)이라는 것은 그것을 통과해야만 증명되고 확증된다는 뜻을 내포하고 있다. 하나님은 아브라함을 시험하셨다. 그가 믿음이 있고 또 순종하는 사람이지만 정말 순종하는지 정말 믿음을 갖고 하나님만을 따르는 사람인지 하나님은 알기 원하신다. 마음으로 믿는데는 대가의 지불이 필요하지 않지만 순종은 대가의 지불이 필요하다. 하나님은 보이지 않는 믿음을 보이는 실제 순종으로 실천하여 증명하기를 원하신다. 모든 이론적인 믿음은 믿을만하지 못하고, 실제화 될 수 있을 때만이 믿을 수 있다. 여기에 시험이 필요한 이유가 있다. 하나님은 아브라함에게 독자 이삭을 모리아 산에서 하나님께 드리도록 명하셨다. 결국 그가 아들을 제물로 드리려고 손을 들어 치려고 했을 때 하나님께서는 그를 금지하셨으며 그가 진실로 하나님을 경외하는 자임을 알았다고 하셨다. 그런 다음 하나님은 그를 축복하셨다.

그러므로 믿는이들에게 어떤 시험이 닥쳤을 때 그것을 우연히 발생한 일로 여기지 말고 그것이 어떤 목적이 있는 시험이라는 것을 알아야 한다. 그것을 참으로 통과할 때 우리는 거기에서 하나의 연단을 거쳐 하나님 앞에서 증명이 되는 것이다. "시험을 참는 자는 복이 있도다 이것에 옳다 인정하심을 받은 후에 주께

서 자기를 사랑하는 자들에게 약속하신 생명의 면류관을 얻을 것임이니라"(약 1:12)

우리 주님도 사역을 시작하시기 전에 요단강에서 세례를 받으시고 성령의 기름 부음을 받으시고 하나님으로부터 하나님의 아들로 인정받으시고 그런 다음 시험장으로 가셨다. 시험장이 어디였는가? 광야였다. 이스라엘 백성들은 사십 년 간 광야에서 방황하였다. 한 면으로 그들은 사십 년 간 방황한 것이고, 또 한 면으로 그들은 사십 년 간 시험을 당한 것이다. 사십 년 혹은 주 예수님이 시험 당하신 사십 일 등 사십이라는 숫자는 시험의 숫자이다.

그러나 한 면으로 시험은 마귀가 한 것이다. 결국 하나님은 아들이 시험당하는 것을 허락한 것이라고 볼 수 있다. 여기에서의 유혹(temptation)은 에덴동산에서의 유혹과 비슷하다. 동산에서 사람이 창조된 후 하나님의 아들이 될 사람이 나타났을 때 마귀는 유혹을 했던 것이다. 그로부터 사천 년 후 하나님의 아들이 육신을 입고 오셨을 때 마귀는 다시 도전을 한 것이다. 마귀는 헬라어 원어로 디아볼로스(diabolos)로서 훼방자라는 뜻이다. 아담과 하와는 동산에서 이 꾀는 자에게 넘어간 것이다. 그러나 마지막 아담으로 오신 예수 그리스도께서는 그 시험을 이기셨다.

2절, 사십 일을 밤낮으로 금식하신 후에 주리신지라

사단이 언제 오는가 하면 바로 이때이다. 필요가 있을 때이다. 사람이 가장 약할 때에 사단은 찾아온다. 주님을 위해서 무언가 투쟁하고 일할 때에는 사단이 찾아오지 않는다. 그러나 많은 일들을 끝내고 주님을 위한 역사를 수행하고 이제 쉴 때에 자녀들의 필요가 보이고 남편의 필요가 보이고 혹은 아내의 필요가 보이고 가족들의 건강이 걱정되고 자녀들의 장래가 걱정된다. 이렇게 약간 풀어진 그 때에 사단이 가까이 와서 살며시 '네가 언제까지 이렇게 살 것이냐?' 한다. 그래서 주님의 사역자들이 시험에 빠지는 수가 많다.

3절, 시험하는 자가 예수께 나아와서 가로되 네가 만일 하나님의 아들이어든 명하여 이 돌들이 떡덩이가 되게 하라

시험하는 자(tempter)는 마귀이다. 창세기 3장의 그 뱀인 것이다. 그 자가 이제 여기서 성부의 "이는 내 사랑하는 아들이요"라고 선포했을 때 그 소리를 듣고 당황하여 시험할 뜻을 가진 것이다. 이는 에덴동산에서 창조된 아담에 대하여 시험하려고 왔던 것과 같다. 마귀는 6일째의 창조 시에 사람을 창조하시고 그로 하여금 만물을 정복하고 다스리시려한다는 하나님의 뜻을 들었을 가능성이 있다. 창조된 사람이 다스리는 영역은 땅에 기는 뱀(마귀)까지 포함한 것이다. 따라서 뱀은 힘을 다하여 유혹을 걸어온 것이다.

사천 년 후 하나님의 아들이 나타났을 때 마귀는 다시 그를 넘어뜨리려고 시도한 것이다. 마귀는 그때 먹을 것을 만드는 기적을 행하라고 주님께 제의를 했다. 그 시점에서 주님에게 가장 필요한 것을 하라고 한 것이다. 마귀는 무엇이든지 하나님과 관계를 끊어놓기만 하면 성공이다. 그의 모든 시험의 초점은 거기에 있다. 하나님과 관계없이 스스로 뭔가를 하라고 한 것이다. 하실 수 있는 것으로 말한다면 주님은 돌을 떡이 되게 하실 뿐 아니라 돌을 아브라함의 자손이 되게 하실 수 있는 분이다. 떡을 만들 수 있을 뿐만이 아니라 사람도 만드실 수 있다. 그분은 능히 그런 능력을 행하실 수 있는 분이지만 주님은 하나님의 명령이 없이 사탄의 말을 듣고 움직일 필요가 없으셨다.

아담은 동산에서 하나님이 하지 말라고 하시는 것을 했다. 그것이 곧 불순종이요, 거역인 것이다. 그러나 주 예수님은 스스로 아무 것도 하시지 않는 입장을 취하셨다. 아직 하나님은 그분의 아들에게 무언가 하라고 하신 것이 없다. 그러니 그분은 움직이지 않으신 것이다. 돌을 떡으로 만들어 먹으라고 한 것은 사탄이다. 이에 대하여 주님의 대답은 어떤가?

4절, 예수께서 대답하여 가라사대 기록되었으되 사람이 떡으로만 살 것이 아니요 하나님의 입으로 나오는 모든 말씀으로 살 것이라 하였느니라 하시니

승리-위치를 굳게 지킴

예수는 그분의 입장을 분명하게 지키셨다. 사탄의 제의에 전혀 요동하지 않으셨다. 사탄은 한 가지 노선이 있고 주님은 또 다른 노선이 있다. 전혀 다른 세계요 다른 영역이다. 주님은 사탄의 세계에 따라 움직이지 않으셨다. 사탄의 영역은 물질적인 세계였지만 그분의 움직이는 세계는 믿음의 세계이다. 그분은 사탄에게 시험을 받을 실 때도 성령의 인도하심인 줄 아셨고, 금식이 끝난 것도 하나님과의 교통 가운데서 였으며 그분은 배고프신 중에도 하나님의 말씀을 갖고 계셨다. 그분은 모든 일을 아버지께서 해주신다는 믿음이 있으시다. 그러니 주님은 요동할 필요가 없으셨다. 아버지의 인도와 공급하심만을 의지하신 것이다. 우리가 때로 해외의 사역지에 물질적인 필요가 있을 때 어떤 사람들로부터 거기에 알맞은 사업의 개설이나 후원금에 대한 제의를 받을 때가 있다. 우리는 그런 때마다 우리의 마음이 움직이지 않았음을 간증할 수 있다. 주님이 시작하신 일은 주님이 이끄시고 그분이 마치신다는 믿음이 우리에게 있었기 때문이다.

그렇기 때문에 주 예수님은 '기록되었으되'라고 하신다. 주 예수님은 하나님의 말씀을 가지고 계셨다. 하나님이 하신 말씀, 그것만 갖고 있으면 된다. 자신이 하나님의 아들인 것을 증명하기 위해서 무언가를 할 필요가 없다. 마귀는 "네가 만일 하나님의 아들이어든"이라고 했다. 사단이 하는 일은 바로 위치를 떠나게 하는 것이다. 스스로 무언가를 하게 만드는 것이다. 주님은 이미 하늘로부터 하나님의 아들이신 것을 인정받으셨으며 어떤 사람들에게 그분이 하나님의 아들이신 것을 증명하기 위해 또 다시 무언가를 하실 필요가 없으셨다.

주 예수님은 이 음식의 필요를 이기셨다. 사십 일간 주리시고 배고프셨음에도 음식의 필요를 이기신 것이다. 아담은 동산에서 사단에게 실패했다. 그러나 마지막 아담이신 예수는 성공하셨다. 하와는 동산에서 먹는 것에서 실패했고, 마지막 아담은 먹는 문제에서 하나님의 말씀을 붙잡고 이겼다. 오늘 그리스도인들의 영적 전쟁에서 가장 중요한 것은 무언가 기적적인 역사를 해내는 것이 아니고, 하나님이 원래 우리에게 주신 그 위치에 서는 것이다.

하나님이 당신에게 주신 것이 무엇이면 바로 그 위치에 서 있어야 한다. 하나님이 당신에게 서 있으라고 하시는 위치에 서 있으면 된다. 우리 주 예수님은 하늘로부터 하나님의 아들이시라는 증거를 얻으셨기 때문에 자신이 하나님의 아들이라는 것을 사람들에게 보여 주기 위해 특별히 돌을 떡으로 만드실 필요가 없었다. 그 분이 하나님의 아들로 증명되는 것은 그분의 죽음과 부활을 통해서이다(롬 1:1-3). 사탄은 주 예수님께 그런 긴 과정을 거치지 말고 지금 아들인 것을 증명해내라고 말한다. 그러나 그 분은 자신의 필요를 위해서나 사람들로 하여금 그 분이 참으로 하나님의 아들이신 것을 믿게 하기 위해 떡 만드는 일을 하지 않으셨다. 펜 루이스와 영적 전쟁이란 명저를 저술한 웨일즈 부흥의 주역 이반 로버츠(Evan Roberts)는 '단 한 사람의 그리스도인만이라도 그의 위치에 견고하게 서 있을 줄 안다면 모든 것이 좋아질 것이다'고 했다.

하나님의 명령이 없이 아무 것도 하지 않으려 하는 것이 바로 정당한 위치인 것이다. 모세가 가나안 땅에 들어가지 못한 것은 그에게 명하지 않은 어떤 일을 스스로 행하였기 때문이다(민 20:7-12). 사탄은 그분이 아버지를 떠나서 스스로의 능력과 의지로 돌들을 떡덩이가 되도록 행동했다면 끝장날 것을 알고 있었다. 그러니 그자는 예나 현재나 교활하고 간교한 자이다. '기록되었으되'란 전쟁할 때 하나님의 기록된 말씀을 믿음으로 선포하는 것으로서 승리의 비결이다. 우리가 언제나 하나님의 말씀을 선포한다면 사탄은 도망간다. 하나님의 말씀은 대법원의 판결과 같다. 그 말씀을 믿고 의지할 때 모든 사탄적인 의문들과 시험들은 종지부를 찍게 된다. 그러므로 하나님의 자녀들인 우리는 어떤 때에라도 하나님의 말씀을 믿고 그 말씀 위에 서는 것을 배워야 한다. 그럴 때 우리는 각종 대적들을 이길 수 있다.

사람의 위치의 중요성

여기서 주님이 자신을 '사람'이라고 하신 것은 의미가 있다. 마귀는 "네가 만일 하나님의 아들이어든"이라고 하였지만 주님은 '사람이'라고 하셨다. 주님은 이 땅에 사람으로 오셨다. 그 분은 '사람'으로서 마귀를 대적하셨다. 이는 의미가 매우 깊다. 아담은 동산에서 사람으로서 하나님과 같이 되고자 하다가 실패하였다. 그러나 예수님은 하나님의 아들이신 것이 분명하지만 그분이 이 땅에 오신 것은 '하나님과 동등된 것으로 여기지 아니하시고' 사람과 같이 되어 오신 것이다. 그러므로 그분은 자신을 사람이라고 말씀하신 것이다. 그러니 아담은 사람으로서 하나님의 영역을 침범하려다가 실패하였지만 주 예수님은 하나님의 아들이시라도 사람의 위치를 굳게 지키심으로 마귀를 이기셨다. 그분은 하나님의 아들이시지만 한 번도 이 땅에 계실 때 사람의 위치를 벗어나지 않으시고, 그 위치에 견고하게 서 계셨다. 그러므로 그 분은 항상 '인자가'라고 하셨지, '나 하나님의 아들이'라고 하시지 않았다. 그러므로 그분은 사람의 위치에 서셔서 사람의 구주가 되신 것이다. 그분이 때로 하나님의 권위를 사용하시고 나타내신 적은 있지만 그것은 자신을 위한 것이 아니었다. 그것은 전적으로 사람들의 구원을 위한 것이었다. 그분은 구원의 역사를 위하여서는 언제나 사람의 위치에 서계셨다.

또한 마귀가 이렇게 한 것은 주님으로 하여금 사람의 위치를 떠나도록 하려는 목적이 있었다. 만일 그분이 사람의 위치를 떠나신다면 그분은 우리의 구속을 위한 신분을 잃게 된다. 구속을 위해서는 우리를 위해 죄 없으신 한 사람이 필요했던 것이다. 주님은 이와같이 사람으로 오셨고 그분의 위치를 견고하게 지키신 것이다. 사탄은 주님이 하나님의 아들로서 돌들을 떡이 되게 함으로서 하늘의 위치로 돌아가게 하여 그분의 성육신을 무효화 시키려고 한 것이다. 주님이 이렇게 대답하신 것은 신명기 8장 3절을 인용한 것이다. 주님의 생활 원칙은 하나님의 말씀에 따라 사는 것이다. 아담은 동산에서 말씀을 소홀히 하여 실패하였다. 그러나 예수님은 하나님의 말씀을 인하여 사셨기에 승리하신 것이다. 그분은 굶주리셨지만 말씀을 가지고 계셨다. 그리고 그 기록된 말씀을 붙잡았다.

그러나 아담과 하와는 동산에서 주님보다 배도 안고프고 형편이 좋았지만 말씀을 소홀히 한 것이다. "죽을까 하노라"한 것은 말씀을 굳게 잡은 태도가 아니며 임의로 변개한 것이다. 자기에게 좋은 대로 말씀을 굽힌 것이다. 그러나 주님은 "기록하였으되" 라고 하시며 말씀에 대한 권위를 최대한 인정하시고 그 말씀에 입각하여 사셨다. 주님이 여기서 말씀하신 바는 이렇다. "물론 하나님은 나를 하나님의 아들로 선포하셨지만 나는 여기에 사람으로 왔다, 하나님이 말씀하시기를 사람은 떡으로만 사는 것이 아니라 하나님의 입으로 나오는 모든 말씀으로 사는 것이라고 하셨다." 그분은 하나님의 말씀으로 사신 것이다. 주님은 실제적으로 배고프셨고, 돌을 떡으로 만들어 먹을 수 있는 능력도 있었고, 배도 고프시니 잡수실 수 있었다. 그러나 주님은 합법적인 것이라 하더라도 임의로 하기를 원치 않고 말씀을 따라 행하기를 원하셨던 것이다. 주님은 사탄의 공격에 맞서기 위해 하나님의 기록된 말씀을 사용했다. "기록되었으되"라고 하신 것이다. 사탄은 '이 돌들을 떡덩이로 만들어라' 고 하셨고, 주님은 "사람이 떡으로만 사는 것이 아니요, 하나님의 입으로 나오는 모든 말씀으로 살 것이라"고 하셨다. 사탄을 이길 수 있는 비결은 기록된 말씀을 소중히 여기는 것이며 그 말씀이 우리 속에 항상 충만하고 강하게 새겨져 있어야 한다.

마귀는 왜 사람을 넘어뜨리려 하나?

하나님은 타락한 천사를 심판하고 처리하기 위해 사람을 지으셨다. 이 땅에 교회가 일으켜짐은 사탄의 권세를 쫓아내고 그리스도의 왕권을 세우기 위해 긴요한 것이다. 교회는 음부의 권세를 대항하기 위한 기관이며 성경 전체의 계시를 통하여 우리는 하나님의 교회가 일어날 때 마귀의 세력이 타격을 입는 것을 알 수 있다. 사탄은 교회의 발밑에 궤멸되게 되어 있다(마 16:16-18, 롬 16:20, 계 12:9). 이는 하나님께서 사람을 창조하실 때부터의 목적이다. 하나님은 사람을 지으시고 땅을 정복하고 다스리라 하셨으며 특히 땅에 기는 것(마귀 또는 옛뱀)을 정복하도록 명하셨다. 오늘 교회는 이 목적을 위해 세워졌다. 따라서 이 땅에 참된 사람이 나타나는 것은 매우 중요한 일이다. 왜 마귀는 사도들의 사역을 그렇게 방해하고 막으려 했나? 바울의 사역을 왜 그렇게 반대했는가? 그것은 교회를 통해 만유가 그리스도의 발 아래 굴복하며 사탄의 권세가 물리침을 당할 것이기 때문이다(엡6장 참조). 따라서 진정한 사람이 이 땅에 존재할 때 마귀는 그를 넘어뜨리기 위해 최선을 다해 시험한 것이다. 예수는 온전한 사람이자 완전한 하나님이시다.

기록된 말씀-성경이 하나님의 말씀인 증거

1. 모든 성경은 하나님의 감동(데오푸뉴스토스-호흡이라는 뜻, 헬)으로 된 것이다(딤후 3:16). 즉 성경은 하나님의 호흡이라는 것이며, 성령의 감동하심을 입은 사람들이 하나님께 받아 말한 것이다(벧후 1:19-21). 따라서 그리스도의 교회는 초대 교부시대부터 이 성경을 절대적 권위 있는 하나님의 말씀으로 받아들였던 것이다.

2. 성경은 창세기부터 계시록까지 기록된 연수가 1600년이며, 그 쓴 사람들이 40명 가까이 되는데, 서로 다른 시대와 다른 배경에서, 다른 신분을 갖고 있었음에도 기록한 내용에 일치가 있고, 일관적인 하나의 흐름이 있으며, 서로 모순되거나 충돌되는 것이 없다. 이것이 성령의 감동으로 썼다는 것을 증명한다. 창세기에서 심고, 시작된 것들이 출애굽기, 레위기 등으로 나아가며 점점 무르익고, 결실하여 계시록에 가서는 추수와 결과를 이룬다. 전체의 내용 속에 하나님의 일관되고(consistent), 조화롭고(harmonious), 깊은(profound) 신성한 경륜(divine economy)이 들어있음을 볼 수 있다.

3. 성경은 인간의 이성으로는 이해할 수 없는 많은 사실들이 포함되어 있다. 만물의 창조의 역사, 많은 이적들, 성령으로 인한 동정녀의 출산, 삼위일체성들을 내용으로 하고 있는데 이것을 인간의 지혜로 기록하였다고 말할 수 없다. 그리고 그 창조의 일들은 과학이 발전한 지금까지도 부정할 수가 없다. 창세기 1장의 창조에 있어서 첫째 날의 빛이 있고, 넷째 날의 빛이 있다. 우리는 오늘날에 와서야 이런 사실들이 점점 과학자들에 의해 증명되고 있음을 안다. 우주 가운데는 태양빛만이 아닌 빛이 존재한다고 말한다. 성경이 이를 말하지 않았다면 감히 누구도 태양빛 외에 어떤 빛이 또 있다고 감히 말하지 못했을 것이다. 그러니까 이러한 사실을 과학적으로 접근하는 것이 최근의 일이라는 말이다. 2005. 11. 3자의 보

도 내용을 참고하시기 바란다.

"(밀워키 〈美 위스콘신주〉 AP=연합뉴스) 미국의 과학자들이 우주 생성 초기의 별빛을 포착하는데 성공했다고 주장했다. 미 항공우주국(NASA) 고다드 우주비행센터 연구진은 스피처 우주 망원경을 이용해 오래 전에 소멸한 태고의 별들이 발산한 빛의 흔적을 발견했다고 과학전문지 네이처 최신호에 발표했다. 약 137억년 전 빅뱅으로 우주가 탄생한 지 1억년 만에 수소원자들이 결합해 폭발하면서 밝게 빛나는 별들을 탄생시켰으며 이런 별들로부터 나온 물질이 훗날 우리의 태양을 비롯한 항성들을 구성한 것으로 알려져 있다. 연구 보고서 대표집필자인 알렉산더 캐슐린 스키박사는 그러나 학자들이 이런 별들의 위치와 크기, 밝기는 물론 존재 여부조차 확신하지 못해왔다면서 "이번에 우리가 발견한 것은 이런 별들에 관한 첫 번째 정보"라고 말했다. 연구진은 우주의 특정한 작은 부분에서 나오는 우주 방사선을 측정한 뒤 여기에서 이미 알려진 모든 은하계의 방사능 수치를 빼고 남은 부분에 이들 태초의 항성에서 나오는 방사능이 포함돼 있는 것으로 추정했다. 이는 운동 경기장에 모인 군중의 소음 총량에서 각 개인의 소음을 하나하나 제거해 단 한 사람의 목소리를 구별해내는 것과 같은 방법이다. 연구진의 결론이 정확하다면 이는 우주가 어떻게 처음 빛을 내기 시작했는지 규명하는 연구에 큰 진전을 가져올 것으로 보인다."

땅이 원래 물 밑에 있다가 물에서 올라왔다는 것도 성경에 기록되어 있으며, 여호수아가 아모리 사람을 칠 때 해가 중천에서 하루 종일 머물렀던 적이 있다는 사실 등이다(수 10:11-13). 이 모든 사실들은 오늘날 과학으로 이미 증명된 사실들이다. 1861년에 프랑스의 과학자 회의에서 성경의 사실들이 과학에 반대되는 51건의 사실들이 있다고 발표하였는데, 로레인 뵈트너라는 사람이 최근에 와서 그 발표가 잘못되었고, 한 가지 한 가지 성경에 기록된 것이 옳다고 하였다. 이렇게 성경처럼 오래되고도 사실적인 책이 없다.

4. 성경이 하나님의 말씀으로서 권위가 있는 것은 그 예언한 말씀들이 성취된 사실들에서도 찾을 수 있다. 가령, 구약에서 두로와 시돈 같은 도시에 대하여 하나님은 선지자를 통하여 예언을 했다. 하나님은 교만한 그 도시를 심판하신다고 한 것이다. 당시 두로와 시돈은 오늘날로 말하면 뉴욕이나 동경같이 큰 도시를 말한다. 그런데 그런 도시가 그물 말리는 곳이 된다고 하였는데(겔 26:14), 근래의 방문자들에 의하면 옛 두로의 땅은 현재 그물을 말리는 곳이 되어있다고 한다. 성

경의 예언 중에 이루어지지 않은 예언이 없다. 헬라의 알렉산더 대왕이 다니엘서에 있는 자기에 대하여 예언된 구절(수 염소)을 보고 놀라워하며 성경을 신뢰했다는 일화는 유명하다. 구약 성경 이후 세계인 헬라와 로마의 예언은 다 다니엘서의 예언된 대로 다 이루어졌다. 다니엘서는 알렉산더의 헬라와 로마의 건국 전쟁사가 역사의 기록처럼 기록되어 있고 그대로 다 이루어졌다(단 11장). 또한 구약의 주 예수님에 대한 예언이 그대로 다 성취된 것이며(그분의 멸시받는 신분과 고난의 인생과 참혹한 죽음과 부활에 대하여), 이스라엘에 대한 끊임없는 예언의 성취들이 다 그것이다. 그들은 지금도 흩어짐을 완전히 면하지 못하고 있다. 그들이 고토로 다시 돌아와서 나라를 회복할 것이라는 예언(주 예수님이 예언하심)은 1949년 이스라엘의 독립으로 이루어졌다. 이 모든 예언들이 성경에 기록된 대로 응한 것이다. 아직 이루어지지 않은 예언들, '마지막 시대에 예루살렘 성전이 재건될 것이다(현재 회교도의 사원이 세워져 있음), 적 그리스도(통합된 10개국 권력자)가 나타날 것이다, 십개국의 연합군(적 그리스도의 군대)이 이스라엘을 포위 침공할 것이다(아마겟돈 전쟁), 성도들이 휴거될 것이다, 그리스도께서 왕으로 재림하신다, 큰 날의 심판이 있을 것이다.' 등의 예언들은 성취를 기다리고 있는 중이다.

5. 또한 성경의 말씀의 권위는 그것을 읽는 사람들이 변화되는 것을 보고 그 능력을 안다. 이 세상에 있는 많은 도덕 서들과 교양서들, 종교적인 경전들이 있지만 그것들과 매우 차별되는 점이, 이 성경은 한두 줄만 읽고도(어거스틴은 한두 구절을 읽고 놀라운 회심을 하고 변화된 인생을 살았다), 크게 변화를 받아 지난 삶을 청산하고 완전히 새로운 인생을 살게 되는 경우가 많다. 나 자신도 그러한 사람 중의 하나이다. 성경은 세계적으로 가장 많이 팔리는 책이기도 하고, 폭군들이나 전제군주들이 이 책을 아무리 없애려 해도 이 책은 더욱더 많아진 것이 사실이다. 한때 영국에서 왕들이 이 책을 없애려하였고 보는 대로 다 태웠고 믿는 자들을 다 죽이려 했지만 이 책은 결코 다 없애지 못했다. 없앨수록 더 흥왕하게 되었다. 성경을 멸시한 개인이나 나라가 황폐하게 되고(공산주의가 그러하다), 성경을 사랑하는 개인이나 나라가 다 축복을 받는 것만 보아도 그렇다. 현재까지도 전 세계에서 가장 사랑을 받으며 많이 팔리고 있는 책이 성경이다. 그 누구도 이 책의 위력을 무시할 수는 없다.

6. 또 이 성경은 도덕성에 있어서 가장 뛰어나다. 어떤 책도 오른 편 뺨을 치면

왼편도 돌려대라는 말을 하지 않는다. 억지로 오리를 가자고 하면 십리를 가라고 하지 않는다. 어떤 책이 원수를 사랑하라고 하는가? 원수를 사랑할 뿐 아니라 위하여 기도하고 축복하라고까지 한다. 어떤 사람이 속옷을 빼앗으려고 재판을 걸어오면 속옷만이 아니라 겉옷까지도 내어주어야 한다고 말한다. 여자를 보고 음욕을 품어도 이미 마음에 간음 죄를 진 것이라고 말한다. 형제에게 원망 들을 만한 일이 있으면 예물을 드리기 전에 먼저 사화하라고 말한다. 용서할 일이 있으면 일흔 번씩 일곱 번이라도 용서해야 한다고 말한다. 이 세상에서 도덕성에 있어서 성경과 비교할 책이 없다. 가장 뛰어난 책이 바로 성경인 것이다. 이런 여러 상황들을 살펴볼 때 우리는 이 책을 하나님의 말씀이라고 단정하는 것이며, 이 성경의 말씀에게 가장 최고의 권위(Supreme-authority)를 드리는 것이 마땅하다고 말한다.

5-6절, 이에 마귀가 예수를 거룩한 성으로 데려다가 성전 꼭대기에 세우고 가로되 네가 만일 하나님의 아들이어든 뛰어내리라 기록하였으되 저가 너를 위하여 그 사자들을 명하시리니 저희가 손으로 너를 받들어 발이 돌에 부딪히지 않게 하리로다 하였느니라

첫 번째 시험은 육신적인 물질문제이다. 주님이 이 땅에서 사역하실 때 맨 먼저 시험 당하신 것이 육신을 위한 먹는 문제라는 것을 아는 것은 매우 중요하다. 오늘날 많은 사역자들이 하나님이 주신 사역자의 위치와 위임을 충실하게 지키지 못하는 이유가 육신의 먹는 문제에 있다는 것을 부인하지 못할 것이다. 이 부분에서 합격하지 못하면 자격 상실이라고 말할 수 있다. 이것이 첫 번째 시험이기 때문이다. 나 자신도 많은 사역자들이 이 문제를 패스하지 못해서 하나님의 길을 바르게 가지 못하는 것을 많이 보았다.

그러나 두 번째의 문제는 명예와 관련된다. 성전 꼭대기에서 뛰어내리어 천사들이 받아 살았다면 단번에 메시야의 명예와 명성을 획득할 수 있다. 당시 유대인들은 메시야를 대망하고 있었고, 그들은 초라한 신분의 예수를 메시아로 믿기 어려웠다. 그 때 주님이 만일 성전 꼭대기에서 뛰어내려 천사들에 의해 받들림을 받았다고 소문이 나면 즉시 이스라엘은 예수를 메시아로 인정하며, 유명하게 될 수 있었을 것이다. 즉 대번에 대단한 명성을 획득할 수 있었을 것이다. 또 그분은 그런 일을 능히 할 수 있는 능력이 있으시다. 이것이 시험이 되지 않겠는가? 그러나 예수는 멸시와 고난을 받고 흠모할 것이 없으며, 사람들에게 싫어버린 바 된 구약에 기록된 대로의 메시아의 길을 선택하신 것이다. 이것이 두 번째 시험의 내재적인 의미이다. 이 길을 이해하지 못한다면 오늘날도 진정한 주의 종의 길을 갈 수 없을 것이다.

마귀는 성경 말씀을 잘 안다. 이번에는 마귀도 '기록하였으되'라고 하면서 성경을 인용하면서 예수님을 시험하였다. 여러분 중에 이 말씀이 구약 성경 어디에 있는지 아시는 분 있는가? 마귀는 우리도 잘 찾아내지 못하는 구약의 말씀을 아주 잘도 알고 있다. 농담 같지만 귀신 같이 잘 안다는 말이 있다. 내가 중국에 갔을 때 귀신들린 한 여자가 우리 지체들을 농락했다는 것을 들었는데, 물론 나중에 귀신은 쫓겨났지만 그 이전에 귀신들린 여자는 모임 가운데 와서 우리 형제자매들의 사정을 과거사까지 속속들이 좌중에 말하므로 수치를 주었단다. 사탄은 매우 여러 가지를 잘 알고 있으며 사람을 속이기 위해 수단과 방법을 가리지 않는다. 마귀는 첫 번째 시험인 음식 문제의 관문을 통과하신 예수님을 이제는 영적인 문제를 가지고 시험하고 있다.

여기서 다시 마귀는 주님을 "네가 하나님의 아들이어든"이라고 말한다. 마귀는 예수님을 거룩한 성으로 데려다가 성전 꼭대기에 세우고 "당신이 하나님의 아들이어든" 이라고 했다. 다시 마귀는 예수님을 '하나님의 아들'의 신분으로 칭하여 부른다. 사람의 위치를 떠나게 하는 것이다. 사탄의 근본적인 목적은 주님이 사람의 위치를 떠나 하나님의 아들로 일하심으로 주님이 이 땅에 오셔서 하시고자 한 구속의 역사를 무효화하는 것이다. 마귀는 예수님을 성전 꼭대기에 세우고 '거기서 뛰어내리라 그러면 하나님이 그 사자들을 명하여 손으로 받들어서 발이 돌에 부딪히지 않게 하실 것이다.' 했다. 사탄은 이 말을 시편 91편에서 인용해가지고 했다. 이는 사탄이 첫 번째 시험에서 예수님의 성경을 인용하여 대답하는 것을 보고 그렇게 한 것이다. 그러나 주님은 시험에 걸려들지 않으셨다. 성령으로 충만하신 주님은 마귀의 간계를 아셨다. 그리고 "또 기록되었으되"라고 대답하셨다. 오늘날도 마귀적인 성경의 인용이 있다. 오늘날도 많은 이단들이 자신들의 신앙에 대하여 말씀을 근거하는 것처럼 말한다. 한편만 들으면 그럴 듯하다. 그런 말을 들을 때 우리는 다른 곳에 기록되어 있는 "또 기록되었으되"를 말할 수 있어야 한다. 그렇지 못할 때 그들의 전술에 넘어가기가 쉽게 된다.

대부분 자신들의 입장을 변호하고 세우기 위해서 사용하는 말씀들은 잘못된 말씀의 적용이다. 시험의 특징은 하나님의 말씀을 가지고 사람에게 뭔가를 하라고 강요하는 것이다. 믿음이란 다만 하나님이 우리에게 말씀을 주시는 것이다. 우리가 그 일을 해야 할지 말아야 할지는 성령께서 자연히 인도하신다. 하나님은 우리의 자유의지를 존중하시므로 우리의 판단과 결정을 존중하신다. 우리가 자원하여 그 분의 뜻을 기뻐함 가운데 소원을 두고 행하게 하신다. 그러나 사탄은 자기의 목적을 위해 말씀을 이용하는 것이다. 하나님의 말씀을 말하면서 뭔가를 하라고 강요하는 것은 시험하는 것이다. 그때 주님은 믿음의 말씀으로 응수하셨다. "또 기록되었으되 주 너희 하나님을 시험치 말라 하였느니라".

성경을 사람들이 간교하게 인용하는 수가 있으니 믿는이들은 조심해야 한다. 하나님의 뜻대로 살면서 위험을 당할 때 구원을 기대하는 것은 당연하고 아름다운 일이나, 스스로 위험을 모험하면서 하나님의 기적을 구하는 것은 하나님을 시험하는 것이다(이상근).

7절, 예수께서 이르시되 또 기록되었으되 주 너의 하나님을 시험치 말라 하였느니라 하신대

이것이 바로 하나님을 시험하는 것이다. 주님은 사단이 하나님을 시험한다는 것을 아셨다. 여기서 "또 기록하였으되" 하시면서 주님이 인용하신 말씀은 아버지께서 주신 정확한 말씀이다. 그러나 사단도 예수님을 미혹하기 위해 성경을 인용했는데 성경을 인용한다고 해서 다 받을 수 있는 것이 아니다. 잘못 인용하는 것이 얼마든지 있기 때문이다. 다른 사람을 넘어뜨리기 위해서 인용하는 말씀도 있고, 자기를 합리화하기 위해 인용하는 말씀도 있다.

주님은 "또 기록하였으되" 하셨다. 이렇게 성경을 인용하되 분명하고 정확하게 아버지로부터 받은 그때 필요한 말씀을 해야 한다. 이 때 예수님이 하나님의 아들로서 "주 너의 하나님을 시험치 말라"고 한 말은 정확한 인용이다.

시험을 이기신 주님

여기서 마귀는 예수께 성전 꼭대기에서 뛰어내려보라고 하였다. 뛰어내리면 말씀에 입각하여 아버지께서는 받으실 것이라고 하였다. 이것이 바로 시험이다. 마귀는 예수께 뛰어내리면 하나님께서 받으시나 안받으시나 시험해보라는 말이다. 주 예수는 아버지를 시험해볼 필요가 없다. 아버지는 아들과 언제나 하나였고 아버지는 아들을 사랑하시며 위하신다. 마귀의 시험이란 아들로 하여금 아버지를 의심하게 만드는 것이다. 아버지가 받으시는가를 확인해보려는 것이 바로 아들과의 간격을 만드는 일이다. 언제나 아버지와 하나인 아들은 아버지를 시험해볼 필요가 없으시다. 아들과 아버지의 간격을 조금이라도 이격시킬 수 있었다면 마귀의 술책은 성공한다. 그러나 주 예수는 기록된 말씀으로 '주 너희 하나님을 시험치 말라'고 대답하셨다. 주 예수는 아버지와의 하나 되심을 한 번도 떠나지 않으셨다.

주님을 시험하는 일

이스라엘 백성들이 광야에서 주님을 시험하다가 뱀에게 물려 멸망하였다(고전 10:9). 이스라엘 백성들은 홍해를 믿음으로 건넜으나 애굽 사람들은 이것을 시험하다가 빠져 죽었다고 한다(히 11:29). 애굽 사람들은 믿음이 없이 이스라엘 사람들이 건너는 것을 보고 따라 건넌 것이다. 한 번 건너보자, 바닷물이 그대로 갈라져 있을거다, 설마 이 많은 병력이 건너가고 있는데, 저 천박한 유대인들도 멀쩡하게 건너는 홍해 길을 우리는 못 건너랴! 이렇게 그들은 믿음 없이 홍해를 건너려고 따라 들어간 것이다. 히브리서 기자는 이것은 주님을 시험한 것이라고 한다. 오늘 날도 성도들은 주님을 시험하는 식으로 신앙 생활하는 경우를 많이 본다. 주님이 나를 사랑한다면 왜 이런 시련을 주시는가? 주님이 나를 사랑하신다면 곧 내 병을 낫게 하실 것이다. 내 아들이 학교도 잘 들어가고 사업도 잘되고 결혼도 잘하게 해주실 것이다. 우리 가족이 잘 될 것이다, 내가 지금까지 헌신하며 주님을 이렇게 섬겨왔기 때문이다 등. 이렇게 시험적으로 주님을 신뢰하다가 안되면 마음이 돌아서는 것이다.

내가 이렇게 간절히 오랫동안 기도했기 때문에 주님은 반드시 내 기도를 들어주실 것이다. 기도한대로 들어주시지 않으면 시험에 들었다고 한다. 이제 주님을 더 이상 못 믿겠다고 한다. 동산에서 하와의 타락이 바로 여기에서 비롯되었다. 하나님의 사랑을 온전히 믿지 못한 것이다. 주님을 완전히 신뢰하는 자는 어떤 일에서도 주님을 시험하지 않는다. 주님을 온전히 믿는다는 것은 주님과 온전히 하나 되는 것을 의미한다. 하나님은 우리를 결코 미워하지 않으며 나쁜 것을 주시지 않는다. 어린 시절 우리는 우리의 육신의 부모님에 대하여 서운한 적이 있었다. 우리가 기대한대로 해주시지 않을 때 우리는 원망했다. 우리가 육의 부모도 오해하고 시험한 적이 있거늘 영의 하나님을 시험한 적이 있을 것이다. 신앙이 자라면서 성도들은 결코 하나님을 시험해서는 안된다. 하나님은 우리에게 모든 좋은 것을 아낌없이 주시는 분이다(롬8:32). 바울은 우리에게 주시는 모든 좋은 것에는 환난이나 핍박이나 기근이나 적신이나 사망이나 생명, 높음이나 깊음 모든 것이 포함된다고 말한다. 우리는 어떤 환경에서도 주님을 믿는 믿음에서 떨어져서는 안되며 그분의 선하심과 인자하심과 사랑하심을 의심해서는 안된다. 그분은 영원히 선하시며 인자로 우리를 대하시는 분이다(시 100편).

8-9절, 마귀가 또 그를 데리고 지극히 높은 산으로 가서 천하만국과 그 영광을 보여 가로되 만일 내게 엎드려 경배하면 이 모든 것을 네게 주리라

이제 마귀는 예수님을 데리고 지극히 높은 산으로 올라가서 천하만국과 그 영광을 보여주었다. 실상 그 모든 세상만국의 창조자가 하나님이시다. 그러나 그 원래의 것을 부패시키고 변질시켜서 세상적인 번영과 자랑으로 가득하게 만든 장본인이 사탄이다. 사탄은 그것을 자기의 작품으로 자랑스럽게 여기며 예수님께 보여주었다. 그리고 '네가 내게 엎드려 경배하면 이 모든 것을 네게 줄 것이다.'라고 했다.

세 번째 시험에 왔을 때 사탄은 주 예수님을 더 이상 하나님의 아들이라고 부르지 않는다. 사탄은 예수님을 사람이라고 하고 사람으로서 시험하는 것이다. 주님은 참으로 인류의 대표이시다. 사탄은 인류의 새로운 머리로 오신 주 예수님에게 그의 신비한 능력으로 세상 만국과 그 영광을 순식간에 보여주고, 자기에게 경배하면 만국의 부와 그 영광과 다스리는 권위를 주겠다고 하는 것이다. 그 조건이 사탄에게 경배하는 것이다. 그는 두 가지 시험에서 실패하자 자기의 모든 것을 다 걸고 모험을 하고 있다. 세 번째 마귀는 자기를 드러냈다. 속에 있는 의도도 드러냈다. 그것은 자기의 소유를 다 잃더라도 예수님의 경배를 받고자 하는 것이다. 우리는 여기서 마귀가 상당히 고단수로 주님을 시험하고 있다는 것을 알아야 한다.

첫째와 둘째를 성공하지 못하면 이제 그가 동산에서 아담과 하와를 부패시켜 자기의 소속으로 만들어 버린 인류를 주 예수님이 회복하게 된다는 것을 안다. 이제 사탄은 주 예수님이 인류의 구속자의 위치에 서실 수 있고 자기가 멸망의 죄인으로 만들어 자기 수하에 놓은 인간을 회복하실 것을 알았다. 그러자 이제 전체 자기의 수하에 있는 세상을 다 사람인 당신에게 줄 테니 자기에게 굴복만 해달라고 요청하는 것이다. 첫 번째 사람 아담을 통해 얻은 세상을 다 잃더라도 인류의 대표로 오신 예수님의 경배를 받으면 그는 결국 두 번째 사람의 역사도 탈취하는 것이다. 이것이 사탄이 시험하게 된 배경이다. 그 놈은 속에 아무것도 없이 그저 몇 가지 문제를 시험한 것이 아니다. 사탄의 계략도 상당한 것이다. 온 세상 만국과 그 다스리는 권위는 주 예수께 넘기고 자신은 그 대표인 예수님의 위에 경배 받는 존재가 되겠다는 것이다.

주 예수님 편에서는 어떤 수고나 고난이 없이 한 번 경배만 하면 온 세상을 다 얻게 되는 것이다. 이런 유혹이 있다는 것이다. 주님은 "사탄아 물러가라"고 하시며 성경을 인용하셨다. "주 너희 하나님께 경배하고 다만 그를 섬기라 하였느니라"(신 6:13 참조). 주 예수님은 첫 번째와 두 번째는 참으셨지만 세 번째에서는 참지 않으셨다. 사탄이 하나님만이 얻으셔야 하는 경배를 구하자 주님은 사탄에게 '사라지라'고 명했다. 이것은 인자 예수의 큰 승리이다. 우리는 이 지점에서 큰 찬송을 불러야 한다!

인간에게 지위감이란 육체가 있다. 높은 지위를 흠모하는 정신이다. 내가 '마지막 황제 부의'라는 영화를 본적이 있다. 그는 어렸을 때에 청나라 황제가 되었다. 어려서 지위를 갖는 것이 큰 문제이다. 청나라가 일본에게 패하자 일본은 청나라를 속국 삼고 명의상 그를 청나라 황제 자리에 앉혀 주었다. 인간의 성향이 얼마나 천박한지 알 수 있는 장면이다. 일단 그 지위와 권력의 맛보더니 끝까지 그 정신을 내려놓지 못하는 것을 보았다. 지위를 준다고 하니 자기 민족이 망하건 흥하건 아무 관계하지 않았다. 자기 민족은 지금 다 죽어 가는데 일본에서 청나라 황제를 시켜준다니 아주 만족해하면서 그 지위를 감사하게 받아들였던 것이다. 그는 자신의 지위의 상승과 유지 때문에 일본이 주는 황제의 지위를 받아들이면 나라가 전체적으로 일본의 권력 하에 들어간다는 사실을 가볍게 여긴 것이다.

10절, 이에 예수께서 말씀하시되 사단아 물러가라 기록되었으되 주 너의 하나님께 경배하고 다만 그를 섬기라 하였느니라

물러가라는 말은 원문에서 '없어져라, 너는 여기에 필요가 없다' 하는 뜻이다. 시험을 이기지 못하는 사람은 다른 필요한 것이 있는 사람이다. 하나님과 그분의 입으로부터 나오는 말씀만을 필요로 하는 사람만이 시험을 이긴다. 세상적인 지위와 야심을 잔뜩 갖고 있는 한 사탄을 이기지 못한다. 주님에게는 아버지 외에 아무 필요가 없으셨다. 그러므로 주 예수님은 사탄에게 간단한 말로 '물러가라'고 하실 수 있으셨다. 다른 필요가 있는 사람들은 어떤 제의가 있을 때 그렇게 간단한 말로 상황을 끝내지 못한다. 일을 하고 싶은 욕심이나, 급하게 큰 재물을 얻고자 하는 욕심, 사람을 얻고자하는 의도 등을 감추고 있으면 어떤 제의를 쉽게 거절하지 못한다. 여지를 두거나 시간을 갖고 고려하게 된다. 우리에게 주님 외에 여러 다른 것을 원하는 것이 없다면 각종 시험에 떨어지지 않을 것이다. 주님은 이 세 가지 시험을 모두 말씀으로 물리치셨다. 이와같이 주님은 모든 것을 이길 수 있는 하나님의 말씀을 갖고 계셨다. 하나님의 말씀을 풍성하게 갖고 있는 것이 얼마나 중요한지… .

11절, 이에 마귀는 예수를 떠나고 천사들이 나아와서 수종드니라

그런 후에 이제 천사들이 나아와서 수종을 들고 주님의 음식도 보살펴드리고 했을 것이다. 하나님께서 승리하신 주님을 보살피신다. 사단의 유혹에 넘어가거나 사단과 타협할 필요가 없다. 성도들도 시험을 이길 때 하나님의 돌봐주심을 얻을 수 있다. 필요하다면 하나님이 필요한 것을 보살펴 주실 것이다. 필요하지 않다면 하나님은 주시지 않을 것이다. 다만 주 예수님은 하나님의 아들의 위치를 지키시기만 하면 되었다. 그분은 하나님의 음성을 듣고 하나님의 말씀을 가지고 사단을 대적하셨다. 그리고 그분은 승리하셨다. 승리하신 주님을 찬양한다!

주 예수의 시험받으심에 대한 요약

주 예수님이 40일을 금식하신 후 광야에 이끌리시어 마귀에게 시험을 당하셨다. 첫째는 "내가 만일 하나님의 아들이어든" 이라고 한 것이다. 마귀는 그분이 사람의 위치를 떠나 하나님의 아들의 위치에 있기를 원했다. 왜냐하면 주 예수께서 하나님의 위치에 계시면 사탄을 처리할 길을 얻지 못하는 것을 마귀가 알기 때문이다. 그 간계를 아는 주 예수님은 '사람이... '라고 대답하셨다. 첫 아담은 사람이었는데 도리어 하나님의 위치에 서려 하다가 타락하였다. 둘째 사람, 예수 그리스도는 하나님이셨지만 도리어 사람의 위치에 서기를 원하시므로 승리하셨다. 오직 사람만이 하나님의 영원한 계획과 목적을 이룰 수 있고 오직 사람만이 사탄을 처리할 수 있다(시 8, 히 2장 참조). 두 번째 시험은 마귀가 "네가 만일 하나님이 기뻐하시는 사람이라면 성전 꼭대기에서 뛰어내리라고 하였다. 하나님이 반드시 보호하시리라는 것이다. 마귀가 이렇게 말한 뜻은 무엇인가? 그것은 첫 번째 시험과 관계가 있다. '사람의 위치에 있다면 하나님과 분리된 것이 아니냐?'는 뜻이다. 그러나 주 예수님을 하나님을 시험하지 않으셨다. 시험이란 하나님의 사랑을 의심하는데서 오는 것이다. 하나님이 사람을 지극히 사랑하시는 것을 알고 하나로 연합된 존재임을 알진대 뭐하러 자신을 위급한 상태에서 보호하시나 안하시나 시험할 필요가 있단 말인가? 마귀는 예수께서 하나님과 연합하지 않은 존재로 여기도록 시험한 것이다. 세 번째는 경배의 문제이다. '내게 엎드려 경배하면..'이다. 주 예수는 여기서 사람을 대표한 분으로 계셨다. 그분이 마귀를 경배하면 모든 사람이 실패하게 된다. 주님은 하나님 편에 서서 다만 하나님만 섬기고 그분만을 경배하였다. 에덴동산에서는 사람의 의지가 마귀 편에 있었으므로 철저하게 실패하였으나 광야의 주 예수는 그분(사람)의 의지가 하나님과 하나되었으므로 완전히 승리했다.

12-14절, 예수께서 요한의 잡힘을 들으시고 갈릴리로 물러가셨다가 나사렛을 떠나 스불론과 납달리 지경 해변에 있는 가버나움에 가서 사시니 이는 선지자 이사야로 하신 말씀을 이루려 하심이라 일렀으되

주 예수님은 3장 마지막 부분에서 세례를 받으시고 성령으로 기름부음을 받으셨다. 그리고 4장에 와서 사십 일 간 금식하신 후에 마귀에게 시험을 받으셨다. 주님은 세 가지 시험에서 완전하게 승리를 하셨다. 그런 다음에 12절에서 요한이 잡히셨다는 것을 들었다.

요한은 주 예수님의 선주자로서 그분의 길을 곧게 하기 위해 보내심을 받았다. 그리고 그는 하나님이 정하신 길을 다 걸어갔다. 그는 많은 이스라엘 사람들에게 예수 그리스도를 소개하고 또 그들이 마음을 돌이켜서 예수 그리스도를 영접할 수 있도록 길을 열었다. 그는 회개하라고 외쳤으며 요단강에서 많은 사람들에게 물로 세례를 주었다. 그리고 때가 되었을 때 요한은 옥에 갇히게 되었다.

우리는 어떠한 하나님의 종이든지 하나님이 그에게 정하신 발걸음을 다 걸으면 이제 마쳐야 한다는 것을 볼 수 있다. 우리는 요한복음에서 요한의 세례와 주 예수님의 세례가 겹쳐져 동시에 두 종류의 세례가 행해질 때 다소 어려움이 있었다는 것을 볼 수 있다.

어떤 사람들은 요한을 따르고 어떤 사람들은 예수님을 따랐는데, 요한의 제자들이 요한을 위해서 시기하는 것을 볼 수 있다. 모든 그리스도의 종들은 그분을 위해서 일해야지 조금이라도 주님 자신과 상충되는 일은 하지 말아야 한다. 요한은 주 예수님이 일어나서 사역하시기 위해서는 반드시 장면에서 사라져야 한다. 그런데 주님이 일하시고 또 사람들에게 세례를 베풀고 계시는데 그도 여전히 한쪽에서 세례를 베풀고 있었다. 그럴 때 결국 그는 감옥에 갇히게 되고 목 베임을 당하게 되었다. 그러나 어찌 되었든 주 예수님은 요한에 대해서 매우 칭찬하는 말을 하셨다. 뒤에 나오지만 그는 여자가 낳은 자 중에 가장 큰 자라고 하셨다.

여기서 우리가 알 수 있는 것은 요한은 할 일을 다 했다는 것이다. 그는 그리스도를 증거하는 일을 다 했으면 된 것이다. 사도 바울은 자기가 달려 갈 길을 다 마쳤다고 했다. 우리가 역대 하나님의 종들의 전기를 읽어보면 많은 하나님의 종들이 일생의 마지막에 가서 자기가 할 일을 다 했다고 느낀 것을 볼 수 있다. 아직 할 일이 남아 있는데 데려감을 당하는 것은 그렇게 좋은 일이 아니다. 나는 수년 전 인도에 가서 박싱이라는 크리스천 지도자가 있는 하이드라바드 헤브론이라는 곳에서 집회를 한 적이 있는데(당시 박싱은 건강상 말씀을 전할 수 없었다.) 그곳에서 박싱의 글을 읽었다. 그가 이런 기도를 했다. "하나님, 저를 중년에 데려가지 말아 주십시오." 왜 그러한 기도를 했는가? 그것은 주님이 자기에게 맡기신 사역을 다 감당할 수 있기를 원했기 때문이다.

하여간 요한의 사역은 다 마쳐졌고 요한이 잡힌 것을 들으셨을 때 주 예수님은 갈릴리로 물러가셨다. 갈릴리가 어디인가? 갈릴리 땅은 이방 땅이라 불리웠다. 왜냐하면 갈릴리 땅은 예루살렘에서 멀리 떨어져 있었고 거기에는 유대인과 이방인이 섞여 살았기 때문이다. 그래서 사람들은 갈릴리를 이방의 갈릴리라고 불렀다.

이런 말은 유대인들에게는 멸시하는 말이다. 오늘날 미국에 가면 어떤 지역에는 멕시칸들이 살고, 어떤 지역에는 베트남 사람들이 살고, 어떤 지역에는 흑인이 사는데, 미국인들은 그들과 섞여 사는 것을 선호하지 않는다. 미국인들은 백인들만 사는 곳을 아주 선호하고 흑인들이 사는 할렘가라든가 하는 곳을 천시한다. 갈릴리는 그러한 곳이다. 주님은 요한이 잡힌 뒤에 갈릴리로 물러가셨다가 나사렛을 떠나셨다고 했다. 갈릴리 나사렛, 주님은 그곳에서 사역을 시작하셨다.

나사렛이라는 동네는 빌립이 말한 것처럼 선한 것이 날 수 없는 곳이다. 사람들의 관념에 매우 천박한 도시이다. 갈릴리 사람들은 그 말소리도 우리나라 지방 사투리같이 특유의 강한 악센트를 갖고 있었다. 그래서 베드로는 주님이 잡히셨을 때 주님을 세 번 부인했는데 그 악센트 때문에 걸릴 뻔했다. 한 비자가 베드로에게 '네 말이 네가 갈릴리 사람이라는 것을 증명한다.'고 했다. 그런데 주님은 먼저 이 갈릴리 나사렛에 계시다가 거기를 떠나 스불론과 납달리 지경 해변에 있는 가버나움에 가서 사셨다.

"갈릴리로 물러가셨다가 나사렛을 떠나"라고 하셨는데, 주님은 요한이 잡히셨다는 말을 들은 후 이젠 사역을 시작하셔야 한다고 느끼신 것이 분명하다. 그런데 왜 예루살렘이 아니라 갈릴리인가? 이는 '물러가셨다'라는 표현에서처럼 그분은 세례 요한을 감옥에 가두고 곧 처형할 예루살렘에서 사역을 할 것이 아니라는 것을 아시고 갈릴리로 물러가신 것이다. 물러가셨다는 것은 헬라어로 '아나코레인'으로 위험에 직면했을 때 물러가는 것으로 사용된 단어이다. 그러므로 주 예수님은 사역의 시작부터 예루살렘과 같이 반대적인 분위기 속에서 하시지 않고, 할 수 없이 받을 수 있는 곳을 택하여 사역한 것을 볼 수 있다. 그분은 당시 멸시받는 동네인 나사렛으로 가셨지만 또 금방 그곳을 떠나셔야 했다. 왜 주님은 나사렛을 떠나셔야만 했는가? 이 일은 여기서는 그 이유를 알 길이 없고 누가복음을 읽어보아야 한다. 이 사건은 누가복음 4장에 기록되어 있다. 마태복음에는 누가복음 4장에 있는 그분의 고향 나사렛에서 발생한 일이 기록되어 있지 않다. 누가복음 4장 16절이다. "예수께서 그 자라나신 곳 나사렛에 이르사". 주님이 자라나신 곳은 나사렛이다. 그래서 사람들은 예수를 나사렛 사람이라고 불렀다. 나사렛 예수, 나사렛이라는 이름은 천박한 땅, 야만적이고 아주 촌스러운 지명으로 통한다. 주 예수님은 그 나사렛에서 자라셨다.

그런데 그곳에서 안식일에 자기 규례대로 회당에 들어가사 성경을 읽으려고 서셨는데 그때 사람들이 이사야의 책을 펴서 드리니 한 구절을 주님이 읽으셨다. 이것이 그분의 사역 초기에 하신 일이다. "주의 성령이 내게 임하셨으니 이는 가난한 자에게 복음을 전하게 하시려고 내게 기름을 부으시고 나를 보내사 포로된 자에게 자유를, 눈 먼 자에게 다시 보게 함을 전파하며 눌린 자를 자유케 하고 주의 은혜의 해를 전파하게 하려 하심이라"(눅 4:18-19).

그러면서 주님은 오늘날 이 글이 너희 귀에 응하였다고 하셨다. 그런데 이렇게 주님이 회당에서 가르치실 때에 사람들의 반응이 어떠했는가? 그 입에서 나오는 은혜의 말을 기이히 여기면서 '이 사람이 요셉의 아들이 아니냐?' 하고 멸시하는 말들을 했다. '의원이라면 너부터 고쳐라.' 이것은 다 멸시하는 말들이다. '우리의 들은 바 가버나움에서 행한 일을 네 고향 여기서도 행하라.' 이런 말들도 다 멸시하는 말들이다. 그러자 주님은 선지자가 고향에서는 환영을 받는 일이 없다고 하셨다.

결국 동네 사람들은 예수님을 동네 밖 낭떠러지로 끌고 가서 밀쳐 내려 하는 사건이 바로 그분의 고향에서 일어난 것이다. 그때 주 예수님은 그 무리 가운데로 지나서 가셨다. 아무도 주 예수님의 그런 위엄을 범할 수는 없었다. 동네 사람들은 그분을 끌고 낭떠러지까지 가서 밀쳐 내려고 했지만 주 예수님은 아무 일도 없는 것처럼 저희 가운데로 그냥 지나서 가신 것이다. 주님은 그 분의 고향, 그분이 자라나신 곳 나사렛에서 무언가 말씀을 전하셨지만 그 동네 사람들은 예수님을 받지 않고 멸시했다. 예수님은 그 동네 사람들에게 이렇게 철저하게 배척을 당하셨다. 그렇게 멸시하는 곳에서는 주님이 일하실 수가 없다. 성경은 그들이 믿지 않는 것을 주님이 이상히 여기셨다고 했다. 그리고 그곳에서는 많은 기적을 행하시지 않으셨다고 했다. 사람들이 받아들이지 않는 곳에서는 더 이상 증거할 수 없다. 그래서 주님은 나사렛을 떠나신 것이다.

그리고 갈릴리 바다의 중간지대인 스불론과 납달리 지경으로 오셨다. 스불론은 신명기나 창세기를 보면 배 매는 곳 해변이다. '스불론은 나가는 것을 기뻐하라'고 한 것처럼 복음에 관계되는 도시이다. 납달리도 마찬가지이다. 창세기 49장과 신명기 33장을 보면 '아름다운 소리를 발한다, 은혜가 족하다 서방과 남방을 얻을지로다' 하는 말이 납달리에 해당되는 말이다. 이렇게 주 예수님이 오셔서 사역하실 도시들은 이미 창세기, 신명기서부터 예언되고 예표되고 기록되어 있다. 그렇게 말씀하신 대로 주님은 스불론과 납달리 지경에 있는 해변 가버나움에 가셔서 사셨는데, 이것은 선지자 이사야로 하신 말씀을 이루려 함이라고 했다. 그러므로 스불론 땅과 납달리 땅이 영예스럽게도 주님의 복음 사역의 첫 번째 지경으로 선택이 된 것이다.

15-16절, 스불론 땅과 납달리 땅과 요단 강 저편 해변 길과 이방의 갈릴리여 흑암에 앉은 백성이 큰 빛을 보았고 사망의 땅과 그늘에 앉은 자들에게 빛이 비취었도다 하였느니라

놀랍지 않은가? 이사야 선지자 때 이미 주 예수님이 사역을 시작하실 곳이 이방의 갈릴리와 스불론과 납달리 땅이 될 것이라고 예언한 것이다. 주 예수님은 나사렛을 떠나 가버나움이라는 곳에 오셨고 스불론과 납달리 지경으로 오셨다. 이사야 선지자는 그곳에 큰 빛이 비췰 것이라고 했다. 여기서 우리는 그분의 이러한 움직임을 볼 수 있다. 그런데 그분이 나사렛에서 가버나움 쪽으로 가시고 그 해변으로 가신 것은 어떻게 보면 우연 같은데 성경에서는 우연이 아니라고 말하고 있다. 주님의 움직이심은 우연이 아니다. 이사야 선지자가 이미 예언한 대로 그렇게 된 것이다.

우리가 생각할 때는 나사렛에서 배척당했기 때문에 그곳으로 옮기셨다고 하겠지만 아니다. 그분은 그곳으로 가셔야 했다. 고향 동네에서 배척당하시고 그분은 스불론과 납달리 지경 가버나움으로 옮겨가셨는데 그쪽으로 가셨기 때문에 그분은 거기서 사역을 시작하셨을 뿐 아니라 또한 거기서 베드로, 요한, 야고보 등을 얻으실 수 있었다.

그런데 그들은 큰 빛이신 주님이 오시기 전에 어디에 앉아 있었는가? 흑암에 앉아 있었다. 흑암에 앉은 백성이 큰 빛을 보았다. 그리스도가 없으면 사람들은 다 흑암이다. 앉아 있다는 것은 거기에 아무 소망도 없이 그냥 주저앉아 있는 상태를 말한다. 그리스도가 없으면 아무리 돈이 많고 또 여러 가지 좋은 게 많아도 다 흑암일 뿐이다. 그리고 사망의 땅이요 그늘이다. 그러한 곳에 빛이 비취었다고 했다.

17절, 이때부터 예수께서 비로소 전파하여 가라사대 회개하라 천국이 가까웠느니라

'이때부터'는 언제부터를 가리키는가? 갈릴리로 오셨을 때부터이다. 이것을 볼 때 사역을 시작하는 것에도 하나님의 주권이 있다. 주님이 나사렛 곧 그분이 자라나신 곳에 계셨을 때에는 거기서 무언가 하시려고 해도 배척만 당하셨다. 그런데 그분이 갈릴리 가버나움으로 옮겨오시자 그때부터 그분의 전파가 시작되었다.

그분의 전파는 요한의 전파와 동일한 것이었다. 우리는 3장에서 침례자 요한이 '회개하라, 천국이 가까웠느니라!'고 선포한 것을 본다. 주 예수님도 똑같이 그렇게 외치셨다. 오늘 하나님의 말씀을 전하는 사람들은 무언가 다른 사람보다 새롭고 신기하고 다르게 전파하기를 원할 것이다. 그래야 자기를 따르는 사람들이 생길 수 있기 때문이다.

그러나 주 예수님은 그렇게 하지 않으셨다. 요한은 분명 주 예수님과 비할 수 없는, 그 자신의 말대로 예수님의 신들메를 풀기도 감당할 수 없는 사람이다. 그러나 주 예수님은 그가 전한 말을 그대로 이어서 하셨다. 주 예수님이 오실 때에 흑암에 빛이 비취게 되고 주 예수님이 오실 때에 천국이 오게 된다. 오늘 우리는 '주여, 어서 천국을 이뤄주시옵소서.' 하는 찬송을 불렀는데 아직도 사망이 있고 흑암이 있고 공허함이 있다면 그건 아직 천국이 아니다.

나는 오늘 예수 믿는 사람들이라고 하면서 서로 믿는이들 가운데 시기가 있고 분쟁이 있고 다툼이 있고 미움이 있고 그 마음속에 복잡함이 있는 것을 본다. 그것은 천국이라고 할 수 없다. 바울은 로마서에서 천국은 성령 안에서 의와 평강과 희락이라고 했다. 그러한 다툼과 분쟁이 있는 것은 다 흑암이고 사망이다. 그러한 사람들에게는 주 예수님의 빛이 필요하다.

"빛이 있으라 하시매 빛이 있었고… 하나님 보시기에 좋았더라". 이 땅에 빛이 있기 전에는 무엇이 있었는가? 흑암과 공허와 혼돈이 있었다(창 1:1-2). 그러면 천국은 어떻게 임하는가? 빛과 생명이신 주 예수님이 오실 때 천국이 임한다. 사실 천국은 주님 자신이다. 그분이 빛이시며 진리와 생명이시며, 하늘의 왕이시고 천국의 주인이시다. 그분이 십자가에 죽고 부활하시어 성령으로 사람들 마음속에 들어오실 때에서야 천국이 시작되니까 주님도 세례 요한처럼 천국이 가까웠다고 말씀하신 것이다.

오늘 예수 믿는 사람들에게 왜 천국이 임하지 않는가? 아직도 그 마음속에서 주 예수님이 주장하시지 않기 때문에 그렇다. 그 마음속에서 아직 예수님이 주인이 되지 않으신 것이다. 아직 고집을 내려놓지 못했다. 아직도 사람들의 원망, 핍박, 다투는 말 등 많은 억울한 것들을 마음속에서 내려놓지 못했다. 지금 우리 가운데 천국이 임하기 위해 누가 우리를 다스리는가? 주 예수 그리스도께서 다스리셔야 한다. 주 예수님이 우리 안에 들어오셔서 다스리실 때 거기에 천국이 있다. 주 예수님이 개인에게 임할 때 거기에 천국이 있고, 가정에게 임할 때 거기에 천국이 임하며, 교회에게 임할 때 거기에 천국이 있다. 주님이 계시지 않은 개인이나 가정이나 교회는 황량한 것이다. 그 반대로 개인의 마음속에, 가정에, 교회에 주님이 거하시고 주인노릇을 하실 때 거기는 더 이상 사망이 없고 흑암이 없다. 공허도 없고 혼란도 없다. 분쟁도 없고 미움도 없다. 어디든지 예수님이 있어야 천국이 있다.

스불론, 납달리, 요단 강 저편 이방의 갈릴리 사람들이 왜 흑암에 앉아 있는가? 왜 사망의 땅과 그늘에 앉아 있는가? 예수님이 아직 그들에게 오시지 않았기 때문이다. 그런데 예수가 오실 때 거기에 천국이 왔다. 그래서 천국이 이루어지기 위해서는 반드시 회개가 있어야 하는 것이다. 회개는 다른 것이 아니다. 회개는 천국의 서곡(序曲)이다. 개인이나 가정이나 교회에 회개가 있는 날, 그곳에 천국이 임하는 날이다. 주 예수를 우리 마음속에 왕으로, 주인으로 받아들이기 위해서 그분께로 돌이키는 것이며, 다른 많은 것들을 따르고 탐닉하던 것에서 그리스도께로 전환하는 이것이 곧 회개인 것이다.

18-20절, 갈릴리 해변에 다니시다가 두 형제 곧 베드로라 하는 시몬과 그 형제 안드레가 바다에 그물 던지는 것을 보시니 저희는 어부라 말씀하시되 나를 따라오너라 내가 너희로 사람을 낚는 어부가 되게 하리라 하시니 저희가 곧 그물을 버려두고 예수를 좇으니라

주 예수님은 갈릴리 해변에 다니셨다. 그분은 이 땅에 오셔서 번화한 종교적인 거리를 다니시지 않았다. 그분은 유대인들이 가장 멸시하는 이방의 갈릴리와 같은 곳에 가셔서 사역을 시작하셨다. 예수님의 사역은 아주 촌스럽고 사람들이 멸시하는, 아주 거칠고 혼혈의 사람들이 사는 그러한 땅에 가셔서 거기서 외치시고 그 가운데 있는 어부 중에서 제자들을 부르시기 시작했다. 그렇다고 볼 때 저와 여러분같이 부족한 사람들, 아무 것도 모르는 사람들도 주님의 부르심의 대상이 될 수 있었던 것이고, 소망이 있는 것이다. 바울은 고린도인들에게 '너희를 부르심을 보라'고 하면서 '너희 중에 문벌좋은 자가 많지 아니하며 지혜로운 자가 많지 아니하다'고 말했다.

이 말씀을 볼 때 주님은 이렇게 죄 많고 겉으로 보기에 좋지 않고 모자라는 사람을 부르실 수 있는 것이 분명하다. 여기서 주님은 안나스나 가야바를 찾아가거나 가말리엘한테 가지 않으시고 바닷가에 오셔서 그물질하느라고 팔뚝 근육이 많이 발달하고 얼굴도 구릿빛으로 타고 말소리도 무식했을 것 같은 어부들을 부르셨다. 그런데 예수님은 제자를 삼으실 때 바로 이러한 사람들에게 가서 '나를 따르라'고 말씀하신 것이다. 오늘 우리가 이런 말씀을 들을 때 소망이 많다. 감동이 된다. 따라서 우리 같은 사람들도 주님을 따를 수 있다는 용기를 갖는다.

"두 형제 곧 베드로라 하는 시몬과 그 형제 안드레가 바다에 그물 던지는 것을 보시니 저희는 어부라 말씀하시되 나를 따라오너라". 어떤 복이 있어서 한 집에서 두 사람이 귀하신 예수님의 제자가 될 수 있었는지! 그런데 어부이고 가난하고 무식하지만 어쩌면 그들은 성실한 사람들이었을 것이다. 모든 면이 다 좋지 않은 것은 아니었을 것이다. 어쨌든 생계를 유지하려고 열심히 고기를 잡고 부친과 더불어서 일을 하는 사람이었지 빈둥거리는 건달은 아니었다. 열심히 생업에 종사하고 '먹고 살려면 일을 해야지' 하면서 바닷가에 가서 그물을 던져 고기를 잡고 있었던 사람들 중에서 부르신 것이다. 이것은 그들이 비록 비천한 직업이었지만 성실했다는 뜻이다. 그러니까 주님이 '너로 사람을 낚는 어부가 되게 하겠다'고 말씀하실 수 있었던 것이다. 무디(D.L. Moody)는 자기가 게으른 사람이 구원받는 것을 보지 못했다고 했다. 그들은 비록 도회지에 사는 문화인들은 아니었지만 열심히 고기를 잡는 어부들이었던 것이다.

세상에서 게으르고 할 일 없이 소일하는 사람은 주님 안에 들어와서도 그렇게 쓸모없이 되기가 쉽다. 이것은 우리의 견해이다. 예외가 있을 수도 있겠지만 대체적으로 그러하다. 이제 후에 요한과 야고보가 배에서 그물을 깁고 있다가 부르심을 받는데 주님이 부르실 때에 무엇을 하고 있었는가는 앞으로 그가 어떻게 주님을 섬길 것인가와 많이 관계가 있다. 베드로는 그물 치는 사역을 했다면 결국 요한은 나중에 구멍난 사역의 그물을 깁는 사역을 했다. 그것이 요한의 글들의 특징이다. 바울은 장막을 짓던 사람이다. 그가 무얼 하는 사람인데 부르심을 받았으면 장래 그가 어떻게 주님을 섬길 것인가와 많이 관계가 있다.

여러분들이 한 번 스스로 생각해 보라. 자신이 무엇 하는 사람인데 부르심을 받았는지. 그러한 일을 하나님은 영적으로 바꿔서 하나님의 집에서, 하나님의 나라에서 아주 귀한 그 부분을 감당하게 하신다. 당신이 만일 교사였을 때 부르심을 받았다면 아마도 당신은 하나님의 백성들을 가르치는 데 쓰임받을지 모른다. 만일 가구를 수리하거나 만들다가 부르심을 받았다면 어쩌면 당신은 하나님의 집에서 뭔가 부족한 어떤 지체들을 온전케 하는 일을 담당할지 모른다.

주님은 지금도 성령으로 다니시면서 한 사람 한 사람 부르신다. "나를 따르라. 너 지금 뭐하고 있느냐? 어, 은행에서 돈을 세고 있구나. 이제부터는 하늘에 속한 돈을 세어라. 이리 와서 나와 함께 일하자." 아마 틀림없을 것이다. 당신이 세상에서 무언가 보기만 하면 고치는 일을 하는 사람이라면 틀림없이 하나님의 교회에 와서도 많은 고장난 부분을 고치는 부담을 갖게 될 것이다. 그래서 주님께 돌이키고 주님 앞에서 주님을 섬기기만 하면 주님은 당신의 원래의 직업, 원래 갖고 있던 그것보다 훨씬 뛰어난 하늘의 것으로 바꿔 주신다.

자, 베드로가 갈릴리 바다에서 고기를 잡는 것이 좋은가, 아니면 주 예수님의 사도로서 수많은 사람을 인도하고 베드로 전후서를 쓰는 사람이 나은가? 그건 말할 필요가 없다. 주님을 만나서 인생이 바뀐 것이다.

21-22절, 거기서 더 가시다가 다른 두 형제 곧 세베대의 아들 야고보와 그 형제 요한이 그 부친 세베대와 한가지로 배에서 그물 깁는 것을 보시고 부르시니 저희가 곧 배와 부친을 버려두고 예수를 좇으니라

'거기서 더 가시다가'. 여기의 '더 가시다가'라는 이 말도 중요하다. 주님이 더 가시다가 세배대의 아들 야고보와 그 형제 요한을 부르셨다. 그리고 더 가시다가 저희들까지 부르신 것이다. 만일 베드로와 요한만 부르시고 더 가지 않으셨다면 우리에게까지 오시지 않으셨을 것이다. 예수님은 어떻게 그 귀한 직분을 한 집에 둘 씩이나 주시는지. 그러나 그분은 이런 것에 구애받지 않으신다. 요한 웨슬레, 찰스 웨슬레도 형제인데 주님은 그 둘을 함께 불러서 크게 사용하셨다.

여기서 주님이 부르셨다. '나를 따라오너라!' 이 음성은 너무나 귀하다. '나를 따라오너라!' 이 세상의 어떤 사람이 따라오라고 해서 따라가는 건 소용이 없다. 공허한 것이다. 그러나 주 예수님의 '따라오라'는 이 한 마디 음성, 이 세상에 이 음성보다 더 귀한 음성은 없다.

'나를 따라오너라!' 주님을 따를 수만 있다면 어떤 일이 있어도 따라야 한다. 주님은 다만 '나를 따라오너라!' 하셨는데 그분을 따르는 사람들은 그물과 배와 부친을 버려두고 주 예수님을 좇았다. 여기에서 주님은 "베드로야, 나를 따라오너라. 그 대신에 네 아비를 버리거라." 하지 않으셨다. 다만 따라오라고 하니까 이들은 응당 버리고 따를 줄을 알았다. 주섬주섬 물건들을 챙겨 가지고서 따르지 않았다. 그들은 배와 부친을 버려두고 따른 것이다. 그 뒤에 베드로 아버지가 어떻게 되었는지 요한의 아버지가 어떻게 되었는지는 하나도 나오지 않는다. 다 버려두었다. 주 예수님을 따르려면 버리지 않으면 못 따른다. 후에 주님이 말씀하셨다. "너희가 모든 것을 버리지 아니하면 내 제자가 되지 못하리라(눅 14:33)." 다 버려야 제자가 된다.

요한과 야고보, 특히 요한은 그물을 깁다가 부르심을 받았지 않았는가? 결국 요한복음, 요한 서신, 요한 계시록, 이 모두는 각각 그 분야에서 보충하고 마무리하는 역할을 담당한다. 요한복음은 네 복음서의 마지막에서, 요한 서신은 모든 서신서의 마지막에서, 요한 계시록은 모든 성경의 마지막에서 보충하고 보완하고 마무리하는 일을 하고 있다. 요한은 찬찬한 사람이다. 그물을 깁는 것은 찬찬하지 않으면 못한다. 아마 베드로는 그렇게 차분한 편이 아니었을 것이다. 오히려 성급한 편이다. 그러나 요한은 섬세하다. 또 아주 온유한 것 같다. 예수님의 품에 기댄 그 사람이 요한이다. 그리고 주 예수님이 십자가에 못박히셨을 때 그분의 옆구리에서 피와 물이 흘러나왔다고 기록한 사람이 요한이다. 자세하게 보지 않으면 붉은 피만 보이지 물은 보이지 않는다. 그는 매우 섬세한 사람임에 분명하다. 한 병사가 주님의 옆구리를 창으로 찌르니까 물과 피가 흘러나왔다는 것이다. 나는 십자가 가장 가까이에 요한이 있었다고 믿는다. 주님이 '보라, 네 어머니라'고 말씀하신 것이다. 주님은 손이 못박히셔서 손가락으로 모친을 가리키실 수도 없었기 때문이다. 주님에게 참으로 친밀한 제자가 요한이다. 이처럼 주님은 이모저모 생긴 대로 다시 빚으셔서 그렇게 사용하시는 것을 볼 수 있다.

23절, 예수께서 온 갈릴리에 두루 다니사 저희 회당에서 가르치시며 천국복음을 전파하시며 백성 중에 모든 병과 모든 약한 것을 고치시니

주 예수님은 많이 다니시면서 사역을 하셨다. '두루 다니사'. 요세푸스라는 역사학자는 갈릴리에 일이백 개 가까이 되는 섬과 도시가 있다고 했다. 그런데 주 예수님이 그 도시를 거의 다 다니셨다고 기록하고 있다. 주님이 마가복음에서 이렇게 말씀하신 데가 있다. "우리가 다른 마을로 가자 우리가 거기에서도 전도하여야 하리니". 그러니까 한 곳에서 너무 오래 머물지 않으셨다는 말이다. 계속 다니면서 전도하셨다. 주님은 될 수 있는 대로 더 많은 사람에게 그분 자신을 나타내시고 보여 주시고 또 가르쳐 주셨다. 그래서 주 예수님을 좇는 사도들은 반드시 부지런히 다녀야 한다. 누구든지 머물러 있는 사람은 그렇게 좋은 사도가 아니다. 사도 바울을 보라! 그는 갔다. 계속 갔다. 발에 먼지를 떨어버리고 갔다. 나는 이것이 가장 좋은 사역의 본이라고 믿고 있다.

'예수께서 온 갈릴리에 두루 다니사 저희 회당에서 가르치시며'. 회당이 그때 당시에 유대교인들이 가장 많이 모여서 어쨌든 성경을 읽으려 하고 종교 활동을 하려 했던 곳이었기 때문에 그래도 찾는 사람을 만나려면 갈 곳은 회당이다. 그래서 예수님은 회당에 가셨고 거기서 가르치시며 천국복음을 전파하셨다고 했다. '백성 중에 모든 병과 모든 약한 것을 고치시니'.

24-25절, 그의 소문이 온 수리아에 퍼진지라 사람들이 모든 앓는 자 곧 각색 병과 고통에 걸린 자, 귀신 들린 자, 간질하는 자, 중풍병자들을 데려오니 저희를 고치시더라 갈릴리와 데가볼리와 예루살렘과 유대와 요단 강 건너편에서 허다한 무리가 좇으니라

주님의 사역은 시골에서 시작되었는데 결국은 온 이스라엘, 심지어 예루살렘 사람들까지도 소문을 듣고 예수님을 찾아왔다. 우리 주님은 그분이 사시던 곳인 시골에서 멸시를 당하셨지만 그분의 전파와 능력은 결국 온 땅에 알려져 허다한 사람들이 주님께 나아간 것을 볼 수 있다. 주님을 찬양하자.

5장

1절, 예수께서 무리를 보시고 산에 올라가 앉으시니 제자들이 나아온지라

우리는 마태복음 1장에서 4장까지를 보았는데, 4장에서 주님은 사단에게 시험을 당하시고 승리하셨다. 그리고 갈릴리에서부터 복음을 전파하시고 제자들을 부르셨다. 또 허다한 무리가 질병을 치료받고 예수님을 좇았다. 이제 5장에서 주님이 무리를 보시고 산에 올라가셨고, 한 무리의 제자들이 말씀을 듣도록 준비되었다. 주님이 비록 많은 곳에 다니시며 복음을 전하셨지만 그분의 마음에 하시고자 하는 말씀은 해방하시지 못하셨다. 5장에 올 때 비로소 주님은 한 무리의 준비된 제자들에게 하늘의 왕으로서 하고자 하시는 말씀을 하시기 시작하신 것이다. 이 말씀을 통해서 우리는 주 예수님이 건립하시고자 하는 왕국이 어떤 본질의 나라인가 하는 것을 볼 수 있다. 또한 그 나라에 어떤 사람들이 있게 되는가를 알 수 있다. 이 산상수훈에서 예수님은 그분의 사람들, 그 나라에 있게 될 사람들에 대하여 자세한 말씀을 주고 계신다. 여러분들은 반드시 알아야 한다. 하나님은 이 세대를 이미 포기하셨고 새로운 나라를 일으키고 계신다. 그분은 이 새롭게 건설되는 나라의 최고의 왕이 되기 위해 오셨고 그분의 나라의 함께 다스리는 사람들을 모집하고 계신다. 이제 그 나라의 주축이 될 사람들이 하나 씩 둘 씩 천국을 향하여 들어가고 있다(마 11:12). 현재 함께 말씀을 공부하는 여러분들도 이 나라의 주인이 되기 위해 예비 되기를 바란다. 이것은 어떠한 영광인지! 실상 그 나라에 부르심을 받은 자들은 장래 다 왕들로 임명될 것이다. 누가복음 19장에 의하면 어떤 귀인이 먼 나라에 간 것은 왕위를 받아가지고 오려고 갔다고 했다. 그리고 그분은 돌아올 때까지 장사하라고 종들에게 은을 주었는데 각각 한 므나씩을 나눠준 것이다. 그날 그들이 장사하여 남긴대로 돌아오신 주인(왕)과 더불어 결산하는데, 모든 종들은 범위에 있어서만 차이가 있지 모두가 다 다스리는 왕들이 될 것이다(12-27절). 주 예수님이 오신 후부터 천국의 문이 열리고 그 나라의 왕이 될 사람들이 뽑혀지고 있는 중이다. 그리스도인은 그날 다 왕들이 될 것이다(벧전 2:9, 계 3:21). 이것은 놀라운 일이다. 구약의 성도들이 비록 놀라웠지만 우리는 그들보다 더 크게 된다(마 11:11-12). 주 예수님은 천국에서 지극히 작은 자도 구약의 성도들보다 더 크다고 말씀하셨다. 나는 여러분이 신약의 성도로서 천국복음을 받은 자이니, 다윗이나 모세나 솔로몬보다 더 크게 될 것을 믿을 수 있는지 모르겠다. 그러니 주 예수님이 오셔서 "회개하라! 천국이 가까웠느니라"의 선포가 보통의 말이 아닌 것이다.

예수님이 무리를 보시고 산에 올라가 앉으시니 제자들이 나아왔다. 많은 무리가 주 예수님께 병 고침을 받았지만 그러나 정작 주님이 하나님의 말씀을 가르치실 때에는 많은 무리가 산에 올라와서 말씀을 들은 것이 아니다. 평지에서는 무리들이 주님과 함께 했었지만 막상 산으로 가셨을 때는 제자들만 올라왔다. 주님은 사람들과 그분의 말씀 안에서 관계를 맺기 원하신다. 그러나 많은 사람들이 말씀보다는 자기의 현재의 필요, 즉 질병의 치료라든가 약함의 치료라든가 배고픔을 해결하는 것 등의 현실적인 필요를 중요시 여긴다. 주님은 사람들의 그러한 필요도 채워주시지만 주님의 가장 관심사는 한 무리의 사람들이 주님의 중심에 있는 말씀을 받아들이는 것이다.

주 예수님과 말씀으로 관계를 맺는 것이다. 오늘날도 많은 사람들이 마음으로 주님을 위한다 하고 마음으로 주님의 길을 가겠다고 하지만 마음과 갈망만으로는 안 된다. 진정으로 주님을 따라서 한 길을 가려면 주님과 말씀에서 관계를 맺어야 한다. 다시 말하면 주님의 중심에서 하시고자 하는 말씀을 듣고 그 말씀을 따르고 순종하는 것이 주님을 따르는 길이다. 그래서 여기 많은 무리가 있었지만 주님은 산에 올라가셨고 소수의 제자들만이 주님을 따라 산에 올라갔다. 이렇게 주님으로부터 유익을 얻고 치료와 구원을 얻을 때는 많은 사람이 함께 하지만 막상 산으로 올라가는 일은 대가를 지불하는 일인데 그때는 많은 사람이 따르지 않는다. 산상 수훈은 결코 많은 무리가 듣는 말씀이 아니다. 천국에 관한 비밀은 소수의 제자들이 듣게 된다. 제자란 영어로 'disciple', 헬라어로 '마세테즈'인데, 이것은 따르는 자들, 즉 앞에서 선생님이 어떻게 가면 뒤에서 그렇게 따르는 자들을 말한다. 그대로 본을 받고 따라가는 사람들이 제자라는 것이다. 예수님이 어떻게 행하시면 그 제자들은 반드시 따라서 그렇게 행해야 한다. 그래야 제자가 되는 것이다. 이러한 높은 수준의 가르침은 주님이 높은 산으로 올라가실 때 대가를 지불하여 따라갈 수 있었던 제자들에게 가르쳐진 것을 기억하기 바란다.

2절, 입을 열어 가르쳐 가라사대

우리 주님이 입을 여셨다. 하나님의 아들 예수 그리스도께서 가르침을 위해 입을 열었다는 것은 매우 중요한 일이다. 주님이 입을 열지 않으시면 우리는 매우 중대한 하늘의 비밀들을 들을 수가 없다. 신약의 말씀은 하나님으로부터 오신 그리스도의 말씀이다. 우리가 하나님의 아들의 말씀을 들을 수 있다는 것이 얼마나 복된 일인지 모른다. 예수님이 이 땅에 오시기 전에 구약에 많은 선지자가 있었고 많은 하나님의 종들이 있었지만 그들은 하나님의 아들과는 비교할 수 없는 사람들이다. 그러나 우리는 오늘날 하나님의 아들 그리스도의 말씀을 직접 들을 수 있는 그런 축복을 받게 되었다. 물론 기록된 말씀을 통해서이다.

3절, 심령이 가난한 자는 복이 있나니 천국이 저희 것임이요

첫째로 주님이 입을 열어 하신 말씀은 가장 중요한 말씀이다. 누구든지 처음으로 입을 열어 말한 말은 매우 중요하다. 우리는 주님이 이 땅에 오셔서 제 일성(一聲)으로 하신 말씀이 영(spirit)을 말했고 그 영이 가난해야 한다는 말을 주신 것에 대하여 인상을 받아야 한다. 영이 가난한 자는 복이 있다는 것이다. 첫 번째 문제는 사람의 영의 문제이다. 우리 사람에게 가장 중요한 기관은 영이다. 그분은 사람의 정신이나 건강이나 태도가 어떠어떠해야 한다고 하시지 않았다. 그분은 사람의 영부터 중요시 하셨다. 그러나 오늘 많은 그리스도인들이 사람에게 영이 있다는 것을 알지 못한다. 그들은 오직 성령이 있음을 알뿐 사람의 영이 있음을 알지 못하는 것이다. 그러나 신구약 모두 사람에게 영이 있음을 말한다(욥 32:8, 잠 20:27, 슥 12:1, 요 4:24, 롬 1:9, 롬 8:16, 고전 5:4, 살전 5:23, 히 4:12, 계 1:10). 하나님은 인간을 창조하실 때 그분과 교통하고, 그분을 예배할 수 있는 존재로 만드시기 위해 사람 속에 영을 지으신 것이다.

사람은 자신 속에 영이 있음을 알아야 하고 영이 바르고 합당해야 하나님과 바른 관계를 가질 수 있다. 영이 바르지 않으면 하나님과 합당한 관계를 갖지 못한다. 영은 다름이 아니라 하나님과 접촉하고 교통하는 기관이다. 사람에게 있어서 그 기관인 영이 제대로 되지 않으면 그 다음은 말할 필요가 없다. 영이 어떠해야 한다는 것인가? 영이 가난해야 해야 한다는 것이다(poor in spirit). 그래야 복이 있다고 하셨다. 마태복음 5장 1절부터 12절까지는 누가 복을 받은 사람인가, 복 있는 사람은 어떤 사람인가를 보여 준다. 그들은 천국의 복을 받을 사람들이고 천국 백성의 특징을 가진 자들이다. 그들이 곧 주 예수님의 참 제자들이다. 제자들이 되기 위해, 이 땅에서 천국 백성이 되기 위해 어떠한 사람들이 되어야 한다는 말인가? 가난해야 한다. 영적으로 부요하면 그분과 관계가 멀어진다. 영적으로나 육적으로나 가난한 자가 복이 있다고 하셨다(눅 6:20 참조).

주님은 입을 여시자마자 '심령이 가난한 자는 복이 있나니 천국이 저희 것임이요'라고 하셨다. 그 나라는 가난한 자들과 관계가 있다는 말이다. 어떤 사람이 만일 그리스도인이면서 돈을 사랑하는 정신이 뇌리 속에, 동기 속에 가득하다면 천국과는 관계없는 사람이라 생각해도 틀리지 않다. 다른 형제자매들이 빈궁한데 자신만 특별히 부유하다면 뭔가 잘못된 것이 있다고 느끼는 사람 중에 천국의 백성이 될 그리스도인은 존재한다. 모든 성도들이 가난한데 홀로 부유하다면 그것은 자랑이 아니라 부끄러운 일이다.

두 번째로 영 안에서 가난한 자들은 천국의 상황이 나타날 때 다스리게 될 것이다. 먼저는 천국의 본질적인 면에서 그러하다는 말이고, 다음은 장래의 나타날 왕국시대에도 그러하다는 말이다. 천국이란 다만 이 시대에 있는 영적이고 정신적인 면만을 가리키는 것이 아니라 장래 주님이 다시 오셔서 이 땅에 실제로 왕국을 세우실 때 면류관을 얻는 것과 왕 노릇하는 것과 영광을 얻음 등의 모든 장래 축복까지도 포함한다. '천국이 저희 것임이요'라고 하는 말은 장래 오는 천국에서 그리스도와 함께 왕권을 함께 갖는 것을 말한다. 오늘날도 한 무리의 사람들이 함께 고락을 같이 하며 정권을 위해 싸우고 노력하다가 마침내 정권을 잡으면 모두가 함께 다스리는 것과 같다. 나라가 그들의 것이 된다는 말이다. 장래 천국에서 주님과 함께 왕이 되어 다스릴 사람들은 오늘 영 안에서 가난한 사람들이라는 말이다. 부족함이 없이 많이 가지고 있다고 하는 사람들, 지식에 관한한 더 이상 알 필요가 없는 듯이 충분히 안다고 하는 사람들, 더 필요로 하지 않다고 하는 사람들은 이미 부요한 상태에 있는 사람이며 장래 왕국에서는 분깃이 없다. 장래 왕국으로 축복받을 상태는 높거나 부요하지 아니하고 언제든지 비우고 가난한 영을 갖는 것이다.

먹을 것도 입을 것도 없는 거지들은 참으로 가난하다. 인도든, 네팔이든, 아프리카 여러 나라든, 가난한 나라들에 갔을 때에 그런 나라 백성들은 참으로 마음이 가난한 것을 볼 수 있었다. 그러나 문명이 발달되고 돈이 많은 나라의 사람들은 영이 가난하지 않은 것을 볼 수 있다. 우리가 전하는 복음을 귀담아 듣지 않았다. 이미 그들의 영은 다른 것들로 가득 차있기 때문이다. 영이 부요하고 뭔가로 가득 차 있는 것과 비워지고 가난한 것과는 차이가 크다. 가난한 영은 언제든지 무엇이나 받을 수 있는 영이다. 새로운 세계를 받아들일 수 있는 영이다. 낮아지고 엎드러진 영이다. 우리는 이러한 영을 갖기 원한다. 이러한 영을 가진 자들에게 천국의 복이 있다. 천국은 이러한 자들의 것이라고 해석해도 된다(for theirs is the kingdom of heavens).

4절, 애통하는 자는 복이 있나니 저희가 위로를 받을 것임이요

주님은 그분의 제자들, 천국 백성들이 이 땅에서 애통하는 자가 되기를 원하신다. 애통한 마음을 가질 수 있는 것은 이 세상에 주님의 진리가 통행되지 않고 거짓과 불의와 불화가 그치지 않는 것에 대하여 아픈 마음이 있기 때문이다. 주님이 사람들에게 거절당하실 뿐 아니라 그분의 가르침이 거절당하고 있다. 비 진리와 이단들은 성행하고 불법 또한 성행하나 진리의 말씀은 받아들이는 사람들이 적다. 이로 인하여 애통한 마음을 갖게 되는 것이다. 오늘 주님을 위하여 눈물을 흘리는 자들의 눈물을 그날 주님이 닦아주실 것이며 오늘 주님으로 인하여 슬퍼하는 사람들이 장래 위로의 보상을 받게 된다. 그러나 오늘 부족함이 없이 배부른 자들은 장래 애통하게 될 것이다. 무언가 있다 하면서 배부른 자들은 결코 애통해 하지 않을 것이다. 그러나 참으로 그리스도의 제자가 된 자들은 이 모든 세대의 상황을 바라보면서, 하나님의 뜻과 역사가 이루어지지 못하는 현실을 바라보면서 애통하는 심령을 가진 자들이다. 복음과 진리와 교회가 주님의 뜻대로 건축되어가고 있지 못한 상황을 보고 애통한 심령을 가진 사람들을 말한다. 장래 이러한 자들이 아니면 왕노릇하지 못한다는 말이다. 장래 문제만이 아니라 현재 이 땅에서도 주님은 이전에 결코 존재하지 않았던 한 무리의 사람들을 얻기 원하신다. 그들이 바로 천국 백성이다. 그들의 특징은 영이 가난하고 애통하는 것이다. 이미 배부르며, 모든 것이 잘 되고 있다고 자신 만만해 하는 그리스도인들이 있다면 그들은 애통하는 심령이 결여되었다는 것을 알아야 한다. 참 제자들의 특징은 그들의 속에 애통함이 있다는 것이다.

5절, 온유한 자는 복이 있나니 저희가 땅을 기업으로 받을 것임이요

온유하다는 것은 저항하지 않는다는 뜻이다. 자기의 유익을 위해서, 자기의 권리를 주장하기 위해서 싸우고 다투지 않으며 저항하지 않는 것이다. 그것이 바로 온유한 것이다. 그러한 자는 땅을 기업으로 받는다.

여기서 앞뒤의 상황이 서로 반대된다. 가난한 자는 천국을 얻는다. 천국은 너무나 부요하고 충만한 것이다. 그래서 그 부요하고 만유를 포함한 천국을 얻으려면 영이 가난해야 하는 것이다. 또 주님의 위로를 얻으려면 애통하는 자가 되어야 한다. 그리고 땅을 기업으로 얻으려면 온유해야 한다. 그렇다면 온유한 사람이란 이 땅에서 주님을 위해 기꺼이 손실을 당하는 사람들임에 틀림없다. 잃어버리는 자, 빼앗기는 자가 바로 온유한 자들이다. 그럴 때에 그런 사람들은 땅을 기업으로 얻게 된다. 만일 당신이 주님으로 인하여 이 땅에서 잃어버리고 손실을 당하는 사람이라면 틀림없이 장래 보상받을 사람이다.

모든 것이 다 공의에 따라 반대가 된다. 그러므로 그리스도인들은 무언가 권리를 주장하기 위해서 또 자기 소유를 확실하게 지키기 위해서 또는 남의 것을 빼앗기 위해서 싸우고 투쟁하는 사람들이 아니다. 오히려 빼앗기는 사람들, 그러면서도 저항하지 않는 사람들이 바로 온유한 자들이다. 이 세상 사람들은 한 필지라도 자기의 영역을 확장하려고 한다. 그러나 온유하다는 것은 그 사람이 갖고 있는 것들을 빼앗기더라도 저항하지 않는 것이다. 그날 온유한 사람들에게 주님은 땅을 기업으로 얻게 하신다. 모든 것은 대립되어 있다.

6절, 의에 주리고 목마른 자는 복이 있나니 저희가 배부를 것임이요

여기의 말씀은 '의로운 자는 복이 있다'고 하지 않았다. 구약에는 '의로운 자'라는 표현이 많지만 신약에서는 주님 외에 참으로 의로운 자는 하나도 없다고 말한다. 그러므로 '의에 주리고 목마른 자'라고 표현한 것이다. 우리는 다만 의에 주리고 목마를 뿐 참으로 자신이 의로운 자라고 말할 수 없다. 이렇게 하나님의 말씀은 한 단어 한 단어, 한 문장 한 문장 생각 없이 써내려간 책이 아님을 볼 수 있다. 앞의 용법대로 하면 '애통하는 자', '온유한 자', '의로운 자', 이렇게 말해야 하는데 여기 의에 관한 부분에 와서는 '의에 주리고 목마른 자'라고 하였다.

참으로 그리스도인들은 이 땅에서 다른 것을 구할 것이 아니라 의를 구하는 사람들이 되어야 한다. 의를 추구하고 의를 좇고 의에 목마르고 굶주리는 사람들이 되는 것이다. 우리가 이 땅에 살면서 더욱 의를 찾고 의를 더 배우기를 갈망해야 한다. 주 예수님은 천국을 건설하시면서 그 안에 있는 사람들이 의에 대하여 굶주려하고 사모하는 자들로 채우려 하신다. 의를 사모하는 자들은 결코 다른 사람들에게서 불로소득이나 교묘한 방식으로 이득을 취하려 해서는 안 된다. 우리가 가난한 자들에게 주는 것도 의의 한 방면이다(고후 9:8-9). 다른 사람들이 다 어렵고 가난한데 자기만 부유하고도 아무 느낌이 없는 것은 의롭지 않은 정신이다. 주님은 그분을 따르는 자들이 의를 사모하는 자들이 되기를 원하신다. "너희는 먼저 그의 나라와 의를 구하라"고 하셨다. 하나님의 왕국은 하나님의 의가 있는 곳이다. 그렇다면 그 반대는 무엇인가? 오늘 이 시대는 불의의 시대이다. 그러므로 하나님의 백성들이 의를 추구하는 것은 너무나 당연한 것이다. 의에 주리고 목마른 자는 그날 배부름을 얻을 것이다.

7절, 긍휼히 여기는 자는 복이 있나니 저희가 긍휼히 여김을 받을 것임이요

긍휼이란 따지기를 좋아하지 않는 성격이며, 어떤 계산을 너무 정확하게 하지 않는 것이다. 물론 다른 사람들을 위하여나 특히 금전문제에 있어서 주어야 할 것은 분명한 계산을 해서 줄 것을 주어야 하겠지만 자신이 받아야 할 어떤 대우나 보상에 대하여 너무 정확하게 따지지 않는 것이다. 즉 부족한 다른 사람의 성품에서 나오는 약점을 너그러이 받아주는 것이다. 우리가 긍휼의 성격을 배양하려면 내가 다른 사람에게 주는데 있어서 불의할까봐 두려워해야 하고 다른 사람이 나에게 너무 많이 줄까 두려워해야 한다. 긍휼히 여기는 사람은 많은 일을 넓은 마음과 연민의 마음으로 그냥 받아 넘길 수 있는 사람이다. 한 가지 한 가지 뭐든지 짚고 넘어가려하는 성격은 긍휼이 없는 성품이다. 긍휼이 있는 자는 불평이나 판단이 없는 사람이다. 판단하고 비평한다는 것은 공의가 있지만 연민이나 긍휼이 없는 것이다. 긍휼이란 상대방이 받을 자격이 없는 것을 주는 것이며 줄 필요가 없는 것을 주는 것이다. 간단히 말하면 사람을 후하게 대하고 관용으로 대하는 것이며 여의치 않은 일들을 과감하게 지나가게 하는 것이다. 다른 사람에 대한 요구와 기대의 수준을 낮추는 것이다. 그럴 때 사람을 부드럽게 대하는 사람이 되고 사람들과 따지기를 좋아하지 않고 많은 일들을 각박하게 계산하면서 대하지 않을 것이다. 주님을 섬기는 사람들은 초기부터 긍휼의 성품이 조성되기를 배워야 한다. 우리가 오늘 주 안의 형제자매들이나 사람들을 긍휼로 대하는가 아니면 다만 의로써 대하는가에 따라서 하나님은 그날에 우리에게 긍휼을 베푸실 것인가 아니면 의에 따라 판단하실 것인가를 결정하실 것이다. 어떤 사람이 분명히 우리에게 용서받지 못하고 참으로 사랑하기 어려운 죄와 실수를 저질렀다면 우리는 그를 사랑으로 대하지 않고 의에 따라 처리할 것이다. 그럴 때 그것이 죄는 아닐 것이다. 그러나 우리는 그날 주님의 심판대 앞에서 의에 따른 방식으로 심판을 받게 될 것이다. 그러나 우리가 만일 오늘 이 시대에 사람들에게 긍휼을 베푸는 길을 걸어간다면 그날 주님이 우리를 긍휼로 대하실 것이다.

8절, 마음이 청결한 자는 복이 있나니 저희가 하나님을 볼 것임이요

마음이 청결하다는 것은 원문의 뜻이 혼합되지 않은 것을 뜻하니 순수하다는 말이다(pure). 우리가 선한 일을 하고 하나님을 섬기는 일을 한다고 하더라도 절대적으로 순수하기가 어렵다. 우리는 때때로 선한 일을 하면서 사람들에게 인정을 받고 '내가 좋은 일을 했다'고 하는 평가를 받고자 하는 것이 있다. 이는 절대 순수한 것이 아니다. 좋은 설교를 하고도 사람들에게 다만 진리를 가르치며 하나님께 영광 돌리는 것 외에 사람들에게 좋은 반응과 칭찬을 대가로 받기를 바라는 동기가 섞일 수 있다. 우리가 성도들을 섬기는 동기가 과연 순수한가? 보수나 금전을 바라는 동기에서 하는 것은 아닌가? 다만 하나님의 뜻을 순종하는 것 외에 성공을 위한 자기의 목표를 달성하기 위한 숨겨진 동기는 없는가? 혹은 자기의 과시는 없는가? 자신의 명성을 드높이기 위한 것이 있는가? 교회에 출석하는 것도 오직 주님을 위한 것인가? 체통을 세우기 위한 것인가? 이 모든 일에서 우리 자신의 동기를 시험하는 것은 매우 용기를 필요로 한다. 그리고 때로는 부끄러움도 참아야 한다. 우리 중 가장 선한 사람도 절대적으로 순수한 사람은 찾기가 어렵다. 이는 우리의 헌신이 필요하며 대가를 지불하는 것이 필요하다. 그럴 때 우리는 하나님을 볼 수 있다. 하나님은 가장 우리가 순수하고 깨끗해진 곳에서만 만날 수 있다. 우리의 모든 혼합되고 불순한 동기들이 심판되고 제해졌을 때 우리는 맑은 하나님의 얼굴을 대할 수 있다.

우리는 외국에 선교하러 다니며 복음을 전할 때 특히 가난한 나라에서 체험한 것이 많다. 많은 가난한 나라 사람들이, 그렇지 않은 사람도 많이 있지만, 두 마음을 갖고 교회에 나오는 것을 보았다. 그들은 우리가 그러한 의도를 충족시켜줄 사람들이 아니라는 것을 알자 곧 떠나곤 했다. 주님을 믿지만 또 동시에 물질도 원하고, 장래도 원했다. 주님을 사랑한다고 하지만 세상 축복도 원하고 세상 쾌락도 원하고 행복도 원하고 명예도 원하는 이런 것은 다 마음이 순수치 않은 것이다. 진정으로 마음이 순수한 사람은 오직 주님 한 분만 구하는 사람이다. 그가 주님 한 분만 구하니까 그가 하나님의 얼굴을 보는 것은 당연한 것이다. "하나님을 가까이하라 그가 너희를 가까이하시리라". 하나님을 가까이하는 자에게 그분이 가까이하신다고 했다. 그래서 "마음이 청결한(순수한) 자는 복이 있나니 저희가 하나님을 볼 것임이요"라고 한 것이다.

9절, 화평케 하는 자는 복이 있나니 저희가 하나님의 아들이라 일컬음을 받

을 것임이요

우리는 또한 많은 사람들을 서로 화평하게 하는 사람들이 되어야 한다. 하나님의 아들은 이 땅에 오셔서 하나님과 사람을 화평케 하시고 또 이방인과 유대인을 하나 되게 하시고 사람들을 하나 되게 하셨다. 그럴진대 하나님의 아들들, 예수 그리스도의 제자들, 하나님의 아들을 따르는 자들은 어떠해야 하겠는가? 마땅히 화평케 하는 자가 되어야 한다.

그가 가는 곳마다 분쟁이 일어나고 이간질을 하여 분열이 일어나고 미움이 생겨난다면 그런 사람은 화평케 하는 사람이 아니다. 그가 어느 곳에 갈 때에 형제와 형제 사이에, 성도들 사이에 화목이 있게 되고 서로 간에 분쟁이 해소되고 미움이 사라지고 오해가 사라지고 하나가 이루어지고 화목이 이루어진다면 그런 사람은 화평케 하는 자이다. 그러한 사람들은 하나님의 아들이라 일컬음을 받을 것이다.

10절, 의를 위하여 핍박을 받은 자는 복이 있나니 천국이 저희 것임이라

지금까지는 본성에 관계된 것이고 다음의 두 가지는 행위에 관계된다. 핍박을 받는 문제는 성품의 문제가 아니라 행위이기 때문이다. 10절은 의를 위한 것이고 11절은 주님을 위한 것이다. 그러나 의를 위해 받는 핍박보다 주님 자신을 위해 받는 핍박이 더욱 더 귀한 것임을 말해준다. 의를 위해 핍박을 받는 것은 천국이 저희의 것이라고 하지만 주님을 위해 핍박을 받는 자들은 '너희의 상이 크다'고 하셨기 때문이다. 그리스도인이 의를 위하여 받는 핍박은 이익의 문제와 상충될 때이다. 세상 사람은 오직 돈과 명예와 물질을 위해 산다. 그러므로 그런 문제가 부딪힐 때 그리스도인은 의를 지켜야 하기 때문에 해를 당하게 된다. 신자로서 불의한 일을 할 수 없기에 피해를 당하고 핍박을 당하는 경우이다. 그러한 의를 위하여 핍박을 받는 사람들이 천국을 얻는다.

의에 주리고 목마른 사람은 의로 배부름을 얻는 축복을 얻게 되고 의를 추구하다가 핍박을 당하게 되면 그 사람은 정말 축복이 있다. 이 말씀에서 천국이 그러한 자를 위해 있다는 것이다. 의를 위하여 핍박을 받는 자들을 위해 천국이 있다. 그래서 천국은 영 안에서 가난한 자들의 것이고 의를 위하여 핍박을 받는 자들의 것이다.

그러면 오늘 우리는 어떤 사람이 되어야 하는가? 천국을 소유한 사람이 되어야 한다. 천국을 소유한 자가 되려면 어떤 특징을 가져야 하는가? 영이 가난해야 하고 의에 주려야 하고 의를 위하여 핍박을 받는 자들이어야 한다. 지금까지 말한 애통하는 사람, 온유한 사람, 순수한 사람이 곧 하나님께 복을 받은 사람들이다. 천국의 시민들이다.

11-12절, 나를 인하여 너희를 욕하고 핍박하고 거짓으로 너희를 거스려 모든 악한 말을 할 때에는 너희에게 복이 있나니 기뻐하고 즐거워하라 하늘에서 너희의 상이 큼이라 너희 전에 있던 선지자들을 이같이 핍박하였느니라

이제 주님과 하나 되어서 주님을 인하여 욕을 먹고 핍박을 당하고 거짓으로 거스려 하는 모든 악한 말을 들을 때, 즉 지어낸 악한 말로 말하는 것을 들을 때 기뻐하고 즐거워하라고 했다. 이는 당신이 그리스도인이기 때문에 얻는 욕이다. 당신이 그리스도를 소개하고 그리스도를 전파할 때 사람들은 그리스도에 대한 미움과 모욕을 당신에게 행할 것이다. 사람들은 당신이 그리스도와 하나 된 사람이므로 당신을 미워하고 거스려 모든 악한 말을 하는 것이다. 당신은 그리스도인이라고 할 때 모든 사람이 당신을 칭찬 할 것이라고 기대해서는 안 된다. 주님이 이 땅에 계실 때 사람들에게 많은 미움을 받았다. 가장 가까운 사람들도 그분을 멸시하고 죽이려 했다. 그러므로 주님은 당신을 신실하게 따르므로 사람들에게 욕을 많이 먹고, 핍박을 많이 당하고 모든 악한 말, 지어낸 말, 거스려 거짓으로 하는 악한 말을 들을 때 복이 있다고 한 것이다. 여기서 우리는 우리 자신이 과연 복이 있는 사람인가 없는 사람인가를 점검하는 것은 그리 어렵지 않다. 당신이 정말 그리스도로 인하여 남에게 욕을 당하고 핍박을 받고 거짓으로 거스려 하는 모든 악한 말을 듣는 사람이라면 복이 있는 사람이다. 이 땅의 복이 아닌 하늘의 신령한 복이 당신에게 있는 것이다. 그래서 기뻐하고 즐거워하라고 했다. 주님은 "기뻐하고 즐거워하라 하늘에서 너희의 상이 큼이라"고 하셨다. 이런 사람은 복이 있을 뿐 아니라 상도 있다.

이런 악한 말을 듣고, 거짓으로 지어낸 말을 듣고, 욕하는 말을 들을 때에 사람들은 실망하기 쉽다. 그러나 주님은 낙심하지 말고, 실망하지 말고, 슬퍼하지 말고 기뻐하고 즐거워하라고 하셨다. 하늘에서 그러한 자들에게 주는 상이 크기 때문이다. 그리스도인이 되어서 아무나 욕을 먹는 것이 아니다. 아무나 그리스도인이라 해서 거스려하는 많은 악한 말을 듣는 것이 아니다. 만일 여러분들이 주 안에서 더 자라고 정말 의를 추구하고 영 안에서 가난하고 애통하고 온유하고 순수하고 화평케 하는 자가 되고자 한다면, 그리하여 주 예수의 제자가 되고자 한다면 언젠가 여러분들에게 욕이 오고 핍박이 오고 공격하는 많은 악한 말이 올 것이다. 그것은 여러분이 바른 길 위에 서있다는 증거가 된다. 그럴 때 당신은 즐거워하고 기뻐해야 한다. 왜냐하면 하늘에서 상이 크기 때문이다.

그리고 11절에서는 막연하게 '나를 인하여'라고 했지만 12절을 보면 나를 인하여, 즉 예수님을 인하여 악한 말을 들은 것은 이들이 선지자 노릇을 했기 때문인 것을 알 수 있다. '너희의 상이 큼이라' 하신 다음에 '너희 전에 있던 선지자들도 이같이 핍박하였느니라'고 하셨다. 이 핍박당하는 자들은 주로 선지자 노릇을 하는 사람들이라는 말이다. 그들의 가르침과 전파하는 것이 하나님의 뜻과 관계되는 것이다. 그분의 마음을 대변하는 사람들인 것이다. 그들이 소위 선지자들이다. 그럴 때 당대의 종교적인 기득권익자들로부터 핍박이 오는 것이다. 현재적인 주님의 말씀을 말해 내고 주님의 뜻을 말해 내고 주님의 마음을 말해 낼 때, 그러한 말에 마음이 불편한 사람들이 생겨나는 것이고 그들은 자신들의 세력을 사용하여 참된 말씀을 말하는 자들에게 핍박을 가하는 것이다.

"나(그리스도)를 인하여 너희를 욕하고 핍박하고 거짓으로 너희를 거스려 모든 악한 말을 할 때에는 너희에게 복이 있나니…너희 전에 있던 선지자들을 이같이 핍박하였느니라". 이 구절의 복이 있는 사람들도 지금 선지자 노릇을 하고 있다는 것이다. 이 땅에서 참된 주의 종으로서 진리를 선포하고 참된 길을 가려고 하면, 또 누구든지 주 안에서 경건하게 살고자 하는 자는 핍박을 받게 된다.

이렇게 12절까지를 간단하게 말했는데 이 말씀은 주님이 원하시는 제자들, 하나님의 백성들, 천국의 사람들이 어떤 사람들인가, 신약 시대에 우리가 어떤 믿는 이가 되어야 하는가에 대한 답변이다. 또한 장래 천국에서 왕노릇할 사람들이 어떤 사람들인가 하는 문제이다. 심령이 가난한 자가 복이 있고 애통하는 자가 복이 있고 온유한 자가 복이 있다. 또 의에 주리고 목마른 자가 복이 있고 긍휼히 여기는 자가 복이 있고 마음이 순수한 자가 복이 있다. 마음이 순수하다는 것은 하나님 한 분만을 원하는 것, 주님 한 분만을 추구하는 것을 말한다. 그리고 화평케 하는 자가 복이 있다. 화평케 하는 자는 성도들을 이간질하지 않고 하나 되게 하고 화목하게 하는 자이다. 또 의를 위하여 핍박을 받는 자, 주님을 위해서 말하는 자, 주님과 하나 되어서 역사하는 자들에게 복이 있다고 말씀하셨다.

13-16절, 너희는 세상의 소금이니 소금이 만일 그 맛을 잃으면 무엇으로 짜게 하리요 후에는 아무 쓸데없어 다만 밖에 버리워 사람에게 밟힐 뿐이니라

너희는 세상의 빛이라 산 위에 있는 동네가 숨기우지 못할 것이요 사람이 등불을 켜서 말 아래 두지 아니하고 등경 위에 두나니 이러므로 집안 모든 사람에게 비취느니라 이같이 너희 빛을 사람 앞에 비취게 하여 저희로 너희 착한 행실을 보고 하늘에 계신 너희 아버지께 영광을 돌리게 하라

13절부터 16절까지는 천국의 말씀을 받고 순종하는 믿는이들이 소금과 빛이라는 것을 말해 주고 있다. 소금이 되고 빛이 되는 것은 사람의 성품이 그렇게 된 것을 의미할 뿐 아니라 그들은 이 세상에 좋은 영향력을 주는 존재라는 것이다. 그리스도인이 영이 가난하고 애통하고 온유한 것 등은 하나의 성품문제이다. 그리스도인이 믿을 때 생명을 얻은 것이지만 그 생명으로 계속해서 살 때 그 생명은 우리의 본성을 변화시켜 그러한 성품이 되게 한다. 그럴 때 우리는 소금과 같이 짜게 된다. 소금은 짤수록 좋은 것이다. 그런데 주님은 소금이 그 맛을 잃을 수 있다고 하셨다. 그리스도인이 세상의 영향을 받아 세상화 되었을 때 소금 맛을 잃는 것이다. 하나님은 천국의 사람들을 얻으시어 일차적으로는 이 세상의 부패를 제한적으로나마 막는 일을 하신다. 소금은 부패를 막는 일을 하는 것이다. 또한 빛이라는 것은 어둠을 밝혀주는 것이다. 이 세대는 부패하고 어둠 속에 있다. 주님은 한 무리의 사람들을 얻으시어 부패한 세상에 소금이 되게 하시고 어두운 세상에 빛이 되게 하신다.

쉬운 말로 해서 그리스도인은 전적으로 그리스도인다워야 한다. 그리스도인인데 그리스도인인지 세상 사람인지 알 수가 없으면 소금에 짠 맛이 없는 것이다. 심령이 가난하고, 애통해하고, 온유하고, 의에 주리고 목마르고, 마음이 청결하고, 긍휼히 여기는 자가 되고, 화평케 하는 자가 되고, 의를 위하여 핍박을 받는 자가 되고, 주님을 위해서 각종 악한 말을 들을 때에 기뻐하고 즐거워해야 한다. 이렇게 천국의 본성에 따라 산다면 소금의 맛을 내게 된다. 이러한 소금의 맛을 가진 사람들이 이 세상에서 수행하는 매우 좋은 역할이 있다. 부패를 지연하는 것이다. 이것이 하나님이 원하시는 바이다.

그런데 이 소금은 한 군데 모여 있으면 안 된다. 여러분은 배추를 절일 때 소금을 한 군데에다만 놓는 것 보았는가? 배추를 절인다는 것은 배추 전체에 소금을 골고루 뿌리는 것이다. 예루살렘에 왜 핍박이 일어났을까? 소금을 흩어놓기 위한 것이다. 그럴 때 복음이 여러 지역에 골고루 전파되었던 것이다.

주님은 또 '산위에 있는 동네가 숨기우지 못할 것이요'라고 하다. '사람이 등불을 켜서 말 아래 두지 않고 등경위에 두나니 그러므로 집 안 모든 사람에게 비취느니라'고 하셨다. 또 이어서 주님은 이와같이 너희 빛을 사람 앞에 비취게 하여 저희로 너희 착한 행실을 보고 하늘에 계신 너희 아버지께 영광을 돌리게 하라고 하셨다. 우리는 구약의 금등대가 빛을 앞으로 비추어 내도록 하는 목적으로 만들어 진 것을 안다. 빛을 내는 목적이 적극적인 것이다.

오른손의 하는 것을 왼손이 모르게 하라는 것도 주님의 산상수훈이고 너희 착한 행실을 사람들로 보게 하여 하나님께 영광을 돌리게 하라는 것도 같은 산상에서 하신 말씀이다. 우리는 이 말을 어떻게 조화할 것인가? 우리는 6장에서 은밀하게 하라는 말씀이 외식하는 자들에게 하신 말씀임을 알아야 한다. 이는 동기의 문제이다. 외식이란 이 세상에서 명성과 성공과 칭송과 대가를 바라고 하는 선행과 구제이다. 이는 정죄를 받아야 한다. 그러나 우리가 그리스도인의 간증을 감추는 방식으로 가져서는 안 된다. 우리는 다른 면에서 적극적으로 우리의 간증을 드러내는 방식으로 교회의 길을 가야 한다. 우리의 동기는 깨끗해야 하고 길은 적극적으로 가야 한다. 한 면만 알면 대적에게 속임을 당한다. 그리고 우리는 길을 잘못가게 된다. 하나님의 영광 빛을 일부러 가리는 일을 하게 되며 등불을 켜서 말(bushel)아래 두는 것이 된다.

주님은 대제사장에게 말씀하셨다. 요 18:20절, '예수께서 대답하시되 내가 드러내어 놓고 세상에 말하였노라 모든 유대인들의 모이는 회당과 성전에서 항상 가르쳤고 은밀히는 아무 것도 말하지 아니하였거늘' 주님은 적극적으로 세상에 알리는 방식으로 일하셨다. 세상 사람들의 눈에 감춰어진 채 산속으로 들어가서 말씀하시고 일하신 것이 아니다. 주님은 사역을 세상의 명예와 이름을 얻기 위해 드러내놓고 하신 것이 아니다. 하나님의 아들은 더 많은 사람들이 그분의 복음과 은혜를 얻기 위해 세상에 보내심을 받은 자로서 세상에 드러내놓고 일을 하신 것이다.

사도들은 어떠했는가? 바울 사도도 아그립바 왕에게 말했다. 그들 앞에서 한 바울의 간증을 들어보자. "왕께서는 이 일을 아시기로 내가 왕께 담대히 말하노니 이 일에 하나라도 아시지 못함이 없는 줄 믿나이다 이 일은 한편 구석에서 행한 것이 아니로소이다"(행 26:26). 바울은 사역의 역사를 행함에 있어서 당시의 집권자들도 알 수 있도록 담대하게 행하였다. 왕이나 대제사장은 당대의 세상을 대표하는 사람들이다. 주님과 바울은 그런 사람들 몰래 사역을 한 것을 자랑으로 여기신 것이 아니다. 오히려 그들 앞에 다 드러내놓고 역사한 것이다. 그의 간증은 강하였고 세상에 널리 드러내놓고 역사했던 것이다.

이사야 2장 2절은 "말일에 여호와의 전의 산이 모든 산꼭대기 위에 굳게 설것이요 모든 작은 산위에 뛰어나리라"고 하였다. 이는 왕국시대를 일컫는 말로만 여겨져서는 안 된다. 복음 시대에 그 전초전을 이루어야 하는 말씀이다. 오늘날의 교회는 산위의 동네가 되어야 하고 모든 산위에 굳게 서는 방식으로 건축되어야 한다. 그 간증은 어떤 외적인 이름이나 명성이 아니라 성령의 역사로 말미암은 모든 성도의 삶의 변화를 통한 도덕 혁명이어야 한다. 하나님은 그분의 자녀들인 교회가 생명의 성장과 변화된 삶을 통해 이 세상의 빛으로 드러나며 산위에 빛나는 동네가 되기를 원하신다. 결코 머리 깎고 산 속에 들어가서 은밀하게 자신들만 옳고 좋다는 식의 신앙생활로 만족하지 말아야 한다. 주님이 원하신 것은 그런 것이 아니고 사도들도 그렇게 길을 걸어가지 않았으며 역대의 영적인 부흥은 세상에 영향을 주지 않은 경우가 없었다. 병자가 치료되고 가난한 자들이 부요하게 되는 정도가 아니다. 갖가지 정신적, 가정적, 사회적인 문제들이 치유되고 예수를 닮은 삶이 실생활 가운데 나와야 한다. 이웃들에게 진정한 예수의 간증이 나타나는 방식의 삶이 회복되어야 한다. 이 길은 결코 지식이나 이론이 아닌 것이다. 영적인 세계에는 적극적인 생명과 간증의 길을 걸어가지 않도록 하는 많은 게으름의 핑계들이 있으니 조심해야 한다.

17-20절, 내가 율법이나 선지자나 폐하러 온 줄로 생각지 말라 폐하러 온 것이 아니요 완전케 하려 함이로라 진실로 너희에게 이르노니 천지가 없어지기 전에는 율법의 일점일획이라도 반드시 없어지지 아니하고 다 이루리라 그러므로 누구든지 이 계명 중에 지극히 작은 것 하나라도 버리고 또 그같이 사람을 가르치는 자는 천국에서 지극히 작다 일컬음을 받을 것이요 누구든지 이를 행하며 가르치는 자는 천국에서 크다 일컬음을 받으리라 내가 너희에게 이르노니 너희 의가 서기관과 바리새인보다 더 낫지 못하면 결단코 천국에 들어가지 못하리라

1-16절까지가 한 단락이라면, 17절부터 마지막 절까지가 또 하나의 단락이다. 산상수훈의 두 번째 문제는 율법을 지키는 문제이다. 예수님은 이 땅에 율법이나 선지자를 폐하러 오시지 않고 완전케 하러 오셨다고 했다. 어떤 사람들은 예수님이 오셔서 율법과 선지자를 완전히 폐하셨다고 생각한다. 지금도 그런 사람들이 있다. 그러므로 도덕률 폐기론(anti-nomianism)자들이 되었다. 루터의 종교개혁 시대에 루터의 친구였던 '죤 어리그콜라'라는 형제는 모세의 의식적인 율법만이 아니라 도덕률로부터도 전적으로 자유롭게 되었다고 선포했다. 루터는 그들을 도

덕률 폐기론자들이라고 칭했다. 그들은 그리스도인들은 모세의 십계명도 지킬 의무가 없다고 주장하였다. 그들은 십계명을 지켜야 한다고 한다면 행위에 의한 구원으로 가지 않을까 우려하여 그렇게 말했다. 즉 이신칭의가 도덕율에서도 벗어나게 했다고 말한 것이다. 그들은 이 점에 있어서 지나치게 나간 것이다.

주 예수님은 율법에 대하여 폐하러 오신 것이 아니라 완전케 하러 오셨다고 말한다. 주 예수님은 율법의 일점일획이라도 없어지지 않고 다 이룬다고 하셨다. 뒤에 나오지만 예수님이 하신 말씀에 비하면 구약의 율법은 아무 것도 아니다. 구약의 율법은 살인하지 말라고 했지만 신약에서 주님의 말씀은 마음속에 미움만 있어도, 형제를 라가라, 미련한 놈이라고만 말해도 살인에 해당하고 심판을 받게 된다고 했다.

그러므로 예수님은 이 땅에 오셔서 결코 율법을 없애려고 하신 것이 아니다. 도리어 예수님은 율법의 지극히 작은 것 하나를 버리는 사람, 율법의 작은 어떤 것들을 소홀히 여기며 가르치지 않는 사람은 천국에서 작다 일컬음을 받게 될 거라고 하셨다. 그날 주님이 오실 때 이 땅에 왕국이 임하게 되고 그날 우리는 상을 받아야 한다. 그런데 어떤 사람이 천국에서 크고 어떤 사람이 천국에서 작은가? 하나님의 말씀, 율법의 세세한 것 하나라도 다 지킬 수 있도록 가르치고 행한 사람이 그날 크게 될 것이다.

여기서 우리는 가르치는 문제를 한 번 생각해 보아야 한다. 율법, 하나님의 말씀을 가르치는 것이다. 오늘날 하나님의 말씀을 가르치는 선생이 많다. 그런데 천국에서 크고 자 하는 사람은 이 말씀을 작은 것 하나라도 절대로 소홀히 하지 않도록 유의해야 한다. 어떤 사람들이 성경을 가르치는 것을 들으면 '오늘 그리스도인의 생활을 대충 해도 되는구나. 나 정도면 매우 좋은 거구나.' 하는 인상을 받는다. 그러고서 현재의 상태에서 만족하게 만든다. 이런 류의 가르침은 율법의 작은 것들을 소홀하게 하는 결과를 가져온다.

"그러므로 누구든지 이 계명 중에 지극히 작은 것 하나라도 버리고 또 그같이 사람을 가르치는 자는 천국에서 지극히 작다 일컬음을 받을 것이요"(19절)

로마서 12장 10-13절 "형제를 사랑하여 서로 우애하고 존경하기를 서로 먼저 하며 부지런하여 게으르지 말고 열심을 품고 주를 섬기라 소망 중에 즐거워하며 환난 중에 참으며 기도에 항상 힘쓰며 성도들의 쓸 것을 공급하며 손 대접하기를 힘쓰라". 우리는 이러한 말씀을 그냥 넘어가지 말고 말씀 앞에서 자신의 반응과 상태를 점검해보아야 한다. 그리고 그 말씀을 순종하고 지키기를 구해야 한다. 15-18절 "즐거워하는 자들로 함께 즐거워하고 우는 자들로 함께 울라 서로 마음을 같이하며 높은 데 마음을 두지 말고 도리어 낮은 데 처하며 스스로 지혜 있는 체 말라 아무에게도 악으로 악을 갚지 말고 모든 사람 앞에서 선한 일을 도모하라 할 수 있거든 너희로서는 모든 사람으로 더불어 평화하라".

주님의 말씀을 일점일획이라도, 계명 중에 지극히 작은 것 하나라도 버리고 또 그같이 사람을 가르치는 자는 천국에서 지극히 작다 일컬음을 받을 것이요 누구든지 이를 행하며 가르치는 자는 천국에서 크다 일컬음을 받으리라고 하셨다. 천국에서는 큰 자도 있고 작은 자도 있다. 그날 천국에는 분명히 큰 자와 작은 자가 있는 것이다. '장래 주님이 오시고 천국에 가면 우리는 다 똑같을 것이다.'라고 생각해서는 안 된다. 그렇지 않다. 받을 상이 다 다르다. 그러면 우리가 받을 상은 무엇에 달렸는가? 오늘 우리가 행하는 의에 달려있다.

그래서 주님은 "너희 의가 서기관과 바리새인보다 더 낫지 못하면 결단코 천국에 들어가지 못하리라"고 하신 것이다. 의는 최소한 들어가는 문제이다. 좀 전에 말한 것은 천국에서 큰 자가 되느냐 작은 자가 되느냐의 문제이고 의는 들어가는 문제이다. 아예 들어가지도 못하는 사람이 누구인가? 그들의 의가 서기관과 바리새인만도 못한 사람이다. 서기관과 바리새인의 의가 결코 얕은 것이 아니다. 그 사람들은 대단했다. 성경을 읽어보면 누가복음에 나오는 성전에서 기도한 그 바리새인은 일주일에 두 번 금식하고 소득의 십일조를 바쳤다. 사도 바울이 바리새인이었을 때 자기는 율법에 흠이 없었다고 했다. 그러므로 우리는 천국에 들어가기 위한 의의 표준이 높다고 말하는 것이다. 그러나 여기에서 말하는 의는 구원받는 객관적인 의를 말하는 것이 아니라 그리스도를 살아 나타내는 주관적인 의를 말하는 것이다. 즉 이곳에서의 의는 그리스도께서 우리의 의가되심(칭의의 의)을 말하는 것이 아니라 그리스도께서 우리의 삶 안에서 살아 나타나시는 의(성화의 의)를 말하는 것이다.

천국에 들어가는 문제가 하나 있고 두 번째는 천국에서 큰 자가 되고 작은 자가 되는 문제가 있다. 그런데 천국에 들어가는 사람은 최소한 서기관과 바리새인보다 그의 의가 나은 사람이다. "너희 의가 서기관과 바리새인보다 더 낫지 못하면 결단코 천국에 들어가지 못하리라". 주님은 '결단코'라는 말을 사용하셨다. 이 모든 말씀을 종합할 때 분명 천국에 들어가는 문제나, 천국에서 큰 자가 되는 문제는 다 우리의 행위와 관계가 있다는 것을 알 수 있다.

21-26절, 옛 사람에게 말한바 살인치 말라 누구든지 살인하면 심판을 받게 되리라 하였다는 것을 너희가 들었으나 나는 너희에게 이르노니 형제에게 노

하는 자마다 심판을 받게 되고 형제를 대하여 라가라 하는 자는 공회에 잡히게 되고 미련한 놈이라 하는 자는 지옥 불에 들어가게 되리라 그러므로 예물을 제단에 드리다가 거기서 네 형제에게 원망 들을만한 일이 있는 줄 생각나거든 예물을 제단 앞에 두고 먼저 가서 형제와 화목하고 그 후에 와서 예물을 드리라 너를 송사하는 자와 함께 길에 있을 때에 급히 사화하라 그 송사하는 자가 너를 재판관에게 내어주고 재판관이 관예에게 내어주어 옥에 가둘까 염려하라 진실로 네게 이르노니 네가 호리라도 남김이 없이 다 갚기 전에는 결단코 거기서 나오지 못하리라

구약의 율법은 서기관과 바리새인의 규율이지만 "(그러나) 나는 너희에게 이르노니"는 더 높은 율법으로서 천국에 들어가기 위한 표준이다. 산상수훈의 말씀을 지키지 않고 천국에 들어갈 수 있는 사람은 한 사람도 없다. 17-20절까지의 중점은 20절의 "내가 너희에게 이르노니 너희 의가 서기관과 바리새인보다 더 낫지 못하면 결단코 천국에 들어가지 못하리라"에 있다. 그리고 21절부터는 살인에 관한 말씀이 나오고 27절에는 간음에 관한 말씀이 나온다. 옛 율법에는 다만 살인치 말라 간음치 말라 했지만 주님은 오셔서 그 동기 곧 마음속에 있는 것들을 살피신다. 그러니까 옛 율법은 외적인 살인이나 구체적인 간음만 하지 않으면 율법을 지키는 것이 되지만 산상수훈은 마음의 동기의 문제를 다룬다. 살인의 동기는 미움이고 간음의 동기는 마음에 품은 음욕이다. 그리고 주님은 그 동기에서의 죄에 대하여도 그 심판과 결과가 엄중하다는 것을 말씀하신다. 만일 마음의 동기, 품은 생각까지도 처리하지 않으면 지옥불에 들어가게 된다고 말씀하신 것이다. 또 26절에서는 "호리라도 남김이 없이 다 갚기 전에는 결단코 거기서 나오지 못하리라"고 하신다. 재판관이 관원에게 내어 주고 옥에 가둔다고 말을 했다.

작은 형제에 대해 판단하는 한 마디 말, 형제에게 노하는 것, 형제에 대해서 라가라 하는 것, 미련한 놈이라 하는 것도 마찬가지이다. 이것도 살인에 준하는 행위이기 때문이다. 율법에 살인하지 말라고 했지만 주님이 신약에서 하시는 말씀은 여기 기록된 모든 행위도 다 살인에 해당된다는 것이다. 그러므로 신약의 율법, 신약의 주님의 말씀은 사람의 행위뿐 아니라 사람의 마음, 더 나아가 마음속의 동기까지도 다루시는 것을 볼 수 있다. 그러므로 주 예수님이 오셔서 율법에 대하여 더 높은 질의 율법을 말씀하시고 따라서 더 높은 질의 의를 요구하신 것이다. 따라서 주님은 이전 율법을 폐기하러 오신 것이 아니라 더욱 빛나고 높은 지점까지 들어 올리려고 하신 것이다. 어린 아이에게는 어린 아이의 율법이 있고 그만한 의가 요구되어지며, 성숙된 의는 성숙한 자들의 율법에서 나오는 것이다. 주 예수님이 오셔서 그분의 생명을 분배하시고 그분의 생명을 통하여 지킬 수 있는 율법의 수준을 반포하신 것이다. 이는 인간의 생명으로 지킬 수 있는 의가 아니라 그분의 생명을 살아낼 때 지킬 수 있는 수준인 것이다. 즉 이렇게 높은 표준의 삶은 그분의 생명의 질을 말해주는 것이다. 즉 신약의 성도, 천국의 사람들의 얻은 생명의 표준적이고 정상적인 삶을 말해주는 것이다. 이에 미치지 못하는 것은 천국이 아니다.

27-32절, 또 간음치 말라 하였다는 것을 너희가 들었으나 나는 너희에게 이르노니 여자를 보고 음욕을 품는 자마다 마음에 이미 간음하였느니라 만일 네 오른 눈이 너로 실족케 하거든 빼어 내버리라 네 백체 중 하나가 없어지고 온 몸이 지옥에 던지우지 않는 것이 유익하며 또한 만일 네 오른손이 너로 실족케 하거든 찍어 내버리라 네 백체 중 하나가 없어지고 온 몸이 지옥에 던지우지 않는 것이 유익하니라 또 일렀으되 누구든지 아내를 버리거든 이혼증서를 줄 것이라 하였으나 나는 너희에게 이르노니 누구든지 음행한 연고 없이 아내를 버리면 이는 저로 간음하게 함이요 또 누구든지 버린 여자에게 장가드는 자도 간음함이니라

그리고 간음에 대해서도 여자를 보고 음욕을 품는 자마다 이미 마음에 간음했다고 하신다. 그것을 처리하는 방법은 "만일 네 오른 눈이 너로 실족케 하거든 빼어 내버리라 … 네 오른손이 너로 실족케 하거든 찍어 내버리라"이다. 여러분은 이 말씀을 어떻게 할 것인가? 여기 이 말씀대로 하면 우리는 두 눈을 다 빼어 내버려야 할 것이다. 이것을 문자적으로 그대로 실행해야 하는가? 그래서 많은 사람들이 이 말씀을 읽고서 '아, 이 말씀은 영적으로 그렇다는 얘기지 실지로 눈을 빼라는 얘기는 아니야.' 하고 해석한다. 그러나 이 말씀은 우리의 죄를 처리하는 태도의 절대성을 말하는 것이다. 신자로서 여자를 보고 성의 느낌이 생기는 것은 죄라고 말할 수 없다. 성 자체는 죄가 아니기 때문이다. 그러나 신자로서 부당한 음욕을 가지고 다시 볼 때 죄인 것이다. 마음에서 정욕이 일어나 보는 것은 죄인 것이다. 이는 첫 번째로 힐끗 보게 되었을 때를 의미하는 것이 아니라 정욕의 마음을 가지고 주동적으로 보는 것을 의미한다. 주님이 산상수훈에서 말한 죄는 모두 심리적인 것이다. 이 일에 있어서 우리의 정결케 됨은 어느 정도까지 이르러야 하는가? 차라리 불구가 되더라도 죄를 범해서는 안 된다는 태도여야 한다. 우리의 태도는 영적으로 정말 나를 실족케 하는 지체가 있을 때 그게 눈이든 손이든 어느 정도로 처리를 해야 하느냐면 아예 끊어버리고 빼버릴 정도로 처리해야 한다. 이것이 산상수훈에서 가르치는 주님의 말씀의 수준이다.

우리를 실족케 하는 것이 있는데 주님은 여기서 두 가지를 말씀하셨다. 첫째는 성질내는 것이고 둘째는 음란한 것이다. 이 두 가지를 주님은 가장 싫어하신다. 하나는 살인에 해당하고 하나는 간음에 해당하는 것이다. 이 두 가지에서 온전하면 의를 이루기가 쉽다.

그런데 이것을 처리할 때 어떤 정도로 처리해야 하는가? 살인에 대해서는 '호리'라는 표현이 있다. '호리라도 남김없이 다 갚지 않으면…' 그러니까 절대 사람들하고 원수 맺지 말고 원망 들을 만한 일을 호리라도 두지 말라는 것이다. 그러면 천국에 들어가는 데 제한이 있다. 그런 사람은 천국에 들어가지 못한다고 했다. 그런 사람은 길에 있을 때에 급히 사화해야 한다. 천국에 들어가는 데 문제가 되기 때문이다. 오늘 날 지상에서 그리스도인 간에 원수된 것을 풀지 않고 죽는 것은 축복된 것이 아니다. 이유야 어떻든 화해하는 것이 복된 것이다.

그러므로 잘못한 것이 있으면 예물을 제단에 드리기 전에 먼저 사화부터 해야 한다. 그렇기 때문에 성질을 잘 내는 사람은 조심해야 한다. 다른 사람에게 상처를 쉽게 주기 때문이다. 즉 쉽게 살인을 하는 것이다. 무기로 살인하는 것만이 살인이 아니고 말로 하는 것도 살인이다. 형제에게 노하고 라가라 하고 미련한 놈이라 하는 것도 살인하는 것이다. 이것은 주님의 말씀이다. 이런 사람은 왕국에 들어가지 못하게 된다.

그 다음은 간음에 대한 것이다. 하나님은 이런 것들을 어느 정도 처리하기를 바라시느냐면 뽑아 내버리고 찍어 내버리는 정도까지이다. 왜 그런가? 지옥불에 던져지기 때문이다. 너희가 그렇게 처리하지 않으면 지옥불에 던져진다는 것이다.

여러분께서는 눈을 빼는 것이 쉬운 일이라고 생각하지 않을 것이다. 이런 말씀을 볼 때 '눈을 빼버리라는 말씀은 그렇다는 얘기지.' 하지 말라. 하나님 말씀을 그렇게 가볍게 여기면 안 된다. '눈을 빼어 내버리라.' 하실 때 '아, 주님 말씀이 그렇다는 거지 설마 진짜 빼라는 말씀은 아니겠지요?' 하지 말라는 것이다. 눈을 빼버리고 손을 찍어버리는 것은 거기에 그만한 고통과 아픔과 상처가 수반된다는 것이다. 왜 이렇게 해야 하는가? 왕국을 위해서, 의를 위해서 그렇게 해야 한다는 것이다. 그렇게 여러분이 손을 찍어 내버리고 눈을 빼어 내버렸을 때 여러분에게 의가 이루어진다. 거기에 하나의 심판이 있고 거기에 하나의 십자가의 처리가 있고 여러분은 그분의 의를 얻게 된다. 이것이 천국에 들어가는 길이다.

그 다음에는 구약 율법에 아내를 내어버리려거든 이혼 증서를 주라고 했다는 이야기가 나온다. 이것도 내내 간음에 관한 말씀이다. 음행한 연고 없이 아내를 버리지 말라. 왜 음행한 연고 없이 아내를 버리는가? 간단히 말해서 다른 여자에게 장가가려는 것이다. 그 속에 육신적인 정욕이 없으면 그런 짓을 하지 않는다. "나는 너희에게 이르노니 누구든지 음행한 연고 없이 아내를 버리면 이는 저로 간음하게 함이요 또 누구든지 버린 여자에게 장가드는 자도 간음함이니라"(32절). 여기서 우리는 천국의 도덕적 표준이 얼마나 높은 것인지에 대하여 배운다. 이는 하나님의 나라의 특징을 말해주는 것이다. 주님은 이 시대에 이렇게 순결하고 거룩한 무리를 얻고자 오신 것이다. 이를 인해 주님께 찬양과 감사를 드리지 않을 수 없다.

33-37절, 또 옛 사람에게 말한바 헛 맹세를 하지 말고 네 맹세한 것을 주께 지키라 하였다는 것을 너희가 들었으나 나는 너희에게 이르노니 도무지 맹세하지 말지니 하늘로도 말라 이는 하나님의 보좌임이요 땅으로도 말라 이는 하나님의 발등상임이요 예루살렘으로도 말라 이는 큰 임금의 성임이요 네 머리로도 말라 이는 네가 한 터럭도 희고 검게 할 수 없음이라 오직 너희 말은 옳다 옳다 아니라 아니라 하라 이에서 지나는 것은 악으로 좇아 나느니라

주님이 5장에서 말씀하신 주요 항목이 첫 번째는 살인하는 문제이고, 두 번째는 간음하는 문제이고, 세 번째는 맹세하는 문제이다. 맹세하는 문제는 결국 말과 관계된다. 사도 야고보는 너희가 말에 온전하면 온전한 자라고 했다. 맹세를 하는 사람은 다른 사람을 설득시키기 위해 지나치게 많이 말하는 것이다.

하늘로도 맹세하지 말고 땅으로도 맹세하지 말라고 했다. 그러면 어떻게 말해야 한다는 뜻인가? 그저 '예, 예', '아니오, 아니오' 하라는 것이다. 그러면 그렇고 아니면 아니지 맹세까지 덧붙일 필요는 없다는 말이다. 맹세를 덧붙인다는 것은 다른 사람을 설득하기 위해 하지 않아도 될 말을 많이 하는 것이다. 예, 예, 아니오, 아니오, 하는 말은 사람을 설득시키기 위해서 하는 말이 아니다. 단순하게 사실만을 시인하며 주고받는 말이다. 만일 그리스도인들이 이런 말만 해왔다면 이렇게 많은 당파적인 일이나 다툼과 분쟁들이 생겨나지 않았을 것이다. '어떤 사람이 잘못되었다, 그렇지 않은가? 우리는 그런 사람을 따라서는 안 된다, 새롭게 길을 가보자' 등 많은 설득적이고 남을 확신시키려는 의도로 많은 맹세를 곁들인 말을 하게 된다. 그러므로 사람들이 예, 예, 아니오, 아니오, 하는 말보다 더 많은 말을 하게 된다. 그렇게 해서 많은 파벌과 분쟁이 생겨나는 것이다. 주님의 말씀은 예, 예, 아니오, 아니오에서 지나치는 것은 다 악으로 좇아 나는 것이라고 하셨다. 여러분의 말은 어떤가? 천국 백성들의 말은 이와같이 아주 단순하다(yes, yes, or no, no). 장래 천국에 들어가지 못하게 될 사람은 오늘 그 사람의 말을 들어 보면 알 수 있다는 것이다.

교회에 몽골에서 온 한 자매가 있었다. 내가 통역 때문에 이 자매에게 몽골에 가자고 하니까 가겠다고 했다. 그리고나서 "그럼 저의 여비는 어떻게 할까요?" 하고 내게 전화로 물어왔다. "여비는 네가 자원하는 만큼 내면 나머지는 내가 보태겠다." 라고 했다. 이 자매는 내 말을 듣고 자원하는 만큼 했다. 내가 그 자매에게서 두 단계를 보았다. "가겠느냐?" "예." 했다. 그런데 많은 사람이 이렇게 단순하게 '예' 하지 않는다. 거기에 뭔가 복잡해지는 것이 있다. '가자고 하더니 돈도 안 내주고 어쩌고…' 하면 사람들이 들을 때에 느낌이 간단하지 않다. 예, 예, 아니오, 아니오는 아주 단순해서 듣는 사람이 아주 통쾌하고 시원하다. 우리 몽골 자매는 이렇게 단순하게 말했다. 천국 백성인 것이다. "가겠느냐?" "예." 또는 "이번에는 못 가겠습니다." "그래, 알았어." 이에서 지나는 말들은 문제가 된다.

지나친 말을 할 때 그 말을 하는 사람은 천국 백성의 표시를 잃어버린다. 어떤 사람들이 있는 곳이 천국인가? 바로 이렇게 단순하게 말하는 사람들이다. 어떤 사람은 어디서 슬그머니 와서 "나 여기 왔다는 말 다른 사람한테 하지마." 하는데, 그런 경우 일반적으로 하지 말라는 말까지 전달이 된다. 천국의 사람들이 되려면 말에 있어서 할례를 받아야 한다.

우리의 말은 옳은 말을 옳다할 뿐 다른 말을 추가할 필요가 없다. 사람들에게 오해받을 만한 말을 들었을 때 그것을 해명하기 위한 유혹을 받고 우리는 많은 말을 하게 되는데 이 역시 다른 사람에게 우리 자신을 속히 이해시키기 위해 말하는 것이다. 즉 사람들이 평상시에 우리를 잘 신뢰하지 않는다는 것을 앎으로 몇 마디를 더해서 이해하도록 맹세성의 말을 추가하는 것이다. 이런 말들이 다 왕국밖에 있는 말들이다. 사람이 천국에 들어가고자 한다면 심리상의 정결함을 주의하지 않으면 안 된다. 이는 특별히 음욕에 관한 것이다. 무엇보다 우리의 마음과 동기가 거룩하지 않으면 안 된다. 우리의 보는 것과 듣는 것을 주의하지 않으면 안 된다. 그 다음은 말하는 것이다. 우리의 말이 단순하고 거기에 어떤 색채가 없어야 한다. 우리는 심리에 있어서 생각의 정결함을 주의해야 하고 신체에 있어서는 혀를 주의해야 한다. 이러한 경건의 훈련은 결국 우리를 천국으로 인도할 것이다.

38절, 또 눈은 눈으로, 이는 이로 갚으라 하였다는 것을 너희가 들었으나

우리는 여기의 38절부터 말씀하시는 것을 천국 사람들의 반응이라고 하겠다. 서기관과 바리새인의 반응은 '눈에는 눈, 이에는 이'이다. 어떤 사람이 당신의 눈을 상해하면 당신이 그 사람의 눈을 빼버리면 된다. 어떤 사람이 당신의 이를 하나 부러뜨리면 당신도 그 사람의 이 하나를 부러뜨린다. 이것이 옛 사람에게 준 율법의 정신이다. 어떤 사람이 당신의 부모를 욕하고 달려들면 당신도 그 사람의 부모를 욕하고 맞받아치는 것이다. 어떤 사람이 당신에게 욕설을 퍼부으며 소리를 지르고 대들면 당신도 그에게 똑같이 욕설을 퍼부으며 맞받아치는 것이다. 우리는 도로에서 차를 세우고 운전자들끼리 서로 삿대질을 하면서 이렇게 하는 것을 많이 본다. 앞서서 소리치는 사람과 맞받아서 소리치는 사람 모두 천국 밖의 사람들이다. 여기서 주님이 말씀하시는 것은 천국 사람들의 반응은 이와 다르다는 것이다.

39절, 나는 너희에게 이르노니 악한 자를 대적지 말라 누구든지 네 오른편 뺨을 치거든 왼편도 돌려 대며

주님은 율법을 폐하러 온 것이 아니라 율법을 완전케 하러 왔다고 말한다. 구약의 율법은 이는 이로 눈은 눈으로의 수준이지만 주님이 완전케 하시는 율법의 수준은 악한 자를 대적하지 않는 것이며 너무나 고상하고 높다. 이로써 우리는 장래 천국에서 어떤 사람들이 살게 되는가를 알 수 있다. 그러므로 구약의 성도들은 천국에서 그렇게 지위가 높지 않다(마 11:11). 구약의 율법의 표준이 신약의 주님의 수준보다 낮기 때문이다. 구약은 상응하게 갚아 주는 것이지만 신약은 맞서지 말라는 것이다. 오른편 뺨을 치는 자는 악한 자이다. 즉 먼저 시비를 거는 사람이다. 악한 사람이 아닌데 먼저 사람을 칠 리가 없고 뺨을 때릴 일이 없다. 그런데 주님의 말씀은 악한 자를 대적지 말라는 것이다. 그리스도인의 생명은 대적하는 생명이 아니고 저항하는 생명도 아니다. 그리스도인은 사람을 먼저 해치려고도 않고 나중에 반응하여 해치려고도 하지 않는 사람들이다. 세상은 첫 번째와 두 번째를 구분한다. 그리고 두 번째로 대항한 것은 정당방위로 간주한다. 그렇지만 주님의 천국의 법도는 두 번째의 방어행위도 허락하시지 않는다. 오른편 뺨을 치면 왼편도 돌려 대는 것이 아주 합당한 그리스도인이라는 것이다. 한 대 맞고 속이 아프지만 참고 끝내는 것은 절반 그리스도인이 되는 것이다. 왼편까지 돌려 댈 수 있는 사람이 확실한 그리스도인이다.

이는 내면에 조금의 보복 심리나 증오심이 없는 것이다. 이렇게 하려면 우리 안에 증오심이나 보복심리가 아니라 상대방에 대한 동정과 사랑이 충분할 때 이루어진다. 이는 우리 자신의 생명으로는 할 수 없고 우리 안에 사시는 그리스도로 가능한 것이다(갈 2:20). 이러한 반응은 생각할 겨를도 없이 나오기 때문에 진정 이러한 생활을 생활화 하려면 평소의 영적인 생활을 잘 할 때만이 이루어진다. 이런 삶은 평상시의 낮아짐과 헌신과 믿음이 필요한 것이다. 이러한 의는 우리의 진정한 의를 나타낸다. 우리가 진정 어떤 사람인가는 엉겁결에 나타나는 반응들을 통해서 알 수 있다는 말이다.

40절, 또 너를 송사하여 속옷을 가지고자 하는 자에게 겉옷까지도 가지게 하며

여기서 속옷을 가지려고 하는 사람은 신사적으로 속옷 좀 달라고 부탁하는 사람이 아니다. 송사라는 것은 고발하고, 민사 소송을 걸어서 그 사람이 속옷을 내놓지 않고서는 못 견디게 만드는 그러한 행위를 가리키는 것이다. 사람이 사정하고 부탁하는 식으로 달라고 하면 속옷만 아니라 겉옷까지도 줄 수 있을 것이다. 그런데 이 경우는 그게 아니다. 억지로 뺏으려는 나쁜 동기를 가지고 이웃을 송사하는 것이다. 그럴 때 어떻게 하라는 것인가? 속옷은 물론이고 겉옷도 주라는 것이다. 세상 사람들은 소송으로 속옷을 뺏기고는 상대방의 속옷을 뺏으려고 맞고소를 하는 사람도 있을 것이다. 그러나 그것은 전혀 그리스도인답지 않은 것이고 또 속옷을 뺏기고서 '할 수 없다. 그냥 속옷이나 주자.' 하고 참는 사람은 절반 그리스도인밖에 되지 않는다. 여기서 주님의 말씀은 속옷은 물론이고 그 사람이 아직 겉옷까지 요구하지 않았을지라도(아마 그 사람은 겉옷이 있는지 없는지도 모를 것이다.) 정말 주님의 제자가 되려면, 천국 백성이 되려면 겉옷까지도 주어야 한다는 것이다. 겉옷까지 줄 때 온전한 그리스도인이 된다. 이는 재물에 대한 문제이다. 천국 사람들의 재물에 대한 반응을 말하는 것이다. 이 세상 재물에 대하여 발하는 우리의 반응을 보고 우리 자신이 천국의 사람으로 예비 되는가 아닌가를 추정해볼 수 있다.

41절, 누구든지 너로 억지로 오 리를 가게 하거든 그 사람과 십 리를 동행하고

이것도 친한 친구가 정답게 “어이 친구, 나하고 오 리만 같이 가자.” 하는 것이 아니다. 가고 싶은 마음이 조금도 없고 갈 필요도 없을 때, 억지로 강요해서 오 리를 가자고 하는 것이다. 나는 지금 오 리는 그만두고 한 걸음도 떼고 싶지 않은데 오 리를 함께 가자는 것이다. 그럴 때 그리스도인이 되려면 오 리를 같이 가줄 뿐 아니라 기꺼이 십 리를 같이 가주어야 한다. 그래야 천국을 위한 그리스도인답다. 이는 사람의 인내의 문제이다. 사람은 누구나 생산성 있는 일을 하기 좋아하고 목적이 있는 일을 하고 싶어 한다. ‘그 사람하고 오 리를 가면 나에게 뭐가 생기는데? 나는 공연히 그 사람하고 같이 가는 것뿐이잖아?’ 이 말씀은 사람의 효율성과 목적의식을 만지는 것이다. 사람들은 아무 성과 없고 목적 없는 일을 하지 않으려 한다. ‘할 일 없이 내가 당신하고 오 리를 가겠느냐? 나도 지금 할 일이 많은데…’ 사람에게는 목적의식과 어떤 일을 함으로서 생기는 이익의 성분을 따져서 행동하려는 습성이 있다. 아무 의미 없는 일에는 시간을 투여하려고 하지 않는다. 자아의 뜻과 자기의 목적과 자기의 효율성을 상실하면서 다른 사람을 배려하는 것, 나에게는 생기는 것도 없고 되는 일이 없지만 다만 그가 나와 함께 하기를 원하니까 그와 함께해 주는 것이다.

42절, 네게 구하는 자에게 주며 네게 꾸고자 하는 자에게 거절하지 말라

보증이 아니라 꾸어달라고 해도 주어야 한다는 것이다. 이것은 우리의 소유욕을 처리한다. 내가 정말 이 땅에서 갖고 있고 싶지 않다면, 그러니까 재산을 보유하고 저축하고 소유하려는 마음이 없는 사람이라면, 자기의 필요를 돌보지 않는 사람이라면 자기에게 있는 것을 남이 필요로 할 때에 거절하지 않고 줄 수 있을 것이다. 천국 길을 걸어가는 그리스도인은 주기를 배워야 한다. 한 사람 한 사람에게 필요가 있을 때 기회를 찾아 주기를 실행해야 한다. 우리가 모든 사람에게 다 나누어주지는 못할지라도 한 번 한 번 기회가 있을 때 줄 수 있어야 한다. 천국 사람들로 예비 되려면 주는 일에서 인색하지 않아야 한다는 것이다. 움켜쥐고 절대 주려하지 않는 사람들은 천국과 거리가 매우 먼 것이다.

43절, 또 네 이웃을 사랑하고 네 원수를 미워하라 하였다는 것을 너희가 들었으나

이 말씀은 천국 사람인 우리가 이 땅에 살면서 원수를 어떻게 대해야 하느냐

하는 것이다. 우리는 유감스럽게도 살면서 우리를 해하는 원수가 있다. 구약의 율법의 수준은 이렇다. “네 이웃을 사랑하고 네 원수를 미워하라”. 이것은 구약의 말씀이다. 구약에서는 이웃을 사랑하고 원수를 미워하는 것은 아주 잘하는 것이고 좋은 것이다. 그러나 주님은 원수를 사랑하라고 하셨다.

44절, 나는 너희에게 이르노니 너희 원수를 사랑하며 너희를 핍박하는 자를 위하여 기도하라

이것이 신약의 주님의 계명이다. “원수를 사랑하며 너희를 핍박하는 자를 위하여 기도하라”. 그리스도인 생활을 한 지 얼마 안 되는 분들은 이런 말을 이해하기가 어렵고 순종하기도 어렵다고 생각할 것이다. 그런데 이런 말씀들은 참으로 그리스도인이 지킬 수 있는 말씀들이다. 어떤 사람들은 이것은 유대인들에게 한 말씀이지 그리스도인이 지킬 수 있는 말씀이 아니라고 한다. 그러나 그렇지 않다. 이것은 우리 모든 그리스도인들에게 하신 말씀이다.

우리 한국에서 순교하신 손양원 목사님은 여러분이 아시는 대로 자기의 두 자식을 죽인 원수를 용서했을 뿐 아니라 양아들을 삼았다. 그리고 그를 끔찍히 사랑했다고 한다. 그리스도인이 가진 생명은 그렇게 할 수 있는 생명이다. 사실 그리스도의 생명이 바로 원수를 사랑하는 생명이다. 원수를 사랑할 뿐 아니라 한 걸음 더 나아가 그를 위해 기도해야 한다. 이 천국 안의 사람들은 이렇게 다른 어떤 나라 사람들보다 도덕성이 뛰어나고 좋다. 여러분들은 혹 장래 천국에 오늘과 같이 서로 싸우고 물고 먹으며, 시기하고 분쟁하는 사람들이 가득 있을 것이라고 추측하지 말기 바란다. 그런 일은 결코 없을 것이다. 그러므로 우리가 간절히 그날 그 나라에 있기를 사모하는 것이다. 첫째는 주님이 그러하신 분이고 그분을 닮은 많은 사람들이 그날 그곳에 주님과 함께 있을 것이다. 지금 주님의 사역은 이 땅에서 그러한 사람들을 생산하시고 있는 중이다. “회개하라, 천국이 가까웠느니라”의 말씀은 이러한 맥락에서 들을 때 의미 깊게 이해 할 수 있다.

45절, 이같이 한즉 하늘에 계신 너희 아버지의 아들이 되리니 이는 하나님이 그 해를 악인과 선인에게 비취게 하시며 비를 의로운 자와 불의한 자에게 내리우심이니라

여기 ‘아들’이라는 말이 있다. 이 땅에 살지만 우리는 하나님의 아들들이다. 사람은 주 예수를 믿으면 하늘 아버지의 생명을 얻어 그분의 아들들이 될 수 있다. 그리고 이렇게 수준 높은 생활을 살 수 있는 생명은 하늘에 계신 아버지의 생명이다. 천국이란 하늘에 있는 아버지의 생명을 받은 무리들이 이 땅에서 그 생명을 살아 나타내는 실체이다. 그것이 바로 천국이다. 또 사실은 그것이 오늘날의 교회이다.

하늘에 계신 우리 아버지는 어떤 분인가? 핍박하는 자를 위해 기도하고 원수를 사랑하라고 하신 것은 하늘의 우리 아버지가 그런 분이라는 말이다. 하늘의 아버지께서는 해를 악인과 선인에게 고루 다 비취게 하시고 비를 의로운 자와 불의한 자에게 고루 내리게 하신다. 우리는 어떤가? 우리는 우리를 핍박하는 사람들을 될 수 있으면 좋은 일에서 제외시키려고 할 것이다. 그런데 하나님은 비를 골고루 내려주신다는 것이다. 우리가 하나님이라면 말 안 듣는 불의한 사람들에게는 "비를 내려주지 않겠다. 가뭄이 들게 해서 정신 좀 차리게 해야지." 할 것이다. 그러나 하나님은 어떤 사람이든지 구분하지 않고 사람들에게 비를 내리게 하신다. 하나님께서 이러하시듯이 당신이 이러한 생명의 반응들이 있어야 하나님의 아들로 증명이 된다는 말이다.

46절, 너희가 너희를 사랑하는 자를 사랑하면 무슨 상이 있으리요 세리도 이 같이 아니하느냐

그 당시 가장 악한 세리도 자기들을 사랑하는 자를 사랑하는 것은 한다는 말이다. 하나님을 닮은 우리의 사랑은 원수까지도, 우리를 핍박하는 자까지도, 은혜를 모르는 사람들까지도 사랑하는 사랑이다. 영생은 절대적으로 은혜로 얻는 것이지만 천국은 절대적으로 행위에 의지해 보상으로 얻는 것이다. 물론 그 행위가 우리 인간의 노력이나 공로가 아니라 하나님의 은혜를 의지한 것이지만, 그렇다 해도 우리의 일상생활 가운데 살아낸 행위임에는 틀림이 없다.

47절, 또 너희가 너희 형제에게만 문안하면 남보다 더 하는 것이 무엇이냐 이방인들도 이같이 아니하느냐

어떤 특별한 사람들에게만 문안하고 특별한 사람들만 사랑하는 것은 천국 사람들의 특징이 아니다. 어떤 사람은 항상 특정한 한 무리만 좋다 하고 사랑한다 하고 또 보고 싶다 하는데 천국에 참여하기를 준비하는 사람들은 그렇게 하지 말라는 것이다. 그것은 하나님 아버지와 같지 않다. 하나님은 형제가 아니라도 문안하고 형제가 아니라도 사랑하신다는 것이다.

'우리가 형제에게만 문안하면 남보다 더 하는 것이 무엇이냐 이방인들도 이같이 아니하느냐'. 이방인들도 자기 식구들, 자기 혈족에게는 잘한다. 그러나 남들에게는 선을 긋는다. 여기서의 이방인은 당시의 로마인들을 말하는 것이다. 로마시민들도 자기들끼리는 문안을 하고 산다. 천국 시민들은 이보다 더 나아야 한다는 말이다. 그것은 더 뛰어난 사랑이 있어야 한다는 뜻이다. 자기의 소속 사람들만을 사랑하는 사랑정도는 이방인 수준이고, 당시의 로마사람들의 수준이고, 거룩한 천국 사람들의 분위기와 수준이 아니라는 말이다. 그것은 천국의 수준에 미치지 못하는 사랑이다. 우리는 이 땅에서 그 정도의 사랑으로 만족해서는 안 된다. 모든 사람을 사랑하는 것이 그리스도인이다. 우리의 권속이든, 아니든, 어디에 있는 사람이든, 은혜를 아는 자든, 모르는 자든 다 사랑하는 것이 하나님의 생명이요 천국 사람들의 사랑이다. 오늘 교회 사람들이 이에 미치지 못한다면 회개해야 한다. "회개하라, 천국이 가까웠느니라"

48절, 그러므로 하늘에 계신 너희 아버지의 온전하심과 같이 너희도 온전하라

주님은 우리가 어느 수준까지 되어야 한다고 하시느냐면 '하늘에 계신 너희 아버지의 온전하심같이 너희도 온전하라'는 것이다. 하나님 아버지가 우리가 도달해야 할 그 수준이다. 이 48절의 짧은 말씀은 굉장히 높은 말씀이다. 우리가 어떻게 하늘에 계신 아버지의 온전하심같이 온전할 수 있는가? 이것이 과연 가능한 말인가? 사람이 하나님의 도덕과 윤리의 표준까지 높아질 수 있는가? 그러나 바꾸어 말해보면 우리가 이 땅에서 이러한 수준까지 온전케 될 수 없다면 주님은 결코 이런 말씀을 하지 않으셨을 것이다. 우리가 그와 같이 온전케 될 수 있기 때문에 온전하라고 명하신 것이라고 믿어야 한다. 따라서 우리는 이 땅에서 하늘의 아버지와 같은 온전함을 추구해야 한다.

지금까지 읽은 39절부터 47절까지의 이 모든 말씀들이 우리에게 실제가 되지 않는다면 아직 온전케 됨이 이루어지지 않은 것으로 여겨야 한다. 우리가 진정으로 주 예수님 한 분을 따르고 의를 추구하면서 산다면, 즉 마태복음 5장 1절부터 12절까지에서 말씀하신 삶을 산다면, 그 왕국의 표준의 법을 추구하면서 산다면 결국 5장 후반부의 이러한 삶을 이루어낼 수 있을 것이다. 이러한 삶이 우리의 실제가 되는 것을 볼 수 있을 것이다. 그것은 여러분의 인간적인 노력이 아니다.

그 생명의 나타남이다. 생명의 영향력이다. 그 생명이 우리로 하여금 이러한 삶을 살도록 인도해 주는 것이다. 그럴 때 여러분은 여러분 속에 이러한 역사가 이루어지는 것을 보고 스스로 하나님께 감사하고 찬미를 드릴 수 있다. 그리고 과연 주님의 말씀은 땅에 떨어지지 않고 다 이루어지며 실제가 될 수 있는 말씀이라는 것을 알 것이다.

지금은 한 대 맞으면 화부터 나고 또 누가 무얼 뺏으려고 하면 안 뺏기려고 온갖 수를 쓰고 화를 내고 같이 싸우려 하고 어디를 가자고 하면 단번에 뿌리치고 할 것이다. 그러나 여러분이 진지하게 주의 길을 걸어가면 이러한 삶은 여러분의 것이 될 것이다. 그럴 때 여러분은 속에서 참으로 통쾌함과 만족을 느낄 것이다. '내가 정말 그리스도인같이 되어가는구나. 온전한 그리스도인의 표준까지 올라가는구나.' 할 것이다. 이렇게 살아갈 때 많은 주위의 사람들도 여러분들을 외국 사람으로 여기고 자신들과 다르다고 시인할 것이다. 우리의 여러 일에서의 반응이나 삶의 표현이 그저 이방인들과 다를 것이 없다면 우리 그리스도인의 봉사나 일이나 많은 것에서 성공적이라 해도 그것은 실패라는 것을 알아야 한다. 그리스도인의 도덕의 표준이 이렇게 높은 것임을 인해 하나님을 찬미하고 감사해야 한다. 주님은 여러분을 그분의 나라, 천국으로 이끌기 원하신다. 주님이 여러분을 축복해 주시고 긍휼히 여겨주셔서 이러한 모든 말씀들이 실제로 생활 가운데 경험될 수 있도록 인도해 주시고 도와주시기를 바란다.

6 장

1절, 사람에게 보이려고 그들 앞에서 너희 의를 행치 않도록 주의하라 그렇지 아니하면 하늘에 계신 너희 아버지께 상을 얻지 못하느니라

마태복음은 왕국 복음이고 왕국 복음에서 중요한 것은 의이다. 우리가 이 말씀을 통해서 볼 수 있는 것은 의가 뛰어나지 않으면 왕국에 들어갈 수 없다는 것이다. 오늘 우리가 이 땅에서 의를 행하는 것은 그날 그리스도의 나라에서 우리가 그리스도와 함께 왕 노릇 하는 것과 밀접하게 관계가 있다. 여기서 잠시 천년왕국을 보기로 하겠다. 왕국은 현재 교회 안에서 영적으로 체험되는 바가 있으나 장래 주님의 재림 시에 실재적으로 임할 것이다. 그 왕국에 들어가는 일은 특별히 오늘 우리의 의와 깊은 관련이 있다. 복음서에서 주 예수님은 이 일에 대하여 특별히 많은 말씀을 하셨다. 그분은 왕위를 받아가지고 오려고 먼 나라로 가신 왕이시다(눅 19:11-27).

이사야 6장 6-9절은 장래 그리스도의 재림과 더불어 있게 될 왕국의 광경이다. "그 때에 이리가 어린 양과 함께 거하며 표범이 어린 염소와 함께 누우며 송아지와 어린 사자와 살찐 짐승이 함께 있어 어린 아이에게 끌리며 암소와 곰이 함께 먹으며 그것들의 새끼가 함께 엎드리며 사자가 소처럼 풀을 먹을 것이며 젖 먹는 아이가 독사의 구멍에서 장난하며 젖 뗀 어린 아이가 독사의 굴에 손을 넣을 것이라 나의 거룩한 산 모든 곳에서 해됨도 없고 상함도 없을 것이니 이는 물이 바다를 덮음 같이 여호와를 아는 지식이 세상에 충만할 것임이니라". 델리취(Delitzsch)라는 신학자는 이 내용이 '시간과 영원의 경계선'(the boundary between time and eternity)에서 성취될 사실이라고 하였다. 그것은 곧 현세와 내세 사이의 과도기적 성격을 띤 천년 왕국을 가리키는 것이다(Ryrie). 이사야 65장 25절 말씀도 마찬가지로 천년왕국의 말씀이고 "이리와 어린 양이 함께 먹을 것이며 사자가 소처럼 짚을 먹을 것이며 뱀은 흙으로 식물을 삼을 것이니 나의 성산에서는 해함도 없겠고 상함도 없으리라 여호와의 말이니라" 30장 26절의 "여호와께서 그 백성의 상처를 싸매시며 그들의 맞은 자리를 고치시는 날에는 달빛은 햇빛 같겠고 햇빛은 칠 배가 되어 일곱 날의 빛과 같으리라"는 말씀도 왕국에 관한 말씀으로서 장래 성취될 말씀들이다. 다니엘이 말한 이상과 예언이 응하며 지극히 거룩한 자가 기름부음 받으시는 시점도 그때이다(단 9:24). 계시록 11장 15절의 세상나라가 우리 주와 그 그리스도의 나라가 되어 그가 세세토록 왕노릇 하신다는 때도 이때 시작이 되는 것이다. 이에 대하여 계시록 20장 1-7절은 그 경계선 되는 기간을 일천년으로 규정하고 있다. 이 천년왕국에 참여하는 문제는 이 시대에 특별히 의의 삶과 관계있다. 그리스도의 재림 시에 신부가 입는 세마포는 성도들의 옳은 행실이라고 되어있다(계 19:8). 이 의의 옷의 예비가 없다면 그날 혼인잔치의 복을 누릴 수 없다.

그런데 의는 그냥 얻어지는 것이 아니라 의를 간절히 추구하는 자가 얻는 것이다. 왜냐하면 의에 주리고 목마른 자가 배부름을 얻기 때문이다. 그러므로 우리가 왕국 백성이 되려면 다만 의를 행한다고 말하지 말고 의를 간절히 추구해야 한다. 의에 주리고 목말라야 한다는 것이다. 그래서 이 구절은 5장에 근거해서 의를 행하는 것에 대해서 말했다.

5장에는 의에 주리고 목마른 것이 나온다. 이제 6장에서는 의를 행하는 것을 말하고 있다. 그런데 의를 행할 때 상을 얻지 못하는 방식으로 의를 행하는 것이 있고 또 상을 얻을 수 있도록 의를 행하는 것이 있다. 의를 행하기는 하는데 상을 얻을 수 있도록 의를 행하는 것은 무엇이고 상을 얻지 못하는 방식으로 의를 행하는 것은 무엇인가?

사람에게 보이려고 사람 앞에서 의를 행하면 하늘 아버지께 상을 얻지 못한다고 했다. 의는 상과 관계가 있다. 오늘 이 땅에서 의를 행하는 것은 그날 주님에게서 상을 얻게 한다. 그러나 오늘 우리가 의를 행할지라도 사람 앞에서 행하면 사람에게서 이미 상을 받기 때문에 그날 주님에게서 받을 상이 없다는 것이다. 따라서 왕국은 의와 관계가 있고 상급과 관계가 있다. 즉 장차 올 왕국은 상급이 주어지는 시기라는 말이다. 실상 상급조차 의와 관계가 있다. 의로우신 하나님이 시기에 각각 성도들의 행한 대로 상을 주시는 것이다(딤후 4:7-8).

2절, 그러므로 구제할 때에 외식하는 자가 사람에게 영광을 얻으려고 회당과 거리에서 하는 것같이 너희 앞에 나팔을 불지 말라 진실로 너희에게 이르노니 저희는 자기상을 이미 받았느니라

구제하는 것은 사람들에게 나누어 주는 것이다. 가난한 자들에게 베푸는 것이다. 이것도 한 의의 한 가지 일이다. 만일 어떤 성도가 한 번도 남에게 주지 않았다면 의가 없는 것이다. 고린도 후서 9장 9절에는 "저가 흩어 가난한 자들에게 주었으니 그의 의가 영원토록 있느니라"는 말씀이 있다. 흩어 가난한 자들에게 주는 것은 의이다. 하나님의 의로운 행동인 것이다.

그날 그리스도의 신부가 되는 사람들은 의의 세마포를 입게 된다. 오늘 우리는 신부가 되기 위해서 예비 되고 있는 중인데 신부의 옷은 의의 옷, 성도의 옳은 행실로 준비되는 것이다(계 19:8). 우리는 이 구절에서 말하는, 사람들에게 나누어 주는 것, 구제하는 것이 하나의 의라는 것을 기억해야 한다. 그런데 그것이 의이고 참 좋은 것일지라도 외식하는 식으로, 외식하는 자와 같이 구제하지 말라고 했다. 그러한 외식을 위해 구제하는 사람들은 사람에게 영광을 얻으려고 회당과 거리에서 구제한다. 사람들이 보는 곳에서 사람들이 알아줄 수 있는 방식을 취해서 사람들에게 물건을 나눠 준다. 그리고 사람들 앞에 나팔을 분다.

"진실로 너희에게 이르노니 저희는 자기상을 이미 받았느니라". 그렇게 의를 행한 사람들은 의를 행한 뒤에 이미 사람들에게서 상을 얻었기 때문에 하늘에서 아버지로부터 받을 상이 없다. 상을 얻었다고 할 때 얻었다는 말은 영어로 'receive' 인데 회계학의 용어로는 '영수필'이라는 말이다. 이 말은 결산이 끝났다는 말이다. 당신의 구제는 원래 하나님 앞에 가서 결산을 해야 하는데 이미 이 땅에서 결산이 끝난 것이다. 오늘 이 땅에서 이미 상을 받았는데, 또 그날 하늘에 올라가서 아버지께 상을 받는 일은 없다. 이 땅에서 상을 받았으면 그날에는 상이 없는 것이다. 우리가 의를 행할 때 우리가 행한 의에 대해 이 땅에서는 보상이 없어야 한다. 이 땅에서 사람들에게 영광을 얻게 되면 이 땅에서 자기가 행한 의에 대해 상을 이미 받은 것이다. 의를 행한 것은 좋았지만 그 상을 이미 이 땅에서 받았기 때문에 하늘 아버지 앞에서는 상이 없는 것이다. 이생의 영광과 상을 얻기 원하는 자와 천국의 영광과 상급을 원하는 자의 차이가 여기서 발생한다.

3절, 너는 구제할 때에 오른손의 하는 것을 왼손이 모르게 하여

"너는 구제할 때에 오른손의 하는 것을 왼손이 모르게 하여". 이것은 아주 은밀하게 아무도 모르게 할 수 있기를 바라는 말이다. 실상 오른손이 하는 것을 왼손이 모를 수가 없다. 그러나 이는 이렇게 은밀하게 구제하라는 뜻이다. 구제할 때는 가급적 몰래 하고 빨리해야 하며, 사람들의 칭찬을 피해야 한다. 의의 첫 번째 항목이 구제이다. 즉 사람들의 어려움을 보고 동정하고 필요를 채워주는 것이 첫 번째 의인 것이다. 이것을 할 줄 모르면 의와는 거리가 먼 것이다. 우리는 힘을 다해 다른 사람들의 어려움과 궁핍함을 돌아보아야 하고 그러한 사람들을 도와야 한다. 이런 삶이 습관이 되는 것은 의를 행하는 것을 잘 배우는 것이다. 또한 이는 우리의 인간의 생명으로 가능한 것이 아님도 알아야 한다. 구제를 함도 거룩한 생명의 율을 따를 때 아무도 알아주지 않더라도 가능한 것이다.

4절, 네 구제함이 은밀하게 하라 은밀한 중에 보시는 너의 아버지가 갚으시리라

이 땅에서 천국 백성들이 의를 행할 때 사람 앞에서 의를 행하지 말고 은밀한 중에 계시는 아버지 앞에서 하라고 하셨다. 그렇게 행할 때 그날 아버지께 상을 얻게 된다는 것이다. 하나님은 우리의 일거수일투족을 전부 보고 계신다. 우리가 사람들에게 구제하는 것, 적은 물질을 공급하는 것, 가난한 성도를 돌보는 것, 먹지 못하는 성도를 관심하고 그들의 먹을 것을 공급하는 것, 이런 작은 것 한 가지 한 가지를 하나님은 다 보신다. 그런 일을 할 때에 "아무개가 너무 어려운 것 같아서 무엇 무엇을 갖다 주었더니 참 좋아하더라." 하고 얘기하는 것은 사람들에게 영광을 받는 것이다. 주님은 참되게 의로 계산되는 구제를 행하려면 이러한 형태로 구제를 하지 말라는 것이다.

5절, 또 너희가 기도할 때에 외식하는 자와 같이 되지 말라 저희는 사람에게 보이려고 회당과 큰 거리 어귀에 서서 기도하기를 좋아하느니라

이 말씀을 보면 기도하는 것도 하나의 의이다. 기도를 많이 하는 사람은 의를 많이 행하는 것이 된다. 하나님 눈에 사람이 하나님께 기도하는 것보다 귀한 것이 없기 때문이다. 그런데 기도하는 사람이 정말 은밀하게 하나님이 들으시도록 기도하는 게 아니라 사람들에게 보이려고 회당과 큰 거리 어귀에 서서 하는 것이다. 그래야 많은 사람들이 보고 듣기 때문이다. 혼자 기도하려면 재미가 없고 사람들이 많은 데서 기도해야 "아, 저 아무개 집사 참 믿음이 좋네." 하는 소리를 듣기 때문이다. 그래서 많은 사람들이 그러한 맛으로 기도한다. '사람에게 보이려고 회당과 큰 거리 어귀에 서서'. 서서 기도하는 것은 문제가 되지 않는다. 그러나 사람에게 보이려고 하는 것이 문제이다. 마태복음 6장에서 강조하는 것은 모든 일을 하나님 앞에서 행하는 것이다. 오늘 날 이단의 교주들이나 거짓된 사역자들은 자신의 많은 시간 기도하는 것을 사람들에게 자랑거리로 내세운다는 것을 들었다. 하루에 일곱 시간 기도한다는 등 사람들에게 극도의 신비감을 주는 것이다. 이런 일은 하나님의 거룩한 생명과 거리가 멀다.

6절, 너는 기도할 때에 네 골방에 들어가 문을 닫고 은밀한 중에 계신 네 아버지께 기도하라 은밀한 중에 보시는 네 아버지께서 갚으시리라

6장에서 예수님은 천국 백성이 어떻게 의를 행하는가를 말씀하고 계신다. 5장에서는 천국 백성의 생명이 어떠한 것인가, 어떠한 생명을 갖고 이 땅에 사는가를 주로 말했다면 6장에서는 그들이 어떻게 성도로서 영적인 삶을 살아 나가는가, 그 생명을 가지고 어떤 의를 행하는가를 말한다.

5장에서 볼 때 천국 백성은 이 세상 사람들이 도저히 흉내도 낼 수 없는 생명을 살아낸다. 왼편 빰을 때리면 오른편도 돌려 대고 오 리(五里)를 가자하면 십 리(十里)를 가고 속옷을 달라 하면 겉옷도 주고 원수를 미워하지 않고 도리어 사랑하며 그를 위하여 기도하는 것이다.

이제 6장에서는 천국 백성이 어떠한 특징을 갖고 있는가? 이 땅에서 사람 앞에 행하지 않는 것이다. 은밀하게 보시는 하나님 앞에 행하는 것이다. 그들은 이 땅을 중심삼지 않고 하늘을 중심 삼는 백성이고 하나님을 왕으로 삼았고 하나님의 다스림 안에 있는 사람들이기 때문이다. 그래서 이 땅에서 그들의 모든 행함이 하늘의 하나님 앞에 있는 것이다. 구제를 하든 기도를 하든 다 하나님 앞에서 하는 것이다. 하나님이 없이 이 세상 사람들과만 관계를 맺고 사는 이방인들과 차이가 있는 것이다.

"네 골방에 들어가 문을 닫고". 골방은 혼자 시내버스를 타고 갈 때 은밀하게 기도한다면 그 버스 안이 골방이 될 수 있고 혼자 산보를 하면서 은밀하게 기도하면 그 산보의 길도 골방이 될 수 있다. 심지어 여러 사람들 가운데 있을지라도 눈을 감고 은밀하게 주님을 찾으면 거기가 당신의 골방이 될 수 있다. 어디서든지 문을 닫을 수 있다. 그렇게 당신이 기도한다면 그곳이 당신의 골방이다. 그리고 은밀한 중에 계시는 아버지께 개인적으로 친밀하게 기도할 수 있다. 그렇게 기도하면 "은밀한 중에 보시는 네 아버지께서 갚으시리라". 아버지께서 갚아 주신다. 기도도 하나의 의로서 여기서의 기도는 응답받는 데에 중점이 있는 것이 아니라 하나님의 갚으심, 즉 상을 받는 것을 중점 삼는다. 우리가 신앙생활 가운데 기도도 잘하면 하나님의 상을 받는다. 즉 기도를 행하는 것도 의를 행하는 것으로 간주된다는 것이다. 우리는 마태복음 6장이 없다면 기도나 금식이 의를 행하는 것이라는 관점을 갖지 못할 것이다. 그러나 우리는 이 말씀을 통해서 기도나 금식이 하나님 앞에서 의를 행하는 것이라는 것을 알 수 있다. 은밀하게 하나님께 드리는 기도는 응답만이 아니라 의로 간주되어 상을 얻는다. 하나님은 성도들의 기도를 필요로 하신다. 또한 이 땅의 많은 어려움에 빠진 사람들도 성도들의 기도를 필요로 한다. 마땅히 기도해주어야 할 것을 기도하지 않는 것은 죄이다. 나라를 위해서나 권세잡은 자를 위한 것도 마찬가지이다. 성도로서 마땅히 해야 할 바를 하지 않는 것이 죄인 것이다(삼상 12::23).

7절, 또 기도할 때에 이방인과 같이 중언부언하지 말라 저희는 말을 많이 하여야 들으실 줄 생각하느니라

이것은 기도할 때 직접 하나님께 기도하는 게 아니라 의미 없이 말을 하고 또 하는 것(meaningless repetitions)을 가리킨다. 의미 없는 말을 반복하는 것이다. 왜 그렇게 하느냐면 지금 기도를 하긴 해야 겠는데 무엇을 진실하게 간구해야 할지 모르기 때문이다. 그래서 하나님 앞에 나아가 진실하게 기도하는 게 아니라 사람들 앞에서 그냥 말을 길게 늘어놓는 것이다. 이런 사람들에 대해 주님은 "저희는 말을 많이 하여야 들으실 줄 생각하느니라"고 하신다.

8절, 그러므로 저희를 본받지 말라 구하기 전에 너희에게 있어야 할 것을 하나님 너희 아버지께서 아시느니라

하나님이 이미 아시니까 그렇게 중언부언하지 말고 말을 많이 해야 들으실 거라고 생각지 말라는 것이다. 이방인들이 그렇게 한다고 하셨다. 이방인들은 무슨 말을 하려면 아주 복잡하고 장황하게 늘어놓으면서 졸라대는 식으로 말을 한다. 이미 알아들었는데 못 알아들은 줄 알고 자꾸 이 말, 저 말 한다. 그것은 매우 자아중심적이기에 그러하다. 하나님께 기도할 때에 그렇게 기도하지 말라는 것이다.

어떤 사람은 기도하라고 하면 하나님께 긴 메시지를 전하는 것처럼 그렇게 기도하는 사람도 있다. 또 어떤 사람은 현재 자기의 모든 상태를 자세하게 보고하는 식으로 기도하는 사람도 있다. 그러나 하나님은 다 아신다. 모르실 리가 없다. 제자들은 배를 타고 가다 풍랑이 일어났을 때 "주여, 우리가 죽겠나이다!" 했다. 그건 아무 소용도 없는 말이다. 왜냐하면 주님이 어떤 상황이 일어나고 있는 줄을 다 아시기 때문이다. 주님은 그들의 죽게 된 상황을 다 아신다. "주여, 우리가 죽겠나이다!" 하고 말을 하는 것은 보고하는 식의 기도이다. 그것은 불필요한 기도이다. 그러면 제자들이 해야 할 기도는 무엇인가? "주여, 우리를 구원해 주옵소서!"이다. 이것이 쓸모 있는 말이고, 기도이다. 남의 일을 고자질 하고 일러바치는 식의 기도도 있다. 그런 모든 기도가 다 불필요한 기도이다. 하나님은 이미 당신이 당한 상황을 다 알고 계신다. 주님께 기도하는 사람들은 다른 말을 많이 할 필요가 없다. 많이 말하지 말고 정말 쓸 것을 그대로 구하면 된다. 그 상황에서 주님이 당신에게 어떻게 하여주기를 원하는지, 그것을 구하면 된다.

9절, 그러므로 너희는 이렇게 기도하라 하늘에 계신 우리 아버지여 이름이 거룩히 여김을 받으시오며

주님이 우리에게 기도를 가르쳐 주셨다. 우리의 기도하지 못함을 긍휼히 여기시고 기도하는 것을 가르쳐 주신 것이다. 여기서 이렇게 기도하라는 것은 반드시 이대로 암송하라는 건 아니다. 이러한 취지와 이러한 뜻으로, 이러한 방식으로 기도하라는 것이다. "하늘에 계신 우리 아버지여". 기도에 있어서 먼저 중요한 것은 기도하는 대상이다. 누구에게 기도하느냐 하는 문제이다. 하늘에 계신 아버지에게 기도하는 것이다. 사람을 향해서 기도하는 게 아니고 사람들이 들으라고 기도하는 것도 아니다. 기도하면서 '나 지금 기도 하고 있어' 하는 암시를 주려고 기도하는 것이 아니고, 자신의 강한 영을 나타내 보이기 위한 기도도 아니다. 하늘의 아버지께 기도하라고 하신다.

"이름이 거룩히 여김을 받으시오며". 기도의 내용에 있어서 첫 번째는 하나님 아버지의 이름을 위한 기도이다. 그분의 이름이 온 땅에서 거룩히 여김을 받으셔야 한다. 지금 온 땅에서 다른 이름들이 높임을 받고 있고, 창조주이시고, 구속주이시고, 우리를 구원하신 하나님, 우리를 자기 피로 사신 하나님, 높으신 하나님, 존귀하신 하나님, 만물의 주재이신 하나님, 우주의 주재이신 하나님, 그분의 이름은 영광을 받지 못하고 있다. 이 세상의 스포츠 맨, 연예인, 정치가들의 이름들이 우상처럼 떠받들려져 있으니 하나님의 이름은 계신 그대로 알려져 있지 않다. 그러므로 우리는 아버지의 이름을 위한 기도가 필요하다. 심지어 영적인 지도자들의 이름은 사람들에게 영웅들처럼 알려져 있으나 하나님의 이름은 도리어 숨겨져 있다. 거룩하신 아버지의 이름이 온전히 거룩히 여김을 받으시게 해야 한다.

10절, 나라이 임하옵시며 뜻이 하늘에서 이룬 것같이 땅에서도 이루어지이다

"나라이 임하옵시며". 하나님의 나라가 속히 이 땅에 임하도록 기도하라고 하셨다. 왕국을 위한 기도이다. 장래는 이 땅이 그분의 나라와 권세 아래 있게 된다. 그러나 오늘 우리 그리스도인들은 이 일이 있도록 기도하는 위임을 받은 무리이다. 하나님은 모든 일을 이 땅에서 그분의 뜻을 위하여 기도하는 무리와 하나되어 역사하기 원하신다. 하나님의 뜻은 이 땅에 그분의 뜻을 찬성하여 기도하는 무리가 있을 때 집행하신다. 그러므로 우리는 그분의 뜻이 이루어지기를 기도해야 하는 것이다.

'뜻이 하늘에서 이룬 것같이 땅에서도 이루어지이다'. 하늘의 뜻은 이미 하늘에서는 다 이루어졌지만 이 땅은 흑암의 세력이 많이 자리 잡고 있기 때문에 이 땅에서 하나님의 뜻이 이루어질 수 있도록 기도하라고 하신 것이다.

11절, 오늘날 우리에게 일용할 양식을 주옵시고

주님이 가르쳐주신 기도에서 첫째는 그분의 이름과 나라와 뜻을 위한 것이다. 이것이 먼저이다. 세 가지이다. 이름과 나라와 뜻이다. 그런 다음 주님은 우리 자신을 위한 기도를 세 가지 말씀하신다. 일용할 양식과 죄 사함 받음과 시험에 들지 않음이다. 우리가 만일 이 땅에서 진실한 그리스도인의 길을 걸어간다면 틀림없이 매일의 양식을 구하는 길을 가게 된다. 매 년이 아니다. 매 달도 아니고 심지어 매 주도 아니다. 매일 하루이다. 이 땅에 현재 사는 천국 사람들은 하루 하루의 양식을 위하여 기도하는 사람들 가운데서 발견될 것이다. 그리스도인은 재물을 저축하여 그것으로 사는 사람이 아니다. 그러기 때문에 매일 주님께 일용할 양식을 주시도록 기도해야 한다. 양식은 육신의 양식만이 아니라 영의 양식도 포함한다.

12절, 우리가 우리에게 죄 지은 자를 사하여 준 것같이 우리 죄를 사하여 주옵시고

우리는 우리의 죄가 용서받지 못할 때 기도의 응답을 받을 수 없다. 그러므로 항상 그 나라를 위해 기도하는 사람들은 죄에 대한 양심의 참소가 없게 되어야 한다. 그러려면 먼저 우리가 우리에게 죄지은 사람을 용서해야 한다. 그리고 우리 죄를 사해 주시도록 기도하라고 했다. 믿는 이들이 죄를 범해서는 안 되지만 죄를 범할 때에 우리는 사해 달라고 기도해야 하는데 이때 주님이 먼저 우리에게 말씀하신 것은 우리가 우리에게 죄 지은 자를 사해 주어야 한다는 것이다. 그런 연후에 주님께 우리 죄를 용서해 주시라고 기도할 수 있다.

나도 이런 기도를 많이 해보았지만 이렇게 기도를 해볼 때에야 왜 이렇게 기도하라고 가르쳐 주셨는가를 알 수 있다. 우리가 주님께 우리 죄를 용서해 달라고 기도하면 '너는 너한테 죄 지은 사람을 용서해 주었느냐?' 하는 느낌이 일어난다. 나에게 죄를 지은 사람은 용서하지 않으면서 "주님, 저를 용서해 주십시오." 하지 말라는 것이다. 그분은 '너는 내가 용서하는 하나님이라는 것을 아는데, 나는 네 죄를 용서해 주는데 너는 너한테 죄 지은 사람들을 용서해주지 않겠느냐?'고 하신다. 그리고 또 한 가지 알게 되는 것은 '그 사람들이 너를 그렇게 배신하고 거역하고 나쁘게 말하고 한 것처럼 너도 나한테 그렇게 한 사람이야. 내가 그런 너의 죄를 용서해 줄 테니까 너도 너에게 수없이 배반한 사람들을 용서해라.' 하는 것이다. 우리가 다른 사람의 죄를 용서해볼 때 우리의 죄가 하나님께 얼마나 큰 죄를 진 것이며, 그분의 마음을 상하게 해드렸는가를 알 수 있다.

13절, 우리를 시험에 들게 하지 마옵시고 다만 악에서 구하옵소서 (나라와 권세와 영광이 아버지께 영원히 있사옵나이다 아멘)

우리를 시험에 들게 하지 말게 해 달라고 기도해야 하는데, 왜냐하면 우리는 아직도 육신을 입고 있는 약한 존재이기 때문이다. 우리는 주님께 우리가 시험에 빠지지 않도록, 악한 자에게서 구원받도록 그렇게 기도를 해야 한다. 이것도 항상 빠뜨려서는 안 될 기도이다. 이러한 산상수훈, 주님의 말씀을 지키려면 정말 주님의 구원과 돌보심과 지켜주심이 필요하다. 우리는 자칫 악한 마음에 빠지기 쉽고 악의 권세 아래 놓여 지기 쉬운 존재임을 알아야한다.

'나라와 권세와 영광이 아버지께 영원히 있사옵나이다 아멘'. 세 가지는 하나님 편을 위한 것이고, 세 가지는 우리 자신을 위한 것이며, 나머지 세 가지는 그분을 위한 찬송이다. 이는 우리가 이렇게 기도해야 하는 이유이기도 하다. 왜 이렇게 기도하는가? 나라와 권세와 영광이 아버지께 영원히 있기 때문이다. 나라가 아버지의 것이고 권세도 아버지의 것이고 영광도 아버지의 것이다. 영원히 그분의 것이다. 그러므로 왕국이 속히 임하도록 기도하라는 것이다. 모든 권세는 하나님께 있다. 그러므로 당연히 그분의 뜻이 이루어져야 한다. 또한 영광이 그분의 것이기 때문에 하나님의 이름이 이 땅에서 거룩히 여김을 받으셔야 하는 것이다. 그러므로 "하나님, 당신의 이름이 이 땅에서 영원히 영광을 받으시옵소서." 하고 기도하는 것이며, 아멘으로 마치는 것이다. 아멘은 '반드시 그렇게 되어지이다'라는 뜻이다.

14-15절, 너희가 사람의 과실을 용서하면 너희 천부께서도 너희 과실을 용서하시려니와 너희가 사람의 과실을 용서하지 아니하면 너희 아버지께서도 너희 과실을 용서하지 아니하시리라

이 말씀은 조금 전 기도에 대하여 말씀하신 내용 중에 있는 것이다. 그렇지만 이 문제가 기도에 있어서 기본이 되는 중요한 문제라는 것이다. 우리의 죄가 용서되지 않으면 주님은 우리의 기도를 들으실 수 없게 된다. 죄는 하나님과 우리 사이에 간격을 만들고, 장벽을 두게 되는 요인이다. 그러므로 우리는 우리의 죄 문제를 해결하는 것을 중시해야 한다. 우리가 용서받기 위해서 남을 용서하는 것이 필수적이다. 그래서 우리는 우리에게 죄를 범한 다른 사람들의 죄를 용서하기를 배워야 한다. "너희가 사람의 과실을 용서하면 너희 천부께서도 너희 과실을 용서하시려니와 너희가 사람의 과실을 용서하지 아니하면 너희 아버지께서도 너희 과실을 용서하지 아니하시리라".

16절, 금식할 때에 너희는 외식하는 자들과 같이 슬픈 기색을 내지 말라 저희는 금식하는 것을 사람에게 보이려고 얼굴을 흉하게 하느니라 내가 진실로 너희에게 이르노니 저희는 자기 상을 이미 받았느니라

금식도 하나의 의이다. 상을 받을 수 있는 좋은 것이다. 그리스도인들이 행하는 이 세 가지 구제, 기도, 금식은 매우 중요한 의이다. 금식이란 말하자면 하나님 앞에서 우리의 간절함을 더욱 보여 드리는 행위이다. 또한 우리의 육신을 조여 매는 행위이다. 육신은 풀어놓으면 방종한다.

금식은 말하자면 하나님과 더 가깝게 되도록 육신의 욕구를 끊어버리는 것이다. 육체는 어찌하든 우리를 풀어지는 쪽으로 인도하지 간절한 쪽으로 인도하는 존재가 아니다. 그러므로 우리가 하나님을 위한 기도에 전념하려면 우리의 육신적인 욕구를 끊어버려야 할 때가 있다. 그럼으로써 하나님과 더 가깝게 되려는 간절한 우리의 태도를 보이는 것이다. 오늘날 우리 가운데는 금식이 너무 적은 것이 하나의 문제이다. 앞으로 주님이 인도하시면 정말 많은 금식이 우리 가운데 있기를 바란다.

사도들도 장로들을 세울 때에 금식하며 기도했다고 했다. 안디옥에서 바나바와 사울이 성령의 세우심을 입은 것도 금식하고 기도할 때에 얻은 은혜이다. 그러므로 성경에 있는 이러한 한 가지 한 가지 실행과 말씀들을 우리는 결코 한 두 마디 말로 제쳐놓고 약화시키고 심지어 소멸해서는 안 된다.

금식도 기도도 다 자체의 지위를 갖고 있다. 그런데 어떤 사람은 기도와 금식에 대한 치우친 생각을 갖고 있다. 불필요한 것처럼 생각하는 사람들도 있고, 하지 않아도 된다고 생각한다. 어떤 단체의 그리스도인들은 하나님께서 다 아시기 때문에 기도할 필요가 없다는 데까지 나갔다. 나는 기도하지 않는 그리스도인들을 보았다. 하나님 아버지께서 다 아시는데 또 기도할 필요가 있겠느냐고 했다. 주님은 기도하지 말라고 하지 않으셨다. 중언부언하지 말라, 빈 말 되풀이하지 말라고는 하셨어도 기도하지 말라고는 하지 않으셨다. 금식에 대해서도 마찬가지이다. 금식도 기도도 잘 하면 다 상이 있다.

17-18절, 너는 금식할 때에 머리에 기름을 바르고 얼굴을 씻으라 이는 금식하는 자로 사람에게 보이지 않고 오직 은밀한 중에 계신 네 아버지께 보이게 하려 함이라 은밀한 중에 보시는 네 아버지께서 갚으시리라

우리 주 예수님은 참 하나님이신데 이 땅에 오셔서 이런 비열한 인간의 속성들을 너무도 잘 아셨다. 우리 속에 무엇이 들어 있는지 너무나 잘 아시고 이렇게 자상하게 한 말씀 한 말씀 가르치시는 걸 보면 참 주님은 자비로우시다. 하나님은 우리가 무슨 일이든지 그분 앞에서 하기를 원하신다. 사람은 하나님이 없이 사는데 익숙해있고 모든 일을 사람들과의 관계성 속에서 하는데 빠르다. 하나님은 진실로 그분과의 관계성 속에서 그분 앞에 사는 사람이 복되다고 하신다. 나는 어떤 목회자가 몇 주간 금식한다는 것을 성도들에게 알게 한 것을 들었다. 성도들은 그 목회자를 매우 불쌍히 여기며 신뢰하고 있었다. 주님의 거룩한 생명은 금식에서도 나타난다.

19절, 너희를 위하여 보물을 땅에 쌓아 두지 말라 거기는 좀과 동록이 해하며 도적이 구멍을 뚫고 도적질 하느니라

보물이 무엇인가? 사람이 귀하게 여기는 그것이다. 주님의 말씀은 사람이 가장 귀하게 여기는 것을 하늘에 쌓아두라고 명하신다. 물질, 돈, 소유, 재산이 다 보물인데 보물을 땅에 쌓아 두는 사람이 있다. 그럴 때 어떻게 되는가? '거기는 좀과 동록이 해하며 도적이 구멍을 뚫고 도적질하느니라'. 믿는이들이 이 땅에다 보물을 쌓아둘 때 틀림없이 좀과 동록이 해한다. 그런데 사람들은 그렇게 생각지 않는다. 은행에다 예금해두면 이자가 붙어서 돈이 남고 또 땅을 사 두면 땅 값이 올라서 이득이 생긴다고 생각하지 누가 주님의 말씀처럼 그렇게 생각하는가? 그러나 주님의 말씀은 사람들의 생각과 반대이다. '좀과 동록이 해하며 도적이 구멍을 뚫고 도적질하느니라'. 금전을 땅에다 쌓아두면, 이 땅에는 좀이 있다. 따라서 이 땅에 있는 물질은 반드시 좀 먹게 된다. 습기가 있기 때문에 녹이 슨다. 좀과 동록이 해하는 것은 금전의 거의 저절로 없어지는 속성을 말하고, 도적이 구멍을 뚫는다는 것은 다른 외부 변수에 의해 물질이 없어진다는 말이다. 그러면 돈 잃어버리고 천국을 잃어버리고 하는 것이다. 나는 어떤 사람이 돈을 꽤 많이 번 후에 그 금전이 없어질까봐 노심초사하는 것을 본 일이 있다. 그분은 돈을 버느라고 수고하고 번 후에는 그것을 지키느라고 많은 정신적인 수고를 하는 것을 보았다. 그분은 어느 날 그 문제로 나와 상담을 한 일이 있다. 그러다 어느 날 암 선고를 받았는데, 얼마 후에 세상을 떠났다.

20절, 오직 너희를 위하여 보물을 하늘에 쌓아 두라 거기는 좀이나 동록이 해하지 못하며 도적이 구멍을 뚫지도 못하고 도적질도 못하느니라

도둑이 아무리 숙달되고 기술이 좋아도 하늘에까지 올라가서 도둑질은 못하니까 걱정 없는 곳에다가 쌓아 두라는 말씀이다. 하늘 창고가 가장 안전하다. 땅에 있는 창고는 어디에 두어도 좀과 동록이 있고 도적이 있다. 이 세 가지를 더 연구해 보라. 좀은 어떻게 해서 없애 버리고 또 동록은 무엇이고, 어떻게 해서 없애 버리는지. 좀과 동록이 없애지 않으면 도적이라도 와서 다 가져간다. 예를 들어, 잘 먹고 잘 살려고 예금을 해놓았는데 가족 중에 한 사람이 병이 나서 그걸 고치려 하다 보니까 돈이 다 없어졌다. 그것도 일종의 좀이고 동록이다. 새 옷 같은 것을 장롱에 넣어 두면 좀이 쏠아서 나중에 못 입게 된다. 못 쓰게 된다. 그리고 좀약 갖다 넣고 소독약 뿌리고 해서 좀과 동록은 다 잘 막았는데 어느 날 도적이 와서 다 가져간다. 그러니까 땅에 쌓아 둔 보물이 없어지는 방법은 여러 가지이다. 하나님을 위하지 않는 보물들은 언젠가 없어진다.

21절, 네 보물 있는 그곳에는 네 마음도 있느니라

보물을 땅에 쌓아 두는 사람은 마음이 땅에 있는 사람이다. 하늘에 보물을 쌓아 두는 사람은 마음이 하늘에 있는 사람이다. 그래서 오늘날 그리스도인들이 하늘에 속한 그리스도인인가 땅에 속한 그리스도인인가, 천상적 그리스도인인가 지상적 그리스도인인가 하는 것을 구분하는 길은 어렵지 않다. 매일같이 하늘을 쳐다본다고 해서 하늘에 속한 그리스도인인 것이 아니다. 어떤 그리스도인이 하늘에 속한 그리스도인인가를 보려면 그가 보물을 어디에다 쌓는지를 보면 된다. 보물을 이 땅에다 쌓는 그리스도인이라면 땅에 속한 그리스도인이다. 그리고 만일 그가 정말 보물을 하늘에 쌓는 그리스도인이라면 그는 하늘에 속하고 하늘을 향한 그리스도인이다.

누가 성경을 더 많이 읽는가로도 측정할 수 없다. 또 누가 기도를 많이 하는가로도 측정할 수 없다. 사실 항상 기도하기는 하는데 땅에 속한 부유와 편리를 구하는 기도도 있다. "주여, 돈 좀 더 벌게 해 주십시오." 하고 말이다. 그러므로 기도를 많이 하는 것만으로도 측정할 수 없다. 어떤 기도를 많이 하는가가 중요한 일이다.

22절, 눈은 몸의 등불이니 그러므로 네 눈이 성하면 온 몸이 밝을 것이요

'눈은 몸의 등불이니'. 여기의 눈이란 결국 마음이다. 마음이 눈이다. 마음이 어떠하면 눈으로 나타나는 것이다. 그래서 마음눈이라고 한다. 또 '눈은 마음의 창이다.' 하는 말도 있다. 그래서 '마음은 몸의 등불이니' 하고 말해도 되는 것이다.

'그러므로 네 눈이 성하면 온 몸이 밝을 것이요'. 마음이 올바르면 온 몸이 밝다. 눈이 성하다는 것은 눈이 좋다는 말이다. 이 땅의 재물만 바라보는 사람은 눈이 나쁜 사람이다. 그런 사람은 온 몸이 어두움 가운데 있다. 그러면 눈이 좋다는 것은 무엇을 말하는가? 그 사람의 마음이 하늘에 있고 이 땅의 재물에 있지 않다는 것이다. 그런 눈이 좋은 눈이다. 그런 사람은 빛 가운데 있게 된다. 이 땅에 재물을 쌓고 재물에 마음을 둔 사람은 자연 영적인 눈이 흐려진다. 사람이 빛 가운데 있는 사람인가 어둠 가운데 있는 사람인가를 보는 것도 어렵지 않다. 재물을 의지하는 사람은 총명이 어둡고 사리를 분별하는 감각이 매우 약하다. 그러나 가난한 자는 비록 재물은 없지만 지각에 있어서 매우 뛰어난 것이다.

23절, 눈이 나쁘면 온 몸이 어두울 것이니 그러므로 네게 있는 빛이 어두우면 그 어두움이 얼마나 하겠느뇨

주님은 사람이 어두워질까 걱정하셨다. '네게 있는 빛이 어두우면 그 어두움이 얼마나 하겠느뇨'. 사람이 어두워진 이유는 재물을 탐하기 때문이다. 사람의 시력이 나빠지는 이유는 재물을 사랑하기 때문이다.

24절, 한 사람이 두 주인을 섬기지 못할 것이니 혹 이를 미워하며 저를 사랑하거나 혹 이를 중히 여기며 저를 경히 여김이라 너희가 하나님과 재물을 겸하여 섬기지 못하느니라

이제 여기 두 주인의 문제가 나온다. 재물이라고 부르고 돈이라고 부르지만 이것은 사람들이 주인으로 섬기는 존재라는 말이다. 그런데 주님이 여기서 왜 이렇게 말씀하시느냐면 사람들이 두 가지를 다 할 수 있다고 착각하기 때문이다. 돈을 벌어서 이 땅에다 쌓아놓고 또 하늘에도 소망을 쌓아놓고 하는 생각을 갖고 있지 않는가? 이 땅에도 보물을 쌓아놓고 하늘에도 보물을 쌓아놓고. 이 두 가지가 다 가능하다고 생각하는 사람이 있지 않은가? 오늘 우리 가운데 문제가 이것이다. 다른 것이 아니라 말씀 전파자들이 이 두 가지를 다 가질 수 있다고 외치기 때문에 많은 사람이 속고 있는 것이다. 왜 당신들은 하나님의 아들이 이 땅에 오셔서 하신 말씀을 기억하지 않는가?

주님은 두 가지를 다 쌓을 수 있다고 하지 않으셨다. 한 사람이 두 주인을 섬기지 못한다고 하셨다. 두 주인이란 무엇 무엇인가? 하나님과 재물이다. 당신이 재물을 섬기면 하나님을 섬기고 있는 것이 아니라는 얘기이다. 그래서 주님은 혹 이를 미워하며 저를 사랑한다고 하셨다.

당신이 지금 재물을 사랑하는 사람이면 하나님을 미워하는 사람이다. 내가 이렇게 말하면 어떤 사람들은 "아, 당신은 너무 심하군요" 라고 할 것이다. 하지만 이것은 주 예수님 말씀이다. 말씀의 사역자들은 포도주 양을 불리기 위해 포도주에다 물을 타서 희석시켜 파는 사람처럼 말씀을 가르치지 말아야 한다. 그럴 때 포도주인지 물인지를 모르게 된다. 그런 식으로 하나님의 말씀을 전하면 안 된다. 그것이 말씀을 혼잡케 하는 사람들의 말이다.

'혹은 이를 미워하며 저를 사랑하거나 혹 이를 중히 여기며 저를 경히 여김이라'. 당신이 하나님을 미워하기까지는 않는다고 하면 내 말을 들어보라. 아마 당신은 하나님을 경히 여길 것이다. 둘 다 중히 여길 수는 없다고 하셨다. 당신이 만일 재물을 중히 여기는 사람이라면 하나님을 경히 여길 수 밖에 없다는 것이다.

나는 전에 몽골에서 이런 말씀을 전했다.

로마서 16장 17-18절, "형제들아 내가 너희를 권하노니 너희 교훈을 거스려 분쟁을 일으키고 거치게 하는 자들을 살피고 저희에게서 떠나라 이 같은 자들은 우리 주 그리스도를 섬기지 아니하고 다만 자기의 배만 섬기나니 공교하고 아첨하는 말로 순진한 자들의 마음을 미혹하느니라".

여기서 어떤 사람들은 사도들로부터 받은 교훈을 거스려서 분쟁을 일으킨다고 했다. 거치게 하는 그런 사람은 공교하고 아첨하는 말을 한다. 공교하다는 말은 영어로 'smooth'이다. 그것은 아주 맛있는 것, 혹은 달콤한 음료가 입 안으로 부드럽게 흘러들어가는 것을 말한다. 공교한 말이란, 들을 때 아주 거칠고 마귀적인 그런 게 아니다. 사람을 아주 달짝지근하게 해 주는 말이고, 아첨하는 말이다. 소위 마음을 부드럽게 만져 주는 말이다. 아첨하는 말, 공교한 말은 뱃속으로 부드럽게 녹아 들어온다. 그런 말을 하는 사람들에 대해 사도 바울은 이 사람들이 주 그리스도를 섬기는 것이 아니고 자기 배를 섬긴다고 했다. 둘 중에 하나이다. 주 그리스도를 섬기든지 아니면 배를 섬기든지 하는 것이다. 이렇게 말하면 혹자는 '그 중간에 뭐가 없을까? 그 사람들은 다 주님에 대해 열심 내느라고 그러는 건데 왜 배를 섬긴다고 할까?' 할 것이다.

'너희가 하나님과 재물을 겸하여 섬기지 못하느니라'. 여기서 재물이란 'mammon(매몬)'인데 이 mammon이라는 말은 술을 가리킨다. 아람어로 술이라는 뜻의 'mammon'은 원래 '유익'이라는 말이다. 말하자면 당신에게 유익한 것이 다 'mammon'이라는 것이다.

이 땅에서 하나님 이외에 나를 유익하게 하는 것, 당신을 유익하게 하는 것, 그게 'mammon'이다. 재물이 당신을 유익하게 한다면 재물이 당신의 'mammon'이다. 아들 딸 결혼 문제가 당신에게 유익이 되면 그게 당신의 'mammon'이다. 그런 사람들은 하나님과 자기의 유익이 상치될 때에는 자기의 유익을 붙잡는다. 두 가지를 다 붙잡을 수 없게 되어서 그러는 것이다.

25절, 그러므로 내가 너희에게 이르노니 목숨을 위하여 무엇을 먹을까 무엇을 마실까 몸을 위하여 무엇을 입을까 염려하지 말라 목숨이 음식보다 중하지 아니하며 몸이 의복보다 중하지 아니하냐

이제 먹고 마시는 문제를 말씀하신다. 왜 재물을 섬기는가? 하나님의 경쟁자가 우리에게는 재물인데, 재물을 왜 하나님 수준으로 높이는가? 먹고 마시는 문제 때문이다. 앞에서 재물을 땅에 쌓아 두지 말라고 하셨는데 그러면 어떻게 먹으라는 말인가? 이것이 그 다음에 이어서 나오는 말씀이다. "목숨을 위하여 무엇을 먹을까 무엇을 마실까 몸을 위하여 무엇을 입을까 염려하지 말라 목숨이 음식보다 중하지 아니하며 몸이 의복보다 중하지 아니하냐". 하나님은 우리에게 목숨을 주셨고 몸을 주셨다. 그것이 중요하지 않느냐는 것이다.

하나님의 관념은 우리 관념과 다르다. 우리는 우리의 목숨보다 먹을 것을 위해 더 염려하고 우리 몸보다 입을 것을 위해 더 염려한다. 하나님은 우리의 목숨과 몸이 더 귀하다고 말씀해주신다. 나는 이 말씀을 읽을 때 하나님이 아니시면, 하나님의 아들이 아니시면 누가 이런 말을 할 수 있을까 하고 생각한다. 어떤 철학자나 문학가가 이런 말을 하겠는가? 나는 마태복음 6장을 읽으면서 '당신은 참으로 하나님이십니다.' 하는 생각을 하게 된다.

우리에게 목숨을 주신 분이 주님이시고 몸을 주신 분이 주님이시다. 우리가 갖고 오지 않았다. 여러분이 자신의 목숨을 갖고 왔는가? 몸을 갖고 왔는가? 아니다. 하나님께서 우리에게 그것들을 주셨는데 우리가 지금 무얼 염려하고 있느냐면 먹고 마실 것도 근본적으로 하나님이 주신 것이다. 목숨을 구제하려고 그걸 염려하고 있지 않는가? 이 몸을 위해서 무얼 입을까 염려하고 있지 않는가? 그 모든 것을 주신 분이 계시는데 당신이 왜 그걸 염려하는가?

26절, 공중의 새를 보라 심지도 않고 거두지도 않고 창고에 모아들이지도 아니하되 너희 천부께서 기르시나니 너희는 이것들보다 귀하지 아니하냐

'공중의 새를 보라'. 공중의 새는 보라고 하시고 들의 백합화는 생각해보라고 하셨다. 새는 공중에 날아다니니까 볼 수 있지만 들의 백합화는 볼 수가 없으니까 생각해 보라고 하신 것이다. 주님이 하신 말씀은 그냥 하시는 것 같아도 다 뜻이 있다. 공중의 새는 심지도 않고 거두지도 않고 창고에 모아들이지도 않는데 천부께서 기르신다고 하시면서 너희는 이것들보다 귀하지 아니하냐고 하신다.

27절, 너희 중에 누가 염려함으로 그 키를 한 자나 더할 수 있느냐

염려한다고 해서 키가 1cm, 2cm 클 수 있느냐, 염려한다고 해서 안 늙을 수 있느냐는 것이다. 그러니까 염려하지 말라는 것이다. 당신이 염려해서 되는 일이 하나도 없다는 얘기이다. 우리는 염려하여 자기 키를 한 자도 크게 하지 못하는 사람이다. 키에 관한 이 말씀은 주님이 말씀하신 것 중에 몸에 해당되는 말이다. 주님은 '그 몸은 내가 준 거야. 내가 얼만큼 커라 하면 얼만큼밖에 못 커.'라고 하시는 듯하다. 삭개오가 돈은 많이 벌었어도 키는 작았다. 스스로의 능력으로 클 수가 없었다. 좀 더 크게 할 수 없나 하지만 안 된다. 그건 하나님께 달려 있지 당신에게 달려 있지 않다.

28절, 또 너희가 어찌 의복을 위하여 염려하느냐 들의 백합화가 어떻게 자라는가 생각하여 보라 수고도 아니하고 길쌈도 아니하느니라

왜 음식을 먼저 말하고 다음에 의복을 말하는가? 먹을 것부터 염려하지 입을 것부터 염려하는 사람은 없다. 먹을 게 없어서 굶어 죽을까봐 먼저 그것을 염려하고 그 다음에 입을 걸 염려한다. "또 너희가 어찌 의복을 위하여 염려하느냐 들의 백합화가 어떻게 자라는가 생각하여 보라 수고도 아니하고 길쌈도 아니하느니라".

29-30절, 그러나 내가 너희에게 말하노니 솔로몬의 모든 영광으로도 입은 것이 이 꽃 하나만 같지 못하였느니라 오늘 있다가 내일 아궁이에 던지우는 들풀도 하나님이 이렇게 입히시거든 하물며 너희일까 보냐 믿음이 적은 자들아

솔로몬이 아주 영광스러운 의복을 입었던 모양이다. 그러나 그보다 더 아름답게 입은 이 백합화를 만드신 분이 바로 하나님이시다.

또한 이렇게 종달새나 백합화가 살고 자라고 여전히 생존하는 것은 다 하나님이 먹이시고 입히시기 때문인데 이 미물들보다 하나님 앞에 더 귀한 존재인 우리를 하나님이 먹이시지 않겠느냐, 자라게 하시지 않겠느냐, 기르시지 않겠느냐는 말씀이다. 이렇게 귀한 존재임에도 불구하고 여전히 염려하는 사람들은 왜 염려하는가? 다른 것이 아니고 믿음이 적은 것이다. 그 사람들은 믿음이 적으니까 뭐를 의지하느냐면 쌓아 놓은 돈을 의지하는 것이다. 저축해 놓은 것을 의지하는 것이다.

누가복음에 보면 한 부자가 소출을 쌓아 놓고 "내 영혼아, 여러 해 쓸 물건을 쌓아 놓았으니 염려하지 말아라." 하니까 하나님께서는 "오늘 저녁에 내가 네 영혼을 도로 찾으리니"라고 하셨다. '오늘 저녁에' 그리스도인은 확실히 해야 한다. 하루의 인생이다. 하루 살면 되는 것이다.

31-32절, 그러므로 염려하여 이르기를 무엇을 먹을까 무엇을 마실까 무엇을

입을까 하지 말라 이는 다 이방인들이 구하는 것이라 너희 천부께서 이 모든 것이 너희에게 있어야 할 줄을 아시느니라

그러면 이방인들은 어떻게 산다는 말인가? 먹고 마실 것을 걱정하면서 산다. 왜 그런가? 그들을 먹이고 입힐 천부, 하나님 아버지가 없기 때문이다. 그리스도인은 마태복음 5장, 6장, 7장의 산상수훈을 잊으면 안 된다. 예수님은 이 땅에 왕국을 가지고 오셨다. 천국 백성을 모집하고 계시는 것이다. 천국 백성은 어떻게 사는 사람들인가를 알려 주고 계시는 것이다. 천국 백성은 물론 이방인과 다르다. 이방인은 먹을 것 마실 것, 염려하며 살지만 천국 백성은 저 새나 백합화처럼 믿음으로 사는 것이다. 하나님이 기르셔서, 하나님이 공급하셔서 산다는 말이다. 주 예수님이 이 땅에 오신 후로 이러한 무리가 이 지구상에 있을 가능성이 생겼다.

'이는 다 이방인들이 구하는 것이라 너희 천부께서 이 모든 것이 너희에게 있어야 할 줄을 아시느니라'. 그러면 우리는 어떤 사람들인가? 천부를 모신 사람들이다. 이방인은 어떤가? 이방인은 하나님 아버지가 없다. 그러니까 자기 스스로 걱정하고 살 수밖에 없다. 자기가 돈을 쌓아 놓고 스스로 책임지고 살아야 한다. 그러나 우리 그리스도인에게는 천부가 계신다. 그래서 천부를 의지하는 삶을 사는 것이다. 내가 은행에 저축해 놓은 돈을 의지해서 사는 것이 아니고 사 놓은 전토를 의지해서 사는 것이 아니다.

마태복음 6장에는 이방인의 삶이 있고 또 하늘 나라 백성의 삶이 있다. 천국 백성이 있고 이방인이 있다. 이방인의 삶은 어떤 것인가? 이 땅에 보물을 쌓아두는 것이다. 그리고 염려하면서 사는 것이다. 먹을 것과 입을 것을 염려하면서 사는 것이다. 이게 이방인들이다. 그들에게는 천부가 없기 때문이다.

그러면 그리스도인의 삶은 어떤가? 이 땅에 재물을 쌓아두지 않고 처음부터 끝까지 천부를 의지해서 사는 것이다. 이것이 그리스도인이다. 대단한 사역자나 영적인 인물만 이렇게 사는 게 아니고 모든 일반적인 그리스도인의 삶이 이렇게 돼야 하는 것이다.

디모데 후서 4장에서는 말세에 사람들이 가려운 귀를 긁어 주는 가르침을 좋아한다고 했다. 그런 말은 그저 가려운 귀를 긁어 주는 것이다. 그리스도인 삶에는 아무런 영향을 주지 않는 말이다. 그러면 어떤 말씀을 전파해야 하는가? 사실 말씀은 몽둥이와 같고 좌우에 날선 검과 같아서 영과 혼을 찔러 쪼개야 한다.

33절, 너희는 먼저 그의 나라와 그의 의를 구하라 그리하면 이 모든 것을 너

희에게 더하시리라

이것이 천국 백성의 삶이어야 한다. '너희는 먼저 그의 나라와 그의 의를 구하라'. 주님의 나라를 위해 살고 주님의 의를 위해 살라는 것이다. 항상 먼저 이걸 생각해야 한다.

하나님의 나라와 하나님의 의를 먼저 생각하는 사람들에게는 이 모든 것, 먹을 것, 입을 것을 더하시겠다고 하셨다. 그러니까 그리스도인에게는 두 가지 삶의 방법이 있다. 하나는 자기가 쌓아 놓고 자기가 먹을 것, 마실 것, 입을 것을 염려하면서 사는 방법이 한 가지이다. 그게 이방인의 삶의 방식이다.

그러면 또 한 가지 방법은 무엇인가? 그리스도인의 방식, 하나님 나라의 방식, 천국의 삶의 방식이 있다. 그것은 곧 공중을 나는 새의 방식, 들의 백합화의 방식으로서 하나님이 공급해 주시는 것으로 사는 방식이다. 그러면 그런 사람들의 마음은 무엇을 구하는가? 하나님의 나라와 하나님의 의를 구한다. 천국 백성들은 하나님의 나라와 하나님의 의를 구하면서 사는 것이다. 그럴 때 우리의 먹을 것과 입을 것을 하나님 아버지께서 더하신다고 하셨다. 더한다는 말은 조금은 가지고 있다는 것이다. 천국 백성이라고 해서 아무 것도 없는 게 아니고 있긴 있는데 하나님께서 항상 더해주신다는 것이다.

'있어야 할 줄을 아시느니라'. 32절에서 모든 것이 있어야 할 줄을 아신다고 했고 33절에서는 너희에게 더해 주신다고 하셨다.

나는 10여 년 전부터 함께 있는 성도들과 더불어 하나님께 우리의 모든 걸 드리는 것을 배우기 시작했다. 그리고 우리는 우리 손에 가지고 있는 걸로 살지 않기를 배웠다. 그때부터 정말 우리는 그리스도인의 삶을 살기를 바랐다. 우리는 매달 우리가 받는 것 이상을 주님께 드렸다. 우리에게 있는 재물을 주님께 다 드렸다. 그러면 우리는 먹을 것이 없지 않는가? 하나님은 우리에게 또 주셔야 했다. 조지 뮬러는 기도를 오 만 번인가 응답받았다고 했다. 그래서 조지 뮬러의 하나님은 살아 계시는 하나님이라고 했다. 모든 걸 믿음으로 행하였다. 믿음으로 자기만 먹고 산 게 아니라 고아원을 세 개를 경영했는데 그 수많은 고아들을 믿음으로 다 먹였다.

34절, 그러므로 내일 일을 위하여 염려하지 말라 내일 일은 내일 염려할 것이요 한 날 괴로움은 그날에 족하니라

그리스도인의 생활은 하루하루를 주님과 함께 하는 생활이다. 일용할 양식을 구하는 생활이다. 주님의 충분한 공급이 있다면 한 동안을 생활할 양식이 있겠지만 그렇지 않고 하루 하루를 주님의 공급하심을 받아 생활하는 수도 있다. 그렇다 하더라도 염려할 필요가 없다. 정상적인 신자라면 하늘의 공급하시는 손길을 체험할 것이다.

7 장

1-2절, 비판을 받지 아니하려거든 비판하지 말라 너희의 비판하는 그 비판으로 너희가 비판을 받을 것이요 너희의 헤아리는 그 헤아림으로 너희가 헤아림을 받을 것이니라

마태복음 7장에서 주님은 우리가 이 길을 가는 데 있어서 어떻게 행할 것인지 또는 주의해야 할 것이 무엇인지 하는 것들을 말씀하고 계신다. 주님은 우리가 천국의 노정을 잘 걸어가도록 여러 가지 참고가 되는 것들, 주의해야 할 것들, 조심해야 할 것들을 말씀하시고 격려하는 말씀들을 주셨다.

그 첫째가 비판하지 말라는 것이다. 이 비판이라는 말은 판단한다는 뜻이다. 심판관, 판사를 영어로 'judge'라고 한다. 판사가 하는 일은 심판하는 것, 즉 무엇이 옳고 무엇이 그른가를 판단하는 것이다. 어떤 사람의 잘못된 것을 드러내어 판단하는 것이 바로 비판하는 것인데 그리스도인들은 함부로 남을 비판하지 말아야 한다는 것이다.

그래서 어떤 사람이 "그리스도인은 고위 공직자가 되지 않는 게 좋다. 또는 판사가 되지 않는 게 좋다. 법관이 되지 않는 게 좋다"고 했다. 왜냐하면 그런 직업을 가지면 그런 지위에서 어찌하든 무언가를 심판하고 판단해야 하기 때문이다. 이 말씀은 비판을 하지 말라고 하면서 비판을 하게 되면 비판을 받게 된다고 했다. 그런데 여기서 비판을 받는다는 것은 누구에게서 비판을 받는 것인가? 다른 사람에게서 비판을 받는 것인가? 물론 이 시대에도 판단을 받게 되지만 특별히 그날 주님에게서 심판받는 것이다. 특별히 한국 사람에게 있어서 비판의 문제는 심각하다. 최근에 통계를 본적이 있다. 다른 사람에 대하여 말하는 것이 유럽이나 서양 사람들은 2-3%라면 한국 사람들은 70-80%였다. 다른 나라 사람들이 비판에 있어서 매일 약을 한 알씩 먹어서 치료해야 하는 것이라면 한국인은 대 여섯 알씩을 먹어야 할 것이다. 그날 한국의 많은 하나님의 자녀들이 그 나라에서 이 문제에 합격되지 않는 사람들이 많을 것이다.

우리가 잊어서는 안 될 것은 이 마태복음 5, 6, 7장이 천국복음이라는 것이다.

천국복음이기 때문에 이 비판하는 문제도 오늘 우리가 이 땅에서 어떻게 하면 그날 어떠한 보응을 받게 된다는 것이다. 따라서 오늘 우리는 타인을 비판하지 말아야 한다.

성경에는 그러한 사상이 많이 있다. 사사기의 한 부분만 보겠다. 사사기 1장 7절, "아도니 베섹이 가로되 옛적에 칠십 왕이 그 수족의 엄지가락을 찍히고 내 상 아래서 먹을 것을 줍더니 하나님이 나의 행한 대로 내게 갚으심이로다 하니라 무리가 그를 끌고 예루살렘에 이르렀더니 그가 거기서 죽었더라".

유다 사람들이 가나안 사람과 브리스 사람으로 더불어 싸우고 그들을 죽였는데 그때 아도니 베섹이라는 사람을 만났다. 유다 사람들은 도망가는 아도니 베섹을 잡아서 죽일 때에 그 아도니 베섹의 수족의 엄지가락을 끊어서 죽였다. 그때 아도니 베섹은 옛날에 자기가 칠십 명의 왕을 엄지가락을 찍어 자기 상 아래서 먹게 했는데 그렇게 잔인하게 한 그대로 자기가 보응을 받는다는 것을 알았다.

마태복음 7장의 말씀은 오늘 우리가 이 시대에 사람을 함부로 판단하고 사람을 함부로 대하면 그날 우리는 우리가 한 대로, 우리가 말한 대로, 또는 우리가 사람들을 대한 그대로 하나님께 판단 받게 된다는 내용이다. 그래서 그날 하나님께 비판(심판)을 받고 싶지 않다면 오늘 그렇게 다른 사람을 비판하지 말아야 한다. '너희의 비판하는 그 비판으로 너희가 비판을 받을 것이요' 오늘 우리가 어떻게 사람들을 비판하면 그날 우리도 그렇게 비판을 받게 될 것이다.

'너희의 헤아리는 그 헤아림으로 너희가 헤아림을 받을 것이니라'. 어떤 사람을 헤아린다는 것은 그 사람의 행동이나 됨됨이를 하나하나 세어보고 달아보는 것이다. 이 땅에 있을 때에 우리는 사람들을 분석하고 헤아리고 비판하는 이 모든 일들을 매우 주의해야 한다. 우리가 그렇게 할 때에 그날 주님은 우리를 그런 방식으로 심판하실 것이기 때문이다.

그런데 여기서 한 가지, 여러분이 듣기에 상당히 모순되는 것과 같은 말을 한마디 해 보겠다. 비판하지 말라 하니까 어떤 사람들은 영적인 분별력조차도 사용하지 않는 경우가 있다.

우리가 사람들을 헐뜯고 깎아 내리고 나쁘게 말함으로 자기를 높이는 것은 좋지 않다. 그런 일은 절대 하지 말아야 한다. 그리고 사람은 자기 자신을 모르기 때문에 어둠에 빠져서 다른 사람에 대해 함부로 말하고 함부로 판단하는 것은 옳지 않다. 그러한 것은 그야말로 비판이다. 그리고 상대방을 시기하기 때문에 그를 비판하고 깎아 내리고 나쁘게 말하는 것도 비판에 해당되는 것이다. 또 헤아림에 해당되는 것이다. 자기를 세우고 남을 낮추기 위해서 남에 대해 고의로 나쁘게 말하는 것도 비판에 해당되는 것이다.

그러나 또 한 면에서 영적으로 합당한 판단도 있다. 성경에서 사도 바울은 고린도 성도들에게 그들이 영적으로 어린아이라고 했다. 그리고 육체에 속하여 사람을 따라 행한다고 했다. 또 그는 신령한 사람은 모든 것을 판단하나 자기는 아무에게도 판단을 받지 않는다고 했다. 이 말씀을 본다면 바울 사도에게는 무언가 판단하는 것이 있었다(고전2장 참조). 그러면서 또 사도 바울은 고린도 성도들에게 아무도 판단하지 말라고 했다. 사도 바울은 고린도 성도들의 영적인 상태를 판단했는데 그러면서도 그는 고린도 성도들에게 사람의 날에 아무 것도 판단하지 말라고 했다. 그날에 하나님께서 모든 감추인 것을 드러내실 것이라고 했다.

이 부분에서 비판한다는 것은 심판관으로서 높은 자리에 앉아 사람들을 함부로 판단하는 것을 말한다. 사람들의 약점을 드러내는 그러한 것이 여기서 말하는 비판이다. 그러나 사도 바울의 판단과 주님의 판단은 사람들의 죄와 악함을 드러내고 그들을 영적으로 도와서 구원하기 위한 판단이다. 그러므로 어떤 사람이 누군가의 연약함과 죄와 감추인 것들을 드러내서 치료할 목적이나 그를 돕기 위한 목적이 아닌 다만 사람을 평가하기 위한 판단은 주 예수님이 정죄하시는 바이다.

사도 바울도 어떤 사람들의 이름은 거명했다. '데마는 이 세상을 사랑하여 데살로니가로 갔고' 라는 말을 했다. 데마라는 이름을 거명했다. 또 아시아에 있는 모든 사람이 나를 버린 이 일을 네가 아나니 그 중에 부겔로와 허모게네가 있느니라고 했다. 어떤 사람이 바울을 떠났다면 그것은 아마 그에게 허물이 있는 것이고 그것은 그렇게 영광스러운 일이 아닐 것이다. 잘못된 것일 것이다. 그런데 왜 바울은 디모데에게 서신을 쓰면서 그런 사람들의 이름을 거명했을까? 그것도 일종의 판단이다. 영적인 분별을 위한 것이다. 바울 사도는 그의 동역자 디모데가 바울 사도를 떠난 사람이 누구인가를 알기 원했다. 그것은 어쩌면 디모데와 당시의 교회를 보호하기 위한 것이었다. 그러면 여기에서 우리는 아무도 판단하지 말라는 이 말을 정말 어떻게 받아야 할지, 영적인 공과 한 가지를 배우는 것도 정말 쉽지 않다는 것을 알게 된다. 그래서 주님 앞에서 배운다는 것은 참으로 간단한 일이 아니며 갈 길이 멀다는 느낌이 든다.

이제 본문으로 돌아가서 비판하지 않는 것에 대해 다시 보겠다.

우리가 어떤 사람을 비판하기 위해서, 깎아 내리기 위해서, 헐뜯기 위해서 함부로 말하는 것은 매우 위험하다는 것을 알아야 한다. 그것은 자신이 옳고 다른 사람은 틀렸다고 확신하기 때문에 그런 말을 하는 것이다. 자신이 확실히 옳고 다른 사람이 완전히 틀렸다고 확신하는 그 자체가 잘못된 것이요 육체에 속한 것이다. 이 시대에 그렇게 분명할 수 없다. 따라서 우리 모두는 주님 앞에 두렵고 떨어야 하는 것이다. 남을 비판을 하는 것은 매우 위험하고 그렇게 비판하고 그렇게 헤아리는 사람은 주님으로부터 그러한 비판과 헤아림을 받게 되어 있다. 그래서 천국의 길을 걸어가는 사람들인 우리는 마태복음 5, 6, 7장에서 천국의 헌법, 천국의 본성을 지금 보고 있는 것이다. 천국에 들어가는 사람들이 어떻게 행하는 사람들인가 할 때 사람을 함부로 비판하지 않고 헤아리지 않는 사람들이다.

3절, 어찌하여 형제의 눈 속에 있는 티는 보고 네 눈 속에 있는 들보는 깨닫지 못하느냐

왜 사람을 비판하게 되는가 하면 그에게서 뭔가 좋지 않은 것이 보이기 때문이다. 통상 사람들은 타인에게서 약점이나 죄나 문제점들이 보일 때 그 보는 것이 무엇을 의미하는가를 생각하지 않는다. 다른 사람들의 약점이나 죄가 잘 보인다는 것은 자신에게는 그러한 문제가 더 크다는 것을 시사한다. 그러므로 주님은 왜 형제의 눈 속에 있는 티는 보는데 네 눈 속에 있는 들보는 깨닫지 못하느냐고 하신 것이다.

왜 사람을 판단하고 헤아리는가? 그것은 다른 사람의 약점이 눈에 들어오기 때문이다. 뭔가 다른 사람의 약점을 보지 못하는 사람은 판단을 하지 않는다. 물론 영적으로 계시를 보는 것도 보는 것이다. 그러나 여기서 말하는 보는 것은 이상이나 계시를 보는 것이 아니라 남의 잘못된 것을 보는 것이다. 그러나 자신의 허물과 잘못되어 있는 것은 잘 보지 못한다. 본다하더라도 심각하게 느끼지 않는다. 진정 심각하게 자기의 눈 속에 있는 들보를 볼 수 있는 사람은 하나님 앞에 비춤을 받고 있는 사람이다. 그러면 자기 눈 속의 들보는 깨닫지 못하고 남의 눈의 티만 보는 사람은 어떤 사람인가? 빛이 없는 사람이다. 그리고 자신이 그런 속성을 많이 가지고 있는 사람이다. 그런 속성을 가지고 있기 때문에 다른 사람의 그러한 점들이 잘 보이는 것이다.

자신이 정결하지 못한 사람일수록 다른 사람의 더러운 것을 잘 찾아낸다. 성결하고 거룩할수록 다른 사람의 잘못을 찾아내기가 어렵다. 세상에서도 정말로 좋은 사람은 다른 사람의 틀린 것을 잘 찾아내지 않는다. 사람의 천성이 죄악 되었기 때문에 특히 죄에 대하여 흥미가 있고, 잘못된 것에 대하여 관심이 많은 것이다. 성경을 읽어도 아브라함이 거짓말을 한 것을 기억하고, 다윗이 간음한 것을 잘 기억한다. 기억하려고 노력하지 않아도 기억한다. 그러나 그들의 높은 영성과 귀한 점들은 깊이 생각을 하고 찾지 않으며 기억하지 못한다.

이렇게 말하면 좀 지나친 것 같지만 도둑들이 도둑질하는 사람을 잘 안다. 우리는 도둑의 생리를 잘 모르니까 물건을 별 생각 없이 그냥 두는데 도둑질하는 사람은 그것을 잘 감춘다. 왜냐하면 그 세계를 잘 알고 그에 대해 많이 연구했기 때문에 어떻게 하면 도둑맞는다는 것을 잘 아는 것이다.

4절, 보라 네 눈 속에 들보가 있는데 어찌하여 형제에게 말하기를 나로 네 눈 속에 있는 티를 빼게 하라 하겠느냐

여기서 주님의 말씀은 '다른 사람에게 티가 있으면 네게는 들보가 있나 없나 한번 살펴보아라' 하지 않으시고 '들보가 있는데' 라고 단정적으로 말씀하셨다. 들보가 있다는 것이다. 주님은 남의 눈의 티를 보는 사람은 그의 눈에 들보가 있는 것이라고 말씀하신다. 그런데 자기 눈에 들보가 있다는 것은 모르고 다른 사람의 눈에서 티를 발견한 사람이 거기에다 그 사람의 눈에서 티를 빼주려는 마음까지 갖는다는 것이다. 여기서 주님은 그런 사람을 '외식하는 자'라고 하셨다(5절).

5절, 외식하는 자여 먼저 네 눈 속에서 들보를 빼어라 그 후에야 밝히 보고 형제의 눈 속에서 티를 빼리라

'외식하는 자여'. 자기의 들보를 먼저 빼려하지 않고 남의 티를 빼주고 싶어 하는 사람은 외식하는 사람이라는 것이다. 자기에게는 사실 들보가 있고 그 사람보다 더 큰 문제가 있는데 자기는 그렇지 않은 사람같이 행하기 때문에 외식하는 사람이라는 것이다. 또한 외식하는 사람이기 때문에 자신의 들보를 보지 못하는 것이다. 남의 티를 잘보고 자기의 들보를 깨닫지 못하는 사람이 외식하는 사람이라는 말은 이해하기도 어려운 말이다. 주님이 아니면 이런 말씀을 하지 못한다. 그분은 사람을 지으신 분이고 창조주시므로 사람 속에 무엇이 들어있는지를 잘 아신다. 외식하는 사람은 자기에게 있는 약점을 최대한 감추는 사람이다. 그것이 습성이 되다보니 자기가 스스로 속임을 당하는 것이다. 그런데 다른 사람의 약점은 잘 보이게 되는 것이다. 왜냐하면 자기가 그런 속성을 속에 충만히 가지고 있기 때문이다. 그러나 외식하는 것이 습관이 되었으므로 자기기만으로 인하여 자기는 그렇지 않은 사람이고 다른 사람은 잘못된 사람으로 보이는 것이다.

여기서 밝히 본다고 하지 않았는가? '그 후에야 밝히 보고'. 그 전에는 보기는 봤지만 밝히 못 본 것이다. 제대로 보지 못한 것이다. 남의 눈에 티를 보기는 보았는데 건강하고 밝은 눈으로 본 것이 아니다. 그 본 자체도 분명하게 본 것이 아니다. 안과 의사가 정확하게 환자의 눈을 진단하지 않고 수술을 시작하면 어떻게 되겠는가? 주님은 들보가 있는 사람이 자신의 들보는 생각지 못하고 다른 사람의 티를 빼려하는 것에 대하여 염려스러워하신다. 그러다가 눈까지 뽑아버리게 되는 것이다. 사람의 눈을 다치게 한다. 사실 다른 사람 눈의 티를 빼 줄 수 있다면 그건 좋은 일이다. 주님은 그분의 자녀들이 흠과 티가 없기를 원하시므로 티가 있는 채로 그냥 두는 것은 좋은 것이 아니다. 형제들의 티를 보고도 그냥 둔다면 그를 진정 사랑하는 것은 아니다. 빼줄 수 있다면 좋은 일이다. 그런데 거기에 조건이 있다. 먼저 자신의 눈의 들보를 빼야 한다는 것이다.

먼저 자신의 눈의 들보를 빼면 형제의 눈의 티를 빼기가 쉽다. 사람들이 왜 잘 못 보느냐면 아직도 자기 눈 속에 들보가 있기 때문이다. 들보가 있는 채로 상대방의 티를 보려하니까 잘 보이지 않는 것이다. 자신의 들보는 결국 자신의 변화되지 않은 육체요 기질이다. 자신의 천연적인 생명과 기질의 눈으로 타인의 결점을 보니 미운 마음과 비판의 마음으로 보게 되는 것이고, 따라서 정확하게 보지 못하게 되는 것이다. 미워하는 눈, 비판하는 눈은 사랑하고 존경하는 눈과 보는 시야에 있어서 매우 다르다. 당신 자신이 어떤 사람을 보는 일에 있어서도 사랑할 때와 미워할 때가 다르게 보이는 법이다. 사람들은 자신의 마음이 변하여 눈이 달라진 것은 생각하지 않고 다른 사람의 잘못만을 탓하는 경향이 있다. 그러므로 그런 정확하지 않은 관점으로 사람을 보고 치료하려들면 그를 상처내기가 쉽다. 자기의 들보를 처리하고 나면 다른 사람을 긍휼히 여기는 마음도 생기게 되고 자신도 그와 같은 사람이라는 것을 알기에 그들을 치료하고 도와주기가 쉬운 것이다.

6절, 거룩한 것을 개에게 주지 말며 너희 진주를 돼지 앞에 던지지 말라 저희가 그것을 발로 밟고 돌이켜 너희를 찢어 상할까 염려하라

여기에 거룩한 것이 있고 진주가 있다. 또 개가 있고 돼지가 있다. 주님의 제자들은 거룩한 것을 갖고 있다. 또 진주를 갖고 있다. 거룩한 것—하나님의 진리, 진주—그리스도에 대한 귀한 체험들, 이러한 영적인 것들이 그리스도인들이 가지고 있는 귀한 것들이다.

우리가 요한 계시록을 읽어보면 지옥에 개가 있다. 개라든가 행악자라든가 하는 것들이 지옥에 있다. 그러면 실지로 네 발로 걸어 다니는 개가 지옥에 있을까? 빌립보서 3장에도 개들이 나온다. '개들을 삼가고 행악자들을 삼가라'. 구원받지 못한 자들이 개이다. 하나님의 자녀들이 아니다. 그리고 예수를 믿는 사람들에 대하여 짖어 대고, 물어뜯는 개이다. 이성이 없는 짐승과 같다. 그런데 여기서 개나 돼지는 부정한 짐승을 뜻한다. 그러한 개나 돼지한테 거룩하고 귀한 것을 던져 주면 그들은 그것을 발로 밟고 돌이켜 찢어 그것을 준 사람들을 상하게 한다. 이것은 주님의 제자들이 함부로 개나 돼지 같은 사람들에게 귀한 것을 던져 주다가 상처를 받지 않도록 주님께서 도와주시는 말씀이다.

한 면으로 믿는이들은 다른 사람을 비판하지 말고 헤아리지 말아야 하며 또한 면으로는 귀한 것을 아무에게나 주지 말아야 한다. 우리 사랑하는 형제들이 귀한 말씀을 받고 사람들에게 전해주고 나누어 주고 싶어 한다. 그러다가 때로는 개나 돼지를 만나게 된다. 그들은 귀하게 받는 것이 아니라 도리어 물어뜯는다. 형제들에게는 너무나 귀한 말씀이지만 개나 돼지 같은 사람들에게는 하나도 귀하지 않다. 그러한 사람들을 상대하다가는 시간을 낭비할 뿐 아니라 그들에게 할퀴어지고 상처를 받고 찢기게 된다. 우리는 이러한 체험이 있다. 그래서 거룩한 것을 개에게 주지 말고 진주를 돼지 앞에 던지지 말아야 하는 것이다. 그들은 이러한 것을 귀하게 여기지 않는다. 누가 개이고 누가 돼지인가? 귀한 걸 주어 보면 안다. 귀한 영적 체험과 하나님의 귀한 거룩한 가르침을 주었을 때 그것을 귀하게 받지 않고 밟고 달려들어서 찢으려고 하는 자들은 개이고 돼지이다. 그런 사람들은 부정하기 때문에 더러운 것과 싸우는 일들을 좋아한다. 그러니까 그런 자들에게 귀한 것을 던져주면 귀하게 받지 않는다.

그러면 귀한 성도들은 어떠한가? 귀한 말씀을 주면 귀하게 안다. '아! 이 귀한 말씀을, 이 거룩한 것을 나에게 주시다니 이 말씀들은 정말 나에게 귀한 진주요 보배입니다.' 하고 반응할 것이라는 말이다. 거룩한 하나님의 진리의 말씀에 기쁨으로 반응하고 아멘하고 간직하는 사람들은 개나 돼지가 아니다. 그러나 어떤 사람들에게 귀한 것을 주면 반응이 아주 좋지 않고 도리어 밟아 버리고 찢어 상하게 한다. 우리는 그런 사람에게 귀한 것들을 주려고 하지 말아야 한다. 그런 사람을 조심해야 한다. 도리어 상처를 받게 되기 때문이다. 우리 주님은 그분의 제자들을 이렇게 섬세하게 보호하신다.

7절, 구하라 그러면 너희에게 주실 것이요 찾으라 그러면 찾을 것이요 문을

두드리라 그러면 너희에게 열릴 것이니

이제 이 길을 갈 때에 우리가 주님으로부터 더욱 얻을 수 있고 받을 수 있는 길을 주님이 가르쳐 주신다. 우리는 이 길을 걸어가려면 더욱 얻어야 할 은혜가 많다. 주님을 섬기기 위해서 따라갈 때 필요한 것이 많다. 그런데 주님은 그러한 필요가 있을 때에 구하라고 말씀하신다. 주님이 주실 것이지만 만일 구하지 않으면 받지 못한다. '너희가 받지 못함은 구하지 아니하기 때문이라'고 했다. 그래서 우리는 필요가 있을 때에 구해야 한다.

'구하라 그러면 너희에게 주실 것이요 찾으라 그러면 찾을 것이요 문을 두드리라 그러면 너희에게 열릴 것이니'. 우리는 구하는 그리스도인이 되어야 하고 찾는 그리스도인이 되어야 한다. 또 두드리는 그리스도인이 되어야 한다. 어떤 사람들은 '왜 구하는가? 무얼 찾는가? 모든 게 족한데…' 라고 한다. 그런 사람은 갈망이 없는 자이다. 찾는 것이 없다. 그래서 우리는 소위 찾는 그리스도인을 영어로 'Seeking christian'이라고 한다. 즉 구도자(求道者)인 것이다. 이 세상에는 찾는 그리스도인이 있는 것이다. 그저 가진 것으로 만족하는 사람들도 얼마든지 있다. 어떤 사람들에게 주님이 찾으신 바 되시는가? 이렇게 찾는 자들이다. 어떤 사람들에게 얻은바 되시는가? 구하는 사람들이다.

그런데 그것은 입술로만 구하는 것이 아니다. 나는 여기의 구한다, 찾는다, 두드린다고 하는 게 입의 말 뿐이 아니라고 생각한다. 물론 기도하는 것도 포함된다. 그러나 그 사람이 진정으로 구하는 사람이어야 한다. 구하고 찾는 사람이어야 한다. 그리고 두드리는 사람이어야 한다. 여러분이 어느 집에 들어가려면 문을 두드려야 되잖는가? 우리의 신앙도 두드리는 신앙이어야 한다. 자꾸만 주님께 무언가 찾고, 구하고, 두드리는 마음이 있어야 한다. 어쩌다가 한 번 씩 무언가 필요한 것을 얻기 위해서만 구하는 것이 아니다. 진정으로 영적인 축복을 얻기 원한다면, 주님의 은혜를 더 얻기 원한다면 반드시 구하는 사람이어야 한다.

"찾으라 그러면 너희가 찾을 것이요 문을 두드리라 그러면 너희에게 열릴 것이니". 이것은 좀더 적극적이어야 한다는 말이다. 구하다가 '안 되네' 하고 포기해서는 안 된다. 구하면서 찾아보기도 해야 한다. 몇 번 구하다가 소식이 없으니까 '안 주실려나 봐'라고 하지 말라는 것이다. 더 적극적으로 찾아보아야 한다. 간절히 찾아보는 마음이 있어야 한다. 물론 주님의 긍휼이 있으면 찾지 않는 자에게도 나타나시지만 여전히 찾는 마음은 필요하다. 또 더 적극적으로 두드려 보아야 한다. 두드려서 확실하게 만나고 얻어야 한다.

나는 여기서 구하는 문제를 좀 더 생각해 본다. 주님은 우리에게 주시고자 할지라도 우리가 구하기를 원하신다. 이스라엘의 양떼가 많아지는 것을 원하실지라도 구할 때 많아지게 해주시겠다고 하셨다. 그러나 구하는 사람에게 두 가지 문제가 있다. 첫째는 구할 때 정욕으로 쓰려고 잘못 구하는 문제가 있고 의심하면서 구하는 문제가 있다. 이 두 가지 다 우리가 구하는 것을 받지 못하게 하는 방해물이다. 우리가 어느 날 우리의 소욕을 다 처리하고 하나님의 뜻과 우리의 갈망이 일치될 때 우리는 하나님께 담대히 구할 수 있다. 하나님은 우리의 그러한 간구를 듣기 원하신다. 우리는 그러한 간구가 하나님께서 우리에게 기다리시는 것임을 느낄 수 있고 따라서 들어주신다는 확신을 가질 수 있다. 의심치 않고 믿음으로 구하는 것 역시 기도와 간구에 있어서 너무나 중요한 일이다.

8절, 구하는 이마다 얻을 것이요 찾는 이가 찾을 것이요 두드리는 이에게 열릴 것이니라

확실하게 해주시는 말씀이다. 7절로 끝내지 않으시고 "구하는 이마다 얻을 것이요 찾는 이가 찾을 것이요 두드리는 이에게 열릴 것이니라"고 하셨다. 주님이 확고하게 서명까지 해주신 말씀이다.

9-10절, 너희 중에 누가 아들이 떡을 달라 하면 돌을 주며 생선을 달라 하면 뱀을 줄 사람이 있겠느냐

예를 들어서, "정말 주님, 저는 참된 그리스도인의 길을 원합니다. 그리스도인답게 살고 싶습니다. 사도 바울같이 핍박을 당할지언정 하루라도 참되게 좁은 길 가고 싶습니다. 참되게 십자가의 길을 가고 싶습니다." 하고 간구하는데 주님이 "너는 그냥 방언이나 하고 말아라." 하지 않으실 것이다.

그러니까 7절과 8절은 구하면 얻게 되는 것을 말하고 그 다음 9절부터 10절은 그렇게 구할 때에 좋은 걸 주신다는 것을 말한다. 구하는 대로 주실 뿐 아니라 좋은 걸 주신다. 너희 중에 아들이 떡을 달라 하면 떡을 주지 돌을 주겠느냐는 말이다. 또 너희 중에 아들이 생선을 달라 하는데 뱀을 주겠느냐는 것이다. 우리가 "주님, 우리는 정말 이 시대에 주님의 마음을 만족시키는 그리스도인이 되고 싶습니다." 하는 구함이 있다 하자. 이러한 선한 갈망이 있다 하자. 그러한 찾음도 있고 두드림도 있다 하자. 그런데 주님이 "그냥 너는 귀신이나 쫓아내어라." 하지 않으신다. 주님은 "생선을 달라 하면 뱀을 줄 사람이 있겠느냐?"고 하신다.

11절, 너희가 악한 자라도 좋은 것으로 자식에게 줄줄 알거든 하물며 하늘에 계신 너희 아버지께서 구하는 자에게 좋은 것으로 주시지 않겠느냐

우리는 좋은 것을 구해야 한다. 우리가 좋은 걸 구할 때 하나님은 결코 나쁜 것으로 우리에게 주시지 않는다. 좋은 것으로 주신다. 이 세상의 악한 사람도(이 세상 사람들은 다 악하다고 생각하면 된다.) 자식이 뭘 달라 하면 좋은 것을 준다. 그런데 하늘의 우리 아버지께서 구하는 자에게 좋은 걸로 주시지 않겠는가? 구하는 자에게 좋은 것을 주신다. 다시 한 번 생각해보자. 여러분은 무엇을 구하는가? 특히 좋은 것은 산상수훈의 말씀이다. 이 가르침을 지키는 것이 좋은 것이다. 우리는 모든 것을 다 잃더라도 이 말씀을 지킬 수 있다면 좋은 것이다. 어떤 사람들이 좋은 사람들인가? 어떤 사람들이 개인가? 이런 말씀과 대조해보면 안다. 산상수훈의 말씀을 꿀같이 달게 여기면서, 보물로 여기면서 감사함으로 지키고자 한다면 그는 틀림없이 구도자이다. 좋은 신자인 것이다. 그러나 이런 말씀은 어렵다, 어떻게 사람이 지킬 수 있느냐 하면서 물러간다면 그는 좋은 사람이 아니다. 오히려 물고 물어뜯는다면 그는 개이다. 진정한 보물이 여기에 있다. 이런 수준의 말씀을 지키는 것을 사모하는 마음을 갖는 것이다. 그러므로 구하고, 찾고, 두드리는 것이다. 누구에게 이런 실제가 주어지는가? 결국은 구하고 찾는 사람들인 것이다.

나는 오늘날 그리스도인들 마음속에 어떤 선한 갈망이 없고 추구하는 게 없는 것이 참 유감스럽다. 우리는 구하는 것이 있어야 한다. 마음속에서 참으로 귀한 것을 구해야 한다. 왜냐하면 그 구하는 것을 하나님께서는 반드시 주시기 때문이다. 그런데 다만 구하는 것으로는 부족하고, 찾아야 하고 또 찾으며 나아가 두드리기까지 하는 것을 주님은 좋아하신다. 나는 해외에 나가서 복음을 전하기를 원했다. 나는 진정으로 그것을 구했다. "하나님, 많은 나라가 당신께 돌아가기를 원합니다. 많은 족속과 많은 민족들이 주님의 제자가 되기를 원합니다. 우리는 교회를 세우되 그저 조직화된 기독교의 일부분이 아니라 사도 시대에 바울 사도가 세운 그런 모습의 교회를 세우기 원합니다. 그렇게 주님의 길을 걸어가기 원합니다." 그럴 때에 주님은 그렇게 해 주셨다. 구하는 자에게 좋은 것으로 주시지 않겠느냐고 하셨는데 우리가 그렇게 구하면 주님이 주신다. 그런데 우리가 다만 구한 것이 아니라 찾아도 보았다. 아프리카도 가보고 유럽도 가보고 이 나라 저 나라에도 가보았다. 찾을 때에 주님이 찾게 해 주시고 두드릴 때에 열어 주셨다.

혹자는 '주님이 빌라델비아 교회에게 열린 문을 주신다고 했으니까 항상 열어 두셔야 할 게 아니냐?'라고 할지 모른다. 하지만 문을 두드려야 열어 주신다. 두드려도 열리지 않는 문이 닫힌 문이다. 그러나 이 문은 두드리기만 하면 열리기 때문에 열린문인 것이다. 한 면으로는 주님이 우리에게 열린 문을 주셨고 또 한 면으로는 우리가 찾고 두드려야 한다.

12절, 그러므로 무엇이든지 남에게 대접을 받고자 하는 대로 너희도 남을 대접하라 이것이 율법이요 선지자니라

이 말씀은 참으로 유명한 말씀이다. "무엇이든지 남에게 대접을 받고자 하는 대로 너희도 남을 대접하라 이것이 율법이요 선지자니라". 율법과 선지자들이 하는 말이 무엇인지 이 한 마디로 축약할 수 있다는 뜻이다. 우리가 다른 사람을 대하는 원칙을 얘기하는 것이다. 다른 사람들을 어떻게 대해야 한다는 말인가? 다른 사람이 나에게 대하는 대로가 아니라 내가 남에게 대우를 받고 싶은 대로, 남이 나에게 어떻게 해 주기를 원하는 그대로 나도 다른 사람에게 해주어야 한다는 것이다. 이것이 우리의 행함의 비결이다. 다시 말해서 율법의 강령은 하나님을 사랑하고 이웃을 자기 몸같이 사랑하라는 것이다. 그런데 그 율법과 선지자를 대표하는 말-마음과 뜻을 다해서 주님을 사랑하고 이웃을 자신의 몸과 같이 사랑하라-은 결국 이 말로 바꿔 말할 수 있다.

우리가 다른 사람을 상대하는 한 가지 원칙은 어떤 사람이 너에게 무엇을 어떻게 해주기를 원한다면 네가 상대편에게 그렇게 해주라는 것이다. 이 짧은 말씀은 참으로 그리스도인들, 천국 백성들의 행함을 알려 주는 온 율법과 선지자들을 대표하는 말이다. 당신이 어떤 일을 행할 때에 이 원칙을 마음에 두기 바란다. 어떤 사람들을 비판하고, 심지어 어떤 사람들을 쫓아낸다 할 때에 바꿔 생각해 보아야 한다. '역지사지(易地思之)'라는 말이 있다. "남에게 대접을 받고자 하는 대로 너희도 남을 대접하라 이것이 율법이요 선지자니라".

왜 이 말씀이 율법이요 선지자인가? '네가 지금 대하고 있는 그 사람이 바로 너다.' 이런 뜻이다. 이웃을 네 몸같이 사랑하라고 하셨는데 그가 네게 어떻게 당하면 결국 너도 주님 앞에서 그렇게 당할 거라는 말이다. 심판을 당하는 것이다. 어떤가? 율법과 선지가가 바로 이것을 말했다는 것이다. 당신은 다른 사람들한테 어떤 대접을 받고 싶은가? 다른 사람들이 당신에게 어떻게 해주기를 바라는가?

당신은 한 마디라도 따뜻한 말을 듣고 싶고 칭찬받고 싶고 사랑받고 싶고 용서받고 싶을 것이다. 그러하다면 당신이 다른 사람에 대하여 그렇게 해야 한다. 조금 잘못했어도 용서하고 덮어주어야 한다.

나는 이러한 말씀을 읽으면서 이것은 참으로 주님의 말씀이라는 생각이 든다. 세상에는 이러한 말을 하는 사람이 없다. 중국의 공자와 비교할 수 있는가? 비교할 수 없다. 저는 참으로 이런 귀한 하나님의 말씀을 사람들에게 알려주고 가르치고 싶다.

13-14절, 좁은 문으로 들어가라 멸망으로 인도하는 문은 크고 그 길이 넓어 그리로 들어가는 자가 많고 생명으로 인도하는 문은 좁고 길이 협착하여 찾는 이가 적음이니라

앞에서 말했지만 7장은 주로 천국 백성들이 가는 길을 제시한다. 여기서 첫째는 문을 말하는데 두 개의 문이 있다. 하나는 좁은 문이고 하나는 넓은 문이다. 그런데 넓은 문은 멸망으로 인도한다는 것이다. 말씀하시는 요점은 문이 좁다는 것이다. 그러니까 주님은 좁은 문으로 들어가라고 하셨다. "멸망으로 인도하는 문은 크고 그 길이 넓어 그리로 들어가는 자가 많고". 그리고 일단 많은 사람들이 가는 길은 멸망으로 가는 길이라고 보아야 한다.

"생명으로 인도하는 문은 좁고 길이 협착하여 찾는 이가 적음이니라". 여기서 우리는 숫자의 많고 적음을 주의할 필요가 있다. 많은 사람들이 가는 길은 안정되어 보이고 보편 타당성이 있어 보이고 가기가 편하다. 그러니까 사람들은 그리로 가게 된다. 그러나 그 길은 필경 멸망으로 가는 길이다. 이건 심각한 말이다. 그리고 여기에 넓은 문과 좁은 문이 있는데 이 문은 천국으로 들어가는 문을 말한다. 주님의 왕국에 들어가는 문이다. 요한복음 10장에 있는 문은 은혜의 문, 구원의 문이지만 여기서 말하는 문은 구원받거나 거듭나기 위한 문이 아니고 그날 천국에 들어가기 위한 문이다. 이러한 산상수훈의 길을 걸어가며, 천국에 들어가는 길 위에 있는 사람은 소수이다. 이를 기억하기 바란다. 소수 중의 소수이다.

오늘날 많은 그리스도인들이 천년 왕국에 대해서 인식이 없다. 구원만 받으면 다 된 줄 아는 사람들이 많다. 그런데 구원받은 건 옳지만 주님이 다시 오셔서 이 땅에서 천 년 동안 왕 노릇 하시는 천년 왕국이 있다. 그 왕국이 우리의 목표이다. 그런데 그 천국에 들어가고 못 들어가고는 이 시대에 우리가 어떤 문으로 들어가고 어떤 길을 가느냐에 달려 있다. 천국으로 들어가는 길은 이 말씀을 볼 때 좁고 찾는 이가 적다. 주님이 그 특징을 알려 주셨다. 그런데 이것은 오늘 우리가 선택할 수 있는 것이다. '좁은 문으로 들어가라.' 이건 우리가 선택할 수 있다는 것이다.

넓고 많은 사람이 찾는 길은 멸망하는 길이니까 그리로 가지 말고 좁은 문으로 들어가라고 주님이 말씀해주신다. 이게 바로 천국으로 들어가는 길이다. 여러분은 자신이 좁은 길을 가고 있다고 생각하는가? 참으로 우리는 더욱 좁은 길로 가야 한다. 찬송에 이런 가사가 있다. "좁은 길을 걸으며 밤낮 기뻐하는 것 성령이 내게 계심이라". 좁은 문이 있고 협착한 길이 있다. 생명으로 인도하는 문이 있고 멸망으로 인도하는 문이 있는데 생명으로 인도하는 문은 좁고 길이 협착하여 가기가 쉽지 않다.

여러분이 가는 길은 어떤 길인가? 편안한 길인가, 좁은 길인가? 우리는 두 가지 길 중에서 선택할 수 있다. 언제나 이 두 가지 길은 여러분 앞에 놓여 있다. 어떤 시인의 찬송시에 '바른 길을 벗어나면 편해질 수 있지만'이라는 말이 있다. 바른 길은 좁은 길이다. 발을 한 발 돌리기만 하면 편해질 수 있는 길이 있다. 그런데 천국 백성들은 그런 길을 가지 않고 좁은 길로 가는 것이다. 좁고 길이 협착하여 찾는 이가 적은 길, 많은 사람들이 찾는 길이 아니고 적은 수가 찾는 그 길이 바로 천국으로 가는 길이다.

15절, 거짓 선지자들을 삼가라 양의 옷을 입고 너희에게 나아오나 속에는 노략질하는 이리라

이제 이 길을 걸어갈 때 우리가 가장 주의해야 할 것이 바로 거짓 선지자이다. 어떤 사람들의 말을 듣느냐는 것이다. 영적인 길을 걸어갈 때에 선지자의 말은 매우 중요하다. 신약에도 선지자가 있다. "안디옥 교회에 선지자와 교사들이 있으니"라고 했다. 선지자는 하나님의 뜻을 말해 준다. 고린도 전서 14장에도 예언하는 자들이 있는데 이들이 바로 선지자들이다. 어떤 사람들의 말을 듣는가는 매우 중요하다. 이 길을 갈 때에 성도들은 누구에게든지 가르침을 받고 말을 들어야 하긴 하는데 거짓 선지자의 말을 들으면 위험하다는 것이다.

거짓 선지자들의 말을 들으면 길을 잘못 가고 망하게 된다. 그러면 어떤 선지자의 말을 들어야 하는가? 참 선지자이다. 어떻게 거짓 선지자를 분별해낼 수 있는가? 여기서 주님은 분별하는 길을 알려 주고 계시는 것이다. "양의 옷을 입고 너희에게 나아오나". 그러므로 겉만 보아서는 안 된다. 외모만 보아서는 안 된다. 경건한 듯한 목소리로 "할렐루야, 아멘." 하며 아주 거룩해 보이는 모습으로 나타나는데, 그런 외모만 보고서 따라갔다가 자칫하면 망한다. '속에는 노략질하는 이리'일 수가 있다는 말씀이다.

노략질한다는 말은 영어로 'ravenous'인데 이 말은 '먹이를 찾아다니는'이라는 뜻이다. 거짓 선지자들이 왜 선지자 노릇을 하겠는가? 먹이를 필요로 하기 때문이다. 고린도 후서 11장에서도 사도 바울은 고린도 성도들에게 "너희가 잘 용납하는구나… 저런 사람들은 거짓 사도요…" 하면서 그들이 너희를 사로잡고 너희를 잡아먹는다고 했다. 또 그들이 뺨을 칠지라도 잘 용납한다고 했다. 그리고 거기서도 동일하게 그들은 거짓 사도요 궤휼의 역군인데 광명의 천사로 가장했다고 했다. 성도들은 잘 구분하지 못하기 때문에 때로 사도들은 이런 말을 해줄 수밖에 없다. 주의를 주는 것이다. 주님도 여기서 거짓 선지자들을 조심하라고 하시면서 그들이 양의 옷을 입고 나아온다고 하셨다.

16절, 그의 열매로 그들을 알지니 가시나무에서 포도를, 또는 엉겅퀴에서 무화과를 따겠느냐

그런 사람들을 어떻게 아는가? 열매로 안다. 그러니 사람을 외모나 말로 알지 말고 열매로 알라는 것이다. 나무를 한 번 생각해 보자. 나무가 아무리 줄기가 멋있게 뻗었고 잎사귀가 무성할지라도 열매를 맺을 때 보면 그게 어떤 나무인지 안다. 그런데 사람들은 열매 맺기까지 안 기다리고 잎사귀 정도 보고서 거기에 빠져 버리는 것이다. "야, 이거 진짜군." 한다. 가시나무와 엉겅퀴는 나쁜 나무이고 포도나무와 무화과나무는 좋은 나무이다. 그런데 가시나무에서는 포도가 나오지 않고 엉겅퀴에서는 무화과가 나오지 않는다.

17절, 이와같이 좋은 나무마다 아름다운 열매를 맺고 못된 나무가 나쁜 열매를 맺나니

열매를 보고서 좋은 나무인지, 나쁜 나무인지를 구분하여 알라는 것이다. 그런데 대부분의 사람들이 줄기나 잎사귀를 보고서 성급하게 판단한다. 즉 사람들의 외모를 보고서 판단한다. 사도 바울의 경우도 그의 말이나 언변이 시원찮았던 것 같다. 그러므로 그는 참 사도임에도 많은 사람들에게 잘못된 사람으로 오해되고 외적으로는 알 수 없었다는 말이다. 그는 사람들에게 아첨하거나 혹은 경건한 척하는 게 없었던 것 같다. 서신서에 기록해 놓은 것을 보면 그도 굉장히 직선적이고 솔직한 사람이라는 것을 알 수 있다. "… 내가 욕되게 말하노라… 여러 사람이 육체를 따라 자랑하니 나도 자랑하겠노라", "내가 정신없는 말을 하거니와… 어리석은 자가 된 것은 너희가 억지로 나를 이렇게 만든 것이라". 이것을 보면 확실히 외모를 보아서는 경건하다는 인상을 받기가 어렵다. 소위 신령하게 보이는 사람 같지 않다. 그러나 그 열매가 어떠한가? 사도 바울의 열매, 그의 수고와 충성으로부터 나온 열매야말로 참으로 아름답다. 그렇기 때문에 바울 사도가 참 선지자요, 참된 사도임을 우리가 증거 하는 것이다.

18절, 좋은 나무가 나쁜 열매를 맺을 수 없고 못된 나무가 아름다운 열매를 맺을 수 없느니라

위의 몇 구절을 확정 짓는 말씀이다. 좋은 나무가 나쁜 열매를 맺을 수 없다는 것이다. 그러므로 문제는 나무가 좋은 나무여야 하는 것이다. 즉, 그 사람의 본질이 좋아야 한다. 외적으로 좋은 건 소용없다. 그가 본질적으로 어떤 사람이냐가 중요하다. 그가 좋은 사람이라면 좋은 열매를 맺게 되어 있다. 그렇다면 무엇이 나쁜 열매이고 무엇이 좋은 열매인가? 좋은 열매는 건강한 가르침과 관련된다. 산상수훈의 가르침에 따른 삶을 사는 사람, 그런 가르침에 따른 삶, 이것이 좋은 열매이다. 어떤 사람은 성경의 가르침을 가르치고 겉으로 경건해보이지만 실제로는 산상수훈적인 삶을 살지 않는 수가 있다. 이는 나쁜 열매이다. 외경에는 그들의 행위로 인하여 거짓 선지자와 참 선지자는 알려진다는 말이 있다(Didache 11:3). 그러므로 열매란 그 선지자의 실생활과 나눌 수 없다. 단지 겉에 나타난 생활만 봐서는 알지 못하는 수도 있다. 그러므로 가르침과 함께 그 행실을 보아야 한다. 산상수훈의 가르침에 따르는 삶인 것이다. 나는 과거에 성경에 대하여 매우 해박하고 깊은 지식을 갖고 있는 사람을 보았다. 많은 사람이 그의 가르침에 매혹되었다. 그러나 그는 산상수훈의 가르침을 실생활에 적용하는 삶을 살지 않았다. 너무나 부유했고, 결코 가난한 삶이 아니었다. 가난하여 매일의 양식을 위하여 구할 필요가 없었다. 그런 분들에게는 '한 날 괴로움이 하루에 족하다'는 말은 해당되지 않았다. 마태복음 6장 말씀에 따르는 공중의 새와 들의 백합화 같은 삶을 살지 않았다. 오히려 창고에 많이 쌓아두고 살았다. 이것은 누구를 정죄하기 위해 하는 말이 아니다. 나의 이러한 말은 천국의 표준적인 가르침에 어긋나는 것이 무엇인가를 분별하기 위한 것이다. 이 산상 수훈의 가르침에 따른 삶이 그 열매가 아니면 무엇이 열매란 말인가? 그 사역자는 모든 하나님의 자녀들을 고루 사랑하지도 않았다. 자신들의 단체 안에 있는 사람들, 가까이 있는 사람들에 대하여 특별한 애정을 표현했다. 멀리 있는 사람들에 대하여는 확실한 차이를 두었다. 대적하는 사람들에 대하여는 매정하다 못해, 노골적인 적대감을 표현했다. 이러한 삶은 산상수훈의 열매는 분명 아니다. 천국의 길을 가는 자들에게 있어서 거짓 선지자에 대한 분별은 매우 중요하다. 그런 사람이 아무리 경건해보이고 가르침이 놀라와 보여도 따라가지 말아야 한다. 소경이 소경을 인도하면 둘 다 구덩이에 빠지게 된다.

19절, 아름다운 열매를 맺지 아니하는 나무마다 찍혀 불에 던지우느니라

이 말씀은 심판이 있다는 것을 분명히 말해 주고 있다. 거짓 선지자의 운명은 말할 것 없이 심판받고 멸망하는 것이다. '찍혀 불에 던지우느니라' 그때 하나님께서도 어떤 원칙으로 심판하시느냐면 외모가 아닌 열매를 보시는 것이다. 어떤 사람이 아름답지 못한 열매를 맺었다면 불의 심판을 받게 된다.

20절, 이러므로 그의 열매로 그들을 알리라

이제 우리는 거짓 선지자들을 분별하는 법을 알았다. 열매로 아는 것이다. 열매를 행위가 아니라 가르침이라고 단정하는 사람들도 있다. 맞다. 하나님의 일을 하는데 있어서 근본적으로 중요한 것은 가르침이다. 그러나 말은 옳지만 행함이 없는 바리새인들도 있었다. 주님은 그들의 말하는 것은 따르고 행함은 따르지 말라고 하신 것으로 보아 말은 정확하게 하더라도 행함이 미치지 않는 경우가 있다. 그러므로 열매를 가르침과 그에 따른 행함이라고 보아야 합당하다.

21절, 나더러 주여 주여 하는 자마다 천국에 다 들어갈 것이 아니요 다만 하늘에 계신 내 아버지의 뜻대로 행하는 자라야 들어가리라

이제 천국에 들어가는 것에 대한 또 하나의 말씀이 있다. 천국에 대하여 주로 말하는 마태복음 5, 6, 7장에는 천국의 양면의 문제가 있다. 하나는 현세적인 삶이다. 이는 주로 5, 6장에 기록되어 있다. 우리가 천국의 사람들로서 이 세상에서 어떻게 살아야 하는가이다. 다음 7장 후반부에는 장래 천국에 들어가는 문제를 다룬다. 그러므로 천국은 이 시대에 영적인 실제 안에서 이루어지고, 장래 구체적인 나타남 안에서 실현된다. 오늘은 그리스도께서 믿는이들의 마음속에서 천국의 왕이 되어주셔서 천국의 삶을 살게 하시고, 장래는 주님이 오셔서 이 땅을 실제로 다스리시는 왕이 되신다. 어떤 신학자들은 현세적인 천국을 정신적인 천국이라고 일컫는다. 이와같이 천국은 이 세대의 삶속에서 이루어져가는 면이 있고 장래에 주님의 재림과 함께 실현되는 천국이 있는 것이다. 그리고 이 구절들에 의하면 이 두 천국은 서로 연결되어 있음을 증명한다. 즉 이 시대에 천국의 삶을 살지 않으면 장래의 나타나는 천국에 들어갈 수 없다는 말이다.

이 말씀에 의하면 오늘날 신자들이 입으로 '주여, 주여,' 하면 천국에 들어가는 자격이 주어지느냐 하는 것이다. 물론 주의 이름을 부르는 자마다 구원을 얻으리라는 말씀이 있다. 주의 이름을 부를 때 구원을 받는다고 했지, 천국에 들어간다고 하지 않았다. 그가 진정 주의 이름을 불러서 구원받았다면 영원 멸망이나, 영원토록 불못에 떨어지는 일은 없다. 그렇다고 해서 다 천국에 들어가는 것은 아니다. 또 어떤 사람들은 '주여, 주여 하지 말아라! 주여, 주여 한다고 천국에 들어가는 것 아니다.'라고 말한다. 그러나 그렇게 말해서는 안 된다. 주여, 주여 하는 자 중에 천국에 들어갈 자격 있는 자들이 있게 된다. 주님의 이름을 부르는 자들 중에 천국에 들어갈 수 있는 자들이 있다는 말이다. 주님을 믿는 자는 주님의 이름을 부르게 되어있다. "그런즉 저희가 믿지 아니하는 이를 어찌 부르리요"(롬 10:14a). 그러나 천국에 들어가는 문제에 있어서 주의 이름을 부른다고 해서 다 들어가게 되어있지 않다는 말이다.

'다만 하늘에 계신 내 아버지의 뜻대로 행하는 자라야 들어가리라'. 그러니까 주여, 주여 하고 부르는 것이 첫째이고, 둘째는 하늘에 계신 아버지의 뜻대로 행하는 것이다. 그럴 때 천국에 들어갈 수 있게 된다. 참으로 이것은 중요한 일이다. 오늘 그리스도인들은 천국에 들어가는 것을 목표로 삼아야 하는데 천국에 들어가기 위해서는 하나님 아버지의 뜻을 행해야 하는 문제가 있다. 믿는이들은 이 땅에 살면서 하나님의 뜻을 행해야 천국에 들어 갈 수 있는 것이다. 천국에 들어가기 위해서는 첫 번째로 구원을 받아야 하고 다음에 하나님의 뜻을 행해야 한다. 그러면 하늘에 계신 아버지의 뜻은 무엇인가? 물론 성경의 전체의 내용을 보아야 하지만 이 구절에서 주님이 말씀하시고 계신 것은 산상수훈의 말씀과 관련이 된다. 그분이 하신 이 모든 말씀은 아버지와 하나 되어 하신 말씀으로써 아버지의 뜻이라고 보아야 한다. 즉 아버지의 뜻대로 행한다는 것은 이 산상수훈의 말씀을 듣고 이 말씀대로 순종하면서 사는 것이 필요하다는 말이다.

이 부분의 말씀이 20절까지의 거짓선지자와 관계가 있는가? 있다고 보아야 한다. 이 부분의 말씀을 만일 22절부터 시작하셨다면 앞의 말씀과 관련이 없다고도 볼 수 있겠지만 21절부터 시작하신 것으로 보아 이는 거짓 선지자들의 일과 관련지어서 말씀하신 것이 분명한 것이다. 거짓 선지자들도 주의 이름으로 일을 한다. 그들은 양의 옷을 입었으므로 겉으로는 매우 경건해 보이기도 하고 진짜 하나님의 일꾼들같이 행세를 할 것이다. 그리고 주여, 주여, 하며 선지자 노릇하고 많은 권능도 행할 것이다. 그러나 그들은 그날 주님께 거절될 것이라는 말이다. 그러니까 겉으로는 그럴듯한 가르침과 일을 하지만 그날 주님께 거절 될 사람이 많다는 말이다. 그 이유는 하나님의 뜻을 행함에 문제가 있다. 하나님의 뜻은 가르침으로 볼 수 있고, 그 가르침에 따른 행함까지 포함하여 열매가 되는 것이다. 결국은 이러한 아버지의 뜻과 그 행함이 그 열매가 되는 것이며 그렇게 섬긴 사람들이 그날 천국에 들어가는 사람들이라는 말이다.

22-23절, 그날에 많은 사람이 나더러 이르되 주여, 주여 우리가 주의 이름으로 선지자 노릇 하며 주의 이름으로 귀신을 쫓아내며 주의 이름으로 많은 권능을 행치 아니하였나이까 하리니 그때에 내가 저희에게 밝히 말하되 내가 너희를 도무지 알지 못하니 불법을 행하는 자들아 내게서 떠나가라 하리라

그날에 많은 사람이 주님께 와서 이렇게 말할 것이다. 여기서 '그날'이란 그리스도께서 재림하셔서 심판대를 세우실 때를 의미한다. 여기서 우리가 또 한 가지 기억해야 할 것은 많은 사람이 이 땅에서 성령이 주신 은사를 사용하여 하나님을 섬기고도 그날 천국에 못 들어간다는 것이다. 참으로 심각한 이야기이다. 많은 사람이 자기가 들어갈 줄 알았는데 못 들어간다는 이야기 아닌가? 얼마나 두려운 일인지! 그날 주님 앞에서 거절되어지는 사람이 많고 영접되어지는 사람은 적다.

'그날에 많은 사람이 나더러 이르되 주여, 주여 우리가 주의 이름으로 선지자 노릇 하며 주의 이름으로 귀신을 쫓아내며 주의 이름으로 많은 권능을 행치 아니하였나이까 하리니 그때에 내가 저희에게 밝히 말하되 내가 너희를 도무지 알지 못하니 불법을 행하는 자들아 내게서 떠나가라'. 여기서 주님은 세 번이나 '나더러', '내가', '내가'라고 하셨다. 이는 그분이 장래 심판하실 분임을 나타내신 것이다. 이는 부지중에 자신의 신분을 드러내신 것이다.

보라. 그날에 많은 사람들이 주님께 와서 '주여, 주여, 제가 주님을 위해서 무엇 무엇을 했습니다.'라고 할 것인데 주님은 그들에게 '내가 너희를 도무지 알지 못한다'하시면서 부인하신다는 것이다. 즉 천국에 못 들어가는 사람이 많다는 말이다. 많은 사람들이 자기가 들어갈 줄로 알고 있었는데 못 들어간다니까 '왜 제가 못 들어간다는 말입니까? 주님!' 한다는 말이다. 주님은 그날 심판대의 일들을 미리 예언해주면서 주의하도록 경계하시는 말씀이다. 주님은 아버지의 뜻대로 행하지 않은 자들에게 '너는 불법을 행했다.'고 하신다.

불법을 행한다는 말은 헬라어로 '지나쳐 나갔다'는 뜻이다. 하나님의 뜻의 한계를 벗어난 일들을 한 것이다. 이들은 소위 주님을 위한 많은 일을 했다. 신약에서 가장 탁월한 은사가 하나님의 말씀을 말해내는 선지자의 은사이다(고전 14장). 그들은 교회를 위하여 이러한 좋은 은사를 행하였다. 또 귀신을 쫓아내는 일도 했다. 주님도 이 땅에 계실 때 귀신을 쫓아내셨다. 귀신을 쫓아내는 것도, 많은 권능을 행하는 것도 잘못된 것이 아니다. 사도 바울도 귀신을 쫓아낸 적이 있고 많은 권능을 행한 적이 있고 선지자의 일도 했다.

여기서 왜 '불법을 행하는 자들'이라고 하셨겠는가? 하나님의 법을 준수하지 않기 때문이다. 하나님의 말씀대로 하지 않기 때문이다. 자기 임의대로 사역하고 임의대로 봉사하기 때문에 주님의 제쳐놓으심을 당한 것이다. 그들은 자기의 생각대로 봉사했지, 하나님의 뜻에 따라 하지 않았다. 하나님은 자녀들이 왕국의 생명을 사는 것에 대하여, 받은 은사를 발휘하여 봉사를 많이 하는 것보다 중요하게 생각하신다. 하나님은 장래 우리의 일과 열매를 보실 것이지만 산상수훈의 삶을 살아낸 것만큼은 중요시 하지 않을 것이다. 주님은 산상수훈의 가르침을 중요시하지 않고 그저 많은 일을 한 사람들에게 "내게서 떠나가라!" 하실 것이다. 그날 그리스도의 심판대가 세워질 것인데 많은 사람이 주님의 얼굴빛을 떠나게 될 것이다. 그날 거기 주님의 면전에서 많은 사람이 그분의 영광과 그분의 얼굴빛을 떠나 멸망으로 들어가게 된다. 물론 그리스도인은 영원히 멸망당하지는 않지만 천년 동안 불못의 고통을 맛보게 된다.

우리는 내면에 있는 은혜가 외면의 은사를 발휘함보다 훨씬 중요하다는 사실을 알아야 한다. 생명이 일보다 중요하고 성령의 열매가 은사의 발휘보다 중요하다. 사랑이 많은 일(선지자의 일, 구제 등) 보다 중요하다는 사상은 고린도 전서 13장에도 있다. 결국은 주님의 말씀에 대한 절대적인 순복만이 우리를 하나님의 왕국으로 인도한다는 말이다. 13절에는 넓은 길로 가는 사람이 많다고 하였고, 22절은 그날에 주님이 인정치 않고 면전에서 쫓아낼 사람이 많다고 하셨다. 이 두 번의 많다는 말을 연결하여 생각해보면 천국에 들어가는 사람이 적다고 하신 말씀을 잘 이해할 수 있다.

24-25절, 그러므로 누구든지 나의 이 말을 듣고 행하는 자는 그 집을 반석 위에 지은 지혜로운 사람 같으리니 비가 내리고 창수가 나고 바람이 불어 그 집에 부딪히되 무너지지 아니하나니 이는 주초를 반석 위에 놓은 연고요

이 말씀에서 첫째는 주님의 말씀을 들어야 한다. 그 다음에는 행해야 한다. 듣고 행하는 사람이 그 집을 반석 위에 지은 지혜로운 사람이라고 하셨다. 이제까지의 말씀을 볼 때 천국은 누가 들어가는가? 첫째는 충성되고 좁은 길을 선택하는 자이다. 대가를 지불하고 죽음의 위험을 무릅쓰고서라도 협착한 길을 가는 이것은 충성된 것이다. 그런데 충성만 있어서는 안 되고 지혜도 있어야 한다. 그저 일만 한다고 되는 것이 아니다. 귀신을 쫓아내고 능력을 행하고 선지자 노릇을 한다고 되는 것이 아니다. 지혜가 있어야 한다.

그러면 누가 지혜가 있는 사람인가? 말씀을 듣고 행하는 사람이 지혜로운 사람이다. 어떤 사람들은 그냥 열심히 주님을 위해서 충성을 하면 됐지 또 지혜까지 필요하냐고 할지 모른다. 주님은 이 세대를 '미련하고 완악한 세대'라고 하셨다. 주님이 미련하다고 꾸짖으셨다면 미련한 것은 결코 좋은 것이 아니다. 사실 나중에 마태복음 25장에서 주님을 맞이하는 처녀들은 지혜로운 사람들이다. 그들은 지혜가 있다. 지혜는 영에 속한 것이다. 무엇을 해야 할지, 하지 말아야 할지를 아는 것은 영에 속한 것이다. 지식이란 어떤 것에 대하여 잘 아는 것이다. 좀 구분이 있다. 지식은 좀 있지만 지혜가 없는 일이 있다. 그럼 누가 지혜로운 사람인가? 주님의 말씀을 잘 듣고 그 말씀대로 행하는 사람들이다. 법을 잘 지키려면 법을 잘 알아야 하며 또 잘 지켜야 한다. 법대로 하지 않은 많은 일들이 장래 인정되지 않는다는 것이다.

'비가 내리고 창수가 나고 바람이 불어 그 집에 부딪히되' 비는 위로부터 내리고, 바람은 사방으로부터 불고, 창수는 아래로부터 솟아올라 집의 기초를 공격한다. 이렇게 마지막 때는 우리의 공력에 대한 심판이 심각하게 있게 된다. 이런 일은 장래 반드시 있게 되니 지금부터 유의해서 섬겨야 한다. 여기 마태복음 7장에는 그날에 많은 사람들, 불법을 행하는 자들이 다 주님의 얼굴을 떠나게 된다고 하는 말씀이 있다. 19절에서도 '열매를 맺지 아니하는 나무마다 찍혀 불에 던지우리라'고 하셨고 23절에서도 '불법을 행하는 자들아 다 내게서 떠나가라'고 하셨다. 이것이 장래 심판대 앞에서 벌어질 광경이다. "비가 내리고 창수가 나고 바람이 불어 그 집에 부딪히되 무너지지 아니하나니 이는 주초를 반석 위에 놓은 연고요".

26절, 나의 이 말을 듣고 행치 아니하는 자는 그 집을 모래 위에 지은 어리석은 사람 같으리니

여기서 어떤 사람들이 일하고도 버림받게 되느냐면 주님의 말씀을 듣고 행치 않는 사람들이다. 귀신을 쫓아내고 능력을 행하고 많이 했지만 이런 일은 아무것도 하지 않은 것으로 간주된다. 오직 하나님의 뜻을 행해야 무엇인가 귀한 일을 하는 것이다. 어떤 사람들은 어떤 일을 하고 싶기 때문에 하나님의 뜻을 들어도 그 말씀이 들어오지 않는다. 그리고 그것을 알아도 행하지도 않는다. 참으로 이것이 문제이다. 그래서 하나님의 말씀은 들을 뿐만 아니라 반드시 행해야 한다.

매튜 헨리는 이런 말을 했다. "듣고 기억하거나 듣고 말하거나 듣고 말하기를 반복하거나 하는 놀이를 하는 것으로는 충분하지 않고 하나님의 말씀을 듣고 반드시 행해야 한다." "단지 듣기만 하고 행하지 않는 자는 천국 가는 길의 중도에 앉아 그들의 천국 노정을 마치지 못하는 자다." 결론적으로 행함이 없는 신앙은 문제가 있는 신앙이라는 말이다. 반드시 순종하는 신앙이 있어야 한다.

27절, 비가 내리고 창수가 나고 바람이 불어 그 집에 부딪히매 무너져 그 무너짐이 심하니라

'비가 내리고 창수가 나고'. 창수란 근본, 기초를 무너뜨릴 수 있는 큰 홍수이다. '바람이 불어 그 집에 부딪히매 무너져 그 무너짐이 심하니라'. 주님이 다시 오실 때에는 틀림없이 우리의 공력, 일한 것, 행한 것들이 다 불 시험과 비와 창수와 바람의 시험을 거치게 될 것인데 그것이 무너지지 않고 남아 있어야 그 사람이 상을 받고 인정을 받게 된다. 그럴려면 하나님의 뜻, 하나님의 말씀(여기서는 산상수훈과 같은)을 듣고 그대로 행해야 한다. 그럴 때 그 사람의 공력이 불타지 않고 무너지지 않고 그대로 남아 있어 상을 받게 된다.

28절, 예수께서 이 말씀을 마치시매 무리들이 그 가르치심에 놀래니

이러한 말씀은 참으로 놀랄 만한 말씀이다. 처음에 주님이 입을 여셨을 때는 제자들만이었는데, 점차 사람들이 산으로 올라온 것이다. 그래서 28절은 무리가 되었다. 그들은 주님의 말씀을 듣고 놀랐다. 이들은 마치 예배시간에 좀 늦게 온 사람들이다. 그러나 그들은 말씀을 거의 다 들은 것 같다. 나는 오늘날도 이런 말씀을 듣고 놀라는 일이 있기를 바란다. 이는 새로운 말씀이고 중대한 말씀이다. 복음 중의 복음이요 말씀 중의 말씀이다. 우리는 이 땅에 살면서 이 말씀을 소홀히 해서는 안 된다. 장래 우리는 우리의 행함과 일로 심판을 받게 될 것이다. 우리는 이 말씀에 근거하여 주님 앞에 설 것이다. 그날 각각 공력이 밝혀질 것이다. 상(賞)과 해(害)가 결정될 것이다. 주님의 칭찬도 있을 것이다. 이를 위해서 우리의 삶은 진지해야 하고 이 말씀이 우리의 심비에 깊이 새겨져야 한다.

29절, 이는 그 가르치시는 것이 권세 있는 자와 같고 저희 서기관들과 같지 아니함일러라

서기관들은 지식적으로 아무 영향력 없이 그저 공허하게 이 말 저 말 할 뿐이다. 그런데 주 예수님이 입을 벌려서 말씀을 하실 때 보통 말씀이 아니다. 말씀을 듣는 순간 천국이 왔다 갔다 하는 것이다. 참으로 권위가 있다. 그런 말씀은 결코 들어도 안 들어도 크게 차이가 나거나 영향이 없는 서기관의 말과 같지 않다. 그 말씀을 듣고 행할 때 엄청난 축복이 있게 되고, 듣고 행치 않을 때 참으로 엄중한 벌이 있게 된다. 마태복음 5, 6, 7장의 산상수훈의 말씀은 너무나 귀하다. 이러한 말씀이 우리 그리스도인의 일생을 지배하기 원한다. 아멘.

8 장

마태복음 8, 9장의 내용은 함께 다루겠다. 간단히 두 장의 내용을 요약하면 예수님이 산상 수훈의 말씀을 마치시고, 산에서 내려오시니 허다한 무리가 좇았다. 그때 한 문둥병자가 나와 고쳐달라고 하였고 주님은 손을 내미시어 그 문둥병자를 치료하셨다(1-4).

다음은 가버나움에 가셨을 때인데, 한 백부장이 중풍병 걸린 자기 하인을 고쳐달라는 말을 하였고, 주님은 듣고 가서 고쳐주시려 할 때 그 백부장은 겸손함과 믿음으로 집에 오실 것 없이 다만 말씀으로만 해달라고 했다. 그리고 주님은 그의 믿음을 칭찬하시며 말씀으로 고쳐 주셨다(5-13).

다음은 베드로의 장모 집에 가서 열병에 걸린 베드로의 장모를 고쳐주었다. 그날 저물 때 사람들이 많은 귀신들린 자와 병자들을 데리고 오매 다 고쳐 주셨다(14-22). 마태는 거기에 구약의 메시야에 대하여 예언한 이사야의 성경을 인용한다. "우리 연약한 것을 친히 담당하시고 병을 짊어지셨도다"(사 53:4). 다음에는 바람과 바다를 꾸짖어 잠잠케 하신 일이 기록되어 있고, 귀신들린 자 둘을 만나 그들 속에 있는 많은 귀신들을 쫓아내시어 돼지에게 들어가게 하여, 수많은 돼지들이 바다에 가서 몰사하였으나(마가와 누가는 그 귀신을 군대귀신이라 하고 돼지 숫자를 이천 마리 이상이라고 하였다), 그 동네 사람들은 귀신들린 사람을 고쳐주고 귀신을 쫓아내주신 것에 대하여는 감사할 것도 없이 돼지 잃은 것만 서운하여 주님을 그 동네에서 떠나달라고 요청했다.

9장은 중풍병자를 치료한 것이 있고, 혈루증(피가 계속 흘러나오는 병)이 걸린 여인을 치료하신 일과 죽은 소녀를 살리신 일이 기록되어 있다. 그 사이에 이 복음서를 기록한 세리 마태를 부르신 일과 마태의 집에서 식사하신 일, 식사현장에서 바리새인과 요한의 제자들이 나와 질문한 것을 답변하신 것이 있다(예수님이 당시 좋게 평가되지 않는 하류의 사람들인 세리와 죄인과 함께 잡수시는 일, 왜 당시 종교인들처럼 금식하지 않고 잡숫기만 하느냐는, 여기서 주님은 새 포도주와 새 부대 비유를 하셨다). 마지막 부분은 두 소경의 눈을 뜨게 해주고, 귀신들려 벙어리 된 자를 치료하신 것이 있다.

마태복음을 단락별로 나눈다면 첫째는 1-2장, 둘째는 3-7장이다. 8장은 세 번째 단락(8-12장)의 시작이다. 5-7장의 말씀이 교훈으로 가득하다면, 8-9장은 능력을 행하신 것으로 가득하다. 주 예수님은 먼저 회개하라고 전파하시고, 다음은 천국 복음을 가르치시고, 다음은 능력을 행하셨다. 간단히 말해서 5-7장은 교훈이고 8-9장은 능력과 기적의 행하심이다. 주님이 오신 것은 가르침만 주려하신 것이 아니라 능력을 베푸시기 위함이다.

그러나 마태의 기록은 주님의 능력을 행하신 것의 위대성을 기록하기 위한 것만이 아니라 거기에 무언가 시사하는 의미를 부여하기 위한 기록을 남겼다. 그러므로 그는 주 예수님이 하신 일을 일하신 순서가 아니라 전달하고자 하는 뜻을 두고 편집하였다. 마태와 누가의 기록이 특히 그러하다. 반면에 마가와 요한은 주님이 행하신 일에 대하여 기자처럼 다루어 사건중심으로 기록했다. 따라서 학자들 중에는 마가복음을 원복음서로 말하기도 한다. 마가복음과 마태, 누가는 50% 가까이 중복된 내용이 들어 있다. 마태와 누가는 역사대로 서술한 것이 아니라 편집자이다. 기자와 편집자는 다른 것이다. 그러므로 우리가 주님이 하신 행적을 기사중심으로 파악하려면, 갈릴리 중심의 사역은 마가복음을, 유대 지역을 중심으로 한 사역은 요한복음을 보면 된다. 마가와 요한은 기자적으로 썼다. 그러나 마태와 누가는 편집스타일로 작성했다. 그러므로 마태복음 8장의 기록은 문둥병자의 치료가 베드로 장모의 치료보다 먼저이지만 마가복음과 누가복음은 베드로 장모가 먼저이다(막 1:29-44, 눅 4:38-5:16). 아마도 순서상은 장모의 치료가 먼저일 것이다.

기적적인 행함에 있어서 신약성서의 헬라어는 세 가지를 사용했다. 첫째는 두나미스(dunamis)로서 영어로는 'act of power'이다. 두 번째로는 '테라스(teras)'로서 'wonder'이다. 즉 기이한 일이라는 뜻이다. 세 번째로는 표적(signs)이라는 말로 번역하는 '세메이온(semeion)'이다. 이 중에서 마태 8장의 기적들은 다 표적(signs)이다. 그러므로 그 말씀들을 읽을 때 다만 주님이 행하신 기이한 능력으로만 읽어서는 안 되고 거기에 포함된 의미를 읽어내야 한다. 실상 주 예수님은 사람들이 그분의 기적과 능력 행함을 보고 믿는 것에 대하여 그다지 신뢰하지 않으신다(요 4:48). 주님은 사람들이 그분의 입으로부터 나오는 말씀을 통해 그 뜻을 살피며 그분의 말씀을 믿는 것을 매우 기뻐하신다(요 6:66-68). 그러므로 이 말씀의 부분을 읽을 때도 그분의 능력이 행사된 측면보다 그 말씀의 깊은 뜻을 잘 이해해야 한다.

주님이 당시에 오셨을 때 그분은 천국을 가지고 오셨고, 그분은 천국의 가르침과 능력을 실행하셨다. 그러므로 당시 사람들은 천국의 가르침을 받을 수 있었고(5, 6, 7장), 천국의 능력을 맛볼 수 있었다(8-9장). 주님이 당시 나타내신 능력은 왕국의 능력이었던 것이다. 주님의 왕국은 가르침의 문제만 있는 것이 아니라 능력의 문제가 있다. 그분은 5-7장에서 초월한 가르침을 주실 뿐 아니라 8-9장에서 초월한 능력을 우리에게 적용해 주실 수 있는 분임을 계시한다. 그러므로 그분은 메시야 왕국을 넉넉히 실행하실 수 있는 분이시다. 우리는 8-9장을 이러한 측면으로 공부하기 바란다.

그때 많은 사람들이 주 예수님을 만나기만 하면 왕국의 능력을 맛보고 치료를 받는 특권을 누렸다. 이것이 그리스도의 왕국의 놀라운 모습이다. 이는 내세의 능력을 미리 맛본 것이라고 말할 수 있다(히 6:5). 그러나 당시 유대인들이 주님을 버렸기 때문에, 실제적인 왕국은 재림 시까지 지연되었고, 이 시대에는 능력을 나타낼 수는 없고, 그리스도의 인내를 나타낼 뿐이다(계 1:9). 이 시대에는 주님을 배척하는데 성공한 흑암의 세력이 물질적 세계 안에서 다스리고 있다. 그러므로 수많은 그리스도인들이 주님을 따르기 위해 초대부터 순교의 길을 간 것이다. 지금 시대에 주님을 따르는 자들은 배척당하신 주님과 함께 인내 안에서 그 왕국에 동참해야 한다. “우리는 그 능욕을 지고 영문 밖으로 그에게 나아가자”(히 13:13). 그러나 당시 사람들은 주님의 왕국의 능력으로 영혼만이 아니라 몸 까지도 은혜를 맛보았다. 그러나 오늘날은 영성상의 은혜를 입지만 몸에 치료의 은혜를 얻는 것은 제한적이다. 오늘의 시대는 천국의 왕이신 그리스도께서 거절당한 시대이므로 왕국의 권능은 매우 제한적으로 적용되고 있다. 그러면서도 알아야 할 것은 내세의 능력은 미리 맛볼 수 있는 것이므로 오늘날에도 영혼만이 아니라 육신에까지 그 능력은 미칠 수 있고, 따라서 질병이나 약함을 치료 받을 수 있다.

복음서에서 나타난 왕국의 권능은 보편적이지만, 오늘날은 기적이나 능력이 예외적이다. 즉 이 시대에는 예외적으로 특별히 능력이 나타나는 것이다. 이것이 히브리서에서 말하는 내세의 능력을 미리 맛본다는 것이다. 미리 맛본다는 것은 보편적으로 먹는 것이 아니다. 전체적으로 충분히 누리는 것이 아니라 잠시적으로 혹은 부분적으로 누리게 하는 것이다. 그러나 주님이 재림하실 때 그분의 능력은 최대한 나타날 것이다.

그러면 여기서 왜 마태는 중풍병이나 열병보다 문둥병을 먼저 편집하였는가? 우리는 그 의미를 생각해 보아야 한다. 주님이 가르침을 주신 5, 6, 7장에서 사람이 천국을 위해서는 어떻게 되어야 하는가를 말씀하셨다. 그러나 8장에서부터는 사람의 실제 상태를 치료해 나가신 것이므로 가장 근원적인 문제부터 말하기 시작한 것이다. 인간의 가장 근원적인 문제는 무엇인가? 죄의 더러움의 문제이다. 사람이 천국의 사람들이 되려면 죄 사함과 정결케 됨의 은혜부터 받아야 한다. 구약 레위기 13, 14장에 나오는 문둥병은 부정한 죄악을 대표하는 병이다. 이는 문둥병에 걸린 사람이 머리를 풀고 '나는 부정하다, 나는 부정하다.'라고 외치게 된 것을 통해서도 알 수 있고 (레 13:45), 그 병이 죄처럼 전염성이 강한 것이고, 죄와 같이 치료가 불가능한 점 등을 통해서 알 수 있다. 또한 문둥병자는 스스로 진단하는 것이 아니라 제사장이 진단하게 되어있는 점 또한 매우 특이하다. 여기서 하나님은 사람이 지은 죄에 대하여 자신이 죄를 짓는 문제가 있을 뿐 아니라 하나님의 눈으로도 죄가 있는 것으로 인식되어진다는 것을 알도록 하신 것이다. 그러므로 제사장 앞에 가서 문둥병자임을 확인받도록 한 것이다.

주님은 그의 병을 어떻게 치료하셨는가? 말씀으로 하셨다. "내가 원하노니 깨끗함을 받으라!"이다. 하나님의 모든 일은 말씀으로 이루어진다. 그리스도는 성경에서 말씀(로고스)이라고 일컬어진다. 하나님은 그분의 모든 일을 말씀으로 행하신다. 말씀이 아니고는 아무 일도 하시지 않는다. 그분은 문둥병자에게 '깨끗함을 받으라'고 하셨다. 이것이 전부이다. 하나님이 말씀하신 것이 있다면 모든 것이 된다. 말씀이 없다면 축복이 없다. 역사도 없다. 우리는 기도해야 한다. "하나님이여, 우리에게 말씀하시옵소서" 우리가 죄 사함을 받고 깨끗케 되는 것도 복음의 말씀을 통해 되는 것이다. 어느 날 그 복음의 말씀이 나에게 주신 하나님의 말씀으로 들려졌을 때 죄사함과 생명 얻는 역사가 이루어진다. 주님은 우리에게 말씀하신다. '네 죄사함을 받았느니라'(9:2). 우리가 이 말씀을 듣고 주님을 믿을 때 우리는 깨끗케 함을 얻는다. 우리는 이 말씀에 우리의 이름을 넣어 읽어볼 수 있다. "○○○의 죄사함을 받았느니라!"

마태가 중풍병자를 두 번째로 놓은 것은 몇 가지 의미가 있다. 첫째는 문둥병의 죄는 부정한 죄이지만 중풍병의 죄는 이길 수 없는 죄를 말한다. 중풍병은 팔과 다리에 힘이 없고, 전신이 약하여 아무 것도 할 수 없는 죄인의 상태를 말한다. 마태는 죄에 대하여 첫째로 외면의 불결함을 먼저 다루고, 둘째로 내면의 연약함을 다룬 것이다. 죄의 외면적인 불결함은 보혈에 의해 씻어져야 하지만 죄의 권세에서는 이길 수 있는 내적 생명 능력이 필요하다. 중풍병자는 머리 속으로는 다 알지만 일어나서 자기가 아는 대로 움직이지 못하는 병이다. 지식이 있어서 하나님의 말씀에 따라 어떻게 행해야 하는 것도 다 알지만, 행할 수 있는 힘이 없다. 이것이 중풍병자이다. 오늘날에도 교회 안에 이런 중풍병자의 신앙이 많다.

중풍병자를 치료하실 때 주님은 '가서 고쳐주겠다'고 하셨다. 그러나 백부장은 믿음이 좋았다. 그는 오실 것 없이 다만 말씀으로만 해달라고 했다. 문둥병자는 이 수준에 이르지 못했었다. 그러므로 주님은 그에게 가셔서 손을 대서 치료하셨다. 믿음이 강하다면 손을 대는 것이 불필요하다고 말할 수 있다. 주님은 때로 우리의 헌신과 믿음에 따라서 그분의 원래의 뜻을 바꾸기도 하신다. 그러므로 사람들의 체험이 다양한 것이다. 사람의 믿음의 정도에 따라 그렇게 맞게 역사하시기 때문이다. 주님은 중풍병자에게 원래 가서 치료해주려고 하셨다가 그의 믿음이 충분한 것을 아시고 그의 믿음대로 말씀으로만 치료해주신 것이다. 때로 주님은 인간의 믿음의 연약함을 아시고 보조수단을 통해서 믿게 하시는 것이 있다. 손을 대신다든지, 가신다든지, 진흙은 이겨 침을 바르는 등의 수단이 그것이다. 그러나 여기의 백부장은 '다만 말씀으로만 하시라'고 하였다. 가장 좋은 믿음은 어떤 보조 수단이 없더라도 다만 하나님의 말씀 자체를 믿는 것이다.

오늘 어떤 사람들은 천국에 갔다 왔다는 책들을 읽고 믿음에 대단한 도움을 받았다고 하기도 하고, 많은 과학적인 증거들을 통하여 하나님의 살아계심을 믿는데 도움이 되었다고 하기도 한다. 또 성지를 순례하고 그곳의 예수님이 태어나신 곳, 십자가의 나무 조각이니, 못이니 하는 유물들을 보고 믿음이 강화되었다고 한다. 또 어떤 사람들은 자기가 방언을 하는 것을 보고 믿음에 확신을 갖기도 한다. 병이 나은 것을 체험하고 믿음을 강하게 갖는 경우는 많이 있다. 나는 이런 것이 전혀 도움이 되지 않는다고 말하는 것이 아니다. 어떤 사람들은 설교자가 기적을 일으켜 사람이 쓰러지고 앉은뱅이가 약간 일어나서 절뚝절뚝 걷는 것 등을 보고 예수를 믿었다고 말한다. 그렇게 보이는 것을 의지하여 믿는 것은 가장 좋은 믿음이 아니다. 주님이 가장 기뻐하시는 믿음은 아무 보조수단이 없이 다만 그분이 하신 말씀을 공경하여 다만 믿는 것이다. 다만 하나님이 말씀하셨으니 믿는 것이다. "주여 다만 말씀하시옵소서, 주의 종이 믿겠나이다" 나는 이런 믿음이 많아지기를 얼마나 바라는지! 장래 천국에는 유대인과 같이 지식은 잔뜩하지만 실제적인 믿음이 없는 사람들은 배제되고 이방인 백부장처럼 믿음의 사람들이 좌정할 것이다. 오늘날도 많은 지식의 사람이 되는 것보다 살아있고 참된 믿음을 가진 사람이 되는 것이 좋다.

1절, 예수께서 산에서 내려오시니 허다한 무리가 좇으니라

마태복음 5, 6, 7장은 주님이 사역을 시작하신 후에 한 무리 제자들을 데리고 산에 올라가셔서 가중 중요한 천국 헌법을 공포하신 것을 말한다. 주님은 거기서 어떻게 천국 백성이 되는가, 천국 백성은 어떻게 길을 걸어가야 하는가, 천국 백성의 생활의 실제는 어떠한 것인가에 대해서 말씀하셨다. 주님의 가르침이 다 중요하지만 마태복음 5, 6, 7장의 말씀은 너무나 중요하다. 구약의 선지자들의 말이 있지만 그분은 하나님의 아들로서, 이 땅에 천국을 가지고 오신 왕으로서 가장 중요한 하나님의 뜻을 직접 말씀하신 것이 바로 산상수훈이다. 그러므로 이 말씀은 너무나 중요한 말씀이다.

이 말씀을 다 마치시고 예수님은 산에서 내려오셨다. 우리는 하나님의 말씀, 가장 높은 계시의 말씀을 들어야 하고 또 듣기 위해서는 높은 산에 머물러 있어야 하지만 우리 주님처럼 또 이렇게 내려와야 한다. 내려올 때에 사람들의 필요를 마주 대하게 된다. 예수님은 산에만 계시지 않고, 산에서 높은 가르침만을 제자들에게 주시지 않고 내려오셨다. 내려오실 때에 허다한 무리들이 주님을 좇게 되었다. 오늘날 우리가 아무리 영적으로 높은 수준의 체험을 할지라도 여전히 불결한 사람들 가까이에 나아가 그들을 접촉할 필요가 있다. 그 중에서 한 문둥병자가 나아와 주님께 절하며 말했다.

2절, 한 문둥병자가 나아와 절하고 가로되 주여 원하시면 저를 깨끗케 하실 수 있나이다 하거늘

이 문둥병은 질병 중에서 참으로 고질병이고 치료하기 어려운 병이다. 우리나라도 과거에 이런 나환자가 많았다. 이것은 전염성이 강하고 치명적이기 때문에, 또 한 번 걸리면 치료하기가 어렵기 때문에, 보통 어떤 특정한 곳에 격리시켜서 치료한다. 그러나 치료하기도 매우 어렵다. 구약 시대에는 이 문둥병을 상당히 심각하게 다루었다. 레위기 13장에서 우리는 문둥병에 걸린 사람들에 관한 규례를 자세히 읽을 수 있다.

구약 민수기에서 아론과 미리암이 모세가 구스 여인을 취했다는 것으로 하나님의 종 모세를 비방했을 때 미리암은 문둥병에 걸렸다. 또 엘리사가 나아만이라는 아람 장군의 문둥병을 치료해주고 아무 것도 받지 않으려 했을 때, 엘리사의 종 게하시가 자기는 무언가 받고 싶어서 거짓말을 해가면서 그에게서 무언가를 취해왔을 때, 그도 또한 문둥병에 걸린 것을 볼 수 있다. 그러므로 문둥병은 죄와 많이 관계가 있다. 죄가 있을 때에 문둥병이 있다. 특히 하나님의 종을 비방하고 불순종했을 때에 문둥병이 있었다. 웃시야 왕도 문둥병에 걸렸다. 이스라엘 나라가 극도로 타락하고 하나님을 거역하고 떠날 때에 왕이 문둥병에 걸렸다. 그도 하나님의 법도를 어긴 일이 있기 때문에 문둥병이 걸린 것이다. 그러므로 이 문둥병이라고 하는 병은 매우 치명적이고 고질적이고 치료하기 어려운 질병인 동시에 한 번 걸리면 사람으로서는 다시 사회 생활에 복귀되기가 어려운 병이다.

영적으로 말해서 이러한 병은 특히 거역했을 때, 하나님의 종을 거역하고 하나님의 권위를 거역하고 비방하는 말이 퍼질 때 걸리게 된다. 그런데 이러한 질병은 영적으로도 매우 전염성이 강하다. 어떤 사람들이 한 번 문둥병에 걸리면 즉시 옆에 있는 사람들에게 퍼져 나간다.

나는 오늘 한국 땅에 성도들 가운데 가장 많이 퍼져 있는 병이 문둥병이라고 생각한다. 이제 후에 다루겠지만 중풍병이 있고 열병이 있는데 중풍병과 열병보다 문둥병이 가장 많이 퍼져 있다. 문둥병은 자기도 모르는 사이에 살이 썩어 들어가는 병이다. 그리고 죽는다. 다시 한 번 말하지만 문둥병은 사람이 치료할 수 없는 병이다. 열왕기 하에서 아람 장군 나아만은 문둥병에 걸렸을 때 엘리사에게 문둥병을 치료해 달라고 했다. 그때 이스라엘 왕이 이 말을 듣고 '이거 큰일났구나. 저 아람 장군이 우리나라를 쳐들어올 구실을 찾으려고 저렇게 하는구나. 어찌 사람이 문둥병을 고칠 수 있다는 말인가? 하나님 외에 누가 그걸 고칠 수 있다는 말인가?' 하고 걱정했다. 즉 사람이 치료하기가 불가능한 병이라는 뜻이다.

구약에서 문둥병은 매우 심각한 병이기 때문에 문둥병에 걸렸을 때에는 제사장에게 가서 특별히 진찰을 받아야 했고 문둥병에 걸린 사람은 윗입술을 가리고 사람들에게 '나는 부정하다! 나는 부정하다!' 하고 외쳐야 했다. 그리고서 완전히 치료되었다 하더라도 한동안 있다가 제사장에게 완전하다는 확인을 받고 정결하다고 판정을 받은 뒤에 나올 수 있는 병이다.

그런데 한 문둥병자가 예수님께 나왔다. "예수님께 나아와 절하고 가로되 원하시면 저를 깨끗케 하실 수 있나이다". 이 문둥병 환자는 주 예수님이 자신의 문둥병을 치료하실 수 있는 분이라고 믿었다. 그래서 '원하시면 저를 깨끗케 하실 수 있나이다' 라고 말한 것이다. 이것이 문둥병자의 믿음이었다.

3절, 예수께서 손을 내밀어 저에게 대시며 가라사대 내가 원하노니 깨끗함을 받으라 하신대 즉시 그의 문둥병이 깨끗하여진지라

예수님은 높은 가르침만 주시는 분이 아니었다. 그분은 더럽고 전염성이 강한 그러한 문둥병자를 멀리 떨어져서 말씀만 하지 않으시고, 자신은 거룩하고 그러한 사람들과 상관하지 않는다는 그러한 태도를 취하지 않으시고 그에게 손을 대시면서 “내가 원하노니 깨끗함을 받으라!”고 하셨다. 주님은 병든 환자들에 대해서 믿음으로 주님께 구할 때에 병을 치료하기 원하시는 분이다. 오늘 사역자라 하면서 항상 거룩한 말씀만을 말하고 불결하고 저급한 생활 가운데 있는 성도들을 상대하지 않는 자들이 있다면 이는 주님을 닮지 않은 것이다. 오늘 내가 구원받고 주님을 만난 것은 죄인을 가까이 하시며 만나주시는 분이기 때문이었다.

한편 문둥병은 일반적으로 사람의 죄를 의미하며 모든 죄는 다 부정한 것이므로 깨끗케 될 필요가 있다. 주님은 이 땅에 사람의 죄를 깨끗케하러 오셨다.

“내가 원하노니 깨끗함을 받으라!” 어떤 사람들은 병에 걸려서 주님께 기도할 때에 주님이 과연 내 병을 치료하기를 원하실까 하면서 구하는 것 같다. ‘내 병을 그분이 치료해주실까?’ 그러나 주님은 이미 말씀하셨다. 사람의 질병을 치료하시는 것에 있어서 주님의 태도는 ‘내가 원하노니’이다.

“내가 원하노니 깨끗함을 받으라 하신대 즉시 그의 문둥병이 깨끗하여진지라”. 우리 주님은 ‘어느 강에 가서 씻으라’는 그런 말씀을 하지 않으셨다. 그냥 말씀으로 ‘깨끗함을 받으라!’ 하실 때에 문둥병 환자가 깨끗하여졌다. 오늘도 여러분은 주님의 말씀 “깨끗함을 받으라!”의 말씀을 듣기 바란다.

4절, 예수께서 이르시되 삼가 아무에게도 이르지 말고 다만 가서 제사장에게 네 몸을 보이고 모세의 명한 예물을 드려 저희에게 증거하라 하시니라

주님은 사람들의 악함을 아시기 때문에 이렇게 지시하신 것이다. 문둥병자가 먼저 자기의 문둥병이 나았다고 말하고 다녔으면 자신에게 전혀 이롭지 않았을 것이다. 혹 그 말이 퍼져서 제사장에게 들리면 ‘예수 그리스도가 문둥병을 치료했어?’ 하면서 아마 그 사람을 정하다고 판정해줄 마음이 없어질 수도 있다. 왜, 주님이 아무에게도 말하지 말라고 했겠는가? 주님은 사람들의 마음을 아시는 분이다. 그래서 아무에게도 네가 나았다고 먼저 말하지 말고 다만 제사장에게 가서 네 몸을 보여 주라는 것이다. 이것은 일종의 지혜이다. 우리가 그리스도를 증거할 때에나 주님의 일을 할 때에도 사전에 많은 말을 하면 소란이 일어나서 정작 주님이 하기를 원하시는 어떠한 일을 못하시게 할 수도 있다.

또 한 면으로 주님이 이렇게 하신 것은 이때에는 아직 구약의 규례가 폐해지지 않았으므로 그것을 존중하시는 것을 의미한다. 주님은 십자가에서 구약의 모든 규례를 끝내셨지만 이때는 아직 주 예수님이 십자가에 가시기 전이었으므로 구약에 있는 모세의 규례를 존중하신 것이다.

5-7절, 예수께서 가버나움에 들어가시니 한 백부장이 나아와 간구하여 가로되 주여 내 하인이 중풍병으로 집에 누워 몹시 괴로워하나이다 가라사대 내가 가서 고쳐 주리라

이 백부장은 지금으로 하면 군대의 중대장 혹은 대대장쯤 될 것이다. 그러한 군대 장교이다. 이 사람은 아마도 이방인이었을 것이다.

그는 자기가 중풍병에 걸린 것이 아니었다. 이 백부장은 자기의 부하 중에 한 명이 중풍병으로 심히 괴로워하는 것을 보았다. 여기서 우리가 한 가지 볼 수 있는 것은 이 백부장이 자기 수하에 있는 부하를 매우 사랑했다는 것이다. 인간적으로 말하면 아주 미덕이 있는 사람이다.

'내 하인이 중풍병으로 집에 누워 몹시 괴로워하나이다'. 오늘날의 일반적인 상황을 생각해 보라! 장교가 자기 졸병 하나가 아파서 집에 병으로 누워 있다 해서 그 사람을 이같이 깊이 관심하겠는가? 대부분 나을 때까지 그냥 내버려둘 것이다. 목회자라 하더라도 이렇게 성도를 사랑하는 사람도 그리 흔하지 않을 것이다. 기도하고 힘써도 낫지 않으면 할 수 없다고 할 것이다. 그런데 여기 이 백부장은 그 부하를 인해서 크게 마음을 썼고 주님께 나아왔다.

"주여, 내 하인이 중풍병으로 집에 누워 몹시 괴로워하나이다". 그는 자기의 하인을 위해서 주님께 나아와 사정을 말하며 하소연했다. 그럴 때 주님이 뭐라고 하셨는가? "내가 가서 고쳐 주리라". 주님은 직접 그 집에 가셔서 그 누워 있는 하인을 고쳐주겠다고 하셨다. 하인의 믿음이 아니라 백부장의 믿음인 것이다. 우리는 여기서 큰 것을 하나 배운다. 본인의 믿음이 아닌 그를 매우 사랑하는 백부장의 믿음이 그 부하의 중풍병을 치료한 것이다. 얼마나 놀라운가? 하나님의 은혜는 제한이 없음을 느낀다. 오늘날도 많은 사람이 친구나 친척이나 아내의 믿음에 의해 구원받는 일이 많다. 이는 그의 친구의 간절한 믿음과 중보기도에 의한 것이다.

이 백부장은 부하에 대한 사랑이 참 대단한 사람이다. 몸이 아픈 부하를 자기 집에 누워 있게 했다. 그리고 예수님께 친히 나아와서 자기 하인의 질병인 중풍병을 치료해 주시라고 부탁하고 있다.

이방인 백부장의 이 마음은 참으로 관대하고 자기 부하를 사랑하는 마음이 크다. 이 사람은 당시에 어쩌면 로마의 군인이며, 이방인이었을 것이고 예수님에 대해서 들었을 텐데, 사람들의 어떤 여론이나 자기의 지위 등 모든 걸 고려하지 아니하고 나사렛 예수 그분께 가서 그분이 정말 자기 하인의 병을 고칠 수 있는 분이라고 여겨 부탁하는 그 믿음이 너무나 아름답다.

8절, 백부장이 대답하여 가로되 주여 내 집에 들어오심을 나는 감당치 못하겠사오니 다만 말씀으로만 하옵소서 그러면 내 하인이 낫겠삽나이다

그는 주님이 자기 집에 들어오실 필요까지는 없다고 말씀드렸다. 자기 집에 오시는 번거로움을 끼쳐 드릴 필요가 없다는 것이다. 다만 주님이 말씀만 해주시면 그 하인이 나을 것을 믿었다. 이 백부장은 주님에 대해서 좀 들었다. 어쩌면 주님이 문둥병 환자를 치료하신 것을 알았을 것이고 또 다른 환자들을 치료했다는 말도 들었을 것이다. 주님은 말씀으로 모든 것을 다 하실 수 있는 분이라는 것을 알았을 것이다. 그렇기 때문에 '내 집에 들어오심을 감당치 못하겠으니 다만 말씀만 하십시오. 그러면 내 하인이 낫겠습니다.' 하고 말한 것이다.

9절, 나도 남의 수하에 있는 사람이요 내 아래도 군사가 있으니 이더러 가라 하면 가고 저더러 오라 하면 오고 내 종더러 이것을 하라 하면 하나이다

이 백부장은 참으로 권위를 아는 사람이었다. 자기도 남의 수하에 있는 사람이고 또 자기 아래에도 많은 사람이 있는데 자기가 자기 수하에 있는 종에게 무얼 하라 하면 하고, 하지 말라 하면 하지 않는다고 했다. 그렇게 그가 말하는 것을 다 듣는다는 것이다. 이 백부장은 주 예수님을 참으로 하늘과 땅의 모든 권위를 가지신 분으로 알았다. 모든 사람에게 명령할 수 있는 권위를 가진 그러한 주인으로 안 것이다.

10-15절, 예수께서 들으시고 기이히 여겨 좇는 자들에게 이르시되 내가 진실로 너희에게 이르노니 이스라엘 중 아무에게서도 이만한 믿음을 만나보지 못하였노라 또 너희에게 이르노니 동서로부터 많은 사람이 이르러 아브라함과 이삭과 야곱과 함께 천국에 앉으려니와 나라의 본 자손들은 바깥 어두운데 쫓겨나 거기서 울며 이를 갊이 있으리라 예수께서 백부장에게 이르시되 가라 네 믿은 대로 될지어다 하시니 그 시로 하인이 나으니라 예수께서 베드로의 집에 들어가사 그의 장모가 열병으로 앓아누운 것을 보시고 열병으로 앓아누

운 것을 보시고 그의 손을 만지시니 열병이 떠나가고 여인이 일어나서 예수께 수종들더라

이 말씀을 통해서 우리는 마태가 이 말씀을 왜 넣었는지를 알 수 있다. 마태의 편집 기획 속에는 왕국이 항상 들어있다. 그러므로 우리는 신학자들이 왜 마태복음을 왕국복음이라고 말하는지를 알 수 있다. 첫 번째로 문둥병자는 유대인을 의미한다. 주님은 먼저 왕국을 가지고 유대인들에게 오셔서 직접 손을 대서 치료를 하셨다. 그러나 치료를 받은 사람은 소수일 뿐 유대민족 전체는 천국의 왕을 거절했다. 그러나 두 번째 치료받은 백부장의 하인은 이방인이었다. 이방인들은 주 예수님을 보지 못하고 말씀만으로 믿은 자들이다. 유대인은 주님을 육신적으로 보고도 믿지 않고 거절했지만 이방인들은 주님을 보지도 못하고 믿었다. 그러므로 "동서로부터 많은 사람이 이르러 아브라함과 이삭과 야곱과 함께 천국에 앉으려니와 나라의 본 자손들은 바깥 어두운데 쫓겨나 거기서 울며 이를 갊이 있으리라"고 한 것이다. 그날 유대인들은 천국에서 쫓겨날 것이라고 말한다. 그들은 슬피 울며 이를 갈 것이다. 장래 천국에 들어갈 때 그곳에는 아브라함과 이삭과 야곱이 있을 것이며, 다윗과 솔로몬, 엘리야, 모세, 다니엘 등 구약의 신실한 자들이 다 있을 것이지만, 천국 문이 열린 이후 천국을 침노한 우리는 그들보다 더 크게 될 것이다(마 11:11). 당신은 이것을 믿을 수 있는가? 여기서 주님은 천국이 이방인들에게 열릴 것임을 암시하셨다. 어떤 사람들은 마태복음을 유대인만을 위한 성경이라고 주장한다. 그러나 벌써 이곳에서부터 주님은 이방인들을 위한 천국의 공간을 설정하고 계신다. 마태복음이 유대인만을 위한 말씀이라고 생각해서는 안된다.

세 번째는 베드로의 장모의 열병에 대한 치료이다. 헬라어에서 열병은 열이 대단한 병이다. 열이 많이 나는 병인 것이다. 이 열병은 영적으로 평강과 안식이 없는 상태를 의미한다. 주님이 다시 오실 때 그분은 다시 이스라엘로 돌아오실 것인데 그들은 열병에 걸린 상태일 것이다. 하나님을 위해 많은 것을 한다하지만 참 안식이 없는 것이다. 마태의 편집에 의하면 죄에 대하여 첫째는 부정하고 둘째는 능력이 없으며, 셋째는 안식이 없는 것이다. 죄가 있으면 내면에 안식이 없다. 초조와 불안, 불만족이 있으며 안식이 없게 되는 것이다. 이 세상 사람들이 오락과 술과 영화와 T.V. 가 필요한 것은 내면에 안식이 없기 때문이다. 내면의 공허함과 불안을 술이나 오락 등 밖의 것들로 대치하려 하는 것이다. 그들은 속에 주님이 없으므로 말미암아 생겨난 공허함과 그분과의 불화와 간격으로 생긴 어두움과 불안함과 번민을 술이나 밖의 자극적인 일들로 해소하려 하는 것이다. 이것이 열병 걸린 사람이 의미하는 바이다. 정당한 그리스도인들은 주 예수님으로 말미암아 양심에 평안과 기쁨을 되찾은 고로 술을 마시거나 오락을 해서 속을 마비시켜 진정해야 할 불안이 없다. 주님은 부정함, 무능력함, 불안함 등 죄로 말미암아온 모든 일, 잔재들을 다 청산해주시기 위해 오셨다. 이렇게 내면이 치료된 사람이 비로소 주님을 섬길 수 있다. 베드로 장모는 낫자마자 주님을 섬겼다. 내면이 불안한 사람은 아직 주님을 섬길 수 없다.

16-17절, 저물매 사람들이 귀신 들린 자를 많이 데리고 예수께 오거늘 예수께서 말씀으로 귀신들을 쫓아내시고 병든 자를 다 고치시니 이는 선지자 이사야로 하신 말씀에 '우리 연약한 것을 친히 담당하시고 병을 짊어지셨도다' 함을 이루려 하심이더라

16-17절은 귀신들린 사람들이 나온다. 사람에게는 죄의 문제만이 아니라 귀신의 문제가 있다. 귀신들린 사람의 특징은 의지와 생각이 귀신에게 점령당한 것이다. 죄는 하나의 죄의 성질과 세력의 문제이지만 귀신은 하나의 인격의 문제이다. 귀신은 사람을 속인다. 어떤 부분에서 그것이 마치 자기의 생각처럼 생각하게 하며 사람의 생각을 점령한다. 그리고 사람의 의지를 무력화시킨다. 이단이 왜 무서운가? 이단에 감염이 되면 일단 사람의 사상이 점령을 당한다. 그리고 자신의 판단력과 자유의지와 개인의 이성적 사유심을 잃어버린다. 그리고 그 단체의 교리와 사상이 사람을 지배하게 된다. 그 안의 사람들은 다 그 단체의 사상으로 점유되어 살게 된다. 그리고 개인의 본연의 생각과 감정과 의지(혼)를 완전 탈취당하게 된다. 이것은 일종의 귀신들리는 것과 동일한 것이다. 그가 20년 이단적 단체에 몸을 담았다면 20년은 다른 사람의 생각과 사상으로 사는 것이다. 그리고 거기서 나와서도 10여년 넘게는 벗어나는 시간이 필요하고 벗어나기도 매우 힘든 것이다. 빠른 사람이 10여년 걸릴 거라고 본다. 그러니 얼마나 이단에 가입하는 것이 비극적인 일인가? 아예 한 사람의 인생을 망치고 가정을 망치게 된다. 복음만이 사람의 본성을 찾아주고 인성을 높이 들어올려주며 진정한 자유를 준다(요 8:36).

성적으로 귀신들리는 경우도 심각하다. 어떤 성실한 아내가 있는 그리스도인 남편이 이성적인 문제로 귀신에게 생각이 점령당했다 하자. 우리는 창세기 6장에서 하나님의 아들들이 사람의 딸들의 아름다움을 보고 자기의 원하는 대로 아내를 삼은 기사를 읽는다. 여기서 많은 학자들이 '하나님의 아들들'을 타락한 천사의 무리인 사탄적인 존재라고 보는데 동의한다. 그러므로 귀신들은 얼마든지 음란한 일을 도모할 수 있다. 그러나 대부분의 귀신에게 농락당하는 사람은 무지하므로 그 일을 다만 하나의 불륜적인 사랑이라고만 생각한다. 그러나 거기에는 귀신의 장난이 있다는 것이다. 귀신은 한 번 일단 들어온 뒤에는 쉽게 나가지 않는다. 그자는 사람을 완전히 망가뜨리고 가정을 파괴하며, 사람의 하나님 앞에서의 용도를 끝장내기 위해 들어와 쉽게 포기하지 않는다. 그러나 성도는 많은 경우 귀신의 존재를 알지 못하므로 그것이 자신의 잘못된 생각인 줄만으로 착각하고 적절하게 대처하지 못하는 것이다. 이때 이 존재가 귀신인 줄 알고 쫓아내려 하면 그 존재가 얼마나 쫓아내기 어려운 것인가 하는 것을 비로소 알게 된다. 귀신은 들어올 때는 허락도 없이 들어와서 사람의 주인노릇을 하며, 사람을 망치고, 때로는 죽음에 이르게도 한다. 이런 일은 영적인 세계에도 많아서 많은 망상적인 사상과 이중성을 갖게 하기도 하며 성도들과 성도들을 이간시키며 적대하게 만들기도 한다.

그러므로 죄는 거기서 벗어나고 이겨야 하는 문제가 있고 귀신은 명하여 쫓아내야 한다. 그러므로 귀신을 쫓아내기 위해서는 그분의 권위의 이름이 필요한 것이다. 우리가 십자가의 보혈과 그 능력을 의지하여 죄를 이길 수 있지만 귀신의 문제는 그리스도의 권위의 이름이 필요하며, 강한 영으로 귀신을 반대하며, 그리스도의 능력의 이름으로 악한 자를 쫓아내야 나간다. 가령 어떤 사람이 귀신에게 사로잡혀 자기의 의지와 생각을 탈취 당하였다면 그것은 다른 인격의 문제임을 알고 그 권위의 이름을 힘입어 쫓아내도록 해야 한다.

오늘날 많은 그리스도인들이 귀신들리는 것은 매우 특별한 사람만이 해당되는 것으로 생각하지만 그렇지 않음을 알아야 한다. 어떤 사람이든지 가능성이 있는 줄 알고 조심해야 한다. '영적 전쟁'이라는 책을 쓴 펜 루이스는 이에 대하여 강한 말을 했다. 어떤 사람이든지, 심지어 좋은 그리스도인이라고 자처하는 사람들까지도 귀신들릴 가능성이 있을 뿐 아니라, 자신은 절대 귀신들릴 가능성이 없다고 자신한다면 이미 귀신에게 속임을 당한 것이라고 했다. 주 예수님을 믿으면 모든 죄를 처리하고 귀신의 문제를 해결한다. 이는 너무 귀한 일이다. 그리스도는 이렇게 이 땅에 오셔서 죄와 마귀에게 점령당한 인류를 회복하여 천국을 이루시는 것이다. 마태는 네 번째의 귀신을 완전히 쫓아내는 일을 왕국시대의 일로 보았다. 주님은 세 번째 이스라엘 집으로 다시 오셔서 내면에 평강이 없이 밖으로 뭔가 열병이 난 그들을 구원하고(베드로 장모의 열병을 치료하심), 왕국을 이끌어

오셔서 큰 능력으로 귀신들을 완전히 정복하신다는 말이다.

18-22절, 예수께서 무리가 자기를 에워쌈을 보시고 저 편으로 건너가기를 명하시니라 한 서기관이 나아와 예수께 말씀하되 선생님이여 어디로 가시든지 저는 좇으리이다 예수께서 이르시되 여우도 굴이 있고 공중의 새도 거처가 있으되 오직 인자는 머리 둘 곳이 없다 하시더라 제자 중에 또 하나가 가로되 주여 나로 먼저 가서 내 부친을 장사하게 허락하옵소서 예수께서 가라사대 죽은 자들로 저희 죽은 자를 장사하게 하고 너는 나를 좇으라 하시니라

마태복음 8장 18절에서 9장 8절까지는 하나의 단락이다. 여기에 세 가지 일이 기록되어 있는데 바다를 건너심과 귀신을 쫓아냄과 죄를 사하심이다. 그 사이에 두 사람이 주님을 따르겠다는 말에 주님이 답하신 이야기가 기록되어 있다. 첫째 사람은 따르겠다고 하였지만 주님이 그를 격려하시지 않았다. 그는 매우 간절히 따르기를 원한다고 청원했다. "어디로 가시든지 좇으리이다". 이는 언뜻 들을 때 감동적이다. 그러나 주님은 별로 감동하시지 않고 여우도 굴이 있고, 공중의 새는 거처가 있지만 인자는 머리 둘 곳이 없다고 하셨다. 주님을 따르는 길이 쉽지 않음을 지적하신 것이다. 오늘날 많은 사람이 대가를 고려하지 않고 주님을 따르겠다고 하다가 좌절한다. 그들은 주님을 따르는 길이 이 시대에는 배척과 고난과 외로움의 길인 것을 모른다. 이 시대는 하늘의 왕이신 주님을 따르는 길이 고난과 인내인 것이다. 그는 이를 모르고 주님을 따르겠다고 한 것이다. 둘째는 그는 자신을 모르는 사람이다. 누구든지 자기가 따를 수 있다고 하는 사람은 자기를 모르는 사람인 것이다. 주님은 그분이 제자를 선택하여 따르게 하신다. '너희가 나를 택한 것이 아니요 내가 너희를 택하여 세웠나니'라고 하신다. 그분의 택하심이 보장인 것이다. 사람이 스스로 달려나가 섬기겠다고 하는 것은 믿을 만하지 못하다. 주님의 선택이 그 자체로서 안전한 것이다. 두 번째 사람은 주님이 따르도록 택하시고 부르신 '제자'였다. 주님은 제자들을 스스로 택하시고 부르신다. 그러한 자에 대하여는 주님은 그분을 가장 우선에 두고 따라야 한다고 가르치신다. 부친을 장사지내는 일이 인간으로서는 당연히 해야 할 일이지만 주님은 그분을 따르는 자들에게 어떤 일에서도 그분을 첫째에 놓고 따르는 것을 가르치셨다. 일보다 주님 자신이 중한 것이다. 세상의 일은 끝이 없다. 주님을 따르는 일을 부친의 장사보다, 모든 세상 일보다 중하게 여기는 사람만이 참 제자로서 주님을 따를 수 있는 것이다.

23-27절, 배에 오르시매 제자들이 좇았더니 바다에 큰 놀이 일어나 물결이 배에 덮이게 되었으되 예수는 주무시는지라 그 제자들이 나아와 깨우며 가로되 주여 구원하소서 우리가 죽겠나이다 예수께서 이르시되 어찌하여 무서워하느냐 믿음이 적은 자들아 하시고 곧 일어나사 바람과 바다를 꾸짖으신대 아주 잔잔하게 되거늘 그 사람들이 기이히 여겨 가로되 이 어떠한 사람이기에 바람과 바다도 순종하는고 하더라

주님은 저편으로 가자고 하신대로 배를 타셨다. 이 때 폭풍이 있고 물결이 배에 덮이게 되었다. 예수님은 주무셨다. 그러나 제자들은 두려워하며 주님께 기도했다. "주여 구원하소서". 주님은 그들을 꾸짖으셨다. 주님은 그들의 기도한 것을 꾸짖은 것이 아니라 두려워한 것을 꾸짖으신 것이다. 진정한 믿는이는 어느 때든지 두려워하지 않는다. 하나님 외에는 두려워할 것이 세상에 없다. 하나님 말고 다른 것을 두려워하는 존재가 있다면 그것은 우상숭배이다. 죽을까봐 두려워하는 것은 자기 육신을 너무 사랑하여 하나님 위치까지 높이고 중히 여기는 행위이다. 우리는 우리 목숨보다 주님을 더 귀히 여겨야 한다. 이 구절들에서 주님은 자연계의 현상을 이기셨다. 우리는 주님이 죄와 귀신의 세력을 물리치시는 분일 뿐 아니라 바람과 바다 등 자연계도 정복하시고 다스리시는 왕이심을 알 수 있어야 한다.

28-34절, 또 예수께서 건너편 가다라 지방에 가시매 귀신 들린 자 둘이 무덤 사이에서 나와 예수를 만나니 저희는 심히 사나와 아무도 그 길로 지나갈 수 없을만하더라 이에 저희가 소리질러 가로되 하나님의 아들이여 우리와 당신과 무슨 상관이 있나이까 때가 이르기 전에 우리를 괴롭게 하려고 여기 오셨나이까 하더니 마침 멀리서 많은 돼지 떼가 먹고 있는지라 귀신들이 예수께 간구하여 가로되 만일 우리를 쫓아 내실찐대 돼지 떼에 들여 보내소서 한대 저희더러 가라 하시니 귀신들이 나와서 돼지에게로 들어가는지라 온 떼가 비탈로 내리달아 바다에 들어가서 물에서 몰사하거늘 치던 자들이 달아나 시내에 들어가 이 모든 일과 귀신들린 자의 일을 고하니 온 시내가 예수를 만나려고 나가서 보고 그 지방에서 떠나시기를 간구하더라

또한 우리는 여기서 주 예수님의 귀신을 쫓아내신 것을 기록한다. 다음 9장 1-8절은 죄를 사하는 문제를 말한다. 이는 다 왕이신 예수의 권세를 말한다. 왕이신 예수의 권위가 귀신도 쫓아내고 죄도 사하실 수 있는 것이다. 귀신이란 존재는 창세기 1장 1절과 2절 사이의 공백기(空白期)의 우주의 대 격변시기에 있었던 사탄의 반역 시에 생겨난 존재이다. 이를 창세기 강해에서 창조론(創造論)을 공부할 때 다뤘다. 그 존재들은 당시 심판을 받아 몸을 잃어버려, 언제든지 사람의 몸 속에 들어가기를 원하고, 안 되면 돼지에게라도 들어가려 했다. 그 귀신들은 주 예수님을 잘 알아 봤다. 그리고 주님이 자기들에게 오면 자기들이 불법적으로 사람 속에 들어와 있는 것을 주 예수님이 더 이상 허락지 않을 것도 알았다. 그 귀신의 세력은 이미 주님이 바다(호수)를 건널 때 그 바다 속에 있던 귀신의 존재들과 제휴하여 풍랑을 일게 하며 주님의 일행의 접근을 방해한 자들이었다. 그러므로 주님은 바람과 바다를 꾸짖으셨던 것이다(8:26). 꾸짖었다는 것은 바람과 바다의 문제가 어떤 악한 인격과 관계가 있음을 말한다. 당신은 귀신들이 자기들을 쫓아내려고 주님이 가다라(거라사) 지방에 오셨다는 것을 몰랐을 것이라고 생각지 말라! 귀신같이 잘 안다는 말이 있다. 그러나 막상 주님의 일행을 맞닥뜨리자 그들은 협상을 벌렸다. "돼지 떼에 들여보내소서" 주님은 그것을 허락하셨다. 주님에게는 그 부정한 짐승들도 처리해야할 대상이었다. 레위기를 보라! 돼지는 성경에 부정한 대표짐승이었다. 그러나 그들은 부정한 돼지치는 일을 그들의 산업으로 삼았다. 그러므로 주님은 돌 하나로 참새를 두 마리 잡으신 것이다. 막상 들어가니 돼지는 더럽고 썩은 냄새가 너무 났다. 귀신이 썩은 돼지 냄새를 맡지 못할 것이라고 생각지 말라! 그 자는 사람이 소제되고 수리되고 깨끗케 되면 좋아라하고 친구 귀신들을 더 불러와서 살자고 하는 존재이다(마 12:44-45). 귀신들도 사람의 속이 소제되고 깨끗케 되면 그 안에 살기를 좋아한다.

우리는 신약 성경을 통해 한 사람 속에 많은 수의 귀신들이 들어가서 살 수 있다는 것도 배웠다. 심지어 가다라(거라사)에 귀신들린 자는 군대 귀신 들린 자로서 두 사람 속에 최소한 이천(二千)의 귀신들이 살았다. 막달라 마리아는 일곱 귀신이 들렸었다. 그러므로 한 사람 속에 다중 인격의 귀신이 들리는 일이 얼마든지 가능하다. 그러므로 그 한 사람 속에 살던 여러 귀신들이 여러 마리의 돼지 속에 들어간 것이다. 한 사람 속에 복잡하게 살던 여러 귀신들은 여러 돼지들을 보자 여유 있게 각각 나누어 한 마리에 한 놈 씩 들어간 것이다. 돼지들은 귀신들이 들어오자 견딜 수 없어 바다로 들어간 것이다. 또한 귀신들이 무식한 돼지들을 통제할 수 없었을 수도 있다. 주님을 알아볼 정도로 영악한 귀신들은 사람들을 속이기는 용이하지만 무식한 돼지들은 육체로만 살기가 좋을 뿐 인격적으로는 전혀 장난을 치기가 불가능했다. 도무지 돼지들은 귀신들의 통제에 따를 수 없었다. 귀신같은 속임수는 통하지 않고 더럽고 추잡한 냄새만 가득했던 것이다. 그러므로 귀신들은 당황한 돼지들과 함께 바다 속으로 뛰어 들어간 것이다.

귀신은 몸을 잃은 영이므로 몸을 원한다. 귀신은 사람 속에 들어올 뿐 아니라 짐승에게도 들어갈 수 있는 것이다. 심판 받기 전에 그것들은 육체를 가졌던 것들임에 분명한 것이다. 그러다가 사탄의 심판에 연루되었고, 그들은 몸을 빼앗기고 물속에 잠기게 된 것이다. 그렇게 하여 그의 원래 심판받은 처소는 바다였던 것이다(창 1:1-2). 그러나 그 귀신들은 그 심판받아 있게 된 물 속에 있기를 싫어한다(마 12:43). 일단 한 번 육지로 나와서 사람 몸속에 있기를 원하는 것이고 쫓겨나도 물 없는 곳으로 살살 다니다 들어갈 사람이 있으면 들어간다. 그러므로 귀신들은 어쨌든 인간의 몸속에 있기를 원한 것이다. 주님은 이런 귀신을 그분의 권위로 쫓아내어 그들의 원래 처소로 돌려보냈다. 그 거라사 사람들은 이렇게 귀신으로 피폐된 사람의 영혼이 온전케 되는 것보다 그들의 돼지 치는 산업을 중요시 한 것이다. 오늘날도 이런 일은 비일비재하다. 그들은 먹고 사는 문제와 더불어 사업만 가장 중요시함으로 주님더러 자기들의 동네를 떠나달라고 요청한 것이다. 그들은 또 주님 때문에 생업에 어떤 지장이 있을까를 염려했던 것이다.

여기서 우리는 주 예수님이 천국 왕으로 오셔서 죄와 귀신들에게 탈취된 인류를 하나씩 회복해 나가는 것을 볼 수 있다. 사람은 하나님의 성전으로서 오직 마음속에 성령님만이 거하시게 하여 온전히 거룩하게 되어 하나님만을 섬길 수 있어야 한다. 하나님은 원래 사람을 이러한 목적으로 창조하신 것이다. 그러나 사탄은 사람 속에 자기의 속성인 죄를 집어넣고 귀신들이 인격체로 사람들 속에 들어와서 자신의 흑암의 권세를 이루었다. 천국의 왕은 오시어 차례로 죄와 마귀의 권세에 사로잡힌 인류를 회복하고 계셨던 것이다. 당신은 여기서 천국의 왕이 천국을 이루기 위하여 행하시는 일을 보고 있는 것이다.

9장

1-8절, 예수께서 배에 오르사 건너가 본 동네에 이르시니 침상에 누운 중풍병자를 사람들이 데리고 오거늘 예수께서 저희의 믿음을 보시고 중풍병자에게 이르시되 소자야 안심하라 네 죄 사함을 받았느니라 어떤 서기관들이 속으로 이르되 이 사람이 참람하도다 예수께서 그 생각을 아시고 가라사대 너희가 어찌하여 마음에 악한 생각을 하느냐 네 죄 사함을 받았느니라 하는 말과 일어나 걸어가라 하는 말이 어느 것이 쉽겠느냐 그러나 인자가 세상에서 죄를 사하는 권세가 있는 줄을 너희로 알게 하려 하노라 하시고 중풍병자에게 말씀하시되 일어나 네 침상을 가지고 집으로 가라 하시니 그가 일어나 집으로 돌아가거늘 무리가 보고 두려워하며 이런 권세를 사람에게 주신 하나님께 영광을 돌리니라

이 지점에서 다시 제기되는 문제는 권세의 문제이다. 주님은 자연현상을 이기시는 권세가 있으신 분이고(8:23-27), 귀신을 쫓아내는 권세가 있는 분이며(28-34), 죄를 사하는 권세가 있으신 분이다(9:1-8). 이 부분에서 중요한 구절은 '이런 권세를 사람에게 주신 하나님'이다.

주님은 중풍병자에게 믿음을 보시고 '안심하라'고 하셨다. 인간의 근본적인 문제는 죄 문제이다. 죄 문제가 있는 한 인간은 안전하지 않다. 안심할 수 없는 것이다. 그러나 만일 당신이 주 예수를 믿었고 죄 사함을 받았다면 안심할 수 있다. 인간의 근본 문제(basic problem)가 해결되었기 때문이다. 하나님과 사람의 근본적인 막힘은 죄로 인한 것이다(사 59:2). 죄 때문에 하나님은 사람의 기도를 듣지 않으시고, 은혜를 주실 길도 없는 것이다. 탕자가 회개하고 아버지 집에 왔을 때 비로소 아버지는 아버지 집의 풍성으로 아들에게 다 주시고 필요에 따라 축복하신 것이다.

죄를 용서하는 권세는 하나님에게만 있다. 그러므로 서기관들은 사람이신 예수를 비방했다. 그들은 어떻게 사람이 죄를 사하는 권세를 가질 수 있느냐고 한 것이다. 실상 죄란 그 사람이 득죄한 대상만이 사해줄 수 있다. 우리는 이 땅에서 죄를 지은 모든 것이 하나님께 지은 것이라는 것을 알 필요가 있다. 그러므로 하나님만이 사람의 죄를 사해줄 수 있는 것이다. 어떤 사람이 내 책을 훔쳐 갔다할 때 내가 용서해주면 되는 것이다. 우리는 하나님께 죄를 지었기에 하나님이 용서해주면 되는 것이다. 그런데 예수님이 그 중풍병자에게 '네 죄사함을 받았느니라'고 말했다. 주 예수님이 누구인가? 다만 사람인가? 누구이기에 사람의 죄를 사하실 수 있는가? 그분은 하나님이시다. 주 예수님이 하나님이시기에 우리의 죄를 사하실 수 있는 권세가 있으시며, 그분은 또한 하나님이시기에 서기관이 그 마음에 품었던 생각을 다 아셨던 것이다. 주 예수님은 사람의 죄를 사하시는 권세를 가지신 하나님이다. 그분이 용서하시면 용서하는 것이다. 이런 권세를 가지신 놀라우신 하나님을 찬양하자!

9-17절, 예수께서 거기서 떠나 지나가시다가 마태라 하는 사람이 세관에 앉은 것을 보시고 이르시되 나를 좇으라 하시니 일어나 좇으니라 예수께서 마태의 집에서 앉아 음식을 잡수실 때에 많은 세리와 죄인들이 와서 예수와 그 제자들과 함께 앉았더니 바리새인들이 보고 그 제자들에게 이르되 어찌하여 너희 선생은 세리와 죄인들과 함께 잡수시느냐 예수께서 들으시고 이르시되 건강한 자에게는 의원이 쓸데 없고 병든 자에게라야 쓸데 있느니라 너희는 가서 내가 긍휼을 원하고 제사를 원치 아니하노라 하신 뜻이 무엇인지 배우라 내가 의인을 부르러 온 것이 아니요 죄인을 부르러 왔노라 하시니라

유대 랍비들의 기록에 의하면 당시 세리는 가장 천한 직업이었다. 그들은 세금을 많이 거두어 횡령하는 것이 다반사였고, 특히 유대인 세리는 로마인들의 앞잡이 노릇을 하며 동족의 피를 빠는 자들이었기 때문이다. 그러므로 성경에서 세리와 죄인은 항상 함께 하는 단어가 되었다. 그런데 주 예수님은 그가 죄를 범하고 있는 세관에서 그를 불렀다. 그러자 마태는 바로 그분을 따랐다. 마태는 결코 응답할 수 없다고 말하지 않았고 지연하지도 않았다. 물론 지금의 국세관청과 옛날 로마시대의 국세제도가 다르지만 금전을 계산하는 면에서는 본질이 같은 것이다. 마태는 주님이 부르실 때 하고 있던 세무계산을 잘 맞추어 놓고 따르겠다고 보류하지 않았다. 성경의 기록을 보면 마태는 주님의 부르심을 받고 단순히 자리에서 일어나 예수를 따랐다고 기록하고 있다. 일단 누구든지 주님이 부르시면 모든 것을 버려두고 따르지 않을 수 없다.

나는 주님이 나를 부르신 일을 간증하고자 한다. 군대에 다녀와서 복학하기까지 나는 아직도 정신을 차리지 못하고 있었다. 죄와 방탕이란 단어가 나에게 가장 어울렸다. 나는 어려서 교회에 다녔고 고 1때만 해도 제법 열심히 다녀보려던 생각이 있었다. 그러나 교회의 생명력 없음과 내가 다니던 교회의 싸우던 광경들은 어린 나를 실족케 하기에 충분하였다. 그것을 핑계로 교회생활을 접어두고 방탕의 세월을 보냈다. 어거스틴은 자기의 젊은 시절을 회고하면서 참회록이란 책을 썼다. 그가 한 권의 참회록을 썼다면 나는 두 세권의 참회록을 써도 부족한 죄인이다.

그러던 어느 날 주님이 다시 나를 부르셨다. 그 때가 대학교 3학년 때 쯤이다. 오! 나는 그날을 잊을 수 없다. 한 선교사의 설교를 들으면서 한 시간 내내 회개의 눈물을 흘렸다(지금은 돌아가셨지만 당시 그분의 복음전파는 탁월하였으며 능력이 있었다). 그 때 나는 어려서 즐겨 불렀던, 이성봉 목사가 지은 찬송가 '물을 떠난 고기가 혹시 산다하여도 예수 떠난 심령은 사는 법이 없어요'란 찬송 구절이 생각이 났다. '아, 내가 물을 떠난 고기였구나', '그러니 얼마나 지치고 힘들었겠는가! 오늘날도 진정한 복음과 참 교회라는 곳이 있구나'하고 느껴졌다. 나는 그 이전 여러 상황을 보고 나름대로 '하나님과 성경은 맞지만 이 땅의 교회는 바른 곳이 없는 것이다'고 단정지었었다. 그러나 그 때 그 시간 성령님은 내 안에 강하게 역사하였고 주님은 마치 나에게 '내가 여기에 있다'고 말씀하시는 것 같았다. 나는 진정한 복음이 무엇인지도 비로소 깨달았으며, 한 줄기 빛이 내 마음 속에 비추는 것을 알았고, 세상에 대한 야망이며, 나의 미래를 다 버려야 함을 알았다. 그 시간 주님이 나를 부르고 계셨던 것이다. 나는 흘러내리는 눈물을 주체할 수 없었다. 나는 그 자리에서 주님의 부르심에 응답하기로 했다. 나는 깊은 속에서부터 흘러나오는 그 눈물의 성분을 어느 정도 이해하고 있었다.

어려서부터 워낙 가난한 시골에 태어난 나는 우리 모든 가족과 더불어 고생을 많이 했었고, 불쌍한 우리 가족들은 그래도 시골서 공부를 조금한다고 하던 나를 여러모로 기대하고 있었다. 더욱이 시골에서 명문이라는 고등학교를 들어갔으니 그러한 기대는 더욱 크기만 했다. 그러나 나는 그러한 기대를 전혀 부응하지 못하고 있었고, 놀면서도 한쪽에 죄송한 마음은 늘 떠나지 않았다. 그러면서도 나는 우리 가정의 가난의 원수를 갚아야 한다는 마음과 가족들에게 뭔가 도움을 줘야 한다는 마음을 늘 지니고 있었다. 그러므로 나는 무어라도 열심히 해서 목표를 달성해야만 했다. 내 깊은 심리 속엔 그러한 마음이 꼭꼭 뭉쳐져 있었다.

그러나 그날 성령은 나의 마음을 여지없이 녹이고 있었고 나의 속에 단단히 뭉쳐있던 야망들은 눈처럼 녹아져 내렸다. 주님은 강권적인 사랑과 한이 없으신 긍휼과 가장 크신 영예로 나를 부르시며, 자기를 섬기라고 부르시는 듯했다. 그것이 75년이고, 83년에 다시 한 번 주님은 나를 찾아 오셔서 이젠 전적으로 섬기라고 부르셨다. 나는 주님의 부르심에 감사하며, 자격이 없지만 그분의 말씀의 사역자로서 충성을 다해 섬기겠노라고 단 마음으로 서원을 드렸다. 그날 밤 늦게 나는 직장에 사표를 쓰고 어린 아들과 딸을 침대에 누이고, 헌신의 기도를 드린 것이 엊그제 같다. 나는 주님께 굶어죽는 한이 있어도 따르겠노라고, 감사함으로 섬기겠노라고 기도한 것이다. 그리고 나를 불러 섬기게 하신 주님은 여러모로 부족한데도 버리지 않으시고 오늘날까지 섬기도록 감당할 수 없는 은혜를 주셨다. 그리고 나는 사랑하는 친구들을 주 안에서 만나게 된 것이다. 이 어찌 감사드리지 않을 수 있으랴!

9절에는 마태가 세리였으나 바로 다음 절인 10절에는 제자가 되었다. 나는 10절에 언급하는 세리와 죄인들은 마태의 친구들이었을 것이라고 믿는다. 그런데 벌써 마태는 제자들의 대열에 합류했던 것이다. 그것은 9절 마지막에 '좇으니라'에 비결이 있는 것이다. 제자가 되기 위해 해야 할 일은 다른 일이 아니라 좇는 일이다. 마태는 예수를 좇으므로 제자가 된 것이다. 우리는 "너희는 가서 내가 긍휼을 원하고 제사를 원치 아니하노라 하신 뜻이 무엇인지 배우라"고 하는 주님의 말씀을 음미해보아야 한다. 긍휼이란 무엇이고, 제사란 무엇인가? 주님은 긍휼을 원하시고 제사를 원치 않으신다. 당시 바리새인들은 제사를 드리는 사람들을 주님이 좋아하시고 그들을 가까이 해야지 왜 세리와 죄인들을 가까이 하는가를 물었다. 주님은 뭔가 주는 것을 기뻐하시고 받는 것을 기뻐하시지 않음을 말씀하셨다. 사람은 먼저 뭔가를 받아야 한다. 하나님으로부터 받아야 나중에 드릴 길이 있다. 죄인들은 먼저 은혜를 받아야 한다. 먼저 속죄 제물되신 주님을 받아들여야 나중에 산 제물로 자신을 드릴 수 있다.

바리새인들의 문제는 받는 것을 알지 못하고 제사하는 것만 아는 것이다. 은혜를 받는 것은 마음이 낮아야 받는다. 죄인과 세리는 은혜를 받을 수 있는 위치에 있었다. 가난한 마음이 있기 때문이다. 그러나 바리새인들은 받을 만큼 낮지 않았다. 은혜는 언제나 낮은 곳에 임한다. 그들은 기꺼이 자신들이 은혜를 받아야 할 죄인임을 시인하지 않았다. 그들은 자신을 죄인들 위에 초월한 신분으로 생각한 것이다. 그러므로 그들은 주님의 제자들에게 물은 것이다. "너희 선생은 세리와 죄인들과 함께 잡수시느냐". 주님은 이 말씀을 하시면서 바리새인들에게 가서 배우라(go and learn)고 하셨다. 성경을 연구하는 것이 한 가지 일이라면 배우는 것이 또 한 가지 일이다. 당시 바리새인들은 성경을 잘 안다고 하였지만 주님은 그들에게 가서 배우라고 하셨다. 어디에 가서 무엇을 배우라는 말인가? 그들은 스스로 제사를 드리는 사람들이라고 생각하였는데 주님은 그들에게 먼저 긍휼을 얻는 것을 배우라고 하셨다. 그들은 가서 먼저 제사드리는 것부터 배울 것이 아니라 은혜와 긍휼 얻는 것부터 배워야 했다. 어딘가 그렇게 긍휼 얻기를 배우는곳이 있다면 그들은 거기에 가서 배워야 했다. 주님은 이 땅에 죄인을 부르러 오신 것이다. 주님께서는 죄인 또는 병자들이 긍휼을 얻어서 죄 사함을 받고 새 생명을 얻는 것을 도와주러 오신 것이다. 그러므로 그분 앞에는 치료받을 수 없는 병자, 죄인들이 필요한 것이다. 주님은 먼저 그러한 자들을 치료해주시러 오셨다. 그러므로 주님은 건강한 자에게는 의원이 쓸데없다고 한 것이다. 바리새인들의 잘못은 용서와 은혜를 받지 않고 드리려고 부터 한 것이다. 그리스도인이 되려면 먼저 환자의 입장에서 배우러 가야하고 다음에는 온 존재를 주님으로부터 치료받고 다른 환자들의 치료를 위한 간호사를 할 수 있으면 좋다.

나는 75년도에 주님께 회심하기 전 내 동생으로부터 교회를 다니자는 말을 들었었다. 동생은 같은 대학을 다녔었고 나보다 훨씬 성실하였다. 그런 동생이 보기에 나는 탕자와 같은 사람이었을 것이다. 동생이 가자고 할 때 마다 나는 말했다. '너는 착한 사람이니 교회 잘 다녀서 천당가거라. 나는 가망이 없다. 나는 너무 나쁜 사람이다. 아마 하나님도 나 같은 사람은 안 받아 주실 뿐 아니라 뒷발로 차 내버리실 거다'라고 답했다. 동생은 그 때 더 이상 말을 잇지 못했다. 그러나 어느 날 전도자 하나를 만났는데, 그분이 나에게 말했다. "주님은 어떤 죄인도 용서해주실 수 있습니다." 나는 그에게 물었다. "정말 하나님은 나같이 끔찍한 죄인도 사함을 받을 수 있습니까?" 그랬더니 그 전도자는 나에게 '용서해주실 수 있습니다'라고 대답하면서 바로 이 구절을 보여주었다. 그 때 이 구절의 말씀은 내 눈에 와서 박히며 내 귀에 음악같이 들렸다. "건강한 자에게는 의원이 쓸데없고 병든 자에게라야 쓸데있나니 내가 의인을 부르러 온 것이 아니요, 죄인을 불러 회개시키려고 왔노라". 나는 주님이 나 같은 죄인을 받아주신 것에 대하여 지금도 얼마나 감사한지 모른다.

14-17절, 그 때에 요한의 제자들이 예수께 나아와 가로되 우리와 바리새인들은 금식하는데 어찌하여 당신의 제자들은 금식하지 아니하나이까 예수께서 저희에게 이르시되 혼인집 손님들이 신랑과 함께 있을 동안에 슬퍼할 수 있느뇨 그러나 신랑을 빼앗길 날이 이르리니 그 때에는 금식할 것이니라 생베 조각을 낡은 옷에 붙이는 자가 없나니 이는 기운 것이 그 옷을 당기어 해어짐

이 더하게 됨이요 새 포도주를 낡은 가죽 부대에 넣지 아니하나니 그렇게 하면 부대가 터져 포도주도 쏟아지고 부대도 버리게 됨이라 새 포도주는 새 부대에 넣어야 둘이 다 보전되느니라

요한의 제자들은 안타깝게도 바리새인의 제자들과 하나가 되어 있었다. 요한은 예수님의 선주자로서 마땅히 주님의 새로운 역사에 동참해야 했다. 그러나 그 제자들은 주님의 새로운 왕국의 역사를 이해하지 못하고 오랜 전통의 바리새인들의 관념과 함께 하게 된 것이다. 그들은 주님의 제자들이 금식을 하지 않는 것을 이상히 여긴 것이다. 그 때 주님은 그분이 오셔서 하시는 일이 새로운 시대의 일임을 말해주셨다. 그분은 새로운 신랑과 같고 제자들은 혼인집 손님들(혹은 자녀들)과 같다고 하셨다. 사람에게 있어서 가장 즐거운 날은 혼인날이다. 인류에게 있어서 진정한 신랑은 누구인가? 구약 성서에 의하면 하나님이 사람의 남편이시다(사 54:5, 렘 3:14, 20, 호 2:16-20). 호세아 2장 19-20절은 하나님이 이스라엘에게 장가들려 하신다고 말씀하셨다. 하나님은 그분의 피조물과 연합하기를 원하신다. 그분이 오신 것은 택한 백성들과 결혼하러 오신 것이다. 천국이란 무엇인가? 천국은 주 예수와 혼인한 한 무리의 사람들이다. 주 예수를 믿는다는 것은 사람과 하나님이 연합하여 하나 되는 이야기이다.

어떤 사람들은 주 예수를 믿는 것을 어떤 신조를 믿는 것으로 오해한다. 또 어떤 이들은 공식처럼 어떤 어떤 구절들을 읽고 이해하여서 구원받았다고 말한다. 우리는 어떤 신조를 믿거나 어떤 구절들을 알아서 결혼하는 것이 아니다. 결혼은 인격과 인격의 만남이다. 만남을 통해서 서로를 깊이 알게 되는 것이다. 우리가 마태복음을 공부하는 목적은 무엇인가? 이러한 말씀을 읽으면서 예수를 알게 되고 말씀 속에서 그분을 만나는 것이다. 그리고 그분을 영접하게 되고 그분을 사랑하게 되는 것, 혼인하게 되는 것이다. 믿음이란 주님과의 인격적인 만남이다. 이것이 없이는 정상적인 주님과의 관계가 이루어지지 않는다.

이런 의미에서 주 예수님이 오셨다는 것은 이스라엘에게 신랑으로 오신 것이요, 제자들은 미리 결혼식의 즐거움을 누리게 된 것이다. 여기서 주 예수님이 이와같이 말씀하시지 않았다면 누가 주님이 이 땅에 오신 것이 그의 백성들과 혼인을 하러 오신 것이라고 이해할 수 있겠는가? 요한의 제자들은 예로부터 내려오는 유대교 전통에 따라 금식하는 것을 물었지만 주님은 새로운 시대의 도래를 알리는 방식으로 답하신 것이다. 주님은 금식의 질문을 통해 그분의 존재와 신분과 오신 목적, 하실 일에 대하여 알리는 기회로 삼으셨다. 그분은 신랑으로 오셨다가 가실 것이다. 신랑으로 오신 주님을 신부들은 만나게 될 것이다. 그러나 더욱 깊은 관계를 가지시기 위해 가셨다가 또 다시 오시기 위해 신부들은 잠시 그분을 잃어버리게 된다(요 14장 참조), 그 때는 금식할 것이라고 하셨다. 그것은 말씀대로 이루어졌다. 주님이 승천하신 후 제자들은 십일 동안 금식하면서 간절히 기도하였다. 이러한 그들의 금식은 이 땅에 천국을 가져오는 일을 성사시켰다. 그들은 현재 신랑과 함께 혼인집에 있는 것이고 그러니 기쁨으로 먹고 마시는 것이며, 십자가에 돌아가심으로 장래 신랑을 잠시 잃어버리게 됨으로 금식할 것이고, 그들의 금식과 기도는 응답이 될 것인데, 그것이 곧 오순절 성령강림이다. 그때부터 이 땅에 주님과 연합한 진정한 결혼 생활이 시작되는 것인데, 그것이 곧 교회요 천국의 실제이다. 이는 매우 비밀스러운 것이다.

여기서 주님은 이에 대하여 두 가지 비유로 설명하신다. 첫째는 입는 옷을 가지고 말씀하시고 둘째는 마시는 포도주를 가지고 말씀하신다. 옷은 입는 것이고 포도주는 마시는 것이다. 첫째 우리는 하나님 앞에 나아가기 위해 입어야 하고, 거룩한 삶을 살기 위해 마셔야 한다. 이는 율법과 은혜의 문제를 비교하시는 것이다. 주님은 이 땅에 은혜를 갖고 오셨다. 은혜는 실제로 주님 자신이다. 그리스도를 생명으로 얻는 것이 은혜를 얻는 것이다. 사람은 결코 하나님의 은혜를 자신의 옛 행위에 덧붙이려 하지 말아야 한다. 하나님의 은혜를 가지고 자신의 행위의 결점을 보완할 수 있는 사람은 하나도 없다. 새로운 천은 강하고 역량이 있기 때문에 낡은 옷에 붙자마자 낡은 옷을 헤어지게 한다. 여기서 주님이 하시는 말씀의 중점은 이 두 가지는 서로 섞을 수 없는 것이라는 뜻이다. 생베와 낡은 옷은 서로 맞지 않는다. 은혜는 은혜이고, 율법은 율법이다. 이 둘을 섞으면 은혜가 율법의 상황을 찢어버리게 된다.

이를 테면 오늘날 어떤 형제가 새로운 주님의 은혜를 받고 유대교적인 전통(금식하고, 여러 죽은 형식을 지키는 분위기)을 중시하는 곳에 가서 자신이 최근에 받은 그 놀라운 은혜를 나누자고 내어놓으면 마치 생베조각을 낡은 옷에 붙이는 것처럼 되어 낡은 옷을 찢어 버리게 된다는 뜻이다. 그렇게 율법의 전통을 지키는 일을 통해서는 옷이 생기지 않는다. 의의 옷을 입을 수도 없다. 주님은 우리에게 의의 옷을 입혀주시기 위해서 십자가로 가신 것이다. 그리고 생명을 주시기 위해 부활하신 것이다(벧전 1:3).

이뿐 아니라 주님은 오셔서 또 내면의 일을 하신다. 포도주는 성령이 사람의 생명이 되심을 말한다. 주님이 사람에게 주시는 생명은 새 포도주로서 발효하는 힘이 강하다. 이 발효하는 힘이 강한 포도주를 낡은 가죽부대에 넣으면 낡은 부대를 터뜨리게 된다. 주님은 믿는 우리에게 성령을 주셨고, 이 성령은 우리 안의 새 생명이 되었다. 이 새 생명은 우리 안에서 발효하는 포도주와 같이 샘 솟는 기쁨의 샘이 되었다. 이 성령의 능력은 샘솟듯 솟아오르며, 움직이고, 팽창한다. 이 성령의 능력은 쉬지 않고 역사하여 옛 규정과 옛 생활을 깨뜨리기 원한다. 그리고 이 새 생명은 새로운 부대를 원한다. 새로운 포도주는 새로운 생명이요, 새로운 부대는 새로운 교회 생활이라고 해석할 수 있다. 새 포도주는 내면의 생명이요, 새 가죽부대는 외면의 생활인 것이다.

로마서를 보면 먼저가 생베를 말한다. 이는 믿음으로 말미암은 칭의이다. 이것은 죄인이 구원받은 은혜이다. 그런 다음 새 포도주가 나온다. 새 포도주는 로마서로 말하면 8장의 생명의 성령의 법이다. 이는 우리를 죄와 사망에서 해방한다. 죄에서만이 아니라 율법의 묶임으로부터도 해방한다. 이와같이 죄와 율법에서 해방되어 성령의 인도를 따르는 성도들이 결국은 새로운 가죽부대를 형성하는데 그들이 로마서 12장의 몸의 생활이라고 말할 수 있다. 그들은 각자가 받은 성령의 은사에 따라 기능을 발휘하며 그리스도를 섬기는 것이다. 여기에는 어떤 인간적이고 종교적인 규례나 형식이 아니라 성령의 은사와 사랑 안에 섬기는 것뿐이다. 그리스도인은 새 생명에 맞는 습관과 생활이 있어야 하는데, 이것이 바로 신약 성경에 나오는 그리스도의 몸인 교회의 생활인 것이다.

18-26절, 예수께서 이 말씀을 하실 때에 한 직원이 와서 절하고 가로되 내 딸이 방장 죽었사오나 오셔서 그 몸에 손을 얹으소서 그러면 살겠나이다 하니 예수께서 일어나 따라 가시매 제자들도 가더니 열 두 해를 혈루증으로 앓는 여자가 예수의 뒤로 와서 그 겉옷 가를 만지니 이는 제 마음에 그 겉옷만 만져도 구원을 받겠다 함이라 예수께서 돌이켜 그를 보시며 가라사대 딸아 안심하라 네 믿음이 너를 구원하였다 하시니 여자가 그 시로 구원을 받으니라 예수께서 그 직원의 집에 가사 피리 부는 자들과 훤화하는 무리를 보시고 가라사대 물러가라 이 소녀가 죽은 것이 아니라 잔다 하시니 저들이 비웃더라 무리를 내어 보낸 후에 예수께서 들어가사 소녀의 손을 잡으시매 일어나는지라 그 소문이 그 온 땅에 퍼지더라

18절부터 26절은 죽은 사람을 살리시는 일과 소경과 벙어리를 볼 것이다. 내용은 어떤 직원이 자기 딸이 죽었으니 살려달라고 하여 주님이 일행과 함께 가시던 일과 가던 도중에 혈루증 걸린 여인이 예수님의 뒤에 와서 겉옷자락을 만지고 치료받은 일이 기록되어 있다. 그리고 그 직원의 집에 들어가셔서 죽은 소녀를 살리신 일을 기록했다. 예수님은 새 술을 새 부대에 담는 방식으로 일하셨다. 그분은 새 술을 가지고 낡은 가죽부대를 찢는 일을 하시지 않았다. 그분이 만일 죽은 사람을 살리시고 비웃는 사람들에 대하여 논쟁을 하셨다면 그분은 낡은 옷을 찢는 일을 하신 것이 될 것이다. 그러나 그분은 그저 많은 사람들에게 살리고 고치는 일을 감당하신 것이다.

또한 여기서 주님은 은혜의 원칙으로 일을 하신 것을 볼 수 있다. 주님은 직원의 딸을 살려주시는 데 있어서 평소의 믿음이나 어떤 조건을 묻지 않으셨다. 그녀의 아비인 자의 선행이나 딸에 대하여도 자세히 묻지 않으셨다. 다만 살려달라고 하실 때 살려주시려고 가셨다. 혈루증 여인도 마찬가지이다. 다만 와서 만졌다. 여기서 만진다는 표현은 매우 의미있는 표현이다. 누구든지 주님을 만지지 못하면 치료받지 못한다. 주님을 만졌을 때 그녀는 그녀 속에 뭔가 혈루증이 마르는 체험을 한 것이다. 즉 주님의 생명 능력이 그 만짐을 통하여 그녀 안으로 주입된 것이다. 그리고 그녀는 치료받은 것이다. 이는 주님의 신약의 원칙을 잘 보여준다. 지금도 누구든지 원하는 자는 주님께 오면 된다. 오면 치료받고 살아난다. '누구든지'가 신약의 은혜의 원칙을 대변하는 말이다. 누구든지 예수께 나오면 된다. 여기서 마태가 이 부분을 표적적으로 기록한 것을 분석해 본다면 회당의 직원의 집은 유대인을 상징한다. 주님은 이 땅에 오셔서 먼저는 유대인을 살리러 오셨고 그 과정에서 혈루증으로 피를 흘리며 죽어가는 이방인을 고치신 것이다. 여기서 우리는 죽은 소녀의 나이가 12세이며, 혈루증 걸린 사람의 병이 12년 되었음을 안다. 이는 뭔가 둘 사이에 상통하는 것이 있는 것이다. 주님이 오셨을 때 유대인은 죽은 상태에 있었으며(지금까지의 하나님의 말씀과 역사를 통하여 마땅히 살아있어야 할 사람이), 이방인들은 속절없이 피를 흘리며 죽어가고 있었던 것이다. 주님은 먼저 죽은 유대인을 살리러 오셨지만 그들의 거절로 인하여 이방인들에게 가신 것이다. 여기서 이방인들은 주님의 겉옷을 만지고 살아난 것이다. 옷이란 외적인 행실을 예표한다. 이 이방인을 예표하는 여인은 주님의 이 땅에서의 삶과 성품을 아는 듯하다. 그분의 능력도 알고 있었다. 그러므로 여인은 그분의 몸도 아니고 옷자락만 잡았는데 그로 인하여 치료를 받은 것이다. 이는 분명 그분이 유대인을 구하러 오셨던 주 예수님이 이방인들에게 긍휼을 베푸사 치료하신 것을 말한다. 그분을 보지 못한 먼 거리에 있던 이방인들이 주님을 만짐에 의하여 치료받고 구원받은 이야기를 기록한 것이다.

27-31절, 예수께서 거기서 떠나 가실쌔 두 소경이 따라 오며 소리 질러 가로되 다윗의 자손이여 우리를 불쌍히 여기소서 하더니 예수께서 집에 들어가시매 소경들이 나아오거늘 예수께서 이르시되 내가 능히 이 일 할 줄을 믿느냐 대답하되 주여 그러하오이다 하니 이에 예수께서 저희 눈을 만지시며 가라사대 너희 믿음대로 되라 하신대 그 눈들이 밝아진지라 예수께서 엄히 경계하시되 삼가 아무에게도 알게 하지 말라 하셨으나 저희가 나가서 예수의 소문을 그 온 땅에 전파하니라

마태복음의 이 구절은 동일한 사건에 있어서 소경이 둘이라고 하고 마가와 누가는 한 사람이라고 한다. 마태는 사람을 중심으로 기록하고 마가와 누가는 일 중심으로 기록을 했다. 따라서 마가와 누가는 소경이 몇 사람이었는가가 중요한 것이 아니라 주님이 소경의 눈을 치료했다는 사실을 중시한 것이다. 1장 이후로 이 두 소경이 처음으로 주님을 '다윗의 자손이여' 하며 다윗의 자손이라고 인정했다. 이는 매우 중요한 말이며 마태복음에서 강조하는 바이다. 소경들이 한 말 '주여 그러하외다(Yea, Lord)'라는 말도 복음서들 중에서 처음으로 한 말이다. 누구든지 믿는 사람들은 주님께 '그렇지 않습니다(No, Lord)'라고 할 수 없다. 베드로가 한 번 그렇게 말했다가 주님의 책망을 받았다(마 16:22-23). 성도들은 마땅히 주님께 '주여, 그렇습니다'라고 말하기를 배워야 한다. 이것은 믿음으로 말하는 것이다. 주님은 '네 믿음대로 되라'고 하셨다. 주님의 말씀에 대하여 '예'하면 주님은 우리에게 그대로 이루어주신다. 주님은 죽은 자를 살리실 뿐 아니라 소경된 눈을 뜨게 한다. 오늘날도 이런 일은 주님 믿는 자들에게 계속적으로 일어나고 있다. 감각이 없던 죽었던 자가 살아날 뿐 아니라 전에 영적으로 캄캄하여 아무 것도 보지 못하던 자가 보게 된다.

주님은 이런 일을 하신 후에 그들에게 조심하여 아무에게도 알게 하지 말라고 분부하셨다. 구약에서도 선지자들이 기적을 행하신 것이 있었지만, 심지어 죽은 자를 살리는 것이 있었지만, 소경이 눈을 뜨게 하는 것은 없었다. 소경의 눈을 뜨게 하는 일은 창세 이후로 인류 역사상 처음 있는 일이었다(요 9:32). 소경의 눈을 뜨게 하는 일은 메시아만이 할 수 있는 일로 구약에서부터 그 누구도 할 수 없는 일로 남겨져 있었던 것이다. 주님은 왜 이 놀라운 일을 하시고서 아무에게도 알게 하지 말라고 하셨을까? 이는 주님이 사람의 속을 아셨기 때문이다(요 2:25). 주님은 이런 일이 호기심 많은 사람의 관심을 불러일으킬 것을 아셨다. 그런 사람들은 주님의 참된 진리에 관심이 있는 것이 아니라 눈을 뜬 기적적인 일에만 관심을 갖게 된다. 이런 사람들이 주님께 다가 올 때 주님의 일은 지장을 받게 된다.

기적적인 일을 통하여 하나님을 믿은 사람들의 믿음은 정상적이고 건전한 믿음이 될 수 없다. 그분의 말씀과 인격을 만지고, 주님에 대하여 영적인 눈이 열려서 보아야 참된 믿음이다. 결국 이 두 소경은 눈을 뜨게 된 후 주님의 말씀을 듣지 않고, 그 사실을 널리 전파하였고, 주님의 일은 큰 지장을 받고 가로막히게 되었다. 그들은 마땅히 주님의 말씀대로 자기들의 눈을 주님이 뜨게 해주신 사실을 감사할 뿐 불필요하게 사람들에게 널리 말하지 말았어야 했다. 다만 자기들이 유익을 얻은 것으로 만족했더라면 얼마나 좋았을까? 그러나 그들은 자신들의 일을 대서특필하여 사방에 알린 것이다. 결과적으로 주님의 일이 진전되는 것을 오히려 막은 것이다. 이런 일은 오늘날에도 얼마든지 일어날 수 있으니 주의 일을 하는 사람들은 각별히 조심해야 한다.

32-35절, 저희가 나갈 때에 귀신 들려 벙어리 된 자를 예수께 데려오니 귀신이 쫓겨나고 벙어리가 말하거늘 무리가 기이히 여겨 가로되 이스라엘 가운데서 이런 일을 본 때가 없다 하되 바리새인들은 가로되 저가 귀신의 왕을 빙자하여 귀신을 쫓아낸다 하더라 예수께서 모든 성과 촌에 두루 다니사 저희 회당에서 가르치시며 천국복음을 전파하시며 모든 병과 모든 약한 것을 고치시니라

소경의 눈을 뜨게 하실 뿐 아니라 벙어리 된 자, 곧 귀신들린 자가 치료를 받았다. 사람들은 이스라엘에서 이런 일을 본 때가 없다고 놀랐다. 그러나 보라! 시기가 시작되었다. 바리새인들은 당시 종교에 있어서 기득권자들이었다. 그들은 주님의 선한 일에 대하여 폄하하는데 최선을 다했다. 그들은 주님이 눈 먼 소경을 고쳐 눈을 뜨게 하고 벙어리를 치료하셔서 말하게 하고 귀신을 쫓아내는 일을 하자 대단한 시기가 일어났다. 시기가 가득한 바리새인들은 예수님의 일을 귀신의 왕을 빙자하여 한 일이라고 말했다. 귀신의 왕 바알세불을 힘입어 한 일이라고 한 것이다. 즉 주 예수님이 하신 일은 하나님의 업적이 아니고, 귀신의 일이라는 것인데, 하나님의 일에 관한 한 자기들 외에 어떤 놀라운 일이 일어났다는 것 자체가 싫었던 것이다.

이 마지막 사건은 귀신을 쫓아내는 일이었다. 여기의 환자는 귀신들려 벙어리 된 자이다. 주님은 이 벙어리 된 것이 귀신들려 된 것임을 아셨다. 이럴 때는 귀신만 쫓아내면 벙어리가 치료된다. 오늘날도 어떤 사람의 고질적인 죄나 문제점은 귀신들린 것일 수 있다. 그런 사람에게 있어서 그 죄나 문제가 있는 습관 자체를 치유하려고 하는 것은 통하지 않는다. 그 문제가 귀신의 문제인 줄 파악하기만 해도 절반은 고친 것이다. 그런 경우는 귀신을 쫓아내면 그 죄나 그 고질적인 악습이 그의 몸에서 떠난다.

35절에 의하면 당시 주님이 전하신 복음이 천국복음임을 말한다. 천국복음이란 무엇인가? 죄로 말미암아 인간에게 미친 모든 불행과 질병들이 떠나간 것이 천국이다. 소경은 반드시 눈이 떠야 하고 벙어리는 말을 할 있어야 천국이다. 주님은 성과 촌으로 다니시며 천국복음을 전하셨다. 성과 촌이 단위였던 것이다. 오늘도 우리는 천국복음을 전해야 한다. 35절의 "천국복음을 전파하시며 모든 병과 모든 약한 것을 고치시니라"의 말씀은 천국복음의 성질도 가리킨다. 즉 천국복음이란 영혼의 문제만이 아니라 몸의 구원문제도 가리킨다. 그러므로 천국복음을 말하는 마태복음은 반복적으로 '모든 병과 모든 약한 것을 고치시니라'를 말하고 있다(4:23, 8:16-17, 9:35). 여기서 우리는 천국 왕이신 주 예수님이 우리의 영혼의 문제만이 아니라 육신의 질병이나 약함의 문제도 매우 관심하신다는 것을 알 수 있다.

36-38절, 무리를 보시고 민망히 여기시니 이는 저희가 목자 없는 양과 같이 고생하며 유리함이라 이에 제자들에게 이르시되 추수할 것은 많되 일군은 적으니 그러므로 추수하는 주인에게 청하여 추수할 일군들을 보내어 주소서 하라 하시니라

9장 36절부터는 주님이 사도들을 임명하는 과정을 말한다. 하나님이 사람들을 일으키시는 원칙은 사람들을 보시고 민망히 여기심으로부터 시작한다. 오늘날도 여러분들이 어느 곳에 가서 방황하는 사람들의 목자없는 양과 같이 고생하며 유리하는 것을 보았다면 주님과 같이 마음속에 긍휼의 심사가 일어날 것이다. 여러분들의 마음속의 내주하시는 성령님은 그들을 향한 복음의 영을 일으키실 것이다. 주님은 죄인들을 추수할 만큼 곡식들을 무르익게 하시어 사도들을 보내신다. 사방에 추수할 곡식이 가득한 것이 오늘날도 마찬가지이다. 온 땅이 희어져 추수할 때가 되었다. 빨리 가야 하는데 우리의 발걸음이 너무 늦다. 많은 나라들을 다니며 황금 들판을 본 나는 이 점이 매우 탄식스럽다.

38절에서 주님은 제자들에게 일꾼을 보내달라고 구하라고 하시며, 10장 2절은 그들을 사도로 세우신다. 9장의 제자들은 10장에 올 때 사도들이 된다. 누구든지 영혼에 대한 갈망이 없는 사람을 하나님은 사도로 세우시지 않을 것이다. 9장 38절에서 영혼구원을 기도한 사람들이 10장에 와서 사도들로 임명되었다. 마태 9장은 영혼의 구원을 위하여 기도하라고 하시며, 28장 마지막은 가라고 하신다. 우리는 기도해야 할 뿐 아니라 가야한다. 두 가지가 다 필요하다. 기도만 하고 가지 않거나 기도 없이 가려고 하는 것 둘 다 미흡한 것이다. 주님은 제자들에게 먼저 할 일들을 펼쳐 보이시고 기도하라고 하시며(추수하는 주인에게 청하여), 다음은 보내셨다(보내어주소서). 이것은 오늘날도 주님의 일을 위해 보내심을 받는 순서이다. 나는 우리 사랑하는 친우 형제들이 이 저물어가는 시대에 다 주님의 일을 위하여 선택된 일꾼들이 되기를 바란다.

10 장

1-4절, 예수께서 그 열 두 제자를 부르사 더러운 귀신을 쫓아내며 모든 병과 모든 약한 것을 고치는 권능을 주시니라 열 두 사도의 이름은 이러하니 베드로라 하는 시몬을 비롯하여 그의 형제 안드레와 세베대의 아들 야고보와 그의 형제 요한, 빌립과 바돌로매, 도마와 세리 마태, 알패오의 아들 야고보와 다대오, 가나안인 시몬과 및 가룟 유다 곧 예수를 판 자라

이 지점에 왔을 때 주님은 열 두 명의 사람들을 사도로 세우셨다. 주님은 사도로 세우시기 전에 가르치셨고(5-7장), 전도하는데 함께 다니며 배우게 하셨으며, 이곳 저곳에서 그분의 가르치시는 말씀을 듣고 배우게 하셨으며, 더러운 귀신을 쫓아내는 것과 병을 고치는 권능을 주셨다. 그리고 누가복음에 의하면 밤새 기도하신 다음 사도들로 세우신 것이다(눅 6:12-13). 그분이 사도들을 세우시는 일에 있어서 그분은 밤새 기도하시면서 아버지와 상의하셨을 것이다. 그분은 그의 사도가 될 사람 하나 하나에 대하여 하나님께 아뢰며 기도드렸으리라 생각한다. 그분은 특별히 유다의 부분에 왔을 때 깊은 기도를 하셨을 것이라고 추측할 수 있다. 그분은 장래 그의 운명을 아셨다. 그가 무엇을 할 지도 아셨다. 그러나 그분은 그를 열 두 사도 안에 포함시켰다. 자연히 그분의 기도는 밤새 진행되실 수 밖에 없었던 것이다.

열 두 사도의 명단을 분석해보자. 먼저 다른 복음서와 조금 순서가 다르게 적혀 있는 부분이 있다. 본문 10장에 있으며, 마가복음 3장에 있으며, 누가복음 6장에 있다. 또 사도행전 1장 13절에 있는데 이는 주님이 돌아가신 후의 일이다. 이때도 그 순서나 배열이 복음서와 별반 다르지 않다. 세 복음서나 사도행전, 모두 언제나 베드로는 앞에 나온다. 이는 그의 영적 상태가 다른 사도들보다 앞에 있음을 증명한다. 유다는 맨 뒤에 있다. 이는 가장 좋지 않은 영성을 갖고 있다는 뜻이다. 우리는 하나님의 나라에서 모든 것이 아무렇게나 해도 좋다는 생각을 가져서는 안 된다. 하나님은 질서의 하나님이시다. 첫째가 있고 둘째가 있다. 여기서 베드로를 말할 때 첫째는(the first, Simon)이라고 했다. 이는 영적인 상태와 관련된 것이다. 그렇다고 해서 교회의 인도 직분에 있어서 그 순서와 질서가 한 번 정해지면, 고정적이고 공식적이라는 것은 아니다. 나중 사도행전에서는 주의 동생 야고보가 베드로보다 더 앞서 있다(행 15장). 어쩌면 그의 경건 생활로 말미암아 예루살렘 성도들에게 존경을 많이 받게 된 것이 요인이 되었을 수 있다. 그는 기도를 많이 한 사람이라서 '낙타 무릎'이라는 별명을 얻었다. 그러나 후에 바울은 모든 사도들 중에 가장 진보하고 앞선 사도가 된 듯하다. 베드로는 바울에게 책망을 들은 적이 있다(갈 2장).

그리고 주님은 둘 씩 둘 씩 편성하여 보내셨다. 그러므로 한 조가 둘 씩인 셈이다. 그러나 세 복음서에 있는 열 두 사도의 명단을 자세히 분석해보면 4명이 한 조가 되어 전체 3조로 편성되었음을 알 수 있다. 이를 확인하는 것은 세 복음서의 사도들의 명단을 볼 때 첫 번째와 다섯 번째와 아홉 번째와 열 두 번 째가 고정이라는 것이다. 첫 번째는 베드로이고 두 번째 네 명의 인도자는 빌립이며, 세 번째 네 명의 인도자는 알패오의 아들 야고보이다. 그 나머지는 서로 바뀌기도 하였다. 그런 것으로 보아 둘 씩 편성하기도 했지만 네 명이 한 팀이 되었을 것이라고 추측하는 것도 가하다. 이것은 주님의 일에 있어서 질서와 조직을 무시하지 않았음을 본다. 오늘 날 어떤 이들은 유기적이고 생명에 속한 것은 완전 무질서를 의미하는 것으로 잘못 아는 사람들도 있다. 그렇다고 사역이나 교회의 단체가 완전 공식적인 조직이라는 것도 아니다. 거기에는 생명이 있고 질서가 있다. 우리의 몸을 보면 머리가 있고 어깨가 있으며 팔이 있고 손이 있다. 어깨는 머리의 아래고 팔은 어깨에 달려 있고 손은 팔에 달려 있다. 유기체라고 해서 질서와 순서가 없는 것이 아니다. 우리가 말하는 소위 권위와 순복이 있다. 두 사람이 있어도 거기에 순서가 있는 것이다. 둘 가운데도 앞에 서서 말할 수 있는 사람이 있고, 따르기 위해 들어야 할 사람이 있는 것이다.

그리고 한 가지 더 파악할 수 있는 것은 주님은 사람의 천연적인 관계를 전혀 무시하지 않으셨다는 것이다. 여기서 베드로와 안드레는 육신의 형제이고, 요한과 야고보도 형제이다. 주님은 둘 씩 짝을 지을 때 이 점을 고려한 것이다. 그러나 마가복음에는 이 짝이 바뀌어 적혀 있다. 즉 베드로와 야고보와 요한과 안드레의 순서로 기록했다(막 3:17-18). 주님이 이곳 저곳에 세 명만 이끄실 때가 있었는데 그 때 주님은 베드로, 야고보, 요한, 이들 세 명을 데리고 가셨다. 변화산에나 겟세마네 등이다(마 17:1, 26:37). 그러나 마태와 누가의 복음서는 설명한 바와 같이 베드로와 안드레, 야고보와 요한으로 적었다. 이 셋은 12 중에도 특별한 위치가 있었다. 즉 가장 중요한 주님의 역사에 참여케 한 자들이다. 12이라고 해서 다 똑같은 기회가 주어진 것이 아니었다.

이들은 거의 다 어부들이고(마태는 세리였다), 두 명씩은 각각 육신의 형제들이다(베드로와 안드레, 요한과 야고보). 주님은 육신의 천연적인 관계도 무시하지 않으시면서 영적인 상태도 주의한 것이다. 한 마디로 제자들의 관계는 조직적이면서도 유기적인 것이라고 말할 수 있다. 둘 씩 둘 씩 여섯 쌍이면서도 네 명이 한 조가 되어 있는 듯하다. 베드로와 빌립과 알패오의 아들 야고보의 이름이 바뀌지 않고, 정해진 자리에 나오기 때문이다. 그러면서도 중요한 때는 주님이 베드로와 야고보와 요한만을 이끌고 가셨다. 3절의 바돌로매라는 이름은 호칭이지 고유명사적인 이름이 아니다. 바-돌로매는 돌로매의 아들이라는 뜻이고 그의 원 이름은 나다나엘이다. 나다나엘은 빌립에 의해 주님께 인도된 사람이다. 빌립은 베드로 안드레와 함께 벳세다 사람이다. 이들 서너 명이 한 동네 사람인 것이다. 주님은 나다나엘을 빌립에게 묶어 주셨다. 도마와 세리 마태가 다음으로 조 편성이 되었다. 여기서 마태는 자기를 도마 뒤에 적었다. 다른 복음서의 기자들은 마태를 도마 앞에 적었다. 그러나 마태는 자기를 자기의 짝인 도마 뒤에 두었고, 자기 이름을 적으면서 '세리'라는 명칭을 더하였다. 이는 다 그의 겸손과 긍휼을 얻은 표시를 둔 것이다.

이들은 다 갈릴리 사람들이며, 유다만 유대 사람이다. 유다를 제외한 갈릴리 사람들 모두 특이한 은혜를 얻었다. 그들은 열 두 사도로서 성경에서 특이한 지위를 가지고 있으며, 왕국에서도 특별한 지위를 얻을 것이 기록되어 있다(눅 22:30). 그들은 그날 주님의 보좌에 앉아 이스라엘 열 두 지파를 다스리게 된다. 갈릴리 촌 어부들이 장래 큰 왕들이 된다. 유다는 어리석게도 그 직분을 버리고 예수를 배신하므로 떠난 것이다. 그 자리를 맛디아가 대치하였다(행 1장). 이는 예수께서 해를 당하시고 이 땅을 떠나신 후의 일이다.

이 일에 대하여 학자들마다 의견이 다르다. 어떤 학자는 제비뽑기와 기도로 맛디아를 보충한 것은 잘못된 것이라서 그 일은 잘못된 것이라고 한다. 그 자리는 마땅히 바울로 대치되어야 한다고 말한다. 그렇게 말하는 사람들은 사도가 바울까지 해서 열 두 사람일 뿐 더 이상 사도가 없는 것이라고 한다. 이렇게 말하는 사람들은 성경을 깊이 연구하지 않은 것이다. 바울은 자기가 열 두 사도에 끼어야 한다고 생각한 적이 없고, 그들의 지위를 인정했다. 특히 고전 15장에서 바울은 주님의 부활을 본 것에 대하여 열 두 제자에게 나타나신 것을 따로 구분하여 말하고, 자기가 본 것을 말했다. 그러므로 바울은 맛디아를 보충한 것을 잠재적으로 인정하고 있는 것이다. 그러면 어떤 사람들은 그 때는 맛디아가 보충된 것이 이루어진 때가 아니라고 할 것이다. 그러나 맛디아는 주님의 부활의 증인 중에서 채택된 것이다(행 1:21-22). 그러므로 맛디아가 나머지 11명과 함께 그리스도의 부활을 보았다고 해서 잘못될 것이 없다. 또한 바울이 이 글을 적을 때는 오순절 훨씬 뒤의 일이다. 그러므로 그가 열 두 사도와 자기를 구분하여 적고 있다는 점은 명백하다고 인정해야 한다. 바울은 자기를 열 두 사도의 무리 중에 있는 사도라고 생각하지 않았다는 점이다.

우리는 에베소서 4장 11절의 사도는 승천하신 그리스도께서 주신 은사로서의 사도임을 안다. 이는 그 문맥이 그러하다. 그러므로 그리스도의 승천 후에도 사도들이 이 땅에 있는 것이다. 성경은 바울만이 아니라 바나바도 사도로 칭한다(행 13:43, 14:14). 로마서 16장 7절은 안드로니고와 유니아도 사도로 칭함을 받았다. 헬라어로 보면 안드로니고와 유니아는 사도들 중에 유명히 여김을 받는 사도들이라는 뜻이다. 계시록 2장 2절은 당시 에베소 교회가 자칭 사도라고 하는 자들을 시험하여 그 거짓된 것을 드러냈다고 한다. 당시 열 두 사도는 요한만 남고 다 세상을 떠난 상태이다. 그러므로 우리는 당시의 초대 교회는 사도라는 자들이 요한 말고도 더 있었다고 보아야 한다. 오늘날도 아프리카 여러 나라를 가보면 소위 '사도'라고 부르는 직분을 가진 자들이 많이 있음을 볼 수 있다. 오늘날 카톨릭에는 교황제도나 신부제도가 있고, 현대 교회들에 목사제도가 편만하게 편재하여 있지만 사실 초대 교회는 사도와 선지자가 유수(有數)한 직분이었다(고전 12:28-29, 엡 4:11-12). 바울과 디도와 아볼로, 디모데, 누가, 브리스가와 아굴라 등은 당시 사도의 일행에 포함되어 동역하던 자들이다. 사도라는 헬라어로 '아포스톨로스'로서 보내심을 받은 자(the one's those who are being sent). 라틴어로는 '미션너리(missionary)'이며 오늘날 '선교사'라고 하는 것이 사실은 사도에 해당하는 말이다. 그러나 교부 시대 이후로 초대 사도들을 존중하는 나머지 교회의 직분자들이나 은사가 있는 자들이라 하더라도 함부로 사도라고 부르지 못하고 그저 감독이나 집사라고 불렀던 것이다.

우리는 첫 번째 사도가 그리스도라고 말할 수 있다. 그분은 하나님(성부)의 보내심을 받은 자이기 때문이다(마 15:24, 눅 4:26, 43). 다음은 성자가 보내신 열 두 사도가 있다. 그들이 하나님의 역사에서 독특한 지위가 있다. 다음은 성령의 보내신 사도들이 있는데, 우리는 그 첫째가 바나바와 바울임을 안다(행 13장). 그 후로 성령 시대의 사도들은 많이 있을 수 있다. 칼빈은 루터를 그 시대의 사도라고 말한 적이 있다. 우리는 영국에서 중국으로 가서 중국 대륙에 복음을 전한 허드슨 테일러 일행을 중국에 하나님의 보내심을 받은 사도라고 말하지 못할 이유가 없다. 영국에서 인도에 가서 복음을 전하고 여러 인도 말로 성경을 번역한 윌리암 캐리도 마찬가지이다. 그도 인도에 보내심을 받은 하나님의 사자이다. 100여 년 전에 이 나라에 보내심을 받은 언더우드, 아펜셀러 등도 마찬가지이다. 그들은 다 하나님의 보내심을 받아 이 흑암의 땅에 복음의 진리를 전파한 하나님의 보내심을 받은 자들이다. 성경적으로 말할 때 그들은 사도들인 것이다. 지금도 하나님은 필요한 곳에 그분의 종들을 불러 보내실 수 있는데, 진정 그들이 주님의 보내심을 받아 가서 주의 일을 하는 것이라면 그들은 그리스도의 사도들인 것이다.

5-15절, 예수께서 이 열 둘을 내어보내시며 명하여 가라사대 이방인의 길로도 가지 말고 사마리아인의 고을에도 들어가지 말고 차라리 이스라엘 집의 잃어버린 양에게로 가라 가면서 전파하여 말하되 천국이 가까왔다 하고 병든 자를 고치며 죽은 자를 살리며 문둥이를 깨끗하게 하며 귀신을 쫓아내되 너희가 거저 받았으니 거저 주어라 너희 전대에 금이나 은이나 동이나 가지지 말고 여행을 위하여 주머니나 두 벌 옷이나 신이나 지팡이를 가지지 말라 이는 일군이 저 먹을것 받는 것이 마땅함이니라 아무 성이나 촌에 들어가든지 그 중에 합당한 자를 찾아내어 너희 떠나기까지 거기서 머물라 또 그 집에 들어가면서 평안하기를 빌라 그 집이 이에 합당하면 너희 빈 평안이 거기 임할 것이요 만일 합당치 아니하면 그 평안이 너희에게 돌아올 것이니라 누구든지 너희를 영접도 아니하고 너희 말을 듣지도 아니하거든 그 집이나 성에서 나가 너희 발의 먼지를 떨어 버리라 내가 진실로 너희에게 이르노니 심판날에 소돔과 고모라 땅이 그 성보다 견디기 쉬우리라

여기서 우리는 주님이 제자들을 보내시며 분명한 사명을 주시는 것을 볼 수 있다. 주님은 사람들을 보내시며 아무 할 일도 주시지 않는 분이 아니다. 주님이 바울을 부르실 때도 그분은 분명히 이스라엘과 이방인에게 그 이름을 증거하게 할 것이라고 말씀하셨다. 그리고 그는 자신에게 맡겨진 사명을 다 수행한 것을 간증하였다. 우리는 역사적으로도 하나님이 불러 사용하시는 그릇들은 그 시대에 주님의 부르심에 응하며, 그분의 맡기신 일을 다하고 간 것을 본다. 우리 또한 마땅히 이 시대에 주님이 우리에게 무엇을 하기 원하시느냐고 여쭈어야 한다. 우리는 말할 필요도 없이 작은 자들이요, 아무 것도 아닌 자들이다. 그렇다 하더라도 주님은 우리 무녀리 같은 자들에게도 원하시는 것이 있을 것이다. 만일 우리가 충성되다면 우리 또한 주님께 이 시대에 생수같은 시원함을 드릴 수 있을 것이다. 다윗의 장군들은 적진에 들어가서 죽음을 무릎쓰고 베들레헴 성채의 우물물을 떠다 다윗에게 바쳤다. 그 때 다윗은 감동하여 이것은 물이 아니라 부하 장군들의 피라고 하며 마시지 않고 기념으로 여호와의 전에 갖다 부어드렸다. 우리가 이 시대에 주님을 진정으로 사랑하는 자들이라면 주님이 원하시는 것이 무엇인지 알아서, 마음을 다하여 충성과 동역을 드려야 한다. 참 다윗이신 주 예수님은 우리의 충성과 수고를 받으시고, 그날 우리의 충성을 일일이 기억해주실 것이다.

당시 주님이 열 두 제자를 보내실 때는 이방인들이나 심지어 사마리아의 마을에는 가지 말아야 했다. 오직 이스라엘의 잃어버린 양들에게 나아가야 했다. 이는 하나님의 사역의 경륜이었다. 물론 그분이 모든 인류를 관심하지 않으시고 오직 유대인들만 관심하신다는 뜻이 아니다. 그분은 온 인류를 관심하신다. 그러나 그분의 일하시는 것에는 순서가 있다. 결국 사도행전 1장 8절, 주님이 죽으시고 부활하신 후, 성령을 부어주신 후에는 그 범위가 유대와 사마리아와 땅 끝까지로 확대되었다. 여기서 우리는 주님이 일하시는 것에는 단계적인 것이 있음을 알 수 있다. 그리스도인이 주의해야 할 것은 하나님의 하시는 방법이 고정적이 아니라는 점이다. 그러므로 사람들이 과거의 경륜에 붙잡히는 것이 또 하나의 종교가 되고 하나님의 새로운 역사를 지연하거나 대적하는 것이 되는 예는 허다하다. 사도행전 10장의 베드로가 고넬료에게 가는 일에 있어서 어려워했던 사건은 대표적인 것이다. 베드로는 하나님이 깨끗하게 한 것을 속되다고 해서는 안 되었다. 그리고 주저없이 이방인을 받아들이기 위해 가야했다.

주님이 제자들에게 이스라엘 마을들로 가라고 하신 것은 그들에게 이 천 년 동안 일해 오셨기 때문이다. 물론 그들 가운데 많은 사람들이 거절하고 국가적으로는 거절한 셈이 되었지만 그래도 상당수의 유대인들이 주님을 믿은 것이 사실이고 예루살렘 교회는 수 만 명이 넘는 유대인들이 있었다. 주님은 이 땅에 계시면서 사역하실 때 먼저 유대인들에게 사역하시고 부활하신 후에 사역의 범위를 온 땅으로 확장하도록 명하셨다(마 28:18-20, 막 16:15, 눅 24:47, 행 1:8). 마태복음 10장의 명령은 주 예수님이 계시던 3년만 유효하고 3년이 지나서는 바뀌었다. 마태 10장의 명령이 오늘날의 명령은 아니지만 전하는 자들의 영은 오늘날도 동일해야 한다. 여전히 많은 돈이나 이것저것 모든 것이 준비되어야 갈 수 있다는 생각 등을 갖지 말아야 한다. 이러한 생각은 복음 전도자의 생각이 아니다. 금과 은과 동의 전대를 지니지 말라는 것은 전도하러 가는 사람이 많은 돈을 갖고 하려하지 말라는 말씀이다.

또한 주님은 제자들에게 전파하는 제목도 주셨다. 이는 '회개하라 천국이 가까왔느니라'이다. 즉 주님은 어느 곳을 가지 말아야 하고 어느 곳으로 가야 한다고 하시며, 어떤 말씀을 전해야 하는 가도 말씀해주셨다. 이런 주님의 지시는 예나 지금이나 범위가 다르고 제목이 달라질 수 있어도 그 원칙은 동일한 것이다. 천국이 가까왔다고 하는 말은 그때도 아직 천국은 오지 않고 가까이에만 있었다는 말이다. 세례 요한도 천국이 가까왔다고 했으며 주님도 그렇게 전하셨고, 사도들도 다니며 그렇게 전해야 했다. 그 천국은 이미 말한 것과 같이 오순절 때 시작된 것이다. 그 때 주님은 베드로를 통하여 천국을 열게 하셨고, 10장에서 역시 베드로를 통해 나머지 한 개의 열쇠를 사용하게 한 것이다. 그러므로 베드로는 두 개의 열쇠를 갖고 천국을 여는 일을 한 사람이다. 이는 주님이 말씀하신대로 이며, 이 때(세례 요한의 때)부터 천국을 침노하는 자들이 생겨나기 시작했다. 우리는 그리스도로 말미암아 천국의 문이 열려져 있는 시대에 살고 있고 우리도 침노한다면 들어갈 수 있음을 하나님께 감사하자! 지금은 천국이 오늘날 여기 있으니 회개하여 함께 천국 생활을 해야 한다고 말해야 할 것이다. 합당하고 정상적인 교회생활은 천국의 실제를 갖고 있어야 한다. 천국은 오늘 우리가 누릴 수 있는 것이어야 하고 사람들은 천국을 미리 맛볼 수 있도록 초청해야 한다. 실상 교회 집회는 천국 잔치여야 하는 것이다.

12, 13절은 사도들이 들어가고자 하는 가정이 평안을 받기에 합당한지 않은 지를 보아야 한다. 합당하다는 확신이 들었다면 그 집을 위하여 평안을 구하고 그 집에 머물러야 한다. 어떤 사람이 복음을 영접지 않고 사도들을 받아들이지 않으면 사도들의 구한 평안이 사도들에게 돌아오게 된다. 영접지 않는 사람들을 떠날 때 사도들은 그들의 몸에서 먼지를 떨어버려야 한다. 그 뜻은 그들과 무관하다는 표시를 남기는 것이다. 우리는 어떤 심판받을 사람들의 말과 행동들을 대할 때 우리 자신을 구별하기를 배워야 한다. 어떤 때 복음을 전하다보면 어떤 사람들의 주님에 대한 심각하게 대적하는 말을 듣는다. 그럴 때 우리는 그 말을 듣고 수긍하는 태도로 헤어지지 말아야 한다. 우리는 매우 합당하게 그런 말과 나는 관계가 없다는 구별을 지어야 한다. 우리는 우리의 신의 먼지를 떨어버려야 한다. 나는 언젠가 어떤 자매로부터 심각한 언사를 들은 적이 있다. 그런 말은 심판대에 나아 갈 말이었다. 나는 즉시 그 앞에서 큰 소리로 기도했다. '오! 하나님이여, 저를 불쌍히 여기소서! 저가 이런 악한 말을 하였습니다.' 나는 그러한 말을 내 신상에 남아있게 해서는 안 된다는 것을 즉시 느꼈다. 당신은 어떤 하나님의 종에 대한 말이나 훼방하는 말들을 함부로 듣거나 자신의 신상에 그러한 말들을 남겨두어서는 안 된다. 반드시 무관하다는 표시를 남겨야 한다. 이는 심판에 나아갈 자

만 나아가야 하기 때문이다. 공연히 그 심판대에 자신을 연루시키지 말아야 하고 그 심판대의 자료가 되게 해야 하기 때문이다. 그날에 복음의 사도들이 떨어버린 먼지들은 심판대에서 복음을 거절한 자들을 위한 증거자료가 될 것이다.

심판날에 복음을 거절한 영혼들은 큰 심판을 받게 된다. 주님은 여기서 복음을 거절한 성이 소돔과 고모라보다 더 심한 심판을 받을 것을 시사하셨다. 우리는 그날 심판이 다 동일하지 않은 것임을 알게 된다. 어떤 사람들은 더 심한 심판이 있다. 특히 구약시대의 최대의 죄악의 도시인 소돔과 고모라 보다 신약의 복음을 거절한 도시는 더 큰 심판을 받게 된다는 사실을 유의해야 한다. 이는 구주의 큰 사랑을 거절하고 하나님의 진리를 거짓으로 여긴 죄이다. 오늘날 우리는 최선을 다하여 복음을 전해야 한다. 이 때 주님은 유대인들에게 복음을 전하는 원칙을 제자들에게 주신 것이다. 성령이 강림하신 이 후 이 모든 말씀들은 방법 면이나 범위 면에서 변경을 가져왔다.

16-23절, 보라 내가 너희를 보냄이 양을 이리 가운데 보냄과 같도다 그러므로 너희는 뱀 같이 지혜롭고 비둘기 같이 순결하라 사람들을 삼가라 저희가 너희를 공회에 넘겨 주겠고 저희 회당에서 채찍질 하리라 또 너희가 나를 인하여 총독들과 임금들 앞에 끌려 가리니 이는 저희와 이방인들에게 증거가 되게 하려 하심이라 너희를 넘겨줄 때에 어떻게 또는 무엇을 말할까 염려치 말라 그 때에 무슨 말할 것을 주시리니 말하는 이는 너희가 아니라 너희 속에서 말씀하시는 자 곧 너희 아버지의 성령이시니라 장차 형제가 형제를, 아비가 자식을 죽는데 내어주며 자식들이 부모를 대적하여 죽게 하리라 또 너희가 내 이름을 인하여 모든 사람에게 미움을 받을 것이나 나중까지 견디는 자는 구원을 얻으리라 이 동네에서 너희를 핍박하거든 저 동네로 피하라 내가 진실로 너희에게 이르노니 이스라엘의 모든 동네를 다 다니지 못하여서 인자가 오리라

주님은 제자들을 보내면서 '양을 이리 가운데 보냄과 같다'고 하셨다. 그리스도의 사도들은 온순한 양과 같다. 그러나 그들이 들어가서 복음을 전하려 하는 곳은 어디든지 적대감과 반대자들로 가득한 것이다. 그들은 무기가 없으므로 저항하지 못하고 자신을 방어할 수 없다. 그러므로 초기 복음의 전파자들은 순교를 많이 당했다. 우리 나라에 최초에 들어온 토마스 선교사의 순교 이야기는 언제나 들어도 감동적이다.

"1866년 8월 9일 토마스목사는 제너럴 셔먼호를 타고 목적지인 평양에 가기 위하여 대동강을 출발하였고 제2차 조선 선교여행에 오른 토마스목사는 이번 조선 여행에서 선교를 잘 감당하기 위하여 뱃머리에 무릎을 꿇고 간절히 기도하였다. 셔먼호가 조선국의 저지에도 불구하고 8월 21일에 포리에 다다랐을 때 그들을 기다리는 사람들이 있었다. "어서 오십시오. 이 배는 미국배로 조선과 무역을 하려고 왔습니다." "프랑스 배가 아닌가요?" 주민들은 프랑스배가 아니라는 말에 실망한 듯 하였다.

"하나님께서 조선을 사랑하십니다. 자 이걸 받으세요. 성경책입니다." "이걸 그냥 받아도 됩니까?" "여러분들에게 선물로 드리는 것입니다." 이 소문이 사람들에게 퍼지자 수 많은 사람들이 배 위에 올라와서 배는 가라앉을 지경이었다. 이 때 나누어 준 성경이 500여 권이나 되었다. 그리고 셔먼호가 북상하여 석호정까지 올라왔을 때 토마스목사는 배의 갑판으로 나와 "야소(예수)를 믿으세요! 야소를 믿으세요!" 외치면서 사람들에게 성경을 던져 주었다.

이때 4일간 머물면서 100여 권의 성경을 주민들에게 주었다. 셔먼호가 석호정에서 만경대까지 다다르자 팽팽한 긴장이 고조되었다. 조선에서는 그 배가 닿는 곳마다 문정관을 파견하여 목적지와 항해의 목적을 물었다. 통역으로 승선한 토마스는 목적지가 평양이며 통상을 원한다는 것을 밝혔다. 셔먼호에서는 양식과 땔감을 요구하였고 조선에서는 그것을 공급해 주었다. 그러나 셔먼호의 미국인 선장은 조선인 이익현을 협상을 하는 것처럼 속여 배로 유인한 다음 그를 억류하였다. 이것을 알게 된 토마스목사는 선장에게 "이러면 안됩니다. 어서 저 사람을 보내주시오." "당신은 상관마시오. 내가 선장이요." "정말 조선과 교역을 원하신다면 이렇게 하면 안됩니다." "두고 보시오 저들은 곧 내 말을 듣고 통상을 요구해 올 것이오." "이건 비겁한 짓입니다. 빨리 저 사람을 보내고 저들에게 잘못을 사과하시오!"

그러나 선장은 토마스목사의 말을 들으려고 하지 않았다. 이익현의 억류로 화가 난 조선의 군사들은 소극적이던 자세를 버리고 총공격을 감행하였다. 이 틈에 박춘권이라는 부교가 이익현을 셔먼호에서 구출하였다. 대포로 공격을 하던 셔먼호 선장은 조선군사들의 공격이 거세지자 퇴각할 것을 명하였다.

그러나 홍수로 불어났던 물이 줄어들어 배가 제대로 움직이지 않았다. 그때 "쿵"하는 소리와 함께 배는 모래에 좌초되었다. 이 순간을 놓칠리 없던 조선의 군사들은 일제히 총공격을 감행하였다. 이 순간에 토마스 목사는 "야소", "야소 믿으시오!" "야소!" 소리치며 배 안에 있던 성경을 군사들에게 던졌다. "잠깐, 항복하겠으니 우리를 돌려 보내주시오." 배 안에 있던 선장이 외쳤다. "항복하면 돌려보내주겠오. 잠깐만 기다리시오." 하는 소리와 함께 대포는 조선의 군사들을 향해 발사되었다. 선장의 비열한 처사에 화가 난 조선의 군사들이 일제히 횃불을 싣고 셔먼호에 접근하여 불화살을 쏘아대었다. 배에 떨어진 불화살로 셔먼호는 불타기 시작했다.

배에 있던 사람들은 놀라서 강으로 뛰어내렸고 목숨을 건져 뭍으로 나오는 사람들은 성난 조선의 군사들에 의하여 모두 죽음을 면치 못하였다. 그리하여 대동강은 순식간에 피로 물들었다. 배가 활활 타오르고 있는 와중에서도 누군가 한 손에 백기를 들고는 "야소, 야소" 외치면서 성경책을 던졌다. "야, 저러다가 저 사람 불타 죽겠다. 야소교 목사라고 했던 사람이지 않냐." 그 모습을 바라보던 사람들이 근심스런 표정으로 말하였다. 그의 옷에서도 불길이 치솟고 있었다. 순간 두 팔을 높이 든 토마스는 "야소!" 큰 소리로 외치더니 강물에 뛰어내렸다.

헤엄을 쳐서 뭍으로 나온 그를 목베려고 누군가 칼을 쳐들었을 때, 부교인 박춘권은 그를 생포하도록 명령하였다. "당신은 총 한번 쏘지 않고 책만 던지던데." "저희들의 잘못을 용서해 주시오." 토마스목사 외에도 3명의 사람이 생포되었다. 평양감사는 이들에게 국법을 어기고 사교를 전하고 백성들을 살해하였으므로 모두 부교인 박춘권으로 하여금 참수토록 명하였다. 죄수로 묶여 있는 그들은 살려달라고 애원하였다.

그러나 토마스는 조용히 눈을 감고 주님만을 찾을 뿐이었다. 그리하여 대동강변에서 국법에 따라 한 사람씩 목을 베는 형벌이 실시되었다. 선장과 중국 서기인 조능봉, 이팔행이 먼저 목베임을 당하였다. "다음, 영국 야소교 목사 토마스"하자 북소리가 둥-둥-둥 울리기 시작했다. 칼을 잡은 박부교의 손이 높이 올려진 순간이었다. "잠깐만 이걸 받아 주십시오. 제가 드리는 마지막 물건입니다." 이 말에 멈칫하고 놀란 박부교는 토마스목사가 내미는 작은 보따리를 얼떨결에 받아들었다. 그러자 토마스는 "하나님은 당신을 사랑합니다."라고 말하였다. 그리고 그는 무릎을 꿇고 "하나님 이 사람은 자기가 하는 일을 모르오니 용서하여 주옵소서. 이 일로 조선땅에 뿌린 복음이 열매로 맺게 하여 주옵소서."

1866년 9월 3일 28세의 젊은 나이로 영국인 선교사 토마스목사는 대동강의 한사정 백사장에서 순교의 피를 뿌렸다. 토마스가 죽고난 다음 33년이 지난 1899년의 일이다. "목사님! 저는 이제 더 이상 이대로는 못살겠습니다. 제가 토마스 목사를 죽인 박춘권입니다. 그 때 그가 죽어가면서 제게 주었던 작은 보따리가 있었는데, 그것은 성경책이었습니다. 그것을 읽고 제 마음이 찔려서 이렇게 목사님을 찾아왔습니다. 제가 어떻게 하면 좋겠습니까?" 이 말을 듣고 있던 마펫선교사의 눈에 눈물이 흐르고 있었다. "영감님, 영감님이 토마스목사를 직접 보셨단 말입니까?" "보다마다요. 제가 토마스목사를 죽였다니까요?"

"하나님께서는 토마스목사의 죽음을 통하여 영감님과 같은 분들이 예수님을 믿고 구원받기를 위하여 그렇게 하신 것입니다. 그것으로 너무 괴로워하지 마세요. 이제부터 영감님도 예수를 믿고 전하면 됩니다." "목사님, 정말 그럴까요? 그 때 서먼호가 불타는 가운데 사람들을 향하여 성경을 던지는 것을 많은 사람들이 보았습니다. 그 중에는 성경을 읽고 예수를 믿은 사람들이 많습니다." "저도 어느 여관에 갔을 때 방안이 온통 성경으로 도배가 되어있는 것을 보고 놀란 적이 있습니다. 여관주인을 불러서 연유를 알아보니 토마스목사가 포리에서 500여 권의 성경을 배포할 때 박영식이라는 평양감청 경비가 사람들이 버리는 책을 주워다가 도배를 했답니다. 그것을 여관주인인 최치량이 샀다고 했습니다. 그런데 놀라운 것은 여관에 묵어가는 사람들 가운데 이 글을 읽고 예수를 믿는 사람들이 많았다고 제게 들려주면서 자신도 예수를 믿는다고 했습니다." "목사님 제가 알기로도 토마스목사에게 성경을 받고 예수를 믿은 사람이 많습니다. 홍신길은 후에 대동문에 교회를 세웠으며, 그의 동생도 예수를 믿고 장로가 되었고, 김영섭은 원래 천도교였으나 동생 종권과 함께 교인이 되어 장로가 되고, 황명대는 서먼호가 불탈 때 "야소, 야소"하는 소리를 듣고 평양 초대교회의 신자가 되었습니다. 그 밖에도 많습니다." 이렇게 토마스목사가 죽음 앞에서도 두려워하지 않고 뿌렸던 성경은 살아서 조선의 교회가 세워지는 초석이 되었다.

우리는 이 하나의 예에서 주님의 보내심을 받고 나가서 복음을 전하는 사람들이 양들로서 이리가운데 보냄을 받은 자들임을 알 수 있다. 주님은 이러한 순교자들의 피를 받으셨다. 한 면으로 주님은 그들에게 당부하셨다. 그들이 이리 같기 때문에 뱀과 같이 지혜롭고 비둘기 같이 순결하라고 하신 것이다. 뱀과 같이 지혜로우라고 하셨지 뱀과 같이 교활하거나 속이라고 한 것이 아니다. 어떤 분들은 이 말씀을 적당히 거짓말을 해도 되는 것으로 해석하는데 그렇게 적용해서는 안 된다. 지혜로우면서도 순결해야 한다. 주님은 그들이 공회에 끌려가며 임금들 앞에 끌려갈 것을 미리 말씀하셨다. 이는 그 당시가 아니라 주님이 돌아가신 후에 이루어졌다. 사도행전에서 사도들은 공회에 끌려가서 맞기도 하고 복음전함을 금지당하기도 했다. 그러나 그들은 기쁨이 충만하여 사람의 말보다 하나님의 말씀을 순종하여 계속하여 주님의 말씀을 전파하였다.

그들이 끌려갔을 때 무슨 말을 할지는 걱정할 필요가 없었다. 이는 그들 속에 계신 하나님의 성령께서 어떻게 무엇을 말할 지를 알려주시기 때문이다. 또한 주님은 장차 형제가 형제를 아비가 자식을 죽는데 내어주며 자식이 부모를 대적하여 죽게 하리라고 말씀하셨다. 교회 역사에서 주님의 연고로 집안 사람들끼리 아주 미묘한 시기와 증오를 일으키는 것이 있으며 현재도 있다. 주님은 '너희 원수가 집안 식구리라'고 하셨다(마 10:36). 또한 주님은 피하라고 하셨다. "이 동네에서 너희를 핍박하거든 저 동네로 피하라", "이스라엘의 모든 동네를 다 다니지 못하여서 인자가 오리라"고 하셨다. 이 말씀은 어떻게 응할 것인가? 이는 분명 주님의 재림을 두고 하신 말씀이다. 지금은 이스라엘에 경륜으로 볼 때 휴지기간이다. 이방인이 들어오는 삽입기간인 것이다. 이 기간이 마치면 주님은 다시 이스라엘로 돌아가신다. 그리고 어떤 사람들이 이스라엘을 복음전하기 위해 다 다니게 된다. 그 다니는 발걸음이 다 마치기 전에 그리스도는 재림하실 것이다. 이 말씀의 부분은 이해하기가 어렵지만 교회 이 천 년 역사를 삽입으로 생각하면 어려움이 없이 해결된다. 이방인의 충만한 수가 들어오는 교회 역사 역시 말씀에서 예언된 것이다. 복음의 전파자들은 어찌하든 반대를 당한다. 그러한 반대와 오해와 공격 속에 끝까지 견디는 자는 구원을 받는다. 마지막 시대에 전도자들은 더 많은 고난을 당할 것이다.

24-25a절, 제자가 그 선생보다 또는 종이 그 상전보다 높지 못하나니 제자가 그 선생 같고 종이 그 상전 같으면 족하도다

이제까지 주님은 그분의 사도들이 보냄을 받아 전파할 때 핍박받고 미움받고 끌려다니고 도망다니는 것을 말씀하셨다. 이것이 사도들이 갈 길인 것이다. 사도들이 다니며 천국복음을 전하면서 그런대로 영광을 좀 받을 것이라는 말씀이 한 마디도 없다. 사람들에게 좋은 대접을 받을 것이라는 말씀도 없다. 주님은 제자들을 보내시면서 다만 제자가 그 선생보다 종이 그 상전보다 높지 못하다고 말씀하셨다. 그 말씀의 뜻은 이러하다. "너희들이 가서 아무리 핍박을 당해도 나 만큼은 아니다. 너희들이 아무리 미움을 당해도 나만큼은 아니다. 너희들이 욕을 먹어도 나 만큼은 아니다. 너희들이 아무리 도망다녀도 나만큼은 아니다." 주님은 태어나셔서 한 살도 안 되어 도망다니기 시작하셨다. "제자가 그 선생 같고 종이 그 상전 같으면 족하도다." 우리는 주님의 제자 된 자요 종 된 자이다. 주님은 선생이고 상전이시며 따라서 우리는 그분과 같이만 된다면 족한 것이라는 말씀이다. 어떤 사람이라도 이 세상에서 영광과 존귀를 추구한다면 그는 그리스도의 종이 아니다. 그분은 능욕을 지고 영문 밖으로 나가시어 고난을 당하신 분이며, 오늘 우리는 그분의 수치를 지고 그분과 함께 걸어가야 한다. 그리스도께서 가신 길을 걸어가는 사람이 아니면 그리스도의 제자가 아니다. 그분은 가난과 고난과 죽음의 길을 가셨는데 부귀와 영광의 길을 간다면 어찌 그리스도의 제자가 될 수 있겠는가?

25b절, 집 주인을 바알세불이라 하였거든 하물며 그 집 사람들이랴

주님은 또한 집 주인이시고 우리는 그 집 사람들이다. 우리는 그 집의 사람들이라고 불리워지기를 기뻐하는 사람들이다. 우리에게 사람들이 어느 집 사람이냐고 물으면 주님의 집 사람, 예수님의 집 사람이라고 말해야 한다. 오늘 날 교회의 집주인을 특정한 사역자로 오산하는 경우가 허다하다. 교회는 바울의 집이 될 수 없고, 게바의 집이 될 수 없으며, 아볼로의 집이 될 수 없다(고전 3:22-23). 교회는 오직 그리스도의 집이다(엡 1:23). 사역자가 아무리 현저하게 그리스도의 쓰임을 받아서 교회를 세웠다해도 교회는 사람의 집이 될 수 없고 '어떤 특정한 사람의 집'처럼 불리워서는 안된다. 오늘 날 대다수의 이단이 그러한 냄새를 풍긴다. 어떤 사람들은 그리스도의 집이자 어떤 사람의 집이라고 이중적인 주인을 말한다. 그것도 맞지 않다. 집은 두 주인이 될 수 없다. 우리는 예수 그리스도의 집의 사람들임을 하나님께 감사하고 찬양한다.

그런데 그 집 주인을 사람들이 무어라고 불렀냐는 것이다. 바알세불이라고 불렀다. 파리의 왕, 귀신의 왕이라는 뜻이다. 당시 사람들이 사용하는 가장 경멸적인 칭호이다. 우리는 이것을 9장에서 보았다. "저가 귀신의 왕을 빙자하여 귀신을 쫓아낸다"(9:34). 집 주인을 바알세불이라 하였거든 하물며 그 집 사람들이랴! 우리가 주님을 위하여 이러한 경멸적인 말들을 듣게 되는 것은 마땅한 것이다.

26a절, 그런즉 저희를 두려워하지 말라

하나님은 그의 종들이 핍박자들을 두려워하는 것을 원치 않으신다. 두려워하는 것과 우상숭배는 관련이 있다. 우리는 하나님만을 두려워해야 한다. 이 땅에 하나님 외에 두려운 대상이 없다. 신자가 어떤 것을 두려워한다면 두려워하는 그것이 하나님을 대치하게 된다. 사람은 두려워하는 것에 굴복하게 되어있다. 이를 테면 어떤 사람이 건강이 약해지는 것이나 병드는 것, 심각한 고난과 압력, 죽음 등을 두려워한다면 하나님 외에 굴복하고 굽히는 것이 있게 된다. 그것은 육신의 몸이 우상이 된 경우이다. 재물의 결핍을 두려워하여 그 세력에 굴복하는 것도 일종의 우상숭배이다. 우리가 오늘 보는 많은 사람들은 주를 섬긴다 하나 실상은 재물의 세력에 굴복하여 그 종이 되어있음을 본다. 이것은 주님의 이름을 부끄럽게 하는 일이다. 그런고로 하나님은 그분의 종들에게 아무 것도 두려워하지 말라고 하셨다.

26b절, 감추인 것이 드러나지 않을 것이 없고 숨은 것이 알려지지 않을 것이 없느니라

그리스도인이 죄를 짓는 것 외에 가장 큰 장애와 어려움이, 근심하는 것이고 두려워하는 것이다. 근심과 두려움이 많은 성도들의 하나님 앞에서의 유용성을 상실케 하였다. 하나님이 사용하시는 종들에게 자주 하신 말씀이 무엇이었던가? 그것은 강하고 담대하라는 것이다(수 1장). 만일 당신이 자주 두려워한다면 그 만큼 유용성이 감소되고 있다는 것이다. 하나님이 우리에게 강하고 담대하라고 하셨으니 또 무엇을 구할 것 없이 강하고 담대하면 된다.

무엇이 감추인 것이고 무엇이 숨은 것인가? 어떤 사람들이 하나님의 종들을 은밀하게 능욕하고 핍박하고 나쁘게 말할 때 이것이 감추는 것이고 숨기는 것이다. 주님이 귀신을 쫓아내셨는데 "아, 참 놀라운 성령의 역사야."라고 말하지 않고 "저 귀신, 악령이 쫓아내는구만." 하고 무언가 그에 대하여 나쁘게 말하여 그분의 역사를 비하시키고 격하시키는 것이다. 사람들은 이런 말을 할 때 감추인 방식으로 말한다. 왜 그렇게 하여 감추려 하는가? 그러한 역사를 효과적으로 무효화하고 실패케 하기 위해 그렇게 한다. 많은 사람들이 그 전파하는 사람을 믿을까봐 숨어서 그런 일을 하는 것이다. 그것이 바로 음모이다. 그런 말일수록 밝은 데서 하지 않는다. 감추인 방식으로, 숨은 방식으로 귀신 들렸다고 함으로써 그를 능욕하고 성령의 역사를 훼방하는 것이다. 그러나 주님은 여기서 감추인 것이 드러나지 않을 것이 없고 숨은 것이 알려지지 않는 것이 없다고 하셨다. 그러니까 그런 사람들의 음모를 두려워하지 말라는 것이다. 그런 음모 때문에 그리스도의 종들은 잡히기도 하고 핍박을 당하기도 하고 능욕을 당하기도 한다. 그러나 그 모든 것이 장래 심판대 앞에서 드러나게 되므로 두려워하지 말라는 것이다.

27절, 내가 너희에게 어두운 데서 이르는 것을 광명한 데서 말하며 너희가 귓속으로 듣는 것을 집 위에서 전파하라

제자들에게 하신 말씀이다. 은밀한 데서 듣고 배운 것을 광명한 데서 말하라고 하셨다. 왜 그렇게 해야 하는가? 이는 반대자들의 사탄적인 일과 대조된다. 주님이 말씀하신 것은 은밀한 데서 하셨어도 광명한데서 드러날 때 영광스러운 것이고 집 위에서 말해도 빛 가운데 있는 것들이기 때문이다. 어떤 사람들의 일은 밝히 드러낼 수가 없다. 그러면 자기들의 음모와 악한 일들이 다 드러나기 때문이다. 그러나 제자들이 듣고 배운 바를 전파하는 것은 다 빛 가운데 있는 진리들이다.

28절, 몸은 죽여도 영혼은 능히 죽이지 못하는 자들을 두려워하지 말고 오직 몸과 영혼을 능히 지옥에 멸하시는 자를 두려워하라

기껏해야 그들이 죽이는 것은 우리의 몸이다. 영혼은 죽이지 못한다. 여기서 주님은 소위 이분법적으로 사람을 말씀하신다. 몸(body)과 영혼(soul)로 구분하여 말씀하신다. 라틴 교부들은 2분설(dichotomy)을 주장하고 헬라교부들은 3분설(trichotomy)을 주장했다. 성경에는 이와같이 2분법적인 사고가 있는가 하면 3분법적인 사고가 있다(살전 5:23, 히 4:12 등). 어떤 것이든지 한 쪽으로 치우치면 해가 있고 손실이 있게 된다. 우리는 모든 말씀을 학설을 주의할 것이 아니라 성경적 사고를 갖기를 배워야 한다. 성경대로 믿고 성경대로 관점을 갖는 것이 가장 안전하고 건강한 길이다. 이 부분에서 주님은 하나님을 몸과 영혼을 다 지옥에 멸하시는 분으로 계시한다. 그러니 사람들을 두려워하지 말라는 것이다. 어떤 사람이 이렇게 말했다. "천만 사람의 위협하는 눈들과 말들을 두려워하지 말라. 주님의 기뻐하시지 않는 작은 음성을 두려워하라." 우리는 주님의 기뻐하시지 않는 얼굴을 두려워해야 한다. 천만 사람의 위협과 나쁜 말들이 우리에게 할 수 있는 것은 기껏해야 우리의 육신을 끝내는 것뿐이다. 그러나 우리 주님은 우리의 몸과 영혼을 지으신 분이요, 상관하시는 분이시다. 우리는 사람을 두려워하지 말아야 하되 하나님을 두려워하기를 배워야 한다.

29절, 참새 두 마리가 한 앗사리온에 팔리는 것이 아니냐 그러나 너희 아버지께서 허락지 아니하시면 그 하나라도 땅에 떨어지지 아니하리라

"참새 두 마리가 한 앗사리온에 팔리는 것이 아니냐". 한 앗사리온이면 우리나라 돈으로 백 원도 안 될 것이다. 당시 참새는 매우 싼 가격으로 살 수 있는 존재란 뜻이다. 그렇게 값싼 참새 두 마리 중 한 마리가 땅에 떨어지는 것도 우리의 하늘 아버지께서 허락지 않으시면 안 된다는 것이다. 한 마리는 50 원밖에 안 된다. 그렇게 하찮은 것도 하나님이 허락해야 떨어진다. 사탄은 하나님의 자녀들을 어떻게 하든지 무너뜨리려고 한다. 그러나 하나님께서 허락지 않으실 수 있다. 여기서 두 영적인 인물들인 마담 귀용과 펜 루이스 여사는 서로 엇갈리는 영적 해석을 주고 있다. 귀용은 "모든 환경을 다 십자가로 받아들여라!"고 말했지만, 펜 루이스 여사는 "그렇게 하다가 잘못하면 피동적이 되는 위험에 빠진다"고 하였다. 우리에게 닥친 환경을 다 받는 것이 아니다. 하나님이 허락지 않으시는 것도 있다."라고 했다. 이 두 가지 설법은 다 배워야 하는 면이 있다. 귀용 여사는 십자가의 환경을 받아들이는 면에서 매우 귀한 가르침을 주었다. 그러나 펜 루이스는 성도들로 하여금 순종의 과정에서 사탄에게 속임을 당하지 않도록 도와주었다.

그러므로 무조건 오는 환경에 순응하는 사람이 십자가를 지는 사람이라고 말할 수 없다. 어떤 경우는 책임회피와 무능한 현실 순응의 처신이지 십자가를 지는 것이 아닐 수 있다. 우리는 어떤 일이 하나님의 뜻일 때 순종하는 것이지 사탄의 속임수는 결코 받아들이지 말아야 한다. 그러므로 과거 웨일즈 부흥시 형제들이 지어 부른 찬송 중에 "언제든지 하나님이 말씀하시면, '예'(yes)라 말하고 사탄이 말하면 '아니오'(no)라고 말한다"고 한 것이다. 우리는 모든 일과 환경이 하나님이 허락하신 것인지 아닌지를 보아야 한다. 우리에게 닥쳐오는 어떤 일이나 말들은 사탄에게서 우리를 넘어뜨리기 위해 온 것이고, 하나님이 허락지 않으시는 것도 있기 때문이다.

30-31절, 너희에게는 머리털까지 다 세신 바 되었나니 두려워하지 말라 너희는 많은 참새보다 귀하니라

하나님 아버지께서 우리의 머리털까지 다 세셨다는 말이다. 하늘에서 하나님이 세신 머리털 수와 우리가 갖고 있는 머리털 수가 같다는 말이다. 머리 감을 때 머리털이 빠졌기 때문에 오늘 머리털 수는 어제하고 다른데 하나님은 다 아시고 계시다는 뜻이다. 우리는 우리의 여러 크고 작은 일들로 인하여 염려한다. 왜 우리가 두려워하는가? 하나님의 손길과 안배하심을 믿지 않기 때문이다. 어떤 일이 우리에게 닥쳐 왔을 때 이는 우연이 아니고 하나님의 안배와 허락하심으로 온다는 것을 믿어야 한다. 그럴 때 두려움이 없게 된다. 참새와 같이 미물도 하나님의 허락 하에 떨어지는 것을 믿는다면 우리의 환경은 말할 것도 없다. 다 하나님의 재가를 받아서 임하는 일들이다. 이를 믿는다면 어떤 일 가운데서도 안식을 누릴 수 있다.

32-33절, 누구든지 사람 앞에서 나를 시인하면 나도 하늘에 계신 내 아버지 앞에서 저를 시인할 것이요 누구든지 사람 앞에서 나를 부인하면 나도 하늘에 계신 내 아버지 앞에서 저를 부인하리라

우리는 어떤 환경이나 일도 두려워하지 말아야 하지만 하나님 앞에 설 일에 대하여는 두려워해야 한다. 우리는 언젠가 두려우신 하나님의 심판대 앞에 설 것이기 때문이다. 여기서는 시인하는 문제인데 오늘 죽기를 두려워하므로 하나님을 부인하는 사람은 그날 주님 앞에서 부인당할 것이다. 오늘 우리의 삶은 하나님을 시인하는 방식의 삶을 살아야 한다. 우리의 길이 그러해야 하고 우리의 삶이 그러해야 하며 우리의 선택이 그러해야 한다.

34절, 내가 세상에 화평을 주러 온 줄로 생각지 말라 화평이 아니요 검을 주러 왔노라

복음을 전하는 사람들은 알아야 한다. 어떤 사람들에게 복음은 "화평이 아니라 검이다!" 주님의 천국복음이 전파될 때 이 땅에는 화평이 아니라 검이 임한다. 사람의 마음을 찌르는 것이다. 이 땅에서 뿌리를 박고 사는 사람들의 체계를 흔들기 때문이다. 엘리야를 아합 왕이 무어라고 했는가? "너는 이스라엘을 괴롭히는 자다." 요한 계시록의 두 증인도 사람들을 괴롭게 했다고 했다. 사람들은 그렇게 천국복음을 전하는 자들을 싫어하므로 불화가 있게 된다.

35절, 내가 온 것은 사람이 그 아비와, 딸이 어미와, 며느리가 시어미와 불화하게 하려 함이니

천국복음이 임하는 곳에 검이 있고 불화가 있다. 평화가 오는 것이 아니라 기묘하게도 불화가 일어나는 것이다. 왜 그런가? 사람들이 이 천국복음을 들으면서 "그 말씀을 가만히 들어보니까 그 말씀 듣다가는 편안하게 살 지 못하게 하는 말이잖아? 모처럼 행복하게 좀 살아보려 하니까 이 사람이 와서 말씀을 전파하더니 이 세상에 구축해 놓은 행복을 송두리째 가져가려고 하는군!" 그래서 세상의 뿌리박은 사람들과 어둠의 세력이 아주 싫어하는 것이다. 천국복음은 사람의 마음을 이 땅에서 하늘로 이동하게 하는 복음인 것이다. 그러기에 주님은 너희 보물 있는 곳에 너희 마음도 있다고 하시며 너희 보물을 하늘에 쌓아두라고 하신 것이다.

36절, 사람의 원수가 자기 집안 식구리라

이 천국복음은 얼마나 강력한지! 식구들끼리도 원수가 되게 한다. 혹자는 이렇게 말할지 모른다. "그 복음 혹시 잘못된 것 아니야? 왜 그 복음이 들어가면 식구들이 원수가 되나?" 그렇지 않다. 이렇게 강력한 성질이 있는 것이 천국복음인 것이다. 주님이 말씀하셨다. 천국복음이 들어가면 원수 되는 일이 있게 된다. "사람의 원수가 자기 집안 식구리라".

이 천국복음, 천국이 이 땅에 이루어지게 하는 복음은 이 땅에서 잘 먹고 잘 살게 하는 사탕발림의 복음하고는 전혀 다르다. 오늘날은 기복적이고 사람들이 이생에서 성공하고 잘 사는데 초점이 맞추어져 있는 복음이 세력을 얻고 있다. 그러나 천국복음은 하늘의 통치, 하늘의 질서가 임하게 하는 복음인 것이다. 하늘의 질서가 새롭게 세워지다보니 이 땅의 기존 질서는 무너지게 된다. 이 땅의 안녕과 복지도 무너진다. 그럴 때 새로운 성령의 세력과 기존 세력간의 반발과 거부가 일어나는 것이다. 가령 어떤 주부에게 아들이나 딸이 가장 중심에 있다하자. 또 어떤 사람에게는 그 사람 마음속에 재물이 최고의 자리를 점하고 있다. 그런데 그들에게 천국복음이 임한 것이다. 이 천국복음은 그 최고의 자리에 천국의 왕이신 주님을 앉혀야 한다. 이 때 만일 자식을 최고의 자리에 놓고 있는 부모에게 이에 반하는 성령의 움직임이 주위에 발생하고 자신의 구축한 체계가 무너질 위험이 있고, 손해를 받게 되면 즉시 그에 관련된 사람들과 원수가 된다. 자식애를 내려놓지 못하기 때문이다. 재물도 똑같은 원리이다. 이제 모처럼 돈 벌어서 편안하게 살아보려고 했더니 "다 드리고 다 바치고 주님을 섬기라, 인도로 가라, 아프리카로 가라"고 하면 "말도 안 되는 소리를 하고 있군." 하며 전도자들을 대적하는 것이다.

37절, 아비나 어미를 나보다 더 사랑하는 자는 내게 합당치 아니하고 아들이

나 딸을 나보다 더 사랑하는 자도 내게 합당치 아니하고

자, 그러면 아비나 어미를 사랑해야 하는가, 사랑하지 말아야 하는가? 사랑해야 한다. 그러나 '나보다', 즉 주님보다 더 사랑하면 그것은 합당치 않다는 말이다. 주님을 모든 것, 모든 사람보다 가장 사랑하는 데까지 이르게 하지 않으면 그건 천국복음의 결과가 아니다. 천국복음은 식구들의 관계까지도 한 번 점검하게 만든다. "네가 과연 아비와 어미보다 나를 더 사랑하느냐? 네 아들과 딸보다 나를 더 사랑하느냐?" 왜 식구 간에 원수가 되는가? 많은 때 왜 가까운 형제 자매가 서로 문제가 되는가? 그것이 천국복음으로 인한 경우가 많다. 특히 문제가 되는 것은 대개 자식으로 인한 것이다.

38절, 또 자기 십자가를 지고 나를 좇지 않는 자도 내게 합당치 아니하니라

자기 십자가를 진다는 것은 자기를 부인한다는 것이다. 천국복음을 받은 자들은 부모나 처자나 재물이나 모든 것을 내려놓아야 할 뿐 아니라 자기 자신까지도 부인해야 함을 가르침 받는다. 즉 자기 길을 가지 않는다는 것이다. 주님이 십자가를 지신 것은 하나님 아버지의 뜻을 순종하신 것이다. "내 뜻대로 마옵시고". 그러므로 십자가를 진다는 것은 자기를 부인하고 아버지의 뜻대로 순종하는 것이다. 십자가를 지는 것을 현실 순응으로 편리하게 써먹는 사람들도 있다. 편한 길 안에서 안주하는 환경을 어쩔 수 없는 하나님의 인도라고 받아들이며 순응하는 것을 십자가를 진다고 말한다.

오늘 우리가 자기 십자가를 진다는 것은 그때 그때 자신의 뜻을 부인하고 적극적으로 일어나서 주님의 뜻을 순종하는 것이다. 오늘부터 나는 "내 자신의 뜻대로 길을 가지 않겠다. 내 원함대로 가지 않겠다. 그 길을 가는데 어떤 대가가 들어도, 고난이 있다 해도, 주님이 원하시는 대로 가겠다." 하는 것이 자기 십자가를 지는 것이다. 목숨까지라도 드리는 것이 십자가의 길이다. 이렇게 가지 않는 사람은 주님께 합당하지 않다.

39절, 자기 목숨을 얻는 자는 잃을 것이요 나를 위하여 자기 목숨을 잃는 자는 얻으리라

이 목숨은 바로 혼의 생명이다. 이 시대 주님과 복음을 위하여 "혼을 잃는자는 얻을 것이다."라는 말씀이다. 혼을 얻는다는 것은 우리 혼이 이 시대에 만족과 기쁨과 누림을 얻는 것이다. 그런 사람은 그날 잃게 된다. 오늘 자기 목숨, 혼을 잃는 문제에 대해 어떤 형제는 "이것은 얻는 느낌이 있는 것이고 잃는 느낌이 있는 것이다."라고 말했다. 내가 과연 이 시대에 잃는 사람인가 얻는 사람인가를 알려면 그런 얻는 느낌이 있나, 잃는 느낌이 있나를 보면 된다는 것이다.

자신이 이 시대에 주를 위하여 혼을 얻는 방식으로 사는가 혼을 잃는 방식으로 사는가는 자신이 안다. 남에게 물을 필요가 없다. 실제로 잃는 게 있어야 한다. 그러면 상실한 느낌이 있게 된다. 이 시대에 주님을 위해서 상실한 느낌을 갖는 사람은 그 시대에 혼을 얻는다고 했다. 그 시대에 주님으로부터 위로와 만족을 얻는다는 것이다. 이것이 혼의 구원(salvation of soul)이다. 자기 부모, 자기 자녀와의 관계에서 잃어버리는 느낌을 가질 줄 알아야 한다. 자기 자신에 대해서, 소유에 대해서, 모든 것에 대해서 잃어버리는 느낌을 가져야 한다. 이런 길을 가야 주님의 나라에서 얻게 되는 것이다. 이것을 성경 공부해서 알기만 하면 무슨 소용이 있는가? 이 길을 가야만 가치가 있는 것이다. 나는 주님의 긍휼로 모든 성도들이 이런 길을 가기 바란다. 이 길이 그야 말로 천국으로 가는 길인 것이다.

40절, 너희를 영접하는 자는 나를 영접하는 것이요 나를 영접하는 자는 나 보내신 이를 영접하는 것이니라

여기 세 인격이 나온다. 주님의 사도들, 그들을 보내신 주 예수님, 주 예수님을 보내신 하나님 아버지이다. 그런데 보내심 받은 사도들을 영접하는 것은 누구를 영접하는 것인가? 보내신 주님을 영접하는 것이다. 그리고 주님을 영접하는 것은 아버지를 영접하는 것이다.

적어도 보내심 받은 사도가 되려면 10장 1절부터 말씀하신 그런 사람이어야 하는데, 특히 37절부터 말씀하신 것에 부합된 사람이어야 자격이 있다. 그래서 나는 이렇게 말하고 싶다. "아직도 아비나 어미나 자식 때문에 꼼짝도 못하는 당신이 아무리 가서 말씀을 전해도 주 예수님의 대표는 아니다. 당신은 가족들에게 잡혀 있는 사람이지 온전히 가족을 떠나서, 자신을 떠나서 주님의 위임과 주님의 부탁만을 받아 가지고 말씀을 전달하러 간 사람이 아니다." 그러하다면 당신이 간 것이 그분이 간 것이라고 인정하겠는가? 그렇지 않다. 그러나 지금까지 말씀대로 주님을 최고의 위치에 놓고 사는 사람이라면 그러한 사람을 주님은 그분이 보내신 걸로 인정하신다. 정말로 자신을 부인하는 사람, 자기를 십자가에 넘기는 사람,

그런 사람을 영접할 때 주님은 주님 자신을 영접한 것으로 인정하신다. 오늘날 많은 사람들이 무지하여 주님이 보내신 사람을 거절한다. 그것은 사람을 거절한 것이 아니라 주님을 거절한 것이다. 또 주님을 거절하는 것이 아버지를 거절하는 것이다. 나중에 주님의 나라에 갔을 때 사람들은 놀랄 것이다. "내가 언제 주님을 거절했습니까? 내가 언제 아버지 하나님을 거절했습니까?" 또 어떤 사람은 "주님, 제가 언제 주님을 영접했습니까? 제가 언제 그렇게 아버지를 영접했습니까?" 할 것이다. 그때 주님은 "내가 보낸 사도들을 영접한 것이 나를 영접한 것이다." 하실 것이다.

41절, 선지자의 이름으로 선지자를 영접하는 자는 선지자의 상을 받을 것이요 의인의 이름으로 의인을 영접하는 자는 의인의 상을 받을 것이요

여기서 나는 매우 중요한 말을 하려고 한다. 상(賞)을 받는 문제이다. 연말에는 특히 상을 많이 준다. 이런 상 저런 상을 많이 받는다. 우리는 언제 상을 받는가? 주님 나라에 갈 때 받는 것이다. 이 땅에서 트로피 받고 상금을 좀 받고 하는 건 아무 것도 아니다. 그런 것들은 모두 썩을 면류관에 해당한 것들이다.

그런데 여기서 선지자의 이름으로 선지자를 영접하는 자는 선지자의 상을 받는다고 말한다. 영접만 잘 해도 상을 받는다는 것이다. 이건 보통 말씀이 아니다. 영접만 잘 해도 상을 받는다니! 선지자의 이름으로 선지자를 영접하는 자는 선지자의 상을 받고 또 의인의 이름으로 의인을 영접하는 자는 의인의 상을 받는다.

주님이 보내신 사람 중에는 선지자의 직임을 가진 사람들이 있다. 여기서 선지자의 이름으로 선지자를 영접한다는 것은 그의 은사적인 말씀을 듣고 그의 선지자적인 은사를 알게 되는 것이며, 그런 사람을 하나님이 보내신 선지자로 여겨 사랑으로 영접하는 것을 말한다. 알고 영접하는 것이다. 이것이 선지자의 이름으로 선지자를 영접하는 것이다. 그 선지자의 음성, 말씀의 영, 이 모든 것이 그가 정말 영접하기 원하는 바로 그것이기 때문에 그 사람은 선지자의 상을 받는다. 그가 그 선지자를 영접한다는 것은 그러한 선지자적인 하나님의 말씀을 사랑한다는 뜻이다. 말하자면 하나님은 그런 사람에게 그 선지자가 받는 상과 같은 종류의 상을 주시겠다는 것이다.

주님이 그 선지자를 보내셨는데 그는 그것을 알고 있는 것이다. 그가 어리고 무얼 잘 모르더라도 "아, 저 음성, 주님으로부터 온 거야! 지금 이 시대에 하나님의 백성들의 필요를 위해 주님이 보내주신 자야. 선지자의 그 음성은 바로 내 속에 있는 음성과 같아. 내가 참으로 원하는 음성이고 정말 그래야 해!" 하고 영접하는 것이다. 그럴 때 그 사람은 선지자의 이름으로 선지자를 영접하는 것이다.

또 하나는 의인이다. 의인의 이름으로 의인을 영접하는 자는 의인의 상을 받는다. 주님이 보내신 사람 중에는 의인이 있다. 여러분이 의를 좋아하고 추구하는 믿는이라면 하나님이 보낸 사역자들에게서 하나님의 의를 발견하게 된다. 그러면서 이런 느낌을 갖는다. "맞아. 우리는 그러한 의의 길로 가야 해. 그가 말하는 의, 그가 행하고 있는 의는 바로 내가 가야 할 길이야." 그의 의인 됨을 인하여 받아들일 때 그 사람은 의인의 상을 받는다.

42절, 또 누구든지 제자의 이름으로 이 소자 중 하나에게 냉수 한 그릇이라도 주는 자는 내가 진실로 너희에게 이르노니 그 사람이 결단코 상을 잃지 아니하리라 하시니라

이제 제자의 이름이다. 선지자도 아니고 의인도 아니고 제자이다. 주님의 제자가 되었다고 해서 그에게 냉수 한 그릇이라도 주는 자는 그 상을 잃지 않는다는 것이다. 하나님의 백성들은 주의 종들을 함부로 대하면 안 된다. 그 사람이 주님의 제자일진대 냉수 한 그릇이라도 주는 것은 매우 귀한 일인 것이다. 주님은 그날 심판대에서 이러한 일들을 다 기억하시고 보상하신다.

11 장

1절, 예수께서 열두 제자에게 명하시기를 마치시고 이에 저희 여러 동네에서 가르치시며 전도하시려고 거기를 떠나 가시니라

주님은 10장에서 열두 제자를 부르시고 그들에게 귀신을 쫓아내고 병을 고치는 권능을 주시면서 이스라엘 사람들에게 가서 천국이 가까왔다는 복음을 전하라고 하셨다. 그리고 가서 어떻게 할 것인가, 많은 어려움들을 어떻게 당면할 것인가 하는 것들을 다 말씀해주셨다. 그리고 11장 1절에서는 그 모든 말씀을 다 마치셨다고 했다.

이 구절에서는 그 말씀을 '명(命)'이라고 했다. 그러므로 주님이 제자들에게 복음을 전파하라고 하신 말씀은 명령이라는 것을 알아야 한다. 이 일은 우리가 임의로 해도 되고 안 해도 되는 문제가 아니다. 그리스도인이 주님의 제자로서 복음을 전하는 것은 주님의 명령이다. 이것은 주님이 그분의 제자들에게 반드시 하도록 규정하신 것이다. 그래서 여기에서 어떤 성경은 지시(instruction)라고 말하고 다비역 같은 경우는 명령(commanding)이라고 말한다.

"이에 저희 여러 동네에서 가르치시며". 주님은 제자들에게 복음을 전파하라고 명령하시고서 그분 자신 또한 다니시면서 복음을 전하셨다. 주님은 가만히 계시면서 제자들에게만 복음을 전하라고 하신 것이 아니라 친히 그분 또한 여러 동네로 다니시며 가르치시며 전도하셨다. 오늘 목회자들이 자신은 전도하지 않은 채 성도들에게만 전도하라고 강조하는 것은 흔히 있는 일이다. 주 예수님은 스스로 전도하시며 제자들에게도 복음을 전하라는 명을 주신 것이다.

주님은 그곳을 떠나셨다. 주님은 한 군데 머물면서 제자들에게 계속 무언가를 명하는 사역자가 아니었다. 그분은 한 곳에서 제자들에게 복음 전파에 대한 명령을 주신 다음에 그 자리를 떠나셨다. 그리고 여러 동네에서 복음을 전파하셨다. 이것은 오늘날 주님을 섬기고자하는 모든 사역자들이 따라야 할 본이다. 아무리 뛰어난 사역자라 하더라도 다른 사람들에게 전파하라고 지시만 하고 자신은 그 자리에 가만히 머물러 있으면 안 된다. 다른 사람들에게 복음 전파를 부탁할 뿐만 아니라 반드시 자신도 가서 복음을 전해야 한다. 주님은 성경에 이러한 본을 분명하게 세우셨다.

사도들은 주님의 본을 따르는 사람들이다. 그러므로 바울 사도는 "내가 주를 본 받은 것같이 너희도 나를 본 받으라"고 한 것이다. 바울 사도는 디모데에게 복음 전파를 부탁할 뿐만 아니라 그 또한 다니면서 복음을 전했다. 그리스도인이라면 모든 사람이 다 움직여야 하고 모든 사람이 다 가서 일을 해야 한다. 여기의 "거기를 떠나가시니라"는 말씀은 매우 좋은 구절이다. 전도자는 언제나 떠날 준비를 해야 한다. 언제나 떠날 수 있는 사역자가 좋은 사역자이다.

2절, 요한이 옥에서 그리스도의 하신 일을 듣고 제자들을 보내어

요한은 현재 감옥에 갇혀 있다. 그가 감옥에 갇힌 것은 헤롯이 자기 동생의 아내 헤로디아를 취한 것이 옳지 않다고 말했기 때문이다. 우리는 이것을 다른 복음서에서 읽을 수 있다. 그런데 감옥에 갇힌 지 오래 되었어도 요한은 감옥에서 나올 수가 없었다. 그리고서 감옥에서 그리스도께서 하신 일들을 듣게 되었다. 그때 요한은 자기의 제자들에게 말을 주어 예수님께 보낸 것이다.

3절, 예수께 여짜오되 오실 그이가 당신이오니이까 우리가 다른 이를 기다리오리이까

요한은 자기의 제자들을 예수님께 보내서 오실 그이가 당신이냐 우리가 다른이를 기다려야 하느냐를 여쭈어보라고 했다. 우리가 다 알듯이 침례자 요한은 그리스도를 천거하기 위해 보내심 받은 선지자였다. 그런데 그가 감옥에 갇혀 오래 있어도 예수님이 자신을 꺼내주시지 않고(어떤 기적을 베풀어서라도) 다른 사람들에게는 많은 일을 행하시는 것을 듣고 좀 화가 난 것이다. 그래서 그의 제자들을 보내서 오실 그이가 당신이냐 우리가 다른 사람을 기다려야 하느냐고 물어보라고 했다. 요한의 이러한 질문은 심각한 말이다. 그는 또 다른 메시야를 기다려야 하느냐고 물은 것이다. 주님의 선주자로서 그렇게 수고한 사람이 이 정도로 형편없이 실족하는 일이 있을 수 있는가? 우리는 여기서 매우 강한 경계를 받는다. 요한은 주님이 자신에 대하여 아무 것도 해주시지 않는 것에 대하여 불만족하고 언짢아하고 심지어 원망하다가 다른 메시야를 생각하는 지경에까지 떨어진 것이다.

4절, 예수께서 대답하여 가라사대 너희가 가서 듣고 보는 것을 요한에게 고하되

주 예수님은 그분에 대하여 오해하고 원망하며, 무시하는 말도 들으신다. 그러면서도 전혀 요동치 않으시고 의연하게 답하신다. 예수님은 요한이 보낸 제자들에게 말했다. "너희가 가서 듣고 보는 것을 요한에게 말하라". 그분은 요한의 제자들에게 듣고 본 것들을 요한에게 말해주라고 하셨다. 첫째는 듣는 것이다. 말씀을 듣는 것이 먼저이지 보는 것이 먼저가 아니다. 먼저 듣고 그 다음 보는 것이다. 많은 능력과 기적을 보았다 해도 말씀을 듣는 것만 못하다. 말씀을 깨달은 것은 오래 가지만 기적을 본 것은 오래 가지 않는다. 그래서 주님은 요한의 제자들에게 듣고 본 것을 말해주라고 하신 것이다.

5절, 소경이 보며 앉은뱅이가 걸으며 문둥이가 깨끗함을 받으며 귀머거리가 들으며 죽은 자가 살아나며 가난한 자에게 복음이 전파된다 하라

소경이 눈을 뜬 것이 구약에는 없다. 이것이 하나님이 하신 일이라는 것을 어떻게 아는가? 하나님이 보내신 자가 아니면 소경의 눈을 뜨게 할 수 없다. 구약의 아무리 능력 있는 선지자라도 소경의 눈을 뜨게 하는 일은 하지 못했다. 그러므로 소경이 보게 된 일은 그분이 하나님께 보내심받은 자임을 증명하는 한 가지 일이라는 것이다.

주님이 이 땅에 오셨을 때 그분은 소경의 눈을 뜨게 하셨다. 우리는 9장에서도 이미 보았다. 시편 146편 8절에 "여호와께서 소경의 눈을 여시며"라는 말씀이 있다. 소경의 눈을 뜨게 하는 것은 여호와의 하시는 일이다. 이사야 35장 5절에도 그날 메시아가 오셔서 하실 일에 대해 말하고 있다. "그때에 소경의 눈이 밝을 것이며 귀머거리의 귀가 열릴 것이며". 메시아가 오시면 소경이 눈을 뜨게 될 것이라고 말한다. 이처럼 구약에서 하나님의 보내신 자가 오면 그는 소경의 눈을 뜨게 할 것이라고 했다. 그 말씀대로 예수님이 오셨을 때 소경이 눈을 뜬 것이다.

또 앉은뱅이가 일어나고, 문둥이가 깨끗함을 받고, 귀머거리가 듣고, 죽은 자가 살아나고, 가난한 자에게 복음이 전파될 것이라고 했다. 구약의 선지자들이 예언한 대상은 주로 왕과 방백들이었음에도 불구하고 구약의 말씀을 보면 메시아가 오실 때 가난한 자들에게 복음이 전파될 것이라고 했다. 시편 72편 1절부터 4절까지를 보면 이것은 그리스도께서 오셔서 하실 일들이다. "저가 백성의 가난한 자를 신원하며 궁핍한 자의 자손을 구원하며 압박하는 자를 꺾으리로다"(4절).

주님이 가난한 자를 신원하신다는 것이다. 또 이사야 61장 1절을 보면 이것도 그리스도께서 오셔서 하실 일이다. 누가복음 4장에서 주님은 친히 이 구절을 자신에게 적용시켜서 말씀하셨다. "주 여호와의 신이 내게 임하셨으니 이는 여호와께서 내게 기름을 부으사 가난한 자에게 아름다운 소식을 전하게 하려 하심이라". 이와같이 구약에는 그리스도께서 오실 때에, 하나님이 보내신 자가 오실 때에 가난한 자에게 복음을 전하실 거라는 말씀이 있다. 그와 똑같이 우리 주님이 오셨을 때에 그분은 눈 먼 자의 눈을 뜨게 하고 가난한 자에게 복음을 전하셨다.

오늘 날 가난한 자들은 복이 있는 자들이다. 진정한 복음은 가난한 자들에게 전해짐을 본다. 진정으로 복음을 순종하는 자들도 가난한 자들에게서 본다. 소경이 눈을 뜨는 것이나 앉은뱅이가 일어나는 것 못지 않게 가난한 자들에게 복음이 전파되는 것도 큰 일이다. 이런 일을 기적으로 대하지 못하는 사람들은 아직 복음이 무엇인지 모르는 사람이라고 말할 수 있다. 즉 아무나 이 복음을 받지 못한다는 뜻도 된다. 이 복음이 그렇게 귀한 것인데 받아들이고 깨닫는 사람은 매우 희귀하다. 그런데 가난해진 사람들, 망한 사람들에게 복음이 참되게 영접되는 것을 보면 이 또한 놀라운 기적이라고 말하지 않을 수 없다. 적어도 나에겐 이런 일이 소경이 눈을 뜬 것보다 더 신기하다. 복음이 진정 무엇인지 깊이를 모르기에 이런 역사를 일반적으로 여기는 것이다. 복음시대는 가난한 자들의 시대이다. 구약시대는 가난한 자들에게 율법이 주어진 것은 아니다. 신약의 축복을 받는 자들의 특징이 가난한 것이라는 것은 매우 유의해야 할 진리이다(마 5:3). 교회사적으로 주님이 귀히 쓰신 종들을 바울을 필두로 하여 가난함을 체험한 사람들이다. 베드로나 요한이나 야고보처럼 있는 것도 다 버리고 주를 따른 자들인 것이다. 주님은 요한의 제자들에게 그들이 보고 들은 이것(기적들과 가난한 자들에 대한 복음 전파)을 고하라고 하신 것이다.

6절, 누구든지 나를 인하여 실족하지 아니하는 자는 복이 있도다 하시니라

요한은 주님을 위해서 많은 일을 했다. 주님을 천거하는 일을 했고 주님에게 세례 베푸는 일도 했고 회개케 하는 세례의 사역도 했다. 다 주님의 오실 길을 예비하기 위한 것이었다. 그런데 막상 요한이 감옥에 갇혔을 때 다른 사람에게는 많은 일을 행하신 주님이 감옥에 갇힌 요한을 위하여는 아무 것도 하지 않으셨다. 그럴 때 요한은 오실 그이가 당신이냐, 우리가 다른이를 기다려야 하느냐고 실족하는 음성을 발했다. 그때 주님은 요한의 제자들에게, 가서 그분이 행하신 것을 듣고 본 대로 고하라고 하셨다. 그리고 "나로 인하여 실족하지 않는 자는 복이 있다"고 하셨다. 요한을 감옥에서 꺼내주지 않아도 여전히 그분은 그리스도이시다. 이 일을 분석해본다면 요한이 실족한 것은 자신의 처지 때문이다. 그리스도 때문이 아니다. 여기의 실족(stumbling)이라는 말을 다비역에서는 마음이 상하다(offending)로 번역했다.

말하자면 요한이 감옥에서 주 예수님이 하신 많은 일을 듣고 마음이 상했다는 것이다. 우리말로 섭섭하고 언짢았다는 것을 의미한다. 그러므로 그의 제자들을 주님께 보내어 그렇게 말한 것이다.

어떤 형제는 주님이 다른 사람에게 주신 은사를 자신에게 주시지 않음을 보고 실족하는 경우도 있고, 다른 사람에게 영적인 열매 면에서 많은 축복을 주시는 것을 보고 실족하기도 한다. 어떤 경우는 기도의 응답에 있어서도 그러하다. 다른 이들의 기도는 척척 들어주시는데 나의 간절한 기도를 들어주시지 않았다. 이것은 하나님이 정하신 우리의 길에 있어서 이해가 부족한 것이고 실족하는 일이 있는 것이다. 우리는 주님을 위해서 요한처럼 많은 일도 하지 못했다. 그런데 조금 하고도 실족하는 수가 있다. 우리는 조금이나마 주를 위해서 살았다고 자부하는 것이 있다. 그런데 '주님이 왜 나에게 환경을 풀어주시지 않는가'하고 원망하기도 하고 언짢아하기도 하는 것이다.

오늘날도 사람들이 주님을 따르다가 실족하게 되는 경우는 다 자신 때문에 그렇게 되는 것이다. "왜 주님이 다른 많은 사람들에게는 기적도 베풀어 주시고, 축복도 주시고, 좋은 일도 많이 해 주시고, 눈도 뜨게 해주시고, 죽은 자도 살려주시고 하는데 주님을 위해서 많이 일한 나에게는 아무 일도 해주시지 않는가? 나는 지금 감옥에 갇혀서 이 고생을 하고 있는데 꺼내주시지도 않는가?" 하고 실족하게 된다. 그래서 주님은 누구든지 나를 인하여 실족하지 아니하는 자는 복이 있다고 하셨다. 실족하지 아니하려면 마음이 섭섭해하거나 마음 상하지 말아야 한다. 나에게 하신 일이 아니더라도 다만 주님 자신이 하신 여러 가지 큰일을 인하여 기뻐할 수 있는가? 이것은 나 중심의 신앙에서 그리스도 중심의 신앙으로 옮겨진 신앙이다. 또 타인을 위한 신앙이다. 우리는 자신에게 주신 은혜가 족하다고 해야 한다. 바울은 자기에게 임한 가장 좋은 것을 인하여 은혜가 족하다 하지 않았다. 자기의 지병을 인한 간절한 기도를 들어주시기 않았을 때이다. 주님은 그에게 질병을 주시고 그로 말미암아 타인들에게 은혜가 흘러가게 했고 교회들을 유익하게 했다. 그로 말미암아 바울은 실족한 것이 아니라 크게 기뻐하였다고 고백하였다. 그는 과연 잘 배운 신약의 성도였다!

주님은 요한에게 이렇게 말씀하시는 듯하다. "너는 지금 감옥에 있지만 나는 여전히 메시야로서 나의 일을 하고 있다. 요한아! 너의 상황은 아버지가 정한 길이다. 너는 내가 여전히 나의 길을 가는 것으로 기뻐하기 바란다. 누구든지 나를 부끄럽게 여기지 않는 사람, 자신이 어려운 처지에 있어도 실족치 않는 사람, 오히려 그에게 임한 하나님의 은혜를 인해 하나님을 찬미하는 사람은 복이 있다." 요한의 이러한 환경은 배도는 아니지만 주님에 대한 불만이다. 하나님을 아는 사람은 계속해서 하나님이 배열하시는 환경을 믿고 받아들인다. 배도는 우리의 기쁨을 잃어버리게 하고 사람들에게 축복이 되지 못하게 한다. 주님이 주신 형편과 환경으로 인하여 언짢아하지 않는 사람은 복이 있다. 주님은 우리가 나를 인하여서가 아니라 그리스도께서 하신 모든 일을 위하여 기뻐하고 신뢰하며 믿는 자들이 되기를 원하신 것이다. 이것은 보다 큰 믿음을 요구하시는 것이다. 많은 사람들이 자신이 얻은 것이나 자신에게 미친 것이 아니면 믿지 않고 신뢰하지 않는다.

주님이 요한에게 정하신 길이 있다. 요한은 그의 할 일을 다 마쳤다. 갈 길을 다 마친 것이다. 감옥에 갇히는 것도 사실 주권적인 것이다. 이제 감옥에 갇힐 뿐 아니라 조금 있다가는 목베임을 당하게 된다. 그것이 하나님이 그에게 정하신 것이다. 그렇다 하더라도 주의 종들은 그리스도로 인해 실족할 필요가 없다는 것이다. 주님처럼 "옳소이다. 이렇게 된 것이 아버지의 뜻이니이다"라고 하기를 배워야 한다.

7절, 저희가 떠나매 예수께서 무리에게 요한에 대하여 말씀하시되 너희가 무엇을 보려고 광야에 나갔더냐 바람에 흔들리는 갈대냐

요한의 제자들이 이 말씀을 듣고 요한에게 돌아갔다. 가서 요한에게 이러한 말씀을 전해주었을 것이다. "주 예수님이 하신 말씀은 다 사실이다." 그런데 주님은 그들이 떠난 다음에 무리에게 요한에 대해서 무언가를 말씀하셨다. "너희가 무엇을 보려고 광야에 나갔더냐?" 여러분은 요한이 회개의 세례를 전파할 때 광야에서 전파했다는 것을 알 것이다. 그때 사람들은 요한을 보러 나갔다. 광야에 가면 갈대가 많다. 갈대는 바람에 흔들린다. 여기서 주님이 이렇게 말씀하신 것은 요한이 하신 일을 칭찬해주고 있는 것이다. 다시 말하면 그는 갈대가 아니라는 것이다. 요한은 매우 강직한 사람이었다. 그는 결코 갈대와 같이 흔들거리는 사람이 아니었다. 그는 주님을 천거하는 사역을 할 때 결코 변덕쟁이처럼 하지 않았다.

요한복음 1장 20절부터 읽어보겠다. 이 부분의 말씀은 예루살렘에서 온 제사장들과 레위인들이 요한에게 네가 누구냐고 할 때 한 말이다. "요한이 드러내어 말하고 숨기지 아니하니 드러내어 하는 말이 나는 그리스도가 아니라 한대 또 묻되 그러면 네가 엘리야냐 가로되 나는 아니라 또 묻되 네가 그 선지자냐 대답하되 아니라 또 말하되 누구냐 우리를 보낸 이들에게 대답하게 하라 너는 네게 대하여 무엇이라 하느냐 가로되 나는 선지자 이사야의 말과 같이 주의 길을 곧게 하라고 광야에서 외치는 자의 소리로다 하니". 이렇게 말하는 것을 보면 요한은 결코 갈대가 아니다.

요한이 이렇게 한 마디 한 마디 사람들에게 대답할 때마다 그의 인간적인 명성은 하나씩 꺾여 가는 것이다. 사람들은 요한이 하는 일을 보고 "이 사람 대단한 사람이야. 무언가 있는 사람이야. 보통 사람이 아니야." 하고 느꼈기 때문에 그에게 이렇게 물은 것이다. "당신 혹시 그리스도가 아니야?" "나는 그리스도가 아니다." 그러면 "아, 별거 아니네." 할 것이다. 또 "그러면 엘리야냐?" "나는 엘리야가 아니다." 엘리야도 아니라면 한 번 더 꺾이는 것이다. "그러면 도대체 무엇이냐?" 그러니까 요한은 "나는 다만 소리다."라고 말했다. 사람들은 이 말을 듣고 "그러면 저 사람은 아무 것도 아니군." 했을 것이다.

이렇게 요한은 자기 자신이 아무 것도 아닌 지경에 이를 때까지 분명하게 증거를 했다. 어떤 단체의 인도자는 성도들이 그 인도자를 보통 사람 이상, 주님 같은 수준으로 높이는 경우가 있다. 이것은 대개 매우 이단적인 단체에서 종종 일어나는 일이다. 탁월한 가르침이나 특별하게 고상한 인품 등이 사람을 그렇게 만드는 수가 있다. 그럴 때 우리는 자신을 성도들이 오해하지 않도록 요한처럼 부정하는 사람을 보기 어렵다.

한 교회의 지도자가 "나는 아니다(I am not)" 라는 말을 하기가 쉬운 것 같은가? 쉬운 일이 아니다. 오늘날 많은 사역자들이 요한과 같이 "나는 아니다." 하고 말하는 것을 배웠다면 이렇게 하나님의 백성들이 분열되고 혼란되지 않았을 것이다. 사람들은 오늘날 영적인 지도자들을 무언가 대단한 사람처럼 여기고 있다. 그런데 사도 바울은 "나는 아니다(I am not)"라고 말했다. "우리 사역자들은 아무 것도 아니다." 오히려 그는 "나는 죄인이다. 나는 죄인 중 괴수다. 나는 약한 사람이다. 나는 자랑할 게 아무 것도 없다. 약한 것 외에는 자랑할 게 없다. 나는 오직 그리스도의 능력만을 자랑한다." 라고 말했다.

세례 요한은 요한복음 1장을 볼 때 자기가 아니라는 것을 분명히 했다. "네가 그리스도냐?" 하고 사람들이 물을 때 그는 자기가 그리스도가 아니라는 것을 분명히 말했다. 사람들은 그가 혹시 그리스도가 아닌가 했다. 워낙 강력하게 증거를 하고 많은 사람들이 와서 세례를 받고 역사가 있었기 때문이다. 그럴 때 요한은 "나는 아니다."라고 분명히 말했다. "혹시 그럼 엘리야냐?" "나는 엘리야도 아니다." "그럼 당신은 뭐냐? 아무 것도 아닌 사람이라면 왜 그렇게 말하고 있어?" 그러자 요한은 "나는 소리다. 광야에서 외치는 자의 소리다." 라고 말했다. 사실 소리라는 것은 아무 것도 아닌 것이다. 주님은 요한이 이렇게 사역하신 것에 대하여 분명하게 기억하고 계신다. 조금 실족했다고 해서 지난날의 공적을 전혀 무로 돌리시지 않았다. 오늘날 우리의 수고는 어떻게 하든지 주님이 기억하신다.

말하자면 주님은 요한의 제자들이 떠난 뒤에 사람들에게 요한의 사역에 대해서 다시 한 번 상기시켜 주고 있는 것이다. 주님은 그분의 선주자가 흔들렸다 하더라도 그의 사역을 무효화하는 방식으로 하시지 않는다.

8절, 그러면 너희가 무엇을 보려고 나갔더냐 부드러운 옷 입은 사람이냐 부드러운 옷을 입은 자들은 왕궁에 있느니라

요한은 약대 털옷을 입었다. 가죽띠를 띠었다. 말하자면 요한은 주님의 선주자로서 광야에서 성실하게 자기의 일을 수행한 사람이다. 그는 왕궁에서 부드러운 옷을 입고 사는 사람처럼 일을 한 사람이 아니다. 부드러운 옷을 입은 사람을 보려면 왕궁에 가야 한다. 그러나 침례자 요한은 그런 사람이 아니었다. 주님은 이런 말씀으로 요한에 대해 상기시키고 계신다. 그는 유대인들이 부정하게 생각하는 약대 털옷을 입으며, 와일드한 음식, 메뚜기와 석청을 먹으며, 시대가 바뀌어 완전히 새로운 사역을 여는 방식, 이전 시대와 전혀 다른, 가난한 자들에게 복음이 전파되는 방식으로 전한 것이다. 주 예수님은 그가 어떠한 사역을 했는가를 말씀하심으로 침례자 요한의 사역을 그들에게 새롭게 해주시는 것이다.

사람들은 시간이 지나면 어떤 사역자가 어떠한 일을 했음에도 불구하고 그것을 잊어버린다. 주님은 그것을 다시 한 번 상기시켜 주고 계신다. 다시 말하자면, 요한은 여기서 마음이 상하여 실족한 말을 했지만 주님은 한 면으로 요한이 실족하지 않도록 그 제자들에게 가장 합당한 말을 해서 보내시고 나서 그 말을 들은 무리를 위해서는 다시 이렇게 요한을 상기하게 하시는 것이다. 그 자리에 있던 사람들이 그렇다면 "이거 요한이 형편없잖아?" 하고 그의 귀한 사역을 소홀히 할 수 있기 때문에 이런 사람들에게는 요한을 강화시켜 줄 필요가 있으셨다. 주님은 이때 무리에게 세례 요한의 사역을 다시 한 번 알려주신다. 그 사역을 확고하게 세워주시고 칭찬해주신다.

9-10절, 그러면 너희가 어찌하여 나갔더냐 선지자를 보려더냐 옳다 내가 너희에게 이르노니 선지자보다도 나은 자니라 기록된바 보라 내가 내 사자를 네 앞에 보내노니 저가 네 길을 네 앞에 예비하리라 하신 것이 이 사람에 대한 말씀이라

이것은 주님의 요한에 대하여 칭찬하는 말씀이다. "선지자를 보려더냐 옳다 내가 너희에게 이르노니 선지자보다 나은 자니라". 구약에서 선지자들은 주님이 오시기 전에 하나님께서 한 사자를 보내서 주님의 길을 그 앞에 예비하게 하실 것이라고 했다. 주 예수님은 그러한 사자가 바로 요한이라고 말씀하시는 것이다. 그러니까 지금 요한은 제자들을 보내서 주님께 마음 상한 말을 했지만 주님은 그 요한이 참으로 선지자보다도 나은 선지자이며 주님의 길을 주님 앞에서 예비하도록 보내심 받은 자라는 것을 분명히 하셨다.

문제는 주님이 사람을 어떻게 보시느냐이다. 주님은 세례 요한을 귀하게 보셨다. 세례 요한이 그런 질문을 할 때 사람들은 "멀쩡하게 말은 잘 하더니 저토록 형편없게 되었네... 틀려먹었군. 요한도 더 이상 볼 필요가 없는 인물이야." 할 텐데 주님은 여전히 그에 대해서 그가 이렇게 해서 보내심 받은 자라고 말씀해주심으로 그의 가치를 조금도 감하지 않으신 것이다.

"저가 네 길을 네 앞에 예비하리라 하신 것이 이 사람에 대한 말씀이라". 요한에 대해서 그의 사역을 분명하고 견고하게 해주시는 말씀이다. 주님은 결코 사람들을 감정에 치우쳐 평가하지 않으신다. 그가 잠시 마음이 상해서 주님께 그렇게 말했다 해서 그의 공적을 다 무(無)로 돌리지 않으신다. 과연 그분은 주님이시다. 우리의 실패와 약함에도 불구하고 우리에게도 주님은 동일한 말씀으로 칭찬하시리라고 믿는다.

11절, 내가 진실로 너희에게 말하노니 여자가 낳은 자 중에 세례 요한보다 큰 이가 일어남이 없도다 그러나 천국에서는 극히 작은 자라도 저보다 크니라

이것도 주님의 요한에 대하여 칭찬하시는 말씀이다. 여자가 낳은 자 중에 세례 요한보다 큰 이가 일어난 적이 없다고 하셨다. 그러니까 주님이 오셨을 때까지의 모든 선지자들과 왕들 다 합해도 요한보다 큰 자가 없다는 것이다. 당신은 이런 말을 믿을 수 있는가? 요한이 모세보다, 다윗보다, 엘리야, 이사야, 예레미야보다 크다고 하신다.

주님은 왜 이런 말씀을 하셨는가? 그의 직무가 그러하다는 말이다. 다른 사람들은 아무리 큰 선지자라 하더라도 "처녀가 잉태하여 아들을 낳을 것이니 그 이름을 임마누엘이라 하라"고 예언하는 정도이다. 그러나 요한은 직접 예수님을 보고 "보라 세상 죄를 지고 가는 하나님의 어린양이로다"라고 말했다.

사람의 크고 작음은 그가 얼마나 큰 능력을 행했는가에 있지 않고 또 얼마나 기다란 예언서를 썼느냐에 있지 않다. 그것은 그리스도와의 관계에 있다. 사람이 그리스도와 얼마나 가까운가에 있다. 요한이 큰 것은 예수님을 직접 보고 그분을 천거한 사역을 하였기 때문이다. 우리는 마태복음 11장을 읽고 나서 "아, 역시 주님이 중심이요 으뜸이요 최고구나!"라는 인상을 받아야 한다. 성경은 철저히 그리스도 중심적인 책이다. 왜 요한이 큰가 하면 그리스도와 더 가깝기 때문이다. 이사야가 아무리 많은 훌륭한 예언을 했어도(보라 처녀가 잉태하여 아들을 낳을 것이니… 등) 주님 오시기 700년 전에 한 것이다. 그러나 요한은 예수님을 직접 보고 "보라 하나님의 어린양이로다"라고 했다.

"그러나 천국에서는 극히 작은 자라도 저보다 크니라". 참 이해하기 어려운 말이다. 침례자 요한은 이렇게 말했다. "회개하라 천국이 가까왔느니라". 이렇게 천국을 소개하는 사역을 했다. 천국이 가까왔다고 했다. 그러나 우리는 어떠한가? 천국이 우리 안에 들어왔다. 또 우리가 천국 안으로 들어가고 있다. 그래서 우리가 더 크다는 것이다. 이제 와서는 요한보다 우리가 더 크게 되었다. 신약의 천국을 누리는 우리가 모세, 다윗보다 큰 것은 물론이고 요한보다 크다는 말이다.

왜 그러한가? 그는 예수님을 보고 "보라 세상 죄를 지고 가는 하나님의 어린양이로다." 했지만 우리는 "내게 사는 것이 그리스도니." "그리스도께서 내 안에 사신다". 라고 할 수 있으며, 또한 우리는 그리스도의 몸이요 그분의 지체들이기 때문이다. 요한은 천국 가까이에 있었던 사람이지만 우리는 천국이 우리 안에 있다. 또한 우리가 천국 안으로 들어왔다. 문제는 그리스도(천국)와의 관계이다. 그리스도와의 관계가 가까울수록 그 사람은 크다. 그리스도와 완전히 하나 된 우리는 구약의 모든 성도들보다 큰 것이다. 철저히 그리스도 중심적이다. 참으로 너무 놀랍다. 요한 당시에는 주 예수님이 아직 십자가에 죽으시지 않으셨다. 부활하시지 않았고 승천하시지 않았다. 또 생명주는 영이 되어 오시지 않았고 따라서 주님이 우리 안에 들어오시지 않았다. 천국은 그리스도께서 우리 안에 생명으로 들어오셔서 우리 안에 좌정하여 사실 때부터 시작된다. 요한 때만 해도 천국은 다만 가까이 있었다. 그래서 천국에서는 지극히 작은 자라도 천국 가까이에 있었던 요한보다 크다고 하신 것이다.

당신은 이해하겠는가? 그럼 자신 있게 말하라! "우리가 요한보다 크다!" 당신은 이사야나 엘리야보다 요한이 크다는 것도 믿기가 상당히 어려울 것이다. 모세, 다윗, 솔로몬보다 요한이 크다니 정말 클까 할 것이다. 사람들의 크고 작음이 그리스도와의 관계에 달려있다. 요한은 그리스도와의 관계에서 다른 사람들보다 크다. 그러나 우리는 단지 곁에서 그리스도를 본 게 아니고 그분이 우리 안에 들어오셨고, 우리와 하나 되셨다. 그러니까 우리가 요한보다 큰 것이다.

12절, 세례 요한의 때부터 지금까지 천국은 침노를 당하나니 침노하는 자는 빼앗느니라

세례 요한의 때부터 천국은 침노를 당한다고 했다. 본문에 입각하여 이것을 실감 나게 말해본다면 "천국은 강제로 빼앗는 것이니" 이다. 천국 편에서 말한다면 침노를 당하는 것이요, 천국을 얻는 사람 편에서는 천국 안으로 자신을 밀어 넣는다는 말이다. 예를 들어 보겠다. 돈이 아주 잘 벌리는 주식 시장이 열렸는데 그 전까지는 돈을 벌기가 너무 어려웠다. 땅을 파고 참나무 뿌리를 뽑아 개간하고 해도 조금 벌까말까 했다. 그런데 이제 주식 시장이 열렸다. 그저 돈 몇푼만 갖다 넣으면 이자가 대단히 불어나고 배당이 붙고 하니까 돈 벌기가 굉장히 쉬워졌다. 그러자 어떤 사람이 돈 복음(?)을 전했다. "이제 주식 시장이 열렸다. 돈을 벌기가 쉬워졌다." 그러니까 땅을 파던 사람, 참나무 뿌리 뽑아 개간하던 사람들이 그 소리를 듣고서 돈을 가지고 주식 시장으로 뛰어가는 것이다. 이렇게 말하면 알아듣기 쉬울 것이다.

이처럼 천국을 누가 소개했느냐면 침례자 요한이다. "회개하라, 천국이 가까왔다!" 이제 천국에 들어갈 수 있는 길이 열렸다. 그때부터 천국은 침노를 당하기 시작하는 것이다. 주식 시장이 미어터지는 것처럼 천국을 침노하는 일이 세례 요한 때부터 시작되었다. 천국의 문제가 시작된 것이다. 참 재미있다. 그런데 침노하는 자는 빼앗는다고 했다. 이 '침노한다'는 말은 영어로 'violence', 맹렬하다, 폭력을 행사한다는 말이다. 천국은 폭도들처럼 강하게 탈취하는 사람의 것이라는 것이다. 이는 주님이 말씀하신 것이다. 천국이 열리다 보니까 천국의 귀한 것을 보고서 사람들이 탈취하려고 달려드는 것이다. 이러한 사건이 벌어졌다. 그런데 주님의 말씀은 기묘하게도 그렇게 맹렬하게 탈취하려고 하는 사람들이 천국을 차지하더라는 것이다. 나는 천국복음을 전하면서 사람들에게 이 말씀을 진정으로 받았고 이해했다면 여러분의 눈이 벌개질 것이라고 말했다. 여러분의 눈이 아직 그대로라면 아직 천국복음을 충분하게 이해하지 못하고 있는 것이다.

여러분이 사도행전이나 바울의 서신서를 읽어볼 때 바울에게 침노하는 영이 있는가, 없는가? 그는 "주님! 저에게 천국을 주시려면 주시고 안 주신다면 할 수 없습니다. 주님의 처분만 바라겠습니다. 다만 긍휼히 여겨 주옵소서." 하는 사람이 아니었다. 사도 바울은 그저 소위 십자가를 지고서 "십자가를 누리다 보면 잘 될 것이다. 주님의 교회니까 걱정하지 마세요. 지금은 천천히 좋아지는 과정에 있습니다. 장래 모든 게 다 잘 될 테니 기다려보세요. 교회가 항상 좋은 건 아니잖습니까? 나쁠 때도 있고 또 좋을 때도 있겠지요. 나는 그저 교회가 어떠하다 하더러도 염려하지 않습니다. 그 안에 있기만 하면 됩니다. 지금은 형편없다는 것을 인정하지만 주님이 당신의 교회니 언젠가 회복시키실 겁니다." 하지 않았다. 사도 바울은 교회의 어려운 형편을 볼 때마나 심히 염려하며 힘을 다해 수고하며 진력하며 거의 미친 사람이었다. 그는 자기가 미쳤다고 했다.

사도행전 21장을 보면 아가보라는 선지자가 바울의 띠를 가지고 자기 수족을 묶으면서 이렇게 말했다. "성령이 말씀하시되 예루살렘에서 유대인들이 이같이 이 띠 임자를 결박하여 이방인의 손에 넘겨주리라". 그 말을 들은 사람들은 바울에게 예루살렘에 들어가지 말라고 권했다. 그는 그 말을 듣고 소위 지체들의 권면의 말을 듣지 않았다. 그가 만일 그 말을 들었다면 영적으로 소위 지체들의 말을 들은 것도 되고 편안하게도 되었을 것이다. 그러나 바울은 "너희가 어찌하여 울어 내 마음을 상하게 하느냐 나는 주 예수의 이름을 위하여 결박받을 뿐 아니라 예루살렘에서 죽을 것도 각오하였노라."고 말했다. 자, 이러한 영은 침노하는 영이 아닌가?

오늘 많은 사람을 말할 수 없고 사랑하는 바울 사도 한 사람만 예를 들겠다. 그 후에 있었던 마르틴 루터, 윌리암 틴데일, 요한 웨슬레, 찰스 웨슬레, 다비, 워치만 니 등의 이야기는 다 할 수가 없다. 장작불 위에서 하나님을 찬미하며 "하나님, 영국 왕의 눈을 뜨게 해 주십시오." 하면서 죽은 이 사람의 영은 어떤 영인가? 침노하는 영이다. "세례 요한의 때부터 지금까지 천국은 침노를 당하노니 침노하는 자는 빼앗느니라".

13절, 모든 선지자와 및 율법의 예언한 것이 요한까지니

여기서 우리는 성경이 분명히 시대를 구분하고 있음을 보아야 한다. 사람들은 다비(J. N. Darby)를 세대주의자라고 말한다. 그가 이 시대적인 구분을 명확히 한 성경학자이기 때문이다. 시대를 구분하지 않으면 성경의 전체적인 윤곽을 종합적으로 이해하지 못한다. 여기서 선지자와 율법은 구약의 경륜을 말한다. 구약의 경륜은 요한에서 끝난다. 즉 모든 예표와 그림자의 사역은 요한까지라는 말이다. 이제 그 실제가 온 것이다. 그 실제가 무엇인가? 그 실제는 바로 그리스도요 천국이다. 천국의 내용과 외형은 오순절 때부터 시작되었지만 주 예수님이 계실 때 이미 그 천국은 시작이 되었다고 볼 수도 있다. 그분의 모든 이 땅에서 행하신 사역은 그분이 죽으실 것과 성령을 부어주실 것을 기초로 해서 사역하셨기 때문이다.

14-15절, 만일 너희가 즐겨 받을진대 오리라 한 엘리야가 곧 이 사람이니라 귀 있는 자는 들을지어다

앞에서 말했듯이 요한은 사람들이 그에게 "네가 엘리야냐?"고 물을 때 분명히 "아니라"고 했다. 그런데 구약에서는 그리스도께서 오시기 전에 한 선지자가 엘리야의 영과 능력으로 온다고 했다. 여기서 주 예수님은 뭐라고 하셨는가? "너희가 즐겨 받을진대 오리라 한 엘리야가 곧 이 사람이니라." 메시야가 오시기 전에 그를 천거하기 위해서 엘리야의 영과 능력으로 오는 사람이 바로 여기 세례 요한이라는 것이다.

주님은 이것을 분명히 말씀하시면서 '너희가 즐겨 받을진대'라고 하셨다. 그가 그러한 사람(엘리야)이지만 받지 않으면 소용이 없다. 이 말은 그때 이스라엘이 요한을 엘리야처럼 받았다면 그는 엘리야가 될 수 있었다. 그러나 이스라엘 사람들이 받지 않는 한 엘리야가 될 수 없었다. 그 때 그들이 요한을 엘리야로 받는다는 말은 그리스도를 메시야로 받아 왕국을 이룬다는 말이다. 이는 매우 깊은 말이다. 그 때 그들은 요한을 받지 않음으로 엘리야가 될 수 없었지만 장래 엘리야는 다시 나타날 것이다. 이는 계시록의 두 증인(계 11장)의 나타남에 관한 것이다. 그때가 대환난이고 사람들은 엘리야를 받지 않을 수 없을 것이다. 그 때 주님은 재림하실 것이고 천국은 드러난 방식으로 막이 오를 것이다. 당시 요한은 비밀스런 엘리야의 임함이었다. 이 말은 마치 사도 바울이 그의 사도됨을 폄론하는 자들에게 "내가 다른 사람에게는 사도가 아닐지라도 너희에게는 사도라"고 한 것과 같다. 그 침례자 요한의 말을 즐겨 받은 사람들에게는 그가 엘리야처럼 보내심 받은 자이다. 이것은 어디까지나 영적인 세계 안에서 이루어지는 왕국을 위한 엘리야인 것이다.

16-19절, 이 세대를 무엇으로 비유할고 비유컨대 아이들이 장터에 앉아 제 동무를 불러 가로되 우리가 너희를 향하여 피리를 불어도 너희가 춤추지 않고 우리가 애곡하여도 너희가 가슴을 치지 아니하였다 함과 같으니라 도리어 요한이 와서 먹지도 않고 마시지도 아니하매 저희가 말하기를 귀신 들렸다 하더니 인자는 와서 먹고 마시매 말하기를 보라 먹기를 탐하고 포도주를 즐기는 사람이요 세리와 죄인의 친구로다 하니 지혜는 그 행한 일로 인하여 옳다 함을 얻느니라

주님은 이 세대를 이렇게 비유하셨다. "아이들이 장터에 앉아 제 동무를 불러 가로되 우리가 너희를 향하여 피리를 불어도 너희가 춤추지 않고 우리가 애곡을 하여도 너희가 가슴을 치지 아니하였다." 여기서 피리를 분 사람은 주님이시다. 주님은 기쁜 음성을 발하셨다. 애곡한 사람은 누구인가? 요한이다. 요한은 하나님으로부터 회개케 하라는 지시로 보내심을 받았다. 그는 하나님의 진노를 본 것이다. 그러므로 그는 마음 속에 억눌림이 있어서 금식하며 회개를 전한 것이다. 그러나 유대인들은 요한의 먹지도 않고 마시지도 않는 것을 틀린 것으로 여겼다. 또한 그들은 주 예수님의 먹고 마시는 것을 틀리게 본 것이다. 그러면 유대인들은 먹어야 한다는 말인가, 먹지 말아야 한다는 말인가? 먹는 것도 틀리고 먹지 않는 것도 틀리다면 어떻게 해야 한단 말인가? 사람은 두 가지 이외에는 할 수 있는 선택이 없다. 그러나 그들은 이렇게 해도 안받고 저렇게 해도 받지 않았다. 그것은 그들이 비판적이 되었다는 것을 의미한다. 여기서 주님은 세례 요한의 사역과 자신의 사역을 합하셨다. 천국의 사역이다. 세례 요한은 그리스도를 영접하도록 도와주는 사역을 했고 그리스도는 직접 그분 자신이 오셔서 사람들이 그분을 영접하도록 사역하셨다. 그런데 사람들은 가장 중요한 이 두 사역을 어떻게 대했는가? 반응이 없었다. 천국의 사역을 받지 않았다. 세례 요한이 애곡을 해도 가슴을 치지 않고 주님이 오셔서 즐거운 소리를 발해도 춤추지 않았던 것이다.

요한은 하나님의 심판과 진노를 본 고로 회개하도록 하는 사역을 했다. 사람들로 회개케 하기 위해서 그는 먹지도 않고 마시지도 않았다. 그러자 사람들은 요한을 "저 사람 귀신 들렸나 보다." 하고 비평했다. 그 이유는 저들은 요한이 본 하나님의 심판과 진노를 보지 못했기 때문이다. 그런데 주님이 오셔서 먹고 마시자 사람들은 "보라 먹기를 탐하고 포도주를 즐기는 사람이요 세리와 죄인의 친구로다." 하고 비평했다. 그들은 주 예수님이 보신 하나님의 긍휼과 인자를 보지 못했기 때문에 주님의 피리를 부시며 기뻐하시는 사역을 받지 않았다. 안 먹어도 말하고, 먹어도 말하고, 어떻게 하라는 말인가? 이들은 눈이 감기어 하나님의 역사를 무조건 싫어한 것이다. 먹지도 않고 마시지 않는 사람은 귀신 들렸다고 평가해 버리고, 먹고 마시면서 사람들에게 피리를 불어 죄 사함과 생명의 복음을 전해주시는 주님에게는 "저 사람은 먹으러 왔나? 먹기를 탐하고 포도주를 즐기는 사람이고 세리와 죄인의 친구로다." 하고 평가했다. 세리와 죄인의 친구란 죄인들과 어울려 같이 노는 사람이라는 말이다. 어떻게든지 나쁘게 말하면 되는 것이다. 시기가 그 속에 있기 때문이다. 먹는 것과 마시는 것도 나쁘게 말하면(세리와 죄인의 친구라고) 어떻게든 말할 수 있는 것이고, 안 먹는 것도 나쁘게 말하면(귀신들렸다고) 말할 수 있는 것이다. 그들은 어떤 선입견이 있는 사람들이다. 그러므로 다른 사람들이 어떻게 하든 자신들과 다르면 잘못된 것으로 보이는 것이다. 이것이 종교적인 신념에 사로잡힌 상태이다. 사로잡힌 사람들은 자신들의 개념과 맞지 않은 어떤 사람들의 종교적인 행위도 비판적으로 보이게 된다. 이는 유대인들이 자신들만이 가진 정통이라는 신념, 자신들만이 옳다는 신념으로 말미암은 것이다. 그러므로 자신들과 같지 않게 말하고 행하는 그 어떤 사람들의 행동도 틀렸다고 판단되는 것이다.

세례 요한은 사람들의 마음을 의인의 슬기에 돌아오게 하고 하나님을 거역한 마음을 하나님께 돌이키기 위해서 그렇게 애통해했건만, 그래서 먹지도 마시지도 않았건만 사람들은 그것을 보고서 "저 사람 안 먹는 것을 보니 귀신 들린 모양이야." 했고 주님은 오셔서 죄인들을 구원하고 싶어서 죄인을 접촉하려고 죄인과 같이 먹고 마시면서 그들의 죄를 사해주고 그들을 치료해주길 원하셨건만 그걸 보고 사람들은 "저 사람은 먹기를 좋아하나? 포도주를 즐기는군." 하고 폄했다. 이것은 그 세대가 그랬다는 것이다.

주님은 여기서 세례 요한의 얘기를 계속하고 계신다. 세례 요한의 사역과 주 예수님 자신의 사역, 그야말로 신약을 여는 사역이었다. 사람들에게 천국을 가져다주는 사역이었다. 그러한 사역을 세례 요한은 애통함과 금식으로 행했다. 또 인자는 오셔서 죄인들을 가까이하고 접촉하고 그들과 함께 먹으면서 행하셨다.

사역은 이렇게 사람마다 다를 수가 있다. 요한의 사역의 어떠한 특징이 있고 주 예수님의 사역의 특징이 있다. 이렇게 좀 다르더라도 쉽게 평가하지 말아야 한다. 함부로 평가해서는 안 된다. 요한은 그렇게 해야만 했고 우리 주님은 또 이렇게 하셔야만 했다.

"지혜는 그 행한 일로 인하여 옳다 함을 얻느니라". 여기서 지혜가 무엇인가? 지혜는 그 행한 일로 인하여 옳다 함을 얻는다는 것이 과연 무슨 뜻인가? 여기의 지혜를 어떤 사람은 그리스도라고 하고 어떤 사람은 복음이라고 한다. 주님 자신이 지혜이시고 복음이시니까 그렇게 말할 수도 있다. 야고보서를 보면 '위로부터 온 지혜'라는 말이 있다. 주님의 복음, 곧 세례 요한과 주님이 사람들에게 주고자 했던 그 은혜를 지혜라고 보는 것이다. 결국 사람들은 이것을 옳다고 인정하지 않았다.

그러면 결국 무얼 인정하지 않았다는 것인가? 주님의 사역, 주님이 하신 일을 인정하지 않는 것이다. 그래서 주님이 지혜는 행한 일로 인하여 (여기의 '일'이 어떤 사본에는 '자녀'라고 되어 있다), 자녀들로 인하여 옳다 함을 얻는다고 하신 것이다. 즉 주님의 복음 진리, 신약의 은혜를 받아들인 자들은 지혜를 인정한다는 말이다. 그러나 받아들이지 않는 사람은 인정하지 않은 것이다.

이제 여러분은 이해하셨는가? 사람들은 이렇게 요한을 비평하고 주 예수님을 비평하지만 받아들이는 사람들이 있다. 그들이 자녀들이다. 그들에 의해서 이 지혜, 주님의 은혜의 사역이 옳다 인정함을 받는다. 우리는 어떤 사람들인가? 비평하는 사람들이 아니고 이 지혜를 받아들인 자녀들이다. 우리에 의해서 그분의 행한 일이 옳다 인정함을 받는 것이다. 진정으로 주님이 하신 일들을 받아들이는 사람들이 지혜가 있다는 말이다. 하나님의 보내신 사람 요한이 회개하라고 할 때 회개하고 주 예수님이 오셔서 복음의 은혜를 받으라고 할 때 받아들이는 사람이 지혜로운 사람이라는 말이다.

20-21절, 예수께서 권능을 가장 많이 베푸신 고을들이 회개치 아니하므로 그 때에 책망하시되 화가 있을진저 고라신아 화가 있을진저 벳새다야 너희에게서 행한 모든 권능을 두로와 시돈에서 행하였더면 저희가 벌써 베옷을 입고 재에 앉아 회개하였으리라

주님은 이렇게 중대한 사역을 하시는 분이다. 천국을 사람들에게 가져다주는 사역이다. 그렇게 중요한 사역을 하시는 분을 거절하고 받지 않고 회개치 않는 사람들은 책망을 받는 것이 마땅하다. 주님은 권능을 가장 많이 베푼 고을이 회개치 않을 때 심히 책망하셨다. 고라신은 갈릴리 동편에 있고 벳새다는 서편에 있다. 그 두 고을에서 주님은 가장 권능을 많이 베푸셨다. 그런데 그들은 회개하지 않았다. 주님은 그들을 두로와 시돈에 비교하셨다. 두로와 시돈은 구약에서 멸망한 도시인데 그들에게 죄악이 많았다. 그러나 그들과 비교할 때 고라신과 벳새다는 더 나쁘다는 것이다. 왜냐하면 그러한 권능을 두로와 시돈에서 행했다면 그들은 벌써 베옷을 입고 재에 앉아 회개하였을 것이기 때문이다. 그러나 고라신과 벳새다는 회개하지 않았다.

22-24절, 내가 너희에게 이르노니 심판 날에 두로와 시돈이 너희보다 견디기 쉬우리라 가버나움아 네가 하늘에까지 높아지겠느냐 음부에까지 낮아지리라 네게서 행한 모든 권능을 소돔에서 행하였더면 그 성이 오늘날까지 있었으리라 내가 너희에게 이르노니 심판 날에 소돔 땅이 너보다 견디기 쉬우리라 하시니라

두로와 시돈은 선지자들의 말을 받지 않아서 심판을 받았다. 이사야서에는 두로와 시돈에 관한 심판이 있다. 그 도시들은 당시의 주요 도시들이지만 당시 하나님의 심판을 받고 그물 말리는 곳이 되었다. 그런데 고라신과 벳새다에는 누가 오셨는가? 선지자들이 예언한 바로 그분이 오셨다. 메시야가 오신 것이다. 그리고 그분이 그곳에서 권능을 가장 많이 행하셨다. 그런데도 그들은 회개를 하지 않았기 때문에 주님이 책망하신 것이다.

여기서 주님은 천국을 가지고 오신 그분 자신을 거절한 죄가 얼마나 큰가를 보여주신다. 심판날에 두로와 시돈이 너희보다 견디기 쉽다고 하셨다. 주님의 심판은 다 똑같지 않다. 더 혹독한 심판을 받는 사람들이 있고 보다 경한 심판을 받는 사람들도 있다. 이들이 더 심한 심판을 받게 되는 이유는 더 강퍅했기 때문이고 바로 그리스도의 사역을 거절했기 때문이다. 불신자라 할지라도 그날에 심판받는 것이 동일하지 않다. 경한 사람이 있고 중한 사람이 있다. 하나님은 심판에 있어서도 매우 공의로우시다.

주님은 가버나움과 소돔을 비교하셨다. 그 도시들이 회개치 않은 이유는 무엇인가? 교만 때문이다. “네가 하늘에까지 높아지겠느냐 음부에까지 낮아지리라 네게서 행한 모든 권능을 소돔에서 행하였더면 그 성이 오늘날까지 있었으리라.” 구약의 소돔이 그렇게 음란하고 악한 도시였을지라도 주님 오셨을 당시의 고라신과 벳새다와 가버나움보다는 덜했다는 말씀이다. 소돔은 음란하고 악했지만 그렇게 교만하지는 않았던 것이다. 교만한 이 도시들은 주님의 권능을 직접 보고도 회개치 않았다. 그 이유는 교만이다. 자기들도 무언가를 안다는 것이다. 주님이 직접 오셔서 역사를 하는데도 자신들도 무언가를 안다고 고집을 부리는 것이다. 그래서 주님은 너희가 하늘에까지 높아지겠느냐고 하신 것이다. 음란이나 악한 행위들이 다 심판받을 죄인 것이지만 교만보다 심각한 것은 아니니다. 우리가 오늘날

복음을 전해보아도 가장 어려운 사람들은 음란한 사람들보다 교만한 사람들이다. 음란이나 악행자들보다 교만한 자들이 회개하기가 더 어렵다는 것은 깊이 생각해보아야 할 한 가지 문제이다. 오늘 날 왜 우리는 이단 이단 운운하는가? 이단의 가장 큰 후유증이 무엇인가? 사람들 마음 속에 교만을 심기 때문이다. 이렇게 이단적인 교만은 제 2의 천성을 확립하기 때문에 고치기 어려운 병이되어 자기를 망치고 여러 사람을 망치는 것이다.

여기서 우리는 또 한 가지를 보게 되는데, 심판 때에 각각의 도시를 심판하시는 것이 있는 것 같다. 고라신에 사는 모든 사람, 소돔에 사는 모든 사람을 단위로 하는 것이다. 구약에서 소돔 성을 멸했고 고모라 성을 멸했다. 이것은 하나의 예표적인 것이다. 여기서도 고라신과 벳새다 그리고 가버나움과 같은 도시들을 언급하고 그 심판을 언급했다. 오늘날에도 우리가 파리나 로마를 가보면 그 도시 사람들의 영이 있다. 우리는 그러한 것을 감지할 수가 있다. 아주 음란한 도시가 있다. 하나님은 그러한 도시의 죄악을 심판하신다.

25-26절, 그때에 예수께서 대답하여 가라사대 천지의 주재이신 아버지여 이것을 지혜롭고 슬기 있는 자들에게는 숨기시고 어린 아이들에게는 나타내심을 감사하나이다 옳소이다 이렇게 된 것이 아버지의 뜻이니이다

이 말씀을 보면 예수님이 대답하셨다고 했다. 누가 물어보았기에 예수님이 대답하셨을까? 여기서 우리는 주 예수님이 하나님 아버지와 계속 대화를 하고 계시다는 것을 알 수 있다.

이 구절은 영문 성경에서 "Yes, Father"로 시작한다. 따라서 25절과 26절 말씀은 아들이 아버지와 대화하신 내용이다. "그때에 예수께서 대답하여 가라사대". 하나님 아버지께 대답하신 것이다. "천지의 주재이신 아버지여(O Father, I praise Father)". 여기서 우리는 아들 하나님 예수 그리스도를 보면서 그분이 이 땅에 계시는 동안 끊임없이 아버지와 대화하셨다는 것을 알 수가 있다.

여기에 기록되어 있지 않기 때문에 아버지 하나님께서 예수님께 무어라고 물어보셨는지 우리는 알 수 없지만 하여간 무언가를 물으셨다. "네가 그렇게 많은 권능을 행한 도시가 회개치 않고 그렇게 강퍅하고 교만한데 너는 괜찮으냐?" 이렇게 물으셨는지도 모른다. 그때 예수님이 무어라 대답하셨는가? "천지의 주재이신 아버지여 이것을 지혜롭고 슬기 있는 자들에게는 숨기시고 어린아이들에게는 나타내심을 감사하나이다." 라고 하셨다. 여기의 아들 예수님은 아버지에 대해서 잘 알고 계신다. 그래서 "옳소이다 이렇게 된 것이 아버지의 뜻이니이다" 하고 대답한 것이다.

아버지의 뜻이 도대체 무엇인가? 이것을 슬기 있는 자들에게는 숨기시고 어린아이들에게 나타내시는 것이다. 가버나움과 고라신 사람들은 왜 주님을 받지 않았는가? 이는 그들이 지혜롭고 총명했기 때문이다. 주님은 주로 가버나움을 중심으로 사역을 하셨다. 그런데 그 도시 사람들이 받지 않은 것이다. 그들은 교만한 자들이었으므로 그분의 은혜가 그들의 눈에 감춰어졌다. 그분은 이것이 아버지의 기뻐하시는 바라는 것을 아셨다. 그러므로 아들에게는 감사와 찬양이 있다. 우리는 우리가 전하고 가르친 사람들이 엉뚱한 소리를 하고 하나님의 뜻을 모르면 감사하지 못할 뿐 더러 속상해 한다. "내가 이렇게 많이 권능을 행했는데 이 사람들이 회개를 안 하다니." 할 것이다. 여기서 나는 이렇게 말하고 싶다. 당신이 아무리 능력 있는 사역자라 하더라도 역사가 일어나지 않을 수 있다. 주님보다 위대한 사역자가 어디 있는가? 그분이 가장 많은 권능을 행한 곳에서 회개하는 사람이 하나도 없었다는 것이다.

그런데 그러한 상황에서 우리 주 예수님은 아버지와 계속 교통하고 계셨다. 그럴 때 이 아들의 대답을 보라. "가버나움아 네가 하늘에까지 높아지겠느냐… 천지의 주재이신 아버지여 이것을 지혜롭고 슬기 있는 자들에게는 숨기시고… 옳소이다 이렇게 된 것이 아버지의 뜻이니이다." 그 사람들이 스스로 얼마나 지혜가 있다고 생각했기에 네가 하늘에까지 높아지겠느냐고 하셨겠는가? 실로 사람에게 있어서 교만이 가장 큰 문제이다.

하나님께서 어떤 사람들에게 그분의 비밀을 계시하시는가? 어린아이들이다. 누가 어린아이들인가? 어린 아이들은 무엇이든지 안다하지 않고 백지와 같은 마음을 갖고 있다. 무엇이든지 배우려하고 안다고 하지 않는다. 당시 예수님을 따라다니던 제자들이 이렇게 어린 아이들 같았다. 그때 세상에서 똑똑하다고 자처하던 사람들은 주님을 하나도 안 받아들인 것이다. 그런데 당시 주님 곁에 있는 사람들을 보니까 어린애 같은 사람들만 있었던 것이다. 이 사람들만 주님을 영접하고 기뻐하고 있었다.

27절, 내 아버지께서 모든 것을 내게 주셨으니 아버지 외에는 아들을 아는 자가 없고 아들과 또 아들의 소원대로 계시를 받는 자 외에는 아버지를 아는 자가 없느니라

여기서 아들 예수는 아버지께서 모든 것을 자기에게 주셨다고 했다. 그러므로 모든 것이 아들의 것이다. 고라신, 가버나움, 벳새다, 모든 것이 다 아들의 것이다. 아버지는 모든 사람을 다 아들에게 주신 것이다. 심판도 아들에게 주신 것이다.

또 아버지 외에는 아들을 아는 자가 없다고 하셨다. 이 아들은 사람들이 그분을 몰라주는 것이 문제되지 않는다. 아들은 오직 아버지가 알아주는 것으로 만족한다. 어떤 큰 욕심이 없으셨다는 말이다. "내가 이 정도 밖에 되지 않는단 말인가?" 자신이 한 일에 대하여 큰 의미를 부여하지도 않으셨다. 사람들의 인정과 영예를 바라지도 않으셨다. 심지어 당신이 일하신 것에 대한 응분의 대가나 효과까지도 바라지 않으셨다. 그리고 아버지 외에는 아들을 아는 자가 없고 아들과 아들의 소원대로 계시를 받는 자 외에는 아버지를 아는 자가 없다고 하셨다. 아버지 외에는 아들을 아는 자가 없으니 우리가 아들을 알려면 아버지께서 알려주셔야 한다. 그분이 알려주시면 우리가 아들을 알 수 있다. 오늘 우리가 그리스도에 대한 계시를 갖고 있다면 이는 하늘의 아버지께서 알려주신 것이다. 아버지는 아들을 사람들에게 계시하시고(25, 26절) 아버지께서 계시해주셔야 안다고 하셨다. 또 아버지를 누가 아는가? 아들이 안다. 아버지는 아들을 알고 아들은 아버지를 안다. 아들의 소원대로 계시를 받는 자들이 아버지를 안다. 그분(아들)이 아버지를 알려주실 수 있는 분이니 그분이야말로 창세전부터 아버지와 함께 하셨던 아들이시다. 만일 그분(나사렛 예수)이 하나님의 아들이 아니시라면 어떻게 우리를 이끌어 하나님을 알 수 있게 하겠는가? 아버지가 모든 것을 아들에게 주셨기 때문에 구원도 심판도 다 아들에게 있음을 감사한다. 우리에게 아버지를 알게 해주신 아들께 감사찬송드린다.

28-30절, 수고하고 무거운 짐진 자들아 다 내게로 오라 내가 너희를 쉬게 하리라 나는 마음이 온유하고 겸손하니 나의 멍에를 메고 내게 배우라 그러면 너희 마음이 쉼을 얻으리니 이는 내 멍에는 쉽고 내 짐은 가벼움이라 하시니라

주님은 그렇게 아버지와 대화를 나누신 뒤에 이제 사람들에게 말씀하신다. "수고하고 무거운 짐진 자들아 다 내게로 오라 내가 너희를 쉬게 하리라". 아버지께서 모든 것을 아들에게 주셨기 때문에 이제 그분은 사람들에게 오라고 하실 수 있다. 주 예수님은 이스라엘만이 아니라 이제 사마리아, 이방인까지도 오라고 하신다. 주님은 점차적으로 범위를 확장하신다. 수고하고 무거운 짐진자들은 원문에서 수고하고 무거운 짐진 너희 모든 자들(all you who are weary and burdened)이다. 이는 분명 10장의 이스라엘의 잃어버린 양들로 한정된 개념과 다르다. 이는 11장의 이스라엘의 거절에 관련된다. 주 예수님이 권능을 가장 많이 베푸신 고을들이 회개치 않았다. 그들은 요한의 사역이나 주 예수님의 은혜의 사역을 받아들이지 않았다. 그때 주님은 그분의 사역의 대상을 넓히신 것이다. 이제 이스라엘의 잃어버린 양이 아니라, 수고하고 무거운 짐을 진 자라면 그 누구든지 주님께 올 수 있다. 이는 27절의 '내 아버지께서 모든 것을 내게 주셨으니'(all things have been committed to me)에 근거한 것이다. 모든 사람이 다 주님의 것이다. 25절의 말씀은 의미가 깊다. 25절의 아버지와의 교통은 그분의 사역을 이방인에게 까지 확장하는 기점이 되었다. 11장은 유대인의 거절과 관련되며, 주님은 이제 수고하고 무거운 짐을 진 모든 사람에게 그분의 사역의 범위를 확대하셨다.

이제 주님은 많은 어린 아이같이 단순히 그분의 은혜를 받을 수 있는 사람들을 관심하셨다. 이 땅에 수고하고 무거운 짐진 자들이 많다. 수고는 적극적인 것이고, 무거운 짐을 진 것은 피동적인 것이다. 수고하는 것은 노력해서 얻으려고 하는 적극적인 것들이며, 무거운 짐은 개인적으로 두려워하는 것과 죄악과 근심, 각종 괴로움, 사람의 힘으로 짊어지기 어려운 짐들을 의미한다. 이 세상은 이렇게 수고하고 무거운 짐을 진 자들로 가득하다. 주님은 그러한 자들에게 다 내게로 오라고 하셨다. "내가 너희를 쉬게 하리라." 주님께 가면 안식을 얻는다. 주님이 이 땅에 오신 것은 많은 수고와 무거운 짐을 진 사람들을 그분께로 이끌어 안식을 주시기 위함이다. "나는 마음이 온유하고 겸손하니 나의 멍에를 메고 내게 배우라." 주님은 어떻게 온유하고(저항하지 않음), 겸손하실(더 좋은 대우를 바라지 않음) 수 있었는가? 그분은 낮은데 마음을 두신 분이시며, 아버지의 뜻을 알기 때문이며, 아버지께서만 알아주시는 것으로 만족하기 때문이었다.

쓸데없는 멍에를 진 사람들은 수고하는 사람들이다. 주님의 멍에를 진다면 피곤하지 않다. 주님이 보실 때 많은 사람들이 쓸데없는 수고를 하고 있다. 그리고 불필요한 짐을 지고 있다. 당신은 여러 일들(고라신)을 그렇게 짊어질 필요가 없고 벳새다를 그렇게 짊어질 필요가 없다. 다 아버지 손에 있다. 주님은 고라신이나 벳새다를 스스로 짊어지시지 않았다. 주님은 그 모든 일이 아버지의 안배하신 손길에 있다는 것을 아시니 무거운 짐으로 느껴지지 않으신 것이다. 그리고 그저 어린아이 같은 몇몇 사람이 깨닫고 좋아하는 것으로 족하게 느끼셨다. 주님은 "아버지, 저는 너무 무겁습니다. 저렇게 많은 사람들이 제 말을 안 듣습니다. 제가 이렇게 되면 저는 사역을 못합니다. 제가 권능을 가장 많이 베풀었는데 아무도 회개를 하지 않으니 제가 무엇을 할 수 있습니까? 아버지, 저를 이렇게 만들어

놓으시고 사역을 하라고 하십니까?” 하지 않으셨다. 주님은 어리석은 방식으로 욕심스럽게 그런 짐을 스스로 짊어지지 않으셨다. 다만 그 상황에서 아들 예수님은 아버지를 찬양하고 아버지께 감사드렸다. 아들은 모든 상황을 아버지 앞에서 겸손하게 받아들이셨다.

겸손하고 온유하신 주님! 이러한 분만이 사람들을 불러서 쉬게 하실 수 있다. 그분은 오직 아버지 안에서 안식하셨다. “나의 멍에를 메고 내게 배우라 그러면 너희 마음이 쉼을 얻으리니 이는 내 멍에는 쉽고 내 짐은 가벼움이라 하시니라”. 주님의 멍에는 쉽고 그 짐은 가볍다고 하셨다. 주님의 멍에는 멍에가 없는 듯한 멍에이기에 쉬운 것이고, 주님의 짐은 짐이 없는 듯한 짐이니 가벼운 것이다. 누구든지 지고 있는 짐이 무겁다면 그것은 주님의 주신 것이 아닐 것이며, 어렵다고 느껴지는 멍에라면 주님이 지라고 주신 멍에가 아닐 것이다. 주님이 주신 것은 언제나 즐겁고 가볍다. 이러한 주님의 멍에를 메고 짐을 지고 섬길 수 있음이 얼마나 감사한지!

12 장

1절부터 37절까지 한 말씀 한 말씀 나눌 때 함께 은혜를 나누기를 바란다. 처음 이 말씀을 강해한 때가 2000년도 겨울이었는데, 한국에서 1년 중 가장 추운 날이었다고 한다. 공교롭게도 그때로부터 5년 후인 오늘 이 말씀을 정리하는 날도 영하 11도로 가장 추운 날이다. 날씨는 춥지만 우리 마음속에는 하나님의 성령의 사랑과 은혜가 더 뜨거울 수 있기를 바란다.

1절, 그때에 예수께서 안식일에 밀밭 사이로 가실새 제자들이 시장하여 이삭을 잘라 먹으니

어느 안식일에 예수님이 제자들과 함께 밀밭 사이로 가고 있었다. 그런데 그때 제자들이 배가 고팠다. 배가 고픈 제자들은 거기서 밀 이삭을 잘라 먹었다. 당시의 유대인의 관념상 그 밭에서 밀을 따먹는 것은 문제가 되지 않았다. 그러니까 그 행위 자체는 문제가 아닌데 그 일을 안식일에 했다는 것이 문제가 된 것이다. 이러한 일은 주님이 말씀하셨듯이 기묘하게도 사무엘상에서 다윗과 함께한 자들이 구약의 진설병을 먹은 사건과 매우 유사하다. 제자들이 시장해서 이삭을 잘라 먹었는데 그날이 안식일이고 바리새인들이 그것을 보았다는 것이다.

이 바리새인들은 예수님과 그의 제자들이 혹시 무엇을 잘못하지 않나 하고 항상 주시하고 있었다. 당시 바리새인들의 관심의 초점은 예수님과 그분을 따르는 한 무리에게 있었다. 왜냐하면 당시에 모든 사람들이 다 유대교 안에서 바리새인들의 가르침을 따라 함께 가고 있는데 나사렛 예수를 따르는 한 무리가 뭔가 유대교를 무시하는 방식으로 행동하고 있었기 때문이다. 즉 그들의 규례를 따르지 않은 것이다. 그러자 이 바리새인들은 예수님과 그분을 따르는 제자들에 대해서 예민해졌다. 그래서 밀밭 사이에서 하는 일까지 살피고 염탐할 필요가 있었던 것이다.

그런데 거기서 트집을 잡을 만한 사건이 발생했는데, 배가 고팠던 제자들이 밀 이삭을 잘라 그것을 비벼서 먹음으로 허기진 배를 채운 것이다. 그날은 안식일이고 유대인들은 안식일에 아무 것도 하지 말아야 한다. 곡식을 뽑거나 추수를 하거나 또는 그것을 먹으려고 비비는 것 등을 해서는 안 된다. 그런데 주님의 제자들이 이렇게 하는 것을 보자 바리새인들은 비위에 거스렸다. 이삭을 잘라 비벼 먹는 행위를 안식일을 범하는 것이라고 여겼다. 즉 손으로 비비는 것을 일로 여긴 것이다. 그래서 이것을 트집잡으려고 그들은 예수님께 왔다.

2절, 바리새인들이 보고 예수께 고하되 보시오 당신의 제자들이 안식일에 하지 못할 일을 하나이다

실상 당시 바리새인들이 주장하고 있는 바리새인의 실행은 성경에서 지시하고 있는 것이 아니다. 그것은 그들이 안식일을 지키기 위하여 만들어놓은 율법의 세칙과 같은 것이다. 즉 사람이 만들어 놓은 것이다. 그러나 주님은 그에 대하여 성경에 어디 그런 지시가 있느냐고 하지 않으셨다. 만일 주님이 그렇게 말씀하셨다면 논쟁은 다른 방향으로 흘러갔을 것이고 걷잡을 수 없이 되었을 것이다. 우리 같으면 아마도 안식일을 지키는 원론적인 문제가지고 논쟁을 하려고 했을 것이다. "안식일을 지키는 것은 맞지만 안식일 날 먹지도 말라는 것이 어디 있느냐, 너희들은 사람의 손으로 비비는 것을 일로 치는 것이냐? 그러면 너희들은 안식일 날 손을 절대로 비비는 일을 하지 않는다는 말이냐? 그것은 너희 바리새인들이 만든 법이 아니냐? 우리가 왜 그런 인간이 만든 규정에 메일 필요가 있느냐?" 어쩌면 그들은 밀 이삭을 손으로 비비는 것을 추수의 행위로 간주했을 수도 있다. 주님은 그런 상황에서도 그런 음식을 잡숫지 않았다. 제자들이 먹은 것이다. 그러므로 바리새인들이 물은 것이다. "당신의 제자들이 안식일에 하지 못할 일을 하나이다". 그들은 안식일에 대하여 대단한 관념을 갖고 있었다. 안식일은 1) 하나님의 창조 후 그분이 안식하신 것을 기념하기 위한 것(창 2:3), 2) 이스라엘과 맺은 언약의 표(겔 20:12), 3) 이스라엘을 구속하신 것에 대해 기념(신 5:15)하기 위한 것이다. 그러므로 유대인들에게 안식일을 지키지 않는 것은 상상할 수 없는 일이었다.

이렇게 말할 때 바리새인들은 틀림없이 예수님이 그 대답에 아무런 답변을 못하고 "미안합니다. 내가 제자들을 잘못 가르쳐서 이렇게 실수를 했는데, 잘못되었습니다." 할 줄 알았을 것이다. 그런데 여기서 예수님의 하신 답변은 참으로 기묘한 답변이다.

3-4절, 예수께서 가라사대 다윗이 자기와 그 함께한 자들이 시장할 때에 한 일을 읽지 못하였느냐 그가 하나님의 전에 들어가서 제사장 외에는 자기나 그 함께한 자들이 먹지 못하는 진설병을 먹지 아니하였느냐

이것은 사무엘상 21장에 있는 말씀이다. 예수님은 나사렛 목수 요셉의 아들로 자라나셨다. 바리새인들처럼 공부를 많이 한 그런 가정이 아니다. 그런데도 불구하고 바리새인들이 안식일에 관한 문제로 트집을 잡아서 물었을 때 사무엘상 21장에 있는 다윗의 이야기를 가지고 나올 줄 누가 알았겠는가? 아무리 성경 지식이 있다 해도 예수 그리스도께서 그때 당시에 이 말씀으로 바리새인들의 그러한 함정 있는 질문에 답변하리라고는 아무도 예상할 수 없었을 것이다. 나는 마태복음을 기록한 마태나 제자들이 이러한 답변을 만들어낼 수 있는 지혜가 없었으리라 생각한다. 참으로 주 예수님이 아니면 구약 성경, 이렇게 두꺼운 성경에서 이 부분을 끄집어내서 바리새인들의 그 질문에 답할 수 있는 지혜를 가질 수 없다.

당시에 사울은 다윗을 죽이려고 했다. 다윗은 사울의 추적을 피해서 도망다니고 있었다. 그때에 다윗은 그와 함께한 종자들, 말하자면 다윗을 따르는 자들과 함께 있었는데 그들은 매우 배가 고팠다. 다윗이 그렇게 도망다녔던 이유가 무엇인가? 그는 당시에 기름부음을 받은 자였다. 하나님은 사울을 이미 폐하셨고 그분의 마음에 합한 어린 다윗에게 기름을 부으셨다. 그리고 다윗을 축복하셨다. 어떤 전쟁에서든지 이기게 하셨다. 골리앗을 죽였다. 그러자 사울은 긴장하기 시작했다. "내 왕국이 필경 다윗에게 넘어갈 거야." 하고 긴장한 것이다. 그래서 다윗을 죽이려고 했다. 계속 추적한 것이다. 다윗은 계속 도망다니고 있었다. 주님이 자신의 상황을 구약에서 다윗의 예로 설정하여 답변하신 지혜는 놀랍기만 하다. 과연 주님은 지혜이시다.

사무엘상 21장을 보면 그렇게 도망다니고 있던 다윗과 그와 함께한 자들이 아히멜렉이라는 제사장 집에 가서 제사장만이 먹을 수 있는 진설병을 먹었다. 그것은 제사장 외에는 먹지 못하게 되어 있다. 출애굽기나 레위기를 읽어보면 그러한 진설병은 제사장 외에는 먹지 못한다. 다윗은 제사장이 아니다. 그런데 다윗과 그 함께한 자들은 그 진설병을 먹었다. 주님이 바로 이 말씀을 하고 계신다. 그가 하나님의 전에 들어가서 제사장 외에는 자기나 그 함께한 자들이 먹을 수 없는 그 진설병을 먹지 아니하였느냐고 말씀하신 것이다. 이 말씀을 끄집어내서 바리새인들에게 답변할 수 있는 지혜는 참으로 하나님 사람이신 예수 그리스도 외에는 가질 수 없다.

그런데 여기서 기묘한 것은 이것이다. 다윗이 그 당시에 왕국을 위해서 어려운 상황에 처했듯이 여기 주 예수님도 왕국을 위해서 이렇게 어려운 상황을 당하고 계신다. 그래서 배가 고프게 된 것이다. 다윗이 도망다녔던 것처럼 우리 주 예수님께서도 사람들의 핍박 아래 있었고 어려움 안에 있으셨다. 만일 우리 주 예수님이 사람들의 핍박과 비난과 어려움 가운데 없었다면 제자들과 함께 그 밀밭에서 밀을 잘라서 비벼 먹지 않았을 것이다. 이러한 상황에 계셨던 주 예수님은 당시 구약의 다윗과 매우 흡사하다. 구약의 다윗의 일은 주 예수님에 관한 예표와 같은 것이다.

다윗은 사실 그 당시에 곧 왕이 되고 왕국을 이룰 사람이었다. 주 예수님이 이 땅에 오신 것도 왕국을 세우시려는 것이다. 그런데 예전에 다윗이 어려움을 당한 것처럼 주님도 많은 어려움을 당하고 계시는 중이다. 그 과정에서 제자들이 밀 이삭을 잘라 먹은 것은 마치 다윗 시대에 그들이 진설병을 먹은 것과 같다. 그래서 주님은 바리새인들에게 다윗과 그 함께한 자들이 진설병을 먹을 수 있었다면 나와 함께한 자들이 더욱 먹을 수 있지 않았겠느냐고 하신 것이다.

여기서 우리는 한 가지를 알 수 있다. 다윗 시대에 와서 이제 하나님은 제사장보다 왕을 통해서 역사하신다. 성경 한두 군데를 읽어보겠다. 민수기 27장 21절과 22절, "그는 제사장 엘르아살 앞에 설 것이요 엘르아살은 그를 위하여 우림의 판결법으로 여호와 앞에 물을 것이며 그와 온 이스라엘 자손 곧 온 회중은 엘르아살의 말을 좇아 나가며 들어올 것이니라 모세가 여호와께서 자기에게 명하신 대로 하여 여호수아를 데려다가 제사장 엘르아살과 온 회중 앞에 세우고". 이 말씀은 이 백성을 다스리는 가장 큰 지위에 있는 여호수아도 제사장 앞에 있어야 한다는 것이다. 이때는 이렇게 했다. 이때는 제사장의 지위가 높았다. 하나님께서 제사장을 통해 역사하셨다.

그런데 사무엘상 2장 35절을 보면 "내가 나를 위하여 충실한 제사장을 일으키리니 그 사람은 내 마음, 내 뜻대로 행할 것이라 내가 그를 위하여 견고한 집을 세우리니 그가 나의 기름부음을 받은 자 앞에서 영구히 행하리라"고 했다. 여기의 기름부음 받은 자는 바로 왕이다. 36절, "네 집에 남은 사람이 각기 와서 은 한 조각과 떡 한 덩이를 위하여 그에게 엎드려 가로되 청하노니 내게 한 제사장의 직분을 맡겨 나로 떡 조각을 먹게 하소서 하리라 하셨다 하니라". 이 말씀을 보면 이제 사무엘 시대에 와서는 제사장 시대에서 왕의 시대로 바뀌고 있다. 이때 엘리 제사장 때 제사장 중심직은 마지막을 달리고 있었다. 그 이전에 제사장이 왕보다 우두머리로서 행하였지만 사무엘 때 와서 제사장에서 왕으로 이전되고 있었다. 이제 하나님은 왕을 중심으로 하여 그분의 나라를 통치하실 것이다. 그러한 일이 다윗시대에 사독이라든지, 아비멜렉이라든지 하는 사람들이 한 일이다. 과거에는 통치자가 제사장 앞에서 행하는 것이 맞지만 이제는 제사장이 왕 앞에서 행해야 한다.

마태복음 12장 3절에서 주님이 하고 계시는 말씀은 그분 자신이 참된 다윗이라는 것이다. 이제 다윗은 왕이 될 사람이다. 과거에는 제사장 중심으로 하나님이 역사하셨지만 이제 왕을 중심으로 역사하는 시대가 오고 있다. 다윗이 하나님의 전에 가서 제사장 외에는 먹지 못하는 진설병을 먹었다고 할 때 그것은 다윗이라는 사람이 지금 왕이 될 사람으로서 과거에 제사장이 할 수 있었던 것보다도 더 큰 위임을 가지고 있는 기름부음 받은 왕이라는 것이다. 모세부터 다윗까지 제사장이 우두머리이지만 다윗부터는 왕이 우두머리이고 제사장은 왕에게 부속되는 것이다. 그러므로 다윗이 제사장이 할 수 있는 것을 하는 것은 정당한 것이다. 이는 하나의 시대의 전환을 가리킨다. 그 누가 주 예수님이 하시는 이런 비밀스런 세대의 전환까지 이해하고 있었겠는가? 바리새인들은 죽었다 깨나도 알 수 없다. 오직 성령의 계시를 받은 어린 아이들만이 이런 다윗의 자손이 하시는 비밀스런 일을 알 수 있다. 이와 같은 원칙으로 우리 주 예수님과 함께한 제자들도 안식일날 밀 이삭을 잘라 먹었다. 그것은 이제 시대가 바뀐 것이고, 그분이 왕으로서 충분히 하실 수 있는 일이라는 것을 여기서 증명하시고 있다. 그분은 다윗으로 예표된 참된 왕으로 오셔서 진설병을 먹듯이 이삭을 잘라먹은 것이요, 안식일에도 일하실 수 있는 참 제사장으로 오신 분임을 말씀하고 계시다.

5절, 또 안식일에 제사장들이 성전 안에서 안식을 범하여도 죄가 없음을 너희가 율법에서 읽지 못하였느냐

이제 또 한 가지 문제가 있다. 주님이 하신 말씀은 구약에서 안식일 날 제사장들은 성전 안에서 양이나 소를 잡는 일을 했다는 것이다. 왜냐면 죄를 범하는 백성들이 있기 때문이다. 이럴 때는 안식일이라도 제물을 드려야 했다. 그래서 제사장들은 안식일이라도 성전 안에서 일을 해야 했다. 그런데 주님이 바로 이 문제를 가지고 또 나오셨다. 한번 생각해 보라. 웬만한 성경 지식이 있어 가지고는 이 두 가지 이야기로 바리새인들의 말에 답할 수 없다. 나는 이 짧은 구절만 가지고도 이분은 일반 사람이 아니라 참으로 하나님의 아들이시라는 생각이 든다. 어떻게 그 많은 구약의 말씀 가운데서 다윗의 이야기와 제사장들이 성전에서 안식일에도 일한 것을 가지고 그들의 질문에 답할 수 있겠는가? 그분이 이 모든 말씀을 말씀해내신 하나님이 아니면 이렇게 답변을 하지 못한다. 사람들이 그렇게 질문할 때 집에 가서 성경 좀 보고 와서 말해주겠다고 할 시간이 없으셨다. 그분은 그들이 질문하자 곧바로 이렇게 대답하신 것이다.

사실 그분이 하신 이 말씀 속에는 “나는 현재 왕국을 이루려고 온 다윗과 같은 왕이다. 또 나는 모든 백성의 죄를 위해서 제물을 드려야 하는 제사장이다.”라는 뜻이 내포되어 있다. 주 예수님은 왕도 되시고 제사장도 되신다. 주님은 여기서 “구약의 제사장들이 안식일에 일을 해도 죄가 되지 않듯이 내가 안식일에 일을 해도 너희들이 볼 때는 그것이 안식일을 범하는 것이지만 나는 지금 백성의 죄를 인해 일을 하고 있다. 지금 너희들은 죄를 범하고 있지 않느냐? 나는 너희들을 위해서 성전 안의 제사장들이 일을 해야 하는 것처럼 오늘이 안식일인데도 불구하고 일을 하지 않으면 안 된다.”라고 말씀하고 계시는 듯하다. 그러면서 주님은 뒤에 한 말씀을 추가하셨다.

6절, 내가 너희에게 이르노니 성전보다 더 큰 이가 여기 있느니라

이 한 마디 한 마디가 보통 말이 아니다. 제사장들이 성전에서 안식일을 범하여도 죄가 되지 않는다. 제사장들은 안식일에도 성전에서 백성의 죄를 위해 제물을 드리도록 되어 있기 때문이다. 그런데 성전이란 무엇인가? 성전은 그 안에 하나님이 거하시는 처소이다. 사실 구약은 하나의 예표이다. 주 예수님이 이 땅에 오셨을 때 그분은 실제적으로 하나님의 모든 충만이 육체로 거하신 참 성전이셨다. 그러한 성전을 모시고 있는 제자들이 거기서 뭔가 일을 했다 한들 그것을 어떻게 죄로 정할 수 있겠느냐는 것이다. 과연 누가 이런 답변을 할 수 있겠는가? 다시 한 번 말하지만 참으로 이런 답변은 주님 외에 어느 누구도 할 수 없다. 우리는 주 예수님이 하나님의 아들이시라는 것에 대해서, 참으로 지혜 있는 분이시라는 것에 대해서, 더욱 그분이 하나님이시라는 것에 대해서 조금도 의심할 수가 없다. 참으로 우리는 그분께 무한한 경외감을 가질 수밖에 없다.

7절, 나는 자비를 원하고 제사를 원치 아니하노라 하신 뜻을 너희가 알았더면 무죄한 자를 죄로 정치 아니하였으리라

주님은 또 여기서 호세아 말씀을 인용하셨다. 주님은 과연 어디서 공부를 하셨는가? "나는 자비를 원하고 제사를 원치 아니하노라." 이게 무슨 뜻인가? 제사란 하나님을 위해서 무언가를 해 드리려는 것이다. 자비, 긍휼은 하나님께서 사람을 위해서 무언가를 베풀어주시는 것이다. 그런데 하나님께서 말씀하신바 그분이 원하시는 것은 자비이다. 하나님은 사람들에게 무언가 해주고 싶어 하시는 분이다. 그런데 사람의 관념은 하나님을 위해서 무언가 해드려야 한다는 것이다. 당시 바리새인들은 자비를 몰랐다. 그저 제사만 안 것이다. 즉 그들은 관념으로 충만하여 주님께 이렇게 물은 것이다. 여기서 주님은 그들이 주님께 물은 핵심적인 문제를 드러내신 것이다. 그들이 무죄한 제자들을 죄로 정죄 한 것은 제사적인 관념때문이다. 어떤 관념인가? 긍휼을 모르고 제사를 원한 사람들의 관념이다. 그들은 그저 하나님께 무언가 해드려야 하는 제사적 관념으로 충만하다보니 긍휼 아래 있는 제자들의 행실을 이해할 수 없었던 것이다.

좀 더 설명한다면 그들은 주님으로부터 은혜를 받고 자비를 얻어야 할 대상이 아니라 뭔가 해드려야 할 대상으로만 여긴 것이다. 그들은 안식일도 실상 사람에게 은혜를 베풀고자 하는 하나님의 자비인데 그것도 제사식의 실행으로 바꾼 것이다. 하나님은 사람이 안식하고 기뻐하고 누리도록 안식일을 만들어 주었는데 이것도 뭔가 하나님을 위해서 하는 날로 만든 것이다. 사실 그들이 안식일 날 '아무 것도 하지 않아야 한다'는 것도 일종의 '지키고 하는 것'으로 바꾼 것이다. 그러다 보니 바리새인들의 눈에 제자들은 잘못하고 있었던 것이다. 주님은 이 상황을 해결하기 위해 두 마디도 할 것 없이 한마디 성경 말씀으로 핵심을 찔렀던 것이다. "나는 자비를 원하고 제사를 원치 아니하노라 하는 뜻을 너희가 알았더라면 너희가 나에게 이렇게 나오지는 않았을 것이다." 이것이 호세아 선지자를 통해서 하신 말씀이다.

8절, 인자는 안식일의 주인이니라 하시니라

주님은 '성전보다 큰 이'시며 '안식일의 주인'이시다. 이 말씀을 옳게 깨달은 사람은 "하나님은 우리를 위해서 무언가를 해주시려고 하는 분이구나. 우리는 다만 하나님이 주시는 은혜를 받아들여야 하는구나." 해야 하는데 마치 자기들이 안식일을 지키고 또 하나님께 무언가를 해드려야 하는 사람처럼 여기고 있는 것이다. 지금 우리 주 예수님이 이 땅에 오셔서 안식일에 제자들과 함께 이런 모든 일을 하는 이유가 다 사람들을 위해서 하는 것이다. 그들의 죄를 속하고 그들에게 은혜를 주고자 해서 이러한 모든 일을 하시는 것이다. 그럴 때 사람 편에서는, 특히 이스라엘 백성들은 주님의 일을 받아들이고 감사드려야 했다. 그런데 이들은 주님께 "당신은 하나님을 위해서 안식일을 엄하게 지켜야 할 게 아니냐?" 하고 따진 것이다. 그들은 무언가 하나님을 위해서 열심히 해야 한다는 관념으로 가득 차 있다. 그래서 주님은 하나님은 자비를 원하지 제사를 원치 않는다는 것을 말씀해 주고 계셨던 것이다.

이렇게 세 구절로 바리새인들의 질문을 다 끝내셨다. 이렇게 답변할 수 있는 사람이 있겠는가? "너희가 이 말씀을 알았으면 무죄한 자를 죄로 정죄 아니하였으리라." 주님은 이렇게 해서 그분 자신이 무죄하다는 것을 말씀하셨다. 바리새인들은 무지하기 때문에 무죄한 사람들을 정죄한 것이다. 사람들이 알지 못하면 무죄한 자들을 정죄한다.

그리고서 주님은 8절에서 한 마디를 더 하셨다. "인자는 안식일의 주인이니라". 안식일을 누가 정했는가? 하나님이 사람을 위해서 정하신 것이다. 하나님께서는 모든 만물을 창조하신 뒤에 안식하셨는데 그것은 다 사람을 위한 것이다. 그리고 안식일을 제정하신 것도 사실은 이스라엘 백성들을 위한 것이다. 그분의 택한 백성들을 위한 것이다. 이렇게 안식일은 하나님이 세우셨기 때문에 그 안식일을 바꿀 수도 있고 고칠 수도 있는 그 모든 권한을 하나님이 갖고 계신다. 그래서 주님이 말씀하시기를 "인자는 안식일의 주인이니라"고 하신 것이다. 다시 말하면 예수님이 없으면 안식일을 지켜도 주인 없는 안식일을 지키는 것이다. 안식일의 실제는 예수님이시다.

우리는 11장에서 주님이 "수고하고 무거운 짐진 자들아 다 내게로 오라 내가 너희를 쉬게 하리라"고 하시는 말씀을 들었다. 주님이 없으면 쉼이 없다. 안식이 없다. 주님이 참 안식이시다. 그런데 안식의 주인을 앞에 두고 그 사람들은 주님께 안식일 문제를 가지고 따졌다. 이 얼마나 어처구니없는 일인가? 그래서 주님이 인자는 안식일의 주인이라고 하신 것이다.

한 가지 더 심오한 문제를 보자. 이는 십계명의 네 번째인 안식일을 거룩하게 지키는 문제이다. 십계명 중 네 번째 계명인 안식일을 지키는 문제는 나머지 아홉 계명과 성질상 다른 것이 있다. 다른 아홉 가지 계명은 범할 때 도덕적인 문제가 야기되며, 범죄와 관련된다. 그러나 안식일을 지키는 문제는 좀 다르다. 이 계명은 이스라엘과의 언약의 표징으로 세우신 것이다. 에스겔 20:12절 "또 나는 그들을 거룩하게 하는 여호와인줄 알게 하려 하여 내가 내 안식일을 주어 그들과 나 사이에 표징을 삼았었노라" 하나님은 이스라엘과 언약을 세우실 때 안식일을 그 보증으로 삼으셨다. 그러므로 그분은 그분의 행정적인 경륜 안에서 십계명중 한 가지는 변개하실 수 있고 제하실 수 있다. 이는 그분의 행정과 관련이 되기 때문이다. 그 때 바리새인들은 안식일의 주인이신 하나님의 아들이 오셔서 그 안식일을 변개하시려 한다는 것을 꿈에도 생각하지 못했다. 그들이 이런 비밀스런 일들을 어떻게 알 수 있었겠는가? 이스라엘의 반대와 거절로 인하여 하나님과 그들과의 언약은 지금 흔들리고 있었던 것이다. 다른 아홉 계명은 그 위치에 있을 지라도 안식일은 주인이 오셔서 지금 그들과의 언약 자체를 바꾸고 계셨던 것이다. 얼마나 깊고 두려우신 하나님인지… 우리는 다만 경배할 따름이다. 결국 주 예수께서 안식 후 첫날 부활하심으로 신약의 성도들은 주의 날(주일)에 모이며 떡을 떼는 것이다.

9-10절, 거기를 떠나 저희 회당에 들어가시니 한편 손 마른 사람이 있는지라 사람들이 예수를 송사하려 하여 물어 가로되 안식일에 병 고치는 것이 옳으니이까

이제 그 안식일에 또 다시 어떤 일이 일어났다. 회당에 들어갔을 때 한편 손 마른 사람이 있었는데 이 사람은 손이 있긴 있는데 말라서 그 손을 쓸 수가 없었다. 사람들은 예수님이 이 손 마른 사람을 보면 틀림없이 고쳐줄 거라고 예상을 했다. 그래서 먼저 물었다. "안식일에 병을 고치는 것이 옳습니까?" 그것은 송사할 빌미를 찾으려고 한 것이며 선한 일을 하려는 기를 꺾으려는 사탄의 궤계이다.

11절, 예수께서 가라사대 너희 중에 어느 사람이 양 한 마리가 있어 안식일에 구덩이에 빠졌으면 붙잡아 내지 않겠느냐

사람들은 예수님이 손 마른 사람 고치는 것을 가지고 물어 보았다. "안식일에 병을 고치는 것이 옳습니까?" 그런데 예수님은 사람을 가지고 말씀하지 않고 양을 가지고 말씀하셨다. 사람이 양 한 마리가 있는데 구덩이에 빠졌으면 붙잡아 내지 않겠느냐는 것이다. 이 답변도 매우 지혜로운 답변이다. 왜냐하면 사람들은 사람을 별로 중히 여기거나 주의하지 않기 때문이다. 사람에 대하여는 시기와 미움으로 그 평가와 계산이 복잡해졌다. 그러나 자기 재산은 매우 주의한다. 사람이 한편 손이 말랐든 치료되든 그냥 그대로 있든 별로 관심하지 않지만 자기 양 한 마리(현대로 따지면 자기의 어떤 동산이나 부동산 재산 한 물건)가 없어지는 것은 매우 예민해한다. 특히 종교인들에게 있어서 그러하다. 당시 유대인들에게는 양이 큰 재산이었다. 구약시대에는 부의 정도를 소유한 양의 수로 정하기도 했다. 과거 우리 나라에서 잘 사는 정도가 논이 얼마나 되나, 쌀이 백석꾼이니 만석꾼이니 하는 말을 한 것처럼 오늘 날도 몽골에 가면 부의 척도를 양으로 계산한다. 누가복음 15장에 어느 사람에게 양 일백 마리가 있는데… 하면 꽤 많이 가지고 있는 사람인 것이다. 그러니까 주님께서 양 이야기를 하면 금방 느낌이 생기게 된다. 가령 안식일 날 지나가다 큰 돈을 구덩이에 빠뜨렸다 할 때 그것이 물구덩이라도 물을 퍼내서 찾으려 하지 않겠나? "양 한 마리가 안식일에 구덩이에 빠졌다면 그걸 건지려고 하지 않겠느냐?" 할 때 유대인들이 "그건 당연히 건져야지." 하고 생각하게 된다. 그러니까 양 같으면 안식일에도 건져야 한다고 할 것이라는 말이다.

12절, 사람이 양보다 얼마나 더 귀하냐 그러므로 안식일에 선을 행하는 것이 옳으니라 하시고

양 이야기를 하니까 사람들은 즉시 "그렇지. 당연히 꺼내야지." 하고 생각했을 것이다. 사람들의 속을 꿰뚫어보고 이렇게 말할 수 있는 분은 하나님 사람이신 예수시다. 솔로몬보다 더 지혜로운 분이라는 말이 조금도 과장된 말이 아니다. 많은 사람들은 주 예수님을 하나님의 아들로 믿지 못하겠다고 하는데 이 말씀을 한 번 들어보기 바란다. 누가 이 세상에서, 이 인류 가운데서 이렇게 지혜롭게 말할 수 있는 사람이 있겠는가?

13절, 이에 그 사람에게 이르시되 손을 내밀라 하시니 저가 내밀매 다른 손과 같이 회복되어 성하더라

이 말을 한 후 주님은 즉시 치료해 주셨다. 정치하는 사람들이나 대부분의 사람들은 송사하려는 사람들이 둘러싼 가운데 힐문을 받고 그런 일을 하지 못한다. 담력을 잃기 때문이다. 주님은 그들이 뒤에 무슨 일을 할지 전혀 주의하지 않으셨다. 주님은 그렇게 어려운 환자를 그 자리에서 치료해 주셨다. "손을 내밀라." 손을 내미니까 회복되어 성하게 되었다. 그분이 그렇게 지혜로운 말씀을 하시는 것으로 하나님의 아들임을 믿지 못하겠다면 마른 손을 단번에 고치시는 능력을 보고 믿을 수는 없는가? 그러나 시기로 가득찬 종교인들은 믿지 않았다.

14절, 바리새인들이 나가서 어떻게 하여 예수를 죽일꼬 의논하거늘

이것이 바리새인들의 악함이다. 왜 이 사람들은 예수님을 죽이려고 했을까? 이 두 사건을 통해서 주 예수님은 안식일을 깨뜨리셨기 때문이다. 당시에 이스라엘 사람들은 자기들이 하나님의 선민이라고 자긍했고 유대교는 주로 안식일을 지키는 것 위에 세워졌다. 유대교는 안식일과 할례와 음식에 관한 규례 등이 그 기둥을 이루고 있다. 이 안식일은 십계명에도 들어 있다. 그래서 그들은 가장 중요하게 생각하고 있었던 것이다. 이것이 깨진다면 유대교는 붕괴된다. 자기들이 선민이라는 지위도 붕괴되는 것이다. 말하자면 자신들이 아무 것도 아니게 된다.

유대교의 바리새인들은 자기들의 신앙이 가장 뛰어나다고 생각하고 있는 사람들이다. 그들의 신앙을 밑받침해주고 있는 것이 안식일을 지키는 것이었다. 그런데 나사렛 예수라는 사람이 나타나서 한 무리를 데리고 이 안식일이 아무 것도 아닌 것처럼 깨뜨리고 다니는 것이다. 계속 저렇게 해서 그들의 일이 성공하면 유대교가 무너지고 바리새인들도 끝나서 아무 것도 아닌 것이 될 것 같으니까 이제 예수를 죽여야 겠다고 생각하게 된 것이다. 종교라는 것은 자신들의 집단이기주의와 그 안에 배어있는 사악한 심리와 옳다는 교리가 합해져서 때로는 가장 악랄한 일도 자행하는 것이다.

그들은 손 마른 환자가 치료되는 것에는 관심이 없었다. 주 예수님과 함께 왕국을 위해 싸우면서 배고픈 제자들이 허기진 배를 밀로 채웠는데 그것은 하나도 중요하지 않았다. 중요한 것 한 가지는 왜 안식일을 깼느냐는 것이다. 겉으로는 안식일을 깼다는 교리적 갈등이지만 실제는 곧 자기들의 신앙의 존립 기반을 붙잡고 흔드는 사람들은 어찌 가만둘 수 있느냐는 종교적인 시기인 것이다. 주 예수님이 이것을 모르셨겠는가? 그분이 이렇게 하실 때 바리새인과 유대인들이 이러한 반응으로 주님께 핍박을 가해 올 것을 모르셨겠는가? 그러나 그분은 하나님 아버지의 뜻에 따라서 한 가지 한 가지 수행해 나아가셨다.

15-16절, 예수께서 아시고 거기를 떠나가시니 사람이 많이 좇는지라 예수께서 저희 병을 다 고치시고 자기를 나타내지 말라 경계하셨으니

그래도 좇을 사람은 계속 좇았다. 주님은 여전히 하실 일은 하신다. 그러한 가운데서도 사람들의 병을 다 치료해 주셨다.

주님은 그분의 명성과 호기심 때문에 주님께 나온 사람들을 신뢰하지 않으신다. 그런 자들은 결코 주님을 진실로 따르거나 믿지 않는다. 외적인 것을 의지하여 따르는 자들은 절대 주의 제자가 될 수 없다. 그러므로 그분은 자기 자신을 선전하지 못하게 하셨다. 오늘날 진실하게 사역하려는 사람들은 주님의 이렇게 사역하신 것을 유의해야 한다. 사람들이 반대하셨지만 여전히 그분은 능력과 병 고침을 실행하셨기 때문에 호기심 있고 명성을 듣고 따르는 속성을 가진 사람들은, 하신 기이한 일들과 그로 인해 생겨난 명성을 듣고 주님을 따르려 할 것이다. 그러나 그런 외면적인 사람들은 참된 길을 가지 못한다. 그러나 어떠한가? 오늘날 많은 사람들은 오히려 이러한 사람들의 특성을 이용하려 한다. 그리고 자기를 선전하는 식으로 사역을 하며, 자기가 병을 고치고 기적을 행한 것이며 각종 성공적인 일들을 자랑하며, 명성을 광고한다. 그래야 따르는 사람을 많이 얻는다는 것이다. 그러나 그렇게 해서 얻어진 사람들은 진실하게 좁은 길을 가지 않는다.

주 예수님이 나사렛 사람으로서 가난한 목수의 아들로, 알려지지 않은 가운데, 반대를 당하며 사역을 하셨기에 진실하게 하나님의 사랑을 받은 자들이 이끌릴 수 있었던 것이다. 그러기에 어린아이 같이 순수하게 하나님의 나라를 사모하는 자들이 이끌릴 수 있었던 것이다. 오! 나는 진실로 이런 사역의 열매가 생겨나기를 얼마나 원하는지!

17-18절, 이는 선지자 이사야로 말씀하신바 보라 나의 택한 종 곧 내 마음에 기뻐하는바 나의 사랑하는 자로다 내가 내 성령을 줄 터이니 그가 심판을 이방에 알게 하리라

마태는 여기서 이사야 42장 1절부터 4절까지의 메시야에 관한 말씀을 인용했다. "보라, 나의 택한 종" 예수 그리스도는 사실상 하나님이시지만 그분이 이 땅에 오셨을 때 그분의 신분으로는 아들(the Son)이시고 그분의 역사로 볼 때는 종(the Servant)이시다. 그분은 하나님의 뜻에 따라 일하셨다.

"내 마음에 기뻐하는바 나의 사랑하는 자로다". 하나님은 그의 아들을 기뻐하신다. 하나님은 그의 아들을 사랑하신다. "이는 내 사랑하는 아들이요 내 기뻐하는 자로다." 하나님은 아들을 사랑하신다. 그리고 아들을 기뻐하신다. 오늘도 우리가 정말 하나님의 기뻐하시는 자가 되려면 우리가 우리 자신을 살지 않고 그리스도를 살면 된다. 내가 그리스도 안에 있고 그리스도를 살아 나타내면 하나님은 틀림없이 우리를 기뻐하신다. "내가 어떻게 하면 하나님의 사랑하시는 자가 될까?" 다른 비결이 없다. 자신을 부인하고 십자가에 자신을 넘기고 그리스도를 살면 하나님은 그런 그리스도인을 사랑하실 수 밖에 없다. 하나님은 그분의 아들을 창세전부터 사랑하시기 때문이다. 당신이 아버지의 사랑하는 자가 되는 비결이다. 당신이 죄 속에 산다면 자동적으로 그분과 멀어지고 끊어진다. 그러나 당신이 그리스도를 높이고 그분을 살아내며 그의 의를 행하고, 그 진리를 따라 살며 성령으로 충만된 삶을 산다면 하나님은 당신을 사랑하지 않을 수 없다. 거기에 그분의 사랑하는 대상이 있기 때문이다. 이 말씀을 통해서 우리는 사람이 하나님의 형상대로 지음 받았다는 한 가지 사실을 감상해보기로 하자. 하나님도 의지와 생각과 감정을 가지셨다. 그분이 택하셨다는 것은 의지의 일이시다. 그분의 의지로 택하신 것이다. 또한 그분은 사랑하는 감정과 명쾌한 생각을 가지셨다. 기뻐하시는 것이 있으시다. 우리가 그날 하나님을 뵈올 때 그분이 우리와 같은 인격의 하나님이라는 것을 알고 심히 기이히 여기리라! 그분은 그분 자신이 그러한 분임을 특히 구약에서 너무나 많이 계시하셨다.

"내가 내 성령을 줄 터이니 그가 심판을 이방에 알게 하리라". 하나님은 아들을 이 땅에 보내셨다. 그리고 그분은 아들을 통해서 무언가 하실 일이 있다. 그래서 주신 것이 바로 성령이다. "성령을 줄 터이니 그가 심판을 이방에 알게 하리라." 여기서의 심판(헬, 크리시스)이라는 단어는 공의나 율법을 가리킨다. 즉 성령이 오셔서 우리 인생이 과연 어떻게 하면 참되고 정의롭게 살아갈 수 있나 하는 정의와 규법을 알리신다는 말이다. 이것이 비단 유대인만이 아니라 이방인에게도 퍼져나갈 것을 예언하고 있다. 마태복음이 유대인들만을 위한 책이라는 말은 잘못된 생각이다.

여기 '이방'이라는 단어가 나왔다. 마태가 괜히 이러한 말을 인용한 것이 아니다. 왜 이방이라는 말이 나왔겠는가? 바리새인들, 유대인들이 예수 그리스도를 완전히 배척하니 주 예수님의 발걸음이 이젠 이방으로 향한 것이다. 이 마태복음 12장의 가장 중요한 사상, 가장 중요한 사상이 여기에 있다. 한 면으로는 유대인들이 철저히 그리스도를 배척했다. 이제 자연히 그 아들, 그 복음은 이방을 향하게 된다.

여기서 또 한 가지는 하나님이 종을 택해서 역사하게 하시려면 반드시 할 수 있도록 능력을 주신다는 것이다. 그것이 바로 성령이다. 일을 하도록 택하여 보내시고 일할 수 있는 능력을 주시지 않으면 어떻게 일할 수 있겠는가? 오늘날에도 하나님이 택하신 종들에게는 택하실 뿐 아니라 틀림없이 거기에 재능과 능력을 주신다. 성령을 얻으면 그들이 어떻게 가장 공의롭고 합당하게 일할 수 있는가를 배울 수 있다.

19절, 그가 다투지도 아니하며 들레지도 아니하리니 아무도 길에서 그 소리를 듣지 못하리라

주 예수님은 많은 사람들을 고쳐주고 많은 일을 하셨다. 그런데도 주님은 조용하셨다. 아무에게도 자신을 나타내지 말라고 하셨다. 그리고 대적자들이 그렇게 공격을 해도 주님의 말씀은 몇 마디밖에 안 된다. 조용히 몇 말씀 하실 뿐이다. 오늘날 우리의 사역의 성질이 이러해야 한다. 다투지 않고 들레지 않고, 아무도 길에서 그 소리를 듣지 못하는 조용한 인성 안에서 수행되는 것이다. 오늘 날 어떤 사람들은 주의 일을 한다고 하면서 소리를 치고 고함을 지르며 싸우는 목소리를 듣게 되는데 이것은 주 예수와 닮은 것이 아니다. 종용한 것은 사역자가 걸어야 할 길만이 아니라 모든 성도들의 걸어야 할 길이다(살전 4:11, 살후 3:12). 주 예수의 이러한 모든 삶을 본 제자들은 영감으로 선지자 이사야의 글이 생각해 낸 것이다. "그가 다투지도 아니하고 들레지도 아니하리니 아무도 길에서 그 소리를 듣지 못하리라". 이러한 분이 바로 메시야이시다.

20절, 상한 갈대를 꺾지 아니하며 꺼져 가는 심지를 끄지 아니하기를 심판하여 이길 때까지 하리니

주님은 어떻게 일을 하시는가? 참으로 자비로우신 방식이다. 당시 이방인들은 상한 상태였다. 그들은 개들과 같다. 그분은 상한 갈대의 음악을 듣기 원하신다. 주님이 원하시는 제사는 상한 심령이다. 주님의 인성은 상한 갈대를 꺾지 않는 식으로 일하셨다. 상한 갈대를 꺾어버리는 것은 부드럽지 않고 거친 것이다. 상한 갈대라도 꺾지 않는 것은 온유한 것이다. 이스라엘 사람들은 아마로 만든 끈을 쇠 뿔 속에 넣고 그 속에 기름을 부어 그것을 그들이 길을 걸어갈 때 횃불로 사용했다. 그 아마(亞麻)실이 연기를 내기 시작하면 그 불을 꺼버렸다. 어떤 형제나 자매들은 집회나 성도들과의 관계에서 불을 피우는 것이 아니라 연기를 피우는 일을 한다. 그러나 주님은 그렇게 연기만 내고 꺼져가는 심지도 주님은 완전히 끄지 않으셨다. 심판하여 이길 때까지이다. 그리스도는 이 복음의 시대에 은혜의 사역을 하시지만 언젠가 은혜의 시대는 끝을 맺는다. 그리고 심판석이 세워진다. 주 예수는 복음과 은혜로만 그분의 목적을 달성하시는 것은 아니다. 그분은 복음을 순종치 않는 자들, 은혜를 헛되이 받는 자들에 대한 심판이 집행될 것이다. 그 때 주님은 완전히 승리하신다. 그분이 심판하여 이길 때까지 그분은 그렇게 연약한 사람, 상한 사람들을 돌보는 방식으로 사역하실 것이다. 이러한 방식은 주님을 섬기는 이 시대의 사역자들이 따라야 할 본인 것이다.

21절, 또한 이방들이 그 이름을 바라리라 함을 이루려 하심이니라

여기에 이방이란 말이 또 나왔다. 구약에서 인용한 말이다. 구약 성서에 이미 주님이 배척받아 이방에게 보내어질 것이 예언되어졌다. 주 예수님은 먼저 유대인들에게 보내심을 받았다. 그런데 그들이 철저히 주 예수님을 배척하자 이제 이방인들에게로 돌이키셨다. 그분은 이스라엘 백성들을 위한 떡덩이로 오셨는데 이스라엘 백성들이 먹지 않으니까 그 떡덩이가 이방인들에게로 굴러간 것이다.

22절, 그때에 귀신 들려 눈 멀고 벙어리 된 자를 데리고 왔거늘 예수께서 고쳐 주시매 그 벙어리가 말하며 보게 된지라

여기에 또 한 사람이 있다. 눈이 멀고 말을 못한다. 왜 눈 멀고 벙어리가 되었느냐면 귀신이 들렸기 때문이다. 그러한 사람을 예수님이 고쳐 주셨다. 귀신을 쫓아내주신 것이다. 귀신을 쫓아내니까 눈도 뜨고 말도 하게 되었다.

23-24절, 무리가 다 놀라 가로되 이는 다윗의 자손이 아니냐 하니 바리새인들은 듣고 가로되 이가 귀신의 왕 바알세불을 힘입지 않고는 귀신을 쫓아내지 못하느니라 하거늘

주 예수님이 귀신 들려 눈 멀고 벙어리 된 사람을 고쳐주셨다. 그러니까 많은 사람들이 이 사람이 구약에서 예언된 그 메시야, 곧 다윗의 자손이 아니냐고 했다. 바리새인들은 열심이 있고 지식이 많은 종교인들인데 그들이 그분에 대해 혹시 다윗의 자손이 아닌가 하지 않고 대신에 무식하고 잘 모르는 사람, 어린 사람, 성경도 잘 안 읽은 사람들이 이분이 혹시 다윗의 자손이 아닌가 했다. 순진한 사람들이 일을 내고 있는 것이다.

이 말을 바리새인들이 들었다. "이거 그냥 두었다가는 큰일 나겠군. 무식한 것들이 뭔가 크게 잘못 알고 있네." 하고 속에서 시기심이 올라왔다. 아마 그들은 "다윗의 자손이면 그가 그리스도요, 그가 바로 하나님의 아들이라는 말인데 이거 큰일 날 소리를 하고 있군." 했을 것이다. 그래서 예수님이 귀신의 왕 바알세불을 힘입어서 쫓아내는 것이라고 말한 것이다. 귀신을 쫓아낸 것은 바리새인도 부정할 수 없었다. 귀신을 쫓아내어 눈을 뜨고 말을 하게 된 이것은 너무 분명한 사실이기 때문이다. 그런데 사람들이 "이런 일을 하는 사람은 틀림없이 보통 분이 아니다. 이 사람이 혹 다윗의 자손이 아닌가?" 하니까 뭐라고 깎아내리는 말을 해주긴 해야 하는데, 뭔가 그들의 기세를 꺾어버리고 주님을 무시하게 하는 나쁜 말을 말하려다 보니까 귀신의 왕 바알세불을 힘입어 그런 일을 했다고 한 것이다. 바알세불이란 파리의 왕, 똥더미의 왕이란 뜻이다. 자기들의 시기와 악한 생각, 고집과 선입견에 따라 나쁜 말이라면 무엇이든 생각나는 대로 말한 것이다.

25절, 예수께서 저희 생각을 아시고 가라사대 스스로 분쟁하는 나라마다 황폐하여질 것이요 스스로 분쟁하는 동네나 집마다 서지 못하리라

우리 주 예수님은 그 말에 대해 흥분하거나 화를 내지 않으셨다. 그냥 진리를 말씀하시면서 차분하게 한번 생각해보라고 하셨다. 스스로 분쟁하는 나라마다 황폐해진다는 것은 어느 나라이고 자중지란이 일어나면 망한다는 것이다. 회사나 가정도 마찬가지이다. 구성원이 서로 싸우면 끝나는 것이다. 그래서 주님이 말씀하시기를 스스로 분쟁하는 나라마다 황폐해지고 스스로 분쟁하는 동네나 집마다 서지 못한다고 하셨다.

26절, 사단이 만일 사단을 쫓아내면 스스로 분쟁하는 것이니 그리하고야 저의 나라가 어떻게 서겠느냐

만일 주님이 바알세불의 힘으로 귀신을 쫓아낸다면 사단이 사단을 쫓아내는 것인데 그런 일이 있을 수 있겠느냐는 말씀이다. "그리하고야 저희 나라가 어떻게 서겠느냐? 사단이 그렇게 어리석다고 생각하느냐?" 그렇게 어리석은 사단이 없다는 말이다. 이 세상에서 아무리 어리석은 사람도 자기편과 반대편을 구별할 줄 안다. 이 사람이 자기편인지 상대방 편인지 잘 안다. 특히 서로 첨예하게 대립된 관계에서는 더욱 그렇다. 가르쳐줄 필요가 없다. 눈만 쳐다봐도 안다. 그런데 사단이 어리석게 자기편을 내쫓겠는가? 사단도 최선을 다해서 자기 왕국을 세우려고 혈안이 되어 있는데 스스로 자기 편을 내쫓겠는가? 하나님의 종들이나 교회가 할 일이 바로 그런 일인 것이다. 즉 사탄을 쫓아내는 일이다. 그런데 사탄이 스스로 자기 편을 쫓아내는 일을 한다? 그런 일은 없다는 말이다. 마귀도 그런 일은 하지 않는다는 말씀이다.

27절, 또 내가 바알세불을 힘입어 귀신을 쫓아내면 너희 아들들은 누구를 힘입어 쫓아내느냐 그러므로 저희가 너희 재판관이 되리라

당시에 이스라엘 나라 사람들 가운데에도 귀신을 쫓아내는 사람들이 있었다. 아브라함, 이삭, 야곱의 하나님의 이름으로 귀신을 쫓아내는 사람들이 있었다. 주님이 지금 너희 아들들은 누구의 힘으로 쫓아냈느냐고 물으셨는데 물론 성령을 힘입어 쫓아낸 것이다. 그 쫓아낸 사건들을 우리는 모르지만 당시 사람들은 과거부터 귀신을 쫓아낸 사건들이 있었던 것을 알고 있다. 그것은 하나님 아버지를 의지해서 쫓아낸 것이다. 그래서 그들(너희 아들들 곧 귀신을 쫓아낸 사람들)이 그날에 너희의 재판관이 될 거라고 하신 것이다. 다른 사람이 너희를 심판하는 게 아니라 그들이 일어나서 너희가 주 예수님이 바알세불을 힘입어서 귀신을 쫓아냈다고 말한 것을 정죄할 거라는 것이다. 이렇게 철저하게 대답해줄 수 있는 분은 주 예수님밖에 없다.

28절, 그러나 내가 하나님의 성령을 힘입어 귀신을 쫓아내는 것이면 하나님의 나라가 이미 너희에게 임하였느니라

주 예수님이 성령을 힘입어 귀신을 쫓아내는 것이라면 하나님의 나라가 이미 그들에게 임했다고 했다. 귀신이 쫓겨난 곳, 성령의 능력이 임한 곳, 거기에 하나님의 나라가 있다. 오늘날 하나님의 나라가 어디 있는가? 성령의 능력이 있는 곳에 하나님의 나라가 있다.

오늘 왜 여기서 우리는 말씀을 가르치는가? 우리가 이 말씀을 전파함으로 사람들 속에 있는 귀신들을 내어 쫓기 위한 것이다. 거짓된 것, 엉뚱한 생각, 다 귀신으로부터 온 것이다. 이 말씀의 전파를 통해서 여러분의 생각이 주님으로 다 바뀌고 진리로 바뀌고 주 예수님으로 바뀌어 질 때 거기에 하나님의 나라가 임하는 것이다. 사단의 세력이 있으면 하나님의 나라가 임할 수 없다. 하나님의 성령의 능력으로 귀신이 쫓겨났으면 거기에 하나님의 나라가 임한 것이다. 나라(왕국)의 문제는 권세의 문제이다. 즉 누가 다스리느냐이다. 마귀가 다스리는 영역은 하나님의 나라가 아니다. 귀신이 쫓겨나고 그 자리에 진리와 생명이신 주님이 다스리게 되실 때 왕국이 임하게 된다. 우리의 사역이 이런 목표에 이르지 못하는 것이라면 아무 의미가 없다.

29절, 사람이 먼저 강한 자를 결박하지 않고야 어떻게 그 강한 자의 집에 들어가 그 세간을 늑탈하겠느냐 결박한 후에야 그 집을 늑탈하리라

여기서 주님은 어떻게 귀신을 쫓아냈는가를 설명해 주시고 있다. 먼저 강한 자를 결박하고 그런 다음에 집에 들어가서 세간을 늑탈한다. 주님이 지금 귀신 들린 자를 치료하신 것은 주님이 이미 사단을 결박하고 그 세간을 찾아오신 것이다. 그 세간이란 바로 귀신들렸던 사람이다. 그 사람을 사단이 자기 재산처럼 차지하고 있었다. 그런데 주님이 오셔서 사단을 묶고 사단이 갖고 있던 세간을 빼앗아 오셨다. 되찾으신 것이다. 이것이 복음 전파의 원리이다. 합당한 복음 전파는 한 영혼을 사탄의 손에서 빼앗아 하나님께 돌리는 일인 것이다. 또한 모든 영적인 약탈은 공개적이고 당당한 것이다. 은밀하게 역사하려는 것이라면 거기에 문제가 있는 것이다. "산위에 있는 동네가 숨기우지 못할 것이요" 하나님은 등불을 켜서 말 아래 두지 않고 등경위에 두기 원하신다. 많은 이단적인 일들이 숨어서 은밀하게 역사하는 것이 이것이다. 그것은 그들이 말하는 진리가 시대의 심판의 빛을 견딜 수 없기 때문이다. 참 진리라면 어떤 반대나 오해도 두려워하는 성질의 것이 아닌 것들 가운데 있다. 이는 주님이 하시는 사역이 당당하고 빛 가운데서 하시는 이유인 것이다.

30절, 나와 함께 아니하는 자는 나를 반대하는 자요 나와 함께 모으지 아니하는 자는 헤치는 자니라

여기서 주님은 강한 말씀을 하셨다. "나와 함께 아니하는 자는 나를 반대하는 자다." 다른 곳에서 주님은 어떤 사람들이 주 예수님을 따르지 않으면서 주 예수님의 이름으로 귀신을 쫓아낸다고 하니까 "우리를 반대하지 않는 자는 우리를 위하는 자다"라고 하셨다(막 9:40). 이 말씀과 30절의 말씀은 상반되는 것같이 들린다. 그러나 한 가지는 주님의 일을 하는 문제에서 사소한 것들을 말한다. 그런 것에 있어서 주님을 반대하지 않는 자는 주님을 위하는 자이다.

그러나 여기서 지금 주님은 왕국을 위해 싸우고 있고 귀신을 쫓아내고 하나님의 왕국을 세우고 계신다. 이렇게 심각하고 중대한 일을 하고 있는데 주님과 함께하지 않는 것은 반대하는 것이다. 어떤 사람들은 어떻게 하더라도 반대만 하지 않으면 다 위하는 것이라고 한다. 그것이 항상 통하지는 않는다. 그런 경우는 앞에서 말씀드렸지만 어떤 사람들이 제자들을 따르지 않으면서 주의 이름으로 귀신을 쫓아낸 것이다. 제자들이 보니까 그들이 자신들을 따르지 않으면서 주의 이름으로 귀신을 쫓아내었다. 그래서 주님께 "저 사람들 하지 못하게 금할까요?" 하니까 주님이 우리를 반대하지 않는 자는 우리를 위하는 자라고 하신 것이다. 그런 일에 있어서 주님은 관대하셨다.

그러나 지금은 주님이 왕국을 세우기 위해서 사단의 왕국을 전복시키는 싸움을 싸우고 계시는데 이러한 중대한 일에 있어서 주님과 함께하지 않는 자는 주님을 반대하는 자이다. 지금 나라에 전쟁이 터져서 싸우러 나가는데 함께하지 않는다는 것은 반대하는 것이다. 이러한 때는 중립이 있을 수 없다. 주님을 위하는 자는 위하고 반대하는 자는 반대하는 것이다. 둘 중 하나이다. 이것을 분명히 알아야 한다. 상황과 때에 따라 달라지는 것이 있다. 그리고 주님은 함께 모으지 아니하는 자는 헤치는 자라고 하셨다. 주님은 지금 모으고 계신다. 왕국을 위해서 재료를 모으고 계시는 것이다. 그런데 함께 모으지 않는 자가 있다는 말이다. 오늘 여러분은 모으는 일을 하고 있는가? 한 영혼이라도 주님께 드리려는 영이 있는가? 가만히 앉아서 쳐다보고만 있으려 하는가? 많은 이들은 복음에 있어서 매우 객관적인 태도를 취하고 있다. "잘 모으세요. 잘 해보세요. 내가 언제 반대했습니까?" 하는 태도를 취하고 있다. 그러나 중간은 없다는 말이다. 함께 모으지 않으면 헤치는 자다. 당시 주님의 일에서 주님을 반대하는 자가 되지 않으려면 주님과 함께 열심히 모으는 수밖에 없다. 그날 주님이 "너는 반대한 자야. 너는 헤치는 자야." 하실 때 "주님, 저는 한번도 헤친 적이 없는데요." 하면 주님이 "너는 함께 모으지 않았잖느냐?" 하실 것이다. 주님의 종들이 하나님 왕국을 위해서 모으는 역사를 할 때 가만히 있는 이것이 바로 헤치는 것이다. 만일 당신이 주의 종이라고 자처하면서 헤치는 일을 한다면 무슨 악한 일을 하는 자인가? 당신이 주의 종이면서 한 사람이라도 모으는 일을 하지 않는다면 이 어떠한 수치인가?

31절, 그러므로 내가 너희에게 이르노니 사람의 모든 죄와 훼방은 사하심을 얻되 성령을 훼방하는 것은 사하심을 얻지 못하겠고

사람의 모든 죄와 훼방은 사하심을 얻는다. 그러나 성령을 훼방한 것은 사하심을 얻지 못한다. 성령의 역사를 보고서 훼방하지 말라는 말씀이다. 그럴 때 사하심을 얻지 못한다. 여기서 중요한 말씀은 사람의 모든 죄와 훼방은 사함을 얻는다는 말씀이다. 당신이 무슨 죄를 지었든지 다 사함을 받는다. 주님을 믿기만 하면 다 용서받는다는 것이 복음진리이다. 그러나 주 예수님이 계시고 성령이 역사하여 귀신을 쫓아내는 것을 보고도 훼방한 죄는 용서받지 못한다고 하신다.

32절, 또 누구든지 말로 인자를 거역하면 사하심을 얻되 누구든지 말로 성령을 거역하면 이 세상과 오는 세상에도 사하심을 얻지 못하리라

인자를 거역하는 것조차도 사하심을 얻지만 성령을 거스리는 자는 사하심을 얻지 못한다는 것을 알 수 있다. 성령의 역사가 일어나고 있는데 그것을 훼방하고 거스리지 말라는 것이다. 그러면 이 세상에서도 오는 세상에서도 용서받지 못한다. 얼마나 심각한 말씀인가? 그러므로 우리는 성령의 역사가 있을 때 조심해야 한다. 함부로 훼방하거나 함부로 거역하지 말아야 한다.

1700년대 영국의 옥스퍼드 대학에서 요한 웨슬레 등의 무리가 일어났을 때 사람들이 그들을 공격했다. 주로 옥외 설교를 하기 때문이었다. 그들 관념에 설교는 거룩한 성전에서만 수행되어야 하는데, 하나님의 말씀이 거룩한 곳에서만 전해져야 하는데 이들이 밖에 나가서 노방 전도를 한 것이다. 그러니까 그때 당시에 그런 관념이 있던 영국 교회 사람들이 얼마나 그들을 정죄하고 훼방하는 말을 했는지! 그 때 그들이 반대하는 자들에게 이런 대답을 했다.

"우리가 밖에 나가서 전하니까 다른 것은 모르겠는데 성령의 역사가 있었다. 사람들이 회개하고 눈물을 흘리며 주 예수 그리스도를 받아들이는 역사가 있었다. 성령이 그렇게 역사하시는 것을 우리가 어떻게 하란 말이냐?" 이 땅에 성령의 역사가 있을 때 우리는 주의해야 한다. 그것을 함부로 훼방하고 만질 필요가 없다. 여기 바리새인들은 그러한 위험을 갖고 있었다. 주 예수님이 성령의 역사로 귀신을 쫓아냈는데 바알세불을 힘입어 쫓아냈다고 훼방하는 말을 했다. 이런 죄는 결코 용서받지 못한다고 하셨다. 성령을 거스려 죄를 짓는 것은 다만 실수로 무언가를 말하는 것이 아니라 자각하면서 짓는 죄이다. 이는 행위로 성령을 거스르는 것(성령님을 연약함으로 인하여 순종치 않음)이 아니라 분명히 "성령님의 역사"를 "귀신의 왕이 하는 일"이라고 표명하여 말하는 것이다. 이런 죄는 이 세상에도 오는 세상에도 사함을 얻지 못한다. 이는 매우 심각한 죄인 것이다.

33절, 나무도 좋고 실과도 좋다 하든지 나무도 좋지 않고 실과도 좋지 않다 하든지 하라 그 실과로 나무를 아느니라

나무가 좋으면 실과도 좋고 나무가 좋지 않으면 실과도 좋지 않다는 것이다. 그 실과로 나무를 안다는 것은 결과가 좋은 것은 그 근본 또한 좋다는 것이다. 또 실과가 좋지 않으면 그 나무도 좋지 않다. 주님이 행하신바 손 마른 사람을 치료해주신 것은 그 결과(실과)가 선한 것이다. 그 실과가 좋다는 말은 그 나무가 좋다는 말이다. 우리는 어떤 사람의 말하는 것만 듣고 사람을 판단할 수 없다. 그 열매를 보아야 한다. 그 열매는 그의 행위와 관련이 된다. 주 예수의 실과는 선하고 좋은 것이었다. 그런데 왜 당시 유대인들은 그런 좋은 열매를 예수에게서 보고 나쁘게 말하는가? 시기와 악독이 가득해서 그러는 것이다. 그러다가 성령을 훼방하는 말을 할 수 있다. 이런 죄악은 그 때 주님의 사역 당시에 있었던 죄이지만 오늘날도 이런 죄악은 매우 위험하다.

34절, 독사의 자식들아 너희는 악하니 어떻게 선한 말을 할 수 있느냐 이는 마음에 가득한 것을 입으로 말함이라

이제 주님이 그들을 단도직입적으로 대하신다. 반대로 사람의 입에서 나오는 악한 말들을 들어볼 때 그 나무는 그렇게 좋은 나무가 아님을 알 수 있다. 주님은 말씀하셨다. “너희가 악하니 어떻게 선한 말을 할 수 있느냐?” 그 입에서 나오는 말이 다 악한 말이었다. 12장 처음부터 끝까지 그들이 한 말은 다 악한 말이다. 그러니 오죽하면 독사의 자식들이라고 했겠는가? 그들이 하는 말마다 독이 가득하다. 그들은 독을 뿜어내고 있었다. 그러면서도 그들은 그것이 하나님을 가장 잘 섬기는 거라고 착각하고 있는 것이다. 마음에 가득한 것을 입으로 말한다고 했다. 우리의 말은 마음의 표현이다. 어떤 사람들은 어떤 실수로 심히 악한 말을 뱉어놓고 ‘아차 그것은 내가 잠시 실수하여 한 말’이라고 얼버무리려 한다. 그러나 주님은 그렇게 보시지 않는다. 마음에 없는 것은 입으로 나오지 않는다. 이미 마음에 가득하므로 나온 것이다. 예를 들어 어떤 사람이 속에 서운하고 억울한 감정이 있으면 방축에 물이 새듯이 튀어나온다. 아차하고 말을 실수했다고 생각하지만 잠시의 실수가 아니다. 당신에게 그런 것이 있었다면 변명하려 하지 말고 회개하기 바란다. 혹 하나님이 사해주실까 한다(행 8:22).

35절, 선한 사람은 그 쌓은 선에서 선한 것을 내고 악한 사람은 그 쌓은 악에서 악한 것을 내느니라

좋은 말을 하려면 우리 마음이 좋아야 한다. 선한 마음을 가진 사람의 입에서 선한 것이 나온다. 말만 선하게 하려고 노력하는 것은 통하지 않는다. 마음이 바뀌어야 한다. 속이 좋아야 한다. 그러려면 십자가로 우리 자신을 처리해야 한다. 모든 악독을 제하고 말씀의 젖으로 충만케 해야 한다. 많은 악한 감정과 옳지 않은 심리들을 처리하지 않으면 어느 날 그런 것이 입술을 통해 튀어나오게 된다.

상한 마음이 있으면 속히 처리해야 한다. 서운하고 섭섭한 마음도 속히 처리하도록 해야 한다. 남을 미워하는 마음, 남이 안 되었으면 하는 마음, 시기하는 마음, 질투하는 마음, 이 모든 마음이 다 악한 마음이다. 이런 마음을 차곡차곡 쌓아놓고 말만 좋게 하려고 아무리 노력해도 안 통한다. 남을 사랑하고 존경하는 마음, 선을 베풀려는 마음, 긍휼히 여기는 마음, 동정하는 마음, 불쌍히 여기는 마음, 이러한 선한 마음을 가득 갖고 있을 때 그 입에서 나오는 말이 선한 것이다. 그러려면 그리스도인으로서 특별하게 주의할 것이 있는데 악한 종교단체에 연루되지 말아야 한다. 자기도 모르는 사이에 그 악한 단체의 교만과 시기의 영이 사람을 그렇게 만드는 것이다.

36-37절, 내가 너희에게 이르노니 사람이 무슨 무익한 말을 하든지 심판날에 이에 대하여 심문을 받으리니 네 말로 의롭다 함을 받고 네 말로 정죄함을 받으리라

그러니 오늘 이 시대에 우리가 말하는 것이 얼마나 중요한가? 심판날에 무슨 무익한 말을 하든지 이에 대하여 심문을 받는다고 하신다. 우리가 말한대로 심판을 받는다는 것이다. 오늘 우리가 한 말들은 그날 심판대에서 다시 한 번 해야 한다. 특히 무익한 말을 언급하셨는데, 그것이 옳다 하더라도 옳다고 다 말할 수 있는 게 아니다. 무익한 말이 있다. 이 모든 말에 대해 심판을 받는다고 하셨다.

"네 말로 의롭다 함을 받고 네 말로 정죄함을 받으리라". 여기서 말의 중요성을 보여준다. 우리의 말이 얼마나 중요한지! 주님의 길을 잘 가려면 우리의 말을 조심해야 한다. 악한 말을 퍼붓는 사람은 심판받는다. 무익한 말을 계속 하는 사람도 심판받는다. 말한대로 심판을 받는다. 그런데 말을 고치려면 겉의 말을 고쳐서 되는 게 아니라 마음을 고쳐야 한다. 마음속에 악한 것이 있으면 자연히 말이 악하게 나온다. 말이 이러한 사람들은 배역적인 사람이다. 배역적인 사람들은 죄인보다 회개하기가 훨씬 어렵다. 사람이 성령을 거스르고 성령이 역사하기를 멈추게 한다면 그 사람은 구원받을 소망이 더 이상 없다. 오, 이는 너무나 두려운 일이다! 사랑하는 독자들이여, 그리스도인의 길을 함부로 가서는 안 된다. 우리는 반드시 두려워하며, 조심하며 이 길을 가야 한다!

주님께 감사한다. 나는 주님께서 하신 이런 모든 말씀들을 다만 우리가 알아들을 뿐 아니라 우리의 생활 가운데 적용하기 바란다. 이 말씀을 통해서 나는 참으로 주님이 하나님의 아들로서, 그리스도로서 어떤 인간도, 어떤 지혜자도 할 수 없는 말씀을 하시고 그러한 삶을 살으셨다는 것에 대해서 다시 한 번 주님께 경배드리고 그분을 칭송하지 않을 수 없다. 너무나 놀라운 분이 이 땅에 사셨고 그 분이 우리의 구주시고 왕이시고 우리 아버지시고 우리의 모든 것 되신다는 것에 대해서 다시 한 번 하나님께 감사하고 우리 구주 예수께 감사하고 찬양 드린다.

38절, 그때에 서기관과 바리새인 중 몇 사람이 예수님께 와서 선생님이여 우리에게 표적 보여주시기를 원하나이다

주 예수님을 '선생님'이라고 부른 사람들이라고 해서 다 주 예수님의 종이 아니다. 요한복음 3장에서 니고데모도 예수님을 만났을 때 예수님을 선생님이라고 불렀다. 그들이 주 예수님께 요청한 것은 표적을 보여 달라는 것이었다. 이들은 참으로 주님을 믿고 싶은데 뭔가 표적이 있어야겠다고 해서 주님께 표적을 구한 것이 아니다. 이들은 다만 주님을 조롱하고 비방하고 불신하는 상태에서 표적을 구한 것이다.

구약 성경에서 아브라함이나 기드온이 하나님께 "내가 믿을 표적을 좀 보여주십시오." 라고 말한 적이 있다. 그때 하나님은 기꺼이 표적을 주셨다. 그런데 여기서 서기관과 바리새인이 주님께 표적을 보여 달라고 한 것은 진정으로 그들이 예수님에 대한 믿음을 갖고자 하여 요청한 것이 아니다. 그것은 다음에 주님이 그들에게 답변하신 것을 보면 알 수 있다. 주님은 모든 것을 아시기 때문에 그들에게 하신 답변에서 알 수 있다. 우리는 그들이 진정으로 뭔가 믿고 싶어서 예수님께 표적을 구한 게 아니라는 것을 알 수 있다.

때로 우리도 아브라함이나 기드온처럼 믿음 생활 가운데 주님이 확실하게 우리에게 표적이 될 만한 어떤 확신을 주시면 참 감사할 때가 있다. "아, 이것은 분명히 나에게 하라는 것이구나. 정말 이것은 믿을 만한 표적이구나." 하는 것이 있을 수가 있다. 그런데 여기 이 서기관과 바리새인들은 그러한 믿음을 위한 표적을 구한 것이 아니다.

39절, 예수께서 대답하여 가라사대 악하고 음란한 세대가 표적을 구하나 선지자 요나의 표적 밖에는 보일 표적이 없느니라

그들은 어떤 선한 마음으로 믿음의 표적을 구한 것이 아니다. "악하고 음란한 세대가 표적을 구하나". 주님은 38절부터 45절까지에 걸쳐 이 세대에 관한 그분의 느낌을 말씀하셨다. 지금 서기관과 바리새인들 몇몇 사람이 와서 주님께 질문했는데 그 질문이 그 세대를 대표하는 질문이다. 당시의 세대야말로 두 마디로 평할 수 있는데, 악한 세대이고 또 음란한 세대였다.

그들은 참으로 그 속에 관심하는 것이 다르다. 그들은 이 세상에서 재물을 구하고 안락을 구하고 편안을 구하고 세상의 행복을 구하고 또 정욕을 구한다. 그러면서 그들은 표적을 구했다. 그들은 하나님을 구하는 사람들이 아니었다. 물론 이 말씀 이전에 바리새인들은 주님을 아주 악하게 대했다. 그리스도께서 귀신 들린 사람을 치료하셨을 때 그들은 바알세불이 지폈다고 했다. 그들은 성령을 훼방하고 있었다. 안식일에 손 마른 사람을 치료하셨을 때에도 그들은 그것을 정죄했다. 그들은 결코 생명의 소생의 역사를 관심하지도 좋아하지도 않았다. 그들은 다만 이 땅에 소망을 갖고 있었다. 그들의 마음은 악으로 가득했고 선을 구하지도 않았다. 그러면서도 그들은 표적을 구했던 것이다. 마치 "당신 뭐든 한번 해보려면 해보시오. 내가 믿을 만한지 봅시다?" 하는 것 같다. 그들은 이러한 불신의 마음으로 질문을 했던 것이다. 그래서 주님은 악하고 음란한 세대가 표적을 구한다고 하신 것이다.

고린도 전서 1장에서 바울은 유대인들이 표적을 구하고 헬라인은 지혜를 찾는다고 했다. 여기 38절부터 42절까지에서 주님은 이 시대를 완전히 평가하셨다. 유대인과 이방인에 대한 평가가 내려졌다. 첫째로 유대인들은 표적을 구하는 사람들이다. 그들은 많은 선지자를 갖고 있고 구약 시대에 많은 하나님의 역사를 갖고 있다. 그러므로 그들은 기적적인 역사를 많이 갖고 있는 민족이다. 오늘날 이 세계에 수많은 민족이 있는데 유대인들보다 더 많은 기적의 역사를 갖고 있는 나라는 없다. 구약 성경 전체가 기적과 이적의 역사이다. 그러다 보니 그들은 많은 기적에 흥미를 갖고 있었는데 그 기적을 베푸신 하나님에 대해서는 취미가 없고 그 표적 자체에 관심을 갖게 되었다.

그런데 이방인들은 그런 기적을 구경할 기회가 없었다. 그러다 보니 그들은 자연히 다른 것들을 구하게 되었는데 그것이 곧 지혜이다. 헬라인들은 철학이 발전했다. 여기서 주 예수님이 두 사람을 말씀하셨는데 하나는 요나이고 또 하나는 남방 여왕이다. 요나는 주 예수님이 주시고자 하는 표적을 말한 것이고 남방 여왕은 주님의 지혜를 말하고 있다. 이 두 마디로 주 예수님은 당시의 시대를 완전히 평가하셨다. 표적을 좋아하는 사람들은 유대인들이다. 지혜를 좋아하는 사람들은 이방인들이다. 그러나 간단하게 말하면 표적을 원하는 유대인들이 표적 중의 표적은 원하지 않았다. 지혜를 찾는 이방인들도 지혜 중의 지혜이신 주 예수님은 찾지 않았다.

12장 앞부분에서도 주님의 지혜, 주님의 말씀에 탄복하지 않을 수 없다. 그런데 다시 우리가 이 몇 구절 안에서 주님이 하신 말씀의 의미를 생각할 때 감탄하지 않을 수 없다. 우리는 지금 이 몇 구절밖에 읽지 않았는데도 예수 그리스도의 말씀이 그렇게 피상적이 아니라는 것을 알 수 있다.

여기서 어떻게 말씀했는가를 한번 보겠다. "악하고 음란한 세대가 표적을 구하나 선지자 요나의 표적 밖에는 보일 표적이 없느니라". 주님은 어떤 표적을 구하는 바리새인들에게 표적을 보여주시지 않았다. 그리고 선지자 요나의 표적 밖에는 보여줄 것이 없다고 하셨다. 그리고서 선지자 요나의 표적이 무엇인가를 주님이 직접 설명하셨다.

40절, 요나가 밤낮 사흘을 큰 물고기 뱃속에 있었던 것같이 인자도 밤낮 사흘을 땅 속에 있으리라

주님은 또 말씀하신다. "심판 때 니느웨 사람들이 일어나 이 세대 사람을 정죄하리니 이는 그들이 요나의 전도를 듣고 회개하였음이어니와 요나보다 더 큰 이가 여기 있으며". 우리는 구약의 요나서를 읽어서 내용을 알고 있다. 요나는 니느웨에 가서 전도를 하라는 하나님의 명을 받았지만 가기를 싫어했다. 그래서 다시스로 가는 배를 탔다. 그때 풍랑이 있었다. 배가 뒤집히려고 할 때 요나는 배에 있던 사람들에게 그것이 자신 때문이라고 자백을 했다. 배에 있던 사람들이 요나를 바다에 던졌다. 그때 큰 물고기가(사람들은 그것을 고래라고 한다) 입을 열어 요나를 받았다. 그리고 요나는 물고기 뱃속에서 사흘을 있었다. 그 고기 뱃속에서 그는 기도하고 또 참회를 했다.

요나가 왜 니느웨에 가기를 원치 않았는지 아는가? 요나는 총명한 선지자이다. 하나님께서 40일 후에도 니느웨 성이 회개하지 않으면 그분이 심판하실 것이라고 전하라고 하셨는데 요나는 그가 가서 말하면 니느웨 사람들이 회개할 것을 알았던 것이다. 그러나 요나는 니느웨 사람들이 회개하고 구원받는 것을 싫어했다.

그가 생각하기에 그들은 너무 나쁘다는 것이었다. 그래서 그는 니느웨에 가지 않으려 한 것이다.

주님은 이러한 요나에게 말씀하시기 위해 초막을 짓고 앉아 있는 요나 위에 박 넝쿨을 준비해서 그 위에 드리우게 하여 햇볕을 가리워 주셨다. 요나는 이 박 넝쿨을 인하여 아주 기뻐했다. 주님은 또 벌레를 준비하여 그 박 넝쿨을 씹게 하셨다. 그러자 박넝쿨이 시들었다. 또 주님은 뜨거운 동풍을 준비하여 요나 위에 불게 하셨다. 게다가 뜨거운 해까지 요나의 머리에 쪼이자 요나는 너무 괴로워하면서 차라리 죽는 게 낫겠다고 했다. 그 사건을 통해 하나님은 요나에게 말씀하셨다. "너는 네가 수고도 하지 않고 배양도 하지 않고 하룻밤 사이에 났다가 망한 박 넝쿨을 아끼는데 니느웨에는 좌우를 분변치 못하는 사람이 얼마나 많은 줄 아느냐? 또 육축도 많이 있다. 내가 그들을 아끼는 것이 어찌 합당치 않느냐?"고 하신 것이다.

그리하여 요나의 전파를 듣고 니느웨의 왕으로부터 시작해서 다 일어나 회개했다. 이러한 사건이 요나서에 있다. 주 예수님은 지금 바로 그 일을 말씀하고 있다. 선지자 요나의 표적밖에는 보여줄 표적이 없다는 것이다. 말하자면 주님이 보여주고자 하시는 표적은 주님의 죽으심과 부활이라는 것이다. 사흘 동안 땅 속에 계셨다가 다시 나오시는 것이다. 그것은 모든 사람들을 다 회개케 하기 위한 주님의 표적이다. 그러한 요나가 니느웨에 가서 사람들에게 회개하라고 했듯이 주 예수님의 죽으심과 부활도 그렇다. 주님의 죽으심과 부활은 표적 중의 표적이다. 이보다 더 큰 표적은 없다.

여기서 나는 여러분에게도 유일한 표적을 말씀드리고 싶다. 그것은 바로 선지자 요나의 표적이다. 그 표적은 예수님이 이미 죽은 자 가운데서 사흘 만에 부활하셨다는 것이다. 세상에서 이보다 더 큰 표적은 없다. 이 표적을 갖고 있으면 족한 것이다. 이 세대가 악하고 음란한 세대이기 때문에 주 예수님은 그들에게 다른 표적을 주지 않으시고 이 유일한 표적이 그들에게 필요하다고 하셨다.

41절, 심판 때에 니느웨 사람들이 일어나 이 세대 사람을 정죄하리니 이는 그들이 요나의 전도를 듣고 회개하였음이어니와 요나보다 더 큰 이가 여기 있으며

여기서 주님이 선지자 요나를 언급하신 것은 마태의 복음서가 교리의 노선에 따른 것과 관련이 있다. 이는 요나가 당시 이스라엘이 아닌 이방 나라, 니느웨에 보내어졌기 때문이다. 당시 이스라엘은 메시야를 거절하였으므로 주님은 이제 이방을 향하였음을 암시하고 있는 것이다. 당시에 니느웨 사람들은 요나의 전도를 듣고 회개를 했다. 요나는 하나의 선지자에 불과했지만 주 예수님은 하나님의 아들이다. 그는 물고기 뱃속에 들어갔다 나왔지만 예수님은 실지로 땅 속에 들어갔다 나오셨다. 무엇으로 보든지 주님은 요나보다 더 큰 분인데 이 세대 사람들은 니느웨 사람들보다도 악해서 예수님의 말을 듣고도 회개하지 않았다. 당시 이스라엘 사람들은 요나를 바다에 던졌고, 참 요나이신 주 예수님을 골고다에 던져버리려 하고 있었다. 그러므로 마지막 때에 니느웨 사람들이 일어나서 이 세대 사람들을 정죄할 것이라고 하신 것이다.

"우리는 선지자가 물고기 뱃속에 삼 일 동안 있다 나와서 회개하라고 외쳤을 때 다 회개했는데 당신들은 요나보다 더 크신 이, 하나님의 아들 주 예수께서 오셔서 물고기가 아니라 삼 일 간 무덤에 장사지낸 바 되었다가 다시 부활하셔서 전파를 했는데도 듣지 않았다." 이렇게 주님은 그분 자신에 대하여 말한 선지자들의 말을 그 때 그 때 집어다가 적용하고 계셨다. 그 선지자들의 하나님이 아니시라면 그 누가 이런 말씀을 하실 수 있을까?

42절, 심판 때에 남방 여왕이 일어나 이 세대 사람을 정죄하리니 이는 그가 솔로몬의 지혜로운 말을 들으려고 땅 끝에서 왔음이어니와 솔로몬보다 더 큰 이가 여기 있느니라

남방여왕 역시 이방인이다. 사람들은 이 구절들을 읽을 때 요나와 남방여왕이 다 이방 사람들인 것을 주의하지 않는다. 그러나 당시 유대인들이 듣고 있는 상황을 생각해보면 그들은 즉시 주 예수님의 입에서 유대 선지자나 이스라엘 선지자가 아닌 이방 선지자나 이방의 여왕 이야기를 하고 계시다는 것을 이해할 수 있다. 요나보다 더 크신 분이 이제 이방인에게 오시고 계시며 이스라엘이 거절한 데 반하여 이방인들은 주님을 영접했으며 주님께 이끌렸다. 이 두 구절에서 모두 심판 때를 말씀하신다. 니느웨 사람도 심판 때에 일어날 것이고 남방 여왕도 심판 때에 일어날 것이다. 심판 때에 이러한 사람들이 일어나서 이 악한 세대 사람들을 정죄할 것이다. 남방 여왕인 시바 여왕은 솔로몬의 지혜로운 말을 들으려고 땅 끝에서 왔다. "솔로몬은 지혜 있는 왕이라더라."라는 소문을 듣고 솔로몬의 지혜를 들으러 온 것이다. 그런데 그녀가 실지로 와보니까 정신이 현황했다고 했다. 시립한 그 신하들을 보고서도 너무나 부러워했다. 여왕으로서 먼 길을 오느라고 많은 어려움도 있었을 것이지만 그녀는 왔다.

그러나 이 세대는 악하기 때문에, 그들이 추구하는 게 다르기 때문에 그런 지혜의 말씀이 귀에 들어오지 않는다. 예수님이 말씀하시는 것에 별로 흥미가 없다. 듣고 싶어하지 않는다. 컴퓨터 게임이나, TV는 재미있어 해도 이런 주님의 지혜의 말씀에는 귀를 기울이지 않는다. 그러므로 심판 때 남방 여왕이 일어나서 이 악하고 음란한 세대를 정죄할 것이다.

"이는 그가 솔로몬의 지혜로운 말을 들으려고 땅 끝에서 왔음이어니와". 그녀는 땅 끝에서 왔다. 우리가 아무리 먼 데서 와도 땅 끝보다 먼 곳은 아니다. 그러므로 핑계댈 수 없다.

"솔로몬보다 더 큰 이가 여기 있느니라". 우리 주님을 솔로몬에 비교할 수 있는가? 다른 건 말하지 않고 마태복음 12장만 제대로 들었어도 "아! 참으로 이 지혜는 놀랍다." 할 것이다. 솔로몬이 지혜롭다고 땅 끝에서부터 솔로몬의 말을 들으러 온 사람이 있었는데 그가 바로 남방 여왕이다. 그런데 솔로몬보다 더 지혜로우신 주님이 오셨는데 사람들이 찾지 않았다. 그분에게서 들으려고 하지 않았던 것이다. 그저 표적이나 한번 행해보라는 식이었다. 그리고 말 끝마다 꼬투리를 잡으려 했다. 이러한 세대가 악한 세대이고 음란한 세대이다.

그러므로 심판 때에 요나의 전도를 듣고 회개한 니느웨 사람들이 일어날 것이고 땅 끝에서 솔로몬의 지혜의 말을 들으러 온 남방 여왕이 일어날 것이다. 니느웨 사람들은 요나의 표적을 보고 회개했다. 그런데 표적 중의 표적인 예수 그리스도의 죽음과 부활을 본 사람들이 회개치 않을 때 그들이 일어나서 정죄할 것이다. 그리고 남방 여왕은 땅 끝에서 솔로몬의 지혜의 말을 들으려고 왔는데 솔로몬보다 크신 우리 주님, 지혜 자체이신 주님의 말씀을 소홀히하고 듣지 않는 사람들은 남방 여왕이 일어나서 정죄할 것이다.

나는 이 부분을 내용으로 하여 찬송을 지은 것이 하나있다.

주님 오실 때 남방 여왕 일어나
이 세대 사람을 정죄해
지혜의 말 들으려 땅 끝에서 와 솔로몬에 왔으나
솔로몬보다 더 큰 이가 지혜의 말 하시네
그는 예수일세

주님 오실 때 니느웨인 일어나

이 세대 사람을 정죄해
요나의 말 듣고서 베옷 입고서 재에 앉아 회개해
요나보다 더 큰 이가 회개하라 하시네
그는 예수일세

주님 오시리 머지 않아 오시리
이 땅에 왕국 세우사 왕 노릇을 하시리 성도와 함께
오늘 이기는 자와 공평과 의로 다스려
시온 성산에서 왕 노릇 하리

43절, 더러운 귀신이 사람에게서 나갔을 때에 물 없는 곳으로 다니며 쉬기를 구하되 얻지 못하고

이것도 주님이 당시의 세대를 말씀하신 것이다. 여기서 더러운 귀신(unclean spirit)이라고 했다. 영에 대해서는 악한 영(evil sprit)이라고 하지만 귀신을 말할 때는 악한 귀신이라고 하지 않고 더러운 귀신이라고 했다. 나도 많은 나라를 다니면서 악령의 공격도 받아보고 했는데 귀신이 하는 짓은 꼭 더럽다. 그래서 우리는 체험적으로 왜 귀신을 더러운 것이라고 하는가를 안다. 음란한 것은 더러운 것인데 귀신은 더러운 음란으로 사람을 귀신들리게 하는 경우가 많다. 그 외에도 귀신의 일은 추잡하고 더러운 것들로 사람을 공격한다. 성경의 한 마디 한 마디는 의미가 없는 것이 없다.

"더러운 귀신이 사람에게서 나갔을 때에". 그 귀신을 쫓아냈다는 말이다. "물 없는 곳으로 다니며 쉬기를 구하되 얻지 못하고". 이것은 이스라엘 사람들의 상태를 말해주고 있는 것이다. 유대인들이 선지자들의 말을 듣고 바벨론에서 예루살렘으로 회복된 후의 광경을 얘기한 것일 수도 있다. 당시의 일반적인 유대인들의 상태이다. 그들은 선지자들의 말을 듣고 그들의 많은 부패하고 더러운 것들을 청소했다. 그래서 귀신이 나갔는데 귀신이 이제 물 없는 곳으로 다니면서 쉬기를 구했다고 했다. 귀신은 물속으로 들어가든지 아니면 사람의 몸 속으로 들어가든지 해야 한다. 귀신이 가장 살기 좋아하는 처소는 사람의 몸이다. 말하자면 귀신에게는 물 없는 곳이 안전하지 않다.

귀신의 유래를 간단히 이야기하자면, 인간이 창조되기 전에 천사장이었던 사탄 마귀가 천사의 무리 삼분의 일을 데리고 하나님을 배역한 사건이 있다. 그래서 하나님이 심판을 하셨다. 그때에 이 땅에 있던 생물들도 함께 따라 배역했는데 심판을 받고서 그들의 몸을 잃어버렸다. 그래서 물 속에 있게 된 존재가 귀신인 것이다. 그러기에 그들은 어쨌든 몸을 입고 싶어한다. 그 귀신들이 물 속에 있게 된 것은 심판이고(따라서 물없는 곳을 선호한다), 사람이나 짐승 속에 있으면 그래도 조금 낫다고 여기는 것이다. 최고의 처소는 사람인 것이다. 귀신이 가장 속이고 가장하기 좋으며, 그 속에 은신할 수 있는 처소인 것이다.

여기서 주님은 당시 유대인들의 상황을 설명하고 계신다. 우리 주님의 영적인 눈으로 그 세대를 볼 때 더러운 귀신이 사람에게서 나와 불안정한 상태로 어디 들어갈 데가 없나 하는 것과 같았다. 이는 45절에 '이 악한 세대가 이렇게 되리라'는 말씀에 근거한다.

고린도 전서 10장은 귀신들과 우상들이 같은 것임을 말하고 있다. 이스라엘 자손들은 다윗시대 이후 점점 타락하여 우상을 숭배하고 있었다. 그것이 바로 귀신들린 상태로 말할 수 있다. 그런 후 그들은 바벨론으로 포로되어 갔고 우상을 버렸다. 그리고 그들은 이스라엘로 다시 돌아왔다. 그들은 귀신을 쫓아냈고 우상을 버렸지만 그들의 상태는 처음보다 더 나을 것이 없었다.

44절, 이에 가로되 내가 나온 내 집으로 돌아가리라 하고 와 보니 그 집이 비고 소제되고 수리되었거늘

여러 선지자들이 유대인들에게 회개하라고 책망하고 경고했다. 에스라, 느헤미야, 학개, 스가랴, 말라기 등 많은 선지자들이 이런 청소하는 일을 했다. 그 모든 작업은 다 의로운 태양이신 예수 그리스도를 영접하게 하려는 것이었다. 그런데 막상 주 예수님이 오셨는데, 본질이 오셨는데 받아들이지 않았던 것이다. 그래서 그전에 나갔던 귀신들이 아직 불안정한 상태에서 왔다 갔다 하면서 들어갈 데가 없는지 찾고 있다가 다시 그 집으로 돌아온 것이다. 당시 유대인들의 상태가 그랬다. 그 귀신이 와보니까 집이 비어 있는 것이다. 집 안에 내용물이 있어야 하는데, 즉 주인이 들어와야 하는데 받아들이지 않아서 비어 있는 것이다. 주인이 누구인가? 물론 주님이시다! 그런데 그분을 받아들이지 않으니 집이 비어 있는 것이다. 게다가 소제되고 수리되어 있다. 여기서 우리가 알 수 있는 것은 주님이 우상에 점유되고 귀신들린 이스라엘을 바벨론에 포로되게 하였다가 다시 귀환하게 한 모든 역사가 주 예수를 받아들이도록 비우는 역사를 하신 것임을 알 수 있다. 하나님은 그들을 위해 하실 일을 다 하셨다. 그분은 주님을 받아들일 수 있도록 소제하고 수리까지 다 해놓으셨다. 그러나 그들은 주인을 받아들이지 않고 있었다. 주님은 기가막힌 비유를 통해 그들의 상태를 말씀하고 계신 것이다.

과거에 들어와 살던 귀신이 그들에게 와보니까 이렇게 비어 있고 소제되고 수리까지 되어 있으니 옳다 하고서 다시 들어가려고 한다. "내가 들어가서 살라고 깨끗하게 해놓았군." 하고서 말이다. 이제 자기 친구들에게 전도까지 한다. "얘들아, 내가 전에 살던 집이 새로 개축을 하고 미장을 다시 했어. 멋지게 꾸몄어. 같이 가서 살자." 하는 것이다. 하나님의 자녀들이 해야 할 전도를 도리어 귀신들이 하고 있는 것이다. 실상 귀신들은 선한 사람들을 좋아한다. 우리가 지금까지 귀신들린 사람들을 많이 만나보지만 대부분 선한 사람들이다. 사람들이 깨끗한 아파트를 좋아하는 것과 동일하다. 악하고 강퍅한 사람들은 하나님도 어떻게 다루기 어려울 뿐 아니라 귀신들도 다루기 어려워한다. 어떤 사람이 착하고 도덕적으로 좋다하지만 주님을 받아들이지 않으면 귀신들의 타겟 일호가 된다. 순진하고 착하여 다루기 좋고 속이기 좋다.

45절, 이에 가서 저보다 더 악한 귀신 일곱을 데리고 들어가서 거하니 그 사람의 나중 형편이 전보다 더욱 심하게 되느니라 이 악한 세대가 또한 이렇게 되리라

일곱 귀신한테 전도를 하여 일곱을 데리고 들어갔다. "가서 거하니 그 사람의 나중 형편이 전보다 더욱 심하게 되느니라 이 악한 세대가 또한 이렇게 되리라". 결국 유대인들의 마지막에 이루어질 상황이 바로 이렇다는 것이다. 예수 그리스도를 영접하지 않은 유대인들은 이렇게 형편없이 될 것이다. 유대인들의 상황은 과거보다 더욱더 악하게 된다는 것이다. 그전에는 귀신 한 마리만 들렸는데 이제 일곱 마리가 더 들렸다. 왜 그런가? 주 예수님을 받아들이지 않았기 때문이다. 이처럼 38절부터 45절까지는 주님이 그 세대를 평가하신 것이다. 이러한 교리적인 서술이 마태의 복음서의 특징인 것이다.

46-50절, 예수께서 무리에게 말씀하실 때에 그 모친과 동생들이 예수께 말하려고 밖에 섰더니 한 사람이 예수께 여짜오되 보소서 당신의 모친과 동생들이 당신께 말하려고 밖에 섰나이다 하니 말하던 사람에게 대답하여 가라사대 누가 내 모친이며 동생들이냐 하시고 손을 내밀어 제자들을 가리켜 가라사대 나의 모친과 동생들을 보라 누구든지 하늘에 계신 내 아버지의 뜻대로

행하는 자가 내 형제요 자매요 모친이니라 하시더라

이 부분의 말씀이 왜 여기 있는가? 12장 마지막 부분에 와서 예수 그리스도께서는 이제 유대인들을 완전히 버리신다는 것을 이야기하고 있는 것이다. 육신적인 관계를 완전히 끝내고 있는 장면이다. 이 역시 매우 비밀스러운 방식이다. 11장과 12장에서 유대인들이 예수님을 완전히 배척했다. 그래서 12장 마지막 부분에서 주 예수님은 유대인들을 완전히 포기하시고 이제 13장에서는 주님이 교회로 향하고 계신다. 이방인에게로 향하고 계신 것이다. 그래서 이 마지막 부분이 있는 것이다. 마태복음 12장은 이러한 의미에서 전환점이다. 유대인들의 배척을 받고, 아예 죽이려하였으며, 성령의 역사를 거스렸으며 완전히 훼방하며 거절하였다. 그때 주님은 이방을 향하게 되신 것이다.

"예수께서 무리에게 말씀하실 때에 그 모친과 동생들이 예수께 말하려고 밖에 섰더니". 예수님이 무리에게 말씀하고 계셨다. 여전히 뭔가 말씀하고 계셨다. 그런데 예수님 어머니하고 동생들이 예수께 뭔가 말하려고 밖에 서 있었다. 다른 복음서를 보면 주님이 미쳤다는 말을 듣고 친속들이 붙들러 왔다고 했다(막 3:31-35).

"한 사람이 예수께 여짜오되 보소서 당신의 모친과 동생들이 당신께 말하려고 밖에 섰나이다". 나는 여기서 한 가지를 지적하고 싶다. 예수님의 가족들은 왜 예수님이 말씀을 하실 때 그곳에서 함께 그 말씀을 듣지 않았을까? 왜 다른 사람들만 그렇게 좋은 말씀을 듣게 했을까? 이러한 일은 오늘날도 흔히 있을 수 있다. 항상 가까이서 들을 수 있으니까, 예수님이 우리 식구니까 해서 그러는 것이다. 그러고서 막상 예수님이 말씀하실 때에는 다른 데 가서 다른 일을 하고 있는 것이다. 사역자의 가족들이 집회 시간에 왜 나타나지 않는가? 저녁에 밥 먹을 때에나 아침에나 늘 함께 말하는데 뭐하러 굳이 듣느냐는 것이다. 나는 여러곳에서 그런 사람들을 보았다.

"말하던 사람에게 대답하여 가라사대 누가 내 모친이며 내 동생들이냐 하시고 손을 내밀어 제자들을 가리켜 가라사대 나의 모친과 나의 동생들을 보라". 이 무슨 말씀인가? "당신의 모친과 동생들이 왔습니다. 뭔가 말할 게 있답니다." 하자 주 예수님이 "누가 내 모친이며 내 동생이냐?" 하시고 손을 내밀어서 제자들을 가리키시며 여기에 내 모친과 동생들이 있다고 하셨다.

그러면서 한 마디를 덧붙이셨다. "누구든지 하늘에 계신 내 아버지의 뜻대로 하는 자가 내 형제요 자매요 모친이니라". 오직 영적인 관계, 하늘 아버지로부터 받은 관계, 하나님의 뜻을 행하는 가운데 연결된 관계만 인정하시겠다는 말씀이다. 그러면 이제 육신의 가족들이라도 참 형제가 되려면 어떻게 해야 하는가? 하나님의 뜻 안에서 연결되어야 한다. 그러면 거기에 모친도 있고 형제도 있게 된다. 육신적인 관계만 가지고 모친이니 형제니 하는 것은 의미가 없다. "하늘에 계신 내 아버지의 뜻대로 하는 자가 내 형제요 자매요 모친이니라". 오늘도 이 가운데 예수의 모친도 있을 수 있고 예수의 형제도 있을 수 있고 예수의 자매도 있을 수 있다. 오늘 여러분이 진정 하나님 아버지의 뜻을 행하는 일을 한다면 주님은 그렇게 말씀하신다. "여기에 내 형제가 있다. 여기에 내 모친이 있다. 여기에 내 자매가 있다."

이렇게 12장 마지막에는 주님이 육신적인 관계를 다 끝내는 장면이 나온다. 그런 다음 이제 13장으로 간다. 13장은 천국의 외형적인 상태를 비유로 말씀하시는 것이 나온다. 하나님의 비밀의 경륜을 인하여 그분을 찬미하지 않을 수 없다.

13 장

1절, 그날에 예수께서 집에서 나가사 바닷가에 앉으시매

"그날에(On that day)". 예수님의 하루는 길기도 하다. 13장은 길기도 하고 하신 일도 많다. 바닷가에 가셨다가 집에 가셨다가 하시는데 이 '그날'은 12장의 그날이다. 12장의 일이 있었던 날이다. "그날에 예수께서 집에서 나가사". 그날은 주님께서 유대인과의 관계를 깨뜨리신 날이다. 즉 매우 의미있는 날인 것이다. 하나님은 수천년동안 이스라엘과 언약관계를 정리하시고 새로운 일을 하기위해 나아가려고 하신다. 그 정리하는 일을 하실 때에는 어떤 집에 계셨던 것 같다. 집에 계시다가 바닷가로 나가셨다. 집이란 제한이 있는 곳을 의미하고 바다는 제한이 없는 곳이다. 집은 유대인들처럼 어떤 질서가 있고 제한이 있는 영역이지만 바다는 이방세계로서 제한이 없이 나가심을 의미한다. 이래서 천국복음을 말씀하시는 마태복음은 5장의 산위에 앉으셔서 하신 말씀이 중요하고 13장의 '바닷가에 앉으시매'가 중요한 것이다. 산은 왕국을 예표하고 바다는 이방을 예표한다. 산위에서 하신 5, 6, 7장은 천국의 구성원들의 본질과 그 생활을 말씀하신 것이며, 13장의 바닷가에서 하신 말씀은 천국의 외형(appearance)에 대한 말씀이다.

2절, 큰 무리가 그에게로 모여들거늘 예수께서 배에 올라가 앉으시고 온 무리는 해변에 섰더니

그때 큰 무리가 그에게로 모여들었다. 많은 사람들이 배척을 하고 주님의 말씀을 듣지 않고 조롱하고 핍박하고 비방을 했지만 또 여기를 보면 큰 무리가 여전히 예수님께 모여들었다.

오늘날에도 사역자들이 많이 배척을 받으면 들을 사람이 없을 것 같지만 그렇지 않다. 배척을 당하는데 또 들을 사람은 여전히 있다.

"큰 무리가 그에게로 모여들거늘 예수께서 배에 올라가 앉으시고 온 무리는 해변에 섰더니". 주님께는 배가 오늘날로 말하면 강대상이다. 무리는 다 바닷가에

서서 주님의 말씀을 들었다. 주님은 목소리가 상당히 크셨던 것 같다. 배에서 해변에 앉은 무리에게 말씀을 전하셨다. 오늘날처럼 예배당이 있고 찬양대가 있고 비싼 파이프 오르간이 있지 않았다. 그분이 전파하신 장소는 자연적인 장소인 배였고 해변이었다. 여러분은 "말씀을 듣는 자리가 불편해서 어렵습니다"하지 말라. 당시에 우리의 주인이시고 선생님이신 예수님이 어떻게 전했는지 보라. 그렇게 하루 종일 일하셨다. 말하고 가르치고, 반대자들, 비방하는 사람들을 만나서 말하시고 또 말하시고, 또 가족들이 와서 피곤하게 하고 또 말하시고, 이제 집에서 바닷가로 나가서 말하신다. 당시에는 자가용도 없고 아무 것도 없었다. 걸어서 바닷가에 가셔서 배를 타시고 거기서 또 가르치신 것이다.

3-13절, 예수께서 비유로 여러 가지를 저희에게 말씀하여 가라사대 씨를 뿌리는 자가 뿌리러 나가서 뿌릴새 더러는 길가에 떨어지매 새들이 와서 먹어버렸고 더러는 흙이 얇은 돌밭에 떨어지매 흙이 깊지 아니하므로 곧 싹이 나오나 해가 돋은 후에 타져서 뿌리가 없으므로 말랐고 더러는 가시떨기 위에 떨어지매 가시가 자라서 기운을 막았고 더러는 좋은 땅에 떨어지매 혹 백 배, 혹 육십 배, 혹 삼십 배의 결실을 하였느니라 귀 있는 자는 들으라 하시니라 제자들이 예수께 나아와 가로되 어찌하여 저희에게 비유로 말씀하시나이까 대답하여 가라사대 천국의 비밀을 아는 것이 너희에게는 허락되었으나 저희에게는 아니 되었나니 무릇 있는 자는 받아 넉넉하게 되되 무릇 없는 자는 그 있는 것도 빼앗기리라 그러므로 내가 저희에게 비유로 말하기는 저희가 보아도 보지 못하며 들어도 듣지 못하며 깨닫지 못함이니라

13장 이전까지는 주 예수님이 비유로 말씀하신 적이 없다. 그런데 13장에 와서는 예수님이 비유로 말씀하시는 것이다. 그래서 제자들이 왜 비유로 말씀하시느냐고 물었다. 여기서 주님은 왜 비유로 말씀하시는가에 대해서 먼저 설명하셨다. 그것은 지금 주님이 말씀하시는 것이 천국의 비밀이라는 것이다.

주 예수님이 전파하신 복음은 천국복음이다. "회개하라 천국이 가까왔느니라." 천국은 확실히 아주 커다란 제목이다. 굉장히 중요한 것이다. 천국의 비밀이란 이 천국이 베일에 감춰어졌다는 것이다. 물론 천국 백성의 본성이라든가 그들의 행실 등의 문제는 5, 6, 7장에 있지만 본격적으로 천국에 대해서 그 감추인 것을 말씀하고자 하는 장은 13장이다. 장래 주님이 재림하실 때 천국은 임하겠지만 오늘 이 천국은 세상 가운데서 어떻게 존재하는가를 말씀하고 계신 것이다. 오늘 교회 시대의 천국은 장래 주님이 오셔서 행사하시는 구체적인 천국과 그 모습이 같지 않다. 그러므로 주님은 그 어떤 외형적인 모습을 말씀해주시고 있는 것이다. 그날 천국이 가시적으로 임하였다면 "천국은 … 과 같으니"라고 말할 필요가 없다. 그것을 분별할 필요가 없이 알기 때문이다. 그러나 오늘날은 천국이 감춰어져 있고 사람들의 눈에 보여지지 않는다. 가령 그날의 천국은 씨가 길 가에 떨어지거나 가시떨기위에 떨어지지 않는다. 세상 염려가 없고 바쁜 일이 없다. 이런 일은 이 세대에 벌어지는 일들이기 때문이다.

그러면서도 동시에 좋은 땅에 떨어져 결실하는 이들도 현 세대에 존재하는 것이다. 우리가 13장의 말씀을 천국의 현 세대의 '외형(外形)'이라고 말하는 이유가 여기에 있다. 그날은 천국이 어떻게 생겼는지 누구에게 물을 필요가 없다. 누구나 그 영광을 알고 쫓겨남을 알며, 그 안에 참여하는 것을 알고 상을 받는 것은 다 알 것이기 때문이다. 그러므로 오늘 감춰어진 비밀인 이런 '천국의 비밀'들은 사람의 지성으로는 이해할 수 없고 오직 성령의 계시만이 이를 알 수 있게 하기 때문에 지혜와 계시의 영이 필요한 것이다.

그런데 주님은 이 천국복음을 말씀하시면서도 어떤 사람들에게는 듣게 하시고 어떤 사람들에게는 닫히어 듣지 못하게 의도하시는 듯하다. 이런 의지가 주님께 있으시다. 그래서 비유로 말씀하시는 것이다. "너희에게는 허락이 되었으나 저희에게는 아니 되었나니 무릇 있는 자는 받아 넉넉하게 되고 없는 자는 그 있는 것도 빼앗기리라." 그래서 참으로 천국을 사모하고 원하는 자들에게는 천국을 주시려 하지만 그저 한 번 들어 보겠다고 하는 사람에게는 알려주시지 않는다. '씨를 뿌리러 나가서 뿌릴 새'라는 말은 하나의 경륜의 전환을 암시한다. 씨를 뿌리는 것은 오늘날의 교회를 의미하지 이스라엘이 아니다. 이스라엘은 하나의 포도원으로 비하였다(사 5:1-7,렘 2:21). 그러나 신약의 교회는 밭에 뿌려진 곡식인 것이다(고전 3:9). '포도원'(vineyard)이라 함은 울타리가 있고, 망대가 있으며, 뭔가 제한적인 범위를 말하고, '밭'(field)이라 하면 뭔가 더 공개적이고 넓은 장소를 의미한다. 그러므로 이방인 가운데로 퍼져나간 교회를 밭으로 비유한 것이 매우 합리적인 것이다.

14절, 이사야의 예언이 저희에게 이루었으니 일렀으되 너희가 듣기는 들어도 깨닫지 못할 것이요 보기는 보아도 알지 못하리라

지금 허다한 무리가 바닷가에서 듣는데 주님이 다 알아듣도록 말씀하시지 않았다. 알아들을 수 있는 사람들이 알아듣도록 오히려 감추인 방식으로 지금 말씀하고 계신다. 그것은 저희가 보아도 보지 못하고 들어도 듣지 못하고 깨닫지 못하기 때문이라고 하셨다. "이사야의 예언이 저희에게 이루었으니 일렀으되 너희가 듣기는 들어도 깨닫지 못할 것이요 보기는 보아도 알지 못하리라"

15절, 이 백성들의 마음이 완악하여져서 그 귀는 듣기에 둔하고 눈은 감았으니 이는 눈으로 보고 귀로 듣고 마음으로 깨달아 돌이켜 내게 고침을 받을까 두려워함이라 하였느니라

"내게 고침을 받을까 두려워함이라 하였느니라" 주님은 어떤 사람들이 깨달을까봐 두려워하신다. 천국의 비밀에 관하여 알아서는 안 될 사람들이 있는 것 같다. 왜냐하면 그 사람들의 마음이 완악하고 완악하기 때문이다. 그 귀는 듣기에 둔하고 눈은 감겨 있다. 그래서 하나님은 그런 사람들에게는 보여주고 싶어하시지 않으신다. 이것은 일종의 '영적인 닫힘'이라고 말할 수 있다. 영적인 세계에 소위 '닫힘'이라는 것이 있다. 하나님은 그분의 비밀을 어떤 사람들에게는 보지 못하도록 닫으신다는 것이다. 이것은 매우 두려운 일이다. 그러나 어떤 사람에게는 하나님께서 보여주신다. 여러분은 열려있는가 닫혀 있는가? 주님의 보여주심을 얻는가? 아니면 전혀 새로운 계시를 보지 못하고 있는가? 이는 매우 심각한 질문이다.

여기서 우리는 하나님이 진리를 계시하는데 있어서 시대적인 한계가 있음을 본다. 어떤 때가 되지 않으면 하나님은 그분의 진리를 해방하시지 않는다. 볼 수 있는 사람은 복이 있는 것이다. 하나님은 사람들에게 특별한 필요가 있을 때 빛을 비추시고 복을 받게 하신다. 그러므로 사람은 겸손할 필요가 있다.

16절, 그러나 너희 눈은 봄으로, 너희 귀는 들음으로 복이 있도다

어떤 사람에게는 천국의 비밀을 하나님께서 보여주시고 들려주신다. 그것이 복이 있는 사람이다. 당신에게 천국의 비밀이 보여지고 들려진다면 당신은 복이 있는 사람이다. 그런데 어떤 사람은 들리지 않고 보이지 않는다. 함께 말씀을 듣는데도 깨닫지 못하는 것이다. 그것은 복이 없는 경우이다. 그 이유는 무엇인가? 마음에 달려 있다. 어떤 사람은 마음이 완악하므로 보이지 않고 들리지 않는 것이다. 제자들처럼 참으로 주님을 사모하고 왕국을 사모하고 얻기를 원하며 더 얻기 원하여 순종하려 하고 어떻게 해서라도 주를 따르려 하는 사람에게는 주님이 보여주고 싶어 하신다. 주여, 우리에게 보여주소서! 우리의 마음을 더욱 낮출 수 있도록 은혜를 베풀어주소서!

그러나 거기에 모여 있는 허다한 사람들이 그저 "한 번 들어보자. 무슨 말을 하려는지." 한다는 것이다. 그런 사람들은 참으로 주님께 순종하고 배우려 하고 얻으려 하는 것이 아니다. 그러기 때문에 주님은 이 천국의 비밀을 비유로 말씀하시고 있는 것이다. 참으로 주님이 하신 일은 한 가지 한 가지가 다 의미가 있다. 천국은 참으로 중심에서 추구하는 자가 아니면 알지 못하게 되어 있는 것이다.

천년 왕국(millenium kingdom)과 천국(kingdom of heavens)은 그 개념이 다르다. 천국이란 성경에서 3가지의 개념을 포함하고 있다. 첫째는 13장에 나오는 외형적인 것이며, 천국의 경계이다. 둘째는 5-7장에서 말하는 바, 하나님의 권위 아래서 순복 하면서 은혜와 의로 배워나가는 부분이다. 셋째는 장래 천년 왕국에서 주님과 함께 다스리는 부분이다. 이 부분 역시 마 5-7장까지의 부분으로서 장래의 보상과 관련이 있다. 천국을 이해하려면 이 세 가지를 다 이해해야 한다. 이렇게 이해하지 않으면 13장에서 말하고 있는 가라지가 있다든지, 누룩이라든지, 큰 나무라든지, 하는 부분들을 천국의 비유로 말씀하시는 주님의 말씀으로 이해할 수 없게 된다. 이는 이 시대의 천국의 외형이요, 그 경계를 말하는 것이다.

17절, 내가 진실로 너희에게 이르노니 많은 선지자와 의인이 너희 보는 것들을 보고자 하여도 보지 못하였고 너희 듣는 것들을 듣고자 하여도 듣지 못하였느니라

지금 13장에서 하시는 주님의 말씀은 일반적인 말이 아니다. 웬만한 그리스도인에게 씨 뿌리는 비유를 말하면 "그런 것을 누가 모르나?" 할 것이다. 길가, 돌밭, 가시덤불, 좋은 땅, 그걸 누가 모르는가? 그런데 이 천국의 비밀은 많은 의인들이나 선지자들이 보고자 하여도 보지 못하였고 듣고자 하여도 듣지 못하던 말씀이라는 것이다. 주님이 "너희 눈은 봄으로, 너희 귀는 들음으로 복이 있다"고 하셨다.

주님이 그렇다고 말씀하셨다면 그것은 다 사실이다. 결코 이 부분의 말씀을 일반적으로 듣지 말라. 주님의 말씀을 깨닫기 시작한 뒤부터 나는 주님의 말씀 한 마디 한 마디가 작은 것까지 의미 없는 것이 없다는 것을 안다. 어떤 분의 말대로 이 13장을 제대로 이해하려면 일생을 연구해도 이것을 다 연구하지 못한다. 그렇게 풍성한 것이 13장이다.

18절, 그런즉 씨 뿌리는 비유를 들으라

이제 씨를 한 번 보겠다. 이 씨를 누가복음이나 다른 복음서에서도 하나님의 말씀이라고 했다. 그리고 밭은 사람의 마음이다. 씨를 뿌리는 분은 주 예수님이시다. 천국의 비밀이란 결국 천국이 어떻게 이루어지는가를 보니까 말씀의 씨를 사람들 마음에 뿌리는 것이라는 말이다. 이 말씀의 씨를 뿌리는 것이 결국은 천국의 일을 하는 것이다. 말씀이 뿌려져서 사람들 마음속에 심겨짐으로써 천국이 이루어지는 것이다. 오늘 우리의 일은 말씀을 사람들의 마음 속에 심는 일을 하는 것이다(고전 3:6).

그런데 요한복음 1장에서는 이 말씀 속에 생명이 있다고 했다. 요한복음 10장 10절에서는 "내가 온 것은 양으로 생명을 얻게 하고 더 풍성히 얻게 하려 함이라"고 말씀하신다. 주 예수님은 이처럼 생명을 주려고 오셨다. 또 14장 6절에서는 "내가 곧 … 생명이라"하시고 11장에서도 "내가 곧 부활이요 생명이라"(25절)고 하셨다. 결국 예수님이 씨를 뿌리신다는 것은 그분이 말씀을 뿌린다고도 할 수 있고 말씀 안에 있는 생명을 뿌린다고도 할 수 있다. 결국은 그분 자신을 뿌리시는 것이다. 말하자면 여기서 씨를 뿌리는 분이 예수님이신데 씨도 예수님이다. 그러므로 우리는 예수님이 자기 자신을 씨로 사람들 마음속에 뿌리셨다고 말할 수 있다.

우리가 주 예수님을 믿었다는 것은 이 씨를 받았다는 것이다. 베드로 전서 1장에서는 "너희가 거듭난 것이 … 썩지 않을 씨로 된 것이니 … 살아 있고 항상 있는 하나님의 말씀으로 된 것이니라"(23절)고 말한다. 그렇다. 썩지 않을 씨가 바로 우리 속에 떨어져서 우리가 거듭났다. 그 씨는 살아 있는 하나님의 말씀이다. 하나님의 말씀을 믿음으로 받음으로써 이 씨가 우리 속에 있게 된 것이다. 이 씨는 또한 천국의 씨이다. 천국은 이 씨로 이루어지는 것이다. 그런데 천국이 이루어지려면 이 씨가 자라서 열매를 많이 맺어야 한다.

이를 다른 방식으로 말해보자. 어떤 사람들이 천국에 있는가? 먼저는 천국의 경계 안에는 들어왔으나 구원을 받지 못한 사람들이 있다. 이들은 씨가 길가에 떨어진 사람이든지, 가라지로 비유된 사람들이다. 이런 사람들은 소위 천주교나 국교나 개신교 안에 있지만 구원을 받지 못한 교인들이다. 이런 사람들은 천국의 외형 안에만 존재하는 사람들이다. 이 시대의 천국 안에는 가라지가 있고, 주님은 이를 추수 때까지 뽑아버리지 말라고 하셨기에 이것이 천국의 외형 안에 존재하는 신자들임을 알 수 있다. 오늘날 어떤 사람이 자기가 교회 신자이고, 그리스도인이라고 주장한다면 우리는 그들을 천국의 범위에서 쫓아낼 수 없고, 인정할 수 밖에 없는 것이 이러한 이유이다. 그러나 주의 만찬을 떼는 집회에서는 우리가 이런 사람들을 거절할 수 있다. 이는 외형적인 천국과 참된 교회가 다르기 때문이다. 우리는 천국이 교회 중에서 이루어지는 것을 원하지만, 교회가 곧 천국이라고 말할 수는 없다. 이 시대에서는 천국의 범위가 교회의 범위보다 넓기 때문이다.

다음은 거듭남으로 하나님의 나라에 들어와서(요 3:3, 5), 하나님의 말씀을 지키려하나 실패하는 사람들이다. 이들은 천국의 영역 안에 들어왔지만 패배자가 되어 그날 천국을 보상으로 얻지 못한다. 셋째는 5-7장의 가르침을 순종하여 이기는 자들이 되는 것이고, 그날 이들은 주님과 함께 다스리게 된다. 본 절의 씨 뿌리는 비유는 서론이다. 이 말씀에서 주님은 '천국은 이와 같으니'라고 하지 않으셨는데 그 이유는 그분이 이 일(그분이 씨를 뿌리시는 일)이 이 땅에 계실 때 하시는 일이기 때문이다. 그 때까지 아직 천국은 시작되지 않았다.

19절, 아무나 천국 말씀을 듣고 깨닫지 못할 때는 악한 자가 와서 그 마음에 뿌리운 것을 빼앗나니 이는 곧 길가에 뿌리운 자요

주님은 제자들에게 이 비유를 직접 해설해 주셨다. 씨를 뿌리는 토양 중에 첫째는 길가가 있다. 여러분은 어떤 사람이 길가에다 씨를 뿌리는 것을 보았는가? 길가에는 씨를 뿌리지 않았다. 이것은 어떤 사람들의 마음 밭이 길가와 같다는 것이다. 길가에 떨어졌다는 것은 그 사람의 마음이 길가라는 말이다. 길이란 한 번도 씨를 뿌리기 위해서 기경된 적이 없는 땅을 의미한다. 씨를 뿌리려면 땅을 갈아엎어야 하는데 한 번도 그런 적이 없다. 아주 굳은 땅이다.

그리고 길가는 씨를 뿌리기 위한 용도의 땅이 아니라 세상적인 통행이 가득한 땅이다. 자동차나 사람들이 왔다 갔다하는 곳이다. 이런 땅은 하나님의 말씀의 씨가 떨어지기에 합당한 땅이 아니다. 교회 예배에 오지만 세상 생각으로 가득하여 말씀을 들을 수 있는 여지가 없는 경우이다. 그것이 길가이다. 말씀을 들으러 와서 돈 벌 생각, 직장 생각, 별 생각을 다한다. 통행이 가득하다. 그런 사람들에게 씨가 떨어지면 새들이 와서 얼른 먹어버린다. 이는 한 편으로 당시 유대인들의 상태이다. 이들은 깨닫지 못함으로 믿을 수 없었다. 믿기 위해 먼저 깨닫는 것은 매우 중요하다. 천국의 말씀들은 깨달아야 믿을 수 있다.

20-23절, 돌밭에 뿌리웠다는 것은 말씀을 듣고 즉시 기쁨으로 받되 그 속에

뿌리가 없어 잠시 견디다가 말씀을 인하여 환난이나 핍박이 일어나는 때에는 곧 넘어지는 자요 가시떨기에 뿌리웠다는 것은 말씀을 들으나 세상의 염려와 재리의 유혹에 말씀이 막혀 결실치 못하는 자요 좋은 땅에 뿌리웠다는 것은 말씀을 듣고 깨닫는 자니 결실하여 혹 백 배, 혹 육십 배, 혹 삼십 배가 되느니라 하시더라

또 더러는 흙이 얇은 돌밭에 떨어졌다. "흙이 깊지 아니하므로 곧 싹이 나오나 해가 돋은 후에 타져서 뿌리가 없으므로 말랐고". 여기 네 종류의 밭 중에서 도대체 구원받은 사람을 의미하는 것이 두 종류냐 세 종류냐를 가지고 논란이 많다. 나는 여기서 성경 해설을 가지고 논란하고 싶지 않다.

물론 씨가 길가에 떨어진 것은 구원 받지 못한 상태를 가리킨다. 말씀이 마음밭에 떨어진 적도 없는데 그 사람이 어떻게 구원을 받겠는가? 그런데 문제는 이 돌밭이다. 돌밭에서는 어쨌든 말씀을 받아 싹이 났다. 그런데 금방 햇볕에 타져서 마른 것이다. 여기서 돌밭에 떨어진 경우를 구원받은 것으로 보는가에 대하여는 두 가지 가능성이 있다. 구원을 받은 것으로 보는 것과 구원을 받지 않은 것으로 보는 경우이다. 씨가 일단 흙에 떨어졌으니 구원을 받은 것으로 볼 수도 있다. 그러나 바위에 막혀 생명이 자라지 못하는 것이다. 그리고 하나의 감정적인 작용과 흥분으로도 볼 수 있다. 참된 영적인 거듭남을 얻지 못한 것이다. 즉 말씀이 영에까지 이르지 못하고 그저 감정만 자극받은 경우인 것이다. 아마 이렇게 보는 것이 타당할 것이다. 이는 환난이나 핍박이 일어나면 감당하지 못하고 넘어지기 때문이다. 진실한 크리스찬에게 있어서 환난과 핍박은 영적 성장에 도움이 된다. 그러나 그 씨가 뿌리를 내리지 못한 것이라면 그 씨를 말려버리는 것이다. 이를 구원받지 못한 사람으로 보는 경우는 그 돌이 있다는 것이 거듭나지 못한 표시라고 본다. 에스겔 36장 26절은 거듭난 사람들은 돌 같은 마음을 고기 같은 마음으로 바꿨다고 한다.

이제 이 비유에 담긴 영적 의미를 말해보겠다. 우선 영적인 길에 있어서 빠른 반응과 어떤 표현이 있는 것이 반드시 좋은 것이 아니다. 대기만성(大器晩成)이라는 말이 있듯이 영적인 세계에도 같은 것이 있다. 어떤 사람들은 교회에 와서 사람들의 빠른 변화가 없는 것을 보고 실망한다. 그러나 대부분의 사람들의 빠른 반응은 그 속에 바위가 있다는 표시이다. 돌은 사람 속에 있는 고집과 의견 등 단단한 그것을 말한다. 말씀의 뿌리가 내릴 수 없는 그 부분을 말하는 것이다. 구원받은 사람에게도 그런 게 있을 수 있다. 어떤 사람이 정확하게 구원을 받지 못하고 말씀을 어느 정도 감정적으로 받았다가 나중에 환경이 오니까 말씀과 전혀 상관 없게 되는 경우를 말하는 것이다.

여기서 정상적으로 얻으면 백 배가 되어야 한다. 그러니까 여기 마태복음에는 백 배가 먼저 있다(막 4:8 참조). 육십 배는 조금 못한 것이다. 제대로 결실하면 백 배를 얻게 된다. 삼십 배 이하는 없다. 최소한도 삼십 배이다. 좋은 땅에 뿌려져서 하나님의 말씀이 결실할 때 최소한도 삼십 배이다. 나는 여기서 여러분에게 묻겠다. 여러분은 지금까지 말씀을 받았는데 그 말씀이 백 배, 육십 배, 삼십 배로 결실했는가? 이것은 매우 중요한 질문이다. 여러분이 참으로 천국의 비밀을 소유한 자라면 이렇게 되어야 정상이다. 이 결실이 말할 수 없이 증가해야 한다. 이 세상에서 어떤 장사가 삼십 배를 남기겠는가? 다시 말하면 천만 원을 가지고 최소한 삼억을 버는 것이다. 백 배면 얼마인가? 십억이다. 하나님의 말씀은 이 정도의 결실을 할 수 있는 성질을 갖고 있다는 것이다.

그런데 어떤 사람들은 항상 그대로이다. 5년이 지나도 삼십 배는 그만두고 세 배도 안 된다. 두 배도 안 된다. 그러면 우리는 의심한다. "그는 정말로 진정한 구원을 받았는가?" 자신이 정말로 구원을 받았다면 백 배, 육십 배, 삼십 배 결실하는 것을 자기가 안다. 자기가 돈을 벌었는지 안 벌었는지 모른다면 그것은 돈을 벌지 못한 것이다. 그걸 모르는 사람이 어디 있겠는가? 사업하는 사람이 자기가 돈을 벌었나 못 벌었나도 모르고 분주히 왔다 갔다 하겠는가? 돈을 버는 것이 일생 목표인데 자기가 돈을 번 것을 모르겠는가?

우리는 천국을 목표로 하는 사람들이다. 천국이 목표인데 지금 어느 정도 결실했는지 모른다면 그것은 결실이 없는 것이다. 그러면 나는 여기서 무얼 하는가? 나도 주님의 종으로서 주님을 이어서 씨를 뿌리고 있다. 집회마다 씨를 뿌리고 있다. 여러분이 정상이라면 백 배, 육십 배, 삼십 배의 결실이 나와야 한다.

씨는 다 똑같다. 누구에게 뿌려진 씨나 다 똑같다. 그러나 밭에 따라서 문제가 있다. "왜 나는 백 배, 육십 배, 삼십 배의 결실을 체험하지 못하는가?" 그 이유는 간단하다. 밭에 문제가 있기 때문이다. 그래서 주님은 "무릇 있는 자는 받아 넉넉하게 되되 무릇 없는 자는 그 있는 것도 빼앗기리라"(12절)고 하셨다. 이 얼마나 두려운 말씀인가? 그러므로 나는 어떻게 하든지 여러분에게 한 말씀이라도 있게 하려고 한다. 그럴 때 그러한 자에게는 주님이 더 주신다.

그러나 어떤 핍박이나 환난이 있을 때 말씀을 그냥 흘려보내면 그런 사람은 있는 것도 다 빼앗기게 된다. 주님께서 "너는 가질 자격이 없어." 하시는 것이다. 그러나 하나님의 말씀을 소중한 것으로 여기고 작은 한 말씀이라도 귀하게 여기는 사람은 반드시 풍성한 결실을 얻는다.

그 다음은 가시떨기에 뿌려진 경우이다. 그것은 말씀을 들으나 세상의 염려와 재리의 유혹에 말씀이 막혀 결실치 못하는 것이다. 자라기는 자라는데 결실하지 못하게 하는 것이 있다. 바로 세상의 염려와 재리의 유혹이다. 이 세상 신인 사탄이 계속 염려를 가져다준다. 세상에 환경의 어려움이 없는 사람이 어디 있는가? 다 염려가 있다. 그걸 누가 가져다주는가? 사탄이다. 그러므로 믿는이들은 기도하지 않을 수 없다. 기도로 모든 염려를 다 주께 맡겨야 한다. 그리고 우리는 항상 마음이 고요하고 평안한 중에 있어야 한다.

그런데 염려를 잔뜩 갖고 있는 사람은 어떻게 되는가? 말씀이 결실하지 못한다. 마음속에 말씀을 갖고 있어야 하는데 염려를 갖고 있기 때문이다. 염려는 우리의 생각을 빼앗아 간다. 또 재리의 유혹이 있다. 재리의 유혹은 우리의 모든 관심을 빼앗아 간다. 염려는 소극적인 데 비해 재리의 유혹은 적극적인 것이다. "어떻게 돈을 한 번에 많이 벌어보는 방법은 없을까?" 돈 버는 데에, 잘 사는 데에 정신이 팔린 것이다. 그 머리 속에는 돈 벌려는 욕심밖에 없다. 머리가 돈 버는 쪽으로 갈 수록 말씀과는 거리가 멀어지게 된다. 그저 단순히 생활을 위해 일하는 것이 아니라 재리의 유혹적인 욕심을 갖는 것이다. 그러니 어떻게 그 마음 속에서 생명이 자라겠는가? "재리의 유혹에 말씀이 막혀 결실치 못하는 자요".

이제 좋은 땅이다. "좋은 땅에 뿌리웠다는 것은 말씀을 듣고 깨닫는 자니". 말씀을 깨닫는 것이 이렇게 중요하다. 그러나 여기서 깨닫는 것도 다만 머리로 깨닫는 것을 의미하는 것은 아니다. 영적인 깨달음을 갖는 것이다. 환난과 핍박이 있어도 말씀을 붙잡을 때 주님은 우리에게 주신 말씀을 자라게 하고 증가케 하심으로 깨닫게 하신다. 그래서 백 배, 육십 배, 삼십 배 결실을 한다. 앞에 나온 세 종류의 상태가 아니라 정상적으로 좋은 땅이 되어서 씨가 자란다면 백 배, 육십 배, 삼십 배의 결실을 하게 된다는 것이다. 그리스도인이 풍성하지 않은 것은 비정상이다.

오늘날 이 땅에 정상적인 그리스도의 제자들이 나타나야 한다. 그러면 정상적인 그리스도의 제자들은 어떤 사람들인가? 결실이 풍성한 사람들이다. 6개월이 지나고 1년이 지나도 똑같으면 하나님이 보실 때 별로 기뻐하지 않으신다. 일단 구원받은 것은 잘 했지만 그렇게 항상 똑같으면 하나님께서 기뻐하시지 않는다. 시간이 감에 따라 몰라보게 자라야 한다. 어제와 오늘이 달라져야 한다. 일주일 전과 일 주일 후가 달라야 한다.

이 비유에서 인상 받아야 할 것이 하나있다. 놀랍도록 풍성하게 자라는 것이 아니라면 정상적인 그리스도인이 아니라는 말이다. 천국은 이렇게 우리 안에서 모르는 가운데 비밀스럽게 이루어지고 있다. 이 생명의 씨가 자라고 결실하는 방식으로 이루어지고 있는 것이다. 그럴 때 우리도 "아, 지금 천국이 이루어져가는구나." 하고 알 수 있다. 그것은 성도들 속에서 결실이 무한히 일어나기 때문이다. 이것이 없으면 우리는 지금 천국이 이루어져가고 있다는 확신을 가질 수가 없다. 그저 거듭난 사람들의 모임은 유지 보존되겠지만 천국의 성질은 그런 것이 아니다. 이 말씀의 씨는 무한히 자라는 특징을 갖고 있다. 너무나 놀랍다. 그러나 그런 모습이 보이지 않는 공동체나 교회는 천국의 특징을 상실하였다. 이는 매우 슬픈 일이다.

주 예수님은 이 땅에 이 생명의 씨를 뿌리시기 위해서 십자가에서 죽고 부활하셨다. 그래서 천국이 실제로 이 땅에서 시작된 것은 오순절 날부터이다. 주 예수님이 사람들 속에 씨를 뿌리실 때 교회가 일어나기 시작했는데 그것이 천국의 시작이다. 주님은 베드로에게 "내가 천국 열쇠를 네게 주노니"라고 하셨다. 베드로는 천국을 연 사람이다. 오순절 날 다락방에서와 고넬료 집에서 이방인에게 천국을 열었다.

천국의 말씀은 사도행전을 볼 때 흥왕하는 특징이 있다(행 12:24). 번성하는 것이다. 이것이 바로 천국이다. 이 생명은 우리 속에서 너무나도 강하게 빠른 속도로 확장되어 나간다. 자라는 것이 크다. 이러한 것을 옛적부터 선지자들과 의인들이 보고 싶어 했다는 것이다. 구약에 예언과 예표와 여러 가지가 있는데 과연 하나님께서 무얼 하려고 하시는지를 그들은 분명하게 몰랐다. 뭔가 중요한 것이 있기는 있는 것 같아서 보려했는데 보지 못하고 듣지 못한 것이다.

그런데 어느 날 주 예수님이 오셔서 비유를 말씀하고 계신데 바로 그것이 지금까지 감춰어진 비밀인 천국을 말씀하시는 것이다. 주님이 말씀하시기를, 선지자들이 보려고 해도 보지 못한 것이 바로 이것이고 들으려고 해도 듣지 못했던 게 바로 이것이라고 하셨다. 이것은 사실 하늘에 속한 생명이고 또 그리스도이다. 이것이 사람 속에 뿌려져서 삼십 배, 육십 배, 백 배 결실을 하게 된다. 이것이 바로 천국이고 이것이 바로 천국의 비밀이다.

오늘 나는 13장 전반부에 있는 내용을 전체적으로 말했다. 주님이 귀 있는 자는 들으라고 하셨다(9절). 주님은 이 말씀을 아주 중요한 말, 꼭 해주셔야 할 말씀을 하실 때 하신다. 요한 계시록 2, 3장에서도 이 말씀을 하셨다. 한 교회에게 보내는 서신이 끝날 때마다 "귀 있는 자는 성령이 교회들에게 하시는 말씀을 들을지어다"고 하셨다.

24절, 예수께서 그들 앞에 또 비유를 베풀어 가라사대 천국은 좋은 씨를 제 밭에 뿌린 사람과 같으니

주님은 1절부터 23절까지에서 먼저 씨 뿌리는 비유를 말씀하셨다. 씨 뿌리는 비유를 말씀하실 때에는 "천국은 …과 같으니"라는 말씀을 하지 않으셨다. 그것은 천국에 대한 비유가 24절부터 본론이 시작되는 반면 3절부터 있는 것은 천국 비유의 하나의 일반적인 원칙 또는 서론이라고 볼 수 있기 때문이다. 따라서 천국에 대한 비유의 본론은 24절부터이다.

"예수께서 그들 앞에 또 비유를 베풀어 가라사대". 여기서 '또 비유'로 말씀하셨다고 하시는 것으로 보아 1절부터 23절까지의 씨 뿌리는 비유도 천국과 관계가 전혀 없는 것은 아니다. 전반부에 있는 비유가 천국이 이루어지는 일반적인 원칙이라고 한다면 이제 24절부터는 천국이 무엇과 같은가를 알 수 있도록 직접적인 비유로 말씀해주신 것이다.

여기에는 좋은 씨가 있고 또 제 밭이 있다. 3절부터 23절까지 있는 비유에서는 이 씨가 하나님의 말씀을 가리키는 데 비해 이 구절부터 있는 말씀에서는 이 씨가 천국의 아들들이다. 이것은 38절에서 주님이 친히 해석해주신 것이다. 씨를 뿌리는 분은 앞의 비유에서나 여기의 비유에서나 동일하게 주 예수 그리스도이시다(37절). 그리고 밭이 앞의 비유에서는 사람의 마음인데 여기에서는 세상이다. 또 좋은 씨가 앞에서는 하나님의 말씀인데 비해서 여기서는 천국의 아들들이다. 이로써 우리는 앞의 비유와 이 부분의 비유가 차이가 있다는 것을 알 수 있다.

어떠한 차이가 있는가는 이제 설명을 들으면서 이해하게 될 것이다. 3절부터 23절까지의 비유에서는 사람들이 하나님의 말씀을 받음으로써 천국의 생명을 얻는 것을 말한다. 그런데 이 씨가 어떤 사람은 길가에, 어떤 사람은 돌밭에, 어떤 사람은 가시덤불에 떨어지고 어떤 사람은 좋은 땅에 떨어져서 백 배, 육십 배, 삼십 배의 결실을 한다. 그렇게 좋은 땅에 떨어져서 결실하는 사람들, 하나님의 말씀을 잘 받아서 생명을 얻은 사람들을 이 두 번째 비유에서는 좋은 씨라고 했다. 앞의 비유와 뒤의 비유는 다르다. 앞의 비유에서는 사람 속에 뿌려지는 하나님의 말씀을 씨라고 했는데 여기에서는 그 말씀의 씨를 받아서 천국의 생명을 얻은 사람들을 가리켜서 좋은 씨라고 한 것이다.

앞에는 좋은 씨와 나쁜 씨의 구별이 없다. 그 씨가 하나님의 말씀이므로 다 거룩하고 좋은 것이다. 그러나 여기 있는 비유에서는 좋은 씨가 따로 있다. 그것은 나쁜 씨도 따로 있다는 말이다. 나쁜 씨는 말씀을 볼 때 가라지를 가리킨다. 좋은 씨는 천국의 아들들이다. 참 생명을 받아들인 사람들인 우리가 사실은 천국의 아들들이다.

그런데 이 천국의 아들들이 어디에 있는가? "천국은 좋은 씨를 제 밭에 뿌린 사람과 같으니". 밭에 있다. 이 씨를 어디에다 뿌렸느냐면 밭인 이 세상에 뿌렸다. 하나님은 그분의 생명을 받은 사람들, 천국의 아들들을 이 세상에 뿌리신 것이다. 즉 우리는 지금 주님에 의해서 이 세상 가운데 뿌려진 사람들이다. 그런데 이 씨는 자라고 결실하여 추수하게 되어 있다. 그러므로 두 번째 비유에서는 천국복음이 이 천국의 아들들에 의해서 전파되는 것을 말한다.

25-26절, 사람들이 잘 때에 그 원수가 와서 곡식 가운데 가라지를 덧뿌리고 갔더니 싹이 나고 결실할 때에 가라지도 보이거늘

여기서 '사람들'이란 주님의 종들이다. '주님의 종들'이 잘 때에(만일 어떤 사람들이 이 구절을 주님이 주무시는 것이라고 한다면 그것은 잘못된 것이다. 주님은 주무시지 않으신다.) 이것은 두 가지 뜻으로 해석할 수 있는데 하나는 자연적으로 피곤하기 때문에 밤에 자는 것이고 하나는 영적인 나태함으로 인해서 자는 것이다. 어쨌든 여기서 주의 종들이 주의하지 아니하고 깨어 있지 아니함으로 원수가 와서 곡식 가운데 가라지를 덧뿌리고 갔다고 했다. 원수는 이 밭인 세상의 소위 믿는이들 가운데 가라지를 뿌린다. 그런데 싹이 나고 결실할 때에 가라지가 보인 것이다.

여러분들은 시골에 갔을 때, 밀이 어떻게 자라는가를 본 적이 있을 것이다. 가라지는 밀과 똑같다. 싹이 날 때에는 밀인지 가라지인지 모른다. 자랄 때에도 모른다. 심지어 열매가 푸릇푸릇하게 보일 때에도 모른다. 그런데 익었을 때 까맣게 되는 게 가라지이다. 우리가 여기서 볼 수 있는 것은 마지막 시대에 반드시 추수가 있을 것인데, 그 동안에는 복음이 전파되어서 천국의 아들들이 자라난다.

그런데 원수가 악한 자들을 통해서 그 가운데 가라지를 덧뿌리게 된다. 이 가라지를 뿌리는 일은 결국 배도하게 하는 일이다. 사람들을 믿음에서 탈선하게 하고 다른 가르침을 받아들이며 다른 영을 받게 하는 일들이다. 그런데 그들은 그리스도인과 아주 똑같아 보인다. 너무나 같아 보이기 때문에 나중에 결실해서 추수할 때가 되어서야 알게 되지 그 전에는 전혀 알 수가 없다. 주님은 이 배도의 가르침이 천국의 외형 가운데 반드시 나타나게 된다는 것을 말씀하고 있다. 가라지가 있다는 것은 믿는이들 가운데 거짓된 믿음을 가진 자들이 많이 있을 것이라는 의미이다. 적어도 돌밭에 뿌려진 씨앗은 제대로 떨어진 것으로 볼 수 없다. 그것은 말씀의 씨가 떨어졌으나 햇빛이 비췰 때 뿌리가 없으므로 말랐다. 뿌리가 햇빛에 타서 말랐다는 말은 그 속에 생명이 없다는 말이다. 정상적인 식물은 햇빛이 비췰 때 그 양분으로 자라는 것이다. 환난과 핍박이 자라는 영양소로 작용하는 것이다. 그러니 그런 사람을 구원받았다고 말할 수 없다. 그런데 그들은 반응이 있다. 말씀을 기쁨으로 받는다고 했다. 그러니 겉으로 봐서는 알 수가 없다는 말이다. 그런데 그 열매를 통해 알 수 있다. 적어도 참된 신자는 세상 염려나 재리의 유혹을 버리면 최소한 30배의 결실을 하게 된다.

디모데 전서 4장에서는 어떤 사람들이 귀신의 가르침을 좇고 믿음에서 떠날 것이며 또 양심에 화인을 맞은 사람들도 있을 것이며 그들은 뭔가 거짓된 가르침을 가르칠 것이라고 했다. 그리고 '식물을 폐하고 혼인을 금하라' 할 것이라고 했다. 이러한 가르침들이 다 배도의 가르침들이다.

요한 일서에는 아버지와 아들을 부인하는 가르침, 예수가 그리스도이심을 부인하는 가르침이 있을 것이라고 했다. 이러한 것들이 배도의 가르침이다. 또 데살로니가 후서에도 믿음을 떠나는 사람들이 있을 거라는 말씀이 있다. 데살로니가 후서 3장에서 우리는 무리하고 악한 사람들이 있다는 것을 안다. 그들은 무리하고 악한 가르침을 가르치는 사람들이다. 바울은 믿음이 모든 사람의 것이 아니라고 했다.

또 디모데 전서 5장 8절은 심지어 자기 친족을 돌아보지 않는 그런 사람도 사실은 믿음을 배반한 자라고 했다. 12절에도 처음 믿음을 저버린 사람이 있다. 베드로 후서 2장 1절을 보면, "그러나 민간에 또한 거짓 선지자들이 일어났었나니 이와같이 너희 중에도 거짓 선생들이 있으리라 저희는 멸망케 할 이단을 가만히 끌어들여 자기들을 사신 주를 부인하고 임박한 멸망을 스스로 취하는 자들이라 여럿이 저희 호색하는 것을 좇으리니 이로 인하여 진리의 도가 훼방을 받을 것이요 저희가 탐심을 인하여 지은 말을 가지고 너희로 이를 삼으니 저희 심판은 옛적부터 지체하지 아니하며 저희 멸망은 자지 아니하느니라"고 말한다. 이 말씀은 어떤 사람들이 호색하는 것으로 인하여 또는 탐심으로 인하여, 물질적인 욕심을 인하여 도(道)를 배반할 것이라고 했다. 이렇게 마지막 시대로 갈 수록 더욱더 배도의 사건이 있을 것인데 그들은 믿는이들 속에 들어와서 거짓된 가르침을 가르친다. 그런데 그것이 곡식인지 가라지인지를 구분할 수가 없다는 말이다.

여러분은 어떤 사람이 참으로 물질을 위하고 자신의 명예와 지위를 원하기 때문에 기도하고 찬송하고 설교하고 진리를 가르치는 것인지, 아니면 참으로 온전히 주님께 사로잡혀서 그리스도인의 길을 성실히 가기 원하기 때문에 충성을 다해서 진리를 가르치는 것인지를 구분할 수 있겠는가? 참으로 어렵다. 그렇기 때문에 가라지인지 좋은 씨인지를 잘 알 수가 없는 것이다.

27절, 집 주인의 종들이 와서 말하되 주여 밭에 좋은 씨를 심지 아니하였나이까 그러면 가라지가 어디서 생겼나이까

집 주인의 종들이 와서 주님께 물었다. "주여, 밭에 좋은 씨를 심지 않았습니까? 그런데 가라지가 어디서 생겼습니까?" 이제 종들이 놀라기 시작하는 것이다. 가라지일 줄 몰랐다는 말이다. 아마 그날 심판 때에 참된 곡식인 형제들이 놀라는 일이 있을 것이다. 왜냐하면 다 노란 밀인 줄 알았는데 시커먼 것이다. "이게 웬일이야? 아무게 형제 밀인 줄 알았는데 시커멓네!" 이런 일이 발생할 때 다 놀라게 된다.

이런 일에 전문가들이 하나님의 종들이고 사도들이다.

고린도 후서 11장 12절, "내가 하는 것을 또 하리니 기회를 찾는 자들의 기회를 끊어 저희로 하여금 그 자랑하는 일에 대하여 우리와 같이 되게 하려 함이로다".

'내가 하는 것을 또 하리니" 이런 일들이 전문적으로 사도들이 하는 일이란 뜻이다. 순수하게 주님의 복음을 전하고 생명을 공급하는 것이 아니라 기회를 찾는 자들이 있다는 말이다.

13절, "저런 사람들은 거짓 사도요 궤휼의 역군이니 자기를 그리스도의 사도로 가장하는 자들이라" 당시도 가장하는 자들이 있었던 것이다. 겉모양만 봐서는 알 수가 없다는 말이다.

14절, "이것이 이상한 일이 아니라 사단도 자기를 광명의 천사로 가장하나니 그러므로 사단의 일꾼들도 자기를 의의 일꾼으로 가장하는 것이 또한 큰일이 아니라 저희의 결국은 저희의 행위대로 되리라".

사단의 일꾼들도 자기를 의의 일꾼으로 가장한다고 했다. 그 사람이 의의 일꾼인지 사단의 일꾼인지 알 수가 없게 변장하고 나타난다는 얘기이다. 오늘날 위장하는 일이 아주 많다! 구원받는 것도 위장 구원이 있다. 가짜 구원이 있다는 것이다. 1800년대에 영국에서 그런 일이 있었다고 한다. 부크만이라는 사람이 있어서 옥스퍼드 대학에서 아주 큰 부흥이 일어났는데 보혈도 없고 십자가도 없고 어떤 희한한 방식으로 명상을 해서 구원받는다고 했다는 것이다. 그것은 거짓된 가짜 구원이다.

오늘날에도 예수 그리스도를 구주로 받아들이고 그 복음에 순종하여 자기의 죄를 자복하고 보혈의 씻음을 받고 참 생명을 얻는 것이 아니라 어떤 정신 작용으로 심리적인 구원을 받는 사람들이 있다. 그러니까 구원조차도 위조품이 있다는 말이다. 소위 하나님과의 교통도 위조가 있고 계시라는 것도 위조가 있다. 주님과의 깊은 연합에 관한 진리도 위조가 있다.

참다운 가르침을 찾기가 쉬운 거라고 생각하면 안 된다. 그래서 사도 바울은 속아 넘어간 고린도 성도들을 돌이키기 위해서 "저 사람들은 거짓 사도이고 궤휼의 역군이며 자기를 그리스도의 사도로 가장하는 자들이다."라고 알려주었다. 그런 것이 하나도 이상할 게 없는 것이 사단도 자기를 광명의 천사라고 가장하기 때문이다.

이제 본문으로 돌아가겠다. "집 주인의 종들이 와서 말하되 주여 밭에 좋은 씨를 심지 아니하였나이까 그러면 가라지가 어디서 생겨났나이까". 가라지가 생겨난 것을 보고 그 종들이 놀라기 시작한다.

28절, 주인이 가로되 원수가 이렇게 하였구나 종들이 가로되 그러면 우리가 가서 이것을 뽑기를 원하시나이까

주님은 가라지를 뿌리지 않으셨다. 원수가 이렇게 생명 비슷하게, 은혜 비슷하게 속인 것이다. 은혜를 말한다 해서 다 은혜가 아니다. 나는 어떤 사람이 은혜를 충만하게 받았다고 좋아하는 것을 보았는데 후에 발견한 것은 그것이 은혜받은 것이 아니었다는 것이다. 출애굽기를 보면 모세가 산에 올라갔다가 내려오니까 이스라엘 백성들은 금송아지를 만들어 놓고 먹고 마시고 일어나서 뛰놀며 누렸다. 모세가 내려와서 물었다. "저 소리가 무슨 소리냐?" 아마 그 때 그 사람들한테 가서 간증하라고 하면 "아, 오늘 우리는 은혜를 많이 누렸습니다." 했을 것이다. 무슨 누림인가? 금송아지의 누림이다. 하나님 앞에서 누린 것이 아니다.

사단은 거짓 구원도 만들어내고 거짓 은혜, 기쁨, 감정도 만들어낸다. 많은 것들을 만들어낼 줄 아는 자가 바로 사단이다. 그래서 주님이 "원수가 이렇게 하였구나." 하신 것이다. 하나님의 종들이 잘 때에, 참된 전파자들이 잘 때에 원수가 이런 짓을 하는 것이다.

그러자 종들이 물었다. "그러면 우리가 가서 이것을 뽑기를 원하시나이까?" 대부분의 영어 성경은 이 구절을 "모으기를 원하시나이까(Gather them up)?"로 번역한다. 우리 한글 개역 성경 번역이 헬라어의 뜻에 가까운 것이 많다. 이 뽑는다는 말이 헬라어 원뜻에 더 가깝다. 헬라어로는 뽑는 것도 아주 격렬한 힘으로 뽑는다는 뜻이다. 종들이 가라지를 보고서 "저 가라지를 뽑아버릴까요?" 했다.

29절, 주인이 가로되 가만 두어라 가라지를 뽑다가 곡식까지 뽑을까 염려하노라

주님의 종들은 이 시대에 가라지를 어느 정도 구분할 수 있다. "저건 가라지군." 그런데 종들이 주님에게 그것을 뽑기를 원하시느냐고 물으니까 주님이 말리셨다. "가만 두어라." 과거에 천주교나 국교들은 이것을 뽑으려고 했다. 그래서 가라지처럼 보이는 사람들을 다 잡아죽였다. 사실 로마 천주교는 엄청나게 많은 사람을 죽였다. 영국 국교는 가라지라고 생각되는 사람들을 화형시키기도 했다. 불에 태워 죽였다. 그런데 가라지를 구분하는 사람들의 판단이 옳지 않은 경우가 많이 있었기 때문에 참된 그리스도인을 많이 죽인 것이다. 참으로 천주교나 국교에서 많은 그리스도인들이 순교를 당했다. 그들은 가라지들을 그냥 두라는 주님의 말씀을 지키지 않았다. 가라지를 뽑다가 곡식까지 뽑을까 염려한다는 이 말씀이 그대로 응했다. 수많은 사람을 죽인 것이다. 물론 그 가운데는 진짜 가라지도 있었을 것이다. 그런데 로마천주교나 국교들은 그런 자들로 여겨지는 사람들을 죽였다. 교회에서는 내쫓을 수 있지만 이 세상에서는 가라지를 내쫓을 수 없기 때문에 완전히 제거하려 한 것이다. 그러다 크게 실수한 것이다.

여기에 천국이 어디 있는가? 주님은 좋은 씨를 밭에 뿌리셨다고 하셨다. 그리고 이 밭은 세상이라고 하셨다. 밭을 교회라고 생각하면 안 된다. 많은 사람들이 이것을 혼동하는 것 같다. 말하자면 여기에서 천국의 비유는 세상을 그 범위로 하고 있다. 세상 가운데 믿는이들이 있는데 그 가운데 참된 곡식도 있고 가라지도 있다는 말이다. 그러나 참된 교회 안에는 가라지가 있어서는 안 된다. 이것을 구분해야 한다.

고린도 전서 5장에서는 음행한 형제가 있을 경우에 사도는 그를 제하라고 했다. 쫓아내라는 것이다. 오늘날 어떤 사람들이 교회에는 약한 자, 죄인, 이런 사람 저런 사람이 다 있을 수 있어야 한다고 말하는 것을 들었다. 교회는 이런저런 사람들이 다 있는 곳이니 가라지도 있어야 한다는 말인가? 아니다. 교회는 누룩 없는 떡이다. 교회는 금등대이다. 묵은 누룩은 내어버리라고 했다. 그러므로 죄를 범한 형제가 회개하지 않을 경우에 교회에서 내쫓아야 한다. 순수한 떡을 보존해야 하기 때문에, 교회의 순수성을 지켜야 하기 때문이다.

오늘날 성경 진리를 잘 이해하지 못하는 사람들이 교회는 약한 자, 죄인을 다 받는 곳이니 어떤 사람이든지 교회 안에 있을 수 있다고 말한다. 그러나 교회란 죄인이 씻음을 받고 성결한 생활을 하는 곳이지 죄악된 것과 거역과 불결한 것을 그대로 가지고 있으면서 생활할 수 있는 곳이 아니다. 교회에는 세마포 장이 있다. 입구를 거쳐서 들어올 때에 번제단이 있다. 이 모든 게 다 분별을 의미한다. 교회 안에도 죄가 있고 교회 바깥에도 죄가 있다면 세마포 장이 왜 필요하겠는가? 제단은 왜 있겠는가?

오늘날 어떤 사람들이 나에게 따지는 말이 바로 이것이다. "그는 너무 엄격하다. 아, 교회 안에 죄인, 약한 자, 다 있어야지 그렇게 절대적으로 경건한 사람만 교회가 될 수 있단 말인가?" 이것이 오늘날 어떤 사람들이 나에게 하는 말이다. 죄인이 와야 하고 약한 자도 와야 하지만 그러한 죄인이 교회 안에 올 때 죄를 제해야 한다.

병원에 온 환자가 치료하지 않고 계속 드러누워 있으려면 뭐하러 병원에 왔는가? 병원에 온다는 것은 건강하게 되러 오는 것이다. 문둥병, 간질병 등 각색 환자가 다 병원에 올 수 있다. 병든 자를 위해서 병원이 있는 것이다. 그런데 병원에 와서도 계속 병자로 있어야 하는 것이 아니다. 치료하기 위해서 의사도 있고 간호원도 있는 게 아닌가? 마찬가지로 교회 생활 안에서 죄인은 치료받고 깨끗케 되고 거룩케 되어야 한다. 고칠 의향을 갖지 않고 놀러온 것처럼 들어와서 온갖 문제를 다 일으키는 사람들이 있다.

그러나 이 세상 가운데에는 곡식과 가라지가 함께 존재한다. 주님은 가라지를 가만 두라고 하셨다.

30절, 둘 다 추수 때까지 함께 자라게 두어라 추수 때에 내가 추수꾼들에게 말하기를 가라지는 먼저 거두어 불사르게 단으로 묶고 곡식은 모아 내 곡간에 넣으라 하리라

자, 이제 여기서 추수가 나온다. 이 좋은 씨인 천국의 아들들, 이 곡식의 운명은 추수이다. 추수를 위해서 우리는 천국의 아들들이 된 것이다. 우리가 추수에 대해서 생각해볼 때 우리의 운명은 과연 무엇인가? 우리의 운명은 곡간에 거두어 들여지는 것이다. 이 추수에 대해 많은 성경 구절들이 있는데, 먼저 요한 계시록 14장을 보면 첫 열매의 추수가 있다. 그것은 얼마 되지 않는다. 첫 열매의 추수이므로 작은 수이다. 곡식 가운데 첫 열매라는 것은 먼저 익은 것이다. 먼저 익은 것이 첫 열매이다. 그 첫 열매가 휴거된다. 그 첫 열매의 휴거의 사건이 있은 뒤에 삼 년 반의 대환난이 이 땅에 있게 된다. 주님이 재림하시기 전에 대환난이 있고 대환난 전에 첫 열매가 휴거되는 것이다. 그리고 대환난이 끝난 다음에 모든 성도들의 휴거가 있다. 그리고 가라지가 처리된다.

여기서 좀 더 이야기하자면, 어떻게 하면 휴거될 수 있는가? 여러분은 휴거되기를 원하여 대가를 지불하려는 분들이라고 알고 있다. 적은 무리에 포함되려는 것이다. 누가복음 21장 35절, "이 날은 온 지구상에 거하는 모든 사람에게 임하리라". '이 날'이란 그 환난의 날이다. 36절, "이러므로 너희는 장차 올 이 모든 일을 능히 피하고 인자 앞에 서도록". 이것은 대 환난을 피하여 휴거되는 것을 말한다. 그러니까 휴거될 수 있는 사람이 있다. 그들은 대 환난을 피한다. "항상 기도하며 깨어 있으라". 항상 기도하고 깨어 있는 사람이 휴거된다.

다시 계시록 14장으로 가보겠다. 1절, "또 내가 보니 보라 어린양이 시온 산에 섰고 그와 함께 십사만 사천이 섰는데 그 이마에 어린양의 이름과 그 아버지의 이름을 쓴 것이 있도다". 여기 십사만 사천이 있다. 적은 숫자이다. 2-5절, "내가 하늘에서 나는 소리를 들으니 많은 물소리도 같고 큰 뇌성도 같은데 내게 들리는 소리는 거문고 타는 자들의 그 거문고 타는 것 같더라 저희가 보좌와 네 생물과 장로들 앞에서 새 노래를 부르니 땅에서 구속함을 얻은 십사만 사천인 밖에는 능히 이 노래를 배울 자가 없더라 이 사람들은 여자로 더불어 더럽히지 아니하고 정절이 있는 자라 어린양이 어디로 인도하든지 따라가는 자며 사람 가운데서 구속을 받아 처음 익은 열매로 하나님과 어린양에게 속한 자들이니 그 입에 거짓말이 없고 흠이 없는 자들이더라". 이 말씀은 휴거를 가리킨다. 우리는 여기에 반드시 포함되어야 한다.

6절, "또 보니 다른 천사가 공중에 날아가는데 땅에 거하는 자들 곧 여러 나라와 족속과 방언과 백성에게 전할 영원한 복음을 가졌더라". 여기에 복음이 있고 경고가 있다. 7절 전반부, "그가 큰 음성으로 가로되 하나님을 두려워하며 그에게 영광을 돌리라". 이것이 대환난 때에 천사가 전할 복음이다. 대환난 시대의 복음이다.

그 다음 14절부터 보겠다. "또 내가 보니 흰 구름이 있고 구름 위에 사람의 아들과 같은 이가 앉았는데 그 머리에는 금 면류관이 있고 그 손에는 이한 낫을 가졌더라". 여기서 이한 낫을 가지고 거두는 것이 바로 추수이다. 이것은 대환난이 지나고서 있을 일이다. 그때는 모든 성도가 다 휴거된다. 15절, "또 다른 천사가 성전으로부터 나와 구름 위에 앉은 이를 향하여 큰 음성으로 외쳐 가로되 네 낫을 휘둘러 거두라 거둘 때가 이르러 땅에 곡식이 다 익었음이로다 하니". 여기 익었다는 표현이 있다. 첫 열매는 억지로 익혀서 휴거시키는 게 아니다. 자연스럽게 햇볕을 통해서 익는 것이다. 곡식이 여무는 것이다.

주님은 우리의 일상생활 가운데 햇볕을 보내주신다. 그 햇볕은 일상적으로 우리에게 닥쳐오는 환경의 어려움들이다. 우리는 씨 뿌리는 비유에서 돌밭에 뿌려진 씨는 햇볕이 날 때 타져서 마르게 되는 것을 보았다. 이처럼 햇볕이 어떤 사람에게는 씨를 말리는 것이 되고 어떤 사람에게는 그것이 자라는 데 도움이 된다. 우리가 어떤 환경 가운데서 말씀을 붙잡고 체험할 때 우리는 거기서 자라게 된다. 우리는 햇볕을 통해서 자라게 되어 있다. 그런데 그러한 모든 환경을 다 피해버리고 또 말씀을 놓고 순종치 않고 진실하게 길을 걸어가지 않으면 자람이 없다. 그런 사람은 첫 열매로 익지 않는다. 수분이 감소되지 않는 것이다.

밀의 성장을 보면 수분이 감소될 때 익는다. 햇볕이 쪼여 수분이 감소되면서 익게 된다. 그런데 여전히 수분이 있어서 아직 여물지 않은 것은 단기간에 강한 열을 통과하게 함으로써 익혀야 한다. 말하자면 삼 년 반의 대환난은 한 면에서 주님이 믿는이들을 단기간에 익히기 위해서 일반적인 환경의 어려움이 아닌 굉장히 강력한 환경의 어려움을 통과하게 하시는 것이다. 그때의 환난은 창세 이후로 없던 그러한 것이다. 그때는 이 세상이 조금도 사랑스럽지 않을 것이다. 아니 지긋지긋할 것이다. 주님을 믿는 성도들이 세상에 대해 완전히 정떨어지도록 환난을 주는 것이다.

그러므로 우리가 휴거되려면 오늘 주님이 주시는 자연스러운 환경의 십자가를 받아들임으로 이 물이 자꾸 말라야 한다. 그럴 때 이 밀은 하늘을 향하게 되고 하늘에만 소망이 있고 이 땅의 물은 점점 감소되는 것이다. 이 땅에 대해서 아무 취미가 없고 맛이 없고 흥미가 없다. 이것이 휴거될 사람들의 표시이다. 갈 수록 세상이 사랑스럽다는 사람은 휴거되지 않을 사람이다. 하나님이 휴거되도록 인도해주시는 사람들은 갈 수록 이 땅에 대해 정이 떨어지게 된다.

이제 다시 본문을 본다. "둘 다 추수 때까지 함께 자라게 두어라 추수 때에 내가 추수꾼들에게 말하기를 가라지는 먼저 거두어 불사르게 단으로 묶고 곡식은 모아 내 곡간에 넣으라 하리라(30절)". 우리는 주님의 곡간에 들여지는 곡식으로 자라야지 가라지로 자라서 불사르게 단으로 묶여지면 안 된다.

여기에 단으로 묶는다는 말이 있는데, 이것이 말세의 또 하나의 특징이다. 말세에는 묶여지는 역사가 있다. 그 묶여지는 역사가 왜 있는가? 추수 때에 가라지나 지푸라기 같은 것들을 함께 묶는 것은 태우기 위한 것이다. 마지막 시대에는 이렇게 묶는 역사가 있다. 오늘날 많은 사람들이 분열되면 큰일나니까 분열되지 말고 하나 되라고 말한다. 그렇다. 그리스도인의 하나는 매우 중요한 것이다. 분열은 육체의 일이기 때문이다. 그러나 당신의 하나도 위험성이 있다는 것을 알아야 한다. 단으로 묶이는 하나일 수가 있기 때문이다. 지금 심판받으려고 단으로 묶여지는 건지 진짜 그리스도의 몸의 하나인지를 구분해야 한다. 지금 왜 묶고 있는가? 그리스도인은 친분 관계를 조심해야 한다. 혈육으로 뭉치고 혈기로 뭉치는 것을 조심하라. 어떤 사상으로 뭉치는 것을 조심하라. 신조와 이념으로 뭉치는 것을 조심하라.

그리스도인의 하나, 몸의 하나에 대해서 설명해보겠다. 여러분은 잘 듣고 그런 하나를 가져야 한다. 에베소서 4장 1절부터이다. "그러므로 주 안에서 갇힌 내가 너희를 권하노니 너희가 부르심을 입은 부름에 합당하게 행하여 모든 겸손과 온유로 하고 오래 참음으로 사랑 가운데서 서로 용납하고 평안의 매는 줄로 성령의 하나 되게 하신 것을 힘써 지키라 몸이 하나이요 성령이 하나이니 이와같이 너희가 부르심의 한 소망 안에서 부르심을 입었느니라"(1-4절). 이러한 하나가 몸의 하나이다. 이러한 하나가 아니면 조심해야 한다. 이러한 하나 안에는 모든 겸손이 있고 온유가 있고 오래 참음이 있고 사랑 가운데 서로 용납함이 있다. 평안의 매는 줄로 성령의 하나 되게 하신 것을 힘써 지키는 게 있다. 그러한 하나는 또 성령의 하나이다. 펜 루이스 여사는 믿는이들의 하나, 그리스도의 몸의 하나는 성령의 음성(Voice of the Holy Spirit)에 있다고 했다. 성령의 음성을 받아들일 때 거기에 하나가 있다고 한 것이다.

골로새서 3장 12절, "그러므로 너희는 하나님의 택하신 거룩하고 사랑하신 자처럼 긍휼과 자비와 겸손과 온유와 오래 참음을 옷입고 누가 뉘게 혐의가 있거든 서로 용납하여 피차 용서하되 주께서 너희를 용서하신 것과 같이 너희도 그리하고 이 모든 것 위에 사랑을 더하라 이는 온전하게 매는 띠니라 그리스도의 평강이 너희 마음을 주장하게 하라 평강을 위하여 너희가 한 몸으로 부르심을 받았나니 또한 너희는 감사하는 자가 되라". 이러한 하나이다.

자, 이러한 하나가 있으면 그 하나를 깰 때 분열이다. 형제들과 이러한 하나가 있는데 "나는 여기 이러한 사람들과 함께하지 않겠습니다."라고 한다면 분열이고 육체이다. 그 속에 긍휼이 있고 자비와 겸손과 온유와 오래 참음이 있으며 모든 것 위에 사랑이 있고 평강이 주장하는 하나, 이러한 하나가 있는 곳에서 여러분이 분리되어 나온다면 그는 분명 어두움에 있는 사람이다.

그러나 그러한 하나가 아닌 사람의 사상이나 혈기나 이념으로 만들어진 하나, 혹은 혈족이나 서로의 친분 관계로 인한 하나, 나라로 인한 하나 등은 그리스도인이 가져야 할 성경적인 하나가 아닌 것이다. 여기서 단으로 묶는다고 했는데 여러분은 이렇게 묶여지는 게 상당히 위험하다는 것을 알아야 한다. 어떤 학자는 이미 단으로 묶는 일이 이 땅에서 시작되었다고 말했다. 단으로 묶는 일이 이 땅에서 이미 시작되었다면 추수 때가 가까웠다는 징조이다. 믿는 이들일지라도 지금 불 속에 들어가려고 묶이고 있는지 참으로 그리스도의 몸의 하나로 묶여지고 있는지를 구분해야 할 것이다.

그리스도의 재림시의 특징이 배도이다. 그리고 단으로 묶이는 것이 있다. 다시 말하면 가라지가 나타나고 그것이 단으로 묶이는 것이다. 그것은 불태워지는 것의 전조이다. 심판의 전조이다. 주님이 곡식은 모아 내 곡간에 넣으라고 하셨다. 정말 우리의 운명은 주님의 창고에 곡식으로 들여지는 것이어야 한다.

31절, 또 비유를 베풀어 가라사대 천국은 마치 사람이 자기 밭에 갖다 심은 겨자씨 한 알 같으니

이 구절 또한 천국의 비유이다. 천국은 자기 밭에 갖다 심은 겨자씨 한 알 같다. 성경에서 겨자라는 식물은 작은 것을 표현할 때 쓰는 말이다. '너희 믿음이 겨자씨만큼만 있어도'라는 말은 아주 적은 믿음을 이야기할 때 쓰는 말이다. 그런데 여기를 보니까 천국은 어떠한 것과 같으냐면 바로 겨자 씨 한 알과 같다. 매우 작다는 것이다.

32절, 이는 모든 씨보다 작은 것이로되 자란 후에는 나물보다 커서 나무가 되매 공중의 새들이 와서 그 가지에 깃들이느니라

"자란 후에는 나물보다 커서 나무가 되매 공중의 새들이 그 가지에 깃들이느니라". 1800년대 이전에는 성경 연구자들이 이것을 교회의 번창이라고 보았다. 그래서 그 당시의 성경 해석의 영향을 받은 사람들은 지금도 "주여, 우리 교회가 나물보다 커서 큰 나무가 되게 해주시옵소서. 공중의 새들이 와서 이 나무에 깃들이게 하여 주시옵소서." 하고 기도한다. 요즈음에도 그런 기도를 들어본 사람이 있을 것이다. 그러나 다비(J. N. Darby)의 성경해석의 방식이 매우 특이했다. 그들로부터 교회는 성경의 많은 부분을 제대로 보게 된 것이다. 이 비유는 교회의 본성이 매우 작다는 것을 우리에게 가르쳐주고 있다. 그러나 겨자씨가 자라서 나무가 된 것은 그 본성이 변질되었음을 의미한다.

하나님께서 창세기에서 만물을 창조하실 때 각기 종류대로 창조하셨다. 채소는 각각 그 종류대로, 나무는 나무 종류대로 창조하셨다. 하나님은 뒤섞이는 것을 싫어하신다. 겨자 나물은 채소인데 왜 나무가 되는가? 그것은 변질된 것이다. 발전이 결코 아니다. 종류대로 창조하신 하나님이 풀이 나무가 되게 하시겠는가? 그렇지 않다. 교회는 이 땅에 뿌리를 깊이 내리면 안 된다. 이 겨자 나물은 일년생 식물이다. 그러나 나무는 백년 된 것도 있다. 오백 년 된 것도 있다. 나물이 뿌리를 깊이 박고 오래오래 존재할 수 있는 나무가 되어버렸다. 교회는 성질상 이래서는 안 된다.

천국은 제 밭에 뿌린 겨자씨, 작은 나물의 씨와 같다. 하나님은 천국의 곡식을 어떤 상황에서 얻으시는가? 이 땅에 뿌리를 박지 않고 잠시 머무는 아주 작은 인생들 가운데서 얻으신다. 천국은 이렇게 얻어지는 것이다. '주여, 교회가 오늘 이 작은 겨자씨의 본성을 잃어버리지 않게 하소서!' 그리스도인은 좁은 문을 택해야 한다. 그 문만이 영생으로 인도하는 문이다. 이 문을 찾는 사람이 결코 많지 않다. 많지 않은 사람이 좁은 문으로 들어간다. 우리는 이 겨자씨의 이 특징을 잃어버리면 안 되는 것이다.

요한 일서 3장 1절에서 세상은 너희를 알지 못한다고 했다. 교회는 세상에 알려지는 거대하고 위엄있는 조직이 아니다. 이 세상에서 우리 믿는이는 나그네와 같은 사람들이다. 겨자씨는 아주 작은 것이고 자라서 나물이 되어도 여전히 연약하다. 그러한 존재가 교회이다. 세상에서 대단한 권력을 갖고 대단한 힘을 갖는 것은 교회의 특성이 아니다. 그래서 믿는이들은 크게 되려고 하지 말아야 한다. 겨자씨의 본성을 유지하려면 커지려고 하지 말아야 한다.

오늘날 그리스도인 사역자들이 얼마나 커지고 싶어 하는지! 커지려다 보니까 거기에 세상적인 것을 들여오게 된다. 세상적인 방법, 세상적인 신분 등을 사용하게 된다. 그러다가 원래는 겨자씨였는데 결국 나무로 변질되는 것이다. 그럴 때 세상이 다 알아준다. 세상이 알아주지 않아도 그대로 그 위치에 머물러야 한다. 하나님은 작은 사람을 사용하시기를 기뻐하신다. 사울이 애초에 왜 왕이 되었는지 아는가? 찾아도 보이지 않는 그런 사람이었기 때문이다. 자기 스스로도 그렇게 말했다. "이스라엘 지파 중에서 가장 작은 베냐민 지파요, 그 중에서도 자기 아비의 족속은 아주 작은 족속인데 그런 사람인 내가 뭘 할 수 있겠습니까?" 사울은 처음에 이렇게 작은 사람이었다. 그래서 하나님이 세우신 것이다.

그런데 이 사람이 가다가 점점 커졌다. 그러자 하나님께서 "너는 이제 안 되겠다. 저리 가거라." 하시고서 그 왕권을 작은 다윗에게 옮기신 것이다. 작음을 계속 유지할 수 있는 사람이 주님이 쓰실 수 있는 사람이다. 하나님이 왜 바울을 선택하셨는가? 바울이라는 이름 자체가 작다는 뜻이다. 바울은 끝까지 작음을 유지했다. '나는 본래 저 유명하다는 사람들과 상관할 것이 없다'고 했다. 그는 자신의 사도됨을 수고하는 것과 고생하는 것으로 특징지었다. 유명한 것으로 특징짓지 않았다. 그렇게 작은 데에 머물다보니까 하나님께서 끝까지 기쁘게 쓰신 것이다. 여러분, 하나님이 기뻐 쓰시는 사람이 되려면 어떻게 되어야 하는가? 작아지면 된다. 겨자나물처럼 되는 것이다. 오, 우리 가운데서 일생토록 이 겨자씨의 성질을 잃지 않기를…. 정말 어떠한 크고자 하는 시도도 우리 가운데 없기를 바란다.

그리고 여기의 공중의 새들이란 악한 자들이다. 악한 자 사탄을 가리키는 것이다. 교회가 나물(작음)의 성질을 잃어버리고 나무처럼 커지면 거기에 사탄이 깃들이게 된다. 교회가 커지면 인간 조직과 똑같이 되고 거기에 사탄이 자리를 잡게 된다. 이름만 교회이지 거기에는 이미 생명의 실제, 교회의 내용이 없다. 여러분, 다니엘서를 읽어보면 거대한 나무는 바벨론 제국을 의미한다는 것을 알 수 있다. 거기에 새가 깃들었다! 다니엘서 4장 20-22절, "왕이 보신 그 나무가 자라서 견고하여지고 그 고는 하늘에 닿았으니 땅 끝에서도 보이겠고 그 잎사귀는 아름답고 그 열매는 많아서 만민의 식물이 될 만하고 들짐승은 그 아래 거하며 공중에 나는 새는 그 가지에 깃들이더라 하시오니 왕이여 이 나무는 곧 왕이시라 이는 왕이 자라서 견고하여지고 창대하사 하늘에 닿으시며 권세는 땅 끝까지 미치심이니이다". 여기서 나무는 바벨론 제국인데 그 깃들이는 것이 성령의 새이겠는가? 아니다. 마귀 사탄이다.

또 에스겔서를 보겠다. 에스겔 31장 3-6절, "볼지어다 앗수르 사람은 가지가 아름답고 그늘은 삼림의 그늘 같으며 키가 높고 꼭대기가 구름에 닿은 레바논 백향목이었느니라 물들이 그것을 기르며 깊은 물이 그것을 자라게 하며 강들이 그 심긴 곳을 둘러 흐르며 보의 물이 들의 모든 나무에까지 미치매 그 나무가 물이 많으므로 키가 들의 모든 나무보다 높으며 굵은 가지가 번성하며 가는 가지가 길게 빼어났고 공중의 모든 새가 그 큰 가지에 깃들이며 들의 모든 짐승이 그 가는 가지 밑에 새끼를 낳으며…".

자, 이 말씀을 볼 때 교회가 이렇게 되어야겠는가? 이제 분명해졌을 것이다. 성경에서 거대한 인간 조직을 얘기할 때에는 나무로 비유했다. 그리고 악한 자들이 깃들이는 것을 새가 깃들인다고 했다. 말하자면 교회가 원래는 작은 겨자나물인데 본성이 변하더니 이렇게 되더라는 것이다. 왜 천국이 이와 같은가 하면 그 외양이 밖에서 볼 때 그렇게 되어 있기 때문이다.

여기서 한 가지만 더 말하겠다. 나무의 가지들은 많은 분파를 뜻한다. 나물에는 나누어진 가지가 없다. 그러나 나무는 수많은 가지가 있다. 이처럼 교회가 커지다 보면 분파가 생기지 않을 수 없다. 오늘날 교회의 분열은 그 본성이 변질되었기 때문에 오는 것이다. 커졌기 때문에 오는 어쩔 수 없는 분파가 생기는 것이다. 커지다 보니까 조직이 필요하게 된 것이다. 그리고 불가피하게 분열이 오고 인간의 통치, 세력 다툼이 있게 되는 것이다. 그 가운데 새가 둥지를 트는 것은 피할 수 없다. 사탄이 그 좌소를 교회라는 단체 안에 틀고 앉아 있어도 쫓아낼 수 없이 되어버렸으니 얼마나 비참한 일인지. 그러나 그것이 이미 현실 기독교 속에 사실이 되어버렸다.

33절, 또 비유로 말씀하시되 천국은 여자가 가루 서 말 속에 갖다 넣어 전부 부풀게 한 누룩과 같으니라

여기 또 하나의 비유가 있는데 여자가 가루 서 말 속에 누룩을 갖다 넣어 전부 부풀게 한 것이다. 이 여자는 좋지 않은 여자이다. 요한 계시록 17장과 18장, 그리고 스가랴 5장에 여자가 나오는데 이 여자는 모두 좋지 않은 여자를 말하는데, 특히 종교 조직을 말한다. 바벨론 종교 조직을 말하는 것이다. 커다란 종교 조직은 성경적인 관점에서 볼 때 한 여인이다. 이 여인은 고운 가루 서 말 속에 누룩을 갖다 넣었다. 가루 서 말은 사람들이 일반적으로 음식을 만들 때 사용하는 양이다. 예를 들어, 아브라함이 창세기 18장에서 하나님께서 그를 방문하셨을 때 그 아내 사라더러 고운 가루 세 스아를 가지고 떡을 만들고 송아지를 잡으라고 한 것을 보면 그것이 음식을 공급할 때 필요한 양인 것을 알 수 있다.

교회라는 것은 이와같이 하나님께서 드시는 음식, 고운 가루와 같다. 그런데 이 여자가 거기에 누룩을 집어넣어 부풀게 했다는 것이다. 성경에서 누룩은 한 번도 좋게 쓰인 적이 없다. 구약에서도 하나님은 계속적으로 제물에 누룩을 섞지 말라고 하셨다. 또 유월절에나 무교절에나 누룩이 너희 경내에 있게 하지 말라고 하셨다.

신약에서도 주 예수님은 제자들에게 바리새인의 누룩을 조심하라, 헤롯의 누룩을 조심하라고 하셨다. 사도 바울은 고린도 전서 5장에서 너희(교회) 가운데서 누룩을 제하라고 했다. 갈라디아서 5장에서는 적은 누룩이 온 덩이에 퍼진다고 했다. 이렇게 성경에서 누룩은 한 번도 좋게 말한 적이 없다. 그런데 여자가 이 고운 가루 속에다 누룩을 집어넣은 것이다. 고운 가루는 하나님이 드실 수 있는 음식이다. 그건 아마 생명을 의미할 것이고 진리를 의미할 것이고 주님 자신을 의미할 것이고 주님의 거룩한 성품을 의미할 것이다. 이런 것들만을 가지고 있는 순수한 그리스도인 무리 가운데에다 누룩을 집어넣었다는 말이다. 그러니까 다 부풀었다. 우리가 빵을 만들 때 이스트를 집어넣으면 부풀게 되는데 그것이 아마 누룩에 해당될 것이다.

누룩이란 성경의 말씀을 사람이 받기에 좋게, 편하게 만드는 그런 가르침을 말한다. 건강한 음식은 먹기에 좀 딱딱할 때가 있다. 그런데 그것에 누룩을 약간 집어넣으면 먹기에 편하다. 천주교가 이것에 전문이다. 뭐든지 편안하게 해주는 것이다. 조상에게 제사를 지내야 겠다고 하면 그저 절하지만 말고 그 앞에서 예배를 드리라고 한다. 또 크리스마스를 만들어 주님의 출생의 의미를 대신한다. 로마 바티칸에 가면 베드로 성당이 있는데 오십 년에 한 번씩 열리는 문이 있다. 그 문을 통과하면 모든 죄가 용서를 받는다고 한다. 그때가 되면 이 나라 저 나라에서 사람들이 많이 몰려와서 서로 들어가려고 하다가 밟혀죽기도 한단다. 이것이 무엇인가? 누룩인 것이다. 주님이 이미 이것을 예언하신 것이다. 천국의 외형을 이미 이렇게 예언하셨다.

그러면 이러한 조직, 누룩이 있는 바벨론적인 단체에서 우리가 할 수 있는 일은 무엇인가? 두 구절만 읽겠다. 고린도 후서 6장 17절, "그러므로 주께서 말씀하시기를 너희는 저희 중에서 나와서 따로 있고 부정한 것을 만지지 말라". 이것이 첫째이다. 계시록 18장 4절, "또 내가 들으니 하늘로서 다른 음성이 나서 가로되 내 백성아 거기서 나와 그의 죄에 참예하지 말고 그의 받을 재앙을 받지 말라". 하나님의 백성은 거기서 나와 그의 죄에 참여하지 말고 그의 받을 재앙을 받지 말라는 것이다. 이것이 하나님이 그분의 사랑하는 백성에게 하신 말씀이다. 그러한 부패시키는 누룩이 있는 곳에 머물지 말라는 것이다.

34절, 예수께서 이 모든 것을 무리에게 비유로 말씀하시고 비유가 아니면 아무 것도 말씀하지 아니하셨으니

왜 비유로 말씀하셨는가? 유대인들이 주님을 배척했기 때문이다. 주님은 그분을 배척한 사람들이 이러한 천국의 비밀스런 보물의 말씀을 깨닫기를 원치 않으셨다. 그래서 이렇게 비유로 말씀하여 참으로 주님을 사랑하고 찾는 자들에게 발견되게 하셨다. 비유로 말씀하심으로써 주님을 찾고 추구하는 자들이 아니면 알 수 없게 한 것이다. 우리도 오랜 세월을 두고 주님을 추구할 때 비로소 주님이 말씀하시는 것이 무엇인지를 알게 되었다. 과거에도 지식으로는 이것 저것 말을 들어 알았지만 정작 길을 걸어가면서 주님이 하신 말씀의 의미를 알게 된 것이다. 비유로 하신 말씀은 이와같이 그분의 귀한 말씀을 감추시는 방식인 것이다.

35절, 이는 선지자로 말씀하신바 내가 입을 열어 비유로 말하고 창세부터 감추인 것들을 드러내리라 함을 이루려 하심이니라

이렇게 해서 구약 성경에서 주님이 비유로 모든 것들을 말씀하실 것이라고 한 것이 응하였다. 이런 것들이 바로 창세부터 감추인 것들이다. 오늘 여러분들이 이 말씀을 들을 때 참으로 비밀스럽지 않은가? 창세부터 감취었던 것들이다. 주님이 이 땅에 오시기 전까지 감취었던 것들이다. 그런데 주님이 오셔서 입을 벌려 말씀하실 때 이런 비밀이 나타난 것이다.

창세로부터 그 많은 시대를 거쳐오면서 감취었던 것이 있는데 그것이 바로 천국이다. 천국은 이 땅에서 이루어져간다. 하늘의 다스림이 이 땅에 임하는 것이다. 하나님은 천지의 하나님이시다(창세기 12장). 멜기세덱이 아브라함과 대화하고 떡과 포도주를 공급할 때 하늘과 땅의 하나님이라는 말을 했다. 그런데 이스라엘 백성이 타락하여 다 포로로 잡혀갔을 때 어떻게 되었는가? 에스겔 8장부터 11장까지에는 여호와의 영광이 성전을 떠나는 장면이 나온다. 그리고 다니엘서에 오면 다니엘이 더 이상 하나님을 하늘과 땅의 하나님이라고 부르지 않고 하늘의 하나님이라고 한다.

그 다음부터 주님의 종들은 이 땅을 악한 세상이라고 했다. 이 땅을 사단이 다스리는 것이다. 다시 말하면 이스라엘 백성들이 완전히 하나님을 배반하여 떠났을 때 이 땅을 이방인들의 손에 내어준 것이 다니엘 시대이다. 이 다니엘에게 하나님께서는 열국의 이상을 보여주셨다. 이 땅을 열국인 바벨론, 메대-바사, 헬라, 로마가 다스리게 된다. 이방 정권이 이 땅을 다스리는 것이다. 그 속에 이제 하늘의 다스림이 이루어지기 시작하는데 그것이 바로 천국이다.

주 예수님이 오셔서 "회개하라, 천국이 가까왔다!"고 하신 것은 이 땅에 하늘의 통치가 임하는 곳이 있게 된다는 말씀이다. 그것은 하나님의 생명으로 이루어진다. 그것이 이 시대에 교회에서 실제가 된다. 교회가 이 땅에 있을 때 오직 그 안에서만은 하나님이 그분의 다스림을 행사하실 수 있다. 그분이 그 안에서 하늘의 다스림을 이 땅에 통행시키시는 것이다. 주님은 참으로 이 땅을 관심하신다.

그러므로 주님은 "너희는 이렇게 기도하라" 하시고서 "하늘에 계신 우리 아버지여 당신의 이름이 거룩히 여김을 받으시옵소서." 하셨다. 어디서 거룩히 여김을 받으시는가? 이 땅에서이다. "나라이 임하옵시고 뜻이 하늘에서 이룬 것같이 땅에서도 이루어지이다". 하나님은 이 땅을 귀히 여기신다. 하나님은 땅을 얻으셔야 한다. 하늘에서는 이미 뜻이 이루어졌다. 하늘은 현재 문제가 없다. 이 땅에 문제가 있다. 그래서 이제 하늘의 통치가 이 땅에 임해야 하는데, 이 때문에 주 예수님이 십자가에서 죽고 부활하셔서 그분의 생명을 우리 마음에 뿌리신 것이다.

이제 그 생명이 우리 속에서 자라고 그 생명이 있는 무리들 가운데 하나님의 통치가 임한다. 하나님은 지금 그분의 생명으로, 사랑으로 우리 속에서 다스리신다. 이러한 그분의 권위에 그대로 복종하는 무리가 이 땅에 있는데 그것이 바로 교회이다. 또 이 교회는 사실 천국의 실제이다. 이것이 마태복음 5, 6, 7장의 말씀이다. 이 실제는 현 시대에 천국의 외양에 덮여 있다. 이것이 13장의 내용이다. 천국이 커다란 나무같이 되어버리고 부풀은 누룩같이 되어버리고 거기에 또 가라지가 있게 된다. 이 말씀을 주님이 해주시는 것이다. 그리고 이제 가라지의 운명과 곡식의 운명을 보여주신다. 왜 주님이 이 모든 것을 비유로 말씀해 주시는가? 알아듣지 못하는 사람은 못 알아듣게 두고 알아들을 수 있는 사람은 알아듣게 하는 것이다.

그러면 주님이 이렇게 말씀하실 때 교회더러 나무가 되라고 말씀하셨겠는가? 아니다. 겨자씨의 본성을 잃지 말라고 이런 말씀을 주신 것이다. 그럼 가루 서 말이 부풀게 되기를 원하셨겠는가? 아니다. 고운 가루의 성질을 보전하라는 것이다. 이러한 말씀이 얼마나 귀한가? 창세부터 감추인 것들이 주님의 입으로부터 나왔다. 오늘 여러분이 이러한 말씀을 참으로 깨달았다면 복된 것이다.

36-42절, 이에 예수께서 무리를 떠나사 집에 들어가시니 제자들이 나아와 가로되 밭의 가라지의 비유를 우리에게 설명하여 주소서 37 대답하여 가라사대 좋은 씨를 뿌리는 이는 인자요 밭은 세상이요 좋은 씨는 천국의 아들들이요 가라지는 악한 자의 아들들이요 가라지를 심은 원수는 마귀요 추수 때는 세상 끝이요 추수꾼은 천사들이니 그런즉 가라지를 거두어 불에 사르는 것같이 세상 끝에도 그러하리라 인자가 그 천사들을 보내리니 저희가 그 나라에서 모든 넘어지게 하는 것과 또 불법을 행하는 자들을 거두어내어 풀무불에

던져 넣으리니 거기서 울며 이를 갊이 있으리라

제자들은 주님이 집에 들어가시자 가라지의 비유를 설명해달라고 했다. 이에 주님은 가라지의 운명을 말씀해주시고 계신다. 악한 가라지를 내는 사람들의 속성이 어떤 것인지를 알려 준다. 어떤 일을 하는 사람들인가? 넘어지게 하는 것들! 불법을 행하는 자들! 그러한 자들을 다 거두어내어서 풀무불에 던져 넣을 것이다. 참으로 두려운 일이다. 오늘 어떤 사람들은 믿는이들을 세우는 사역을 하는 것이 아니라 도리어 넘어지게 하고 치우치게 한다. 그것이 다 불법을 행하는 자들이다. 그들의 운명은 모두 풀무불이요 거기서 슬퍼하며 이를 갈게 된다.

43절, 그때에 의인들은 자기 아버지 나라에서 해와 같이 빛나리라 귀 있는 자는 들으라

의인들이란 곡식들이요 좋은 씨인 천국의 아들들이다. 참된 생명을 받았고 그 생명을 살아내는 사람들이다. 다시 말해서 겨자씨의 본성을 잃지 않는 사람들이고 고운 가루의 본성을 잃지 않는 사람들이다. 그러한 자들은 지금 그 생명이 감춰어져 있다. 그리스도와 함께 하나님 안에 감춰어져 있다(골 3:3). 그러나 그때 이 생명은 나타나게 된다. 어느 정도로 밝은가? 해같이 밝다. 여기 아버지의 나라는 천년 왕국의 하늘에 속한 영역이다. 그때에 우리는 왕국에서 해와 같이 빛날 것이다. 이것이 우리의 소망이다.

"귀 있는 자는 들으라". 주님이 잘 하시는 말씀이다. 우리가 어렵더라도 이 길을 가야 하지 않겠는가? 주님께서 오시기 전에 휴거가 있을 것이며, 그 휴거 때는 매우 작은 수의 사람들이 하늘의 보좌 앞으로 들어 올려질 것이다. 주님의 오실 날이 가까웠다. 마지막 때 신자들이 힘쓸 것은 1) 영생, 2) 휴거, 3) 보상이다. 영생은 그분의 선택하심과 그리스도의 죽음과 부활을 통해 믿는 우리에게 주셨다. 그러나 나머지 두 가지 휴거와 보상은 우리의 준비를 필요로 한다. 휴거되기 위해서는 깨어 기도하고, 인내의 말씀을 지키는 것이 필요하다. 또한 거룩한 삶이 요구된다. 인내의 말씀을 지키는 것은 주님과 같은 위치에 서있을 것을 요구하는 것이다. 오늘날 사람들이 주님을 멸시하고 비웃으며 욕할 때 주님은 그들을 하늘의 불을 내려 죽이시지 않으시고, 인내하실 따름이다. 주님은 배척을 당하실 때 영광을 구하지 않으시고 잠잠하셨기 때문에 우리도 이 땅에서 영광을 사랑하지 말고 주님과 함께 전진해야 한다. 눅 21장 36절은 "이러므로 너희는 장차 올 이 모든 일을 능히 피하고 인자 앞에 서도록 항상 기도하며, 깨어 있으라"고 한다. 휴거될 사람들은 어쩌다가 깨어있는 사람들이 아니라 항상 기도하며 깨어있는 자들이다. 우리는 항상 첫 번째 휴거에 동참할 수 있도록 자격이 있게 하기 위해서 항상 깨어 기도해야 한다.

44절, 천국은 마치 밭에 감추인 보화와 같으니 사람이 이를 발견한 후 숨겨두고 기뻐하여 돌아가서 그 소유를 다 팔아 그 밭을 샀느니라

이 비유에서 주님은 천국이 밭에 감추인 보화와 같다고 하셨다. 천국은 밭인 이 세상에 감춰어져 있다. 31절에서는 천국이 겨자씨 한 알과 같은데 처음에는 모든 씨보다 작은 것이었으나 나중에는 나물보다 커져서 나무가 되었다고 했다. 그리하여 새들이 그 가지에 깃들이게 되었다. 그리고 33절에서는 천국이 가루 서 말 속에 갖다 넣어 모두 부풀게 한 누룩과 같다고 했다. 이것은 천국이 고운 가루 형태로 보존되지 못하고 누룩이 되어버렸다는 것이다. 이것은 분명히 별로 좋지 않은 상황이다.

도대체 왜 천국이 고운 가루를 전부 부풀게 한 누룩과 같을까? 왜 작은 나물과 같은 본성을 잃어버렸는가? 왜 이방 열국과 같이 변해 버리고 인간 조직이 되어서 그 가운데 새가 살게 되었는가? 우리는 이러한 질문을 하게 된다. "주님, 천국이 도대체 왜 이렇게 되었습니까? 이 땅에서 우리는 주님의 천국을 볼 수 없다는 말입니까?" 주님의 천국은 이 고운 가루와 같은 본성을 지녀야 하는데, 하나님의 음식이 되는 고운가루인데 왜 전부 부풀게 하는 누룩이 되어버렸는가? 그런데 이러한 의문이 44-45절에 올 때 비로소 풀린다. 우리는 천국이 감춰어졌다는 것을 알아야 한다. 그래서 사람의 눈으로 쉽게 찾을 수 없다. 천국은 이 세상 가운데 감춰어져 있다. 천국은 사람들 눈에 감추인 존재이다. 감추인 보화이다. 이 보물, 보화는 하나님의 왕국이다. 하나님은 이 왕국을 이 세상에서 이루시기를 원하신다. 이 땅에서 이루시길 원하신다. 하나님은 이 땅을 매우 관심하신다.

시편 8편을 읽으면 그 상태가 왕국을 가리키는 것임을 알 수 있다. 우리는 그 시편에서 이 땅이 하나님의 관심사인 것을 본다. "주여, 주의 이름이 온 땅에 어찌 그리 아름다운지요". 이 시편 8편은 다윗의 시인데 이는 왕국에 관한 시이다. 6절에서는 주의 손으로 만드신 것을 다스리게 하시고 그 발 아래 두셨다고 했다. 결국 이 왕국이 이루어지는 범위는 9절에 있다. "주의 이름이 온 땅에 어찌 그리 아름다운지요!" 주님의 왕국 안에서 주님의 이름은 매우 아름답게 된다. 왕국과 이 땅은 매우 관계가 깊다. 하나님은 그분의 나라를 이 땅에 이루기를 원하시고 이 땅을 매우 관심하신다. 그런데 이 땅에 천국이 감취어져 있다.

그것을 누가 보았는가? 여기서 "사람이 이를 발견한 후"라고 했다. 여기서 이를 발견한 사람은 주 예수님이다. 주 예수님이 천국을 발견하셨다. 발견한 후에 숨기셨다. 이 모두는 다 비유이다. 왜 숨겨 두었는가? 이스라엘 백성들이 주 예수님을 거절했기 때문이다. 주님은 천국을 그 백성 가운데 이루려고 오셨다. 그러나 이스라엘 백성들은 받지 않았다. 그래서 감추어 두시기로 작정하신 것이다. 오늘날 천국은 철저히 숨겨져 있다. 숨겨져 있는데 주님은 이 숨겨진 보화를 매우 귀하게 여기셨다.

그리고 기뻐하여 돌아가서 자기 소유를 다 팔았다고 했다. 어디서 다 팔으셨는가? 바로 십자가이다. 그분은 천국을 사기 위해서 자기의 모든 소유를 다 팔으셨다. 매우 비밀스럽지 않은가? 십자가를 통해서 주님은 그 밭을 사셨다. 이 땅의 소유주는 주님이신데 주님이 이 땅을 사신 것이다. 다름 아니라 주님은 천국을 얻으시려고 그렇게 하신 것이다. 그렇다면 천국이란 어떤 것인가? 하늘들의 나라이다. 하늘의 나라는 하늘에서는 이미 이루어졌다. 하나님의 뜻은 하늘에서 이미 이루어진 것이다. 하늘에서는 하늘의 질서가 이미 있다. 이 땅의 모든 나라들은 하나님 보시기에 사탄의 나라이다. 흑암의 나라이다. 흑암의 권세 아래 있는 혼돈과 무질서의 나라이다.

하늘에는 하나님이 다스리시는 영역이 있고 질서가 있다. 물론 왕은 하나님의 아들 예수 그리스도이시다. 하나님께서는 바로 이 나라가 이 땅에 임하기를 원하신다. 하나님의 질서가 이 땅에 이루어지는 것이다. 그런데 이 땅에 천국이 감취어져 있다. 주님은 천국을 이 땅에 숨겨놓으셨다. 그래서 유대인에게도 숨겨져 있는 것이다. 오늘날 우리에게도 천국은 숨겨져 있다.

왜 숨겨두셨을까? 배척하는 사람들의 눈에는 보이지 않게 하기 위해서이다. 참으로 찾는 자들에게가 아니고서는 발견될 수 없게 하기 위해서이다. 숨기지 않으면 반대하는 사람, 원하지 않는 사람, 공격하고 배척하는 사람들도 다 알게 될 것이다. 하나님은 천국을 숨겨두시어 겸손하고 진정으로 찾는 자가 아니면 볼 수 없게 하셨다. 그러기 때문에 주님은 그 귀한 것을 숨겨두시고 기뻐하면서 십자가로 가셨다. 그리고 자기의 소유를 다 팔아서 이 천국을 사신 것이다.

45-46절, 또 천국은 마치 좋은 진주를 구하는 장사와 같으니 극히 값진 진주 하나를 만나매 가서 자기의 소유를 다 팔아 그 진주를 샀느니라

여기서 진주는 무엇인가? 진주는 우리가 다 알다시피 굴 조개에서 나온다. 굴 조개 속에 모래 알맹이가 들어가 상처를 낼 때 굴 조개 속에 있는 성분이 분비되어 계속적으로 그 모래알을 감싼다. 사실 그 조개는 상처를 입은 것이다. 그런데 그 조개의 분비액이 계속 그 돌을 감싸고 감싼 결과 가장 아름답고 영롱한 빛을 내는 진주가 나오는 것이다. 따라서 진주는 교회를 상징한다. 교회의 실제, 교회의 가장 아름다운 모습이 바로 진주이다. 그래서 우리는 교회란 그리스도의 아름다움이라고 하는 것이다. 오늘날 여인들은 진주를 좋아한다. 그것을 장식품으로 갖기를 원한다. 주님 자신에게 교회의 아름다움은 그분의 장식품이다. 주님은 그분의 신부를 원하시고 그분의 장식품을 원하시며 그분의 면류관을 원하신다. 그것이 바로 교회이다.

여기서 주님은 상인과 같으시다. 그냥 진주를 길에서 주우신 것이 아니라 상인으로서 값을 치르고 사셨다. 오늘날 우리는 그리스도의 장식품이 되어야 한다. 가장 아름다운 장식품이다. 우리는 원래 모래와 같이 아주 가치 없는 존재이다. 그런데 우리 죄인이 조개 같으신 주님에게 상처를 냈다. 그러자 주님은 우리를 감싸기 시작하셨다. 우리는 계속적인 주님의 생명의 분비를 통해서 진주가 되어가고 있다. 우리의 교회 생활이란 다른 것이 아니다. 우리는 계속해서 많은 실패를 한다. 실패할 때마다 주님에게 상처를 낸다. 그런데 주님은 실패자인 우리를 그분의 생명의 성분으로 계속 아름답게 감싸고 계신다.

이것은 우리가 처음 구원받을 때로부터 계속되어온 일이다. 지금도 우리는 여전히 그분의 생명의 분배를 받고 있다. 그렇게 해서 주님은 결국 많은 진주들을 얻으신다. 새 예루살렘에는 열두 진주 문이 있다. 문마다 한 진주라고 했다. 오늘 우리는 그분의 장식품이 되기 위하여 아름다운 진주로 만들어지고 있다. 우리를 그분의 진주로 만들기 위하여 그분이 십자가에서 우리를 사신 것이다. 우리는 그분의 것이다. 주님이 그분의 소유를 다 팔아 우리를 사셨다. 보화인 천국도 주님의 것이요 교회의 아름다운 모습, 교회의 실제 또한 주님의 것이다.

47-50절, 또 천국은 마치 바다에 치고 각종 물고기를 모는 그물과 같으니 그물에 가득하매 물가로 끌어내고 앉아서 좋은 것은 그릇에 담고 못된 것은 내어버리느니라 세상 끝에도 이러하리라 천사들이 와서 의인 중에서 악인을 갈라내어 풀무불에 던져 넣으리니 거기서 울며 이를 갊이 있으리라

이 비유는 해석하기가 어렵다. 이 비유는 이 시대의 마지막에 발생할 일을 말한다. 즉 대 환난 시대이다. 오늘 이 시대에 적용할 수 있는 비유가 아니다. 48절에서 "그물에 가득하매"라고 했는데 이것은 복음전파를 말하는 것이다. 가득하다, 충만하게 채워졌다는 것은 마지막에, 주님이 오시기 전에 있게 될 상황이다. 지금은 충만한 수가 채워지지 않았다. 지금은 더 많은 사람들을 구원해야 할 때이다. 그러나 어느 때에 이르러 복음을 받은 사람들의 수는 완전히 채워진다. 그물이 가득하다는 것은 이러한 채워짐을 뜻한다. 이제 다 되었으니 결산을 보아야 한다.

"물가로 끌어내고 앉아서". 이것은 주님이 심판 자리에 앉으신 것을 뜻하는 것으로 권위를 나타내는 말이다. "좋은 것은 그릇에 담고 못된 것은 내어버리느니라 세상 끝에도 이러하리라". 세상 끝에 일어날 일이다. 천사들이 와서 의인들 중에서 악인을 갈라낸다고 했다.

여기서 대 환난 때 무슨 일이 일어나는지를 보겠다. 계시록 14장을 보면 먼저 첫 열매가 나온다. 이것은 먼저 익은 충성된 자들, 살아서 주님께 들림 받은 자들이다. 십사만 사천이다. 이것은 이 세대 끝에 일어날 일이다. 주님이 우리 시대에 오시면 우리는 반드시 휴거되어야 한다. 만일 우리 시대에 오시지 않으면 우리는 이기는 자가 되어야 하는데 그러기 위해서 제일 뛰어난 것은 순교하는 것이다. 그리스도인에게는 '휴거되느냐, 순교하느냐' 이 두 가지 길밖에 없다.

그런데 순교는 그날 가서 갑자기 순교하는 것이 아니고 순교의 길을 계속 걸어가다가 마지막에 순교하는 것이다. 순교자의 삶이 있는 것이다. 주님이 "너희가 … 예루살렘과 온 유대와 사마리아와 땅 끝까지 이르러 내 증인이 되리라"(행 1:8)고 하셨다. 이것이 증인(순교자)의 길이다. 순교자의 삶을 살다가 끝에 가서 순교하는 것이다. 느슨하게 잘 먹고 잘 살려고 하다가 나중에 가서 순교하는 그런 일은 없다. 순교란 사실 이미 순교한 것이다. 이미 순교한 사람이 순교를 당하는 것이다. 즉 이 땅에서 순교자의 삶을 사는 사람이 순교하는 것이다. 또한 순교란 복음과 관계가 있다. 복음의 길을 가지 않으면 순교가 무엇인지 알지 못한다. 성령을 받고 땅끝까지 복음을 전하고자 하는 자들에게 순교의 영광이 주어진다.

4절, "이 사람들은 여자로 더불어 더럽히지 아니하고 정절이 있는 자라 어린양이 어디로 인도하든지 따라가는 자며 사람 가운데 구속을 받아 처음 익은 열매로 하나님과 어린양에게 속한 자들이니". 이 세상과 정욕과 죄와 사탄의 유혹으로 전혀 더럽혀지지 않는다는 말이다. 이런 사람들은 이 세상에 대하여 죽은 사람들이다. 죽은 사람이 아니면 어떻게 더럽혀지지 않겠는가? 즉시 유혹에 넘어간다. 그러나 죽었기 때문에 더럽혀지지 않는 것이다. 이런 사람은 이미 이 땅의 사람이 아니다. 그들의 마음이 이미 하늘에 있으니 때가 되니 휴거되는 것이다.

또 어린양이 어디로 인도하든지 따라가는 자들이다. 사람 가운데 구속을 받아 처음 익은 열매로 하나님과 어린양에게 속한 자들이다. 완전히 하나님께 속한 자이고 어린양께 속한 자이다. 우리는 이런 자여야 한다. 예수를 믿으려면 확실하게 믿어야 한다. 이 세상에도 속했다가, 마귀에게도 속했다가, 왔다 갔다 하는 사람들은 틀림없이 휴거되지 않는다. 스스로 한번 점검해보라. 완전히 하나님께 속했는지 어린양께 속했는지.

5절, "그 입에 거짓말이 없고 흠이 없는 자라". 왜 거짓말을 하는가? 이 땅에서 잘 살아보려고 하니 거짓말을 하게 되는 것이다. 죽은 자는 거짓말을 할 필요가 없다. 그리고 흠이 없다. 이런 자들이 첫 열매로 휴거된다. 휴거가 먼저이다. 주님이 재림하시기 전, 이 땅에는 아주 혹독하고 무서운 대 환난이 임하게 된다.

최근 유럽에 가보니 적그리스도의 출현을 앞두고서 모든 역사가 착착 진행되고 있다. 유럽에서 내가 느낀 것은(나의 개인적인 생각이다) 적그리스도가 나타날 나라, 첫째 프랑스, 둘째 독일, 셋째 이탈리아이다. 가장 가능성 높은 나라는 프랑스다. 무서운 나라이다. 천주교의 그 세력이 가장 크고 무섭다. 거기는 아직도 부르조아-프롤레타리아 계급이 존재하고 있다. 그리고 개신교에 대한 탄압이 은연중에 실행되고 있다. 길거리나 공원에서 복음을 못 전하게 되어 있다. 그리고 그들은 유럽공동체의 화폐를 만들어서 통용시키고 있다. 그게 유로화인데 지금 유럽이 점점 강세를 보이고 있다.

6절, "또 보니 다른 천사가 공중에 날아가는데 땅에 거하는 자들 곧 여러 나라와 족속과 방언과 백성에게 전할 영원한 복음을 가졌더라". 이 땅의 대환난은 3년 반 동안 계속된다. 7년 대환난이라고 하지만 그 중에 대 환난은 삼 년 반 동안이다. 그때는 사람이 복음을 전하는 게 아니다. 천사가 공중에 날아다니며 여러 나라와 족속과 방언과 백성에게 영원한 복음을 전한다. 이 시대에 전해지는 것은 은혜의 복음이지만 대환난 때 전해지는 복음은 영원한 복음이다.

7절, "그가 큰 음성으로 가로되 하나님을 두려워하며 그에게 영광을 돌리라 이는 그의 심판하실 시간이 이르렀음이니 하늘과 땅과 바다와 물들의 근원을 만드신 이를 경배하라 하더라". 이것이 바로 영원한 복음이다. 이 영원한 복음은 죄사함이나 회개를 전하지 않고 하나님을 두려워하게 하고 경배하게 하는 복음이다. 다시 마태복음 25장을 보겠다. "인자가 자기 영광으로 모든 천사들과 함께 올 때에 자기 영광의 보좌에 앉으리니 모든 민족을 그 앞에 모으고 각각 분별하기를 목자가 양과 염소를 분별하는 것같이 하여 양은 그 오른편에, 염소는 왼편에 두리라"(31-33절). 이 말씀이 13장 마지막 비유와 같은 내용이다. 물고기를 구분하는 것과 양과 염소를 구분하는 것은 같은 내용이다. 여기서 양은 창세로부터 예비 된 주님의 나라를 상속할 사람들이고 염소는 영원한 형벌에 처할 사람들이다.

그러면 이 양은 어떤 사람들인가? 이들이 바로 영원한 복음을 받은 사람들이다. 대 환난 때 영원한 복음을 받은 사람들이 양이 되는 것이다. 양으로 분류된 이 사람들은 그 복음을 받고 믿는이들이 주릴 때에 먹을 것을 주고 목마를 때에 마실 것을 주고 나그네 되었을 때에 영접하고 벗었을 때에 옷을 입혀주고 병들었을 때에 돌아보고 옥에 갇혔을 때에 찾아본 사람들이다. 이 사람들은 주님이 "내가 배고플 때 너희가 먹을 것을 주었다."고 하니까 "주여, 우리는 주님이 주리신 것을 보지도 못했는데, 마시게 해드린 적이 없는데, 나그네 되셨을 때에 영접한 적이 없는데 이게 왠 말씀입니까?" 하고 물었다. 그러자 주님이 말씀하시기를 "내 형제 곧 지극히 작은 자에게 한 것이 곧 내게 한 것이다."라고 하셨다.

대환난 때에 천사의 영원한 복음을 듣고 믿는이들, 소자들을 공궤하고 돌보아 준 이방인들이 곧 양들이다. 하나님을 경외하는 사람들이다. 이것이 이 시대 끝에 일어날 일이다. 그런 다음에 영원한 복음을 받지 않은 사람들, 곧 왼편에 있는 염소들에게는 "저주를 받은 자들아 나를 떠나 마귀와 그 사자들을 위하여 예비된 영영한 불에 들어가라 내가 주릴 때에 너희가 먹을 것을 주지 아니하였고 목마를 때에 마시게 하지 아니하였고 나그네 되었을 때에 영접하지 아니하였고 벗었을 때에 옷 입히지 아니하였고 병들었을 때와 옥에 갇혔을 때에 돌아보지 아니하였느니라"고 하셨다(41-43절). "저희는 영벌에 의인들은 영생에 들어가리라"(46절), 마지막 시대에는 그물로 몰아가듯이 이렇게 큰 복음을 전할 것이다. 천사가 공중에서 전하는 영원한 복음은 다만 하나님을 경배하라는 것이다. 여러분에게는 이런 일이 일어날 가능성이 없다. 왜냐하면 다 주님을 영접했기 때문이다. 여러분들은 여기 물고기 복음을 들을 필요가 없다. 다만 여러분들 가운데서의 가능성은 대환난을 통과하느냐 안 하느냐이다. 주님 오시기 전에 휴거를 하느냐 이 땅에 남아 있느냐의 문제이다. 그래서 대환난 때에 남아서 여기 있는 양들에게 접대를 받거나 받지 못할 가능성이 있다. 잘못 대하고 혹독하게 핍박하는 사람들은 영원한 불에 들어가고 잘 대해준 사람들은 주님께 칭찬을 받고 그 나라에 들어가게 되는데, 양들은 결국 천년 왕국에서 백성들이 된다. 그리고 우리는 다스리는 자들이 된다.

51절, 이 모든 것을 깨달았느냐 하시니 그러하오이다

여러분은 깨달았는가? 주님은 말씀하실 뿐 아니라 사람들이 깨달았는가 못 깨달았는가를 매우 주의하신다.

52절, 그러므로 천국의 제자 된 서기관마다 마치 옛것과 새것을 그 곡간에서 내어오는 집주인과 같으니라

이렇게 천국의 비유를 깨달은 사람들이 천국의 제자 된 서기관이다. 주님은 이 시대에 많은 사람들에게 천국을 가르칠 수 있는 서기관들을 필요로 하신다. 서기관들은 학식이 있고, 남을 가르칠 수 있는 사람들이다. 그런데 어떤 사람들이 서기관이 될 수 있는가 하면 주님으로부터 잘 배운 사람들이다. 깨달았으면 서기관이 되는 것이다. 깨닫지 못했으면 서기관이 될 수 없다. 서기관이 되었다면 그 사람들은 새것과 옛것을 그 곡간에서 내어오는 집주인과 같다는 것이다.

여러분들은 다 곡간이 있어야 한다. 그래서 새것과 옛것을 내어올 수 있는 사람들이 되어야 한다. 그래야 서기관이다. 새것은 새로운 지식 또는 신약을 말하고 옛것은 구약을 말한다. 천국의 서기관이 되려면 적어도 구약과 신약을 잘 읽고 말씀을 많이 깨닫고 쌓아놓은 곡간이 있어야 한다. 그래야 천국의 제자 된 서기관이 되는 것이다.

주님은 이 시대에 다른 말씀을 전파하는 사람이 아니라 천국을 전파하는 사람을 원하신다. 여러분들이 사도행전을 주의해서 읽으면 사도들이 전한 것이 하나님의 나라와 주 예수 그리스도, 이 두 항목이라는 것을 알 것이다. 하나님의 나라를 전한다는 것은 어떤 것인가? 우리가 들어보면 그것이 하나님의 나라라는 것을 알 수 있다. 내가 말하고 있는 것이 하나님의 나라라는 것을 알 것이다. 그것을 뭐라고 한 마디로 말할 수 없다. 그러나 이 땅에 하나님의 나라가 세워지도록 역사하는 말씀이다.

하나님의 나라가 세워지도록 말하려다 보니까 옛것이 필요하고 또 새것이 필요하다. 그것을 곡간에서 내어와 먹이다보니까 사람들에게 천국에 대한 인식이 생겨나고 천국이 이루어지는 것을 본다. 우리는 이러한 집주인이 되어야 한다. "무슨 말씀을 전해야 겠는데 그 말씀이 어디에 있나? 박사님에게 물어봐야겠는데…" 하는 사람은 집주인이 아니다. 주인은 필요할 때 가지고 나올 수 있는 사람이다. 옛것도 가지고 나오고 새것도 가지고 나와서 필요한 대로 나누어줄 수 있어야 주인이다. 그래야 서기관이 된다. 오늘 날도 풍성한 양식을 가진 서기관이 매우 필요하다.

53-57절, 예수께서 이 모든 비유를 다 마치신 후에 거기를 떠나서 고향으로 돌아가사 저희 회당에서 가르치시니 저희가 놀라 가로되 이 사람의 이 지혜와 이런 능력이 어디서 났느뇨 이는 그 목수의 아들이 아니냐 그 모친은 마리아, 그 형제들은 야고보, 요셉, 시몬, 유다라 하지 않느냐 그 누이들은 다 우리와 함께 있지 아니하냐 그런즉 이 사람의 이 모든 것이 어디서 났느뇨 하고 예수를 배척한지라 예수께서 저희에게 말씀하시되 선지자가 자기 고향과 자기집 외에서는 존경을 받지 않음이 없느니라 하시고

이제 주님이 고향에 돌아가셔서 회당에서 가르치시니 사람들이 놀랐다. 그리고 이렇게 말했다. "이 사람의 이러한 지혜와 능력이 어디서 났느뇨 이는 목수의 아들이 아니냐 그 모친은 마리아, 그 형제들은 야고보, 요셉, 시몬, 유다라 하지 않느냐, 그 누이들은 우리와 함께 있지 아니하냐 그런즉 이 사람의 모든 것은 어디서 났느뇨". 그들은 예수를 배척했다. 고향으로 돌아가시니까 고향 사람들이 이 놀라우신 주님의 지혜를 듣고 배척할 마음을 갖게 된 것이다.

선지자들은 자기 고향에서 존경을 받지 못한다. 왜냐하면 너무 잘 알기 때문이다. 너무 친근한 사람들은 멸시하기가 쉽다. 가까운 사람은 멸시한다. "이는 그 목수의 아들이 아니냐?" 이상한 것은 사람들이 그 지혜와 능력을 듣고 보고서 왜 갑자기 목수의 아들을 생각하느냐 말이다. 그들은 목수의 아들을 말하고 마리아를 들먹였다. 이것이 무엇인가? "우리는 그 사람 다 아는데 이런 사람이야. 그 사람 이런 사람에 불과해."라고 하여 그 사람을 낮추어 자리매김하고 싶은 것이다. 이런 모든 것이 주 예수님을 배척하고 싶은 요인들이다. 그러면 예수님을 받고 싶지 않고 그 말씀을 무시하고 싶은 사람들은 그 말을 듣고 편안하게 돌아간다.

왜 사람들은 주 예수님의 비범하심을 보기를 좋아하지 않는가? 왜 주 예수님의 비범하심을 생각지 않는가? 그리고 일반적이고 속된 지혜를 가지고 그분의 지혜를 가리려 하는가? 완악하고 강퍅하기 때문이다. "그 누이들은 다 우리와 함께 있지 아니하냐?" 비평하는 데 있어서 여자들이 더 심한 것 같다. 여자들이 주님을 멸시하는 데 많이 가세하고 있다. "그런즉 이 사람의 이런 비범함이 어디서 났느냐?" 다시 말하면 예수님에게서 나오는 지혜가 별게 아니라는 것이다. 어디서 나왔겠느냐는 말이다.

'예수를 배척한지라'. 많은 이유(목수의 아들, 그 식구들, 배경)를 들어서 예수를 배척했다. 그것이 예수를 배척할 수 있도록 그들에게 담대함과 평안함을 준 것이다. "예수께서 저희에게 말씀하시되 선지자가 자기 고향과 자기 집 외에서는 존경을 받지 않음이 없느니라". 선지자들도 동일하다. 선지자들도 자기 고향에서는 존경을 받지 못한다. 왜냐하면 그 선지자가 어렸을 때부터 어떻게 자랐는지 다 알기 때문이다. 선지자들이 그랬듯이 우리 주님도 자기 고향과 자기 집 외에서는 존경을 받지 않음이 없다고 하셨다. 집에서도 존경을 받지 못하는 것이 선지자이다. 자기 식구들도 잘 인정하지 않는다. 오늘날 이와같이 참되게 천국의 비밀을 전하면서도 고향 사람들이나 가족 중에서 인정하지 않는 자가 있다면 그 사람은 선지자일 것이다. 선지자가 되는 조건이 있다. 모든 사람이 다 환영하면 그런 사람은 필경 거짓 선지자일 것이다.

58절, 저희의 믿지 않음을 인하여 거기서 많은 능력을 행치 아니하시니라

결국 고향 사람들은 예수님을 믿지 않았다. 믿지 않으니까 많은 능력을 행치 않으셨다. 주님에게 능력이 없는 것이 아니라 믿지 않았기 때문에 주님의 능력을 얻을 수 없었고 그 능력의 혜택을 받을 수 없었다. 오늘날도 주님이 능력을 행하실 수 없는 이유 한 가지는 사람들의 불신이다. 내가 불가리아에 선교를 갔을 때의 일이다. 그들은 전부 외국 사람들인데도 집회가 끝나니까 몇 사람이 오더니 무릎 꿇고 "기도해주십시오. 안수해주십시오. 저 여기가 아픕니다. 귀가 안 좋습니다." 하고 요청했다. 한국에서 흔히 있을 수 있는 일이 아니다. 부인이 기도를 받을 때 그 남편은 옆에서 울고 있었다. 어린 아이같이 겸손하고 단순한 믿음만이 놀라운 역사를 가져온다.

오늘날 우리는 하나님의 역사, 부흥을 갈구하고 있다. 이 부흥에 있어서 가장 중요한 것이 믿음이다. 하나님이 역사하실 수 있다는 믿음, 그런 믿음으로 우리는 기도해야 할 것이다. "저희의 믿지 않음을 인하여 거기서 많은 능력을 행치 아니하시니라"고 했다.

결국 주님은 13장에서 유대인들에게, 그분의 고향에서, 친척들에게 완전히 배척당하셨다. 이렇게 놀라운 천국의 비밀을 말씀하시는 장에서, 쉽게 말하면 가장 뛰어난 메시지를 전하시고 배척을 당하셨다. 참으로 주님의 일생이 우리에게 가르쳐주시는 바가 너무나 많다. 어떤 길을 갈 것인가에 있어서 주님은 우리의 본이시다. 하나님께 감사한다.

보화와 진주의 비유

여기에서 보화와 진주의 비유를 조금 더 설명하겠다. 주님이 보화를 말씀하실 때에는 자신을 '사람'이라고 하셨다. 그리고 진주를 말씀하실 때에는 '상인'이라고 하셨다. 주님이 이 땅에 오셔서 인자로서 자기 소유를 다 팔 때에는 사람으로서 이 땅에서 보화를 발견하고 기뻐하시면서 그 보화를 위해 밭을 샀다고 했다. 주님이 십자가에서 죽으실 때 주님은 온 세상의 사람들의 죄를 위하여 죽으셨다. 믿는 사람들만이 아니라 온 세상 사람들의 죄를 위하여 죽으셨다. 그러니까 믿는 사람들만이 아니라 온 세상을 위하셨다는 것이다. 그 목적은 결국 이 보화를 얻기 위한 것이다. 보화를 얻기 위해서 그 밭을 사신 것이다. 이것이 그분이 사람이신 면이다.

진주의 비유에서 그분은 상인이신데, 상인으로서 그분이 원하시는 것이 무엇인가? 진주를 얻으시는 것이다. 이 두 가지가 있어야 온전하다. 그분이 원하시는 것은 결국 진주로 변한 교회의 아름다운 모습이다. 주님은 그것을 그분의 장식품으로 원하시기 때문에 또한 상인이시다. 상인은 자기가 살 것이 무엇인지가 분명하다. 그분은 진주를 사셨다.

그분은 결국 배척되셨는데, 사람들은 선지자가 하나님의 위임을 받아서 말하고 있을 때 뭔가 지혜가 있고 비밀이 있고 말씀의 능력이 있을 텐데 그것이 하나님으로부터 왔다고 믿고 싶어하지 않는다. 배척하려는 이유는 그분이 하늘로부터 오신 것을 믿고 순종하고 싶지 않기 때문이다. 그래서 땅에 있는 그분의 소속, 주변의 일들을 가지고 그것을 가리려 한다. 그 목적은 배척하는 것이다. 이렇게 해서 우리 주님은 당시의 사람들에게 철저히 배척을 당하셨다.

14 장

1-2절, 그때에 분봉왕 헤롯이 예수의 소문을 듣고 그 신하들에게 이르되 이는 세례 요한이라 저가 죽은 자 가운데서 살아났으니 그러므로 이런 권능이 그 속에서 운동하는도다 하더라

당시에 유대 나라는 로마의 영지(領地) 하에 있었다. 즉 로마의 식민지였던 것이다. 그때 유대 나라를 다스리는 로마의 황제 아래서 유대 지방을 다스리는 분봉왕은 헤롯이었다. 헤롯은 에돔, 에서의 자손이다. 그가 바로 세례 요한을 죽인 사람이다. 세례 요한을 죽인 후에 예수의 소문을 듣고 자기 신하들에게 자신이 죽인 세례 요한이 다시 살아나서 이런 역사를 하고 있는 것이라고 말했다. 그것은 그의 상상일 뿐이다. 그렇지만 아마도 열 두 제자들이 나가서 전파하므로 그 영향으로 말미암아 여러 말이 헤롯에게 들렸을 것이다. 그러므로 헤롯은 그런 상상을 하게 된 것이다.

3-5절, 전에 헤롯이 그 동생 빌립의 아내 헤로디아의 일로 요한을 잡아 결박하여 옥에 가두었으니 이는 요한이 헤롯에게 말하되 당신이 그 여자를 취한 것이 옳지 않다 하였음이라 헤롯이 요한을 죽이려 하되 민중이 저를 선지자로 여기므로 민중을 두려워하더니

헤롯이라는 왕은 역사에 의하면 아주 부정하고 방탕한 왕이었다. 그의 동생 빌립은 매우 유약한 사람이라고 기록되어 있는데 그의 아내가 아주 아름다웠던 모양이다. 그래서 그가 그 동생의 아내를 빼앗아서 자기 아내를 삼았다. 그러한 악한 죄를 지은 것이다. 요세푸스라는 역사가는 그때 배경을 설명하기를 헤롯은 자기의 아내가 있음에도 불구하고 자기 동생의 아내를 빼앗아서 자기의 아내로 삼았다고 했다. 그런데 선지자인 요한은 그 상황을 좌시하지 않고 헤롯에게 그 여자를 취한 것은 옳지 않다고 말했기 때문에 옥에 갇히게 된 것이다. 헤롯은 요한을 잡아 옥에 가두었다.

요한은 선지자이고 그는 당시에 집권자인 헤롯이 죄를 지은 것을 묵과하지 않았다. 그는 헤롯 왕에게 직접 말했다. "당신이 그 여자를 취한 것은 옳지 않다." 그 한 마디의 죄를 지적하는 말이 큰 문제를 가져왔다. 헤롯 왕의 심기를 매우 불편하게 한 것이다. 다른 복음서를 보면 헤롯이 그 일로 인하여 심히 번민을 하였다고 한다.

마가복음 6장에 동일한 기록이 있는데 그 사실이 비교적 자세하게 나온다. 6장 17-20절, "전에 헤롯이 자기가 동생 빌립의 아내 헤로디아에게 장가든 고로 이 여자를 위하여 사람을 보내어 세례 요한을 잡아 옥에 가두었으니 이는 요한이 헤롯에게 말하되 동생의 아내를 취한 것이 옳지 않다 하였음이라 헤로디아가 요한을 원수로 여겨 죽이고자 하되 하지 못한 것은 헤롯이 세례 요한을 의롭고 거룩한 사람으로 알고 두려워하여 보호하며 또 그의 말을 들을 때에 크게 번민을 느끼면서도 달게 들음이러라". 여기서 헤롯이라는 사람은 차라리 그 여자보다 양심이 있는 사람이었다. 그러나 충분한 믿음이 없는 약한 양심은 그것이 설사 잘못된 것인 줄 알면서도 바로 잡을 만한 힘이 없는 것이다. 더욱 악한 것은 그 여자이다. 동생의 아내가 동생을 버리고 왕인 형의 아내가 되었을 뿐 아니라(간부가 된 것이다) 그 왕에게 동생의 아내를 취한 것이 옳지 않다고 말한 요한을 극도로 미워해서 죽이려고 한 것이다. 그녀는 간음과 부정 안에 있으면서도 그 권력과 방탕을 사랑했다. 그러므로 그런 말을 듣고 싶지 않았던 것이다. 그런데 그렇게 죽일 수가 없었던 것은 헤롯이 요한을 의롭고 거룩한 사람으로 알고 그러한 책망을 들을 때에 크게 번민을 느끼면서도 그 말을 달게 들었기 때문이라고 했다.

여기 마태복음 14장을 보면 헤롯 또한 요한을 죽이려 한 것이라고 했다. 그 역시 한 면으로는 그런 말을 달게 들으면서도 또 한 면으로는 요한을 죽이려 했던 것이다. 결국은 헤롯도 헤로디아도 다 같은 편에 선 것이다. 이런 것을 볼 때 사람이란 단순하지 않다. 한 면으로는 양심의 가책을 받고 또 달게 들으면서도 또 한 면으로는 그 말한 사람을 죽이는 일에 동참하는 것이다. 타락한 사람(육체)은 이렇게 복합적이다. 대신에 성령과 은혜로 사는 사람들은 단순하고 진실하다(고후 1:12).

그런데 여기서 우리가 유념해야 할 것은 예수 그리스도를, 진리를 증거하는 사람의 태도이다. 세례 요한은 당시에 하나님을 대표하는 선지자였다. 그가 말을 하지 않으면 말할 사람이 없었던 것이다. 당시에 세례 요한은 헤롯이 취한 행동에 대하여 침묵할 수도 있고 한 마디 할 수도 있었다. 침묵하면 자기의 생명은 보전될 수 있었을 것이다. 그러나 말을 하면 굉장히 위험한 상황에 처하게 된다. 그러나 그는 자기가 위험에 처하게 되는 것을 상관하지 않고 그것이 진리이기 때문에 헤롯에게 직고한 것이다. “당신이 그 여자를 취한 것은 옳지 않다.”

때로 우리도 우리 자신이 말하지 않으면 안 될 그런 상황에 처하게 된다. 그것은 자신이 잘 안다. 우리는 ‘왜 그것을 지적해서 어려움에 빠지게 되었을까?’ 하고 생각할 수도 있을 것이다. 그러나 그렇게 말하지 않으면 안 되는 위치에 있는 사람이 있다. 세례 요한이 당시에 그러했고 오늘은 당신이 말하지 않으면 안 될 위치에 서 있을 수 있다. 그러나 자기의 한 목숨을 구하기 위해서 그러한 죄악을 보고 침묵한다면, 그것은 예수를 합당하게 증거 하는 사람이 아니다. 이러한 때에 죄악에 대해서 한 마디 말해주는 것은 상당히 중요한 의미가 있다. 세례요한은 사람들이 자기를 그리스도로 혼돈할 때 ‘나는 아니다’라고 하여 자신의 입장과 위치를 분명히 했다. 또는 나는 쇠하여야 하고 그는 흥하여야 한다고도 하였다. 또 신부를 취하는 자는 신랑이라고 하였다. 그는 그 누구보다 그리스도를 천거하는 일에 훌륭한 선지자의 본을 세웠다.

여기서 헤롯의 태도를 주의해보면 그는 요한을 죽이고 싶었지만 민중이 그를 선지자로 여겼다. 요한이 뭐라고 말하는가를 사람들은 매우 중요시했던 것이다. 그럴 때 민중은 요한이 하는 말을 통해 헤롯이 그 동생의 아내를 취한 것을 옳지 않은 것으로 받아들였다. 오늘날 신문 사설이나 객관적인 검증기관에서 어떤 사실을 판단할 때, 그 대상이 학자든, 정치가든 대통령이든 그 잘못한 것을 지적할 때 여론보다 더 강력한 것은 없다. 그런데 그것을 들은 헤롯은 요한을 미워하여 죽이고 싶었지만 민중을 두려워하여 차마 그렇게 하지 못했다. 정치가들의 특징은 민중을 두려워하는 것이다.

6절, 마침 헤롯의 생일을 당하여 헤로디아의 딸이 연석 가운데서 춤을 추어 헤롯을 기쁘게 하니

여기서 생일에 대한 것은 성경에 처음으로 나온 게 아닌가 생각한다. 오늘날 대부분의 사람들이 생일잔치를 하는데, 성경에 처음 나온 생일은 매우 좋지 않은 날로 나온다. 그날 한 선지자가 순교를 당했다. 어쨌든 헤롯의 생일날 헤로디아의 딸이 연석 가운데서 춤을 추었다. 오늘날 보통 자기 자녀들에게 “얘야, 춤을 추어 보아라.” 하는데 자녀들의 이런 행위들은 조심해야 한다. 원칙상 헤로디아의 행위와 비슷한 것이다. 아이들이 좋지 않은 춤을 추거나 좋지 않은 텔레비젼이나 영화를 보는 것은 부모에게도 책임이 있다. 부모가 아이들을 함부로 풀어놓고 타락한 조류를 받아들이게 하면 아이들을 그런 길로 가게 만드는 격이 된다.

7절, 헤롯이 맹세로 그에게 무엇이든지 달라는 대로 주겠다 허락하거늘

부패한 사람이 너무 기뻐하면 미치게 된다. 과도하게 좋아하면 정신없는 말을 하게 되는 것이다. 다른 복음서를 보면 헤롯이 그 여아에게 나라의 절반까지도 주겠다고 했다. 가령 필요 없이 돈이 많은 사람이 있다하자. 그런 사람은 돈이 없는 사람보다 잘못된 결정을 할 가능성이 훨씬 크다. 가령 우리나라 사람들이 못사는 해외의 이곳저곳에 방문 해서 불쌍한 사람들의 부탁을 받으면 함부로 큰 약속을 하게 되는 경우가 많다. 그들은 돌아와서 그것을 지키지 못한다. 이것은 크게 잘못된 것이 드러나는 것으로 본인도 알게 되지만 국내에서 행하는 많은 일들은 본인이 못 느끼지만 잘못하는 것이 많이 있다. 자녀들에게 필요 없이 많은 돈을 주는 것도 잘못된 경우가 있고, 필요 없이 이 땅 저 땅을 사고, 이 건물 저 건물, 집을 사며, 해외에도 이곳저곳에 가는 모든 것이 금전 낭비이고 불필요한 것이며, 시간을 낭비하는 것이다. 이는 다 물질이 있기 때문에 생기는 실수들이다. 세상 사람들에게는 이러나저러나 마찬가지이지만 믿는 우리에게는 후에 정신을 차리고 볼 때 다 헛된 것이고, 부질없는 일이며, 많은 부분이 하나님 앞에 잘못된 일들이다.

8절, 그가 제 어미의 시킴을 듣고 가로되 세례 요한의 머리를 소반에 담아 여기서 내게 주소서 하니

그 딸이 그 말을 듣고 왕에게 즉시 무엇을 달라고 하지 않고 자기 어머니에게 가서 물었다. 어머니가 춤을 추라고 시켰기 때문이다. 그 악한 여자인 헤로디아는 딸에게 세례 요한의 머리를 소반에 담아 여기서 그녀에게 달라 하라고 했다.

9절, 왕이 근심하나 자기의 맹세한 것과 그 함께 앉은 사람들을 인하여 주라 명하고

여기서 악이 자행되고 있다. 이 헤롯은 좀 복잡한 사람이다. 양심도 좀 있어서 세례 요한을 지켜주고 싶은 마음도 있었고 죽이고 싶은 마음도 있었다. 어쩌면 요한이 영향력 있게 백성들 가운데서 하나님의 말씀을 전하는 것을 시기했을 지도 모른다. 그러면서도 그가 거룩하고 의로운 사람이라는 것도 알았다. 그런 말을 들을 때 "맞은 말인데" 하면서 근심도 하고 번민도 했다. 그런데 이 딸에게 그렇게 맹세까지 했는데, 막상 딸이 세례 요한의 머리를 달라 하니까 근심을 한 것이다. "약속을 했는데 이것을 어떻게 할 것인가? 세례 요한을 죽일 것인가? 세례 요한의 목을 베어야 하는가?" 이것을 생각할 때 근심스러웠다.

여기서 우리가 볼 수 있는 것은 사람이 양심이 좀 있다고 해서 진리의 길을 가지는 않는다는 것이다. 그는 자신이 맹세한 것과 그와 함께 앉은 사람들을 인하여 주라고 명했다. 여기서 헤롯이 주의한 것은 자기의 양심이 아니고 그와 함께 앉은 사람들이다. 그에게는 양심보다 체면이 더 컸던 것이다.

오늘날에도 우리는 헤롯 같은 사람, 빌라도 같은 사람들을 볼 수 있다. 양심이 전혀 없는 것이 아니라 양심이 있어서 제법 양심 있는 소리를 하지만, 정의를 위해서나 진리를 위해서 전혀 힘을 쓰지 못하는 사람들이다. 사람들은 그런 사람들의 외모와 하는 말을 듣고 "저 사람 좋은 사람인가 보다. 저 사람 그래도 양심의 감각이 있는 사람이다." 하는데 그 사람이 양심에서 느껴지는 대로 행동하느냐 아니면 자기의 지위를 위해서, 자기의 살 길을 위해서 행동하느냐는 또 다른 문제이다.

자기 양심에 느껴지는 대로 행동하는 사람은 참으로 좋은 사람이고 그런 사람은 이 땅에 많지가 않다. 양심에 어떤 느낌이 있다고 해서 좋은 사람은 아니다. 양심의 느낌이 있지만 함께 앉은 사람의 체면, 자기가 한 말, 자기의 입지, 자기의 권세와 부 등을 잃지 않기 위해서 그쪽을 택하는 사람이 얼마든지 있다. 헤롯이 그런 사람의 대표적이다. 결국 이런 사람이 정치가인 것이다. 정치가라 해서 양심이 없는 사람이 아니다.

참으로 슬픈 일은 하나님의 자녀 가운데에도 정치가 있다는 것이다. 이 세상의 정치가들은 드러내놓고 정치를 하지만 예수 믿는다고 말하는 사람들도 이런 정치적인 길을 가는 일이 있다는 말이다. 그것은 불행한 일이다. 그런 사람들이 바로 본질상 헤롯과 같은 길을 가는 사람들이다. 이런 사람들은 하나님의 선지자인 요한을 보호할 수 없다. 우리는 그런 사람들을 믿지 못한다. 그런 사람은 의인과 선지자와 주님의 사람들을 보호하지 못한다. 그런 사람들은 자기의 유익을 따라 움직이기 때문에 때로 양심의 느낌이 있는 소리를 하지만 그렇다고 해서 그 길을 충성되게 가는 사람이 아니다. 그런 사람들은 결국 자신의 뜻을 따라, 자기의 유익을 위해서, 지위를 위해서, 여론에 의해 움직이기 때문이다. 따라서 이런 결정적인 순간에 그런 종류의 사람은 참 선지자의 생명을 이런 사람에 의해서 내어주게 되는 것이다.

10-11절, 사람을 보내어 요한을 옥에서 목 베어 그 머리를 소반에 담아다가 그 여아에게 주니 그가 제 어미에게 가져가니라

이 악한 여자들로 인해 사가랴와 엘리사벳의 아들, 주님보다 6개월 먼저 태어나서 엘리야의 생명과 능력으로 그리스도의 오심을 증거했던, "보라, 세상 죄를 지고 가는 하나님의 어린양이로다" 하고 선포하며 "그는 흥하여야 하겠고 나는 쇠하여야 하리라"고 했던 세례 요한은 여기서 최후를 맞이하게 된다. 그야말로 어처구니없는 순교를 당하게 되는 것이다. 요한은 한 마디의 죄에 대한 지적과 자기의 생명을 바꾼 것이다. 그는 구차하게 생명을 연장하기 위해서 죄에 대한 어떤 것을 묵과하지 아니하고 그 한 가지를 지적하고 자기 생명을 버렸다. 이 땅에서 구차하게 자기 생명을 더 연장해서 살지 않고 한 마디 지적하고 끝나버린 것이다.

요한 계시록 20장에는 하나님의 말씀과 그 증거를 위하여 목베임을 당한 자들이 천 년 동안 그리스도와 함께 왕 노릇 하더라는 말씀이 있다. 이 땅에서 조금 더 목숨을 부지하고 사는 것이 중요한 것이 아니고 그날 주님과 함께 영광 가운데서 왕 노릇 하는 것이 더 중요하다. 요세푸스 역사서를 보면 주변 정보들이 많이 기록되어 있다. 이 여자 곧 딸의 운명도 아주 비참하게 되었고 결국 얼음판을 지나가다가 날카로운 얼음에 목이 찔려서 죽었다는 기록이 있다. 이러한 것에 연루된 사람들은 그 생애도 불행하게 된다는 것이다. 그 어미 헤로디아도 마찬가지로 비참하게 되었고 다른 사람들도 다 그렇게 되었다.

12절, 요한의 제자들이 와서 시체를 가져다가 장사하고 가서 예수께 고하니라

여기 요한의 제자들은 세례 요한을 따랐던 사람들인데 모든 과정을 지켜보고 있었다. 세례 요한은 목과 머리가 나뉘어졌기 때문에 그 제자들은 머리는 찾지 못한 채 그의 몸만 가져다가 장사를 지내게 된다. 경건한 성도들은 그 시체까지라도 귀히 여김 받는 것을 볼 수 있다. 우리는 스데반의 순교에서도 이것을 볼 수 있다. 스데반이 돌에 맞아 순교했을 때 경건한 사람들이 그 시체를 가져다가 장사하고 아주 슬퍼했다고 했다. 성경에는 순교자들의 장사에 대해서 경건하게 존경스런 태도로 수행하는 것을 볼 수 있다.

그리고 그들은 예수께 갔다. 이 일은 또한 하나님의 주권에 속한다. 요한이 주님을 위해 수고했지만 요한을 따랐던 제자들에게는 그가 오히려 주님께 나아가는 데 걸림돌이 될 수 있었을 것이다. 그 요한이 사라지자 요한을 따랐던 제자들은 예수께 가게 된다. 그것이 옳은 것이다. 한 때는 이들이 요한을 위해서 좀 시기한 적도 있었다. 그러나 막상 요한이 죽었을 때 그들은 누구에게 가야 할 것인지를 알았던 것이다. 그래서 주 예수님께 가서 그 사실을 고한 것이다.

참으로 어려운 일, 슬픈 일, 어처구니없는 일이 있을 때에 이 사람 저 사람에게 가서 떠들고 외치고 폭로하는 것이 아니라, 조용하게 주님께 가서 고하면 된다. 이것이 그리스도인의 성품이다. 성경에는 종용하라(be silent)는 말씀이 많다. 주님을 깊이 있게 체험하는 사람치고 어려운 환경 안에서 조용히 주님을 체험하지 않는 사람이 없다. 조용함 속에서 하나님을 바라보고 주님의 음성을 들어야 참 유익을 얻을 수 있고, 환경을 통해 배울 수 있다. 주님은 이런 고함을 다 들으신다. 들으셨다는 기록이 13절에 있다. "예수께서 들으시고".

13절, 예수께서 들으시고 배를 타고 떠나사 따로 빈들에 가시니 무리가 듣고 여러 고을로부터 걸어서 좇아간지라

주님은 그분의 선주자인 요한의 순교를 들으시고 거기서 떠나셨다. 그리고 빈들에 가셨다. 그러한 위험한 장소를 떠나셨다고 볼 수도 있다. 때가 되지 않았는데 그러한 위험한 곳에 무모하게 자신을 둘 필요가 없었을 것이다. 주님이 멀리 따로 빈들에 가셨을 때에 사람들이 듣고 여러 고을로부터 걸어서 예수님을 좇아갔다.

한 면으로 사람들은 예수님을 핍박하고 예수님을 천거한 사람을 죽였지만 많은 사람들이 여전히 예수를 좇았다. 이 예수를 좇은 무리는 어쩌면 세례 요한의 사역에서 좋은 영향을 받았을 것이다. 모든 하나님의 종들의 사역은 사람들이 주 예수님을 따를 수 있도록 돕고 끝나는 것이다. 요한이 많은 무리들이 예수를 좇는 것을 보았다면 전과같이 '그는 흥하여야 하겠고 나는 쇠하여야 하리라'고 말했을 것이다.

14절, 예수께서 나오사 큰 무리를 보시고 불쌍히 여기사 그 중에 있는 병인을 고쳐주시니라

주 예수님은 자신을 반대하고 배척하고 핍박하는 상황에서 여전히 그런 사람들을 불쌍히 여기는 마음이 있으셨다. 이 역시 그리스도인의 성품이 되어야 한다. 오늘날 그리스도인이면서 그 마음속에 사람들을 불쌍히 여기는 마음이 없어서는 안 된다. 그리스도인의 마음은 불쌍한 사람들을 보고 동정하는 마음이다. 동정하는 마음을 잃어서는 안 된다. 어떤 사람들이 주님을 사랑한다 하면서 동정심을 잃었다면 잘못된 신앙에 빠지지 않았나 점검해야 한다. 대체적으로 생명이 아니라 어떤 이단적인 이념이나 사상, 특별히 주장하는 지식이나 교리에 빠진 신앙은 그리스도의 동정심은 고사하고, 인간의 천연적인 동정심마저도 말살시켜버린다. 주님은 자신이 배척을 당하고 피신하시는 상황임에도 불구하고 여전히 그 무리들을 불쌍히 여기셨다. 그리고 그들 중의 병자를 고쳐주셨다.

15-16절, 저녁이 되매 제자들이 나아와 가로되 이곳은 빈들이요 때도 이미 저물었으니 무리를 보내어 마을에 들어가 먹을 것을 사 먹게 하소서 예수께서 가라사대 갈 것 없다 너희가 먹을 것을 주어라

주 예수님이 그들에게 아무 것도 없는 상황을 모르실 리가 없다. 때가 저물었고 빈 들이고 아무 것도 없다. 방법이 있다면 마을에 들어가서 먹을 것을 사먹게 하는 것이었다. 제자들이 예수께 그렇게 말씀드리자 "갈 것 없다. 너희가 먹을 것을 주어라." 하셨다. 우리 주님이 제자들에게 먹을 것이 없다는 것을 모르셨을까? 아셨다. 주님은 전지전능하시다. 모르시는 것이 없다. 그런데 너희가 먹을 것을 주라고 하시는 것이다.

여기서 한 가지 중요한 원칙을 여러분에게 말씀드리고자 한다. 아무 것도 없는 사람들에게 주님은 "너희가 주어라."고 하신다. 주님은 지금도 우리에게 이렇게 말씀하실 것이다. "주님, 저렇게 불쌍한 사람들이 많은데요." 하면 주님은 우리에게 이렇게 말씀하실 것이다. "네가 주어라." 그러면 우리는 이렇게 말할 것이다. "저는 가진 것이 아무 것도 없는데요." 대부분 영적으로 뭔가 주고 싶어 하면서도 자기에게 없다고 생각하는 사람들은 실상 줄 것을 조금은 갖고 있는 사람인 것이다. 그러므로 '나는 아무 것도 없다'고 하지 말라. 당신에게 뭔가 조금은 있다. 일단 조금 있는 것을 주기 시작하면 주님이 계속해서 주시는 것을 책임지신다.

17절, 제자들이 가로되 여기 우리에게 있는 것은 떡 다섯 개와 물고기 두 마리 뿐이니이다

주고자 하는 마음이 일어나자 방도가 생겼다. 그러나 그 양은 너무나 작은 분량이었다. 제자들이 주님께 말했다. "여기 우리에게 있는 것은 떡 다섯 개와 물고기 두 마리 뿐입니다." 이것을 보라. 여기 무엇이 조금 있지 않은가? 주님이 너희가 주라고 하지 않으셨으면 이것은 나오지 않는다. 제자들이 뭔가 혹 있으면 주려고 혹시 있나 찾아보니 보리떡 다섯 개와 물고기 두 마리가 나온 것이다.

전에 어떤 믿는 이가 아주 궁핍했는데 어느 날 밀가루가 한 움큼도 없이 바닥이 났다. 믿는 이가 궁핍하다는 것은 사람들에게 주지 않았다는 표시이다. 주는 사람은 궁핍할 일이 없다. 그는 이러한 하나님의 원칙을 알았기 때문에 자기 집에 무언가 다른 사람들에게 주어야 할 어떤 것이 아직도 있는지 찾아보았다. 그랬더니 버터 한 상자가 나오더라는 것이다. 그래서 그 버터를 생각나는 사람들에게 한 조각씩 나누어주었다. 그 사람들 중에는 빵은 있는데 버터가 없어서 그것을 달라고 기도했는데 버터가 생겨서 감사드렸다는 자매도 있었다. 그렇게 버터를 나누어준 그 형제에게는 또 어떤 성도가 밀가루를 가져다주어서 그 필요를 채우게 되었다. 이후로 그는 주는 일에 더욱 신실하게 되어서 하나님께로부터 많은 물질적인 공급을 받았다.

오늘날 믿는 이들이 궁핍한 한 가지 이유는 주지 않기 때문이다. "사러 갈 것 없다. 너희가 먹을 것을 주어라." "우리에게 있는 것은 떡 다섯 개와 물고기 두 마리 뿐이니이다." 주님은 우리에게 있는 작은 것을 주라는 것이다. 네게 있는 작은 것, 주님은 그것이 작은 것임을 아신다. 우리가 갖고 있는 것이 사람들의 필요를 채우기에 턱없이 부족한 것임을 하나님은 아신다. 그런데 주님은 그것을 주라고 하신다.

나도 간증할 것이 있다. 나도 갖고 있는 진리와 체험이 항상 부족함을 느낀다. 이곳 저곳 말씀을 전하러 다니다보면 "도대체 내가 무엇을 전할 수 있나?" 하고 난감할 때가 있다. 받은 계시와 체험한 것이 부족한 것이다. 그래서 도리 없이 궁핍한 상태에서 말씀을 전한 적이 많다. 그런데 내게 있는 그 작은 것을 주다 보니까 계속 어디선가 생기는 것이다. 이것이 비밀이다. 그러나 자기가 가지고 있는 것이 적다고 주지 않는 사람은 아무 것도 생기지 않는다. 물질적인 것이든 영적인 것이든 여러분이 더 많은 사람을 먹이고 더 많은 사람을 공급할 수 있으려면 "네게 있는 것을 주라."는 기묘한 원칙을 성경에서 배워야 한다. 내가 처음, 해외 선교를 시작할 때 두세 사람을 외국에 보내고 공급하는 것도 아주 어려웠다. 그런데 나중에는 이삼십 명의 동역자들에게 공급을 해도 충분히 줄 수 있게 되었다. 계속 주는 것을 배우는 사람은 더 많은 사람을 줄 수 있게 된다. 이것이 기묘한 원칙이다.

18-19절, 가라사대 그것을 내게 가져오라 하시고 무리를 명하여 잔디 위에 앉히시고 떡 다섯 개와 물고기 두 마리를 가지사 하늘을 우러러 축사하시고 떡을 떼어 제자들에게 주시매 제자들이 무리에게 주니

작은 것을 주님께 갖다 드리는 것이다. 그러자 주님은 무리를 명하사 잔디 위에 앉게 하시고 떡 다섯 개와 물고기 두 마리를 가지사 하늘을 우러러 축사하시고 떡을 떼어 제자들에게 주시매 제자들이 무리에게 주었다. 여기서 제자들은 주님과 동역해서 주는 일을 했다. 주님은 직접 그분이 주시지 않고 많은 제자들을 두셔서 제자들더러 주라고 하셨다. 먼저는 헌신이다. 주님은 그분의 손에 드려진 떡이 아니면 떼지 않으신다. 주님의 손에 드려진 것은 먼저 축복을 받는다. 그런 다음 떼신다. 떼는 것은 고통을 수반할 수도 있다. 사람들은 주님께 드려져서 축복을 받기 원하지만 그분의 손으로 떼시는 것은 원치 않을 것이다. 만일 우리가 주님의 손에 우리 자신을 기꺼이 맡긴다면 주님은 우리를 많은 사람의 필요를 채우기 위해 떼실 것이다. 뗄 때는 많은 고통스런 체험도 맞이하게 될 것이다. 떡이 떼어지듯이 쪼개지는 고난을 거치지 않으면 풍성하게 많은 사람을 공급할 수 없다.

그런데 주님이 여기서 생선 무더기와 떡 무더기를 쌓아놓고 제자들에게 갖다 주라고 하지 않으셨다는 것을 기억하기 바란다. 어디서 나오는지 쪼개어 나누어 주는 대로 또 생겼다. 오늘날에도 주님의 제자들, 주님의 종들이 나누어주는 것들은 주님이 주시는 것들이다. 주는데 어디서 나오는지 계속 나온다. 그런데 그 출발은 작은 것이다. 작은 것을 나누어 주는 데에서 시작한다. 그런데 주님의 종들은 사람의 손에 있는 것을 주는 것이 아니라 그것을 주님께 드려서 주님이 주시는 것을 받는 것이다. 주님으로부터 받아서 공급해주는 것이다.

사람은 사람의 손에 있는 것밖에는 보지 못한다. 그런데 주님은 왜 하늘을 우러러 축사하셨을까? 왜 하늘을 우러러 기도하셨을까? 그분은 하늘을 바라보시지 않고도 기적을 행하실 수 없었는가? 있었다. 그러나 그분이 그렇게 하신 것은 사람들을 가르치기 위한 요소도 있었을 것이다. 사람들의 눈은 사람의 손만 바라본다. 그런데 우리 주 예수님의 눈은 하늘을 바라보신다. 주 예수님은 무한한 공급이 쏟아지는 그 하늘을 바라보시고 제자들 눈에는 사람 손에 있는 고기와 떡밖에 보이지 않는다. 사람 손을 바라볼 때마다 우리는 답답하게 된다. 어떻게 이 사람들을 다 먹일 수 있다는 말인가? 나도 때로 동역자들의 필요를 생각하면 눈앞이 캄캄해 온다. 그런데 하나님이 하늘을 쳐다보게 하실 때 나는 거기서 해방을 받는다. 또 여기서 제자들이 주님의 공급하시는 일에 동참하는 것을 볼 수 있다. 이것이 우리의 영광이다.

20절, 다 배불리 먹고 남은 조각을 열두 바구니에 차게 거두었으며

주님의 공급은 다 배부른 것이다. 배부르지 않는 것은 주님의 공급이 아니다. 주님이 공급하시면 배가 부르고 남는 것이 있다. 간신히 배를 채우는 것은 주님의 공급이 아니다. 풍성하게 남아야 하고 남은 것을 열두 바구니에 차게 거두어야 한다.

주님은 부스러기도 무시하시지 않으신다. 주님은 부스러기도 다 모으게 하신다. 우리는 사람들을 대할 때 부스러기 같은 사람들을 무시하는 수가 있다. 그러나 때로는 부스러기 가운데서 인재가 나온다. 나는 과거에 인재를 좋아하는 병에 걸린 적이 있었다. 그랬다가 완전히 낭패와 절망을 만났다. 그런데 부스러기를 내버리려다가 그냥 바구니에 두었을 때 거기서 귀한 일꾼이 나왔다. 우리 주 예수님은 그분의 사역에서 절대로 부스러기를 내버리지 않고 열두 바구니에 차게 거두신다.

21절, 먹은 사람은 여자와 아이 외에 오천 명이나 되었더라

오병이어로 참으로 많은 인수가 먹었다. 아마 일만 명이 넘었을 것이다. 많은 인수가 이 작은 것으로 배를 채웠다. 여기의 원칙은 우리가 가지고 있는 작은 것을 주님께 드릴 때 주님이 떼어서 주시면 이렇게 많이 먹일 수 있다는 것이다.

그러면 오늘날 우리가 가지고 있는 것이 무엇인가? 오늘날 이렇게 배고프고 궁핍한 사람들이 많은데 아무 것도 없다고 하지 말라. '네게 있는 것'이 있다. 생각해보라. 여러분의 최소한의 재능이 있다. 여러분의 젊음도 있다. 여러분의 부족하나마 지혜도 있다. 무언가 최소한의 배운 것이 있다. 작은 재물도 있다. 그것을 주님께 드리라는 것이다. 드리면 주님이 그것을 떼기 시작하신다. 그렇게 해서 주님은 많은 사람들의 필요를 채울 수 있다. "왜 나는 많은 사람들을 공급할 수 없고 필요를 채울 수 없을까?" 그것은 당신이 아직 완전히 주님께 드리지 않았기 때문이다.

22-23절, 예수께서 즉시 제자들을 재촉하사 자기가 무리를 보내는 동안에 배를 타고 앞서 건너편으로 가게 하시고 무리를 보내신 후에 기도하러 따로

산에 올라가시다 저물매 거기 혼자 계시더니

주님은 친히 무리를 보내셨다. 그리고 제자들을 재촉하사 건너편으로 가라고 하셨다. 주님이 무리를 보내는 것을 책임지시고 그러는 동안에 제자들은 배를 타고 건너편으로 가게 하셨다. 그런 후에 기도하시러 따로 산에 올라가셨다. 산으로 올라가셨다는 것은 그리스도의 승천을 예표 한다. 그리스도의 승천 후 교회를 예표 하는 제자들은 고난 가운데 있게 된다.

"저물매 거기 혼자계시더니". 주님은 이렇게 기도하시는 분이셨다(승천 하신 그리스도는 우리를 위해 기도하시고 계신다). 혼자 아버지와 시간을 많이 가지셨다. 어떤 주의 종은 혼자 하나님께 기도하는 습관이 없는 그리스도인은 별로 좋은 그리스도인이 아니라고 했다. 주님의 자녀들은 반드시 개인적인 기도 시간을 가져야 한다.

24절, 배가 이미 육지에서 수리나 떠나서 바람이 거슬리므로 물결을 인하여 고난을 당하더라

이제 제자들은 주님의 말씀에 순종해서 육지를 떠나 맞은편을 향하여 가고 있는데 바람이 거세고 물결이 일어나서 고난을 당하게 되었다. 이것은 하나의 그림, 예표와 같다. 주님이 이 땅에 교회를 두시고 부활 승천하신 광경을 예언적으로 보여주는 것 같다. 그렇다면 이 땅 위에 있는 교회는 어떠하다는 것인가? 그 배와 같이 역풍을 만나 바다에서 고난을 당하고 있다.

25절, 밤 사경에 예수께서 바다 위로 걸어서 제자들에게 오시니

밤 사경까지 계셨다면 주님이 아주 오랜 시간 동안 홀로 기도하셨다는 것을 볼 수 있다. 밤 사경은 새벽 세시에서 여섯시까지이다. 주님은 새벽 세시 넘어서까지 철야하시면서 기도하셨다고 생각할 수 있다(주님은 밤을 다 지내신 후 돌아오신 것이다). 그 육지에는 배가 없었고 주님은 제자들이 가고 있는 맞은편으로 오실 가능성이 없다. 주님이 어떻게 오시려고 제자들을 먼저 보내셨을까? 헤엄쳐서 올 것인가? 불가능하다. 사람의 생각에는 길이 없다. 그러나 주님께는 길이 있다는 것을 볼 수 있다. 사람의 생각으로는 길이 없지만 주님께서는 물 위로도 걸어오실 수 있다. 이것은 인간의 생각을 뛰어넘는 것이다(엡 3:20). 주님께는 언제나 길이 있다.

26절, 제자들이 그 바다 위로 걸어오심을 보고 놀라 유령이라 하며 무서워하여 소리 지르거늘

사람이 물 위를 걷는 것을 볼 때 유령이라고 했을 것이다. 그 누가 바다 위를 걸을 수 있겠는가? 그런데 주 예수님은 이 땅 위에 계실 때 실제로 이렇게 하셨다. 바다 위를 걸어오신 것이다. 제자들은 무서워서 소리를 질렀다. 유령에 대한 관념이 인간 세상에 이천년 전이나 지금이나 동일하다는 것도 주의할 만하다.

27절, 예수께서 즉시 일러 가라사대 안심하라 내니 두려워 말라

이러한 말씀이 성경에 삼백여 번 있다고 한다. "내니 두려워 말라!" 우리는 조그만 환경만 닥쳐도 놀란다. 그러나 주님은 항상 "내니 두려워 말라!" 하신다. 어부인 가정에 어떤 아내가 습관적으로 항상 염려하고 불안해했다고 한다. 어느 날 두 부부가 탄 배 안에서 풍랑을 만났다. 아내는 또 엄청난 염려를 하며 불안해했다. 그러자 독실한 그리스도인인 남편이 칼을 들고, 미소를 지으며, 내가 차라리 당신을 이 칼로 죽이고 나도 죽겠다고 했다. 그러자 아내는 칼을 무서워도 안 한 채 이런 때 어찌 이런 장난을 할 수 있느냐고 했다. 그때 남편이 적절한 말로 아내를 가르쳤다. 당신이 어째 내 손의 칼을 무서워하지 않는가? 당신이 만일 강도의 손에 있는 칼을 보았다면 두려워할게 아니냐, 그러나 사랑하는 남편의 손에 있는 칼이니 두려워하지 않는게 아니냐고 했다. 아내는 그렇다고 했다. 남편은 아내에게 천지를 지으시고 우리의 아버지이신 하나님 손에 있는 풍랑을 두려워할 필요가 없다고 하였다. 아내는 큰 깨달음을 얻어 그 후로 모든 일에 염려하는 습관을 고쳤다고 한다. "내니 두려워 말라!"

28절, 베드로가 대답하여 가로되 주여 만일 주시어든 나를 명하사 물 위로 오라 하소서 한대

베드로는 참 좋은 면을 지닌 제자이다. 우리는 그에게서 배울 점이 있다. 그것은 곧 진취적인(aggressive) 것이다. 나는 개인적으로 한국 사람이 베드로와 같이 매우 진취적인 기질을 갖고 있다고 생각한다. 이런 기질을 주님이 사용하실 수 있다. 주님의 일에서 앞장서서 쓰임 받을 수 있다. 주님이 물 위로 걷는다고 할 때 많은 사람들은 그것은 주님이니까 할 수 있는 것이고, 우리는 불가능하다고 생각한다. 그러나 베드로는 그렇지 않다. "주 예수님이 물 위로 걸어오시는구나. 주님은 하시는데 왜 나는 못할까?" 이런 생각을 갖는 것이 베드로이다. 베드로의 장점이다. 이것이 진취적인 것이다. 주님은 이런 사람을 좋아하신다. 사람이 다 똑같지 않다. 주님이 참 좋아하시는 사람이 있는데 바로 이런 사람이다.

"주여, 나를 명하사 물 위로 오라 하소서." 나도 좀 걸어가게 해달라는 것이다. 주님이 하시는 그 놀라운 체험을 갖고 싶은 것이다. 그럴 때 주님은 "너는 안 돼. 나만 할 수 있는 거야." 라고 하지 않으셨다.

29절, 오라 하시니 베드로가 배에서 내려 물 위로 걸어서 예수께로 가되

주님은 그분의 제자들 중에서 적극적으로, 진취적으로 나아가려고 하는 사람에게 길을 제시해주신다. 그런 길을 보여주시고 갈 길을 인도해주신다. "주님, 저 가고 싶습니다. 저 그렇게 해보고 싶습니다."하면 "그래, 이리 와 보렴. 이렇게 해보렴." 하신다. 그런데 이런 반응이 없는 사람은 아무 소용이 없다. 수동적으로 언제나 그냥 앉아 있는 것이다. 이런 사람은 어려움도 없고 위험하지는 않지만 영적인 새로운 배움이나 체험도 없고 진보도 없다. 여기서 우리는 믿음은 안일함을 사랑하는 사람이 얻을 수 없는 것임을 본다. 위험한 것도 감수하면서 가봐야 믿음을 배운다. 그러니 믿음도 주님을 사랑하는 자들이 그들의 갈망에 따라서 전진하고 자랄 수 있는 것이다. 이를테면 우리를 책임지시는 믿음을 가지고 설명해보자! 금전을 충분히 예금해 놓고 사는 사람은 그 보이는 것을 보고 믿고 산다. 그러나 말씀을 믿는 믿음은 하늘의 천부를 의지하여 산다. 보이지 않는 천부를 의지하는 사람은 없어도 염려하지 않는다. 여기에 위험을 감수하는 것이 있다. 안일과 편안을 좋아하는 사람은 이 믿음을 배우지 못하며 믿음의 길을 가지 못한다. 주님의 말씀을 믿고 살든지 죽든지 나아가는 사람이 믿음을 배우는 것이다.

"배에서 내려 물 위로 걸어서". 사람이 물 위로 걸어갔다. 베드로는 참으로 많은 체험을 했다. 베드로가 체험을 할 수 있었던 것은 그의 용감성과 진취적인 성격 때문인 것이다. 이것이 참으로 좋은 것이다. 또 여기서 베드로는 배에서 내렸다고 했다. 조금 전에 이 배가 소위 교회를 뜻한다고 말했다. 교회 안에 다 함께 모여 있는 것만 좋은 것이 아니다. 배에서 한 번 내려 보는 것도 필요하다. 베드로가 여기서 체험한 것은 개인적인 것이다. 물론 단체적인 믿음도 있다. 주님이 배를 타고 가라고 하셨으니까 그 배 안에 있는 열한 명도 최소한 주님의 말씀을 순종하고 있었던 것이다. 그런데 여기서 특별한 일이 벌어졌다. 주님이 물 위로 걸어오시는 것이다. 그러니까 베드로는 "주님, 저는 배만 타고 있어서는 안되겠습니다. 배 타는 것이야 누구나 다 하지 않습니까? 주님이 하시는 그 특별한 것을 저도 해보고 싶습니다."하고 한 가지 믿음을 더 청구했다. "주님은 하시는데 왜 저는 못합니까? 주님, 저더러 한번 해보라고 하십시오." 그러자 주님이 "그래? 그럼 이리 오너라."하신 것이다.

단체적으로 교회에 앉아서 "우리 문제없지? 사람 수가 틀림없어? 다 왔어? 우리 다 좋은 거지?"라고만 해서는 안 된다. "나는 주님처럼 배에서 내려 보아야겠다. 현재의 것만 가지고는 안 되겠다." 하면 주님은 "얘야, 거기 그냥 같이 있으렴. 너 혼자만 물 위로 걸어오면 나머지 사람들이 어떻게 생각하겠니?"라고 말씀하시지 않는다.

그래서 단체적인 믿음이 있고 개인의 믿음이 있다고 말하는 것이다. 열한 명은 함께 앉아서 서로를 의지하고 있다. "우리 다 함께 괜찮지? 문제없지?" 하면서 말이다. 그러나 베드로는 배에서 내렸다. 이 사람은 남이 해보지 않은 모험을 시작한 것이다. 이러한 용감성이 그를 언제나 첫 번째가 되게 했다. 그때부터 베드로는 주님과 함께 사느냐 빠지느냐의 상황에 놓이게 된 것이다. 그런 때 개인의 믿음이 훈련되는 것이다. 한번 단체에서 떨어져 보는 이것이 곧 분열을 의미하는 것은 아니다.

베드로가 주님과 더 가까워지고 있는가 아니면 멀어지고 있는가? 남아 있는 열한 명은 "저 사람은 혼자 잘났는가? 분열적인 것이다."라고 말하기가 쉬울 것이다. 그러나 그렇게 판단할 수 있는 것이 아니다. 베드로는 주님의 특별한 움직이심을 보고 "나도 저것을 해보아야 겠어." 하고 지금 나선 것이다. 그는 이러한 체험을 통해서 믿음을 강화시켰다. 그리고 이내 다른 제자들과 함께 나아갔다. 이와같이 진정 주님을 따르고 주님과 함께하는 한 정상적으로 주님을 따르는 자들과 나뉘어지지 않는다. 이렇게 믿음에 있어서는 진취성이 필요하다.

그러나 그리스도인은 단체적인 면을 가져야 한다. 이것이 또한 섬세한 균형이 필요한 문제이다. 어떤 그리스도인은 개인의 신앙은 무시하고 단체적으로만 하나되고 함께하는 것을 강조하는데 이는 균형이 없는 것이다. 어떤 그리스도인이 단체감을 갖지 않고 언제나 단독적이라면 이는 개인주의로서 역시 균형이 없는 것이다. 단체만 의지하고 개인의 신앙을 소홀히 하는 사람은 실제에 있어서 믿음이 없는 사람이다. 그런 사람은 그저 여러 사람 가운데 있을 때 훌륭한 믿음이 있는 것 같지만 대부분의 환경의 시험은 개별적이기 때문에 이것에 있어서는 이기지 못한다. 어떤 사람은 개인적인 믿음은 강조하고 개인적으로 주님을 체험하는 신앙은 좋은 반면 다른 그리스도인과의 단체적인 연합을 갖지 못하는 수가 있다. 이러한 사람은 단독주의에 떨어져 좋은 영성이 배양되지 않는다. 그리스도인은 이 두 가지가 좋아야 하며, 균형이 있어야 한다. 베드로가 배에서 내린 것은 많은 성도들과 함께 있다가 개별적으로 주님과의 접촉 안으로 들어간 것이다.

30절, 바람을 보고 무서워 빠져 가는지라 소리 질러 가로되 주여 나를 구원하소서 하니

그런데 처음에는 주님만 바라보고 주님께 잘 갔다. 만일 주님만 바라보고 끝까지 갔다면 그도 바다 위를 걸을 수 있었을 것이다. 그러나 가다가 바람을 보고 무서워서 빠지게 되었다. 어떤 특별한 체험을 하기 위해서 주님께 나아가려할 때 순발력 있는 진취성이 필요할 뿐 아니라 지속성이 필요하다. 지속적으로 나아가야 하는 것이다.

31절, 예수께서 즉시 손을 내밀어 저를 붙잡으시며 가라사대 믿음이 적은 자여 왜 의심하였느냐

처음부터 믿음이 큰 자는 없다. 계속 이렇게 배에서 내려 물 위로 걸어가는 체험을 하다 보면 나중에는 바람을 보지 않을 수 있게 된다. 두려운 마음도 없어진다. 작은 믿음도 강화된다. 문제는 한번 놀란 뒤에 그 다음부터는 아예 가지 않는 것이다. 그런 사람은 가능성이 없는 사람이다. 주님은 우리의 믿음이 약한 것도 붙잡아주신다. 그래서 소리 지를 때 얼른 손을 내밀어 붙잡아 주신다. 그러므로 그리스도인들은 물에 빠져 죽을까봐 걱정할 필요가 없다. 주님은 우리의 믿음이 부족한 것을 보충해주시기도 한다. 즉 믿음이 없으니 빠져죽게 하지 않으신다는 말이다. 주님의 은혜가 얼마나 감사한지!

32절, 배에 함께 오르매 바람이 그치는지라

누구와 함께 배에 오른 것인가? 주님과 함께이다. '주님과 함께'라는 말은 좋은 말이다. 베드로는 이러한 체험을 통해서 주님과 함께 배에 오르는 특권을 가지지 않았는가? 베드로를 나무라지 말라. 그는 다른 사람들보다 위험한 체험을 해가면서 주님과 단 둘이 함께할 체험을 가졌다. 주님이 배에 오르시니 바람이 그치는지라. 그리스도가 계시면 모든 폭풍우가 사라진다. 모든 마귀의 장난도 사라지게 된다.

33절, 배에 있는 사람들이 예수께 절하며 가로되 진실로 하나님의 아들이로소이다 하더라

이런 광경을 보고서 사람들은 예수님이 정말 하나님이시라는 것을 알았다. 하나님의 아들이란 하나님과 동등하다는 말이다. 이 세상에서 그 누가 바다 위를 여유만만하게 걸어서 오실 수 있겠는가? 그가 바로 하나님이 아니신가!

34-35절, 저희가 건너가 게네사렛 땅에 이르니 그곳 사람들이 예수신 줄을 알고 그 근방에 두루 통지하여 모든 병든 자를 예수께 데리고 와서

'게네사렛'이라는 말은 왕의 보호구역이라는 뜻이다. 교회가 폭풍우를 지나서 결국에 도착하는 곳은 왕국이다. 이는 다 예언적인 것이다. 주님은 이미 왕국의 상황에 계신 것이다. 그럴 때 그곳 사람들이 예수신 줄을 알고 그 근방에 두루 통지하여 모든 병든 자를 예수께 데리고 왔다. 게네사렛 사람들은 거라사 땅의 사람들과 다르다. 거라사 사람들은 주님을 보고 떠나달라고 부탁했다. 이것을 보면 도시마다 다르다. 주님에 대한 태도와 영접하는 것이 다르다. 어느 곳에서는 "제발 우리에게서 떠나가십시오." 하는데, 어느 곳에서는 두루 통지해서 예수께 데리고 왔다.

36절, 다만 예수의 옷가에라도 손을 대게 하시기를 간구하니 손을 대는 자는 다 나음을 얻으니라

그곳에 있는 사람들은 믿음이 있는 사람들이었다. 예수의 옷가만 만져도 치료를 받을 것이라는 믿음이다. 실지로 손을 댄 사람은 다 나음을 입었다. 주님께 나아와서 "주님의 옷이라도 만지게 해주십시오" 하고 간구했으며 손을 댄 자는 다 나음을 얻었다. 이것은 한 면으로 왕국 시대를 뜻한다. 왕국 시대에는 모든 병자들이 다 치료를 받는다. 주님의 치료하시는 능력이 극도로 발휘되는 시기가 바로 왕국 시대이다. 왕국시대가 오면 사람의 어떤 약함이나 질병도 다 치료받는다. 당시 예수님은 왕국시대에 있을 일을 예표적으로 미리 보이시고 계셨다. 그리고 이것은 그 당시에 있었던 사실적인 사건이다. 우리는 이러한 상황을 통해서 오병이어로 오천 명을 먹이고도 남게 하신 주님, 바다 위를 걸으신 주님, 그분의 옷가만 만져도 치료받는 역사가 일어났던 주님, 이런 역사를 하신 분이 천국의 왕이신 예수이시며 하나님이심을 안다. 주님을 찬양하자! 이러한 주님이 이천 년 전에 이 땅에 오셨고 우리의 죄를 위하여 죽으시고 부활하시고 지금은 승천하셔서 하나님 우편에 앉아 계신다. 이런 모든 말씀들은 우리에게 주님의 나라, 천국을 사모하게 한다.

15장

1-3절, 그때에 바리새인과 서기관들이 예루살렘으로부터 예수께 나아와 가로되 당신의 제자들이 어찌하여 장로들의 유전을 범하나이까 떡 먹을 때에 손을 씻지 아니하나이다 대답하여 가라사대 너희는 어찌하여 너희 유전으로 하나님의 계명을 범하느뇨

바리새인들은 당시에 유대교를 신봉하는 종교인들의 대표이다. 그들은 종교적으로 큰 영향력을 가지고 있었고 말하자면 이스라엘에서 실력자들이었다. 그들은 실용주의적인 사고 방식을 가지고 있었고 당시에 주님과 주님을 따르던 자들을 가장 핍박하던 자들이다. 우리가 알듯이 다소의 사울도 사도가 되기 전에 바리새인 중 하나였다. 그리고 여기에 있는 바리새인과 마찬가지로 예수를 믿는 자들을 핍박했다.

또 여기 서기관들은 지식 있는 사람들, 이론에 해박한 사람들, 성경을 아주 잘 아는 사람들이었다. 이 두 무리는 서로 합하지 않는다. 하나는 실용이고 하나는 이론이다. 그런데 이들이 예수님을 대적하기 위해서는 하나가 되었다. 예수님은 당시에 외모를 볼 때 아주 보잘 것 없는 작은 사람이었고 목수의 아들이었으며 이 작은 예수를 따르는 자들은 불과 10여 명밖에 안 되었는데 이 작은 한 분을 반대하고 대적하기 위해서 그렇게 유력하고 영향력 있는 종교인들과 서기관들이 단합했다.

이것을 통해 우리는 주 예수님이 당시에 그 나라에 영적인 영향력을 크게 미치고 있었다는 것을 알 수 있다. 만일 주님의 영적인 영향력이 없었다면 이렇게 두 무리가 연합해서 대항하지 않았을 것이다. 그리고 별로 주의하지 않았을 것이다. 그들이 주 예수님과 제자들의 행적을 세심하게 살피고 트집을 잡고 대적하려 했던 것은 예수님과 제자들이 적은 무리였지만, 보기에 작고 하는 일도 엄청난 일 같지 않았지만, 그 영적인 힘이 이스라엘 속에 깊은 영향력을 주고 있었기 때문이다. 세력이 작다고 영향력도 작은 것은 아니다. 마귀는 이를 안다. 그러므로 대적하는 것이다. 따라서 이 사람들은 예수님을 대적하기 위해서 예루살렘으로부터 온 것이다.

예루살렘은 그 당시 종교의 중심지이다. 거기에 성전이 있고 대제사장이 있고 예배의 중요한 의식이 거기서 다 치루어진다. 하나님을 가장 잘 믿는다고 하는 사람들이, 예루살렘에 일 년에 세 번 이상 하나님을 경배하는 장소에서 이스라엘 백성들은 이미 인간적인 조직을 만들어놓고 힘을 키워 참 하나님의 아들 예수 그리스도가 오셨을 때 그분을 대적했다. 하나님을 가장 잘 믿는다는 종교의 중심지인데 이제 하나님을 대적하고 배역하는 중심지가 되고 말았다. 배역이란 어느 곳에나 다 있는 것이지만 특히 예루살렘은 배역이 가득한 장소가 되었다.

이들이 주님께 "당신의 제자들이 어찌하여 장로들의 유전을 범하나이까?" 하고 물었다. 12장에서는 안식일에 이들이 주님께 직접 대항을 했는데 이제는 주님을 따르는 제자들의 행동에 대해서 주님께 물었다. 그들은 주님의 제자들이 떡을 먹을 때 손을 씻지 않는 것을 보았다. 이 사람들은 주님과 그분을 따르는 사람들이 무엇을 하는지 유심히 보고 거기서 트집을 잡아 주 예수님을 공격하려고 했던 것이다. 이 바리새인과 서기관들은 주님을 따르던 제자들의 행동을 트집 잡아 그 잘못을 지적함으로써 그것이 선생 된 주님의 잘못이라고 말하고 싶었다. 어떤 형태의 대적이든지 대적하는 자의 원칙은 똑같다. 그들은 직접 공격하지 않으면 그를 따르는 자들의 잘못된 점을 지적함으로써 인도자의 잘못을 증명하려고 한다. 그래서 이들은 그 제자들이 잘못하지는 않는지 살펴보았다.

그들의 주식은 빵인데 그들은 빵을 먹을 때 먼저 손을 씻었다. 우리나라로 말하면 밥을 먹기 전에 손을 씻는 것이다. 장로들이 밥 먹기 전에는 반드시 손을 씻고 깨끗한 손으로 먹어야 한다는 유전을 세웠다. 그러면 밥 먹기 전에 손을 씻는 것이 좋은가 나쁜가? 나쁘지 않다. 위생에도 좋고 여러모로 좋은 것이다. 사람들이 지킬 만한 계명이다. 장로들은 이러한 계명을 만들고 다 지키게 했다. 그런데 그것이 하나의 계율이 되다 보니까 당시 유대교에 속한 사람들은 다 밥 먹기 전에 손 씻는 일을 한 것이다. 그런데 주님을 따르는 이 작은 무리는 먹기 전에 씻지 않고 그냥 먹은 것이다. 그러지 않아도 이상하게 보였는데 무슨 잘못된 것이 없나 하고 쳐다보는 사람들 눈에 하나의 문제가 돌출된 것이다. 바리새인과 서기관들은 이것을 붙잡았다. 그리고 주님께 물었다. "당신의 제자들은 왜 빵을 먹을 때 손을 씻지 않습니까? 왜 장로들의 유전을 범합니까?" 그러자 주님이 "대답하여 가라사대 너희는 어찌하여 너희 유전으로 하나님의 계명을 범하느뇨" 하셨다. 여기 '너희의 유전'이라는 말과 '하나님의 계명'이라는 말이 나온다. 하나는 사람의 유전이고 하나는 하나님의 계명이다.

4-6절, 하나님이 이르셨으되 네 부모를 공경하라 하시고 또 아비나 어미를 훼방하는 자는 반드시 죽으리라 하셨거늘 너희는 가로되 누구든지 아비에게나 어미에게 말하기를 내가 드려 유익하게 할 것이 하나님께 드림이 되었다고 하기만 하면 그 부모를 공경할 것이 없다 하여 너희 유전으로 하나님의 말씀을 폐하는도다

4절은 하나님의 계명을 말하고 있고, 5절은 사람의 유전을 말하고 있다. 당시 유대교 사람들은 어떤 유전을 만들었느냐면 성전에 뭔가 드릴 때 많이 드리도록 하기 위해서 아버지 어머니에게 드리지 않아도 성전에 갖다 드렸으면 문제가 되지 않는다고 한 것이다. 그 부모를 공경하지 않아도 하나님께 드리기만 하면 아무 문제가 없다고 했다. 이렇게 사람의 계명을 만들어서 십계명 중의 하나인 "네 부모를 공경하라"는 계명을 폐했다. 주님은 이것을 말씀하셨다.

여기서 우리는 주님과 바리새인의 대화 내용을 생각해볼 필요가 있다. 종교와 교회는 어떠한 차이가 있는가? 하나님의 교회는 하나님의 말씀으로 유지되고 하나님의 말씀에만 붙들려 있고 하나님의 말씀만을 순종하는 것이다. 그것이 바로 그리스도의 몸이다. 그런데 인간의 조직이나 단체나 종교 조직이 되면 반드시 거기에 사람의 유전이 들어오게 된다. 사람의 말이 들어오게 되고 그 안에 사람의 말이 힘이 있게 된다. 그래서 결국은 하나님의 말씀, 하나님의 계명을 폐하게 되는 것이다. 이것이 모든 종교 조직의 특징이다. 종교 조직에서 사람의 전통과 사람의 말을 빼면 조직의 힘을 잃어버리고 진리만 남게 될 것이다.

교회의 타락이 왜 일어나는가? 교회의 타락은 점점 사람의 말이 들어오고 사람의 계명이 들어올 때 하나님의 말씀의 지위가 약화됨으로 말미암는다. 그럴 때 사람의 말은 점점 더 지위를 얻게 된다. 여기서 바리새인들과 서기관들이 주목한 것은 하나님의 계명이 아니었다. 그들은 하나님을 위한다는 사람들이고 하나님을 최고도로 섬긴다는 사람들이었는데 그들의 머리 속에는 당시에 유력하게 행해졌던 장로들의 유전이 가득 들어 있었다. 그리고 하나님의 말씀이 지켜지는지 지켜지지 않는지는 그들에게 전혀 중요하지 않게 되었다. 사람은 육체로서 인간적이고 육체에 관련된 말들이 더 크게 영향력을 발휘하게 되어 있다. 하나님의 계명과 하늘에 속한 것들은 육체적인 것들에 밀려 후선으로 밀려나게 된다. 결국 대 조직을 이끄는 힘은 말씀에서 오는 것보다 사람의 전통과 교훈에서 나온다.

그러므로 여러분은 무리 가운데 사람의 교훈이 좀 들어 있더라도 하나님의 말씀이 폐해지지 않고 그대로 존재할 수 있을 것이라고 생각지 말라! 사람의 계명을 굳게 붙잡는 사람들은 반드시 하나님의 말씀을 폐하게 되어 있다. 여기서 바리새인과 서기관들은 다만 장로들의 유전을 지키지 않는 문제를 말했을 뿐 그들이 하나님의 계명을 폐한다고는 생각지 않았다. 그들은 하나님의 말씀을 존중하지 않는다고 말하지 않았다. 이들은 하나님의 계명을 폐하는 엄청난 죄를 범하면서도 주 예수님의 제자들이 장로들의 유전을 지키지 않는 것을 정죄하고 있었다. 더 중한 것들이 덜 중요한 것들에 밀려나는 것은 흔히 볼 수 있는 것이다. 특히 교회의 타락은 이런 일과 매우 관련이 있다.

7절, 외식하는 자들아 이사야가 너희에게 대하여 잘 예언하였도다 일렀으되

외식하는 것이 무엇인가? 겉으로 사람들에게 옳게 보이는 것이다. 겉으로 하나님을 경배하고 겉으로 하나님을 가장 잘 섬기는 것처럼 하는 것이다. 그러나 실제로는 그렇지 않다. 그것이 외식이다. 바리새인이나 서기관들은 결코 자신들이 외식한다고 생각하지 않았을 것이다. 그들은 하나님의 말씀도 지키고 거기다가 장로들의 유전도 지킨다고 생각했을 것이다. 그들은 장로들의 유전을 지키는 것까지도 하나님을 위한 것이라고 확신했을 것이다.

그런데 예수님은 그들에게 "외식하는 자들아"라고 하셨다. 왜 외식하는가? 하나님의 말씀을 폐하고 하나님의 말씀을 주의하지 않기 때문이다. 지금 그들은 장로들의 유전 —먹기 전에 손을 씻는 것—을 들고 나왔다. 그것은 사람의 유전이다. 그들은 그것을 붙잡았고 그들의 마음속에는 하나님의 말씀의 지위가 없다. 그것이 바로 외식이다. 외식하는 것을 하나님이 가장 싫어하신다. 악한 사람보다 더 악한 사람이 외식하는 사람이다. "이 백성이 입술로는 나를 존경하되 마음은 내게서 멀도다". 입술로, 말로 하나님을 존경하는 그것이 바리새인의 상태이다. 당시 유대인의 상태이다. 주 예수님은 이사야의 예언을 인용하셨다. 실상은 그들의 마음이 내게서 멀다고 하셨다. 사람의 가르침, 당시의 유력한 가르침, 영향력 있는 가르침, 그 단체를 유지하는 가르침이 하나님의 말씀에서, 하나님의 계시에서, 진리에서 나온 말인가? 아니다. 그 단체를 유지하는 골조와 같은 가르침, 그 가르침이 빠지면 그 단체는 무너진다. 그러한 사람의 가르침을 붙잡고 있는 신자들 마음속에는 하나님이 없다. 하나님의 말씀이 없는데 어떻게 거기에 하나님이 계신가? 하나님의 말씀이 있을 자리가 없는데 어떻게 하나님이 계시겠는가?

하나님을 진정으로 경외하는 사람들은 다른 것을 주의하지 않는다. 하나님을 경외한다. 말씀 한 구절 한 구절을 소중히 여기고 지키고자 할 뿐 사람의 말을 받지 않는다. 사람의 계명과 장로들의 유전을 받지 않는다. 그러한 것은 우리의 사랑하는 주 그리스도로부터 나온 것이 아니다. 주님은 그분의 제자들이 장로들의 유전을 범한 것에 대해서 잘못했다고 말씀하지 않으셨다. 오늘 우리 같으면 "미안합니다. 다음부터 사람들을 주의시킬 테니 걱정하지 마십시오." 할텐데 주님은 그렇게 하지 않으셨다. 여기서 우리는 진정한 하나님의 사람들은 그들의 신앙이 말씀과의 관계성에서 드러난다는 것을 볼 수 있다. 주의 말씀을 사랑하는 정도가 그들의 주님에 대한 사랑을 측정하는 것이 된다(요 14:23-24, 계 3:8). 말씀의 지위가 없고 사람의 교훈과 가르침이 강한 단체는 외식하는 단체이고 실제적으로 하나님을 사랑하지 않는 사람들이다. 이것은 오늘 날도 큰 경고가 되어야 한다.

8절, 이 백성이 입술로는 나를 존경하되 마음은 내게서 멀도다

누구든지 사람의 계명, 사람의 가르침을 중요시하는 사람들은 그 마음이 하나님에게서 멀게 된다. 결국 그 단체에는 하나님보다 사람이 더 중요한 위치를 차지하게 된다. 오늘 날도 주님을 믿는다 하지만 그들 가운데 사람에 대한 지위가 너무 큰 것을 많이 본다. 천주교의 행사를 볼 때나, 개신교도 때론 마찬가지이다. 심지어 대단한 그 단체의 지도자가 임종했을 때 그 분위기는 엄청나다. 주 예수님은 보이지 않고 사람의 업적과 공로에 모든 사람이 다 취해버린다. 어느 단체든지 사람이 중심이 되고 주님의 지위가 약해지면 그것이 곧 외식이다.

사람이 악한 것보다도 선한 척하면서 악한 것이 더 나쁘다. 이것은 무엇을 말하는가? 하나님을 진정으로 존경하는 사람은 하나님의 말씀 자체를 중히 여길 것이다. 이 세상에 살면서 우리는 하나님의 말씀을 지켜야 한다. 하나님의 말씀을 지키는 것이 진정 하나님을 경외하고 사랑하는 것이다. 그러나 많은 경우 사람들은 하나님의 말씀 외에 사람들의 유전을 만들어 지키기를 좋아하는데 그것을 지키는 것이 하나님을 경외하는 것이라고 생각한다. 그러나 실상은 그것이 하나님을 존경하는 것이 아니다. 오늘날 참으로 탄식스럽다. 오늘도 바리새인처럼 자신이 외식하고 있으면서도 스스로 외식하는 그리스도인인지 모르는 사람이 너무도 많다. 그들은 하나님의 말씀에 붙잡혀 있는 것이 아니라 헛된 사람들의 말에 붙잡혀 있다. 우리는 이를 위해서 기도해야 한다.

9절, 사람의 계명으로 교훈을 삼아 가르치니 나를 헛되이 경배하는도다 하였느니라 하시고

"사람의 계명으로 교훈을 삼아 가르치니 나를 헛되이 경배하는 것이다." 하나님께서는 신령과 진정으로 예배하는 자들을 찾으신다. '진정으로'라는 말은 옳다. 심정을 다해서 참된 마음으로 경배하는 것이 옳다. 사람들의 교훈을 가지고 사람들을 가르치는 것은 다 헛되이 경배하는 것이다.

10절, 무리를 불러 이르시되 듣고 깨달으라

바리새인과 더 이상 이야기하고 싶지 않으신 주님이 여기까지 말씀하시고 무리를 부르셨다. 무리에게 듣고 깨달으라고 하셨다. 듣기만 하는 것은 절반이다. 깨닫는 것이 나머지 절반인 것이다. 오늘 어떤 사람들은 자신이 큰 문제가 아닌 줄 아는 사람도 있다. 주님은 사람이 말씀을 듣고 잘 깨닫는 것을 기뻐하신다. 오늘도 이 말씀을 다만 귀로 듣고 "좋은 말씀 많이 들었습니다." 하는 것은 좋은 것이 아니다. 이 말씀 속에 있는 것을 깨닫는 것을 주님은 기뻐하신다. 우리가 말씀을 가르쳐보면 두 종류의 사람들이 있다는 것을 안다. 하나는 다만 귀로 듣는 사람이다. 다른 하나는 깨닫는 사람들이다. 말씀을 배우고, 생활에 적용과 변화가 있는 사람들은 그 말씀을 다만 머리로 듣고 이해하는 사람이 아니라 마음 중심에 받아들여 깨달은 사람들이다. 그런 사람들은 반드시 열매가 있다. 특히 바리새인 같은 사람들은 듣기는 하지만 깨닫지는 않는다. 왜 깨닫지 않는가? 주로 교만이 그 원인이다. 교만한 사람들, 외식하는 사람들은 우리의 가르치는 말을 머리로 이해는 해도 그 깊은 속에 깨달음으로까지 도달하지 않는다.

11절, 입에 들어가는 것이 사람을 더럽게 하는 것이 아니라 입에서 나오는 그것이 사람을 더럽게 하는 것이니라

유대인들이 씻는 것은 깨끗해지려고 씻는 것이다. 깨끗하게 하고서 먹으려는 것이다. 구약에는 여러 가지 음식을 먹는 규례가 있다. 정결한 것을 먹어야 하고 부정한 것은 먹지 말아야 하는 것 등이다. 그리고 각종 씻는 규례가 있다. 장로들이 손을 씻는 규례를 만든 것이 성경적인 근거가 전혀 없다고 생각지 말라. 그들에게는 원래 여러 깨끗케 하는 규례가 있었음을 알 수 있다. 성경을 이곳저곳 찾다보면 씻는 것이 있다는 것을 볼 수 있다. 그래서 그런 규례를 만들어내었을 것이다. 즉 장로들이 만들어낸 규례도 성경과 관련이 없는 것이 아니라는 말이다. 부정하지 않게 되기 위해서 법으로 말하면 세칙처럼 만든 것이다. 유대인들은 그것이 하나님의 말씀을 지키는데 도움이 되는 것이니 뭐가 나쁘냐고 했을 것이다. 하나님의 거룩한 말씀을 사람의 관점으로 끌고 나아가서 하나님을 위한다는 미명 하에 인간의 규례를 만들어 버린 것이다. 그런 것이 많을수록 인간조직을 강화하는데는 큰 도움이 된다. 그러나 그런 것들이 결국 하나님의 일을 대적하는 것이 될 줄이야!

주님은 입에 들어가는 것, 물질적인 것이 사람을 더럽게 하는 것이 아니라고 하셨다. 사람들은 종교적인 것, 눈에 보이는 것을 중시한다. 물질적인 세계에서 일어나는 것들을 중요시하는 것이 사람의 교훈의 특징이다. 손을 씻어서 깨끗케 하는 것은 우리의 신체, 먹는 것에 관련된다. 그런데 주님은 입으로 들어가는 것이 사람을 더럽게 하는 것이 아니라 입에서 나오는 것이 사람을 더럽게 한다고 하셨다. 지금 바리새인이 예수님께 질문한 것은 입으로 들어가는 것에 관한 것이다. 그러나 주님은 "아니다. 그것은 사람을 더럽게 하지 못한다. 입에서 나오는 것이 더럽다. 내 제자들이 손을 씻지 않은 것은 사람을 더럽게 하지 않지만 너희 입에서 나오는 것은 사람을 더럽게 한다."

이 말씀에 대한 해석이 뒤에 있다. "입으로 들어가는 모든 것은 배로 들어가서 뒤로 내어버려지는 줄을 너희가 알지 못하느냐?"(17절). 그러므로 손을 씻지 않고 먹었다 한들 음식이 우리 위 속에 들어가서 더러운 것들은 뒤로 배출되기 때문에 사람을 더럽게 하지 못한다는 것이다. 주님의 말씀은 틀린 말씀이 없다. 그런데 입에서 나오는 것은 무엇인가? "마음에서 나오나니 이것이야말로 사람을 더럽게 하느니라"(18절). 마음에서 나오는 것은 악한 생각과 살인과 간음과 음란과 도적질과 거짓 증거와 훼방이다. 이런 것들이 사람을 더럽게 하는 것이지 씻지 않은 손으로 먹는 것은 사람을 더럽게 하지 못한다. 주님의 강조점은 언제나 심령에 있는 것이고 영원한 것과 관련이 있으며 외식하는 종교의 중점은 언제나 현세와 육체에 있다.

주님이 바리새인들에게 이렇게 말씀하신 것은 상당히 강한 것이다. 이 유전은 당시 모든 유대인들을 정복하는 규례였다. 손을 씻지 않은 사람은 조사를 당할 정도로 강한 가르침이었다. 그런데 주님은 정면으로 그것은 사람을 더럽게 하지 못한다고 맞서셨다.

12-14절, 이에 제자들이 나아와 가로되 바리새인들이 이 말씀을 듣고 걸림이 된 줄 아시나이까 예수께서 대답하여 가라사대 심은 것마다 내 천부께서 심으시지 않은 것은 뽑힐 것이니 그냥 두어라 저희는 소경이 되어 소경을 인도

하는 자로다 만일 소경이 소경을 인도하면 둘이 다 구덩이에 빠지리라 하신대

제자들이 주님께 이렇게 말했다. "바리새인들이 당신의 말을 듣고 걸렸습니다. 마음이 상했습니다. 분이 나고 성질이 났습니다." 바리새인들은 어떻게 하면 주님을 해칠 것인가도 생각했을 것이다. 제자들이 그것을 바리새인에게서 느꼈다. 주님이 그것을 모르시리라고 생각하는가? 제자들은 거기에 관심이 많다. "주님, 그렇게 말씀하시면 소란이 일어날 것을 모르십니까? 저 사람들 지금 아주 마음이 상했습니다. 주님이 말씀하신 것은 유대교를 깨뜨리는 것인데 정면으로 말씀하셨지 않습니까? 저 사람들 앞으로 무슨 짓을 할지 모릅니다." 그러자 주님이 13절에서 말씀하시기를 "심은 것마다 내 천부께서 심으시지 않은 것은 뽑힐 것이니 그냥 두어라"고 하셨다.

주님은 전혀 문제가 없으셨다. 차분하신 주님! 아무 문제가 없다. 천부께서 심지 않은 것마다 뽑히는데 사람의 가르침은 교회 중에 하나님이 심지 않으신 것이므로 뽑히게 된다는 것이다. 그런 사람들의 말들, 가르침, 계명은 다 뽑히게 된다. 그러시면서 저희는 소경이 되어 소경을 인도하는 자라고 하셨다. 그들은 영적인 것을 모르고 진리를 몰랐다. 하나님께 속한 것을 몰랐다. 눈이 먼 사람들이었다. 그러면서도 그들은 백성을 가르칠 수 있다고 생각했다. 많은 사람들을 인도해 주고 싶어 했다. "밥 먹기 전에는 손을 씻는 거야. 하나님을 잘 섬기려면 깨끗이 손을 씻는 거야." "성전에 드리기만 하면, 하나님을 위해서 드리기만 하면 네 부모님께는 다소 걱정끼쳐도 상관없어. 그냥 갖다 드리기만 해." 이런 말들을 하면서 그들은 하나님을 최고로 잘 섬기는 사람들이라고 자부하고 있었다. 사람들이 그들의 말을 들으면 하나님을 최고도로 잘 섬기는 사람들같이 보였다. 그러나 그들 마음 중심에는 하나님을 존경하는 마음이 없었고 사람들이 만들어놓은 규례에 성실함으로서 그저 사람들 앞에서 그들의 신앙이 좋고 나쁘지 않다는 인상만을 주었다. 그들은 진정으로 주님을 중심에서 사랑하므로 그분의 말씀을 지키려는 뜻이 아니었다. 다만 사람들의 이목을 주의하는 선에서 적당히 외적인 실행들만을 지켜나가고 있었던 것이다. 오늘도 그런 식으로 신앙생활을 하는 사람들이 너무나 많다. 외적인 대인 관계와 종교적인 예식을 지키는 것으로 그친 신앙생활이다. 이런 것이 곧 진정 하나님을 존경하는 것이 아닌 입술로의 존경이다.

주님이 그런 자들에게 진리의 말씀을 제시하자 그들은 마음이 상했다. 그들을 완전히 드러낸 말씀이기 때문이다. 그들이 외식하는 것을 어떻게 알 수 있는가? 하나님의 말씀을 제시할 때, 진리를 제시할 때 알 수 있다. 하나님을 참으로 사랑하는 자들은, 진정으로 마음이 하나님을 향해 있는 자들은 진리가 올 때 엎드러지고 굴복하고 겸손하게 받아들이고 순종한다. 이것이 증거이다. 진리가 왔는데도 받아들이지 않고 반대하고 싸우려 하고 잡아죽이려 하는 것은 외식하는 것이다. 이렇게 하는 사람들은 하나님의 말씀을 경외하는 사람들이 아니다. 그 마음속에 하나님께 대한 경배가 없는 사람들이다. 그런 사람들의 헛된 가르침은 그날에 다 뽑힐 것이다. 오늘날 하나님의 교회 중에서 사람의 가르침이 다 뽑히면 그야말로 그 교회는 참 하나님의 교회가 된다. 인간 조직에서 나오게 된다. 이것이 진정한 의미에서의 회복이다.

여기에 두 소경이 나오는데 하나는 인도하는 소경이고 하나는 추종하는 소경이다. 여기에서 사람의 교훈을 가르치는 사람들만 소경이 아니라 그들을 따르는 사람도 소경이다. 여러분이 생각하기에는 성도들이 무슨 죄가 있느냐고 할 것이다. 성도들은 다 양 같아서 인도자들이 가르치고 인도하는 대로 따라간다. 그래서 모든 잘못을 인도자에게만 돌리려고 한다. 그것 또한 오해요 일종의 사람의 가르침이다. 하나님의 말씀은 그렇게 말하지 않았다. 따르는 사람도 중요하다고 하셨다. 눈 뜬 사람은 소경을 따르지 않는다. 여기 소경이 있고 눈 뜬 사람이 있는데, 이들을 인도하는 자가 소경이라고 하자. 소경을 따라 가는데 그가 잘못 인도하면 "이 사람이 지금 나를 어디로 인도하는 거야? 안 되겠군." 하고서 따라가지 않는다. 따르는 자도 눈이 멀었으니까 소경을 따라가는 것이다.

또한 우리는 소위 이단에 빠진 사람들, 잘못된 신앙을 가진 사람들에 대하여 너무 지나친 관심을 갖지 않기를 배워야 한다. 제자들은 천연적인 사람들의 성품을 대표한다. 그들은 바리새인들이 주님의 말씀을 듣고 분명한 깨달음을 갖지 못하고, 풀리지 않는 심사를 갖고 있는 것을 참기 어려워했다. 제자들은 주님에게 그들에 대하여 끝까지 따져서 분명한 깨달음을 주시든지, 그들의 오해를 풀어 명쾌하게 상황을 정리해달라고 부탁한 것이다. 그러나 주님은 그들의 속을 아셨다. 바리새인들은 아무리 설명해도 안 될 것을 아셨다. 주님은 이 일의 마무리를 천부께 돌리셨다. "내 천부께서 심으시지 않으신 것은 뽑힐 것이니 가만 두어라" 소경이 되어 소경들을 인도하는 상황에 대하여, 그러다가 구덩이에 빠질 것인데, 주님은 그냥 두라고 하셨다. 우리는 여기서 우리가 모든 사람을 다 도울 수 있는 것이 아니라는 것을 배워야 한다. 주님도 어쩔 수 없는 일이었다. 하물며 우리는 오죽할까? 전능하신 하나님도 어찌할 수 없는 일이 있으시다! 그것은 잘못된 선입견으로 신앙관이 확립되어 교만하게 된 경우이다. 이럴진대 그들을 인도하는 소경이나 따르는 자들 모두 길이 없는 것이다. 주님은 '그냥 두어라!'고 하신다.

흐리멍텅한 인도자의 말을 듣기를 좋아하는 사람은 흐리멍텅한 사람이다. 적당히 죄도 짓고 세상도 사랑하면서 믿음 생활을 하고 싶은 사람은 그런 인도자를 따라간다. 절대적으로 주님을 따르려 하는 믿는이가 있는데 인도자가 항상 티비나 보고 담배도 피우고 세상도 사랑하면서 말씀도 그럴듯하게 해주고 마음도 편안하게 해주고 하면 그런 사람을 따라가겠는가? 답답해서 못 따르겠다고 돌아서 버릴 것이다. 그러므로 인도하는 소경뿐 아니라 따르는 소경도 책임이 있다. 결국은 같은 성향의 사람들이기 때문에, 같이 망하는 길을 함께 가다가 둘 다 구덩이에 빠지는 것이다.

15-16절, 베드로가 대답하여 가로되 이 비유를 우리에게 설명하여 주옵소서 예수께서 가라사대 너희도 아직까지 깨달음이 없느냐

이 베드로는 여기저기서 나서기를 좋아한다. 그는 여기서도 나섰다. 이것은 비유도 아니고, 못 알아들을 말도 별로 없는데 베드로가 설명해달라고 했다. 여기서 우리는 베드로의 장점들을 볼 수 있다. 그는 영적 체험에서나 말씀을 깨닫는 일에 있어서 뒤에 서기를 원치 않았다. 조금 궁금한 것은 제대로 알고 싶은 마음이 있다. 대충 들은 것을 만족하지 않는다. 이런 성품이 그로 하여금 수제자가 되게 한 것이다. 주님은 베드로가 번거롭게 알기 쉬운 말씀을 다시 묻는다 해도 거절하지 않으셨다. 온유하신 주님이시다. 그렇지만 주님은 '너희가 아직까지도 깨달음이 없느냐'고 하셨다. 주님은 깨달음이 늦은 것을 결코 좋아하시지 않는다. 속히 깨닫는 것을 기뻐하시는 것이다.

말씀이 똑같이 선포되고 가르쳐질 때 다 잘 깨닫는 것이 아니다. 각 사람의 마음 상태에 따라서 다르다. 착하고 좋은 마음을 가진 영혼이 말씀을 들을 때 잘 깨닫는다(눅 8:15). 교만하고, 시건방지고, 겉 넘은 사람, 주제넘은 사람, 선입견을 갖고 있으며, 높은 데 마음을 두고 있는 사람은 말씀을 잘 못 깨닫는다. 즉 어린아이 같고 순수한 사람이 주님의 말씀을 잘 깨닫는다. 주님은 말씀을 들을 때 잘 깨닫는 사람을 매우 기뻐하신다. 비둘기같은 눈을 가지고 있는 사람, 잘 깨닫는 사람을 좋아하신다는 말이다.

17-20절, 입으로 들어가는 모든 것은 배로 들어가서 뒤로 내어 버려지는 줄을 알지 못하느냐 입에서 나오는 것들은 마음에서 나오나니 이것이야말로 사람을 더럽게 하느니라 마음에서 나오는 것은 악한 생각과 살인과 간음과 음란과

도적질과 거짓 증거와 훼방이니 이런 것들이 사람을 더럽게 하는 것이요 씻지 않은 손으로 먹는 것은 사람을 더럽게 하지 못하느니라

주님은 손을 닦지 않는 사람들이 더러운 것이 아니라 속이 더러운 것이 진정 더러운 것임을 말씀하신 것이다. "입에서 나오는 것들은 마음에서 나오나니 이것이야말로 사람을 더럽게 한다"고 하시면서 사람의 마음에서 나오는 모든 것을 열거하셨다.

21절, 예수께서 거기서 나가사 두로와 시돈 지방으로 들어가시니

주님은 이제 종교인들, 하나님을 잘 믿는다고 하는 자들, 외식하는 자들이 가득한 데에서는 그만 있어야 겠다고 생각하셨는지 거기서 나오셨다. 그리고서 두로와 시돈 지방으로 들어가셨다. 구약 성경에서 두로와 시돈 지방은 선지자들에게 저주를 받은 곳이다. 주님은 그러한 곳으로 가셨다.

주님이 은혜를 베푸시기 좋아하시는 사람들은 믿는 척하며 은밀하게 죄 짓는 사람들이 아니다. 차라리 공개적인 죄인을 좋아하시는 것이다. 오늘날 자기 자신이 너무 형편없다고 집회에 나오기도 어려워하는 사람들, 주님은 그런 사람들을 좋아하신다. 집회에 나오기 어려울 정도로 형편없는 사람, 자신이 너무 허물이 많다고 생각하는 사람, 부끄러워 하는 사람, 그런 사람을 주님이 좋아하신다. 주님이 두로와 시돈 지방으로 들어가실 때 거기에는 그야말로 형편없는 죄인들, 공개적인 죄인들이 있었다. 그런 사람들이 주님의 치료를 잘 받는다.

22절, 가나안 여자 하나가 그 지경에서 나와서 소리 질러 가로되 주 다윗의 자손이여 나를 불쌍히 여기소서 내 딸이 흉악히 귀신들렸나이다 하되

가나안은 이방 땅이다. 또한 그 여자는 이스라엘 사람이 아니라 이방 여자이다. 가나안은 노아의 아들 중에서 셈과 야벳이 아닌 함의 자손으로서 저주를 받은 사람이다. 두로와 시돈, 가나안은 다 저주와 관계가 있는 곳이다. 저주로 가득한 곳에 주님이 가셨다. 거기서 한 여인이 주님께 나와서 소리 지르면서 하는 말이 "주 다윗의 자손이여!" 했다. 이 여자는 이방인인데도 불구하고 예수님이 메시아이신 것을 알았다. 하나님의 아들로서 이 땅에 오신 것을 알았던 것이다. 그래서 그녀는 "나를 불쌍히 여겨 달라. 나에게 자비를 베풀어 달라. 내 딸이 흉악히 귀신들렸다."고 했다.

이는 어머니가 딸에 대해서 지극한 마음을 갖고 있는 경우이다. 이처럼 부모가 자기 자식의 어려운 문제 때문에 고심하며 주님께 나아가는 것은 참 좋은 일이다. 이 어머니는 자기 딸의 문제를 자기 문제로 생각하고 있다. 그러므로 오늘 우리도 우리 자녀들의 문제를 곧 나의 문제로 여겨서 주님께 나아가 기도하기를 배워야 한다. 그 여자는 자신에게 긍휼을 베풀어 달라고 했다. 귀신들린 딸의 문제가 곧 자신의 문제인 것이다. 주님은 딸이 와야지 왜 네가 왔느냐고 말씀하시지 않으셨다. 주님은 그 어머니가 딸의 문제를 가지고 왔을 때 그 여인의 기도를 들어주셨다.

23절, 예수는 한 말씀도 대답지 아니하시니 제자들이 와서 청하여 말하되 그 여자가 우리 뒤에서 소리를 지르오니 보내소서

이렇게 이방인 여자가 소리를 지르는데 주님은 대답이 없으시다. 제자들은 아주 귀찮아졌다. "예수님, 저 여자가 자꾸 소리를 지릅니다. 어떻게 해서 좀 빨리 보내소서." 이 제자들은 예수님의 마음과 다르다. 주님은 대답을 하지 않으셔도 그 여자의 말을 다 들으시면서 동정하고 측은히 여기시는데 제자들은 시끄러운 것밖에는 다른 생각이 없다. 우리가 기도하고 부르짖을 때 주님은 때로 듣지 않으시고 대답이 없으시나 그것이 곧 듣지 않으심을 의미하는 것이 아님을 알 수 있다. 그분은 듣고 계시나 찾는 자들이 더욱 간절히 찾고 구하기를 기다리고 계시는 것이다. 그러나 제자들은 주님께 독촉하기를, 시끄러우니 어떻게 빨리 처리하여 보내라는 것이다. 주님과 제자들은 이렇게 생각이 달랐던 것이다.

24절, 예수께서 대답하여 가라사대 나는 이스라엘 집의 잃어버린 양 외에는 다른 데로 보내심을 받지 아니하였노라 하신대

예수님은 여기서 청원하는 여인이 아니라 제자들에게 말씀하신다. 아직 주님은 여인에게 말씀하시지 않는다. "나는 이스라엘 집의 잃어버린 양 외에는 다른 데로 보내심을 받지 아니하였노라." 주님은 왜 그 여자에게 대답을 하지 않으셨는가? 그분이 하나님의 보내심을 받을 때 오직 이스라엘의 잃어버린 양에게 가도록 보내심을 받았기 때문이다. 여기서 우리는 주님이 일하실 때 엄격한 원칙과 노선에 따라 일하신 것을 알 수 있다. 그분은 사랑과 은혜의 하나님이시고 모든 사람을 돌보시고 구원해주시는 하나님이시지만 원칙과 법도에 따라 일하신다. 이것을 알 때 우리는 주님의 성품을 닮는다는 것이 과연 어떤 것인가를 배울 필요가 있다. 그분은 보내심을 받은 자로서 보내신 자의 뜻을 성실히 수행하시는 위치에 서셨다. 그럴 때 그분은 자기의 입장에 맞지 않은 여인의 요청에 대하여 대답하지도 않으신 것이다. 이러한 주님의 성실함에 대하여 그 누가 쉽게 이해하고 알아들을 수 있겠는가? 그분은 하나님이실지라도 성실하게 보내심을 받은 자의 위치를 잃지 않으셨다.

잃어버린 양에게 가셨다는 것은 그분이 이스라엘의 남은 자들에게 가셨다는 것을 의미하며, 이는 곧 이방인들에게 길이 열려져 있음을 암시하고 계셨다. 즉 주님은 그러면서도 그녀가 구할 수 있는 여지, 잡을 수 있는 문고리를 만들어주신 것이다. 구약 선지서에서 주님은 이스라엘이 주님을 배척하고 떠났을 때, 하나님은 이스라엘을 심판하시고, 그들 가운데 남은 자를 찾으시며, 그때 이스라엘의 징계로 사용하신 열국들을 심판하시고, 그들에게 복을 주시려 하신다. 이것이 곧 하나님이 역사하신 원칙이다. 하나님의 경륜은 실로 알 수 없다. 여기서 주님은 이스라엘의 잃어버린 자(남은 자)를 찾으러 오셨음을 알 수 있고, 이는 은밀히 이방인 중의 잃어버린 자들에게도 길이 열려져 있음을 암시해주고 계셨다.

지금도 주님은 이방인 여자를 구원하시려는 마음이 충만하셨다. 예수님의 마음에는 그 이방인 여자에 대한 동정이 있으시다. 그렇지 않다면 두로와 시돈 지방으로 가실 필요가 없었다. 사실은 그 여자 때문에 가신 것이다. 그런데 여기서 주님은 이 여인이 어떻게 기도하는지를 듣기 위해서 아무 말씀도 하지 않고 계신다. 그 여자는 주님이 들어주실 수 있는 자격 요건을 갖춰야 했다. 그래서 주님은 제자들에게 이렇게 대답하신 것이다. "나는 이스라엘 집의 잃어버린 양 외에는 다른 데로 보내심을 받지 아니하였노라." 이스라엘에게라고 하지 않고 이스라엘 집의 잃어버린 양이라는 말은 그분이 그녀에게 잡을 힌트를 주신 것이다. 그 여자가 이 말씀을 들었다.

25절, 여자가 와서 예수께 절하며 가로되 주여 저를 도우소서

이번에 그녀는 '다윗의 자손'이라는 말을 하지 않았다. 그 여자는 자기가 이방인이기 때문에 다윗과 아무 관계가 없다는 것을 알았다. 그래서 다만 "주여" 라고 했다. 여기서 우리는 주님께 기도할 때 어떻게 부르는가도 매우 중요함을 알 수 있다. 우리는 그분을 다윗의 자손이여라고 부르면 안 된다. 그러면 그분은 답할 수 없는 위치에 계시게 된다. 우리는 여기서 기도하고 요청하는 하나의 좋은 본을 볼 수 있다. 가나안 여인은 우리 모두에게 좋은 본이 되었다. 주님이 대답을 하지 않으셔도 포기하지 않는 것이다. 이럴 때 사람들은 대개 "알았습니다. 제가 잘못 왔습니다." 하고서 물러난다. 그런데 이 여자는 그 말을 듣고 주님께 나가서 절을 했다. "주여, 저를 도와주십시오." 그녀는 호칭부터 바꾸어 부르면서 도와달라고 요청했다.

26절, 대답하여 가라사대 자녀의 떡을 취하여 개에게 던짐이 마땅치 아니하니라

그렇게 그녀가 '주여'라고 부르자 주님은 그녀에게 말할 입지를 얻으셨고 대답을 하셨다. 이 말은 주님이 여자에게 첫 번째로 하신 말씀이다. "자녀의 떡을 취하여 개들에게 던짐이 마땅치 아니하니라." 주 예수님은 지금 떡으로 오셨다. 떡을 주러 오셨고 그분이 또한 생명의 떡이시다. 그런데 이 떡은 다름 아닌 잃어버린 이스라엘 백성들, 이스라엘 양들에게 주러 온 것이다. 이 여자는 자기가 이스라엘 사람은 아니지만 자기도 잃어버린 양의 하나라고 생각했다. 그리고 주님이 하신 말씀을 듣고 많은 것을 느꼈을 것이다. 여기서 우리는 주님의 말씀을 잘 듣는 것을 배울 필요가 있음을 본다. 작은 한 마디를 소홀히 하지 않음으로써 주님께 구할 근거를 얻은 것이다. "아, 예수님이 이스라엘 백성들 가운데 남은 자들을, 잃어버린 양으로 비유하시는구나. 그러면 나도 잃어버린 사람이니까 주님이 도우실 마음이 전혀 없으시지는 않을 것이다. 이스라엘 백성들이 잃은 양이라면 이방인인 나는 더욱 잃은 양이 아니냐"고 생각한 것이다.

이런 생각과 확신을 갖고서 "주여, 나를 도우소서." 하고 요청했을 것이다. 그러자 주님이 "나는 자녀들에게 주러온 떡인데 개들에게는 줄 수 없다."고 하셨다. 여기 두 가지 동물이 나온다. 하나는 양이고 하나는 개이다. 주님은 이스라엘 백성들을 양으로 취급하셨는데 이방인은 개로 취급하셨다. 개는 부정한 짐승이다. 여러분이나 저는 이스라엘 사람들에 비할 때 개이다.

27절, 여자가 가로되 주여 옳소이다마는 개들도 제 주인의 상에서 떨어지는 부스러기를 먹나이다 하니

이러한 기도가 참으로 좋다. 이렇게 자기 자신을 낮추는 사람이야말로 참으로 복 받을 수 있는 사람이다. 은혜는 항상 낮은 자에게 임한다. "그렇습니다. 주님, 저는 개만도 못합니다." 이 여인이 한 말이 시사하는 바는 참으로 크다. 대부분의 사람들은 26절의 말씀을 듣고 그냥 돌아갈 것이다. "개들에게는 줄 수 없어." 하면 "정말 안 되는구나. 난 개이므로 자격이 없어." 하고서 떠날 것이다. 그런데 이 여인은 "주님, 옳습니다. 저는 개입니다. 그러나 개들도 제 주인의 상에서 떨어지는 부스러기를 먹지 않습니까?" 하고 대답했다. 그 말 가운데는 참으로 중요한 의미가 들어있다. 참으로 주님이 들으시기에 귀여운 말이다. "이스라엘 백성들은 주인의 자녀들이라 합시다. 저희들은 개이지만 주인의 개이지 않습니까? 상에서 떨어진 부스러기를 먹는 것이 개의 자격인데 저에게 그래도 도움을 주시지 않겠습니까?" 이 기도가 어떤가? 참으로 감동적이다.

이렇게 자신을 주님 앞에서 낮추는 사람이 주님을 감동시킬 수 있는 사람이다. 앞에서 말한 바리새인과는 너무나 다르다. 그 사람들은 자기들이 최고도로 하나님을 경배하는 것처럼 말했지만 하나님은 말씀하시기를 "너희가 헛되이 나를 경배하는도다." 하셨다. 그들은 주님을 버렸다. 그런데 주님은 여기 아주 비천한 이방 여인, 개로 여겨지는 이방인을 돌아보러 오셨다. 여러분은 어떤 사람이 되고 싶은가?

오늘 우리가 가는 길이 위치적으로 겸손하지 않을 수 없다. 힘을 다해 진리를 따르고자 하는 것이야 우리 양심이 증거 하는 바이지만, 어떤 옳다하는 특이하고 대단한 교리를 내세우는 것이 없고, 어떤 대단한 종파의 배경을 자랑하지 않는다. 그럴 때 마음이 높아지지 못한다. 그러기에 하나님 앞에서나 사람 앞에서 마음이 항상 낮고 겸손할 수밖에 없음을 주께 감사드린다.

28절, 이에 예수께서 대답하여 가라사대 여자야 네 믿음이 크도다 네 소원대로 되리라 하시니 그 시로부터 그의 딸이 나으니라

주님은 이제 그 여자를 개라고 하지 않으셨다. 여자가 스스로 자신을 개라고 하니까 주님은 이제 그녀를 개라고 하지 않으시고 "여자야!" 하셨다. 헬라어에서 개에 대해 두 가지 단어가 있다. 하나는 들개를 뜻하고 하나는 집에서 기르는 개를 뜻한다. 그런데 이 여자가 쓴 단어는 집에서 기르는 개를 가리킨다. 들에서 방황하고 돌아다니는 개가 아니다. 주님은 이 여인에게 "여자야, 네 믿음이 크도다." 하셨다. 주님은 너무 기뻐하셨다. 우리가 주님을 기쁘시게 해 드리려면 믿음이 있어야 한다. 주님이 기도를 들어주시지 않는 것 같아도 끝까지 매달릴 수 있는 사람이 믿음이 있는 사람이다.

오늘 여기서 우리는 배울 것이 있다. 당장 기도를 들어주시지 않으면 "내가 뭐가 잘못되었나? 내가 자격이 없나?" 하고 생각한다. 그럴지라도 "주님, 제가 자격이 없어도 최소한 저는 당신의 자녀입니다." 하고 끝까지 매달리는 믿음을 주님은 보기 원하신다. "내가 이 마지막 때에 믿음을 보겠노라. 낙심하지 말고 끝까지 기도하라." 하신다. 그러므로 주님은 이 여인에게 "네 믿음이 크도다 네 소원대로 되리라"고 하셨고 그 시로부터 그 딸이 낫게 되었다. 이 가나안 여자는 온전히 주님의 긍휼을 얻었다.

가나안 여인이 은혜를 얻은 이유

주님은 구약에서 저주를 받았던 도시, 두로와 시돈에 들어가셨다. 우리는 구약에서 하나님께서 두로와 시돈에 대해서 강하게 책망하고 저주하신 것을 알고 있다. 그런데 하나님의 아들 예수께서 이 땅에 오셔서 영영 저주를 받아 가능성이 없는 그러한 땅에 이르셨다. 우리가 생각하기에는 주님이 그런 저주받은 땅에 가셔서는 안 된다. 그런데 주님은 그곳에 가셨다.

우리는 이것을 깊이 생각해 보아야 한다. 소망 없는 땅에, 제쳐놓은바 된 곳에 주님이 가셨다. 우리 생각에는 그 사람들을 더 이상 축복해서는 안 되고 그곳에서 역사하셔서도 안 된다. 더욱이 주님이 그곳에 가셔서는 안 되고 그들에게 무언가 주셔서도 안 된다. 그런데 주님은 그런 곳에 가셨다.

오늘날 우리 사람들은 너나 할 것 없이 옳고 그름에 빠져 있다. 소위 옳다는 한 무리 가운데 있다가 떨어져 나가면 그들은 나간 사람에게 '분열이다, 저주받는다'고 한다. 많은 사람들이 이렇게 한다. 또 떨어져 나온 사람들은 그런 말을 듣고 속에서 계속 두려워 떤다. "혹시 정말 저주받지는 않을까?" 그리고 여전히 목숨이 붙어 있는 것을 보고 신기하게 생각한다.

예수님은 이 땅에 오셔서 두로와 시돈에 들어가셨는데, 그것도 다름 아닌 가나안 여인을 만나기 위해서이다. 가나안 여인의 한 가지 문제를 해결해 주시려는 것이다. 가나안은 이방이다. 또 저주받은 곳이다. 노아가 예언하기를 "가나안은 저주를 받아 종의 종이 되기를 원하노라"고 했다. 두로와 시돈에 사는 이 가나안 여자는 이중(二重) 저주를 받은 사람이다. 그 여자는 신분상으로 축복을 받을 만한 것이 아무 것도 없다. 주님이 두로와 시돈에 가서 가나안 여자를 만나시겠다 하면 우리 형제자매들 몇몇은 좇아가서 "주님, 들어가지 마십시오. 그러시면 안

됩니다. 여기 원래 축복받은 우리는 어떻게 하라는 말입니까? 우리는 그 자부심으로 살고 있는데 그런 사람들에게 가서 역사하시면 어떻게 합니까?" 하며 말릴 것이다.

주님이 두로와 시돈에 가셔서 하신 일은 한 가지이다. 한 가나안 여인을 돌보아 주신 것이다. 그래서 나는 이렇게 생각한다. 당신의 신분도 중요하지 않다. 조상도 중요하지 않다. 위치도 중요하지 않다. 중요한 것은 딱 한 가지, 당신이 하나님 앞에 얼마나 겸손하게 엎드렸느냐는 것이다. 얼마나 간절하게 주님을 만나고 싶어 하며 그 발 앞에 엎드려 있냐는 것이다.

15장 전반부에서는 그 상에서 먹을 수 있는 자격을 가진 주인집 아이들이 그 떡을 버리는 것을 볼 수 있다. 주님은 하늘에서 보내심을 받아 그의 자녀들에게 떡으로 오신 분이다. 그런데 그 자녀들이 그분을 내어버렸다. 그러자 떡 부스러기가 상 밑으로 떨어졌고 개가 주워 먹었다. 이것이 15장 전반부의 말씀이다.

신분이 자녀이면 뭘 하는가? 신분이 좋으면 뭘 하는가? 좋은 위치를 가지고 있으면 뭘 하는가? 신분을 자랑하지 말라. 여러분의 마음이 주님 앞에서 얼마나 낮추어져 있는가가 중요하다. 차라리 누가복음에 있는 세리처럼 "이 불쌍한 죄인을 용서해 주십시오. 긍휼히 여겨 주십시오" 하는 것이 낫다. "주님이 나한테 복을 주시지 않으면 누구한테 주시겠어? 하나님, 나 외에 누가 있어요?" 하지 말라. 주님은 '사람들 생각에는 주어서는 안 될, 저주를 받을 수밖에 없는' 그런 땅으로 들어가셨다. 완전히 상식을 깨뜨리셨다. 안식일도 문제 되지 않는다. 전에 저주 받은 것도 문제 되지 않는다. 지금은 은혜의 시대이다. 지금은 은혜 받을 자들이 은혜를 받는다. 정말 낮추어져 있으면 그 사람은 은혜를 받는다.

여기 가나안 여인은 자기 딸의 귀신들린 문제를 가지고 주님께 나아갔다. 주님이 "나는 이스라엘의 잃어버린 양 외에는 다른 데로 보내심을 받지 않았노라." 하시니까 이 여인은 더욱 간절히 나아가 불쌍히 여겨달라고 했다. 그 한 마디 말씀을 듣고 물러서지 않았다. "저는 그래도 그 상에서 떨어지는 부스러기는 먹을 수 있습니다." 하니까 주님은 그녀에게 복을 주셨다. 참으로 하나님은 그 사람의 외모를 취하시지 않으심을 볼 수 있다. 그가 진정으로 하나님을 원하는 자이면 은혜를 베푸는 데 인색하지 않으신다.

29절, 예수께서 거기서 떠나사 갈릴리 호숫가에 이르러 산에 올라가 거기 앉으시니

갈릴리는 원래 주님이 사시던 곳이다. 이제 다시 원래 보내심을 받은 이스라엘 나라의 본 백성에게로 돌아오신 것이다. 거기서 산에 올라가 앉으셨다. 거역하는 사람들, 영접하지 않은 사람들도 있지만 찾는 사람도 있다. 소위 지식이 있다고 하는 사람, 잘 믿는다고 하는 사람, 똑똑하다는 사람, 뭔가 있다는 사람은 다 반대했다. 그런 사람들은 주님이 떡으로 오셨지만 "나는 배가 불러. 안 먹어." 하면서 예수님을 조사하러 다녔다. 그러나 예수님이 산에 올라가 앉으실 때 오는 사람들이 있었다. 어떤 사람들이 왔는가?

30절, 큰 무리가 절뚝발이와 불구자와 소경과 벙어리와 기타 여럿을 데리고 와서 예수의 발 앞에 두매 고쳐 주시니

절뚝발이, 불구자, 소경, 벙어리, 기타 여럿이다. 기타 여럿이라고 하는 사람들 속에도 성한 사람은 별로 없을 것이다. 예수님한테 어떤 사람이 따라 왔는가? 잘나고 똑똑하고 멀쩡한 사람은 오지 않았다. 다 이렇게 문제가 있는 사람들이 찾아 온 것이다. 15장 앞부분에서 누가 하늘에서 내려온 떡을 먹었는가? 한 마리 개이다. 그리고 이제는 여러 불구자들이 주욱 따라와서 먹는 것이다.

"데리고 가서 예수의 발 앞에 두매 고쳐주시니". 앞의 가나안 여인의 경우도 그녀의 귀신 들린 딸이 고침을 받았다. 여기서도 고침 받는 것은 역시 먹는 문제이다. 누가 하늘에서 내려온 떡을 먹는가? 이렇게 형편없는 사람들이다. 어딘가 모자란 사람들만 와서 하늘에 속한 떡을 먹는다. 절뚝발이, 불구자, 이런 사람들은 이 세상에 소망이 없다.

어떤 사람들이 절뚝발이를 따라 다니겠는가? 어떤 사람들이 절뚝발이를 모시겠는가? 그런 사람들은 이 세상에 아무런 소망이 없다. 절뚝발이 남자하고 결혼하려는 여자가 흔치 않고 절뚝발이 여자하고 결혼하려는 남자도 흔치 않다. 그들은 이 세상에 아무 소망이 없다. 저절로 이 세상에 소망이 없는 것이다. 그들은 마음이 가난하다. 이런 사람들이 예수님께 왔다. 예수님은 "내가 사역하려고 하는데 겨우 이런 사람들이 나에게 왔는가? 잘 나고 부자고 똑똑한 사람들이 많이 와야 하는데." 하지 않으시고 그런 사람들을 하나하나 다 고쳐주셨다.

"예수의 발 앞에 두니". 이 말은 중요하다. 앞에서 서기관이나 바리새인들은 예수님 면전에 들이대고 따지고 했다. 그들의 눈높이가 높아서 발밑에 놓여 질 수 없다. 그들은 예수님의 머리 꼭대기에다 마음을 두고 왔었다. 이렇게 병들고 낮은 사람들이라야 예수님 발밑에 와서 엎드려 "고쳐주십시오." 하는 것이다. 예수님은 낮은 데로 임하신다. 우리가 어떻게 해야 은혜를 받는가는 너무나 자명하다.

31절, 벙어리가 말하고 불구자가 건전하고 절뚝발이가 걸으며 소경이 보는 것을 무리가 보고 기이히 여겨 이스라엘의 하나님께 영광을 돌리니라

마태는 하나하나를 다 보았다. 하나하나를 다 관찰해보니 벙어리가 말하게 되고 불구자가 건전하게 되고 절뚝발이가 걷고 소경이 보게 되더라는 것이다. 이 부분과 유사한 마가복음 7장 24-26절을 보겠다. "예수께서 일어나사 거기를 떠나 두로 지경으로 가서 한 집에 들어가 아무도 모르게 하시려하나 숨길 수 없더라 이에 더러운 귀신들린 어린 딸을 둔 한 여자가 예수의 소문을 듣고 곧 와서 그 발아래 엎드리니 그 여자는 헬라인이요 수로보니게 족속이라 자기 딸에게서 귀신 쫓아 주시기를 간구하거늘". 이 여자는 순전히 이방인이다. 헬라인이고 수로보니게 족속이요 또 가나안 여자라고 했다.

그 사건이 있은 후에 31절부터 보면 "예수께서 다시 두로 지경에서 나와 시돈을 지나고 데가볼리 지경을 통과하여 갈릴리 호수에 이르시매 사람들이 귀먹고 어눌한 자를 데리고 예수께 나아와 안수하여 주시기를 간구하거늘 예수께서 그 사람을 따로 데리고 무리를 떠나사 손가락을 그의 양 귀에 넣고 침뱉아 그의 혀에 손을 대시며 하늘을 우러러 탄식하시며 그에게 이르시되 에바다 하시니 이는 열리라는 뜻이라 그의 귀가 열리고 혀의 맺힌 것이 곧 풀려 말이 분명하더라"(31-35절)고 말한다.

그 다음 8장에는 떡 일곱 개와 생선 두어 마리로 큰 무리를 먹이신 기록이 있다. 그 일 후에 예수님은 제자들과 함께 배에 오르사 달마누다 지방으로 가셨다. 마태복음 15장의 이 장면과 똑같다.

그런데 마태복음 15장은 동일한 사건에 대한 마가의 기록과 다르다. 여기서는 많은 사람들을 고치셨다. 절뚝발이, 소경, 불구자, 벙어리, 기타 여럿을 고쳐주셨다. 마가복음에는 귀먹고 어눌한 한 사람을 고친 것을 특별히 기록했다. 마가는 그 많은 사례 중에서 특별한 한 사례를 기록한 것이다. 마태는 그때 고침 받은 사람을 거의 다 열거했다. 마가복음에 왜 그렇게 기록되었는가는 마가복음에서 다룰 것이다.

이렇게 복음서는 기록이 서로 조금씩 다르다. 같은 사건을 두고 어떤 곳에서는 소경 둘이라 하고 어떤 곳에서는 한 소경이라고 한다. 여기 마태복음에서는 많은 사람이 치료받은 것을 말하고 마가복음에서는 한 사람이 치료받은 것을 말한다.

우리가 미루어 볼 수 있는 것은 예수님 발밑에 병자들을 데리고 왔을 때 예수님은 다 모아놓고 대충 몇 마디로 말씀하여 치료하신 게 아니라 한 사람 한 사람 아주 진지하게 그 사람의 필요에 따라 자세한 과정을 거쳐 치료해주셨다는 것이다.

예수님은 귀먹고 어눌한 자를 동네 바깥으로 데리고 나가서 양 귀에 손가락을 넣고 침을 뱉아 그 혀에 손을 대시며 하늘을 우러러 탄식하시며 그에게 "에바다(열리라)!" 하심으로 치료하셨다. 그냥 "믿음대로 나을 것이다." 하지 않으셨다. 이것을 볼 때 주님의 치료하심에는 많은 수고가 있었다는 것이다. 우리는 여기서 이것을 알 수 있다. 그렇게 해서 벙어리가 말하고 불구자가 건전하고 절뚝발이가 걷고 소경이 보게 되었다. 이렇게 주님은 한 사람 한 사람에게 알맞게 시간을 들여서 치료해주신 것이다. 그분은 사람들을 치료해주실 때 동네 바깥에까지 나갔다 들어오시기도 하고 또 사람들은 기다리기도 하는 많은 번거로움을 거치셨을 것이다. 우리는 이 일을 이렇게 추측할 수 있다. 그리고 무리들은 그것을 다 보고 있었다. 보고 기이히 여겨 이스라엘의 하나님께 영광을 돌렸다고 했다.

32절, 예수께서 제자들을 불러 가라사대 내가 무리를 불쌍히 여기노라 저희가 나와 함께 있은 지 이미 사흘이매 먹을 것이 없도다 길에서 기진할까 하여 굶겨 보내지 못하겠노라

이렇게 사흘간을 지냈다는 말이다. 우리가 생각할 때는 그냥 "믿음대로 될지어다" 하시고 손만 대면 낫겠지 하지만 물론 그렇게도 치료하셨을 것이다. 주님은 삼 일에 걸쳐 이 일을 하셨다. 때로 가르침도 주셨을 테고 이렇게 한 사람 한 사람 치료도 하셨을 것이다. 그런데 눈 깜짝할 사이에 삼 일이 지나갔다. 이 사람들은 먹는 것도 잊어버렸다. 이러한 놀라운 광경을 보니까 너무 신기하고 놀라서 밥 먹는 게 생각나지 않은 것 같다. 이 사람들은 이렇게 삼 일 간을 주님과 함께 했다.

삼 일이 지나자 주님은 일을 다 하셨다. 이제 무리를 다 보내야겠는데 삼 일 간 아무 것도 먹지 못했다. 물론 주님도 못 잡수셨을 것이다. 영적으로 그들의 필요가 채워졌으니 영적으로는 먹은 것이겠지만 물질적으로는 드시지 못한 것이다. 여기서 한 가지 생각해볼 필요가 있다. 주님의 역사가 매우 현저하고 강력하고 또 사람들 보기에 매혹적이기 때문에 사람들은 삼 일 간 먹는 것도 잊어버리고 그러한 주님의 말씀과 역사에 집중했다. 주님이 얼마나 놀라운 분이셨겠는가? 갈릴리 호숫가 산 위에 앉으셨던 주님! 그분이 사람들에게 얼마나 놀라운 능력과 인격을 나타내셨는지를 우리가 생각해볼 수 있다. 여러분은 나하고 하루만 앉아 있으면 "이제 밥을 먹읍시다. 배고파서 못하겠습니다." 할 것이다. 그런데 예수님은 얼마나 능력이 많으신지 삼 일 간 먹는 것을 잊어버릴 정도였다. 참으로 큰 역량을 가진 주님이시다.

결국 주님은 먼저 그들이 배고플 것을 생각하셨다. 주님은 "이제 영적인 필요와 모든 놀라운 일들로 이미 배가 불렀으니까 가거라. 이제 됐다." 하지 않으시고 육신적인 필요도 돌보아 주셨다. 주님은 양면, 즉 영적인 필요와 육신적인 필요를 다 돌보신다. 주님은 사람의 육신적인 필요를 소홀히 하시는 분이 아니다. 우리는 결코 치우치면 안 된다. 우리의 사역, 봉사 속에는 영적인 부분과 물질적인 부분의 균형이 잡혀 있어야 한다. 이 일에 있어서 주님이 이렇게 하셨을 뿐 아니라 사도들도 "너희가 말과 혀로만 사랑하지 말고 행함과 진실함으로 하라" "이 세상 재물을 가지고 형제들의 궁핍함을 보고도 도와줄 마음을 막으면 어찌 하나님의 사랑이 너희 속에 거할까 보냐"고 했다.

우리 그리스도인은 어느 한 쪽으로 치우치면 안 된다. 영적인 것은 돌보아주지만 물질적인 것은 모른 채 하는 게 아니다. 양면을 다 돌보아 주어야 한다. 앞으로 우리의 사역은 그렇게 가야 한다. 우리는 사람들의 영적인 필요와 물질적인 필요를 돌보아 주는 그런 봉사를 회복해야 한다. 사도 바울이 예루살렘에 올라가서 사도들에게 영적인 복음 진리를 강하게 제출했을 때 야고보와 베드로와 요한은 "당신이 전하는 진리는 문제가 전혀 없다. 그러나 거기에다 가난한 자들 생각하는 것을 잊지 말라."고 했다. 그러자 바울이 "나 또한 그 일을 본래부터 힘써 왔다."고 했다.

이렇게 말한 것으로 보아서 초기 교회부터 우리의 사역자들의 사역은 이 양 방면을 겸했다. 한 쪽씩 나누어서 하는 게 아니고 이 두 가지를 다 해야 한다. 우리는 앞으로 공허한 가르침만 가지고 사역해서는 안 된다. "저희가 나와 함께 있은지 사흘이매 먹을 것이 없도다". 먹을 것이 없는 것도 주님은 돌보아 주신다. "길에서 기진할까 하여 굶겨 보내지 못하겠노라". 사람들의 굶는 것을 관심하시는 주님이라는 말이다. 자신은 먹으면서 "형제여, 당신이 굶는다면 더 영적이 됩니다." 라고 말할 수 없다.

33절, 제자들이 가로되 광야에 있어 우리가 어디서 이런 무리의 배부를 만큼 떡을 얻으리이까

제자들은 광야를 바라보고 있다. 그들의 시야는 광야이고 이 땅이다. 이 제자들은 이미 오천 명을 먹이고 열두 바구니를 거둔 이적을 본 적이 있다. 그러나 한 번 가지고는 안 된다. 잊어버린다. 그들은 동일한 실수를 또 하고 있다. 이런 무리의 배부를 만큼의 떡을 어디서 얻느냐고 한 것이다. 이전에 하늘에서 풍성한 음식이 내려온 것을 잊어버렸다. 믿음을 배우기가 쉽지 않다. 이스라엘 백성은 광야에서 사십 년 간 하늘에서 내려온 만나를 먹었다. 그래도 늘 원망하고 하늘을 믿지 못했던 것이 그들이다. 제자들이 그 이적을 한 번 본 것 가지고 되겠는가?

사실 여기에 있는 여러분들에게도 지금까지 하나님께서 기적을 베풀지 않으셨는가? 베푸셨다. 여러분, 곰곰히 생각해 보라. 지금까지 지내온 것도 주님의 크신 은혜이다. 그런데 앞으로 살아갈 것이 또 캄캄하다고 느껴지지 않는가? 아마 그럴 것이다. 틀림없다. 그렇다면 과거를 생각해 보라. 이 사람들은 이러한 기적을 한 번 체험했는데 다시 같은 종류의 필요가 생기자 그것을 까맣게 잊어버렸다. 16장에 가면 이렇게 두 번 경험을 했는데도 또 잊어버린다.

34절, 예수께서 가라사대 너희에게 떡이 몇 개나 있느냐 가로되 일곱 개와 작은 생선 두어 마리가 있나이다 하거늘

예수께서 너희에게 떡이 몇 개나 있느냐고 물으셨다. 전과 동일하다. 제자들은 "떡 일곱 개와 작은 생선 두어 마리가 있나이다". 라고 했다. 떡 일곱 개를 말할 때에는 '작은'이라는 단어를 붙이지 않고 '생선'을 말할 때에는 그 앞에 '작은'이라는 수식어를 붙였다. 제자들이 왜 생선 앞에 '작은'이라는 수식어를 붙였겠는가? "이것 가지고 되겠습니까?" 하는 의미라고 생각한다.

여기서 한 가지 원칙은 주님은 모든 것을 주실 수 있고 하실 수 있지만 반드시 먼저 우리에게 물으신다는 것이다. 그리고 우리에게 있는 것을 기초로 해서 역사하신다는 것이다. 이 원칙을 보라. 우리에게 있는 것을 먼저 주님께 드리지 않으면 안 된다. 그러므로 이렇게 말할 수 있다. 하나님의 역사에 제한을 두는 것은 우리이다. 우리의 소유를 다 드리지 않기 때문이다. 주님은 역사를 하시고 싶고, 해야 한다고 하시는데 우리는 "이것 가지고 되겠어요?" 하고 드리지 않기 때문에 주님은 이 땅의 필요를 채우실 길이 없다. 그래서 주님이 너희에게 떡이 몇 개나 있느냐고 물으신 것이다. 지금도 이 말씀은 우리에게 동일하게 울려 퍼진다. 너희에게 무엇이 있느냐고 물으시는 것이다.

사람들은 이 정도 가지고는 안 될 것 같으니까 가지고 있으면서도 드리지 않는다. 너무나 적은 것으로 생각하는 것이다. "주님 제가 갖고 있는 것이 이것뿐인데 이것 가지고 되겠습니까만은 그냥 주님께 드리겠습니다." 하지 않는다. 물론 그것만 가지고는 안 된다. 거기에 주님의 축사하심이 더해져야 한다. 그러나 주님의 축복의 근거는 우리의 드림에서 시작한다. 우리는 우리가 소유한 것을 주님께 드려야 한다. 작은 것이라고 보류하지 말고 그것을 드리라.

35절, 예수께서 무리를 명하사 땅에 앉게 하시고

처음에는 절뚝발이, 불구자, 벙어리, 소경이 왔는데 이제 무리가 되었다. 수천 명이 모여들었다. 그 무리가 그러한 역사를 보고 영광을 이스라엘 하나님께 돌렸다. 이제 예수님은 그 무리를 명하사 땅에 앉게 하셨다. 이렇게 앉게 하신 것도 하나의 사건이다. 이 사람들이 삼 일 간 주 예수님이 하시는 것을 보았기 때문에 앉으라고 하시자 앉는 것이다. 사람들이 이와같이 한마디 듣고 모든 무리가 앉는다는 것이 쉽다고 생각하지 말라. 지금 이 사람들은 떡 일곱 개와 생선 두어 마리를 보고, 식사하려고 앉은 것이다. 만일 내가 떡 일곱 개와 물고기 두 마리를 놓고, 점심먹자고, 앉으라고 하면 뒤에서부터 한 사람씩 가면서 식당에 가 사먹겠다고 나갈 것이다.

이곳에 있던 인수가 여자와 아이 외에 사천 명이었다. 이 수많은 사람이 앉으라고 하니까 다 앉았다. 삼 일간 주님과 함께 있어서 그 많은 이적과 광경을 보았기 때문에 그분은 무엇이든지 하실 수 있다 생각하고 그분이 앉으라고 하면 앉는 것이다. 그들은 믿음이 있었던 것이다. 그러한 믿음은 주님으로 하여금 더욱 역사할 수 있는 근거를 마련한 것이다.

36절, 떡 일곱 개와 그 생선을 가지사 축사하시고 떼어 제자들에게 주시니 제자들이 무리에게 주매

이 제자들은 주님이 축사하신 떡과 생선을 가지고 무리에게 나눠주었다. 여러분이 원래 갖고 있는 것으로는 많은 사람의 필요를 채울 수 없다. 반드시 하나님께 드려져서 주님의 손으로 그것이 떼어져야 한다. 떼어질 때 수많은 사람의 필요를 채우게 된다. 그러므로 여러분에게 뭔가가 있다면 드리기 바란다. 주님께 드려서 그것을 주님이 다시 떼시게 하라. 그것이 무한히 번성하는 원리이다. 내가 가지고 있을 때는 한 사람의 필요도 못 채운다. 한 사람 먹기에도 부족하다. 그러나 그것이 주님께 드려져서 주님이 떼실 때 수많은 사람의 필요를 채울 수 있는 것으로 변한다.

37절, 다 배불리 먹고 남은 조각을 일곱 광주리에 차게 거두었으며

삼 일 간 배고픈 사람들이 배불리 먹었으면 엄청나게 먹은 것이다. 무슨 역사든지 주님의 역사가 있으면 배가 부르다. 주님의 역사가 없으면 먹는다고 부지런히 먹었는데 "오늘 나 무엇을 먹었는지 모르겠어." 하게 된다. 그런 상황은 주님의 역사가 없는 것이다. 주님이 떼어주시는 음식은 배부르다. 그리고 이렇게 반응하는 특징이 있다. "이거 우리만 먹기가 아깝군. 더 많은 사람이 함께 먹어야 하는데." 이런 느낌은 음식이 남은 것이다. "오늘 내가 무엇을 먹었는지 모르겠어. 다음에도 과연 또 이 집회를 와야 하나?" 하면 주님의 역사가 없는 것이다. 주님의 떼어주심이 없는 것이다. 축사와 떼어주심이 없는 데에서는 사람들이 그렇게 배부르지 않다. 우리는 우리의 준비한 말씀으로 성도들의 필요를 채우는 것을 생각하지 주님의 축사하심이 필요하다는 것을 상실할 때가 많다. 주님의 축복하심은 얼마나 필요한지!

그들은 남은 조각을 일곱 광주리에 차게 거두었다. 일곱 광주리, 열두 바구니는 다 뜻이 있다. 일곱이라는 숫자는 온전함을 의미한다. 주님은 여기서도 이렇게 남은 것을 버리지 않고 다 차곡차곡 담아 두게 하신다. 주님의 섬세하심을 엿볼 수 있다. 또 주님은 후에 제자들을 가르치실 때 이것을 상기시키셨다. 주님은 큰일도 주의하시지만 작은 일 또한 소홀히 하시지 않고 챙기신다. 이것은 주의 사역자 된 우리 또한 배워야 할 요점이다. 여자와 아이 외에 오천 명을 먹이고 얼마나 남았는지, 사천 명을 먹이고 얼마 남았는지를 질문하심으로 제자들을 가르치신 것이다.

38절, 먹은 자는 여자와 아이 외에 사천 명이었더라

여기서 볼 수 있는 것은 이스라엘에서는 남자를 중심으로 인수를 헤아리는 원칙이 있다는 것이다.

39절, 예수께서 무리를 흩어보내시고 배에 오르사 마가단 지경에 가시니라

예수님은 치료하고 먹이는 일을 하신 다음에 무리를 해산하는 책임까지 지셨다. 일을 다 마쳤다고 혼자 떠나신 것이 아니다. 무리가 가는 것을 지켜보셨다. 오늘 우리 사역자들은 주님 앞에서 배워야 한다. 한 사람 한 사람 다 돌아갈 때까지 지켜보고 보내준 다음에 자신이 갈 데로 가는 것이다. 주님은 그런 다음에 배에 오르사 마가단 지경으로 가셨다. 누가복음에는 달마누다 지방으로 가셨다고 되어 있다. 마태는 마가단이라는 지방 이름을 썼고 마가는 달마누다라는 지방 이름을 썼다. 다 같은 지방의 서로 다른 이름이다.

성경의 사실성을 이런 데서 볼 수 있다. 성경은 기록한 기자들이 본 대로 기록한 것이다. 지역 이름을 서로 논의해서 기록한 것이 아니라는 말이다. 그런데 주 예수님이 하신 일은 온전히 일치되지 않는가? 여기서 우리는 복음서들을 네 사람이 기록했지만 한 분에 대한 완전한 사실을 기록한 것을 볼 수 있다.

16 장

1절, 바리새인과 사두개인들이 와서 예수를 시험하여 하늘로서 오는 표적 보이기를 청하니

바리새인과 사두개인들이 또 왔다. 그들은 예수께 자주 왔다. 12장에서도 이 사람들이 예수님께 와서 표적을 보여 달라고 했다. "그때에 서기관과 바리새인 중 몇 사람이 말하되 선생님이여 우리에게 표적 보여 주시기를 원하나이다"(38절). 여기 16장에서도 바리새인과 사두개인들이 와서 예수를 시험하여 하늘로서 오는 표적 보이기를 청했다.

그런데 여기서 약간의 변화가 있다. 12장에서는 다만 한 번 보여 달라고 했다. 이것은 호기심이다. 예수님이 이런 일 저런 일을 하시니까 표적을 좀 보여 달라는 것이다. 이것이 서기관과 바리새인들이 12장에서 한 일이다. 여러분이 생각할 때에는 똑같은 일을 왜 두 번 기록하나 할 것이다. 비슷한 상황은 한 번만 기록해도 되지 않느냐는 것이다. 더욱이 주님의 대답도 똑같으시다. "악하고 음란한 세대가 표적을 구하나 요나의 표적밖에는 보여줄 표적이 없다". 12장과 16장의 주님의 대답이 동일하다.

여기서 우리는 무엇을 볼 수 있는가? 악한 자들은 더욱더 악해진다. 시간이 가면서 더 악해진다. 거룩한 자는 시간이 갈수록 더 거룩해진다. 여러분은 스스로 검증해볼 수 있다. "내가 시간이 갈수록 더 거룩해지고 의로워지는가, 아니면 더 악해지는가?" 여러분들의 삶이 갈수록 더 거룩하고 의로워진다면 축복과 긍휼을 얻고 있는 삶이다. 그러나 갈수록 말과 행동이 거칠어지고 심성이 악해진다면 그것은 멸망으로 향해 가는 발걸음인 것으로 알아야 한다.

12장에서는 서기관과 바리새인들이 단순한 호기심으로 예수님께 표적 보이시기를 구했다. 그런데 여기 16장에서는 악한 의도가 더 강화되어서 시험하려고 표적 보이시기를 청했다. 여기서는 진정으로 표적을 보고 싶은 것이 아니다. 그들은 사실 표적을 볼 마음도 없었다. 그들은 또 예수님이 보여주시지 않을 것도 알았을 수도 있다. 다만 시험하려고 요청하는 것이다. 악해진 것이다. 악한 사람들은 처음에는 조금 덜 악하지만 시간이 지나면서 더 악독해진다.

그러면 사람들이 왜 주님을 시험하는가? 오늘날도 시험하는 신앙은 없는가? 있다. 무엇이 시험하는 것인가? 우리는 시험이라는 것을 많이 봤다. 합격해야 통과된다. 주님을 시험하는 것은 무엇인가? 주님이 무엇인가 믿을 수 있도록 증거를 보여주어야 믿는 것을 합격시켜 주겠다는 말이다. 기적을 베풀든지, 병을 치료하시든지, 방언을 하게 해주시든지 해야 믿겠다고 하는 것이다. 순수한 믿음이란 그저 주님의 말씀을 믿는 것이다. 구원에 대하여 말해보자! 하나님의 말씀은 "하나님이 세상을 이처럼 사랑하사 독생자를 주셨으니 이는 저를 믿는 자마다 멸망치 않고 영생을 얻으리라"고 한다. 이 말씀만 믿으면 된다. 그분의 말씀으로 족한 것이다. 그러나 사람들은 이런 말씀만 믿어서 구원받는 것은 싱겁고 확실하지 않으니 어떤 표적이 있어야 한다고 말한다. 그래서 방언을 주신다든지, 뭐 뜨끈 뜨끈한 체험을 받았다든지 하는 것을 원한다. 그래야 말씀을 믿는 것에 더하여 확신을 갖겠다고 한다. 주님이 원하시는 믿음은 다만 주님이 하신 말씀 그대로를 믿는 것이다. "믿으면 영생이라"하시니 그대로 믿는 것이다. 아멘

2-4절, 예수께서 대답하여 가라사대 너희가 저녁에 하늘이 붉으면 날이 좋겠다 하고 아침에 하늘이 붉고 흐리면 오늘은 날이 궂겠다 하나니 너희가 천기는 분별할 줄 알면서 시대의 표적은 분별할 수 없느냐 악하고 음란한 세대가 표적을 구하나 요나의 표적밖에는 보여 줄 표적이 없느니라 하시고 저희를 떠나가시다

또 한 면에서 이 사람들이 표적을 보여 달라고 하는 것에는 이런 뜻이 있다. 예수님이 오셔서 하나님의 아들이라고 하시고 복음을 전하시고 하나님의 뜻을 전하시고 하나님의 나라를 전하시니까 "언제까지나 우리를 미혹하려는 건가?" 하는 생각이 들었던 것이다. 이 사람들은 예수에 대해서 아주 신경이 예민해졌다. 그래서 예수님께 와서 "당신이 정말 그런 사람이라면 우리도 믿게끔 표적을 좀 보여주십시오." 한 것이다.

이 사람들은 모세를 믿었다. 요한복음 9장을 보면 바리새인들이 자신들을 모세의 제자로 자처하는 것을 볼 수 있다. "…우리는 모세의 제자라 하나님이 모세에게는 말씀하신 줄을 우리가 알거니와 이 사람은 어디서 왔는지 알지 못하노라"(28下-29절). 이 사람들은 구약을 안다. 모세가 하나님의 말씀을 전할 때 표적이 수반되었다. 그들은 예수님께 이렇게 말하는 듯하다. "하늘로서 불이 내려오든지

천둥이 치든지 해야 우리가 믿을 게 아닙니까? 시내 산에서 우리 조상들은 하나님이 말씀하실 때에 천둥소리를 들었는데 도대체 당신은 우리에게 어떤 기적을 보여줄 겁니까?"

바리새인들의 말이 아주 그럴듯하지 않은가? 그런데 이 사람들 눈에는 절름발이를 고치고 불구자를 고치고 소경의 눈을 뜨게 한 것이 보이지 않는 것 같다. 그런 일은 전혀 주의하지 않는다. 사실 주님이 지금 하시는 것이 다 표적이다. 일마다 표적이었다. 그런데 이 사람들 눈에는 이런 일이 가치가 없다. 이 사람들은 하늘에서 불이 떨어지는 것 따위를 큰 일로 여기는 듯하다. 처음에는 다소곳이 청했는데 이번에는 악한 의도로 주님을 시험하려고 이렇게 했다.

신약에서 주님의 역사는 바뀌었다. 하늘의 이적이 필요 없다. 하나님 자신이 오셨다. 친근하게 사람들에게 오신 것이다. 오셔서 그 사람들의 필요를 하나하나 채워주고 계신다. 말을 못하면 말을 하게 해주고 걷지 못하면 걷게 해주고 배고프면 먹여주신다. 이것이 사실 표적이다. 보리 떡 일곱 개와 생선 두어 마리를 가지고 하늘을 향해 기도하시고 축사하여 사천 명 이상을 먹이신 것이 하늘로서 온 표적이 아니면 도대체 무엇이 표적이란 말인가? 바리새인과 사두개인들은 이런 것을 믿고 싶어 하지 않았다. 방금 하늘로서 온 표적을 보고 나서 곧 바로 하늘로서 오는 표적을 또 보여 달라고 하겠는가?

여기서 주님은 하루의 일기도 저녁 하늘을 보고 알고 아침 하늘을 보고 아는데 왜 시대의 표적은 알지 못하느냐고 하셨다. 그러시면서 악하고 음란한 세대가 표적을 구하나 요나의 표적밖에는 보여줄 표적이 없다고 하셨다. "저녁 하늘이 붉은 것을 보니 날씨가 맑겠군. 아침 하늘이 흐리니까 비가 오겠군." 이런 것은 하늘의 분위기를 보고 날씨를 아는 것이다. 이렇게 이 시대에도 표적이 있는데 그것을 분별할 줄을 모르는 것이다.

이 시대는 어떤 시대인가? 악하고 음란한 시대이다. 이 시대가 표적을 구하는데 요나의 표적밖에는 보일 표적이 없다고 하셨다. 사람들이 악하고 음란하므로 그러한 표적 중심의 신앙을 갖는 것이다. 그들이 진정으로 주님을 알았다면 그들은 주님 자신을 구했을 것이다. 그러나 그들은 악한 자들이므로 주님 자신의 인격보다 뭔가 기적적인 표적을 보기 원했다. 당시 바리새인들이 내적으로 하나님을 깊이 알며, 진리를 안다면 시대를 알아야 했다. 바로 이 어두운 시대, 악한 시대가 그리스도께서 오셔서 요나가 물고기 뱃속에 들어가듯이 죄인들의 죄를 위해 십자가에서 죽으시고 땅 속에 장사지낸바 되셨다가 사흘 만에 부활하실 것을 말해주는 것이다. 그리고 요나가 니느웨 성 사람들에게 하나님의 말씀을 전파했듯이 복음이 온 땅에 전파되는 역사가 이루어질 바로 그 시대라는 것이다.

주님은 여기서 이렇게 말씀하고 계신다. "너희가 표적을 꼭 알고 싶다면, 너희가 그렇게 하늘을 주의하고 분변하는 사람들이라면 너희는 시대의 표적을 알아야 한다. 이 시대는 더럽고 침침하고 악하고 음란하다. 이것은 어떠한 징조이냐? 요나의 표적이 일어날 시대이다." 주님의 말씀하시는 뜻은 그들이 마땅히 그것을 알아야 하는데 무엇을 주의하고 있느냐는 것이다. 그들은 여전히 밖의 것들만 주의하고 있었다. 이 세상에서 가장 위대한 복음 사역, 죄인을 구원하여 영원한 멸망에서 영생으로 구원하기 위한 사역보다 더 위대한 사역이 어디에 있단 말인가? 그분은 이러한 상태에서도 복음을 전하고 계셨다. 즉 고래 뱃속에 들어갔다가 나온 요나와 같이, 이렇게 악하고 음란한 때에 그분 자신이 그리스도로서 참 요나이심을 말한 것이다. 그들이 응당 보아야 할 표적이라면 요나의 표적을 이루려고 오신 그리스도를 알아야 한다는 것이다.

그렇게 분명하게 말씀하신 다음에 "저희를 떠나가시다". 주님은 이런 사람들을 붙잡고 오래 말씀하시지 않고 그들을 그냥 떠나셨다. 어떤 사람들은 오랜 만에 가르칠 기회가 생겼다고 하여 잘 듣지도 않는 사람들을 붙잡아 놓고 한 시간, 두 시간, 세 시간을 이야기할 것이다. 요나서 1장부터 4장까지 해석해주려 할 것이다. 주님은 그렇게 하지 않으셨다. "보여줄 표적이 없느니라 하시고 저희를 떠나시다". 이 한 마디가 참 단순하고 깨끗하다. 주님의 움직이심은 다 배울 것이 있고 의미가 있다. 참으로 우리의 본이시다.

5-6절, 제자들이 건너편으로 갈 새 떡 가져가기를 잊었더니 예수께서 이르시되 삼가 바리새인과 사두개인들의 누룩을 주의하라 하신대

지금 제자들은 주님을 따라다니다가 정신을 좀 잃었다. 우리 주님의 역사가 기묘하고 역동적이고 지혜롭기 때문에 이 사람들은 항상 떡을 가지고 다녀야 한다. 그런데 그것을 잊어버렸다. 제자들이 떡 가져오는 것을 잊었다는 것을 알고 계셨을 텐데 예수님은 제자들에게 삼가 바리새인과 사두개인들의 누룩을 주의하라고 하셨다. 주님이 하시는 말씀은 언제나 의미가 있고 깊으시다. 그러나 제자들은 자신들의 형편과 생각에 빠져있는 것이다. 이것은 오늘날도 하나님의 말씀을 들을 때 오해하는 많은 사람들의 생각과 동일한 것이다. 주어지는 하나님의 말씀은 높고 깊은데 반하여 알아듣는 성도들은 언제나 자신들의 관념과 생각에 따라 판단하게 되기 때문이다.

7절, 제자들이 서로 의논하여 가로되 우리가 떡을 가져 오지 아니하였도다 하거늘

따라서 제자들은 주님이 하신 말씀의 진의를 모른 채 동문서답을 하고 있다. 사람은 누구나 상대방의 말을 들을 때 곧 잘 자기가 생각하고 있는 것에 빠지는 경향이 있는 것이다.

8절, 예수께서 아시고 가라사대 믿음이 적은 자들아 어찌 떡이 없음으로 서로 의논하느냐

떡을 가지고 오지 않은 것에 대해서는 주님이 한 마디도 하지 않으셨다. 그들이 떡에 대하여 염려하는 것은 믿음과 관계되는 말이다. 제자들은 아직도 주님이 물질적인 것에 대하여 관심하시는 것으로 착각하고 있는 것이다. 그들은 아직도 주님을 모르고 있었다. 주님을 가까이에서 따르며 그분의 크신 기적과 능력을 보았다고 해서 주님을 쉽게 알고 믿을 수 있는 것이 아니다. 그들은 이 때 아직도 주님의 능력을 알지 못했다. 그것이 그들에게 믿음이 없었던 점이다. 그러나 주님은 제자들이 그분의 능력을 아는 것에 만족하시지 않고 그분 자신을 알도록 하시기 위해 성령을 보내신 것이다. 성령은 오셔서 그분의 능력만이 아니라 그분의 성품과 그분의 인격 자체를 알게 하신 것이다(요 16:13-16).

9-10절, 너희가 아직도 깨닫지 못하느냐 떡 다섯 개로 오천 명을 먹이고 주운 것이 몇 바구니며 떡 일곱 개로 사천 명을 먹이고 주운 것이 몇 광주리이던 것을 기억지 못하느냐

주님이 다 먹이신다는 것을 이 제자들은 또 잊어버린 것이다. 두 번이나 이런 큰 사건이 있었는데도 불구하고 지금 또 다시 떡을 걱정하고 있다. 이것은 당시 제자들의 이야기만이 아니라 우리의 이야기이다.

11절, 어찌 내 말한 것이 떡에 관함이 아닌 줄을 깨닫지 못하느냐 오직 바리새인과 사두개인들의 누룩을 주의하라 하시니

주님은 그래도 친절하게 자세히 풀어주시며 말씀하셨다. 주님이 하신 말씀은 무슨 말씀이든지 의미가 깊다. 바리새인과 사두개인의 누룩을 주의하라고 하신 주님의 말씀은 다만 외적인 떡 이야기나 물질적인 어떤 것이 아니라 영적인 깊은 세계에 관련된 말씀이다.

12절, 그제야 제자들이 떡의 누룩이 아니요 바리새인과 사두개인들의 교훈을 삼가라고 말씀하신 줄을 깨달음이라

그제야 제자들은 바리새인과 사두개인의 교훈이 무엇인지, 왜 조심해야 하는지를 알았다. 그들이 무슨 말을 하고 다니는지를 알았기 때문이다. 당시 바리새인의 누룩, 사두개인의 누룩이 있었다. 주님이 제자들을 데리고 다니시는데도 불구하고 이 제자들이 바리새인이나 사두개인의 누룩에 감염될 우려가 있기 때문에 그것을 주의하라고 하신 것이다. 지금 우리가 생각하기에는 얼토당토않은 바리새인이나 사두개인의 말을 제자들이 듣겠나 하지만 아니다. 주님은 염려가 있으셨다. 그러니까 주의를 주고 계시는 것이다. 서신서들, 특히 사도 바울의 서신서들을 볼 때 바울은 성도들과 교회에게, 또 동역자들에게 가르침의 문제를 주의하라고 하셨다. 이단적이고 악한 가르침이 있기 때문이다.

바울은 그러한 가르침을 다른 가르침(strange teachings)이라고 했다. 바울은 그러한 가르침들을 삼가야 한다고 말했다. 하나님의 사역자들은 마땅히 건강하고 바른 가르침을 좇고 가르쳐야 하는 것이다. 이 문제는 매우 심각한 것이다. 오늘날도 성도들은 가르침의 문제에 있어서 매우 분별력이 있어야 하고 주의해야 한다. 어떤 것이든지 성경에 근거한 것이라고 해서 받을 수 있는 것이 아니다. 바울은 성경에 근거한 것이라고 해도 족보이야기나 신화나 율법주의를 경계해야 한다고 말했다. 그러면서 건강한 가르침은 거짓 없는 믿음에서 나는 사랑이라고 하였다. 즉 사랑을 산출해내는 것이 아닌 가르침을 받고 변론과 다툼과 교만을 만들어내며 하나님의 경륜을 이루어내지 못하게 하는 가르침을 가르치지 못하게 해야 한다고 하였다(딤전 1:3-11).

주님이 하신 누룩의 문제는 오늘날도 매우 주의를 요하는 말씀으로 받아야 한다. 두 종류이다. 하나는 바리새인의 누룩이요, 다른 하나는 사두개인의 누룩이다. 오늘날도 잘못된 가르침의 종류는 두 범주에서 벗어나지 않는다. 바리새인의 누룩은 자기들만 옳다고 하며 스스로 거룩하다고 하는 데 빠지게 하는 가르침이다. 즉 율법주의와 행위에 빠지게 하는 것이다. 다른 사람들을 멸시하고 자신들은 스스로 의롭다고 하며 모든 사람들 가운데 가장 뛰어난 사람들이라고 착각하게 하는 것이다(눅 18:9-14). 이런 가르침은 속임수인데, 되지 못하고 된 줄로 착각하게 하는 가르침이다.

그 다음 사두개인들은 현실주의자들로서 이생의 행복과 쾌락을 목적으로 하는 신앙이다. 사두개인들은 부활도 영도 믿지 않았다. 그들은 오직 신앙의 목적을 현세에 두고 있는 것이다. 현세에 잘 먹고 잘 사는 데에 목적을 둔 가르침인 것이다. 오늘 이 두 종류의 가르침을 빼면 무엇이 남겠는가? 주님은 벌써 제자들 당시에 이런 두 종류의 누룩에 대하여 염려하고 계셨던 것이다. 오늘날도 이런 염려의 분위기는 도처에 가득하다.

바리새인들의 누룩에 대하여 몇 가지만 예를 들겠다. 마태복음 23장 2-4절, "서기관들과 바리새인들이 모세의 자리에 앉았으니 그러므로 무엇이든지 저희의 말하는 바는 행하고 지키되 저희의 하는 행위는 본받지 말라 저희는 말만 하고 행치 아니하며 또 무거운 짐을 묶어 사람의 어깨에 지우되 자기는 이것을 한 손가락으로도 움직이려 하지 아니하며". 여기서 바리새인의 교훈은 말만 하고 행치 않는 것이다. 이것이 바리새인의 누룩이다. 행함이 없는 지식적인 말, 이것이 누룩이다. 누룩은 사람들이 먹기에 좋은가, 나쁜가? 좋다. 누룩을 넣어야 사람의 입맛에 맞고 좋다. 입맛을 돋구기 위해서 있는 게 누룩이다. 먹기에 부드럽게 해준다. 그것이 바로 누룩이다. 행함이 없이 말만 하는 것이 편하지 않는가? 그것이 바로 누룩이다. 행하지 않아도 말만 잘 하면 되고 지식만 많으면 된다. 그러면 모세의 자리에 앉아서 가르치게 된다.

사람들은 이렇게 하기를 좋아한다. 주 예수님을 따르는 제자들도 열심히 따라다니면 뭐가 된 줄로 알고 사람들을 그저 가르치려 할 것이다. 이러한 위험성이 있기 때문에 주님이 주의하라고 하신 것이다. 사실 여기에서 주님이 바리새인의 누룩을 주의하라고 하신 동기는 15장에 있다고 보아야 한다. 지금 바리새인을 만나고 나서 헤어진 지 얼마 안 되었다. 그들은 사람의 계명으로 하나님의 말씀을 대치한 자들이다. 그런 사람들의 말을 조심하라는 것이다. 사람은 누구나 장담하지 말고 자신을 신뢰하지 말아야 한다. 어떤 사람들 옆에 있게 되면 누룩의 발효하는 역사를 받아들이게 된다. 우리 인간은 쉽게 발효될 수 있는 특성이 있다. 그러므로 조심하라는 말씀을 받아야 한다. 바리새인은 남은 가르치되 자신은 실행하지 않는 사람들이다. 다른 사람들에게는 옳게 한다. 그러나 자신들은 행하지 않는 것이다. 이것이 바리새인의 누룩인 것이다. 사람들이 그런 것을 보면, '아! 그리스도인들이 저렇게 편리하게 하는 것이 좋은 거구나!'라고 하게 된다. 누룩이 위험한 것은 사람들에게 쉽게 영향을 미치고 전염을 시키기 때문이다. 이런 길은 대가 지불이 없어도 되니 사람들에게 매혹적이게 보이고 쉽게 영향을 주는 것이다. 대가를 지불하며 철저히 가지 않아도 영적인 길을 갈 수 있으며 모든 것을 할 수 있는 것처럼 보인다. 결과는 마음속에 지식과 위선으로 인한 독한 교만이 자리를 잡게 되는 것이다.

사두개인은 현대주의자이다. 부활이 없다, 내세가 없다고 하는 사람들이다. 현세에 치우쳐 사는 사람들이다. 그들은 영이 없다고 한다. 말하자면 이 사람들은 "그렇게 사람이 계획도 없이 막무가내로 살면 안 돼. 예수 믿는 사람도 다 먹어야 해. 그러니까 돈을 벌어. 돈을 버는 게 실제야. 너 저축해놓은 것 없지? 그럼 너 어떻게 살 거야? 너 자식 낳을 거지? 뭘로 먹일 거야? 그러니까 돈 벌어야지." 하는 사람들이다. 그럴 때 주님의 이런 주의하시는 말씀을 안 들은 사람들은 "맞아. 이거 큰일 났네." 할 것이다. 그렇게 되면 주님을 따르기가 어렵다. "돈을 벌어야지. 이렇게 주님을 따르다가는 길이 없겠어." 하고 빗나가게 된다. 이런 사람들은 현실주의자이다. 믿음이 없고 내세가 없다. "좁은 길이고 뭐고 잘 살아보아야겠어. 왕국에 소망 없어! 하늘을 믿고 살라고? 아니야. 이 땅에서 내가 번만큼 먹고 사는 거야. 남한테 꾸어달라고 할 것도 없고 꾸어줄 것도 없어. 잘 믿는다고 하더라도 이 세상에서 잘 사는 것이 필요해. 내 가정이 있고 신앙이 있고 내 행복이 있고 신앙이 있는 거야" 하는 자세로 사는 사람들이다. 어떤가? 그렇게 말할 때 그럴듯하지 않은가? 그럴 듯하다. 그러니 주의해야 한다. 얼토당토 하지 않으면 제자들이 그 누룩에 속겠는가?

하나님의 말씀에다 누룩을 넣으면 부푼다. 이것이 바로 사두개인의 교훈이다. 이것이 누룩인 것이다. 그러면 순수한 하나님의 말씀이 무엇인지, 누룩이 무엇인지 알겠는가? 바리새인과 사두개인의 누룩은 오늘날도 존재할 수 있는 것들이다. 주님을 따르는 사람들은 이런 누룩을 주의해야 한다. 그렇지 않으면 다 부패하게 된다.

13절, 예수께서 가이사랴 빌립보 지방에 이르러 제자들에게 물어 가라사대 사람들이 인자를 누구라 하느냐

마태복음 1장부터 16장 12절까지 주님은 많은 역사를 하셨다. 이제 16장 13절부터는 커다란 전환이 시작 된다. 어떤 성도는 이 부분이 마태복음의 등뼈와 같다고 했다. 여기서부터 무언가 주님의 말씀하시고자 하는 것이 달라진다는 것이다. 이전에는 주님이 많은 이적을 행하셨고 우리는 그것을 보았다. 사람들은 예수 그리스도께서 행하신 많은 이적들을 보았다. 물 위를 걸으신 일, 떡 다섯 개와 물고기 두 마리로 오천 명을 먹이고 열두 바구니를 남게 하신 일, 또 떡 일곱 개와 물고기 두어 마리로 사천 명을 먹이고 일곱 광주리를 거두게 하신 일, 또 그 입에서 나온 많은 지혜로운 말씀들, 손 마른 자를 낫게 하신 일, 병든 자를 치료하신 일 등 많은 놀라운 일들이 있었다. 그럴 때마다 사람들은 "저 사람이 과연 누구이길래 이런 일을 할 수 있는가?" 하고 그분에 대해 기이히 여기고 놀라곤 하였다.

그런데 16장 13절에서 주님은 제자들을 가이사랴 빌립보 지방으로 인도하셨다. 이 지방은 매우 공기가 맑고 도시에서 좀 떨어진 곳이다. 가이사랴라는 이름은 황제를 뜻하고 빌립보는 헤롯의 동생 이름 빌립에서 따온 것인데 이 두 이름을 합해서 지었다고 한다. 그러한 도시에 제자들을 데리고 오셨다. 그들이 예루살렘의 종교적인 분위기를 벗어났을 때에, 또 그 동안 주 예수님의 행하신 이적을 보고 또 체험하게 한 뒤에 주님은 제자들에게 질문하셨다. "사람들이 인자를 누구라 하느냐?"

주님은 여기서 자신을 인자(人子)라고 부르셨다. 인자란 사람의 아들이라는 말이다. 구약의 에스겔이라든가 다른 선지자들이 자신들을 인자라고 부른 것을 볼 수 있다. "인자야 네가 이것을 보느냐?" 이런 표현을 우리는 구약에서 읽을 수 있다. 물론 인자라는 이름은 주님이 그분 자신을 낮추어 부른 이름이다. 사람의 아들로서 사람들에게 배척받은 이름이고 고난 받은 이름이다. 그러나 나중에는 십자가에 죽고 부활하시어 영화롭게 되셨다. 그분이 인자이시다.

주님은 이제 그분 자신이 누구인가를 사람들에게, 특히 제자들에게 관심하게 하셨다. 이 말씀 이전에는 주님이 한 번도 제자들에게 '자신이 누구냐'고 묻지 않으셨다. 다만 많은 일을 행하셨다. 그러나 이 부분에 와서는 주 예수님이 제자들로 하여금 그분 자신을 주목하게 하셨다. 바리새인이나 서기관들이 하는 말이 아니라 일반적인 사람들이 나를 누구라 하더냐는 것이다.

제자들은 여러 사람들이 주 예수님에 대해서 하는 말을 들었을 것이다. 주님은 당시에 많은 역사를 하셨고 이적을 행하셨기 때문에 사람들은 틀림없이 예수님에 대해 관심을 가졌을 것이다. 그분에 대해서 호기심을 가지고 생각하기도 하고 말하기도 했을 것이다.

14절, 가로되 더러는 세례 요한, 더러는 엘리야, 어떤이는 예레미야나 선지자 중의 하나라 하나이다

사람들은 세례 요한이 당시 목 베임을 당하여 죽은 것을 알고 있다. 그리고 엘리야도 구약의 선지자로서 오래 전에 세상을 떠난 사람이다. 물론 엘리야는 병거를 타고 하늘로 올라갔다고 기록되어 있다. 예레미야도 물론 죽은 사람이다.

그런데 사람들은 예수님이 많은 권능과 이적을 행하시니까 그분에 대해 죽은 선지자가 다시 살아난 사람이라는 생각을 갖고 있었다. 당시에는 과거의 어떤 선지자가 다시 살아나서 일할 수 있다는 생각이 있었던 것 같다. 그래서 헤롯도 예수님이 많은 역사를 행하신다는 소문을 듣고서 그가 죽인 요한의 기운이 그 사람 속에서 살아 운동한다고 했다. 이렇게 당시에는 죽은 사람이 다시 회생되어 역사할 수 있다는 생각을 가지고 있었던 것이다.

먼저 사람들은 주 예수님을 세례 요한이라고 했다. 세례 요한은 당시에 주 예수님을 천거하는 사역을 했다. 광야에서 외치고 또 많은 권능을 행하였다. 그래서 사람들은 주 예수님이 세례 요한일 것이라고 한 것이다. 그리고 어떤 사람은 엘리야라고 했다. 엘리야는 구약에서 많은 권능을 행하였다. 그래서 어떤 사람들은 주 예수님이 권능을 행하시는 것을 보고 엘리야라고 생각한 것이다. 그리고 또 어떤 사람들은 예수님이 가끔 눈물을 흘리시고 슬퍼하시는 광경을 보았기 때문에 예레미야라고 생각했다. 예레미야는 구약의 눈물의 선지자라고 불리웠다. 또 어떤 사람들은 선지자 중 한 사람일 것이라고 했다. 즉 사람들의 눈에 주님이 평범한 사람은 아니다. '선지자 쯤 될 것이다'라고 본 것이다.

우리가 여기서 주목할 것은 세례 요한은 주 예수님을 하나님의 아들이라고 말했다는 것이다. 또 "보라 세상 죄를 지고 가는 하나님의 어린양이로다!"라고 했다. 또 그는 그분이 그리스도라고 했다. 그런데 사람들은 예수님을 그리스도라고 말하지 않았다. "메시야 곧 하나님의 아들이 아니다. 세례 요한일 것이다. 또는 엘리야일 것이다." 라고 했다. 사람들은 옛날이나 지금이나 그들 당대에는 특출한 인물이 없을 것이라는 생각을 한다. 그리고 과거의 특출한 사람들을 높이기를 좋아하는 특성이 있다. 과거의 특출한 사람은 기꺼이 인정한다. 그러나 현재는 특출한 사람이 없다고 생각하고 싶어한다. 그것이 보편적인 인간의 시기심이요 악한 마음이다. 그러나 분명 세월이 지날 때 현재의 어떤 사람들은 후대의 사람들이 칭찬하는 인물이 된다. 우리나라의 많은 이들이 그러하다. 이순신 장군이 당대에는 그렇게 유명하지 못했다. 시기와 모함 자들이 많았고 그러기에 백의종군도 한 것이다. 그렇지만 후세의 역사가 그를 높이 평가한 것이다. 성경에서 모세도 마찬가지이다. 당시에는 수많은 사람이 그를 거스렸다. 그도 마음고생을 많이 하였다. 그러나 후세 이스라엘은 그를 지나치게 높였다. 엘리야도 마찬가지이고 세례 요한도 마찬가지이다. 그가 죽은 지 얼마 안 되었지만 사람들은 훌륭한 주님의 역사를 보고 그가 세례 요한이 아니냐고 한 것이다. 그것은 세례 요한도 벌써 상당한 명성을 갖고 있었던 것이다.

세례 요한은 분명히 "나는 그리스도가 아니다. 그가 그리스도이시다."라고 했다. 그리고 그분이 하나님의 어린양이시라고 말했다. 그럼에도 사람들은 그분에 대해 세례 요한이라고는 말해도 그분이 그리스도라고 말하기는 싫어했다. 메시야는 아닐 거라고 생각했다. 이것이 사람들이 하는 말이다. 그런데 주님은 거기서 머무르지 않고 이어서 제자들에게 물으셨다.

15절, 가라사대 너희는 나를 누구라 하느냐

일반적인 사람들과 주님을 가까이 따르는 사람들과는 주님에 대한 인식에 차이가 있다. 가까이 있는 사람과 멀리 있는 사람과는 이렇게 차이가 있는 것이다. 우리는 지금도 주님과 가까워야 한다. 멀리 떨어지면 주님에 대해서 이렇다고 저렇다고 말해도 그것은 많은 일반적인 사람들의 말하는 것과 같다. 그러나 주님과 더 가까이 있을수록 내가 아는 지식은 다른 사람이 아는 지식과 다르게 된다. 그래서 주님은 제자들에게 너희는 나를 누구라 하느냐고 하신 것이다.

16절, 시몬 베드로가 대답하여 가로되 주는 그리스도시요 살아 계신 하나님의 아들이시니이다

이 대답은 참으로 위대한 고백이다. 주 예수님이 이 땅에 오셔서 사람들 가운데서 최초로 그분에 대한 분명한 깨달음을 들으시는 순간이다. 또한 베드로가 거듭나는 순간이다. 이때 베드로는 거듭나게 되었다. 사람들은 예수님을 이렇게 저렇게 말하지만 베드로는 그분을 주(主)라고 했다. 그리스도란 하나님의 소망과 계획을 이루는 자라는 뜻이다. 헬라어로 기름부음을 받은 자라는 뜻이다.

유대 나라에서는 왕을 세울 때 반드시 기름을 부었다. 사무엘이 사울에게 기름을 붓고 다윗에게 기름을 부은 것은 하나님께서 그들에게 그 나라를 통치하도록 위임하셨다는 뜻이다. 오늘날로 말하자면 대통령이 누군가를 특사로 보낼 때 신임장(credentials)을 주는 것과 같다. 당시에는 그런 자들에게 기름을 부었다. 그런 의미에서 예수는 바로 하나님의 그리스도이신 것이다.

그런데 구약에서 하나님은 그분의 선지자들을 통해서 수없이 이 땅에 메시야

(그리스도)가 오실 것이라는 예언을 하게 하셨다. 그런데 그 예언을 보면 그리스도가 오실 때에 이 땅에 놀라운 일들이 벌어지게 될 것을 말한다. 그리스도는 왕으로 오시는데 그때 이 땅에 평화가 오고 모든 문제가 사라지고 만물이 회복되고 번영이 오게 된다는 것이다. 물론 메시야가 오셔서 받게 될 고난도 기록되어 있지만 이스라엘 사람들의 생각에는 메시야가 오실 때 놀라운 분일 거라는 것이다. 그런데 예수라는 사람이 와서 "내가 그리스도라" 하니 그것을 믿기가 어려웠다. 너무나 초라하셨기 때문이다. 가난한 목수의 아들로 태어나셨고 나사렛에서 사셨고 그 얼굴도 그렇게 잘생기지 않으셨던 것 같다. 성경은 그분이 타인보다 많이 상하셨고 놀랍지 않은 모습으로 오셨다고 말한다. 그래서 사람들이 그를 그리스도로 인식하기가 어려웠던 것이다.

그런데 그분이 다니면서 하신 일들은 너무나 놀라웠다. 그리스도가 아니면 하실 수 없는 일들을 많이 하셨다. 소경의 눈을 뜨게 한다든가 죽은 자를 살린다든가 하는 일들은 그분이 그리스도라는 것을 증명하고도 남는다. 그런데 그분이 그러한 외모로 오셨기 때문에 사람들은 그분이 그리스도라고 시인하기가 싫었다. 실망한 것이다. 그래서 그분에 대해 세례 요한이나 엘리야나 예레미야나 선지자 중 하나일 것이라고 말한 것이다.

그런데 이 베드로는 주님이 물어보시자 "주는 그리스도시요 살아 계신 하나님의 아들이시이다"라고 했다. 하나님의 아들이라는 말은 놀라운 말로서 하나님이라는 말과 같다. 사실 그분은 하나님이 육신을 입고 이 땅에 오신 분, 하나님의 영광의 광채이시다. 하나님은 영광이시고 그리스도는 광채이시다. 하나님의 아들은 하나님의 생명, 하나님 자신이 그 안에 계시지만 그 표현은 사람이신 분이다. 비유하자면 발전소의 전기가 있는데 그것은 보이지 않지만 여기 있는 전등을 통해서 그 전기가 표현된다. 그와 같이 하나님의 영광의 광채가 바로 그리스도이시다. 하나님의 아들이시다. 지금 제자들 앞에 계신 예수는 사람이신데 그가 바로 하나님의 현현이시라는 뜻이다. 예수가 살아 계신 하나님의 아들이시라는 말은 보통 말이 아니다. 베드로가 이 대답을 한 것은 작은 일이 아니다.

예수는 하나님이시다. 사람으로 오신 하나님이시다. 그분의 어깨에는 정사를 메었다. 그분은 하나님의 기름부음을 받은 자로서 하나님의 뜻과 계획이 그분을 통해서 성취된다. 구약에 수없이 예언되고 예표된 그 메시야, 그 백성을 구원할 자, 그가 바로 이 제자들 앞에 서 계신 인자 예수이시다. 베드로의 이러한 대답은 정말로 위대한 시인(是認)이다.

17절, 예수께서 대답하여 가라사대 바요나 시몬아 네가 복이 있도다 이를 네게 알게 한 이는 혈육이 아니요 하늘에 계신 내 아버지시니라

여기서 바요나란 요나의 아들이라는 뜻이다. 요나는 비둘기인데 곧 비둘기의 아들이라는 뜻이다. 말하자면 "네 이름은 바요나 시몬이다. 비둘기의 아들, 성령의 아들이다."라는 뜻이다. 베드로가 성령의 계시를 받았을 때 성령의 아들이 된 것이다. 시몬은 베드로의 옛 이름이다. 주님이 베드로를 "바요나 시몬아!" 하고 부르셨다. 시몬은 베드로의 옛 이름인데 그의 옛 태생이다. 어부요 별수 없었던 천한 사람, 그가 이러한 놀라운 계시를 얻은 것이다. 이것은 보통일이 아니다. "네가 누군데 이렇게 놀라운 말을 하는가!" 하여 그의 옛 신분의 이름을 다시 한 번 말씀하신 것이라 생각이 된다.

"바요나 시몬아, 네가 복이 있도다." 누구든지 예수 그리스도를 이렇게 성령의 계시로 아는 사람, 그리스도로 알고 하나님의 아들로 아는 사람은 복 있는 사람이다. 나는 여러분 모두가 오늘 이 자리에서 그분이 그리스도이고 하나님의 아들이시라는 것을 알기 바란다. 이러한 고백이 있을 때 진정한 거듭남이 있게 된다. 진정한 그리스도의 신앙인이 되는 것이다.

오늘날 어떠한 사람들은 어떠어떠한 성경 구절들을 통해서 죄를 사함 받고 구원받았다고 한다. 물론 말씀을 깨닫는 것은 나쁜 것이 아니다. 복음의 진리를 깨닫는 것도 필요하지만 당신이 정확하게 구원을 받으려면 예수가 누구신지를 알아야 한다. 어떤 방법이나 공식과 절차를 통해서 구원받는다고 생각하지 말아야 한다. 당신의 눈이 열려서 나사렛 예수가 누구신지를 알아야 한다. 다만 구원받는 방법만 알고 예수가 누구신지를 모르는 사람은 계시가 없는 사람이다. 그러므로 반드시 이런 선포가 있어야 한다. "주는 그리스도시요 살아 계신 하나님의 아들이십니다!" 이렇게 계시가 있고 고백이 있는 사람은 복이 있는 사람이다. 이 땅에서 가장 복이 있는 사람은 예수에 대한 계시가 있는 사람이다.

"이를 네게 알게 한 이는 혈육이 아니요 하늘에 계신 내 아버지시니라". 계시로 예수 그리스도를 아는 것은 혈육 곧 사람에게서 받은 것이 아니다. 오늘날 많은 그리스도에 대한 지식이 사람에게서 사람으로 전수된 것이다. 사람에게서 전수받은 지식은 그리스도에 대한 참된 지식이 아니다. 그것은 머리에서 머리로 옮겨진 지식이다. 그것은 혈육이 가르쳐 준 것이다. 그러나 그리스도에 대한 참된 계시는 하늘로부터 온다. 당신의 눈이 열려서 예수가 누구이신지 알아야 한다. 여러분에게 만약 계시가 있다면 그것은 하늘에 계신 아버지께서 주신 것이다. 하늘로부터 온 계시가 있을 때 비로소 참된 신앙이 세워진다.

18절, 또 내가 네게 이르노니 너는 베드로라 내가 이 반석 위에 내 교회를 세우리니 음부의 권세가 이기지 못하리라

주님은 베드로가 한 가지 계시, 즉 하나님의 아들에 대한 계시를 보았을 때 "또 내가 네게 이르노니"라고 하셨다. 주님은 우리가 한 가지 계시를 받으면 반드시 또 주신다. 당신이 만약 예수 그리스도에 대한 계시를 보았으면 그 다음에 또 보아야 할 것이 있다.

"내가 이 반석 위에 내 교회를 세우리니". 즉 교회에 대한 계시를 주시는 것이다. 당신은 그리스도를 알았는가? 이제는 교회를 알아야 한다. 베드로는 헬라어로 페트로스이다. 그리고 반석은 헬라어로 페트라이다. 이것은 큰 돌을 의미한다. 과거에 성경학자들은 이 두 단어를 혼동해서 베드로를 반석 삼아 엄청난 일을 감행했다. 이 얼마나 큰 실수인가? 여기 베드로라는 말과 반석이라는 말은 같은 말이 아니다. 이 베드로는 산돌이란 말이다. 누구든지 하나님의 아들에 대한 계시를 얻으면 즉시 산 돌이 된다. 그러나 하나의 산 돌이 될 뿐 반석이 되는 것은 아니다. 반석은 그리스도이다. 이 반석은 베드로가 계시로 본 예수 그리스도라는 말이다. 그리스도가 반석이시지 베드로가 반석이 아니다. 교회가 반석 위에 세워지는데 베드로 위에 세워지면 베드로가 흔들릴 때 교회도 흔들리지 않겠는가? 사실 베드로는 몇 번 흔들렸다. 예수님이 돌아가시기 전에도 흔들리고 후에 안디옥 교회에서도 흔들렸다. 그가 반석이라면 교회는 계속 흔들릴 것이다. 찬송 중에 "반석 위에 세운 교회 흔들 자가 누구랴"라는 가사가 있다. 반석 위에 세워진 교회는 흔들리지 않는다. 반석은 곧 그리스도이시기 때문이다.

다시 말하지만, 이 반석은 베드로가 계시로 본 그리스도이다. 실제적으로 말해서 언제 반석이 생기는가? 그리스도만이 영원한 반석이시다. 만세 반석이신 예수를 찬양한다! 성도들이 예수 그리스도, 하나님의 아들을 계시로 보았을 때 반석이 놓이게 된다. 그들이 본 계시가 반석이 되는 것이다. 신학이나 교리나 지식의 그리스도가 아니라 계시된 그리스도, 그 그리스도가 반석이시란 말이다. 주님은 반석 위에, 그 그리스도 위에 내 교회를 세우시겠다고 하셨다. 그러므로 교회는 주님의 것이다. 여러분이 오늘 이 그리스도를 계시로 보았다면 교회의 기초는 이미 세워진 것이다.

"이 반석 위에 내 교회를 세우리니 음부의 권세가 이기지 못하리라". 사람이 교회를 세우는 것이 아니다. 교회는 주님이 세우시는 것이다. 그런데 이 교회는 음부의 권세가 이기지 못한다. 음부의 권세는 '음부의 문들'이라고도 번역한다. "음부의 문들이 이기지 못하리라". 세상 사람들은 음부의 문을 이기지 못하므로 죽으면 다 음부의 문으로 들어간다. 음부에게 정복당하는 것이다. 지금도 이 세상을 누가 정복하는가? 음부의 세력이다. 음부의 세력이 장악하고 있다. 왜 사람들이 돈을 벌지 못할까봐 겁내면서 아침부터 저녁까지 뛰는가? 죽을까봐 그렇다. 그 세력이 바로 음부의 세력이다. 죽지 않으려고, 어떻게든지 살려고 인생을 다 투자하는 것이다. 그래도 결국은 음부의 권세가 그들을 사로잡아간다. 모든 사람이 음부의 권세에게 진다. 지금도 온 세계는 음부의 영향을 받고 있다

그런데 주 예수님이 세우시겠다고 하신 교회는 이 지구상에서, 이 우주 가운데서 유일하게 음부의 권세가, 음부의 문이 이기지 못하는 존재이다. 이러한 교회를 주님이 세우시겠다는 것이다. 어떠한 사람들이 이러한 교회로 세워지는가? 베드로처럼 예수 그리스도의 계시를 본 사람들이다. 예수가 그리스도이시고 하나님의 아들이심을 계시로 본 사람들, 그런 사람들로 반석 위에 세워진 교회가 생겨난다.

그러한 교회가 세워지면 그 교회만큼은 음부의 권세가 이기지 못한다. 그렇게 해서 사도행전에 있는 교회가 일어났다. 사도행전에서 교회가 일어났을 때 사도행전의 모든 역사는 무엇을 이야기하는가? "사탄아, 네가 이 교회를 이길 수 있느냐? 결코 그럴 수 없다." 무력으로 핍박하고 아무리 공격을 해도 교회는 사망을 뚫고 일어난다. 부활로 일어나는 것이다. 왜냐하면 교회는 사망과 음부를 이긴 부활의 생명을 갖고 있기 때문이다. 그 생명은 썩지 않는 생명, 음부의 권세가 사로잡을 수 없는 생명이다. 어떤 것에도 굴하지 않는다.

오늘 음부의 권세에 굴복하는 단체가 있다면 그것은 주님이 건축하신 교회가 아니다. 성도들이 먹을 것이 없고 가난하면 그 신앙이 영향을 받는다. 믿음이 물질 때문에 왔다갔다하는 것이다. 그것이 교회인가? 기근이나 도적이나 적신이나 위험이나 칼이나 어떤 것으로도 그리스도 예수 안에 있는 하나님의 사랑에서 끊어질 수 없는 것이 교회이다. 교회라는 존재는 그러한 것들로 움직이거나 요동될 수 없다. 음부의 권세가 이길 수 없는 것이 교회이다. 사도행전에는 그러한 교회가 있다. 죽음을 뚫고 일어나고 핍박을 뚫고 일어난다. 사도 바울을 보라! 돌로 맞아 거의 죽게 되었어도 다시 일어나 복음을 전했다. 그것이 무엇인가? 그것이 부활의 간증이고 음부의 권세가 이기지 못하는 교회의 간증이다.

19절, 내가 천국 열쇠를 네게 주리니 네가 땅에서 무엇이든지 매면 하늘에서

도 매일 것이요 네가 땅에서 무엇이든지 풀면 하늘에서도 풀리리라 하시고

주님은 그리스도의 계시를 본 베드로에게 그 반석 위에 교회를 세우겠다고 하셨고 또 네게 천국 열쇠를 주겠다고 약속하셨다. 교회의 열쇠를 주겠다고 하신 것이 아니다. 교회와 천국은 같은 성질도 있지만 다른 성질도 있다. 천국 안에는 가라지가 있는가? 있다. 교회 안에는 가라지가 있는가? 있어서는 안 된다. 교회는 영광스런 곳이다. 그러나 천국 안에는 가라지도 있고 누룩도 있다고 했다. 그러므로 제자들이 사람들을 천국 안으로 인도할 수는 있어도 이 땅에 세워지는 교회 안으로 인도하는 일은 주님이 하신다.

주님은 베드로에게 천국 열쇠를 주겠다고 하셨다. 그는 이 열쇠를 오순절날 한 번 사용했고 또 한 번은 고넬료 집에서 사용했다(여기서 열쇠는 복수이다). 이로 말미암아 천국이 시작되었다. 교회와 천국은 동의어이긴 하지만 거기에 뭔가 차이가 있다.

"내가 천국 열쇠를 네게 주리니 네가 땅에서 무엇이든지 매면 하늘에서도 매일 것이요 네가 땅에서 무엇이든지 풀면 하늘에서도 풀리리라". 이것은 오직 베드로만 열쇠를 가지고 있다는 뜻은 아니다. 그렇게 생각하는 것은 성경을 잘못 해석한 것이다. 이 열쇠는 누구나 다 가지고 있다. 그러나 어쨌든 이 열쇠를 처음 사용한 사람은 베드로이다.

마태복음 18장 17절- 18절, "만일 그들의 말도 듣지 않거든 교회에 말하고 교회의 말도 듣지 않거든 이방인과 세리와 같이 여기라 진실로 너희에게 이르노니 무엇이든지 너희가 땅에서 매면 하늘에서도 매일 것이요 무엇이든지 땅에서 풀면 하늘에서도 풀리리라". 묶고 푸는 권세는 오직 베드로만 가진 것이 아니다. 여기서 교회에서 범죄한 어떤 사람을 처리할 때 교회 형제들도 이 권세를 시행할 수 있음을 본다.

오직 베드로만 열쇠를 갖고 있어서 묶고 풀 수 있다고 생각하면 안 된다. 이 말씀은 맨 먼저 베드로가 이 계시를 받았기 때문에 주님이 그에게 천국 문을 여는 시작을 주신 것이라고 보아야 한다. 오늘날 우리 또한 사람들을 천국으로 인도하는 열쇠를 가질 수 있다. 말하자면 베드로와 같은 계시를 받으면 우리도 베드로와 같은 일을 할 수 있다는 것이다. 물론 시작의 열쇠는 아니다. 그건 베드로가 주님에게서 받은 것이다. 이렇게 성경을 해석해야 원만하고 온전하다.

천주교는 이 부분을 잘못 해석했다. 그들은 오직 베드로만이 이 열쇠들을 갖고 있다고 했다. 바티칸에 가보면 한 편에는 바울의 상(像)을, 다른 한 편에는 베드로의 상(像)을 세워놓았는데 베드로의 손에는 열쇠들이 주렁주렁 걸려 있다. 그러나 오늘 우리도 이런 계시를 가지면 사람들을 묶고 푸는 권세를 행사할 수 있다.

15-19절 중점

이 질문(너희는 나를 누구라 하느냐)은 성경에서 가장 중요한 질문이라고 할 수 있다. 이 질문이 복음의 핵심이다. 예수가 누구인가? 이것을 아는 것이 구원받는 것이요 반석이신 주님과 연결되는 것이요 하나님의 자녀가 되는 비결이요 교회의 일원이 되는 길이다. 베드로는 이 질문에 정답을 말했고 예수는 그를 칭찬하셨다. 사도 바울은 사울일 때 예수는 나사렛 이단이라고 생각했고 다니며 예수 믿는 자들을 핍박하였다. 그는 예수를 단지 골고다에서 당시의 산헤드린(공회)에서 사형선고를 받고 두 명의 강도와 함께 죽은 목수의 아들 예수로 알고 있었다. 그러나 다메섹으로 가던 노중에서 그는 하늘로부터 소리를 들었다. "사울아 사울아 왜 나를 핍박하느냐?" 바울은 놀랐다. "주여, 뉘시이니까?" "나는 네가 핍박하는 예수라" 그날 사울은 하늘에서 죽었다고 생각한 예수가 부활과 승천과 보좌에 앉으신 하나님의 아들이요 그리스도이심을 보게 되었다. 그는 비록 사흘간 육의 눈은 보지 못하게 되었지만 영의 눈이 떠서 예수가 누구인지를 보게 되었고 며칠되지 않아 회당에 다니면서 예수가 하나님의 아들이요(행 9:20), 그리스도라고 증명하였다(행 9:22).

하나님과 아들은 어떤 관계가 있나? 하나님의 아들은 바로 하나님 자신이다. 우리는 삼위일체를 안다. 아버지와 아들은 본질이 하나요 아들은 아버지의 본체이시다. 예수가 누구인가? 바로 천지의 창조주이신 하나님이시다. 그분이 아들로 육신을 입고 우리를 죄에서 구원하려고 오신 구원자시다. 그러기에 그분의 이름은 또한 그리스도(메시아)이다. 그리스도는 기름부음을 받은 자라는 뜻이다. 그분은 하나님의 뜻을 다 이루기 위해 기름부음 받으신 종이요, 우리에게는 왕이요 제사장이요 선지자이시다. 당신은 예수가 누구인지를 아는가? 바울은 예수를 육체로 알지 않고 영으로 안다고 말했다(고후 5:16). 속에서부터 하나님의 계시를 얻어 예수가 누구인지를 알았다고 고백했다(갈 1:16). 나 자신도 예수를 믿는다 하였지만 정작 그분이 누구인지를 보게 된 것은 믿었다고 생각하고 십여년 후였다. 어느날 네팔에서 복음을 전하기 위해 싼 호텔에 누워 있을 때였다. 예수께서 감싸듯이 영으로 내게 오셨다. 나의 첫 느낌은 "오, 예수가 하나님이시구나!"였다. 구유에 나시고 나사렛에 사시고 골고다를 십자가를 지고 오르시고 십자가에 못

박혀 죽으시고 사흘만에 죽은 자 가운데서 부활하신 그분이 바로 나의 하나님이라는 것! 나는 많은 눈물을 흘렸다. "주여, 나를 용서해주십시오. 나는 지금까지 당신이 누구인지 잘 몰랐습니다. 당신은 다름 아닌 나의 하나님이십니다!"

그러나 이 구절에서 우리에게 또 계시하는 것이 있다. 그것은 이렇게 예수가 누구인지를 아는 자들에게서 교회가 이루어진다는 것이다. 사람들 마음 속에 계시된 그리스도는 바로 교회의 반석이 되시고 그 그리스도를 계시로 얻은 모든 사람들이 교회의 건축을 위한 산돌들이 된다는 것이다. 따라서 예수가 누구인지를 아는 사람은 많다는 뜻이다. 하나의 산돌로는 교회를 건축할 수 없다. 이와같이 신약의 교회는 많은 산돌들이 건축되어 신령한 집으로 세워지는 것이다(벧전 2:5). 그러한 교회는 음부의 권세가 이기지 못하는 범위이며 이 땅에서 하늘과 더불어 묶고 푸는 권세를 수행할 수 있다. 예수는 이 땅 위에 그러한 당신의 교회를 건축하시는 분이다. "내가 이 반석 위에 내 교회를 건축하리니 음부의 권세가 이기지 못하리라"(마 16:18)

20절, 이에 제자들을 경계하사 자기가 그리스도인 것을 아무에게도 이르지 말라 하시니라

제자들이 그분이 그리스도시라는 것을 알았는데 왜 아무에게도 이르지 말라고 하셨는가? 여기에는 해석이 분분하다. 당시 바리새인과 서기관 등 많은 사람들에게 이야기해보았자 듣지 않았을 거라는 해석과, 어떤 사람은 주님이 돌아가신 후에 성령의 능력을 주어서 전파하게 하실 때에야 비로소 그리스도를 전파할 수 있기 때문이라고도 한다. 그래서 당시는 아직 널리 말할 때가 아니었다는 것이다. 또 다른 해석은 그분 자신이 하신 많은 행사를 보고 사람들이 그리스도를 알게 두라는 뜻이라고도 한다.

요한복음에서도 주님이 그런 말씀을 하신 적이 있다. 요한복음 10장 25절, "예수께서 대답하시되 내가 너희에게 말하였으되 믿지 아니하는도다 내가 내 아버지의 이름으로 행하는 일들이 나를 증거 하는 것이어늘". 주 예수님은 많은 기적적인 일을 하셨다. 아버지의 이름으로 행한 그 많은 기적적인 일들이 그분을 증거하는 것이라는 것이다. 주님은 이미 그분이 그리스도라는 것을 많이 증거하셨다. "그들이 그 일들을 보고 내가 그리스도임을 믿게 두어라. 그 일들을 보고도, 그 모든 증거를 보고도 믿지 않는 사람에게는 내가 그리스도라는 것을 말해줄 필요도 없다."고 말씀하시는 것으로도 볼 수 있다. 또 그분은 사람들을 위해서 먼저 십자가에서 죽으셔야 한다. 그리고 부활하시고 승천하셔서 그분 자신의 능력으로 그분이 그리스도이며 하나님의 아들이신 것을 증명하실 것이다. 그래서 그렇게 하실 때까지 가만히 있으라는 뜻으로 읽을 수도 있다.

21절, 이때로부터 예수 그리스도께서 자기가 예루살렘에 올라가 장로들과 대제사장들과 서기관들에게 많은 고난을 받고 죽임을 당하고 제 삼일에 살아나야 할 것을 제자들에게 비로소 가르치시니

이때 예수님은 자신이 그리스도임을 계시하신 다음 그때부터 그분이 죽으실 것을 제자들에게 가르치셨다. 청천벽력 같은 말씀을 하신 것이다. 그때까지 제자들은 따르면서 예수님이 십자가에 못박혀 죽으실 것에 대해 전혀 생각해본 적이 없었을 것이다. 오히려 그들은 그분이 그리스도시면 곧 왕이시라는 말인데 얼마나 소망이 넘쳤겠는가? 그분 옆에서 한 자리 차지할 거라고 생각하지 않았겠는가? 그런데 그리스도시라는 것을 계시하신 후에 그분은 예루살렘에 올라가 거기서 죽으실 것이라고 하시는 것이다.

그분은 예루살렘이 아닌 베들레헴에서 나셨고 나사렛에서 사셨다. 그리고 갈릴리에서 주로 사역하셨다. 그런데 지금 "내가 예루살렘에 가서 죽을 것이다." 하시는 것이다. 자살할 것도 아닌데 자신이 어디서 어떻게 죽을 것을 이렇게 정확하게 아는 사람이 또 어디 있겠는가? 그런데 그분은 예루살렘에서 장로들과 대제사장들과 서기관들에게 고난을 받고 죽임당하실 것임을 미리 알고 계시는 것이다.

지금 가이사랴 빌립보에 계시는 이때는 대제사장들과 바리새인들과 서기관들이 아직 죽이려는 계획은 세우지 않았던 때이다. 사방이 조용하다. 예수님에 대해서 의혹이 있고 많은 것이 있어도 아직 죽이려는 움직임은 없다. 그런데 주님은 그분이 어떻게 죽으실 것인지를 아신다. 또 누가 죽이려 하는지도 아신다. 그분은 자신이 많은 고난을 당한 후에 죽으실 것을 말씀하신 것이다.

이런 말씀을 하시는 주님을 생각할 때 마음이 아프다. 그분은 장래 일어날 일을 다 알고 계신다. 차라리 모르면 그 당하실 고통도 모르지 않겠는가? 많은 고난을 당하고 풀려날 것이라면 소망이라도 있지 않겠는가? 많은 고난을 당하는 것이 일차적인 어려움이다. 그리고 결국은 죽는 것이다. 주님의 말씀은 그분이 그들에 의해서 많은 고난을 당하고 그 다음에는 죽으신다는 것이다.

그러나 여기까지만 말씀하신 것이 아니다. 제 삼일에 살아나실 것도 제자들에게 말씀하셨다. 여러분은 이런 말씀이 보통으로 들리는가? 주님은 미리 모든 것을 다 말씀하셨다. 이 지구상에 이런 사람은 없다. 자기가 어디서 어떤 사람들에게 어떻게 죽을 것을 말하고 또 죽고 끝나는 것이 아니라 사흘 만에 부활할 것을 말하고 가르치신 것이다. 왜 그것을 가르치셨을까? 이것이 그분의 사역이라는 것이다. 인류를 위해서 죽으시는 것이다. 그래서 이 하나님의 뜻을 성취하기 위해서 가까이 있는 제자들에게 마음의 준비도 시키고, 가르침도 주셔야 했다. 언제부터 가르치셨는가? 그분이 하나님의 아들이시라는 것을 계시하신 직후이다. 그때로부터 그분은 본격적으로 아버지께서 자기를 보내심에 있어서 중요한 임무, 그리스도로서의 임무를 가르치셨다. 그 임무는 곧 자신을 모든 사람의 대속물로 주시는 것이다. 그래서 주님은 제자들에게 "그 임무를 수행하기 위해 나는 죽어야 한다."고 말씀하시는 듯하다.

22절, 베드로가 예수를 붙들고 간하여 가로되 주여 그리 마옵소서 이 일이 결코 주에게 미치지 아니하리이다

여기에서 '간하여'라는 말은 꾸짖는다는 말이다. 베드로가 조금 전에는 대답을 잘해서 주님의 칭찬을 받았다. 이렇게 금방 잘한 사람이 사실은 가장 위험한 사람이다. 금방 성공한 사람이 실패할 가능성이 높은 사람이다. 무언가 해냈기 때문에 자신을 믿게 되고 곧 또 잘할 수 있다고 믿고 나서는 것이다. 그럴 때 바로 실패하게 되는 것이다. 베드로는 주님을 꾸짖듯이 말했다. "주여, 그리 마옵소서. 이 일이 결코 주에게 미치지 아니하리이다." 이 구절에 대해서는 여러 번역이 있는데, "하나님이 그것을 금지하셨습니다." "당신 자신을 긍휼히 여기소서." 등이다. 여기서 베드로는 이렇게 말하는 것 같다. "그런 일은 주님께 미치지 않을 것입니다. 또 저희들이 있는데 그런 일이 일어나면 가만히 보고 있겠습니까?" 이는 매우 자신들을 신뢰하는 말이요 깊이 없는 말이다.

23절, 예수께서 돌이키시며 베드로에게 이르시되 사단아 내 뒤로 물러가라 너는 나를 넘어지게 하는 자로다 네가 하나님의 일을 생각지 아니하고 도리어 사람의 일을 생각하는도다 하시고

금방 계시가 있었던 성령의 아들이 사단이 되어버렸다. 예수께서 돌이키시며 말씀하셨다는 것은 베드로가 지금 뒤를 따라오면서 말하고 있음을 보여준다. 사람의 뒤에서 말하는 것은 좋지 않다. 사람 앞에서 정면으로 말해야 한다. 사람 앞에 와서 말해야 한다. 어떤 말이든 뒤에서 하는 말은 틀린 말이다.

"사단아, 내 뒤로 물러가라. 너는 나를 넘어지게 하는 자로다." 이 부분에 와서 예수님은 조금도 여지가 없이 직설적으로 말씀하신다. 여기서 주님의 단호함을 볼 수 있지 않은가? "너 지금 무슨 말 하고 있느냐? 너는 나를 넘어지게 하는 자다. 네가 하나님의 일을 생각지 아니하고 도리어 사람의 일을 생각하는구나." 사람의 일을 생각하는 것이 사단이다. 사람의 일, 사람의 생각은 사단하고 밀접하다. 하나님의 일을 생각하지 않으면 바로 사람의 일로 생각이 돌아가기 때문이다. 지금 베드로는 계시를 말하다가 예수님이 죽으실 것이라고 말하니까 갑자기 생각이 사람의 일로 돌아간 것이다. "그렇다면 우리 선생님이 그렇게 고난을 당하시다가 돌아가신다는 말인가? 그런 일이 있을 수 있는가?" 육신의 생각으로 돌아간 것이다. 그것이 사단의 일이다.

사단은 그리 멀리 있지 않다. 가까운 사람들에게 있다. 가까운 가족, 친구 등이다. 주님을 위해서 길을 가려고 하는 사람들에게 가로막는 말을 하는 것은 사람인 것 같지만 사단이다. 그래서 사람이 생각을 하나님의 영에 집중하지 않고 풀어 놓으면 사단은 사람의 생각 속에서 제 집을 왔다갔다하듯 한다. 오늘 하루도 여러분의 생각 속에서 사단이 오십 번도 더 왔다갔다했을 것이다. 사람의 생각은 이렇게 사단의 운동장이 될 수 있다. 사단이 마구 뛰어다니는 것이다. 그런데 그것이 사단인 줄을 모른다. 사단은 결코 "내가 사단이야." 하고 오지 않는다. "이건 너야, 네 생각이야." 하고 온다. 그런 생각이 다 나쁜 것은 아니다. 남을 동정하는 느낌도 있다. 그럴 때 그런 느낌과 생각을 사단의 것이라고 여기지 않는다.

그러나 주님은 단호하셨다. 주님은 왜 이렇게 단호하셨는가? 십자가로 가셔야 하기 때문이다. 주님은 우리를 구속하러 이 땅에 오셨다. 우리의 죄를 대속하시기 위해서 하나님의 어린양으로 오셨고 하나님의 위임을 받고 기름부음을 받고 오셨다. 많은 사람의 죄가 그분에게 달려 있다. 많은 사람의 구원이 그분에게 달려 있다. 이 모든 사람을 어깨에 짊어지고 계신 하나님의 충성스런 종이시다. 그런 분이 오셔서 십자가로 한 발 한 발 나아가고 계시는 것이다. 그런데 베드로가 불쑥 나서서 엉뚱한 말을 하는 것이다. 그것은 베드로가 아니라 사단이다. 이것은 보통 말이 아니다. 마귀는 베드로 속에 들어가서 온 인류를 구속하시려는 주 예수를 만류하고 있다. 주님이 자신을 동정하고 십자가로 나아가지 않으신다면 나도 여러분도 죄사함과 구원이 없다. 이 어찌 작은 말이란 말인가!

주 예수님은 우리의 구원을 간절히 원하신다. 우리를 구원하려는 마음으로 가득하기 때문에 베드로의 말을 간단한 말로 듣지 않으셨다. 그리고 그 배후에 역사하는 마귀를 주목하셨다. 주님은 우리를 사랑하여 구원하고자 하는 마음으로 조급하시기 때문에 단호하게 말씀하시는 것이다.

이러므로 사람의 생각이 중요하다. 무엇을 생각하느냐가 중요한 것이다. 사람의 일을 생각하는 자는 사단에게 기회를 주게 된다. 언제나 우리의 마음은 하나님 편에서 하나님의 일을 생각해야 한다.

24절, 이에 예수께서 제자들에게 이르시되 아무든지 나를 따라오려거든 자기를 부인하고 자기 십자가를 지고 나를 좇을 것이니라

"아무든지 나를 따라오려거든". 이제 주님을 따르는 문제이다. 주님을 따르려면 조건이 있다. 자기를 부인하는 것이다. 자기가 좋아하는 것, 자기의 원하는 뜻, 그것이 바로 자기이다. 이것을 부인하고 자기 십자가를 지고 주님을 좇는 것이다.

주님은 지금 십자가로 가고 계신다. 여기서 주님은 "나만 십자가를 지고 가는 것이 아니다. 너희들도 나를 따라오려면 십자가를 지고 따라와야 한다."고 말씀하시는 것이다. 여기의 십자가는 고난의 십자가이다. 그리스도를 따르는 사람들에게는 평안한 나날이 없다. 이 땅에서는 영광되고 행복한 장래가 없다. 나는 여러분이 이것을 알고 있는지 모르겠다. 우리 그리스도인이 가야 할 길은 십자가의 길이다. 오늘날 어떤 사람들은 십자가를 영적으로 가볍게 생각하는데, 그렇지 않다. 이 십자가는 고난의 십자가이다. 주님만 십자가를 지신다고 생각지 말라. 우리도 십자가를 지도록 되어 있다. 누구든지 주님을 따르려면 이렇게 가야 한다.

믿는 이인 우리에게는 주님을 믿는 문제가 있고 주님을 따르는 문제가 있다. 주님을 믿는 것은 구원을 얻고 영생을 얻기 위한 것이다. 그러나 주님의 말씀은 따를 수도 있고 따르지 않을 수도 있는데, 따르려면 어떻게 따라야 하는가 하는 원칙을 여기서 주시고 계신다. 그것은 자기를 부인하고 자기 십자가를 지고 주님을 따르는 것이다. 주님 당시에도 많은 사람이 믿었다고 해도 다 따랐던 것은 아니다(요 8:31). 때론 수천 수만이 주의 말씀을 듣고 기적을 체험하였지만, 진정으로 따른 제자는 소수였다. 겨우 12제자, 70제자 등이었다. 다락방에서 오순절을 위해 전심하여 기도한 자들은 120문도였다.

십자가를 지지 않고 따르는 것은 따르는 것이 아니다. 지금 제자들은 주님을 따르고 있는데, 그들은 왕위에 오르실 주님께 그들의 장래에 대한 기대가 있다. 13장, 14장, 15장 전에 계속 역사가 일어나고 무언가 되는 것 같으니까 이런 느낌을 갖게 된 것이다. "5천 명을 먹이시고 4천 명을 먹이시고 이 사람이 찾아오고 저 사람이 찾아오고 왕으로 세우려 하고… 이런 순간에 주님은 지금 무슨 말씀을 하고 계시는 것인가? 여태까지 주님을 따르느라고 고생했는데 이제 빛을 볼까 했더니….” 이런 느낌이 없다고 생각하는가?

여러분이 주님을 따르다 보면 성경도 많이 읽고 기도도 많이 하고 봉사도 많이 하게 될 것이다. 그럴 때 “이 땅에 유명한 사람이 많은데 나도 어느 날 그렇게 유명해지지 않을까? 그러면 돈도 많이 생기고 따르는 사람도 많이 생기겠지.” 하는 생각을 하지는 않는가? “내가 혹시 그렇게 되는 게 아닐까? 그럼 어떻게 하지? 자가용은 무엇으로 살까?” 이렇게 꿈꾸고 있는데 주님이 십자가에서 죽으시겠다니 이 청천벽력 같은 소리가 있습니까? “아니, 지금 잘 되어 가고 있는데 죽으신다고 하니 그게 무슨 말씀입니까?” 그 때 주님이 말씀하시기를 “나만 십자가에 가는 것이 아니고 너희도 나를 따르려면 십자가를 지고 따라야 한다.”고 하신 것이다. 소망을 완전히 꺾는 말이다. 십자가의 길은 좁은 길이고 많은 사람이 찾지 않는 길이다. 좁고 협착한 길이다. 유명하게 되고 크게 되는 길이 아니다. 자기를 부인하는 길이다. 나사렛 예수를 따르는 길이다.

25절, 누구든지 제 목숨을 구원코자 하면 잃을 것이요 누구든지 나를 위하여 제 목숨을 잃으면 찾으리라

또한 이 길은 잃어버리는 길이다. 잃어야 하는 것이다. 명성이나 영성(靈性), 부귀와 자동차, 아파트를 얻으려 하는 것이 아니고 하나 잃고 둘 잃고 셋 잃고 아무것도 없게 되는 길이다. 이러한 길을 따라오라고 주님이 말씀하고 계시는 것이다. 지금 베드로는 자기를 부인하지 않았다. 십자가를 지려고 하지 않았다. 주님에 대한 계시는 받았지만 계시를 받았다고 해서 다 주님을 충실히 따르는 것은 아니다. 그것은 또 다른 문제이다. 계시를 받는 것이 한 가지 일이고 이제 그분을 따르려면 자기를 부인하고 자기 십자가를 져야 한다. 지금 주인이신 선생님께서 죽으러 가신다고 하는데 베드로가 왜 그렇게 말했는가? 솔직하게 심중을 헤아리면 “선생님도 선생님이지만 나는 어떻게 되는 거지? 배도 버리고 부친도 버리고 여기까지 따라왔는데….” 하는 생각이 있는 것이다. 그러므로 주님의 가르침을 받기가 어려운 것이다. “주님, 너무 마음이 아픕니다. 이런 말씀을 받기 너무 힘듭니다.” 하는 것이다. “주님, 당신을 동정하소서.” 했지만 사실 “저희도 좀 생각해 주십시오. 선생님이 가시면 우리는 어떻게 되는 겁니까?” 하고 말하는 것이다.

주님은 사람의 마음속을 직시하시는 분이다. 그러니까 너는 십자가로 가야 한다고 하신 것이다. 지금 베드로에게는 손실의 느낌이 있다. 그런 것은 일종의 손실의 느낌이지 어떤 유익이나 소망의 느낌은 아닐 것이다. 주님이 돌아가시면 주님을 잃게 되고 그렇게 되면 당장 자기네들이 큰일이지 않는가? 그들은 실제로 나중에 도망다니느라고 혼이 나갔다. 또 숨기도 했다. 이런 일들이 벌어지는 것이 싫었던 것이다. 그런데도 그러한 상황을 받아들여야 한다. 그러나 그것이 만인을 구원하시려는 그분의 과업일진대 주님은 그것을 앞에 놓고 그 길을 가고자 하시는 것이다. 우리 주님은 우리의 구원에 대해서 열심이셨다.

말하자면 베드로는 지금 자기의 목숨(혼, life, 헬라어로 수케, 혼 생명)을 잃으려 하지 않고 있다. 이 세상에서 자기의 혼, 쉽게 말해서 마음의 즐거움을 얻는 사람, 만족을 얻는 편으로 가는 사람은 그날 잃게 된다. 그날 주님을 만났을 때 왕국 안에서는 별로 만족이 없고 고통스럽다. 잃어버린 느낌이 있다. 그러나 이 땅에서 주님을 위해 잃어버리는 사람은 그날 왕국에서 혼을 얻게 된다. 이 땅에서 주님을 위해 우리의 육체적인 혼의 즐거움을 잃어버리는 길을 가는 사람은 그날 왕국에서 주님과 함께 즐거움에 참여케 된다. 그날 주님의 즐거움을 찾고 주님과 함께 즐거워하게 된다. 그러나 오늘은 잃어버리는 것이다. 우리의 집, 재산, 명성, 부귀, 지위를 주님을 위해서 잃어버릴 때 우리의 혼이 아프다. 잃어버리는 느낌이 있는 것이다. 그렇게 주님을 위해서 계속 잃어버리는 사람은 그날 얻게 된다. 그런데 여기서 베드로는 지금 잃어버리고 싶지 않은 것이다. 주님과의 대화에서 자기 혼의 아픔, 잃어버리는 아픔을 받고 싶지 않은 것이다.

여기서 여러분은 앞으로 어떤 길을 걸어갈 것인지를 결정하기 바란다. 결단을 해야 한다. 우리는 어떤 길을 갈 것인가? 과연 우리의 혼 생명을 잃어버리는 길을 갈 것인가? 잃어버린 사람은 잃어버린 느낌이 있을 것이다. 여러분 중에 오늘 혹시 지갑을 잃어버린 사람이 있는가? 지갑을 잃어버리면 허전하지 않던가? 잃어버린 느낌이 있는가, 없는가? 잃어버린 사람은 잃어버린 느낌이 있는 것이다. 상실의 느낌이 있는 것이다. 그러한 길을 걸어가는 사람이 주님이 오실 때 얻을 것이다.

그러나 이 시대에 자기의 만족을 구하고 자기 혼의 즐거움을 구하기 위해 얻으면, 집을 얻고 명예를 얻고 부귀를 얻고 지위를 얻으면 그날 잃어버린다. 그러나 오늘 주님을 따라가기 위해서 하나하나 잃어버릴 때 그날 주님의 즐거움에 참여하게 될 것이다. 나는 다른 사람이 부러운 것이 아니라 그런 사람이 부럽다. 그런 사람이 길을 잘 가는 것이다. 가장 내가 부러워하는 사람은 버릴 수 있는 사람이다. 가장 능력 있는 사람도 버릴 수 있는 사람이다. 잃어버릴 수 있는 사람이 능력 있는 사람이고 그가 바로 주님을 사랑하는 사람이다.

26절, 사람이 만일 온 천하를 얻고도 제 목숨을 잃으면 무엇이 유익하리요 사람이 무엇을 주고 제 목숨을 바꾸겠느냐

"온 천하를 얻고도 제 혼(목숨)을 잃으면". 그날 잃는 것을 말하는 것이다. 온 천하를 얻은들 그날 주님 앞에서 자기 혼, 자기 목숨을 잃어버리게 되는데 무슨 유익이 있겠느냐, 사람이 무엇을 주고 자기의 혼(목숨)을 바꾸겠느냐는 것이다. 오늘 우리가 버리고 상실하면 그날 얻을 것이다. 그날 자기의 혼보다 귀한 것이 없다. 온 천하와도 바꿀 수 없다. 지금 조그만 것 한 가지를 버리지 못해서 주님을 따르지 못한다면 그날 손실을 당하게 된다. 그래서 주님이 알려주시는 것이다. 자기 혼을 온 천하 만물과 바꾸겠느냐? 오늘날 각종 단체와 조직을 위하고 자기의 영적 생명을 주의하지 않는 사람은 모두 다 주님의 경고를 들어야 한다. 그들은 자신의 단체의 발전과 영광을 위하지 자신의 혼 생명을 주의하지 않는다. 그날 자신의 혼 생명을 잃어버리는데 천하를 얻으면 무엇하는가?

27절, 인자가 아버지의 영광으로 그 천사들과 함께 오리니 그때에 각 사람의 행한 대로 갚으리라

이제 부활하신 주님이 승천하시고 장래 재림하실 때를 말하고 계신다. 아버지의 영광으로 천사들과 함께 오신다고 하신다. "그때에 각 사람의 행한 대로 갚으리라". 주님은 다시 오셔서 우리가 이 땅에서 행한 대로 갚아주실 것을 약속하신다. 우리는 이 땅에서 행한 것에 따라 주님께 보상을 받는다. 주님을 위해서 신실하게 자신을 부인하고 자기 십자가를 지고 잃어버리는 길을 가는 성도들은 주님으로부터 상을 받을 것이다. 우리가 구원은 은혜로 받지만 그날의 상급은 행한 대로이다. 이는 오늘날 우리의 행함이 필요하다는 말이다. 만일 베드로처럼 자신을 부인하지 않고, 사람의 일만을 생각하고 살면, 또 조금도 자신의 인생을 주를 위해 잃어버리려 하지 않고, 모든 것을 다 얻고 누리며 산 사람은 그날 얻을 것이 없다는 말이다.

28절, 진실로 너희에게 이르노니 여기 섰는 사람 중에 죽기 전에 인자가 그 왕권을 가지고 오는 것을 볼 자들도 있느니라

주님은 이 말씀으로 제자들을 강화시키고 계신다. 그러므로 제자들은 주님이 영광 가운데 왕권을 가지고 오실 것을 바라보고 이 땅에서 신실하게 자기 혼을 잃는 길을 가야 할 것이다.

27-28절에 대한 보충

우리는 주님이 그분 자신을 계시하시고 제자들과 대화를 나누신 것을 볼 수 있다. 특히 베드로가 주님이 하신 말씀 그리스도께서 예루살렘에 올라가 장로들과 대제사장과 서기관들에게 많은 고난을 받고 죽임을 당하고 제 삼일에 살아나야 하신다는 것을 듣고 그렇게 하지 마시라고 주님께 간했을 때 주님은 그에게 "사단아, 내 뒤로 물러가라." 하시고서 "아무든지 나를 따라오려거든 자기를 부인하고 자기 십자가를 지고 나를 좇으라"고 하셨다.

그런 다음 27절에서 "인자가 아버지의 영광으로 그 천사들과 함께 오리니 그때에 각 사람의 행한 대로 갚으리라"고 하셨다. 오늘 이 땅에서 자기를 부인하고 십자가의 길을 걸어가는 사람, 자기의 혼 생명을 잃어버리는 사람은 그날 얻을 것이다. 그런데 구체적으로 그날 주님으로부터 얻는 것이 무엇인가? 인자가 아버지의 영광으로 그 천사들과 함께 오신다고 하셨는데, 이것은 곧 그분이 재림하신다는 말씀이다. 오늘 우리가 주님 앞에서 진리를 따라서 우리의 인생을 다 허비하고 고난을 받으며 우리의 목숨까지 버리며 이 길을 가는 것은 그날 주님이 오시기 때문이다. 오늘 우리는 그날 얻을 것을 목표 삼고 잃어버리는 것이다. 누구든지 오늘 잃는 자는 그날 얻을 것이고 오늘 얻는 자는 그날 잃을 것이다. 주님이 천사들과 함께 아버지의 영광으로 오실 때 각 사람이 행한 대로 갚아주실 것이다.

그런데 28절에서 주님은 "진실로 너희에게 이르노니 여기 섰는 사람 중에 죽기 전에 인자가 그 왕권을 가지고 오는 것을 볼 자들도 있느니라"고 하셨다. 가이사랴 빌립보에서 주님과 대화한 제자들 중에서 주님이 왕권을 가지고 오는 것을 볼 자들도 있을 것이라는 말이다. 여기서 왕권을 가지고 온다는 말은 왕국이 임하는 것을 뜻한다. 인자가 그분의 왕국 안에서 오신다는 말이다(Son of man coming in His kingdom). 주 예수님이 살아 계셔서 제자들과 함께 있을 때에 왕국이 임하는 것을 볼 것이라고 하신 것이다. 결국은 주님이 왕국을 보여주시는 것이다.

17장

1절, 엿새 후에 예수께서 베드로와 야고보와 그 형제 요한을 데리시고 따로 높은 산에 올라가셨더니

높은 산에 올라가셔서 보여주신 것이 왕국이다. 주님은 이때 왕국의 상징이나 모형을 보여주신 것이 아니고 왕국을 보여주셨다. 16장 28절에서 그분이 왕권을 가지고 오는 것, 즉 왕국이 임하는 것을 볼 것이라고 했지, 어떤 왕국의 상징을 볼 것이라고 하지 않으셨다. 왕국의 모형을 볼 것이라고 하지 않으셨다. 베드로는 베드로 후서 1장 16절에서 이 사건을 말할 때 왕국의 어떤 상징이나 왕국의 모형을 보았다고 하지 않았다.

베드로 후서 1장 16절, "우리 주 예수 그리스도의 능력과 강림하심을 너희에게 알게 한 것이 공교히 만든 이야기를 좇은 것이 아니요 우리는 그의 크신 위엄을 친히 본 자라". 이것은 분명히 변화산에서 나타난 광경을 기록한 것이다. 그런데 여기서 베드로는 무엇을 말했는가? 예수 그리스도의 능력과 강림하심을 말했다. 그가 변화산에서 주님을 본 것이 곧 그분의 다시 오심을 본 것이라는 말이다. 마태복음 17장은 높은 산에서 주님이 변화되신 상황을 보여주고 있는데, 그것은 다만 왕국의 모형과 상징을 보여준 것이 아니고 그때 서 있던 몇 사람에게 그분의 왕국을 보여주신 것이다.

"엿새 후에". 가이사랴 빌립보에서 주님이 자신을 계시하시고 제자들에게 그분의 죽음과 부활에 관해서 가르치신 후, 제자들에게 나를 따라오려거든 자신을 부인하고 자기 십자가를 지고 따라와야 한다고 말씀하신 후 엿새가 지나서 이 일이 있었다. 그 엿새 동안 주님이 무엇을 하셨는지는 말씀에 기록이 없다. 또 누가복음에서는 8일째라고 했다. 유대인의 달력은 저녁을 포함하기 때문에 전날 저녁과 마지막날 저녁과 새벽을 포함하는가의 여부에 따라서 하루이틀 차이가 있을 수 있다. 그래서 누가는 8일째라고 한 것 같다.

"예수께서 베드로와 야고보와 그 형제 요한을 데리시고". 주님은 열두 제자를 인도하셨지만 항상 열두 제자를 다 데리고 일하신 것이 아니다. 어떤 때는 몇몇

만 데리고 가셨다. 야이로의 딸을 치료하실 때에도 이 세 명을 데리고 가셨고, 겟세마네 동산에서 기도하실 때에도 제자를 다 데리고 가시지 않고 베드로와 야고보와 요한, 셋을 데리고 가셨다. 이와같이 주님이 보다 은밀하게 역사하실 때에는 모든 제자들이 아닌 몇몇 택한 사람을 데리고 가셔서 그분이 하시려는 깊은 것들을 보여주셨다. 그러므로 우리는 항상 모든 사람이 다 같아야 한다고 말하지 말아야 한다. 주님께는 다 똑같지 않은 경우가 있다. 모세와 아론과 미리암을 보라! 그들은 하나님 앞에 다 같은 위치에 있지 않았다. 하나님은 모세에게 특별히 친밀하게 나타나셨다. 왜 여기 주님은 세 사람만을 높은 산으로 데리고 가셨는가? 그 세 사람에게 보이시려고 그렇게 하신 것이다. 그만큼 베드로와 요한과 야고보, 이 세 사람의 사역은 다른 사람보다 중요한 것이다.

"따로 높은 산에 올라가셨더니". 여기의 '따로'라는 말이 중요하다. 은밀하게 주님이 주시는 귀한 이상을 보려면 우리에게 개인적인 주님과의 체험이 없으면 안 된다. 또 이러한 이상(異像), 주 예수님의 변형되신 이상을 보려면 올라가야 한다. 우리는 생각을 위에 두어야 하고 높은 곳으로 올라가야 한다. 당신이 만일 낮은 한계에서 매일 싸우는 이야기, 다투는 이야기, 육체의 이야기, 세상 이야기를 한다면 그러한 귀한 영광의 이상 보기를 기대할 수 없다. 이 귀한 이상을 보려면 올라가야 한다. 우리의 생각이 올라가야 한다. 더욱더 올라가야 한다. 그럴 때 계시록에서 주님이 요한에게 "이리로 올라오라." 하셨듯이 우리도 그렇게 올려질 것이다. 요한은 당시에 밧모섬에 있었는데 그의 영은 주님과 온전히 하나였다. 이 땅의 일들은 결코 그를 사로잡을 수 없었다. 그러한 때에 하나님은 그의 종 요한에게 이상을 보이셨다. 우리가 예비되지 않았는데 갑자기 오는 것은 없다. 그래서 여기의 세 제자가 주님과 함께 높이 올라간 것은 굉장히 의미 있는 것이다. 우리에게는 점점 올라가는 신앙 생활이 있어야 한다. 올라가지 않으면 이런 특별한 체험을 하는 것이 가능하지 않다. 나는 여러분에게 신앙생활에서 실지로 올라가고 있는지를 묻고 싶다. 자신을 속이지 말고 말해보라. 하루하루 올라가고 있는가?

계시와 이상을 보려면 대가를 지불하고 올라가야 한다. 산에 올라가는 것은 쉬운 일이 아니다. 매우 힘들다. 영적인 길은 이와같이 매일 매일 힘을 다해 올라가는 것이 있어야 한다. 그것이 곧 전진인 것이다. 하나님은 그렇게 전진하는 성도에게 무언가를 맡기신다.

2절, 저희 앞에서 변형되사 그 얼굴이 해같이 빛나며 옷이 빛과 같이 희어졌더라

여기서 주님이 변형(變形)되셨다고 말한다. 다만 어떤 외적인 변화가 아니다. '변형'의 헬라어는 속에서부터 변화되는 것을 의미하는데, 영어로는 'transfiguration'이다. 그리고 그분의 얼굴이 해같이 빛났다고 했다. 누가복음에는 '주님이 기도하실 때'라는 말이 있다. 기도하실 때에 변화의 체험을 가지신 것이다. 이런 놀라운 체험은 기도와 묵상 중에 있을 때 일어나곤 한다. 그리스도인의 생활 가운데 기도가 이렇게 중요하다. 주님은 기도하실 때 변형되셨다. 주님이 기도하고 계시는데 변형이 일어난 것이다.

또 제자들이 볼 때 주 예수님이 전에는 우리 사람과 같으셨는데 산에서 변형되시더니, 그 얼굴이 해같이 빛나더라는 것이다. 주님은 왕국을 가지고 이 땅에 오실 때 틀림없이 이렇게 빛나실 것이다. 해같이 빛나는 얼굴로 오실 것이다. 전에는 그분의 영광이 육체 속에 감춰어 있어서 아무도 그분의 영광을 볼 수가 없었다. 그런데 산에 올라가셔서 세 제자들 앞에서 그 영광을 한 번 나타내셨다.

그분의 얼굴이 해같이 빛난 것은 그분이 왕이시요 하나님이심을 나타낸다. 하나님의 영광 빛이 아들을 통해서 빛나기 때문이다. 그리고 옷이 빛과 같이 희어졌다는 것은 그분의 영광이 온 몸으로 발산되는 것이다. 구약에서 모세가 40일간 산에서 하나님과 함께 있다가 내려왔을 때 얼굴이 빛났다고 했다. 그런데 그것은 수건으로 가릴 수 있었다. 그러나 주 예수님이 산에서 빛나셨을 때에는 옷도 가릴 수 없을 정도로 그 빛이 강했다. 옷을 투과하여 그 영광이 빛난 것이다. 그래서 그 영광은 비교할 수 없이 넘치는 영광이다. 마가는 이 세상에서 빨래하는 자가 아무리 깨끗이 해도 그렇게 희게는 할 수 없을 정도로 그 영광, 깨끗함, 거룩함이 나타났다고 했다. 주님은 변형되심으로 그렇게 영광을 나타내셨다. 이는 장차 왕국, 주님이 다시 오실 상황이다. 그 때 우리는 다 이와같이 변화된다. 이것이 우리의 영광의 소망이다.

3절, 때에 모세와 엘리야가 예수로 더불어 말씀하는 것이 저희에게 보이거늘

주님이 변형 되셨을 때 제자들이 첫째로 본 것은 주님이 해같이 되신 것이다. 그리고 모세와 엘리야가 나타났다. 이 말씀을 볼 때 왕국에 가면 다 서로를 알아보게 됨을 알 수 있다. 엘리야가 누군지, 모세가 누군지를 말이다. 왕국은 다 알게 되어 있다. 그런데 제자들이 보니까 엘리야가 있고 모세도 있다. 주님과 대화를 하고 있는 것이다. 누가복음에는 두 사람이 나타났다고 했다. 예수님 외에 두 사람이 더 있다. 마가복음에는 엘리야가 모세와 더불어 주님과 대화했다고 되어 있다. 마가는 모세를 뒤에 두었다. 누가복음에서는 그들이 장래 예수님이 예루살렘에서 별세하실 것을 말했다고 했다. 이 놀라운 광경을 베드로와 요한과 야고보가 보고 있는 것이다. 사실 유대인들인 베드로와 요한과 야고보가 엘리야를 보고 모세를 본 것은 보통일이 아니다. 그들이 가장 자랑하는 선지자 엘리야와 율법을 준 모세, 그들이 주님과 함께 대화를 하고 있는 것이다.

4절, 베드로가 예수께 여짜와 가로되 주여 우리가 여기 있는 것이 좋사오니 주께서 만일 원하시면 내가 여기서 초막 셋을 짓되 하나는 주를 위하여, 하나는 모세를 위하여, 하나는 엘리야를 위하여 하리이다

여기서 베드로가 또 나타났다. 어떤 사람은 항상 여러 사람들 중에서 대표로 말하기를 좋아한다. 베드로는 16장에서 칭찬 한 번 받고, 실수 한 번 하고 여기서 다시 "주여, 우리가 여기 있는 것이 좋사오니 주께서 만일 원하시면 내가 여기서 초막 셋을 짓되 하나는 주를 위하여, 하나는 모세를 위하여, 하나는 엘리야를 위하여 하리이다" 라고 말했다.

여기서 우리가 생각해 볼 것이 있다. 제자들은 이 놀라운 광경을 보았다. 이러한 놀라운 영광의 임재, 왕국을 본 것이다. 그럴 때 베드로는 주님도 있고 모세도 있고 엘리야도 있어서 너무 좋으니 계속 거기에 머물렀으면 좋겠다고 했다. 여기서 우리가 알 수 있는 것은 우리에게 어떤 영적인 체험이 있으면 거기에 머물고자 한다는 것이다. 더 나아가려 하지 않는다. 가장 좋은 체험이 있다 하더라도, 가장 놀라운 체험이 있다 하더라도 거기서 머물면 안 된다. 더 나아가야 한다. "여기 있는 것이 좋사오니" 하지 말아야 한다.

16장에서 주님은 "아무든지 나를 따라오려거든 자기를 부인하고 자기 십자가를 지고 나를 좇을 것이니라"고 하셨다. 주님은 그분을 충성되게 따르면 목숨을 얻을 것이라고 가르치셨다. 어떤 영적인 체험에 이르렀다고 해서 끝이 아니다. 반드시 진보해야 한다. "여기 있는 것이 좋사오니"라고 하는 것은 너무나 좋은 체험 안에 그저 계속 머물고자 하는 것이다. 이것이 한 가지 문제점이고, 두 번째는 여기에 초막 셋을 짓겠다고 한 것이다. 무엇을 짓겠다고 하는 것은 별로 좋은 것이 아니다. 나도 전에 건물을 지어보았다. 그런데 건물을 짓고 나면 외면적인 부흥은 있을지 몰라도 영적인 부흥은 기대할 수 없다는 것이 우리의 체험이다.

그리스도인들은 이 땅에서 나그네이다. 무언가를 짓는다는 것은 정착한다는 것이다. 이 땅에 머무르려니까 뭔가를 짓는 것이다. 믿음의 조상 아브라함, 이삭, 야곱은 건물을 짓지 않고 이동하는 처소인 장막에서 살았다. 오늘날에도 몽골에 가면 집을 짓지 않고 텐트에서 산다. 그들은 옮기고 또 옮기고 하면서 산다. 아브라함, 이삭, 야곱이 그렇게 살았다. 우리 믿음의 조상들은 다 그렇게 살았다. 왜냐하면 그들은 이 땅에서 외국인이고 나그네였기 때문이다. 어느 곳에 계속 거주하려는 것은 그리스도인의 원칙에 맞지 않는다. 이 땅에 뿌리를 내리려는 것은 그리스도인의 성질과 맞지 않는 것이다. 이것이 두 번째 문제이다.

더군다나 베드로는 집을 짓는 사람이 아니다. 주님이 베드로에게는 고기를 잡으라고 하셨다. 집을 짓는 것은 바울의 몫이다. 바울은 그 생업이 장막을 짓는 것이었다. 그러나 베드로의 일은 짓는 것이 아니라 많은 재료를 모으는 것이다. 그러니까 베드로는 지금 최대의 실수를 하고 있다. 자기가 무슨 말을 하는지도 모르고 있다. 이렇게 정신없는 말을 할 때 실수를 많이 하게 된다. 그래도 베드로를 위해서 한 가지 변명을 한다면 그에게는 영적 갈망이 있다는 것이다. 그는 영적인 광경을 보고서 너무 좋았다. 이 한 가지는 참 좋은 것이다. 어떤 영적 상태가 이루어지니까 반응이 즉시 일어나는 것이다. 이것조차도 없는 사람은 살았으나 죽은 자이다. 그저 좋든 나쁘든 매일반인 것이다. 그래도 베드로에게는 한 가지가 있다. 그 영광스러운 것을 보니까 너무 좋은 것이다. "아, 이건 너무 좋다." 이러한 열심, 열광적인 것은 참 좋은 것이다.

그런데 그는 초막 셋을 짓겠다고 했다. 하나는 주님을 위하여, 하나는 모세를 위하여, 하나는 엘리야를 위하여 짓겠다는 것이다. 이것은 무슨 말인가? 엉뚱한 말이다. 왕국에서 있을 데가 없어서 초막을 짓겠는가? 영적인 것을 물질적인 것, 육체적인 것으로 붙잡아둘 필요가 없다. 영적인 것은 물질적인 것으로 붙잡아 놓으려 해도 붙잡히지도 않는다. 사람들은 오늘도 이런 실수를 하고 있다. 영적인 것을 물질적인 것으로 끝까지 붙잡아두려고 한다는 말이다. 그렇게 한다고 해서 그런 영적인 부흥과 하나님의 영광과 임재가 사라지지 않고 끝까지 그 물질에, 초막에 붙잡혀 있을 것 같은가? 천만의 말씀이다. 그러한 초막은 불필요한 것이다.

세 번째로 여기서 베드로는 모세와 엘리야를 예수 그리스도와 동렬에 두고 있다. 주를 위해 하나를 짓고 모세를 위해 하나를 짓고 엘리야를 위해 하나를 짓자고 했다. 우리가 베드로를 생각해 볼 때 그는 유대인이다. 우리나라 사람들은 위대한 사람을 꼽을 때 광개토대왕, 세종대왕 등을 말하겠지만 유대인들은 엘리야, 모세 등을 대단하게 여긴다. 모세를 통해서 율법이 왔고 이스라엘 백성들은 광야에서 40년 동안 그 많은 기적을 통해서 그의 인도를 받았다. 지금까지도 모세는 최고의 인물이다. 또 엘리야는 선지자들 중 대표적인 사람이다. 그러한 사람들이 주님과 함께 대화를 하고 있으니 놓치고 싶지 않은 것이다. 예수님도 붙잡고 모세와 엘리야도 놓치고 싶지 않은 것이다.

오늘날도 모세와 엘리야를 붙잡고 있는 사람들이 많다. 왜냐하면 하나님이 모세를 사용하셨기 때문이다. 그는 하나님의 종이며 하나님께서는 그를 놀랍게 사용하셨다. 엘리야도 물론이다. 엘리야보다 큰 능력과 기적을 행한 선지자가 어디 있는가? 또 모세보다 놀랍게 사용된 종이 어디 있는가? 그런 사람들이 하는 말을 들을 때 얼마나 놀라웠겠는가? 그러니 베드로 입장에서 그 중 한 사람이라도 놓치고 싶지 않았을 것이다. 그래서 초막 셋을 짓겠다는 말이 나온 것이다.

이것이 네 번째 문제이다. 주님의 가르치심은 이렇게 놀라운 사람들과 계속 함께 있는 것이 아니다. 주님은 앞에서 이미 "나를 따라오려거든 자기를 부인하고 자기 십자가를 지고 나를 좇을 것이니라"고 하셨다. 고난의 길, 십자가의 길, 혼을 잃는 길을 따라오라는 것이 주님의 가르치심이다. 그러면 그분이 왕국을 가지고 오실 때 각각 행한 대로 갚아주시겠다는 것이다. 그럴 때 베드로는 "주님, 알겠습니다. 그렇게 하겠습니다." 해야 하는데 여기서 놀라운 상황에 계속 머물러 있으려는 것이다. 어쨌든 베드로는 변화산에서 실수를 많이 했다.

5절, 말할 때에 홀연히 빛난 구름이 저희를 덮으며 구름 속에서 소리가 나서 가로되 이는 내 사랑하는 아들이요 내 기뻐하는 자니 너희는 저의 말을 들으라하는지라

베드로는 이렇게 열심히 말을 하고 있었다. 누가복음을 보면 자기가 하고 있는 말이 무슨 말인지도 모른다고 했다. 너무나 놀랍고 영광스런 느낌이 충만했기 때문에 제정신이 아니게 된 것이다. 그래서 정신없는 말을 몇 마디 했다. 그때 홀연히 빛난 구름이 저희를 덮었다. 그리고 구름 속에서 소리가 났다.

여기서 빛난 구름은 구약에서 하나님이 나타나실 때와 다르다. 이것은 확실히 신약이다. 히브리서 12장을 보면 구약에서는 시내 산에서 주님이 나타나실 때 빽빽한 검은 구름이 있었다고 했는데 여기는 빛난 구름이 있다. 이와같이 주님이 신약 시대에 임하실 때에는 모든 사람들이 가까이 와서 얻고 누릴 수 있도록 임하신다.

"구름 속에서 소리가 나서 가로되 이는 내 사랑하는 아들이요 내 기뻐하는 자니 너희는 저의 말을 들으라". 예수님은 변형되셨고 베드로는 지금 뭔가 말을 하고 있다. 여기서 예수님은 그에 대해 아무 말씀도 안 하시는데 하나님께서 역사하셨다. 구름이 그들을 덮고 구름 속에서 소리가 났다. 하나님께서 증거 하시는 것이다. "너희는 저의 말을 들으라." 이런 기묘한 일이 일어났다. 베드로가 그의 두 번째 서신에서 이것을 말했다. 공교히 만들어낸 말이 아니라는 것이다. 하나님께서 예수 그리스도를 증거 해 주셨다.

이렇게 아버지 하나님께서 증거 하시는 말씀은 주 예수님이 요단강에서 침례를 받고 올라오셨을 때에도 있었다. 하늘이 열리고 말씀이 임한 것이다. "이는 내 사랑하는 아들이요 내 기뻐하는 자라." 똑같은 말씀이다. 여기서 그 두 번의 말씀이 임할 때의 공통점이 무엇인지를 생각해보아야 한다. 어떠한 때에 하나님은 그 아들을 이렇게 증거 하셨는가? 그분이 요단강에서 침례를 받고 일어나실 때에도 그리스도의 죽음과 부활에 관계된다. 그리스도의 죽음과 부활의 암시가 그분의 침례이다. "나는 내 자신을 이렇게 부인합니다. 아버지여, 내 뜻대로 살지 않고 아버지의 뜻대로 살겠습니다." 이런 암시가 요단강의 세례이다. 여기서도 주님이 그분의 죽으심과 부활을 제자들에게 가르치신 다음에(엘리야와 모세가 주님과 대화한 내용도 주님이 예루살렘에서 별세하실 것에 관한 것이었다), 즉 예수의 죽음과 부활, 그리스도의 고난 받으심이 말해졌을 때에 하나님 아버지는 하늘을 열어서 그 아들을 기뻐하신다는 말씀을 하셨다. 오늘날도 우리가 하나님의 기뻐하심을 얻는 길은 하나님 아버지의 뜻을 위해서 우리 자신을 부인하고 십자가의 죽음 아래 자신을 두고 자신을 잃어버리는 위치에 두는 것이다. 그럴 때 "내가 그를 기뻐하노라"는 말씀을 하신다.

베드로가 초막 셋을 짓겠다고 했을 때 우리 주님은 베드로에게 아무 말씀도 하지 않으셨다. 그런데 하늘이 열리고 하나님 아버지께서 말씀하셨다. "모세도 아니고 엘리야도 아니다. 너희는 저의 말을 들으라." 지금까지 유대인들은 모세의 말을 들어왔다. 창세기, 출애굽기, 레위기, 민수기, 신명기, 다섯 권이 모세의 가르침이다. 그들은 모세 오경을 너무나 사랑했다. 그들의 모세에 대한 자부심은 이루 말할 수 없다. 엘리야도 마찬가지이다. 하나는 율법이고 하나는 선지자인데, 구약은 이 두 마디로 요약할 수 있다. 율법과 선지자를 대표하는 사람들이 여기 있다. 그런데 하늘에서 들리는 음성은 "너희는 저(예수)의 말을 들으라"이다.

이 땅에 훌륭한 하나님의 종들이 많이 있지만 지금은 하나님의 아들의 시대임을 알아야 한다. 누구든지 사람을 자랑할 필요가 없다. 주님으로부터 듣는 것이 이 시대의 특징이 되어야 한다. 유대인들이 더 이상 모세에게서 듣지 않고 엘리야에게서 듣지 않는 것은 작은 일이 아니다. 작은 일이라고 생각하지 말라. 여러분에게 말씀을 해설하는 사람의 말을 듣지 않고 예수님의 말씀을 듣는 것은 매우 쉽다. 그런데 유대인인 그들이 모세의 말을 듣지 않고 엘리야의 말을 듣지 않고 예수님의 말씀만 듣는 것은 쉬운 일이 아니었다.

신약의 특징은 무엇인가? 히브리서 1장 1-2절, "옛적에 선지자들로 여러 모양과 여러 부분으로 말씀하신 하나님이 이 모든 날 마지막에 아들로 말씀하셨으니". 아들로 말씀하시는 것이 신약 시대이다. 모든 입이 닫히고 주 예수님만 말씀하실 수 있어야 한다. 하늘에 계신 하나님께서 "너희는 저의 말을 들으라"고 하지 않았는가? 지금 베드로는 말하지 말아야 한다. 오늘날 사람들이 경솔하게 많은 말을 한다. 주 예수님은 아무 말씀도 안하셨는데 하늘에서 소리가 나서 말하기를 "이 사람아, 여기 네가 들어야 할 아들의 음성이 있다. 그가 바로 예수다."라고 하셨다.

오늘날도 가장 좋은 그리스도인이 되려면 주님의 말씀하시는 음성을 들어야 한다. 어떻게 하면 들을 수 있는가? 방법이 없다. 그 음성 듣기를 사모하면 들을 수 있다. '주님의 음성(The Voice of Lord)'이라는 소책자를 쓴 인도의 박싱 형제가 수년 전에 세상을 떠났는데, 그는 인도와 파키스탄에서 천여 개의 교회를 세운 사람이다. 참으로 그는 경건하고 주님을 사랑하는 사람이었다. 인도에서, 파키스탄에서 수천 명을 주님께로 이끈 근세의 영적인 형제이다. 내가 이삼 년 전에 인도 하이드라바드에 가서 그가 있는 곳에서 집회를 열 번 정도 가진 적이 있다. 당시 그는 매우 노쇠하여 병상에 누워 있었다. 이번에 인도 델리에 갔을 때 그가 죽었다는 기사를 읽었다.

전에 내가 아프리카에 갈 때 그 형제의 책을 읽으면서 가장 감명이 깊었던 것은 그분처럼 주님의 음성을 들으려 하고 그 음성에 순종하려고 하는 사람이 또 있을까 하는 것이었다. 나는 잠비아에서 그의 저서 '베다니'라는 책을 읽었는데 그 책을 읽고 얼마나 감동받았는지 모른다. 그가 너무나 주님을 사랑했기 때문이다. 주님이 뭐라고 말씀하시기만 하면 순종하는 것이다. 그리고 그가 들은 주님의 음성은 그렇게도 투명했다. "너는 남쪽 마드라스로 가라." 하시면 무조건 남쪽으로 갔다. 주님과 타협하는 게 없었다. 그래서 그의 일생은 얼마나 어려웠는지 모른다. 복음을 받으면서부터 부모와 갈등이 생겼고 많은 어려움을 당했다. 그는 영국에서 공부한 엘리트였다. 그런데 주님의 복음을 듣고 하나하나 순종해 나가는데 그렇게 귀할 수가 없다. 그의 역사를 다 말해드릴 수가 없다. 다만 내가 그에게서 느낀 특징은 주님의 말씀에 그대로 순종한다는 것이다. 참 좋아 보였고 내 자신이 너무 부끄러웠다. "이 땅에 이렇게 주님께 순종하는 자가 있구나!" 나는 그의 숙소에 갔을 때 완전히 기력이 없는 그 형제를 붙잡고 기도한 적이 있다.

정말 좋은 그리스도인이 되고자 한다면 한 가지 길이 있는데 그것은 주님의 음성을 듣는 것이다.

6절, 제자들이 듣고 엎드리어 심히 두려워하니

사람은 에덴동산에서 하나님을 잃어버린 뒤에도 그렇게 두려워하지 않았다. 금방 선악과를 먹고 난 후에 "아담아, 아담아, 네가 어디 있느냐?" 하고 물으실 때 "내가 벗었음으로 두려워하여 숨었나이다." 하고 대답했다. 그런데 일단 하나님을 멀리 떠난 사람들은, 심지어 거듭나고 주님을 따른다 하더라도 하나님의 영광을 보면 그 특징이 두려워하는 것이다. 여기서 하나님의 음성을 듣고 제자들은 심히 두려워했다.

7절, 예수께서 나아와 저희에게 손을 대시며 가라사대 일어나라 두려워 말라 하신대

제자들은 여기서 두려워 떨고 있는 것이다. 다니엘도 그랬고 요한도 그랬다. 이상을 보고 나면 두렵다. 나도 주님의 이상을 좀 보았을 때 그 느낌은 "아, 내가 과거에 아무 것도 모르고 함부로 행했구나. 방자했구나." 하는 것이었다. 그것이 일종의 두려움이다. 그때 주님이 오셔서 제자들에게 손을 대시고 두려워 말라고 하셨다. 주님만이 이렇게 하실 수 있다. 그리고 일어나라고 하셨다. 이제 이상을 보았으니까 일어나야 한다.

다시 한 번 강조하거니와 주님은 이 영광스런 광경을 열두 제자 모두에게 보여주신 것이 아니다. 여기 세 명에게만 보여주셨다. 오늘 이 땅에 그리스도인들이 있는데 체험이 다 똑같지 않다. 지금도 원칙은 똑같다. 여러분이 사모하는 정도에 달려 있다. 주님과 친근한 정도에 달려 있다. 주님을 사모할수록, 주님과 친근할수록 주님이 더 보여주신다.

그런데 주님이 왜 이런 이상을 보여주셨을까? 이것을 생각해보아야 한다. 이것이 내가 말하고자 하는 요점이다. 왜 친근한 세 증인에게 이 왕국의 이상을 보여주셨을까? 첫째 여러분은 보기를 사모해야 하고, 둘째 보았으면 왜 보여주셨는가를 알아야 한다. 왜 보여주셨겠는가? 제자들이 십자가의 길을 가도록 강화시키시려는 것이다. 이렇게 한 번 보는 것이 그 제자들을 얼마나 강화시키는지 모른다.

어떤 사람들은 나에게 "왜 그렇게 죽을 줄도 모르고 가느냐?"고 묻는다. 내가 한 마디로 대답한다면 "저는 보았습니다. 그러니까 가는 겁니다." 본 것이 강화시키는 것이다. 왜 벌벌 떨면서 가지 못하는가? 본 것이 없으니 그러한 것이다. 간단하다. 이러한 이상으로 인해 베드로는 끝까지 주님을 증거하다가 십자가에 거꾸로 매달려 죽었다. 요한도 마지막까지 그리스도를 증거하다가, 전하는 말에 의하면 끓는 기름 가마에 들어가 죽었다. 야고보는 맨 먼저 순교했다. 모두 그리스도를 위해서 고난의 길, 순교의 길을 간 사람들이다.

그렇게 가려면 이러한 이상을 보지 않으면 안 된다. 주님은 그저 가라고만 하지 않으신다. 가서 죽으라고만 하지 않으신다. 죽으라고 가르치지만 않으신다. 십자가를 지고 그분을 따르라고만 하지 않으신다. 16장 후반부에서는 그렇게 가르치셨고 17장 시작에서는 그 영광을 보여주셨다. 왕국을 열어서 보여주신 것이다. 그것은 그들에게 너무나 큰 강화가 되었다. 그들은 그 본 것을 잊을 수가 없다. 그러므로 베드로 후서 1장 16절에서 그는 이렇게 말한다. "나는 그분의 영광, 존귀를 내 눈으로 친히 보았다. 이것은 공교하게 만든 이야기가 아니다. 나는 그 산에서 친히 그 위엄을 본 자다." 베드로는 그것을 잊을 수 없었다. 그래서 주님을 따라갈 수 있는 것이다. 보지 않고 갈 수 있는 사람은 없다.

나는 여러분이 그리스도인 생활을 이삼십 년 간 하고도 지금까지 한 번도 주님의 영광을 본 적이 없을까 염려한다. 그래서 그저 맨송맨송한 것이다. 10년 전이나 지금이나 똑같은 것이다. 그런 사람은 이 길을 대가를 지불하면서 갈 수 없다. 그러나 뭔가 보았다면 당신은 축복된 사람이다. 왜냐하면 결국 당신은 고난의 길을 가게 될 것이기 때문이다. 주님은 또한 갈 수 있는 힘을 주신다. 이 때문에 변화산의 사건이 있었던 것이다. 주님은 괜히 그 세 사람을 산으로 이끌어서 그러한 영광을 보여주신 것이 아니다. 그리고 두려워서 엎드려 있는 제자들에게 손을 대시면서 두려워 말고 일어나라 하시고서 데리고 가셨다. 아름답고 귀하신 주님!

8절, 제자들이 눈을 들고 보매 오직 예수 외에는 아무도 보이지 아니하더라

8절의 광경은 그 영광의 임재가 떠난 상황이다. 말하자면 변형의 이상이 사라진 상황이다. 그때 제자들 눈에 오직 예수 외에는 아무도 보이지 않더라는 것이다. 더 이상 엘리야나 모세가 없다. 오직 예수이다. 나는 성도들이 모일 때마다 말씀 전하는 사람이 중심이 될까 염려한다. 이 시대는 오직 예수의 시대이다. 하나님께서 아들에 대해 "너희는 저의 말을 들으라" 하시며 증거 하실 때 모세와 엘리야의 얼굴이 어땠을까? 나쁘지 않았을 것이다. 그들은 하나님의 종이다. 그들은 주 예수 그리스도를 참으로 경외하는 눈으로 바라보았을 것이다. 그리고 하나님의 말씀에 크게 "아멘"했을 것이다. "아멘, 그렇습니다. 주 예수뿐입니다. 이젠 그분밖에 없습니다."

친히 아들이 오셨는데, 하나님이 오셨는데 그의 종들이 이제는 자리를 그분께 내어드리는 게 당연하다. 종들이 아직도 유창한 말로 주 예수님의 자리를 차지하고 있으면 어떻게 하는가? 하나님의 자녀들이 다 예수 그리스도께 주의를 집중할 수 있도록 그의 종들은 주님께 자리를 내어드려야 하는 것이다. 그리고 제자들의 눈에 예수 외에는 아무도 보이지 않게 해야 한다.

9절, 저희가 산에서 내려올 때에 예수께서 명하여 가라사대 인자가 죽은 자 가운데서 살아나기 전에는 본 것을 아무에게도 이르지 말라 하시니

그렇기 때문에 산 위에서의 광경은 하나님의 왕국의 광경이다. 거기서는 주 예수께서 왕이시고(엘리야, 모세로 대표되는), 구약의 성도들이 있고(베드로, 요한, 야고보로 대표되는), 신약의 성도들이 있다. 그게 왕국이다. 그런데 모세는 특히 죽었다가 부활한 성도들을 가리키고 엘리야는 죽음을 보지 않고 병거를 타고 하늘로 올라갔으므로 휴거된 성도들을 가리킨다. 이처럼 왕국에는 죽음 가운데서 부활한 성도도 있고 살아 있다가 휴거되는 사람도 있다. 그것이 바로 왕국의 상황이다. 베드로, 요한, 야고보는 덜 변화된 믿는이들을 상징할 수도 있다. 아직까지 엉뚱한 소리를 하기 때문이다. 그들은 후에 참 왕국이 임할 때 다른 신분을 가질 것이다.

그런 다음에 산에서 내려온다. "인자가 죽은 자 가운데서 살아나기 전에는 본 것을 아무에게도 이르지 말라 하시니". 주님은 제자들이 이 놀라운 광경을 보았다는 것을 아신다. 주님은 다 아신다. 그런데 인자가 죽은 자 가운데서 부활하기 전에는 이 사실을 아무에게도 이르지 말라고 하셨다. 왜 이런 말씀을 하셨을까? 왜 지금 당장에 나가서 사람들에게 "우리는 산에 가서 놀라운 것을 보았다!" 하고 말하지 못하게 하실까?

사람들은 대개 뭔가 놀라운 것을 보면 금방 말한다. 아니면 그 이튿날 말한다. 그런데 무언가 귀한 영광을 보면 우리 속에도 한 가지 느낌이 있다. "쉽게 말하지 말아라." 아무 것도 본 것이 없는 사람은 그런 느낌을 모른다. 그러나 본 것이 있는 사람들은 "이것을 쉽게 이야기해서는 안 되겠구나." 하는 것을 알게 된다. 왜냐하면 사람들에게 그것을 이야기해주어도 이해를 못하기 때문이다. 사실 들으려고 하지도 않는다. 그러니까 말해줄 필요가 없는 것이다. 또한 귀한 것은 귀한 것으로 여기고 소중히 여기며 아껴야 마땅하다.

둘째로, 이제 주님은 십자가에서 죽으실 것이다. 누가복음을 보면 그분이 승천하실 기약이 차가매 예루살렘으로 올라가실 것을 굳게 결심하셨다는 말씀이 있다. 이 상황 바로 뒤에, 그러니까 변화산에서 영광스러운 왕국을 보여주신 뒤에 그 발걸음을 십자가로 향하셨다. 십자가로 향하고 있는데 영광을 자꾸 이야기하면 어떻게 되겠는가? 사람들은 아마 그렇게 영광스럽게 나타나셨던 분이 결국 골고다에서 저렇게 노예들과 죄수들처럼 참혹하게 죽는다는 말이냐고 할 것이다. 그렇기 때문에 그분이 부활하실 때까지 기다렸다가 그 본 것을 말하라고 하신 것이다. 주님의 말씀은 한 말씀도 일리가 없는 것이 없다.

그러므로 우리 사역자들은 해야 할 말이 무엇인지도 알아야 한다. 할 말이 있다 해서 아무 때나 하는 것이 아니다. 그 말씀을 전파해야 할 시기가 있다. 때를 가려서 전파하는 것이다. 어떤 말들은 안다고 다 하는 것이 아니다. 복음 전파는 때를 얻든지 못 얻든지 해야 한다. 그러나 주님이 제자들에게 어떤 말씀을 하실 때에는 시기를 가리시는 것을 볼 수 있다. 여기서 주님은 제자들에게 그분이 죽은 자 가운데서 살아나기 전에는 그 본 것을 말하지 말라고 하셨다.

10절, 제자들이 묻자와 가로되 그러면 어찌하여 서기관들이 엘리야가 먼저 와야 하리라 하나이까

이 말을 하니까 제자들이 예수님께 물었다. "그러면 어찌하여 서기관들이 엘리야가 먼저 와야 하리라 하나이까?" 방금 전에 제자들은 엘리야를 보았다. 그리고 왕국도 보았다. 말라기 마지막 장을 보면 엘리야가 올 거라는 예언이 있다. 구약성경 맨 마지막이다. "보라 여호와의 크고 두려운 날이 이르기 전에 내가 선지자 엘리야를 너희에게 보내리니"(4:5). 여호와의 크고 두려운 날, 왕국이 임하기 전에 엘리야를 보내실 거라고 하셨다. 제자들은 성경을 잘 읽지 않았나 보다. 그러니까 성경 말라기에 이런 말씀이 있다고 하지 않고 서기관들이 그렇게 말했다고 한 것이다. 그들은 서기관을 통해서 이 말씀을 들었다. 서기관들이 엘리야가 먼저 와야 한다고 했는데 이것은 어떻게 된 것인가?

11절, 예수께서 대답하여 가라사대 엘리야가 과연 먼저 와서 모든 일을 회복하리라

제자들은 엘리야가 오고 그 다음 왕국이 오기를 기대한 듯하다. 그래서 방금 전에 엘리야가 왔으니 이제 왕국이 올 것이고 그러면 고난 받을 것 없이 다 해결되어야 하는데 지금 주님은 그분이 고난 받으셔야 한다고 하니 도대체 어찌 된 일이냐고 묻는 것 같다. 그러니까 주님이 이렇게 말씀하셨다. "엘리야가 과연 먼저 와서 모든 일을 회복하리라." 지금 주님은 세례 요한을 두고 하시는 말씀이다. 여기서 엘리야가 와서 하는 일은 아비의 마음을 자식에게, 자식의 마음을 아비에게 회복하는 것과 같은 일이다.

즉 원래 사람들 속에 있는 도덕성을 회복하는 것이다. 그것은 주 예수 그리스도를 영접할 수 있도록 마음을 예비시키는 것이다. 높은 산은 낮아져야 하고 굽은 길은 평탄해져야 한다. 이것이 회복하는 것이다.

12절, 내가 너희에게 말하노니 엘리야가 이미 왔으되 사람들이 알지 못하고 임의로 대우하였도다 인자도 이와같이 그들에게 고난을 받으리라 하시니

주님은 엘리야가 이미 왔다고 하셨다. 엘리야가 이미 왔으되 사람들이 알지 못하고 임의로 대우하였다는 것이다. 누가복음을 보면 사실 세례 요한은 엘리야 자신이 아니고 엘리야의 영과 능력으로 온 사람이다. 우리가 여기서 또 한 가지 알아야 할 것은 주님이 이 시대에 하시는 일은 다 은밀하다는 것이다. 엘리야가 왔는데 어떻게 왔는가? 세례 요한이 엘리야의 영과 능력으로 왔다. 구약에서는 사람들이 엘리야를 그냥 알아볼 수 있었다. 그런데 신약 시대에서는 요한이 엘리야의 영과 능력으로 왔기 때문에 사람들이 그를 인정하려 하지 않았다. 만일 사람들이 세례 요한을 엘리야로 인정했다면 세례 요한을 목베어 죽였겠는가?

이렇게 신약 시대에 주님이 그분의 말씀을 성취하시는 방법은 다 감춰어 있다. 그렇기 때문에 사람들은 오해하고 알아보지 못하는 것이다. 진실로 주님을 찾는 사람이 아니면 이해할 수 없게 되어 있다. 이미 엘리야가 왔지만 사람들은 모른다. 이것이 신약 시대의 특징이다. 주님은 그분을 진정으로 찾고 추구하는 사람이 아니면 모르게 오신다. 그런데 그리스도의 실제는 대부분 거기에 있다. 그 실제가 이미 이렇게 왔는데 사람들은 모르는 것이다. 메시야도 마찬가지이다. 주님이 오셨는데 사람들은 메시야가 그런 분이 아니라고 생각한 것이다. "메시야가 온다면 그런 분은 아니야."라고 생각하는 것이다. 그렇지 않은가? 우리는 주님이 이러한 방식으로 역사하신다는 것을 잊어서는 안 된다.

"엘리야가 이미 왔으되 사람들이 알지 못하고 임의로 대우하였도다". 저들 마음대로 대우했다. 사람들은 엘리야를 임의로 대우하고 그를 목베어 죽임당하게 했다. 어떤 사람들은 헤롯이 세례 요한을 죽였다, 헤로디아가 그 딸을 통해 세례 요한을 목베이게 했다, 그러니 헤롯의 책임이다 할지 모른다. 그러나 유대 민중 가운데 그러한 분위기가 없었다면 요한은 그렇게 죽임당하지 않았을 것이다. 그렇게 죽여도 되는 상황이었기 때문에 그렇게 죽인 것이다. 헤롯은 민중을 두려워하는 게 있었다. 정치가들은 당시나 지금이나 똑같은데 민중들의 흐름을 살펴서 죽여도 될 때 죽인다. 베드로를 죽이려 했을 때에도 야고보가 순교당한 후에 유대인들이 기뻐하는 것 같으니까 그렇게 하려 한 것이다.

그러므로 요한의 죽음은 헤롯이나 헤로디아나 그 딸의 책임만은 아니다. 주님은 사람들이 엘리야를 임의로 대우했다고 하신다. 엘리야의 영과 능력으로 온 세례 요한을 임의로 대우한 것이다. "인자도 이와같이 그들에게 고난을 받으리라". 당시 사람들이 엘리야를 알지 못하고 임의로 대우한 것처럼 인자에게도 그렇게 할 것임을 말씀하셨다.

오늘날 참된 주님의 선지자가 있을 때, 주님의 종이 있을 때 그를 임의로 대한다면 그런 사람은 인자이신 주 예수님께도 틀림없이 그렇게 한다. 누가복음 10장 16절, "너희 말을 듣는 자는 곧 내 말을 듣는 것이요 너희를 저버리는 자는 곧 나를 저버리는 것이요 나를 저버리는 자는 나 보내신 이를 저버리는 것이라". 주님이 사도들을 보내면서 하신 말씀이다. 여기서 세례 요한, 곧 엘리야의 영과 능력으로 온 그를 저버리는 사람은 인자도 저버리는 사람이다. 그런 사람이 또 그렇게 한다. 엘리야를 저버린 바로 그 사람들에게 주님도 고난받고 돌아가셨다. 예수님을 핍박하고 십자가에 못박은 사람들이 주님의 사도들에게도 역시 그렇게 한다. 엘리야를 저버리는 사람은 주님을 저버린다는 말이다.

13절, 그제야 제자들이 예수의 말씀하신 것이 세례 요한인 줄을 깨달으니라

여기서 주님은 세례 요한에 대해 한 마디도 하지 않으셨다. 그런데 제자들은 주님이 이렇게 말씀하시자 그가 세례 요한이라는 것을 알았다. 사실 마태복음 11장에서 주님이 이미 말씀하신 바 있다. "만일 너희가 즐겨 받을진대 오리라 한 엘리야가 곧 이 사람이니라"(14절). 그런데 사람들은 주님의 그 말씀을 기억하지 못했다. 사람들은 잘 잊어버린다. 왜 이렇게 듣고도 잘 잊어버리는지 모른다. 그러나 주님이 여기서 책망하시지 않고 이렇게 저렇게 말씀해 주시니까 다시금 알아들었다. 그러므로 그리스도인들은 말씀을 자꾸 들을 필요가 있다. 분명치 않던 것이들을 때 "아, 그것이구나!" 하고 알게 되는 것이다. 그럴 때 확신하는 믿음이 생긴다. 그렇게 해서 이 길을 가는 것이다.

17장, 전반부에 덧붙이는 말씀

여러분은 베드로, 요한, 야고보가 본 것을 변화산에 가서 다시 한 번 보아야 겠다고 하실 필요가 없다. 사도들이 이 말씀을 기록한 것은 오늘 우리가 그 사실을 믿음으로 취하여 동일한 이상과 체험을 갖게 하려는 것이다. 주님은 보지 못하고 믿는 자들이 더 복이 있다고 하셨다. 이 말씀 그대로를 믿는 것이 더 귀한 것이다. 여러분, 이 말씀을 기록한 사람은 이 장면에 없었던 사람이다. 그런데 세 제자가 거기서 본 것을 마치 자기가 본 것처럼 기록했잖은가? 그러므로 오늘 우리에게도 이들이 본 것이 우리가 본 것이 되는 것이다. 주님이 이 세 제자들에게 보이신 것은 우리 모두에게 보이신 것이다. 그렇게 보는 것이 옳다. 그들을 증인 삼으신 것이다. 증인을 삼을 때 한 사람은 좀 약하다. 그러므로 주 예수님에게는 항상 두세 사람이 필요했다. 셋이면 아주 족하다. 그렇게 셋을 이끌어서 자기 자신을 보이시고 그것으로 하여금 자기를 사랑하는 제자들에게 증거가 되게 하신 것이다.

베드로가 간증하기를, 그들이 그 거룩한 산에서 친히 보았고 하나님의 음성을 들었다고 했다. 우리가 그들의 증거를 듣고 단순하게 믿을 때 우리도 그들과 똑같이 보게 되는 것이다. 그럴 때 우리는 변화산상에서 그들과 함께 있지 않았지만 오늘 우리도 그 이상을 본 자들로서 그 세 사람과 똑같아야 한다. 우리 모두 그것을 보지 않았다고 말할 수 없다. 그렇게 해서 우리는 다 이 시대에 주님을 따르는 제자들이 되었다.

14-15절, 저희가 무리에게 이르매 한 사람이 예수께 와서 꿇어 엎드리어 가로되 주여 내 아들을 불쌍히 여기소서 저가 간질로 심히 고생하여 자주 불에도 넘어지며 물에도 넘어지는지라

17장 후반부의 말씀은 세 부분으로 나누어 말할 수 있다. 첫째는 간질병 걸린 아이를 치료한 이야기(14-20절), 둘째는 아주 짧은 이야기이지만 주 예수님이 십자가에 죽고 부활하실 것을 제자들에게 두 번째로 말씀하신 이야기(22-23절), 셋째는 성전 세 문제로 베드로가 실수해서 다시 교정을 받고 한 세겔로 주님과 그의 성전세를 낸 이야기이다(24-27절). 겉으로 보면 내용이 참 단순한 것 같지만 자세히 보면 아주 중요한 말씀이다.

지금 예수님이 변화산에서 제자들과 함께 내려오셨다. 변화산에는 열두 제자가 다 올라간 것이 아니고 세 제자만 주님과 함께 올라갔다. 나머지 제자들은 평지에 있었을 것이다. 산에서 내려왔을 때의 이야기는 마가복음 9장에 똑같은 사건이 조금더 자세하게 기록되어 있기 때문에 참고하면 된다. 그때 한 사람이 예수님께 와서 꿇어 엎드려 한 가지 청원을 드렸다. 그것은 그에게 한 아들이 있는데 간질에 걸려서 심히 고생하고 자주 불에도 넘어지고 물에도 넘어지니 불쌍히 여겨 달라는 것이다. 우리나라에도 전에 간질병이 많았는데 갑자기 경련을 일으키며 입에서 거품을 내뿜고 쓰러지곤 하는 병이다. 그리고서 한참 후에 일어나는 것이었다. 이 간질이라는 병은 참으로 고질병이다. 영어로는 루나틱(lunatic) 이라고도 하고 에필렙스(Epilepse)라고도 하는데 루나틱(lunatic)이란 그 질병이 달과 관계가 있다 해서 그렇게 이름 지은 것이다. 달의 회전의 영향을 받아서 발작이 일어난다는 것이다. 정신병원을 루나틱 아실럼(lunatic asylum)이라고 한다. 간질은 정신적으로도 문제가 있는 것이다.

이 간질이 걸린 자녀를 둔 한 아버지가 자식 문제로 예수님을 찾았다. 이 아버지는 자식을 볼 때마다 마음이 너무나 참담했다. 아들이 하나 있는데 간질에 걸려서 자주 불에도 넘어지고 물에도 넘어지는 것이다. 그러다 잘못하면 죽게 된다. 그래서 그 아버지는 자식의 문제를 가지고 예수님께 나아가 꿇어 엎드렸다. 부모들은 자식 때문에 가장 마음을 쓰게 된다. 사람이 여간해서 하나님께 꿇어 엎드리지 않는데 어느 날 자식에게 커다란 어려움이 임하면 저절로 꿇어 엎드리게 된다. 나는 평소에 이런 생각을 해본다. 왜 꼭 큰 일이 벌어져야 예수님께 꿇어 엎드리느냐는 것이다. 어떤 일에나 주님께 엎드리면 얼마나 좋겠는가?

나는 내가 아는 어떤 형제들에 대한 이야기로 여러분을 깨우쳐 주고 싶다. 한 형제가 있는데 나름대로 주님을 사랑하는 형제이다. 이 형제는 항상 무덤덤하였다. 집회에 나와서도 그렇고 주님을 섬기는 데도 늘 그랬다. 그런데 어느 날 자고 일어나더니 입이 돌아갔다. 차거운 바닥에서 자거나 하면 온도 차이 때문에 더러 발생하는 경우가 있다. 한방에서는 '구안와사'라고 한다. 갑자기 입이 돌아간 것이다. 그러니까 그 형제가 놀라서 주님을 부르면서 기도했다. "하나님, 제 입 좀 제자리로 돌아오게 해 주십시오." 그 말을 전해 들은 나이든 주님의 종이 이렇게 한탄했다. "사람이 하나님의 말씀은 두려워 아니하고 자기 입이 돌아가니까 두려워하는구나." 내가 그 말을 들을 때 아주 젊을 때였는데 아주 인상적이었다. 평소에 하나님의 말씀을 믿고 두려워하며 그분께 엎드리는 신앙을 가지면 좋을 텐데 그러한 상황이 임하니까 그제서야 엎드리는 것이다.

또 한 형제가 있는데 자신감이 넘치는 아주 강한 형제였다. 사회적으로 지위도 있었다. 그런데 그 아내는 자기 남편의 강퍅한 성격 때문에 얼마나 마음 고생을 했는지 정신병에 걸릴 정도였다. 그들에게는 외동딸이 있었다. 피아노도 잘 치고 참 귀여운 아이였는데 어느 날 그만 그 딸이 연탄가스 중독으로 죽었다. 꽤 오래 전 이야기이다. 우리 모두가 슬퍼했다. 그 형제는 병원에 가서 딸아이의 시신을 보자 다리에 힘을 잃고 그대로 주저앉았다. 내가 그 옆에 있었다.

나는 이런 생각을 해본다. 왜 꼭 환경이 닥쳐야 무릎을 꿇느냐는 것이다. 그러기 전에 전능하시고 거룩하시고 존귀하신 하나님 앞에 겸손한 자세로 무릎 꿇고 나아가지 않고 왜 그러한 상황이 닥쳐야만 무릎을 꿇는가? 누가 현명한 사람인가? 좋은 시민, 좋은 학생 다 마찬가지이다. 평소에 법을 잘 지키고 그 법을 두려워하면 그 사람은 문제가 없다. 그러나 평소에 아무렇게나 행하고 법을 어기고 함부로 하다가 어느 날 법의 심판을 받게 되면 그때서야 법관이 무서워보이고 다스리는 자들을 두려워하게 된다. 평소에는 함부로 말할지 몰라도 그때는 두려운 것을 알게 된다. 법의 두려움을 알게 되고 하나님의 권위도 그때 알게 된다.

이 14절에서 한 사람이 예수께 와 꿇어 엎드리는 것은 참 좋은 것이다. 교만하지 말고 우리가 무언가 다 할 수 있는 사람처럼 착각하지 말고 이 전능하신 하나님께 나아와서 엎드리는 것은 좋은 것이다. 결국 이 사람은 간질병에 걸린 아들의 문제를 예수님께 나아와서 해결받았다.

여기서 한 가지 기억할 것이 있다. 아버지는 아들의 문제가 다만 질병의 문제인 줄 알았는데 주님은 귀신을 꾸짖으셨다. 그렇게 간질을 일으키는 장본인이 귀신이라는 것이다. 귀신이 하는 일이 무엇인가? 간단하다. 하나님께서 창조하신 존귀한 사람을 쓸모없게, 하잘것없게 만드는 것이다. 사람은 존귀한 존재이다. 하나님의 창조물 중에 가장 귀한 존재이다. 하나님을 찬미하고 하나님께 영광 돌릴 수 있고 하나님을 기쁘시게 할 수 있는 존재, 하나님의 마음을 헤아릴 수 있는 존재가 바로 사람이다. 그런데 이 귀한 사람을 못쓰게 만들어 버리는 것이 귀신의 일이다. 왜 불에 넘어뜨리는가? 왜 물에 넘어뜨리는가? 죽이려는 것이다. 그것이 귀신이 하는 일이다. 사람들은 그것을 모른다. 그저 "아, 내가 병에 걸려서 그런가 보다." 한다.

간질병만 귀신 들린 것이 아니다. 어떤 사람들은 성질이 고약하다. 성질을 내다 보면 혈압이 올라 핏줄이 터지는 줄도 모르고 성질을 낸다. 또 그렇게 성질을 내다가 큰일날 수 있다는 것을 알아도 참지 못한다. 그렇게 성질을 돋구어서 혈압이 올라 쓰러지게 하는 게 누구인가? 우리는 그저 "내가 성질이 고약해서 그래. 원래 내가 성질이 급해." 하지만, 아니다. 사람들은 대개 자기의 기질과 성격을 탓하지만 사실 귀신의 장난은 도처에 있다.

하나님께서는 그분이 우리의 온 존재를 차지하실 수 있도록 우리를 거룩한 성전으로 지으셨다. 그리고 우리가 맑은 정신으로 살 수 있도록 지으셨다. 여러분은 여러분이 귀신에게 조금도 당하지 않았다고 자신할 수 있는가? 그렇지 않다. 많은 부분이 귀신에게 점령당하지는 않았을지라도 일부분이 귀신에게 탈취당하는 경우가 있으니 조심해야 한다. 우리 온 존재가 하나님께 드려져야 한다. 하나님의 것이 되어야 한다. 그런데 어떤 부분이 약할 때 그 약한 부분을 틈타서 귀신이 들어온다. 들어와서 사람을 주장하려고 한다. 성질이 고약한 그런 사람은 성질이 한 번 일어나면 걷잡을 수 없고 억제할 수가 없다. 그런 때 귀신이 그 사람의 성질을 사용하는 것이다. "더 성질을 내라. 그래서 아예 죽어라." 이런 것이 귀신의 역사이다. 어떤 사람은 이성에 대한 정욕에 약하다. 그런 사람은 자신이 다만 이성의 문제에서 약할 뿐이라고 생각한다. 그래서 패가망신하고 그 고귀한 신분을 다 잃어버린다. 나는 그러한 성적인 정욕 때문에 자신과 가정과 장래를 완전히 망쳐버리는 사람을 보았다. 그것이 다만 죄의 정욕의 문제인줄 아는가? 그러한 정욕의 약한 부분을 타고 귀신이 들어온 것이다. 그리고서 "너는 거기에 빠져서 망해라." 하는 것이다. 그렇게 해서 사람을 완전히 망친다.

인간의 육신의 약함에 핑계대지 말라! 어떤 질병이나 기질이나 선천적인 약함 때문이라고 하지 말라! 육신의 질병 중에는 귀신의 장난이 많다. 귀신은 사람을 점점 약해지게 해서 아예 죽으라고 한다. 그래서 귀신의 정체를 안다는 것은 아주 중요하다. 내가 어떤 여자를, 어떤 남자를 좋아해서 그러는 것이 아니고(그렇다고 믿게 만드는 것은 악한 자의 속임수이다) 여러분 속에 이미 귀신이 침투한 것이다. 그래서 그 귀신이 끌고 다니는 것이다. "아, 그게 귀신의 장난이었구나!" 이것을 아는 것만도 절반 이상 치료받은 것이다.

여기서 이 아버지는 자녀의 문제를 예수님께 가지고 가서 꿇어 엎드렸다. 예수께서 귀신에게 그 아이에게서 떠나라고 꾸짖으시니 귀신이 나갔다. 그때 그 아버지는 아들의 간질병이 귀신의 문제라는 것을 알았을 것이다. 이것을 아는 것만도 큰 일이다.

최근에는 진리가 많이 밝혀져서 믿는이들이 로마서 6장을 많이 알고 있다. 그래서 죄에서 벗어나는 체험을 많이 한다. 성질내던 사람이 성질도 없어지고 많은 사람들이 자기의 문제점에서 해방 받는다. 그런데 그렇게 일단 죄에서 벗어났어도 다시 강한 성질이나 정욕이 임하면 떨치지 못하고 이기지 못하는 것을 발견한다. 왜 그런가? 그것은 로마서 6장에서 말하는 죄 문제가 아니다. 귀신의 문제이다. 로마서 6장은 죄에 대해서는 말했어도 귀신에 대해서는 말하지 않았다. 귀신은 쫓아내야 한다. 그래서 15절 한 구절만 이해하는 것도 굉장히 중요한 것이다.

16절, 내가 주의 제자들에게 데리고 왔으나 능히 고치지 못하더이다

이 아버지가 처음에는 제자들에게 데리고 갔다. 과거에 제자들도 귀신을 많이 쫓아내었다. 마태복음 10장을 함께 보겠다 "예수께서 그 열두 제자를 부르사 더러운 귀신을 쫓아내며 모든 병과 모든 약한 것을 고치는 권능을 주시니라"(1절). 제자들은 이미 귀신을 쫓아내는 권능을 갖고 있었다. 또 누가복음 10장을 보면 70인의 제자들이 돌아와서 주님께 자기들의 말을 듣고 귀신이 쫓겨나갔다고 보고하면서 아주 기뻐하는 광경을 볼 수 있다(17절). 그런데 여기 간질병 걸린 아이에게서는 귀신을 쫓아내지 못한 것이다.

17절, 예수께서 대답하여 가라사대 믿음이 없고 패역한 세대여 내가 얼마나 너희와 함께 있으며 얼마나 너희를 참으리요 그를 이리로 데려오라 하시다

제자들이 고치지 못했다는 말을 듣고 주님은 아주 괴로워하셨다. 믿음이 없고 패역한 세대라고 책망하셨다. 제자들은 왜 못 고쳤는가? 믿음이 없기 때문이다. 믿음이란 참으로 귀한 것이다. 믿음이란 자기의 능력을 의지하지 않고 하나님의 능력을 의지하는 것이다. 사람이 무엇을 하다 보면 자신이 무엇을 할 수 있는 것마냥 착각한다. 그럴 때 믿음이 없어진다. 그리고 한 번 해도 안 되고 두 번 해도 안 되면 "아, 안 되는구나." 하고 포기한다. 기도도 한 번 하고 두 번 하고서 안 되면 "안 되는구나." 하고 더 이상 하지 않는다. 그런데 이 아이의 아버지의 장점은 제자들에게 데리고 가서 안 되니까 포기하지 않고 예수님께 직접 데리고 나아온 것이다.

18-20절, 이에 예수께서 꾸짖으시니 귀신이 나가고 아이가 그때부터 나으니라 이때에 제자들이 종용히 예수께 나아와 가로되 우리는 어찌하여 쫓아내지 못하였나이까 가라사대 너희 믿음이 적은 연고니라 진실로 너희에게 이르노니 너희가 만일 믿음이 한 겨자씨만큼만 있으면 이 산을 명하여 여기서 저기

로 옮기라 하여도 옮길 것이요 또 너희가 못할 것이 없으리라

제자들은 과거에 귀신을 쫓아낸 적이 있기 때문에 응당 이 일을 그들이 할 수 있을 거라고 생각했다. 그런데 귀신도 귀신 나름이다. 어떤 경우는 아주 어렵다. 이것은 아주 중요한 문제이다. 문제를 다 똑같이 보면 안 된다. 다 똑같이 대하면 실패하게 된다. 여기의 귀신은 아주 강한 귀신이다. 그런데 과거에 통상적으로 귀신을 쫓아내던 식으로 하려니까 안 되는 것이다. 그러나 주 예수님은 아주 작은 믿음만 있어도 이 일을 할 수 있다고 하셨다. 믿음이란 한 마디로 주 예수님과 하나 되는 것이다.

나는 해외에 동역자를 보내어 해외 복음 사역을 했다. 우리 형제들이 나가서 복음을 전하여 많은 나라에 교회들을 세웠다. 한 형제가 영국에 들어가려 하고 또 다른 형제는 루마니아로 가려고 한다. 형제들은 이미 프랑스, 독일, 이탈리아, 불가리아, 헝가리에 교회들을 세웠다. 아프리카에서도 교회가 일어났다. 그럴 때 형제들은 "아, 내가 할 수 있구나. 어디든지 내가 가면 교회가 일어나는구나." 하고 생각할 수 있다.

우리 형제들은 과거에 뼈아픈 실패를 한 적이 있다. 그것은 그렇게 생각했다가 나가서 막상 해보니 예전처럼 일어나지 않은 것이다. 성공적이지 않은 것이다. 또 외국에서 일하다가 한국에 들어와서 한 번 해보려니까 안 되는 것이다. 아프리카에서는 통했는데 한국에서는 안 통하는 것이다. 한국 귀신이 아프리카 귀신보다 더 강할 수가 있다. 우스운 말 같지만 그것이 사실일 수 있다.

나는 우리 동역자들을 비평하는 게 아니다. 우리 동역자들이 과거에 하던 것을 가지고 여기서도 하면 된다는 생각으로 주님을 의지하는 게 많지 않은가? 그러니까 안 되는 것이다. 여기서 빠진 것이 믿음이다. 이제는 뭐든 자신이 할 수 있는 것처럼 생각할 때 안 되는 것을 보게 된다. 내가 이렇게 말하면 제자들이 어떠한 상태에서 귀신을 쫓아낼 수 없었는지 알 것이다. 주님은 "믿음이 없고 패역한 세대여 내가 얼마나 너희와 함께 있으며 얼마나 너희를 참으리요" 하시며 제자들을 책망하셨다. 주님께는 불신보다 참기 어려운 것이 없다. 이제는 자기들이 할 수 있다고 하여 믿음을 저버리는 것을 주님은 너무나 참기 어려워하신다.

주님은 그 아이를 주님께 데려오라고 하셨다. 여전히 우리에게는 길이 있다. 우리가 직접 주님께 나가면 된다. 직접 주님께 나가서 "주여, 불쌍히 여기소서. 아무도 이 일을 할 수 없습니다. 주님 당신만이 하실 수 있습니다."라고 할 때 주님이 해주신다. 주님은 그 아이를 보시고 귀신을 향해 꾸짖으셨다. 그 아이는 못 들어

도 귀신은 들을 수 있다. 그러자 귀신이 나가고 아이가 그 시로부터 나았다.

이 구절에서 주님은 만일 너희에게 겨자씨만큼만 믿음이 있어도 이 산을 명하여 여기서 저기로 옮기라 하여도 옮길 것이요 또 너희가 못할 것이 없으리라고 하셨다. 못할 것이 없는 것이 믿음이다. 그런데 너무 안 되다 보면 "이것은 안 돼. 기도해도 안 되고 구해도 안 돼." 하고 포기해버린다. 우리 주위에는 기도해야 할 것이 너무 많다. 산과 같다. 여기서 산이라고 하는 것은 옮겨져야 할 견고하고 무거운 짐을 말한다. 이 산이 옮겨져야 하는데 우리는 믿음이 없어서 "이것은 옮겨지지 않아. 이것은 불가능한 일이야" 한다. 하나님의 능력을 믿지 않는다. 그래서 기도하지 않는다. 그것이 무엇인가? 불신이다. 주님께 가지고 가면 되는데 안 된다고 하는 것이다.

그러한 불신이 가장 주님을 근심하시게 한다. 주님이 오죽하면 믿음이 겨자씨만큼만 있어도 산을 명할 때 산이 옮겨질 것이라고 하셨는가? 우리는 할 수 없지만 주님은 하신다. 우리의 문제는 바로 믿음이 없는 것이다. 작은 믿음만 있어도 큰 역사가 일어날 수 있다. 오늘 여러분에게 있는 어려운 문제들을 주님이 해결하실 수 있으시다는 것만 알아도 큰 것이다. "아, 주님은 하실 수 있구나!" 물론 주님은 모든 것을 하실 수 있다.

21절, 한글 개역 성경에는 "없음"이라고 되어 있는데 어떤 사본에는 "이러한 유는 기도와 금식이 없으면 나가지 않는다"고 되어 있다.

마가복음 9장 21절부터 보겠다. "예수께서 그 아비에게 물으시되 언제부터 이렇게 되었느냐 하시니 가로되 어릴 때부터니이다 귀신이 저를 죽이려고 불과 물에 자주 던졌나이다…"(21-22절). 같은 이야기이다. 25절부터 29절까지, "예수께서 무리의 달려 모이는 것을 보시고 그 더러운 귀신을 꾸짖어 가라사대 벙어리 되고 귀먹은 귀신아 내가 네게 명하노니 그 아이에게서 나오고 다시 들어가지 말라 하시매 귀신이 소리지르며 아이로 심히 경련을 일으키게 하고 나가니 그 아이가 죽은 것같이 되어 많은 사람이 말하기를 죽었다 하나 예수께서 그 손을 잡아 일으키시니 이에 일어서니라 집에 들어가시매 제자들이 종용히 묻자오되 우리는 어찌하여 능히 그 귀신을 쫓아내지 못하였나이까 이르시되 기도 외에 다른 것으로는 이런 유가 나갈 수 없느니라 하시니라".

이 말씀에는 금식이라는 말이 없다. 그러나 마태복음 다른 사본에는 17장 이 구절에 금식이라는 말이 들어 있다. "기도와 금식 외에는 이러한 유가 나갈 수 없느니라".

이 아이가 귀신 들려 고생한 것은 아주 오래되었다. 오래된 것을 쫓아내기란 더 어렵다. 그러므로 이러한 종류는 간단하게 쫓아낼 수 있는 것이 아니고 믿음에 많은 기도와 금식이 수반되어야 한다는 말이다. 그럴 때 내어 쫓을 수가 있다. 가령 여러분 속에 성질의 귀신이 있다 하다. 첫째는 이것이 귀신의 장난이라는 것을 알고 쫓아내야 한다. 둘째는 이것이 쉽게 나가지 않을 때 기도와 금식을 수반하여 "주님은 하실 수 있다"는 믿음을 가져야 한다. "귀신아, 네가 끈질긴지 내가 끈질긴지 해보자." 그렇게 할 때 귀신은 반드시 나간다.

오늘 우리 가운데 간교한 귀신이 슬며시 붙어 있을 수 있다. 다 쫓아버려야 한다. 하나님이 우리를 소유하실 뿐 귀신은 우리 속에서 어떤 지위도 갖지 못하게 해야 한다. 그럴 때 우리는 온전히 하나님의 처소가 될 것이다.

22-23절, 갈릴리에 모일 때에 예수께서 제자들에게 이르시되 인자가 장차 사람들의 손에 넘기워 죽임을 당하고 제 삼일에 살아나리라 하시니 제자들이 심히 근심하더라

주 예수님은 16장에서 자신이 죽을 것과 다시 부활하실 것을 제자들에게 가르치셨다. 그분은 십자가에 죽으시기 전에 제자들에게 당할 일을 미리 알려 주신 것이다. 최소한 세 번은 말했는데 그렇게 말씀하실 때마다 두려워하고 근심했다. "주님이 돌아가시다니…" 우리 믿는이들이 십자가의 환경을 당할 때 근심하는 것과 똑같다. 첫 번째 오는 게 근심이다. 그런데 주님은 여기서 죽으신다고만 하지 않고 제 삼일에 다시 살아나신다고 하셨다. 그러나 사람들은 살아난다는 생각은 잘 못한다. 환경 후에 소생하는 부활은 바라보지 못하고 그 환경만 보기 때문에 근심하는 것이다.

요한복음 16장 22절, "지금은 너희가 근심하나 내가 다시 너희를 보리니 너희 마음이 기쁠 것이요 너희 기쁨을 빼앗을 자가 없느니라", 14장 1절, "너희는 마음에 근심하지 말라 하나님을 믿으니 또 나를 믿으라". 우리는 어려운 환경, 정말 힘든 상황이 임할 때 근심한다. 그러나 주님은 말씀하신다. "지금은 너희가 근심하나 내가 다시 너희를 보리니 너희 마음이 기쁠 것이요". 근심하는 일 뒤에는 반드시 기쁨이 있다. 왜냐하면 주님은 죽으실 뿐 아니라 다시 영광스럽게 부활하시기 때문이다. 우리는 근심스런 상황이 닥칠 때 그 뒤에 기쁨이 찾아온다는 것을 생각해야 한다. 그러므로 너무 낙심할 필요가 없다.

24절, 가버나움에 이르니 반 세겔 받는 자들이 베드로에게 나아와 가로되 너의 선생이 반 세겔을 내지 아니하느냐

여기의 세겔이란 돈의 명칭이다. 반 세겔은 출애굽기 30장에서 말하는, 유대인들이 성전을 위해 내는 세금이었다. 유대인이라면 부자 가난한 자 할 것 없이 다 한 사람당 반 세겔씩 내게 되어 있었다. 그런데 제자들이 가버나움에 이르렀을 때 그 반 세겔을 받는 자들이 베드로에게 물었다. "너의 선생은 반 세겔을 내지 아니하느냐?"

25절, 가로되 내신다 하고 집에 들어가니 예수께서 먼저 가라사대 시몬아 네 생각은 어떠하뇨 세상 임금들이 뉘게 관세와 정세를 받느냐 자기 아들에게냐 타인에게냐

예수님은 베드로가 그 반 세겔을 받는 사람과 한 대화 내용을 집에 앉아서 다 알고 계셨다. 베드로는 예수님께 물어보지도 않고 그 반 세겔 받는 사람에게 선뜻 "내신다" 하고 집에 들어왔다. 집에 들어오니까 예수님께서 "시몬아, 네 생각은 어떠하냐?" 하고 물으셨다. 주님은 다 알고 계신다. 이 구절을 보면 '먼저'라는 말이 있다. 지금 성전세를 내느냐 내지 않느냐 하는 문제를 놓고 주 예수님께서 말씀하고 계시는 것이다.

출애굽기 30장을 읽어보면 성전을 수리하기 위해서 유대인이라면 한 사람당 반 세겔씩 내도록 되어 있었다. 그 돈은 성전 곧 하나님 아버지의 집을 위한 것인데 그 하나님의 아들이 예수님이시다. 말하자면 그분 자신을 위해서 내는 돈이다. 그러니 주 예수님이 내실 필요가 있는 분이냐를 묻고 계시는 것이다.

26절, 베드로가 가로되 타인에게니이다 예수께서 가라사대 그러하면 아들들은 세를 면하리라

왕이 자기 아들에게는 세금을 받지 않는다. "아들들은 세를 면하리라". 그렇다면 베드로는 대답을 잘못한 것이다. 베드로는 실수를 많이 한 제자이다. 항상 실수하는 데 대변인 노릇을 한다.

27절, 그러나 우리가 저희로 오해케 하지 않기 위하여 네가 바다에 가서 낚

시를 던져 먼저 오르는 고기를 가져 입을 열면 돈 한 세겔을 얻을 것이니 가져다가 나와 너를 위하여 주라 하시니라

주님은 성전세를 내실 필요가 없는 분이다. 베드로는 잘못 대답했다. "너의 선생은 성전세를 내느냐?" "내고말고." 그리고서 베드로가 집에 들어와 예수님의 그 말씀을 들었을 때 얼굴이 벌겋게 되었을 것이다. 그러나 사람들이 지금 예수님이 하나님의 아들이시라는 것을 모른다. 그렇기 때문에 사람들로 오해케 하지 않기 위하여 바다에 가서 낚시를 던지면 고기 한 마리가 물릴 텐데 한 세겔이 그 입 안에 들어 있을 것이니 그것으로 나와 너를 위해서 내라고 하셨다.

이런 사소한 문제로 주님은 많은 사람들의 오해받는 것을 원치 않으셨다. 그런데 이것을 내게 하실 때 예수님은 한 세겔을 호주머니에서 꺼내지 않으시고 베드로에게 바다에 가서 낚시를 던지라고 하셨다. 베드로는 원래 고기 잡는 사람이다. 낚시를 바다에 던지고 나서 베드로는 생각했을 것이다. "참, 내 입이 항상 문제구나." 고기가 물릴 때까지 생각했을 것이다.

여기서 볼 수 있는 것은 우리 주 예수님은 모든 것을 아시는 분이라는 것이다. 베드로가 어디 가서 무슨 이야기를 했는지 다 알고 계신다. 여러분이 무슨 실수를 했는지 다 알고 계신다. 또 여기서 볼 수 있는 것은 주님은 돈을 가지고 다니지 않으신다는 것이다. 그것은 여기서뿐 아니라 다른 데서도 볼 수 있다. 사람들이 가이사에게 세를 바치는 것이 옳으니이까 그르니이까 하자 동전을 보이라고 하셨다. 동전을 주님 호주머니에서 꺼내신 게 아니다. 질문을 한 사람들 호주머니에서 동전이 나왔다. 예수님은 동전도 안 가지고 다니셨다. 이 한 세겔은 굉장히 적은 돈인데 그 돈도 안 가지고 다니셨다.

주님은 한 송이 백합화처럼 사셨다. 하나님만 바라보고 사셨다. 여러분 생각에는 돈이 없으면 못 살 것 같지 않은가? 그런데 돈이 없어도 사실 수 있는 한 분이 존재하셨다. 하나님 아들 예수이시다. 그리고 그분은 어디에 한 세겔이 있는지도 아신다. 바다 속 고기가 물고 있었다. 그리고 베드로가 낚시를 던지면 그 고기가 맨 먼저 물게 되어 있었다. 주님은 모든 것을 다 아신다. 이 천지 만물의 생태를 다 아시는 분은 하나님이시다. 조물주이시기 때문이다.

우리는 이 짧은 구절에서 예수가 도대체 누구이신가를 알 수 있다. 이래도 예수를 안 믿는다는 말인가? 이러한 분이 이 지구상에 존재하셨다. 바다 속 고기들의 사정까지 다 알고 주관하시는 분이다. 한 마리 고기 입 속에 은 한 세겔이 들어 있는 것도 아신다. 그래서 베드로가 낚시를 던지면 그 고기를 명하여 낚시를 물라고 하실 수 있는 분이다. 다 주님의 말씀을 듣게 되어 있다. 이분이 천지를 주관하시는 하나님이시다. 천지의 주재이신 하나님이시다. 이분이 간질병을 치료하지 못하겠는가? 이분은 모든 것을 하실 수 있다.

그런데 이러한 분이 지금 인간의 죄를 위해서 십자가에 못박혀 죽으시려 하고 있다. 그리고서 한 세겔을 얻으면 가져다가 "나와 너를 위하여" 주라고 하셨다. "우리를 위하여"라고 하지 않으셨다. 우리가 아무리 주님의 충성스런 종이라 해도 주님은 주님이시고 우리는 우리이다. 그분은 고귀한 하나님의 독생자이시다. 귀하신 주님! 그분은 홀로 영광스럽고 복되신 주님이시다! 어느 날 하나님께서 이 땅에 오셔서 이러한 귀하신 역사를 하시고 귀하신 그분 자신을 나타내 주셨다.

왜 마태는 이 일을 기록했는가? 왜 성경은 이러한 사실을 보여주고 알려주는가? 이 예수가 하나님의 아들이 아니고 누구냐는 것이다. 그분께 나아오면 못할 일이 없다. 그분은 하나님의 아들이시고 그리스도이시다. 이러한 예수 그리스도를 찬양한다. 이러한 예수님을 다 믿고 은혜와 축복을 받기 원한다.

18 장

1절, 그때에 제자들이 예수께 나아와 가로되 천국에서는 누가 크니이까

여기의 '그때'라는 말은 예수께서 반 세겔을 내는 문제에 대하여 베드로와 대화하신 후이다. 이 사건이 있기 전에 주님은 16장에서부터 베드로와 어떤 일들이 있었다. 16장에서는 베드로가 계시를 받아 칭찬을 받았고, 17장에서는 베드로와 두 제자만 변화산에 올라갔다. 그리고 나머지 아홉 제자들은 귀신 들린 아이에게서 귀신을 쫓아내지 못하고 있다가 주님께 책망을 들었다. 그 후에 주님은 반 세겔을 내는 문제를 놓고 베드로와 대화하셨다. 주 예수님은 하나님의 아들이시므로 성전세를 내실 필요가 없으시다. 그분은 성전의 주인이시다. 그럼에도 주님은 사람들이 모르기 때문에 오해하지 않도록 내라고 하셨다. 주님은 그분의 영광과 신성을 드러내지 않으시고 감추시면서 다만 사람들이 오해하지 않도록 한 세겔을 내게 하셨다. 그렇게 하는 데 있어서 주님은 고기가 입에 한 세겔을 물고 나오게 하는 기적을 행하셨다. 그분은 우주 만물을 통치하고 관리하는 능력이 있는 분이시다. 그런 분은 반 세겔을 내실 필요가 없다. 그러나 그분은 자기를 높이거나 나타내지 않고 사람들이 오해하지 않도록 그것을 내라고 하신 것이다.

16장에서 베드로가 계시를 받아 칭찬을 받았을 때 나머지 제자들은 가슴이 뛰지 않았을까? "베드로만 바요나(성령의 아들)이면 나는 뭔가?" "주님은 그에게만 천국의 열쇠를 주신 것 같은데… 나는 왜 자격이 없는가?" 주님이 변화산에 세 명만 데리고 가셨을 때 밑에 있던 제자들은 어떤 생각을 갖고 있었을까? "왜 쟤들만?"이라는 생각이 혹 없었을까? 주님은 베드로만을 위하여 성전세를 내주셨다. 남은 제자들은 "왜 주님은 성전 세를 내는 문제에 있어서, 또 매사에 실수도 많은 베드로만 관심하시는가?"라는 생각을 가질 수 있었을 것이다.

1절의 "그때에"란 바로 이러한 때이다. '그때에' 제자들은 주님과 매우 다른 사상을 가지고 있었다. 주님은 참으로 크신 분이고 하나님이신데도 사람들과 같이 되셨다. 그런데 제자들은 아무 것도 모르고 실수만 하면서도 크게 되고 싶었다. 제자들의 관심은 누가 크냐는 것이었다. 이것으로 인해 서로 다투었다. 세베대의 아들들은 주님께 가서 하나는 주의 우편에, 하나는 좌편에 앉게 해달라고 했다. 그때 나머지 제자들은 이것을 매우 분히 여겼다. 그런데 여기서 베드로가 특권을 가진 위치에 있는 듯 싶으니까 그로 인해 시기심과 경쟁심이 매우 고조된 것이다. 여기의 '그때'란 이런 많은 일들이 생긴 후의 시점을 가리킨다. 그때에 제자들이 천국에서는 누가 가장 크냐고 질문했다.

2-3절, 예수께서 한 어린아이를 불러 저희 가운데 세우시고 가라사대 진실로 너희에게 이르노니 너희가 돌이켜 어린아이들과 같이 되지 아니하면 결단코 천국에 들어가지 못하리라

이런 질문이 나오자 예수님은 어린아이 하나를 불러 그들 가운데 세우셨다. 그리고 가라사대 "진실로 너희에게 이르노니 너희가 돌이켜 어린아이들과 같이 되지 아니하면 결단코 천국에 들어가지 못하리라 그러므로 누구든지 이 어린아이와 같이 자기를 낮추는 그이가 천국에서 큰 자니라"고 하셨다. 주님은 겸손에 대한 가르침을 주시기 위해 시청각 자료를 사용하셨다. 어린아이 하나를 나오게 하신 것이다. 주님보다 더 잘 가르치는 교사는 없다.

이 제자들은 열이 나 있는 상태이다. 좀 뜨거워진 상태라는 뜻이다. 서로 크게 되려고 뜨거워졌다. 그런 상태에서는 말한다고 되지 않는다. 먼저 그들을 식힐 필요가 있다. 그래서 나는 주님보다 지혜로운 교사가 없다고 말하는 것이다. 다들 크게 되려고 열이 올라 있는데 낮아져라, 낮아져라 한다고 낮춰지겠는가? 제일 좋은 교육 방법은 먼저 열이 난 것을 먼저 식히는 것이다. 그래서 주님은 어린아이 하나를 부르셨다. 사실 겸손을 가르치는 방법은 보여주는 것이 가장 빠르다. 겸손하라고 아무리 말해도 안 듣는다. 겸손한 사람을 보여주면 가장 효력이 있다. 그래서 주님은 어린아이를 부르셨다. 그러자 어린아이가 나왔다. 주님은 아마 무릎에 앉히셨을 것이다. 이는 요한복음 8장에서 간음 중에 현장에 잡힌 여인을 바리새인들이 끌고 왔을 때 주님이 땅에 손가락으로 무언가를 쓰시는 것에서도 알 수 있다. 그분은 막대기를 가지고 쓰신 것이 아니라 손가락으로 쓰셨다. 열이 난 사람들은 그의 손가락을 주의하지 않을 수 없었다. 나는 그분의 손가락이 보통의 손가락이 아님을 안다. 그 손가락이 만유를 지으신 손가락인 것이다. 주님은 여인을 잡아와서 시험하려는 바리새인들을 어떻게 식힐 줄을 아셨다. 기계제품이나 차량에 열이 나면 그 전문가나 제작자가 열을 내리게 할 수 있다.

아마 어른더러, 제자 중 하나더러 나오라고 하면 "내가 나가서 창피당하지 않을까?" 하면서 쭈뼛쭈뼛했을 것이다. 그러나 어린아이는 아무 생각이 없다. 그냥 나온다. 나는 그 어린아이가 매우 단순하고 순진하게 생긴 아이일 것이라고 생각한다. 그는 와서 주님 무릎에 가만히 앉아 있다. 어른들은 생각에 생각을 거듭하고 나왔어도 주님이 4절까지 말씀하실 동안 거기 가만히 앉아 있지 않았을 것이다. 얼른 들어가려고 했을 것이다. 어른과 아이는 다르다. 어른은 머리가 복잡하고 시기와 경쟁심이 살면서 많이 고양된 상태가 된다. 주님은 겸손을 가르치고 계신다. 천국에 들어가는 사람 중에 교만한 사람은 없다.

여기에 천국에 들어가는 조건이 있다. 누가 천국에 들어가는가? 어린아이 같은 사람들이 들어간다. 오늘 우리는 머리가 커지는 것을 조심해야 한다. 나는 이 메시지를 나와 함께하는 형제들도 듣기 바란다. 솔직한 나의 말을 용납하기 바란다. 전에는 내가 형제들에게 오라 가라 하기가 쉬웠다. 그러나 오늘날에는 오라고 하기도 어렵고 가라고 하기도 어렵게 되었다. 머리가 커졌기 때문이다. 갈수록 어린아이같이 단순하고 의뢰하고 순종하는 사람이 천국에 들어갈 수 있다. 이 말씀을 오늘 이러한 설명을 듣기까지는 그리 대수롭지 않게 읽었을지도 모른다. 그러나 이 말씀은 천국에 들어가느냐 못 들어가느냐를 결정짓는 문제이다. 오늘 교회 생활은 장래 천국에 들어가기 위한 것이다.

여기에 '돌이켜'라는 말씀이 있다. 지금 이 제자들은 이미 머리가 커졌다는 뜻이다. 그들은 크게 되는 것을 관심하고 있었다. 그러므로 제자들의 이러한 상태로는 문제가 있다. 이것은 너무 심각하다. 돌이켜야 한다. 돌이켜서 어린아이와 같이 되어야 한다. 주님이 어린아이와 같이 되지 아니하면 결단코 천국에 들어가지 못한다고 하셨다. 여기 주님 앞에 나온 어린아이는 주님의 입에서 나오는 말씀을 가장 가까이서 편안히 듣고 있다. 그러나 어떤 제자들은 얼굴이 울그락 불그락하면서 들을 것이다. 나이가 들면 관념을 돌이키기가 쉽지 않다.

내가 한국의 남부에 가서 집회를 한 적이 있다. 과거의 그들의 관념과는 다른 진리, 성경 말씀을 말했다(그들의 과거의 것은 영적으로 그렇게 유익하지 않은 것들이었다). 저녁에 집회가 끝나고 나서 함께 앉았는데 그곳의 장로 한 분이 말했다. "제가 이삼 일 간 깊이 생각해보아야겠습니다. 오늘 주신 말씀이 맞은 것 같기는 한데 이삼 일 간 대조하면서 생각을 좀 해 보아야겠습니다." 과거에 아는 것들과 대조하여 쉽게 버릴 수 없다는 뜻이다. 어린아이 같지 않은 것이다.

4절, 그러므로 누구든지 이 어린아이와 같이 자기를 낮추는 그이가 천국에서 큰 자니라

3절은 천국에 들어가는 문제를 말하고 4절은 천국에는 큰 자가 있고 작은 자가 있다는 것을 말한다. 이는 마태복음 5장의 사상과도 유사하다. 마태복음 5장은 의를 행하는 문제이지만 똑같이 천국에 들어가는 문제와 천국에서 크고 작은 문제가 있다. 교만하면 어떤 문제가 있는가? 첫째는 천국에 들어가지 못한다. 둘째는 천국에 가까스로 들어간다 해도 작은 자가 된다. 누가 천국에서 큰 자인가? 자기를 낮추는 자이다. 더욱 낮출수록 천국에서는 더욱 크다는 말이 되겠다.

오늘 여기서 나는 겸손을 말하고자 한다. 그럼 우리가 낮춰져야 하는데 어떻게 낮춰지는가? 과거에 영적인 선진들이 겸손이란 자기를 다른 사람과 비교하지 않는 것이라 했다. 그리고 자기 자신을 바라보지 않는 것이라 했다. 그때 나는 그런 말을 다 안다고 생각했다. 그런데 오늘날 와서 생각해 볼 때 내가 겸손에 대하여 잘 아는 것이 아니었다. 다른 사람과 자기를 비교하는 사람, 비교해서 겸손해지려는 사람은 참된 겸손이 뭔지 모르는 사람이다. 참 겸손은 자기를 생각하지 않는 곧 자기를 없는 사람으로 여기는 것이다. 앤드류 머레이라는 분은 티끌에 가장 기끼이 있는 자가 천국에 가장 가까이 있는 자라고 했다. 무슨 말인가? 가장 자기를 낮추는 사람이 가장 천국에 가깝다는 것이다. 자기 중심적인 사람은 절대 겸손이 무엇인지 모른다. 겸손을 배우려면 자기중심적인 사고를 버려야 한다. 주님을 위한 사고와 남을 위한 사고를 배워야 겸손을 배울 수 있다. 자신에 대하여 생각하는 것을 주님을 중심삼는 것으로 바꾸어야 겸손을 배우게 된다.

누가복음 16장을 보자. 19절, 여기에 부자가 있는데 마음이 부자인 사람은 마음이 높은 사람이다. “한 부자가 있어 자색 옷과 고운 베옷을 입고 날마다 호화로이 연락하는데 나사로라 이름한 한 거지가 헌데를 앓으며 그 부자의 대문에 누워 부자의 상에서 떨어지는 것으로 배불리려 하매 심지어 개들이 와서 그 헌데를 핥더라 이에 그 거지가 죽어 천사들에게 받들려 아브라함의 품에 들어가고 부자도 죽어 장사되매 저가 음부에서 고통 중에 눈을 들어 멀리 아브라함과 그의 품에 있는 나사로를 보고 불러 가로되 아버지 아브라함이여 나를 긍휼히 여기사 나사로를 보내어 그 손가락 끝에 물을 찍어 내 혀를 서늘하게 하소서 내가 이 불꽃 가운데서 고민하나이다”.

나는 여기서 나사로는 겸손하고 부자는 교만하다는 것을 말하려 한다. 교만한 사람은 죽어도 교만하다는 것이 여기서 증명된다. 부자는 나사로가 그의 대문 앞에서 구걸할 때 동정한 흔적이 없다. 아무 호의를 베푼 흔적이 없다. 그런데 이 부자는 나사로를 여전히 자기 대문에서 항상 구걸하던 사람으로 생각하는 것이다. 자기는 그를 동정하지도 않았으면서 자기 자신을 그보다 더 높은 자리에 있는 사람으로 생각하는 것이다. 그런데 음부에 갔을 때 하나는 고통받는 곳인 지옥 대기실에 있고 나사로는 천국 대기실에 있다. 지금 신분이 바뀌었다. 그런데도 이 부자는 정신을 못 차리고 있다. "아, 우리 집 대문에서 구걸하던 사람이 저기 있구나."라고 생각한다. "아브라함이여, 저 사람 보내서 나에게 물 좀 주게 하십시오." 심부름꾼으로 생각한다. 그러자 아브라함이 부자에게 이렇게 말했다. "얘 너는 살았을 때에 네 좋은 것을 받았고 나사로는 고난을 받았으니 이것을 기억하라 이제 저는 여기서 위로를 받고 너는 고민을 받느니라 이뿐 아니라 너희와 우리 사이에 큰 구렁이 끼어 있어 여기서 너희에게 건너가고자 하되 할 수 없고 거기서 우리에게 건너올 수도 없게 하였느니라". 그러자 부자가 말한다. "그러면 구하노니 아버지여 나사로를 내 아버지의 집에 보내소서". 부자는 나사로를 여전히 뭔가 종으로 부릴 수 있는 사람으로 생각한다. "내 형제 다섯이 있으니 저희에게 증거하게 하여 저희로 이 고통받는 곳에 오지 않게 하소서". 부자는 지금 살아 있는 자기의 다섯 형제를 생각한다. 부자도 인간은 인간이다. 살아 있는 자기 형제들이 너무 불쌍하게 느껴졌다. 자신이 죽어서 와보니까 와서는 안 될 곳에 와 있는 것을 발견했다. 그러니까 자기 대문 앞에 앉아 있던 사람을 시켜서 그들에게 증거하게 해야 겠다고 생각한 것이다. 부자의 생각은 죽었어도 나사로를 종으로 멸시하는 관념을 유지하고 있는 것이다.

그런데 나는 여기서 나사로의 겸손을 말하려 한다. 나사로는 아무 말이 없다. "저 부자가 죽어서도 정신을 못 차리는군." 하면서 한 마디 함직도 한데 아무 말도 하지 않았다. 이렇게 자기에 대해 아무 생각이 없는 사람이 천국에 있다. 누가 지옥불로 고민하느냐면 느낌이 많은 사람, 머리가 큰 사람이다. 사람만 보면 뭔가 느낌이 많고 강요하고 설득하려 하며 남을 시키려 하는 사람, 그런 사람은 천국에서 볼 수 없는 사람 군(群)이다.

"아브라함이 가로되 저희에게 모세와 선지자들이 있으니 그들에게 들을지니라"(29절). 그러니까 부자가 또 말한다. "그렇지 아니하니이다 아버지 아브라함이여 만일 죽은 자에게서 저희에게 가는 자가 있으면 회개하리이다." 나사로는 아브라함이 가라고만 하면 가야 할 상황이다. 이런 말을 나사로가 듣고 있는 것이다. 뭔가 한 마디 할 수 있는 상황인데도 나사로는 가만히 있다. 마치 없는 사람 같다. 아브라함이 또 말했다. "모세와 선지자들에게 듣지 아니하면 비록 죽은 자 가운데서 살아나는 자가 있을지라도 권함을 받지 아니하리라". 이때 나사로는 '아멘'하지 않았다. 이때 '아멘'이라고 하면 사람들이 걸린다. 나사로는 가만히 있었다. 그는 정말 죽은 사람, 느낌이 없는 사람이다. 자신을 없는 자로 여기는 사람이 겸손한 사람이다. 자기에 대한 의식이 전혀 없다.

한 사람 더 천거해보겠다. 고린도 후서 11장 1-2절, "원컨대 너희는 나의 좀 어리석은 것을 용납하라 청컨대 나를 용납하라 내가 하나님의 열심으로 너희를 위하여 열심 내노니 내가 너희를 정결한 처녀로 한 남편인 그리스도께 드리려고 중매함이로다". 여기서 바울은 사도이지만 다만 믿는이들을 그리스도께 중매한다고 했다. 그리고 "나는 어리석은 자다. 나의 어리석은 것을 받아달라."고 했다.

16-19절, "내가 다시 말하노니 누구든지 나를 어리석은 자로 여기지 말라 만일 그러하더라도 나로 조금 자랑하게 어리석은 자로 받으라 내가 말하는 것은 주를 따라 하는 말이 아니요 오직 어리석은 자와 같이 기탄 없이 자랑하노라 여러 사람이 육체를 따라 자랑하니 나도 자랑하겠노라 너희는 지혜로운 자로서 어리석은 자들을 기쁘게 용납하는구나".

21절, "우리가 약한 것같이 내가 욕되게 말하노라 그러나 누가 무슨 일에 담대하면 어리석은 말이나마 나도 담대하리라".

29-30절, "누가 약하면 내가 약하지 아니하며 누가 실족하게 되면 내가 애타하지 않더냐 내가 부득불 자랑할진대 나의 약한 것을 자랑하리라".

여기서 바울 사도는 매우 어리석은 방식으로 말하고 있다. 자기를 높이는 방식이 아니다. 사람들에게 자기에 대해 좋은 인상, 말하자면 "아, 바울 사도는 정말 멋있구나. 매너도 있고 지혜도 있고 지식도 있구나. 참 영적이구나. 저런 사람에게 배우면 얼마나 좋을까!" 하는 인상을 주지 않았다. 뭔가 아쉬운 사람처럼 성도들에게 자기 속을 다 드러냈다. 이런 말을 하는 사람은 어린아이 같은가, 속에 뭐가 잔뜩 들어 있는 사람 같은가? 어린아이는 얼굴을 보면 속이 빤히 보인다. 기분 좋은가 나쁜가가 얼굴에 씌어 있다. 그러나 나이를 먹고 많이 배웠다는 사람들은 좋다는 것인지 나쁘다는 것인지 알 수가 없다. 사람들에게 다만 그가 깊은 사람이라는 인상을 줄 뿐이다. 여기서 바울은 깊은 사람이 아니다. 고린도 믿는이들에게 "너희들 지금 뭐하고 있느냐?"고 책망한다. 사람들이 와서 너희를 사로잡고 종으로 삼는데 너희는 용납하고 있다고 했다. 이러한 사람이 참으로 어린아이 같은 사람이다. 자기에 대한 의식이 없다. 자기를 크게 만들어 보려고 수를 쓰지 않는다. 어쨌든 천국에는 교만한 자들은 없다. 가장 겸손하신 분, 주님이 가장 크신 분이고, 다음에는 진정으로 겸손한 자들이 큰 자들로서 존재할 것이다.

5절, 또 누구든지 내 이름으로 이런 어린아이 하나를 영접하면 곧 나를 영접함이니

주 예수는 어떤 사람이 진정으로 겸손한 자들인지에 대하여 구체적으로 가르치신다. 크고자 하는 사람은 어린아이에 대하여 관심이 없다. 어린아이를 상대해서는 답이 나오지 않는다. 여기서 다만 어린아이라고 하지 않고 '어린아이 하나'라고 했다. 어린아이도 백 명, 이백 명이 되면 뭔가 해볼 수 있는데 한 어린 아이라면 그 응대하는 것이 나타나게 된다. 여기서 이 어린아이는 연령에 있어서 어린아이를 말하기 보다는 주 안에서 어린 사람들, 별로 유용해 보이지 않은 사람들을 말한다. 이런 소자, 작은 사람들을 주님의 이름으로 영접하는 사람은 주님을 영접하는 것이라고 했다. 그러나 크고자 하는 사람들은 어린아이를 관심하지 않고 높은 지위와 명성이 있는 사람들, 큰 사람들, 많은 숫자를 관심한다. 여러분이 만일 내 말이 믿기지 않으면 한 번 세상에서 출세욕으로 가득한 사람들을 만나보라! 고위층들을 만나보라! 그들의 주목하는 대상은 늘 권력자들이나 부자들이나 큰 자들이다. 우리가 만일 어떤 사람이 과연 주님을 영접하는 사람인가 아니면 자기가 위대해지고 싶어서 일하는 사람인가를 보려면, 큰 사람이나 많은 숫자를 관심하는가 아니면 작은 한 사람 한 사람을 관심하는가를 보면 안다. 작은 한 사람을 관심하는 사람이 주님을 영접하여 들이는 사람이다.

당시에 주님은 작은 분으로 오셨다. 그래서 주님은 어린아이 하나를 관심하고, 불쌍하고 연약한 사람을 관심하는 사람의 눈에 띄게 되어 있다. 주님은 권세자로, 백만장자로 오시지 않고 정말 사람들 눈에 보잘것없는 인간으로 오셨다. 우리도 누가 정말 주님을 영접하는가를 보려면 그가 주님의 이름으로 작은 사람을 영접하는가를 보면 된다. 작은 사람을 영접하는 사람이 주님을 영접하는 사람이다. 오늘날 사역자가 큰일만 관심하고 작은 일을 주의하지 않는다면 그는 이미 잘못된 길을 가고 있는 것이다. 주 예수는 오천 명을 배부르게 먹이시는 일도 관심하셨지만 남은 조각을 거두는 일도 주의하셨다.

6절, 누구든지 나를 믿는이 소자 중 하나를 실족케 하면 차라리 연자 맷돌을 그 목에 달리우고 깊은 바다에 빠뜨리우는 것이 나으니라

여기서 또 '소자'라는 말을 하셨다. 작은 사람들을 실족케 하지 말라는 것이다. 주님을 섬기고 성도들을 섬긴다는 사람들이, 소위 인도자들이 작은 사람을 무시하면 그 사람은 실족하게 된다. "아, 나는 소망이 없구나." 이렇게 실족케 하는 일이 얼마나 엄중한가를 말씀하고 계신다. 여기에서 교만한 사람이 실족케 한다는 것을 배우기 바란다. 교만은 사람에게 진정 은혜를 주지 못한다. 겸손과 눈물만

이 사람들을 세울 수 있다(행 20:19). 성경에서는 계속해서 우리에게 높은데 마음을 두지 말고 낮은데 마음을 두라고 말한다(롬 12:16). 교만한 사람은 사람을 소중히 여기지 않고, 사람을 깊이 배려하지 못한다. 사람으로 하여금 멸시받는다는 느낌을 받게 한다. 그것이 곧 사람을 걸려 넘어지게 하는 것이다.

5절에서는 작은 자를 영접하는 것이 주님을 영접하는 것임을 말하고, 6절에서는 그러한 자를 실족케 하는 일이 얼마나 엄중한 일인가를 말하고 있다. 이건 보통 일이 아니다. 이것, 즉 크게 되려하는 것과 사람을 실족케 하는 것은 다 그 근원이 같다. 그것이 바로 자아이다. 높아지고자 하고 교만하여 사람을 멸시하는 자아인 것이다. 그렇게 처리 받지 않은 자아는 사람을 걸려 넘어지게 하는데, 성경은 사람이 그렇게 하느니 차라리 연자 맷돌을 목에 달리우고 깊은 바다에 빠뜨리우는 것이 낫다고 하셨다. 소자를 실족케 하는 일은 자기 죄의 무게로만 떨어지는 게 아니라 연자맷돌의 무게까지 더해서 지옥으로 내려가게 된다는 것이다. 주님이 여기서 말하고 있는 것은 소자를 실족케 하는 것이 매우 엄중한 일이라는 것이다.

7절, 실족케 하는 일들이 있음을 인하여 세상에 화가 있도다 실족케 하는 일이 없을 수는 없으나 실족케 하는 그 사람에게는 화가 있도다

사람이 교만을 처리하지 않으면 사람을 실족케 한다. 이 세상에는 실족케 하는 일이 있다. 그것은 교만으로 말미암는다. 그러나 실족케 하는 그 사람에게는 화가 있다고 하셨다. 하나님은 사람을 실족케 하는 것을 소홀히 하시지 않는다. 나는 여러분이 이러한 말씀을 소홀히 여기지 않기 바란다. 나는 여러분 모두에게 실족케하는 요소가 있다는 것을 말해주고 싶다. 그것이 여러분의 천연적인 자아요 교만인 것이다. 사람들은 자기를 존중해주는 사람들로부터 양육을 받게 되기가 쉽다.

8절, 만일 네 손이나 네 발이 너를 범죄케 하거든 찍어 내버리라 불구자나 절뚝발이로 영생에 들어가는 것이 두 손과 두 발을 가지고 영원한 불에 던지우는 것보다 나으니라

8절과 9절은 교만의 심리가 우리의 지체를 통해 나타남을 말해준다. 교만한 사람의 손이나 발, 쳐다보는 눈 등은 사람을 실족케 하는 도구들이다. 이것들로 인하여 사람들이 실족케 되고 자신을 지옥불로 이끈다. 겸손은 우리를 천국으로 이끌지만 교만은 지옥불로 이끈다. 손과 발은 우리의 사지 중에서 아주 중요한 지체이다. 그런데 손과 발이 범죄케 하거든 찍어내버리라고 하셨다. 여기서 영생과 영원한 불의 대비가 있다. 오늘 이 땅에서 우리의 지체를 잘 사용할 때 영생을 얻을 수도 있고 그렇지 않을 때 불의 형벌을 받을 수도 있다.

로마서 6장 13절, "또한 너희 지체를 불의의 병기로 죄에게 드리지 말고 오직 너희 자신을 죽은 자 가운데서 다시 산 자같이 하나님께 드리며 너희 지체를 의의 병기로 하나님께 드리라". 19절이다. "너희 육신이 연약하므로 내가 사람의 예대로 말하노니 전에 너희가 너희 지체를 부정과 불법에 드려 불법에 이른 것같이 이제는 너희 지체를 의에게 종으로 드려 거룩함에 이르라." 우리가 이 시대에 우리 지체를 어떻게 사용하느냐가 어디로 가게 되는가를 결정짓는다.

여기서 주 예수님이 우리에게 말씀하고 계시는 것은 이 땅에서 손과 발을 다 가지고 있는 것은 그리 중요한 게 아니고 영생에 들어가는가 불못에 들어가는가가 중요하다는 것이다. 이 말씀에 대해 어떤 사람들은 문자적으로 해석해야 한다고 믿었다. 그래서 고대의 어떤 교부는 이를 문자적으로 해석하여 자기의 어떤 중요한 지체를 잘라버린 적이 있다. 또 어떤 사람들은 말이 그렇다는 것이지 손과 발을 찍어 내버리는 것은 너무 심하다고 한다. 이를 문자적으로 해석하여 꼭 그렇게 하라고 한 말씀이 아니라고 해석한다. 주님이 우리를 사랑하시는데 우리가 불구자가 되기를 원하시겠느냐고 한다. 그러나 주님의 말씀은 과장되거나 쓸데없는 말씀이 없다. 그럼 하나님의 아들이 이 땅에 오셔서 이 말씀을 괜히 하셨다는 것인가? 주님은 네 손이나 네 발이 너를 범죄케 하거든 찍어 내버리라고 하셨다. 우리를 실족케 하는 지체가 있다고 하자. 그게 손과 발이 아니라 눈이라고 하자. 어떤 사람의 눈은 쉽게 부정한 데로 돌아간다. 더러운 것, 지저분한 것만 보면 눈이 반짝인다. 믿는다는 사람의 눈이 이렇다는 것이다. 그 눈은 빼버려야 한다.

9절, 만일 네 눈이 너를 범죄케 하거든 빼어 내버리라 한 눈으로 영생에 들어가는 것이 두 눈을 가지고 지옥불에 던지우는 것보다 나으니라

손과 발을 찍어버리는 것이 쉬운가, 어려운가? 어렵다. 병원에서 다리를 잘라내고 팔을 잘라내는 사람들이 있다. 그런 사람들은 자신의 발이나 팔을 포기하는 것이다. 그러면 그는 일생토록 팔을 못 쓰게 된다. 나는 얼마 전에 TV에서 한 소령이 전방에서 대대장을 인수인계 하다 지뢰를 밟아 두 다리를 다 못 쓰게 된 것을 보았다. 사람들이 그에게 어떻게 그처럼 충성되게 좋은 일을 할 수가 있느냐고 물었다. 그 대대장은 부하를 살리기 위해 지뢰가 있는 곳에 갔다가 그렇게 된 것이다. 그 소령은 어떤 지휘관이라도 그 자리에 있었다면 자기같이 하지 않았겠느냐고 담담하게 말했다. 참 감동이 되었다. 아무렇지도 않은 듯이 휠체어를 타고 가는 모습을 보았다. 그 사람은 자신의 다리를 명예를 위하여 포기한 것이다. 그 사람은 부하를 위해 국군의 명예를 걸고 그렇게 했다.

오늘 우리는 왕국을, 영생을 향하고 있다. 영생을 향하고 있는데 지속적으로 우리를 실족케 하는 지체가 있다고 하자. 눈으로 보았다 하면 더럽혀지고 주님을 가까이하지 못하게 하는 게 있다. 이러한 일에 있어서 주님의 말씀은 아주 단호하다. 눈을 빼어버리라는 것이다. 이 말씀은 "네 눈은 지금부터 없는 것으로 치라."는 뜻이다. 부정한 것을 보기 좋아하는 눈은 빼어내버리라는 것이다. 이제 빼어버렸기 때문에 부정한 것을 보는 눈이 더 이상 없다.

죄 짓는 손, 그것도 찍어버려야 한다. 이렇게 팔, 다리만이 아니라 여러분 마음속에 여러분을 계속 죄로 끌고 가는 지체가 있다면 끊어버려야 한다. 차라리 없는 것이 낫다. 그 부분에 있어서는 자신을 불구자로 여겨야 한다. 그러니까 천국을 위해 스스로 고자가 된 자도 있다고 주님이 말씀하신 것이다.

세상 사람들이 하는 것 다 하고 누릴 것 다 누리고 이 길을 갈 수 있겠는가? 갈 수 없다. 이 말씀은 그것을 말하고 있는 것이다. 높아지려고 하는 것도 하나의 지체이다. 이것도 하나의 절단되어야 할 지체이다. 교회 생활을 잘못하면 계속 진급하는 지체로 발전한다. 군대에서나 공무원 사이에서는 출근할 때부터 퇴근할 때까지 일 년 내내 관심하는 것이 어떻게 진급할 것인가 하는 것이다. 다 그렇다고 하는 것은 너무 심하게 말하는 것인지 몰라도 그런 사람들은 그런 방면으로 촉각이 매우 발달되어 있다. 그런 사람들에게 시시한 사람들이 거꾸러지는 것은 아무 감각이 없다. 그 대신 큰 사람들이 오면 매우 예민하게 반응하고 앞 다투어 섬기려 한다. 그런 것도 일종의 끊어져야 할 지체이다.

10절, 삼가 이 소자 중에 하나도 업신여기지 말라 너희에게 말하노니 저희 천사들이 하늘에서 하늘에 계신 내 아버지의 얼굴을 항상 뵈옵느니라

크고자 하는 사람들, 교만한 사람들은 대개 작은 자들을 업신여긴다. 작은 자들의 문제, 어려움을 관심하는 것이 시간 낭비이며 에너지를 소비하는 것이라고 생각한다. 이 사람은 왜 자꾸 와서 나를 괴롭히는가 하고 생각한다. 자기가 발전할 수 있는 일에만 관심이 있다. "오늘 집회에 몇 명 모였는가?" "500명 모였습니다." "아, 그렇다면 내가 가서 한 마디 하지." 한다. 그러나 문제 많은 어떤 자매가 와서 괴롭히면, "내가 가는 길을 왜 방해하는가? 나는 오늘 할 일이 많다"고 말한다. 항상 바쁘다고 말한다. "오늘도 어디어디서 나를 초청했고 다음에는 미국을 가야하고 싱가폴에도 가야하고 홍콩에도 가야 하는데 홍콩에서는 1000명이 나를 기다리고 있다."라고 한다. "내가 할 일 없이 이 문제 많은 작은 자매 때문에 나의 시간을 낭비할 필요가 있는가?"라고 한다. 그래서 그런 사람을 보면 다른 데로 도망간다. 전화가 오면 없다 하라고 한다. 이러한 일이 많다.

그러나 주님은 "이 소자 중에 하나도 업신여기지 말라 너희에게 말하노니 저희 천사들이 하늘에서 하늘에 계신 내 아버지의 얼굴을 항상 뵈옵느니라"고 하신다. 어떤 사람이 믿는 이에게는 수호천사가 하나씩 있다고 했다. 나도 이 말을 믿고 싶기는 한데 성경적인 근거가 아주 약하다. 어떤 영적인 사람은 이렇게 말했다. "이미 이 땅에 경호원을 많이 둔 인도자가 있는데 천사까지 그 사람을 지켜줄 필요가 있겠는가?" 그럼 어떤 사람에게 반드시 천사가 있는가? 소자이다. 구원받은 사람 모두에게 천사가 있다는 것은 완벽한 성경적인 근거를 대기가 어렵다. 히브리서에 구원 얻을 후사를 섬기기 위하여 천사가 있다고 했지만 모든 구원 얻을 후사를 위하여 천사가 있다고 한 것은 아니다. 그러면 왜 이러한 소자에게는 천사가 있는가? 이러한 사람은 아무도 돌볼 사람이 없다. 아무도 지켜줄 사람이 없다. 누군가 붙들어주어야 한다. 그러니까 소자에게는 천사가 있다. 그래서 소자를 위한 천사는 항상 하나님 앞에서 하나님의 얼굴을 뵙고 있다. 천사는 명령만 떨어지면 하나님의 일을 하게끔 되어 있다.

여기서 우리가 알 수 있는 것은 주님이 소자를 굉장히 관심하신다는 것이다. 만일 여러분이 주님의 관심을 많이 받고 싶으면 소자가 되어야 한다. 큰 자가 되면 관심을 별로 안 하실 수도 있다. 천국에 못 들어가는 수도 있다. 작아질수록 복이 많다. 멸시당할 수록 좋다. 멸시당하면 천사의 돌봄을 받을 수 있다. 불쌍한 사람이 되었다면 그게 좋은 것이다. 그런데 어떤 사람이 소자, 즉 있으나마나 한 사람처럼 보이는 형제자매라 해서 저리 가라고 한다면 하나님이 그 소자를 위한 천사를 시켜 무언가 하실 수 있다. 천사는 소자 때문에 하나님 아버지의 얼굴을 항상 뵙고 있다. 그러므로 그리스도인이라면 크게 되는 것을 관심하지 말고 작은 사람을 관심해야 한다. 불쌍하고 소외된 사람을 관심해야 주님이 기뻐하신다.

11절, 한글 개역 성경에는 "없음"이라고 되어 있지만 다른 사본을 보면 "인

자가 온 것은 잃어버린 자를 찾아 구원하려 함이라"는 말씀이 있다.

한 마리 잃어버린 양을 찾으러 주님이 오셨다. 주님은 많은 사람이 아니라 바로 그 사람, 잃어버린 양 때문에 오셨다. 주님이 고난을 받으시고 십자가를 지신 것은 잃어버린 자, 소자를 위하여 그렇게 하셨는데 우리는 바로 그 소중한 한 마리의 양(사람)을 멸시하고 업신여기는 것이다. 여기서 우리는 작은 자, 잃어버린 자에 대한 믿는이의 느낌이 어떠해야 하는가를 알 수 있다. 소외된 자를 위해서 인자가 이 땅에 오셨다.

12-13절, 너희 생각에는 어떻겠느뇨 만일 어떤 사람이 양 일백 마리가 있는데 그 중에 하나가 길을 잃었으면 그 아흔 아홉 마리를 산에 두고 가서 길 잃은 양을 찾지 않겠느냐 진실로 너희에게 이르노니 만일 찾으면 길을 잃지 아니한 아흔 아홉 마리보다 이것을 더 기뻐하리라

여기서 주님은 잃어버린 자를 찾으러 오셨다는 것을 부연 설명하시고 계신다. 이것은 누가복음 15장에 있는 말씀과 비슷하다. 그런데 그 강조점은 다르다. 사람들은 일백 마리 중에서 하나를 잃어버리면 아흔 아홉 마리를 중요시하지 한 마리는 중요시하지 않는다. 이 말씀은 천국에서 누가 크냐고 물은 제자들의 질문에 답하신 것이다. 크게 되려 하는 사람은 반드시 아흔아홉 마리를 중요하게 생각한다. 한 마리가 없어진 것을 주의하다가는 아흔 아홉 마리를 놓치기 때문에 그렇다. 잃어버린 한 마리는 그냥 놔둔다. 다만 그를 위해 기도하자고 한다. 그리고 아흔 아홉 마리를 데리고 날마다 훈련시키고 교육시킨다. 아흔 아홉을 잘 훈련시켜 인수를 더 늘리려 하는 것에만 정신을 쓴다. 잃어버린 양은 신경을 쓰지 않는다.

실상 아흔 아홉 마리의 양은 잘 있다. 문제가 없다. 그러나 잃어버린 한 마리는 문제가 있는 양이다. 마음에 상처가 있고 외롭고 괴로워한다. 그 영혼은 위로와 돌봄을 받아야 한다. 그런데 대부분 교회 인도자들이 잃어버린 양은 관심하지 않고 예배에 잘 나오는 아흔 아홉 마리의 양만을 관심하고 귀하게 본다. "하나, 둘, 셋, 넷 … 아흔 아홉. 열 구역으로 나눌 수 있겠구나. 아흔 아홉을 잘 계발시키면 한 사람이 한 사람씩만 인도해도 다음 주에는 198명이 될 텐데 이 사람들을 잘 교도해서 이백 명을 만드는 것이 낫지 한 명을 쫓아다니느라고 시간 낭비할 수는 없어." 하고 생각한다. 주님은 "진실로 너희에게 이르노니 만일 찾으면 길을 잃지 아니한 아흔 아홉 마리보다 이것을 더 기뻐하리라"고 하신다. 잃어버린 양 하나를 찾았을 때 주님은 더 기뻐하신다.

14절, 이와같이 이 소자 중에 하나라도 잃어지는 것은 하늘에 계신 너희 아버지의 뜻이 아니니라

이것이 겸손에 대한 가르침의 결론이다. 주님은 소자 한 사람을 관심하신다. 하늘에 계신 아버지의 뜻은 어린 소자 하나라도 잃어버리지 않는 것이다. 이 땅에서 아버지의 뜻과 하나 되어 일하려면 잃어버린 자, 소자를 주의해야 한다. 이것은 절대로 크게 되려는 것과는 관계가 없다. 바울 사도는 이런 봉사를 했다. 한 형제를 실족하지 않게 하려고 그는 가능한 모든 것을 하고자 했다.

로마서 14장 15절을 보겠다. "만일 식물을 인하여 네 형제가 근심하게 되면 이는 네가 사랑으로 행치 아니함이라 그리스도께서 대신하여 죽으신 형제를 네 식물로 망케 하지 말라". 21절, "고기도 먹지 아니하고 포도주도 마시지 아니하고 무엇이든지 네 형제로 거리끼게 하는 일을 아니함이 아름다우니라". 이렇게 바울 사도는 한 사람이라도 거리끼지 않게 하려고 애를 쓴 사람이다.

고린도 전서 8장 11절부터 읽겠다. "그러면 네 지식으로 그 약한 자가 멸망하나니 그는 그리스도께서 위하여 죽으신 형제라 이같이 너희가 형제에게 죄를 지어 그 약한 양심을 상하게 하는 것이 곧 그리스도에게 죄를 짓는 것이니라 그러므로 만일 식물이 내 형제로 실족케 하면 나는 영원히 고기를 먹지 아니하여 내 형제를 실족치 않게 하리라". 바울 사도는 형제를 실족케 하는 것을 큰 일로 여겼다. 한 형제를 귀하게 여길 줄 모르는 사람은 사역할 자격이 없는 사람이다. 아흔 아홉을 중요시하고 잃어버린 한 마리를 소홀히 하는 사람은 하나님의 뜻을 모르는 사람이다. 하나님의 자녀들을 섬길 자격이 없다. 하나님은 잃어버린 한 마리의 양을 찾으러 이 땅에 오셨다는 것을 기억해야 한다. 이것이 그리스도인의 나아갈 길이다.

우리는 성경에서 말하는 겸손, 우리 자신을 낮추는 것을 반드시 체득해야 한다. 이것이 우리 것이 되어야 한다. 이것을 얻지 못하면 천국에 들어가는 데 지장이 있다. 이것은 단지 우리의 말씀 공부가 되어서는 안 된다. 정말 우리의 것이 되어야 한다. 어떤 그리스도인이 말하기를 그리스도를 닮는 미덕에 대하여 말할 때 가장 그리스도를 닮는 미덕은 겸손이라고 했다. 마음이 낮은 것보다 더 주님을 닮은 것이 없다고 했다. 그러므로 이 부분은 정말 신중하게 받아야 할 말씀이다. 주님이 우리를 긍휼히 여기시고 우리를 낮춰주시기를 기도한다.

15절, 네 형제가 죄를 범하거든 가서 너와 그 사람과만 상대하여 권고하라 만일 들으면 네가 네 형제를 얻은 것이요

우리는 18장 전반부에서 천국에 들어가려면 어린아이와 같이 자신을 낮추어야 한다는 중요한 말씀을 들었다. 천국에 들어가는 자들은 소자를 업신여기지 않는 자들이다. 어린아이들처럼 마음이 낮고 의뢰하는 자들이다. 형제를 실족케 하지 않는 자들이다. 잃어버린 양 한 마리, 약한 사람들을 동정할 줄 아는 사람들이다.

이제 15절부터 마지막 절 까지 에서는 사람들이 우리를 실족케 했을 경우, 즉 다른 사람이 우리에게 죄를 범했을 경우 어떻게 해야 하는지를 다루겠다. 앞에서는 우리가 다른 사람에게 죄를 범하는 경우, 다른 사람을 실족케 하는 경우를 다루었다. 여기서부터는 우리는 옳은데 다른 사람이 우리에게 잘못했을 때 어떻게 해야 하는지를 말하고 있다. 이 문제도 매우 중요하다.

"네 형제가 죄를 범하거든 가서 너와 그 사람과만 상대하여 권고하라 만일 들으면 네가 네 형제를 얻은 것이요". '네 형제'라고 했다. 그리스도인이 그리스도인과 함께 생활하다가 잘못을 범한 것이다. 어떤 형제가 나에게 죄를 범했다면, 그것이 무슨 죄이든, 악한 말을 했든 손해를 입혔든 그 사람에게만 가서 권고해야 한다. 사람이 죄를 지었을 때 우리가 그 죄를 방임하는 것도 좋은 것이 아니다. 그러면 계속적으로 죄를 짓도록 만드는 것이다. 어떤 사람이 죄를 지었을 때 다른 사람에게 그가 죄 지은 것을 알리려 하지 말고, 여론으로 압박해서 그를 고치려 하지 말고 개인적으로 찾아가야 한다. 이것은 그 형제를 보호하기 위한 것이다. 우리가 그 형제를 사랑한다면 그의 죄를 많은 사람에게 알려서 들춰내지 않아야 한다. 그 사람을 찾아가서 그 사람과만 상대해야 한다.

그리고 여기서 권고하라고 했다. 권고하는 것은 책망하는 것과 다르다. 권고하는 것은 겸손한 태도이다. 책망하는 것은 내가 더 높은 위치에 서는 것이다. 18장 전반부에서 주님은 우리에게 겸손하라고 하셨다. 어떤 사람이 죄를 범하였을 때 그 사람을 책망하는 것이 아니라 권면할 수 있다. 그 사람을 사랑하므로 그렇게 할 수 있다. 만일 그 형제가 권면을 들으면 형제를 얻는 것이다. 그 형제를 계속 죄 가운데 두지 않는 것이다. 그래서 더 이상 큰 죄를 짓지 않도록 한 번, 두 번 권하는 것이다. 다시 말하지만 그것은 그 형제를 얻기 위한 것이다. 주님은 한 생명을 이렇게 소중히 여기신다. 한 형제가 죄를 지었을 때 그를 돌이키게 하여 주님으로 하여금 얻으시게 해야 한다. 주님은 한 영혼을 천하보다 귀히 여기시므로 죄를 범한 형제를 돌이키게 하여 얻는 것은 아주 중요한 일이다. 어떤 형제가 죄를 범했을 때 가서 이렇게 권면해야지 급히 나가서 그의 죄를 누설하는 것은 그를 더욱 곤경에 빠뜨리는 것이다.

16절, 만일 듣지 않거든 한두 사람을 데리고 가서 두세 증인의 입으로 말마다 증참케 하라

개인적으로 권면했을 때 형제가 듣지 않으면 나가서 많은 사람들에게 그 일을 퍼뜨리는 것이 아니라 한두 사람을 더 데리고 가서 말마다 증참케 하라는 것이다. 한 형제를 얻기 위해 이렇게 노력해야 한다.

17절, 만일 그들의 말도 듣지 않거든 교회에 말하고 교회의 말도 듣지 않거든 이방인과 세리와 같이 여기라

이것은 교회 전체에 말하라는 것보다는 교회를 대표하는 형제들에게 말하라는 것으로 보는 것이 좋다. 여기서 교회는 이렇게 죄 지은 사람을 처리할 수 있는 행정을 가진 교회를 말한다. 16장에 있는 주님이 세우시겠다는 보편적인 교회와 다르다. 이 교회는 이 땅 한 도시 한 도시에 나타나는 지방적인 교회를 말한다. 행정을 가진 교회를 의미한다. 이렇게 교회에 죄를 지은 사람이 있을 적에 주님은 그 죄 지은 것을 그냥 두기를 원치 않으신다. 그 형제가 죄에서 돌이키도록 한 사람 두 사람 찾아가서 권고해야 하고 그렇게 해서 그 형제가 돌이켰다면 그 형제를 얻은 것이다. 주님은 교회 안에서 어떤 형제가 죄를 지어도 대책 없이 그냥 두기를 원치 않으신다.

그러므로 우리는 이 말씀에서 주님이 원하시는 교회 상태를 볼 수 있다. 교회는 죄가 없이 순수해야 한다. 그래서 교회는 권면해도 듣지 않는 범죄한 사람을 처리할 수 있는 기능이 있어야 한다. 이 땅에는 이러한 행정을 가진 교회가 필요하다. 죄를 지어서 두세 명이 찾아가 권면해도 듣지 않을 때 이러한 형제를 처리할 교회가 없다면 길이 없는 것이다. 교회에 그러한 형제를 데리고 가도 처리할 길이 없다면 그 교회는 기능이 없는 것이다. 마치 정부가 없는 나라와 똑같다. 교회의 말을 듣고 회개했다면 비록 강팍하긴 하지만 얻은 것이다. 그러나 교회의 말도 듣지 않을 정도로 강팍한 사람이 있다면 이방인과 세리와 같이 여겨야 한다.

여기서 어떤 사람들은 이 죄를 범한 형제가 고린도 전서 5장의 음란을 범한 형제와 같다고 생각한다. 그러나 그렇지 않다. 교회의 순수성을 지키기 위해 죄 지은 사람을 처리하는 부분에 있어서는 같지만 5장의 흉악한 죄는 누룩으로 온 덩이를 부풀게 하는 죄이기 때문에 내어쫓아야 한다. 분리시켜야 마땅하다. 그러나 여기서는 다만 이방인과 세리와 같이 여기라고 하셨다. 그가 집회에 나오면 나오는 것이다. 그러나 그 사람을 교회 성도로 대하지 않는다. 형제로서의 교제를 하지 않는 것이다. 몸의 교통 가운데 있지 않은 것이다. 성도들이 그와 사귀지 않는다. 이방인과 세리로 여기기 때문에 그렇게 하는 것이다. 교회 문 앞에서 쫓아내는 것이 아니다. 그렇게 이방인처럼 그냥 대하는 것이다. 사도는 어떤 사람에 대해서는 지목하여 사귀지 말라고 했다. 그러나 원수와 같이 여기지는 말라고 했다. 교회는 그러한 형제를 이방인과 세리와 같이 조치하는 것을 볼 수 있다.

18절, 진실로 너희에게 이르노니 무엇이든지 너희가 땅에서 매면 하늘에서도 매일 것이요 무엇이든지 땅에서 풀면 하늘에서도 풀리리라

16장에서 베드로에게 주셨던 천국 열쇠를 여기서는 교회에게 주셨다. 이렇게 묶는 것 역시 그 형제를 돌이키기 위한 것이다. 그 형제를 이방인과 세리와 같이 여기는 것도 그 형제를 돌이키기 위한 것이다. 묶이게 되면 얼마나 답답하겠는가? 그리스도인은 생명의 교통이 있어야 사는데 생명의 교통이 끊어졌다. 그럴 때 그는 돌이키지 않으면 길이 없다. 그러므로 이러한 일도 그를 돌이키기 위한 것이다. 어느 날 이 형제가 견딜 수 없어서 교회 인도자들에게 찾아가서 회개하면 교회는 그를 풀어줄 수 있다. 교회는 이렇게 묶고 풀 수 있어야 한다. 교회가 묶을 때 하늘도 묶고 교회가 풀 때 하늘도 푼다.

그러므로 이 땅에 교회가 정당하게 교회의 위치에 서 있는 것은 너무나 중요하다. 교회의 행정은 하늘의 행정이다. 이 땅 위에 교회가 있는 것과 없는 것은 얼마나 큰 차이가 있는가? 이 땅에서 교회가 그를 묶으면 하늘도 그를 묶는다. 교회가 풀면 하늘도 푼다. 이 땅에서 교회는 간접적으로 주님을 대표하여 사람들을 묶을 수도 있고 풀 수도 있다. 우리는 이렇게 하늘과 연합하여 묶고 푸는 그러한 교회를 원한다. 행정이 있는 교회를 원한다. 죄를 지은 형제가 있어도 대책이 없고 묶을 수도 없고 풀 수도 없다면 이 땅에 주님의 행정을 수행할 기관이 없는 것이다.

19절, 진실로 다시 너희에게 이르노니 너희 중에 두 사람이 땅에서 합심하여 무엇이든지 구하면 하늘에 계신 내 아버지께서 저희를 위하여 이루게 하시리라

여기서 주님은 기도를 말씀하신다. 묶고 푸는 일에 대한 기도를 말씀하시는 것이다. 어떤 형제를 묶고 푸는 것은 교회가 할 수 있는데 그 행정을 수행할 때에는 기도를 통해서 해야 한다는 것이다. 사람들은 교회가 묶고 풀 수 있다는 것만 알고 기도해야 한다는 것은 잊어버릴 수가 있다. 그러나 기도함으로 하늘과 연결될 수 있다. 기도함으로 주님의 마음을 알 수 있다. 기도함으로 주님과 하나 되어 어떤 사람을 묶고 풀 수 있다. 말씀이 해방되는 것은 푸는 것이다. 복음을 전할 수 있도록 사람들을 모든 종류의 묶임에서 풀리게 하는 것도 푸는 것이다. 악령의 활동을 금하는 것은 묶는 것이다. 모든 악한 자들의 공격을 막아달라고 하는 것도 묶는 것이다.

"무엇이든지 두 사람이 땅에서 합심하여 기도하면 하늘에 계신 내 아버지께서 저희를 위하여 이루게 하시리라." 여기에 하나의 조건이 있다. 기도만 하면 되는 게 아니라 합심해야 한다. '합심'의 헬라어 뜻은 '조화하다(harmony)'이다. 이것은 음악 용어로서 같은 종류의 음색이 함께 조화를 이루는 것이다. '도미솔'은 조화된 음이다. '도파라', '솔시레', 이것도 다 화음이다. 그런 화음으로 기도해야 한다는 것이다. 예를 들어, 병든 사람을 위해 기도할 때 어떤 형제가 "주여, 이 형제를 고쳐주소서."라고 기도하는데, 어떤 자매가 "주여, 이 형제 속에서 질병으로 역사하는 마귀 사탄을 쫓으소서."라고 기도한다면 그 기도는 조화된 것이다. 그런데 다른 한 형제가 "주여 이 형제가 이런 징계를 통해서 그의 죄를 처리할 수 있게 하소서."라고 기도한다면 이것은 화음이 아니다. 기도에는 화음이 있어야 한다. 같은 뜻이 있어야 한다. 그렇게 합심해서 기도하면 하늘에 계신 아버지께서 이루어 주신다고 했다.

20절, 두세 사람이 내 이름으로 모인 곳에는 나도 그들 중에 있느니라

기도할 때 두 사람, 세 사람도 괜찮다. 물론 혼자 기도할 수도 있지만 합심해서 기도하는 것이 더 좋다. 또 '내 이름으로' 모여야 한다고 하셨다. 여기서 모이는 원칙을 말하고 있다. 교회는 그리스도의 이름으로 모여야 한다. 어떤 사역자의 이름으로 모이면 안 된다. 빌라델비아 교회는 주님의 이름을 배반치 않았다고 했다. 어떤 아내든지 자신의 남편의 이름만을 소유해야 한다. 또 다른 이름을 갖지 말아야 한다. 또 다른 이름으로 모이지 말아야 한다. 오직 주 예수 그리스도의 이름으로만 모여야 한다. 다른 이름으로 모이면 그것은 간음을 하는 것이다. 주님의 이름을 배반하는 것이다.

여기서 우리는 교회의 최소 단위를 볼 수 있다. 2-3명이면 족한 것이다. 이 땅에 진실한 그리스도인들이 오직 주 예수의 이름으로 모인다할 때 거기에 교회의 기초가 세워질 수 있다. 얼마나 놀라운 일인가? 주님이 그들과 함께 하심이 바로 교회가 아니던가?

그러므로 우리는 모일 때 주님을 만나러 모여야 하고 주님이 그 모임의 중심이 되셔야 한다. 그럴 때 기도의 효과를 볼 수 있다. 인수는 그렇게 많지 않아도 된다. 두세 사람이면 충분하다. 이삼십 명이면 더욱 좋다. 그리고 '내 이름'으로 모여야 한다. 주님은 이렇게 쉽게 우리에게 가르쳐 주셨다. 주님과 함께 있을 수 있는 길은 두세 사람이 주님의 이름으로 모이는 것이다. 그렇게 모이기만 하면 주님은 그분이 그들 중에 '있다'고 하셨다. '있을 것이라'고 하지 않으셨다.

어떤 사람이나 사역자의 이름으로 모이는 것은 심각한 것이다. 우리는 절대 그렇게 모이면 안 된다. 오직 주의 이름으로 모여야 한다. 주 예수님을 만나려는 목적으로 모여야 한다. 여러분 마음 속에 주 예수님의 음성을 듣고 싶어 모인다면 옳은 것이다. 그러나 어떤 사람의 말을 들으러 모인다면 그것은 잘못된 것이다. 수천명 수만명이 모였다고 해도 그들이 사람의 이름을 중심으로 모였다면 그들 가운데 주님이 계시지 않는다. 명목상 허울좋게 예수 이름을 말하지만 실제적으로 누구를 중심으로 모였는가는 또 다른 문제이다.

"두세 사람이 내 이름으로 모인 곳에는 나도 그들 중에 있느니라". 여기 형제 자매들이 주의 이름으로 모였다면, 주 예수를 중심 삼아 모였다면 주님이 함께 계신다. 이렇게 주님은 이 땅에서 우리에게 죄를 범한 사람을 처리하는 길을 알려주셨다. 이 모든 과정이 죄를 범한 한 형제를 위한 것이다. 두세 사람이 모여 기도하는 것도 그를 위한 것이다. 그를 묶는 것도 결국 그를 얻기 위한 것이다. 하늘을 움직이며 보좌와 함께 하기 위해 그렇게 많은 인수가 필요하지 않을 수 있다.

두 세사람이 주의 이름으로 모이는 목적은 또한 교회의 순수성을 지키기 위한 것이다. 과거에 어떤 형제들은 한 형제가 조금 잘못했을 때 그 형제를 쫓아내고 그 형제를 이방인과 세리와 같이 여기는 데 중점을 두었다. 그 사람을 얻는 데 중점을 두지 않았다. 한 사람이 권하고 두세 사람이 증거하는 것은 하나의 절차에 불과하고 목적은 그를 이방인과 세리와 같이 여기는 것이었다. 교회에 도움이 안 된다고 느끼기 때문이다. 성도들을 돌봄의 대상이 아닌 일의 대상으로 여기는 것이다. 그러나 주님께는 그런 뜻이 없다. 주님은 사람을 얻는 데 목적이 있으시다. 주님은 잃어버린 양 한 마리를 아흔 아홉 마리보다 귀히 여기신다. 이러한 영이 없으면 하나님 아버지와 뜻이 같지 않은 것이다.

21-22절, 그때에 베드로가 나아와 가로되 주여 형제가 내게 죄를 범하면 몇 번이나 용서하여 주리이까 일곱 번까지 하오리이까 예수께서 가라사대 네게 이르노니 일곱 번 뿐 아니라 일흔번씩 일곱번이라도 할지니라

앞에서 한 형제가 죄를 범했을 때 이런 절차를 거치는 것은 용서와 인내와 용납함이 있기 때문이다. 이런 말을 들을 때 베드로는 죄를 범한 형제에 대한 주님의 용서하는 마음을 읽었다. 베드로는 수제자답게 이해력이 있는 형제이다. 여러분은 이것을 아무리 읽어도 그것이 용서에 대한 말씀이라는 것을 모를 수가 있다. 그래서 베드로는 주님께 질문한 것이다.

당시에 어떤 랍비가 말하기를 어떤 사람이 죄를 범하면 하루에 세 번 용서해 주라고 했단다. 그러니까 베드로는 일곱 번이면 충분히 용서하는 것이라고 생각했을 것이다. 그러나 "예수께서 가라사대 네게 이르노니 일곱 번뿐 아니라 일흔 번씩 일곱 번이라도 할지니라." 주님은 용서하는 것에 관해서 무한정으로 하라고 하신다. 한도가 없다. 헤아릴 필요도 없다. "내가 두 번 용서했더니 세 번째에도 그래? 세 번째에는 가만두지 않겠다." 이렇게 하지 말라는 것이다. 당시에 랍비가 세 번 용서하라고 했다는데 우리나라에도 은연중에 '삼 세 번'이라는 게 있다. 두 번까지는 그냥 두지만 세 번째 잘못하면 더 이상은 안 된다는 것이 한국 사람의 정서이기도 하다. 베드로는 그것의 배수에다 하나를 더했다. 일곱 번이면 넘치는 것이다. 그러나 주님은 일곱 번이 아니라 일흔 번씩 일곱 번이라도 하라고 하셨다. 490번이다. 여기서 새 미국 표준역은 무한대로 용서하라고 말했다. 주님의 가르치시는 용서에는 한이 없다.

우리는 주님께 죄를 짓고 자백할 때 이렇게 생각한다. "이번에는 아마 용서해주지 않으실 거야. 염치가 있지. 벌써 열 번도 넘게 잘못했는데. 지난번까지는 겨우 용서를 받았지만 이번에는 용서해주지 않으실 걸." 그러나 주님은 용서의 주님이시다. 주님은 허물과 실패가 많은 우리를 무한대로 용서해 주신다. 주님은 이러한 주님이시다. 그러므로 여러분, 혹시 죄를 범했을 때 두려워하지 말고 자백하라. 용서해 주신다. 이렇게 가르치신 주님은 틀림없이 용서가 풍성하신 분이시다.

23절, 이러므로 천국은 그 종들과 회계하려 하던 어떤 임금과 같으니

여기 천국의 비유가 나온다. 15절부터 20절까지는 교회를 말한다. 이제 주님이 하시는 비유는 천국을 말씀하시는 것이다. 여기서 주님은 종들과 회계하는 왕으로 비유되신다. 하나님이신 주님은 왕이시고 믿는이들은 다 종이다. 여기서 종들을 거듭나지 않은 불신자로 오해하는 사람들도 있다. 그러나 여기의 비유는 베드로에게 하시는 말씀이다. 그렇기 때문에 거듭난 사람들을 말하는 것이다.

24절, 회계할 때에 일만 달란트 빚진 자 하나를 데려오매

여기의 일만 달란트는 매우 큰 돈이다. 한 데나리온이 하루 품삯이라면 한 달란트가 6000데나리온이니 일만 달란트면 상당한 돈이다. 그 금액을 사람들이 환산해보았는데 계산할 수도 없이 많은 돈이라고 했다. 거듭난 믿는이라 할지라도 그 죄가 사실은 일만 달란트만큼 크다. 우리가 몰라서 그렇지 우리가 가지고 있는 죄의 양은 일만 달란트이다. 공기 중에 먼지가 없는 것 같지만 태양빛이 비취면 다 드러난다. 그러나 다른 사람이 우리에게 지은 죄는 우리가 하나님께 지은 죄에 비하면 얼마 안 되는 것이다. 다른 사람이 우리에게 죄를 많이 지었다고 해도 그것이 우리가 일생동안 하나님께 범한 죄에 비해 얼마나 되겠는가?

25절, 갚을 것이 없는지라 주인이 명하여 그 몸과 처와 자식들과 모든 소유를 다 팔아 갚게 하라 한대

우리가 하나님께 지은 죄는 갚을 길이 없다. "주인이 명하여 그 몸과 처와 자식들과 모든 소유를 다 팔아 갚게 하라 한대". 우리가 주님께 범한 죄는 일만 달란트 이상이다. 자신의 몸, 처, 자식들을 다 팔아도 못 갚는다. 한 주님의 종은 운명할 때 하나님께 이렇게 말씀드렸다고 한다. "저의 죄는 셀 수가 없습니다. 호흡한 것 외에는 다 죄입니다." 참으로 우리의 지은 죄가 얼마나 크고 많은지 머리털보다 많아서 갚을 수가 없다.

주님께서 자신의 몸, 처, 자식을 다 팔아 갚으라고 하셨는데 실지로 갚으라는 의미로 이렇게 말씀하신 것은 아닐 것이다. 갚을 수 없다는 것을 알게 하시는 것이라 생각한다. 또 갚지 않으면 자유를 주시지 않는, 묶이게 되는 상태를 말할 것이다. 어떤 사람이 죄를 지었는데 회개하지 않고 사함 받지 않으면 묶이게 된다. 주님께 나아갈 수도 없고 곤란한 처지가 된다. 주인은 달라고 하고 갚을 수는 없는 상황이기 때문에 아주 답답하다. 죄를 짓고 회개하지 않으면 이렇게 답답한 상태에 있게 된다. 주님이 다 갚으라고 하시는데 큰일이 난 것이다. 사실 다 팔아도 갚을 길이 없다. 하나님께서 우리를 이렇게 답답하게 하시는 이유는 회개하게 하시려는 것이다.

26절, 그 종이 엎드리어 절하며 가로되 내게 참으소서 다 갚으리이다 하거늘

그러자 이 종이 엎드려 절했다. 회개하는 사람의 태도는 엎드리는 것이다. 주님이 25절에 있는 것과 같은 처분을 명하신 것은 우리로 하여금 엎드리게 하시려는 것이다. 죄를 지어도 다 갚으라고 하시지 않으면 죄를 짓고도 자유롭게 된다. 전혀 묶임이 없다. 그러면 그 사람은 멸망이다. 그러기 때문에 주님은 다 갚으라고 하신다. 그렇지 않으면 주님의 얼굴을 뵐 수도 없고 답답하고 어둡다. 혼미한 상태가 계속된다. 이런 일이 교회 생활 가운데서 일어나곤 한다.

"내게 참으소서"라는 말은 한 번만 기회를 달라는 것이다. 25절의 상태는 꼭 죽을 것만 같은 상태이다. 갚기는 갚아야 하는데 아무 대책이 없으니 답답하다. 주님은 그런 사람에게 더 주시지 않고 다 빼앗으신다. 주님을 섬길 수 있는 은사와 은혜를 다 압수하신다. 그러니 엎드리지 않고는 견딜 수 없는 것이다. "하나님, 한 번만 기회를 주십시오. 다시는 안 그러겠습니다." 그래서 여기에 엎드리는 것이 있고 절하는 것이 있다. 그분께 나아가 절하면서 "하나님, 잘못했습니다. 용서해 주십시오."라고 비는 것이다. "다 갚으리이다."라는 말은 다시는 이렇게 죄를 범치 않겠다는 뜻이다. 이것이 하나의 헌신이기도 하고 결심이기도 하다.

27절, 그 종의 주인이 불쌍히 여겨 놓아 보내며 그 빚을 탕감하여 주었더니

주님은 은혜가 많으시고 용서가 많으시기 때문에 그렇게 기도하는 것을 보고 불쌍히 여기셨다. 그래서 그를 놓아보내셨다. 이것은 그를 원래 위치와 상태로 회복시키셨다는 것이다. 이 사람은 다시 휘파람이 나오고 할렐루야가 나온다. 속에서 은혜가 다시 회복되었다. 이러한 회복도 많이 체험해 보았을 것이다.

"그 빚을 탕감하여 주셨더니". 주님은 빚까지 다 탕감하여 주신다. 원래 그 사람은 일만 달란트를 자신이 다 갚겠다고 했다. 그것까지 갚아달라고 청하지는 않았다. 그러나 주님은 그것까지 다 갚아 주셨다. 다 용서해 주셨다.

28절, 그 종이 나가서 제게 백 데나리온 빚진 동관 하나를 만나 붙들어 목을 잡고 가로되 빚을 갚으라 하매

이 사람이 자유케 되어서 다시 교회 생활을 한다. 그러던 중 백 데나리온 빚진 동관 하나를 만났다. 이것은 다른 사람이 자기에게 잘못한 것이다. 먼저는 자신이 주님께 잘못한 경우인데 그런 경우는 일만 달란트 빚진 것이다. 그런데 사람이 사람에게, 어떤 형제가 나에게 아무리 죄를 크게 지었어도 그것은 백 데나리온에 불과하다.

"붙들어 목을 잡고 가로되 빚을 갚으라 하매". 백 데나리온 빚진 사람은 나에게 잘못한 사람이다. 나에게 해를 끼쳤거나 욕을 한 것이다. 그런 사람을 첫째는 만났고, 두 번째는 붙들었고, 세 번째는 목을 잡았다. 그리고서 빚을 갚으라고 했다. 오늘날에도 여러분이 적어도 한두 사람의 목을 잡고 있을 것이다. 일생토록 여러분에게 해를 끼친 사람, 가장 괴롭힌 사람, 이런 사람은 생각만 해도 치가 떨린다 하는 사람이 있다면 그것이 목을 잡고 있는 것이다. 잡을 때 가장 힘을 못 쓰는 데가 목이다. 그 사람의 가장 약한 부분, 그게 바로 목이다. 그걸 잡고 흔드는 것이다.

여러분 마음속에서 용서하지 않는 죄가 얼마인지 나는 모른다. 거역하는 것도 사실은 용서하지 않는 죄이다. 앞선 사람이, 권위자가 나에게 잘못했다는 것이다. 어떤 어린 사람이 내게 잘못했다면 용서하겠는데 내가 지금까지 따랐고 섬겼고 도와주었던 사람이, 나를 마땅히 우대해야 할 사람이 내게 그렇게 심하게 할 수가 있는가? 그러니까 용서할 수 없다고 한다. 그래서 실지로는 그렇게 할 수 없지만 속으로 멱살을 잡고 흔든다. 마음이 맞는 사람들을 만나면 멱살을 잡고 한 번씩 흔드는 말을 한다. 거역도 용서하지 않는 죄이다. 또 어떤 형제든지 그는 여러분의 동관이 될 수 있고 여러분에게 죄를 범할 수 있다.

"빚을 갚으라 하매'. 그 동관이 반드시 자기에게 갚아야 한다고 여기는 것이다. 자신에게 회개를 하든지 손해 끼친 것을 배상하든지 해야 한다고 여기는 것이다. 용서하지 않는 마음이다. 거역도 이렇게 용서하지 않는 마음이다.

29절, 그 동관이 엎드리어 간구하여 가로되 나를 참아 주소서 갚으리이다 하되

동관은 엎드려 간구하면서 참아달라고 했다. 그리고 갚겠다고 했다. 자신이 하나님께 한 것과 똑같이 말했다. 이 동관은 우리에게 말한 것이다.

30절, 허락지 아니하고 이에 가서 저가 빚을 갚도록 옥에 가두거늘

그가 뭐라고 하든지 허락지 않았다. "이에 가서 저가 빚을 갚도록 옥에 가두거늘." 그의 반응과 아무 관계가 없다. 자기에게 보상이 다 이루어지기 전에는 용서하지 못하겠다는 것이다. 다 갚도록 옥에 가두었다. 용서하지 않는 마음을 나타내고 있다. 옥에 가둔다는 것은 율법적인 처리이다. 당신이 내게 이렇게 해를 보였기 때문에 그것을 처리하기 전에는 용서하지 못하겠다는 뜻이다.

여기서 우리가 한 가지 기억해야 할 것이 있다. 이 종이 동관을 용서하지 않고 이렇게 하는 이유가 무엇인가 하는 것이다. 그는 일만 달란트 빚진 사람으로서 주인에게 사함을 받았는데 백 데나리온 빚진 사람에게 왜 이렇게 하느냐는 것이다. 그 사람은 자신이 일만 달란트 탕감받았다는 사실을 모른다. 그에 대한 인식이 별로 없다. 자기가 해를 입은 것만 생각한다. 우리가 주님께 죄를 지어 주님께 해를 입힌 것은 생각하지 않는 것이다. 그리고 사람들이 우리에게 해를 입힌 것만 크게 생각하는 것이다. 일만 달란트 빚지고 빌었던 것은 빚에 대한 인식 때문에 빌었다기 보다도 너무 답답하니까 빌었다. 그래서 주님은 다 용서해주셨고 그는 자유인이 되었는데 다시 섬기다 보니까 어떤 사람이 자신에게 잘못하는 것이다. 그럴 때 자기가 일만 달란트 탕감 받은 것은 생각 못하고 백 데나리온만 생각나는 것이다.

사람은 이렇게 자기가 주님 앞에서 얼마나 큰 죄를 짓고 용서받았는지를 모른다. 우리가 주님을 섬기면서 얼마나 많은 죄를 지었는지를 모른다. 우리가 하나님께 지은 죄는 일만 달란트이고, 사람들이 우리에게 지은 죄는 백 데나리온이다. 그러나 우리는 우리가 탕감 받은 것은 백 데나리온이고 저 사람이 내게 잘못한 것은 일만 달란트라고 바꿔 생각한다. 왜 그런가? 죄를 짓고 답답해서 주님께 엎드리긴 했지만 우리의 지은 죄가 얼마나 큰지를 모르기 때문에 그렇다.

그러나 주님이 우리를 긍휼히 여겨 빛을 주시면 우리 자신을 알고 우리가 얼마나 큰 죄를 지었는가를 알게 된다. 우리가 얼마나 큰 죄인인가를 알게 되면 점차적으로 사람들이 우리에게 지은 죄는 백 데나리온이라는 것을 알게 된다. 그래서 목을 잡지 않게 된다. "내가 용서받은 것이 엄청나구나." 하는 것을 알고 다른 사람의 목을 잡았던 손을 놓게 된다. 여기서 우리는 주님이 가르쳐주신 기도를 생각해 볼 필요가 있다. "우리가 우리에게 죄 지은 자를 사해준 것같이 우리 죄를 사해주옵시고." 주님은 우리가 다른 사람이 지은 죄를 용서하고 주님께 용서를 구하라고 가르치셨다.

여기서 종은 동관이 자기가 주인에게 한 것처럼 빌고 참아달라고 간구하는데도 빚을 다 갚기 전에는 안 된다고 하며 옥에 가두었다. 자기는 주님으로부터 은혜와 긍휼을 얻고서 다른 사람들은 의로, 율법으로 처리하고 있다. 주님은 우리를 은혜와 긍휼로 대해주시고 동정하여 용서해 주셨는데, 우리에게 잘못한 사람을 율법과 의로 대하는 것이다. 보상하기 전에는 그의 목을 잡고 안 놓으려 한다.

31절, 그 동관들이 그것을 보고 심히 민망하여 주인에게 가서 그 일을 다 고하니

동료들이 그것을 보고 심히 민망하여 주인에게 갔다. 이것을 생각해 보라. 이 종은 주위에 있는 사람들이 권면하기 어려울 정도로 교만하고 강팍했다. 그 사람이 겸손하고 들을 수 있는 사람이라면 동료들이 그렇게 하지 말라고 한 마디 했을 것이다. 그런데 그 동료들이 왜 하나님께 직접 갔느냐면 그 사람이 들을 것 같지 않기 때문이다. 옆에서 보던 사람이 보다 못해 탄식하는 것이다. "하나님, 저 사람은 너무합니다. 자기는 그렇게 용서를 많이 받고서 자기에게 조금 빚진 사람을 붙잡고 놓지 않습니다."라고 기도하는 것이다. 형제들의 이러한 기도는 주님이 즉각 들으신다.

32절, 이에 주인이 저를 불러다가 말하되 악한 종아 네가 빌기에 내가 네 빚을 전부 탕감하여 주었거늘

여기서 그를 불렀다는 말은 주님이 기도를 들으셨다는 말이다. 그를 불렀다는 말에는 두 가지 의미가 있다. 어떤 사람이 죄를 짓고 해를 입힌 것에 대해 너무 용서하지 않으면 주님이 부르시는 수가 있다. 심한 질병, 죽을 병에 걸리거나 위험이나 어려움이 닥치게 될 수 있다. 하나님께 한 번만 기회를 주십시오, 하고 엎드리는 환경인 것이다. 이것이 여기서 하나님이 그분의 완악한 종을 부르시는 방법이다. 여기서 이 종은 처음에 주님이 자신을 왜 불렀는지를 몰랐을 것이다. 더욱 병세가 악화되고 환경이 심각해 질 때, 시간이 갈 때 알 수 있게 된다.

자신은 하나님께 그렇게 큰 죄를 사함을 받고서 동관을 붙잡고 놓지 않는 것이다. 여기서 동관은 주님의 종일 수도 있다. 주님의 종은 다 작은 사람들이다. '바울'이라는 이름은 '작은 사람'이라는 뜻이다. 바울은 자신이 모든 성도 중에 지극히 작은 자보다 더 작은 자라고 했다. 동관을 여러분보다 어린 사람이라고만 생각지 말라. 바울 같은 사람, 작은 주님의 종도 동관이 될 수 있다. 동관을 계속 용서하지 않고 거역하는 사람은 위험하다. 그런 사람은 주님께서 부르실 수 있다.

여기서 주님은 아주 엄중하게 꾸짖고 계신다. 이러한 악한 종은 천년 왕국에서 틀림없이 징계를 받을 것이다. 여기서 두 가지로 해석할 수 있다고 했다.

첫째는 이 시대에 질병이나 환경으로 부름 받을 수 있고, 둘째는 왕국에 들어갔을 때 주님과 회계할 수 있다. 그때 주님으로부터 '악한 종'이라는 말을 듣는다. 상 받을 때에는 주님이 부르시는 것이 다르다. 그때는 "착하고 충성된 종아"라고 부르신다. 그러나 징계 받을 사람은 "악한 종아"라고 부르신다. 여러분은 모두 종들이다.

33절, 내가 너를 불쌍히 여김과 같이 너도 네 동관을 불쌍히 여김이 마땅치 아니하냐 하고

우리 모두가 다 주님의 불쌍히 여김을 받은 사람들이다. 그러므로 어떤 동관이 잘못했을 때 불쌍히 여기는 것이 마땅하다.

34-35절, 주인이 노하여 그 빚을 다 갚도록 저를 옥졸들에게 붙이니라 너희가 각각 중심으로 형제를 용서하지 아니하면 내 천부께서도 너희에게 이와같이 하시리라

34-35절은 다 왕국에서 벌어질 상황을 말하고 있다. 왕국에서는 이렇게 동관을 용서하지 않은 사람들이 벌을 받게 된다. 하나님의 진노하심을 받게 된다. 그 빚을 다 갚지 않으면 옥졸들에게 붙이신다고 했다. 그때는 철저하게 자유가 없고 훈련을 받게 된다.

"너희가 각각 중심으로 형제를 용서하지 아니하면 내 천부께서도 너희에게 이와같이 하시리라" 15절부터 35절까지에서 가르치신 것의 결론이 바로 용서하는 것이다. 주님이 가르치신 기도에서 이렇게 말씀하셨다. "우리가 우리에게 죄 지은 자를 사하여 준 것같이 우리의 죄를 사하여 주옵소서." 우리가 우리에게 죄 지은 사람을 용서하지 않으면 주님도 우리의 죄를 사하지 않으신다는 말씀이다. 그러므로 우리는 우리에게 죄 짓고 마음 상하게 하는 사람들에 대해 용서하는 기도를 드려야 한다. 우리 가운데는 멱살을 잡는 사람이 없어야 한다. "주여, 제가 아무개를 용서하니 내 죄를 용서하여 주소서."라고 기도해야 한다.

그 용서는 입으로만 하는 용서여서는 안 된다. 우리의 마음으로 형제의 죄를 용서해야 한다. "너희가 각각 중심으로 형제를 용서하지 아니하면 내 천부께서도 너희에게 이와같이 하시리라". 그러므로 우리가 형제의 죄를 용서하는 것은 아주 중요하다. 이것은 천국의 문제이다.

18장 1절부터 14절까지는 우리가 어린아이처럼 겸손하고 낮아져야 함을 말한다. 15절부터 마지막 절까지는 죄를 용서하는 문제를 다루었다. 용서하지 않는 자는 커다란 위험에 처해 있다. 장차 천국에 참여할 그리스도인들은 어린아이같이 겸손한 자들이고 무한하게 용서하는 자들이다. 용서할 수 있는 사람들이 그리스도인들이다. 용서하되 중심으로 다른 사람을 용서할 수 있어야 한다. 사람들에 대하여 무시하는 마음으로 쳐다보지도 않고, 어떤 사람의 전화를 냉냉한 마음으로 받지 않는다든지 하는 것 등은 마음이 굳은 것이고 사람을 용서하지 않는 행위이다. 이렇게 자신을 낮추는 겸손이라든가, 용서라든가 하는 문제가 천국과 관련되어 있다. 참으로 우리가 이러한 말씀을 엄중하게 받기 원한다.

19 장

1-2절, 예수께서 이 말씀을 마치시고 갈릴리에서 떠나 요단 강 건너 유대 지경에 이르시니 큰 무리가 좇거늘 예수께서 거기서 저희 병을 고치시더라

여기에 갈릴리를 떠나셨다는 표현이 있다. 주님이 18장까지에서 주로 사역하신 곳은 갈릴리이다. 갈릴리 나사렛 땅은 당시에 유대인들이 멸시하던 땅이다. 그래서 성경에는 "이방의 갈릴리여"라는 표현이 있는 것이다. 왜냐하면 갈릴리에 이방 사람들이 많이 살고 있었기 때문이다. 그 사람들이 살고 있는 지방의 부근이 갈릴리이다. 갈릴리는 이방 땅이고 이스라엘 사람들에게 멸시받는 곳이었다. 그런데 예수님은 바로 갈릴리에서 많이 사역하셨다. 갈릴리에서 사역을 하셨다는 것은 예수님이 매우 낮은 곳, 비천한 곳에서 사역하셨다는 것을 알려준다. 그러다가 이제 그분의 사역이 어느 정도 마감이 된 후에 그분은 갈릴리를 떠나셨다.

이 부분은 주님이 한 장소에서 사역을 마치신 뒤에 또 다른 장소로 이동하는 장면이다. 사역을 하는 사람들이 한 가지 알아야 할 것이 있는데, 그것은 한 군데에서 사역이 완성될 때 다른 곳으로 떠난다는 것이다. 주님이 갈릴리에서 떠나셨다는 것은 그분이 하나님의 아들로서 오셔서 갈릴리에서 그분이 하실 일을 다 마치셨다는 것이다. 그런 다음 유대 지경을 향해 가셨다. 우리가 반드시 알아야 할 것은 사역자들은 한 곳의 사역을 충분히 마무리하고 그곳에서 할 일을 다했을 때 떠나는 것이지 아직 할 일이 마쳐지지 않았는데 움직이는 것은 옳지 않다는 것이다. 그러나 또한 마쳤다면 떠나야 한다. 바울은 에베소에서 3년 가량 머물렀다. 그리고 그는 떠났다. 그곳에서의 사역이 마쳐진 것이다. 만일 사역자가 떠나지 않는다면 그 교회는 특정한 사역자의 색깔을 면하지 못할 것이고, 사역자에 부속된 교회가 될 것이다. 교회가 주님의 교회가 되려면 사역자는 임무를 다하였을 때 떠나야 한다.

사도행전 20장은 바울이 3년 정도 밤낮 사역한 에베소를 떠나는 장면을 기록하고 있다. 그 장은 체험이 없으면 그 내용에 담긴 사도의 심정을 헤아리기 어렵다. 그 다음 행선지는 예루살렘이며 사도 바울은 예루살렘으로 떠난 후 더 이상 아시아의 교회들을 방문할 수 없을 것이라는 예감이 들었다. 따라서 바울은 교회를 주님과 은혜의 말씀에 부탁했다(행 20:23). 우리는 바울을 통하여 세워진 교회들이 바울 사도가 떠나더라도 그의 수하에 있는 기관이 되지 않게 한 본을 보게 된다. 교회는 그리스도의 것이다(고전 3:23). 그는 예루살렘에 들어가 예루살렘의 사도들 수하에 이방의 교회들을 맡길 어떤 방안이나 대책을 갖고 있지 않았다. 교회는 사도들의 수하에 있는 존재가 아니라 그리스도의 것임을 감사하고 찬양한다. 바울은 교회를 주님께, 또한 장로들에게 맡기고 훌훌 떠난 것이다(행 20:28-32).

우리 주님은 이제 갈릴리를 떠날 때가 되셨다. 그분은 이제 다른 곳, 요단 강 건너 유대 지경으로 가셨다. 그곳에도 주님을 필요로 하는 사람들이 있기 때문이다. 그곳에서도 큰 무리가 좇았다. 주 예수님은 거기에서 그들의 병을 고쳐주셨다. 주 예수님은 어디에 가서 말씀만 하시는 게 아니라 말씀을 가르치신 뒤에는 그들 가운데 있는 병자를 고치셨다. 그래서 오늘날에도 우리가 외국에 나가서 사역을 하게 되면 말씀을 증거한 뒤에는 많은 이들이 병 고침을 얻고자 안수해달라고 온다. 우리가 처음에는 한국에서 그런 일을 하지 않았기 때문에 당황하고 어쩔 줄을 몰랐다. 그러나 주님의 말씀과 은혜를 의지하여서 환자들을 위해 간절히 기도하고 치료해주시기를 구했다. 우리 주 예수님의 사역을 보면, 그분은 말씀을 마치시고 그 가운데 병자들이 치료를 위해서 왔을 때 그들에게 안수하며 기도해 주신 것을 볼 수 있다.

3절, 바리새인들이 예수께 나아와 그를 시험하여 가로되 사람이 아무 연고를 물론하고 그 아내를 내어버리는 것이 옳으니이까

그때 바리새인들이 예수께 나아왔다. 이 바리새인들에 대해서는 우리가 이전에 많이 말했다. 그들은 참으로 하나님을 잘 믿는다는 사람들이고 성경도 잘 아는 사람들이다. 당시에 내노라하는 종교인들이었다. 그런데 그들이 예수님께 나아와 그분을 시험할 목적으로 질문했다. 어떤 사람이 뭔가 풀기 어려운 문제가 있어서 해결하기 위해 질문하는 것은 좋은 것이다. 그리고 어떤 사람이 정말 몰라서 알고자 질문하는 것도 좋은 것이다. 그러나 시험할 목적으로, 그 꼬투리를 잡고 그 사람을 곤경에 빠뜨리게 하기 위해서, 아주 난감하고 어렵게 만들고 싶어서 어떤 난제를 제기하는 것은 좋지 않다.

당시에 바리새인들은 예수님께 나아와 자기들 나름대로는 아주 답변하기 어려운 질문을 했다. 그것은 이혼에 관한 것이다. 구약 성경에 이혼에 대한 가르침이 있다. 그런데 이 바리새인들은 아무 연고를 물론하고 어찌하든 그 아내를 내어버리는 것이 옳으냐 그르냐고 했다. 신명기 24장 1절을 읽겠다. "사람이 아내를 취하여 데려온 후에 수치 되는 일이 그에게 있음을 발견하고 그를 기뻐하지 아니하거든 이혼 증서를 써서 그 손에 주고 그를 자기 집에서 내어보낼 것이요". 모세는 어떤 사람의 아내에게 수치되는 일이 있으면, 그리고 그 일을 기뻐하지 않거든 이혼 증서를 써주고 집에서 내어보내라고 이혼을 허용하는 것처럼 말했다. 그런데 바리새인들은 이 이혼에 관한 사상이 발전해서 어떤 수치스런 일이 발견된 사유가 아니고 아무 연고를 무론하고 아내를 내어버리는 것이 어떤가를 물었다. 정욕적이고 타락한 인간에게 어떠한 규정을 조금 열어주면 더 많이 타락한 쪽으로, 부패한 쪽으로 가고자 하여 한 마디씩 제해버린다. 수치스러운 일이 발견되고 기쁘지 않은 일이 있으면 이혼 증서를 주고 보내라고 했는데 이제는 어떤 이유가 있든 없든 아내를 버리고 싶으면 버릴 수 있느냐는 질문으로 변한 것이다.

당시 유대인들은 이혼을 많이 하고 아내를 잘 버렸다고 한다. 예를 들어, 밥상을 별로 맛이 없게 차리면 이혼 사유가 된다는 이야기도 있고 또 기분이 나쁘면 이혼하고, 살다가 싫어지면 이혼하는 상황이 있었던 것 같다. 그것의 근거는 신명기 24장 1절이다. 그 말씀에 의하면 어떤 수치스러운 일이 발견되면 이혼 증서를 써주고 버리면 된다고 했는데, 그 법령을 근거로 하여, 아내를 얻어 살다가 싫어지면 이혼 증서를 써주고 이혼하면 된다고 생각하여 이혼을 많이 한 것이다. 바리새인들 간에는 이에 대해 논쟁이 있었을 것이다. 그 중에는 그래도 잘 믿어보려고 하는 사람들이 있었으므로 그렇게 아내를 버리는 것이 타당한가라는 의문을 제기했을 것이고 어떤 사람들은 버릴 수 있다, 어떤 사람들은 버려서는 안 된다는 의견이 있었을 것이다. 그들은 이 기묘한 질문을 주 예수님께 가져왔다. 주님이 버려서는 안 된다고 하면 예수님이 모세의 율법을 반대하고 지키지 않으며 위반하고 소홀히 하고 멸시하는 사람이라고 정죄할 것이다. 이혼해도 된다고 말하면 이 사람은 부도덕한 사람이요 하나님으로부터 오지 않았다고 할 것이다. 예수님을 곤경에 빠뜨리고자 하는 질문을 예수님이 어떻게 답변하시는가를 보겠다.

4-6절, 예수께서 대답하여 가라사대 사람을 지으신 이가 본래 저희를 남자와 여자로 만드시고 말씀하시기를 이러므로 사람이 그 부모를 떠나서 아내에게 합하여 그 둘이 한 몸이 될지니라 하신 것을 읽지 못하였느냐 이러한즉 이제 둘이 아니요 한 몸이니 그러므로 하나님이 짝지어 주신 것을 사람이 나누

지 못할지니라 하시니

주님은 이렇게 답변하셨다. 첫째, 창조를 말씀하셨다. “사람을 지으신 이가 본래 저희를 남자와 여자로 만드시고”. 주님의 답변은 언제나 본래로, 원칙으로 이끄신다. 오늘날도 많은 사람들의 배반과 혼란스런 일이 있다. 그 중간에서 논리를 듣다보면 답이 나오지 않는다. 하나님은 “태초에 말씀이 계시니라”고 말씀하신다. 항상 근원으로 가서 생각하면 어디서 문제가 생겼는가를 알 수 있다. 이혼의 문제에 있어서도 동일하다. 처음 인간의 창조를 보라는 것이다. 하나님이 남자를 지으시고 그리고 그 옆구리에서 여자 하나를 지으셨다. 한 남자에 한 여자를 지으시고 함께 살게 하셨다. 창조를 볼 때 하나님은 이혼할 수 있는 가능성을 생각하지 않으셨음을 알 수 있다. 아담에게 두 여자나 세 여자가 있어야 한 여자 하와를 버리고 또 다른 선택을 갖고, 결혼할 수 있을 텐데 하나님이 아담의 짝으로 지으신 것은 한 여자다. 이 한 마디로부터 주님의 답변이 시작되는 것이다.

하나님이 사람을 지으실 때 본래 저희를 남자와 여자로 만드셨다. 여기의 ‘본래’라는 말은 참 중요한 말이다. 영어로는 ‘at the beginning’ 이다. 주님은 어떤 답변이든지 중간에서 해결하시지 않는다. 중간에서 문제가 생겼을 때 중간에서 해결하려면 해답이 없다. 사람을 본래 남자와 여자로 만드신 창조주 하나님. 그러니까 결국 이 예수님은 나타난 하나님이시다. 그분은 성부와 함께 창조에 참여하신 분이시니 그 뜻을 오죽 잘 아시겠는가? 이 어리석은 인간들이 그분이 인간을 지으신 하나님이신 줄도 모르고 질문을 하고 있다!

“사람이 그 부모를 떠나서 아내에게 합하여 그 둘이 한 몸이 될지니라 하신 것을 읽지 못하였느냐”. 읽지 못하였느냐고 하신 것은 그것이 성경에 기록되어 있다는 말이다. 바리새인들은 성경을 많이 읽지 않았는가? 주님은 그들의 성경 지식에 호소해보고 계시는 것이다. 그들이 이미 알고 있는 것으로 말하는 것이 가장 효과적인 교육 방법이다. 바리새인들도 이 일에 대하여 성경 지식을 가지고 질문했다. 신명기 24장 1절이다. 그런데 우리 주 예수님도 성경을 가지고 말씀하신 것이다. 같은 성경이 사람에 따라서 인용하는 것이 다르다. 이것은 참 흥미있게 접근해볼 필요가 있다. 죄를 짓고 싶은 사람은 어떻게 해서라도 죄를 지을 수 있는 쪽의 성경 구절을 인용하고 거룩한 사람은 최선을 다해 하나님의 원래의 뜻을 가지고 설명한다. 여기서 우리가 볼 수 있는 것은 사람이 그 부모를 떠나 아내와 합하여 그 둘이 한 몸이 되는 것이다. 우리가 알아야 할 것은 이 비밀스런 말씀이다.

주님은 4절과 5절에서 말씀을 인용하여 답변하셨다. 그런데 5절의 결혼의 의미는 창세기에도 있고 에베소서에도 있다. "사람이 그 부모를 떠나서 아내에게 합하여 그 둘이 한 몸이 될지니라". 여기서 주님은 부부 관계를 알려주시고 있다. 부부가 된다는 것은 사람이 그 부모를 떠나는 것이다. 자식은 부모를 떠날 수가 있다. 자식은 부모를 떠날 수가 있는데 부부는 갈릴 수가 없다. 참 비밀스럽지 않은가? 부모와 자식 관계보다도 더 가까운 것이 부부 관계라는 말이다. 주님의 답변은 가볍고 간단한 것이 아니다. "사람이 그 부모를 떠나서 아내에게 합하여 그 둘이 한 몸이 될지니라 하신 것을 읽지 못하였느냐". 부부가 된다는 것은 한 몸이 되는 것이다. 둘이 한 몸이 되기 위해서 사람은 그 부모를 떠나야 한다.

사실 부모와 자식 관계가 얼마나 가까운가? 부모와 자식 관계는 나눌 수 없다. 말을 안 듣는 자녀들에게 부모들은 "이제부터 너는 내 자식이 아니다." 라고 말한다. 그런 말 한 마디씩 안 듣고 자란 사람은 아마 없을 것이다. 그렇다고 해서 집을 나간 자식은 별로 없다. 그렇다고 해서 부모와 자식 관계가 끊어진 경우도 거의 없다. 이만큼 부모와 자식의 관계는 가깝다. 그런데 주님의 말씀은 여기서 무어라고 이야기하시는가? 그러한 부모와 자식 관계보다 더 가까운 것이 부부 관계라는 것이다. "사람이 부모를 떠나 그 아내와 합하여 그 둘이 한 몸이 될지니라".

그런 다음 6절에서 주님이 설명하셨다. "이러한즉 이제 둘이 아니요 한 몸이니 그러므로 하나님이 짝지어 주신 것을 사람이 나누지 못할지니라 하시니". 한 몸이라는 하나님의 말씀은 그렇게 이해하기 쉬운 것이 아니다. 오늘 이혼을 쉽게 생각하는 모든 사람들에게 우리는 이렇게 말해주고 싶다. 더 이상 둘이 아니고 한 몸이다. 둘이라면 나눌 수가 있다. 그런데 하나라면 나누어지지 않는다. 오늘 이혼을 하겠다고 하는 사람들은 그들이 둘이라는 생각을 갖고 있다. 싸울 때 "당신이 어떻고 나는 어떻고 그러니까 나눠지자."라고 한다. 그 말 속에 '당신'과 '내'가 따로 있다. 그러다가 아주 분통이 터지고 살 수 없다 싶으면 가정 법원에 함께 가서 이혼 소송을 하는 것이다. 이 사람들의 생각 속에는 진리가 없다. 하나님의 말씀은 이제 둘이 아니요 한 몸이라고 했는데 부부 싸움을 하고서 이혼을 생각하는 사람들의 생각 속에는 둘이라는 개념이 있다.

나는 체험을 가지고 이야기하겠다. 나는 이혼한 사람을 여러 명 만나보았다. 하나님께서 주권적으로 그러한 사람들을 많이 만나게 해주셨다. 그런데 나는 그러한 사람들을 보면서 하나님의 말씀이 엄위함을 깨달았다. "아, 진리가 이렇게 무섭구나!" 하는 것이다. 타락한 사람들은 진리를 모르니까 이혼을 쉽게 생각한다는 것이다. 한 여자와 한 남자가 그저 사랑하니까 한동안 살다가 나누어질 수 있는 것이라고 생각한다. 둘이 한 몸이 되었다는 것을 모른다. 모르니까 살다가 틀리면 나누어질 수 있다고 생각하는 것이다. 그런데 믿지 않는 자들일지라도 그렇게 살다가 이혼하면 그 고통을 당하는 것을 보고 하나님의 말씀을 기억했다. "아, 역시 진리는 진리로구나!" 나는 주님의 말씀이 두려웠다. 그렇게 이혼을 쉽게 생각한 사람들이 이혼한 뒤에 당하는 심한 고통을 보았다.

여러분은 한 몸을 둘로 쪼개어 나눌 수 있는가? 이혼할 때는 가볍게 생각했을 것이다. 서로 성격이 안 맞으니까, 또는 감추어 놓은 사랑하는 사람이 있으니 이 지긋지긋한 여자와 헤어져서 저 달콤한 여자와 살면 행복할 거라고 생각한 것이다. 이러한 마음을 가지고 쉽게 생각하면서 이혼을 한다. 이혼한 후의 결과, 그 슬픔과 비극은 아무도 모른다. 이혼을 해본 사람만 알 것이다.

내가 이혼한 사람들을 왜 그렇게 많이 만났는지. 네 사람 이상 만났다. 어떤 형제는 이혼한 후 이가 다 빠졌다. 아내와 헤어지고 나서 너무 외롭고 슬프고 답답해서 고민하다 보니 이가 다 빠져버린 것이다. 그러고서 하는 말이 거리에 차가 다니는데 뛰어들어 죽고 싶었다고 했다. 그 사람이 인생을 그렇게 보내고 있었다. 한 사람은 예수를 믿지도 않는 사람이었는데 나에게 와서 이혼한 뒤에 부인과 자식들의 상황을 잊기 위해 칠 년 간 고통스런 시간을 보냈다고 했다. 나는 이혼한 뒤에 마음에 고통 받는 이야기들을 들었다. 그리고 나서 나는 이 말씀을 깊이 이해하게 되었다. "아, 둘이 아니요 한 몸이라는 말씀이 바로 이것이구나. 그런데 한 몸을 나누어놓았으니 고통스럽지 않겠는가!" 그들은 이혼을 너무 쉽게 생각했다. 진리를 몰랐기 때문이다. "내가 좋아서 함께 살다가 싫어지니까 안 살면 그만이 아닌가?" 하는 것이 그들의 논리였다. 그것은 진리가 아니요, 인간의 논리이다. 하나님의 말씀이 아니다. 타락한 사람의 생각이다. 하나님이 정하신 결혼은 그것이 아니고 사람이 부모를 떠나서 아내와 합하여 한 몸을 이루었다는 것이다. 이제 둘이 아니고 한 몸이라고 말씀하고 계신다.

결혼을 이렇게 진리대로 이해할 때 "이제 둘이 아니요 한 몸이니 그러므로 하나님이 짝지어 주신 것을 사람이 나누지 못할지니라". 결혼은 하나님이 짝지어주신 것이다. 하나님이 하시는 것이다. 소위 우리는 인륜이라는 말을 하고 천륜이라는 말을 한다. 하나님이 짝지어주시는 것이다. 그러기 때문에 사람이 함부로 하나님이 이루어주신 것을 나눌 수 없다. 주 예수님의 말씀은 매우 권위가 있다. 바리새인들은 어떻게 하면 이혼을 해볼까 하는 생각을 가지고 질문했을 것이다.

7절, 여짜오되 그러하면 어찌하여 모세는 이혼 증서를 주어서 내어버리라 명하였나이까

주님이 이렇게 말씀하시니까 바리새인들은 모세가 이혼 증서만 주면 내어버릴 수 있다고 하지 않았느냐고 했다. 바리새인들 생각에는 서류 요건만 되면 아내를 내어버려도 되지 않겠느냐는 것이다.

8절, 예수께서 가라사대 모세가 너희 마음의 완악함을 인하여 아내 내어버림을 허락하였거니와 본래는 그렇지 아니하니라

여기에서 주님은 '허락'이라는 표현을 쓰셨다. 바리새인들은 7절에서 모세가 '명했다'고 말했는데 주 예수님은 그것은 명령이 아니라 허락이라고 하셨다. 왜 허락하셨는가? 마음의 완악함을 인하여서이다. 여기에서 우리가 생각해볼 게 많다. 성경 지식에 대해서 먼저 이야기해 보자. 바리새인들은 이혼에 관한 그 구절만 알았다. 그런데 예수님은 같은 신명기 31장 27절을 말씀하셨다. "내가 너희의 패역함과 목이 곧은 것을 아나니". 이미 신명기에서 모세는 이렇게 말했다.

다시 마태복음 19장으로 와서 주님은 모세가 아내 내어버리는 것을 허락한 것은 너희 마음의 완악함을 인한 것이라고 말씀하고 계신다. 마음이 완악하지 않고는 아내를 내어버리는 일을 할 수 없다. 하나님 말고 이렇게 말씀하실 수 있는 분이 있을까? 이것을 볼 때 정말 예수님은 하나님이시다. 그 자리에서 어떻게 당장 이런 대답을 할 수 있겠냐는 것이다. 바리새인들이 왜, 모세는 이혼 증서를 주어서 내어버리라고 명하였느냐고 하니까, 예수님은 모세가 너희 마음의 완악함을 인하여 아내 내어버리기를 허락했을 뿐이지 본래는 그렇지 아니하다고 말씀하신다. 주님은 본래로 다시 돌아가게 하신다.

또 한 가지 말하고 싶은 것은 이것이다. 이혼하고자 하는 사람은 다 마음이 완악한 사람이라는 말이다. 마음이 부드럽고 섬세하며 긍휼을 가진 자는 이혼하지 못한다. "본래는 그렇지 아니하니라". 다시 여기에 본래라는 말이 나온다. 사람들은 항상 문제를 중간에서 해결하려고 한다. 그러나 주님은 항상 본래로 가신다. 사람들이 완악해졌기 때문에, 악하여졌기 때문에 다만 이혼을 허용한 것뿐이라고 하신다.

우리 주님은 사람을 사랑하신다. 특히 아녀자를 사랑하신다. 왜 모세가 이혼을 허락했는가를 좀 더 설명해 드리겠다. 이 완악한 인간들에게 끝까지 아내를 데리고 살라고 하면 못살게 굴어서 죽일 것이다. 살고 싶지는 않지, 밉기는 하지, 보기는 싫지 하니까 짓밟는다. 그러니까 그렇게 괴롭히느니 차라리 내어버리면, 비록 이혼을 당하기는 하지만 사람이 죽지는 않는다. 죽는 것보다는 사는 게 낫다. 내가 이것도 체험적으로 보았다.

한 번은 한 자매가 남편과 헤어졌다고 하며 나를 찾아왔다. 주님을 사랑하는 자매였다. 남편의 성격이 얼마나 포악한지 물리적으로만 포악한게 아니라 정신적으로도 포악해서 이 자매를 너무나 괴롭히니까 이 자매가 심약해서 정신병이 생길 지경이 되었다. 그녀는 자기 스스로 생각할 수 있는 사고력을 잃어버렸다. 나에게 말하면서도 거의 정신이 없어 보였다. 나는 그녀의 안타까운 상황을 보면서 이런 말씀을 이해하게 되었다. 그런데 그 자매는 그래도 자기가 남편을 떠나면 안 된다고 생각했다. 둘이 아니라 한 몸이니까. 죽더라도 거기서 죽어야 하는데 하면서 정죄를 받고 있었다. 이게 맞는가, 틀리는가? 맞다. 한 몸이니까 떠나면 안 된다. 그런데 또 한 면에서 내가 그녀를 볼 때 이런 경우는 모세의 율법을 대입할 수밖에 없다고 생각했다. 그렇지 않으면 이 자매는 병에 걸리든지 죽는다. 한 사람이 그렇게 비참하게 죽는 것보다 사는 게 낫지 않을까? 사는 게 먼저이고 결혼은 두 번째이다. 결혼해서 죽으라고 하나님이 지으셨겠는가? 그렇게 완악한 상황에서는 차라리 이혼 증서를 주어 내버리라고 허락하셨는데 본래 하나님께서 사람을 지으실 때는 그런 것이 아니다. 이혼할 수 있는 것을 염두에 두고 그렇게 결혼하게 하신 것은 아니다. 그러나 모세 때에는 사람을 완전히 회복할 수 있는 생명의 은혜가 없었고 그 완악함을 어떻게도 꺾을 수 있는 길이 없었다. 이제 주 예수님께서 오셔서 그 은혜와 생명, 복음의 능력으로 그러한 인간의 완악함을 완전히 해소하실 수 있게 되었다. 그러므로 주 예수님께서는 본래로 돌아가게 하시는 것이다.

9절, 내가 너희에게 말하노니 누구든지 음행한 연고 외에 아내를 내어버리고 다른 데 장가드는 자는 간음함이니라

이 말씀에 대해서도 두 가지를 말해야 한다. 첫째 결혼이란 무엇인가? 결혼식을 하는 것이 결혼이 아니다. 성경에서의 결혼은 한 남자와 한 여자가 둘이 한 몸이 되어 연합하는 것이 결혼이다. 오늘날 이 세상 사람들의 생각하는 결혼은 결혼식의 결혼이다. 그러나 성경에는 결혼식이 없다. 한 남자와 한 여인의 육체의 결합이 있으면 그것이 곧 결혼이다. 그것이 곧 성경적인 결혼이다. 그러니까 구약에서는 한 남성이 한 여성의 처녀성을 범하면 그 여인을 버릴 수 없다고 되어 있다. 그것이 곧 결혼이니까 그런 것이다. 그러므로 여기서 음행한 연고로 아내를 내어버릴 수 있는 것은 그것이 그 결혼을 깨뜨린 것이기 때문이다. 한쪽이 음행을 했다면 그것은 그 결혼의 관계를 깨뜨린 것이다. 그 결혼을 한 쪽에서 폐기한 것이다. 음행을 했으니 그것을 핑계삼아 내버릴 수 있다는 것이 아니고 여기의 의미는 정상적인 부부의 결합은 결혼인데 음행하면 그 한쪽이 결혼의 그 거룩한 결합을 깨뜨린 것이므로 이혼이 가능하다는 것이다.

그런데 그 아내가 음행의 죄를 범한 후에 진실로 회개했다면 어떻게 할 것인가? 이런 문제들이 말하기 쉽지 않다. 주님의 말씀과 특히 구약의 율법에 의하면 그것은 자동 이혼이다. 그런데 주님의 은혜에 의하면, 요한복음 8장을 볼 때 간음 중에 붙잡힌 여인이 용서받았다. 그 여인이 진정으로 회개했다면 주님을 믿는 남편이라면 용서해주어야 하지 않겠느냐는 문제가 있다. 나는 이 구절을 통해서 오늘날 결혼, 이혼 등등에 관한 제반 문제를 다 설명하고자 한다. 그래서 혹시 이 말씀을 읽는 여러분 가운데 이런 부분들에 대해 궁금해하고 오해하는 분들이 있다면 이 말씀에서 다 답변을 얻으시기 바란다.

그리고 두번째 문제가 있다. 이 말씀은 마태복음 5장에 있는 말씀과 같다. "나는 너희에게 이르노니 누구든지 음행한 연고 없이 아내를 버리면 이는 저로 간음하게 함이요 또 누구든지 버린 여자에게 장가드는 자도 간음함이니라"(32절). 비슷한 말씀이다. 주님이 한 번 말씀하시면 바뀌지 않는다. 바리새인들이 강하게 따지고 들면 말씀을 슬며시 바꾸거나 하시지 않는다. 그분은 산에서 가르치실 때도 똑같이 이렇게 말씀하셨다. 사람들이 변론하러 대들 때에도 똑같이 말씀하셨다. 이혼하고 싶어서 어떻게 해서든지 구실을 찾으려고 하는 사람들에게도 똑같이 말씀하셨다. 그러니까 주님의 말씀이 변하지 않을까, 주님의 말씀이 바뀔 가능성이 있지 않을까 기대하지 말라는 말이다. 어떤 사람들은 이혼을 하고 싶어서 신약을 인용하지 않고 자꾸만 구약을 인용하려고 한다. "아브라함을 보라. 다윗을 보라. 부인이 몇 명씩 되지 않느냐? 그래도 거룩한 성도이지 않느냐? 그 사람들은 네 명, 다섯 명을 얻었는데 한 명 더 얻은 것이 무슨 큰 죄냐?" 라고 말한다.

그러나 우리 주님의 말씀은 언제나 확고하고 한 번 말하든 두 번 말하든 세 번 말하든 변함이 없다. 음행한 연고 없이 다른 데 장가드는 것은 간음하는 것이라고 말씀하셨다. 그리고 버린 여자에게 장가드는 것도 간음하는 것이라고 했다. 마태복음 5장 말씀이다. 가령 어떤 자매가 음행한 연고 없이 버림을 받았다. 그런데 어떤 형제라 하는 사람이 버림받은 자매와 결혼했다면 그것은 간음한 것이다. 이런 경우 왜 간음이라고 하는가? 그 버림받은 여자는 아직 그 남편과 하나를 깨지 않은 상태이기 때문이다. 하나님께서 정해주신 하나를 아직 깨뜨리지 않은 것이다. 그러한 여자와 결혼하는 것은 간음하는 것이다. 그 남편이 버린 것과는 상관 없이 하나님의 눈으로 볼 때는 아직 남편과 아내의 관계가 깨어지지 않은 것이다. 혹시 음행한 연고로 버려졌어도 그 여자와 결혼하면 음행하는 것이다. 결론적으로 그리스도인들은 이혼하고 재혼하려고 연구할 필요가 없다. 주님이 이렇게 대답하시니까 10절에서 제자들이 나섰다.

10절, 제자들이 가로되 만일 사람이 아내에게 이같이 할진대 장가들지 않는 것이 좋삽나이다

제자들이 가만히 들어보니 앞길이 다 막혀버렸다. 한 번 결혼했다가는 완전히 끝이구나 하는 것으로 제자들이 알아들었다. 그래서 그럴 바에는 장가가지 않는 것이 낫겠다고 생각했다. 우리는 여기에서 세 편을 볼 수 있다. 거룩하신 주님이 한편이고, 이혼을 어떻게 한 번 해볼까 하는 바리새인들이 한 편이고, 매우 육신적인 생각을 가진 제자들이 한 편이다. 제자들이 가만히 들어보니까 결혼한다는 것이 보통 일이 아니다. 결혼했다가 아내를 버리면 큰일 나겠다는 생각이 드니까 차라리 그럴 바에는 결혼을 하지 않는 게 낫지 않겠느냐고 한 것이다.

나는 이렇게 말해보겠다. 그렇다. 부패하고 타락하고 정욕적인 인간에게는 한 남편과 한 아내의 결혼이 감옥과 똑같은 것이다. 결혼하는 날이 감옥에 들어가는 날이다. 이제 그 사람은 끝이다. 사람은 다 그러한 느낌을 갖게 된다. 제자들이 결혼하면 완전히 끝이라는 느낌이 드니까 그럴 바에는 장가를 가지 않는 것이 낫겠다는 생각을 한 것이다. 결혼이라는 것은 우리 인간이 철저한 제한 안으로 들어가 순복하는 것이다. 여기서 미혼의 젊은이들은 알아야 한다. 결혼한 사람들은 다 위대한 사람들이다. 그들은 다 하나님의 주권에 순복한 사람들이다. 그 속박 안에 기꺼이 들어가서 갇힌 사람들인 것이다. 제자들이 주님께 이렇게 말한 것은 사실 솔직한 것이다. 그런데 이 거룩하신 주님의 답변을 들어보라.

11절, 예수께서 가라사대 사람마다 이 말을 받지 못하고 오직 타고난 자라야 할지니라

우리 주님은 제자들이 이렇게 말하는데도 불구하고 장가 안 가는 것에 관한 문제를 또 진지하게 들으셨다. 주님은 그 제자들의 말도 참으로 참되고 진지하게 받아들이셔서 장가 안 가는 것에 대해서도 답변을 해주셨다. 여기 세 편의 반응이 다 다르다. 어떤 편(바리새인)은 자유롭게 이혼하고자 하는 욕망이 있고, 그들은 합법적이기만 하면 얼마든지 이혼할 태세가 되어있다. 또 다른 편(제자들)은 주님의 말씀을 듣고 숨이 조여 오는 듯했다. 그들은 자유로운 이혼까지는 생각하고 있지 않지만 강한 속박감을 느낀 것이다.

주 예수님은 "사람마다 이 말을 받지 못하고 오직 타고난 자라야 할지니라"고 하셨다. 주님은 아무나 장가가지 않을 수 있다고 생각지 말라고 하셨다. 그렇게 할 수 있는 사람은 따로 있다는 뜻이다. 그러므로 어떤 사람을 억지로 장가가라고 할 필요도 없는 것이고 어떤 사람을 억지로 장가가지 말라고 할 필요도 없는 것이다. 왜냐하면 다 받을 만한 사람이 받는 것이기 때문이다. 갈 만한 사람은 가야하고 가지 않아도 될 사람은 안 가도 되는 것이다. 사람마다 다른 것이다(고전 7:7).

12절, 어미의 태로부터 된 고자도 있고 사람이 만든 고자도 있고 천국을 위하여 스스로 된 고자도 있도다 이 말을 받을 만한 자는 받을지어다

여기에 세 고자가 있다. 타고날 때부터 장가갈 수 없는 사람이 있고 사람이 만든 고자도 있다. 어떤 환경이나 고문에 의해 생겨난 고자도 있다. 이 세 가지 고자 중에 특별한 경우가 있는데 그것은 천국을 위하여 스스로 된 고자이다. 이 부분의 말씀을 마치면서 주님은 천국을 제시하고 계신다. 결혼 문제, 이것은 정욕의 문제와 관계있다. 천국에 들어가는 것을 방해하는 것은 인간의 정욕이다. 18장에서는 천국의 방해요소가 인간의 교만이요, 용서치 않는 완악함이지만 19장에는 그 방해요인이 정욕인 것이다. 그래서 천국을 얻기 위해서 결혼을 하지 않는 사람이 있다. 그러나 결혼을 안 할 수 있으려면 그 사람이 받을만 해야 한다. 바울과 같이 그런 은사가 있어야 한다는 말이다. 그러나 그렇게 할 수 없는 사람도 있다. 그런 사람은 결혼해야 한다.

어떤 사람은 결혼을 하지 않을 수 있는, 육신의 정욕을 이길 수 있는 은혜가 충분히 있고 그런 은사가 있는 사람은 결혼을 하지 않을 수 있다. 고린도 전서 7장 7절이다. "나는 모든 사람이 나와 같기를 원하노라 그러나 각각 하나님께 받은 자기의 은사가 있으니 하나는 이러하고 하나는 저러하니라". 받은 은사대로 어떤 사람은 결혼을 할 수도 있고 어떤 사람은 안 할 수도 있다. 32절, "너희가 염려 없기를 원하노라 장가가지 않은 자는 주의 일을 염려하여 어찌하여야 주를 기쁘시게 할꼬 하되 장가간 자는 세상일을 염려하여 어찌하여야 아내를 기쁘게 할꼬 하여 마음이 나누이며". 결혼을 안 하고 주님을 섬길 수 있다면 마음에 분요함이 없이 하나님을 섬길 수 있다. 그것은 35절에 있다. "내가 이것을 말함은 너희의 유익을 위함이요 너희에게 올무를 놓으려 함이 아니니 오직 너희로 하여금 이치에 합하게 하여 분요함이 없이 주를 섬기게 하려 함이라". 어떤 사람들은 받은 은사가 있어서 결혼을 하지 않고도 지낼 수 있다. 그런 사람들은 자기 아내를 기쁘게 하기 위해서 마음이 나뉘는 일이 없이 전적으로 주님만 섬길 수 있다. 그것은 매우 좋은 것이다.

37-38절, "그러나 그 마음을 굳게 하고 또 부득이한 일도 없고 또 자기 뜻대로 할 권리가 있어서 그 처녀 딸을 머물러 두기로 마음에 작정하여도 잘하는 것이니라 그러므로 처녀 딸을 시집보내는 자도 잘 하거니와 시집보내지 아니하는 자가 더 잘하는 것이니라". 결혼하지 않고 주님을 섬길 수 있다면 남자든 여자든 가장 좋은 것이라고 했다. 그런데 이 모든 것은 다 받을 만해야 한다.

이 은사에 대해서 한 마디 하겠다. 잠언 25장 14절이다. "선물한다고 거짓 자랑하는 자는 비 없는 구름과 바람 같으니라". '선물한다고 거짓 자랑하는 자'라는 한글 해석은 뜻이 분명치 않다. 영어로는 분명하다. "그의 은사를 거짓되이 자랑하는 사람은 비 없는 구름과 바람 같으니라". 비는 안 오고 구름과 바람만 있다. 어떤 사람은 자기의 은사가 그렇지 않은데 나는 결혼하지 않고 주님을 섬기겠다고 서원도 하고 각오도 하고 떠드는 사람이 있다. 그렇게 함부로 서원하지 말아야 한다. 그런 사람은 거짓되게 은사를 자랑하는 사람이다. 서원하고서 고민을 얼마나 많이 하는지… 나는 그런 사람도 보았다. 나에게 와서 "결혼하지 않고 주님을 섬기겠다고 했는데 나는 어떻게 하면 좋겠습니까?" 하고 물었다.

어쨌든 은사가 있고 받을 만한 사람이 받을 수 있다. 천국을 위하여 스스로 고자 된 바울과 같이 아내가 없이 전적으로 하나님을 섬기는 사람이 있는데 그들은 요한 계시록에서 볼 때 여자로 더불어 더럽히지 않은 정절이 있는 자들이다. 그들에게는 천국에서 어떤 특별한 분깃이 있다. 어떤 사람이 그렇게 할 수 있다면 그렇게 하면 된다. 주님은 그 길을 열어주고 계신다. 제자들이 "그렇다면 우리는 결혼을 하지 않는 게 좋겠습니다."라고 말하니까 주님은 "그래 그래, 매우 놀라운 것이 있는데, 그것은 천국을 위해서 그렇게 하는 경우이다."라고 하신 것이다.

여기에 결혼하지 않을 수 있는 세 종류가 있다. 이 말씀에서 우리는 참으로 이 땅에서 우리가 사는 삶이 천국을 위한 삶이라는 것을 볼 필요가 있다. 결혼도 하지 않고 오직 주님만 일생토록 섬기고 살았던 사람들에게는 천국에서 특별한 기업, 분복이 있다. 우리는 그것을 인정해야만 한다.

1절부터 12절까지에 있는 결혼과 이혼의 문제에서 우리가 느낄 수 있는 것은 결혼을 했다 하더라도 이혼을 한다거나 잘못 살면 천국을 놓친다는 것이다. 이것은 너무나 두려운 것이다. 이 세상의 쾌락과 정욕을 추구하다가 천국을 놓친다는 말이다. 주님은 이러한 가르침을 우리에게 주고 계신다. 이 말씀에서 우리는 천국의 문제가 이 세상에서 사는 동안 결혼 생활과도 매우 관련이 있음을 알 수 있다. 그러나 더욱 깊이 들어가 보면 정욕의 문제인 것이다. 육신의 정욕의 문제가 처리되지 않는 한 천국은 멀다.

13-14절, 때에 사람들이 예수의 안수하고 기도하심을 바라고 어린아이들을 데리고 오매 제자들이 꾸짖거늘 예수께서 가라사대 어린아이들을 용납하고 내게 오는 것을 금하지 말라 천국이 이런 자의 것이니라 하시고

주님이 이런 말씀을 하고 계실 때 사람들이 어린아이들을 데려와 안수하고 기도해주시기를 바랬다. 제자들은 이를 보고 꾸짖었다. 지금 바리새인들과 대담 중이시고 큰 일을 하고 계시는데 어린애들을 데리고 왔다는 것이다.

이때 예수님이 여기에서 또 천국에 들어가는 문제를 말씀하신다. 주님이 언제나 사람들에게 인상지어 주고 싶어하시는 것이 천국이다. 사람들은 이혼, 결혼, 진급, 등을 말하는데, 주님은 천국 이야기만 하신다. 그런데 여기의 바리새인들은 물론 제자들까지도 천국의 사상과는 너무나 멀다. 천국의 생각과는 너무나 먼 것이다. 예수님은 우리에게 천국 사람들이 어떠한 사람들인지 잘 가르쳐주고 계신다. 천국에 어울리는 사람들이 어떠한 사람들인지 잘 가르쳐주고 계신다. 여러분은 천국에 어울리는 사람들이 되고 싶은가, 아니면 이 땅에서 위대한 사람들이 되고 싶은가? 천국에 합당한 사람이 되어야 한다. 그러려면 어린아이들같이 소소한 일들, 귀찮아 보이는 일들을 관심해야 한다. 나도 이러한 말씀을 깨닫지 못했다면 천국과 멀리 떨어져 있었을 것이다.

제자들은 주님이 이렇게 말씀하시고, 사람들을 가르치시고, 큰일을 하실 때, 작은 어린아이들이 와서 기도해주고 안수해달라고 하는 것은 그 상황에 어울리지 않는다고 생각한 것이다. "저리 가라. 예수님은 지금 바쁘시다." 이럴 때 예수님이 하신 말씀은 "그들을 용납하고 내게 오는 것을 금하지 말라. 천국이 이런 자들의 것이니라." 이다. 아주 신뢰하고 겸손하고 순수하고 그저 하나님 나라를 바라보고 매사를 흠모하는 눈으로 바라보는 그런 어린아이 같은 사람들이 천국 백성들이라고 말씀하고 계신다. 잊지 말라! 주님은 천국의 사람이시다. 그분은 그곳의 사람들이 어떤 사람들인지를 너무 잘 아신다. 그러니 그분은 그 분위기와 맞지 않은 때마다 말씀하신다. 그러다가 어린 아이들을 보시면 오! 이들이 비슷하다고 하시는 것이다.

15절, 저희 위에 안수하시고 거기서 떠나시니라

그리고서 주님은 그 어린아이들을 귀하게 여기시고 그들에게 안수해주셨다. 우리가 생각하기에 어린아이들은 알아듣지도 못하고 복음도 모르고 진리도 깨닫지 못하는데 그들에게 안수하고 축복해줄 필요가 있느냐고 하지만 하나님께서는 어린아이들, 아무 것도 알아듣지 못하는 아이들을 안수해주셨다(막 10:13-15). 우리는 사람의 영혼을 사랑할 줄 알아야 한다. 일반적으로 어른들은 아이들이 집회의 말씀을 못 알아듣는 어린애들이라 생각한다. 그러나 그렇게 생각하지 말아야 한다. 그들도 다 영혼을 가지고 있다. 귀한 존재들이다. 주님은 그런 자들에게도 안수하고 축복하셨다. 그리고 그 일까지 하신 다음에 거기서 떠나셨다. 이런 말씀을 통해서 우리는 주님의 아름다움과 귀하심과 지혜와 높으심과 거룩하신 모든 것을 볼 수 있다. 주님께 감사한다.

16절, 어떤 사람이 주께 와서 가로되 선생님이여 내가 무슨 선한 일을 하여야 영생을 얻으리이까

여기의 어떤 사람은 마가복음 10장과 누가복음 18장을 보면 관원이다. 이 사람은 당시에 정부의 고위 관리였다. 그리고 젊은 사람이었다. 젊은 사람인데 고위 관리가 되었다. 그리고 그는 부자였다. 젊은 사람이 높은 지위를 얻었고 또 돈을 많이 벌었다. 그러므로 우리는 그가 유능한 사람이라는 것을 알 수 있다. 무능한 사람이라면 젊어서 높은 사람이 되기가 어렵고 그렇게 돈을 빨리 벌 수가 없다.

그런데 이 사람은 돈도 있고 명예도 있는데 뭔가를 추구했다. 어느 날 주님께 왔다. 그리고 주님을 "선생님이여"라고 불렀다. 다른 복음서를 보면 "선한 선생님이여"라고 불렀다. 선생님이란 남을 가르치는 사람(teacher)이다. 헬라어로는 '디다스칼레'이다. 그런데 거기에 '아가세', 즉 '선한'이란 말을 붙여서 선한 선생님이라고 부른 것이다. 당시 유대인들 사이에서 보통 사람들을 이렇게 부르지 않았다. 특별히 존경하여 부를 때 사용하는 말이다. 말하자면 이 젊은 관원은 예수님을 아주 좋게 생각한 사람이다. "뭔가 배울 것이 많은 분이다. 정말 선한 분이다." 라고 생각한 것 같다. 마가복음을 보면 그가 예수님께 달려나와 무릎을 꿇었다고 했다. 또 주님을 높여서 "선한 선생님이여"라고 불렀다. 그리고 "내가 무슨 선한 일을 해야 영생을 얻겠습니까?"라고 질문했다.

이 젊은이가 추구한 것은 영생이다. 그는 관리이므로 지위도 있고 명예도 있고 또 물질도 있는 역량 있는 젊은이인데, 세상의 물질과 명예를 가지고 만족하는 게 아니고 거기에다가 영적인 것까지 관심했다. 참으로 이 사람은 특이하다. 오늘날 젊은이들 중에 이렇게 물질적인 소유로 만족하고 세상의 명예로 만족한 다음 내세의 영생까지도 추구하는 자들이 많이 있을까? 나는 많지 않으리라고 본다. 그런데 이 젊은이는 이 세상에서 많은 것을 성취하고 얻어 놓고 거기에다가 또 영생을 추구하고 있다. 그리고 이 사람은 영생에 관심이 있는데 그 영생에 관한 가르침을 예수님이 주실 수 있다고 믿고 있다.

우리는 오늘날 그리스도인들 가운데 영생을 추구하는 사람들이 얼마나 있는가를 한 번 생각해 볼 필요가 있다. 우리는 수많은 그리스도인들을 보고 있다. 우리도 그리스도인이다. 그리스도인들 가운데 얼마나 영생에 대한 소망을 가지고 생활하고 있는가? 디도서 1장에서 사도 바울은 자신이 사도 된 것은 영생의 소망을 인함이라고 말했다. "…나의 사도 된 것은 … 경건함에 이르는 진리의 지식과 영생의 소망을 인함이라"(1절). 영생이라고 하는 것은 뭔가 소망하는 것이다. 어떻게 해야 영생을 얻느냐고 물었다. 또 영생을 상속받는다는 표현도 있다. 영생은 오늘 우리가 주님을 믿을 때에 얻을 수 있는 것만이 아니라 장차 기업으로 상속받을 수 있는 어떤 것이다. 영생에 관해서는 이 시대에 얻는 영생이 있고 왕국에서 보상으로 얻는 영생이 있고 영세에 우리가 누릴 수 있는 영생이 있다. 그래서 사도 바울도 디모데 전서 6장에서 디모데에게 영생을 취하라(take hold an eternal life), 영생을 붙잡으라고 말한 것이다.

오늘날 우리 믿는이들은 반드시 이 영생을 붙잡아야 한다. 이 젊은이는 이 세상의 많은 것을 취하고 영생까지도 관심하고 있다. 아주 놀랍다. 그런데 그는 무엇을 해야 영생을 얻는 줄로 생각하고 있다. 과연 무엇을 해야 영생을 얻는가?

17절, 예수께서 가라사대 어찌하여 선한 일을 내게 묻느냐 선한 이는 오직 한 분이시니라 네가 생명에 들어가려면 계명들을 지키라

이 구절은 마가복음 10장과 누가복음 18장에도 동일하게 있다. 마가복음 10장에서는 "네가 어찌하여 나를 선하다 일컫느냐" 하셨고 누가복음에서도 "선한 이는 오직 한 분이시니라"고 하셨다. 선한 이는 오직 하나님 한 분 뿐이시다. 이 젊은이는 예수님이 선하시다는 것을 알았다. 그런데 주님은 선한 이는 오직 하나님 한 분 뿐이시라고 말씀하셨다. 그렇다면 지금 이 젊은 관원 앞에 서 계신 선한 선생님은 하나님이시라는 말이다. 그것을 알려주고 싶으신 것이다. 그런데 간단하게 언급하시고 본론을 말씀하신다.

주님은 생명이라고 하셨다. 젊은이는 영생을 얻는 것을 말했고 이 젊은이의 말에 대해 예수님은 생명이라고 답변하셨다. 사실 이 영생이 생명이다. 하나님이 보실 때 인간의 생명은 생명이 아니다. 그것은 생명이 없는 거나 마찬가지이다. 있다가 사라지는 것이기 때문이다. 그러나 주님이 주시는 생명은 영원한 생명이고 그 것만이 생명이다. 그 생명만이 참된 생명이기 때문에 여기서 주님은 생명에 들어가려면 계명들을 지키라고 하신다.

주님은 젊은이의 말에 어느 정도 찬성하시는 것 같다. "네가 영생을 얻으려면, 생명에 들어가려면 계명들을 지키라." 계명들을 지키는 것과 생명에 들어가는 것은 관계가 있다. 오늘날 어떤 사람들은 이 말씀을 이렇게 생각한다. "이 젊은이가 뭔가를 지켜서 영생을 얻으려 하는 것은 잘못된 것이다. 그것은 잘못된 관념이다." 그러나 주님은 영생을 얻으려면, 생명에 들어가려면 계명들을 지키라고 하셨다. 여기서 주님이 말씀하시는 것은 구원받는 것을 의미하는 것이 아니다. 내세에 영생을 상속받는 것을 말씀하시는 것이다. 우리는 영생을 상속하는 문제가 우리가 계명을 지키는 것과 관계있다는 것을 알아야 한다.

18-19절, 가로되 어느 계명이오니이까 예수께서 가라사대 살인하지 말라, 간음하지 말라, 도적질하지 말라, 거짓 증거 하지 말라, 네 부모를 공경하라, 네 이웃을 네 몸과 같이 사랑하라 하신 것이니라

젊은이가 어느 계명이냐고 묻자 주님은 이렇게 몇 가지 계명을 말씀하셨다. 이 계명들은 십계명 중에서 후반부에 있는 계명들이다. 십계명은 두 돌판으로 되어 있는데 하나는 제 1계명에서 제 4계명까지 하나님에 대한 것이고, 제 5계명에서 제 10계명까지는 사람에 대한 것이다. 그런데 당시에 바리새인들, 유대인들은 하나님에 대한 계명은 잘 지키고 있다고 생각했다. 그 계명들도 헛되이 지키고 경배하는 것인데도 불구하고 그들은 그렇게 생각했다.

그런데 주님이 이 젊은 관원에게 주신 이 여섯 가지 계명들은 사람에게 관련된 부분이다. 이 부분을 당시에 바리새인들이나 유대인들은 매우 소홀히 했다. "살인하지 말라, 간음하지 말라, 도적질하지 말라. 거짓 증거 하지 말라, 네 부모를 공경하라, 네 이웃을 네 몸과 같이 사랑하라." 우리는 바리새인들과 주님의 대화를 통해서 그들이 부모를 공경하는 것을 소홀히 하고 사람의 생명을 귀히 여기지 않는다는 것을 볼 수 있다. 안식일 날 주님이 병을 고치실 때 바리새인들은 주님을 굉장히 미워했다. 그들은 그들이 하나님을 아주 잘 섬기고 있다고 생각했지만 반면에 사람에 관해서 지켜야 할 계명들은 매우 소홀히 하고 있었다. 그래서 주님은 이 젊은 관원에게 당시 유대인들 사이에서 매우 소홀히 되고 있는 부분들인 이 여섯 계명을 말씀해주신 것이다. 주님이 이러한 말씀을 주신 것은 이 젊은 관원이 자기 자신을 아는 데 도움이 되게 하려는 것이다.

"살인하지 말라". 당시에 바리새인들을 중심으로 한 유대인들은 사람의 생명을 귀하게 생각하지 않았다. 또 간음의 문제가 있었다. 우리는 19장 전반부에서 바리새인들이 이혼에 관해 물은 것을 볼 수 있다. 또 남의 물건을 도적질하고 거짓 증거 하는 문제와 적극적으로 부모를 공경하고 이웃을 내 몸과 같이 사랑하는 문제가 있다.

20절, 그 청년이 가로되 이 모든 것을 내가 지키었사오니 아직도 무엇이 부족하니이까

이 젊은 관원의 말이 거짓말은 아닐 것이다. 젊은 관원에게는 이러한 계명들을 어겼다는 느낌이 없었다. 어려서부터 이러한 계명들을 관심하고 지켰다. 그러나 이 계명들을 내면적으로 영적으로 깊이 있게 지켰는가는 또 다른 문제이다. 그러나 어쨌든 그가 외면적으로 살인하지 않고 간음하지 않고 도적질하지 않은 것은 그가 지켰을 수도 있다.

21절, 예수께서 가라사대 네가 온전하고자 할진대 가서 네 소유를 팔아 가난한 자들을 주라 그리하면 하늘에서 보화가 네게 있으리라 그리고 와서 나를 좇으라 하시니

그러자 주님이 "네가 온전하고자 할진대 가서 네 소유를 팔아 가난한 자들을 주라"고 하셨다. 주님은 이 여섯 가지 계명을 통해서 젊은 관원이 자기 자신을 알고 자기가 이러한 것들을 지키지 못하는 사람이라는 것을 알기를 기대하셨다. 그러나 이 젊은 관원은 이 여섯 가지를 자기가 이미 알고 지켜왔다고 생각했다.

오늘날 어떤 사람들은 자기들이 아는 것을 자신들이 지켜온 것이라고 생각하는 관념이 있다. 그것에 크게 저촉되는 일을 하지 않았으면 자신이 그것을 이미 지켰다고 생각하는 관념이 있다. 여기에 속는 그리스도인들이 많다. 내가 아는 것이 곧 지키는 것이라고 생각한다. 내가 주님의 말씀이 어떠어떠하다는 것을 알고 그것에 어긋나게만 행하지 않았으면 그것을 지켰다고 생각하는 것이다. 그 내면적인 뜻과 의미를 파악하고 관심하고 그것을 지킨다는 것은 쉬운 것이 아니다. 그럼에도 불구하고 외면적으로 위반하지 않았으면 자신이 그것을 지켰다고 생각한다. 이 젊은이가 바로 그런 경우이다. 그러자 주님이 네가 온전하고자 한다면 네 모든 소유를 다 팔아 가난한 자들에게 나누어 주라고 하셨다.

주님은 모든 사람을 다 아신다. 마가복음을 보면 주님이 젊은 관원의 말을 듣고 그를 사랑하셨다고 했다. 주님은 인자하시며, 사람의 연약함을 아신다. 그러나 주님은 또한 그 연약함을 도와주신다. "네 생각으로는 지킨 것이다." 주님은 그가 지켰다고 하는 것을 인정하셨다. 사실 내면적으로 따지면 지키지 못한 것이다. 그러나 그 젊은이가 그렇게 말하는 것을 보시고 사랑의 음성으로 말씀하시기를 "네가 온전하고자 한다면 네 소유를 팔아 가난한 자들에게 나누어주라 그리하면 하늘에서 보화가 네게 있으리라 그리고 와서 나를 좇으라"고 하셨다.

여기의 주님의 말씀은 간단한 말씀이 아니다. 무엇을 지키면 되는 것이 아니다. 소유를 다 팔아 가난한 자들에게 주고 주님을 좇으라고 하셨다. 여기에서 우리가 알 수 있는 것은 참으로 우리가 온전하고자 할진대 우리의 소유를 다 팔아야 한다는 것이다. 우리의 소유를 팔지 않으면 주님을 좇을 수 없다. 그 소유는 주님을 따르는 데 너무 무거운 것이다. 우리 소유를 가지고 좇으면 주님을 좇기가 너무 어렵다. 주님을 좇는 데 있어서 가장 어려운 것은 우리의 소유 문제이다.

결국 마태복음 19장은 천국에 들어가는 문제를 다루고 있다. 거기서 첫 번째 부분은 이혼에 관한 것이다. 이것은 정욕의 문제이다. 정욕의 문제를 처리하지 않으면 천국에 들어갈 수 없다. 그 다음은 어린아이같이 단순하고 순수하고 의존적이고 작아지는 것이다. 세 번째는 우리의 소유, 재물을 버리는 것이다. 소유를 가지고서는 주님을 따를 수 없다. 주님을 따르는 문제와 천국에 들어가는 문제는 직결되어 있다. 그런데 이 젊은 관원은 그저 무언가를 지키고 선한 일을 하면 될 것이라고 생각했다.

주님은 여기서 사람에 관한 계명 여섯 가지를 말씀하시고 하나님에 관한 계명 네 가지는 말씀하지 않으셨다. 사실 주님은 이 네 계명을 이 한 마디로 말씀하고 계신다. 아마 이 젊은 관원은 십계명을 다 언급해도 모두 지켰다고 할 것이다. 뒤의 여섯 계명도 내면적으로는 못 지킨 것이 분명하다. 왜냐하면 앞에서 주님이 말씀하신 것 속에 내면적인 것이 포함되어 있기 때문이다. 가난한 자들을 동정하는 것이 뒤의 여섯 계명을 포함한다. 온전하게 계명을 지키려면 내면적으로 지켜야 한다. 여섯 가지를 요약한 말이 지금 주님이 하신 말씀이다. "네 재물을 팔아 가난한 자들을 나누어 주라". 그렇게 할 수 없다면 여섯 가지의 계명을 내면적으로 지킨 것이 아니다. 그리고 나서 나를 좇으라고 말씀하신다. 그러면 완전해지는 것이다. 이렇게 십계명은 간단하지 않다. 주님은 이 젊은이에게 십계명을 지킬 수 있는 실제를 제시하신 것이다. 실상 사람에 대한 여섯 계명도 이웃을 네 몸과 같이 사랑하라는 한 말씀으로 요약할 수 있다. 그리고 그것을 내면적으로 지키는 것이라면 다 팔아 가난한 자들을 나눠줄 수 있다. 그러나 이 젊은 사람은 자기의 재산을 모두 소유하고 누리면서 그저 외면적으로 무엇 무엇을 지키면 과거에 자기가 어떻게 해서 돈을 벌었던 것과 같이 영생도 얻을 줄 알았다. 그러나 주님은 네 것을 다 팔아 가난한 자들에게 나누어주고 나를 좇으라고 하셨다.

22절, 그 청년이 재물이 많으므로 이 말씀을 듣고 근심하며 가니라

이 청년은 재물이 많았다. 이것이 이 젊은 사람의 불행이었다. 재물이 많은 것은 행복이 아니라, 불행이다. 다음에 나오는 몇몇 젊은 사람들, 제자들은 다행이다. 그들에게는 재물이 없었다. 그러기에 주님을 좇기가 쉽다. 그러나 이 사람은 불행히도 재물이 많다. 재물이 많으므로 이 말씀을 듣고 근심하며 갔다. 그는 근심했다. 근심한 이유는 예수님의 말씀이 옳은 것 같고 그렇게 해야 할 것 같았지만 자기의 재물을 파는 것은 생각할 수 없었다. 한 면으로 이 젊은 관원에게는 예수님을 따르고 싶은 생각도 있었다고 보여진다. 그런 마음이 전혀 없었다면 근심할 필요도 없었을 것이다. 그냥 기쁘게 떠나면 된다. 그러나 이 젊은 관원은 한 면으로 예수님을 따랐으면 좋겠고 주님이 말씀하신 것도 지켰으면 좋겠는데 그게 안 되는 자신을 발견한 것이다. 그러므로 근심한 것이다.

오늘날에도 근심하는 젊은이들이 많이 있을 것이다. 주님의 말씀을 들으니 그 말씀이 맞기는 한데 따르자니 생계 문제, 재물 문제가 놓여 있다. 그렇게 절대적으로 다 버리고 따르면 좋겠는데 누가 내 삶과 생계를 책임지느냐는 것이다. 이 두 가지를 겸할 수 있기를 이 젊은이는 얼마나 바랐겠는가? 생계도 보장되고 영생도 얻을 수 있다면 좋겠는데 이 두 가지는 한꺼번에 얻을 수 있는 것이 아니라 하나를 얻으려면 하나를 버려야 하는 문제가 있다. 여기에서 주님이 그렇게 재물을 팔아 가난한 자들에게 나누어줄 때 하늘에서 보화가 있을 것이라고 하셨다.

하늘의 보화를 얻으려면 이 땅에서 네가 생각하는 보화를 버리라는 것이다. 어떤가? 젊은이는 이 두 보화 사이에서 갈등하고, 근심하고 있다. 오늘날 이렇게 갈등하는 사람들이 많다. 갈등과 고민과 근심의 결과 선택한 것은 결국 돈이었다. 이 세상의 물질을 선택하고 자기의 생계, 생활 문제로 떨어져 버린 것이다. 두 가지를 함께 취할 수 없다. 하나님과 재물은 동시에 취할 수 없다. 이 젊은이는 주 예수님 앞과 제자들 앞에서 근심하다가 얼굴을 떨구고 그냥 돌아갔다. 마가복음에는 "얼굴을 떨구고"라는 표현이 있다.

사랑하는 성도 여러분, 참으로 영생을 추구하는 그리스도인이라면 한 가지를 버려야 함을 주님이 우리에게 분명하게 말씀해주고 계신다. 이 두 가지는 동시에 잡을 수 있는 것이 아니다. "네가 네 모든 소유를 팔아서 가난한 자들에게 나누어주고 나를 좇으면 하늘에서 보화가 네게 있을 것이다." 주님은 거짓말을 하시지 않는다. 주님은 거짓이 없으신 하나님이시다.

여기서 내가 한 마디 부언한다면 (이 말에 대하여 나를 용서하기 바란다) 근심하면서 가는 것은 그래도 깨끗한 것이다. 그런데 근심하면서 돌아간 사람들이 또 하나의 종교 단체를 만든다. 그 사람들은 이 두 가지를 겸해서 얻을 수 있다고 강조하고 사람들에게 위안을 주는 기독교인 무리를 만드는 것이다. 그러면서 서로 위안을 한다. 그들은 예수님을 그렇게까지 지독하게 따를 필요가 없다고 말한다. "모든 소유를 다 팔아 가난한 자들에게 나누어주고 주님을 따를 필요가 뭐가 있겠는가? 당신도 소유를 가질 수 있다. 주님은 아마 당신을 더 축복하실 것이다. 하나님의 뜻은 당신이 부자 되는 것이다. 부자도 되고 영생도 얻을 수 있다." 이렇게 가르치는 사람들이 있다. 예수님의 말씀은 물질이 있는 사람들을 근심하게 만들었는데 근심할 필요가 없게 만들어주는 사역자들이 있는 것이다. 어디서 온 가르침인가? 예수님은 분명히 "네가 온전해지고자 하면 네 소유를 팔아 가난한 자들에게 주라 그리하면 하늘에서 보화가 네게 있으리라"고 하셨다. 그런데 다 팔지 않아도 하늘에서 보화를 얻을 수 있다니 주님의 말씀을 완전히 바꾸어 버린 것이다. 그러면 돈을 사랑하는 사람들, 부자 되고 싶은 사람들이 다 기쁜 얼굴로 "아멘"하며 근심할 필요가 없지 않겠는가?

23절, 예수께서 제자들에게 이르시되 내가 진실로 너희에게 이르노니 부자는 천국에 들어가기가 어려우니라

주님은 여기에서 불가능하다고는 하지 않으셨다. 어렵다고 하셨다. 부자는 천국에 들어가기가 어렵다. 이 땅에 소유를 많이 가지고 있어서 마음을 이 땅의 많은 재물에 부착시켜 놓았기 때문이다. 하늘보다 이 땅에 더 소망을 두고 있기 때문이다. 가진 것이 많으니 그것을 관리하느라 온 마음이 거기에 빼앗기지 않겠는가? 그러니 부자는 천국에 들어가기 어렵다고 말씀하신 것이다.

24절, 다시 너희에게 말하노니 약대가 바늘귀로 들어가는 것이 부자가 하나님의 나라에 들어가는 것보다 쉬우니라 하신대

23절에서는 주님이 '내가 진실로 너희에게 이르노니'라고 하셨고 24절에서는 '다시 너희에게 말하노니'라고 하셨다. 주님이 재차 말씀하고 계신다. 주님은 다른 소리하는 사람들이 있을까봐 재차 말씀하셨다. 재물 문제를 이렇게 말할 때 뭔가 다르게 말하고자 하는 사람이 있을 것이다. 그러나 주님은 한 번 말씀하시고 또 말씀하셨다. "약대가 바늘귀로 들어가는 것이 부자가 하나님의 나라에 들어가는 것보다 쉬우니라". 약대가 바늘귀로 들어갈 수 있는가? 약대의 덩치가 얼마나 큰가? 실을 바늘귀에 넣는 것도 어려운데 약대가 어떻게 바늘귀로 들어가겠는가? 부자가 천국에 들어가는 것이 이렇게 어렵다는 말이다. 그런데 주님의 말씀은 작은 뉘앙스에도 다 차이가 있다. 불가능하다고는 하지 않으셨다.

25절, 제자들이 듣고 심히 놀라 가로되 그런즉 누가 구원을 얻을 수 있으리이까

주님의 이 말씀을 듣고서 제자들은 심히 놀랐다. "그런즉 누가 구원을 얻을 수 있으리이까?" 하고 말했다. 5억, 10억을 가져야 부자인 것은 아니다. 500만 원짜리 부자도 있다. 그 부자는 어떤 부자인가? 1억이나 10억을 가진 사람보다 더 그 돈을 애지중지하며 못 버리는 사람들이 있잖은가? 그 사람들은 부자이다. 똑같은 부자인 것이다. 물질을 사용해본 사람들은 알 것이다. 그 돈을 은행에 예금해 놓고서 "이것이 없으면 나는 죽는다. 이것은 내 생명과도 바꿀 수 없는 거야. 다른 것은 다 잃어버려도 이것만은 잃어버릴 수 없어." 하는 것이다. 돈이 많은 사람만 부자라고 생각지 말라. 여기의 약대는 십 억짜리일 수도 있고 기백만 원짜리일 수도 있다.

진실로 천국에 들어갈 수 있는 사람은 주님이 말씀하시면 일억이든 십억이든 십만 원이든 수백만 원이든 다 버릴 수 있는 사람이다. 버리지 못하는 그 사람이 부자이다. 그 사람은 10억을 가지고 있는 사람이 돈을 아끼는 것과 같이 아낀다.

그는 지금 재주가 없어서 10억을 못 버는 것뿐이다. 그러니 제자들이 놀라는 것이다. 그러면 도대체 누가 구원받을 수 있다는 말인가? 제자들은 어느 정도면 다 구원받을 수 있다고 생각했을 것이다. 당시에 얼마나 많은 부자들이 있었겠는가? 그들이 또 얼마나 주님을 잘 믿는다고 했겠는가? 그러나 여기 주님의 말씀은 그런 사람들 중에 천국에 들어가는 사람이 거의 없다는 것이다. 그러면 누가 들어갈 수 있겠는가를 생각하니 제자들이 놀란 것이다.

그날 주님 앞에 설 때 우리는 많이 놀랄 것이다. 천국에 들어갈 줄 알았던 많은 부자들이 거기에 없을 것이기 때문이다. 제자들은 이때 이미 놀랐다. 아마도 우리는 그날 주님 앞에 가서 놀랄 것이다. 세상에 이럴 수가 있는가? 이렇게 적을 수가 있단 말인가? 놀랄 것이다. 우리는 이러한 말씀을 주님 앞에서 심각하게 받을 필요가 있다. 그러면 누가 도대체 구원을 받을 수 있겠는가? 나는 이러한 말씀을 대하면서 참으로 심각한 느낌을 지울 수가 없다.

26절, 예수께서 저희를 보시며 가라사대 사람으로는 할 수 없으되 하나님으로서는 다 할 수 있느니라

예수님이 저희를 보시며 말씀하셨다. 제자들은 놀랐고 주님은 제자들의 얼굴을 바라보셨다. 우리 하나님은 놀라실 일이 없다. 다 이미 알고 계신다. 어떻게 하면 안 된다는 것을 다 아신다. 그러나 사람들은 놀랐다. 참으로 이 땅에 놀라운 일이 많다. 들어갈 것 같은데 못 들어가는 사람이 많다. 이것보다 놀라운 일이 어디에 있겠는가? 그러나 주님은 제자들을 보시며 사람으로서는 할 수 없으되 하나님으로서는 다 하실 수 있다고 하셨다.

천국에 들어가는 문제는 사람이 할 수 있는 문제가 아니다. 하나님이 하실 수 있다. 여기 젊은 관원의 문제는 무엇이었는가? 그는 돌아갈 필요가 없었다. 이 젊은 관원은 자기가 할 수 없다는 것을 알았다. 그것을 아는 것은 참 좋다. 사람은 할 수 없는 것이 맞기 때문이다. 그가 전에는 할 수 있는 줄로 알았다. 그러기에 이 계명 저 계명 지킨다고 한 것이다. 그러나 주님이 지적하신 한 가지에 이를 때 그는 할 수가 없다는 것을 알았다. 이것을 아는 것까지는 필요한 것이다. 그러나 그가 한 가지를 더 알기 위해 나아가지 않은 것은 잘못인 것이다. 사람은 할 수 없지만 할 수 있는 분이 있다. 할 수 있는 분이 없으면 문제가 되겠지만 그런 분이 계시면 문제가 되지 않는다. 예를 들어, 환자가 의사에게 진찰을 받았는데 암 말기라는 진단을 받았다면 얼굴이 하얗게 질릴 것이다. 고민하면서 집에 가서 죽을 날만 기다리려고 할 것이다. 그럴 때 환자는 의사의 얼굴을 다시 한 번 쳐다보아야 한다. 만일 그 의사가 허준 같은 명의라면, 뭐든지 다 고치는 의사라면 붙잡고 살려달라고 간청해야 할 것이다.

그날 젊은 관원 앞에는 그렇게 하실 수 있는 전능하신 분이 서 계셨다. 그분이 전능하신 하나님으로서 사람으로 성육신하셔서 젊은 관원 앞에 서 계셨던 것이다. 젊은 관원은 자기가 재산을 팔 수 없다는 것을 알았다. 정말 왕국을 원하고 영생을 원하는 사람이라면 이렇게 말해야 한다. "주님, 나는 할 수 없습니다. 그러나 주님, 당신은 하나님이시니 사람은 할 수 없지만 당신은 하실 수 있습니다. 제게서 돈을 사랑하는 마음을 없애주소서. 제 속에 역사하셔서 모든 재물을 팔 수 있는 능력을 주소서. 나는 왕국을 얻어야 겠습니다. 영생을 얻어야 겠습니다. 그런데 물질을 사랑하는 마음 때문에 근심입니다. 그러니 주님, 내 마음 속에 역사해주소서. 저로 돈을 사랑하거나 아까워하지 않고 팔 수 있도록 능력을 주소서." 사람은 할 수 없지만 하나님은 하실 수 있다. 그러나 젊은 관원은 자기의 할 수 없음만 보고 돌아갔다. 자기가 해보려고 하다가 돌아간 것이다. 예수님이 사람으로서는 할 수 없지만 하나님으로서는 하실 수 있다고 말씀하셨다.

여기서 주 예수님은 약대가 바늘귀로 들어갈 길을 남겨놓으셨다. 바늘귀는 막혀 있지 않다. 약대가 변신하여 공기같이 되면 들어갈 수 있다. 주님은 자그마한 여지를 남겨두셨다. 사람으로서는 약대가 바늘귀로 들어가는 것같이 절대 불가능하다. 그러나 하나님께는 신기한 능력이 있으시다(벧후 1:3). 그분은 능치 못하는 게 없다. 약대가 바늘귀로 들어가게 할 수도 있으시다. 부자라고 해서 다 천국에 들어갈 수 없는 것이 아니고 부자 중에서도 들어갈 수 있는 사람이 있다. 성경에는 부자 중에서 구원받은 사람이 있다. 삭개오, 헤롯의 청지기 등이다. 그러나 하나님의 능력이 그들에게 임해서 그들이 버릴 수 있어야 한다.

27절, 이에 베드로가 대답하여 가로되 보소서 우리가 모든 것을 버리고 주를 좇았사오니 그런즉 우리가 무엇을 얻으리이까

주님이 이렇게까지 말씀하시자 베드로는 자기 생각이 났다. "그럼 우리는 어떻게 되는 것입니까? 우리가 모든 것을 버리고 주를 좇았사오니 그런즉 우리가 무엇을 얻으리이까?" 젊은 관원과 같다. 이 장면에 와서 베드로는 자기의 믿음이 어느 정도인지, 자기의 상태는 어느 정도에 이른 것인지 주님께 물어보고 싶었다. "저희들은 그래도 다 버리고 좇았다고 생각하는데, 하늘 보화도 얻을 수 있다고 생각하는데, 저희들은 어떻게 되는 겁니까?"

여기서 베드로는 그가 '모든 것'을 버렸다고 했다. 무엇을 그렇게 많이 버렸는지 모르겠지만 최소한 배와 그물을 버렸다. 고물 배이고 고물 그물일 것이다. 그런데 베드로는 생각할 때 자신이 굉장히 많이 버렸다는 것이다. "우리가 모든 것을 버리고 주를 좇았사오니 그런즉 우리가 무엇을 얻으리이까?" 베드로가 갑자기 장사꾼으로 변했다. 많은 것을 버렸으니 무엇을 주시겠냐는 것이다.

28절, 예수께서 가라사대 내가 진실로 너희에게 이르노니 세상이 새롭게 되어 인자가 자기 영광의 보좌에 앉을 때에 나를 좇는 너희도 열두 보좌에 앉아 이스라엘 열두 지파를 심판하리라

베드로의 이런 질문에 대해서 주님은 여전히 적극적으로 대답해주신다. 세상은 언젠가 새롭게 된다. 주님이 다시 오시고 인자가 영광의 보좌에 앉으신다. 여기서 주님은 "네가 버렸으니 열두 지파를 심판하리라" 하지 않으셨다. 버린 것은 간주하지 않으신 듯하다. 그리고 주님을 좇았다는 데에 의미를 두셨다. 여기서 우리가 주의해야 할 것은 주님을 좇는 것이 중요하다는 것이다. 물론 버리는 것은 주님을 좇는 데 도움이 된다. 그러나 버린 것은 그리 대단한 것이 아니다. 주님은 버렸기 때문에 보상을 주신다고 말씀하시지 않으셨다. 우리가 버려야 함은 주님을 좇으려니까 버려야 할 뿐이다. 그러므로 우리는 자기가 버린 것을 계산하지 말아야 한다. "내가 이것을 버리고 저것도 버렸다. 그러면 주님이 내게 무엇을 주실까?" 하지 말라. 주님을 충성스럽게 좇는 것이 귀하다. 좇다가 가진 것이 무거우면 버리라. 그러나 버린 후에 버린 것을 기억할 필요가 없다.

"나를 좇는 너희도 열두 보좌에 앉아 이스라엘 열두 지파를 심판하리라". 열두 제자에게는 정말 특별한 보상이 있다. 당시에 주님을 좇은 것은 정말 귀한 것이다. 주님은 나사렛 예수로 초라하게 이 땅에 오셔서 갈릴리에서 사역하시고 험한 길을 걸어가셨다. 인자는 머리 둘 곳이 없다고 하셨다. 정처도 없이 다니면서 사역하셨다. 먹을 것도 충분하지 않으셨을 것이다. 그런데 그러한 예수님을 따랐던 제자들도 힘들고 어려운 과정을 거쳤다. 주 예수님이 멸시를 받으면 제자들도 멸시를 받았을 것이다. 그러면서 주님은 신약 시대를 여셨다. 하나님의 뜻을 수행하셨다. 그러한 역사에서 주님을 따랐던 사람들에 대한 보상이 없겠는가?

그런데 기묘한 것이 있다. 이 열두 제자를 가장 핍박한 사람들은 이스라엘 열두 지파이다. 열두 제자는 장차 이스라엘 열두 지파를 심판하고 다스릴 열두 왕들이다. 그런데 이 시대에는 이들이 비밀스럽게 사람들의 멸시와 핍박을 당했다. 이들은 사람들 눈에 다 가리워졌다. 지금 제자들은 이런 것을 모르고 있다. 그저 주님이 좋아서 따르고 같이 고난도 받고 어려움도 겪고 있다. 이스라엘 사람들은 이들을 하나도 인정하고 있지 않다. 다만 오해하고 핍박하고 있다. 여기서 베드로는 자신이 어떻게 될 것인지 확인하고 싶어서 물은 것이지 정말 깊은 인식이 있어서 물은 것은 아닐 것이다. 그런데도 우리 주님은 인자하시고 자비로우셔서 그런 베드로의 대답을 묵살하지 않으시고 그들이 장래 받을 분깃과 보상을 이야기해 주고 계신다. 주님을 따른 사람들은 결코 후회가 없다. 잘 모르고 따라도 후회가 없다. 주님이 그들에게 충분히 갚아주실 모든 것을 가지고 계신다.

따르지 않는 사람도 있다. 열두 명 중에 유다는 분명히 포함되지 않는다. 유다는 그 큰 축복을 버린 사람이다. 누가 거기에 대신 들어갈 것인가는 연구할 필요가 없다. 맛디아일지 또 어떤 사람들의 말처럼 바울일지 우리는 모른다. 그러나 열두 명이라는 숫자가 분명히 있다. 그런데 때가 있지 않은가? 세상이 새롭게 되어 인자가 자기 영광의 보좌에 앉을 때가 있다. 지금은 이러한 축복과 보상을 받을 때가 아니다. 지금은 주님과 함께 고난을 받을 때요 핍박을 받을 때이다. 오해와 비방을 받을 때이다. 보상을 주실 때는 그때이다.

오늘날 많은 그리스도인들은 주님을 열심히 따르고 그대로 이 시대에 보상받고 싶어한다. "저 우리를 멸시하는 사람들이 언젠가 다 우리 앞에 무릎을 꿇는 날이 오기를 원합니다. 우리가 참되게 주님을 따르는 사람들이라는 것을 온 세상으로 알게 하여 주옵소서. 믿습니다." 하는 마음이 있다. 그런데 주님이 그분을 좇는 사람들을 격려하기 위해 하신 말씀은 보상받는 때가 이 시대가 아니라는 것이다. 이 세상이 새롭게 될 때이다. 오늘은 우리가 인내할 때이다. 오늘은 우리가 주님과 함께 고난 받을 때이다. 멸시와 천대를 받는 것이다. 그날 우리가 주님의 영광에 참여하는 것이다. 어떤가? 여러분은 이 길을 갈 수 있는가? 왜 그 많은 핍박과 비방을 당하는가? 나중에 여러분들은 그만큼 다스릴 것이다. 이 세상을 버리고 영생을 추구하는 사람들은 하늘에 보화가 있고 지위가 있다. 그들은 열두 보좌에 앉을 것이다. 이 말씀은 오늘 우리에게도 동일하게 적용된다. 물론 열두 제자는 주님 앞에서의 특별한 위치가 있지만 신약의 믿는이들의 대표이기도 하기 때문이다.

29절, 또 내 이름을 위하여 집이나 형제나 자매나 부모나 자식이나 전토를 버린 자마다 여러 배를 받고 또 영생을 상속하리라

여기에 영생을 상속하는 문제가 있다. 이 시대에 주님을 위해서, 주님의 이름을 위해서 집을 버린 사람, 형제나 자매나 부모나 아내나 자식이나 전토를 버린 자는 여러 배를 받는다. 다른 복음서에는 백 배나 받는다는 말씀이 있다. 이것이 모두 천국의 보상이다. 여러분은 이 시대에 주님의 이름을 위해서 버린 것이 있는가? 여러분이 가장 좋아하는 것을 버린 적이 있는가? 주님의 이름을 위해서 버리면 아픔이 있다. 주님 때문에 친구를 버린 적이 있는가? 그리스도인 친구도 어떤 때는 함께 갈 수 없다. 너무 마음이 아프다. 북한에 식구를 떨어뜨려 놓은 것 같지 않은가? 그러한 아픔, 주님의 이름 때문에 우리는 그러한 아픔을 견디는 것이다. 부모를 잃어버리는 아픔, 형제를 잃어버리는 아픔, 아내를 잃어버리는 아픔, 자기의 토지와 집을 버리는 아픔. 주님의 이름을 위하여 이 시대에 이런 것들을 버리는 자는 여러 배를 받는다고 하였다. 여러분에게 이런 체험이 있다면 위로받기 바란다. 여러 배를 받고 영생을 상속한다. 이 말씀에서 우리는 영생을 상속받는 문제를 배우고 있다. 영생이 무엇이 그렇게 좋은 것인지는 우리가 오늘날 다 모른다. 그러나 그것이 위대하신 하나님이 주시는 가장 큰 축복이니 그것은 놀라울 것임에 틀림없다. 그러므로 우리는 그것을 사모해야 하고 영생을 기업으로 상속받아야 한다.

30절, 그러나 먼저 된 자로서 나중 되고 나중 된 자로서 먼저 될 자가 많으니라

이 말씀은 20장 1절부터 16절까지의 말씀의 제목이다. 먼저 된 자가 있고 나중 된 자가 있는데 먼저 되었다고 해서 반드시 큰 보상을 받는 것은 아니다. 나중 된 자가 먼저 될 자도 있다. 여러분 가운데 혹시 나이가 많이 들어서 주님을 섬기기 시작하고 영생을 추구하기 시작한 분이 있다고 할 때 낙심하지 말라. 교회생활도 일찍 시작했다 해서 너무 자랑하지도 말라. 나중 된 자로서 먼저 될 자가 있기 때문이다. 나중 된 자로서 먼저 되는 경우가 더러 있는 게 아니라 많다고 하셨다. 나는 이 말씀을 너무 늦게 이 길에 들어섰다고 하는 사람들을 위로하기 위해 드리겠다. 지금도 늦지 않다. 지금부터 여러분이 이 길을 잘 가시면 베드로와 같은 정도의 상을 받을 수도 있다. 오늘 이 말씀을 통해서 우리는 천국에 들어가는 길과 영생의 길이 어떠한 길인가를 배웠다. 이 길은 참으로 모든 것을 버리고 주를 따르는 길이다. 주님께서 우리가 다 이 길을 갈 수 있도록 축복해주시기 바란다.

20 장

20장 1절부터 16절까지의 말씀은 19장 후반부에 있는 베드로의 질문에 대한 답변의 연속으로 보아야 한다. 또 베드로의 질문은 젊은 관원이 주님께 와서 무슨 선한 일을 해야 영생을 얻느냐고 질문한 것의 연속이다. 여기의 비유는 베드로의 질문에 관한 것인데, 베드로의 질문에는 매우 천연적인 생각이 들어 있다. 그러므로 주님은 베드로의 질문에 비유로 답하심으로 사람의 천연적인 생각을 고쳐주려 하신다.

**1-16절, 천국은 마치 품군을 얻어 포도원에 들여 보내려고 이른 아침에 나간
집주인과 같으니 2 저가 하루 한 데나리온씩 품군들과 약속하여 포도원에 들
여 보내고 3 또 제 삼시에 나가 보니 장터에 놀고 섰는 사람들이 또 있는지라
4 저희에게 이르되 너희도 포도원에 들어가라 내가 너희에게 상당하게 주리
라 하니 저희가 가고 5 제 육시와 제 구시에 또 나가 그와 같이 하고 6 제 십
일시에도 나가 보니 섰는 사람들이 또 있는지라 7 가로되 너희는 어찌하여 종
일토록 놀고 여기 섰느뇨 가로되 우리를 품군으로 쓰는 이가 없음이니이다 가
로되 너희도 포도원에 들어가라 하니라 8 저물매 포도원 주인이 청지기에게
이르되 품군들을 불러 나중 온 자로부터 시작하여 먼저 온 자까지 삯을 주라
하니 9 제 십일시에 온 자들이 와서 한 데나리온씩을 받거늘 10 먼저 온 자들
이 와서 더 받을 줄 알았더니 저희도 한 데나리온씩 받은지라 11 받은 후 집
주인을 원망하여 가로되 12 나중 온 이 사람들은 한 시간만 일하였거늘 저희
를 종일 수고와 더위를 견딘 우리와 같게 하였나이다 13 주인이 그 중의 한
사람에게 대답하여 가로되 친구여 내가 네게 잘못한 것이 없노라 네가 나와
한 데나리온의 약속을 하지 아니하였느냐 14 네 것이나 가지고 가라 나중 온
이 사람에게 너와 같이 주는 것이 내 뜻이니라 15 내 것을 가지고 내 뜻대로
할 것이 아니냐 내가 선하므로 네가 악하게 보느냐 16 이와같이 나중 된 자로
서 먼저 되고 먼저 된 자로서 나중 되리라**

1절에 천국이라는 말이 나오는데 마태복음은 천국복음이다. 주님은 이 땅에 오셔서 천국을 알려주기를 원하신다. 천국이 무엇과 같은가 하면 마치 품꾼을 얻어 포도원에 들여 보내려고 이른 아침에 나간 집주인과 같다. 여기에 품꾼이 있다. 포도원에 들어와서 일하는 품꾼이다. 품꾼을 얻으려고 이른 아침에 집주인이 나갔는데 그는 품꾼들과 한 데나리온씩 약속하고 그들을 포도원에 들여보냈다. 주님은 그분에게 하나의 포도원이 있는 것을 계시하신다. 그리고 그 포도원에 많은 사람이 일꾼으로 고용되어 있는 것으로 비유하신다. 베드로와 다른 제자들이 주님을 따르고 있는데 그것은 마치 포도원에 품꾼으로 고용된 것과 같다. 그러나 주님이 사람들을 고용해서 쓰시는 것은 이 세상의 관념처럼 주인이 사람을 필요로 해서 고용하는 관계는 아니다. 그러면 주님이 왜 이 비유를 말씀하셨는가? 그것은 이해하기가 쉽지 않다. 아마 사람들의 상업적인 관념, 즉 자기가 어떻게 일하면 어떻게 대가를 받을 것이라는 관념을 고쳐주시기 위해 이 비유를 쓰신 것 같다. 그들의 인간적인 관념을 고쳐주기 위해 그분을 집주인으로, 그분을 따르는 사람들을 품꾼으로 비유하신 것이다.

그런데 그분은 이른 아침부터 나가서 부르셨다. 그리고 이른 아침에 부른 사람들에게 하루종일 일하는 대가로 한 데나리온씩 약속하셨다. 고대에 한 데나리온은 하루의 품삯에 해당하는 돈이라고 한다. 그런데 주님은 이른 아침에만 부르신 것이 아니라 제 3시에 나가 부르시고 6시에 나가 부르시고 또 9시에 나가 부르셨다. 그리고 11시에도 나가 부르셨다. 그러면 이른 아침이란 몇 시쯤 되는가? 제 3시는 요즘 시간으로 오전 아홉시이다. 아홉시보다 이른 시간이니까 아마 오전 여섯시나 일곱 시가 된다. 그때 맨 먼저 사람들을 부르셨다. 그 다음 제 6시, 즉 열두시 정오에 부르셨는데 이는 한나절만 일하면 되도록 부르신 것이다. 그리고 또 제 9시에 나가 부르셨는데 이는 오후 3시를 말한다. 제 11시에도 나가 부르셨는데 이는 우리나라 시간으로 오후 5시이다. 그리고 저물 때 주님이 청지기를 시켜 품꾼들을 불러 품값을 주셨는데 이 시간이 우리나라 시간으로 저녁 6시이다.

저녁 6시에 일을 끝내고 모든 품꾼들을 모으셨다. 그리고 청지기를 명해서 나중 온 사람부터 품값을 주라고 하셨다. 그 시간은 품값을 받는 시간이다. 모든 일꾼들은 일할 때는 즐겁지 않겠지만 품값을 받을 때에는 즐겁다. 그런데 이 집주인이 기묘하게도 한 시간 일한 사람들, 즉 오후 5시에 와서 일한 사람부터 주라고 했다. 이 나중 온 사람에게 한 데나리온을 주라고 했다. 한 시간만 일했는데 하루 종일 일한 사람의 품값을 주라고 한 것이다. 그러니까 먼저 온 사람들이 이 것을 보면서 "한 시간을 일했는데 한 데나리온을 받는구나. 그럼 나는 아침부터 종일토록 일했으니까 더 주시겠지."라는 기대심리를 가지고 기다리고 있었다. 그런데 오후 세시에 들어온 사람, 낮 12시에 들어온 사람, 오전 아홉시에 들어온 사람, 그리고 새벽에 온 사람에게 다 한 데나리온씩 똑같이 주는 것이다.

그럴 때 맨 먼저 온 사람이 눈이 커졌다. 10-12절을 보면 "먼저 온 자들이 와서 더 받을 줄 알았더니 저희도 한 데나리온씩 받은지라 받은 후 집주인을 원망하여 가로되 나중에 온 사람들은 한 시간만 일하였거늘 저희를 종일 수고와 더위를 견딘 우리와 같게 하였나이다." 이것이 심판대 앞에서 일어날 상황은 아닐 것이다. 어디 심판대 앞에서 원망을 하겠는가? 그럼 왜 주님은 이것을 기록하셨을까? 그것은 이 비유를 통해서 제자들의 천연적인 상업적인 관념, 대가의 관념을 철저히 고쳐주고 싶으셨기 때문이다.

13절, "주인이 그 중의 한 사람에게 대답하여 가로되 친구여 내가 네게 잘못한 것이 없노라 네가 나와 한 데나리온의 약속을 하지 아니하였느냐". 그 중 한 사람이 특히 원망을 심하게 한 것 같다. 그가 19장에 있는 베드로가 아닐까 생각해본다. 이 말씀을 들었을 때 베드로는 얼굴이 빨개졌을 것이다.

이 주인이 이른 아침에 나가서 품꾼들을 부를 때에는 약속을 했다. 한 데나리온을 주겠다고 했다. 그러나 그 다음 제 삼시(오전 9시)에 장터에서 놀고 섰는 사람들에게는 상당하게 주리라고 했다. 우리나라 사람들 표현에 의하면 서운하지 않게, 마땅한 품값을 줄 것이라는 말이다. 그 다음 제 11시, 즉 오후 5시에 부른 사람들에게는(7절) 품값에 대해서 아무 말도 하지 않았다. "가로되 너희는 어찌하여 종일토록 놀고 여기 섰느뇨". 이 사람들은 종일 논 사람들이다. 이 사람들이 가로되 "우리를 품꾼으로 쓰는 이가 없음이니이다." 주인이 가로되 "너희도 포도원에 들어가라."

여기서는 한 데나리온을 주겠다, 상당하게 주겠다는 등의 말이 없다. 이 사람들은 포도원에 들여 보내주는 것만으로도 감지덕지하게 느꼈다. 그 동안 실업자로 하루종일 놀다 보니까 부인에게도, 자식에게도 체면이 안 서고 자신의 양심에도 걸림이 있는 사람이다. 그러므로 이 사람은 '나는 어디 가서든지 일이라도 했으면 좋겠다.' 하는 마음을 가지고 있는 사람이다. 그러니까 이런 사람에게는 상당하게 주겠다는 말을 안 해도 된다. 그냥 포도원에 가서 일하라고 해도 "감사합니다." 하고 포도원에 들어가는 것이다.

여기서 아침부터 저녁때까지 부르심을 받은 품꾼들에 대해서는 두 가지 해석이 가능하다. 한 가지는 시대적으로 해석하는 방법인데, 먼저 일세기에 부르심 받은 사람들, 즉 베드로, 야고보, 요한 등등이 이른 아침에 부름 받은 사람들이다. 주님은 그들에게 분명히 약속하셨다. 바로 19장에서이다. 분명히 한 데나리온의 약속이 주어져 있다. 보좌에 앉게 될 것을 약속하셨다.

그 다음 교부 시대 등 한 시대 한 시대 주님은 종들을 불러내셨다. 그런데 마지막 시대인 제 11시에 부르심 받은 사람들도 있다. 주님은 오늘날의 우리를 고려하고 계신 것이다. 우리는 11시에 부르심 받은 사람들과 같다. 나중 온 자들이다. 틀림없이 베드로, 요한, 야고보는 먼저 온 자들이다. 그 다음 바울 등을 부르셨고, 교부 시대를 거쳐 계속 품꾼들을 부르셨다. 그 뒤의 사람들에게는 주님이 상당하게 약속을 하신 것 같다. 일차로 부르심 받은 사람들에게는 분명한 약속이 주어져 있는데 그것이 보좌이다. 그들은 틀림없이 보좌에 앉아 왕 노릇 할 것이다. 그들의 수고는 하루 종일, 즉 주님의 사역이 시작될 때부터 오실 때까지이다. 우리는 지금도 사도들의 도움을 받고 있지 않은가?

그런데 11시에 부르심을 받은 자 같은 우리는 수고하는 시간이 짧다. 주님이 곧 오실 것이다. 그래서 우리는 나중 온 자 같은데 주님이 보상하실 때는 베드로, 야고보, 요한, 바울부터 보상하시는 것이 아니라 나중 온 우리부터 보상하실 가능성이 있다는 것이다. 그러한 내용이 여기 암시되어 있다. 그리고 나중에 포도원에 들어온 이방인들이 어쩌면 일세기에 수고한 사도들과 같이 보좌를 얻을 가능성이 있다. 우리는 이것을 라오디게아에게 주신 주님의 말씀에서 읽을 수 있다. 주님은 거기서 이기는 자들에게 약속하셨다. "이기는 그에게는 내가 내 보좌에 함께 앉게 하여 주기를 내가 이기고 아버지 보좌에 함께 앉은 것같이 하리라." 열두 제자만 아니라 달음질을 잘한 나중 주자들도 보좌를 얻을 가능성이 있는 것이다. 그렇지 않으면 19장 28절을 읽고서 "열두 제자는 특별하게 좌석이 예비 되어 있는데 우리는 어디로 갈지 모르겠구나."라고 생각할 것이다. 그러나 우리의 자리도 거기에 있을 가능성이 있다는 것이다.

여기서 주님은 나중에 포도원에 온 자들을 격려하고 계신다. 20장 16절을 보라. "이와같이 나중 된 자로서 먼저 되고…" 주님은 이른 아침에 부르심 받은 사람들을 앞에 놓고 말씀하신다. 바로 베드로, 요한, 야고보 등이다. 주님은 그들에게 "너희가 오래도록 수고할 터이지만 그러나 나중에 온 자가 있을 것인데 그들도 보좌를 얻을 수 있다."라고 말씀하시는 것 같다. "나중 된 자로서 먼저 되고 먼저 된 자로서 나중 되리라".

19장 30절에서는 "그러나 먼저 된 자로서 나중 되고 나중 된 자로서 먼저 될 자가 많으니라"고 말씀하셨는데 20장 16절에서는 나중 된 자를 앞에 두셨다. 이렇게 단계적으로 말씀을 이끌어 가시는 주님은 먼저 된 자들의 관념을 철저히 부서뜨리시며 나중 된 자들을 격려해주시는 것을 볼 수 있다. 그러므로 나중 된 우리 이방인들은 달려야 한다. 보좌를 위해 힘차게 달려야 한다.

그리고 또 한 가지 해석 방법은 이렇다. 이른 아침에 부르심을 받은 사람은 누구인가? 어렸을 때 부르심 받은 성도들이다. 하루를 일생으로 생각하여 해석하는 것이다. 10대에 부르심을 받은 사람들은 일찍, 이른 아침에 부르심을 받은 사람들이다. 오전 아홉시에 부르심을 받은 사람은 20대에 부르심을 입은 사람과 같다. 그 다음 낮 12시(6시)에 부르심을 받은 사람은 중년 정도에 부르심 받은 사람이다. 제 구시는 오후 3시로 약간 해가 기운 것을 말하고 제 11시는 오후 다섯 시로 황혼을 말하는 것이다.

늦게 부르심을 받은 사람들, 오후 3시나 5시에 부르심을 받은 사람들은 대개 일생토록 죄에게 많이 종노릇 한 사람들이다. 그런 사람들에게는 두 가지 반응이 있을 수 있다. 부르심을 받을 때 그저 황송하고 감지덕지하지만 한 면으로는 후회막급하다. "아니 주님, 왜 이제야 저를 부르셨습니까?" 하고 말이다. 너무 오랫동안 사탄에게 종노릇 하다 보니까 죄악에 찌들어서 이제라도 주님을 섬겨보려 하니까 몸이 말을 듣지 않는다. 그러한 황혼기에 부르심을 받은 사람들은 배나 충성을 해야 한다. 한 시간 일하는데 뼈가 부서지도록 일해야 하지 않겠는가? 어떻게 하루 종일 일한 사람과 같이 여유부리며 일할 수 있겠는가? 물론 하루 종일 일하는 사람도 그렇게 해서는 안 될 것이다. 그러나 한 시간 일하는 사람은 더더욱 여유가 없다. "주님, 제 뼈가 가루가 되도록 일하겠습니다."라는 마음을 가져야 한다.

여기서 주님이 이런 비유를 주시는 것은 늦게 부름 받은 것을 탓하지 말라는 것이다. 늦게 부르심을 받았어도 주님의 은혜는 그런 사람에게 넘칠 수 있다. 하루 종일 일한 사람과 같은 보상을 주실 수 있다. "주님, 왜 저를 이제야 부르셨습니까?" 하며 탓하지 말고 이제라도 부르심을 받았으면 힘을 다하여 주님을 섬겨야 한다. 이 말씀은 그럴 때 주님으로부터 긍휼과 보상을 받을 것이라고 용기를 주려는 것이다. 지금 우리에게는 용기를 주지만 그 당시 제자들에게는 그들의 관념을 깨뜨리는 말씀이다.

주님이 이 비유를 주신 목적을 다시 한 번 새겨 보자. 그것은 19장 후반부와 연결되어 있는데, 왜 이 비유를 주셨느냐면 베드로가 젊은 부자 관원이 주님 앞에서 근심하여 돌아간 것을 보고 그 사람과 자신을 비교하여 생각해보았기 때문이다. "그럼 나는 어떻게 될까? 나는 다 버리고 주님을 좇았는데…" 여기에 비교하는 생각이 들어왔다. "내가 이렇게 버렸는데 주님은 나에게 어떻게 해주실까?

저 사람은 못 버리고 돌아갔으니까 끝났군." 하고 생각이 작동한 것이다. 그러니까 주님이 이 비유를 주셨다. 이것이 말하자면 상업적인 관념이다. "내가 이 정도 버렸으니 주님은 얼마나 주실까?" 그래서 주님은 이 일련의 비유를 통해 한 시간만 일한 사람도 똑같은 보상을 얻게 될 것이라고 하셨다. 그리고 나중 된 자가 먼저 된다고 하셨다.

참으로 우리는 하나님의 말씀 앞에 머리를 숙일 수밖에 없다. 너무나 깊고 오묘하고 고상한 말씀이다. 이 부분의 비유에서 제자들을 교정하고자 하셨던 것은 "네가 버린 것에 따라서 받으려고 하지 말라."는 것이다. "내가 얼마를 버렸으니 얼마를 주셔야 합니다."라는 식의 품값 받는 정신으로 주님 앞에서 보상받으려고 하지 말라는 것이다. 물론 그날 주님이 보상을 주시겠지만 너의 그 품값 받는 정신에 따라 주시는 것이 아니고 그것도 주님의 은혜에 속한 것이라는 말이다. 사실 주님은 우리를 위해 포도원에 들여보내신 것이지 주님께 농사지을 사람이 없어서 사람을 쓰신 것이 아니다. 일찍 불러주셨든 늦게 불러주셨든 그저 불러주신 것에 감사하고 일해야 한다. 모든 것이 긍휼인 것이다. 내가 얼마를 버리고 희생을 했든 주님을 위해 섬길 수 있고 드릴 수 있고 희생할 수 있음을 인하여 감사해야 한다.

그러므로 우리가 버리고 드려야 하지만 주님이 그것에 따라 주실 것이라고 기대하고 버리지 말아야 한다. 다만 우리 편에서 주님을 따르기 위해 버려야 한다. 우리가 드렸으니까 받을 것이라고 생각지는 말아야 한다는 것이다. 나는 어떤 책에서 과거에 어떤 영적인 성도가 운명할 때 자기가 과거에 쌓은 많은 공적, 그리고 수고해서 쓴 많은 저서들을 물리치면서 "하나님, 나는 이러한 것들로 인해서 당신에게 보상받기를 원치 않습니다. 나는 당신의 긍휼과 은혜를 인하여 상을 얻기 원합니다."라고 말했다는 것을 읽었다. 이 성도는 주님의 은혜를 아는 사람이다. "내가 이렇게 일생토록 수고했으니 주님은 나에게 갚아주셔야 합니다."라는 식의 정신을 갖지 말아야 한다. 내가 그렇게 버리고 수고할 수 있었다면 그것은 주님의 은혜이다. 그는 자기의 모든 공로를 물리치고 "주여, 당신의 은혜의 손을 의지합니다. 주님의 은혜대로 상 얻기 원합니다."라고 했다. 주님 또한 우리가 모든 일을 다 마친 후에 주님께 이렇게 말씀드리라고 가르쳐 주셨다. "우리는 마땅히 해야 할 일을 한 것뿐입니다. 우리는 여전히 무익한 종입니다." 이제 우리는 20장에 있는 이 비유의 말씀을 어느 정도 이해했을 것이다.

17-19절, 예수께서 예루살렘으로 올라가려 하실 때에 열두 제자를 따로 데리

시고 길에서 이르시되 보라 우리가 예루살렘으로 올라가노니 인자가 대제사장들과 서기관들에게 넘기우매 저희가 죽이기로 결안하고 이방인들에게 넘겨주어 그를 능욕하며 채찍질하며 십자가에 못 박게 하리니 제삼일에 살아나리라

이 비유를 말씀하시고서 주님은 이제 예루살렘에 올라가려고 준비하고 계신다. 주님이 이때 예루살렘에 올라가려고 하신 것은 죽으러 가시는 것이다. 마가복음 10장에 같은 말씀이 있다. "예루살렘으로 올라가는 길에 예수께서 제자들 앞에 서서 가시는데 저희가 놀라고 좇는 자들은 두려워하더라"(32절上). 주님은 지금 예루살렘에서 돌아가실 것을 미리 알고 가고 계신다. 그런데 그 발걸음이 마지못해서 가는 발걸음이 아니라 제자들 앞에 서서 가셨다. 이사야서를 보면 얼굴을 부싯돌같이 하고 가셨다고 했다. 좇는 제자들은 그 결연한 모습을 보고 놀랐다. 그리고 한편으로는 두려워했다.

그때 주님은 제자들에게 몇 마디 하셨다. 때로 어떤 말은 모든 사람에게 할 수 없다. 주님은 그분이 돌아가셔야 한다, 십자가에 못박히셔야 한다, 고난을 받으셔야 한다는 것을 따르는 제자들에게만 길에서 말씀하고 계신다. 이것은 그분이 돌아가시는 것에 대해 세 번째로 말씀하시는 것이다. "인자가 대제사장들과 서기관들에게 넘기우매 저희가 죽이기로 결안하고 이방인들에게 넘겨주어 그를 능욕하며 채찍질하며 십자가에 못박게 하리니 제 삼일에 살아나리라". 주님은 예루살렘에서 발생할 일을 자세히 알고 계신다. 세상에 누가 자신이 어떻게 죽을 것을 이렇게 자세히 예견하겠는가? 이렇게 지혜롭게 제자들을 가르치시고 또 자신에게 발생할 일을 이렇게 정확하고 분명하게 아는 사람이 하나님이 아니겠는가? 그분이 보통 사람인가? 그분은 자신이 이방인들에게 넘겨지고 그들이 그를 능욕하고 채찍질하고 십자가에 못박을 것까지 다 예언하셨다.

"제 삼일에 살아나리라". 이렇게 주님은 최종적으로 제자들에게 그분이 앞으로 당하실 고난, 십자가에 죽으실 것과 제 삼일에 살아나실 것을 말씀하셨다.

20절, 그때에 세베대의 아들의 어미가 그 아들들을 데리고 예수께 와서 절하며 무엇을 구하니

이 세베대의 아들의 어미는 살로메일 것이고 그 아들들은 야고보와 요한이다. 이들은 베드로와 더불어서 가장 중요한 제자 세 명이다. 주님의 중요한 사건에 항상 동반했던 사람들이다. 변화산에도 그 세 사람이 같이 있었고 겟세마네에도 그 세 사람이 같이 있었다. 어떤 성경학자들은 이 어머니가 예수님과 친척이라고 말한다. 만일 친척 관계로 예수께 나아와 이렇게 말했다면 그것은 완전히 육신에 속한 것이다. 어쨌든 그 어머니가 아들들, 요한과 야고보를 데리고 예수님께 와서 절하면서 무엇을 구했다.

21절, 예수께서 가라사대 무엇을 원하느뇨 가로되 이 나의 두 아들을 주의 나라에서 하나는 주의 우편에, 하나는 주의 좌편에 앉게 명하소서

주님이 그녀에게 무엇을 원하느냐고 물으셨다. 그것은 그녀가 무엇을 말하기는 하는데 분명하게 말하고 있지 못함을 뜻한다. 많은 바르지 않은 말들이 떳떳하게 말해지지 않는다. 자신이 점검해 볼 수 있다. 과연 어떤 일이나 말을 하고자 하는데, 과연 이것이 모든 사람에게 알려져도 떳떳하게 될 수 있는가? 이것만 시험해 봐도 많은 불필요한 생각과 말을 줄일 수 있다. 주님은 그녀가 무슨 말을 하는지 모르시겠다고 하셨다. 사실 주님이 그녀가 무슨 말을 하고 있는지 모르실 리는 없다. 다만 그 어머니는 나머지 열 명도 있는데 특별히 자기 아들 두 사람을 위해 무언가 해달라고 하기가 어렵기 때문에 우물우물한 것이다. 내놓고 분명하게 말하기가 어려웠던 것이다.

예수님이 무엇을 원하느냐고 물으시자 "나의 이 두 아들을 주의 나라에서 하나는 주의 우편에, 하나는 주의 좌편에 앉게 명하소서"라고 했다. 먼저 19장에서는 베드로가 나섰고 20장에서는 옆의 두 제자가 나섰고 이 말을 들은 열 제자가 나섰다. 열두 제자 중에 나서지 않은 사람은 아무도 없다. 여기서 두 제자는 어머니를 통해서 말했는데 아마 어머니를 통해서 말하는 편이 더 나을 것이라 생각했을 것이다. 다른 복음서에서는 이 두 제자가 말했다고도 기록되어 있다.

이들이 구하는 것이 무엇인가? 주님의 우편과 좌편에 앉는 것이다. 주님이 제자들에게 열두 보좌에 앉아서 다스릴 것이라고 하시는 말씀을 듣고(19:28) 이들은 "주님이 가운데 앉으실 테고… 혹시 저쪽 다섯 번째나 여섯 번째 자리에 앉게 되면 어떻게 하지?" 하고 생각한 것이다. 그래서 이왕 보좌를 주시려면 왕이신 주님 좌우편에 앉게 해달라는 것이다. 베드로를 제쳐놓은 것이다. 베드로를 제쳐놓고 요한과 야고보가 주님 좌우편에 앉겠다는 것이다. 그러자 나머지 열 제자가 분히 여겼다고 했는데 거기에 베드로도 끼어 있었다. 우리가 요즈음 이런 일들이 한국에서도 많이 일어남을 본다. 많은 소요들이 결국 인간들의 시기와 경쟁의 문제에서 기인된다.

22절, 예수께서 대답하여 가라사대 너희 구하는 것을 너희가 알지 못하는도다 나의 마시려는 잔을 너희가 마실 수 있느냐 저희가 말하되 할 수 있나이다

그 두 제자는 그들이 주님께 구하는 것이 무엇인지 모르고 있다. 물론 그 제자들은 분명히 안다고 생각했을 것이다. 가장 영광스런 위치를 구하고 있다고… 그러나 주님은 너희는 너희가 구하는 것이 무엇인지 모른다고 하신다. 마치 소경들이 색깔을 논하는 것과 같다. 그러면 그들은 왜 자기들이 구하는 것이 무엇인지 모르는가? 물질적인 세계에 살고 있기 때문이다. 육신적인 세계에 살고 있기 때문이다. 그들은 천연적인 영역 안에 있다. 그러한 그들이 장래 있을 영광, 말하자면 영적인 영역 안에 있는, 하나님의 왕국 안에서 일어날 일을 어떻게 이해하겠는가? 그들은 왕국 안에서도 지위가 이 땅에서 그러하듯 서열이 분명할 것이라고 생각하고 있다. 하늘에서 오신 분인 천국의 왕의 생각과 이 땅의 육신적인 생각, 천연적인 생각과는 세계가 다르다.

그러시면서 주님은 "나의 마시려는 잔을 너희가 마실 수 있느냐?"고 물으셨다. "저희가 말하기를 할 수 있나이다". 주님이 마시려는 잔은 진노의 잔, 십자가의 형벌이다. 주님은 지금 십자가에 죽으러 가시는 것을 말씀하고 계신다. 그런데 이 제자들에게는 죽으러 가신다는 말씀도 그리 중요하게 들리지 않고 있다. 그들의 생각은 그저 보좌로 가득하다. 으뜸 되고자 하는 생각, 크고자 하는 생각으로 가득한 것이다. 그렇기 때문에 주님이 "나의 마시려는 잔을 너희가 마실 수 있느냐?"고 하시니까 "할 수 있나이다."라고 대답한 것이다.

23절, 가라사대 너희가 과연 내 잔을 마시려니와 내 좌우편에 앉는 것은 나의 줄 것이 아니라 내 아버지께서 누구를 위하여 예비하셨든지 그들이 얻을 것이니라

주님은 책망도 하시지 않고 차분하게 말씀하시는데 이 말씀 속에는 예언도 포함되어 있다. 야고보와 요한은 장래 그들에게 일어날 일이 무슨 일인지도 모르고 다만 "옆에만 앉혀 주신다면 뭐든지 하겠습니다."라고 한 것이다. 여기서 주님은 그들이 마실 수 있다고 하니까 "너희가 과연 마시게 될 것이다."라고 하셨다. 그들은 장래 주님을 위해 죽을 것이다. 야고보는 열두 사도 중에 제일 먼저 순교당한 사람이고 요한도 밧모섬에 유배되어 결국 순교했다고 한다. 그들이 "우리가 그 잔을 마실 수 있습니다" 라고 한 말은 결국 이루어졌다. 내가 생각하기에 이때에는 제자들이 아직 준비가 안 되었다. 보좌에 앉기는 원했지만 아직 죽을 준비는 안 되었던 것이다. 죽을 준비가 되었다면 주님이 십자가에서 죽으실 때 다 도망갔을 리가 없다. 준비가 안 되었지만 그들은 할 수 있다고 생각한 것이다.

그러나 주님은 차분한 음성으로 말씀하셨다. "너희가 과연 내 잔을 마시려니와 내 좌우편에 앉는 것은 나의 줄 것이 아니라 내 아버지께서 누구를 위하여 예비하셨든지 그들이 얻을 것이니라". 인자이신 주님은 이때에도 아버지의 권위 아래 머물러 계신 것을 볼 수 있다. 이 말씀을 보면 그날에 얻을 영광에 차이가 있는 듯하다. 더 큰 영광도 있는 것 같다. 또 성경 다른 곳을 보면 다섯 고을 차지하는 사람이 있고 열 고을 차지하는 사람이 있다. 앞에 나온 포도원의 비유에서 다 한 데나리온씩 받는다고 하니까 어떤 사람들은 "그날 다 똑같이 받는구나." 하고 생각하는데 그렇지 않다. 그 비유는 다만 제자들의 상업적인 관념을 고쳐주기 위해서 사용한 것뿐이다. 그 비유를 그날 왕국에서 다 똑같이 받게 되는 것으로 해석해서는 안 된다.

여기서 주님은 좌우편에 앉는 것은 아무 소용없는 것이라고 말씀하지 않으시고 그것은 그분이 줄 것이 아니라고 말씀하신다 "좌우편에 앉는 것은 나의 줄 것이 아니라 내 아버지께서 누구를 위하여 예비하셨든지 그들이 얻을 것이니라". 여기 "예비하셨든지"라는 말이 있지 않은가? 상을 받는 것도 예비되어 있다고 말씀하신다. 아버지께서는 우리의 상을 미리 준비하고 계신다. 얻을 사람이 누구인지는 아버지께 달려 있다. 어쩌면 좌우편에 앉는 일도 있는 듯하다. 주님은 그 사실은 부인하지 않으셨다. 과연 누가 주님의 좌우편에 앉을 것인가? 오늘날 미지근한 그리스도인들은 그들의 그 사모함 자체에 대해서조차 생각해 볼 필요가 있다.

24절, 열 제자가 듣고 그 두 형제에 대하여 분히 여기거늘

나머지 열 제자가 그 두 형제에 대하여 아주 분하게 여겼다. 내가 말씀드렸듯이 이 열 제자 중에 베드로도 포함되어 있다. "너희가 좌우편에 앉으면 우리는 어디에 앉으란 말이냐? 너희 둘만 잘 되면 우리는 어떻게 되는 거냐?" 그래서 열 제자들은 아주 분이 났다. 그들을 오늘날 우리의 상황에 적용시키면 이렇다. "우리는 전혀 틀리지 않은데 저 두 명은 분쟁과 시기가 가득하군. 육적이네. 어떻게 저리도 지위를 원할까?" 열 제자들이 분히 여긴 것은 그들 속에도 똑같은 것이 있기 때문이다. 문제는 다만 누가 좀 약삭빠르냐는 것이다. 이 두 사람 야고보와 요한은 다만 빠른 것뿐이다. 우뢰의 아들이지 않은가? 기회를 포착해서 즉시 나서는 사람들이다. 주님이 보좌에 대해 말씀하시고 영광에 대해 말씀하시고 부활을 말씀하시니까 기회를 포착한 것이다. 나머지 사람들은 그것을 생각했지만 "어떻게 사람이 점잖치 못하게 그런 말을 하느냐?" 해서 가만히 있었을 뿐이다. 그렇다고 해서 마음속에 없는 것이 아니다. 토끼와 거북이일 뿐이지 목표점은 다 같다. 그런데 이러한 열 사람들은 대부분 자신들은 괜찮은 사람이라고 착각을 한다. 만약 이 열 사람 속에 두 사람이 가진 야심과 근성이 없다면 화가 나지 않았을 것이다. 그러나 이 사람들도 말하지 않았을 뿐 생각은 가득하다. 그래서 "너희가 뭐 우리보다 특별한 것이 있다고 좌우편에 앉겠다는 것이냐?"하며 이 두 형제에 대해 분히 여긴 것이다.

25-27절, 예수께서 제자들을 불러다가 가라사대 이방인의 집권자들이 저희를 임의로 주관하고 그 대인들이 저희에게 권세를 부리는 줄을 너희가 알거니와 너희 중에는 그렇지 아니하니 너희 중에 누구든지 크고자 하는 자는 너희를 섬기는 자가 되고 너희 중에 누구든지 으뜸이 되고자 하는 자는 너희 종이 되어야 하리라

이때에 주님이 제자들을 다 소집하셨다. 그리고서 그것은 이방인들의 생각이라고 가르쳐주셨다. 여기서 크고자 하는 것과 으뜸이 되고자 하는 것은 조금 다르다. 더 심각한 것은 으뜸이 되고자 하는 것이다. 크고자 하는 것도 문제가 있다. 그런데 으뜸이 되고자 하는 것은 큰 사람 중에서도 최고가 되려고 하는 것이기 때문에 문제가 더 심각하다.

그런데 여기서 주님은 크고자 하는 자는 종이 되고 으뜸이 되고자 하는 자는 노예가 되어야 한다고 하셨다. 으뜸이 되고자 한다면 너는 더 바닥으로 내려가야 한다는 말이다. 더 어렵게 되어야 한다는 말이다. 여기서 우리는 이것을 배울 수 있다. 야고보와 요한 그리고 베드로를 포함해서 제자들은 하늘 왕국의 보화, 보상을 원했던 것이 사실이다. 그것은 좋은 것이다. 여기서 주님이 가르치고자 하시는 것은 그러려면 이 땅에서 고난을 받으라는 것이다. 나의 마시려는 것을 너희가 마실 수 있느냐는 말이다. "많은 일들을 했고 업적을 쌓았고 성취했으니까 이제 주님 저에게 상을 주십시오." 이것이 베드로의 관념이다. 그런데 주님이 말씀하시는 것은 "너희는 무엇을 했으니까 대가로서 보상을 받으려고 하는데 나는 기꺼이 십자가를 향해 간다."는 것이다. 그러므로 우리가 장래의 영광을 원한다면 오늘은 고난의 길을 가야 한다. 장래 보좌에 앉으려면 오늘은 종과 노예의 길을 가야 한다. 주님이 바로 이것을 말씀해주고 계신다.

28절, 인자가 온 것은 섬김을 받으려 함이 아니라 도리어 섬기려 하고 자기 목숨을 많은 사람의 대속물로 주려 함이니라

주님이 이 땅에 오신 것은 섬김을 받으려 함이 아니라 도리어 섬기시려 하고 자기 목숨을 많은 사람의 대속물로 주시려 함이다. 이 땅에서 우리가 가져야 할 태도는 주님과 같은 태도이다. 우리가 남을 위해 산다고 하지만 대가를 바란다. 특히 왕 노릇 하려는 자세가 나온다. 섬겼는가? 분명히 섬겼다. 사람들의 대우를 받지 않는가? 받기 원하는 것이 있다. 따라서 사람이 순수하게 남을 위해 사는 것은 간단한 일이 아니다. 주님은 사람들에게 섬김을 받으려고 오신 것이 아니라 남을 섬기러 오셨다. 이러한 길을 가는 자들이 결국 왕국에서 보상을 얻는다.

29-34절, 저희가 여리고에서 떠나갈 때에 큰 무리가 예수를 좇더라 소경 둘이 길가에 앉았다가 예수께서 지나가신다 함을 듣고 소리 질러 가로되 주여 우리를 불쌍히 여기소서 다윗의 자손이여 하니 무리가 꾸짖어 잠잠하라 하되 더욱 소리 질러 가로되 주여 우리를 불쌍히 여기소서 다윗의 자손이여 하는지라 예수께서 머물러 서서 저희를 불러 가라사대 너희에게 무엇을 하여 주기를 원하느냐 가로되 주여 우리 눈 뜨기를 원하나이다 예수께서 민망히 여기사 저희 눈을 만지시니 곧 보게 되어 저희가 예수를 좇으니라

주 예수님은 여리고에 들어오셨다가 지금 여리고를 떠나려 하신다. 여리고는 구약에서 저주받은 곳이다. 그러므로 구약에서는 누구도 그 여리고에 성문을 세우거나 건축을 하지 못하게 되어 있었다. 그러나 주 예수님은 저주받은 여리고에 오셔서 그곳 사람들을 축복하셨다. 주님이 이 여리고를 떠나실 때 많은 무리가 그분을 좇았다. 많은 사람들이 예수님을 반대하고 배척했지만 여전히 큰 무리가 주님을 좇았다.

그런데 여기서 소경 둘이 길가에 앉았다가 예수님이 지나가신다는 말을 듣고 소리를 질렀다. 마가복음에는 한 소경이 나온다. 디메오의 아들 바디메오이다. 그런데 여기 마태복음에서는 두 소경이 나온다. 마태복음은 왕국복음이고 주님이 왕으로 묘사되시는데 왕에게는 두 명의 증인이 필요하기 때문이다. 다시 말하면 치료받은 소경 두 명을 다 기록함으로써 예수님이 진정한 왕이심을 나타내준다.

그런데 이 소경들은 길가에 앉아 있었다. 이들은 주님이 그 길로 지나가실 것 같다는 느낌이 있었을 것이다. 그래서 길가에 앉아 있었을 것이다. 그냥 우연하게 그 길가에 앉아 있다가 예수님을 만났다고 생각지 않는다. 그래서 우리가 예수님을 만나서 축복을 받으려면 예수님이 잘 다니시는 곳에 있어야 한다. 예수님이 나타나시는 곳, 그러한 모임 등을 소홀히 하지 말아야 한다. 오늘날도 모임을 소홀히 하는 사람들은 예수님을 만날 기회를 잃어버릴 수 있다. 또 모임에 와도 가까이 앞으로 나와 앉아야지 뒤에 들리지 않는 곳에 앉아 있으면 또한 주님을 놓치기가 쉽다.

어쨌든 이 소경들은 주님이 지나가시는 길 가에 앉아 있었으므로 주님을 만날 수 있었고 어려운 문제를 해결할 수 있었다. 그래서 정말로 어려운 처지에 있고 풀어야 할 문제가 있고 복잡한 심정이 있는 사람들은 예수님을 만날 수 있는 가장 가까운 거리에 있어야 한다. 또 모임에 나와도 졸면 멀리 있는 것이다. 모임에 나와서 말씀에 귀를 기울이고 집중해서 잘 듣고 또 찬양하고 기도할 때에도 마음을 다하여 할 때 주님을 만날 수 있는 길이 있다. 이들은 길가에 앉아 있다가 예수님이 지나가신다는 말을 듣고 소리를 지르기 시작했다. 모임에 와서도 찬양하거나 기도할 때 될 수 있는 대로 작게 하고 가만히 있는 그런 사람들은 아직도 자기의 형편을 가지고 간절하게 구하는 사람이 아니다. 절박한 심정이 부족하다.

만약 여기 있는 소경들처럼 일생이 걸려 있는 문제라고 생각해 보라. 그들은 어려서부터 보지 못한다. 그렇기 때문에 이 소경들은 예수님을 만나면 이 문제를 예수님께 가지고 가야겠다, 그분께 구해야겠다는 생각을 가지고 있었다. 그래서 그들은 속으로 중얼거린 것이 아니고 소리를 질렀다. 그리고 이들이 부른 것을 보면 "주여"라고 아주 정확하게 불렀다. 또 다윗의 자손이라는 말을 썼다. 비록 그들이 보지는 못하지만 예수가 주시라는 것, 그리고 그분이 다윗의 자손이라는 것을 알았다는 것이다. 예수님이 주인이라면 그분이 창조주이고 우주의 주(主)이시라는 말인데 그렇다면 그분은 그들의 눈을 뜨게 하실 수 있다. 또 다윗의 자손이라면 약속된 메시야이신데 그분이라면 그들의 눈을 뜨게 하실 수 있다. 그들은 이런 믿음을 갖고 있었던 것이다. 그래서 그들은 소리를 질렀다.

아마도 그들은 이때가 그들의 일생에 유일한 기회라고 생각했을 것이다. 이때가 자기들의 일생의 문제를 해결할 수 있는 바로 그때라고 생각했을 것이다. 그래서 그들은 소리를 질렀다. "주여, 우리를 불쌍히 여기소서. 다윗의 자손이여!" 그러자 무리가 꾸짖어 잠잠하라고 했다. 거기에 무리가 있었다. 그들은 소리 지르는 소경들에게 조용히 하라고 꾸짖었다. 지금 이 두 소경은 자기들의 절박한 심정으로 인해 힘을 다해 소리 지르고 있다. "주여, 우리를 불쌍히 여기소서." 그런데 여기 주님을 따르는 무리는 그들의 절박한 심정을 이해하지 못한다. 그렇기 때문에 다만 그들이 조용히 했으면 한 것이다.

믿는이들 중에서도 많은이들이 이렇게 참되고 절박하게 주님을 찾는 사람들을 이해하지 못한다. 그렇기 때문에 그들은 다만 조용히하라고 한다. 기도하지 못하게 하고 기도의 영을 위축시킨다. 그것이 믿는이들 가운데 있을 수 있는 상황이다. 그러나 여기의 두 소경은 그렇게 무리가 꾸짖고 잠잠하라고 하자 더욱 소리를 질렀다. 우리는 어떤 기회든지 항상 같다고 생각하면 안된다. 절대절명의 순간이 있는 법이다. 그럴 때를 놓치면 일생 축복을 놓치는 것이다. 주님이 주신 일생일대의 기회를 놓치는 자는 게으른 자이고 에서처럼 축복을 잃는 자이다.

여기에서 우리는 기도의 원칙을 몇 가지 볼 수 있다. 주님께 간구하는 사람들은 절대적으로 반복해서 기도하고 끊임없이 기도함으로 자기의 필요를 주님께 아뢰야 한다. 주님이 들으실 때까지이다. 물론 주님은 들으실 것이다. 그러나 주님은 우리 편에서 간절히 기도하기를 원하신다. 이 소경들은 무리가 조용히 하라고 만류하는 말을 개의치 않았다. 왜냐하면 이때가 그들의 일생일대에 자기들의 눈먼 것을 치료받을 수 있는 절호의 기회라고 생각했기 때문이다. 사실 주님은 그 후 다시는 여리고에 들어오지 않으셨다.

오늘날 모임을 소홀히 하는 사람들은 "모임이 다음에 또 있는데 뭐."라고 한다. 어쩌면 마태복음을 공부할 수 있는 기회는 오늘뿐일 수도 있다. "다음에 또 듣지 뭐. 기회가 또 있겠지 뭐." 없으면 어떻게 할 건가? 주님의 말씀처럼 보배롭고 귀한 것이 어디 있는가? 이때에 이 말씀을 듣지 않으면 일생 이러한 말씀을 들을 기회가 없을지도 모른다. 그러니까 우리는 주어진 기회에 주님을 만나야 한다. 이들은 무리가 꾸짖고 잠잠하라고 해도 더욱 소리를 질렀다. 잠잠하라, 소리 지르지 말라는 그 소리 때문에 더 크게 소리 지를 필요가 있었다. 주님께 들리게 하려면 더 크게 소리를 질러야 했다. 그들은 기도를 방해하는 어떤 것에 의해서도 좌절되지 않았다. 그들은 그 가장 긴요한 기회가 그냥 지나갈까 하여 힘을 다하여 불렀던 것이다. 그러자 예수님이 머물러 서셨다. 이들의 이러한 간절하고도 지속적인 기도, 위축되지 않은 기도는 결국 주 예수님을 머물러 서게 했다.

우리의 기도하는 목소리는 주님이 머물러 서실 때까지 지속되어야 한다. 한두 번 부르다가 응답이 없는 것 같으니 그만두는 식의 기도는 응답받지 못한다. 몇 번 불렀는데 주님이 대답을 안 하신다. 그리고 사람들이 방해를 한다. 그럴 때 거기서 그치는 사람은 예수님으로 하여금 들으시게 하지 못한다. 더욱 크게 소리를 질렀을 때 예수님은 머물러 서셨다. 이제 들어보려고 하신다. 사실 주님은 처음 부를 때에도 못 들으신 것이 아닐 것이다. 그러나 우리 편에서 얼마나 간절히 그분을 부르고 찾는가를 보고 싶어 하시는 것 같다. 그래서 우리가 진정으로 주님을 붙잡을 때 그분은 나타나신다.

"예수께서 머물러 서서 저희를 불러 가라사대 너희에게 무엇을 하여 주기를 원하느냐". "주여, 우리가 눈 뜨기를 원하나이다." 그러므로 기도할 때에는 반드시 어떤 구체적인 목표를 가지고 말씀드려야 한다. 오늘날 많은 믿는이들이 기도에 응답을 받지 못하는 이유가 무엇이냐면 구체적인 목표가 없기 때문이다. 대충 "주님, 저희 좀 잘 봐주십시오." 하는 식의 기도를 한다. 명확한 목표를 가지고 "이것을 원합니다."라고 기도하지 않는다. 그래서 응답이 없는 것이다.

나는 기도를 아주 잘 하시는 한분의 설교를 들은 적이 있다. 헝가리에서 녹음테잎을 통해 들었는데 한국의 매우 유명하신 분이다. 영어로 전하고 헝가리어로 통역을 했다. 참으로 인상이 깊었다. 많은 사람들이 기도를 대충하기 때문에 기도의 응답을 받지 못한다고 하면서 한 가지 실례를 들었다. 어떤 자매가 나이가 들었는데 결혼을 못 하고서 그에게 와서 "나는 왜 기도를 해도 응답을 받지 못합니까? 결혼을 하고 싶다고 항상 기도를 하는데도 응답을 받지 못하고 있습니다."라고 말했다. 그래서 그가 그 자매에게 "뭐라고 기도했습니까?" 하고 물었더니 "주여, 결혼하고 싶습니다."라고 기도했다는 것이다. 그러자 그는 그 자매에게 누구하고 결혼하고 싶은지, 한국 사람인지 미국 사람인지, 뚱뚱한 사람인지 마른 사람인지 구체적으로 종이에 적어서 기도하라고 권했다. 그가 일 년 뒤에 그 자매를 만났더니 그 자매가 인사하면서 "감사합니다. 제가 목사님 말씀대로 그렇게 기도해서 결혼을 하게 되었습니다." 하더라는 것이다.

많은 기도가 "주여, 결혼하기를 원합니다." 하는 식이다. 주님이 그런 기도는 응답해주시지 않는다. 여기서 소경이 "불쌍히 여기소서." 하니까 주님은 물으셨다. "너희에게 무엇을 하여 주기를 원하느냐?" 그러자 소경들은 "우리 눈 뜨기를 원합니다."라고 말씀드렸다. 이와 동일한 이야기가 마가복음 11장에 있다. 거기에 "네 믿음이 너를 구원하였다"는 말씀이 있다. "예수께서 이르시되 가라 네 믿음이 너를 구원하였느니라"(52절). 여기서는 눈 뜨기를 원한다고 했고 마가복음을 보니까 주님이 "네 믿음이 너를 구원하였느니라"고 하셨다. 그러니까 이 믿음은 바로 주님이 내 눈을 뜨게 하실 수 있는 분이라는 믿음이다. 이 소경들이 아무한테나 가서 "내 눈 좀 뜨게 해주십시오." 했겠는가? 그렇지 않다. 이들이 20년, 30년을 살았다면 그 동안에 눈을 떠보려고 어딘들 가보지 않았겠는가? 그런데 그날 여리고에 예수님이 지나가신다고 하니까 이분이야말로 내 눈을 뜨게 해 주실 수 있다는 믿음이 있었기 때문에 이들이 주님께 구한 것이다. 이 사람들은 주님이 눈 뜨게 해주실 것을 믿고 있었다. 이러한 믿음의 기도가 응답받는다. 이러한 믿음의 기도가 통하는 것이다.

여기서 우리는 또 몇 가지 기도의 원칙을 볼 수 있다. 방해가 있다 하더라도 더 욱더 기도하고 분명한 요점을 가지고 기도하고 또 믿음을 가지고 기도해야 한다. 그러한 기도는 반드시 응답을 받는다.

"예수께서 민망히 여기사 저희 눈을 만지시니 곧 보게 되어 저희가 예수를 좇으니라". 주님은 긍휼이 풍성하시고 동정이 있으신 분이다. 이들의 외침이 주님의 마음을 움직였다. 주님이 그들을 치료해 주셨다. 그들은 눈을 뜨게 되었고 예수님을 좇았다. 여기서 한두 가지 말하겠다. 이것은 이제 예루살렘으로 입성하기 위한 전주곡이다. 예루살렘에 들어가기 전의 전주곡과 같은 사건이다. 여기서 주님은 다윗의 자손이라고 불리우셨다. 그분이 왕이시라는 것이다. 이렇게 불리우신 다음에 소경 들을 치료하시고 이제 예루살렘에 왕으로 입성하고 계시는 것이다. 이렇게 주님은 두 사람의 소경들에게 다윗의 자손으로 불리우시면서 두 사람의 눈을 치료하심으로서 그분이 예루살렘에 입성하시는 왕이심을 나타내신 것이다. 참된 왕이신 메시야 외에는 소경을 치료할 수 없다(요 9:32).

여기서 영적인 의미를 다시 보겠다. 그들은 소경이기 때문에 주님을 좇을 수 없었다. 그런데 길거리에 앉아 있다가 예수께서 지나가신다는 소리를 듣고 눈을 뜨게 해달라고 간구한 것이다. 이들의 마음에는 '우리도 눈을 뜨게 된다면 따를 텐데.'하는 마음이 있었을 것이다. 그러한 마음을 주님이 보셨다. 당시에 많은 바리새인들은 그들이 본다고 했다. 그러나 여기 소경들은 자기들이 보지 못한다는 것을 알았다. 보아야 예수님을 따른다. 우리는 앞에서 세배대의 두 아들에 대해서 보았다. 영광 중에 주님 좌우편에 앉기를 구했다. 그들은 그러한 방식으로 예수님을 따랐던 것이다. 사실 그 두 사람은 그러한 방면에서 영적인 눈이 멀었다. 사람이 어떻게 보면 어떻게 따르는 것이다. 그 두 사람은 영적인 방면에서 눈이 멀었기 때문에 그렇게 구한 것이다.

우리도 오늘날 이것을 두려워해야 한다. 보지 못하면 엉뚱한 길을 간다. 주님을 따르지 못한다. 우리는 본다고 말하지 말아야 한다. "주님, 제가 혹시 잘못 보고 있을지 모릅니다. 제 눈을 열어주십시오."라고 기도해야 한다. 만일 어떤 사람이 눈이 열려서 오늘 이 땅에서 크게 되고 다른 사람보다 높아지는 것은 길이 아니고 이 땅에서는 고난 받고 낮아지고 손실을 당하고 핍박을 당하고 좁은 길을 걸어가는 것이 축복된 길이라는 것을 보았다면 그 길을 갈 것이다. 그러나 앞에서 세배대의 아들들은 보지 못했다.

이 땅에서 그리스도인들 가운데 높아지는 것이 옳은 것이고 좋은 것인 줄 아는 사람들은 그리스도인 모임 가운데서 어떤 사람이 높아지고 사람들이 그의 말을 듣고 그를 따르는 것을 보면 그것을 추구한다. "내가 어떻게 하면 말씀을 잘 전할까? 내가 한 마디 하면 사람들이 감동하여 노트에 적으면서 다음에 또 듣고 싶어 하면 좋을 텐데." 물론 이런 것을 나쁘다고는 할 수 없다. 그러한 것을 추구하는 사람은 그러한 길을 간다. 왜냐하면 그것을 보았기 때문이다. 그런데 참으로 눈이 열린 사람들은 "그때 내가 눈이 멀었구나. 잘못 보았구나. 이제는 낮아지는 길을 가고 잃어버리는 길을 가야지." 할 것이다.

이제 이 소경들은 보게 되어 예수를 좇았다. 오늘 우리도 영적인 눈이 뜨여져야 합당하게 예수를 좇을 수 있다는 것을 알기 바란다.

21 장

1절, 저희가 예루살렘에 가까이 와서 감람산 벳바게에 이르렀을 때에 예수께서 두 제자를 보내시며

이제 예수님이 예루살렘에 가까이 오셨다. 예수님이 예루살렘에 가까이 오셨다는 것은 그분이 죽으실 곳에 가까이 오셨다는 것이다. 이때 소경 둘을 치료하셨는데 그날 밤에 베다니에서 하룻밤을 지내셨다. 그것은 요한복음 12장에 나온다. 요한복음 12장을 읽으면 베다니에서 하룻밤을 주무시고 그 이튿날 예루살렘으로 입성하시는 것을 볼 수 있다. 바로 베다니에 머무르시던 그날 마리아가 예수님의 발에다 향유를 붓고 머리털로 발을 씻었다. 마리아는 어떻게 예수의 움직이심에 대하여 그렇게 잘 알았을까? 그가 향유를 붓고서 며칠 뒤에 주 예수님은 골고다로 향하셨다. 그것이 베다니에서 있었던 일이다.

요한복음 12장을 보겠다. "유월절 엿새 전에 예수께서 베다니에 이르시니 이곳은 예수께서 죽은 자 가운데서 살리신 나사로의 있는 곳이라 … 마리아는 지극히 비싼 향유 곧 순전한 나드 한 근을 가져다가 예수의 발에 붓고 자기 머리털로 그의 발을 씻으니 향유 냄새가 집에 가득하더라"(1, 3절). 거기에 제자들의 어리석은 말이 있다. 그 다음 12절을 보겠다. "그 이튿날에는 명절에 온 큰 무리가 예수께서 예루살렘으로 오신다 함을 듣고 종려나무 가지를 가지고 맞으러 나가 외치되…".

다시 마태복음 21장으로 가겠다. "저희가 예루살렘에 가까이 와서 감람산 벳바게에 이르렀을 때에 예수께서 두 제자를 보내시며". 이것이 주님께서 예루살렘으로 가시는 마지막 노정이다. 이로부터 만 4일 후에 주님은 십자가에 못박히셨다. 말하자면 주님이 십자가에 죽으시기 일 주일 전에 두 소경이 치료받은 것이다. 참으로 기회가 많지 않다. 이것을 볼 때 이 땅의 사람들이 예수님을 만날 기회가 많지 않다. 이 소경들은 참으로 감사했을 것이다. 소경들이 치료를 받은 지 얼마 되지 않아 주 예수는 십자가에 돌아가신 것이다.

마지막으로 예수님은 죽으시러 예루살렘에 들어가고 계셨다. 지금 예루살렘에 입성하고 계시는 것이다. 예루살렘에 가까이 갔을 때 감람산 벳바게라는 곳이 있었는데 '벳바게'란 익지 않은 무화과의 집이라는 뜻이다. 지명도 다 의미가 있다.

2절, 이르시되 너희 맞은편 마을로 가라 곧 매인 나귀와 나귀 새끼가 함께 있는 것을 보리니 풀어 내게로 끌고 오너라

여기서 주님은 사람들이 보기에 아주 이상한 일을 제자들에게 시키셨다.

3절, 만일 누가 무슨 말을 하거든 주가 쓰시겠다 하라 그리하면 즉시 보내리라 하시니

여기서 우리가 볼 수 있는 것은 우리 주님은 모든 것을 아신다는 것이다. 나귀와 나귀 새끼가 어디 있는지, 거기서 끌고 오려고 하면 누가 무엇을 물을 것인지… 예수님이야말로 천지의 주재이시다. 전지전능하신 분이다. 모든 것을 다 알고 계신다. 여러분의 마음을 다 알고 계신다. 이렇게 잘 아시는 분이 세상에 또 있겠는가? 생각해보라. 제자 둘에게 맞은 편 마을로 가라고 하셨다. 물론 예수님은 그곳을 가보지 않으셨다. 전날 저녁 베다니 마을에 계셨다. 둘을 보내시면서 나귀와 나귀 새끼가 있을 것인데 풀어서 끌고 오라고 하시는 것이다. 그러면 어떤 사람이 (틀림없이 나귀 주인일 것이다.) 무슨 말을 할 것인데 그에게 주가 쓰시겠다 하라는 것이다.

여기서 우리가 알 수 있는 것은 우리의 소유가 없다는 것이다. 다 주님의 것이다. 우리가 가지고 있는 것이 우리 것인가? 우리 것이 없다. 주가 쓰시겠다면 다 드려야 한다. "그러면 즉시 보내리라."

4-5절, 이는 선지자로 하신 말씀을 이루려 하심이라 일렀으되 시온 딸에게 이르기를 네 왕이 네게 임하나니 그는 겸손하여 나귀, 곧 멍에 메는 짐승의 새끼를 탔도다 하라 하였느니라

스가랴 9장 9절에 있는 말씀을 인용한 것이다. 이스라엘 백성, 예루살렘 사람들이 시온 딸이다. 오늘날로 말하면 교회이다. 하나님의 백성들이다. 예수님은 하나님의 백성 가운데 왕이시다. "네 왕이 네게 임하나니 그는 겸손하여 나귀 곧 멍에 메는 짐승의 새끼를 탔도다". 이렇게 스가랴 선지자가 예언한 대로 주 예수님은 예루살렘에 입성하실 때 나귀를 타셨다. 한국에서는 나귀를 보기가 쉽지 않다. 인도에 가면 나귀를 자주 볼 수 있다. 나는 인도 델리를 자주 가는데 그곳에 가면 나귀가 짐을 싣고 다니는 것을 길에서 자주 본다. 그런데 나귀는 결코 존귀하게 보이지 않는다. 아주 처량하고 불쌍하게 보이는 짐승이다. 왜 그렇게 딱하고 불쌍해 보이는지. 말은 기세가 있어 보이지 않는가? 그런데 나귀는 굉장히 불쌍하게 보이고 그저 짐을 싣고 왔다갔다 한다. 엄청 순해 보인다.

여기서 예수님이 나귀를 타셨다는 것은 겸손한 왕으로 오신 것을 나타낸다. 주님이 다시 오실 때에는 백마를 타고 싸우는 왕으로, 심판주로 오실 것이다. 그러나 그분이 첫 번째 오셨을 때에는 이와같이 나귀를 타고 겸손한 왕으로 오셨다. 얼마나 귀하신 분인지! 그분은 우리를 위해 구유에 나시고 나귀를 타시고 십자가에 돌아가셨다. 그리스도인이 나사렛 예수를 따르는 길은 결코 이 세상에서 영광 얻는 길이 아니다. 십자가의 길이요 골고다의 길이다.

6-8절, 제자들이 가서 예수의 명하신 대로 하여 나귀와 나귀 새끼를 끌고 와서 자기들의 겉옷을 그 위에 얹으매 예수께서 그 위에 타시니 무리의 대부분은 그 겉옷을 길에 펴며 다른 이는 나무가지를 베어 길에 펴고

여기서 주님이 나귀를 타셨다고 했는데 어미 나귀와 새끼 나귀 중 어떤 것을 타셨겠는가? 예수님은 새끼 나귀를 타셨다. 그것은 마가복음 11장 7절에 기록되어 있다. “나귀 새끼를 예수께로 끌고 와서 자기들의 겉옷을 그 위에 걸쳐 두매 예수께서 타시니”. 나귀 새끼를 타고 들어오시는 모습은 결코 위풍당당하지 않았을 것이다. 겸손하고 초라한 왕이시다. 사람들에게 “지금 저들이 도대체 뭐하고 있는 거지?” 하는 느낌을 주기에 충분하다. 그 모습이 사람들에게 위압감을 주시는 것이 아니라 매우 편하게 대할 수 있도록 겸손하셨다. 왜 겸손한 왕으로 오셔야 하는가? 어떠한 사람이라도 그분께 나올 수 있고 어떠한 사람이라도 그분을 접촉할 수 있도록 우리를 위해서 그러한 분으로 오신 것이다.

말을 타고 위풍당당하게 오시면 우리 같은 사람은 감히 접근하지 못할 것이다. 그런데 초림 때의 예수님은 겸손하게 나귀 새끼를 타고 오셨다. 또 한 가지, 이 나귀 새끼는 이방인을 상징하고 어미 나귀는 유대인을 상징한다고 한다. 주님은 왕의 대우를 누구를 통해 받으시느냐면 이방인이다. 유대인은 그냥 따라가는 어미가 되어 버렸다. 그러한 의미가 있다고 한다. 그래서 그분이 하신 일에는 다 의미가 있는 것이다.

그리고 예수님이 나귀 새끼를 타셨을 때 사람들은 그들의 옷을 나귀 위에 얹었다. 그것이 무엇인가? 안장이다. 나귀는 안장이 없으니까 옷으로 대신하여 깔아 드린 것이다. 이것을 보아도 예수님이 이 땅에 오셨을 때 그 모습에 전혀 위풍당당하거나 뛰어나거나 그럴듯해보이는 것이 없다. 너무나 겸비하게 오셨다. 그리고 자기 것이 하나도 없으시다. 사실상 주인이신데도 불구하고 다 빌리셨다. 나귀 새끼, 자기 것이 아니다. 그 안장도 자기 것이 아니다. 어디서 돈 주고 사온 것도 아니다. 주님의 모습이 그러하시다. 오늘날 우리 그리스도인들의 모습도 이러해야 하지 않겠는가? 오늘날 교회가 너무 웅장하고 큰 것들을 소유하는 것은 주님의 본성과 맞지 않다는 것을 보아야 한다. 주님은 이 땅에서 아무 것도 소유하지 않으셨다.

9절, 앞에서 가고 뒤에서 따르는 무리가 소리 질러 가로되 호산나 다윗의 자손이여 찬송하리로다 주의 이름으로 오시는 이여 가장 높은 곳에서 호산나 하더라

주님이 오셔서 이렇게 찬송 받으실 것도 다 예언되어 있다. 요한복음 12장을 보면 예루살렘에서 곧 유월절 행사가 있게 된다. 유월절은 14일이다. 왜 예루살렘에 오셨는가? 출애굽기를 보겠다. "너희는 이스라엘 회중에게 고하여 이르라 이 달 열흘에 너희 매인이 어린 양을 취할지니 …"(12:3). 유월절에 잡을 어린양을 며칠에 취하라고 했는가? 10일이다. 그리고 그 어린 양을 잡는 날은 14일이다. "십사일까지 간직하였다가… 회중이 그 양을 잡고"(6절). 그러면 이 4일 동안은 무엇을 하는가? 흠이 있나 없나를 조사하는 것이다. "너희 어린양은 흠 없고…"(5절).

다시 마태복음 21장으로 가겠다. 당시 14일에 유월절 행사를 하기 위해서 이스라엘 사람들이 예루살렘에 모였다. 그런데 그 모인 무리 가운데서 많은 사람들이 예수님을 따랐다. 분명 이들은 낮은 계층의 사람들이다. 이들 가운데 대제사장은 없다. 바리새인과 서기관들도 없다. 주로 낮은 계층의 사람들이 따랐다.

여기서 '호산나'라는 말은 "우리가 간구하오니 이제 구원하소서."라는 뜻이다. 좋은 기도이다. 당시에 이스라엘은 어려운 상황에 처해 있었다. 유월절 행사를 하지만 로마의 압제하에서 아주 어려운 상황 가운데 있었다. 그래서 이들은 메시야가 와서 그들을 구원해주기를 원했다. 그래서 이렇게 "호산나" 하고 외친 것이다 "우리가 간구하오니 이제 구원하소서." 그런데 그들의 이러한 간구가 뜻대로 이루어졌는가? 아니다. 그분은 오셔서 그들이 생각하는 그러한 왕이 되시지 않았다.

어쩌면 그들은 스가랴에 예언된 말씀을 알고 있었을 것이다. "네 왕이 네게 임하나니 그는 겸손하여 나귀, 곧 멍에 매는 짐승의 새끼를 탔도다". 그래서 그런 기대를 가졌을 수도 있다. 그런데 그들의 기대대로 이루어지지 않자 불과 며칠 뒤에, 정확하게 4일 뒤에 "없이하소서!"라는 외침으로 바뀌었다. "호산나!" 하던 사람들이 "십자가에 못박읍시다! 없애버립시다!" 한 것이다. 이런 어처구니 없는 일이 발생했다. 그들은 이 예수님이 참 유월절 양이시라는 것을 몰랐지만 어쨌든 예수님은 어린양으로 잡혀죽게 되셨다.

찬송은 입으로 찬양한다고만 되는 것이 아니다. 그 마음과 생각과 뜻이 올바라야 한다. 헛된 망상과 기대로 찬양하다가 나중에 그것이 이루어지지 않으니까 십자가에 못박으라고 한 것이다. 그분은 주의 이름으로 오신 분이었다. 하나님, 여호와의 이름으로 오신 분이고 그래서 높은 곳에서 찬양받으실 분이다. 영어로는 복되신 분이다. "Blest Blessed is He who comes in the name of the Lord."

10절, 예수께서 예루살렘에 들어가시니 온 성이 소동하여 가로되 이는 누구뇨 하거늘

이것을 보라. "자기 땅에 오매 자기 백성이 영접지 아니하더니". 요한복음 1장에 있는 말씀 그대로이다. 참된 그들의 왕이 나귀를 타고 입성하시는데 그들은 전혀 몰라보고 있다. 예수님이 태어나실 때 일어난 상황, 마태복음 2장과 똑같은 일이 발생하고 있다. 온 성이 소동한 것이다. "이 사람이 누구냐?" 예수님은 철저하게 배척당하셨다. 아무도 그분을 주의하지 않았다. 당시 하나님의 백성 가운데 인도자였던 대제사장과 바리새인들 중 그 누구도 주 예수님을 주의하지 않았다. 대신에 그들은 소란스럽게 되었다.

11절, 무리가 가로되 갈릴리 나사렛에서 나온 선지자 예수라 하니라

그들은 한껏 예수님을 비하했다. 그들은 예수님을 다윗의 자손이라고 하지 않았다. 왕이라고도 주(主)라고도 하지 않았다. 이들은 그분을 갈릴리 나사렛에서 나온 선지자 예수라고 했다. "갈릴리 나사렛에서 나온 사람이다. 그저 선지자 중 한 사람이다." 한 것이다. 하나님의 아들이시고 메시야시고 왕이신 분을 당시 예루살렘 사람들은 철저하게 무시한 것이다. 예수님은 처음 이 땅에 오셨을 때 사람들로부터 이런 대접을 받으셨다. 주 예수를 따르는 모든 종들은 이런 말씀을 유의해서 읽어야 한다. 그분은 우리 모두의 상전으로서 철저히 멸시와 무시를 당하셨던 것이다.

12절, 예수께서 성전에 들어가사 성전 안에서 매매하는 모든 자를 내어쫓으시며 돈 바꾸는 자들의 상과 비둘기 파는 자들의 의자를 둘러엎으시고

예수님은 예루살렘에 가셔서 성전에 들어가셨다. 예수님은 왕이시지만 왕궁으로 행차하지 않으셨다. 하나님의 아들로서 왕이신 그분은 이 땅에 속한 다스림과는 관계가 없으시다. 그분이 그러한 왕으로 오셨다면 그렇게 초라하게 나귀를 타고 오실 리가 없다. 그분의 왕국은 땅에 속한 왕국, 이 세상에 속한 왕국이 아니다. 그분의 왕국은 진리의 왕국이요 생명의 왕국이다. 따라서 그분은 예루살렘에 가시자마자 왕궁이 아니라 하나님 아버지의 집 곧 성전으로 가신 것이다.

13절, 저희에게 이르시되 기록된바 내 집은 기도하는 집이라 일컬음을 받으리라 하였거늘 너희는 강도의 굴혈을 만드는도다 하시니라

성전에 들어가셨을 때 거기에 어떤 사람들이 있었는가? 기도하는 사람들이 있는 것이 아니라 매매하는 자들, 돈 바꾸는 자들, 비둘기 파는 자들이 있었다. 그 사람들은 왜 거기서 양, 염소, 비둘기 등을 매매했을까? 유월절 행사를 위해 필요하기 때문이다. 양과 염소가 필요하고 비둘기도 필요했을 것이다. 가난한 사람은 비둘기를 살 것이기 때문이다. 그리고 성전세 반 세겔을 내기 위해서는 돈을 바꿔야 했다. 다 편리를 위해서 그렇게 하고 있는 것이다. 그들은 반 세겔이나 얼마씩 환전해주면서 환전차익을 보았을 것이다. 그래서 돈바꾸는 자들이 생기고 매매하는 자들이 생긴 것이다. 성전에서 하나님을 예배하는 일 때문에 먹고 살 일이 생긴 것이다.

아마 당시 대제사장이나 서기관들과 성전 관리인들은 "그냥 두어라. 편리하지 않느냐. 그런 사람도 나름대로 벌어먹게 해라." 했을 것이다. 그들은 그저 마음 좋은 아저씨들이 되어 버렸다. 그러나 예수, 하늘에 속한 왕은 오셔서 먼저 아버지 집인 성전을 깨끗케 하신다. 하나님 아버지의 집은 거룩하고 깨끗해야 한다. 하나님 아버지의 집은 기도하는 곳이지 장사하는 곳이 아니라고 하셨다. 예수님은 성전에 들어가서 장사하는 자들, 매매하는 자들을 내쫓으시고 돈 바꾸는 자들의 상과 비둘기파는 자들의 의자를 둘러엎으시면서 기록된바 내 집은 기도하는 집이라 일컬음을 받으리라 하였거늘 너희는 강도의 굴혈을 만드는도다 하셨다. 주의 집은 기도하는 집이라고 하셨다.

그리스도인들은 함께 모일 때 주님께 경배하고 기도하기 위해 모이는 것이다. 교회 모임을 그들의 이익의 재료로 취하는 자들은 장사하는 자들이다. 다만 함께 모여서 기도하고 찬양하면 된다. 그들의 그러한 활동을 통해서 돈을 벌려고 하는 것은 장사하는 행위이다. 그것은 성전을 더럽히는 것이다. 주님은 그분의 성전이 거룩하고 깨끗하기를 원하신다. 그분이 예루살렘에 오시자마자 하신 일은 하나님 아버지의 집을 돌보시는 것이었다. 그분은 그분의 아버지의 집이 깨끗하고 거룩해야 한다는 것을 만방에 나타내기를 원하셨다. 오늘 교회를 섬기는 자들은 이 구절들, 주님이 십자가로 가시기 전에 성전에 들리셔서 마지막으로 하신 일을 명심해야 한다.

주님은 이렇게 말씀하셨다. "너희는 강도의 굴혈을 만드는도다." 강도라고 했다. "그것은 장사하는 것이 아니고 그 장사는 강도짓이다. 기도하는 집을 강도의 굴혈로 만들지 말라." 우리는 소위 그리스도의 일을 한다면서 강도가 될까 두려워해야 한다. 주님의 말씀을 들어보면 손에 칼을 들었다고 강도가 아니라 손에 칼을 들지 않고도 얼마든지 강도가 될 수 있음을 알 수 있다. '한국 말에도 손에 칼만 안 들었지 강도다.' 하는 말이 있다. 이 말씀은 매우 예리한 지적이다. 자기가 응당 받을 돈을 받는 것은 강도가 아니다. 갖지 말아야 할 돈을 갖는 것이 강도이다. 그 돈은 원래 내 호주머니에 들어올 돈이 아닌데 어떻게 어떻게 해서 내 호주머니에 들어오게 하는 행위가 강도짓이라는 말이다. 그러면 어떤 사람들은 편리를 위해서 한 행위인데 강도라고 하는 것은 너무 비약한 게 아니냐고 할 것이다. 학교에 가서 애들을 가르치고 돈을 받는 것은 강도가 아니다. 그 학교는 사업체이기 때문이다. 그러나 교회는 사업체가 아니다.

오늘날 이 나라에 사학법 때문에 온통 시끄럽다. 그 학교들은 국가가 인정한 돈받고 사업하는 교육 사업단체인 것이다. 그러니 거기서 가르치고 돈 버는 것을 강도라고 할 수 없다. 그러나 교회는 그런 단체가 아니다. 누구든지 교회를 차려서 돈을 벌려고 한다면, 그것은 강도짓이다. 더 엄격히 말한다면 사기성이 있는 강도짓에 해당된다.

그들이 성전에서 팔지 않으면 예배자들은 시장에서 사면 되었을 것이다. 시장에서 사람들이 팔고 사고하는 것은 정당한 것이다. 그러나 교회는 사업을 하기 위해 세워진 곳이 아니다. 기도하는 곳이요 예배하는 곳이다. 예배를 드리기 위하여 뭔가를 사고파는 것이 필요하다고 하지만 그것으로 사업을 삼아 생계를 유지하는 사람들이 생기는 것은 하나님의 집인 교회의 일과는 관계가 없다. 그것이 하나님의 성전에서 있어야 할 필수적인 일이 아니다. 오늘 주 예수님이 이 땅의 많은 교회들의 하는 것을 보면 무어라고 하실까? 오늘 얼마나 많은 사람들이 부지불식간에 소위 하나님을 섬긴다고 하면서 강도짓을 하고 있는지 조차도 모른다. 사람들은 이에 대하여 여러 가지 변명과 말들을 하겠지만, 진리는 절대적으로 준수할수록 좋은 것이고, 땅은 더욱 깊이 파야 생수가 더 많이 흐를 것이다.

여기서 우리는 그리스도인이 얼마나 성결하고 깨끗해야 하는지를 배울 수 있다. 오늘 하나님은 이 땅에서 순수하고 깨끗하고 맑은 그분의 자녀들을 원하신다. 하나님의 백성 가운데 무엇을 많이 하는 것보다도 가장 중요한 것은 맑고 순수하고 투명한 것이다. 청교도란 어떤 사람들이었는가? 주님을 순수하고 깨끗하게 믿는 무리였다. 순수하게 진리와 신앙을 지키는 무리였다. 성경에서 맨 마지막에 결정판으로 얻어지는 것이 무엇인가? 새 예루살렘이다. 그 특징이 무엇인가? 크고 대단한 것이 아니라 맑은 것이다. 맑고 순수한 것, 투명한 것이 어린양의 신부이다. 그것과 반대되는 것이 무엇인가? 모조품인 큰 성 바벨론이다. 알쏭달쏭하고 비밀스러운 것, 알 수 없는 것이다. 겉과 속이 다른 것이다. 음흉하고 가증스런 것이다. 예수 그리스도는 그러한 것을 신부로 삼기를 원치 않으신다. 이 말씀에서 우리는 우리가 얼마나 정결해야 하는지, 주님은 얼마나 정결한 신부를 원하시는지를 배울 수 있다. 우리는 일생동안 크고자 하는 유혹에서 벗어나야 한다. 언제나 작음을 유지할 때 우리는 투명하고 순수함을 유지할 수 있다. 이렇게 주님은 성전을 정결케 하셨다. 주 예수는 사역의 초기에도 한 번 성전에 가셔서 이러한 일을 하셨다. 이것은 요한복음 2장에 있다. 주님은 성전에 들어가셔서 노끈으로 채찍을 만들어 매매하는 자들을 내쫓으셨다. 이것이 첫 번째로 사역의 시작에 하신 일이다. 이제 주님은 돌아가시기 얼마 전에 한 번 더 예루살렘에 가셔서 성전을 정결케 하셨다.

14절, 소경과 저는 자들이 성전에서 예수께 나아오매 고쳐 주시니

이렇게 성전이 정결케 된 후 소경과 저는 자들이 예수께 와서 고쳐 달라고 했다. 그럴 때 예수님은 거기서 이들을 고쳐주셨다. 교회가 정결케 되지 않으면 소경과 저는 자들을 치료할 수 있는 능력이 없다. 교회가 가야 할 길은 무엇보다도 먼저 정결케 되는 길이다. 매일 우리가 사모하는 것은 정결케 되는 것이다. 맑고 투명하게 되어야 한다. 이것은 우리 자신만을 위한 것이 아니다. 우리가 그렇게 맑게 될 때 우리는 많은 사람들을 치료할 수 있다. 우리 주님은 성전을 정결케 하신 후에 소경과 저는 자들을 치료하셨다. 치료받은 자들이 보게 되고 걷게 되어 주님을 좇는 것이다.

15-16절, 대제사장들과 서기관들이 예수의 하시는 이상한 일과 또 성전에서 소리 질러 호산나 다윗의 자손이여 하는 아이들을 보고 분하여 예수께 말하되 저희의 하는 말을 듣느뇨 예수께서 가라사대 그렇다 어린아기와 젖먹이들의 입에서 나오는 찬미를 온전케 하셨나이다 함을 너희가 읽어 본 일이 없느냐 하시고

이때 대제사장들과 서기관들이 나타났다. 대제사장들과 서기관들은 예수의 하시는 이상한 일과 또 성전에서 소리 질러 호산나 다윗의 자손이여 하는 아이들을 보고 분했다. 이들 눈에는 예수님이 하시는 일이 이상하게 보인다. 나귀를 타고 오시지를 않나, 길에 겉옷을 깔지를 않나, 사람들이 종려나무를 가지고 찬양하지를 않나 다 이상하다. 그리고 성전에 들어와서 매매하는 자들의 상을 둘러엎으셨다. 이들이 지금 뭐하는 거지? 그 교권주의자들의 눈에는 전혀 이해가 가지 않았다. 게다가 그들의 신경을 거슬리는 것은 아이들이 "호산나 다윗의 자손이여!" 하고 찬양을 하는 것이다. 이때쯤 되어서 어른들은 다 어디 갔는지 모르겠다. 조금 전에 어른들이 하던 찬양을 아이들이 듣고 이제 아이들이 찬양하는 것이다. 주님이 거기서 병자도 고치시고 성전을 정결케 하는 일을 하실 때 아이들은 찬양했다. 아이들의 믿음은 이렇게 순수하다.

그런데 대제사장이나 서기관들은 이것이 귀에 거슬렸다. 아이들이 찬양하는 것이 그들 귀에 거슬린 것이다. "호산나, 다윗의 자손이여!"라는 말은 엄청난 말이기 때문이다. 이것은 그야말로 메시야가 오실 때 할 찬양인데 나사렛 선지자 예수를 보고 이런 찬양을 하니 거슬리지 않겠는가? 바리새인들이나 서기관들이나 대제사장들의 생각에는 지금 아이들이 아무 것도 모르고 실수하고 있다. 그런데 당신은 이것을 말리지 않고 뭐하는 거냐고 예수님께 말하는 것이다. 그들은 속이 뒤틀리고 상한 것이다.

그러자 "예수께서 가라사대 그렇다 어린아이와 젖먹이들의 입에서 나오는 찬미를 온전케 하셨나이다 함을 너희가 읽어 본 일이 없느냐"라고 하셨다. 완전히 동문서답과 같은 말씀을 하셨다. 대제사장들의 귀에 이런 말이 들어왔겠는가? 시편

8편을 읽겠다. 2절, "주의 대적을 인하여 어린아이와 젖먹이의 입으로 말미암아 권능을 세우심이여 이는 원수와 보수자로 잠잠케 하려 하심이니이다". 이 뒤의 말씀은 하지 않으셨다. "이는 원수와 보수자로 잠잠케 하려 하심이니이다". 지금 원수들이 앞에 있다. 예수님은 초림 때에 나귀를 타셨을 뿐 아니라 어린아이의 찬미로 원수의 입을 막으셨다. 참 비밀스럽다. 어린아이와 젖먹이 외에는 찬양을 할 사람이 없다. 또 어린아이와 젖먹이의 입으로 나오는 찬양으로 권능을 세우셨다. 참으로 놀랍다. 우리 주님의 권능을 세우는 것이 어린아이와 젖먹이들의 찬미라는 말이다. 왜 어른들은 찬미를 못하는가? 생각과 아는 것이 너무 많아서 그렇다. 이해관계, 득실 등 재는 것이 많고 시기가 많다. 그러나 어린애들은 그저 들은 대로 단순하게 "호산나!" 하고 찬양하는 것이다.

17절, 그들을 떠나 성 밖으로 베다니에 가서 거기서 유하시니라

이제 주님은 예루살렘 성전을 떠나서 다시 성 밖으로 나가셨다. 주님은 그 기간 동안 아침에는 예루살렘 성으로 들어오셨다. 예루살렘으로 들어오셔서 거기서 일하시고 저녁에는 거기서 주무시지 않고 베다니로 가셨다. 베다니에 누가 있는가? 나사로, 마리아, 마르다이다. 주님을 사랑하는 자들이 거기 있다. 내노라하는 사람들, 종교인들, 대제사장들, 믿는다고 하는 이들은 다 예루살렘에 있는데 예수님은 저녁에 거기서 주무시지 않고 베다니에 가서 주무셨다. 예루살렘에서 2마일 정도 떨어진 곳을 걸어서 가셨다. 나귀는 아마 되돌려 주셨을 것이다.

아마 두 가지 가능성이 있다. 첫째, 예루살렘 안에는 예수님을 재워드릴 만한 사람이 없었다. 거기서 누가 재워드렸다 하면 그 조직원들의 눈총을 받아서 견딜 수가 없었을 것이다. 둘째, 예수님은 베다니의 집을 좋아하셨다. 거기에는 진정으로 주님을 사랑하는 자들이 있었다. 작더라도 가난하더라도 그분에게 맞고 편하다는 말이다. 우리는 베다니 같은 교회가 되기를 원한다. 사랑이 있고 생명이 있고 봉사가 있는 그러한 교회. 주님은 항상 거기에 오신다. 미리 "나 거기서 자도 되느냐?"라고 말씀하지 않으셔도 되는 집. 우리는 "주님, 언제든지 오십시오. 이 집은 당신을 위해서 마련한 집입니다."라고 말씀드려야 한다.

18-19절, 이른 아침에 성으로 들어오실 때에 시장하신지라 길가에서 한 무화과나무를 보시고 그리로 가사 잎사귀밖에 아무 것도 얻지 못하시고 나무에게 이르시되 이제부터 영원토록 네게 열매가 맺지 못하리라 하시니 무화과나무

가 곧 마른지라

다시 또 아침에 예루살렘에 출근하시는 장면과 같다. 주님은 아침에 들어오시다가 시장하셨다. 예수님은 당시에 아침식사도 제대로 못하시고 다니신 것이다. 오늘날 아침부터 시장한 사람을 보았는가? 우리는 여기서 이것을 볼 수 있다. 가난하신 주님이셨다. 그러한 예수님이 성으로 들어오셔서 무화과나무를 보셨다. 무화과나무는 먼저 열매부터 맺는다. 그리고서 잎사귀가 돋아난다. 그런데 이 무화과나무는 잎사귀가 있기 때문에 당연히 열매가 있어야 하는데 보니 아무 열매가 없는 것이다. 그러자 예수님이 무화과나무에게 영원토록 열매를 맺지 못하리라고 하셨다. 그렇게 무화과나무를 저주하시자 즉시 무화과나무가 말라버렸다.

20절, 제자들이 보고 이상히 여겨 가로되 무화과나무가 어찌하여 곧 말랐나이까

여기서 무화과나무에 대해 두 가지로 해석하겠다. 첫째로 무화과나무는 이스라엘을 상징한다. 무궁화가 한국을 상징하고 벚꽃이 일본을 상징하듯이 무화과나무는 이스라엘을 상징한다. 당시에 이스라엘 나라가 어떤 상태에 이르렀느냐면 믿는다는 소문, 믿는다는 외양은 가득한데(잎사귀가 무성하듯이) 열매는 하나도 없었다. 경건의 모양은 있는데 경건의 능력은 전혀 없었던 것이다. 그러한 상태의 이스라엘을 주님은 시들게 하신 것이다. 이것이 두려운 것이다. 주님의 심판은 무엇인가? 안과 밖을 같게 만드시는 것이다.

둘째로 오늘날도 어떤 단체든지, 어떤 개인이든지 외식하는 것은 위험하다. 국가적으로 민족적으로 이스라엘은 주님께 저주를 받았다. 말라버린 것이다. 그러므로 그 뒤에 어떻게 되었었는가? 소생되는 역사가 전체적으로 없다. 물론 바울이 나왔고 그 뒤에 일어난 사람들이 있지만 그것은 한 사람 한 사람 일어난 것일 뿐 민족적으로는 영원히 열매를 맺지 못하게 되었다. 시들어서 뿌리째 말라버린 경우가 생긴 것이다. 이처럼 외식하는 것은 두려운 것이다. 잎사귀만 있는 나무가 될까 두려운 것이다. 그러한 나무를 주님은 그냥 두시지 않는다. 영원히 열매를 맺지 못하게 하신다. 실제는 없이 이름만 갖고 있는 것, 살았다는 이름은 갖고 있으나 실상은 죽어 있는 것, 이러한 상태는 매우 위험한 상태이다. 지식만 가득하고 모양만 있고 거기에 능력이 없고 실제가 없는 것은 매우 위험하다. 다시는 소생되지 못할 수 있다. 주님은 그런 나무에게 영원히 열매를 맺지 못하리라고 말씀하신다. 물론 주님은 사람을 사랑하시고 동정하시지만 이렇게 외식하고 잎사귀만 있는 것을 극도로 싫어하신다. 그러기 때문에 열매를 맺어야 한다. 열매와 잎사귀, 이 두 가지가 다 있어야 한다.

21절, 예수께서 가라사대 내가 진실로 너희에게 이르노니 만일 너희가 믿음이 있고 의심치 아니하면 이 무화과나무에게 된 이런 일만 할 뿐 아니라 이 산더러 들려 바다에 던지우라 하여도 될 것이요

이런 순간에도 주님은 제자들을 가르치시고 계신다. "내가 이렇게 할 뿐 아니라 너희도 믿음이 있으면 이렇게 할 수 있다. 산도 바다에 던져질 수 있다." 산은 우리 앞에 놓인 커다란 장애를 말한다. 평지는 평탄한 상황을 말한다. 우리 앞에 커다란 장애가 있다면 믿음으로 명해야 한다. 그럴 때 산이 바다로 던져질 수 있다. 여기서 주님은 우리에게 주님께 기도하라고 하신 것이 아니다. 우리에게 어떤 무겁고 큰 산과 같은 어려움이 있을 때 기도에 긴박함이 있고 충분한 믿음이 있다면 그 어려움을 주님께 고할 것이 아니라 직접 그 어려움에 대하여 명해야 한다는 뜻이다. 이는 구할 뿐 아니라 꾸짖고 명하는 것을 의미하는 것이다. 우리의 명령은 힘이 있고 권세가 있다는 것을 아는 것은 매우 중요하다.

22절, 너희가 기도할 때에 무엇이든지 믿고 구하는 것은 다 받으리라 하시니라

주님은 이 지점에서 제자들에게 기도에 대해서 가르치신다. 오늘 이 긴 메시지에서 여러분이 인상을 받을 수 있는 것은 기도이다. 어떻게 기도해야 하는가? 이 마지막 절에서 기도에 대해서 한 마디 말씀드릴 수 있는 것은, 기도할 때 무엇이든지 믿고 구하는 것은 다 받으리라는 것이다. '무엇이든지'라는 말은 중요한 말이다. 오늘날 우리 그리스도인들에게 사소한 것은 구하지 않는 습관이 있다. "어렵고 감당하기 어려운 것은 기도해야 하지만 이 정도는 내가 해야지." 하는 것이 있지 않은가?

여기서 여러분은 이 말씀에 밑줄을 긋기 바란다. "무엇이든지 믿고 구하는 것은 다 받으리라". 이제부터 무엇이든지 다 믿고 구하겠는가? 주님은 무엇이든지 믿고 구하면 다 받을 수 있다고 하셨다. 정욕으로 쓰려고 잘못 구하는 것 외에 여러분이 믿고 구하는 것은 다 받을 수 있다.

23절, 예수께서 성전에 들어가 가르치실새 대제사장들과 백성의 장로들이 나아와 가로되 네가 무슨 권세로 이런 일을 하느뇨 또 누가 이 권세를 주었느뇨

이 일은 주님이 십자가에 못박히시기 전 마지막 4일 동안 예루살렘에서 있었던 일이다. 출애굽기 12장에 의하면 정월 10일에 어린 양을 취해서 14일에 잡을 때까지 4일 간 보관해 두면서 그 동안에 흠이 있는지를 조사하고 흠이 없으면 그 흠 없는 어린 양을 이스라엘 회중이 저녁에 잡게 되어 있었다. 하나님의 어린양이신 주 예수님은 구약에 예언된 대로 유월절 날 잡혀 죽기 위해 사 일 전에 예루살렘에 들어가셔서 성전을 정결케 하시고 무화과나무를 저주하시고 이제 23절부터는 성전에 들어가셔서 백성들을 가르치시는 장면이 나온다.

주님은 전지전능하신 분이고 따라서 모든 것을 아시는 분이시기 때문에 그분의 생애가 며칠 남지 않았다는 것도 알고 계신다. 그러하심에도 불구하고 그분은 끝까지 사람들을 가르치셨다. 그분은 성전에서 주님 앞에 나온 사람들을 가르치고 계셨다. 그러한 때에 대제사장들과 백성의 장로들이 주님께 나왔다. 이들은 종교적으로나 이스라엘 백성 전체의 행정면에서나 책임을 지고 있던 사람들이다. 그들은 주님이 성전에서 장사하던 사람들을 내쫓으신 것이라든지 돈 바꾸는 사람들이나 비둘기 파는 자들, 양과 소를 파는 자들을 내쫓으신 것, 그리고 그 이전에 예루살렘 성에 나귀를 타고 들어오신 것, 많은 사람들의 찬양을 받으신 것을 알고 있었다. 그런데 이제 그분이 무화과나무를 저주하시고 오셔서 성전에서 사람들을 가르치고 계시는 것이다.

그러자 대제사장들과 백성의 장로들이 나아와 주님께 질문했다. "네가 무슨 권세로 이런 일을 하느뇨?" 그들은 예수께 그런 일을 하는 권세가 도대체 어떠한 권세냐고 물은 것이다. 그들은 종교적인 활동은 대제사장들과 같은 사람들만이 할 수 있다고 믿었을 것이다. 또 서기관 같은 사람들이 가르칠 수 있다고 여겼을 것이다. 그런데 여기 나사렛에서 나온 사람, 그 목수의 아들이 와서 이렇게 많은 일을 하는 것이다. 병자를 고치고, 기이한 일을 많이 하는 것이다. 그럴 때 대제사장들이나 백성의 장로들은 "당신이 뭐냐? 당신이 무엇이길래 이런 일을 하느냐?"고 생각했다. 그리고 "누가 이 권세를 주었느냐?"고 했다.

첫째는 그 권세의 성분이 무엇이냐, 그 권세의 종류가 무엇이냐를 물은 것이고, 둘째는 그 권세의 근원, 누가 권세를 주었느냐를 물은 것이다. 사실 이 두 가지 질문은 하나이다. 한 가지를 답변하면 두 가지가 다 해결되는 문제이다. 그들은 자신들이 권세를 가진 사람들이라고 생각했다. 당시에 그들은 하나님을 섬기는 일에 관하여 "이스라엘 백성을 인도하는 자들이 대제사장 말고 누가 있겠는가? 백성의 장로들 말고 누가 있겠는가? 그들이 권세를 주지 않았으면 누가 백성들을 가르치고 인도할 수 있는가?" 하는 생각을 했을 것이다. 그런데 그들이 아무런 권세도 받지 않은 것 같은 작은 한 사람이, 그것도 예루살렘에서 나온 사람이 아닌 갈릴리에서 나온 한 사람이 이러한 일을 행하고 있다.

24절, 예수께서 대답하시되 나도 한 말을 너희에게 물으리니 너희가 대답하면 나도 무슨 권세로 이런 일을 하는지 이르리라

이들이 이런 질문을 했을 때 "예수께서 대답하시되 나도 한 말을 너희에게 물으리니 너희가 대답하면 나도 무슨 권세로 이런 일을 하는지 이르리라." 나는 여러분이 모두 알기 원하는데, 그것은 이런 질문에 즉시 답변하는 것이 결코 쉽지 않다는 것이다. 우리는 성경을 읽을 때 너무 일반적으로 당연하게 읽는 습관이 있다. 그러나 지금 주 예수님이 사람들에게 가르치시고 있는 중이다. 그런데 대제사장들과 장로들이 와서 예수님이 가르치시는 것을 가로막으면서 "당신 누가 이런 일 하라고 했어? 무슨 권세로 이런 일 하는 거야?"라고 묻는 것이다. 그때 보통 사람은 완전히 혼이 나가고 정신이 벙벙하여 어지러워진다. 무슨 말로 답변해야 할지 아무 생각도 나지 않는 법이다. 만일 여러분 중에 누가 어떤 사람들에게 무언가 열심히 가르치고 있는데 어떤 사람이 갑자기 뛰어들어서 그 말을 가르치지 못하게 중단을 시키면서 어떤 시험하는 질문을 할 때 대답하기가 쉽지 않다는 것을 알게 될 것이다. 참으로 답변하기가 쉽지 않다. 그 질문도 보통 질문이 아니다. 이 질문에 잘못 답변하면 큰일나는 질문이다.

대제사장이나 장로들은 이스라엘 백성 전체를 대표하고 있다. 그들 앞에서 예수님이 어떻게 답변하면 그것이 온 나라에 퍼지게 된다. 그리고 공식적인 답변이 되어 버린다. 이렇게 엄청난 질문을 지금 주님이 성전에서 사람들을 가르치고 계실 때 한 것이다. 그때 이 질문에 답변하신 주 예수님! 우리는 이것을 잘 살펴보아야 한다. 결코 쉽지 않다. 나도 이러한 상황을 안다. 나 자신도 이러한 질문을 받아 보았기 때문이다. 내가 말씀을 전하고 있는데 어떤 사람이 일어나서 "당신, 누가 이렇게 할 수 있는 권세를 주었습니까?" 하고 물은 적이 있다. 그런 체험이 있는고로 나는 이런 말씀을 읽으면서 예수님의 답변이 너무나 귀하게 느껴진다. 바로 그 시점에 답변하기가 쉽지 않았다. 그러므로 나는 이 부분의 글을 읽으면서 "정말 예수님은 주(主)이시구나. 하나님이시구나. 참으로 보통 분이 아니시구나." 하는 것을 깨닫게 된다.

대제사장이나 바리새인들은 예수님께 이러한 질문을 함으로써 먼저는 주님이 가르치시는 것을 중단시키고 싶었다. 그리고 그 가르치시는 내용을 바꾸고 싶었을 것이다. 백성들이 주 예수님께 배우고 있는 것을 극도로 시기했을 것이다. "저 작은 사람에게서, 또 어떠한 권세도 없는 사람에게서 여러분은 배울 필요가 없다. 여기 있지 말아라." 하는 의도가 그 질문에 포함되어 있다. 그러한 순간에 던져진 질문은 예수님이 답변하시기가 결코 쉬운 것은 아니다. 그런데 머뭇거림이 없이 즉시 답변을 주시는 것을 보라. "무슨 권세로 이런 일을 하느뇨?"

그러나 우리 주 예수님은 즉시 아무 주저함 없이 "나도 한 말을 너희에게 물으리라. 너희가 대답하면 나도 무슨 권세로 이런 일을 하는지 이르리라." 하셨다. 주님은 대답하지 않겠다고 하지 않으셨다. 대답하기는 할 것인데 내가 한 말을 물을 테니 너희가 대답하면 나도 대답할 것이다 하신 것이다. 참으로 지혜로우신 주님! 내가 과거에 그러한 질문을 받았을 때에 이런 말씀이 도무지 생각나지 않았다. 나는 솔직하게 여러분에게 말씀드린다. 이 부분의 말씀도 떠오르지 않았다. 그런데 이 말씀이 생각난 것은 그 일이 있은 지 한참 후였다. 그럴 때 내 자신을 치면서 "역시 나는 주님과 다르구나. 참으로 주님은 주님이시구나." 했다. 나는 스스로 그때 그 고비를 잘 감당했다고 생각했지만 역시 나는 어리석은 사람이었다. 그리고 주님이 하신 답변과 비교해보았다. 물론 주님의 답변은 너무나 탁월하다. 경험이 없는 사람은 이 답변이 어떠한 것인지 잘 모를 것이다. 이 답변은 참으로 평범한 대답이 아니다.

25-26절, 요한의 세례가 어디로서 왔느냐 하늘로서냐 사람에게로서냐 저희가 서로 의논하여 가로되 만일 하늘로서라 하면 어찌하여 저를 믿지 아니하였느냐 할 것이요 만일 사람에게로서라 하면 모든 사람이 요한을 선지자로 여기니 백성이 무섭다 하여

이 말씀을 물은 것도 보통이 아니다. 여기에서 주님은 요한의 세례를 가지고 나오셨다. 아주 기가막힌 말씀이다. 요한은 하나님의 보내심을 받아서 예수님을 증거한 사람이다. 이 요한의 증거가 무엇이었는가? 이 예수님이 하늘로부터 오신 분이라는 것 아니었던가? 요한은 예수님 앞에 보내어져서 예수님을 증거하기 위해 전파한 사람이다. 요한복음을 잠시 보겠다. 3장 26절, "저희가 요한에게 와서 가로되 랍비여 선생님과 함께 요단 강 저편에 있던 자 곧 선생님이 증거하시던 자가 세례를 주매 사람이 다 그에게로 가더이다". 27절, "요한이 대답하여 가로되 만일 하늘에서 주신 바 아니면 사람이 아무 것도 받을 수 없느니라". 28절, "나의 말한 바 나는 그리스도가 아니요 그의 앞에 보내심을 받은 자라고 한 것을 증거할 자는 너희니라". 여기에서 분명 요한은 예수께서 그리스도시라는 것을 증거했다.

30절, "그는 흥하여야 하겠고 나는 쇠하여야 하리라 하니라". 31절, "위로부터 오시는 이는 만물 위에 계시고 땅에서 난 이는 땅에 속하여 땅에 속한 것을 말하느니라 하늘로서 오시는 이는 만물 위에 계시나니". 이렇게 요한은 사람들에게 다만 세례를 주러 온 것이 아니고 뒤에 오시는 그리스도를 증거하도록 보내심받은 사람이다. 그래서 주 예수님이 요한의 세례가 어디로서 왔느냐고 물으신 것이다. 하늘로서인지 사람에게로서인지 요한에 대해서 대답하라는 것이다. 주님은 자신이 하늘로부터 권세를 받았다고 직접적으로 답변하지 않으셨다. 요한을 가지고 물으셨다. 요한의 세례가 어디로서 왔느냐? 하늘로서냐, 사람에게로서냐? 이 두 가지밖에는 없다. 하늘로부터 온 것이 아니면 사람에게서 온 것이다.

그럴 때 "저희가 서로 의논하여 가로되 만일 하늘로서라 하면 어찌하여 저를 믿지 아니하였느냐 할 것이요 만일 사람에게로서라 하면 모든 사람이 요한을 선지자로 여기니 백성이 무섭다 하여". 여기에서 대제사장들과 장로들은 주 예수님이 이렇게 질문하시자 서로 의논했다. "너희들이 그것을 대답하면 내가 무슨 권세로 이런 일을 하는지 말해주겠다. 요한의 세례가 하늘로부터냐 사람에게로서냐?" 이 질문을 가지고 그들은 하나님께 나아가 기도하지 않았다. 이들은 하나님을 향하여 닫혀 있다. 하늘과 상의할 필요가 없다. 주님께 물어볼 필요가 없다. 왜냐하면 그들은 자신들의 하는 일이 하나님이 하시는 일이라는 것을 너무나 확고하게 믿고 있었기 때문이다. 주 예수님에 대해 "저 사람은 아니야."라는 것을 분명히 해놓고 자기들끼리 상의한 것이다. 여기서 그들은 서로 의논하였다고 했다.

그들의 이 확신을 보라. 이 세상의 종교인들의 확신도 무서운 것이다. 자기들이 의논해서 결정내리는 것이 곧 하나님이 결정내리시는 것이라고 생각한 것이다. 그들의 종교적 견해와 세뇌의 결과인 것이다. 그래서 자기네들끼리 의논을 한 것이다. 그런데 두 가지 경우를 놓고 서로 이야기했다. 하늘로서다 하면 요한이 증거한 것을 왜 안 믿느냐고 하실 것이고, 말하자면 이 사람들은 요한이 하늘로서 왔다고 말한 것도 생각할 수 있는 사람들이다. 전혀 알지 못하는 것이 아니다. 둘째로 사람에게로서라 하면 모든 사람이 요한을 선지자라고 여기니 그들이 들고 일어날 것이라는 것이다. 당시에 이스라엘 백성들은 거의 다 요한을 선지자로 여겼다. 다시 말해서 하늘로부터 온 사람이라고 여겼다는 말이다. 여기서 우리가 볼 수 있는 것은 일반 백성들이 더 순수하다는 것이다. 일반 백성들은 요한을 선지자로 인정하고 그렇게 받아들였다.

그런데 당시의 종교 지도자들, 백성의 인도자라고 하는 사람들은 그 사실조차도 받아들이고 싶지 않았다. 선지자 요한의 증거조차도 받아들이고 싶지 않았던 것이다. 왜냐하면 대제사장들이나 백성의 장로들은 그들이 기득권을 가지고 있었고 그 조직을 보호해야 하기 때문에 그 조직 체계 안에 있지 않은 요한과 같은 선지자의 일을 좋아하지 않았다. 그러나 이들은 지난 세대의 선지자들은 인정하고 있었다. 모세, 이사야, 예레미야 등이다. 그러나 현재 자기네 테두리 안에 있지 않은 그러한 사람들의 역사는 인정하고 싶지 않은 것이다. 그러나 이들은 또한 백성들을 인도할 책임을 지고 있다. 전체적인 백성들의 의식을 무시할 수도 없었다. 그런데 이 백성들이 요한을 선지자로 여기고 있는 것이다. 그런 인식을 바꿀 만한 힘은 그들에게 없었다. 이스라엘의 어느 시대든지 당시의 선지자는 인정하지 않았다. 오히려 거짓 선지자를 인정했다. 참 선지자는 그가 세상을 떠났을 때 비로소 인정한다.

저들의 주된 봉사는 여론과 대세와 시세에 따르는 것이다. 대답을 하는 것도 자신들이 하나님 앞에서 가지고 있는 확신에 따른 것이 아니고 이렇게 대답하면 이런 반응이 나오고 저렇게 대답하면 저런 반응이 나올 거라는 것을 염두에 두고 잘 연구해서 자신들과 조직이 보호되고 안정되는 가장 좋은 길이 무엇인지를 가지고 말하는 사람들이었다. 그러니 이 두 가지가 다 대답하기 애매하고 곤란하다. 하늘로서라 하면 예수님이 질문하신 바로 그것이 답이 아닌가? 사람에게서라 하면 이 백성들이 다 요한을 선지자로 여기고 있다. 이렇게도 저렇게도 대답을 못한다.

27절, 예수께 대답하여 가로되 우리가 알지 못하노라 하니 예수께서 가라사대 나도 무슨 권세로 이런 일을 하는지 너희에게 이르지 아니하리라

결국 그렇게 궁리해서 나온 대답이 "우리가 알지 못하노라."이다. 중도절충형 거짓말이다. 모든 상황을 피해 가고, 가장 조직을 보호하고, 자신들도 보호하는 그러한 거짓말, "우리가 알지 못하노라"고 답했다. 그 때 주님은 말씀하셨다. "나도 무슨 권세로 이런 일을 하는지 너희에게 이르지 아니하리라." 이 대답은 권위로 충만한 말씀이다. 일반적으로 이럴 때 사람들은 알지 못한다고 둘러대거나 "말해 줄 수 없다"라든지, 할 것이다. 그러나 주님은 권위로 충만하시게 대답하셨다. 우리 주님은 그들에게 잘못한 것이 하나도 없다. 너희가 대답하면 나도 대답하리라고 말씀하셨는데 지금 이 사람들이 대답을 하지 않고 거짓말을 하고 있다. 자기들에게 유리하게 하려고 거짓말을 한 것이다.

그 때 예수님은 "나도 너희에게 이르지 아니하리라"고 하셨다. 그러나 사실은 주님의 질문 속에 답변이 들어 있다. "요한이 나에 대해서 뭐라고 증거했느냐? 그가 나를 위해서 보내심을 받았는데 그가 나에 대해 증거한 것이 무엇이냐? 그것을 생각해 보아라." 이것이 답변이다. 이렇게 해서 답변을 안 하는 사람은 저렇게 해도 답변을 하지 않는다. 이렇게 해서 믿지 않는 사람은 저렇게 해도 믿지 않는다. 그런 사람에게 답변은 불필요하다.

이분이 그리스도가 아닌가? 하나님은 세례요한을 먼저 보내셔서 증거하게 하셨다. 사람들이 요한의 증거만을 받았어도 그분을 메시아를 믿을 수 있게 하셨다. 인간이 이런 말로 대답할 수 있는가? 이천 년 전에 이 땅에 이러한 분이 오셨다. 사람으로 이 땅에 사셨다. 이 일이 놀라운 일이 아닌가? 하나님이 아니시면 이런 말씀을 하지 못하신다. 우리는 지금까지 이런 말씀을 일반적으로 읽었다. 결코 인간의 입으로 나올 수 있는 말이 아니다. 너무나 귀한 말씀이다. 주님은 이렇게 해서 그분이 하늘로부터 내려오신 그리스도요, 어린양으로서, 자격있는 분이심을 입증하고 계셨다.

28절, 그러나 너희 생각에는 어떠하뇨 한 사람이 두 아들이 있는데 맏아들에게 가서 이르되 얘 오늘 포도원에 가서 일하라 하니

주님은 그러고서 말을 끝내신 것이 아니다. 다만 그렇게 이야기하고 끝내면 좀 부드럽지 않다. 참으로 주님은 지혜도 있으시고 분명하기도 하시고 그러면서도 온유하시고 사람들에 대한 배려도 있으시고 관용도 있으시고 덕도 있으시다. 그런 인품을 우리는 이 짧은 대화에서 볼 수 있다. 거기서 끝내지 않고 "너희 생각에는 어떠하뇨(what do you think about)?" 하시면서 몇 마디 더 부연 설명을 하신다.

"한 사람이 두 아들이 있는데". 이 말씀도 보통 말이 아니다. 지금 바리새인, 대제사장, 장로, 이 사람들도 다 아들들이다. 이 사람들은 물론 대적하기 위해 주님을 하찮게 여기고 있다. 그래도 주님은 그들 모두들도 자녀로 여기신다. 그들을 자녀로 보시고 있는 것이다. 자녀는 자녀인데 말을 듣지 않는 자녀이다.

"얘 오늘 포도원에 가서 일하라" 내일은 아니다. 밤이 되면 일할 시간이 없다.

오늘 일하라는 말이다. 기회가 있을 때 일하라는 말이다. 이제 시간이 지나면 기회가 없어진다.

29절, 대답하여 가로되 아버지여 가겠소이다 하더니 가지 아니하고

대제사장, 장로들은 다 자녀와 같은데 아버지가 말씀하셨다. "너 오늘 일하지 않으면 기회가 없다."그들은 "아버지여 가겠소이다" 하고 대답을 잘하였지만 가지 않았다. 여기서 킹제임스 역이나 다른 영문 성경을 보면 첫째 아들과 둘째 아들이 바뀌어 있다. 헬라어 성경 사본이 두 종류가 있다. 하나는 맏아들이 먼저 나온다. 맏아들이 간다고 하고서 가지 않은 걸로 나온다. 그런데 다른 성경 사본에는 맏아들이 안 간다 하고서 가는 걸로 나온다. 우리 한글 성경은 바티칸 사본 베일을 택했기 때문에 순서가 이렇게 되어 있다. 나는 순서가 이렇게 된 한글 성경을 더 좋아한다. "아버지여 가겠소이다"라는 말이 헬라어 원문에는 없다. 다만 "예, 주님(yes, sir.)" 이렇게 되어 있다. 그런데 번역하는 과정에서 "가겠소이다(I will go)"라는 말이 들어갔다. 대답은 멋지게 잘 한 것이다. 말하자면 대답은 딱 부러지게 잘 한 것이다. 그런데 문제는 가지 않은 것이다.

"아버지여 가겠소이다 하더니 가지 아니하고". 이것이 문제이다. 간다고 말은 하고서 가지 않는 것이 문제이다. 이것이 무엇인가? 어떤 유형의 사람인가? 믿노라 하고 행동은 하나도 없는 사람들이다. 주님을 위해서 뭐든지 하겠다, 이것도 하고 저것도 하고 목숨까지 바치겠다 하고서 행동은 하나도 없는 것이다. 이것이 문제가 아닌가? 문제가 매우 크다. "주님, 나는 주님이 무엇이든 말씀만 하시면 다 하겠습니다." 말은 아주 시원스럽게 했다. 그런데 행하지 않았다. 대답할 때에는 좋았는데 막상 가려고 하니까 어떤가? 힘이 든다. 대가가 지불되어야 한다.

여기서 가지 않은 사람들은 이 세상의 평안과 안락을 추구하는 사람들, 그러면서도 종교적인 욕심이 있는 사람들이다. 종교적인 욕심이 있기 때문에 "예, 예" 하고 대답은 잘한다. 순종하고 싶은 마음도 있다. 그런데 막상 순종하지는 않았다는 말이다.

30절, 둘째 아들에게 가서 또 이같이 말하니 대답하여 가로되 싫소이다 하더니 그 후에 뉘우치고 갔으니

"둘째 아들에게 가서 또 이같이 말하니". 주님은 어떤 사람에게나 똑같이 말해

주신다. 기회를 부여하시는 주님은 이같이 모든 사람에게 동일하게 기회를 부여하신다. 그러므로 누구도 주님을 탓할 수는 없다. “주님, 저에게는 좀 작게 말씀하셨잖아요? 그래서 잘 못 들었습니다.” 하고 말할 수 없다. 왜냐하면 모든 사람에게 전하는 복음이 같기 때문이다. 주님은 모든 사람에게 동일한 믿음을 주시고 동일한 기회를 주신다. 순종할 수 있도록 똑같이 말씀해주신다. 문제는 우리에게 있다.

“싫소이다”. 이 둘째는 싫다고 했다. 이 사람은 거칠고 퉁명스러운 사람이다. 이런 사람은 사실 세리나 창기와 같은 사람들이다. 이제 뒤에 나온다. 또 한편으로는 이방인이다. 세리나 창기와 같은 자들의 반응은 “싫소이다(no)”이다. 싫다는 것이다. “저 싫습니다. 세상이 좋습니다. 죄를 좀 짓고요. 세상의 쾌락을 좀 누리고요. 영화 구경도 좀 하고요.” 등이다. 이런 사람들이 둘째 아들의 유형이다. 그런데 그 후에 뉘우치고 갔다. 그 후에 뉘우치고 가는 것이 귀한 것이다. 말은 불순종하는 말을 내뱉었다. “싫어요. 아버지, 저 안 가겠어요.” 하고서 자기 하고 싶은 것을 했다.

영화 구경도 가고 야구장에 가서 소리도 질러보고 강가에 가서 낚시도 좀 해보고 골프도 해보고 다 했다. 그런데 공허하더라는 것이다. 그래서 누가복음 15장에 있는 탕자 같은 마음이 생긴 것이다. 처음에는 싫다고 했다가 그 후에는 뉘우치고 포도원에 들어간 것이다.

31절, 그 둘 중에 누가 아비의 뜻대로 하였느뇨 가로되 둘째 아들이니이다 예수께서 저희에게 이르시되 내가 진실로 너희에게 이르노니 세리들과 창기들이 너희보다 먼저 하나님의 나라에 들어가리라

지금 우리 주님은 대제사장과 장로들을 앉혀 놓고 문답 교육을 새로 시작하시고 있다. 원래는 성전에 다른 무리가 있어서 주님에게 잘 듣고 있었다. 그런데 학습하는 학생들이 더 추가된 것이다. 주님은 일방적으로 가르치시기만 하는 것이 아니라 이야기를 좀 하시다가 질문도 하신다. 여기서 우리는 주님의 대화에서 중요한 원칙 하나를 배운다. 질문자들 스스로 결론을 도출하도록 하는 방식이다. “그 둘 중에 누가 아비의 뜻대로 하였느뇨?” 주님이 질문하시는 것은 결코 어려운 것이 없다. 답변하기가 어렵지 않다. 누가 아버지의 뜻대로 하였느냐? 그러자 이 사람들은 당연하게 “둘째 아들입니다.” 하고 대답했다. 그러자 예수님이 그들에게 “세리들과 창기들이 너희보다 먼저 하나님의 나라에 들어가리라.”고 말씀하셨다.

여기서 주님은 천국이라고 하지 않고 하나님의 나라라고 했다. 한 단어 한 단어가 사용하는 것이 중요하다. 천국이라고 했다면 의미가 달라진다. 하나님의 나라는 거듭나지 않으면 들어갈 수 없다(요 3:3, 5). 천국 안에는 가라지가 있는 것이다(마 13장, 가라지 비유 참조). 여기 언급된 하나님의 나라는 왕국의 영적인 실제를 가리키고 있다.

진리는 이렇게 힘이 있는 것이다. 이렇게 진리를 가지고 있는 사람이 힘이 있다. 몇 마디 대화에서 전세가 역전되고 있다. 처음에는 대제사장과 장로들이 주 예수님께 "네가 뭐냐?" 하는 식으로 왔다. 그런데 이제는 그들이 조용하게 학생이 되었다. 주님의 말씀을 듣는 수밖에 없다. 주님 안에는 진리가 있기 때문이다.

"진실로 너희에게 이르노니 세리들과 창기들이 너희보다 먼저 하나님의 나라에 들어가리라". 여기서 주님의 말씀은 대제사장과 장로들에게 "너희는 맏아들과 같은 사람들이다. 말로는 하나님을 섬긴다 하고 하나님께 영광을 돌린다고 하지만 실지로 하나님이 오셨을 때 하나님의 말씀을 받지 않고 복종치 않는 사람들이다." 라고 하신 것이다. 요한복음 9장을 보면 바리새인들이 소경에게 '너는 하나님께 영광을 돌리라'고 했다. 이 사람들이 말로는 하나님을 최고로 잘 섬기는 사람들이다. 맏아들 같은 사람들이다. 이것이 당시로 말하면 장로, 대제사장, 서기관들이고 둘째 아들은 세리나 창기들이다. 또 온 땅을 다 포함해서 생각하면 맏아들은 유대인이고 둘째 아들은 이방인이다. 이 두 가지를 다 의미하는 것이다.

32절, 요한이 의의 도로 너희에게 왔거늘 너희는 저를 믿지 아니하였으되 세리와 창기는 믿었으며 너희는 이것을 보고도 종시 뉘우쳐 믿지 아니하였도다

이제 주님이 결론을 내려주신다. "요한이 의의 도로 너희에게 왔거늘". 앞에서 요한의 이야기를 시작하신 것을 요한의 세례가 하늘로서냐 사람에게로서냐 여기 와서 답변을 내려주시는 것이다. 침례자 요한은 이 땅에 와서 의를 말했다. 백성들의 마음을 의(義)로 돌이키기 위해 의(義)의 도(道)를 전파하러 왔다. 이것은 누구든지 인정하는 바이다. 그런데 "너희는 저를 믿지 아니하였으되". 여기에 있는 장로들, 대제사장들, 바리새인들, 서기관들은 믿지 않았다는 말이다. 그들은 요한의 세례를 받지 않았다. 그의 전파도 믿지 않았다. 그러나 세리와 창기는 믿었다. "너희는 이것을 보고도 종시 뉘우쳐 믿지 아니하였도다". 무엇을 보고도 뉘우쳐 믿지 않았다는 말인가? 창기와 세리가 돌이키는 것을 보고도 그러했다는 말이다. 그들은 첫째로 요한의 의의 도를 받고도 믿지 않았으며, 세리와 창기들이 믿는 것을 보고도 뉘우쳐 믿지 않았다는 것이다. 이것이 그들의 강퍅함이다. 자신들보다 훨씬 죄인들이 믿고 회개하였는데 그들은 믿지 않았다.

생각해 보라! 요한이 의의 도를 가지고 왔을 때, 의를 전파하도록 주님의 보내심을 받았을 때, 당시에 죄를 짓고 있던, 둘째 아들같이 싫소이다 하던 세리와 창기들은 하나님에 의해 보내심받은 의의 종의 말을 듣고 회개하고 믿었다. 그런데 백성의 지도자라는 사람들은 이 세리와 창기들이 회개하는 것을 보고도 뉘우치지 않았다. "뭐라고? 그 사람들이 믿었다는 말이야? 그 죄인들이?" 이 정도이다. 이것이 얼마나 큰 죄악인가? 얼마나 큰 완악함인가? 얼마나 큰 교만인가? 하나님의 역사가 현저하게 일어나고 있는데 그들은 믿지 않았다.

33절, 다시 한 비유를 들으라 한 집 주인이 포도원을 만들고 산울로 두르고 거기 즙 짜는 구유를 파고 망대를 짓고 농부들에게 세를 주고 타국에 갔더니

우리 주님은 한번 대화를 시작하시면 완전하게 하신다. 완벽하게 상황을 마무리지어 주신다.

구약 성경을 읽어보면 이스라엘은 하나님이 심으신 포도나무이다. 주님은 이스라엘을 가리켜 포도원이라고 여러 번 말씀하셨다. 이사야 5장에도 있고 시편 80편에도 그런 말이 있다. 그런데 하나님께서는 포도원을 만들 뿐 아니라 그것을 산울로 둘러 주셨다. 하나님께서는 항상 그분의 백성을 보호하신다. 구약에서는 이스라엘 백성을 율법으로 보호하셨다. 어떤 식으로든 주님은 그분의 백성을 보호하신다.

"즙 짜는 구유를 파고" 그들이 포도주를 생산할 수 있도록 그러한 장소를 만들어주셨다. 그것이 제단이 되었든 뭐가 되었든 자신들을 드려서 산출품을 낼 수 있도록 그러한 것을 만들어주신 것이다. 또 망대가 있다. 사전에 적의 침입을 예방할 수 있도록 망대를 세워주신 것이다. 이렇게 온전하게 해주셨다. 포도원을 가꿀 수 있도록 온갖 것을 다 갖추어서 완전하게 해 주셨다는 것이다. 예를 들어, 어느 집에 가서 살라고 했는데 그 집에 아무 세간도 없다면 살 수가 없다. 그러나 주님은 이스라엘 백성이 거기서 뭐든지 할 수 있도록 다 마련해주셨다.

"농부들에게 세를 주고 타국에 갔더니". 당시의 대제사장과 장로들, 그리고 오늘날 교회 인도자들이 알아야 할 것은 주님이 세(貰)로 주셨다는 것이다. 파신 것이 아니다. 세(貰)라는 것은 언제든지 주인이 와서 회수할 수 있다. 소유자는 주님이시지 완전하게 당신에게 넘긴 것이 아니다. 그런데 어떤 집에 세로 든 사람이 그 집에 오래 살다 보면 자기 것인 줄 안다. 이것이 문제이다. 지금 장로들이나 대제사장들은 이스라엘 백성들, 종교 활동, 성전의 활동이 다 자기 것인 줄 착각하고 있다. 세로 받았다는 것을 생각지 못하고 있다. 세 주신 분이 와서 말하고 계신 것을 모르고 있는 것이다.

34절, 실과 때가 가까우매 그 실과를 받으려고 자기 종들을 농부들에게 보내니

구약에서 하나님은 종들을 보내셨다. 이사야도 보내고 예레미야도 보내고 스가랴도 보내고 많은 종들을 보내셨다. 그런데 하나님은 포도원을 만들어 주자마자 즉시 보낸 게 아니라 실과 때에 보내셨다. 지금 즈음은 열매를 맺겠지 하고 보내셨다는 말이다. 이렇게 주님은 모든 일을 인내로 가장 합당한 절차를 갖추어서 하신다. 그때는 응당 실과를 맺어야 할 때이므로 그분의 종들을 보내신 것이다.

35절, 농부들이 종들을 잡아 하나는 심히 때리고 하나는 죽이고 하나는 돌로 쳤거늘

"농부들이 종들을 잡아 하나는 심히 때리고" 예레미야는 심히 맞은 적이 있다. "하나는 죽이고" 이사야는 죽었다. "하나는 돌로 쳤거늘" 사가랴가 돌로 맞은 적이 있다. 하나님께서 실과 때가 되어 소출을 좀 받아보려고 종들을 보내셨는데 그 포도원을 세로 얻은 사람들이 그 종들을 때리고 죽였다. 하나님께서 보내신 종들을 그렇게 했다는 말이다. 지금 주님은 세 준 주인으로서 이 전세입자인 이스라엘이 한 일들을 말해주고 있다. 지금은 그 자손들이 그분 앞에 서있다.

36절, 다시 다른 종들을 처음보다 많이 보내니 저희에게도 그렇게 하였는지라

나중에는 종들을 좀 더 많이 보냈다. 적게 보내거나 많이 보내거나 똑같은 방식으로 그들을 돌로 치고 죽이고 했다. 주님은 이스라엘과 유다에게 점점 더 많은 선지자들을 보내셨다. 소선지서들을 읽어보라! 이렇게 짧은 말로 전 구약을 정리하여 말씀하시는 것을 보라! 이분이 누구인가!

37절, 후에 자기 아들을 보내며 가로되 저희가 내 아들은 공경하리라 하였더니

이제 최후로 자기 아들을 보내신 것이다. 포도원 주인이 누구인가? 하나님 아버지이시다. 하나님 아버지께서 선지자들을 계속 보내시다가 최후로는 포도원의 소출을 얻으려고 그분의 아들을 보내셨다. 예수는 주인의 아들이시다. 자기 아들을 보내시면서 아들은 공경하겠지 하셨던 것이다. 혹 선지자들은 소홀히 했을지라도 아들은 소홀히 해서는 안 되는 분이다.

"너희는 아들에게 입맞추라"는 말씀이 시편 2편에 있다. 아버지를 공경하는 자는 아들을 공경하게 되어 있다. 하나님이 아들을 이 땅에 보내신 것은 그를 공경하게 하기 위해서이다. 그를 높이게 하려는 것이다.

38절, 농부들이 그 아들을 보고 서로 말하되 이는 상속자니 자 죽이고 그의 유업을 차지하자 하고

여기서 대제사장과 장로들은 결국 예수님을 죽인 자들이다. 이 사람들이 며칠 뒤에 이 예수님을 죽일 사람들이다. 이 사람들이 왜 주 예수님을 죽이는가를 말씀해주고 있다. "이는 상속자니 자 죽이고 그의 유업을 차지하자." 결국 예수님을 죽인 것은 무엇 때문인가? '시기' 때문이다. 자신들의 조직과 단체의 사람들이 다 자기들의 말을 듣고 있었다. 그것이 자기들의 기업이 되어버린 것이다. 하나님께서 경작하라고 세(貰)로 주신 포도원이 자기들의 기업이 되어 버렸다. 그래서 주인의 아들이 와도 "아들 필요 없어. 우리가 잘해서 먹고 살아야겠어. 제일 문제가 되는 것이 누구인가 했더니 아들이군. 이 아들만 없애면 이 모든 것은 우리 것이야." 이 기업과 조직에 가장 방해가 되는 존재가 이 '아들'이라고 생각한 것이다. 그래서 이 아들만 적절하게 조치하면 이 포도원, 이 기업은 다 그들의 것이 될 거라는 속셈에서 예수를 죽인 것이다. 이러한 동기는 깊은 속에 감춰어져 있다. 그런데 주님이 지금 오픈해서 말씀해주고 있는 것이다. 여러분, 두렵지 않은가? 그러기 때문에 단체를 위하는 것, 조직을 위하는 것은 굉장히 무서운 일이다. 그것을 결국 자신들의 권익을 위한 것이고 그 모든 유업의 주인인 아들을 시기하게 되는 것이다.

결국 하나님이 보내신 종들, 선지자들을 받지 않은 사람들이 누구를 받지 않았는가? 하나님의 아들을 받지 않았다. 선지자들을 잡아 죽인 사람들이 결국 누구를 잡아죽였는가? 하나님의 아들을 잡아 죽였다. 선지자들을 거절한 자들이 누구를 거절했는가? 아들을 거절했다. 결국 아들을 거절한 자들은 하나님을 거절한 것이다. 왜 거절했는가? 포도원을 자기네들 것으로 만들어 버리려고, 아주 확고하게 지켜보려고 한 것이다. 이 사람들은 예수님이 성전에 와서 백성들을 가르치시는 것을 보고 그들이 주 예수님의 가르침을 듣는 것이 싫었다. 그들은 "백성들이 예수님의 가르침을 받고 예수님의 영향을 받으면 우리의 설 땅은 어디야? 이 작은 사람이 와서 우리가 지금까지 가꾸어 놓은 종교를 무너뜨리고 있네. 감히 어디라고 와서 이러는 거야."

39절, 이에 잡아 포도원 밖에 내어쫓아 죽였느니라

포도원은 사실 예루살렘을 의미한다. "포도원 밖에 내어쫓아" 주 예수님은 예루살렘 성문 밖으로 내어쫓김을 당하셨고 거기서 십자가에 못박혀 죽으셨다. 왜 그랬을까? 그들의 시기 때문이다. 그들의 종교를 보호하려고 시기로 예수님을 포도원 밖으로 내어쫓아 죽인 것이다. 주님은 당신이 당할 일을 차분하게 하나하나 말씀하고 계신다.

40절, 그러면 포도원 주인이 올 때에 이 농부들을 어떻게 하겠느뇨

여기서 여러분은 기억하기 바란다. 이 포도원을 세로 주신 주인이 언젠가 오신다. 반드시 오신다. 그 포도원은 그들의 것이 아니었다. 이 포도원이 누구 것인가? 오늘 우리가 교회를 섬기지만 교회는 우리의 것이 아니다. 우리는 세(貰)로 얻어 잠시 경작하는 관리인에 불과하다. 그것은 우리의 소유가 아니다.

언젠가 포도원 주인이 오신다. 주님은 포도원 주인이 오실 때 이 농부들을 어떻게 하겠느냐고 이들에게 물으셨다. 하나님이 포도원 주인이신데 주인이 소출을 얼마간 받아보려고 계속 종들을 보냈더니 죽이고 돌로 치고 때렸다. 그런 다음 자기 아들을 보내니까 포도원 밖으로 내쫓아 죽였다. 그러면 포도원 주인이 와서 이 농부들을 어떻게 하겠는가? 그들이 대답했다.

41절, 저희가 말하되 이 악한 자들을 진멸하고 포도원은 제 때에 실과를 바칠 만한 다른 농부들에게 세로 줄지니이다

이때까지만 해도 이들은 이 악한 자들을 자기들에게 적용하지 않았다. "그럴 리가 있나? 하나님께서 주실 복이 있다면 우리같이 참으로 하나님을 위하는 사람들이 받아야 해. 세상에 그런 악한 사람이 있을 수가 있나? 그런 사람이 있다면 당연히 진멸을 당해야지." 그리고 "포도원은 제 때에 실과를 바칠 만한 다른 농부들에게 세로 줄지니이다."라고 대답했다. 사람이란 자기가 아무리 악해도 자신이 악하다고 생각하지 않는다. 여러분이 만일 어떤 회사든지 단체에 가서 제일 말썽꾼에게 자신이 나쁜 사람인가를 자인하는가 확인해본다면 놀랄 것이다. 오히려 악하고 문제가 많은 사람들은 자신이 매우 좋다고 생각하는 경향이 있다. 그들이 그렇게 답변하자 예수님은 거기에 대해서 한 마디도 하지 않으셨다.

42절, 예수께서 가라사대 너희가 성경에 건축자들의 버린 돌이 모퉁이의 머릿돌이 되었나니 이것은 주로 말미암아 된 것이요 우리 눈에 기이하도다 함을 읽어 본 일이 없느냐

시편 118편에 있는 말씀이다. 시편 118편의 그 구석에 있는 말씀을 여기서 인용하여 적절한 때에 사용하시는 주님! 그 누가 성경을 알아도 이렇게 알 수 있겠는가? 이 말씀을 읽어보자. 21절, "주께서 내게 응답하시고 나의 구원이 되셨으니 내가 주께 감사하리이다". 22절, "건축자의 버린 돌이 집 모퉁이의 머릿돌이 되었나니". 23절, "이는 여호와의 행하신 것이요 우리 눈에 기이한 바로다". 바로 이 말씀을 이 장면에서 인용하셨다. 이것을 읽어본 일이 없느냐는 것이다. 건축자의 버린 돌, 주님은 이스라엘의 대제사장들과 장로들을 건축자들로 비유하신다. 이들은 참으로 건축을 해야 할 사람들이다. 그런데 이 건축자들이 돌을 요긴하게 사용해서 건축해야 하는데 돌을 버렸다.

그런데 건축자들의 버린 그 돌이 모퉁이의 머릿돌이 되었다. 이것은 사도 바울이 에베소서에서 말하고 있다. 주님의 교회, 하나님의 성전은 이방인과 유대인이 하나로 건축하는데 유대인과 이방인을 하나 되게 연결하는 것이 바로 모퉁이돌이다. 집마다 서로 연결되어 주 안에서 성전이 되어 가고 예수 그리스도는 그 모퉁이돌이 되셨다고 했다. 그런데 이 하나님의 전을 건축하기 위한 모퉁이 돌은 어디서 나오는가? 건축자들이 버린 돌에서 나온다.

지금 여기에 있는 건축자들 바리새인들, 서기관들, 장로들, 대제사장들 이 귀한 돌을 버리고 있는 장면이다. 그것을 주님이 말씀해 주시고 있다. "건축자들의 버린 돌이 모퉁이의 머릿돌이 되었나니 이것이 주로 말미암아 된 것이요." 자, 이것은 대제사장이나 장로들이나 서기관들 때문에 되어진 일이 아니라는 말이다. 그렇게 되는 사건은 여호와로 말미암은 것이라고 하신다. 이러한 말씀을 하나님께서 하신 것이다. 얼마나 놀라운가? 이것은 주님으로 말미암아 된 것이고 우리 눈에 기이하다. 참으로 기이한 것은 이런 일이다. 건축자들이 건축을 잘 해서 집이 이루어지면 기이할 것이 없다.

그런데 주님의 건축은 건축자들이 버린 돌이 요긴한 모퉁이의 머릿돌이 되어 건축이 이루어지더라는 것이다. 그래서 이것은 여호와로 말미암아 된 것이고 우리 눈에 기이한 것이다. 주님이 바로 이 장면에서 이 말씀을 인용하시면서 너희들 이것을 읽어본 적이 있느냐고 물으셨다. 그러므로 어떤 사람들은 아무리 성경을 읽어도 소용이 없다. 사실 이 사람들은 성경을 잘 안다는 사람들이 아닌가?

성경 말씀을 읽는 것은 물론 중요하다. 이해하는 것도 필요하다. 아는 것도 필요하다. 그러나 성경을 안다고 해서, 이해했다고 해서 되는 것이 아니다. 여기 이 사람들은 성경을 알았다. 유대인들이 이 말씀을 모를 리가 없다. 문제는 무엇인가? 그 뜻을 깊이 있게 인식하는 가운데서 마음속 깊이 받아들였는가이다. 순종하는 마음으로 받아들였는가이다. 그 말씀을 내 것 삼고 지키지 않으면 소용 없는 것이다.

나는 그날 주님을 만날 때 어떤 일이 발생될 것인가를 생각해본다. 많은 사람들이 슬피 울며 이를 갈 것이라고 했는데, 왜 슬피 울며 이를 가는지 알려드리겠다. 여러 부류가 있는데 그 중에 가장 크게 이를 가는 경우는 몰라서 못 지킨 것이 아니다. 그것은 그리 억울하지 않다. 그러나 그 말씀을 내가 알고 이해했다고 생각했는데 이제 보니 그게 그런 말이 아니었네 하는 것이다. 오늘날 사람들이 성경을 많이 읽어도 한 귀로 들어왔다가 다른 쪽 귀로 나간다. 이것이 큰일이다.

예를 들어서 고린도 전서 7장에 이런 말씀이 있다. "… 아내 있는 자들은 없는 자같이 하며… 매매하는 자들은 없는 자같이 하며 세상 물건을 쓰는 자들은 다 쓰지 못하는 자같이 하라 이 세상의 형적은 지나감이니라"(29-31절). 이러한 말씀이 있다는 것을 아실 것이다. 아는데 세상 물건을 왜 그렇게 귀하게 여기는가? 그러한 말씀이 마음속에 중요하게 들어오지 않았기 때문이다. 말씀은 말씀이고 세상 물건은 세상 물건이다. 이 귀한 재산, 이 자동차, 너무 아깝다.

어떤 사람은 차를 사고 너무 좋은 나머지 하루는 밤에 들어오지 않아서 보니 차 안에서 자더라는 것이다. 실지로 이런 일이 있다. 세상 물건을 쓰는 자들은 다 쓰지 못하는 자같이 하라. 아내 있는 자들은 없는 자같이 하라. 이러한 말씀들을 알기는 알았는데 다 귓가에 스쳐지나간 것이다.

그때 주님 앞에 가게 되면 이런 말씀들이 다 참된 말씀으로 다가오는 것이다. "아, 내가 왜 저 말씀들을 소홀히 여겼을까!" 이런 후회가 있지 않겠는가? 힘을 다하고 뜻을 다하고 성품을 다하여 여호와 너희 주를 사랑하라고 하셨다. 힘이 있을 때는 축구하고, 야구한다고, 나가 노느라고 다 보내고 이제 기운이 다 빠졌다. 이가 빠져서 말도 잘 안 나온다. 복음을 전하려고 하니 기력이 따라 주지 않는다. 그때 가서 말씀이 생각나는 것이다. 힘을 다하라는 말씀을 왜 진즉 못들었을까? 내 힘 다 어디로 갔지? 다 잃어버렸다. 그래서 이 말씀을 알고 이해한다고 되는 것이 아니라는 말이다.

대제사장과 장로들은 이 말씀을 다 듣고 아는 사람들이다. 그런데 설마 그 말씀이 바로 이런 말일까 하면서 말씀을 멀게 생각한 것이다. 말씀을 편리한 장식품으로 둔 것이다. 결과적으로 어떻게 되었는가? 완전히 망했다. 그래서 주님이 이 말씀을 읽어본 적이 없느냐고 하신 것이다.

43절, 그러므로 내가 너희에게 이르노니 하나님의 나라를 너희는 빼앗기고 그 나라의 열매 맺는 백성이 받으리라

"하나님의 나라를 너희는 빼앗기고" 여기서 또 한 마디 하겠다. 이스라엘 백성은 선민이 아닌가? 하나님께서 그들을 택하셨다. 그들에게 언약을 주셨다. 약속을 하셨다. 그들이 하나님의 말씀을 맡았다고 했다(롬 3:2). 그런데 그러한 백성들을 하나님께서 어떻게 하셨는가? 그들은 아마 이렇게 생각할지 모른다. "우리가 아무리 잘못하고 잠시 불순종한다 하더라도 하나님이 우리를 어떻게 하시겠어? 하나님이 우리를 회복하여 쓰시지 않으면 하나님께는 길이 없어." 또는 "우리가 하나님의 백성인데, 우리가 하나님의 선민인데, 약속을 받은 사람들인데 하나님께서 우리를 그래도 계속 인도해주셔야 하지 않겠어?"

구약에서는 수없이 잘못하고 또 잘못하고 그래도 하나님께서 "얘야, 돌아오너라." 하시며 다시 회복해 주시고 또 회복해 주시곤 하셨다. 그런데 주님이 여기서 뭐라고 하셨는가? "하나님의 나라를 너희는 빼앗기고 그 나라의 열매 맺는 백성이 받으리라." 누가 이 권리를 갖고 계신가? 주인이신 하나님께서 갖고 계신다. "네가 계속 열매를 맺지 않으면 나는 열매 맺는 백성을 다시 세우겠다." 그렇게 할 수 있는 권리가 하나님께 있다. 여기서 이제 유대인들을 떠나서 이방인들에게로 향하고 있다. 그 백성들이 열매를 맺도록 이렇게 역사하고 계신다. 두렵지 않은가? 그들이 그리스도를 버린 결과 복음은 오늘 날 우리에게 도달한 것이다. 오늘 날도 한 단체에 부흥이 있었고 주님이 현저하게 함께 하신 흔적이 있을지라도 계속적으로 완고하게 되고 불순종할 때 그분은 그들을 버리시고 다른 이들에게 그 축복을 넘기신다는 것을 경고로 받아들여야 한다.

44절, 이 돌 위에 떨어지는 자는 깨어지겠고 이 돌이 사람 위에 떨어지면 저를 가루로 만들어 흩으리라 하시니

이 주님은 버려진 돌이시다. 건축자들에 의해 버려진 돌이시다. 주님은 자기를 돌로 인정하고 계시는 것이다. 그런데 이 돌 위에 떨어지는 자는 깨어지겠고 이 돌이 사람 위에 떨어지면 저를 가루로 만들어 흩으리라 하셨다. 우리 주 예수님은 버려진 돌이시지만 열국을 쳐서 가루로 만들어 흩어버릴 사람의 손으로 하지 아니한 뜨인 돌이시다. 이분을 어떻게 대하느냐에 따라서 살고 죽는 문제가 결정되는 것이다.

45-46절, 대제사장들과 바리새인들이 예수의 비유를 듣고 자기들을 가리켜 말씀하심인 줄 알고 잡고자 하나 무리를 무서워하니 이는 저희가 예수를 선지자로 앎이었더라

이제 이 사람들이 좀 알아들었다. 대제사장들과 바리새인들은 예수의 비유를 듣고 자기들을 가리켜 말씀하신 줄 안 것이다. 이때에 와서야 알았다. "아, 이 말이 우리에게 한 것이구나." 그런데 그들은 알아도 회개하지 않았다. 결코 회개하지 않는다. 이 악한 사람들이 회개하지 않는 것을 보라. 도리어 예수님을 잡으려고 했다. 회개하기는 커녕 예수님을 잡아 없애려고 했다.

"무리를 무서워하니". 그들은 예수님도 무서워하지 않고 진리도 무서워하지 않는다. 하늘도 무서워하지 않고 의도 무서워하지 않는다. 양심도 무서워하지 않는다. 무서워하는 것이 오직 한 가지가 있다. 무엇인가? 백성이다. 무리를 무서워한다. 왜 그런가? 이 땅에서의 존립과 생존만을 주의하는 신앙이기 때문이다. "이는 저희가 예수를 선지자로 앎이었더라." 그들이 예수님을 하나님의 아들로 안다면 얼마나 좋겠는가? 그래도 백성들은 주 예수님에 대해서 좋은 인식을 갖고 있었다. 선지자로 안 것이다. 그러니 대제사장들과 장로들이 예수님을 선뜻 잡을 수가 없었다. 그러나 결국은 사랑하는 제자 중 하나에게 배반을 당하고 팔리신다. 그리고 십자가에서 죽으시게 된다.

우리는 21장을 마치면서, 이분이 누구신가? 참으로 이분은 보통 사람이 아니시다. 이렇게 말할 수 있는 사람이 이 세상에 이분 말고 또 있겠는가? 나는 찾지 못할거라고 생각한다. 이분이 하나님의 아들이 아니신가? 우리는 이분 앞에 무릎을 꿇어야 하지 않겠는가? 이천년 전 이 땅에 사람들 가운데 기묘하고 비밀스럽고 지혜로운 분이 사셨다는 것, 존재하셨다는 것이 경이롭다. 그러한 그분이 사람들과 대화를 나누셨다. 그 말을 이천 년이 지난 오늘 우리가 읽고 있다. 읽어볼수록 그분의 비범하심, 그분의 뛰어나심, 하늘로부터 온 지혜를 감상하지 않을 수 없다. 이러한 지혜는 누구도 가질 수 없다. 여러분 중에 어떠한 사람도, 선지자도 이런 말을 할 수 없다. 어떤 지혜자도 이런 말을 할 수 없다. 그러기에 우리는 그분이 하나님의 아들이라고 믿는다.

예수님을 보통 사람이라고 생각하지 말라. 일반 사람 중에 하나라고 생각하지 말라. 그저 훌륭한 사람이라고 말하지 말라. 4대 성인 중 하나라고 말하지 말라. 하늘에서 내려오신 분이 아니면 이런 말을 절대 하지 못한다. 이러한 분이 이렇게 말씀하시고서 불과 이삼 일 뒤에 붙잡혀서 골고다에서 십자가에 못박혀 죽으셨다. 우리가 이분을 깊이 믿고 사랑해야 하지 않겠는가? 이분을 죽기까지 따라야 하지 않겠는가? 이 세상에 이분보다 귀하신 분은 없다. 주님께서 이 마지막 시대에 참으로 우리 마음을 주님께로 더 이끌어 주시기 바란다.

22 장

마태복음 21장 후반부에서 대제사장들과 장로들이 성전에서 가르치시는 예수께 도전했다. 당신에게 누가 이러한 권세를 주었느냐고 물었다. 그때 주님은 그들에게 다시 질문하셨고 그들은 모른다고 거짓말을 했다. 주님도 대답지 않으시고 두 가지의 비유를 주셨다. 잘 들어보면 사실 주님의 질문 속에 답변이 들어있다. 요한의 세례가 하늘로서냐 사람에게로서냐.

그리고 두 비유를 주셨는데 둘 다 포도원에 관한 것이다. 첫 번째는 맏아들과 둘째 아들의 비유이고, 그 다음은 주님이 포도원을 농부들에게 세로 주고 타국으로 떠났다가 열매를 얻으려 하여 그 종들을 보내셨을 때 포도원을 세로 얻은 사람들이 그 종들을 죽이고 아들까지 죽여서 세를 준 집 주인이 그들을 진멸하고 다른 농부들에게 세를 주겠다고 하신 말씀이다.

이제 보게 될 22장은 그 장면에서 계속 이어 말씀하신 것이다. 그들은 처음에 그 말씀이 자신들에 대한 것인줄 몰랐다가 나중에 자기들에 대한 말이라는 것을 알았다. 대제사장들과 장로들은 예수를 잡으려 했다. 그러면서도 백성을 무서워해서 차마 그때는 잡지 못했다.

1절, 예수께서 다시 비유로 대답하여 가라사대

여기 '다시'라는 말은 앞의 두 비유를 말씀하시고 이제 또 하나를 추가하고 있다는 말이다. 그래서 22장의 비유는 21장의 두 가지 비유에 추가된 것이다. 주님은 이 사람들의 질문, '누가 준 권세인지, 그리고 무슨 권세인지'에 대해 두 가지 비유를 주셨고 이것이 세 번째이다. 그런데 여기서 "비유로 대답하여 가라사대"라고 했다. 주님이 대답하셨다는 것이다. 그러면 바리새인이나 대제사장이나 장로들이 예수님께 정식으로 질문했는가? 그들은 다만 어떻게 하면 예수님을 잡을꼬 하고 생각했다. 굳이 말한다면 시비를 건 것이다. 그들은 주님이 사람들을 가르치고 말씀하실 권세가 없다고 단정짓고 있었다. 여기서 대답이라는 말은 그들이 물었기 때문에 한 것이 아니다. 그들이 잡으려 했지만 잡지 못하고 예수님에 대해 악한 생각을 가지고 있었다. 여전히 주님의 말씀을 받아들이지 않고 도리어 예수님을 공격하고 잡으려는 마음으로 가득하다. 여기의 대답이라는 말은 그러한 그들의 바르게 이해하지 못한 생각에 대한 대답이라는 말이다. 여기서 예수님은 다시 비유로 대답하셨다.

2절, 천국은 마치 자기 아들을 위하여 혼인 잔치를 베푼 어떤 임금과 같으니

예수님은 천국에 대한 비유를 말씀하셨다. 천국은 교회와 다른 것이다. 어떤 부분에서는 같고 일치된 부분도 있다. 천국 안에는 가라지가 있지만 하나님의 보편적인 교회 안에는 가라지가 없다. 그리스도로부터 나온 것이 교회이다. 그리스도의 성분이 아닌 것은 교회가 될 수 없다. 천국이란 하나님이 다스리시는 영역, 하늘이 다스리는 영역이다. 그런데 신약에서 천국에는 가라지도 있다고 했다. 그래서 주님의 참된 백성들은 천국의 외형 안에 감춰어져 있는 것이다. 이렇게 천국과 교회는 영적인 부분에서 일치되는 부분도 있지만 어떤 부분에서는 일치되지 않는다. 우리는 이런 것을 잘 이해해야 한다. 바울은 교회 안에 음행하는 자 탐람하는 자 우상숭배하는 자 후욕하거나 술취하는 자 등은 사귀어서도 안되고 악한 자들에 대하여 내어쫓아야 한다고 말했다(고전 5:7-13). 그러나 마태복음 13장의 천국의 비유에서 천국에 대하여 가라지를 추수때까지 뽑지 말고 함께 자라게 두라고 하셨다(마 13:29-30).

여기서 주님은 교회로 비유하지 않으시고 천국으로 비유하셨다. "천국은 마치 자기 아들을 위하여 혼인 잔치를 베푼 어떤 임금과 같으니". 이 혼인 잔치는 복음이다. 복음은 쉽게 말해서 왕의 혼인 잔치이다. 혼인 잔치는 풍성한 것이다. 그것도 하인의 혼인 잔치가 아니라 왕의 혼인 잔치이니 얼마나 풍성하게 차렸겠는가? 그러므로 복음은 다만 죄 사함을 받고 천당에 들어가는 것만이 아니다. 복음이 포함하는 내용은 너무나 풍성하다. 그래서 복음을 왕의 혼인 잔치로 비유하신 것이다.

그런데 우리는 이 복음의 목적을 알아야 한다. 많은 사람들은 복음을 자신을 위한 것으로 한다. '내'가 죄 사함 받고 멸망하지 않고 심판받지 않고 하늘나라에 간다는 것을 강조한다. 그런데 그것은 복음의 궁극적인 목표를 모르는 것이다. 여기서 주님은 어떤 임금이 혼인 잔치를 베풀었는데 바로 '자기 아들'을 위해서라고 하셨다. 복음의 궁극적인 목표는 아들을 위한 것이다. 예수 그리스도, 하나님의 아들을 위한 것이다. 그분을 기쁘게 하고 만족하게 하는 것이다. 결국 신부가 예비 되어서 신랑이신 아들 그리스도께 인도될 때 하나님의 아들 그리스도는 온전히 만족하신다. 하나님께서는 그분의 아들을 기쁘게 하길 원하신다. 우리는 이 아들을 위해 복음을 영접한 것이다. 그래서 여기 하늘에 있는 왕이 베푼 풍성한 혼인 잔치가 있다. 이러한 풍성한 혼인 잔치를 베푸시고 그 왕이 종들을 보냈다.

마태복음 22장의 이 비유를 말씀하신 것은 주님이 돌아가시기 불과 이삼 일 전의 일이다. 사람들은 성경을 읽을 때 이런 것을 생각하지 못한다. 그저 읽고서 참 좋은 말씀이라고 한다. 여기 장로들과 대제사장들 앞에서 차분하게 비유로 말씀하신 것은 돌아가시기 며칠 전의 일이다. 주님은 모든 것을 아시기 때문에 그분의 운명, 이 땅의 삶이 이틀밖에 남지 않았다는 것을 아신다. 그러나 여기서 차분하게 주님은 그 반대하는 사람들, 대적하는 사람들 앞에서 하나님의 뜻을 펼쳐내고 계신다.

3절, 그 종들을 보내어 그 청한 사람들을 혼인 잔치에 오라 하였더니 오기를 싫어하거늘

이 비유에서 어떤 왕이 혼인 잔치를 베풀고 종들을 보냈다. 하나님께서는 사람들을 구원하고 축복하기 원하셨다. 그것이 복음이다. 복을 주기 원하셨던 것이다. 그래서 혼인 잔치를 베풀고 세례 요한을 보내셨다. 그리고 열두 제자를 보내셨다. 게다가 70 제자들을 보내셨다. 주로 유대인들에게 보내셨다.

"그 청한 사람들을 혼인 잔치에 오라 하였더니". 여기에 청한 사람들이 있다. 이 왕은 누구누구를 혼인 잔치에 초청해야겠다는 명단을 가지고 있는 것 같다. 그 사람들이 혼인 잔치에 오도록 종들을 보냈다. 그랬더니 첫째 반응은 "오기를 싫어하거늘". 오기를 싫어한다고 했다.

기묘한 일이 여기 있다. 이 복음 잔치, 하나님의 복음을 받지 않는 이유의 첫 번째는 오기를 싫어한다는 것이다. 마음이 없다는 것이다. 복음을 멸시하는 것이다. 하나님께서 하시는 일에 별로 관심이 없다. 하나님께서는 사람들을 우대하겠다고 하시는데 사람들은 별 마음이 없다. 따라서 사람들이 멸망하는 것은 하나님께 책임이 있는 것이 아니다. 사람들이 하나님을 멸시하고 그분의 말씀을 듣지 않고 받아들이지 않은 것이다. 사람들은 천국 왕의 초청을 싫어했다.

4절, 다시 다른 종들을 보내며 가로되 청한 사람들에게 이르기를 내가 오찬을 준비하되 나의 소와 살진 짐승을 잡고 모든 것을 갖추었으니 혼인 잔치에

오소서 하라 하였더니

여기에도 보면 청한 사람들이 있다. 이것은 주로 유대인들일 것이다. 하나님은 다시 다른 종들을 보내셨다. 그것은 아마 사도 바울 일행을 의미할 수도 있다. 첫 번째 보낸 요한이나 열두 제자들을 유대인들은 받지 않았다. 그들을 배척했다. 다시 다른 종들을 보냈다고 할 때 이들은 오순절 후에 보내심 받은 사람들을 의미한다. 왜 그렇게 해석할 수 있느냐면 "청한 사람들에게 이르기를 내가 오찬을 준비하되"라고 했기 때문이다. 오찬이란 정찬을 말한다. 그리고 "나의 소와 살진 짐승을 잡고 모든 것을 갖추었으니 혼인 잔치에 오소서 하라"고 했다.

여기서 임금은 이 종들을 보내면서 몇 마디를 하라고 했다. 그것은 내가 오찬을 준비하고 소와 살진 짐승을 잡고 모든 것을 갖추었다는 것이다. 이것은 무슨 뜻인가? 복음을 위해 할 일을 다 했다, 다 갖추었다는 것이다. 여기서 '나의 소와 살진 짐승'은 바로 하나님의 아들 예수 그리스도를 말한다. 주님은 지금 주님을 대적하는 사람들, 유대인들을 향해 말씀하시는 것이다. 예수 그리스도께서 사람들을 구원하시기 위해 살진 소와 같이 잡혀 죽으실 것을 말씀하고 있는 것이다. 사람들의 필요를 채우기 위해서, 풍성한 공급이 되기 위해서 그분이 잡혀 죽으시게 되는 상황이다. 이삼 일 후에는 주 예수께서 십자가에 달리신다. 그분이 달리시는 것은 그분의 살과 피를 사람들의 공급이 되기 위해 주시기 위함이다. 이것이 곧 잔치요 복음인 것이다.

5절, 저희가 돌아보지도 않고 하나는 자기 밭으로, 하나는 자기 상업차로 가고

오순절 후에 사도들이 또 나갔다. 그랬더니 "저희가 돌아보지도 않고 하나는 밭으로, 하나는 상업차로 가고". 밭으로 간 사람은 농부이다. 농부도 바쁘다. 물도 줘야 하고 거름도 줘야 하고 잡초도 뽑아야 하고 많은 일이 있다. 그러다 보니 복음을 들을 시간이 없다는 것이다. 먹고 살기에 바쁘다는 것이다. 또 어떤 사람은 상업차로 갔다. 밭은 농업을 상징하고 상업차는 상업을 상징한다. 농촌 사람, 도시 사람 다 바쁘다. 다 돈 벌기에 바쁜 것이다. 이것은 먹고사는 것과 관계된다. 그것 때문에 복음을 듣지 않고 하나님께서 보내신 종들의 말을 듣지 않는 것이다.

6절, 그 남은 자들은 종들을 잡아 능욕하고 죽이니

여기 남은 자들이 있다. 농촌 사람은 농부이고 도시 사람은 상인인데 또 남은 사람들이 있다. 누구인가? 종교인들이다. 농사도 안 짓고 장사도 안 하는 사람이 누구냐 하면 외식하는 종교인들이다. 바로 지금 예수님 앞에 서 있는 사람들이다. 그들은 종교가 그들의 업(業)이다. 대제사장, 서기관, 바리새인들이 남은 자들이다. 그들은 종들을 잡아 능욕하고 죽였다. 농사짓는 사람들이 죽인 것이 아니고 사업하는 사람들이 죽인 것이 아니다. 믿는다는 사람들이, 하나님을 위한다는 사람들이 와서 종들을 잡아 능욕하고 죽였다. 사도들 중에서 야고보도 죽였고 스데반도 죽였다. 베드로도 죽이려고 했다. 이런 일을 한 사람들이 누구인가? 바로 외식하는 종교인들이다. 농부도 아니고 장사꾼들도 아니다. 그들은 "관심없다. 바쁘다."라고 말했다. 그런데 남은 사람들은 무관심한 게 아니라 관심이 많았다. 대적하는 관심이다.

7절, 임금이 노하여 군대를 보내어 그 살인한 자들을 진멸하고 그 동네를 불사르고

임금이 노했다고 했다. 하나님께서 진노하시는 수가 있다. 구약에서도 하나님께서 진노하실 때가 있었다. 구약 성경을 보면 이스라엘이 바벨론에게 멸망당한 적이 있다. 유다가 마지막으로 멸망할 때 특히 하나님께서 미워하셨던 왕의 죄가 있다. 히스기야의 아들 므낫세의 죄악이다. 므낫세의 죄악이 뭔지 아는가? 무죄한 자의 피를 흘린 것이다. 그래서 하나님께서는 유다와 예루살렘을 멸망하기로 작정하셨다고 했다. 하나님께서는 그분이 보낸 종들을 능욕하고 죽이는 것을 그분의 눈동자를 범하는 것으로 여기신다. 그분의 종들을 상관하는 것에 대해 하나님은 진노하신다.

여기 보라. "종들을 잡아 능욕하고 죽이니 임금이 노하여". 하나님의 종들을 함부로 능욕하는 것은 하나님의 진노를 산다. 하나님께서 보내신 자들에 대해 함부로 하는 것은 참으로 두려운 일이다. 그래서 임금이 군대를 보내어 그 살인한 자들을 진멸했다. 아무나 진멸한 것이 아니다. 시골에 다니면서 농부들을 진멸하고 또 장사꾼들을 진멸한 것이 아니다. 주로 진멸당한 사람들은 살인한 자들이다. 7절의 말씀에 대해 성경학자들은 A.D. 70년 로마 타이터스 장군에 의해 예루살렘이 참혹하게 멸망당한 사건을 말하는 것이라고 한다. 그때 예루살렘이 진멸당하고 불살라졌다.

그 장면을 글로 보겠다. 유대의 역사학자 요세프스라는 사람이 있는데 그는 당시 장군이었다. 그 사람이 쓴 그때의 역사가 있다. 당시 유대인들이 얼마나 참혹하게 죽임당했는지를 보여준다.

"성전이 불에 타자 유대인들은 만 명 정도가 붙잡혀 살해되었고 유대인의 재산은 닥치는 대로 약탈되었다. 유대인은 남녀노소 구별 없이 로마군의 손에 붙잡히면 모두 죽임을 당했다. 노인이건 일반 백성이건 제사장이건 간에 모두가 똑같이 학살되었다. 살려달라고 애원하든지 대들든지 차별을 두지 않고 닥치는 대로 유대인을 학살했다. 불길에 휩싸인 성전에서 내뿜는 연기는 먼 곳까지 퍼졌으며 죽어가는 유대인들의 신음소리는 먼 곳까지 메아리쳤다. 성전이 세워진 산도, 높은 성전 자체의 건물도 컸기 때문에 성전에서 내뿜는 불길과 연기는 멀리서 보는 사람으로 하여금 예루살렘 전체가 불길에 휩싸인 것같이 생각하기에 충분했다. 예루살렘 쪽에서 들려오는 함성과 신음소리는 생지옥을 연상하지 않을 수 없었다. 공격하는 로마군의 고함소리와 불과 적군의 칼에 에워싸여 부르짖는 소리가 한데 뒤섞여 들렸기 때문이다. 게다가 산 위에 있는 백성과 도시에 남아 있는 백성이 순식간에 밀어닥친 절대 절명의 위기 속에서 비명을 질러댔기 때문이었다. 성전이 세워진 산은 온통 불바다를 이루어 끓는 가마솥처럼 보였으며…" 이것이 성전이 불타는 장면이다.

"로마 병사들은 떼를 지어 칼을 빼들고 골목길을 누비며 만나는 유대인들을 닥치는 대로 학살했으며 유대인들이 도망쳐 들어간 집에는 불을 질러 완전히 폐허로 만들었다. 로마 병사들은 약탈하러 집에 들어갔다가 온 식구가 굶어 죽어 다락방까지 시체가 가득한 것을 보고는 망연자실하여 아무 것도 손을 대지 않고 그냥 나오기도 하였다. 그렇다고 로마인들이 살아 있는 유대인들에게 자비를 베푼 것은 아니었다. 그들은 이처럼 죽은 유대인들에게는 연민을 금치 못했으나 살아 있는 유대인들에게는 야만스러울 정도로 잔인했다. 그들은 살아 있는 유대인들을 만나면 끝까지 좇아가 한 명도 남겨놓지 않고 모조리 학살했다. 그리하여 도시의 길들은 이들의 시체로 통행이 불편할 정도였으며 거리마다 피바다를 이루어 심지어는 집에 붙었던 불이 이 피로 인하여 꺼지기까지 하였다. 게다가 저녁에 학살자들이 떠난 후에 예루살렘은 온통 불길에 휩싸이게 되었다."

다시 7절을 보겠다. "임금이 노하여 그 살인한 자들을 진멸하고 그 동네를 불사르고". 이 말씀 그대로 이루어졌다. 지금 주님은 성전 앞에 서서 대제사장들에게 말씀하고 있다. 주님은 시간과 공간의 모든 것을 알고 계신다. 그러므로 오순절 이후의 사건, 40년 후에 예루살렘에서 발생할 사건을 침착하게 말씀해주고 있는 것이다.

8절, 이에 종들에게 이르되 혼인 잔치는 예비되었으나 청한 사람들은 합당치 아니하니

이전에는 초대받은 사람들이 정해져 있는 것 같다. 그들은 지금 앞에서 말했듯이 합당치 않다. 오기를 싫어해서 안 오고 바쁘다고 안 오고 어떤 사람들은 보낸 종들을 잡아죽였다. 그러므로 그 사람들은 합당치 않다. 그런데 이 임금이 잔치를 배설했으므로 누군가 이 잔치를 먹어야 한다. 어쨌든 아버지는 이 아들을 기쁘게 해주고 싶은 것이다. 그래서 혼인 잔치에 누군가는 초대해야 한다.

9절, 사거리 길에 가서 사람을 만나는 대로 혼인 잔치에 청하여 오너라 한대

먼저 초청받은 자들이 합당치 않으므로 종들에게 말하기를 사거리로 가서 만나는 대로 혼인잔치에 데려오라고 했다. "이제 청한 사람은 소용없다. 사거리 길로 가거라. 거기서 사람을 만나는 대로 혼인잔치에 데려오너라."고 말한 것이다. 처음에 제자들은 유대인들에게만 갔다. 흩어진 유대인들에게도 갔다. 회당에도 갔다. 그러나 그들은 받지 않고 이 사도들을 극도로 미워하고 능욕하고 죽였다. 그러니까 바울 사도는 그가 이방인에게로 가겠다고 했다. 사거리로, 큰 길로 나갔다. 그래서 이방인이 구원받을 수 있는 기회가 주어졌다.

10절, 종들이 길에 나가 악한 자나 선한 자나 만나는 대로 모두 데려오니 혼인 자리에 손이 가득한지라

복음의 최종목적은 하나님의 아들을 영화롭게 하는 것이다. 그러므로 선한 자나 악한 자가 문제가 아니다. 그분의 아들이 영광을 받으시는 것이 더 문제이다. 내가 여기서 한 가지 느낌을 이야기하자면 한국 사람들은 하나님의 말씀을 들으러 가자고 하면 바쁘다는 말을 많이 한다. 인도나 네팔이나 캄보디아 등 가난한 나라에 가서 사람들에게 말씀을 들으러 가자고 하면 한 무리가 따라온다. 그들은 참 이상할 정도로 잘 따라온다. 심지어 오라고 하지 않아도 와서 듣는다. 우리가 10년 전에 몽골에 갔을 때 그 사람들은 오라고 하지 않아도 아이들로부터 어른까지 와서 들었다. 우리가 아파트에서 복음을 전하는데 어떻게 알고 왔는지 많은 사람이 좇아와서 들었다. 들으면서 눈물을 흘렸다. 그런데 우리 나라 사람들은 한번 가서 하나님 말씀 좀 들어보자고 하면 바쁘다고 하면서 오기를 싫어한다.

부유해져서 그런 것 같다. 당시 유대인들이 그랬다. 그래서 이방인들에게 간 것이다. 이방인들은 쉽다. 가자 하면 쉽게 온다.

이제 초청된 사람이 따로 있는 시대가 아니고 아무나 올 수 있는 시대가 열린 것 같다. 그러다 보니 우리 같은 사람들도 구원을 받은 것이다. 여러분도 마찬가지이다. 초대된 사람이 아닌 그냥 온 사람들이다. 우리가 구원받게 된 데에는 이런 이야기가 있는 것이다. 여기서 종들이 길거리에 가서 보니 악한 자, 선한 자가 많다. 선한 자도 있고 악한 자도 있는데 이 시대에는 구분이 없다. 고넬료같이 경건하고 선한 사람도 있고 사도행전 17장을 보면 경건한 헬라인들도 있다. 하나님을 경외하고 착하고 사람들을 구제하고 의롭게 행하는 사람들이다. 그런가 하면 고린도 성도들같이 부패하고 타락한 사람도 있다. 여러분은 어디에 속한 사람인가? 경건한 사람인가? 나는 아주 죄가 많고 악한 사람이다. 기회가 우리 같이 악한 자에게도 주어졌다. 악한 자나 선한 자나 모두 데리고 오라니까 우리 같은 사람들도 포함되었다. 얼마나 감사한지 모르겠다.

"악한 자나 선한 자나 만나는 대로 모두 데려오니 혼인 자리에 손이 가득한지라". 손이 가득하다고 했다. 혼인 잔치 마당은 사람들이 가득하게 되었다. 계시록 7장을 보면 유대인들의 인 맞은 자를 셀 수 있다. 한 지파에 일만 이천씩이다. 그런데 유대인 외에 셀 수 없는 무리가 있다. 능히 셀 수 없는 무리가 흰 옷을 입고 손에 종려나무를 들고 주님을 찬양하는 것이 있다. 그들은 누군가? 혼인 잔치에 모인 많은 사람들일 것이다. 하여간 주님의 혼인잔치는 가득 차고 또 차야 한다. 하나님은 한쪽 사람들이 완악하고 거절했다고 해서 길이 없지 않다. 유대인들이 강퍅하게 되었을 때 복음은 이방인들에게 흘러갔다. 그것이 이방인 가운데 풍성이 되었다.

11절, 임금이 손을 보러 들어올새 거기서 예복을 입지 않은 한 사람을 보고

여기 이 왕이 손님들이 가득하니까 보러 들어왔다. 신랑이 예식을 마치고 피로연 식장에 오는 것과 비슷하다. 언젠가 이 왕은 혼인 잔치에 초청받은 사람을 보러 오신다. 사실 왕이나 아들이나 다 같은 분이다. 하나님이시다.

"거기서 예복을 입지 않은 한 사람을 보고". 예복을 입지 않은 한 사람을 보았다. 다 예복을 입고 왔는데 한 사람은 입지 않고 왔다. 왕이 와서 다른 것을 본 것이 아니라 예복을 입지 않은 사람을 본 것이다. 이 예복은 우리의 의이신 그리스도이다(롬 13:14, 갈 3:27). 하나님은 믿는 우리에게 의의 옷을 입혀주셨다(사

61:10). 이 예복은 하나님이 우리를 위해 예비하신 것이다. 여기의 예복을 입지 않은 사람은 자기의 옷을 그대로 입고 온 사람을 말한다. 우리는 우리의 옷이 형편없으며 하나님 앞에 나아갈 수 없음을 알고 그리스도를 옷으로 입고 나아가야 한다. 그러나 여기의 이 사람은 그리스도를 의지하지 않았다.

12절, 가로되 친구여 어찌하여 예복을 입지 않고 여기 들어왔느냐 하니 저가 유구무언이어늘

여기서 우리 한번 생각해보자. 이 사람은 혼인 잔치에 가자고 하니까 왔다. 종들의 말을 들었다. 종의 말을 들은 것은 좋았다. 그런데 그냥 자기 옷을 입고 왔다. 혼인 잔치에 가려면 예복을 입어야 하는데 그 예복도 자기가 만들면 안 된다. 혼인잔치에 참석하려면 음식도 왕이 준비하고 예복도 왕이 만들어 주는 것을 입고 와야 한다. 자기가 만들어서 입고 오면 안 된다. 누가복음 15장을 보면 알 수 있다. 탕자가 집으로 돌아오니까 아버지가 먼저 하신 일이 뭐냐면 가장 좋은 옷으로 입힌 것이다. 그 옷을 입어야 아버지 집에서 아버지와 함께 어울릴 수 있다.

여기에 복음이 들어 있다. 오찬을 준비할 때 살진 송아지를 잡는다. 그 송아지를 잡아 만들어진 옷이 있다. 복음이란 그 내용물인 송아지는 먹어야 하고 거기서 만들어진 옷은 입어야 한다. 여기서 이방인들이 오라고 하니까 왔는데 다만 온다고 되는 것이 아니다. 옷을 입고 와야 한다. 옷이란 행위이다. 우리의 행위로 하나님 앞에 나올 수 없다. 혼인잔치에 우리의 의로 나올 수 없다. 우리는 악하든 선하든 우리 자신의 어떠함으로 올 수 없다. 하나님께서 우리가 그분 앞에 나올 수 있도록 의의 옷을 지어주셨다. 그것이 그리스도의 보혈이다. 오늘 우리가 부른 찬송이다. 당신이 만일 당신 자신의 의를 힙입어 나왔다면 이 사람처럼 거절된다. "어린양의 피로 씻음받았나… 그 예복을 입었나". 내 자신의 의의 행위로 나올 수 없고 우리는 오직 예수의 피로만 나올 수 있다. 그 피를 의지해서만 아버지께 나올 수 있다. 그분의 보혈을 힘입어 나온 사람만 합격이다. 옷을 제대로 입고 참석한 것이다. 피를 의지하지 않고 나온 사람들은 예복을 입지 않은 것이다.

여러분이 여기 오셨는데 옷을 제대로 입고 오셨는가? 예수의 피를 의지해서 오셨는가? 여러분은 여러분의 행위와 자신의 의로는 나올 수 없고 오직 예수의 보혈만이 죄와 심판에서 구원할 수 있다는 것을 믿는가? "아, 나는 아내에게 화를 한 번도 안 냈고 도둑질한 적도 없고 남을 때린 적도 없고 돈 훔친 적도 없고 술 취한 적도 없기 때문에 하나님이 나를 받으실만 하지 않아요?" 하며 나온 사람은 없는가? 만일 그런 사람이 있다면 예복을 입지 않은 사람이다. 예복을 입지 않고 혼인잔치에 나온 사람이다.

나는 죽을 수밖에 없는 죄인인 것을 인정하고 구주의 보혈을 의지해서만 구원받을 수 있음을 인정하고 나온 사람이 예복을 입고 나온 사람이다. 예복을 입고 먹는 것이 있다. 살진 송아지를 먹는다. 복음은 이 양면을 포함한다. 그런데 어떤 사람이 오기는 왔는데 예복을 입지 않고 온 것이다. 어찌하여 예복을 입지 않았느냐고 물었더니 그 사람은 유구무언이었다.

여기서 한 가지 말할 것이 있다. 같이 앉아 있는 사람들은 왜 그 사람을 좇아내지 않았을까? 다 예복을 입었는데 한 사람이 예복을 입지 않았다. 만약 육안으로 구별할 수 있는 것이라면 그들은 왕이 들어오시자마자 "왕이여, 여기 옷을 입지 않은 사람이 있습니다." 하고 말했을 것이다. 그런데 이 말씀을 보면 거기 앉아 있는 사람들은 모르고 즐겁게 앉아 있는데 왕이 오시자마자 보고서 대뜸 "너는 왜 예복을 입지 않고 여기 들어왔느냐?" 하신 것이다. 하나님은 아신다.

오늘 그리스도인들 가운데 가라지를 가려내려고 애쓰는 사람들이 많다. "이 사람은 구원받았다. 저 사람은 구원 못 받았다. 저 사람은 옷을 입었다. 이 사람은 옷을 안 입었다." 하면서 말이다. 물론 최선을 다해 거듭나지 못한 사람에게 복음을 전해줘야 한다. 그러나 수사관처럼 모임에 오기만 하면 왕의 할 일을 대신 하는 사람이 있다. 가라지를 뽑으려다 곡식까지 뽑는 경우가 있음을 알아야 한다. 우리는 우리가 할 일을 최선을 다해 하면 된다. 우리가 할 일은 최선을 다해 복음을 전하는 것이다. 구원받지 못한 것 같다고 느껴지면 힘을 다해 복음을 전하면 된다. 그런데 자칫 잘못 정죄하게 된다. 구원받았는데 안 받았다고 하면서 말이다. 그것은 다른 성경에서도 발견되는 내용이다.

임금이 그렇게 묻자 그는 유구무언이었다. 입은 있지만 말이 없다. 자기 잘못을 자기가 안다는 것이다. 그날에는 입지 않은 것을 지적해줄 필요가 없다. 이 사람은 자기의 의를 자랑하고 싶어서, 자기가 남보다 낫다고 해서 예복을 입지 않은 것이다. 이 사람은 구원받지 않은 사람이다. 자기 의를 의지한 사람이다.

13절, 임금이 사환들에게 말하되 그 수족을 결박하여 바깥 어두움에 내어던지라 거기서 슬피 울며 이를 갊이 있으리라 하니라

어떤 사람들은 이 부분의 말씀을 요한 계시록 19장에 있는, 깨끗하고 거룩한 세마포를 입고 어린양의 혼인잔치에 들어가는 것을 말하는 것이라고 해석하는 사람들도 있다. 두 가지 해석이 있다. 이것은 다만 복음이라고 하는 사람이 있고 어떤 사람은 신부로서 그때 혼인잔치에 못 들어가는 것을 의미한다고 말하는 사람도 있다. 이것은 분명하게 구분하여 말하기가 어렵다. 들어올 수 있겠느냐고 하면 그것도 일리가 있기 때문이다. 만일 이 말씀의 혼인잔치를 왕국의 혼인잔치로 생각하면 해석하기 어려운 부분도 있다. 즉 이 말씀이 왕국에 참여할 이기는 자들을 부르는 것이라면 사거리 길에서 사람을 만나는 대로 데려온다는 구절을 죄인들이 아닌 그리스도인들에게 적용해야 한다는 점이다. 또한 살찐 송아지를 잡고 모든 것을 갖추었다는 것은 그 잔치의 내용이 왕국의 보상의 개념보다는 복음의 내용이다.

우리는 주님이 장래 오셔서 공중에서 가질 혼인잔치에 참여할 때 먹고 마시는 것이 있음을 인정하지만 이 구절의 내용은 그곳에서 누리게 될 잔치의 누림보다는 복음의 내용에 관련이 깊은듯하다. 또한 악한자나 선한자 모두 예복만 입으면 그 잔치에 들어올 수 있으니 그것이 그리스도의 의의 옷이 아니고 무엇이겠는가? 우리가 장차 입고 혼인잔치에 들어갈 때 입을 옷은 우리의 옳은 행실로 짜여진 세마포옷이다(계 19:7-8).

14절, 청함을 받은 자는 많되 택함을 입은 자는 적으니라

천국의 영역 안에는 사람이 많이 있지만 구원받은 숫자는 적다. 혼인잔치에 청함을 받은 사람은 많은데 택함을 받은 자는 적다고 했다. 여기서 주님은 적다는 것을 알려주고 싶으신 것이다. 오늘날 교회 안에는 밀보다 가라지가 더 많은 것이다. 여러분, 정말 옷을 제대로 입었는가? 정말 예수 그리스도의 보혈을 힘입고 나왔는가? 그렇다면 여러분은 이 적은 수에 포함된 것이다. 청함 받은 사람은 많은데 여러분은 택함 받은 사람이다. 이 얼마나 놀라운 말인가! 나는 이 사실을 생각하면 너무 기쁘다. 청함을 받았는데 한 무리의 사람들은 왜 믿지 않았는가? 무조건 믿기 싫은 것이다. 오기 싫다고 했다. 두 번째는 바빠서 믿지 않았다. 농부도 바쁘고 상인도 바빠서 놀라운 혼인잔치를 누릴 수 있는 특권을 놓쳤다. 바빠서 교회 못 간다는 사람이 많다. 이 땅에서 그렇게 바쁠 일이 없다. 주님을 믿고 진리를 배우는 일보다 중요한 일이 어디에 있는가? 많은 사람이 청함을 받았고 왔다갔다 했지만 막상 택함을 받은 사람은 적다. 또 종교인들은 예수님과 종들을 능욕하고 죽였다.

그런 다음 종들이 사거리에 나가서 사람들을 많이 데려왔다. 그런데 거기에 예복을 입지 않은 사람이 있었다. 그러다 보니 숫자가 적다. 청함은 많이 받았는데 택함 받은 사람은 적더라는 것이다. 합당하게 옷 입고 혼인잔치에 와서 누릴 수 있는 특권을 부여받은 사람들은 실상 적더라는 것이다. 그러니 정말 합당하게 이 잔치에 들어왔다면 놀라운 것이다. 참으로 놀라운 것이다. 우리는 이 적은 수에 포함되어야 한다. 우리는 구원받은 사람이 적다는 사실에 놀라움을 금할 수 없다. 오늘 날 예수를 믿는다는 사람이 얼마나 많은가? 그러나 실상을 보면 참되게 구원을 받은 사람이 매우 적다는 말이다. 이러한 사상은 누가복음에도 있다. 그 때 사람들이 주님께 물었다. "혹이 여짜오되 주여 구원을 얻는 자가 적으니이까" 주님은 대답하셨다. "좁은 문으로 들어가기를 힘쓰라 내가 너희에게 이르노니 들어가기를 구하여도 못하는 자가 많으리라 집 주인이 일어나 문을 한번 닫은 후에 너희가 밖에 서서 문을 두드리며 주여 열어 주소서 하면 저가 대답하여 가로되 나는 너희가 어디로서 온 자인지 알지 못하노라 하리니 그 때에 너희가 말하되 우리는 주 앞에서 먹고 마셨으며 주는 또한 우리 길거리에서 가르치셨나이다 하나 저가 너희에게 일러 가로되 나는 너희가 어디로서 왔는지 알지 못하노라 행악하는 모든 자들아 나를 떠나 가라 하리라"(눅 13:23-27) 분명 그 날 주님 앞에 놀라운 일이 벌어진다. 이는 마태복음 7장에도 같은 사상이 있다.

이 구절의 말씀을 계시록 17장 14절, 19장 9절과 연결하여 부르심 받은자들 가운데 장래 혼인잔치에 참여할 선택된 자들로 보는 견해가 있다. 그렇다면 이 비유의 말씀은 구원을 받은 자들이 청함을 받은 사람들이 되고 왕국 혼인잔치에 참예할 사람들이 택함을 입은 자들이다. 물론 성경에는 이런 사상이 있다(마 25:1-13 참조).

장래 작은 무리가 하나님 나라를 유업으로 받으며(눅 12:32), 그들은 많은 부르심 받은 자들 가운데 빼내신 자들이요(계 17:14), 혼인잔치에 초대된 자들이며(계 19:9), 어린양의 아내이다. 물론 그리스도인은 구원받는다고 다 되는 것이 아니라 반드시 이기는 자가 되어 그날에 주님과 함께 왕노릇하는 것에 대한 소망을 가져야 한다. 이러한 말씀의 종류도 성경의 사상에 부합하는 것이니 성도들은 마땅히 유의해야 함이 옳다.

15절, 이에 바리새인들이 가서 어떻게 하여 예수로 말의 올무에 걸리게 할까 상론하고

주님은 여기까지 말씀하시고 비유를 마치셨다. 주님은 세 가지 비유를 통해 공격하는 바리새인들과 제사장들에게 하실 말씀을 다 마치셨다. 그런데 바리새인들이 이 말씀을 다 듣고 나서 속이 뒤집어졌다. 그래서 어떻게 하여 이 예수님을 말의 올무에 걸리게 할까 생각했다. 다른 성경에는 '엿보더라'는 말이 있다. 어떻게 해서 이 예수님을 걸려 넘어지게 할까 생각한 것이다. 상론했다는 것은 함께 꾀했다는 것이다. 한 사람을 걸려 넘어지게 하려고 모여서 꾀한 것이다. 이것은 구약에도 있다.

16절, 자기 제자들을 헤롯 당원들과 함께 예수께 보내어 말하되 선생님이여 우리가 아노니 당신은 참되시고 참으로써 하나님의 도를 가르치시며 아무라도 꺼리는 일이 없으시니 이는 사람을 외모로 보지 아니하심이니이다

바리새인들은 자기들이 직접 예수께 가지 않았다. 그렇게 상론하고 모의한 다음에 제자들을 보냈다. 좀 젊은 사람들을 보냈을 것이다. 이런 일에 제자 노릇하는 사람들은 어리석은 사람들이다. 헤롯 당원들은 바리새인들과 신앙이 같지도 않다. 바리새인들은 유대교의 정통 노선이고 유대교를 위했다. 유대나라의 민족주의자들이다. 그런데 헤롯 당원들은 로마 정부에 아부하는 사람들이다. 쉽게 말하면 유대 나라가 로마의 식민지 아래 있는데 그 분봉왕이 헤롯이다. 그 헤롯왕을 돕는 사람들이 헤롯 당원들이다. 그러니까 헤롯 당원들과 바리새인들과는 근본적으로 맞지 않는다. 하나는 로마를 위한 사람들이고 다른 하나는 유대 민족주의자들이다. 그런데 예수님을 반대하기 위해서는 이들이 쉽게 하나 되었다. 이것은 매우 특이한 일이다. 바리새인들은 자기의 제자들을 헤롯 당원과 함께 보냈다. 헤롯 당원들은 왜 가는지도 잘 모르고 예수님께 간 것이다. 헤롯 당원도 예수님을 반대하는 것에서는 같기 때문에 쉽게 야합이 된 것이다.

여기의 말씀은 짧지만 이 구절들 안에는 많은 모략과 모의와 꾀가 들어 있다. 바리새인들이 재주가 없겠는가? 헤롯 당원들은 세 내는 것에서 열심인 사람들이다. 세를 잘 내야 헤롯의 정권이 강해지고 로마의 신임을 받고 하니 바리새인들이 부추겼을 것이다. 세 내는 것을 예수님 쪽에서 반대할 거라는 등 자기들끼리 여러 가지 말을 했을 가능성이 있다. 따라서 그들은 바리새인의 제자들과 함께 예수께 간 것이다. 악한 일과 거역의 일을 함께 도모하는 것은 오늘 날도 도처에서 볼 수 있다.

"선생님이여, 우리가 아노니 당신은 참되시고 참으로써 하나님의 도를 가르치시며". 이것은 다 옳은 말이다. 그러나 이 사람들은 속에 정말 이런 느낌이 있어서가 아니라 간교하게 하는 말이다. 올무에 걸려들게 하려고 미끼로 하는 말이다. "아무라도 꺼리는 일이 없으시니". 이 말은 아무도 두려워하지 않는다는 말이다. 어떤 사람도 주의하지 않는다는 것이다. "바리새인, 대제사장, 가이사, 그 누구라도 당신은 솔직하게 말할 수 있는 분입니다." 라는 뜻이다. "이는 사람을 외모로 보지 아니함이니이다". 그러니까 어떤 사람을 외모로 보고 편들거나 하지 않는다는 것이다. 가이사 앞이든, 로마 사람 앞이든 말을 가려서 하는 분이 아니라 속에서 어떻게 느끼면 그대로 말씀하시는 분이라는 뜻이다. 주님을 최대한도로 높여드리는 것이다. 왜 그렇게 말하는가? 올무에 걸리게 하기 위해서 덫을 잘 놓고 있는 것이다. 그들은 그 앞에 계신 분이 누군지를 모르고 있다.

나는 앞에서 맏아들과 둘째 아들을 보면서 인간이 이렇게 다른 종류가 있다는 것을 보고 놀랐다. 나는 어렸을 때에 사람이라면 다 똑같은 줄 알았다. 그런데 인간에 종류가 있다는 것이다. 여기서 인간이 어떻게 이렇게 간교할 수 있는가? 예수님 앞에 가서, 다 알고 계시는 분 앞에 가서 그러한 말을 하는 것을 보면 타락한 인간이 불쌍하다는 생각이 든다. 시험해서 꼬투리를 잡아보려고 이러저러한 말을 창조주께 하고 있는 것이다.

17절, 그러면 당신의 생각에는 어떠한지 우리에게 이르소서 가이사에게 세를 바치는 것이 가하니이까 불가하니이까 한대

이 말은 또 하나의 간교한 말이다. 당시에 세를 내는 문제로 논란이 많았다. 내야 한다, 내지 말아야 한다 말이 많았다. 당시 역사에 의하면 유대인들이 로마에 세를 내지 말자고 하여 분쟁도 있었다. 그런데 이 사람들의 말은 꼭 세를 내야 한다거나 내지 말아야 한다는 것을 강요하는 것이 아니고 그냥 생각을 물어보는 것이다. 상당히 편하게 해주는 것 같다. 올무에 걸려들게 하려는 것이다.

"가이사에게 세를 바치는 것이 가하니이까 불가하니까". 이것이 이 질문의 핵심이다. 가이사에게 세를 바치는 것이 유대인으로서 가하냐 불가하냐를 묻는 것이다. 만일 예수님이 가이사에게 세를 내야 한다고 하면 유대인들이 "당신은 유대인을 구원하는 메시야라고 하더니 아무 것도 아니군." 할 것이다. 유대인들의 반감을 불러일으킬 것이다. 유대인들은 자긍심이 강하다. 자신들은 다른 민족에게 종노릇 하면 안 된다고 생각한다. 하나님의 율법을 가지고 있는 나라이기 때문에 하나님께는 복종해도 다른 이민족에게 사로잡혀서 세금이나 내는 일을 하면 안 된다고 생각한다.

요한복음 8장 33절을 보면, "저희가 대답하되 우리가 아브라함의 자손이라 남의 종이 된 적이 없거늘" 이 사람들은 예수님과 말하면서 자신들이 남의 종 된 적이 없다고 말한다. 지금 그들 나라는 로마의 식민지이다. 로마의 압제 하에 있다. 그런데 그 사람들은 이 사실을 인정하고 싶지 않은 것이다. 우리는 아브라함의 자손이고 남의 종 된 적이 없다는 것이다. 그러니 가이사에게 세 바치는 것이 옳지 않다고 말해야 유대인을 위하는 거라고 생각한다. 여기서 세를 내야 한다고 말했다가는 유대 민족주의자들에게 매국노로 매도될 것이다. 바리새인들은 예수님이 내지 말아야 한다고 말하기가 쉬울 거라고 생각했다. 둘 중 한 가지로 대답해야 하기 때문이다. 어떻게 말하든지 올무에 걸리리라 생각했다. 내지 말아야 한다고 하면 헤롯 당원들이 즉시 헤롯에게 말할 것이고 로마 사람들은 예수님을 잡아 죽이려 할 것이다. "네가 유대인들을 선동해서 세금을 못 내게 한다지? 그건 반정부적인 행동이야." 라고 말할 것이다. 바리새인들은 자신들이 예수를 잡아 죽이고 싶은데 그렇게 할 수가 없으니 로마인의 손에 붙이려 하는 것이다. 그래서 간교하게 와서 예수님을 책잡히게 하려고, 세를 바치지 말아야 한다고 대답할 것을 기대한 것이다. 오늘날로 말하면 녹음기를 들이댄 것이다. 녹음기에 녹음해서 증거를 잡으려 한 것이다.

18절, 예수께서 저희의 악함을 아시고 가라사대 외식하는 자들아 어찌하여 나를 시험하느냐

새를 잡으려고 어떤 사람들이 그물을 치고 있는데 사람보다 영리한 새가 다 보고 있다. 그러니 새가 그물에 걸리겠는가? 예수님은 이미 다 아셨다. "외식하는 자들아 어찌하여 나를 시험하느냐?" 주님은 말을 돌리시지도 않고 간단하게 직접적으로 말씀하셨다. 진리가 이렇게 힘이 있는 것이다. 이 상황은 얼마나 어려운 상황인가? 바리새인들이 헤롯 당원들과 공모하여 예수님을 잡으려고 조심조심 올무를 놓느라 피곤한 상황이다. 그런데 주님은 그냥 한 마디 하셨다. 진리가 있는 사람은 언제나 힘이 있다. 그리스도인은 진리를 가져야 한다. 진리를 버리고 비진리를 가지고 살아보려고 자기를 정당화하는 삶은 너무 피곤하다. 따라서 진리 위에 서야 한다. 아무리 반대하고 욕하고 어렵더라도 진리 위에 있으면 이렇게 힘이 있다. "왜 나를 시험하느냐?"

19절, 셋돈을 내게 보이라 하시니 데나리온 하나를 가져왔거늘

"셋돈을 내게 보이라"는 이 말씀은 보통 말이 아니다. 예수님은 그분 호주머니에 셋돈이 없다. 예수님은 돈을 안 가지고 다니신다. 주님은 돈이 없이 사신다. 로마 셋돈이 통용되고 있다는 것은 그 권세 아래, 로마 권세 아래 있다는 뜻이다. 주님의 호주머니에서 돈이 나오지 않았다는 것은 큰 간증이고 그들의 호주머니에서 돈을 꺼낸 것은 큰 실수이다. 그들은 남의 종 된 적이 없다고 하고 가이사를 인정하고 싶지 않겠지만 그들의 호주머니에서 나온 셋돈에 가이사의 얼굴이 있다. 당시에 통행되던 동전이 주님의 호주머니가 아닌 그들의 호주머니에서 나왔다. 그들은 예수님을 올무에 걸리게 하려는 일에 정신이 팔려 있었기 때문에 돈 꺼내는 일은 문제가 안 되었다. 그러나 그들이 가이사의 돈을 자신들의 호주머니에서 꺼냈다는 것은 그들이 가이사의 정권 아래 있다는 것을 증명하는 것이었다. 그러므로 그들은 이미 패한 것이다.

20-21절, 예수께서 말씀하시되 이 형상과 이 글이 뉘 것이냐 가로되 가이사의 것이니이다 이에 가라사대 그런즉 가이사의 것은 가이사에게, 하나님의 것은 하나님께 바치라 하시니

그들이 데나리온 하나를 가져왔다. 그러자 예수님이 "이 형상과 이 글이 뉘 것이냐?"고 물으셨다. 그들이 대답하기를 "가이사의 것이니이다."라고 했다. 그들은 그 다음에 예수님이 무슨 말씀을 하실지는 전혀 생각지 않았다. 굉장히 약은 것 같지만 굉장히 어리석은 것이다. 이 사람들은 앞에 누가 서 계시는지 모른다. 예수님이 누구신지 모른다. 문제는 이것이다. 켐벨이라는 사람이 그의 쓴 글에서 이렇게 말했다. 22장에서 가장 특이한 것은 이 사람들이 예수님을 왜 그렇게 모르느냐는 것이다. 또 예수님은 이 사람들을 왜 그렇게 잘 아시는지.

"그런즉 가이사의 것은 가이사에게, 하나님의 것은 하나님께 바치라 하시니." 이렇게 말씀하시니 대답할 말이 없다. 지금 그 사람들은 가이사의 것을 가지고 있다. 이 사람들은 가이사 아래 있다. 이 사람들은 호주머니에서 그 동전을 꺼냄으로 그것을 증명했다. 가이사의 정권 아래 있다는 것을 증명한 것이다. 동전에 가이사의 얼굴이 있고 글이 있다. 그러면 그것은 가이사의 것이다. 그들은 가이사 아래서 가이사의 돈을 쓰고 있었다. 가이사가 세금을 내라고 하면 가이사의 것은 가이사에게 주면 된다. 이 사람들은 질문할 때 "세를 바치는 것이 가합니까, 불가합니까?" 하고 물었다. 그런데 주님은 다만 가이사의 것은 가이사에게 돌리라고 했다. 바치라고 하지 않으셨다. 가이사에게 그냥 돌리라고 했다. 이 사람들은 영어로 'give(바치다)'라는 동사를 써서 물었다. 예수님은 돌려주라는 의미의 'render'라는 단어를 사용하셨다. 예수님이 하시는 말씀은 한 마디 한 문장이 다 의미가 있다. 하룻 강아지는 범 무서운 줄을 모른다.

22절, 저희가 이 말씀을 듣고 기이히 여겨 예수를 떠나가니라

예수님을 책잡을 수가 있는가? 하나님의 것은 하나님께 바치라고 하는데 할 말이 있는가? 이들이 기이히 여겼다고 했는데 기이히 여기지 않을 수 없다. 여러분의 몸은 하나님의 것인가, 가이사의 것인가? 하나님의 것이다. 그러므로 하나님께 바쳐야 한다. 당신의 물질, 재산도 하나님의 것이라면 하나님께 바치라. 당신의 마음은 누구의 것인가? 눈, 코, 입은 누구의 것인가? 하나님의 것이므로 하나님께 바치는 것이다. 가이사가 자신의 돈을 가지고 싶어하는가? 그렇다면 그에게 다 가져다 주라. 그러니 그들이 그 말을 듣고 할 말이 없었다. 이 말씀을 듣고 기이히 여겨 예수를 좇은 것이 아니라 떠나갔다. 우리 같으면 좇았을 터인데 기이히 여기면서 떠나갔다. 이러한 말씀을 듣고 그게 뭐가 기이하냐고 한다면 그 사람은 바리새인보다 더 악한 사람이다. 얼마나 나쁘길래 이러한 말씀을 듣고도 감(感)이 안 오느냐는 말이다. 그 다음으로 나쁜 사람은 이 말씀을 듣고 기이히 여기면서도 다음 올무를 놓으려고 떠나가는 사람들이다.

오늘 우리는 이 말씀을 보았는데 이것은 예수님이 십자가에 돌아가시기 사흘 전에 예루살렘에 오셔서 바리새인과 서기관들에게 점검당하시는 장면이다. 그분은 하나님의 어린양으로서 무흠하시다는 게 증명되었다. 잘못하면 사람들이, "아, 로마 정부를 거역해서 죽었구만." 하고 생각할 수도 있다. 유대인들이 얼마나 악한지 나중에는 이 말을 바꾸었다. 예수님을 십자가에 못 박으려고 "이 예수가 가이사에게 세 바치는 것을 금했습니다."라고 말했다. 그러나 우리 예수님은 그렇게 해서 말씀하신 것이 아니다. 그분은 무죄하신 분이다. 그분이 무죄하시다는 것이 증명되어야 한다. 어린양으로서 흠이 없으시다는 것이 증명되어야 한다. 여기서 우리 주 예수님은 얼마나 흠이 없으신지! 그러한 흠 없으신 분이 우리 죄를 위해 십자가에 달리셨다.

23절, 부활이 없다 하는 사두개인들이 그날에 예수께 와서 물어 가로되

우리말 성경에서는 "부활이 없다 하는 사두개인들이"라고 시작한다. 그러나 영문 성경에서는 "그날에"가 먼저 있다. 주님이 이 말씀을 하시기 시작한 것은 상당히 오래되었다. 21장부터일 것이다. 18절에서 이른 아침에 성으로 들어가셔서 무화과나무를 저주하실 때부터 시작하여 많은 말씀을 하셨다. 그리고 22장에 와서 주님은 바리새인들에게 시험당하셨다. 바리새인들은 정치적인 문제를 가지고 왔다. 가이사에게 세를 바치는 문제이다. 그들은 주님의 말씀을 가지고 올무를 잡으려 하다 실패했다. '그날에'는 바로 그때이다.

예수님에게서 배울 수 있는 것은 그분이 하루를 얼마나 유용하게 쓰시는가 하는 것이다. 하루 동안에 하신 일이 얼마나 많고 다양한지를 볼 수 있다. 하루가 모든 사람에게 다 같지 않다는 것을 보아야 한다. 주님은 이런 말씀을 하셨다. "이틀이 지나면 유월절이다." 결국 이 말씀을 하시고서 이삼 일 후에 주님은 십자가에서 돌아가셨다. 성경에 예언된 대로 주님은 유월절 양으로 이스라엘 백성들 앞에서 잡혀 죽으셨다.

여기 사두개인들이 나온다. 이들이 나아와서 하는 일은 예수님을 시험하는 것이다. 예수님을 시기하고 책잡고 방해하려는 것이다. 이러한 좋지 않은 의도로 예수님께 나아와 이런저런 질문을 하였다. 이것은 마치 출애굽기 12장에서 유월절을 지킬 때와 같다. 이스라엘 사람들은 정월 10일에 어린 양을 취하여 사 일 간 보관하여 두었다가 잡아서 그 피를 그 집 문인방과 좌우 설주에 바르게 되어 있었다. 그리고 그 안에서 그 고기를 먹었다. 그러한 사람들은 그날 밤의 재앙을 피할 수 있었다. 그런데 예수님은 지금 유월절의 만 사 일 전에 예루살렘에 오셨다. 어떤 사람들은 육 일 전이라고도 한다. 그러나 만으로 계산하면 사 일 전이다. 그렇게 예루살렘에 오셔서 참된 유월절 양이신 주님께서 점검을 받으시는 것 같다. 과연 그분이 흠이 없는지를 말이다. 유월절 어린양으로 잡혀 죽게 될 양은 일 년 된 것이어야 하고 아무 흠이 없어야 한다. 그래야만 유월절 양으로서 자격이 있다. 그러한 양의 피가 사람들의 죄를 사할 수 있다. 그래서 지금 어린 양이신 예수님은 성전에서 사람들에게 점검을 받고 계신다고 할 수 있다.

먼저 바리새인들이 점검하였다. 그것은 정치적인 것이었다. 가이사에게 세를 바치는 것이 가하냐, 불가하냐는 것이었다. 주님은 한 마디로 대답하셨다. "가이사의 것은 가이사에게 돌리라." 그리고 23절에서 부활이 없다 하는 사두개인들이 왔다. 이 사두개인들은 바리새인들과 다르다. 유대교라는 하나의 조직 안에 두 개의 다른 당파가 있는 것이다. 사도행전 23장을 보면 바울을 핍박하고 대적하는 두 무리가 있었는데 한 무리는 바리새인들이고 다른 무리는 사두개인들이었다. 이 두 무리가 바울을 핍박했다. 바울은 이때 두 무리가 있는 것을 보고 부활의 문제를 제기했다. 그렇게 되니 이 두 무리가 자기들끼리 서로 다투게 되었다. 이처럼 이 사두개인과 바리새인은 서로 교리가 다르다. 다르지만 예수님을 공격하는 데 있어서는 일치한다. 그 때 바리새인이 공격하고 나서 사두개인이 들어왔다. 바리새인들은 아주 율법적이다. 부활도 믿고 천사도 믿고 영도 믿는다. 사두개인들은 부활을 믿지 않는다.

사두개인들의 근원은 정확하지는 않지만 다윗 시대 제사장 사독의 자손이라고도 한다. 그는 다윗이 압살롬의 반란으로 피할 때 예루살렘에서 언약궤를 지키고 있었던 제사장이다. 다윗은 도망하던 중 아비아달 제사장 집에 가서 진설병을 먹었는데, 솔로몬 때에 와서 아비아달 제사장은 아도니야가 반역할 때 그를 도왔고 사독은 솔로몬 편에 섰다. 솔로몬을 왕으로 세우는 데 협력했다. 구약을 볼 때 사독 제사장은 아주 충성되고 하나님의 왕국을 가져오는 데 기여한 제사장이라는 것을 볼 수 있다. 에스겔서를 보면 에스겔 선지자가 사독 제사장을 인정한 것을 볼 수 있다. 제사장은 아론부터 시작했다. 엘르아살 자손 중에서 이 사독이 솔로몬 왕이 세워질 때 아주 중요한 역할을 해서 제사장 계통으로는 사독이 으뜸가는 사람이라고 이스라엘 사람들은 생각하고 있었다. 아마도 이 사람들은 제사장이라면 사독 같아야 한다는 이념으로 한 당파를 만들었는데 그것이 사두개인이라고 한다.

또 어떤 사람들은 주님이 오시기 280년쯤 전에 사두개라는 사람이 있었는데 그 사람의 이념을 본받아서 만든 당파가 사두개인들이라고 한다. 이것은 정확한 근거를 가지고 있지 않다. 아마 다윗 시대의 충성된 제사장인 사독을 본받아서 우리도 이렇게 하나님을 충성되이 섬겨야 하지 않겠느냐 하여 사두개인들이 생긴 것 같다. 그래서 유대교 안에는 바리새파가 있었고 사두개인들이 있었다. 이 사두개인들은 당시 귀족이고 제사장 계급을 형성하고 있었다. 많은 제사장들이 사두개인들이다. 그런데 이 사두개인들은 부활을 믿지 않았다. 부활도, 영도, 천사도 믿지 않았다. 모세 오경 정도만 믿었다. 물론 다른 성경도 믿었지만 모세 오경에 큰 권위를 두었다. 그러한 무리가 사두개인이다. 오늘 우리는 주 예수님과 바울을 핍박한 자들이 누구인지를 안다면 진정한 그리스도인들을 핍박하는 세력이 어떤 것인지를 알 수 있다. 그들은 종교적으로 기득권자들이다. 성경도 잘 알고, 종교적인 외형도 갖고 있으며, 백성들 가운데 세력이 있는 무리이다. 한 면은 율법적이고 교리적인 자들이요, 한 면으로는 현대주의 자들같이 성경의 중요한 진리를 믿지 않는 자들이다.

그들이 예수님께 나아와 부활에 관해 질문했다. 그런데 부활이란 어떤 것이냐고 물은 것이 아니고 어떤 가상적인 이야기를 가지고 와서 물은 것이다. 그러면서 "이래도 당신이 부활이 있다고 말하겠어?" 하는 식이다. 여기서 내가 먼저 말하고 싶은 것은 사람이 이 세상, 현세에 집착하고 이 세상 쾌락을 즐기고 싶으면 부활을 믿고 싶지 않아 한다는 것이다. 그것은 고린도 전서 15장을 보아도 알 수 있다. 당시에 플라톤 철학과 에피쿠레오 철학이 있었다. 플라톤파는 이상적인 세계를 생각하는 사람들이고 이 에피쿠레오파는 현세적인 사람들이었다. 사두개인들은 에피쿠레오파 쪽이다. 그러한 사람들이기 때문에 부활을 부정하고 있었다. 그들이 예수님께 와서 물었다

24-27절, 선생님이여 모세가 일렀으되 사람이 만일 자식이 없이 죽으면 그 동생이 그 아내에게 장가들어 형을 위하여 후사를 세울지니라 하였나이다 우리 중에 칠 형제가 있었는데 맏이 장가들었다가 죽어 후사가 없으므로 그의 아내를 그 동생에게 끼쳐두고 그 둘째와 셋째로 일곱째까지 그렇게 하다가 최후에 그 여자도 죽었나이다 그런즉 저희가 다 그를 취하였으니 부활 때에 일곱 중에 뉘 아내가 되리이까

"선생님이여". 예수님을 선생님이라고 불렀다. "모세가 일렀으되 사람이 만일 자식이 없이 죽으면 그 동생이 그 아내에게 장가들어 형을 위하여 후사를 세울지니라 하였나이다". 이 말은 신명기 25장에 있는 말씀이다. 사람이 만일 자식이 없이 죽으면 그 아내가 있을 것 아닌가? 그 아내는 다른 데 시집가지 말고 동생에게 시집가라는 것이다. 그래서 그 동생이 형을 위해 후사를 세워야 한다는 법도가 있었다. 그런데 사두개인들은 가상의 이야기를 했다. "우리 중에 칠 형제가 있었는데 맏이 장가들었다가 죽어 후사가 없으므로 그의 아내를 그 동생에게 끼쳐두고…" 이게 하나의 가설이다. 실제로 이런 일이 있을 수도 있다. 한두 번은 있을 수 있다. 그런데 "둘째와 셋째로 일곱째까지 그렇게 하다가 최후에 그 여자도 죽었나이다." 이렇게 셋째 넷째까지 발생하는 일은 극히 드물 것이다. 그러나 이 사람들은 주님께 부활의 문제를 교묘하게 물어 책잡고 싶으니까 이러한 가설을 세운 것이다. 이 여자는 일곱 명의 부인이 된 적이 있다. 맏형부터 시작해서 일곱째 동생까지이다. 그런데 이 일곱이 다 죽고 이 여자도 죽었다.

28절, 그런즉 저희가 다 그를 취하였으니 부활 때에 일곱 중에 뉘 아내가 되리이까

주님은 이 질문을 통해서 부활을 가르치셨다. 이 질문은 이런 뜻이다. 제자들이 "주여, 우리로 주의 우편과 좌편에 앉게 하소서." 했는데 이것도 다 부활을 의미한다. 사두개인들이 예수님의 가르침을 들으니 부활할 것을 말하는데 이 사두개인들은 내세를 인정하지 않았다. 그래서 모세 오경 중에서 교묘하게 구절을 뽑아냈다. "부활이 있다는 당신, 이 여자가 일곱 명의 부인이 되었었는데 그때에 가서 누구의 부인이 되어야 하느냐?"라고 물은 것이다. 부활이 있다면 얼마나 엉뚱한 일이 발생하겠는가 하는 것이다. 이 사두개인들은 지금 자신만만해하고 있다. "그 중 첫째 부인인가 아니면 가장 사랑했던 사람인가? 아니면 가장 나중에 살았던 마지막 부인인가? 얼마나 난감한 일이 벌어질 것인가? 그런데도 당신은 지금 부활이 있다고 주장하는가?" 하는 식이다. 그들은 예수님을 곤경에 빠뜨릴 아주 기발한 질문이라고 생각했을 것이다.

29절, 예수께서 대답하여 가라사대 너희가 성경도, 하나님의 능력도 알지 못하는 고로 오해하였도다

여기 주 예수님의 답변을 보라. "너희는 모르는구나." 지금 사두개인들은 안다고 생각하고 있다. 안다고 생각하기 때문에 성경 한 구절을 가지고 가설을 세워서 빠져나갈 구멍이 조금도 없게 만든 것이다. 그런데 예수님은 "너희가 성경을 모르는구나. 지식이 없구나." 하신다. 오늘날 성경을 잘 아는 것처럼 말하는 사람들이 많다. 가끔 이런저런 사람들이 나에게 찾아와 말하는데 어떤 경우는 나에게 와서 성경의 모든 것을 아는 것처럼 말하는 그리스도인도 있다. 그들의 말을 듣노라면 모르는 것이 없다. 로마서가 어떻고 고린도서가 어떻고 계속 이야기한다. 나는 사람들이 성경을 잘 아는 것을 좋아한다. 그런데 사도 바울은 이렇게 말했다. "지식은 사람을 교만케 하고 사랑은 덕을 세우느니라." 어떤 사람이 뭘 안다고 생각하면 마땅히 알 것을 알지 못하는 자라고 했다. 지금 여기 사두개인들은 뭘 대단히 안다고 생각했다. 이러이러하기 때문에 부활이 없다는 지식을 갖고 있었다. 많은 이론이 있었을 것이다. 사람이 죽으면 끝이지 뭐가 또 있겠는가 등이다. 그러므로 향락주의에 빠졌다. 현세를 누리고 끝나는 것이다. 그런데 주님은 그들에게 너희가 성경도, 하나님의 능력도 모르므로 오해하였다고 했다. 오해하고 있으면서도 매우 잘 이해한다고 생각하는 사람이 많다. 그래서 참으로 하나님의 긍휼이 필요하다.

30절, 부활 때에는 장가도 아니 가고 시집도 아니 가고 하늘에 있는 천사들과 같으니라

예수는 부활에 대해 말씀하셨다. 부활 때에는 시집가고 장가가는 일이 없다는 것이다. 현세를 즐기는 사람들은 시집가고 장가가는 데 취미가 많다. 육신의 정욕, 혈육의 애정에 취미가 많다. 그게 바로 현세이다. 그것이 바로 육신 안에 있는 것이다. 그러한 것을 누리다 보니 성경을 그렇게 읽은 것이다. 그렇게 읽다 보니 부활이 있다고 할 때 "그럼 내 아내는 누가 될 것인가? 그때에 다시 장가갈 수 있는가?" 하는 질문이 나오는 것이다. 그런데 우리가 주님을 제대로 믿었다면 이 시대에도 남자와 여자의 구별이 없어질 정도가 되어야 한다. 그리스도 안에는 남자도 없고 여자도 없다고 했다. 오직 우리가 성령 안에서 누리는 기쁨이 있다.

오늘 그리스도인들은 이 시대에 부활을 누리는 것이다. 우리의 온 마음이 하늘에 있다. 부활 생명에 있다. 그래서 심지어 남자와 여자의 구분이 없을 정도이다(갈 3:28). 부활 안에서 살기 때문이다. 그런데 이 세상에서 육체의 정욕을 위해 사는 사람들은 남성과 여성의 구분이 있어야 하고 쾌락도 있어야 하고 끈끈한 정(情)도 있어야 한다. 그러니까 부활이 있더라도 그것이 다 연속되기를 바라는 것이다. 어떤 사람의 눈에는 성경이 어떻게 보이는 법이다. 사두개인들은 그러한 눈을 가지고 성경을 보니 이런 것이 이해가 가지 않는 것이다. 부활이 있다면 어떻게 할 것인가? 한 여자가 일곱 명의 아내가 되었었는데 그날 누구의 아내가 될 것인가? 도대체 그들 머리로는 이해가 가지 않는다. 주 예수님도 답변하지 못하실 것이라고 생각했지만 주 예수님은 답이 있으시다. 그러니까 그분은 하나님이시다. 예수님은 그들에게 "가만 있어봐. 기도해보고 말해줄께." 하지 않으셨다. 그 자리에서 즉시 답변해 주셨다. 그럼 이 세상의 쾌락을 즐기는 사람들은 "나는 천사가 되기 싫어. 지금 이 육체 안의 정욕을 가지고 사는 게 좋다."고 할 것이다.

마태복음 28장을 보자. 2절, "큰 지진이 나며 주의 천사가 하늘로서 내려와 돌을 굴려내고 그 위에 앉았는데 그 형상이 번개 같고 그 옷은 눈같이 희거늘". 여기 천사가 나온다. 천사는 그 형상이 번개 같다. 그 옷은 눈같이 희다. 그럴 뿐 아니라 천사도 말을 한다. 5절, "천사가 여자들에게 일러 가로되 너희는 무서워 말라 십자가에 못박히신 예수를 너희가 찾는 줄을 내가 아노라". 천사도 어떤 인식이 있고 지식이 있다. "무서워 말라". 사람이 무서워하는 것도 천사가 안다. 사람들은 천사를 생각할 때 아무 의식도 없이 그냥 날아다니는 존재로만 안다.

누가복음 15장 10절, "내가 너희에게 이르노니 이와같이 죄인 하나가 회개하면 하나님의 사자들 앞에 기쁨이 되느니라". 여기의 하나님의 사자는 천사이다. 죄인이 하나 회개하는 것도 천사들이 안다. 어떤 사람이 복음을 깨닫고 구원받는 것을 보면 기쁘지 않은가? 천사도 기뻐한다.

요한 계시록 21장 17절, "그 성곽을 척량하매 일백사십사 규빗이니 사람의 척량 곧 천사의 척량이니라". 이것은 새 예루살렘의 성곽을 척량하는 것인데 사람의 척량이기도 하고 천사의 척량이기도 하다. 새 예루살렘은 완전히 부활 안에 있는 것이다. 부활 안에 있는 존재들은 다 천사와 같다. 혈과 육에 속한 것이 없다.

다시 마태복음 22장을 보겠다. 부활 때에는 장가도 안 가고 시집도 안 가고 하늘의 천사들과 같다. 굳이 우리가 그날 혼인의 즐거움을 누리는 것을 말한다면 거기에는 유일한 신랑이 계신다. 우리 모두는 다 신부이다. 그때는 남자도 신부이다. 어린양이 유일한 신랑이시고 우리 모두는 다 신부이다. 그 혼인의 기쁨이 더욱 클 것이다. 오늘 남편과 아내가 혼인하여 즐겁게 살지만 그것은 육신적인, 인간적인 즐거움에 불과하다. 적극적으로 말한다면 참되고 실제적인 혼인 잔치의 즐거움을 예표로 누리는 것이다. 이 땅의 남편과 아내는 하나의 그림자이다. 남편과 아내의 참된 실제는 그리스도와 교회이다. 그 참된 누림 안으로 들어가기를 힘써야 한다. 이 세상에 있는 것이 연속되기를 바라는 사람은 그리스도인이 아니다. 그건 사두개인들이다. 우리 주 예수님의 짧은 답변을 보라. 명쾌하게 그리스도의 부활에 대해, 또 몸의 부활에 대해 말씀해 주고 계신다. 이 세상 사람들과 죄인들과 무지한 종교인들은 육적인 쾌락밖에 모르니 이 세상이 좋다고 하는 것이다. 그러나 계시가 있고 믿음이 있는 성도들은 이 세상의 모든 것이 그림자임을 알고 장래를 원하는 것이다.

31절, 죽은 자의 부활을 의논할진대 하나님이 너희에게 말씀하신바

이 사두개인들은 직접적으로 죽은 자의 부활에 대해 묻겠다고 하지 않았다. 모세가 어떻게 말했고 우리 중에 일곱이 있는데… 하며 물었다. 결국 이것은 죽은 자의 부활에 관한 것이다. 31절에 원래 '그러나'라는 말이 있다. 여기서 주님은 직접 답변을 주신다. 바리새인들이 질문했을 때에는 직접 답변을 주시지 않았다. "당신이 무슨 권세로 이런 일을 하느냐?"라고 물었을 때 예수님이 나도 한 가지를 물을 터이니 너희가 대답하면 나도 답변하겠다고 하셨다. 그러시면서 "요한의 세례가 하늘로서냐 사람에게로서냐?"라고 물으셨다. 그들이 대답하지 않으니까 예수님도 대답하지 않으셨다. 그러면서 비유를 통해 말씀하셨다.

그러나 이 사두개인들은 예수님께 대해 악의가 덜한 듯하다. 문제가 있다면 좀 무지한 것이다. 이러한 사람들에 대해서는 주님이 또 그렇게 대해주신다. 너희가 죽은 자의 부활을 묻고 있는데 성경도, 하나님의 능력도 모르므로 오해한 것이다 하시면서 성경을 통해 정확하게 알려주셨다.

32절, 나는 아브라함의 하나님이요 이삭의 하나님이요 야곱의 하나님이로라 하신 것을 읽어보지 못하였느냐 하나님은 죽은 자의 하나님이 아니요 산 자의 하나님이시니라 하시니

"죽은 자의 부활을 의논할진대 하나님이 너희에게 말씀하신바 나는 아브라함의 하나님이요 이삭의 하나님이요 야곱의 하나님이로라 하신 말씀을 읽어보지 못하였느냐". 이 말씀은 출애굽기에 있는 말씀이다. 주님의 말씀은 정답일 뿐 아니라 너무 합당하다. 그 사람들에게 너무 알맞게 말씀해 주신다. 왜 그런가? 사두개인들은 앞에서 말했듯이 모세오경 외에 다른 것은 권위 있게 생각하지 않았다. 모세오경이라면 창세기, 출애굽기, 레위기, 민수기, 신명기이다. 만일 주 예수님이 이 답변을 에스겔이나 예레미야나 요엘이나 아모스 같은 데서 찾으셨다면 이 사람들이 그리 권위 있게 듣지 않았을 것이다. 그러나 주님은 죽은 자의 부활에 대한 답변을 모세 오경에서 찾아주셨다. "나는 아브라함의 하나님이요 이삭의 하나님이요 야곱의 하나님이로라 하신 것을 읽어보지 못하였느냐 하나님은 죽은 자의 하나님이 아니요 산 자의 하나님이시니라 하시니." 이렇게 짧은 말씀으로 죽은 자의 부활에 대한 문제를 답변하셨다. 놀랍다.

출애굽기를 한번 보자. 출애굽기 3장 6절, "또 이르시되 나는 네 조상의 하나님이니 아브라함의 하나님, 이삭의 하나님, 야곱의 하나님이니라". 출애굽기 3장은 모세가 여호와의 사자를 만나는 장면을 말한다. 호렙산 불붙은 가시덤불 가운데서 여호와를 만나는 장면이다. 2절, "여호와의 사자가 떨기나무 불꽃 가운데서 그에게 나타나시니라". 여호와의 사자가 나타나셨다고 했다.

4절, "여호와께서 그가 보려고 돌이켜 오는 것을 보신지라". 2절에서는 '여호와의 사자'라고 했는데 4절에서는 '여호와'라고 했다. 그리고 5절에서는 "하나님이 가라사대"라고 했다. 여호와의 사자는 그럼 여호와인가? 하나님이신가? 여호와의 사자는 여호와께서 보내신 자이다. 이분이 그리스도가 아니시겠는가? 여호와의 사자가 여호와이며 하나님이시다. 그런데 그분이 자신을 아브라함의 하나님, 이삭의 하나님, 야곱의 하나님이라고 하셨다.

15절, "하나님이 또 모세에게 이르시되 너는 이스라엘 자손에게 이같이 이르기를 나를 너희에게 보내신 이는 너희 조상의 하나님 곧 아브라함의 하나님, 이삭의 하나님, 야곱의 하나님 여호와라 하라 이는 나의 영원한 이름이요 대대로 기억할 나의 표호니라". 이것은 하나님께서 이스라엘 백성을 애굽의 학정에서 구출하여 가나안으로 인도해 들이도록 모세를 격려하기 위한 말씀이다. 하나님께서 그분의 이름을 발표하고 계신다.

그러면 예수님이 왜 그렇게 출애굽기를 잘 아실까? 모세 앞에 나타나셔서 "나는 아브라함의 하나님, 이삭의 하나님, 야곱의 하나님이라" 하신 분과 주님이 다른 것일까? 과연 같은 분이라면 얼마나 잘 아시겠는가? 그렇게 말씀하시면서 "하나님은 죽은 자의 하나님이 아니요 산 자의 하나님이라"고 하셨다. 만일 아브라함, 이삭, 야곱이 죽었는데 부활이 없다면 하나님은 죽은 자의 하나님이 되시는 것이다. 사두개인들에게 하나님이 죽은 자의 하나님인가 산 자의 하나님인가를 물어보면 당연히 산 자의 하나님이시라고 할 것이다. 그런데 아브라함, 이삭, 야곱이 죽은 뒤에 모세에게 나타나신 하나님이 나는 아브라함의 하나님, 이삭의 하나님, 야곱의 하나님이라 하셨는데 만일 이들의 말대로 부활이 없다면 하나님은 죽은 자의 하나님이 되시는 것이다. 이 구절을 통해 예수님은 죽은 자의 부활이 있다는 것을 증명하고 계신다.

마태복음 8장 11절을 보겠다. "또 너희에게 이르노니 동서로부터 많은 사람이 이르러 아브라함과 이삭과 야곱과 함께 천국에 앉으려니와". 예수님은 아브라함과 이삭과 야곱이 분명 천국에 앉게 될 것을 말씀하신다. 이들은 죽고 끝나지 않았다. 그러기 때문에 우리 하나님은 산 자의 하나님이 되실 수 있는 것이다. 만일 아브라함, 이삭, 야곱이 죽고 끝났다면 하나님께서 모세를 호렙 산에서 부르시고 바로의 학정 아래 있는 이스라엘을 구원하도록 힘과 용기를 주려 하실 때 죽은 자의 하나님으로서 격려하셨겠는가? 주 예수님은 이 말씀을 가지고 죽은 자의 부활이 있음을 사두개인들에게 증명하고 계신다.

33절, 무리가 듣고 그의 가르치심에 놀라더라

이 사람들은 성경을 아는 사람들이다. 주 예수님이 무슨 말씀을 하시는지 알고 있다. 그러니 놀란 것이다. 그러나 성경을 잘 모르는 우리는 크게 놀라지 않는다. 그렇지 않은가? 그런데 이렇게 놀라운 말씀을 듣고도 예수님이 하나님이심을 믿으려 하지 않고 순종하려 하지 않는 것을 보면 놀랍다. 우리는 오늘 이렇게 답변하신 주님의 말씀을 들으면서 이분이 만일 하나님이 아니시면 사람들에게 이러한 답변을 주실 수 없다는 것을 알게 된다. 어떻게 출애굽기 3장에 있는 구절로 하나님이 산 자의 하나님이심을 말씀하시고 죽은 자의 부활을 증명할 수 있겠는가?

34절, 예수께서 사두개인들로 대답할 수 없게 하셨다 함을 바리새인들이 듣고 모였는데

사두개인들은 이 말씀을 듣고 입이 막혔다. 더 이상 할 말이 없다. 뭐라고 하겠는가? 그런데 그 이야기를 바리새인들이 들었다. 자신들도 가이사에게 세 바치는 문제를 가지고 갔다가 패배하고 사두개인들도 패배하였다. 그러니까 분통이 터지고 시기가 올라오는 것이다. "우리도 안 되고 사두개인도 안 된다는 것인가?" 그래서 예수님을 시험하기 위해 다시 모인 것이다. 당시에 이 사람들은 자부심이 대단한 사람들이다. "성경을 우리보다 더 잘 아는 사람이 어디 있는가?"라고 생각하는 사람들이 바리새인들이다. 그런데 예수라는 사람이 와서 다 가르치고 대답하고 하니까 이 바리새인들의 속이 말이 아니다. 그런데 사두개인도 입이 막혔다는 말을 듣고 다시 예수님께 나아갔다. 여기 바리새인들만 있는 것이 아니라 많은 백성이 함께 있다. 누가복음을 보면 많은 백성이 듣고 있다고 했다.

35절, 그 중에 한 율법사가 예수를 시험하여 묻되

바리새인들이 나아왔는데 그 중에 한 율법사가 예수를 시험하여 물었다. 바리새인 가운데에는 율법사가 있다. 이들을 다른 말로 하면 서기관이다. 마가복음 12장을 보자. "서기관 중 한 사람이 저희의 변론하는 것을 듣고 예수께서 대답 잘 하신 줄을 알고 나아와 묻되 모든 계명 중에 첫째가 무엇이니이까"(28절). 37절, "… 백성이 즐겁게 듣더라". 여기 백성이 있다. 많은 사람이 있었던 것이다. 여기의 율법사는 당시 사람들에게 율법을 규정해주고 지키게 하는 데 전문가들이다. 모세의 율법에 대해 전문가이다. 이 사람들은 성경을 가르치는 자들로서 백성들에게 아주 존경을 받았다. 이들은 나이가 사십 정도 되면 안수를 받는다. 견습 과정을 거쳐 서기관이 되면 상당한 대우를 받고 존경을 받는다. 성경에 대해 아주 박식한 사람들이다. 그런데 이 서기관들과 바리새인들과 사두개인들이 모두 하나같이 예수님을 대적했다. 23장 2절에서는 "서기관들과 바리새인들이 모세의 자리에 앉았으니."라고 말한다.

36절, 선생님이여 율법 중에 어느 계명이 크니이까

모세의 율법은 십계명을 시작으로 하여 수많은 계명들이 있었다. 어떤 사람이 말하기를 당시 서기관들이 가르치는 계명은 삼백육십오 개라고 했다. 하라, 하지 말라는 많은 계명들이 있었다. 613가지라는 사람도 있다. 그런데 그 가운데 어떤 계명이 크냐고 묻는 것이다. 당시 유대인들 가운데에는 이러한 논란이 있었던 것 같다. 어떤 사람들은 할례보다 큰 계명은 없다고 하고 어떤 사람들은 안식일을 지키는 것보다 큰 계명은 없다고 했다. 또 어떤 제사법이 가장 중요하다, 음식을 먹는 규정이 중요하다는 등 중요시 여기는 계명이 있었다. 그래서 논란이 되었다. 하나님이 주신 여러 가지 계명 중에 각각 한 가지를 붙잡고서 강조하여 논란이 있었다는 것이다. 그러다 보니 파벌도 있고 당파도 있었다.

오늘날로 말하면 분열이 있었던 것이다. 하나씩 붙잡고 강조하다보니 그렇게 되었다. 안식일이 중요하다, 할례가 중요하다, 먹는 규정이 중요하다 하여 파벌을 만들었다. 그런데 여기서 예수님이 만일 안식일을 지키는 것이 가장 큰 계명이라고 하면 할례파, 음식을 가려 먹는 파 등이 따질 게 아니겠는가? 그러니 여기서 서기관이 묻는 질문도 답변하기 쉬운 게 아니다. 그렇게 많은 계명이 있는데 그 중 무엇이 크냐는 것이다.

37-38절, 예수께서 가라사대 네 마음을 다하고 목숨을 다하고 뜻을 다하여 주 너의 하나님을 사랑하라 하셨으니 이것이 크고 첫째 되는 계명이요

주 예수께서는 언제나 머뭇거리시는 법이 없다. "잠깐 기다려봐. 집에 가서 연구하고 기도해보고 답변해줄께." 하신 적이 한 번도 없다. 언제나 즉시 답변이 나온다. "예수께서 가라사대 네 마음을 다하고 목숨을 다하고 뜻을 다하여 주 너의 하나님을 사랑하라 하셨으니 이것이 크고 첫째 되는 계명이요". 이것은 신명기 6장 5절의 말씀이다.

39-40절, 둘째는 그와 같으니 네 이웃을 네 몸과 같이 사랑하라 하셨으니 이 두 계명이 온 율법과 선지자의 강령이니라

이것은 레위기 19장 18절의 말씀이다. 누가 이렇게 답변할 수 있겠는가? 마음을 다하여 하나님을 사랑하라는 것이 첫째 돌판에 있는 것이다, 십계명에서 하나님에 대한 것이다. 첫째 돌판을 한 마디로 하면 하나님을 사랑하라는 것이다. 둘째 돌판에 있는 여섯 가지는 네 이웃을 네 몸과 같이 사랑하라는 것이다. 전체 계명을 이 두 마디로 요약해 주셨다. 하나는 신명기 6장에, 하나는 레위기 19장에 있는 말씀으로 온 율법을 두 가지로 요약해 주셨다. 어떤 선생님이 이렇게 답변해 줄 수 있겠는가?

이 율법사는 당시 랍비로 존경을 받았을 것이다. 랍비는 당시 최고 존경을 받는 위치였다. 아무나 랍비라고 하지 않는다. 니고데모가 밤에 예수님을 찾아와 "랍비여"라고 했다. 예수님은 누가 서기관으로 안수한 적도 없고 랍비로 안수한 적도 없다. 그런데 이 사람이 와서 예수님을 랍비(선생님)라고 말한 것은 참 귀하다. 당시에 많은 랍비가 있었는데 그분을 랍비로 인정한 것이다.

여기서 주 예수님은 이 두 가지 계명을 말씀하시면서 이 두 계명이 온 율법과 선지자의 강령이라고 하셨다. 여기 강령이란 무엇을 말하는가? 헬라어 성경이나 영어 성경을 보면 강령이라는 말이 없다. 이것은 온 율법과 선지자의 말이 이 두 계명에 달려 있다는 말이다. 이 두 계명이 다른 모든 율법을 거느리고 있다, 모든 율법은 이 두 계명에 의존되어 있다는 뜻이다. 강령이라는 말은 주님이 답변하신 내용을 제대로 표현하지 못한다. 모든 율법은 이 두 가지에 달렸다고 하는 것이 더 맞는 표현이다.

예수님 외에 누가 이렇게 답변하실 수 있겠는가? 나는 이렇게 말씀하시는 분의 말을 들으면서 예수님이 하나님의 아들이심을 믿지 않는다는 것을 이해하기 어렵다. 이 모든 말씀은 그분이 하나님의 아들이심을 나타낸다. 이것이 바로 복음이다. 복음이란 다른 것이 아니라 예수가 그리스도이심을 나타내는 것이다. 그렇게 나타내시고 계시는데 이 무지몽매하고 강퍅한 사람들이 믿지 않는 것이다.

마가복음 12장에서는 서기관이 한 마디를 덧붙였다. "선생님이여, 옳소이다." 자기도 안다는 것이다. 예수님께 이런 질문을 한다는 것은 자기가 알고 있다는 것이다. "하나님은 한 분이시요 그 외에 다른 이가 없다 하신 말씀이 참이니이다" (32절). "또 마음을 다하고 지혜를 다하고 힘을 다하여 하나님을 사랑하는 것과 또 이웃을 제 몸과 같이 사랑하는 것이 전체로 드리는 모든 번제물과 기타 제물보다 나으니이다"(33절). 이렇게 예수님이 말씀하시는 것이 옳다고 하면서 또 자기의 말을 덧붙였다. "예수께서 그 지혜 있게 대답함을 보시고 이르시되 네가 하나님의 나라에 멀지 않도다 하시니 그 후에 감히 묻는 자가 없더라"(34절).

다시 마태복음 22장이다. 예수님이 이렇게 분명한 답변을 하시자 이 서기관은 그 답변이 옳다고 하면서 덧붙여 말했다. 예수님은 그가 지혜롭게 대답하는 것을 보시고 네가 하나님의 나라에 멀지 않다고 하셨다. 오늘날도 하나님의 나라에 멀지 않은 사람은 많다. 그런데 문제는 하나님의 나라로 들어와야 한다. 근방에서 왔다갔다한다고 되는 것이 아니다. 멀지 않다고 해서 되는 것이 아니다. 그 안으로 들어와야 한다.

교회 가까이서 왔다갔다하는 사람이 있다. 가까이는 왔지만 들어오지는 않았다. 그래서 조금도 은혜를 얻지 못했다. 이 사람을 보라. 이 사람이 말하는 대로 하면 되지 않겠는가? 하나님을 사랑하고 이웃을 내 몸과 같이 사랑하면 된다. 그런데 문제는 무엇인가? 그 하나님께서 바로 네 앞에 계신다는 것이다. 그는 하나님 앞에서 메시지를 전하고자 하는 것인가? 그는 이제 예수를 주로 시인해야 한다. 그 절차가 아직 이행되지 않은 것이다.

41절, 바리새인들이 모였을 때에 예수께서 그들에게 물으시되

이제 예수님이 물으신다. 이게 바로 예수님의 마지막 질문이다. 전에는 바리새인과 서기관들이 물었다. 이제 예수님이 물으시는데 더 이상 묻는 자가 없기 때문이다. 뭐든지 다 대답하시니 사람들의 입이 막혔다. 그렇게 되었을 때에 예수님이 물으셨다. 그런데 이 질문 또한 두렵도록 기가막힌 질문이다.

42절, 너희는 그리스도에 대하여 어떻게 생각하느냐 뉘 자손이냐 대답하되 다윗의 자손이니이다

이것이 예수의 유일한 질문이다. 이 우주 가운데 유일한 질문이다. 사람들은 세를 바치는 것이 옳으냐 그르냐, 무슨 권세로 이런 일을 하느냐, 부활 시에는 뉘 아내가 되느냐, 율법 중에 무엇이 크냐 하는 것들을 물었다. 그런데 주님은 "너희에게 필요한 것은 여러 가지 다른 것이 아니라 한 가지이다. 그것은 바로 그리스도이다. 너희는 무얼 관심하는가?"라고 말씀하신다. "너희는 그리스도에 대해 어떻게 생각하느냐?" 이것이 예수님의 질문이다. 이 젊은 서기관은 예수님이 말하는 것과 거의 똑같이 정답을 말했다. 그런데 막상 예수님 자신에게는 오지 않았다. 그 뒤에 어떻게 되었는지 모르지만 믿었기를 바란다. 그런데 여기서 예수님은 그들에게 가장 필요한 것을 말씀해주고 계신다.

예수님은 여기서 "너희는 나를 어떻게 생각하느냐?"라고 묻지 않으셨다. 물론 제자들에게는 그렇게 물으셨다. "너희는 나를 누구라 하느냐?" 그러나 이 자리에서는 그렇게 묻지 않고 "너희는 그리스도를 어떻게 생각하느냐? 뉘 자손이냐?"고 물으시니까 이 바리새인들이 "다윗의 자손이니이다."라고 했다. 예수님은 어렵게 묻지 않고 쉽게 물으신다.

43-44절, 가라사대 그러면 다윗이 성령에 감동하여 어찌 그리스도를 주라 칭하여 말하되 주께서 내 주께 이르시되 내가 네 원수를 네 발 아래 둘 때까지 내 우편에 앉았으라 하셨도다 하였느냐

이것은 시편 110편에 있는 말씀이다. 시편 110편은 메시야 시편이다. 오늘 우리가 시편 110편이 그리스도의 시편인 것을 아는데 당시 사람들이 몰랐겠는가? 알았을 것이다. 거기에 "네가 멜기세덱의 반차를 좇는 제사장이라"는 말씀이 있다. 주님은 그 시편의 말씀을 인용하셨다. "여호와께서 내 주께(그리스도께) 이르시되". 다윗은 그리스도를 '내 주'라고 했다. 이 하나님은 나의 하나님이시다. 우리 주 예수님이 말씀하시기를 "네 마음을 다하고 뜻을 다하고 목숨을 다하여 주 너의 하나님을 사랑하라"고 하셨다. 그러니까 우리는 '나의 하나님'이라고 해도 된다. 예수님이 우리에게 말씀하고 계신다. "너의 하나님을 사랑하라." 하나님은 예수 그리스도를 '나의 하나님'이 되도록 주신 것이다. 도마는 예수님을 붙잡고서 "당신은 나의 주시요 나의 하나님이시니이다"라고 했다. 여기서 "주께서 내 주께 이르시되 내가 네 원수를 네 발 아래 둘 때까지 내 우편에 앉았으라 하셨도다" 했는데 '내 주'는 바로 메시야를 가리킨다. 왕국에서 왕 노릇 하실 메시야를 그리고 있는 것이다.

45절, 다윗이 그리스도를 주라 칭하였은즉 어찌 그의 자손이 되겠느냐 하시니

이것이 주 예수님의 질문이다. 다윗이 '내 주여'라고 불렀는데 어떻게 또 그의 자손이 되겠느냐는 것이다. 다윗의 자손도 되고 또 다윗의 주도 되느냐는 말이다. 답변해 보라. 그리스도는 사람으로 태어나신 것에서는 다윗의 자손이시지만 그분의 근본은 다윗보다 훨씬 전이다. 영원한 하나님이시다. 이것은 바로 그리스도의 신성과 인성을 말해주고 있는 것이다. 이 많은 사람 앞에 서 계신 예수님은 그리스도이시고 이 그리스도는 다윗의 자손이다.

계시록 22장 16절, "나 예수는 교회들을 위하여 내 사자를 보내어 이것들을 너희에게 증거하게 하였노라 나는 다윗의 뿌리요 자손이니". 즉 예수님은 다윗의 뿌리도 되시고 자손도 되신다는 것이다. 다윗의 근원도 되신다. 이 세상에 이러한 분이 어디 있는가? 그분이 바로 그리스도이시다. 오늘 사람들에게 필요한 것은 바로 이러한 그리스도이시다. 당시 사람들은 그리스도께 여러 가지를 물었다. 가장 가까이 온 질문까지 있었다. 무엇이 큰 계명인가? 여호와 하나님 한 분만을 사랑하는 것이라고 했다. 그러자 주 예수님은 하나님을 사랑하는 것은 맞는데 과연 그 하나님의 아들인 그리스도를 어떻게 생각하느냐고 물으셨다. 그리스도를 어떻게 생각하느냐? 큰 계명이 무엇인지도 알고 여러 가지 아는데 그리스도가 어떤 분인가 대답해보라. 여기에 비밀이 들어 있다는 것이다. 이 변론의 와중에서 예수님은 복음을 전해 주고 계신다. 그들은 육신으로 오신 하나님을 앞에 두고 이론적인 논쟁에 빠져있었던 것이다. 교리는 있는데 그리스도가 없을 수 있고 지식은 있는데 예수는 없는 경우가 얼마나 많은가!

46절, 한 말도 능히 대답하는 자가 없고 그날부터 감히 그에게 묻는 자도 없더라

마가복음에서는 백성들이 즐겁게 듣더라고 했다. 인도자들, 바리새인들, 서기관들은 속에서 불이 일어났다. 그러나 백성들은 순수하다. 예수님이 하시는 말씀을 즐겁게 들었다. "능히 대답하는 자가 없고 그날부터 감히 그에게 묻는 자도 없더라". 바리새인, 서기관, 사두개인들은 뭔가 올무를 놓아 예수님을 잡으려 했다. 자기들이 원하는 것을 얻으려고 질문한 것이다. 그런데 얻지 못했다. 그래서 더 이상 물을 수 없었다. 그럼으로써 유월절 어린양이신 그분은 어떤 흠도 없고 참으로 순수하고 깨끗한 분임이 증명되었다. 그들은 그분에게서 조금의 하자(瑕疵)도 발견하지 못한 것이다. 그러기에 그들은 더 이상 물을 수 없었던 것이다. 그분은 우리 같은 죄인의 죄를 사하시기 위해서, 어린양의 점검을 다 받으신 것이다. 이러한 예수님이 우리 하나님이신데 이 귀한 말씀들을 주시고서 이삼 일 후에 골고다 십자가에서 우리를 위해 피와 물과 모든 것을 쏟으셨다는 것을 생각하면 참으로 눈물과 감사를 드릴 수밖에 없다.

찬송을 한 절 불러보자!

아무 흠도 없이 거룩하신 하나님의 어린양이 죽임을 당했네..

23 장

마태복음 22장에서 주 예수님이 예루살렘에서 돌아가시기 전에 바리새인, 서기관, 사두개인, 헤롯당원 등 여러 종류의 사람들에게 시험당하시는 것을 보았다. 그것은 마치 구약에서 유월절 어린양이 희생 제물로 잡혀죽기 전 4일 동안 이스라엘 사람이 각 가정에 보관하고서 그 어린양이 과연 흠이 있는지 없는지를 점검하는 것과 같다. 모든 것을 점검한 후에 아무 흠이 없는 1년 된 수컷 어린양을 잡게 되어 있었고 죽은 어린양의 피를 문 좌우 설주와 인방에 바르도록 되어 있었다. 마찬가지로 참 하나님의 어린양이신 예수님께서는 고난당하시기 만 4일 전에 예루살렘에 들어오셨다. 그때 나귀를 타고 입성하셨다.

그분은 겸손한 왕으로서 나귀를 타고 오셔서 어린아이들에게 찬양을 받으셨다. 그리고 그분은 들어오셔서 예루살렘 성전에서 장사하는 자들, 돈 바꾸는 자들을 다 내어 쫓으셨다. 주님은 의자를 둘러엎으시며 말씀하시기를 "내 집은 기도하는 집이라"고 하셨다. 그때 많은 바리새인들과 서기관들이 예수님께 나와서 여러 가지로 힐문했다. "누가 당신에게 이런 권세를 주었느냐? 무슨 권세로 이런 일을 하느냐?" 주님께서 다시 그들에게 질문하셨다. "요한의 세례가 사람에게로서냐 하늘로서냐?" 그들은 대답하지 않았다. 주님도 그들에게 내가 무슨 권세로 이런 일을 하는지 대답하지 않겠다고 말씀하시면서 비유를 세 가지 주셨다. 그런 뒤에 사람들은 주님께 여러 가지로 시험하고 질문했다.

주님께서는 하나님의 기묘한 지혜로 그들의 모든 질문에 다 답변해주셨다. 우리는 주님의 대답하시는 말씀을 통해서 참으로 그분이 보통 사람이 아니시라는 것을 알 수 있다. 하나님이 아니시라면 그러한 상황에서 그렇게 지혜로운 답변을 할 수 없다. 그 누구도 할 수 없다. 성경을 아무리 잘 알아도 그러한 답변은 할 수 없을 것이다. 놀라운 말씀으로 대답하셨다. 그런 뒤에 바리새인이든 서기관이든 누구도 예수님께 더 이상 물을 수 없었다. 그러자 이제 주 예수님이 한 가지 질문을 사람들에게 하셨다. 유일한 질문이다. "너희는 그리스도에 대해서 어떻게 생각하느냐?" 그들은 그리스도가 다윗의 자손이라고 대답했지만, 주님이 다시 "그러면 어찌하여 다윗이 그리스도께 '내 주'라고 불렀느냐?"고 하시자 아무 말도 하지 못했다. 그리고 나서 아마도 바리새인들과 서기관들은 떠났을 것이다. 그들은 예수님에게서 어떤 것도 얻어내지 못하고 올무를 놓아 잡으려 했으나 실패했을 때 아마도 자리를 떴을 거라고 생각이 된다.

그러나 22장에서 그들은 하고 싶은 질문을 예수님께 다 했고 예수님은 답변해 주셨고 예수님은 마지막으로 그들에게 한 가지 유일한 질문을 하셨고 그들은 답변하지 못했다. 그런데 마가복음은 이 장면에서 “백성들은 즐겁게 듣더라”고 하였다. 백성들의 지도자들은 그렇게 악했지만 백성들은 순수했다. 예수님의 입에서 나오는 그 지혜로운 말씀과 은혜로운 말씀을 들으면서 백성들은 매우 즐거워했다. 어쩌면 백성들은 그 자리에 계속 있으면서 예수님의 입에서 나오는 말씀을 더 듣고자 했을 것이다.

1절, 이에 예수께서 무리와 제자들에게 말씀하여 가라사대

여기에 바리새인과 서기관이 더 이상 없다. 22장까지에서 격렬하게 묻고 대답하던 바리새인들과 서기관들에 대한 언급이 여기는 없다. 다만 무리와 제자들이 있다. 이 무리 속에 몇몇의 바리새인이 섞여 있을지 모르겠다. 그러나 여기서 주님은 무리와 제자들을 대하시고 있다. 예수님은 무리와 제자들을 구분하시지 않았다. 다른 부분의 말씀에서는 예수님이 제자들에게 말씀하시는 것과 무리에게 말씀하시는 것의 구분이 있는데 23장의 말씀은 무리와 제자들을 다 함께 두고 하시는 말씀이다. 이 말씀은 당시 유대인들에게 주신 말씀이지만 오늘 우리 모두에게 참고가 되는 말씀이다.

2절, 서기관들과 바리새인들이 모세의 자리에 앉았으니

주 예수님은 22장까지에서 시험을 당하셨다. 이제 여기서 바리새인들과 서기관들에 대해 뭔가 말씀을 하고자 하신다. 서기관들과 바리새인들은 당시에 백성들로부터 종교적으로 최대한도로 존경을 받는 사람들이었다. 그들은 율법을 가르치는 사람들이었고 백성들에게 율법을 규정해주는 사람들이었으며 믿음에 있어서는 당시에 유대 민족의 지도자들이었다. 주 예수님은 그들이 “모세의 자리에 앉았다”고 하셨다. 이 말씀은 그렇게 나쁜 말이 아니다. 이 성경을 잘못 이해하면 모세의 자리가 좋지 않은 자리같이 느껴지고 따라서 모세도 안 좋은 사람같이 느껴진다. 바리새인과 서기관들이 하는 일은 다 좋지 않으니 모세의 자리도 좋지 않은 자리라고 생각하기가 쉬운데 주님의 말씀의 뜻은 그것이 아니다.

우리는 여기서 이스라엘 백성의 역사를 잠시 생각해 볼 필요가 있는데, 그들은 원래 하나님의 율법을 가지고 있었다. 누구로부터 받았는가? 모세로부터 받았다. 그것은 하나님이 하신 것이다. 그런데 그들은 역사를 거쳤다. 한때 율법을 지키기도 했고 존중한 적도 있었지만 그들은 열왕 시대를 거치면서 점차적으로 율법을 버렸다. 그들이 율법을 완전히 버린 결과 하나님께 버림을 받았다. 그래서 바벨론, 앗수르 등 많은 나라로 사로잡혀 갔다. 바벨론에 포로가 되기도 했다. 그래서 그들은 이제 율법을 잃어버린 지경까지 갔다. 율법이 없는 민족과 같은 상황에 떨어지고 말았다.

그런데 포로에서 귀환한 후에 몇몇 사람들이 율법을 위해서 일어났다. 처음에 바리새인들이 일어났을 때에는 그것이 나쁜 것이 아니었다. 역사에서는 그들을 경건파라고 한다. 경건하게 율법을 지켜보고자 하는 의도로 바리새인들이 일어났던 것이다. 그들은 모세의 율법을 높였다. 이스라엘 백성들로 모세의 율법을 지키게 하려고 했다. 그들은 분별되어 아주 경건한 생활을 하자고 외쳤던 무리이다.

그런데 이 움직임을 시작할 때 바리새인들은 하나님의 계명과 더불어 그들이 만든 일단의 계명들, 규례들을 갖고 있었다. 그렇게 함에 있어서 바리새인들은 이런 태도를 가졌다. "하나님의 계명이 중요하다. 이것을 지키지 않으면 너희는 심판을 받는다. 우리가 만들어낸 계명은 지키면 좋고 안 지킨다 해도 그것은 그리 중요하지는 않다." 그런데 조금 시간이 지나면서 "하나님의 계명도 지켜야 하고 안 지키면 심판을 받고 그들이 만들어낸 계명, 그들이 말하는 규정들도 안 지키면 심판을 받는다."고 말하였다. 그러다 시간이 더 지나자 하나님의 계명은 점점 약화되고 그들이 만들어낸 계명, 장로들의 유전들이 중요시되었다. 결국 그들은 어떻게 말을 했느냐면, "우리가 말하는 것이 바로 율법의 정수이다. 이것을 지키면 율법을 다 지키는 것이 된다. 그러기 때문에 이것을 어기면 심판이 크다."고 했다. 그래서 그들은 자신들이 만들어낸 계명을 한껏 높였다.

이들은 이렇게 점점 변해서 오늘날 우리가 아는 바리새인들이 되어 버렸다. 그래서 이들 서기관들과 바리새인들이 모세의 자리에 앉았다고 하는 것이다. 모세의 자리에서 사람들에게 율법을 알게 도와주고 귀하게 여기게 하며 율법을 잘 모르는 사람들에게 가르쳐 주는 것은 당시 율법의 경륜 아래서 옳은 것이다. 누군가 이스라엘 백성에게, 율법을 가진 민족에게 율법을 가르쳐 주는 일 하는 것 자체가 나쁜 것은 아니다. 이들은 당시에 하나님에 의해서 성령의 위임으로 모세의 자리에 앉은 것은 아닐 것이다. 스스로 율법사가 되었고 스스로 바리새인이 되었을 것이다. 그리고 그들은 그 자리에 앉았다. 그럼에도 불구하고 주님은 인정하셨다. "너희가 모세의 자리에 앉았다." 그런데 문제는 백성들이 그들에 대해서 속임을 당하고 있다는 것이다. 그래서 예수님은 바리새인들과 서기관들의 질문에 다 답하신 후에 그 자리에 있는 순수한 백성들을 돌보셨다. 당시에 그들은 믿음에 있어서는 바리새인이 최고라고 생각했기 때문이다.

당시 사람들은 "천국에 간다면 바리새인이 가지 누가 가겠느냐?" 했을 것이다. 그들의 행동이 너무 고상해 보이고 옳게 보였다. 믿음에서 최고같이 보였다. 따라서 사람들은 그들을 주의했고 그들같이 되고 싶어했을 것이다. "저 사람들과 같이 되면 우리도 이 믿음의 길을 잘 가는 것이다."라고 생각했을 것이다.

예수님께서 이 말씀을 주신 때는 고난당하시기 이삼 일 전이다. 이 후에 예수님은 잡혀 죽으셨다. 그 상황에서 최선을 다해 남아 있는 백성들까지도 위하셨다. 바리새인들과 서기관들에게 미혹당하거나 속임당하지 않게 하기 위해서이다.

3절, 그러므로 무엇이든지 저희의 말하는 바는 행하고 지키되 저희의 하는 행위는 본받지 말라 저희는 말만 하고 행치 아니하며

그들이 말하는 것은 틀리지 않다. 그들이 말하는 것은 지켜도 좋다. 당시는 예수님이 죽으시기 전이었기 때문에 율법 아래 있었다. 율법의 경륜 아래 있기 때문에 율법을 지키는 것이 옳다. 그 율법의 자리에 누가 앉아 있든지 말이다. 하나님이 위임을 하셨든 안 하셨든 어쨌든 한 무리의 사람들이 모세의 자리에 앉아서 율법을 제시하고 규정하고 있었다.

예수님께서는 "그들의 말하는 바는 행하고 지키되 그들의 행위는 본받지 말라. 그들은 말만 하고 행하지는 않는다"고 하셨다. 행함이 없고 말만 하는 사람들이 바리새인들과 서기관들이었다. 오늘 날도 바리새인의 신앙은 도처에 있다. 성경의 가장 옳은 이야기를 하며 자신들이 바로 그 교회를 하고 있다고 하지만 실제로는 실행하는 것이 없는 경우가 있다. 어떤 이들은 자신들이 초대교회, 바로 그 사도들이 세운 교회로 회복된 교회라고 주장하지만 그 실제는 하나도 그런 실제가 없는 경우가 있다. 진정 주님의 교회라면 그 교회를 인도하는 분은 성령이시고 주인은 예수여야 한다. 어떤 그리스도인이라도 주님이 받은 자를 받아야 하며 구원받은 자는 교회의 지체로서 즉시 동참할 수 있다. 그러나 말로는 성경의 원래 교회로 돌아왔다고 하지만 실제로는 오래된 사람들의 기득권익을 조금도 내려놓지 않는다. 그것이 어찌 초대교회와 같은 본질인가? 전혀 아니다. 그러나 사람들은 다만 말로만 진리를 말하는 것에 감동하지 않는다. 말하는 것이 있다면 반드시 행함과 실제가 따라붙어주어야 그들의 말에 감동과 능력이 주어지는 것이다.

4절, 또 무거운 짐을 묶어 사람의 어깨에 지우되 자기는 이것을 한 손가락으로도 움직이려 하지 아니하며

바리새인들과 서기관들은 사람들에게 율법을 선포했다. 무거운 짐을 사람들 어깨에 지웠다. 그들은 하나님의 계명에 더하여 계속해서 새로운 계명을 만들어냈다. 아주 유사하게 만들어낸 것이다. 그릇 씻는 계명도 만들어냈다. 나갔다 들어오면 손을 씻는 계명도 만들어냈다.

"씻기 전에는 먹지 말라." 많은 계명들을 만들어 사람들에게 지키라고 요구하면서 자신들은 사실상 사람들이 보지 않으면 지키지 않았다. 그것들을 다 지키자면 자기들도 얼마나 힘들고 피곤하겠는가? 그러나 사람들에게는 철저하게 지키라고 하였다. 그들은 말만 하는 사람들이다. 우리 주 예수님에 대해서는 제자들이 보고 "그는 말과 행함에 다 능한 자였다. 그는 말씀하실 뿐 아니라 행함도 있으셨던 분이다."라고 하였다. 그러나 바리새인들은 말은 잘 하는데 행함이 없었다. 예수님께서는 "그러한 사람들을 조심하라. 그것은 소위 영적으로 노련하고 융통성이 있어서 그러는 것이 아니다. 잘못된 것이다."라고 하셨다.

바리새인들은 더 무거운 짐을 사람들 어깨 위에 지웠다. 왜 계명을 만들어 주었겠는가? 그들은 자신들이 만든 율법을 사람들이 지키고 행하는 것을 보면서 기뻐하는 사람들이다. 그리고 그러한 규정이 사람들을 하나로 묶는다. 자기들의 체계를 따라오게 한다. 그러지 않고 1500년 전에 모세를 통해 준 율법만 지키라고 하면 당신도 그것을 지키고 나도 그것을 지키면 되기 때문에 그들의 체계가 굳게 세워지지 않고 그들의 받을 존경이 그리 많지 않게 된다. 그러나 어떠한 계명을 새롭게 만들어서 지키자고 할 때 그들은 만든 자를 주의하게 된다. 그리고 자신들은 지키지 않는다. 그것이 바로 종교이다. 무거운 짐을 묶어 사람의 어깨에 지운다. 그러한 규정들은 자신들의 조직을 운영해 나가는데 도움이 되는 것이다.

오늘날 그리스도인 사역자들이 만일 이러한 일을 한다면 그들에게는 화가 있다. 그리스도께서는 이 땅에 사람들에게 무거운 짐을 지우려고 오신 것이 아니다. 오히려 그분은 "수고하고 무거운 짐진 자들아 다 내게로 오라 내가 너희를 쉬게 하리라"고 하셨다. 예수님은 이 땅에서 무거운 짐진 자들을 해방시키러 오셨다. 오늘날 그리스도인 사역자들의 일은 죄와 온갖 율법의 규정에 묶여 있는 사람들을 풀어 자유케 하는 것이다. 사역자의 말씀을 들을 때 여러분의 마음이 가벼워지고 은혜를 얻고 생명과 기쁨과 평강을 얻고 돌아가야 한다. 무거운 짐을 또 하나 지고 돌아가서는 안 된다. 예수님은 우리를 자유케 하러 오셨다. 은혜를 주러 오셨다. 그러나 바리새인과 서기관들은 사람들에게 많은 규정을 주어서 더 무겁게 만들고 자기들은 손가락 하나도 움직이지 않았다.

5절, 저희 모든 행위를 사람에게 보이고자 하여 하나니 곧 그 차는 경문을 넓게 하며 옷술을 크게 하고

그러면서도 그들은 사람들에게 그들이 참으로 율법을 잘 지키는 사람처럼 보이게 하려고 했다. 그래서 그 차는 경문(經文)을 넓게 했다. 이 '경문'은 신명기 6장 8절에 나오는데, "그 말씀을 항상 이마나 미간에 또는 손에 차고 다니라"고 하였다. 그 말씀의 의미는 말씀을 가까이 하라는 것이다. 집에 있든지 나가든지 앉아 있든지 일어나든지 자든지 언제든지 율법의 말씀을 가까이 하라는 것이다. 그래서 바리새인들은 율법이 기록된 경문을 왼손에 매고 다니고 이마에 차고 다녔다고 한다. 그런데 그것을 좀더 크고 넓게 해서 사람들이 "아, 저 사람은 참으로 하나님의 말씀을 잘 지키는 사람이구나. 믿음이 좋구나. 참 신령하구나"하고 보아주기를 원했던 것이다. 그리고 옷술을 크게 했다. '옷술'이란 옷의 끝에 있는 것인데 유대인들은 가나안에 들어가 살 때 옷에 청색끈을 매도록 되어 있었다. 그것은 이스라엘 백성이 이 땅에 속한 백성이 아니고 또 가나안이나 광야에 속한 백성이 아니고 하늘에 속한 백성이라는 표시를 하여 구별하려는 뜻에서 그렇게 한 것이다. 그러자 이 바리새인과 서기관들은 자기들의 거룩함의 표시인 청색술을 더 크게 하여 영적으로 보이게 하려 했다. 사람들에게 아주 하나님의 말씀을 잘 지키고 율법적이고(우리에겐 율법적이라는 말이 좋은 말이 아니지만 그들에게는 좋은 말이다) 경건하다는 것을 보이고 싶었던 것이다.

6-7절, 잔치의 상석과 회당의 상좌와 시장에서 문안 받는 것과 사람에게 랍비라 칭함을 받는 것을 좋아하느니라

잔치가 있을 때 사람들은 바리새인들과 서기관들을 초청한다. 그러면 그들은 두루마리 율법책을 들고 나타날 것이다. 그리고서 그 사람들은 다 잔치의 상석에 앉기를 원했다. 또 시장에 가면(시장은 많은 사람들이 있는 곳이다. 오늘날로 말하자면 큰 집회를 뜻할 수도 있다.) 사람들에게 문안받기를 좋아했다. "아, 오셨습니까? 이름을 많이 들어서 알고 있습니다." 많은 사람들이 황송해 하면서 아주 공경하는 얼굴로 "아, 이제 오셨습니까?" 하는 것이 문안이다. 잔치에는 어디든 상좌가 있게 된다. 가령 나의 집에 의자를 놓아도 상좌가 있게 된다. 교회 모임에도 상좌가 있다. 오늘날 고린도 전서 14장의 교회 모임, 그리스도의 몸의 집회를 갖자고 해서 사람들은 둥그렇게 앉는다. 그런데도 여전히 중심이 있다. 어떻게 해도 거기에 상좌가 있게 된다. 그래서 사람들은 상좌에 앉든지 아니면 최소한 좌측이나 우측에 앉기를 원한다.

그런데 문제는 이것이다. 사람들은 상좌에 앉기를 좋아한다. 때로는 누군가가 상좌에 앉아야 한다. 그러므로 상좌에 앉는 것 자체보다도 여기의 말은 그것을 좋아한다는 것이다. 그러한 곳에 앉기를 원한다는 말이다. 그 본성과 동기가 좋지 않은 것이다. 그러한 높은 자리를 원하는 마음이 나쁜 것이다.

그리스도인의 본성은 낮은 곳에 처하는 것이다. 낮은 곳에 처할 때 마음이 기쁜 것이다. 사람들에게 높임 받고 문안 받는 것을 좋아하는 것은 그리스도인의 본성과 맞지 않는 것이다. 사람들에게 랍비라 칭함 받거나 특별한 이름, 지위를 가지고 그 이름으로 불리우는 것을 좋아하지 말아야 한다. 이는 개인이나 단체나 마찬가지이다. 겸손한 호칭일수록 좋은 것이다. 자신들을 최상의 크리스챤 그룹이다, 성경적인 유일한 교회라 주장하는 것도 마찬가지이다. 자신들만이 부흥의 단체요 회복의 교회라고 자칭하는 것도 동일하다. 박사나 목사나 감독으로 불리우는 것도 마찬가지이다. 비록 목사직을 수행하더라도 형제들과 동일한 신분으로 겸손한 위치에 처하는 것이 겸손한 것이요 주님이 기뻐하시는 바이다. 사도 바울이나 베드로나 요한이나 신약성경에는 다 형제로 칭하였다(벧후 3:15, 행 21:20, 계 1:9).

8절, 그러나 너희는 랍비라 칭함을 받지 말라 너희 선생은 하나이요 너희는 다 형제니라

당시에 랍비면 최고의 선생이다. 니고데모는 밤에 예수님을 찾아와서 "랍비여" 했다. 예수님은 "나더러 랍비라 하지 말라"고는 하지 않으셨다. 그러나 사람들에게 이렇게 가르치셨다. "랍비라 칭함을 받지 말라." 어떤 사람들은 랍비가 되기 위해서 공부한다. 그래서 랍비 자격증을 얻는다. 그리고 랍비라 칭함을 받는다. 그리고 나서 그것을 좋아한다. 그들은 랍비 자격을 받은 뒤 "여러분은 내가 랍비라는 것을 모르십니까?" 하는 것 같다. 다른 사람들이 랍비인 줄 모르고 다르게 부르면 기분 나빠한다. 이것이 문제이다.

"너희는 다 형제니라." 우리는 믿는이들이 다 주님 앞에 함께 서 있다. 동렬에 서 있다. 우리는 주님 앞에서 다 같다. 조금 분량이 있고 앞선 형이 있고 동생이 있지만 우리는 주님 앞에서 다 그분의 자녀들이다. 우리 모든 하나님의 자녀들은 하나님의 백성 가운데 특별한 계층의 사람들이 되지 말아야 한다.

9절, 땅에 있는 자를 아비라 하지 말라 너희 아버지는 하나이시니 곧 하늘에 계신 자시니라

8절은 선생에 대한 것이고 9절은 아비에 관한 것이다. "너희 선생은 하나이고 아비도 하나이다. 온 우주에서 선생은 하나이다"라고 하신다. 오늘 그리스도인들 가운데 이것만 알아도 이 땅에 분열이 이렇게 많지는 않을 것이다. 그러면 당신은 선생이 하나인데 왜 나와서 가르치느냐고 할 것이다. 여기서 랍비는 자기가 마치 최종적인 권위를 가진 선생인양 그 자리를 취하는 사람이다. 그러한 위치에 있는 선생이 되지 말라는 것이다.

또 땅에 있는 자를 아비라 하지 말라고 했다. 왜냐하면 아비는 오직 하늘에 한 분밖에 없기 때문이다. 고린도 전서 3장 6절, 7절은 이렇게 말한다. "나는 심었고 아볼로는 물을 주었으되 오직 하나님은 자라나게 하셨나니 그런즉 심는 이나 물 주는 이는 아무 것도 아니로되 오직 자라나게 하시는 하나님뿐이니라". 아버지는 자식들에게 생명과 자람을 주는 분이다. 어떻게 자식이 되는가? 아버지로부터 생명을 받아서 자식이 되는 것이다. 아무도 믿는이의 아비가 될 자격이 없다. 생명을 주는 분은 오직 하나님 아버지이시다. 그런데 이 땅에 하나님 말고 또 아비가 있는 것같이 하지 말라는 것이다. 바울이 우리에게 구원을 전해줄 수 있고 게바가 전해줄 수 있고 아볼로가 전해줄 수 있지만 자라나는 문제는 그들에게 속한 것이 아니다. 자라나게 하시는 분은 하나님이시다. 우리에게 생명을 주는 유일한 분은 하나님이시다. 그러기 때문에 이 땅에는 아버지가 없다. 이렇게 주님이 말씀하시는 것은 당시에 랍비라 하는 사람들, 백성의 영적 지도자라 하는 사람들이 아비의 위치를 취했다는 말이 된다. 또 선생의 위치를 취했다는 말도 된다. 그러한 것은 모두 틀린 것이다.

10절, 또한 지도자라 칭함을 받지 말라 너희 지도자는 하나이니 곧 그리스도

니라

지도자는 사람의 길을 인도한다. 지도자는 사람을 인도하고 안내하는 사람이다. "아, 당신은 대전에 가서 사는 것이 좋겠어. 아니면, 서울에서 사는 것이 좋겠어. 당신은 직업을 이렇게 하는 것이 좋겠어. 또는, 결혼을 이렇게 하는 것이 좋겠어, 저렇게 하는 것이 좋겠어. 이 학교를 들어가는 것이 좋겠어. 아니면, 저 학교를 들어가는 것이 좋겠어." 이렇게 삶의 모든 방향을 인도해 주는 사람이 지도자이다. 오늘날 교회에 지도자가 많다. 그래서 소위 상담을 하는데 상담 시간이 곧 지도하는 시간이다. 내가 모 지방에 교회를 섬기러 갔을 때 그곳에 있는 형제자매들이 나에게 이런 말 하는 것을 들었다. "왜 저에게는 인도를 주시지 않습니까? 전에 우리를 섬기시던 분은 인도를 잘 주셨는데, 이렇게 하거라 저렇게 하거라 하면서 잘 안배해주시고 방향을 잘 정해주셨는데 왜 당신은 인도를 안 주십니까? 어떻게 할 바를 모르겠습니다." 사람들은 이 땅에서 보이는 인도 받기를 좋아한다. 지금 그리스도는 성령이다. 성령은 각 사람 안에 내주하신다. 그분 자신이 지도자가 되셨다. 여기서 오늘 우리는 세 가지, 선생, 아버지, 그리고 지도자가 이 땅에 있지 않음을 알았다. 유일한 선생, 유일한 아버지, 유일한 지도자는 한 분이시며 하늘에 계신 분이요 그리스도이시다. 믿는이들이 이것만 정확하게 알아도 오늘날 얼마나 많은 분열과 혼란이 제해지겠는가?

11절, 너희 중에 큰 자는 너희를 섬기는 자가 되어야 하리라

주님께서 결론적으로 하시는 말씀이다. 오늘날 사람들이 나는 위대한 "지도자가 될 거야. 선생이 될 거야. 아비가 될 거야" 하는 이 모든 것이 다 크고자 하는 것이다. 오늘날 어떤 사람들은 다른 사람들의 아비의 위치에 서고 싶어 하며 다른 사람을 아래에 놓고자 한다. 그것도 크고자 하는 것이다. 선생이 되고자 하는 것도 크고자 하는 것이다. 그러나 주 예수님은 우리에게 가르치시기를, "너희 중에 큰 자는 너희를 섬기는 자가 되어야 한다" 고 하신다. 누가 큰 자인가? 섬기는 자이다. 성도들 가운데 선생이 되려 하지 말고 크게 되려고 하지 말아야 한다. 그저 섬기는 것이다. 나는 내가 누구인지 모르고 주님이 주신 일을 그저 할 뿐이다. 그러나 어떤 사람은 자기를 생각한다. "내가 얼만큼 커졌나?" 우리가 어렸을 때에는 집 기둥에다 신장기를 그려놓고 항상 재본다. 그리고 조금이라도 자랐으면 아주 좋아한다. 영적으로도 사람들은 자신이 얼마나 컸는지를 알고 싶어 하는 것 같다. 크려 하지 말고, 크게 되는 데 신경 쓰지 말고 다만 섬기면 된다. 섬기는 자가 되라. 그러면 그가 바로 큰 자이다. 더 많이 섬기는 자가 더 큰 자이다.

12절, 누구든지 자기를 높이는 자는 낮아지고 누구든지 자기를 낮추는 자는 높아지리라

그렇게 크게 되려고 하는 사람은 낮아진다는 말이다. 그리고 자기를 낮추는 자는 높아진다. 자기를 낮춰서 섬기는 자, 그가 결국은 높아진다. 그런데 이 말씀은 저절로 낮아질 때까지 기다리라는 것이 아니다. 낮추라고 하신다. 올라가는 계단이 있고 내려가는 계단이 있다 할 때 우리는 중간에 서 있는 사람과 같다. 우리는 여기서 올라가야 하는가, 내려가야 하는가? 내려가야 한다. 어느 날 누가 뒤에서 떠밀어서 내려가지 말고 주님의 은혜를 얻어 스스로 한 발 내려 가야한다. 이것이 주님의 가르침에 순종하는 것이다. 정말 은혜가 있는 자는 이렇게 내려가는 사람이다.

13절, 화 있을진저 외식하는 서기관들과 바리새인들이여 너희는 천국 문을 사람들 앞에서 닫고 너희도 들어가지 않고 들어가려 하는 자도 들어가지 못하게 하는도다

여기서 서기관들과 바리새인들에 대해서 말씀하셨다. 아마 그 자리에 그들이 몇몇 남아 있는 것 같다. 그들에게 주님은 화가 있다고 하셨다. 사람들은 “서기관들과 바리새인들이 천국에 가지 않으면 누가 가겠어? 저렇게 경건한 사람들이 어디 있을까?”라고 생각하며 그들을 본받고 싶어 했을 것이다. “나도 저렇게 되어야지. 경문을 넓게 하여 차고 옷술을 크게 하고 걷는 것도 얼마나 경건한 얼굴로 거룩하게 걷는가? 나도 나중에 저렇게 되어야지.” 그리고 시장 같은 곳에 가면 “아, 오셨습니까? 길을 비켜드려라. 여기 바리새인께서 가신다”하고 사람들은 뒤에서 “저분이 누구누구래” 한다. 그럴 때 이들은 그런 말을 들으면서 기분이 좋다. 그런 것을 추구하는 성도들은 그런 장면을 보면서 “언제쯤 내 이름은 저 사람들 입에 저렇게 오르내릴 수 있을까? 나는 어떻게 하면 저렇게 유명하게 될까? 나는 언제 저렇게 랍비라 칭함을 받게 될까?” 할 것이다. 그렇게 되면 천국은 맡아놓은 것이라고 생각하는 것이다. 인도자를 잘못 만나서 잘못된 본(本)을 보면 그렇게 된다. 그런 사람을 따라가면 함께 망하는 것이다.

우리 주님은 이러한 순수한 사람들, 속임당하기 쉬운 사람들에게 주의를 주고 계신다. 외적으로 화려하고 그럴 듯하게 보이고 경건하고 영적으로 보인다고 되는 것이 아니라는 말이다. 그들의 실상을 보라고 하신다. 이들은 천국 문을 사람들 앞에서 닫고 그들도 들어가지 않았다. 천국에 들어가려면 주님을 믿어야 하지 않은가? 거듭나야 하지 않은가? 주님의 말씀을 받아들여야 하지 않은가? 그런데 이 사람들은 자기도 주님의 말씀을 듣지 않고 반대하면서 그리로 들어가려고 하는 사람도 못 들어가게 막는 것이다. 이 바리새인들과 서기관들은 당시에 사람들이 주님의 말씀을 듣고 영접하려고 할 때 어떻게 해서든지 방해하고 막으려 했다. 올바르게 주님을 믿어 보려고 하는 사람들을 방해하고 반대하고 막은 것이다. 그래서 주님은 겉으로는 옳게 보이고, 겉으로는 영적으로 보이는 그것에 속지 말라고 하신다. 다른 복음서에서는 주님이 서기관들을 조심하라고 하셨다.

14절, 저희는 과부의 가산을 삼키며 외식으로 길게 기도하니 그 받는 판결이 더욱 중하리라 하시니라

개역 성경에는 없지만 킹 제임스역이나 다른 사본에는 있다. 킹 제임스 역을 보면 누가복음 20장 47절의 말씀과 똑같다. 바리새인들과 서기관들이 과부의 가산을 삼킨다는 말이다. 과부들은 남편이 일찍 죽은 여인들이다. 그런 사람들은 의뢰할 것이 없다. 그런데 이 바리새인들과 서기관들, 소위 영적인 사람들이 누구의 재산을 노리느냐면 과부의 재산이다. 그들은 과부들이 많이 바치기를 바란다. 과부의 가산을 욕심내는 것이다. 나는 오늘날에도 이런 사람이 있을까 두렵다. 주님은 이러한 사람들에게 그 받는 판결이 중하다고 말씀하신다. 하나님께서는 특별히 과부나 고아에 대해서 관심이 많으시다. 이것은 구약 성경을 읽을 때에도 알 수 있다. 고아와 과부를 돌아보는 것은 믿는이들이 반드시 해야 될 일이다. 그런데 이 인도자라는 사람들이 과부의 가산을 노리고 있다. “그 재산 바치지 않고 뭐하나? 남편이 많이 남겨놓고 죽었을 게 아닌가? 남편이 있을 때에는 남편이 믿지 않아서 못 바쳤으니 이제 죽었으면 바쳐야 할 게 아니냐?”라는 식이다. 이것은 실제로 있을 수 있는 일이다. 그리고 그들은 그것이 주를 위한 것이라고 생각한다. 주님의 일이 확장되어야 하니까 바쳐야 한다고 한다. 악한 마음이 속에 있으면서도 그것이 악한 것임을 깨닫지 못한다. 이들이 바리새인들이다.

사실 오늘날 많은 사람들이 바리새인은 다른 사람이고 자신은 순수한 사람이라고 한다. 자기는 다윗이고 아무개는 사울이라고 한다. 한 사람도 자신은 사울이고 다른 사람은 다윗이라고 하는 사람을 보지 못했다. 비유를 해도 자기는 꼭 좋은 편에 둔다. 그런데 여기 바리새인도 다른 데 있는 것이 아니고 우리 뼈 속에 들어 있다. 조심하지 않으면 우리가 바리새인이 된다. 타락한 인간은 항상 약을 먹어야 한다. 그래서 우리 속에 있는 균을 죽여야 한다.

과부의 가산을 삼키는 바리새인들은 기도를 감동적으로 아주 길게 한다. 왜 과부들이 그렇게 속는가? "저렇게 기도를 길게 감동적으로 열심히 하시는 걸 보니 저분은 확실히 주님을 잘 믿는 사람이야" 하는 것이다. 그리고서 재산을 갖다 바친다. 주님은 길게 기도를 하여도 속지 말라고 하신다.

15절, 화 있을진저 외식하는 서기관들과 바리새인들이여 너희는 교인 하나를 얻기 위하여 바다와 육지를 두루 다니다가 생기면 너희보다 배나 더 지옥 자식이 되게 하는도다

바리새인들과 서기관들도 열심이 있다. 여러분은 전도하러 바다와 육지로 다녀 보았는가? 바리새인은 다닌다. 오늘날 같으면 비행기를 타고 바다와 육지와 공중으로 다니는 것이다. 열심히 사람을 얻으러 다닌다. 유대교 교사들이나 바리새인들도 가르치는 교리가 있지 않은가? 하나님의 율법, 모세의 가르침을 전했을 것이다. 그것을 전해서 유대교도 하나를 만들어내기 위해 바다와 육지를 열심히 다녔을 것이다. 그런 열심을 보고 "저 사람들이 하나님의 영의 능력으로 감동되지 않으면 저렇게 할 수 있겠는가?"라고 생각한다. 오늘날 이단에 속한 사람들이 내가 알기에 더 열심히 전한다. 열심히 전한다고 해서 다 좋은 것인가? 그렇다고 해서 복음을 전하지 말라는 것이 아니다. 그런데 이렇게 열심히 다녀서 교인 하나를 얻으면 배나 더 지옥 자식이 되게 한다. 자기보다 배나 더 지옥 자식이 되게 한다는 것이다. 지옥은 이와같이 차등이 있음이 분명하다. 배나 되는 지옥 형벌이 있다는 말이다. 그날 당할 지옥 형벌이 다 같지 않음을 알 수 있다. 그 바리새인들, 종교인들이 만들어낸 작품이 그들보다 더 강력하다.

오히려 종교의 인도자들은 조금 융통성이 있다. 우리는 그것을 가말리엘과 사울에게서 볼 수 있다. 가말리엘은 성경에서 주님의 제자들에 대해 꽤 융통성이 있는 말을 하였다. 그런데 사울은 혈기가 등등했다. 또 사도행전에서 사도 바울을 가장 심하게 핍박한 사람들은 대개 개종한 지 얼마 안 되는 유대인들이다. 뭔지 모르고 열내는 것이 무서운 것이다. 사람들은 소위 노련한 바리새인들을 보면서 "어떻게 저 사람들은 저렇게 유연하고 부드러울까?"하고 생각한다. 그 지도자들이 유연하다해서 그 조직 체계 자체도 모두가 다 유연하고 부드러울 것 같지만 그렇지 않다. 그들이 얻은 자녀들은 강퍅하기가 이를 데 없다. 왜냐하면 배나 더 지옥 자식을 만들어내기 때문이다.

16-22절, 화 있을찐저 소경 된 인도자여 너희가 말하되 누구든지 성전으로 맹세하면 아무 일 없거니와 성전의 금으로 맹세하면 지킬지라 하는도다 우맹이요 소경들이여 어느 것이 크뇨 그 금이냐 금을 거룩하게 하는 성전이냐 너희가 또 이르되 누구든지 제단으로 맹세하면 아무 일 없거니와 그 위에 있는 예물로 맹세하면 지킬지라 하는도다 소경들이여 어느 것이 크뇨 그 예물이냐 예물을 거룩하게 하는 제단이냐 그러므로 제단으로 맹세하는 자는 제단과 그 위에 있는 모든 것으로 맹세함이요 또 성전으로 맹세하는 자는 성전과 그 안에 계신 이로 맹세함이요 또 하늘로 맹세하는 자는 하나님의 보좌와 그 위에 앉으신 이로 맹세함이니라

예수님의 맹세에 대한 가르치심은 이러하다. "또 옛 사람에게 말한바 헛 맹세를 하지 말고 네 맹세한 것을 주께 지키라 하였다는 것을 너희가 들었으나 나는 너희에게 이르노니 도무지 맹세하지 말지니 하늘로도 말라 이는 하나님의 보좌임이요 땅으로도 말라 이는 하나님의 발등상임이요 예루살렘으로도 말라 이는 큰 임금의 성임이요 네 머리로도 말라 이는 네가 한 터럭도 희고 검게 할 수 없음이라 오직 너희 말은 옳다 옳다, 아니라 아니라 하라 이에서 지나는 것은 악으로 좇아 나느니라"(마 5:33-37).

이 말씀을 보면 율법 시대에는 맹세를 하였다. 그리고 맹세를 하면 지키라고 하였다. 그러나 주님의 새로운 가르치심은 맹세를 하지 말라는 것이다. 그리고 왜 맹세를 하지 말아야 하는가를 자세히 말씀하셨다. 그런데 바리새인들은 곧잘 맹세를 했다. 물론 율법 시대에는 그 맹세하는 자체를 부정하지는 않았다. 그런데 이 인도자들은 "성전으로 맹세한 것은 혹시 못 지키더라도 큰 문제는 없다. 그러나 성전의 금으로 맹세한 것은 지켜라. 그리고 제단으로 맹세한 것은 못 지켜도 큰 문제가 없지만 그 위의 예물로서 맹세하면 지켜야 한다"고 가르쳤다.

그들이 왜 그렇게 교훈을 발전시켰느냐면 그들에게는 금이 귀하기 때문이다. 예물이 중요하기 때문이다. 그래서 금과 예물로서 맹세한 것은 지키도록 했고 성전이나 제단으로 맹세한 것은 그리 중요하게 생각지 않았다. 그런데 주님께서는 여기서 그런 자들에게 우맹이요 어리석은 자들이라고 하셨다. 그들을 우맹으로 만든 것은 금이요 예물이었던 것이다.

"소경들이여, 어느 것이 크뇨 그 금이냐 금을 거룩하게 하는 성전이냐". 금이 거룩하게 되는 것은 성전 때문이다. 금이 시장에 있으면 거룩한 것이 아니다. 똑같은 금이지만 성전 안에 있기 때문에 거룩한 것이다. 그런데 금으로 맹세하면 지키라고 하고 성전으로 맹세하면 지키지 않아도 상관없다고 하는 것은 그 사람들이 금에 정신이 팔렸고 예물에 정신이 팔렸기 때문이다.

23절, 화 있을진저 외식하는 서기관들과 바리새인들이여 너희가 박하와 회향과 근채의 십일조를 드리되 율법의 더 중한바 의와 인과 신은 버렸도다 그러나 이것도 행하고 저것도 버리지 말아야 할지니라

23장에 일곱 종류의 화가 나온다. 이렇게 행할 때 화가 있다. 상이 아니라 주님의 심판이 있는 것이다. 천국 문을 닫고서 자기도 안 들어가고 남도 못 들어가게 하는 행위, 사람들이 주님을 사랑하는 것을 막고 어리석은 자기들을 따르게 하는 행위는 화가 있다. 순수한 성도들이 주님을 사랑하려고 하는데 막는다. 자기가 들어가지 않은 것도 문제가 있지만 사람들이 주님을 한번 올바르게 믿어보려고 하는데 막는 것이다. 그것이 화이다.

두 번째는 맹세에 관한 것인데, 그들의 마음이 금에 있고 예물에 있는 것이다. 물질에 있다. 물질 때문에 치우쳐서 사람들을 가르치고 있다. 이것이 화이다. 세 번째는 박하와 회향과 근채의 십일조를 드리되 율법의 더 중한바 의(justice)와 인(mercy)과 신(faithfulness)은 버리는 행위, 이것이 화이다. 이 사람들은 십일조를 철저히 드렸다. "우리 소득의 십일조를 드리나이다." 이것이 바리새인들의 말이다. 구약 성경을 보면 십일조를 드려야 할 항목들이 다 기록되어 있다. 우양의 첫 것, 첫 소출물 등을 드리는 것은 물론이고 율법에도 없는 향품으로 쓰는 풀인 박하와 회향과 근채까지도 십일조의 품목에 포함시켰다. 이 바리새인들은 우양이나 말이나 포도주나 밀의 십일조를 드릴 뿐 아니라 아주 사소한 박하와 회향과 근채의 십일조까지도 정확하게 드렸다.

물론 십일조를 드리는 것은 필요하고 주님께 더욱더 많이 드리는 것은 좋다. 그러나 그들은 이렇게 하나하나 작은 것까지도 드리는 것처럼 했지만 실제로 율법의 더 중한바 의와 인과 신은 버렸다. 더 큰 것을 버린 것이다. 율법에는 더 중한 것이 있다. 즉 율법의 본질이다. 의(義)와 인(仁)—이것은 긍휼이다. 율법의 본질이란 사람을 동정하고 긍휼히 여기는 것이다. 즉 이웃을 내 몸과 같이 사랑하는 것이다. 그러나 그들에게는 이것이 없다. 그리고 신(信)이 없다. 주님께 대한 단순한 믿음과 의뢰하는 마음과 신실함이 없고 그저 사람들에게 높임 받고 외적으로 잘 보이기 위한 것들만 치중하였다.

이와같이 하나님의 말씀에는 중한 것이 있고 경한 것이 있다. 여기서 주님은 그 드리는 행위들을 무시하지 않으셨다. 그러나 그들은 그런 외적인 실행은 강조하되 내적인 본질을 소홀히 하는 것을 책망하신 것이다. 주님을 따르는 것에서 가장 문제가 되는 것이 이것이다. 무엇이 중한 것이냐 하는 것이다. 오늘날 너무나 많은 신실한 성도들이 가장 중한 것들은 소홀히 한 채 지엽적인 문제에다가 목숨을 거는 것을 본다. 실상 성경에서 복음이라든가, 형제 사랑이라든가 하는 것이 가장 중한 문제들이다. 그러나 많은 이들이 이런 것보다 어떤 이념이나 사상, 소위 교회의 외적인 실행이나 비젼을 성취하는 일을 크게 여긴다. 그들은 진정한 삶에서의 의를 산출해내는 것이나, 다른 사람들을 위해서 사는 봉사나 희생의 삶보다, 작은 신앙생활의 규범을 높이 들어올린다. 그리고 거기에 맞지 않으면 사람들을 정죄하고 차갑게 대하며 물리친다. 이는 그리스도인들이 범하기 쉬운 실수인 것이다. 신실한 그리스도인조차 이를 분간하지 못하는 수가 있다.

어떤 사람들은 자매들이 교회 집회에서 머리에 수건을 쓰느냐 하는 문제로 다른 성도들과 교제하는 여부를 결정하기도 한다. 어떤 사람들은 올바른 성경 번역본을 가지고, 어떤 사람들은 형제자매를 성경적으로 부르는 호칭을 가지고, 또 어떤 사람들은 교회의 성경적인 이름을 가지고 그렇게 한다. 주님이 십자가에 죽으시고 부활하신 것은 어떤 바른 모양의 교회를 만들기 위함이 아니라, 우리 같은 죄인들을 멸망에서 구원하시기 위함이다. 가장 기본적인 것이 복음인 것이요, 죽은 영혼을 살리는 것이다. 바리새인들은 안식일 날 주님이 병 고치는 것을 정죄하였다. 병을 고칠 수 있는 다른 날들이 많이 있다는 것이다. 그들은 병자의 입장에서 생각하는 것이 아니라 그들의 종교와 규정의 한계에서 말하는 것이다. 그들의 논리는 꽤 일리가 있는데 그것은 주님이 환자들의 병을 고치는 것은 할 수 있는 일이지만 안식일을 깨가면서까지 할 필요가 있느냐 하는 것이다. 그들의 문제는 무엇인가? 그들은 지엽적인 문제를 본질적인 문제보다 더 크게 제기한 것이다. 결국 그들의 마음속에는 불쌍한 사람에 대한 사랑과 동정보다는 그들의 생각에 중요하다고 느껴지는 규정과 자신들의 종교조직을 지키는 것이 크고 중하게 느껴졌던 것이다.

24절, 소경 된 인도자여 하루살이는 걸러내고 약대는 삼키는도다

하루살이는 사소한 영적인 것들이다. 그들은 하루살이는 아주 조심하고 걸러냈다. 조심스럽게 취급하는 것이다. 별 것도 아닌 것을 매우 주의한 것이다. 그런데 중요한 것은 그냥 삼켜버렸다. 이런 사람들은 화가 있다는 말이다. 그러나 사람들은 속는다. 왜 속는가? 저렇게 사소한 것까지 잘 지키니 큰 것은 응당 잘 지키겠지 하고 속는 것이다. 바리새인들은 예수님을 십자가에 못박았다. 이렇게 엄청난 죄를 범한 사람들이다. 사람 목숨을 죽이는 것은 의와 인이 없는 것이다. 신이 없는 것이다. 풀 종류인 박하 따위의 항료를 드리는 것은 세세히 따지고 예수님을 십자가에 못박는 것을 대담하게 감행해버리는 것이다. 예수님이 손 마른 사람을 살리시고 불쌍한 영혼을 고치시자 예수님을 미워하고 잡아 죽이고 싶어했다. 그리고서 자기들은 율법을 잘 지키는 자들이니 손을 씻어야 한다고 하였다.

마태복음 27장 6절을 보면, "대제사장들이 그 은을 거두며 가로되 이것은 피 값이라 성전고에 넣어둠이 옳지 않다"라고 말한다. 유다가 예수님을 팔고 양심에 가책이 되어 예수님을 판 돈 은 삼십을 대제사장들에게 갖다 주면서 내가 무죄한 자의 피를 팔았다고 하니까 대제사장들이 이것은 피 값이기 때문에 성전고에 넣어두는 것이 옳지 않다고 했다. 무죄한 사람, 나사렛 예수를 십자가에 못박는 것은 큰 죄가 아니고 성전고에 피 값을 넣어두는 것은 옳지 않은 일이라는 것이다.

요한복음 18장 28절을 보면, "저희가 예수를 가야바에게서 관정으로 끌고 가니 새벽이라 저희는 더럽힘을 받지 아니하고 유월절 잔치를 먹고자 하여 관정에 들어가지 아니하더라"고 말한다. 예수님을 잡아서 빌라도에게 넘긴 것은 잡아죽이고 싶었기 때문이다. 그리고서 그들은 새벽이기 때문에 유월절에 더럽힘을 받지 않고 잔치를 먹으려고 그 이방인의 관정에는 들어가지 않겠다고 했다. 나름 율법을 잘 지키는 사람들이다. 무고한 사람을 잡아죽이면서 외형적이고 작은 율법을 잘 지키고 있는 것이다. 엄청난 죄는 마구 저지르면서 가벼운 것은 그렇게 강조하고 지키는 것처럼 한다. 왜 그런가? 눈이 멀어서 그런 것이다. 오늘날에도 사람들이 이것을 지킨다, 저것을 지킨다 한다. 또 실행한다고 한다. 그러나 사랑하는 형제들이 외로움에 눈물을 흘리든, 떨든, 방황하든, 괴로워하고 있든 관심하지 않는다. 형제들은 소외당하고 상처를 받고 외로워서 방황하고 있는데 그저 작은 것에 매달려서 이걸 하고 저걸 하는 데 바쁘다. 하루살이는 걸러내고 약대는 삼키는 그런 행위에 화가 없으면 무엇에 화가 있다는 말인가?

주님은 이렇게 말씀하시는 것이다. "이것도 행하고 저것도 버리지 말아라. 의와

인과 신과 같이 중요한 것도 하고 근채와 회향과 박하도 바치라." 또 어떤 사람들은 치우친다 "내가 이렇게 중요한 것을 하니까 사소한 것은 안 해도 될 거야." 그러나 주님은 "이것도 행하고 저것도 버리지 말라."고 하신다.

25절, 화 있을진저 외식하는 서기관들과 바리새인들이여 잔과 대접의 겉은 깨끗이 하되 그 안에는 탐욕과 방탕으로 가득하게 하는도다

결국 바리새인들의 화는 외식에 있다. 잔과 대접의 겉은 깨끗이 하되 그 안에는 탐욕과 방탕으로 가득하다. 이 사람들은 사람들에게 옳게 보이고 좋게 보이는 것에는 관심이 많다. 사람들에게 존경을 받고 평판이 좋고 좋게 드러나고 하는 것에는 관심이 많고 속에 탐욕과 방탕이 들어 있는 것은 주의하지 않는다. 이것이 화이다. 속의 더러운 것들을 처리하는 데는 별로 관심이 없고 사람들에게 어떻게 나타나는가만 중요시한다. 이것이 화이다. 잘 모르는 사람들은 바리새인과 서기관들의 길이 좋아 보이기 때문에 그것을 따른다. 그것을 배우려고 한다. 그러나 그것은 화가 있는 길이다.

주 예수님께서는 십자가에 가시기 전에 이렇게 한 가지 한 가지 주의를 주셨다. 이러한 길은 가면 안 된다. 나는 오늘날 믿는이들에게 이것을 말씀드리고 싶다. 이것은 주님의 말씀이다. 주님이 화가 있다고 하셨으면 화가 있는 것이다. "뭐 주님이 그렇게까지 하시겠어. 그것도 다 주를 위해서 한 것인데. 또 나 말고도 내 주위에 수많은 사람들이 대충 다 이렇게 하는데 설마 화가 있겠어?" 하고 속는 사람들 때문에 주님이 이런 말씀을 하신 것이다.

26절, 소경 된 바리새인아 너는 먼저 안을 깨끗이 하라 그리하면 겉도 깨끗하리라

주님은 겉은 중요하지 않다고 하지 않으셨다. 우리 같으면 열을 내서 말하다 보면 "속이 중요하지 겉은 그다지 중요하지 않아"라고 할 것이다. 우리는 그렇게 실수를 많이 하는 사람이다. 주님은 실수가 없으시다. 유일한 선생님은 주님뿐이시다. 주님은 "너는 먼저 돌보아야 할 부분이 있다. 먼저가 안이다. 안을 깨끗이 하라. 그러면 밖도 깨끗하게 될 것이다"라고 하신다. 주님은 바깥도 귀하게 여기신다. 그런데 중요한 것은 순서이다. 여기서 여러분은 하나님의 말씀을 순종하는데 있어서의 순서인 것이다. 여기서 주님은 먼저를 말하고 다음을 말씀하셨다. 주님의 눈으로 먼저가 안이다. 사실 안에 탐욕이 있기 때문에 밖을 옳게 보이려고 하는 것이다. 지위를 잃지 않으려고, 명성을 잃지 않으려고 하기 때문에 사람들에게 내가 어떻게 보이는가, 내 평판이 어떤가를 주의한다. 밖을 주의하는 것이다. 오늘 우리부터 그러한 길을 가지 말아야 한다. 우리부터 참된 길을 걸어가야 한다. 우리 안의 부정하고 탐욕적이고 방탕한 성분들을 먼저 깨끗하게 하고 또 우리의 겉도 아름답게 보일 수 있기를 바란다.

오늘 날 교회의 문제나 개인의 생활의 문제나 마찬가지이다. 순서를 바꾸면 주의 말씀에 위배된 것이요 화가 있게 된다. 밖의 외형을 선결문제로 중시하여 사역하면 문제가 생긴다. 복음으로 인한 생명의 기초와 십자가로 인한 육체의 처리, 형제 사랑, 긍휼과 자비 등은 교회 안에서 먼저 실행해야하고 앞에 두어야 할 것들이다. 그러나 어떤 경우를 보면 계급제도를 철폐하고 모두를 형제 자매라 부르자, 교회의 이름을 분파적인 이름을 제하고 성경적으로 부르자, 성경의 번역본을 올바른 것으로 하자 등을 앞에다 두는 경우를 본다. 그러한 단체의 사람들은 외적인 것에서 일치가 되지 않으면 일단 거절하고 사랑과 긍휼의 마음을 닫아버린다. 그들이 때로 다른 사람에게 다가가고 사랑을 실행하다해도 그것은 사람들로 자신들과 외적인 것의 일치를 유도하기 위한 시도뿐이다. 노력한 사람들이 끝까지 자신들의 사상과 외적 실행에 일치되지 않으면 관심밖에 두는 것이다. 이 모든 것들은 주의 말씀의 순서를 바꾼 것에 불과하다. 순서를 바꾼 것이 무엇인가? 바로 외식이다. 결과는 화이다. 교회는 언제나 복음을 앞에 두고 사랑과 선행을 앞에 두어야 한다.

그러한 자들의 이렇게 외적인 것에 주의를 두는 의도를 주님은 말씀하셨다. 이는 금이나 예물, 즉 물질과 돈을 중시하기 때문이다. 그들은 성전과 그 안에 계신 이를 주의하지 않게 되었다. 중요한 것은 성전이요 그 안에 계신 주님인데 세월이 지나면서 사람들이 드리는 예물과 금이 더 눈에 들어오고 중시하게 된 것이다. 이렇게 순서가 뒤바뀌는데는 사람들의 신앙생활과 사역이 금전을 벌기위한 수단으로 전락하는데 원인이 있다. 왜 바리새인들은 기도를 길고 감동적으로 하였는가? 왜 맹세에 대하여 강경한 가르침을 만들어내었는가? 다 돈을 중심삼은데 있었다. 오늘 날 기독교의 부패는 물질에 있지 않다고 그 누가 부정하겠는가?

23장 전반부에 덧붙이는 말씀

23장에는 일곱 화가 있다. 주님은 서기관과 바리새인들에게 화가 있다고 말씀하신다. 당시에 많은 이스라엘 사람들은 서기관이나 바리새인들이 매우 종교적이고 거룩하고 영적이라고 생각했을 것이다. 그래서 사람들은 그들을 흠모했을 것이다. 그들을 본받고 닮기 원했을 것이다. 그러나 예수님은 그들을 조심하라고 하신다. 그들의 어떠함을 드러내신다. 그리고 그들에게 화가 있다고 말씀하신다. 왜냐하면 그들은 외식하는 자들이기 때문이다. "그들의 잔과 대접의 겉은 깨끗이 하되". 그들은 잔과 대접의 겉은 아주 깨끗하게 닦았다. 그러나 잔 안에는 탐욕과 방탕으로 가득하게 하였다.

마가복음 7장 1절부터 4절까지 보겠다. "바리새인들과 또 서기관 중 몇이 예루살렘에서 와서 예수께 모였다가 그의 제자 중 몇 사람의 부정한 손 곧 씻지 아니한 손으로 떡 먹는 것을 보았더라 바리새인들과 모든 유대인들이 장로들의 유전을 지키어 손을 부지런히 씻지 않으면 먹지 아니하며 또 시장에서 돌아와서는 물을 뿌리지 않으면 먹지 아니하며 그 외에도 여러 가지를 지키어 오는 것이 있으니 잔과 주발과 놋그릇을 씻음이러라". 이들은 열심히 씻었다. 손도 씻고 잔도 씻고 주발도 씻었다. 그리고 그들은 다른 사람들이 씻지 않는 것을 이상하게 생각했다. 그러나 주님은 6절에서 "이사야가 너희 외식하는 자에게 대하여 잘 예언하였도다 기록하였으되 이 백성이 입술로는 나를 존경하되 마음은 내게서 멀도다"라고 말씀하신다. 그들은 입술로는 주님을 존경하였지만 마음으로는 아니었다.

그들은 잔과 대접의 겉은 깨끗이 했다. 잔과 대접의 겉이 더러운 것은 매우 주의했다. 그러나 그 잔 안에 담겨 있는 음식이 부정과 탐욕으로 얻은 것임은, 즉 경건을 이익의 재료로 해서 얻은 것임은 고려하지 않았다. 주님은 잔과 대접을 깨끗이 하는 것을 주의하는 바리새인들에게 "그 잔을 깨끗하게 할 뿐 아니라 그 잔 안에 담겨 있는 내용물이 깨끗한가를 주의하라. 그 안에는 탐욕과 방탕으로 가득하다. 그 안에 담겨 있는 것은 과부의 가산을 삼킨 것이다. 외식함으로 길게 기도해서, 바깥의 모양을 옳게 보여서 백성들의 거짓된 존경을 자아내어 그들에게서 착취한 것이 그 안에 담겨 있다. 그런 것을 먹으면서도 너희는 그 잔의 겉을 깨끗하게 씻는 것만 주의하는구나"라고 말씀하신다. 그들은 부지런히 잔을 씻었지만 그 안에 담겨 있는 내용물이 탐욕과 방탕으로 가득한 것은 주의하지 않았다. 주 예수님은 그들의 외식을 폭로하시면서 그들에게 화가 있다고 말씀하신다.

"소경된 바리새인아 너는 먼저 안을 깨끗이 하라 그리하면 겉도 깨끗하리라"(26절). 주님은 바리새인들에게 소경이라고 하셨다. 바리새인들은 자신들이 소경이라고 생각지 않았다. 그들은 본다고 생각했고, 그것도 아주 잘 본다고 생각했다. 백성들의 인도자라고 생각했다. 그러나 주님은 그들을 소경이라고 하셨다. 보지 못한다고 하셨다. 무엇을 보지 못하는가? 그들의 내면의 부패와 내면의 탐욕과 부정한 것을 보지 못하는 것이다. 그들은 다만 잔의 겉이 더러운 것을 볼 뿐이다. 그들은 외면적인 행실들, 작은 행동들을 보았을 것이다. 그것이 잘못될까봐, 사람들에게 비치는 작은 행동들이 잘못될까봐 매우 주의할 뿐 그들 마음속에 있는 악한 것, 사악한 마음, 탐욕적인 마음, 방탕한 마음은 주의하지 않았다. 그들은 잔 안에 담겨 있는 내용물이 부정과 탐욕으로 가득한 것에 대해서는 보지 못했다. 그것이 얼마나 더러운가, 얼마나 옳지 않은 것인가, 얼마나 부정한 것인가를 보지 못했다. 그리고서 그들은 잘 본다고 생각했고 매우 경건하다고 생각했다. 그것이 무엇인가? 소경이다.

그들은 길게 기도해서 과부의 가산을 삼켰다. 사람들에게 감동을 주어 그들의 재물을 탈취해서 그릇에 잔뜩 담아 배불리 먹으면서 그들의 외면에 나타나는 작은 행동들, 사람들에게 자신들이 어떻게 보일 것인가는 매우 주의했다. 그러나 그들 속에서 일어나는 느낌, 생각, 의도에 대해서는 그것이 얼마나 나쁜지 사악한지를 보지 못했다. 그러기 때문에 주님은 그들을 소경이라고 하신 것이다. "소경 된 바리새인아, 너는 먼저 안을 깨끗이 하라." 그들은 깨끗이 하는 것이 옳고 좋은 것인 줄을 알았지만 안을 깨끗이 하는 것이 먼저인 줄을 몰랐다. 주님은 먼저 안을 깨끗이 하라고 말씀하신다. 하나님은 사람의 중심을 보신다. 우리의 마음속을 보시고 우리 마음의 악함을 보시고 우리 마음의 부정함을 보시고 마음의 더러움을 보신다. 밖에 나타나는 행동, 사람들에게 어떻게 보이는가는 중요한 것이 아니다. 먼저 안을 깨끗이 하면 자동적으로 바깥도 깨끗하게 될 것이다. 그래서 주님은 먼저 안을 깨끗이 하면 겉도 깨끗하게 될 것이라고 말씀하신다. 이 말씀의 적용은 실로 깊은 것이다. 내가 마태복음을 공부하면서 가장 도움을 받았던 강해서 저자 중 한 사람은 이 23장이 가장 쉬운 장이라고 하면서, 이 장에는 어떤 교리가 없다고 하였다. 한 면에서는 동의하지만 또 한 면에서는 동의하지 않는다. 왜냐하면 너무나 깊은 교훈이 감춰어 있기 때문이다.

이 장에서 주님은 장래 화를 당하는 자들의 본질을 파헤치고 계신다. 그 가장 문제가 되는 것은 바리새인의 외식인 것이다. 외식이란 정의하기가 간단한 것이 아니다. 주님은 내면의 문제는 소홀히 하고 외면의 일들을 중히 여기는 것을 외식이라고 하신다. 그런데 더욱 두려운 일은 그들이 그렇게 외적인 것을 중시하는 데는 물질 사랑이 숨어있다는 말이다. 하나님보다 물질을 위해서 신앙과 봉사와 가르침의 사역을 수행하는 것이다. 그리고 그런 일을 하는 자들에게 화가 있다고 하셨다. 그리스도인들이 무엇이든지 열심히 한다고 되는 것이 아니다. 신앙생활 가운데 본질을 중히 여기지 않고 외면적인 실행이나, 규정들을 위해서 온 마음과 힘을 쏟아 붓는 일은 허다한 것이다. 그럴 때 밖으로 볼때는 상당히 열심히 신앙생활을 하는 것 같지만 실제로는 주님의 화를 불러오는 일을 하고 있는 것이다.

다음으로는 내면적이고 중심적인 것을 먼저 하고자 하는 자들에게는 밖의 것들이 다소 거칠고 맞지 않게 느껴진다 하더라도 결국은 다 좋게 된다는 의미이다. 우리는 바리새인들이 주님께 질문한 것을 기억한다. 그것은 주님의 제자들이 먹을 때에 손을 씻지 않는다는 것이다(15장). 주님은 15장에서 이미 외식하는 문제에 대하여 바리새인들을 책망하신 적이 있다. 그들은 입술로는 주님을 경배하지만 마음은 주님에게서 멀었다. 실상 이 26절 말씀은 15장 말씀과 맥을 같이 한다. 그런데 여기서 주님은 제자들의 손 씻는 것을 고쳐주신 것이 아니라 그들의 마음을 고쳐야 한다고 하신다. 주님은 그들의 중심이 고쳐지면 외적인 면들도 좋아질 것이라고 하였다. 안이 제대로 되면 밖은 따라서 잘되어진다는 말이다.

실상 전반부에 랍비라 칭하는 문제나 아비라 하는 문제도 동일하다. 이런 칭호를 외적으로 부르는 문제보다 더 중요한 것은 내면의 실제인 것이다. 외면의 부르는 호칭보다도 내면의 실제에서 그러한 특별한 계급이 없고 서로 주님 앞에 평등한 관계로 서로 사랑하는 실제를 갖는 것이 더 중요한 것이다. 내면이 좋게 된다면 외면은 자연히 따라서 좋아지게 된다. 나는 외적으로 평등하게 호칭하지만 실제적으로는 계급적인 호칭을 사용하는 것보다 훨씬 더 서열의식이 심화되어 있는 것도 보았다. 물론 계급적인 호칭이 옳다는 것은 아니다. 안과 밖이 다 옳게 가는 것이 필요하다.

27절, 화 있을진저 외식하는 서기관들과 바리새인들이여 회칠한 무덤 같으니 겉으로는 아름답게 보이나 그 안에는 죽은 사람의 뼈와 모든 더러운 것이 가득하도다

주님은 서기관과 바리새인들을 회칠한 무덤 같다고 하셨다. 무덤은 그 안에 뼈와 더러운 것이 많다. 그렇기 때문에 그들은 그 부정하고 더러운 것들이 드러나지 않도록 바깥에 회를 칠하여 깨끗하게 보이려 했다. 서기관과 바리새인들은 회칠한 무덤과 같다. "겉으로는 사람들에게 아름답게 보이나". 그들은 사람들에게 겉으로 어떻게 보이는가를 주의했다. 자기들의 행동이 얼마나 거룩한가, 얼마나 경건한가, 자기들이 얼마나 하나님을 경외하고 율법을 준수하고 하나님을 순종하는가! 그러한 사람들로 보이는 것을 매우 주의했다. 회칠한 무덤과 같다. 그러나 그 안에는 죽은 사람의 뼈와 모든 더러운 것이 가득하다. 사람이 살았을 때는 아름답다. 보기도 좋고 접촉할 수 있다. 생기가 있다. 그러나 사람이 일단 죽으면 더럽다. 부패하게 된다.

그리스도인들도 같다. 성령께서 함께하실 때, 하나님의 임재가 있을 때에는 좋다. 아름답다. 생기도 있다. 접촉하고 싶다. 그러나 일단 성령이 없고 하나님의 임재가 없고 하나님의 영광이 없으면 생기가 없다. 더럽다. 모든 것이 더럽다. 죽은 사람의 뼈가 있을 뿐이다. 죽은 사람의 뼈와 더러운 것이 가득하다. 그것을 보거나 만질 때 더럽다. 생기가 없기 때문이다. 살아 있는 것이 없고 성령이 없고 하나님의 임재가 없을 때 더럽다.

그러나 바리새인들은 어떠한가? 바리새인들은 그 죽은 뼈와 더러운 것들을 감추기 위해서 밖에 회칠을 했다. 그 무덤 안에 있는 더러운 것들을 감추기 위해서 그 밖을 하얗게 칠했다. 이러한 일을 하는 사람들에게 예수님은 말씀하신다. 복이 있는 것이 아니라 "화가 있다." 이러한 사람들에게 화가 있다. 예수님은 십자가에 죽으시기 불과 이삼 일 전에 매우 엄중하고 신중하고 엄숙한 말씀을 하셨다. "이러한 길을 가지 말아라. 그것은 화가 있는 길이다. 성령이 이미 떠났고 성령의 역사가 떠났고 하나님의 임재가 떠났고 하나님의 영광이 떠났는데, 거기에 죽은 사람의 시체가 가득하고 더러운 것이 가득한데 겉에만 회칠을 하여 사람들에게 잘 보이려는 것은, 아름답게 보이려는 것은 화가 있는 것이다." 왜 회를 칠하는가? 사람들이 만질까봐 그렇다. 죽은 사람의 뼈가 가득하고 더러운 것이 가득한데 어떤 사람이 그것을 만지면 즉시 그 안에 있는 것이 드러난다. 그렇기 때문에 바리새인들은 계속 회를 하얗게 칠해야 한다.

선지자들이나 의인들은 무엇을 하는 사람들인가? 그 안에 있는 것을 드러내는 일을 하는 사람들이다. 깨끗한 손이 그것을 드러낼 때 더러운 것들이 다 드러나고 폭로되기 때문에 이러한 악한 일을 하는 사람들은 그것을 계속 가리고 감추기 위해서 회칠을 하는 것이다. 계속 교리나 그럴듯한 실행으로 회칠해서 사람들을 미혹하고 속게 만드는 것이다. 웬만한 사람들이 아니면 다 바깥을 보고 좋다고 한다. 아름답게 보이기 때문이다. 그러나 내면을 깊이 살피면 악과 미움과 방탕과 시기와 음란과 살인이 가득하다. 주님은 그 속이 어떠하면 밖이 어떠하기를 원하신다. 속이 좋지 않다면 응당 겉이 좋지 않아야 옳다. 이 구절들을 읽고 나서 바르게 반응하는 신앙은 우리의 내면을 더욱 관심하는 것이다.

28절, 이와같이 너희도 겉으로는 사람에게 옳게 보이되 안으로는 외식과 불

법이 가득하도다

여기에 '겉'이라는 말과 '안'이라는 말이 있다. 사람들은 겉으로 사람들에게 옳게 보이는 것을 주의한다. 왜 그런가? 옳게 보여야 사람들이 따르고 존경받기 때문이다. 내가 오랫동안 믿음 생활을 하면서 발견한 것이 하나 있다. 참으로 많은 사람들이 옳은 것을 좋아한다는 것이다. 사람이 옳다고 해서 따르는 것이다. 어느 날 그가 틀렸다고 하면 그냥 얼굴을 돌린다. 바리새인과 서기관들은 사람들의 존경과 칭송을 받고 싶었기 때문에 자기들의 그릇된 것을 결코 보이려고 하지 않았을 것이다. 만일 사람들이 우리에게 틀린 것을 말해줄 때 "여러분, 우리가 잘못되었습니다. 회개합니다. 이것도 틀리고 저것도 틀렸습니다. 우리가 정말 잘못되었습니다"라고 말한다면 그들은 떠날 것이다. 당신도 잘못되고 나도 잘못되었는데 왜 내가 꼭 당신들을 따라야 하느냐고 말할 것이다.

그렇기 때문에 바리새인들은 그들의 위치를 잃어버리고 싶지 않았을 것이다. 어떻게 해서든지 많은 사람들에게 옳게 나타나야 한다. "우리는 옳다. 나는 옳다. 조금도 틀림이 없다"라고 해야 사람들이 존경하기 때문이다. 그래서 그들은 옳게 보이기를 원하는 것이다. 그런데 바깥으로는 옳게 보이지만 안에는 탐욕과 불법이 가득하다. 외식하지 않으면 옳게 드러나지 않는다. 속이 이미 그릇되었는데 그대로 드러나면 어떻게 하겠는가? 그렇기 때문에 틀리지 않은 것처럼 드러나야 한다. 수많은 사람들이 이러한 종교인들에게 속고 있다. 오늘날도 속고 있다.

여기까지 두 가지 화를 말했다. 하나는 겉은 깨끗하나 속에 탐욕과 방탕이 가득한 사람들에 대한 화이고, 두 번째는 속에는 죽은 사람의 뼈와 더러운 것이 가득한데 밖을 회칠하는 자들에 대한 화이다. 속이 더러울 뿐 아니라 더 나아가 자기들의 더러움을 가리기 위해서 회칠하고 옳게 보이려 하는 자들에게 화가 있다.

29-30절, 화 있을진저 외식하는 서기관들과 바리새인들이여 너희는 선지자들의 무덤을 쌓고 의인들의 비석을 꾸미며 가로되 만일 우리가 조상 때에 있었더면 우리는 저희가 선지자의 피를 흘리는 데 참예하지 아니하였으리라 하니

이들은 자신들이 회칠하여 사람들에게 옳게 보이는 것을 주의할 뿐 아니라 조상들을 동원한다. 자신들만 가지고는 부족하여 조상들의 업적과 조상들의 어떠함을 가지고 그들을 내세워 자신들의 옳음을 더욱더 증명하려고 하는 것이다. 그래서 그들은 선지자들의 무덤을 쌓고 선지자들의 비석을 잘 꾸몄다. "우리는 이렇게 이전의 선지자들을 위한다. 우리는 이렇게 이들을 사랑한다. 우리는 이렇게 이들을 존경한다. 그러므로 우리는 그들과 하나이다. 우리는 그들과 한 계통의 사람들이다"하는 것을 사람들에게 입증시켜주기 위해서이다. 그들은 선지자들의 무덤을 아주 존중했다. 무덤을 쌓고 비석을 꾸미고서 말하기를 "우리가 조상 때에 있었더면 우리는 저희가 선지자의 피를 흘리는 데 참예하지 아니하였으리라"고 했다. 그들은 "이 훌륭하신 분들, 우리가 있었더라면 이런 일을 하지 않았을 텐데."라고 말하는 것이다. 과거에 그 선지자들을 죽인 사람들이 자기들의 조상이 아닌가? "죽인 사람들은 정말 잘못된 사람들이야. 너무나 악해. 어떻게 이런 훌륭하신 선지자들을 죽였을까?" 하고서 지금 또 참 선지자를 죽이려고 하는 것이다.

과거에 죽임당한 선지자들은 어떤 길을 걸어간 사람들인가? 과거에 의인들은 어떠한 길을 갔는가? 엘리야, 엘리사, 이사야, 예레미야, 에스겔, 스가랴 등 모든 참된 선지자들은 참으로 어려운 길을 걸어갔다. 핍박을 당하고 가난하고 까마귀가 혹시 무엇을 물어다 주면 먹고 시냇물을 마시고 하면서 하나님의 참된 말씀을 하다가 돌로 맞고 사람들에게 버림을 당하고 핍박을 당하고 고통을 당했다. 그때는 이스라엘 사람들이 받아주지 않았다. 이러한 참 선지자들의 말을 듣지 않았다. 대다수의 사람들이 듣지 않았다. 그런데 세월이 지나자 어떻게 되었는가? 시간이 지날 때 그들이 참 선지자였다는 것을 역사가 증명한다. 하나님의 말씀이 증명한다. 그들은 이제 기성화가 되고 모든 사람들이 인정하는 선지자가 되었다. 그리고 나서 그들을 따르는 유대교는 유력한 종교가 되었고 그 안에서 유익을 누리는 바리새인이나 교권주의자들은 그런 길을 다시는 가지 않아도 된다. 그들을 조상으로 삼고 그들의 업적을 기리며 그들의 신앙에 대하여 선전하고 스스로 감동하며 그 선지자의 이름을 붙잡고서 "누가 그를 죽였느냐? 사람이 어찌 그럴 수가 있느냐?" 하면서 무덤을 쌓아주고 비석을 꾸며준다. 돈을 들여 아름답게 해준다. 실상 그 선지자들이 살아 있을 때에는 자기 무덤 꾸밀 돈도 없고 비석을 살 돈도 없었다. 그들은 가난과 더불어 그런 낮은 인생을 산 사람들이다. 비석을 꾸밀 돈을 갖고 있다는 것 자체가 그 먼저 간 선지자들하고는 다른 것이다. 왜 꾸미는가? 자기들의 단체를 견고하게 보존하고 자신들의 지위를 높이기 위해서이다. 자기들을 그들과 일치시키기 위해서 무덤을 쌓고 비석을 꾸미는 것이다.

31절, 그러면 너희가 선지자를 죽인 자의 자손 됨을 스스로 증거함이로다

그들은 우리가 조상 때에 있었다면 그런 일을 하지 않았을 것이라고 했다. 이것은 선지자들을 죽인 사람들이 그들의 조상이라는 것을 말하는 것이다. 바리새인들이 참으로 그들의 한 일이 잘못되었고 그렇게 해서는 안 된다고 생각한다면 그들이 자기들의 조상이라고 말해서도 안 된다. 쉽게 말해서 그들과의 관계를 분명하게 해야 한다. 조상이라고 할 필요도 없다. 그리스도인의 관계는 영적인 것이다. 무덤을 가지고 있다 해서 그 선지자와 내가 하나 되는 것이 아니고 비석을 내가 세웠다고 해서 그 선지자와 내가 하나 되는 것이 아니다. 이것은 영적인 문제이다. 그들의 영과 그들의 마음이 나의 영과 마음과 하나일 때 그것이 하나인 것이지 내가 아무개 비석을 세웠고 아무개 무덤을 지키고 있다 해서, 그들의 유지를 받들고 있다고 해서 그와 하나 되는 것이 아니다. 실상으로는 이 바리새인과 서기관들은 그 선지자와 의인들을 죽인 그 조상들과 영과 마음에서 완전히 일치된다. 그들은 지금도 그들 앞에 계신, 그 선지자들과 의인들이 존경하고 사랑한, 그들을 보내신 주님을 죽이려 하고 있다. 그분은 바리새인과 서기관들 앞에서 고난을 당하고 계시며 시험을 당하고 계신다. 이제 이들은 얼마 후에 주 예수님을 죽일 것이다.

32절, 너희가 너희 조상의 양을 채우라

왜 양(量)을 채우라고 하시는가? 하나님의 심판은 양이 채워질 때 시행된다. 죄가 점점 더해져서 그 양이 채워질 때 심판하신다. 그 분량이 하나님께서 심판하실 분량까지 가야 한다. "아모리 족속의 죄악이 아직 관영치 아니함이니라"(창 15:16中). 여기서 아모리 사람들이 심판을 받아야 하는데 그들의 죄가 아직 관영하지 않았다. 아직 완전히 채워지지 않았던 것이다. 그들의 죄악이 완전히 채워지면 하나님이 심판하신다. "그 열조의 하나님 여호와께서 그 백성과 그 거하시는 곳을 아끼사 부지런히 그 사자들을 그 백성에게 보내어 이르셨으나 그 백성이 하나님의 사자를 비웃고 말씀을 멸시하며 그 선지자를 욕하여 여호와의 진노로 그 백성에게 미쳐서 만회할 수 없게 하였으므로"(대하 36:15-16).

왜 이스라엘과 유다가 멸망했는가? 그 양을 채웠기 때문이다. 그 양을 채운 것이 무엇인가? 하나님의 사자들을 비웃고 말씀을 멸시하고 선지자를 욕하고 선지자를 거절한 것이다. 그래서 하나님께서 진노하셨고 그 백성에게 여호와의 진노가 미쳐서 만회할 수 없게 되었다. "여호와께서 너희 악행과 가증한 소위를 더 참으실 수 없으셨으므로 너희 땅이 오늘과 같이 황무하며 놀램과 저줏거리가 되어

거민이 없게 되었나니"(렘 44:22). 여호와는 더 참으실 수 없었다.

주님은 사람들이 죄를 지을 때 참으신다. 어떤 가정도 그렇다. 어떤 민족도 그렇다. 죄를 지을 때 참으신다. 하나님은 참으심이 풍성하시다. 그러나 양이 채워질 때 하나님은 더 이상 참지 않으신다. 지금 바리새인과 서기관들은 무엇을 하고 있는가? 그들은 자기들이 무엇을 하고 있는지 알지 못했다. 그들은 심판을 받기 위해 지금 준비하고 있는 것이다. 그들은 조상들이 짓던 죄를 이어서 짓고 있다. 조상들이 무엇을 했는가? 선지자들을 죽이고 핍박했다. 선지자들의 말을 귀를 막고 듣지 않았다. 이제 이 사람들은 그 조상들이 지은 죄를 완성하는 일을, 양을 채우는 일을 하고 있다. 양이 채워지면 어떻게 되는가? 심판이 있다. 개인도 마찬가지이다. 과거부터 짓던 죄를 계속 짓는 사람은 조심해야 한다. 한 가정도 과거부터 짓던 죄를 계속 짓고 죄에서 회개하고 돌이키지 않으면 그것이 지금 심판을 위하여 죄의 양을 채우고 있는 것이다. 나라도 마찬가지이다.

죄 짓는 것을 가볍게 생각하는 사람은 위험에 노출되어 있는 사람이다. 마땅히 두려워해야 한다. 하나님은 심판의 하나님이시다. 은혜와 사랑의 하나님이시지만 심판의 하나님이시다. 죄에서 돌이키지 아니하고 과거에 짓던 죄를 계속 짓고 또 짓고 그 죄에서 떠나지 아니하고 더 악랄하게 죄를 짓는다면 그것은 필경 그 죄의 양을 채우고 있는 것이다.

33절, 뱀들아 독사의 새끼들아 너희가 어떻게 지옥의 판결을 피하겠느냐

"뱀들아 독사의 새끼들아". 바리새인들에 대해서 하시는 말씀이다. 주님은 사람의 외면을 따라 부르시지 않는다. 바리새인과 서기관들은 외면적으로 사람들에게 랍비라 칭함을 받았다. 훌륭하신 분, 선생님, 랍비님 하며 사람들은 그들을 굉장히 존경했다. 거룩하고 경건하신 분이라고 사람들은 인식하고 있었는데 예수님은 그들을 "뱀들아, 독사의 새끼들아"하고 부르셨다. "아, 그렇게 말씀하시면 사람들이 걸립니다." "너무 심하지 않은가요?" 하겠지만 주 예수님은 사람의 외면을 보고 부르시지 않으신다. 내면에 있는 그 악한 것, 사악한 독소를 보고 부르신다. 그들은 겉을 멋지게 포장하여 아름답게 보이고 옳게 보이지만 그 안에 들어있는 것은 탐욕과 방탕이다. 다른 사람들의 가산을 탈취하는 것이다. 그리고 그들 속에 있는 것은 무엇인가? 선지자들을 죽이려 하는 악독이 가득하다.

앞에 계신 주 예수님을 지금 십자가에 못박아 죽이려고 하는 사람들이다. 의인을 거절하고 선지자의 음성을 거절하고 주 예수님을 대적하고 성령을 대적하니 그것이 무엇이겠는가? 뱀들이 아니겠는가? 그것이 독사의 새끼들이 아니겠는가? 지옥의 판결을 피할 수 없다. 바리새인과 서기관들을 판결할 또 다른 심판자가 있다고 생각지 말라! 여기서 이러한 말씀하시는 분이 바로 심판자이시다. 그 예수님이 하나님께서 사랑하사 모든 심판을 그 손에 맡기신 분이시다. 그분이 바리새인과 서기관들에 대해서 하시는 말씀이다. "너희가 지옥의 판결을 어떻게 피하겠느냐?" 내면이 바뀌지 않았는데 바깥을 옳게 보인다고 해서 그들이 구원받을 수 있다고 생각하는가? 그들은 독사이다. 독이 있는 뱀이다. 그들이 물면 독이 전이 된다. 사람 하나 얻으면 배나 더 지옥의 자식이 되게 한다. 그리고서도 그들이 지옥의 판결을 피할 수 있겠는가?

34절, 그러므로 내가 너희에게 선지자들과 지혜 있는 자들과 서기관들을 보내매 너희가 그 중에서 더러는 죽이고 십자가에 못박고 그 중에 더러는 너희 회당에서 채찍질하고 이 동네에서 저 동네로 구박하리라

영문 성경에서는 "그러므로 보라(behold)"라는 말로 시작한다. 이러한 말씀을 하시는 우리 주 예수님, 그 입으로는 이렇게 엄숙한 심판을 말씀하시지만 그분의 마음은 아직 그들에 대해서 긍휼과 자비를 완전히 거두시지 않았다. 그러므로 "보라!"고 하신 것이다. "내가 너희에게 선지자들과 지혜 있는 자들과 서기관들을 보내매" 여기서 선지자, 지혜 있는 자, 서기관들을 누가 보낸다는 말인가? 여기 나사렛 사람 예수 그분이 선지자들을 보내시는 분이다. 그분이 지혜 있는자, 서기관들을 보내시는 분이다.

"너희가 그 중에서 더러는 죽이고 십자가에 못박고 그 중에 더러는 너희 회당에서 채찍질하고 이 동네에서 저 동네로 구박하리라".

"그러므로 보라, 내가 보낼 것이다." 그 독사의 자식들이 심판을 피할 수 없는 상태에 있는데도 예수님은 여전히 보낸다고 하신다. 혹시라도 돌이키는 사람이 있을까, 혹시라도 회개하는 사람이 있을까 하여 보내시는 것이다.

"내가 선지자를 보내주마. 너희 조상들은 선지자들을 돌로 쳐서 죽였는데 너희는 너희가 그때 있었으면 안 죽였을 것이라고 말한다. 그래, 내가 선지자를 또 보내주겠다. 지혜 있는 자를 보내주겠다. 서기관을 보내주겠다. 그런데 너희는 또 무슨 일을 할 줄 아느냐? 너희가 그렇게 악할지라도 내가 또 보낼 것이다." 주님의 인내를 보라. 주님의 긍휼과 사랑을 보라. 그러한 상태에 있어도 주님은 또 보내신다. 그러한 사람에게일지라도 주님은 보내신다. 선지자를 보내신다. 주님은 그분의 선지자들을 그렇게 해서 많이 희생하셨다. 물론 주님은 그들을 가장 우대하실 것이다. 그렇게 할 때 그들이 어떻게 했는가? "더러는 죽이고 십자가에 못박고 그 중에 더러는 회당에서 채찍질하고". 회당이란 무엇을 하는 곳인가? 하나님을 섬긴다고 율법을 읽고 경배하고 예배드리는 곳이다. 그곳에서 무엇을 했는가? 선지자들을 죽이는 일을 했다. 핍박하는 일을 했다.

그리고 "이 동네에서 저 동네로 구박하리라". 구박한다는 것은 핍박한다는 말이다. 이 동네에서 저 동네로 따라다니면서 주님이 보내신 선지자들을 핍박했다. 이것은 사도들 당시에 완전히 이루어졌다. 유대인들은 사도들이 가는 곳마다 쫓아다녔다. 데살로니가에 가면 데살로니가에 가서 대적하고 베뢰아에 가면 베뢰아에 따라가서 대적하고 했다. 왜 이렇게 대적했을까? 유대교라는 자신들의 체계, 자신들의 종교를 위하여 시기한 것이다. 그래서 핍박한 것이다.

35절, 그러므로 의인 아벨의 피로부터 성전과 제단 사이에서 너희가 죽인 바라갸의 아들 사가랴의 피까지 땅 위에서 흘린 의로운 피가 다 너희에게 돌아가리라

최초의 순교자는 아벨이다. 그리고 주님이 말씀하실 당시에 마지막으로 순교했던 선지자는 사가랴이다. 여기서 바라갸의 아들 사가랴가 누구인지에 대해서는 성경학자마다 조금 견해가 다르다. 어떤 사람은 여호야다의 아들 사가랴라고 생각한다. 그러나 이 사가랴는 스가랴서를 쓴 사가랴이다.

스가랴 1장 1절, "다리오 왕 이년 팔월에 여호와의 말씀이 잇도의 손자 베레갸의 아들 선지자 스가랴에게 임하니라". 여기서 발음이 약간 다르다. 베레갸, 바라갸, 이것은 헬라어와 히브리어의 차이이다. 헬라어로는 바라갸이고 히브리어로는 베레갸이다.

그리고 스가랴는 사가랴이다. 영어 표기로는 같다. 이 선지자는 포로에서 귀환 후에 성전 중건 당시 바로 성전과 제단 사이에서 죽임을 당했다. 이렇게 아벨로부터 사가랴까지 다 피를 흘리고 죽었는데 누가 죽였는가? 너희 이스라엘 사람들이 죽였다고 하신다. 그 피들은 헛되지 않다. 그 피는 다 하나님 앞에서 계산된다. 그런데 그 피가 다 너희에게 돌아가리라고 하셨다.

36절, 내가 진실로 너희에게 이르노니 이것이 다 이 세대에게 돌아가리라

이 세대라면 당시에 그 사람들이 살아 있을 때를 가리킬 수도 있고 오늘 이 시대까지를 포함하는 말일 수도 있다. 당시에 그 말을 듣던 사람들 중에는 A.D. 70년 예루살렘의 함락과 그 멸망의 광경을 본 사람, 또 거기서 그 심판을 받은 사람도 있을 것이다. 그리고 그 세대는 지금까지 계속되어서 주님 오실 때까지를 포함한 것일 수도 있다.

37절, 예루살렘아 예루살렘아 선지자들을 죽이고 네게 파송된 자들을 돌로 치는 자여 암탉이 그 새끼를 날개 아래 모음같이 내가 네 자녀를 모으려 한 일이 몇 번이냐 그러나 너희가 원치 아니하였도다

여기서 주님은 이렇게까지 말씀하신 다음에 탄식하시며 "오 예루살렘아, 예루살렘아" 하고 두 번 부르셨다. 예루살렘이 무엇인가? 예루살렘은 주님께 어떤 존재인가? 우리는 구약의 여호와 하나님이 신약에서 예수로 이 땅에 오신 분과 다르지 않다는 것을 안다. 사실 예수라는 이름이 여호와 구원자라는 뜻이다. 그 여호와 하나님이 사람이 되어 오셨다. 그분이 예수이시다. 그러한 하나님을 우리는 믿고 있다.

그런데 그 여호와 하나님이 이스라엘 가운데 예루살렘, 그 중에서도 시온 산 그곳에 자기 이름을 두시려고 하셨다. 가장 사랑하시는 도시, 거기에 성전을 세우시고 그들과 함께하기를 원하셨다. 얼마나 많이 말씀하시고 계신가? "예루살렘의 딸들아"하고 말이다. 결국 성경 마지막은 새 예루살렘으로 끝난다. 그러므로 여호와 하나님께는 예루살렘이 특별한 이름이다. 예루살렘을 주님은 잊으실 수가 없는 것이다. 나도 세계 여러 나라를 돌아다니며 복음을 전해도 한국을 잊을 수 없다. 특히 내가 섬겼던 사람들이 있는 곳이 이 나라이다. 나는 오랜 세월 섬겨왔던 이들에게 거절당하였다. 그래도 나는 잊지 못한다. 마음에서 잊혀 지지 않는다. 우리 주님이 예루살렘을 잊지 못하시는 것을 여러분은 이해할 수 있겠는가?

"오 예루살렘아, 예루살렘아". 두 번 부르셨다. 두 번 부르신 것은 강조하신 것이다. 진정이라는 말이다. 마음에 있는 것이다. 그 예루살렘이 지금 하는 일이 무엇인가? "선지자들을 죽이고 네게 파송된 자들을 돌로 치는 자여". 예루살렘이 그러한 일을 하고 있었다. 하나님께서는 그분의 이름을 두시려고 예루살렘을 선택하셨고 거기에 성전 터가 있고 성전의 세워짐이 있고 하나님 아버지의 집이 있다. 그분은 거기서 경배를 받고자 하신다. 그리고 그들과 함께하고자 하신다. 그런데 그 예루살렘이 지금에 와서 하는 일은 주님이 보내신 선지자들을 죽이는 것이다.

파송된 자들을 돌로 치는 것이다. 거기서 사람들이 성전을 중심 삼아 모여서 공회(산헤드린)를 만들고 참 선지자들, 즉 하나님께서 구별하여 보내신 참된 종들을 심판하고 사람들을 선동해서 돌로 쳐서 죽이고 그것도 안 되면 로마 정부의 정권에 붙여서 죽이게 만든다. 그것이 지금의 예루살렘이다. 주님은 마치 암탉이 병아리를 날개 아래 품으려 하는 것과 같이 그 예루살렘을 계속 품으려 하셨다. 많이 모으려 하셨다는 것이다. 예루살렘을 모으려 하셨다.

주 예수님은 주로 갈릴리에 계셨다. 그러시면서도 예루살렘에 자주 오셔서 기적도 행하시고 또 전파도 하셨다. 자신을 나타내셨다. 왜 그러셨는가? 그들을 품어보시려는 것이다. 예루살렘을 그래도 품어보시려고 한 것이다. 주님은 얼마나 예루살렘을 품으려 했던가! 당시에 이 말을 들은 바리새인과 서기관들은 "나사렛 사람, 저 조그만 목수의 아들이 누구를 품는다고?"했을 것이다. 지금 예수님은 거절당하시고 있다. 작은 사람이고 대단치 않아 보인다. 그러나 그분의 입에서 나오는 말은 "암탉이 병아리를 품듯이 내가 너희를 품으려 한 것이 몇 번이냐?" 그분은 하나님의 아들이시다. 그분이 하나님이시다. 그분이 예루살렘을 품으려고 하셨다. "그러나 너희가 원치 아니하였도다". 주님은 품으려 하셨고 주님은 그래도 긍휼을 베풀려고 하셨건만 그들이 원치 않았다.

찬양 한 구절이 생각난다. "널 부른다 널 부른다 예수께서 지금 사랑으로 부른다". 주님은 지금도 돌아오라고 부르신다. 죄인들을 향해 부르신다. 부르고 계시는데, 그렇게 죄인들을 품고 또 품으시는데 어떠한가? 죄인들은 오려고 하지 않는다. "그러나 너희가 원치 아니하였도다." 지금도 주 예수님은 여러분을 품어보려고 계속 애쓰신다. 때로는 집회 가운데서 감동으로, 말씀으로 품어보려고 하신다. 그것이 안 되면 어떤 환경을 일으켜서라도 주님이 품어보려고 하신다. 아픈 환경을 주셔서라도 품어보려 하신다. 그럴 때 우리는 안다. "아, 주님이 나더러 돌이키라고, 그 품에 돌아오라고 주시는 환경이구나." 그러면 "주님, 이것만 해결해주시면 제가 일생을 드리겠나이다. 주님께 돌아가겠나이다." 하고서 이틀도 안 되어 '내가 언제 그렇게 했나?' 하면서 원치 않는다. 주님은 너희가 원치 않는다고 말씀하신다.

주님이 품으시려고 하는 것에는 문제가 없다. 몇 번이든 품으려고 하신다. 많은 경우 주님은 우리를 품으려고 하셨다. 그런데 원치 않는 것이다. 지금도 사람들에게 우리가 이렇게 권하고 저렇게 권하는데 그것이 혹시 주님이 품으시려고 하는 것인지 어떻게 아는가? 참으로 주님의 품에 품으시려고 하는 것인지 어떻게 아는가? 그러나 많은 사람들이 원치 않는다.

38절, 보라 너희 집이 황폐하여 버린 바 되리라

지금 무엇이 그들을 품고 있는가? 유대교 조직이다. 그리고 그 중심은 성전이다. 이 사람들은 주 예수님, 참 하나님을 거절하고 껍데기 성전을 붙잡고 있었다. 그 안에 내용이신 하나님의 아들이 오셔서 돌아오라고 해도 돌아오지 않는다. 성전을 중심으로 해서 자기들의 세력을 만들어놓고 돌아오지 않는다. 유대인들은 사도들을 핍박할 때에도 이 사람들이 성전을 모독했다고 했다. 성전을 함부로 말했다는 것이다. 그들은 성전을 중심으로 모였으며 사람들로 하여금 성전을 대단하게 여기도록 만들었다. 그리고 참 성전이신 주 예수님, 그 내용이신 주님, 그 성전의 영광이신 주님, 그 충만이신 주님은 거절하고 그 껍데기 성전을 붙잡았다. 다윗 시대에 하나님께서 말씀하시고 솔로몬을 통하여 지으신 거룩한 성전, 그 가운데 하나님의 영광이 있었다. 그런데 그것은 바벨론에 의해서 훼파되었고 에스라 때 돌아와서 다시 지었다. 비록 규모가 작다 하더라도 이스라엘 백성들은 거기서 제물을 드리고 하나님을 경배했다. 그런데 이제는 그 성전의 주인이신 주 예수님이 오셔서 직접 그 백성들을 품으려고 하시거늘 그들은 성전을 붙잡고 예수님을 거절하고 결국은 못박아 죽였다. 그러므로 주님이 "내가 너희를 모으려 한 일이 몇 번이더냐 그러나 너희가 원치 아니하였도다"라고 하셨다.

여기서 주님은 '너희 집'이라고 하셨다. 주님은 이 땅에 오셔서 그분의 공생애 동안 사역하시면서 그 성전을 여전히 아버지의 집이라고 하셨다. 그리고 마지막 무렵에 예루살렘에 들어오셔서 다시 한 번 성전을 정결케 하셨다. 그때도 역시 아버지의 집이라고 하셨다. 그러나 주님이 십자가에 죽으시기 바로 이삼 일 전에는 여기에 오셔서 그 성전을 향해 '너희 집'이라고 하셨다. 더 이상 아버지의 집이라고 하지 않으셨다. "너희 집이 황폐하여 버린 바 되리라". 하나님 자신을 버린 그 사람들에게 그들이 외적으로 붙잡고 자랑하고 있는 그 성전이 황폐하여 버린 바 될 것이라고 하셨다. 24장에서는 이제 성전이 돌 하나도 돌 위에 남지 않고 다 무너뜨리울 것이라고 말씀하신다.

39절, 내가 너희에게 이르노니 이제부터 너희는 찬송하리로다 주의 이름으로 오시는 이여 할 때까지 나를 보지 못하리라 하시니라

주님은 이제 그 무리, 즉 바리새인, 서기관 등의 대적자들 모두에게 전송하는 듯한 말씀을 하신다. 주님은 이제 떠나 가셨다가 재림하신다. 구름을 타고 다시 오실 것이다. 그때는 모든 사람이 그분을 보고 그분이 찬송받으실 하나님이신 것을 알게 된다. 그때는 그들도 다 그분을 이렇게 칭송할 것이다. 며칠 전에 성전에서 어린아이들이 그분을 찬송한 것처럼 "호산나, 다윗의 아들이여! 찬송하리로다, 주의 이름으로 오시는 이여!" 할 것이다. 그때 바리새인들과 서기관들과 대제사장들은 아이들의 찬송을 듣고 아주 괘씸하게 생각했다. 그런데 바로 이 주님이 다시 오신다. 재림하신다. 다시 오실 때는 다 알게 된다. 모든 무릎이 꿇게 된다. 그때는 시인하지 않고는 못 견딘다. "찬송하리로다 주의 이름으로 오시는 이여 할 때까지 너희는 나를 보지 못하리라."

주님은 이제 십자가에 죽으려 하신다. 얼마 남지 않았다. 아마 이틀 정도 남았다. 주님은 그것을 다 아신다. 참으로 주님이 이 마지막 순간에 해내신 말씀이 얼마나 귀한지! 여러분, 오늘 우리가 이러한 바리새인들과 서기관들이 받는 심판, 화, 지옥의 판결을 조금도 받지 않으려면 우리 몸 속에서 그러한 성분의 독소를 다 빼내야 한다. 바리새인과 서기관들에게 있는 그러한 종류의 성분과 독소를 다 뽑아내야 한다. 특히 외식하는 것이다. 외식이란 무엇인가? 속으로는 그렇지 않은데 사람들에게 좋게 보이려고, 자신의 지위를 잃지 않으려고 '맞다'하고 '좋다'하는 이것이 다 외식이다. 우리 속에서 아니면 아닌 것이다. 우리 양심의 증거, 성령의 느낌이 아니라면 아닌 것이다. 왜 또 그렇다고 하는가? 이것이 바로 바리새인들의 악이다. 그리스도인들이 참되어야지 누가 참되겠는가? 우리 속에서 그렇다 하는 것은 그렇다 하고 아니라 하는 것은 아니라 해야 한다. 그렇지 않은 것을 그렇다고 하는 것을 하나님은 기뻐하시지 않으신다.

하나님은 우리 속과 겉이 일치되기를 원하신다. 우리가 어찌하면 주님이 말씀하신 이 화를 하나도 당하지 않을 수 있는가? 주님은 우리가 축복받기를 원하시지 화를 당하기를 원치 않으신다. "심령이 가난한 자는 복이 있나니 천국이 저희 것임이요 애통하는 자는 복이 있나니 저희가 위로를 받을 것임이요". 하나님은 우리가 이렇게 참된 천국 백성이 됨으로 복 받기를 원하신다. 바리새인과 서기관같이 외식하는 사람이 됨으로 화를 당하기를 원치 않으신다. 주님은 우리를 품어서 그분과 같이 순수하고 깨끗한 백성이 되기를 원하시는데 우리가 원치 않고 심판의 길을 자취하고 있다. 우리는 그러한 길을 가면 안 된다. 사랑하는 성도여, 참된 그리스도인이 되어야 한다. 우리의 속과 말이 참되어야 한다. 그래야 이 한국 땅에서 하나님께 길이 있다. 주님께서 우리 모두를 불쌍히 여겨주시길 바란다.

외식하는 자들과 참된 선지자들은 성분과 생명 자체가 다르다. 외식하는 자들은 양심을 주의하지 않는다. 깊은 속에 있는 생명의 느낌을 주의하지 않는다. 그들은 이미 외적인 것을 주의하고 지위를 주의하기 때문에 참된 선지자의 음성을 들을 수가 없다. 그들은 참된 선지자들의 음성, 주님의 음성을 주의하지 않는다. 그러한 것을 너무나 작게 여긴다. 또 참된 선지자치고 그렇게 거대하고 큰 조직을 가진 사람들이 없다. 다 작은 사람들이다. 그러니까 그런 사람들의 말을 절대로 주의하지 않는 것이다. 그들은 양심을 주의하지 않고 외적인 것, 바깥에 있는 것을 더 중요시하기 때문에 그러한 음성을 듣지 않는다.

외식이란 아주 두려운 것이다. 많은 죄가 있지만 외식보다 주님이 싫어하시는 죄는 없다. 그것은 가중한 죄이다. 그래서 외식하는 죄에는 화가 있는 것이다. 사실 외식하는 사람들은 욕심이 많은 사람들이다. 사욕이 많고 야심이 많은 사람들이다. 야심이 없으면 외식하지 않는다. 자기가 무너져도 좋다고 하는 사람은 외식하지 않는다. 대부분 사람들은 자기 자신과 단체를 위해서 외식한다. 자기 자신의 생명을 부지하려고, 사람들한테 어려움을 당하지 않으려고, 자기 위치를 지키려고, 그저 먹고 살려고 외식하는 것이다. 자기의 진정한 느낌을 표현하면 사람들의 차거운 얼굴을 대하게 되니까 외식하는 것이다. 그래서 자칫하면 외식에 훈련되는 것이다.

일단 외식에 연단되면 첫째는 자기를 속이고 그 다음에는 다른 사람을 속이게 된다. 자기도 나중에는 그것이 진짜인 줄 안다. 그리고 외식하면서 감동도 한다. 외식을 하다 보니까 감동이 된다. 외식 감동이다. 외식을 훈련하고 그것에 연단되면 외식 안에서 감동하는 게 있다. 흥분하는 게 있다. 자기를 속이고 남을 속이고 함께 속고 함께 감동한다. 다 외식이다. 이것은 아주 무서운 것이다. 누룩이다. 이러한 죄악은 반드시 심판받는다.

그리스도인은 참되어야 한다. 우리 속이 어떠하면 바깥도 그래야 하다. 이러한 길을 가지 않으면 하나님의 자녀들은 길이 없다. 스펄전이 "외식하는 사람들과 사는 것보다 사자들하고 사는 것이 낫다."고 말했다. 속에는 독이 가득한데 아첨하는 말을 하는 것이다. 이것이 바로 외식이다. 외식도 상당히 포장된 외식이 있으니 조심해야 한다. 별로 중요하지 않은 것에 목숨을 걸고 진정 중한 것은 거들떠보지 않는 것이 외식이다. 우리는 그러한 길을 가면 안 된다. 그런 길은 하나님의 자녀들의 갈 길이 아니다. 특히 한국 땅에 이러한 음성이 필요하다. 약소 국가, 작은 나라에 살려다 보니까 정치가 고도로 발달되어 있음을 본다. 정치를 다른 말로 바꾸면 외식이다. 정치하는 사람들은 자기에게 있는 바를 그대로 드러내면 금방 밀려나게 된다. 속에 있는 것을 최대한도로 감추고 밖으로 아주 그럴듯하게 나타나야 한다. 그렇게 자기를 계속 기만하다 보면 나중에는 그런 사람이 된다.

그래서 가장하고 거짓된 자의 총체가 바로 적그리스도이다.

바벨론이 무엇인가? 새 예루살렘의 모조품이다. 거짓이 얼마나 두려운 것인지를 오늘 분명히 알아야 한다. 우리 양심을 속이는 것이 얼마나 무서운 것인지를 알아야 한다. 외식하는 자는 길이 없다. 치료받기 가장 힘든 환자가 외식하는 사람이다. 이미 자기를 계속해서 속여 왔기 때문에 자기도 좋은 줄 아는데 어떻게 회개하겠는가? 자기도 옳은 줄 알고 지금 속고 있다. 그런 사람들은 과부의 가산을 탈취하면서도 주를 위한 것인 줄로 알고 흥분하며 감동한다. "주님을 위해서"라는 명목으로 과부로 하여금 재산을 드리게 하는 것이다. 과부가 드린 것을 보고 감동한다. 그러면서 그런 사람들은 과부를 흥분시켜서 헌금하게 만든다. 눈이 어두워서 볼 수가 없다. 그런 사람들은 돈 밖에는 참된 것이 보이지 않는다. 그러면 긍휼이란 무엇인가? 우리가 어떻게 해서 이런 것을 알고 깨닫게 되었는가? 이러한 길을 가지 않을 수 있는 은혜를 어떻게 해서 얻었는가? 하나님의 긍휼이다.

과거에 어떤 사람들이 참된 선지자를 많이 죽였는가? 외식하는 사람들이다. 여기서 외식을 이야기하다가 선지자들을 죽인 것을 이야기하시지 않는가? 누가 선지자를 죽이고 주님의 종들을 죽이는가? 외식하는 자들이다. 포악한 사람들, 강도들, 성질이 고약한 사람들이 죽일 것 같은가? 아니다. 외식하는 서기관과 바리새인들이 죽였다. 소위 종교인들, 사람들의 눈에 거룩하게 보이고 하나님을 최고도로 잘 섬긴다는 사람들이 죽인 것이다. 그런 자들이 참된 하나님의 종들을 보면 제일 미워한다. 자기의 단체와 조직이 깨질까봐 그러는 것이다. 주 예수님도 주님의 충성된 제자인 것처럼 따라다니는 사람에게 팔리셨다.

과거 교회 역사에서 칼빈의 제자 다섯 명이 순교했는데 같은 동료가 배신한 것이었다. 그런 사례는 많다. 함께하던 사람들이 배신해서 죽게 하는 것이다. "외식하는 사람들은 그래도 속도 시커멓고 겉도 시커먼 사람보다는 낫다. 겉이라도 하얗지 않느냐?"하지 말라. 창기나 세리들은 속도 시커멓고 겉도 시커먼 사람들이다. 그러나 당시에 바리새인과 서기관들은 속은 시커먼데 겉은 거룩하게 포장한 사람들이다. 그들이 더 악한 자들이다. 예수님을 십자가에 못박자고 앞장 섰던 사람들이다.

오늘날 우리가 어떠한 길을 가야 할지 이 말씀을 통해서 우리는 분명히 보아야 한다. 작은 한 번의 외식을 두려워해야 한다. 그렇지 않으면 그것이 습관이 되고 결국 외식하는 사람이 된다. 그러한 자들에게는 화가 있다!

24 장

마태복음 24장과 25장은 주님이 주신 예언의 말씀이다. 23장에서 주 예수님은 성전에 계셨는데 이제 여기서는 성전에서 나와서 주로 산 위에서 예언의 말씀을 주고 계신다. 오늘 우리는 그것을 보겠다. 마태복음에서 세 부분이 매우 중요한데, 그것은 5, 6, 7장의 산상수훈으로서, 산위에서 하신 말씀이고, 13장으로서, 바닷가에 나가셔서 하신 말씀이며, 24장으로서, 감람산 위에서 하신 말씀이다. 이 장들은 다 천국에 관계된 중요한 내용을 담고 있으니 성경을 연구하는 사람들은 매우 중요시하여 배워야 한다.

1절, 예수께서 성전에서 나와서 가실 때에 제자들이 성전 건물들을 가리켜 보이려고 나아오니

예수님은 성전에서 나오셨다. 여러분이 어느 장소에 들어가셨다면 용무가 끝나고 나가실 것이다. 그리고 일이 있으면 또 들어오실 것이다. 그런데 예수님이 이때에 성전에서 나가신 것은 다시 들어오신다는 어떤 암시가 없고 지금 나가시면 이제 영 나가시는 것이다. 그러므로 여기서 나가시는 것은 아예 떠나가시는 것을 의미한다. 이 '나와서 가신다'는 말이 원문에서는 뜻이 강하다. 아예 떠나 이제 다시는 안 들어오시는 것을 말한다.

우리는 23장 마지막 부분에서 주 예수님이 "너희 집이 황폐하여 버린 바 되리라"(38절)고 하신 말씀을 들었다. '너희 집'은 바로 성전이다. 원래 주님은 성전을 아버지의 집이라고 하셨다. 그러나 이 부분에 오셨을 때 그 아버지의 집을 '너희 집'이라고 하셨고, 여기서 '너희'란 당시에 주님을 대적했던 바리새인들, 서기관들을 의미하는 것이다. 성전이 그들의 집이 되어버렸다. 주님께서 바로 얼마 전에는 "내 아버지의 집을 강도의 굴혈로 만들지 말라"고 하셨다. 주님은 그들에게 결코 아버지의 집을 내어주려 하지 않으셨다. 그러나 이제 주님은 이 집을 포기하셨다. 그들에게 내어주시고 말았다. 그리고서 39절에서는 "너희는… 나를 보지 못하리라"고 하셨다. 주님은 이때 그들을 떠나신다. 이제 며칠 후면 주님은 십자가에서 돌아가시게 되고 그들은 다시 예수님을 보지 못하게 된다. "찬송하리로다 주의 이름으로 오시는 이여" 할 때까지는 그들이 그분을 보지 못할 것이라고 하셨다. 이때는 주님이 재림하실 때, 이 땅에 다시 강림하실 때이다.

그러므로 예수님이 여기서 성전에서 나오시는 것은 이제 거기서 나오시는 것이다. 이것은 예수님이 성전을 버리시는 것을 의미한다. 이제 여호와의 영광이 성전에서 떠나시는 것을 의미한다. 우리는 에스겔 11장 마지막 부분에서 여호와의 영광이 성전을 떠나시는 것을 볼 수 있다. 11장 22절, 23절이다. "때에 그룹들이 날개를 드는데 바퀴도 그 곁에 있고 이스라엘 하나님의 영광도 그 위에 덮였더니 여호와의 영광이 성읍 중에서부터 올라가서 성읍 동산 편에 머물고". 여호와의 영광은 원래 하나님의 성전에 머무셨다. 그러시다가 그들이 죄를 짓고 아주 형편없이 타락하고 심지어 성전 안에 많은 우상들을 들여놓고 부패하고 더럽게 되었을 때 더 이상 거기에 계실 수가 없었기 때문에 이제 그분의 영광을 거두셨다. 그런데 이 여호와의 영광은 갑자기 떠나시는 것이 아니라 먼저 성읍 중에서 올라가서 다시 동편 산에 머물고 하면서 점차적으로 떠나시는 것을 볼 수 있다.

우리 주 예수님은 이제 하나님의 영광으로서 성전을 떠나시고 있다. 그때 제자들이 성전 건물들을 가리켜 보이려고 나아왔다. 주 예수님은 이미 이 성전에 대해서 '너희 집'이라고 말씀하시고 황폐하여 버린바 될 것이라고 말씀하셨으나 이 제자들은 아직도 성전에 대한 관념과 미련이 남아 있다. 앞 장에서 우리는 서기관이나 바리새인들이 성전을 중심삼아 조직을 만들었다는 것을 보았다. 당시에 이스라엘의 유대교는 성전을 중심 삼았고 성전을 중심으로 모였다. 그것은 원래 하나님의 의도와 틀리지는 않다. 그러나 그들은 성전의 실제이신 하나님의 영광, 하나님 자신은 그렇게 주의하지 않았다. 나중에는 껍데기인 성전만 붙잡고 그것을 중심삼아 모였다. 그러자 주님은 그 외형적인 모양만 남아 있게 된 성전을 없애버리셨다. 그것을 거절하신 것이다. 그리고 그분은 그곳을 떠나셨다.

그러나 여기에 있는 제자들은 아직도 성전 건물에 대해서 관념을 떨쳐버리지 못하고 있는 것이다. 주님은 이미 "너희 집이 황폐하여 버린바 되리라"고 말씀하셨지만 제자들은 하나님의 말씀을 따라가지 못한다. 왜냐하면 그 성전 건물이 솔로몬 시대의 건물처럼 그렇게 웅장하고 화려하지는 않을지라도, 정말 잘 지어진 것이기 때문이다.

아주 아름다운 돌들과 금과 은 등 가장 귀한 것이 거기에 다 있다. 어느 나라에서도 그러한 귀한 건물을 볼 수 없다. 그러기 때문에 그 건물은 그들의 자랑이었다. 유대인의 자랑이었고 그들의 중심이었다. 여기 있는 제자들은 갈릴리 사람들이었으며 주로 어부들이다. 지금 주님과 함께 성전에 있다가 나와서 볼 때 "과연 좋구나. 과연 멋있구나." 하는 것을 느낀 것이다.

내가 로마 바티칸을 가보았는데 참으로 그 건물은 웅장하고 대단했다. 카톨릭 사람들이 그리스도를 전하지 않고 그 바티칸 베드로 성당만 한 번 보여주어도 그냥 거기에 사람들이 굴복해버릴 정도로 그렇게 아주 웅장하고 아름답게 지었다. 이 세상에 어떤 갑부가 그렇게 웅장한 것을 지을 수가 있겠는가? 마찬가지로 여기 이 성전이 그렇게 아름답고 멋있게 잘 지어졌기 때문에(하나님을 사랑하는 유대인들이 많은 것들을 가져다가 치장해놓고 잘해 놓았을 것이기 때문에 대단했을 것이다) 시골에서 올라온 제자들은 예루살렘에 와서 주님과 함께 성전에 있다가 나와서 그것을 보니까 "과연 참 좋구나."하는 감탄이 나온 것이다. 그래서 금방 예수님이 하신 말씀은 생각은 나지 않고 이렇게 예수님께 말하는 것이다. "예수님, 저 건물 좀 보십시오. 과연 멋있지요?" 제자들은 주 예수님께 아름다운 자태의 성전을 보여드리려고 노력했다. 그러나 주님은 이제 구약적인 성전을 끝내시고 손으로 하지 않은 전인 교회를 건축하려 하신다. 그분의 십자가에 죽고 부활하심은 새로운 경륜의 시작을 가져온 것이다.

2절, 대답하여 가라사대 너희가 이 모든 것을 보지 못하느냐 내가 진실로 너희에게 이르노니 돌 하나도 돌 위에 남지 않고 다 무너뜨리우리라

"내가 진실로 너희에게 이르노니". 제자들은 주님의 입에서 "과연 멋있구나"하는 답변이 나올 것을 기대했다. 그런데 주님은 "내가 너희에게 이르노니 돌 하나도 돌 위에 남지 않고 다 무너뜨리우리라"고 하셨다. 이제 예루살렘 성전은 부패하였고 주님은 그것을 버리셨다. 황폐해질 것이라고 하셨다. 그런데 아직도 제자들은 그 물질적인 건물에 사로잡혀 있다. 하나님은 과거에 이스라엘 백성이 영적 실제와 함께 하나님을 경외하고 하나님을 사랑하고 율법을 지켰을 때 그 성전 안에 영광으로 거하셨다. 그러나 점차적으로 그들은 하나님을 떠났다. 그리고 우상을 숭배하고 율법을 지키지 않았다. 그럴 때 하나님께서는 그 실제를 버린, 모양만 있는 그 성전을 황폐케 하리라고 하셨다. "돌 하나도 돌 위에 남지 않고 다 무너뜨리우리라".

아마도 거기에 있는 바리새인이나 서기관들 또는 이스라엘 사람들은 그 역사적인 성전, 거기에 하나님의 영광이 있었고 또 하나님도 그것을 인정하셨고 모든 선지자들이 그것을 인정했고 심지어 예수님이 오셔서 아버지의 집이라고 하신 그 성전을 하나님께서 버리시고 또 그것이 무너뜨려질 것이라고는 결코 생각지 못했을 것이다. 그곳은 또한 모든 경배와 제물이 드려진 곳이다. 그런데 여기서 예수님이 놀라운 말씀을 하고 계신다. "돌 하나도 돌 위에 남지 않고 다 무너뜨리우리라". 이 말은 당시 간단한 말이 아니다. 사도들이 복음을 전할 때 스데반도, 사도 바울도 이 성전 문제로 유대인들에게 고소당했다. 이 사람들이 성전을 모독하는 말을 했다는 것이다. 유대인들 마음속에는 성전에 대한 자부심이 가득하다. 성전을 자랑 삼고 성전을 중심삼고 있다. 지금도 유대인들은 성전의 잔재인 통곡의 벽을 바라보면서 성경을 읽고 또 눈물을 흘리며 기도하곤 한다. 그런데 바로 그 성전이 무너뜨려질 것이라고 예언하시는 것이다.

이제 하나님이 원하시는 것은 영적인 실제이다. 외적인 모양이 아니다. 내용이 없으면 주님은 바깥 것을 유지하기를 원치 않으신다. 학개서 2장을 보면 성전이 건축되는 것은 돌 위에 돌이 쌓이는 것을 말한다. 무너졌다는 것은 돌 하나도 돌 위에 남아 있지 않은 상황이다. 어느 만큼만 무너진 것이 아니라 완전히 무너진 것이다. 영적인 실제가 사라져버린 그러한 외형적인 성전, 그것은 어느 정도는 보존되는 것이 아니라 완전하게 다 붕괴되는 것이다.

3절, 예수께서 감람산 위에 앉으셨을 때에 제자들이 종용히 와서 가로되 우리에게 이르소서 어느 때에 이런 일이 있겠사오며 또 주의 임하심과 세상 끝에는 무슨 징조가 있사오리이까

제자들이 성전 건물들을 가리켜 보여드리려고 한 것, 그리고 예수님이 성전이 무너질 것이라고 말씀하신 것은 아직 산에 올라가기 전에 도중에서 있었던 일이다. 그런 다음 이제 감람산 위에 앉으셨다. 그때 제자들이 종용히 와서 사사로이 질문했다. "우리에게 이르소서. 어느 때에 이런 일이 있겠사오며 또 주의 임하심과 세상 끝에는 무슨 징조가 있사오리이까?"

이제 이렇게 엄청난 말을 들은 제자들은 주님께 감히 공개적으로 묻지 못했다. 성전이 붕괴된다는 말은 유대인들에게는 작은 말이 아니다. 오늘 우리가 이 말을 들으면 "아, 성전이 무너지는가 보다"할 것이다. 캄보디아에 가면 앙코르 사원이 있는데 그 나라 사람들은 그것을 유일하게 자랑으로 삼고 온 세계에 그것을 보여주고 먹고사는 것 같다. 만일 어떤 사람들이 캄보디아에 가서 앙코르 사원을 무너뜨린다고 하면 캄보디아 사람들이 다 달려들 것이다. 그들은 나라의 국기에도 그 사원의 그림이 들어 있다. 그런 정도로 주님이 말씀하신 것은 큰일이다. 그런 엄청난 말을 듣고 산에 올라갔다. 제자들은 그 문제를 주님께 조용히 물어볼 수 밖에 없었다. “어느 때에 이런 일이 있게 됩니까?”

이들은 성전이 무너지는 체험을 한 적이 있다. 바벨론 시대에 느부갓네살에 의해서 성전이 훼파되는 것을 체험한 사람들이다. 그것이 유대 역사에서 얼마나 큰 사건인지 아는가? 구약 성경에서 많은 이야기가 그것 때문에 생긴 것이다. 예레미야 애가, 학개, 스가랴, 에스라 등등 많은 이야기가 성전의 무너짐과 재건에 관련된 것이다. 구약의 역사가 성전을 중심으로 전개되었다고 해도 과언이 아니다. 이스라엘 백성들에게 성전에 관련된 이야기는 매우 중요한 것이다. 그런데 예수님의 입에서 이런 엄청난 말씀이 나온 것이다. 그러니까 제자들이 언제 이런 일이 일어나는지를 묻는 것은 당연한 일이다.

그리고 “주님의 임하심과 세상 끝에는 무슨 징조가 있사오리까?” 이 성전이 훼파되는 문제와 주님의 강림하심과 세상 끝은 다 연관되어 있다. 이 제자들은 그래도 유대인이다. 오늘 우리 같으면 이런 질문을 하지 못한다. 성경 지식이 없기 때문이다. 그러나 이들은 다니엘서도 알고 스가랴서도 알고 이사야서도 알고 많은 성경을 알고 있기 때문에 성전이 무너진다고 할 때 주님의 강림하심과 세상 끝에 있게 될 많은 일들이 떠오르는 것이다.

말하자면 주 예수님이 이 땅에 오셨을 때 유대인들과 함께 있었기 때문에 이러한 수준 높은 대화를 가질 수 있었다고 볼 수 있다. 만일 주님이 오늘 우리와 같이 계신다면 성전이 무너진다고 하실 때 틀림없이 엉뚱한 질문을 할 것이다. 그래서 이러한 좋은 질문이 있기 때문에(물론 정확하지 않은 질문도 있었다.) 주님의 놀라운 예언의 말씀, 24장과 25장이 나오게 된 것이다.

여기서 우리가 주목해야 할 단어는 ‘주의 임하심’이다. 영어 성경에는 ‘comming(오심)’이라고 되어 있고 헬라어로는 ‘파루시아(parousia)’이다. 이것은 어떤 귀한 분의 임재를 말할 때 쓰는 말이다. 많은 사람들은 주님이 어느 날 우리 눈에 보이게 이 땅에 오시는 것을 주님의 임하심이라고 생각한다. 그래서 주님의 강림에 대해서 정확한 인식을 갖고 있지 않으면 정확하지 않은 생활을 하게 된다. 또 엉뚱한 기다림을 갖게 된다. 어떤 믿는이들은 이 땅에서 생활하다가 어느 날 문득 주님이 구름을 타고 오시면 이 땅에서 주님을 얼싸안고 기뻐할 거라고 생각한다. 그런 일은 그리스도인에게 발생하지 않는다. 물론 주님을 기다리는 것은 좋다. 그러나 믿는이들은 최소한 공중에서 주님을 만나는 것이지 이 땅에서 만나는 것이 아니라는 것을 알아야 한다. 이 땅에서 주님을 만나면 큰일 난다. 그런 사람은 구원받지 못한 사람이다.

그래서 진리가 분명하지 않으면 주님을 어떻게 만나는지 모르기 때문에 어떻게 기다리는지도 모른다. 믿는이들에게 가장 축복되고 반드시 그렇게 되어야 할 주님과의 만남은 휴거되는 것이다. 그것은 보좌에서 주님을 만나는 것이다. 그것이 가장 우리가 기다리는 것이다. 보좌로 들림 받는 것이다. 주님이 더디오셔서 죽게 되면 주님이 공중에 재림하실 때 공중으로 들림 받게 된다. 공중에서 주님을 만나는 것이다. 공중에서 혼인잔치를 하게 된다. 살아 있을 때 주님을 만나는 사람들의 첫째 가능성은 가장 신실한 자들이 보좌로 들림받는 것이다. 그 다음 불행히 대환난을 거치는 그리스도인들도 결국 다 들어올려져서 공중에서 주님을 만나게 된다.

그러기 때문에 그리스도인들은 주님을 기다리는 데 있어서 주님이 하신 말씀을 들으면서 정확해야 한다. 우리는 이 땅에서 가장 귀한 축복, 휴거를 소망해야 한다. 지금 마지막 때가 가깝기 때문에 우리는 이 휴거의 가능성을 갖고 있는 사람들이다. 오늘 내가 전하는 말씀의 중점이 여기 있다. 시대가 점점 마지막으로 가고 있다. 벌써 50년 선, 아니 그 이전의 형제들도 "내 소망은 순교하는 것 아니면 들림 받는 것이다."라고 했다. 지금은 그때보다 훨씬 가까워졌다. 휴거의 사건이 우리 시대에 발생할 가능성이 있다. 그러니까 우리는 이 부분을 자세히 보고 어떻게 휴거되는지를 주의해 보아야 한다. 이것은 매우 중요한 말씀이다.

여기서 이 '임하심, 파루시아'라는 말은 주님이 이 땅에 오시는 그 순간만을 말하는 것이 아니고 한동안에 걸쳐 일어나는 사건을 말한다. 주님은 먼저 하늘 보좌를 떠나서 공중으로 오신다. 공중에서 하실 일이 많다. 혼인 잔치도 있고 심판대가 세워지고 그런 다음 성도들과 함께 이 땅에 오시면 그때 적그리스도의 군대가 파괴된다. 그리고 이 땅에서 왕국이 이루어지게 된다. 그러니까 이러한 한동안의 기간을 '파루시아'라고 하는 것이다. 주의 임하심은 이렇게 간단한 문제가 아니다.

'파루시아'를 정확하게 말하면 이기는 자들의 보좌로 휴거됨으로 시작해서 주님이 움직이시는 것이다. 이기는 자들과 함께 공중으로 내려오신다는 말이다. 그리고 공중에서 한동안 하실 일을 한 후에 이 땅으로 강림하신다. 공중에 계실 때에는 구름에 가리워 사람들이 볼 수 없을 것이다. 이 땅에 오실 때에서야 그분은 구름 타고 번개가 번쩍이듯이 영광과 능력으로 오시는 것이다. 주의 임하심은 이러한 일련의 과정을 포함하고 있다. 그래서 그냥 '주님의 오심'이라고 하지 않고 한동안의 과정을 포함하는 '주님의 임재', '파루시아'라는 말을 사용하는 것이다. 야고보서 5장 7절은 "그러므로 형제들아 주의 강림(parousia)하시기까지 길이 참으라"고 하였다. 또한 8절은 "너희도 길이 참고 마음을 굳게 하라 주의 강림(parousia)이 가까우시니라"고 한다. 깨어 참고 마음을 굳게 하고 기도하는 자들은 첫 번째 휴거에 참여하게 될 것이다(눅 21:36, 계 3:10). 이들 즉 휴거되는 일도 파루시아에 해당하는 것이며, 데살로니가 3장 13절은 "그의 모든 성도와 함께 강림(parousia)하실 때에"라고 하는데 이는 주님이 공중으로 오시는 것도 파루시아로 볼 수 있다. 데살로니가 후서 2장 8절은 주님의 파루시아가 적그리스도를 대적한다고 말한다. 그러므로 이는 주님의 지상재림을 말하는 것이다. 그러므로 파루시아는 교회와 왕국사이에 있으며 보좌로의 휴거로부터 시작하여, 공중의 혼인잔치와 대환난과 믿는이들의 두 번째 휴거와 이기는 성도들과의 지상재림까지 포함하는 말이다. 즉 파루시아의 세 가지 기간은 다음과 같다. a. 이기는 믿는이들이 공중으로 휴거되는 것(마 24:37-41) b. 잠시 후 주님은 공중으로 오신다(보좌는 공중이 아니라 하늘에 있다). 이때 살아있는 성도들은 공중으로 휴거된다. 그때 성도들은 공중에서 주님을 만날 것이다(살전 4:16, 고전 15:23) c. 파루시아의 끝에 주님은 그분의 이기는 성도들과 함께 공중으로부터 땅으로 오신다. 그분의 나타나심으로 적그리스도를 파하신다(살후 2:8-9).

파루시아에 대한 성도들의 태도는 a. 길이 참아야 한다(약 5:7-9). b. 성도들의 마음을 굳게 해야 하며 거룩함에 흠이 없게 해야 한다(살전 3:13). c. 영과 혼과 몸이 흠없게 보전되어야 한다(살전 5:23). 또한 파루시아 때 성도들은 그들의 일에 따라 심판받을 것을 준비해야 한다(살전 2:19, 요일 2:28, 고전 3:12-15). 마태복음 17장과 베드로 후서 1장 16-17절에서 우리는 변형의 산에서 주님의 파루시아의 모습을 볼 수 있다. 오늘 우리가 주님과 함께 있지만 지금은 영적인 것이며 그날 파루시아 때 우리는 그분을 얼굴과 얼굴로 볼 것이다. 주님의 다시오심에 대하여 임재라는 단어는 오시는 분과 맞이하는 사람이 있을 때 사용하는 단어이므로 휴거를 포함하는 말인데, 헬라어로 "에르코마이"라는 말은 다만 '오다'를 의미하는데, 마태복음 24장에서 7번 사용되었다. '임재로 오시다'를 의미하는 '프로스에르코마이'라는 단어도 사용하였다(24:1, 25:20, 22, 24).

또 세상 끝이라는 말이 있다. 여기의 세상이란 말은 '코스모스'가 아닌 '아이온'이다. 코스모스는 조직화된 것들에 의하여 사로잡힌 것을 의미하고 아이온은 관습과 유행에 따른 세상(시대)을 의미한다. 끝이라는 말은 끝나는 시간으로 번역할 수 있다. 이 끝이라는 말도 하나의 기간을 가리킨다. 이 끝나는 시간은 대환난을 가리키며 계시록에 자주 나오는 3년 반이다. 그래서 주님의 강림하심, 파루시아는 보좌로부터 이 땅까지 임하는 것을 가리키고 그 동안에 이 땅에서 이루어지는 일이 있다. 그것이 결국 대환난이요, 세상 끝이다. 휴거는 언제 발생하는가? 대환난 전이다. 이기는 자의 휴거, 첫열매의 휴거는 대환난 전에 발생한다. 그리고 이 땅에서는 대환난이 시작된다. 3년 반, 42개월, 1260일 동안 이 땅에 대환난이 있게 된다. 그 대환난의 기간을 가리켜서 세상 끝, 세상이 종결되는 기간이라고 하는 것이다. 파루시아는 주로 위에서 발생하는 일을 가리키는 반면, 대환난은 땅에서 발생한다. 여기서 제자들은 그게 언제인지, 그리고 그때 어떤 징조가 있을 것인지를 묻고 있다. 제자들이 어떻게 이런 질문을 할 수 있었는가? 이런 이야기가 다 구약에 있기 때문이다. 성전 파괴가 A.D 70년 타이터스에 의해 이루어졌으므로 사람들은 이 예언이 이미 이루어진 것이라고 주장한다. 그러나 그때에 유대에 있는 자들은 산으로 도망하라고 하셨는데, 당시는 도망갈 수 없었다. 계시록의 예언에 의하면 그러한 성전의 훼파 후에 곧 전 세계가 영향을 받아야 한다. 그러나 타이터스 때는 그러한 전 세계적인 영향이 없었다. 따라서 이는 장래 그리스도의 재림 때에 일어날 예언으로 남아있다. 성전은 적어도 파괴될 것인데 다니엘 예언에도 26절의 훼파가 있고, 27절의 황폐가 있는 바 하나는 육십 이 이레 후에 발생하는 반면 다른 하나는 마지막 한 이레 안에 발생할 것이다. 26절은 왕이 아닌 왕자(prince)의 백성이라고 기록하여, 타이터스를 시사하고 있다. 그러나 27절은 왕 자신을 말하여 적 그리스도를 상징하고 있다.

4절, 예수께서 대답하여 가라사대 너희가 사람의 미혹을 받지 않도록 주의하라

그렇게 물을 때 주님이 첫 번째로 하신 말씀은 조심하라, 미혹을 받지 말라는 것이다. 이런 예언의 말씀을 공부하면서 성도 여러분이 맨 먼저 알아야 할 것은 미혹을 당하지 않아야 한다는 것이다. 사람들이 성도들을 속일 것이니 조심해야 한다. 믿는이들은 성경을 가르친다고 해서 그럴 듯해 보인다고 쉽게 믿지 말아야 한다. 어떤 사람은 단순하게 믿는 것이 좋은 게 아니냐고 할지 모르지만 정확한 말씀을 믿는 것은 좋으나 아무 것이나 믿는 것은 나쁜 것이다. 주님은 조심하라고 하셨다. 사람들이 미혹하기 때문이다. 이 미혹의 문제는 23절과 24절에 또 있다. 거짓 그리스도와 거짓 선지자들이 일어나서 표적과 기사를 보여 할 수만 있으면 택하신 자를 미혹케 한다고 했다. 그러므로 미혹을 받지 않도록 주의해야 한다. 영적인 세계에는 속임수가 많다. 영적 전쟁이란 명저(名著)를 남긴 펜 루이스(Jessie-Penn Lewis)는 자기는 절대로 속임을 당하지 않았다고 하는 자만적인 영성도 이미 속임을 당한 자일 것이라고 경고했다. 그만큼 영적인 일에서는 속임수가 많다는 말이다.

5절, 많은 사람이 내 이름으로 와서 이르되 나는 그리스도라 하여 많은 사람을 미혹케 하리라

왜 사람들이 미혹을 당하는가 했더니 사람들이 자기를 그리스도라 하기 때문이다. 자기가 그리스도라고 하니까 많은 사람들이 그를 따르더라는 것이다. 주님은 세상 끝에 주님의 강림과 관련하여 어떤 일들이 있을 것인가를 지금 세세히 말씀하고 계신다. 어떤 일들이 있게 되는가? 재림 예수가 많이 생긴다. 이제까지 자기가 그리스도라는 사람이 이 땅에 많았다. 일이백 명이 넘는데 그 중에 한국 사람이 많다. 그런데 이상한 것은 한국 사람이 자기가 그리스도라고 하는데, 미국 사람도 믿고, 영국 사람도 믿고, 일본 사람도 믿더라는 것이다. 나는 중국에서도 재림 예수라고 하는 단체의 사람들을 보았다. 그들은 매우 매혹적이고, 설득력 있는 방식으로 어떤 여인이 이미 오신 그리스도라고 말하고 있었다. 그런데 주님을 사랑하는 사람들이 왜 미혹되었는가를 보니까 그들이 귀신을 쫓아내는 능력을 갖고 있었다. 실제로 어떤 여인에게 귀신이 들려서 집회에 난리를 부리고 있는데 이들 이단 단체의 두 사람이 와서는 귀신을 쫓아냈다. 그러므로 내가 아는 자매 몇 명이 그들이 이렇게 능력 있는 일을 하는 것을 보고는 그들에게 미혹되었다. 데살로니가 후서 2장 9-10절은 "악한 자의 임함은 사단의 역사를 따라 모든 능력과 표적과 거짓 기적과 불의의 모든 속임으로 멸망하는 자들에게 임하리니 이는 저희가 진리의 사랑을 받지 아니하여 구원함을 얻지 못함이니라"고 하였다. 사단의 세력도 능력이나 표적을 행하지 않는 것이 아니다. 그들도 거짓 기적을 베푸는 것이다. 모세 당시 술사들도 모세가 행하는 기적을 행한 것을 보면 알 수 있다. 이렇게 미혹하는 일들이 많은 것은 주님 오실 날을 재촉하는 것이다. 그러므로 성도들은 미혹을 당하지 않도록 조심해야 한다.

6절, 난리와 난리 소문을 듣겠으나 너희는 삼가 두려워 말라 이런 일이 있어야 하되 끝은 아직 아니니라

주님의 강림하심과 휴거의 사건과 대환난이 있을 징조가 무엇인가? 많은 거짓 그리스도가 나타나고 둘째는 난리와 난리 소문을 듣게 되는 것이다. 주님은 이러한 전쟁의 소문, 난리와 난리의 소문이 들려도 두려워 말라고 하신다. 사실상 24

장 1절부터 31절까지는 주로 유대인들에게 해당된다. 그러니까 유대인들에게 난리가 일어나고 있다는 소문이 자주 들리면 그게 바로 주님의 강림이 가깝다는 표시이다. 오늘날 중동 팔레스타인 분쟁지역은 대표적인 세계의 화약고이다. 지금 대한민국은 그런 말이 적다. 그러나 이스라엘은 상황이 복잡하다. 아랍이 쳐들어오고 팔레스타인 해방 기구가 문제를 일으킨다. 항상 자살 특공대들이 폭탄테러를 행하고 있다. 많은 사람들이 죽어가고 있다. 그들은 매일 비상사태이다. 항상 싸울 준비를 하지 않으면 안 된다. 난리와 난리 소문이 항상 들리고 있다. 그러니까 주님의 발걸음은 가까워 오고 있는 것이다.

그러나 난리와 난리 소문을 들어도 너희는 삼가 두려워하지 말라고 하셨다. 이런 일은 있어야 하는 일이고 그렇다고 해서 끝은 아니라는 것이다. 이 시대의 종결의 상황은 난리가 있다고 해서 오는 게 아니다.

7절, 민족이 민족을, 나라가 나라를 대적하여 일어나겠고 처처에 기근과 지진이 있으리니

그 다음에 민족이 민족을, 나라가 나라를 대적하여 일어날 것이다. 같은 민족이 서로 싸운다는 말이다. 대한민국도 남과 북이 싸우지 않는가? 그것도 다 징조이다. 민족들이 서로 싸우고 있다. 지금 유럽에도 싸우는 데가 많다. 코소보 전투도 그렇다. 유고슬라비아 쪽이다. 지금도 그쪽은 화약고이다. 또 아프리카의 에투르리아나 수단 쪽에도 계속 화약 냄새가 있다. 이곳저곳에 전운이 있다. 중동지역은 언제나 화약 냄새를 발하고 있는 상태이다. "민족이 민족을, 나라가 나라를 대적하여 일어나겠고 처처에 기근과 지진이 있으리니". 국내의 민족적인 대결, 또는 국가 간의 대결 등 전쟁의 양상들이 있게 된다. 이런 것들이 있다는 것은 마지막이 다가오고 있다는 하나의 징조이다. 주님의 강림이 가까워 오고 있다는 징조이다. 또 대환난이 시작되려는 징조이다.

오늘 몇 가지를 보겠다. 여기서 기근 다음에 온역(pestilence)이라는 말이 있어야 한다(KJV 참조). 원문 성경에는 기근과 흑사병, 즉 온역이 있을 것이라고 되어 있다. 전염병이 있게 되고 많은 질병이 생긴다. 오늘날 중국에서 생겨난 조류독감, 신종 인플루엔자가 사람들을 긴장시키고 있다. 싸스(SARS)나 광우병도 유행병으로 번지고 있다. 각종 신종 전염병이 생기고 있다. 또 처처에 기근과 지진이 있다. 이런 것들이 있는 것은 마지막 시대의 징조이다. 사람들은 지금 단추 하나 누르면 이 세계가 없어진다고 한다. 또 3차 세계 대전은 중동에서 일어난다고 한다. 일본의 군사 전문가들의 분석이다. 미소의 석유 전쟁 때문에 시발될 거라는 이야기이다. 또 이라크가 이란을 공격해서 시작할 것이라고도 한다.

또 기근은 어떤가? 지금 스물네 개 나라의 4천만이 굶고 있다고 한다. 지금 굶는 사람이 너무나 많다. 우리가 다 알다시피 북한도 지금 말할 수 없는 기근에 시달리고 있다. 심각하다. 저개발국가의 60%가 영양실조라고 한다. 인도는 지금 9억 인구인데, 그 반이 하루 한끼로 연명한다고 한다. 러시아에서도 5백만 명이 기근으로 죽은 적이 있다. 중국에서는 1930년대와 1940년대에 8천만 명이 굶어죽은 적이 있다. 남아메리카에서는 온역으로 12주 동안에 6백만 명이 죽었다.

또 처처에 지진이 있다. 일본 고베시의 지진으로 2500명이 죽었다. 대지진이 일본을 강타한 것이다. 그뿐 아니라 전세계가 지진 공포에 떨고 있다. 미국, 쿠바, 예멘, 인도, 카시미르, 아프가니스탄, 여기저기에서 지진이 일어나고 있다. 인도에서는 한번 지진으로 5백만 명이 죽었다. 바로 얼마 전에도 인도 델리 서쪽에서 지진으로 수많은 사람이 죽었다. 이처럼 주 예수님이 2천 년 전에 제자들에게 말씀하신 "처처에 기근과 온역과 지진이 있으리니"라는 말씀이 지금 이루어져 가고 있다.

8절, 이 모든 것이 재난의 시작이니라

이 모든 것이 재난의 시작이라는 것이다. 여기서 '재난'이라는 말은 '해산의 고통'(birth pangs)이다. 해산의 고통의 시작이라는 말이다. 왜 이 지구가 전쟁과 기근과 전염병과 지진과 같은 이러한 일들을 겪는가? 이것이 다 해산의 고통을 하고 있는 것이다. 뭔가 해산을 할 것이다. 해산이란 그 자체는 고통이지만 그 고통 뒤에는 좋은 일이 생긴다. 그것이 무엇인가? 주님의 강림 그리고 성도들의 휴거이다. 사실은 이러한 좋은 일을 앞에 두고 있다. 그런데 그것을 위해서 지금 몸살을 앓고 있는 것이다. 지진이 한 번 일어나는 것도 그 일 때문이다. 예를 들어, 여인이 해산할 때가 되면 진통이 조금씩 온다. 그 진통이 빈번하고 강도가 심해지면 해산할 시간이 아주 가까운 것이다. 그러기 때문에 이 모든 일들이 해산의 고통의 시작이라는 것이다.

9절, 그때에 사람들이 너희를 환난에 넘겨 주겠으며 너희를 죽이리니 너희가 내 이름을 위하여 모든 민족에게 미움을 받으리라

이제 또 하나의 징조는 주님의 사도들, 주님의 제자들이 핍박을 당하고 죽게 되는 것이다. 마지막 때가 가까울수록 더 심각해지는 것은 사람들이 하나님의 종들을 환난에 넘겨준다는 것이고 죽게 한다는 것이다. 그리고 주 예수의 이름을 위해서 모든 민족에게 미움을 받는다. 사람들은 예수의 이름을 붙잡고 있는 사람을 미워한다. 어떤 조직의 이름을 붙잡고 있거나 어떤 단체를 붙잡고 있는 것은 예수의 이름을 붙잡고 있는 것이 아니다. 그런데 예수의 이름만을 붙잡고 있으면 핍박당한다. 여러분도 그렇게 예수의 이름만 붙잡고 있어보라. 그러면 핍박을 당하게 될 것이다. 여러분이 단체를 붙잡고, 그 안에 보호되어 있으면 핍박을 당하지 않는다. 그러나 어떤 단체의 이름을 떠나 예수의 이름만 붙잡고 있으면 핍박을 당한다. "내 이름을 위하여 모든 민족에게 미움을 받으리라". 이것은 하나의 원칙이다. 물론 이것은 유대인들에게 해당하는 말이다. 유대인인 주님의 종들이 이제 사람들에게 미움을 받고 환난에 넘겨준 바 되고 죽게 된다는 뜻이다.

7-14절은 주로 유대인에게 관련된다. 그리스도인들의 첫 번째 휴거 후에 주님은 유대인들에게 점차 호의적이 될 것이다. 처음 주님이 유대인을 떠나실 때 점차적이었던 것과 같다. 바울의 전파는 점차 유대인에게서 이방인에게로 향했었다. 7-8절은 2000년 동안 이 땅에 있게 될 상황을 말하고 있다. 이 구절은 계시록 6장의 네 마리 말의 비유와 관련이 있는 듯하다. 9절에 있는 '너희'는 유대인들 중의 제자를 가리킨다. 이들이 마태 23장 34절의 사람들일 것이다. 이를테면 마가복음 13장 9-13절 말씀은 유대인 제자들에게 하신 말씀으로서 마태복음 이 구절들보다 상세하다. 이들은 원칙상 마태 10장의 '이스라엘 집'으로 보내심을 받은 제자들과 동일한 위치에 서 있다. 누가복음 21장 11-19절도 마찬가지 구절들이다. 상기의 구절들은 회당, 공회 등을 언급하는 것으로 보아 유대인 제자들에게 일차적으로 해당되며 이방인 제자들은 그 원칙을 따라 적용될 것이다. 그러나 누가복음 22장 35-38절은 이방인 제자들과 관련된다. 마지막 시대에 이런 예언이 응하려면 유대인 가운데 천국복음을 전하는 자들이 일어나야 한다. 이러한 제자들 중에서 지혜 있는 자들과 선지자들이 핍박을 당할 것이며, 하나님은 그들에게 아무도 변박할 수 없는 말을 그들의 입에 주실 것이다. 이사야 49장 9-10절은 장래 유대인들이 복음을 전할 것임을 예언하고 있다. 계시록 6장의 죽임당하고 있는 형제들은 마태복음 24장 9절에 있는 유대인 제자들일 것이다.

10절, 그때에 많은 사람이 시험에 빠져 서로 잡아주고 서로 미워하겠으며

서로 잡아주고 서로 미워한다는 것은 가까이 있는 사람이 그렇게 한다는 뜻이다. 과거부터 현재까지 누가 그리스도인들을 많이 죽였는가? 어떻게 해서 순교를 당했는가? 왜 그렇게 핍박을 당했는가? 가까이에 있는 사람들의 배신 때문이다.

예수님께서 왜 십자가에서 돌아가셨는가? 예수님을 따라다니던 제자의 배신 때문이다. 그렇지 않은가? 그런 일은 셀 수 없다. 우리가 생각할 때에는 핍박하는 자, 대적하는 자가 죽일 것 같은데 사실 가까이 있는 자가 배신해서 죽게 되는 경우가 많다. 서로 잡아주고 서로 미워하는 것이다. 이것이 배신이다. 말하자면 마지막 시대의 징조는 배교가 많아지는 것이다. 가까이 있는 사람들이 잡아다준다. 가만히 나가서 밀고하는 것이다. 유다가 꼭 이런 짓을 했다. 이런 일이 많이 발생하면 주님의 오실 날이 가깝다는 말이다. 주님의 오심이 가까울수록 이런 일이 많이 생긴다.

나의 느낌에 과거 10년 전보다, 5년 전보다 지금 이런 일이 훨씬 많아졌다. 사람들이 돌변하고 있다. 과거에는 이러하지는 않았던 것 같다. 지금은 우리의 생각과 느낌이 사람들이 변하는 것을 따라갈 수 없다. 그것을 이해하려니까 너무 어렵다. "어찌 갑자기 사람이 저럴 수가 있나? 아니 엊그제 저렇게 말했잖아? 이젠 또 다르게 말해? 아니 인간이 이렇게 할 수 있는 거야?" 우리 생각이 따라갈 수 없다. 이러한 일이 도처에 발생하고 있다. 주님이 오시는 날이 점점 가까워 오고 있다.

11절, 거짓 선지자가 많이 일어나 많은 사람을 미혹하게 하겠으며

거짓 선지자들이 많이 나온다는 것이다. 구약 시대에도 이사야, 엘리야, 에스겔, 이러한 자들은 다 참된 선지자이다. 그런데 이들 당시에 거짓 선지자들이 더 많았다. 참 선지자들이 돌로 맞고 굴에 갇혔다. 그런데 마지막 시대에 올 때 거짓 선지자들이 많이 나온다는 것이다. 그리고 많은 사람들이 그들의 말을 따른다는 것이다. 여러분이 생각할 때는 사람들이 참 선지자의 말을 따를 것 같은가? 참된 진리를 말하면 많이 따를 것 같은가? 그렇지 않다는 말이다. 좁은 길은 가는 사람이 별로 없다. 참된 진리를 듣고자 하는 사람이 별로 없다. 그런데 거짓된 것을 말하면 많은 사람이 미혹된다는 것이다. 사람들이 참된 것을 좋아할 것 같지만 절대 그렇지 않다. 거짓된 것을 더욱 좋아한다. 사람들은 웅장한 건물이나 외형적인 것을 좋아하고 사람들이 많이 모이면 신뢰한다.

주 예수님이 왜 이런 예언을 하시는가? 조심하라는 것이다. 이 예언의 말씀은 베드로 후서 1장을 보면 어두운 데를 비추는 등불과 같다. 등불이 왜 비춰는가? 조심해서 길을 잘 가라는 것이다. 그래서 예언의 말이 있는 것이다. 우리가 이런 예언의 말씀을 들으면 미혹되지 않을 수 있다.

12절, 불법이 성하므로 많은 사람의 사랑이 식어지리라

마지막 때가 오면 불법이 성해진다. 그러면 지금도 불법이 있지 않은가? 과거에도 있었다. 그러나 마지막 때가 가까울수록 더욱 성해진다는 것이다. 여러분의 영적 느낌 속에 불법이 더 성해진다는 느낌이 있지 않은가? 심지어 믿는이들 가운데에도 불법이 많다. 도대체 법도가 없다. 영적인 원칙이 없다. 충성이 없고 신실함이 없다. 여기도 불법, 저기도 불법이다. 왜 이러한가? 말세의 징조이다. 디모데 후서 3장을 읽어보라. 말세에 고통하는 때가 이를 것인데 사람들이 자기를 사랑하고 돈을 사랑하고 자긍하며 교만하며 훼방하며… 배반하여 팔며 조급하며 자고하며 쾌락을 사랑하기를 하나님 사랑하는 것보다 더하며…. 이 모든 일이 말세의 징조이다.

또 많은 사람의 사랑이 식어진다고 했다. 거짓 선지자들에게 미혹을 당한 결과 두 가지 일이 발생한다. 불법이 성해지고 사랑이 식어진다. 거짓 선지자들의 말을 들었다는 것을 어떻게 아는가? 첫째 불법이 많아진다. 그들 가운데 법이 없어진다. 참 선지자의 말을 들으면 법이 있고 질서가 있고 의가 생겨난다. 진리를 순종함이 있게 된다. 이것이 참 선지자의 말을 들은 증거이다. 둘째 거짓 선지자의 말을 들으면 사랑이 식어진다. 그러나 참 선지자의 말은 들은 결과 사랑이 많아진다. 주님이 이런 말씀을 주시니 분별할 수 있지 않겠는가? 여러분은 여러분의 단체를 무조건 자랑하지 말고 좋다하지 말고 말씀에 대조해보라! 갈수록 사랑이 많아지는가? 불법이 많아지는가? 사랑이 식어가는가? 주님은 그분의 자녀들이 참이 무엇인지 거짓이 무엇인지를 분별할 줄 모르면 기뻐하지 않으신다. 주님의 재림이 가까워질 때 일어날 상황들을 말씀해주셨기 때문에 이런 일이 있는 것을 보면 여러분은 그 시기가 어느 시기인지를 알아야 한다.

13절, 그러나 끝까지 견디는 자는 구원을 얻으리라

주님의 복음은 하나이다. 그리스도의 복음이다. 그것을 은혜의 복음이라고도 하고 천국복음이라고도 하는데 다른 두 가지 복음은 아니지만 특징에 있어서 은혜의 복음은 죄 사함의 복음, 우리의 노력이나 행위가 아니라 그저 은혜로 구원을 얻는 복음을 말한다. 그런데 천국복음이라고 할 때는 주님의 왕권과 관계된다. 하늘의 다스림을 포함한다. 하늘의 다스림을 임하게 하는 복음, 이것을 천국복음이라고 한다. 오늘날 죄 사함의 복음, 은혜의 복음을 전하는 사람은 많다. 그런데 그 복음을 전한 결과 주님의 왕권, 하늘의 다스림이 그들에게 임하는가는 또 다른 문제이다.

우리가 오늘 전하는 복음이 무슨 복음이라고 생각하는가? 확신하건대 우리의 전하는 복음은 은혜의 복음이지만 또한 천국복음이다. 우리는 우리에게서 듣는 사람들이 다만 죄 사함과 거듭남을 얻을 뿐 아니라 주님의 머리되심에 복종케 되는 복음을 전한다. 이것이 바로 천국복음이다. 그런데 이 천국복음이 모든 민족에게 증거 되지 않으면 끝은 오지 않는다. 그러한 복음이 온 민족에게 증거 되어야 끝이 온다는 말이다.

지금 우리가 전하는 복음은 진실로 천국복음이다. 그렇다면 우리의 발걸음이 빨라져야 주님이 빨리 오시게 된다. 그렇게 할 때 모든 민족이 다 구원을 받는다는 뜻이 아니고 모든 민족에게 다 증거 되어야 한다는 것이다. 이 지구상에 이백이삼십여 국가가 있다는데 모든 민족에게 이 천국복음이 다 들어가야 주님이 오신다. 물론 민족 수는 더 많을 것이다.

종말의 매우 고통스러운 환경과 고난이 임하더라도 견디지 못하는 자는 구원을 얻지 못한다. 그러나 끝까지 견디는 인내가 구원을 가져다준다.

15-16절, 그러므로 너희가 선지자 다니엘의 말한바 멸망의 가증한 것이 거룩한 곳에 선 것을 보거든 (읽는 자는 깨달을진저) 그때에 유대에 있는 자들은 산으로 도망할지어다

이 말씀을 상세히 해석하려면 다니엘서에서부터 말해야 하기때문에 여기선 간단히 이야기하겠다. 이것은 대환난 시기, 즉 세상 끝에 일어날 일들을 직접적으로 말씀하고 있다. 앞의 내용은 전주곡 같은 것이고 이것은 직접적으로 일어날 일들이다. “다니엘이 말한바 멸망의 가증한 것이…” 이것은 우상이 거룩한 곳, 성전에 들어서는 것을 말한다. 가증한 것이란 유대인들이 우상에 대하여 표현하는 관용적인 말이다. 멸망의 가증한 것이란 두 가지 뜻이 있다. 첫째는 우상이 있는 곳은 어디든지 파괴되어야 하기 때문에 붙여진 이름이고 둘째는 적그리스도를 황폐케 하는 자라고 불렀기 때문에 그 자의 이름이다. 다니엘 9장 27절은 ‘황폐케 하는 자'라고 불렀다. 요한 계시록 9장 11절은 적그리스도를 파괴자를 의미하는 '아바돈', 헬라어로는 '아볼루온'이라고 불렀다. 다니엘 9장 27절은 가증한 것의 날개가 그 제사드리는 곳에 선다고 하였다. 그 때 그곳에 파괴가 있을 것이라고 하였다. 그래서 마지막 때 주님이 재림하시려면 예루살렘 성전이 재건되어야 한다. 아직은 성전이 재건되지 않았다. 그러나 지을 준비는 다 갖추었다는 말을 들었다. 그런데 어느 날 이런 일이 발생할지는 아무도 모른다.

이스라엘 나라는 1948년에 독립되었다. 그리고 1967년에는 6일 전쟁으로 예루살렘을 탈환했다. 지금 그 성전터에는 회교성전이 들어서 있다. 그래서 아직 성전을 짓지 못하고 있다. 벌써 오래 전부터 이스라엘 사람들은 지을 준비만 완벽하게 갖추고 있다는 소식을 들었다. 그런데 어느 날 갑자기 짓게 되었다는 소식이 신문에 날 것이다. 1960년대 이전에는 이스라엘이 이 세계 각 나라에 흩어져서 정식적인 국가 형태를 갖고 있지 않았다. 어느 날 갑자기 텔아비브 한 호텔에 유대인들이 모여서 각료 명단을 짜서 발표하고 이스라엘 나라 재건립을 반포했다. 온 세계가 깜짝 놀랐다. 그리고서 6일 전쟁이 일어났다. 그리고 이스라엘이 승리했다. 이스라엘 나라가 거의 2000년 만에 이 지구상에 복원되었다는 말이다. 구약 성경에 있는 그대로이다. 이런 일이 발생한 유일한 나라, 기묘한 나라가 이스라엘이다. 하나님의 간증으로 세워진 나라, 하나님의 간증으로 선택되었던 나라이다. 그들의 역사와 주님의 역사는 맞물려 있다. 그들은 주 예수님의 마음에 아주 상처를 남겨준 백성이다. 그러나 여전히 주님께서 마음에 품고 있는 나라이다.

마지막 때에 주님은 다시 이스라엘을 품으실 것이다. 주님은 이스라엘에게 돌아오시고 이스라엘 백성들도 그분께 돌아온다. 주님에게는 이스라엘이 마치 처음 사랑과 같다. 주님은 그들을 못 잊으시는 것 같다. 여러분은 그것을 아셔야 한다. 그래서 저는 기도할 때 "저희는 이방인입니다"라는 말을 가끔 한다. 우리는 우리의 위치를 알아야 한다. 지금은 우리에게 복을 주시는 시대이다. 그 사람들이 받지 않았기 때문에 사도들이 "우리는 이방인에게 가노라"하고 돌이킨 것이다. 그래서 우리가 이렇게 은혜를 입고 있는 것이다. 그래도 주님은 그들을 잊지 않고 계신다. 유대인들과 이방인들이 다 주님께 붙들려야 한다. 그분께 돌아가게 되어 있다. 그리스도 안에서 한 몸이 이루어지는 것이다.

이제 다니엘서에 있는 예언인데 멸망의 가증한 것, 적그리스도의 우상이 거룩한 곳 성전, 아마 지성소에 세워진다는 것이다. 거룩한 곳에 적그리스도의 우상이 세워지면 그때부터 대환난이 시작된다. 대환난은 참혹한 것이다. 이 세상에 그러한 환난이 전에도 없었고 후에도 없을 것이라고 했다. 16절은 대환난 때에 주님이 유대인에게 경고하시는 내용이다. “유대에 있는 자들은 산으로 도망할지어다.” 대환난이 이 땅에 임하면 도망가라는 것이다. 유대인들을 보살피시는 말씀이다. 사랑하시기 때문이다. 대환난이 있게 되면 유대에 있는 너희는 산으로 도망가라. 그리스도인들은 도망가는 것도 배워야 한다.

이 동네에서 핍박을 받으면 저 동네로 피하라고 하셨다. 그냥 그 자리에서 맞아 죽는 것을 주님은 그렇게 기뻐하시지 않는다. 물론 우리가 핍박받고 순교를 당할 즈음에는 당해야 하지만 주님은 이 동네에서 핍박하면 저 동네로 피하라고 하셨다. 우리가 해외에서 복음을 전하다 보면 핍박을 받기도 한다. 다른 데로 도망가야 한다. 그 정권과 핍박자들에 맞서 죽든지 살든지 한 번 해보자 하지 말아야 한다. 주 예수님도 태어나셔서 헤롯이 죽이려 하자 애굽으로 피하셨잖은가? 여기서 주님은 산으로 도망가라고 하셨다. 계시록 11장 2절의 거룩한 성이 마흔두 달 짓밟히는 것과, 누가복음 21장 20절의 성의 파괴는 동시에 발생하는 사건이다. 이런 일(예루살렘 성과 성전이 파괴되는 일)은 시대 말에 발생한다. 또한 이것이 성경에서 말하는 대환난의 삼년 반이다. 우리는 성경에 시대의 끝에 대하여 말하고 있다는 것에 인상을 받아야 한다. 구약에도 이에 대한 예언이 많이 있다 (complete end-나 1:9, 우리의 끝이 가깝고, 우리의 날이 다하였고, 우리의 마지막이 이르렀도다-애4:18, 정한 때 끝-단 8:17, 19, 11:27, 35, 40, 12:4, 6-7, 겔 7:2-4, 15-24, 영문성경 참조). 일단 우상이 성전 안에 세워지면 성전의 파괴는 멀지 않다. 파괴자는 먼저 성전을 더럽힌 다음 그것을 파괴한다(시 74:3-7, 사 64:10-11, 애 4:1, 단 8:11, 렘 32:34, 겔 8:5-15).

17-18절, 지붕 위에 있는 자는 집안에 있는 물건을 가질러 내려가지 말며 밭에 있는 자는 겉옷을 가질러 뒤로 돌이키지 말지어다

이제 대환난이 임했다. 이 말씀은 다 유대인에게 해당되는 것이다. 유대인들을 보살피시는 말씀이다. 31절까지의 말씀은 주로 유대인에게 해당되고 32절부터는 교회에 해당된다. 유대인들의 집은 지붕이 평평하다. 그래서 그 위에서 일을 하다가 그러한 일이 발생하면 무엇을 가질러 집안으로 들어가지 말라는 것이다. 유대인들에게는 대환난이라고 표현하며, 이방인에게는 시험의 때라고 표현했다(계 3:10). 대환난은 예루살렘을 중심으로 일어나며, 시험의 때는 회복된 로마제국, 즉 적 그리스도의 국가로부터 일어난다. 이것이 계시록 16장 10절의 짐승의 보좌와 그의 나라이다. 그러므로 대환난은 유대인에게만이 아니라 땅위에 거하는 모든 인류에게 일어난다.

또 주님은 유대인들에게 밭에 있는 자는 겉옷을 가질러 뒤로 돌이키지 말라고 하셨다. 밭에서 그런 상황이 발생하면 그냥 도망가라. 지붕 위에 있다가 그런 일이 발생하면 그냥 도망가라. 그런데 이 말씀을 안 믿고 도망가지 않으면 당하는 수밖에 없다. 그래서 말씀을 잘 들어야 한다.

19절, 그날에는 아이 밴 자들과 젖먹이는 자들에게 화가 있으리로다

아이를 배고 또 아기를 젖먹이면 몸이 무거워 도망가기가 어렵다. 그런 때가 되면 아이를 낳지 않는 것이 좋을 것이다.

20절, 너희의 도망하는 일이 겨울에나 안식일에 되지 않도록 기도하라

도망해야 하는데 겨울이면 추워서 어디 가서 지내겠는가? 여름이나 철이 좋을 때라야 도망가기 좋으니 그것을 위해 기도하라는 것이다. 또 유대인들은 안식일에 멀리 가지 못하도록 되어 있다. 율법에 안식일에는 어느 만큼 갈 수 있다는 규정이 있다. 그래서 안식일에는 도망가다가 거기 멈춰서 더 이상 못 가기 때문에 도망가는 일이 안식일에 되지 않도록 기도하라고 하신 것이다. 모세의 율법에 따르면 안식일에는 약 사천 팔백 오십사 피트 이상을 걸을 수 없다(행 1:12). 이 모든 말씀을 볼 때 이 구절들은 유대인을 위한 것이다. 이방인들은 이러한 율법 규정을 갖고 있지 않다.

21절, 이는 그때에 큰 환난이 있겠음이라 창세로부터 지금까지 이런 환난이 없었고 후에도 없으리라

그러므로 이것은 대환난의 상황이다. 거룩한 곳에 적그리스도의 형상이 성전이 세워지면 그때부터 대환난이 있게 되는데 삼 년 반 동안이고 42 개월이고 1260일 간이다. 이 대환난 기간은 이 땅에서 지금까지 있어온 환난 중에 가장 큰 환난이다. 이사야서 13장 9절에 나오는 이것이 대환난의 광경이다.

"여호와의 날 곧 잔혹히 분냄과 맹렬히 노하는 날이 임하여 땅을 황무케 하며 그 중에서 죄인을 멸하리니 하늘의 별들과 별 떨기가 그 빛을 내지 아니하며 해가 돋아도 어두우며 달이 그 빛을 비취지 아니할 것이로다 내가 세상의 악과 악인의 죄를 벌하며 교만한 자의 오만을 끊으며 강포한 자의 거만을 낮출 것이며 내가 사람을 정금보다 희소하게 하며 오빌의 순금보다 희귀하게 하리로다 나 만군의 여호와가 분하여 맹렬히 노하는 날에 하늘을 진동시키며 땅을 흔들어 그 자리에서 떠나게 하리니 그들이 쫓긴 노루나 모으는 자 없는 양같이 각기 동족에게로 돌아가며 본향으로 도망할 것이나 만나는 자는 창에 찔리겠고 잡히는 자는 칼에 엎드러지겠고 그들의 어린아이들은 그 목전에 메어침을 입겠고 그 집은 노략을 당하겠고 그 아내는 욕을 당하리라"(9-16절).

대환난의 참상은 성경 여기저기에 있는데 가장 참혹한 환난이다. 상상할 수가 없다. 그러한 참상이 이 마지막 시대에 있을 것이다. 이 때 유대인들의 2/3가 죽음을 당한다. 예레미야도 이를 예언했다. "너희는 자식을 해산하는 남자가 있는가 물어보라 남자마다 해산하는 여인 같이 손으로 각기 허리를 짚고 그 얼굴 빛이 창백하여 보임은 어찜이뇨 슬프다 그날이여 비할데 없이 크니 이는 야곱의 환난의 때가 됨이로다마는 그가 이에서 구하여냄을 얻으리로다"(30:6-7).

22절, 그날을 감하지 아니할 것이면 모든 육체가 구원을 얻지 못할 것이나 그러나 택하신 자들을 위하여 그날들을 감하시리라

그 기간이 3년 6개월로 되어 있는 것은 그날들을 감하신 것이다. 그날들을 감하지 않으면 모든 육체가 구원을 받을 수 없다. 너무나 혹독하기 때문이다. 그래서 하나님은 택하신 자들을 위해서 그날들을 감하신다고 했다. 내가 지금 말씀드리거니와 대환난을 통과하는 그리스도인들이 통과하지 않는 그리스도인들보다 많다. 이 대환난은 주로 유대인들, 예루살렘을 중심으로 해서 일어난다. 그리고 유대 전역으로 확산된다. 그래서 어떤 사람들은 대환난이 이스라엘 사람들과만 관계가 있는 줄로 생각한다. 그런데 성경을 읽어보면 이 환난은 온 땅에 임하게 된다.

계시록 3장 10절, "네가 나의 인내의 말씀을 지켰은즉 내가 또한 너를 지키어 시험의 때를 면하게 하리니 이는 장차 온 세상에 임하여 땅에 거하는 자들을 시험할 때라". 이와같이 대환난은 유대인에게만 해당된 것이 아니다. 이방인에게도 임한다. 적그리스도의 수도가 대환난의 근원지인데 거기서부터 시작되어 온 세상에 임하게 된다. 그러므로 믿는이들은 대환난을 이 땅에서 겪지 말고 그 전에 휴거되어야 한다.

휴거를 위한 조건을 여기서는 세가지만 보겠다. 휴거되기 위한 삶, 첫째는 깨어 기도해야 한다. 누가복음 21장 36절, "이러므로 너희는 장차 올 이 모든 일을 능히 피하고 인자 앞에 서도록 항상 기도하며 깨어 있으라". 앞의 35절에서 "이 날은 온 지구상에 거하는 모든 사람에게 임하리라"고 했다. 믿는이는 이 대환난을 피할 수가 있다. 믿는이들이 환난 전에 다 휴거될 것 같으면 왜 그 환난을 피하고 인자 앞에 서도록 항상 기도하며 깨어 있으라고 하셨겠는가? 기도하든 안 하든 다 휴거된다면 말이다. 그런데 깨어 있지 않고 기도하지 않는 사람은 휴거될 수 없기 때문에 이렇게 말씀하신 것이다. 여기서 인자 앞에 선다는 것은 보좌 앞에 올려지는 것을 뜻한다. "인자 앞에 서도록 항상 깨어 기도하라." 휴거되려면 항상 깨어 기도해야 한다. 항상 우리 마음이 주님과 연결되어 있어야 한다. 에녹이 들림받은 것은 그가 이 땅에서 300년 동안 하나님과 동행했기 때문이다. 그는 이 땅에서도 항상 주님과 함께 살았다. 그러니까 하나님께서 "얘야, 너는 거기 있지 말고 이리로 오렴." 하실 수 있었던 것이다. 그는 이 땅에 있으나 거기 있으나 똑같다. 그러므로 첫째는 깨어 기도해야 한다.

그리고 둘째는 오래 참아야 한다. 계시록 3장 10절에서 누가 그 시험의 때를 면하게 되는가? 인내의 말씀을 지키는 사람들이다. 참는 사람들이다. 야고보서에도 그런 말씀이 있다. "주의 강림하심까지 길이 참으라". 참는 것이 휴거되는 조건이다. 여러분은 지금 참고 계신가? 유혹하는 게 많지 않은가? 편하게 살아라, 돈도 벌고 세상도 누려라 등등 그런 유혹이 있다. 그런 걸 견디려니까 참는 것이다. "나는 계속 주님 앞에서 이 길을 갈 것이다. 계속 말씀을 지키고 순종할 것이다." 라고 해야 한다. 그렇게 끝까지 그런 삶을 사는 사람이 휴거된다. 그래서 휴거는 인내하고 관계되는 것이다.

세 번째로, 데살로니가 전서 3장 13절, "너희 마음을 굳게 하시고 우리 주 예수 그리스도께서 그의 모든 성도와 함께 강림하실 때에 하나님 우리 아버지 앞에서 거룩함에 흠이 없게 하시기를 원하노라". 이때 우리의 조건은 무엇인가? 흠이 없는 것이다. 흠이 없이 거룩하게 되는 것이다. 휴거되려면 흠이 없이 거룩해야 한다. 5장 23절, "평강의 하나님이 친히 너희로 온전히 거룩하게 하시고 또 너희 온 영과 혼과 몸이 우리 주 예수 그리스도 강림하실 때에 흠 없게 보전되기를 원하노라". 흠이 없는 것은 매우 중요하다. 여러분은 흠이 있는가, 없는가? 흠이 있으면 안 된다. 흠 없이 보전되어야 한다. 그러므로 우리의 생활 가운데 또 우리 속에 주님이 기뻐하시지 않는 점들이 없어야 한다. 흠과 티가 없어야 한다. 물론 죄는 다 버려야 한다. 주님이 기뻐하시지 않는 은밀한 죄들을 다 버려야 한다. 그리스도 외에 은밀히 사랑하는 것을 버려야 한다. 좋지 않은 습관들도 버려야 한다.

그럴 때 온전히 거룩하게 되는 것이다. 이렇게 흠 없이 거룩하게 된 사람들이 휴거된다.

한 가지를 더 추가한다면, 성숙하게 되어야 한다. 첫 열매가 되어야 한다. 요한계시록 14장에 추수의 첫 열매가 있다. 먼저 익은 것 말이다. 그러니까 익고 성숙해야 한다. 자라기를 원해야 한다. 우리 속의 물기가 말라야 한다. 곡식으로 말하자면 알곡으로서 그 곡식의 물기가 마르고 통통해져야 한다. 세상 물이 말라야 한다. 죄의 쾌락의 물이 말라야 한다. 오직 그리스도의 생명으로만 가득해야 한다. 그럴 때 추수가 된다. 그것이 바로 휴거이다.

또한, 우리의 마음이 하늘에 있어야 한다. 우리의 생각과 마음이 위엣 것에 있어야 한다. 땅엣 것을 생각지 말고 위엣 것을 생각해야 한다. 예를 들어, 우리가 어릴 때 수소 풍선을 가지고 놀았는데 다른 풍선은 놓으면 땅 위에 굴러다니는데 수소를 넣은 풍선은 붙잡고 있지 않으면 하늘로 올라가 버린다. 바로 우리가 그런 상태가 되어야 한다. 우리 속이, 우리 생각이 하늘로 가득 채워져 있어야 한다. 그럴 때 놓으면 올라간다. 하나님께서 "이리로 올라오라." 하시면 올라간다. 우리가 이 땅에 걸어 다녀도 우리 속은 신성한 수소로 가득해야 한다. 그렇기 때문에 자기도 조금 안다. "휴거의 일이 발생하면 나는 올라갈 거야." 하는 것을 말이다. 아니, 수소를 넣었는데 올라갈 거라는 것을 모르겠는가? 오늘 이 땅에서 세상에 대한 꿈이 가득하고 세상을 사랑하는 마음이 가득한 사람이 휴거되기를 바라겠는가? 그것은 풍선 속에 일반 공기만 가득하다는 얘기다. 그런 풍선은 놓아도 하늘로 뜨지 않는다. 이런 사람들은 하나님께서 올라오라고 하셔도 "가만있어 보세요, 주님." 할 것이다.

23절, 그때에 사람이 너희에게 말하되 보라 그리스도가 여기 있다 혹 저기 있다 하여도 믿지 말라

이제 또 미혹이 있다. 이렇게 대환난이 있는데 휴거되어야 할 게 아닌가? 구원받아야 할 게 아닌가? 그런데 그런 순간에 사람들이 미혹한다는 말이다. "보라, 그리스도가 여기 있다." 혹은 "그리스도가 저기 있다." 하는 것이다. 오늘날에도 그런 말하는 것을 들어보지 못했는가? "여기 와야만 구원받는다. 다른 데 가면 구원받지 못한다. 그리스도가 여기만 있다." 그러니까 구원받으려고 할 수 없이 그곳에 간다. 거기 인도자가 사람을 못살게 구는 사람일지라도 구원받기 위해 그냥 가는 것이다. 그래서 미혹되는 사람이 많다. 그렇게 어리숙한 사람이 있으니까 그렇게 말하는 사람이 있는 것이다. 또 그런 말을 하는 데에는 항상 사람들이 많다. 주님은 여기서 그런 말을 믿지 말라고 하신다. 제대로 믿어야지 아무 말이나 믿으면 안 된다. 성경에는 믿으라고는 많이 하지만, 믿지 말라는 말씀은 별로 없는데 여기서는 특별히 믿지 말라고 했다.

24절, 거짓 그리스도들과 거짓 선지자들이 일어나 큰 표적과 기사를 보이어 할 수만 있으면 택하신 자들도 미혹하게 하리라

이 거짓 선지자들, 거짓 그리스도들은 어리숙한 사람들, 택함받지 못한 사람들을 미혹할 뿐아니라 택한 사람들도 미혹하고 싶어한다. 굳게 서 있는 사람들도 미혹하고 싶은 것이다. 사탄 마귀가 그렇게 간단한 존재가 아니다. 그렇기 때문에 굳게 서 있는 것 같은데 어느 날 흔들리는 것이다. 자신이 강한 믿음을 갖고 있으니 문제없다고 말하지 말라! 택함 받은 자이니 문제 없다고 말하지 말라! 조심해야 한다. 주님은 그런 일이 발생할 수 있으니까 조심하라고 하셨다.

25절, 보라 내가 너희에게 미리 말하였노라

이렇게 말씀하심으로 다시금 강조하신다. "보라, 내가 너희에게 미리 말하지 아니하였느냐? 그러니 속지 말라."는 뜻이다. 이제 속으면 속은 사람의 책임이다. 주님은 이 시대의 끝의 일을 말하고서 미리 말하지 아니하였느냐고 하신다. 우리가 미래의 일을 알 수 있다면 불행을 막을 수 있다. 오늘날 많은 그리스도인들이 종말론자들의 잘못된 실행들로 인해 무엇이든지 예언에 관한 것은 믿지 않으려 한다. 그것도 하나의 극단이다. 과거에 종말론자들이 특이하게 한 두가지 종말적인 교리를 강조하고, 치우쳐 극단에 빠졌다면 오늘날 많은 그리스도인들은 아예 예언에 관한 것은 거들떠보지도 않으려하는 극단에 떨어졌다. 이 또한 실수인 것이다. 주님은 분명히 말씀하셨다. 신앙은 여론이나 감정으로 믿는 것이 아니다. 신앙은 주님의 말씀하신대로 믿어야 건강한 것이다. 여기서 '보라'는 말씀은 주의를 기울이라는 말씀이다. 주님은 이렇게 말씀해주시고서 이 시대의 끝에 해를 당한다면 주님이 책임질 수 없으시다고 말씀하신다. 예언의 말씀은 우리의 발의 등이다. "또 우리에게 더 확실한 예언이 있어 어두운데 비춰는 등불과 같으니 날이 새어 샛별이 너희 마음에 떠오르기까지 너희가 이것을 주의하는 것이 가하니라"(벧후 1:19).

26절, 그러면 사람들이 너희에게 말하되 보라 그리스도가 광야에 있다 하여도 나가지 말고 보라 골방에 있다 하여도 믿지 말라

그리스도가 여기 있다 저기 있다 하니까 사람들이 모여든다. 그런데 어떤 사람들은 더 나아가 "그리스도가 광야에 있다. 그리스도가 골방에 있다."고 말한다. 골방은 어떤 곳인가? 은밀한 장소이다. 아주 은밀하게 해놓고 거기 그리스도가 있다고 할 때 그 말에 속지 말라. 심리학적으로 비밀스러운 것은 매력이 있다. 그러므로 어떤 종교의 교주들은 자신들을 쉽게 공개하지 않는다. 베일 속에 철저히 감추어 둔다. 그래야 사람들이 흠모하며 따르는 것이다. 그들이 더 이상 비밀스런 것들을 잃어버렸을 때 힘을 잃게 된다. 또 주님은 광야에 있다고 해도 속지 말라고 하셨다. '꼭 어디에 와야 한다. 꼭 어디에 가야 한다.'는 것은 다 미혹하는 말들이다. 이러한 말을 사용해서 사람들을 이끌려고 하는 것은 위험하다. 우리는 모든 것이 참되고 순수해야 한다. 마치 그리스도를 자신들만 가지고 있는 것처럼, 은밀하게 무언가 갖고 있는 것처럼 하는 사람들은 다 미혹케 하는 사람들이다. 여기서 주님은 그런 사람들의 말을 믿지 말라고 하셨다.

27절, 번개가 동편에서 나서 서편까지 번쩍임같이 인자의 임함도 그러하리라

인자의 임함은 번개가 번쩍임 같다는 것이다. 주님은 언제 이 땅에 강림하시는가? 대환난이 끝날 때쯤 공중에서 이 땅으로 강림하신다. 그때에 유대인들은 이 땅에 있다가 주님을 만나게 된다. 믿는이들은 대환난을 거쳐 대환난 끝에 공중으로 휴거된다. 그래서 주님 앞에 다 모이게 된다. 공중에서 다 만나게 되는 것이다. 그곳에서 역대의 성도들을 다 만나게 된다. 바울은 데살로니가서에서 '우리가 그 앞에 모임에 관하여'라고 말했다.

그런데 유대인들은 예수님이 공중에서 재림하시는 것을 이 땅에서 보게 된다. 그렇기 때문에 유대인들에게 이 땅에서 미혹당하지 말라고 하시는 것이다. 광야에 있다, 비밀한 데 있다 할 때 미혹당하지 말아야 한다. 주님이 다시 오실 때가 되면 유대인들 사이에 거짓 선지자들이 많이 나타나서 "여기 그리스도가 있다. 저기 그리스도가 있다."고 말할 것이다.

이것은 주님이 친히 그렇게 오시는 것이 아니라는 것을 알려 주시는 것이다. "번개가 동편에서 나서 서편까지 번쩍임같이 인자의 임함도 그러하리라". 이렇게 말씀해주셨는데도 광야로 가고 골방으로 가면 그런 사람은 어리석은 사람이라는 말이다. 여기서 우리는 주님을 기다리는 것이 유대인들과 교회가 다름을 알 수 있다. 주님이 유대인들에게 오시는 것은 구름을 타고 오시며, 지상에 강림하신다. 그 때 그 모든 지파의 사람들이 통곡을 하며 주님을 맞이하게 된다(계 1:7, 행 1:11, 슥 12:10-14, 13:6). 주님은 가신 모습 그대로 오신다고 말씀하셨다. 그러므로 일정 기간 구름에 감춰어 계시다가 구름위로 오실 것이다. 사도행전 1장은 처음에 구름이 없다가 나중에 구름이 그분을 가리워 보지 못하게 되었다. 오실 때는 그 모습이 반대일 뿐이지 같은 모습이다. 성도들은 어떻게 주님을 만나는가? 살아있는 이기는 성도들은 대환난 전에 비밀스럽게 휴거될 것이다(계 3:10). 이는 첫 열매들이다(눅 21:36, 계 14:1-5). 대다수의 살아있는 믿는이들은 대환난을 통과할 것이고, 대환난의 끝 무렵 공중으로 휴거될 것이며, 죽은 성도들은 이들 보다 먼저 공중으로 주님께 이끌릴 것이다(살전 4:16). 그 후 주님은 공중에서 혼인잔치를 하시고, 그리스도의 심판대를 베푸실 것이며, 충성되고 이기는 성도들을 상 주실 것이며(계 22:12, 마 25장 참조), 이기는 성도들과 함께 지상으로 강림하실 섯이다(계 19:11-16).

28절, 주검이 있는 곳에는 독수리들이 모일지니라

이 독수리는 주님과 그의 성도들이 함께한 군대이다. 성경에서 독수리는 하나님의 택하신 백성을 가리킨다(사 40:31, 신 32:11). 이기는 성도들은 주님의 재림시에 군대를 이루게 되는데 이들에 대하여 말씀은 “하늘에 있는 군대들이 희고 깨끗한 세마포를 입고 백마를 타고 그를 따르더라”고 한다(계 19:14). 이들은 19장 7-8절에 있는 옳은 행실로 세마포의 옷을 입은 이기는 자들이다. 이들이 14절에 주님과 함께 지상으로 재림하게 되는 것이다. 대환난 끝에 주님은 이기는 자들과 함께 오셔서 적그리스도와 그 군대를 다 멸하실 것이다. 그때 적그리스도와 그 군대는 다 파멸 될 것이다. 독수리들은 시체가 있는 곳에 모인다. 주님의 거룩한 군대가 적그리스도와 그 휘하에 있는 것들을 다 멸하게 된다. 이것은 계시록에 자세히 나와 있다. 그 피가 말굴레까지 닿는다, 포도즙틀을 밟는다 하는 말은 다 적그리스도와 그 군대의 멸망에 관련된 것이다.

29절, 그날 환난 후에 즉시 해가 어두워지며 달이 빛을 내지 아니하며 별들이 하늘에서 떨어지며 하늘의 권능들이 흔들리리라

이것이 대환난 끝이다. 지금 주님이 하신 말씀은 대환난의 전조부터 시작해서 대환난을 죽 설명하신 후에 환난 끝을 말씀하고 계신 것이다. 대환난은 하늘의 광경의 변화를 시작으로 하여 천체의 변화로 끝난다. 요엘서 2장 31절은 환난 전의 일을 말한다. 이는 계시록의 여섯째 인과 동일하다(계 6:12-17). 계시록 6장의 여섯째 인은 환난의 시작이다. 그것은 17절의 "그들의 진노의 날이 이르렀으니"라는 말로 알 수 있다. 요엘은 환난전의 광경을 말하면서 "여호와의 크고 두려운 날이 이르기 전에 해가 어두어지고, 달이 핏빛같이 변하리라"고 하였다. 이는 분명 환난 전의 일이다. 이렇게 환난이 시작되어 환난이 끝날 때, 해가 어두워지고 달이 빛을 내지 않고 별들이 하늘에서 떨어지는 일이 생기며 하늘의 권능들이 흔들리는 일이 있다. "그날 환난 후에" 이는 환난 후에 주님이 오신다는 강력한 근거가 되는 구절이다. 환난 끝에 주님이 오신다는 것이다. 주님이 오시기 전에 거짓 선지자들과 거짓 그리스도들이 속이는 일이 생긴다. 또 사람들이 그리스도가 광야에 있다, 그리스도가 골방에 있다 하면서 미혹하는 일이 있다. 주님은 그렇게 오시지 않는다. 환난 후에 즉시 해가 어두워지고 달이 빛을 내지 않고 별들이 하늘에서 떨어지고 하늘의 권능들이 흔들리는데 이것이 인자 예수가 오시려는 전조이다.

30절, 그때에 인자의 징조가 하늘에서 보이겠고 그때에 땅의 모든 족속들이 통곡하며 그들이 인자가 구름을 타고 능력과 큰 영광으로 오는 것을 보리라

"그때"는 분명 29절의 환난 후의 그때를 말하는 것이다. 그 때 유대인들이 통곡을 할 것이다. 이것은 계시록 1장과 스가랴 12장에도 나온다. 스가랴 12장을 보자. 10절, "내가 다윗의 집과 예루살렘 거민에게 은총과 간구하는 심령을 부어주리니 그들이 그 찌른바 그를 바라보고 그를 위하여 애통하기를 독자를 위하여 애통하듯 하며 통곡하기를 장자를 위하여 통곡하듯 하리로다". 이때에 통곡이 있다. 주님이 오실 때 이스라엘 백성이 통곡하게 될 것이다. 11절, "그날에 예루살렘에 큰 애통이 있으리니 므깃도 골짜기 하다드림몬에 있던 애통과 같을 것이라 온 땅 각 족속이 따로 애통하되 다윗의 족속이 따로 하고 그 아내들이 따로 하며 나단의 족속이 따로 하고 그 아내들이 따로 하며 레위의 족속이 따로 하고 그 아내들이 따로 하며 시므이의 족속이 따로 하고 그 아내들이 따로 하며 모든 남은 족속도 각기 따로 하고 그 아내들이 따로 하리라".

그들은 각각 따로 통곡을 할 것이다. 서로 친밀하게 죄를 짓고 주님을 멸시하던 사람들이 주님이 공중에서 재림하시는 것을 보고 통곡을 하는 것이다. 이들은 하나님을 사랑한다고 하는 하나님이 택하신 백성이 아닌가? 그런데 하나님을 사랑한다고 하면서 주님을 찔러 죽였다. 주님을 극도로 대적했다. 그런데 이들은 주님께는 첫사랑과 같다. 이 이스라엘 백성들, 아브라함 때부터 하나님께서는 그들을 인도하셨다. 모세 때를 생각해보라. 광야 40년 간 하나님께서 그들을 어떻게 인도하셨는지. 구약 성경에서 하나님께서 이스라엘 백성을 사랑하신 것을 읽으면 눈물이 난다. 호세아를 읽어보라. 이스라엘 백성을 하나님께서 그토록 사랑하셨건만 이들은 계속해서 거역했다. 하나님은 그들이 거역할수록 더 사랑하신 것 같다. 우리 주 예수님은 이 땅에 오셔서도 이들을 품으려고 애쓰셨다 "암탉이 그 새끼를 날개 아래 모음같이 내가 네 자녀를 모으려 한 일이 몇 번이냐".

누가복음을 보면 주 예수님이 예루살렘 성을 바라보시며 우셨다고 했다. 그렇게도 주님은 이스라엘을 사랑하셨는데 이들은 대적하고 예수님을 찔러 죽였다. 그런데 주님이 재림하실 때 보니까 그들이 찌른 예수님이란 말이다. 그분이 구름을 타고 오시는 것이다. 그때 이 지구상에 가장 큰 애동이 일어나게 된다. 그 애통하는 장면이 이 땅에서 벌어지는 것이다. 이스라엘 백성이 그 족속대로, 아내들은 아내들대로 얼싸안고 우는 것이다. 통곡을 하는 것이다. 그들이 주님을 사랑하지 않은 것이 아니다. 사실 그들은 하나님을 원했고 또 하나님을 위한다고 했는데 그 위한다고 한 것이 예수님을 대적한 것이다. 그리고 주님은 그들을 사랑하셨다. 그들의 흘리는 눈물은 예수님을 대적했기 때문에 흘리는 눈물이 아니다. 대적한 것도 슬프지만 더욱 슬프게 한 것은 예수님이 그렇게도 자기들을 사랑하셨는데 그것을 몰랐다는 것이다. 그 마음을 모른 것이다. 우리가 주님의 마음을 얼마나 슬프게 했나! 아마 주님도 그때 눈물을 흘리시지 않을까 생각한다.

이렇게 모든 족속(이 모든 족속이란 이스라엘 열 두 지파를 의미한다)이 통곡하며 그들이 인자가 구름을 타고 능력과 큰 영광으로 오는 것을 볼 것이다. 주 예수님이 초림하셨을 때에는 이 땅에 나사렛 사람, 정말 초라한 목수의 아들로 오셨다. 그래서 사람들이 몰라보았다. 멸시와 천대를 받으셨다. 그러나 재림하실 때에는 큰 영광과 능력으로 이 땅에 오실 것이다. 여기서 인자의 징조(sign)란 무엇인지 알 수 없다. 어떤 사람들은 마태복음 12장에 근거하여 십자가라고 하는 사람들도 있고, 그리스도 자신이라고 하는 사람들도 있다. 우리는 이를 확실히 알 수 없으나 어찌하든, 그것은 예수 그리스도, 즉 나사렛 사람 예수 그리스도께서 오신다는 표적으로 무언가 비밀스럽고 초자연적인 것이 나타날 것이다. 오늘날도 대통령이 행차하게 되면 어떤 표적이 있게 되는 것이다. 그분이 첫 번째 오셨을 때는 권위와 영광을 나타내셨지만 재림 때는 특별히 능력을 나타내실 것이다. 그분은 더 이상 나귀를 타고 오시지 않는다. 그분이 재림하실 때는 심판주로서, 큰 능력과 함께 오신다. 온 땅이여, 능력의 주를 맞을 준비를 하라!

31절, 저가 큰 나팔 소리와 함께 천사들을 보내리니 저희가 그 택하신 자들을 하늘 이 끝에서 저 끝까지 사방에서 모으리라

주님은 나팔소리와 함께 오셔서 천사들을 보내어 이스라엘 백성들을 다 모으신다고 했다. 주님이 이 땅에 인자로 오셨을 때에는 예루살렘을 향하여 팔을 벌리시고 암탉이 병아리를 품으려고 하는 것처럼 아무리 품으려 해도 품어지질 않았다. 오히려 그 품으려고 하는 가슴을 창으로 찔렀다. 그래도 주님은 이 마지막 때에 그 찔린 가슴으로 그들을 안으신다. 주님이 재림하실 때에 이스라엘 백성들을 다 모으시지 않겠는가?

우리가 전체적으로 역사를 조망해보면, 주님은 구약에서 이스라엘 백성들을 선택하셨다. 그분이 이 땅에 예수로 오셔서 죽기까지 돌보시려고 하신 것이 유대인들이다. 마침내 성전을 버리신 것도 돌아가시기 며칠 전이다. 그러고서 예수님이 죽고 부활하시고 승천하시고 성령을 보내시어 사도들이 복음을 전할 때에도 처음에는 유대인들에게 갔다. 이스라엘 사람들에게 갔다. 그런데 그들이 또 거절했다. 그래서 바울 사도가 "우리는 이제 이방인에게로 가겠다."고 하면서 돌이킨 것이다. 이렇게 이스라엘 백성이 넘어짐으로 구원이 이방인에게 갔다. 이방인의 충만한 수가 채워지기까지 복음이 전파되는 시기가 지금이다. 그래서 우리가 복음을 들은 것이다. 지금은 하나님께서 이방인을 끌어안고 계신다. 그래서 한국 사람, 미국 사람 다 주님께 돌아오고 있는 중이다.

그런데 대환난이 시작되면 주님은 서서히 유대인들에게로 향하신다. 그 마음이 유대인들에게로 향하시는 것이다. 그래서 대환난 때에는 이방인들이 유대인의 원칙을 따라야 한다. 비밀스럽지 않은가? 그리고서 주님이 이 땅에 다시 오실 때 유대인들을 다 모으신다. 그들은 주님을 보고 통곡할 것이다. 그들이 버렸던 메시야, 십자가에 못박은 그 메시야를 이제 그들의 주로 모시는 것이다.

하나님께 감사한다. 이러한 놀라운 이야기가 성경에 실려 있다. 마태복음 24장, 25장은 주님의 예언이고 계시록에는 그 자세한 풀이가 있다. 성경의 예언에 의하면 대환난 후에 주님은 이방인 가운데 흩어져 있는 유대인들을 모두 불러 모으실 것이다. "하늘 이끝에서 저끝까지 사방에서 모으실 것이다"라고 할 때의 '모으다'

는 단어가 신명기 30장 3절에 있는 "네 하나님 여호와께서 마음을 돌이키시고 너를 긍휼히 여기사 네 포로를 돌리시되 네 하나님 여호와께서 너를 흩으신 그 모든 백성 중에서 너를 모으시리니"의 모으신다는 말과 같기 때문에 이는 휴거로 간주할 수 없고 흩어진 이스라엘을 모으신다는 개념으로 이해해야 한다.

또한 30절의 "인자가 …오리라"에서 오신다는 단어가 헬라어로 파루시아가 아니라 '에르코 마이'로서 단순히 오심(coming)을 의미하기 때문이다. 그들은 흩어져 있다가 주님이 다시 부르실 때 모이게 된다는 말이다. 그 때는 주님의 재림시이다. 이사야 43장 5-6절은 "두려워 말라 내가 너와 함께 하여 네 자손을 동방에서부터 오게하며 서방에서부터 너를 모을 것이며 내가 북방에게 이르기를 놓으라 남방에게 이르기를 구류하지 말라 내 아들들을 원방에서 이끌며 내 딸들을 땅 끝에서 오게 하라"고 하는데 이는 장래 주님 재림 시에 이루어질 말씀들이다. 이사야 49장 12절도 같은 일을 말하는 듯하다. "혹자는 원방에서, 혹자는 북방과 서방에서, 혹자는 시님 땅에서 오리라" 이 말씀에서 시님을 팔레스타인 남부로도 보고, 아라비아 사람들의 발음에 의해 '신' '친'으로 발음하는 중국을 의미하기도 한다. 그 때는 중국에 있는 유대인들도 돌아가게 된다. 현재도 중국에는 많은 유대인이 살고 있다. 이사야 49장 22절, 51장 11절도 같은 일을 말하고 있다. "나 주 여호와가 이르노라 내가 열방을 향하여 나의 손을 들고 민족들을 향하여 나의 기호를 세울 것이라 그들이 네 아들들을 품에 안고 네 딸들을 어깨에 메고 올 것이며" "여호와께 구속된 자들이 돌아와서 노래하며 시온으로 들어와서 그 머리 위에 영영한 기쁨을 쓰고 즐거움과 기쁨을 얻으리니 슬픔과 탄식이 달아나리이다".

32절, 무화과나무의 비유를 배우라 그 가지가 연하여지고 잎사귀를 내면 여름이 가까운 줄을 아나니

32절부터의 비유는 교회들에게 하시는 말씀이다. 주님 앞에 앉아 있는 제자들은 한 면으로 유대인을 대표하고 또 한 면으로는 교회를 대표한다. 신약의 열두 사도들(물론 거기에서 한 사람이 제해지고 다른 사람으로 대치되지만)은 신약의 교회들을 대표하기도 한다. 그렇기 때문에 일차적으로 주님은 그들에게 유대인들에게 해당하는 비유를 주시고 그런 다음 교회에 관한 말씀을 주시는 것이다.

모든 사람들이 알아야 할 것은 무화과나무의 비유이다. 우리는 21장에서 주 예수님이 무화과나무를 저주하신 것을 보았다. 21장 19절이다. "길가에서 한 무화과나무를 보시고 그리로 가사 잎사귀밖에 아무 것도 얻지 못하시고 나무에게 이르시되 이제부터 영원토록 네게 열매가 맺지 못하리라 하시니 무화과나무가 곧 마른지라". 다시 24장으로 와서, "무화과나무의 비유를 배우라".

무화과나무는 이스라엘 나라를 상징하는 나무이다. 그것은 예레미야 24장 1절부터 3절과 또 다른 성경에도 있다. 그런데 주님이 이 무화과나무를 저주하셨다는 것은 열매가 없고 잎만 무성한, 즉 실제는 없고 활동만 가득한 이스라엘을 저주하셨다는 뜻으로 해석할 수 있고, 또 한 면으로 여기에서 마지막 시대에 대해서 예언하실 때 무화과나무의 비유를 배우라고 하시면서 그 가지가 연하여지고 잎사귀를 낸다는 것은 이제 이스라엘이 새로이 약동한다는 뜻도 된다. 생명이 움트는 것이다. 무화과나무를 볼 때 계절을 알 수 있다. 봄을 거쳐서 이제 여름이 된다는 뜻이다. 잎사귀가 아주 푸르게 돋아날 때 그것은 여름이 가까웠다는 신호이다. 성경에서 겨울은 대환난을 봄은 휴거를 가리키며, 여름은 왕국을 가리킨다(눅 21:30-31).

33절, 이와같이 너희도 이 모든 일을 보거든 인자가 가까이 곧 문 앞에 이른 줄 알라

'이 모든 일'이란 무화과나무 가지가 연하여지고 잎사귀를 내는 것이다. 그러한 일이 있으면 인자가 문 앞에 이른 줄을 알라고 하신다. 누가복음 21장 29절부터 31절까지 보겠다. "이에 비유로 이르시되 무화과나무와 모든 나무를 보라 싹이 나면 너희가 보고 여름이 가까운 줄을 자연히 아나니 이와같이 너희가 이런 일이 나는 것을 보거든 하나님의 나라가 가까운 줄을 알라". 여기서 무화과나무는 이스라엘을 말하고 모든 나무는 모든 민족들을 의미한다. 많은 민족들이 각기 그 민족을 따라 번성한다는 것이다. 민족들이 부흥하는 것을 의미한다. 오늘날 러시아의 많은 민족들이 독립했고, 독립하겠다고 난리이며, 중국의 많은 소수 민족들, 유럽의 소수 민족들이 자기들도 나라를 갖겠다고 일어나고 있다. 그렇게 많은 나무들이 잎사귀를 내고 특히 무화과나무가 잎사귀를 내는 것을 보면 인자가 문 앞에 이른 것을 알라고 하신다.

여기 무화과나무 그림이 있다. 무화과나무는 크기가 3-5미터 정도 되고 손바닥만한 잎사귀를 가지고 있다. 그리고 봄철에서 여름에 걸쳐 열매를 맺는다. 이 무화과나무는 이스라엘을 상징하는데, 그 긴 세월 동안 꺾이지 않은 무화과나무처럼 자신의 영광을 숨기고 살았던 이스라엘 민족의 특징을 잘 나타내 준다.

이 땅에서 2000년 가까이 나라를 이루지 못하고 나라의 형태를 갖지 못하던 이스라엘이 1948년 5월 14일 독립선언문을 낭독했다. 초대 수상은 벤그루얼이다. 이 땅에서 국가의 형태가 없던 나라가 거의 2000년 만에 갑자기 조각을 하고 각료의 명단을 발표했다. 그때 온 세계가 놀랐다. 그런데 그것이 기정 사실이 되었다. 거기에 여러 가지 정황들이 있었다. 그런 다음 1967년에 육일전쟁에서 그들은 아랍권을 이겼다. 그 작은 나라가 승리를 거둔 것이다. 그럴 뿐 아니라 20년이 지난 지금 유대인들은 중동 지역에서 초강대국의 지위를 굳혔다고 한다. 이스라엘은 초강국으로 신문에 났다. 지금도 그들은 군사적으로나 경제적으로 초강국으로 알려져 있다.

이 성경 말씀에 의하면 무화과나무 가지가 연하여지고 잎사귀를 내면 여름이 가까운 줄을 알라고 했다. 여름은 하나님의 왕국이다. 인자가 다시 오셔서 그분의 왕국을 이루는 것은 바로 이스라엘 나라가 생명이 소생되어 다시금 잎사귀를 내는 그때이다. 그러면 인자가 가까이 곧 문 앞에 이른 줄을 알아야 한다. 지금이 바로 그때가 아닌가? 이러한 일이 성경에 기록된 대로 응했다.

34절, 내가 진실로 너희에게 말하노니 이 세대가 지나가기 전에 이 일이 다 이루리라

1948년 이전만 해도 주님을 사랑하는 사람들, 성경학자들이 이 무화과나무의 비유를 감히 해석하지 못했다. 그래서 다르게 해석하려고 했다. 그때는 감히 이스라엘이 회복되리라는 것은 생각할 수가 없었던 것이다. 그런데 1948년 이후에 정말 기적적으로 이 예언의 말씀이 응하게 되었다. 물론 이전에도 이것이 이스라엘 민족을 상징한다는 것을 말한 사람이 없었다는 것은 아니다. 어쨌든 주님의 말씀은 이루어질 것같이 보이든 이루어지지 않을 것같이 보이든 말씀대로 이루어진다.

“이 세대가 지나가기 전에 이 일을 다 이루리라”. 여기서 이 ‘세대’라는 말은 헬라어로 ‘게네아’(genea)이다. 성경에는 ‘세대’에 해당하는 말이 여러 개 있다. ‘아이온’이라는 시대를 가리키는 말이 있고 또 세상을 가리키는 ‘코스모스’가 있다. 다 헬라어이다. 여기 ‘게네아’라는 말은 한 세대를 가리키는데 30-40년 동안을 가리키는 그 세대가 아니고 주님이 복음서에서 ‘악하고 음란한 세대’(마 16:4)라고 하셨듯이 어떤 도덕성을 특징으로 하는 세대를 의미한다(시 12:7, 신 32:20, 참조). 주님이 이 땅에 계실 당시에 그 세대는 도덕적으로 아주 패역한 세대였다. 악하고 음란한 세대였다. 그런데 그 세대가 지금까지 계속되고 있다. 지금도 악하고 음란한 세대이다. 주님은 그러한 세대가 다 지나기 전에 이 일들이 다 이루어질 것이라고 말씀하고 있다.

35절, 천지는 없어지겠으나 내 말은 없어지지 아니하리라

천지는 하늘과 땅을 의미한다. 성경에서 하늘을 말할 때 단수로 말할 때도 있고 복수로 말할 때도 있다. 단수로 말할 때는 천국을 말하고 복수로 말할 때는 하나님의 다스림, 하나님의 나라를 말한다. 또 단수로 말할 때에 하나님이 지으신 하늘을 말하기도 한다.

여기서 천지는 하나님이 물질적으로 창조하신 하늘과 땅을 가리킨다. 그 천지는 없어질 수 있으나 내 말은 없어지지 않는다는 것이다. 누가복음 16장에서는 율법의 한 획이 떨어지는 것보다 천지가 없어지는 것이 쉬우며 천지는 없어져도 하나님의 말씀은 한 획도 사라지지 않고 그대로 다 이루어진다고 하셨다.

36절, 그러나 그날과 그때는 아무도 모르나니 하늘의 천사들도, 아들도 모르고 오직 아버지만 아시느니라

주님은 여기서 그때의 징조만 알려주시지 어느 날 어느 시인지는 알려주지 않으신다. 그것은 천사들도 모르고 아들도 모르고 오직 아버지만 아신다고 하셨다. 당시에 주님이 육신 되어 오셨을 때 제자들 앞에서 아들도 모르고 아버지만 아신다고 하셨는데, 그렇다고 해서 지금도 아들께서 모르시느냐 오직 아버지만 아시느냐 하는 것이 성경적으로 논란이 많은 대목이다. 주 안에서 깊은 분들은 "아들도 아신다. 아들이 지금 모르실 리가 없다. 언제부터인지 아들도 아실 것이다."라고 생각한다. 그러나 어떤 분들은 "아들은 이것을 아실 필요가 없다. 그것은 아버지의 권한에 속한 것으로서 다만 아버지께서 정하신 때가 있으리라는 것만 아신다."라고 생각하고 싶어 한다. 하여간 여기서 우리 주 예수님은 그날과 그때는 아무도 모른다고 하셨다. 어거스틴은 성자는 아들의 위치에서 모르시는 것이라고 하였다. 그분은 아들의 위치에서 기다리고자 하시며 알고자 하지 않으셨다. 그렇다고 그분이 알 수 없다는 말이 아니다. 주님은 36절을 말씀할 당시 주님은 자신은 모르고 아버지만 아셨다고 말하시는 것으로 이해하면 좋다.

그런데 오늘날 그날과 그 시를 점치는 사람들이 많다. 그렇지만 다 틀렸다. '몇 년에 오실 것이다. 혹은 몇 년 몇 월 몇 일에 오실 것이다. 10월 28일에 오실 것이다.' 했지만 다 틀렸다. 심지어 그렇게 믿는 사람들은 그날 하얀 옷을 입고 기다리기까지 했다. 그런데 그들의 모든 예상은 맞지 않았다. "그날과 그때는 아무도 모르나니 하늘의 천사들도, 아들도 모르고 오직 아버지만 아시느니라." 그러니까 주님이 오시는 날, 왕국이 이루어지는 날은 하나님의 역사에 있어서 너무나도 중요하고도 중대한 일임에 틀림없다.

37-39절, 노아의 때와 같이 인자의 임함도 그러하리라 홍수전에 노아가 방주에 들어가던 날까지 사람들이 먹고 마시고 장가들고 시집가고 있으면서 홍수가 나서 저희를 다 멸하기까지 깨닫지 못하였으니 인자의 임함도 이와 같으리라

여기서 주님은 그날과 그 시는 알려주시지 않아도 그때의 상황은 알려주고 싶어 하신다. 그 징조를 알려주심으로 깨어 있게 만드는 것이다. 그래서 노아의 때와 같다고 하셨다. 인자의 임함, 인자의 파루시아는 노아의 때와 같다는 것이다. 홍수전에 노아가 방주에 들어가기 전까지 사람들이 먹고 마시고 시집가고 장가가고 있으면서 홍수가 나서 다 멸하기까지 저희가 깨닫지 못하였다고 했다. 주님이 다시 오실 때의 상황은 노아 시대와 같다.

창세기에서 사람이 창조되고 나서 그리 오래되지 않은 시기에 노아가 살았다. 물론 그때는 오래 살았다. 연수로 따지면 그렇게 짧은 것은 아니지만 그래도 창세기 6장, 7장에 해당된다. 창세기 7장에 노아의 홍수가 있다. 6장에는 하나님께서 홍수를 예정하시고 노아에게 알려주시며 방주를 지으라고 말씀하신 것이 있다. 그런데 그 당시 온 땅은 어떠했는가? 하나님 앞에 패괴했고 강포가 온 땅에 충만했다고 했다. 그래서 여호와께서는 사람을 지으신 것을 한탄하시고 마음에 근심하셨다고 했다. 그래서 그분이 창조하신 것을 사람으로부터 시작해서 육축과 기는 것과 모든 것을 쓸어버리겠다고 결심하셨다. 그 당시에 아담의 후예들이 가인부터 급격히 타락하기 시작해서 가인은 에녹성을 쌓고 그 자손들을 낳았는데 그 자손들의 상황이 다 노아의 시대를 형성하고 있었던 것이다. 그러니까 4장을 보면 라멕이 두 아내를 취하였는데 한 아내의 이름은 아다요 한 아내의 이름은 씰라며… 아다는 야발을 낳았고 그는 장막에 거하고 육축 치는 자의 조상이 되었으며 실라는 두발가인을 낳았고 그는 동철로 각양 날카로운 기계를 만드는 자였다. 이 이름들은 다 뜻이 있다. '아다'란 치장한다는 뜻으로서 화장을 한다든가 예쁘게 보이려고 하는 것이다. 그리고 또 야발의 동생 유발은 수금과 퉁소 등을 만들어 모든 악기 만드는 자의 조상이 되었다. 이러한 것이 그 시대의 문화였다. 오늘

날에도 동일하게 노아 시대의 상황이 이루어지고 있다.

그리고 5장에는 가인의 족보가 아니라 아벨-셋의 족보가 있다. 그런데 그 셋의 족보 중에서도 참으로 하나님과 동행하고 하나님과 연합하여 산 사람은 소수이다. 에녹은 하나님과 300년 간 동행하더니 하나님께서 그를 데려가셨다. 그런 사람은 소수이고 나머지는 다 타락한 사람이다. 노아 시대에도 경건한 사람이 없었다. 노아 한 사람이 당시에 의인이고 완전한 사람이었으며 그 나머지는 죄가 충만하다고 했다. 그리고 6장에서는 "사람이 땅 위에 번성하기 시작할 때에"(1절)라고 말한다. 말하자면 노아 시대에 인구가 폭증한 것이다. 오늘날이 노아 시대와 같으려면 인구가 폭증해야 하는데 인구가 많아지는 것도 그 시대의 어떤 상황을 말해주고 있는 것이다. 그리고 그때 악령의 역사가 많다고 했다. 악령이 사람을 사로잡는 것이다. 그래서 하나님께서 이 땅을 보시니까 죄악이 관영하고 강포가 충만했다. 그래서 하나님은 이 땅을 멸하기로 작정하셨다.

이제 마태복음 24장으로 가서, "노아의 때와 같이 인자의 임함도 그러하니라". 홍수 전에 노아가 방주에 들어가던 날까지 사람들이 먹고 마시고 장가들고 시집갔다. 먹고마시는 것은 당연한 일이고 시집가고 장가가는 것도 어쩌면 당연한 일이다. 이 자체가 죄가 되는 것은 아니다. 먹고 마시고 시집가고 장가가는데 빠진 것이다. 그것이 인생 전체의 일 처럼 되어버린 것이다. 하나님이 창조한 사람들이 하나님의 일은 주의하지 않고 이런 데에 빠져 있는 것이다. 하나님을 사랑하고 하나님을 섬기고 하나님께 영광 돌리고 하나님의 뜻을 준행하는 것에는 관심이 없다. 그저 먹고마시는 것에만 관심이 있다. 먹고사는 것에만 관심이 있다. 그리고 시집가고 장가가는 것에만 관심이 있다.

유감스럽게도 공항이나 이곳저곳에서 신혼부부들의 얼굴을 쳐다보면 그게 전부다이다. 시집가고 장가가는 일 외에는 아무 것도 없다. 그리고 음식점에 가보라. 먹고 마시는 것 외에는 생각하는 것이 없는 것 같다. '맛있는 게 뭐냐, 건강한 음식이 뭐냐' 외에는 머리속에 생각하는 것이 없다. 먹는 것 마시는 것만 주의한다. 시집가고 장가가는 것만 주의한다. 이 두 가지가 좋으면 인생이 좋다고 한다. 결혼하고 자식 낳고 그런 다음 자식들이 자라면 5년, 10년 가까이 자기 자식들 결혼 문제를 놓고 고민하는 사람을 보았다. 중학생, 고등학생 자녀를 놓고 어떻게 결혼시킬 것인가 고민하는 사람도 보았다.

그런 사람들 마음속에는 시집가고 장가가는 일 외에는 없는 것 같다. 그런데 그렇게 결혼을 시키려고 하는 사람일수록 짝이 맞추어지지 않는다. 참으로 기묘하다. 아예 신경도 안 쓰고 하나님만 섬기는 사람은 짝을 맞추려고 할 것도 없이 맞춰지는 것도 보았다. 그런데 먹고 마시고 시집가고 장가드는 그런 상황이 노아 때와 같다면 바로 그때가 홍수가 임하는 때라는 것이다. 그 당시에 노아는 의를 전파했다. 그러나 사람들이 노아의 말을 듣지 않았다.

"이렇게 말짱한데 무슨 홍수가 있어? 지금까지 하늘과 땅이 그대로 있는데…" 하면서 듣지 않았다. 그리고 그저 먹고 마시는 데 푹 빠져 있었다. 그러므로 노아의 때에 갑자기 홍수가 임하여 온 땅에 기식하는 생물이 다 죽듯이 그날, 마지막 날에도 이렇게 인자가 갑자기 임하신다는 것이다.

노아 시대에 홍수가 갑자기 임하여 결국 노아의 방주에 들어간 노아의 가족 8명만 구원을 받고 나머지는 다 죽었다. 그래서 여기의 인자의 임함, 파루시아에 우리가 참여해야 하지 않겠는가? 1차 파루시아가 있고 2차 파루시아가 있는데 우리는 1차 파루시아에 들어가야 한다. 2차는 3년 반의 대환난을 거쳐서 들어가는 것이기 때문이다. 이 땅에서 술 취하고 먹고 마시며 생활한 사람은 3년 반의 대환난을 거쳐야 그 다음에 들림 받는다. 그래서 이제 방주에 짐승이 암수 한 쌍씩 들어간다. 사도행전에서 보면 베드로가 이상을 볼 때 부정한 짐승도 있다. 결국 사람을 말한다. 이 짐승들도 방주에 들어갈 때, 파루시아 때 한 쌍씩 들어갈 가능성이 있다. 하여간 아내가 경건하면 남편이 아내 다리라도 붙잡고, 남편이 경건하면 아내가 남편 다리라도 붙잡고 한 쌍씩 들어가기를 바란다. 그리고 다 들어가니까 주님이 문을 닫으셨다. 그래서 이 세상에서 휴거된 사람을 더 이상 볼 수 없게 되었다. 즉 노아가 짐승들을 방주에 넣은 것을 사람들이 보지 못한 것처럼 우리가 휴거된 일도 세상은 보지 못한다.

다시 한 번 노아시대를 간추려 보자. 그 시대에 사람들은 미(美)를 관심했다. '아다(치장하다)' '나아마(기쁨과 사랑스러움)' '씰라(각양 색상)'의 세 여인의 이름들이 그것을 말해준다. 오늘날 화장품만이 잘 팔릴 뿐 아니라 성형이 매우 유행이다. 얼굴을 뜯어고치는 것이 다반사이다. 양악 수술이라고 얼굴 윤곽을 아예 뜯어고치려 하다가 사람이 죽는 일도 있다. 창세기 4장 17절의 '에녹성'은 음악과 사업과 무기제작을 말한다. 오늘날 무기의 발전은 더 이상 전진할 수 없을 만큼 발전했다. 무시무시한 무기들, 가공할만한 파괴력을 가진 무기들이 세상에 나왔다. 또 강대국들은 신무기로 은근히 국력을 자랑한다. 또한 마지막 시대에 주님의 재림을 예언하는 일이 있어야 한다. 당시에 에녹이 그러했다(유 14-15). 그러나 많은 사람이 그 천국복음을 받아들이지 않았다. 이러한 상황이 마지막 상황이다. 노아의 홍수가 갑자기 온 것처럼 주님의 재림은 갑작스러울 것이다. 깨어있지 않은 사람들은 그날에 난처한 입장에 처할 것이다.

40-41절, 그때에 두 사람이 밭에 있으매 하나는 데려감을 당하고 하나는 버려둠을 당할 것이요 두 여자가 매를 갈고 있으매 하나는 데려감을 당하고 하나는 버려둠을 당할 것이니라

오늘날 많은 성경학자들이 말하기를 데려감을 당한 자들은 구원받은 사람이고 버려둠을 당한 사람은 구원받지 못한 사람이라고 한다. 그런데 그것이 아니다. 데려감을 당하는 사람이나 버려둠을 당하는 사람이나 다 그리스도인이다. 여기서는 그리스도인, 거듭난 사람에 대해 말씀하고 있다. 어떤 사람들은 노아 때에는 그 가족이 방주에 다 들어갔으니까 그것을 근거로 해서 모든 그리스도인은 다 휴거된다고 말한다. 그리고 다른 많은 근거도 댄다. 그러나 성경적이고 영적인 근거가 미약하다. 주님은 노아의 방주로 휴거의 사상을 전하고 다음에는 다 휴거되는 것은 아니라고 하신다. 그러기에 이 비유를 주신 것이다.

그런데 여기 두 사람이 밭에 있는데 하나는 데려감을 당하고 하나는 버려둠을 당한다. 그러므로 그리스도인 중에도 버려둠을 당하는 자가 있다. 헬라어로 여기 버려둠을 당한다는 말은 그리 적극적인 용법이 아니다(요 4:28). 데려간다는 말이 적극적인 용법이다. 데려간다는 말은 '파라람바노'로서 취한다는 말이다(요 14:3, 막 5:37, 마 17:1, 26:37, 막 5:40, 요 1:11, 살전 4:1, 2:13). 주님이 취하여 가신다는 뜻이다. 주님은 이 말씀을 특별히 몇 사람을 데리고 가실 때 사용하셨다.

여기서 두 사람은 밭에 있고 두 여자는 매를 갈고 있다. 다 자기들의 정상적인 생업에 종사하고 있다는 말이다. 하얀 옷을 입고 산에서 기다리는 것이 아니고 정상적인 생업에 종사하고 있다가 휴거되는 장면이다. 이와같이 우리도 오늘날 우리가 열심히 일하는 가운데서 데려감을 당할 수 있다.

42절, 그러므로 깨어 있으라 어느 날에 너희 주가 임할는지

여기서 두 사람과 두 여자가 다 믿는이이고 거듭난 사람들이라는 증거는 깨어 있으라는 것이다. 깨어 있지 않아도 다 들림받는다면 뭐하러 깨어 있으라고 했겠는가? 여기서 우리는 휴거의 조건이 믿느냐 믿지 않느냐가 아니라, 깨어있는 삶을 사느냐 깨어있는 삶을 살지 않느냐에 달려있다는 것을 알 수 있다. 그리고 "어느 날에 너희 주가 임할는지"라는 말씀에서 '너희 주'란 거듭나지 않은 사람들에게는 해당되지 않는다는 것을 알 수 있다. "어느 날에 너희 주가 임할는지 깨어 있으라"는 것은 그리스도인들에게 해당되는 말이다. 그러니까 그리스도인 중에서 깨어 있지 않고 느슨한 사람은 데려감을 당하지 않고 버려둠을 당하게 된다. 이 말씀은 반드시 이렇게 해석되어야 한다. 깨어있다는 것은 자만하지 않는 것이다. 나는 이정도면 되었다하고 자신을 신뢰하지 않고 실족할 가능성에 대하여 정신을 바짝 차리고 조심하는 상태를 말한다. 그리스도인은 구원받은 첫 날부터 깨어있어야 한다. 세상에 대하여, 자신에 대하여, 대적에 대하여 늘 깨어있어야 한다.

43절, 너희가 알지 못함이니라 너희도 아는 바니 만일 집 주인이 도적이 어느 경점에 올 줄을 알았더면 깨어 있어 그 집을 뚫지 못하게 하였으리라

주님은 그분이 오실 때 도적같이 오신다고 하셨다. 물론 주님이 도적질하시는 것은 좋은 것을 가져가기 위해서이다. 그런데 여기 비유에서 아무도 모를 때 도적이 온다고 했다. 그래서 주님을 도적으로 비유하신 것이다. 오겠다고 예고하고 오는 도적은 없다. 도적을 맞지 않으려면 밤새도록 깨어 있어야 한다. 그래야 도적을 맞지 않는다. 그러나 깨어 있지 않고 푹 자면 다 가지고 산다. 그래서 주님은 깨어 있으라고 하신다. 깨어 있어서 데려감을 당하라고 권하시면서 깨어 있는 것에 대한 비유를 주신다. 귀한 보석이 아니면 도적은 와서 훔쳐가지 않는다. 우리가 흠이 없고 거룩하게 변화되어 금과 보석같이 되면 주님은 몰래 와서 우리를 훔쳐 가실 것이다.

예를 들어서, 어떻게 깨어 있느냐면 도적을 맞지 않으려고 깨어 있는 것처럼 깨어 있으라는 것이다. 사람은 물질적인 것에 아주 예민하다. 오늘 저녁에 도적맞을지 모른다. 오늘 저녁에 도둑이 온다. 어제 옆집이 도둑맞았으니 오늘은 우리 집에 올 것이다. 그러면 그날 밤은 잠을 제대로 못 잘 것이다. 한 시에 일어났다가 두 시에 일어났다가 네 시에 일어났다가 하며 아마 잠을 이루지 못할 것이다. 주님은 깨어 있으라는 말씀을 이렇게 하고 계신다. 우리는 주님께 도적을 맞기 위해 깨어있어야 하는 것이다.

44절, 이러므로 너희도 예비하고 있으라 생각지 않은 때에 인자가 오리라

그러므로 주님의 다시 오심을 예비해야 한다. 주님의 오심을 준비하는 삶을 살아야 한다. 여러분은 준비하고 있는가? 생각지 않은 때에 인자가 오신다고 했다. 생각하고 있을 때 오시는 것이 아니라 생각지 않을 때에 오시는 것이다.

사실 25장의 슬기로운 처녀나 미련한 처녀나 다 주님을 기다렸다. 그런데 슬기로운 처녀는 부지런하고 충성된 종들을 가리킨다. 그들은 기름을 준비했고 기다렸는데 하도 안 오시니까 졸았다. 슬기로운 사람들도 졸았다. 깨어 있기란 쉬운 게 아니다. 그러나 깨어 있어야 한다. 항상 깨어 있다가 잠시 조는 것은 몰라도 늘상 자는 사람들은 문제가 있다. 전혀 준비가 없이 그냥 자는 것은 문제가 있다. 시험 공부하는 사람들도 계속 부지런히 공부하다가 잠시 조는 것은 괜찮지만 완전히 무사태평으로 "빵점을 맞든지 10점을 맞든지 나하고 무슨 상관이냐? 대학에 들어가든지 못 들어가든지 무슨 상관이냐?" 하는 사람은 문제가 있는 사람이다. "예비하고 있으라. 생각지 않은 때에 인자가 오리라." 생각지 않은 때에 오실 주님, 우리는 예비하지 않으면 안 된다.

45절, 충성되고 지혜 있는 종이 되어 주인에게 그 집 사람들을 맡아 때를 따라 양식을 나눠줄 자가 누구뇨

이제 주님이 다시 오실 때 그저 깨어 있기만 한다고 되는 게 아니고 주님을 섬기는 사람이 되어야 한다. 우리는 또한 주님을 섬겨야 한다. 도둑 맞을까봐 밤새도록 지키느라 아무 것도 못했다고 해서는 안 된다. 정신을 차리고 있으면서 여전히 또 섬겨야 한다. 우리는 종이기 때문이다.

"충성되고 지혜 있는 종이 되어". 충성된 것은 하나님께 대한 것이다. 절대적인 것을 말하는 것이다. 그런데 충성되면 지혜가 부족할 수 있다. 충성되다 보면 사람이 경직되고 융통성이 없어서 어떻게 할지를 모를 수가 있다. 합당하게 처신할 줄을 모르기 때문에 사람이 아주 엉뚱할 수가 있다. 그러니까 칭찬받고 상을 얻는 종이 되려면 충성이 있어야 하고 또한 지혜가 있어야 한다. 그런데 어떤 사람은 지혜로운데 충성이 없다. 그러니까 어려운 것은 하지 않으려 한다. 대가도 지불하지 않는다. 그러다 보니 길이 점점 넓어지고 편한 길로 가게 된다. 그런 두 가지의 가능성이 있다. 주님이 기뻐하시는 종은 충성이 있고 또한 지혜가 있어야 한다. 나는 충성됨을 얻는 데 십 년 이상 걸렸음을 말할 수 있다. 지혜를 배우느라고 십 년 이상 걸렸다. 지금도 다 배우지 못했다고 고백한다. 여러분들은 내 말을 가볍게 듣지 말기 바란다. 참으로 합당한 종이 되는 것이 쉬운 일이 아니라는 것을 알아야 한다.

"주인에게 그 집 사람들을 맡아". 주님은 그 집 사람들을 종들에게 맡기신다. 양도해주신다. 주님은 지금 계시지 않기 때문에 너희가 돌보라고 하신다. 여러분도 맡은 자들이 있다면 복이 있다. "때를 따라 양식을 나눠줄 자가 누구뇨". 때를 따라 양식을 나눠주어야 한다. 양식을 나누어주는 것이 반드시 말씀을 설교하는 것이 아니다. 설교를 하지만 하나도 먹이지 못할 수도 있다. 진정한 양식을 나눠줌은 실제에 있다. 성도들이 양육을 얻을 수 있어야 한다. 도움이 필요한 지체들이 있을 때 그들에게 맞게 그들의 필요를 따라 말씀을 공급하는 것이다. 즉 그들의 영적인 필요에 따라 적절하게 먹이라는 것이다. 어떤 음식이 부족한지, 배가 고픈지 아닌지 알고 때에 맞는 양식을 먹여야 한다.

46절, 주인이 올 때에 그 종의 이렇게 하는 것을 보면 그 종이 복이 있으리로다

복이 있는 종이 누군지 여기서 말하고 있다. 여기 우리 가운데 있는 사람들은 다 종이 되어야 할 것이다. 한 사람도 예외가 없을 것이다. 또 이미 맡아서 먹이고 있는 사람도 있다. 그러한 사람들은 오늘 이러한 말씀을 잘 들어야 한다. 그래야 복이 있다.

47절, 내가 진실로 너희에게 이르노니 주인이 그 모든 소유를 저에게 맡기리라

복이 있는 종은 때를 따라 양식을 잘 나눠주는 종이다. 지식만 잔뜩 넣어주는 것은 소용이 없다. 먹인다는 것은 양육을 포함하는데 자라지 않으면 아무리 먹여도 소용이 없다. 먹이는 대로 다 설사를 하거나 해서 영양 공급이 하나도 안 된다든가 먹기는 먹는데 계속 말라가는 것은 아무 소용없는 것이다. 먹였는데 잘 자라고 변화가 있고 회개가 있고 생활이 바뀌고 옛것이 벗어지고 새롭게 되고 옛 습관이 떨어져 나가고 주님을 더 사랑하게 되고 주님을 더 기다리게 되고 하는 역사가 있다면 그 사람은 복 있는 사람이다. 때를 따라 양식을 잘 먹이는 사람이다. 그런데 아무리 먹여도 살은 안 찌고 얼굴은 노랗게 되는 것은 복 있는 사람이 아니다.

"내가 진실로 너희에게 이르노니 주인이 그 모든 소유를 저에게 맡기리라". 주인이 오시면 그때 그에게 모든 소유를 맡기신다. 지금은 우리가 수고하는 대상이 몇백 명, 혹은 대여섯 명, 열 명, 스무 명이지만 그때는 주님이 맡기실 사람이 너무나 많다. 필요가 크다. 지금은 여러분의 일은 작다. 그날 주님이 오셔서 왕국이 이루어질 때에는 많은 사람을 맡기실 것이다. 모든 일을 맡기신다고 하셨다.

48-49절, 만일 그 악한 종이 마음에 생각하기를 주인이 더디 오리라 하여 동

무들을 때리며 술친구들로 더불어 먹고 마시게 되면

여기에 악한 종이 있다. 그 악한 종이 누구인가? 악한 종은 그 마음에 주인이 더디 오리라 생각하는 종이다. 나는 전에 얼굴이 험상궂게 생기고 화를 잘 내는 사람이 악한 사람인 줄 알았다. 그런데 주님의 말씀은 마음에 주인이 더디 올 거라고 생각하는 종이 악한 종이라는 것이다. 그러니까 주님이 속히 오실 거라고 생각하지 않고 성도들을 섬긴다는 말이다.

악한 종이 되는 조건은 첫째 주님이 속히 오지 않으실 거다, 더디 오실 거다 하는 것이다. 여유만만한 종이다. 다급하지 않고 주님이 오시는 것에 대해서 감각이 없는 것이다. 그 다음 두 번째는 그러다 보니까 동무들을 때리는 것이다. 여기서 때리는 것은 주먹이나 몽둥이나 회초리로 때리는 것이 아니고 봉사하고 양육하고 가르친다고 하면서 때리는 것이다. 때린다는 것은 성도들을 아프게 하는 것이다. 표적 설교를 하여 성도들을 아프게 하는 사람은 근본적으로 때리는 사람이다. 때린다는 것은 주님이 주신 권위를 남용하여 사람들에게 함부로 말하고 다룸으로 그들로 고통을 겪거나 상처 받게 하는 것을 의미한다. 어떤 사람이 무시하는 행위나 빈정거림으로 상처를 주는 일도 일종의 때리는 것이다. 사람이 교만하고 독립적이며, 성질이 강한 사람은 남에게 상처를 주기가 쉽다.

누가복음 10장 33절과 34절, "어떤 사마리아인은 여행하는 중 거기 이르러 그를 보고 불쌍히 여겨 가까이 가서 기름과 포도주를 그 상처에 붓고 싸매고 자기 짐승에 태워 주막으로 데리고 가서 돌보아주고". 여기서 주님은 수술하신 게 아니다. 다만 치료하고 싸매어 주셨다. 선한 사마리아인은 강도에게 맞은 사람의 상처에 기름과 포도주를 붓고 싸매어 주었다. 우리가 할 일은 그 상처에 기름과 포도주를 붓고 싸매고 짐승에 태워서 주막으로 데리고 가서 돌봐주는 것이지 귀한 성도들을 때리는 것이 아니다. 오늘 우리는 사람들을 싸매주고 위로해줄 지언정 때릴 권위는 없다.

감각이 없는 사람, 깨어 있지 않는 사람, 주님의 오심에 대해서 감각이 없고 기다림이 없고 그에 대한 두려움도 없는 그러한 사람들과 있다 보면 마음이 편해진다. 육체가 아주 편해진다. 어떤 경각심도 없다. 그런 사람들과 계속 사귀면 나름대로 담대함이 생긴다. 그래서 함께 먹고 마시는 것이다.

매튜 헨리라는 사람이 이런 말을 했다. "피조물 중에 가장 사악한 것은 인간이다. 사악한 인간이 피조물 중에 가장 사악하다. 사악한 인간보다 더 사악한 것은 사악한 그리스도인이다. 그리고 가장 사악한 그리스도인은 사악한 사역자이다."

그 매튜헨리라는 주석가가 뭐라고 한 마디 덧붙였느냐면 “가장 좋은 것이 썩으면 가장 부패하고 나쁘고 악하다.” 그러니 그리스도인이 잘못되면 세상 사람만 못한 것이다. 사역자가 잘못되면 믿지 않는이들만 못하다. 그러나 좋다면 최상이다. 그러한 사람들에게 주님이 오셔서 상을 주신다. 지혜롭고 충성된 종, 때를 따라 양식을 잘 나눠주는 종에게 상을 주신다.

50절, 생각지 않은 날 알지 못하는 시간에 그 종의 주인이 이르러

주님이 오시는 것은 이러한 사람들이 생각지 않은 날이다. 생각지 않은 날 알지 못하는 시간에 그 종의 주인이 오신다는 말이다. 그래서 우리는 야고보서 4장에 있는 어떤 사람처럼 일 년 동안 내가 어디 가서 돈을 벌어 그 다음에는 어떻게 해야 겠다는 식으로 계획을 세워 천천히 일하면 안 된다. 우리 눈은 오늘, 오늘 저녁, 내일을 바라보며 주님을 섬겨야 한다. 주님의 오심을 예비한다는 것은 지금이라도 “주여, 어서 오시옵소서. 저는 정말 주님과 함께 있기를 원합니다.” 하고 말할 수 있는 것이다. 주님과 함께 있을 것을 준비해놓는 사람이 준비하는 사람이다. 형제들과 문제가 있고 서로 오해가 있고 억울한 게 있고 원망하는 게 있는데도 처리를 안 한다. “아직도 시간이 많으니까 일 년 후에 하지 뭐. 다음에 상황이 좋아질 때 처리하지.” 하면서 그냥 지낸다.

그리고 빚도 좀 빨리빨리 청산하면 좋을 텐데 갚지 않는다. 여러분은 여기저기 갚아야 할 빚이 있는데 주님이 휴거시킬 거라고 생각하는가? 그러면 빚쟁이들이 다 좇아와 빚을 받아야 하는데 어디로 갔느냐고 할 것이다. 그리고 주님을 원망할 것 아닌가? “주님, 나 그 사람한테 돈을 못 받잖아요?” 하고 말이다. 그러면 주님이 불의하신 분이 되지 않겠는가?

그리고서 언제라도 들림받을 수 있는 채비를 갖추고 있어야 한다. 말하자면 항상 유언을 하기 바란다. 매일매일 “나 없으면 간줄 알아.” 그러면 “저도 같이 가야지요.” 하기 바란다. 항상 준비하는 마음으로 주님께 들림받을 수 있는 채비를 갖추고 주님의 나라를 바라보면서 살아야 한다. 이것이 예비하는 사람이다. 학교에 입학을 하거나 회사에 들어가게되면 새로 등교하고 출근하려고 마음을 준비한다. 그곳에 다니기 위해서 내가 어떻게 해야 할 것인가 하고 말이다. 하물며 들림받기 위해서 항상 예비해야 되지 않겠는가? 그러고서 그날만 기다리는 것이다. 그러면서 섬겨야 한다. 그래야 우리의 섬김을 통해서 여러분도 그러한 상태에 이르게 될 것이다. 정말 거룩하고 흠과 티가 없고 칭찬받을 수 있도록 섬길 것이다.

51절, 엄히 때리고 외식하는 자의 받는 율에 처하리니 거기서 슬피 울며 이를 갊이 있으리라

이 엄히 때린다는 것은 악한 종을 때린다는 것이다. 잘했는데도 맞는 것이 아니다. 충성되고 지혜로운 종, 때를 따라 주인의 집 사람들에게 양식을 나누어준 종, 주님이 속히 오실 것을 예비하고 섬긴 종, 그들은 상을 받고 복을 받는다. 그러나 악한 종, 주인이 더디 올 거라고 생각하며 술친구들로 더불어 먹고 마시며 동무들을 때린 종들은 다 엄히 때리신다고 했다. 그런 사람들은 생각지 않은 날 알지 못하는 시간에 주인이 오신다.

그러나 우리는 빛의 아들이다. 데살로니가 전서 5장 4절, "형제들아 너희는 어두움에 있지 아니하매 그날이 도적같이 너희에게 임하지 못하리니". 우리가 만일 빛 가운데 있고 깨어 있으면 그날이 도적같이 우리에게 임하지 못한다. 요한 계시록 3장 3절, "그러므로 네가 어떻게 받았으며 어떻게 들었는지 생각하고 지키어 회개하라 만일 일깨지 아니하면 내가 도적같이 이르리니 어느 시에 네게 임할는지 네가 알지 못하리라". 이 말씀을 보니 아무에게나 도적같이 임하는 것이 아니라 사데 교회같이 죽어 있고 회개하지 않는 사람들, 일깨워지지 않은 사람들에게 주님이 도적같이 이르신다. 그런 자들에게 주님은 "내가 어느 시에 임할는지 네가 알지 못하리라"고 하신다.

마태복음 24장의 악한 종들은 그들이 생각지 않은 날 알지 못하는 시간에 종의 주인이 이르게 된다. 이것조차도 벌이고 저주이다. 우리가 만일 깨어 있고 착하고 충성된 종이라면 주님은 이렇게 알지 못하게 갑자기 오시는 방식으로 우리에게 오지 않으신다. 혼인집 주인이 오시는데 문을 열어 주려고 항상 기다리고 있다가 문을 두드리면 "아, 어서 들어오세요." 하면서 맞이하는 것이다. 그런데 이 악한 종은 정신없이 엉뚱한 일을 하고 있다가 오신다고 하니까 "이게 무슨 일이야?" 하면서 허둥지둥하는 것이다.

그럴 때 주인은 그 악한 종을 엄히 때린다. 이 엄히 때린다는 말은 영어로 '조각내 버린다, 쪼개어 버린다'는 뜻이다. 쪼개어 버리는 것은 하여간 괴로운 것임에 틀림없다. 아프고 괴롭고 곤란한 일이 일어나는 것임에 틀림없다.

"외식하는 자의 받는 율에 처하리니". 이 사람들은 어떤 율에 처하게 되느냐면 (이 율에 처한다는 말이 결국 조각으로 나눈다는 뜻이다) 외식하는 자들과 그 몫을 함께하게 된다. 외식하는 자들이 담당할 몫에 참여하게 된다. 그렇게 운명이 정해졌다는 뜻이다. 주님의 형벌, 징계, 지옥 불 중에서도 그 뜨거운 불, 강한 징계가 있는데 그것은 우리가 생각해 볼 수 있다. 성경에서 분명하게 말하고 있진 않지만 지옥도 지옥 나름이다. 가장 고통 받는 구역, 그곳에 누가 가는가? 외식하는 자들이다. 죄 중에서 주님이 가장 싫어하시는 것이 외식이다. "외식하는 서기관들과 바리새인아." 그 외식이란 경건의 모양은 있는데 경건의 능력은 없는 것이다. 겉으로는 이렇다 하는데 속으로는 아닌 것이다. 겉과 속이 다른 게 외식이다. 그러한 사람이 당하는 죄가 가장 크다는 것이다.

그런데 이 악한 종들은 그러한 사람들이 받을 형벌의 몫에 참여하게 된다고 말씀하신다. 그러니까 악한 종이 되지 말라고 우리에게 알려주시는 것이다. 주님이 다시 오실 때 악한 종으로 발견되지 말라는 것이다. 그러한 사람들과 함께 징계를 당하게 되기 때문이다.

그렇게 되자 거기서 "슬피 울며 이를 갊이 있으리라"고 했다. 왜 슬피 울며 이를 갈겠는가? "아, 나는 상을 받을 줄 알았는데 이게 웬일입니까? 나는 그게 내 은사인줄 알고 섬겼는데 이게 웬일입니까? 그를 때려서 정신차리게 해서 주님을 사랑하게 하려고 했는데 이게 웬일입니까?" 하는 마음을 갖고 있기 때문이다.

주님이 우리가 슬피 울며 이를 갈기 전에 이러한 말씀을 깨닫게 해주셔서 감사하다. 24장을 이렇게 마치겠다.

주님이 다시 오실 때는 노아의 때와 같다고 하셨다. 언제 오실지 모르는 것이다. 그래서 깨어 있고 예비하는 것이 필요하다. 항상 주님의 다시 오심을 기다려야 한다.

25장

마태복음 25장은 매우 귀중하고 중요한 말씀이다. 25장의 열 처녀의 비유를 과거에도 많이 들어보았을 것이고 또 많이 읽었으리라 생각한다. 25장 본문에 들어가기 전에 24장과 25장이 성경에서 점하고 있는 위치를 잠시 보겠다.

마태복음 24장과 25장은 주님이 감람산에서 하신 예언의 말씀으로, 제자들이 주님께 마지막 때 성전의 훼파됨과 주님의 다시 오심, 이 세상의 끝의 징조를 물었기 때문에 그 질문에 대해 주님이 답변하신 것으로 시작된다. 24장과 25장의 주님의 예언들은 주님의 다시 오심(파루시아), 이 세상 끝, 대환난 때의 징조들을 다루고 있다. 그러므로 이 말씀은 주님이 십자가에 죽으시기 직전에 주신 것이다. 불과 이삼 일 후면 주님은 십자가에 못박히시게 된다. 십자가에 못박히시기 바로 전에 주님은 매우 소중한 말씀을 주셨다. 주님을 만날 때 주의해야 할 것들과 또 어떻게 만날 것인가 하는 것들에 대한 주의와 경고들이다. 요한복음 14장에서도 그분이 제자들을 떠나시기 전에 마지막으로 주신 말씀을 볼 수 있다. 주님은 요한복음 14장에서 제자들의 발을 씻으시고 14장부터 17장까지 떠나시기 바로 전에 말씀을 주셨다.

이를 통해 우리는 복음서에서 예수님이 떠나기 전에 하신 말씀의 분량이 매우 많다는 것을 알 수 있다. 마태복음 22~25장의 말씀들은 다 주님이 떠나시기 며칠 전에 주신 것이다. 그분의 어떠하심과 목적을 남김없이 내보이셨다. 매우 중요하고, 반드시 알아야 할 부분이다. 마태복음 25장은 그 마지막 장으로서 주님의 마지막 경고의 말씀과 같다.

사실 요한복음 14장부터 16장까지는 주로 위로의 말씀이다. 주님은 제자들을 이 땅에 놓고 떠나시기 전에 그분은 떠나시지만 보혜사 성령을 보내어 돌보시겠다는 공급과 위로와 격려의 말씀을 주신다. 그런데 마태복음에서는 떠나시기 전에 제자들이 어떻게 기다려야 하고 마지막 때 주님을 어떻게 알아야 하고 어떻게 깨어 있어야 하는가 등 여러 가지 경고의 말씀을 주고 계신다. 요한복음은 위로와 공급을 위주로 기록하였고 마태복음은 이르러야 할 표준과 그 경계와 경고를 주고 있다.

1절, 그때에 천국은 마치 등을 들고 신랑을 맞으러 나간 열 처녀와 같다 하리니

여기에서 '그때'는 24장에 이어서 파루시아 때, 마지막 때, 휴거의 때를 가리킨다. 그러므로 우리는 25장의 말씀이 파루시아, 즉 주님의 다시 오심의 문제와 들림 받는 문제에 연결되어 있다는 것을 알 수 있다. 미리 좀 이야기하면 24장에는 들림 받는 사람들이 나온다. 두 남자 중 한 남자가 들림을 받았고 두 여자 중에 한 여자가 들림을 받았다. 이 두 사람은 틀림없이 다 믿는이들이다. 두 남자, 두 여자이다. 그들 중에 어떤 사람은 데려감을 당하고 어떤 사람은 버려둠을 당했다. 이 땅 위에 있는 믿는이들이 다 환난 전에 들림 받는 것은 아니다. 어떤 사람들은 들림 받고 어떤 사람들은 이 땅에 버려둠을 당한다. 그런데 24장에서는 다만 두 남자가 밭에 있다가 하나는 데려감을 당하고 하나는 버려둠을 당한다고 말했고 두 여자가 매를 갈고 있다가 한 여자는 데려감을 당하고 하나는 버려둠을 당한다고 했다. 왜 데려감을 당했는지 왜 버려둠을 당했는지 그 이유는 기록하고 있지 않다. 어떤 사람이 휴거되는지는 기록되지 않았다.

이제 우리가 25장을 읽을 때 이것은 휴거를 말하고 있는 것이 아니다. 죽은 자들이 다시 부활하는 것을 말한다. 그렇다 하더라도 어떤 자들이 휴거되는가, 어떤 자들이 다시 부활해서 혼인잔치에 들어가는가를 우리에게 보여 준다.

나는 25장에 들어가기 전에 24장에서 들림 받는 사람들이 이 땅에서 열심히 일하고 있다가 들림 받았다는 것을 주목하시라고 말씀드리겠다. 여러분은 그저 영적인 활동을 하다가, 산에서 하얀 옷을 입고 기다리고 있다가 들림 받을 거라고 생각할지 모르지만, 그렇지 않고 밭에서 일을 하다가 또는 여인들은 매를 갈고 있다가 들림 받았다. 그래서 우리가 착각하지 말아야 할 것이 있다. 이 땅에서 믿는이들은 자신의 생활과 자신의 해야 할 일들을 소홀히 여기고 함부로 행하면서 그저 주님을 기다린다고 하면 안 된다. 왜냐하면 여기에 자기 할 일을 하지 아니하고 태만하고 그러고서 영적인 활동만 한다고 하다가 들림 받았다고 기록되어 있지 않다.

우리 모두가 우리 자신의 생활에서 성실하고 충성되게 맡은 바 일을 잘 하면서 그런 가운데 우리의 믿음을 지키고 주님과 연합된 생활을 해야 한다. 그런 사람 중에서 들림 받는다고 기록되어 있다. 그것은 우리의 일상생활, 우리의 모든 일 가운데서 성실하게 사는 것과 관계된다. 그런 자들 가운데서 어떤 자들은 버려둠을 당하고 어떤 자들은 들림 받았다.

"그 때에 천국은 마치 등을 들고 신랑을 맞으러 나간 열 처녀와 같다 하리니".

천국이라는 말은 '교회'라는 말과 반드시 동의어는 아니다. 거기에는 같은 성분도 있고 다른 성분도 있다. 여기서 천국은 마치 등을 들고 신랑을 맞으러 나간 열 처녀와 같다고 했는데, 여기에 등이 나오고 신랑이 나오고 열 처녀가 있다. 신랑은 물론 예수 그리스도이시다. 성경에서 계시하는바 우주 가운데 유일한 신랑은 바로 주 예수 그리스도이시다. 그분이 우리의 신랑이시다. 그리고 처녀들은 믿는이들을 가리킨다. 다섯 명은 미련하고 다섯 명은 슬기로운데 슬기롭든 미련하든 다 처녀들이다. 어떤 사람들은 미련한 다섯 처녀는 구원받지 못한 사람이고 슬기로운 다섯 처녀는 구원받은 사람이라고 분류한다. 그러나 그것은 정확하지 않은 해석이다. 여기의 열 처녀는 모두 처녀로서 다 등을 들고 신랑을 맞으러 나갔다. 믿지 않는 사람들은 예수 그리스도를 신랑으로 여기지 않는다. 그리고 그분을 기다리지도 않고 등을 들고 주님을 맞으러 나가지도 않는다. 그러기 때문에 여기의 처녀들은 다 믿는이들이다. 믿는이들이라는 증거는 더 있다.

우리는 여기서 잠시 성경에서 말하는 숫자의 의미를 보겠다. 십(10)이라는 숫자가 있고 또 열둘(12)이라는 숫자가 있다. 열두 제자, 열두 지파, 새 예루살렘의 열두 기초석, 열두 문 등 여러 가지 열둘이 있다. 이 열둘이라는 숫자는 완전함을 의미하는 숫자이다. 어떤 것의 완전함을 나타낼 때 열둘이라는 숫자를 쓴다. 또 일곱(7)이라는 숫자가 있다. 3과 4가 더해질 때 일곱(7)이 되고 이 두 숫자를 곱할 때 열둘(12)이 된다. 3 이라는 숫자는 아버지 하나님, 아들 하나님, 성령을 나타내는 하나님의 숫자이다. 4 라는 숫자는 피조물의 숫자이다. 하나님과 사람이 합해질 때 일곱이고 곱해질 때 열둘이다. 더해진 것은 뺄 수가 있다. 그러나 곱해진 것은 뺄 수가 없다. 그러니까 이 시대에 완전한 것은 일곱이고 영원 안에 들어갈 때 완전한 것은 열둘이다. 더 이상 뺄 수 없는 완전함이 12이다. 영원 안에서 하나님의 역사는 그렇게 완전하다.

그런데 24장에는 두 명의 들림 받는 사람이 있고 25장에는 열 명의 처녀들이 있다. 그 들림 받은 두 사람은 휴거된 사람들을 의미한다. 두 사람은 휴거되었다. 밭에 있던 한 남자가 들림 받았고 매를 갈고 있던 한 여자가 들림 받았다. 그리고 25장의 열 처녀는 다 졸며 잤다고 했는데 졸며 잤다는 것은 죽었다는 것을 의미한다. 어떤 사람들은 이것을 영적으로 해석하여 마취되어서 졸고 깨어 있지 않은 상태를 의미한다고 하지만 그것은 정확한 해석이 아니다. 정확한 해석은 이 열 처녀는 그리스도인인데 죽었다는 것이다. 이 땅에서 살아서 주님을 만나지 못하고 죽은 그리스도인을 나타낸다. 휴거된 두 사람, 휴거되지 못하고 죽은 열 처녀, 이 둘의 숫자를 더할 때 열둘이다.

여기서 우리가 볼 수 있는 것은 하나님의 자녀들 대다수가 이 땅에서 주님을 기다리다가 죽고 얼마의 사람들만 들림 받게 된다는 것이다. 들림 받는 사람들은 소수이다. 대다수의 사람들은 이 땅에서 주님을 기다리다가 죽는다. 이처럼 10이라는 숫자는 12중에서 대다수를 의미한다. 그리고 2는 12중에서 소수를 의미한다.

구약에서 야곱의 열두 아들들을 열 명과 두 명으로 구분할 때가 있다. 요셉과 베냐민 그리고 나머지 열 형제들로 구분하는 것이다. 또 열두 정탐꾼 중에서 갈렙과 여호수아 두 사람 외에 나머지 열 사람은 다 거역한 사람들이다. 이렇게 열(10)은 열 둘에서 대다수를 의미한다. 둘(2)은 그 가운데 소수이다.

그 다음 신약에서도 열두 제자들 중 야고보 요한이 자신들을 왕국에서 주님의 우편과 좌편에 앉게 해 달라고 할 때 나머지 제자들은 분히 여겼다고 했다. 열 명은 대다수이고 두 명은 소수이다. 대다수의 믿는이를 나타내는 열 처녀는 주님을 기다리다가 뵙지 못하고 잠들었다.

성경에서 잠든 것이 죽은 것을 의미하는 것은 데살로니가 전서에도 있고 고린도 전서에도 있다. 여기의 열 처녀 중 다섯은 슬기롭고 다섯은 미련했는데, 그들은 어쨌든 모두 졸다가 잤다. 졸았다는 것은 심각한 질병을 의미할 수도 있다. 그래서 졸다가 자게 되는 것이다. 이처럼 대다수의 믿는이들은 주님을 만나지 못하고 죽게 된다.

그런데 죽은 믿는이들 가운데서도 어떤 이들은 혼인 잔치에 들어가고 어떤 이들은 못 들어가는 것을 볼 수 있다. 1절을 다시 한 번 보겠다. "천국은 마치 등을 들고 신랑을 맞으러 나간 열 처녀와 같다 하리니". 등이란 빛을 내는 것인데 등을 들고 신랑을 맞으러 나가는 것이다. 오늘날 그리스도인들은 반드시 어떠한 특징을 지녀야 하는데 그것은 너나 할 것 없이 다 신랑 되신 예수님을 맞이하기 위해 등을 들고 나가는 것이다. 성경에서 볼 때 등은 믿는이들의 표현, 행위를 나타낸다. 우리는 마태복음 5장에서도 "사람이 등불을 켜서 말 아래 두지 아니하고 등경 위에 두나니"라는 말씀을 본다. 여기서 등불이란 그들이 그리스도를 삶으로 나타낸 표현이다.

그런데 이 등불을 들고 있는 데에는 목표가 있다. 다만 사람들에게 보이기 위한 것이 아니라 궁극적으로 신랑을 맞이하기 위한 것이다. 우리는 다만 사람들에게 우리를 증거하고 간증하기 위한 것만이 아니라, 일하기 위한 것만이 아니라, 신랑이신 주님을 만나려고 예비하는 의미에서 등을 들고 있다는 것을 기억해야 한다. 그래서 우리는 주님의 다시 오심을 기다리는 것을 행동으로 나타내는 방식으로 생활해야 한다. 사람들은 우리가 이런저런 일에서 어떻게 행동하는가를 본다.

사람들이 우리를 볼 때 우리의 행동 가운데서 "신랑이신 주님을 기다리기 때문에 저렇게 행하는구나." 하는 표현을 가지고 있어야 하는데, 그것이 여기서 말하는 등을 들고 신랑을 맞으러 나가는 처녀와 같은 삶이다.

2절, 그 중에 다섯은 미련하고 다섯은 슬기 있는지라

여기에서 그 중에 다섯은 미련하고 다섯은 슬기롭다고 했다. 다섯씩 나뉜 것에 대해 어떤 사람들은 그리스도인들의 절반은 슬기롭고 절반은 미련할 것이라고 하지만 그렇게 생각할 수 없다. 왜냐하면 오늘날의 상황을 바라볼 때 슬기로운 사람이 너무나 적기 때문이다. 미련한 사람, 어리석은 사람이 너무 많다. 그래서 다섯씩 나뉜 것을 절반을 뜻하는 것으로 해석할 수는 없는 것 같다. 그것은 어쩌면 우리 주님의 소망일지도 모른다. 적어도 절반은 되어야 하지 않겠나 하는 것이다.

사실 예표론에서 다섯(5)은 책임을 의미하는 숫자이다. 슬기롭든 미련하든 그 책임이 우리에게 있다는 것이다. 우리가 어떻게 하느냐에 따라서 지혜로울 수도 있고 미련할 수도 있다. 우리는 주님의 말씀을 듣고 그 말씀대로 행함으로 지혜로운 사람이 될 수도 있고 그 말씀을 소홀히함으로 미련한 사람이 될 수도 있다. 우리는 마태복음 7장에서 지혜로운 자가 집을 짓는 경우와 미련한 자가 집을 짓는 경우를 보았다. 말씀을 듣고 행하는 자가 지혜로운 자라고 했다. 그러한 자는 주초를 반석 위에 둔 자라고 했다. 어리석은 자는 주초를 모래 위에 두었다.

반석은 주님의 말씀을 의미하고 모래는 사람의 의견, 여론, 인간의 관념들, 관점들을 의미한다. 그러한 것에 믿음을 두고 건축할 때 바람이 불고 창수가 나면 다 허물어진다. 그러나 지혜로운 사람들은 주님이 하신 말씀 위에 자기의 믿음을 세운다. 주님의 말씀은 천지가 다 무너져도 그 일점일획도 없어지지 않기 때문에 그 믿음이 보전된다. 그러한 믿음이 반석 위에 세워진 믿음이다. 그렇기 때문에 지혜로운 사람이 될 것인가 어리석은 사람이 될 것인가는 그 책임이 자신에게 있다.

3-4절, 미련한 자들은 그릇에 등을 가지되 기름을 가지지 아니하고 슬기 있는 자들은 그릇에 기름을 담아 등과 함께 가져갔더니

여기서 슬기 있는 자와 미련한 자의 차이점을 말하고 있다. 미련한 자들은 등은 갖고 있지만 기름을 갖고 있지 않았다. 우리는 기름이 성령이라는 것을 알고 있다. 믿는이들은 성령을 가지고 있다. 주님을 믿을 때 성령을 받았다. 약속의 성령으로 인치심을 받은 것이다(엡 1:13). 성령이 없는 믿는이는 하나도 없다. 여기서 기름이 등에 있다는 것은 성령의 인침을 받은 것을 말한다. 미련한 자도 등 안에는 기름이 있었다. 이는 사람의 영을 가리킨다. 잠언 20장 27절은 사람의 영은 여호와의 등불이라고 한다. 처음 하나님의 영으로 거듭나는 것은 사람의 영에서 발생한다(요 3:6). 그러나 성령이 충만한 생활을 하는 것은 결국 혼의 문제이다. 사람의 혼은 그릇과 같다. 거듭난 사람의 영에 성령은 연합하였지만 생각, 감정, 의지의 각 부분(혼)은 어떠한가? 이는 이 말씀에서 말하는 그릇이다. 주님은 바울을 그릇이라고 표현하셨다(행 9:15). 사람은 하나님을 담는 그릇인 것이다. 어디에 담는가? 영으로부터 혼으로 퍼져나가는 것이다. 사람의 인격을 말할 때 사람의 전인격은 그릇으로서 혼인 것이다. 사람 자체를 혼이라고 말하므로 우리가 영혼을 구원하는 일을 'save a soul or winning a soul'이라고 한다. 그러므로 출애굽기 1장은 요셉과 함께 애굽에 이른 야곱의 혈속이 70혼들(seventy souls-다비 역 참조)이라고 말한다.

여기서 슬기 있는 자들은 그릇에 기름을 담아 등과 함께 가져갔다. 모두 다 등에는 기본의 기름이 있을 것이다. 그런데 슬기 있는 자들과 미련한 자들의 다른 점은 무엇인가? 미련한 자들은 그릇에 기름이 없다는 것이다. 그들의 전인격에 성령이 충만하게 채워지지 못한 것이다. 이것이 그릇에 기름이 없다는 말이다. 그릇에 여분의 기름이 없는 자들이 미련한 자들이다. 슬기 있는 자들은 여분의 기름을 준비한 자들이며 그들에게는 등에도 기름이 있고 그릇에도 있다. 충분한 기름이 있는 것이다. 어리석은 자들은 등에는 기름이 기본으로 좀 있는데 여분의 기름이 그릇에 없는 것이다.

그래서 많은 성경학자들이 미련한 그리스도인이란 외식하는 그리스도인을 가리킨다고 말한다. 외식하는 그리스도인이란 등의 기름은 약간 가지되 여분의 기름이 없는 사람들이다. 이것은 무엇을 의미하는가? 이것은 충분한 양식이 없어서 근근히 생활하는 사람과 같다. 어떤 사람은 하루 조금 기도가 부족하고 말씀의 공급이 부족해도 충분한 여분의 성령이 있다. 그러므로 언제나 빛을 낼 수 있다. 그러나 어떤 사람은 하루하루 근근히 먹고 사는 사람이 있는 것이다. 그들은 여분의 식량이 없는 것이다. 이들은 깨어 예비하지 않은 것이다. 닥친 상황들만 근근히 때우는 신앙생활을 한 것이다. 이들은 정작 졸다가 깨었을 때는 불이 꺼져가는 것이다. 이러한 사람들이 주님이 오실 때 거절된다는 말이다. 이는 경계가 아닐 수 없다.

5절, 신랑이 더디 오므로 다 졸며 잘새

문제는 신랑이 더디 오는 것이다. 그래서 다 졸며 잤다. 그런데 지혜로운 사람들은 주님이 더디 오실 것도 아는 사람들이다. 주님이 더디 오시면 나에게 기름이 더 필요할 거라는 생각을 하는 사람들이 지혜로운 사람들이다. 우리는 24장에서 악한 종이 주인이 더디 오리라 생각하여 동무들을 때리고 술친구들로 더불어 먹고 마시는 것을 보았다. 그러면 어떤 종이 충성된 종인가? 주님이 언제 오실지 모르기 때문에 항상 예비하면서 그 집 사람들에게 때를 따라 양식을 나눠주는 사람이다. 그러므로 우리 믿는이들은 주님이 언제 오실지 모른다는 마음으로 항상 깨어서 기다려야 한다. 오시려면 아직 멀었을 거라고 생각하고 아무렇게나 생활하는 사람은 악한 종이다. 그런 사람들은 큰 해를 당하게 된다.

25장에서 다시 한 번 우리에게 알려주는 것은 지혜로운 사람은 주님이 더디 오실 수도 있다는 것을 아는 사람이라는 것이다. 그래서 기름을 예비하는 것이다. 이것이 슬기 있는 처녀들이다. '우리 생전에 안 오실 수도 있고 어쩌면 삼사십 년 뒤에 오실 수도 있다. 그러면 나는 어떻게 해야 하는가? 마땅히 기름을 예비해야 하지 않겠는가?' 하는 사람들이다.

6절, 밤중에 소리가 나되 보라 신랑이로다 맞으러 나오라 하매

소리가 났다는 것은 물론 주님의 재림 나팔소리가 울린 것이다. 데살로니가 전서 4장을 보겠다. "주께서 호령과 천사장의 소리와 하나님의 나팔로 친히 하늘로 좇아 강림하시리니 그리스도 안에서 죽은 자들이 먼저 일어나고"(16절). 여기서 죽은 자들이 먼저 일어나는 장면이 있다. 천사장의 소리와 하나님의 나팔 소리가 있을 때 죽은 자들이 일어난다.

또 고린도 전서 15장 52절에서는 "나팔소리가 나매 죽은 자들이 썩지 아니할 것으로 다시 살고 우리도 변화하리라"고 말한다. 다시 마태복음 25장으로 돌아오겠다. 6절, "밤중에 소리가 나되 보라 신랑이로다 맞으러 나오라 하매". 이제 주님의 재림, 파루시아(임재)가 시작되었다. 그래서 모든 처녀들은 다 일어나서 주님을 맞이해야 한다.

7절, 이에 그 처녀들이 다 일어나 등을 준비할새

죽은 믿는이들이 부활 안에서 다 일어나게 된다. '다 일어나 등을 준비할새'. 여기서 슬기로운 사람도 부활하고 미련한 사람도 부활한다. 그들은 믿는이들이기 때문에 다 부활하게 된다. 그러나 믿지 않는 자들은 이때 부활하지 않는다. 믿지 않는 자들은 주님이 다시 오실 때 부활하지 않고 그로부터 천 년이 지난 후에 백보좌 심판 때에 다시 일어난다. 그래서 그때 심판을 받고 불못에 들어간다. 이것이 생명의 부활과 심판의 부활의 차이이다(요 5:29). 그러므로 여기의 처녀들은 다 믿는이들이다. 주님이 강림하실 때 이들은 다 일어났다. 슬기로운 자, 미련한 자 다함께 일어났다.

'등을 준비할새'. 여기서 등을 준비한다는 것은 등을 손질한다(trim)는 말이다. 이제 주님을 만날 수 있도록 그을음을 제하고 심지를 조절해서 빛이 최대한으로 발하도록 하는 것이다. 이렇게 등을 준비하는 작업이 필요하다. 우리가 여기서 알아야 할 것이 있다. 믿는이들이 죽었다가 부활할 때에 준비할 시간이 필요하다는 것이다. 그런데 부활했을 때의 그 상황은 죽기 전의 상황과 똑같다. 어떤 상태로 죽었으면 부활하고 나서도 그 영적인 상태가 똑같은 것이다. 여기 미련한 자들은 생전에 기름을 많이 준비하지 못했는데 죽었다가 살아나 보니까 그 상태 그대로이다. 잠들어 있을 동안에 누가 기름을 부어주거나 하는 일이 없다. 그대로이다. 기름을 많이 예비한 슬기로운 처녀들도 기름을 많이 예비한 상태 그대로 부활한다.

그래서 우리가 오늘 성령으로 충만 되어야 하는 것은 이 시대에 일을 하기 위해서만이 아니다. 그렇게 생각하고 일하는 사람들이 외식하는 사람들이다. 우리가 이 시대에 성령으로, 기름으로 충만케 되는 것은 이 시대에 주님을 섬기기 위해서, 주님의 일을 하기 위해서, 능력 있는 일을 하기 위해서만이 아니고 신랑을 맞이하기 위해 등불을 밝히는 데에 기름이 필요하기 때문이다. 여러분은 이것을 생각해 보았는가?

오늘날 우리가 죄 짓지 않고 영적인 생활을 하며 거룩한 삶을 살며 주님을 섬기기 위해서만 성령의 충만이 필요한 것이 아니다. 우리에게 여분의 기름, 여분의 성령이 필요한 것은 혼인 잔치에 참여하기 위해서이다. 주님을 만나려니까 우리에게 등불을 밝힐 기름이 필요하고 그래서 우리는 오늘 이 기름을 준비해야 한다.

이 처녀들은 일어났을 때 등불을 손질하는데 유감스럽게도 죽기 전하고 똑같은 상태이다. 제가 전에 병으로 죽음이 임박한 한 형제를 심방했는데 그 형제는 암으로 고생하면서 생사를 넘나드는 체험을 한 적이 있다고 했다. 그는 짧은 그 순간에 자기 일생이 다 생각나더라고 했다. 그런데 그러한 일은 그 형제에게서만들을 수 있는 게 아니다. 죽기 전 불과 몇 분 사이에 온 일생을 다 생각하게 된다는 것이다. 그렇기 때문에 죽었다가 다시 살아나서도 같은 상황이 발생할 수 있다. 그렇게 많은 시간 들이지 않아도 자신이 어떠한 상태인가, 어떠한 상태로 주님을 맞을 수 있는가를 금방 알 수 있는 것이다. 어쨌든 여기서 이 처녀들은 일어나 등을 준비하고 있다.

8-9절, 미련한 자들이 슬기 있는 자들에게 이르되 우리 등불이 꺼져 가니 너희 기름을 좀 나눠달라 하거늘 슬기 있는 자들이 대답하여 가로되 우리와 너희의 쓰기에 다 부족할까 하노니 차라리 파는 자들에게 가서 너희 쓸 것을 사라 하니

아마 미련한 자들은 이 땅에 함께 있을 때에는 자신들과 슬기로운 자들의 차이를 별로 발견하지 못한 것 같다. 슬기 있는 자들은 주님을 맞이하기 위해서 기름을 예비하기 때문에 이 땅에서 이일저일 할 때에는 서로 비슷하게 보여서 차이가 많이 나지 않았을 것이다. 그런데 미련한 자들은 막상 주님을 만나려고 등을 밝히려니까 그것을 위해서는 예비를 하지 않은 것이다. 일하기 위해서는 성령 충만을 갈구했는데 주님을 만날 때 기름이 필요하다는 것은 생각지 못했다. 그런데 이제 주님을 만나려니까 기름이 필요하다는 것을 깨달은 것이다. 그래서 옆을 쳐다보니 슬기로운 사람들은 기름을 준비해서 등불을 환하게 비추고 있는 것이다. 그때서야 정신이 났다. 슬기 있는 자들에게 "그 기름 좀 나에게 나눠달라"고 부탁하니 슬기 있는 자들이 대답하기를 "우리와 너희가 쓰기에 다 부족할까 하노니 차라리 파는 자들에게 가서 너희 쓸 것을 사라"고 말했다.

우리 믿는이들이 어떤 것이든지 다른 사람을 위해 해줄 수 있는 게 아니다. 주님을 만나기 위해서 여분의 기름을 준비하는 것은 각자 자신이 해야 한다. 우리는 오늘 이 땅에서 많은 성도들과 함께 주님을 만날 준비를 하며 살고 있다. 그런데 어떤 사람들은 주님을 만날 날을 위해 기름이 필요하다는 것을 별로 생각지 않는 듯하다. 이 시대에 일하는 것만도 너무 바쁘다는 것이다. 외적인 활동이나 행사에 너무 바쁘기 때문에 주님 만나는 것에 대한 관념이 별로 없다. 오늘날 그리스도인들이 조직화될 때의 가장 큰 위험은 사람들이 주님을 기다리고 주님 만날 때를 예비해서 기름 예비하는 것에 마음을 쓸 시간이 없이 조직의 활동이 너무 많고 바쁘다는 것이다. 어디에서 무엇을 해야 하고 또 누구를 만나야 하고 하면서 바삐 움직이다 보면 여분의 기름을 예비할 겨를이 없다.

그래서 그들은 등만 준비하고 그릇에 여분의 기름을 담는 것을 주의하지 못하는 것이다. 그러나 여러분이 조직화되어 있지 않다면 나는 여러분이 복되다고 할 것이다. 조직화된 그리스도인들이 아니라면 주님을 기다리기 위해서 항상 마음을 준비하고 주님과의 관계를 주의하는 삶을 살 것이다. 만일 여러분이 조직화되었다면 많은 계획표와 활동 때문에 정신이 하나도 없을 것이다. 그리고 그것을 하나하나 해나가다 보면 "나는 할 일 다 했다."는 생각이 들 것이다.

그러면 여러분 자신이 조직화된 사람인지 아니면 주님 앞에 서 있는 그리스도인으로서 등을 들고 신랑을 맞으러 나가는 처녀와 같은 사람인지 여러분 스스로가 점검할 수 있다. 어떻게 살면 미련한 그리스도인이 되고 어떻게 살면 슬기 있는 그리스도인이 될 것인지도 알 수 있다. 여분의 기름을 준비하는 방식으로 살면 혼인 잔치에 들어갈 것이고 여분의 기름을 생각지도 않고 살면 혼인 잔치에 들어가지 못할 것이다.

그래서 어떤 경우에는 믿는이들이 다른 믿는이들을 도와줄 수가 없다. 우리는 미련한 그리스도인과 하나 되기 위해서 우리도 미련하게 되면 안 된다. 그러면 그 사람도 망하고 나도 망한다. 슬기 있는 자들과 하나 되는 것은 좋다. 결코 우리는 형제를 사랑하니까 같이 미련하게 되어서 같이 망하자고 하지 말라. 주님은 그것을 기뻐하시지 않는다.

주님은 나 자신이라도 기름을 예비해서 슬기 있는 자가 되는 것을 기뻐하신다. 그렇지 않다면 주님이 슬기 있는 자와 미련한 자를 비교해주시면서 슬기로운 사람이 되라고 하실 필요가 없을 것이다. "슬기 있든 미련하든 아무 상관없다. 그냥 하나만 되거라. 혼인 잔치에 들어가든 못 들어가든 아무 상관없다. 그냥 하나만 되거라." 하고 말씀하지 않으신다. 마태복음 25장에서 주님이 이렇게 슬기로운 자와 미련한 자의 비유를 말씀해 주시면서 미련한 자가 되지 말고 슬기 있는 자가 되어서 여분의 기름을 준비하고 그래서 주님을 만날 때 수치당하는 일이 없도록 하라고 하셨기 때문에 우리는 어쨌든 스스로 기름을 채우는 데 힘써야 한다.

"우리와 너희의 쓰기에 다 부족할까 하노라". 주님은 다 부족한 사람이 되는 것을 기뻐하시지 않는다. 슬기 있는 자들은 기름을 채웠다. 주님을 만나기 위한 기름이 있다. 그래서 그들은 주님의 혼인잔치에 들어가야 한다. 물론 미련한 자들에 대해 슬기로운 자들은 안타까워하고 동정하는 마음이 있어야 하겠지만 그렇다고 해서 그들을 위해서 그들이 준비하지 않은 성령을 그냥 줄 수는 없다. 기름을 채우고 준비하는 것은 자신이 해야 한다. 자신이 기름을 사야 한다. 거기에는 대가를 지불하는 것이 필요하다. 여기에서 슬기 있는 자들이 미련한 자들에게 차라리 파는 자들에게 가서 사라고 했다. 그 말은 지혜로운 사람들도 이 땅에 있을 때 샀다는 것이다. 이 처녀들이 기름을 샀다는 것은 생활 가운데서 스스로 대가를 지불해서 성령의 충만을 받았다는 것을 의미한다.

이것은 구원받는 것이 아니다. 구원받아서 슬기로운 처녀가 된 것이 아니다. 구원받을 때 성령을 얻는 것에는 대가가 없다. 그것은 믿음으로 거저 주시는 것이다. 그러나 그 후에 그릇에 여분의 기름을 채우는 것은 믿는이들이 사는 것이다. 대가를 지불해야 하는 것이다. 그런데 대가를 지불하는 것은 사람마다 다르다. 한 가지 한 가지 실제로 지불해야 한다. 라오디게아 교회에게 주님이 하신 말씀이 있다. 연단된 금을 사라, 안약을 사라, 흰옷을 사서 입으라고 하셨다. 그들은 다만 교리와 지식만 갖고 있다. 그리고 자신들이 부유하다고 생각하고 있다. 그런 사람들에게 주님은 "너희는 사야 한다. 연단된 금을 사야 한다."고 하셨다.

오늘 우리가 성령 충만을 얻는 비결은 반드시 대가를 지불하는 것이다. 은밀하게 세상을 사랑하는 게 있다고 하자. 자신이 놓지 못하는 어떤 세상을 사랑하는 것이 있다고 하자. 그것을 처리해야 한다. 처리할 때 성령을 얻게 된다. 처리하지 않으면 그 사람 그대로이다. 자신이 안다. "내가 놓지 못하는 것이 있어." 하는 특정한 것이 있다. 그것을 놓지 않고 처리하지 않는 것이다. 그래서 십자가가 있는 곳에 성령 충만이 있는 것이다. 십자가로 끊을 때, 십자가에서 죽을 때, 십자가로 처리할 때 성령이 있게 된다. 그러니까 우리 자신이 십자가로 우리 자신을 계속 처리해 나갈 때 주의 성령으로 충만 된다는 말이다.

24장의 두 명이 들림 받은 것은 다른 데 비결이 있는 것이 아니고 성령으로 충만한 데 있다. 성령으로 충만하려면 이 시대에 우리 자신을 처리해야 한다. 처리해 나가지 않으면 충만될 수 없다. 그런데 오늘날 문제는 두 가지이다. 첫째는 성령 충만의 필요성을 모른다는 것이다. 왜 성령으로 충만해야 하는지를 모른다는 것이다. 이것이 큰 문제이다. 내가 유럽에 가보는데 유럽의 형제들은 대개 감성적인 성령, 외적인 성령의 충만을 말한다. 영어로는 'emotional spirit'이라고 한다. 그저 집회 때 찬양하며 기도하며 감동하는 것 말이다. 그것만을 추구한다. 나는 그것을 비평하거나 정죄할 마음은 없지만 부족하다고 말하고 싶다. 그것은 대가를 지불하지 않아도 뒤에 와서 열광하면 좀 얻을 수 있다. 그러나 집회 끝나고 집에 가면 없다. 아무 것도 남은 것이 없는 것을 발견한다. 나는 그러한 것을 많이 보았다.

참된 성령 충만은 십자가의 처리 후에 온다는 것을 알아야 한다. 죽음이 우리 가운데 있을 때 우리 모든 몸의 행실들을 처리 하고 죽은 몸의 행실들을 처리하고 우리 자신에게 속한 것들을 처리하고 우리 인간적인 것들을 처리하고 하나님께 속하지 않은 것들을 처리하고… 그렇게 실제로 처리해야 한다. 그럴 때 주의 성령으로 충만하게 된다. 그래서 성령 충만의 필요성을 모르거나 필요성을 알아도 그 가치가 얼마나 되는지를 모르기 때문에 대가 지불을 두려워하는 것이다. 성령 충만을 위해서 대가 지불하기를 두려워한다는 말이다.

그래서 어떤 사람들은 일 년이 지나고 이 년이 지나고 오 년이 지나도 똑같다. 왜 그런가? 자신들에게서 떨어져 나갈 것들을 제하지 않았기 때문이다. 여전히 갖고 있다. 과거에 사랑하던 것들 그대로 사랑하고 있고 끈적끈적하게 붙어 있는 것들 여전히 붙어 있다. 그것이 십자가로 처리되면 성령으로 충만케 될 텐데 그렇게 하지 않는다. 자신에게 속한 것을 처리하기 위해서 주님 앞에서 씨름하고 간구하고 기도하고 그리고 자신을 제해야 할 텐데 그렇게 하지 않는다. 오히려 자신을 더 붙잡고 혹시 누가 빼앗아가지 않나 하고 더 단단히 붙잡으려고 한다는 말이다. 주님이 그것을 만지시려고 하면 아주 싫어하고 또 형제 자매들이 권면해주려고 하면 아주 몸을 사린다. 그래 가지고 어떻게 여분의 성령을 준비하겠는가? 어떻게 주님 만날 준비를 하겠는가?

여기 슬기로운 처녀들이 한 일이 무엇인가? 그들은 부지런히 성령을 채웠다. 어떻게 해서? 기회가 있을 때 마다 자기를 처리한다. 자기를 쳐서 복종시킨다. 자기에게 있는 주님과 맞지 않은 부분들을 하나하나 다 처리한다. 그래서 그들은 그릇에 기름을 담을 수 있었다. 그런데 어리석은 사람들은 주의 일을 하는 데 지장이 없고 그렇게까지 하지 않아도 되니까 자신을 성실하게 처리하지 않았다. 그렇기 때문에 슬기로운 사람이 누구인가? 주님 만날 것을 목표로 삼고 길을 가는 사람들이다. 손에 등불을 들고 신랑을 맞으러 나가는 사람이 슬기로운 사람이다. 그저 이 땅에서 일이나 하고 주님이 오실 것과 보이지 않는 세계에 대해서는 생각지도 않는다. 미련한 사람들이다. 그러니까 그들은 이 땅에서 자신이 어떤지를 좀 안다. 기름을 사지 않았다. 그런데 부활했을 때 자기에게 여분의 기름이 없고 부지런히 이 땅에서 기름을 사둔 사람들은 여분의 기름이 있으니까 그 슬기로운 자들에게 "얘, 그것 좀 다오." 하는 것이다. 그러자 슬기로운 자들이 "이것을 주면 너도 부족하고 나도 부족해. 너도 기름을 파는 자들에게 가서 사라."고 말한다. 그것은 대환난 때가 아닌가? 그때에 이땅에 기름 파는 자들이 있을 것이라는 말이다.

계시록 11장에 두 증인이 있다. 스가랴 4장에는 두 감람나무가 있다. 그들이 누구인가에 대해서는 성경학자마다 논란이 많다. 어떤 이들은 모세와 엘리야다,

어떤 이들은 에녹과 엘리야라 한다. 왜 모세라고 하는가? 계시록 11장을 보면 두 증인이 기적을 행하는데 모세가 한 것과 비슷하다. 물을 피가 되게 한다든가 하는 것들이다. 그래서 아마 모세일 것이라고 한다. 그런데 나는 그가 누구인지 확정해서 말하고 싶지 않다. 하여간 두 증인이 있고 또 성경에서 누구라고 이름을 기록하지 않았기 때문이다. 아마 에녹과 엘리야일 가능성도 있다. 왜냐하면 성경에서 볼 때 그 두 사람만이 죽지 않았기 때문이다. 산 채로 들림 받았기 때문이다. 또한 사람은 두 번 죽지 않는데 그 두 증인은 계시록 11장에서 죽임을 당한다. 그리고 다시 휴거된다. 어쨌든 대환난 당시에 기름을 파는 사람 둘이 있다. 그들에게 가서 쓸 것을 사라고 했다. 대환난의 끝부분에 죽은 자들의 부활이 있고, 주님의 재림이 있으니 그때 그들이 대환난의 두 증인에게 기름을 사야 한다는 말은 설득력이 있다.

10절, 저희가 사러 간 동안에 신랑이 오므로 예비하였던 자들은 함께 혼인잔치에 들어가고 문은 닫힌지라

어떻게 해서 사는지, 어떤 상황이 발생하는지는 잘 모르겠다. 그러나 어쨌든 그들이 기름을 살 필요가 있기 때문에 황급하게 기름을 파는 자들에게 갔을 것이다. 그런데 그들이 사러 간 동안에 신랑이 왔다. "신랑이 옴으로 예비하였던 자들은 함께 혼인잔치에 들어가고". 앞에서 슬기 있는 자들은 예비하는 자들임을 말했다. 기름을 예비한 사람들은 혼인 잔치에 들어갔다. 미련한 자들은 지금 사러 갔다. 사긴 했지만 때가 늦었다.

우리는 기회가 있을 때 사야 한다. 지금이 바로 은혜 받을 만한 때이다. 지금이 바로 기름을 예비할 때이다. 이제 때가 지나면 기회가 없다. 그들은 기름이 필요한 것을 알았다. 그렇기 때문에 부족한 것을 알았다. 그리고 다른 사람들이 많이 가지고 있는 것도 알았다. 그래서 그들은 그 기름이 없으면 안 된다는 것을 알고 사러 갔다. 그 동안에 주님이 오셨다. 그래서 예비된 자들만 들어갔다. 그들은 예비하였다. 기름을 준비한 사람만 혼인잔치에 들어갔다. 그리고 문은 닫혔다.

혼인잔치에서 주님은 신랑이시고 처녀들은 신부이다. 슬기로운 처녀들은 주님과 함께 혼인잔치에 들어간다. 영어로 "Bridegroom came, and those who were ready went in with him to wedding and the door was shut.(예비한 자들은 주님과 함께 혼인잔치에 들어가더라.)"

그러므로 오늘 이 시대에 우리는 얼마나 성령으로 충만 될 필요가 있겠는가?

휴거되기 위해서도 필요하고 혹시 주님이 더디 오신다면 예비하기 위해서도 필요하다. 그들은 혼인잔치에 들어가고 문은 닫혔다. 이것은 혼인잔치에 참여할 수 있는 문이다.

11절, 그 후에 남은 처녀들이 와서 가로되 주여 주여 우리에게 열어 주소서

이 남은 처녀들이란 미련한 처녀들을 의미한다. 미련한 처녀들이 나중에 왔다. 이제 어디 인지 가서 기름을 사 왔나 보다. "주여, 주여, 우리에게 열어 주소서." 이 사람들이 믿는이들임에 분명한 것은 그들이 기도를 할 줄 안다는 것이다. 또 갈망이 많은 사람들이다. 갈망이 많은 사람이라고 해서 혼인 잔치에 들어가는 것이 아니다. 이 사람들은 얼마나 갈망이 많은가? "주여, 열어 주소서! 들어가기 원합니다!"

그럼 누가 들어가는가? 기름을 준비하는 사람들이 들어간다. 대가를 지불하는 사람들이 들어간다. 그저 생각으로 다 안다 하고 마음속에 어떤 갈망을 갖고 있다고 해서 들어가는 것이 아니다. 그런 사람들이 그날 더 괴로울 것이다. 저 안에서 무슨 좋은 일이 발생하는지 다 알 게 아닌가? 자신은 이제 못 들어가지 않는가? 그러니 그 원통함이 얼마나 크겠는가?

12절, 대답하여 가로되 진실로 너희에게 이르노니 내가 너희를 알지 못하노라 하였느니라

여기서 이 남은 자들은 확실히 부활한 자들이고 믿는 자들이다. 22장에서는 믿지 않는 사람들, 멸망하는 자들에 대하여 말한다. 복음을 거절한 사람들이다. 그들에 대해서는 비유가 이렇다. 22장 13절, "임금이 사환들에게 말하되 그 수족을 결박하여 바깥 어두움에 내어 던지라 거기서 슬피 울며 이를 갊이 있으리라 하니라". 수족을 결박하여 바깥 어두움에 내어던진다는 것은 믿지 않는 사람들의 경우 전혀 자유가 없음을 말한다. 수족이 결박되어 아무 것도 할 수 없다.

그런데 25장의 미련한 처녀들은 어느 지점까지는 왔다. "열어 주소서." 수족이 다 풀려 있다. 그래서 이들은 부활한 사람들이다. 믿는이들이다. 그런데 이들은 주님께 부인을 당한다. "내가 너희를 도무지 알지 못하노라." 그것은 사실상 이들이 살아 있었을 때에 주님을 부인했다는 것이다. 주님은 "너희가 나를 부인하면 나도 너희를 부인하리라"고 하셨다. 그것은 주님의 공의이다. 그들은 살아 있을 때 기름을 준비하지 않은 것만이 아니라 주님을 인정하는 삶을 살지 않은 것이다. 그저 일하는 데만 바쁘고 이 활동 저 활동에 바빴다. 그러나 주님을 인정하고 주 앞에서 살지 않았다. 주님을 기다리는 마음으로, 예비하는 마음으로 살지 않았다. 이러한 말씀을 근거로 해서 충성되게 살지 않았다. 그렇기 때문에 그날 주님이 그런 사람들에게 "I don't know you.(나는 너희를 모른다.)" 하시며 부인하시는 것이다.

여기서 우리는 한 가지를 생각해 보아야 한다. 오늘날 거듭난 그리스도인들이라고 해서 다 똑같은 것은 아니다. 이와같이 자신을 처리하고 기름을 예비한 그리스도인이 있고 반면에 구원은 받았지만 자신을 조금도 처리하지 않고 육신적인 삶, 천연적인 삶을 사는 사람이 있다. 주님이 다시 오실 때 그분의 혼인잔치에 그러한 모든 사람을 다 데리고 가시지 않는다. 기름을 예비한 사람만 혼인잔치에 데리고 들어가신다.

스펄전이라는 사람은 이렇게 말했다. "문을 닫아버린 것은 경건한 그리스도인들을 보호하기 위해서이다." 여러분, 경건한 그리스도인들과 경건하지 않은 그리스도인들이 함께 있게 되면 경건한 그리스도인들이 고통을 받게 된다. 그리스도인들 가운데도 싸우는 그리스도인이 많다. 분쟁, 시기가 많다. 그런 사람들은 조금도 육체를 처리하지 않은 사람들이다. 그런 사람들은 그런 사람들끼리 두어야지 그런 사람들을 경건한 사람들, 자기 육체를 처리한 사람들과 함께 두면 경건한 사람들이 괴로움을 당한다. 혼인잔치는 즐거운 곳이 아닌가? 주님과 함께 즐거움을 누리는 곳이다. 거룩하신 주님, 인자하시고 육체와 혈기가 조금도 없으신 주님, 그분과 함께 누리는 자들이 거기에 가서도 "네가 나보다 잘났다는 말이냐?" 하면서 시기하는 사람들과 함께 있으면 혼인잔치의 즐거운 누림이 없어진다. 100명 중에 이런 사람이 한 명만 있어도 누림이 없어져버린다. 여러분, 그렇게 생각지 않는가? "너만 유명해지면 어떻게 해? 나도 유명해져야지. 너만 그렇게 따르는 사람이 많으면 어떻게 해? 나를 따르는 사람도 있어야지." 이렇게 시기와 분쟁이 있는 사람이 그 가운데 있으면 누림이 다 사라진다. 혼인잔치는 거룩한 곳이다. 그래서 문을 닫는 일이 있는 것이다. 닫혀야 경건한 그리스도인들이 혼인잔치에서 누림을 갖게 된다는 말이다. 그리고 문을 열어달라고 해도 때는 늦었다. 기름을 준비할 때는 지금이다. 우리는 오늘 주님께 감사를 드려야 한다. 우리가 살아서 이런 말씀을 듣고 순종할 수 있는 기회가 있지 않은가?

13절, 그런즉 깨어 있으라 너희는 그날과 그시를 알지 못하느니라

이 열 처녀의 비유는 확실히 믿는이들에게 주신 것이다. 믿는이들 중에도 혼인 잔치에 들어가는 이들이 있고 들어가지 못하는 이들이 있다. 주님은 언제 그분이 오실지 모른다는 말씀을 계속 하고 계신다. 경고인 것이다. 주님께 감사한다. 우리는 이 말씀에서 오늘 우리가 어떻게 살아야 하는지를 보았다. 이 말씀은 너무나 중요하다. 그래서 나는 여기서 열 처녀의 비유만 말하겠다.

지난 24장의 말씀에서는 주님이 언제 오실지 모르니까, 주님이 오늘 오실지도 모르니까 항상 깨어 기다려야 한다고 말씀하시고, 25장에서는 혹시 더디 오시더라도 우리가 그분을 만나기 위해서 여분의 기름을 준비해야 한다고 말씀하고 있다. 나는 오늘 여러분 모두가 주님 다시 오실 때 그분을 만날 수 있기 위해서 성령으로 충만해야 하며, 성령으로 충만하지 않으면 그분을 만날 때 자격이 없게 된다는 것을 강조했다.

그런데 성령으로 충만 되기 위해서는 반드시 사야 한다. 우리가 대가를 지불하는 것이 필요하다. 우리에게 있는 것들, 처리해야 할 것들을 보여 달라고 주님께 기도해야 한다. 우리 집에 있지 말아야 할 것들, 내가 소유하지 말아야 할 것들을 한 가지 한 가지 찾아서 다 제해 버려야 한다. 내가 서 있지 말아야 할 자리에 서지 말아야 한다. 내가 갖고 있지 않아야 할 이름은 없애버려야 한다. 합당치 않은 관계는 끊어버려야 한다. 주님이 기뻐하시지 않는 삶, 청산해야 한다. 주님이 기뻐하시지 않는 기질, 처리해야 한다. 속에 감추인 죄도 한 가지 한 가지 처리해야 한다. 주의 성령을 힘입어 철저히 처리해야 한다. 주님의 성령으로 충만 됨은 자신이 느끼지 못할 수 있다. 그러나 그렇게 처리해 나가면 그 사람은 충만한 사람이 된다. 이것이 우리의 일생에 소망이 되어야 한다. 우리가 그릇에 기름을 준비하는 것은 그분의 다시 오심을 맞이하기 위한 것임을 잊어서는 안 된다. 주님께서 우리 모두를 축복해 주시기 바란다.

열 처녀 비유

슬기로운 처녀와 미련한 처녀는 여러 가지에서 같다. 다 처녀이고 다 등을 들고 있고 그 등은 빛나고 있었다. 등불이 꺼져 간다고 했지 등에 빛이 없다고 하지 않았다. 다만 계속 빛을 발하기 위한 기름이 부족한 것일 뿐 빛이 전혀 없는 것은 아니다. 그러니까 이 시대에는 서로 그것을 알아보기가 어렵다. 그들도 빛을 발하고 있고 이들도 빛을 발하고 있다. 미련한 자들이나 슬기 있는 자들이나 다 등불이 타오르고 있으니까 여분의 기름이 있는지 없는지 알기 어렵다.

가령 자동차가 달리고 있는데 어떤 차는 기름이 가득 차 있을 것이고 어떤 차는 기름의 양을 표시하는 눈금에 빨간불이 켜져 있을 것이다. 그러나 달리고 있을 때는 모른다. 그들이 다 신랑을 맞으러 나갔다는 것도 동일하다. 그리고 다 잠든 것도 동일하다. 여기서 졸다가 잠들었다는 것을 주님을 기다리다가 무감각하게 되었다든가 깨어 있지 않았다든가 하는 식으로 해석하는 사람들도 있다. 그러나 주님이 여기에서 주시고자 하는 교훈은 그분이 언제 오실지 모르기 때문에 다 깨어 있으라는 것이다. 또 신랑을 맞이하기 위해서는 기름을 예비해야 하며 그것이 지혜로운 것임을 알려주시고 있다.

여기 시간의 문제가 있다. 언제 채우느냐가 문제이다. 에베소서 5장에서도 지혜로운 사람은 세월을 아끼는 사람이라고 하였다. 어리석은 사람은 세월을 아끼지 않는다. 그래서 지혜로운 사람과 어리석은 사람의 차이는 시간을 어떻게 쓰는가, 그 시간에 어떻게 행하는가에 있다. 신약 성경에서 지혜로운 사람과 어리석은 사람과의 차이는 말씀을 잘 전하는가, 처신을 잘하는가의 문제보다 시간의 문제에 있다. 어떤 사람들은 정황 파악을 잘하며 기회를 잘 포착하여 할 말을 잘하고 할 일을 잘 하는 것이 지혜롭다고 할 것이다. 그러나 이보다 더 중요한 것이 있다. 이는 시간의 문제인 것이다. 에베소서 5장 15-17절은 지혜로운 자가 세월을 아끼는 자라고 하였다.

계시록 14장의 첫 열매는 어떠한 사람들인가? 이들은 대환난 전에 환난을 피하고 들림 받는 사람들이다. 1-5절은 첫 열매를 말하지만 15절은 곡식의 추수를 말한다. 출애굽기 23장 19절은 처음 익은 열매를 하나님 여호와의 전에 갖다 드리라고 말한다. 계시록의 첫 열매는 하늘의 시온으로 들림 받은 사람들이다. 이들은 하나님께 첫 열매로 드려진 자들인 것이다. 이들은 하나님의 농장의 곡식 중에서 먼저 익은 자들이다. 그러므로 하늘의 시온으로 들림받은 것이다. 하나님은 이러한 자들을 장래 큰 환난에서 건져주신다고 약속하셨다(계 3:10). 먼저 익기 위해서는 무엇이 필요했는가? 시간의 문제가 있는 것이다. 많은 곡식이 있지만 먼저 익는 곡식들이 있는 것이다.

오늘 성도들이 신앙 생활하는 것을 가만히 보노라면 어떤 성도들은 하나님의 뜻을 이해하는데 대단히 주의를 기울이지 않는다. 되는대로, 대충 생활한다. 이러한 성도들은 빨리 자랄 수 없다. 우리는 신약 성서에서 베드로를 대한다. 그는 실수도 있고 잘못한 것도 많지만 무엇이든지 뒤로 미루지 않았다. 주님의 뜻이나 하시고자 하는 일에 대하여 언제나 적극적이었다. 그러므로 그는 다른 사도들보다 앞에 있는 것이다. 어떤 사람들은 주님의 뜻을 알고도 시간을 뒤로 미루며 순종하기를 보류한다. 세상 사람들은 오히려 이러한 사람들을 신중하다 하여 지혜롭다 할 것이다. 그러나 성경은 이와 다르다. 성경은 지혜로운 자들이 시간을 아낀다고 하였다. 주님의 뜻 안으로 자신을 빨리 밀어 넣는 것이다. 그럴 때 주님은 그에게 역사하실 길이 있는 것이다. 실상 첫 열매는 이래서 생긴 것이다. 다른 사람들보다 주님께 먼저 순종한 것이다. 주님의 말씀이나 영적 체험에서나 많은 면에서 시간을 아낀 것이다. 즉 짧은 시간에 많이 배운 자들인 것이다. 어떤 형제들은 참 된 길을 안내 받고도 보류하고 또 보류한다. 내가 보기에 그들은 시간을 너무 낭비하고 있는 것이다. 그들이 만일 직선으로 길을 가고 시간을 낭비하지 않았다면 그들은 더 빨리 주님의 귀한 그릇들이 되어 귀히 쓰임을 받았을 것이다. 그러나 그들은 빨리 순종하기를 포기하고 자신의 원함에 따라 너무 많은 세월을 보낸 것이다. 결과적으로 저들은 많은 곡식의 추수에 포함될 수 있을 지라도 첫열매는 될 수 없다.

마태복음 25장의 말씀도 미련한 다섯 처녀도 나중에는 기름을 사서 가져갔을 것이다. 그러나 거절되었다. 결국 시점의 문제이다. 지혜로운 자들은 때에 맞게 기름을 예비한 자들이고, 어리석은 처녀들은 보류하며 깨어있지 않았다. 즉 기름을 예비하는 일에 대하여 필요성은 알았지만 기회가 항상 있을 줄 알고 태만했던 것이다. 지금이 순종할 때요 성령이 충만할 때다. 성도들과 집회 한 번 더하고 서로 가르치고 권면하는 일도 성령을 채우는 일이다(엡 5:18-19). 어떤 사람들은 매일 집회인데 집회 한 번 빠지는 것이 무어 그리 큰일이냐고 한다. 그러나 그러한 자들은 성도들과 모여서 한 번이라도 더 교제하고 찬송하며 교제함이 자신의 혼에 성령을 더 채우는 기회임을 간과한 것이다. 이렇게 깨어있지 않은 결과가 어떤 사람들에게는 그릇에 기름이 없게 된 것이다.

이 시대에 성령의 충만을 얻기 위해서, 또 그릇에 여분의 기름을 준비하기 위해서는 성령에 대해 어떠한 태도를 갖고 있는가가 중요한 문제이다. 이것도 역시 지혜로운 자와 미련한 자의 차이이다. 제가 오늘 강조하고 싶은 것은 그리스도인이 성령에 대해서 합당한 인식을 가져야 한다는 것이다.

성령 충만에 대한 강조는 아무리 강조해도 지나치지 않다. 그런데 오늘날 성령 충만에 대한 인식이 부족하다. 성령의 중요성을 모른다. 지금 이 시대는 성령 시대이다. 우리와 주님과의 관계는 오늘 성령과 우리의 관계를 보면 안다. 성령으로 충만한 것이 주님으로 충만한 것이다. 성령과 교통을 갖고 있는 것이 주님과의 교통을 갖고 있는 것이다. 성령과 연결되어 있는 것이 주님과 연결되어 있는 것이다. 성령은 보좌와 우리를 연결시켜 주고 있다. 오늘 우리가 어떻게 하나님의 뜻을 알 수 있는가, 어떻게 보좌의 움직임을 알 수 있는가 하는 모든 것은 성령에 달려 있다. 성령은 우리에게 주어졌지만 아들과 나눌 수 없다. 아들의 영이기 때문에, 예수 그리스도의 영이기 때문에, 하나님의 영이기 때문에 이 영 안에 하나님이 계신다.

그래서 오늘 우리가 지혜로운 자들이 되는 것은 성령을 어떻게 대우하는가에 달려 있다. 오늘 우리가 성령으로 충만해야 한다, 대가를 지불해서 사야 한다는 말을 많이 했다. 이제 또 다른 각도에서 보겠다. 언제 대가를 지불하는가? 성령을 주의하는 사람은 속에 성령의 느낌이 있다. "주님이 이것을 기뻐하신다. 주님이 저것을 기뻐하시지 않는다. 이것이 하나님의 뜻이다. 저것은 하나님의 뜻이 아니다." 성령 안에 사는 사람들은 이것을 알 수 있다. 그럴 때 이것을 처리하게 된다. 내 주위에 있는 형제자매들은 내가 이것을 해야 한다 또는 하지 말아야 한다고 하는 말을 자주 들을 것이다. 그런데 내가 처리하는 것들은 대부분 이것이 죄이기 때문에 처리한다거나 세상이기 때문에 처리하는 것이 아니라는 것을 알 것이다. 대부분 소위 주님을 위한 일들이다.

그러면 어떤 때에 내가 그렇게 말하느냐면 이것이 하늘의 성령의 움직임이 아니라고 느낄 때 그러하다. 성령과 연결된 것이 아니고 보좌와 연결된 것이 아니라고 느낄 때이다. 그때 나는 그 일을 처리해야 한다. 성령의 역사는 이해하기 쉬운 말로 하면 초자연적인 역사이다. 하늘의 역사이다. 하나님께서 원하시는 역사이다. 하나님께서 일하시는 역사인 것이다. 그래서 때로 그것은 전통과 반대되고 또 우리의 습관과 반대되고 기질과 반대되고 상황과도 어울리지 않기 때문에 그것에 순종하기가 쉽지 않다.

사도행전 5장을 보면 "하나님을 순종하는 자에게 주신 성령"이라는 말씀이 있다. 여러분이 생각할 때는 내가 말한 몇 가지를 처리하면 된다고 하겠지만 나의 체험에 의하면 우리의 일생이 처리해가는 일생이다. 하나님 아닌 것을 우리 몸에서, 우리 수중의 일에서 처리해 나가는 것이다. 그래서 우리에게 남아 있어야 할 것은 오직 하늘에 속한 것, 하나님의 일, 초자연적인 역사이다. 사실 구약에서 신약에 이르기까지 믿는이들의 역사는 다 그러한 것이다. 하나님께서 아브라함을 선택해서 무엇을 가르치셨는가? 하늘에서 역사하는 일만 하라는 것이 아니었던가? 그런 것은 다 초자연적인 것이었다. 백 살이 되어서 아기를 낳는다던가 하는 것이다. 아브라함은 이 일에서 실패했다.

하나님께서는 이스라엘 백성들을 선택해서 하늘의 움직임 안에 두셨다. 초자연적인 역사 안에 두셨다. 하늘에서 만나가 내리고 반석에서 생수가 나고 해서 건조한 땅 광야에서 40년 간을 먹인다는 것은 사람의 힘으로는 할 수 없는 것이다. 하늘의 역사가 바로 성령의 역사이다. 그러한 역사 안에 있게 하려는 게 하나님의 뜻이고 이 시대에 교회를 선택하신 것도 바로 같은 뜻에서이다.

그러므로 여분의 기름을 준비한다는 것은 성령의 역사를 우리가 어떻게 대하느냐에 있다. 언제든지 원하면 기름을 사올 수 있는 그러한 것이 아니다. 물론 우리가 추구하고 사모해야 하지만 성령은 인격이시다. 하나님 자신이시다. 그러므로 그분에 대한 우리의 태도가 어떠한가와 큰 관계가 있다. 그래서 우리 안에 지속적인 처리가 있어야 한다. 우리의 일생은 처리하는 일생이다. 그것이 곧 예비하는 것이다.

왜 처리해야 하는가? 내가 오늘 귀한 분을 만난다고 하면 복장이든 머리 모양이든 뭔가 준비를 해야 한다. 사실 오늘도 나는 뭔가 준비하고 여러분 앞에 섰다. 하물며 내가 주님을 만나기 위해서는 어떠한 준비가 있어야 할 게 아닌가? 언제든지 주님을 만날 수 있는 채비를 해야 한다는 것이다. 그러한 삶이 주님을 만나기 위한 삶이다.

예를 들어서 어떤 사람이 아주 좋지 않은 집단에 속해 있다 하자. 폭력 조직 같은 곳에 말이다. 그들 가운데서 그를 끌어내기란 아주 어렵다. 거기에 돈 문제도 관련되어 있고, 사람도 연결되어 있기 때문에 그 한 사람을 끌어내기가 매우 어렵다. 그러나 어떤 사람이 자기가 정말 그런 생활을 청산하고 좋은 시민으로 살고 싶다면 스스로 처리해 나가야 한다. 그렇게 살 수 있는 채비를 자신이 스스로 해야 한다.

우리가 이 세상 가운데 살고 있는데 우리가 구원은 받았지만 세속적인 것, 죄, 세상과의 연결이 우리를 붙잡고 있다. 우리가 끊어버리지 못하는 죄들, 세상적인 것들이 있다. 그것은 예비가 되지 않은 것이다. 그러면 어떻게 하여야 하는가? 내 주변의 많은 것들이 주님 만나기에 합당하게 정리되어야 한다. "주님, 오늘 이 순간에라도 주님이 부르시기만 하면 달려가겠습니다." 하는 태세를 갖추어야 한다. 지혜로운 자들이란 이 일을 보류하지 않는 자들이다. 이 일을 시간이 많이 있는 사람처럼 천천히 뒤로 미루면서 하는 것이 아니라 속히 속히 처리하는 사람들이다. 이것이 성경에서 말하는 지혜인 것이다. 우리의 모든 삶이 그렇게 목표가 분명하고, 준비된 삶이어야 한다. "주님, 저는 준비되어 있습니다. 제 편에서는 준비되어 있습니다. 부르시면 달려가겠습니다."라고 하는 사람은 준비된 사람이어야 한다. 그런데 이 준비를 매일 해야 한다. 살다 보면 또 처리할 것들이 생긴다. 그러니까 매일 처리해야 하는 것이다. 내 자신이 주님께 들어 올려 지거나 또 우리가 언제 죽을지 모르잖은가? 죽음도 예비하는 것이다. 내가 어떤 상황에서 언제 죽어도 다시 일어날 때 예비된 사람으로 발견될 수 있도록 그렇게 사는 것이 진정 슬기로운 사람이다. 그런데 주님이 오실 것을 생각지도 아니하고 복잡하게 이 땅에 뿌리를 깊이 박고 사는 사람들은 그리스도인인데도 전혀 준비되지 않은 사람들이다.

달란트 비유

25장 1절부터 13절까지의 열 처녀의 비유와 14절부터 있는 달란트 비유는 연결되어 있다. 이 두 가지가 다 파루시아 때에 있을 일이다. 주님이 다시 오실 때 발생할 상황이다. 주님은 천국에 대해서 그분의 자녀들에게, 제자들에게 열어 보여주고자 하신다. 천국은 마태복음에 기록되어 있다. 주님은 이곳저곳에서 그분의 천국의 비밀을 말씀하고 계신다.

우리는 마태복음 5, 6, 7장에서 그분의 천국 백성들이 지켜야 할 말씀, 천국의 헌법을 볼 수 있다. 천국의 본질이 무엇인가? 천국에 사는 사람들은 어떠한 성질을 띠고 있는가? 어떠한 말씀을 지키는 자들인가? 이러한 것을 우리는 그 산상수훈을 통해서 알 수 있다. 또 마태복음 13장에서는 천국의 외형을 볼 수 있다. 이 시대에 천국은 어떠한 형태로 존재하는가 하는 것이다. 그것은 주님이 여러 가지 비유를 통해서 말씀하셨기 때문에 이해하기가 쉽지 않다. 그러나 우리가 알 수 있는 것은 마태복음 13장을 볼 때 이 시대에 천국은 감춰어 있다는 것이다. 외형에는 누룩이 있고 또 큰 나무가 되어서 거기에 새가 깃들고 있다. 그러나 천국은 그 안에 감춰어 있다.

그러나 오늘 우리가 보게 될 마태복음 25장에서 이 천국은 주님이 다시 오실 때에 나타나게 된다. 이것은 천국의 나타남을 말하고 있다. 주님은 다시 오실 때에 왕국을 가지고 오신다. 그때의 천국의 상황, 주님이 다시 오실 때의 천국의 모습, 천국의 현현을 우리는 이 장들을 통해서 볼 수 있다. 그래서 주님은 여기서 천국은 무엇무엇과 같다, 천국은 이러이러하다고 말씀하신다. 마태복음 13장에서도 동일하게 천국은 이러이러하다 하시면서 많은 비유를 통해 말씀하셨다. 마태복음 13장에 있는 천국은 우리가 살고 있는 이 시대에 감춰어져 있는 상태를 알려주고 있고 이제 이 후반부에서 주님이 십자가에 죽으시기 직전에 우리에게 알려주신 천국은 그분이 다시 오실 때 가지고 오실 천국에 대해서, 특히 파루시아 때에 일어날 일들에 대해서 우리에게 말씀해 주고 계신다.

그분은 이제 며칠 후면 제자들을 떠나시고 이 땅을 떠나신다. 그래서 그분은 제자들에게 이제 다시 오실 때 벌어질 일들을 알려주고 계신다. 열 처녀의 비유에서는 만일 그들이 깨어 있지 않고 기름을 준비하지 않으면 그들은 밖에 내쫓김을 당하고 혼인잔치에 들어가지 못할 것을 경고하고 계신다. 이 모든 비유들은 주님이 다시 오실 때, 주님의 파루시아 때에 주님을 만나게 될 믿는이들, 그분의 자녀들이 어떻게 될 것인가를 말해준다. 지혜로운 사람도 있을 것이고 미련한 사람도 있을 것이다. 어떤 사람들이 슬기로운가? 기름을 준비하는 사람들이다. 그 기름은 이 시대에 주님의 일을 하기 위해서만 필요한 게 아니다. 그 기름은 성령을 의미하는데 성령으로 충만 되는 것은 이 시대에 주님을 위해서 전파하고 역사하기 위해서만 필요한 것이 아니다. 주님이 다시 오실 때 등불을 켜고 주님을 만나기 위해서도 예비해야 한다. 주님이 말씀하시지 않는다면 누가 이것을 생각하면서 이 땅에 살겠는가? 그러나 주님은 분명히 말씀하셨다.

졸다가 잠든 열 명의 처녀들이 다 함께 일어났다. 이것은 그들이 다 부활했다는 말이다. 그리고 다 주님 앞에 갔다는 말이다. 그런데 어떤 사람들은 주님을 만나기 위해서 등을 손질하고 등불을 켜고 신랑이신 주님을 만나려고 하는데 등불이 꺼져가고 있다. 기름이 부족한 것이다. 그때 가서 기름이 부족한 것을 아는 것은 정말 큰일이다. 문제가 아닐 수 없다. 기름은 언제 예비하는가? 오늘 이 시대에 예비하는 것이다. 우리가 살아 있을 때 기름을 예비하는 것이다.

에베소서 6장에도 "우리가 모든 일을 행한 후에 서기 위함이라"는 말씀이 있다. 오늘 이 시대에 우리가 많은 일을 하고 주님을 위해서 수고도 하고 충성도 하는데 우리는 많은 일을 한 다음에 쓰러지면 안 된다. 기진맥진해서 쓰러지면 안 된다. "모든 일을 행한 후에 서기 위함이라". 우리는 이 땅에서 기름이 충만하여 주님을 섬길 뿐 아니라 여분의 기름을 가지고 있어야 한다. 슬기로운 처녀들은 그릇에 여분의 기름을 예비하고 있던 사람들이다. 그날 주님은 누구의 빛으로 만나길 원하시는가? 슬기로운 처녀들이 예비한 등불로 그 빛에 의해서 만나고 싶어하신다. 오늘 우리가 기름을 예비하지 않으면 우리는 주님을 어두워서 만날 수가 없다. 물론 주님은 빛이시다. 그분의 빛은 모든 것을 다 녹인다. 그러나 주님은 오늘 우리가 충성스럽게 이 땅에서 기름을 예비해서 주님을 만날 때 등불을 환히 켜고 만나기를 기대하시는 것처럼 말씀하고 있다.

그렇기 때문에 이 시대에 우리가 그리스도인 생활을 잘 하기 위해서 성령 충만하는 것도 필요하지만 마태복음 25장에 비밀이 들어 있다. 어떤 비밀인가? 이 성령 충만, 여분의 기름은 이 땅에서 살고 사역하기 위해서만 필요한 게 아니라 장래에 주님을 만나기 위해서, 그날 등불을 켜기 위해서 필요하다는 것이다. 따라서 우리는 여분의 기름을 가지고 있어야 하며 그 여분의 기름을 준비하는 기간은 바로 이 시대이다. 주님이 말씀해 주시지 않으면 누가 이것을 알겠는가? 한 무리의 사람들이 혼인 잔치에 들어가지 못했는데 "문은 닫힌지라". "주여, 열어주소서" 했지만 미련한 처녀들은 들어가지 못했다. 혼인 잔치를 놓쳤다. 그들은 아마도 슬피 울며 이를 갈았을 것이다.

다시 말하거니와, 미련한 자와 슬기 있는 자의 차이가 무엇인가? 여분의 기름을 준비하는 것이다. 주님을 만날 때 필요한 기름을 준비하는 것이다. 항상 주님이 다시 오실 것을 기다리고 기름을 준비하면서 사는 삶을 살아야만 우리는 주님을 만날 때에 혼인 잔치에 들어갈 것이다.

이제 14절부터는 달란트 비유인데 달란트 비유와 열 처녀의 비유는 매우 관계가 깊다. 기름과 달란트, 이 두 가지는 다 성령을 의미한다. 기름도 성령을 의미하고 우리가 얻은 달란트 역시 성령을 의미한다. 이것은 매우 의미가 있고 또 관계가 있다. 주님은 마태복음 25장에서 이 두 가지 방면을 우리에게 확실하게 말씀해 주신다.

우리는 주님을 믿는이로서 신분이 두 가지이다. 첫째는 처녀이다. 처녀로서 우리는 신랑을 기다리는 자들이다. 그래서 우리는 기름을 예비하는 생활을 해야 한다. 성령 충만하는 생활을 해야 한다. 이것이 열 처녀 비유이다. 그런데 우리는 처녀일 뿐 아니라 이제 종이다. 이제 본문을 보겠다.

14절, 또 어떤 사람이 타국에 갈제 그 종들을 불러 자기 소유를 맡김과 같으니

여기에 그 종이 있다. 열 처녀 비유에서는 처녀가 있고 여기에는 종이 있다. 그리스도인들은 두 가지 신분이 있다. 첫째로 우리는 처녀이다. 믿음과 생명으로 말한다면 우리는 주님의 신부가 될 처녀들이다. 주님을 만나기 위해 준비하고 있는 처녀들이다. 우리는 주님을 사랑해야 하고 기름을 예비해야 하고 성령으로 충만되어야 한다. 이것이 우리의 첫째 신분이다. 둘째로 우리는 종이다. 종으로서 우리는 주인을 섬겨야 한다. 일하고 수고해야 한다. 이것이 종의 신분이다.

"또 어떤 사람이 타국에 갈제". 주님은 타국에 가신다고 했다. 이것은 주님이 이 땅을 떠나심을 언급한 말일 것이다. 그분은 얼마 안 있어서 십자가에 못박혀 죽으시고 그런 다음에 부활하시고 승천하실 것이다. 이것은 마치 그분이 타국으로 떠나시는 것과 같다. 그런데 그분은 타국으로 떠나시면서 그 종들을 불러 자기 소유를 맡기셨다. 주님에게는 재산이 있다. 주님의 재산은 풍성하다. 왜 그분의 종들에게 소유를 맡기셨는지 우리는 자세히 보아야 한다.

그분은 부활 승천하여 믿는이들에게 성령의 은사들을 주셨다. 그분이 위로 올라가실 때에 사로잡힌 자를 사로잡고 사람들에게 은사를 주셨다고 했다(엡 4:8). 성령의 은사를 주신 것이다. 그렇게 해서 그 소유를 사람들에게 다 맡기신 것이다.

15절, 각각 그 재능대로 하나에게는 금 다섯 달란트를, 하나에게는 두 달란트를, 하나에게는 한 달란트를 주고 떠났더니

각각 그 재능대로이다. 주님은 그 소유를 아무렇게나 분배해 주신 것이 아니고 각 사람의 재능대로 나누어 주셨다. 재능이란 'ability', 즉 그 사람이 무언가를 할 수 있는 역량을 말한다. 여러분 모두가 다 재능이 있다. 어떤 부분에 재능이 있을 것이다. 그런데 주님은 성령의 은사를 나눠주실 때 그 은사를 사람의 재능에 따라 나눠주신다. 그 사람의 능력에 따라 나눠주신다. 그래서 어떤 사람에게는 금 다섯 달란트를, 어떤 사람에게는 두 달란트를, 어떤 사람에게는 한 달란트를 주셨다. 여기에 세 종류밖에 없다. 모든 그리스도인이 세 종류로 분류될 수 있다. 다섯 달란트의 은사를 받은 사람, 두 달란트의 은사를 받은 사람, 한 달란트의 은사를 받은 사람이다. 가장 많이 받은 사람은 다섯 달란트이고 가장 적게 받은 사람은 한 달란트이고 그 중간은 두 달란트이다. 더 이상은 없다. 한 달란트보다 적은 은사도 없고 다섯 달란트보다 큰 은사도 없다. 그리고 한 달란트도 받지 못한 사람은 없다.

만일 어떤 사람이 나는 한 달란트도 받지 않은 것 같다고 말한다면 그 사람은 이렇게 말하는 것과 같다. "나는 성령을 얻지 않았다. 성령의 은사를 조금도 받지 않았다." 성령이 없는 사람은 믿지 않은 사람이다. 믿은 사람은 듣고 믿어 약속의 성령으로 인치심을 받았다. 믿은 사람은 성령을 얻은 사람이다. 그리고 성령이 있으면 은사가 있게 마련이다. 이것은 고린도 전서 12장을 읽을 때 알 수 있다. 은사는 성령께 속한 것이다. 성령이 있으면 은사가 있다.

여기서 최소한의 은사가 한 달란트이다. 오늘날 많은 사람이 한 달란트를 아주 적은 것으로 생각한다. 자기는 한 달란트 받은 작은 사람이라고 한다. 또 한 달란트를 어디에다 쓰느냐고 한다. 그런데 이 한 달란트는 적은 양이 아니다. 이것이 금일 수도 있고 화폐로 따지면 은일 수도 있다. 어떤 성경에는 금이라고 되어 있고 영문 성경을 읽어보면 그것이 금인지 은인지 나와 있지 않다. 그런데 어쨌든

금 한 달란트이다. 한글 개역 성경에서는 금 한 달란트라고 했다. 금 한 달란트는 적은 양이 아니다.

구약 출애굽기에서 금 촛대를 만들 때 정금 한 달란트를 쳐서 만들었다고 했다. 그러니까 금 촛대 하나를 만들 수 있는 분량이다. 적은 것이 아니다. 그러니까 최소한의 은사를 받은 사람이 금 촛대 하나를 만들 수 있다. 조금 해석을 비약하자면 촛대는 교회인데(일곱 촛대는 일곱 교회니라, 계 1:20b) 아무리 적은 은사를 가지고 있어도 금 촛대 하나는 만들어낼 수 있다. 아무리 적은 은사를 가졌어도 충성을 다하면 교회 하나를 세울 수 있다. 그러니까 한 달란트의 금은 결코 적은 양은 아닌 것이다. 한 달란트는 계산하자면 삼천 세겔이다. 우리는 이스라엘 사람들이 각각 반 세겔을 성전세로 낸다는 것을 보았다. 그런데 반 세겔도 아니고 삼천 세겔이면 적은 돈이 아니다. 그리고 금으로 따지면 34 킬로그램이 넘는다고 한다. 또 화폐 단위로 따지면 6,000 데나리온이다. 한 달란트의 금은 결코 적은 양이 아니다.

주님이 우리에게 무언가를 주셨다면 그분은 풍성한 분이시기 때문에 풍성한 방식으로 주시지 "너는 조금 가져라"하시지 않는다. 결코 부족하게 주셨을 리가 없다. 풍부하게 뭔가 할 수 있는 양을 주셨을 것이다. 그리고 두 달란트는 그 배를 주셨다고 보아야 한다. 다섯 달란트는 그야말로 엄청나게 주신 것이다. 우리는 훌륭한 하나님의 종들의 한 일을 보면서 하나님이 주신 은사의 풍성함을 감탄할 때가 있다. 그러니까 앞으로는 한 달란트를 받은 것이 적은 것이라고 하면 안 된다. "주 내게 주신 것 참 풍성하다"라는 찬송 가사가 있다. 주님은 우리에게 풍성하게 주셨다. 한 달란트를 받은 것도 풍성한 것이다. 주님이 우리에게 성령을 주신 것, 성령으로 인치신 것, 다 풍성하다. 최소한 우리는 한 달란트를 가지고 있다.

16절, 다섯 달란트 받은 자는 바로 가서 그것으로 장사하여 또 다섯 달란트를 남기고

다섯 달란트 받은 사람부터 시작된다. 이 사람은 장사를 즉시 시작했다. 그런데 여기서 우리가 기묘하게 느껴지는 한 가지가 있다. 주님은 여기서 종들에게 달란트만 주셨다. 다섯 달란트, 두 달란트, 그리고 한 달란트를 주셨다. 그리고서 "지금부터 장사를 해라. 그리고 이익을 남겨야 한다."는 말씀은 하지 않으셨다. 그런데 이것을 받은 사람들은 즉시 느끼는 것이 있다. 다섯 달란트 받은 사람은 그것을 받았을 때 즉시 느꼈다. "주님이 이것을 나에게 주신 것은 이것을 가지고 장사하라고 하시는 것이다." 말하지 않아도 안다는 것은 말할 필요가 없는 것이다.

때로 아버지가 아들에게 돈을 준다. 적은 돈을 줄 때에는 말하지 않아도 "아, 나에게 용돈을 주셨구나"하고 알 것이다. 그런데 큰 돈을 준다. 1억을 주고 2억을 준다. 아주 진지하게 "나는 이제 너와 함께 오래 있지 못한다. 나는 어쩌면 먼 나라로 떠날 것이다"하면서 재산을 나눠준다. 큰 아들에게 1억, 작은 아들에게 2억, 막내 아들에게 5억을 나눠준다. "이것 가지고 장사 잘 해라"하지 않아도 그 자식들은 그것을 받았을 때 안다. 그래서 다섯 달란트 받은 사람은 이것을 받았을 때 즉시 나가서 장사를 했다. 그래서 또 다섯 달란트를 남겼다.

17절, 두 달란트 받은 자도 그같이 하여 또 두 달란트를 남겼으되

두 달란트를 받은 자도 그것을 가지고 가서 장사했다. 그리고 열심히 장사해서 또 두 달란트를 남겼다.

18절, 한 달란트 받은 자는 가서 땅을 파고 그 주인의 돈을 감추어 두었더니

한 달란트를 받은 자는 가서 땅을 파고 그 돈을 감추어 두었다. 한 달란트 받은 자도 가서 장사를 해야 하는데 이 사람은 가서 땅을 파고 그 주인의 돈을 감추어 둔 것이다.

19절, 오랜 후에 그 종들의 주인이 돌아와 저희와 회계할새

'오랜 후에' 종들의 주인이 돌아왔다. 마태복음 25장에서는 주님이 금방 오시지 않을 수도 있다는 암시를 주신다. 마태복음 24장에서 주님은 그분이 언제 오실지 모른다, 내일 오실지 모른다, 오늘 오실지 모른다, 그러니 깨어 있으라 말씀하시고서 25장에서는 졸며 잘 때 오신다, 더디 오신다, 더디 오므로 졸며 잔다고 말씀하셨다. 늦게 오실 수도 있기 때문에 기름을 예비하기 위하여 충성을 하는 사람이 지혜로운 처녀들이다.

그런데 여기서 주인으로 달란트를 주고 떠나신 분은 오랜 후에 오셨다고 했다. 여기서 우리가 알 수 있는 것은 각 사람에게, 각각의 믿는이들에게 장사할 수 있는 시간을 충분히 주셨다는 것이다. 그런데 오래 되더라도 주님은 반드시 오신다. 반드시 결산하러 오신다. 우리가 지금 여기에 이렇게 하고 있지만 주님과 회계할

날이 반드시 온다. 어제 안 오셨고 오늘 안 오셨고 혹시 내일 안 오시더라도 주님이 안 오시는 것은 아니다. 결산의 날은 반드시 우리 앞에 있게 된다.

그런데 여기서 "주인이 돌아와"라고 했다. 이 돌아온다는 말씀은 주님의 파루시아를 의미한다. 주님은 이렇게 말씀하고 계신다. "나는 이제 십자가로 가서 죽을 것이고 부활할 것이다. 그리고 승천할 것이다. 또 언젠가 다시 올 것이다. 보좌를 떠나서 구름을 타고 공중에 임할 것이다." 주님은 돌아와서 종들과 회계하실 것이다.

20절, 다섯 달란트 받았던 자는 다섯 달란트를 더 가지고 와서 가로되 주여 내게 다섯 달란트를 주셨는데 보소서 내가 또 다섯 달란트를 남겼나이다

여기에 '와서'라고 했는데 바로 공중에 온 것이다. 그리스도의 심판대 앞에 온 것이다(고후 5:10). 주님이 다시 오셔서 공중에서 혼인 잔치가 있고 거기에 심판대가 세워지게 된다. 이 다섯 달란트 받은 사람이 주님 앞에 왔다. 이것은 대환난 후에 공중에서 일어날 일이다. 대환난 후에 모든 살아 있는 사람도 공중으로 들림받게 되고 또 죽은 자도 일으켜진다. 죽은 자들이 먼저 일으킴을 받고 살아 남은 자도 공중으로 들림받게 된다.

"주여 내게 다섯 달란트를 주셨는데 보소서 내가 또 다섯 달란트를 남겼나이다. 다섯 달란트 받은 사람은 주님이 자기에게 다섯 달란트 주셨다는 것을 알았다. 우리는 이것을 한번 생각해 볼 필요가 있다. 주님이 우리에게 달란트를 주시는 것은 각각 능력에 따라 주신다는 것이다. 재능과 능력이 어떠한 사람에게는 어떠한 달란트를 주신다. 능력이 그렇게 크지 않은 사람, 그런 사람에게는 하나님께서 그렇게 큰 은사를 주시지 않는다. 많은 사람을 움직일 수 있고 많은 사람에게 말할 수 있고 말해낼 수 있고 전파할 수 있는 역량을 가진 사람이 있는데, 그런 사람에게는 그만한 달란트를 주실 것이다. 어떤 사람은 한두 사람에게는 말할 수 있어도 백 명, 천 명 앞에 서면 절대 말할 수 없는 사람이 있다. 역량이 작은 사람이다. 하나님은 그런 사람에게는 그러한 은사를 주신다.

내가 앞에서 한 달란트 가진 사람도 적어도 한 교회를 세울 수 있다고 했는데 한 교회는 그만 두고 한 사람을 얻을 수 있는 은사도 적은 것이 아니다. 하나님의 계산법으로는 한 영혼이 천하보다 귀하다. 한 영혼을 주님께 돌아가게 한 은사, 죽을 영혼을 살린 은사, 그것도 결코 작은 은사가 아니다. 그래서 최소한 한 사람의 영혼은 구할 수 있다. 나는 돌아가신 나의 어머니를 기억한다. 나의 어머니는 늦으막이 예수를 믿으셨다. 나는 어머니가 나이가 드셔서 정말 늙으셨을 때 정말 구원을 받았는지를 확인하고 또 했다. 어머니를 사랑하기 때문이다. 그런데 나이가 드셔서 몸도 편찮으시고 한데 내 옆집 할머니 한 분에게 복음을 전하시는 것을 보았다. 그래서 한 사람을 구원받게 했다. 그러고서는 그렇게 몸도 약하신 분이 틈만 있으면 어디를 가시는 것이다. 그래서 어디를 가시나 보았더니 그 얻어놓은 한 사람을 양육하고, 돌보러 가셨던 것이다. 내가 그걸 보고 얼마나 귀하게 느껴지는지 참 보기 좋았다. 내 어머니같이 나이 드신 작은 자매님도 한 사람을 돌볼 수 있는 은사가 있다는 것을 보았다.

"나는 아무 것도 없다. 아무 은사도 없다"하면 안 된다. 여기 다섯 달란트 받은 사람은 그 능력이 큰 사람이다. 그에게 주님은 다섯 달란트를 주셨다. 그 사람은 그 다섯 달란트를 사용해서 많은 사람을 주님께 인도했다. 교회사에 역대로 그 복음을 참으로 능력 있게 전한 주님의 종들이 있다. 우리가 그들의 간증을 들으면 참으로 우리와 비교할 수 없다. 그들이야말로 다섯 달란트가 아닌가 생각한다. 수만 명을 구원시키고 수많은 사람을 주님께 인도했다. 그들은 그렇게 능력이 있었다. 그리고 그들은 그들이 받은 은사를 소홀히 하지 아니하고 열심히 장사하고 수고해서 그런 열매를 주님께 돌려드렸다.

21절, 그 주인이 이르되 잘 하였도다 착하고 충성된 종아 네가 작은 일에 충성하였으매 내가 많은 것으로 네게 맡기리니 네 주인의 즐거움에 참예 할지어다 하고

"잘하였도다, 착하고 충성된 종아." 이 말씀은 우리가 기대하는 말씀이다. 우리가 하나님 앞에서 듣고자 목표로 하는 말씀이 이 말씀이다. "잘 하였도다." 사람들의 말은 중요하지 않다. 주인이 잘했다고 하셔야 한다. 사람들이 잘했다고 하는 것은 주님의 관점과 일치되지 않을 수도 있다. 주인이 잘했다고 하셔야 한다. 우리는 주님을 만날 것이기 때문에 그렇다. 그분이 잘했다고 하는 것이 정말 잘한 것이다.

고린도 전서를 보겠다. 4장 3절- 5절, "너희에게나 다른 사람에게나 판단 받는 것이 내게는 매우 작은 일이라 나도 나를 판단치 아니하노니 내가 자책할 아무 것도 깨닫지 못하나 그러나 이를 인하여 의롭다 함을 얻지 못하노라 다만 나를 판단하실 이는 주시니라 그러므로 때가 이르기 전 곧 주께서 오시기까지 아무 것도 판단치 말라 그가 어두움에 감추인 것들을 드러내고 마음의 뜻을 나타내시리니 그때에 각 사람에게 하나님께로부터 칭찬이 있으리라". 이 말씀을 보라. 당시에 사람들은 바울을 판단했다. 뭐라고 판단했는지는 잘 모르지만 이렇다 저렇다 많이 판단했다. 좋지 않다고 판단했을 것이다. 그러나 바울은 이러한 판단받는 일이 자기에게는 매우 작은 일이라고 했다. 그는 때가 이르기 전 곧 주께서 오시기까지는 아무 것도 판단하지 말라고 했다.

주님이 다시 오실 때 그분이 어둠에 있는 모든 것들을 드러내실 것이고 사람의 마음의 뜻을 나타내실 것이다. 그때에 각 사람에게 하나님께로부터 칭찬이 있을 것이다. 그래서 우리는 그날 주님의 이 한 마디를 듣고자 하는 것이다. 우리의 갈망은 이 한 가지이다. 우리의 목표는 이 한 가지이다. 주님으로부터 "잘 하였도다, 착하고 충성된 종아"라는 말을 듣는 것이다. 우리 그리스도인들은 다 종이라는 것을 알아야 한다. 또 주인이 누군가도 알아야 한다. 우리의 주인은 타국으로 떠나셨다. 종의 신실함은 주인이 안 계실 때 어떻게 하는가를 보면 안다. 주인의 하신 말씀에 따라 부지런히 장사해서 주님을 만날 때 그 남긴 것을 가지고 "주여, 여기 있습니다"라고 말해야 신실한 사람이다.

첫째로 우리가 알아야 할 것은 누가 주인이냐는 것이다. 결코 사람의 종이 되면 안 된다. 사람의 말을 듣고 사람을 대하여 일하는 것은 안전하지 않다. 우리 모두는 생각해 보아야 한다. 우리는 누구를 주인으로 삼고 누구를 섬기고 있는가? 누구를 기쁘게 하기 위해 일하고 있는가? 이것은 매우 중요한 것이다. 사람들의 말에 현혹될 필요가 없다. 사람들의 판단에 너무 연연해할 필요도 없다. 사람들의 말과 주님의 말은 다를 수 있다. 사람들은 다 잘못했다고 하는데 주님은 "너 참 잘했다." 하실 수 있기 때문에 우리는 주님을 향해서 일해야 하는 것이다. 주님 앞에서 일해야 한다. 그분 앞에서 회계할 때 "주여, 제가 이렇게 했습니다"하고 우리의 모든 것을 내어놓을 때 그분의 입으로부터 "잘했다. 너는 착하고 충성된 종이다"라고 하시는 음성을 들을 수 있어야 한다. 지금 사람들에게 평판이 좋은 것은 믿을 만한 것이 못 된다.

이 다섯 달란트 받은 사람은 "제게 다섯 달란트를 주셨는데"라고 했다. 자기에게 주신 것을 어느 정도 아는 게 필요하다. 그걸 모르면 안 된다. 원래 우리 것이 없다. 원래 우리에게 있는 것은 죄밖에 없다. 그 외에는 다 받은 것이다. 우리의 능력, 재능은 주님의 것이다. 성령의 은사도 주님의 것이다. 그러니까 내가 받은 것, 내가 할 수 있는 것이 무엇인가, 주님이 나로 할 수 있게 하신 것이 무엇인가를 알 수 있어야 한다. 그것이 내가 주님을 섬길 수 있는 자본인데 그걸 모르면 되겠는가? 그렇기 때문에 사도 바울은 이렇게 말했다. "나의 의탁한 것을…"(딤후

1:12), 또 디모데에게 "네게 부탁한 아름다운 것을 지키라"(딤후 1:14). 디모데에게 아름다운 것이 있다는 것이다. 어떤 영어 성경에는 '보물(treasure)'이라고 되어 있다. 보물(treasure), 달란트, 같은 말이다. 또 다비 성경에는 'deposit(자금)'으로 되어 있다. 은행 구좌에 들어 있는 우리의 자금, 그것을 가지고 있다는 것이다. 우리는 무엇을 갖고 있다는 것을 알아야 한다.

여러분은 주님을 위해 무엇을 할 수 있는가? 무엇을 하고 싶은가? 쉽게 말해서 거듭난 사람에게는 주님을 섬기고 싶은 본능이 있다. 누구나 다 있다. 무엇을 하고자 하시는가? 주님을 위해서 무엇을 할 때 기쁜가? 어떤 갈망이 있을 것 아닌가? "난 아무 것도 없어. 난 아무 생각도 없어." 한다면 당신이 거듭났는지를 의심해야 한다. 정말 주님의 은혜로 거듭났다면, 구원받았다면 주님을 위해서 뭔가 해드리고 싶은 마음이 있는 게 그리스도인의 본능이다. "주님이 나에게 다섯 달란트를 주셨는데 내가 또 다섯 달란트를 남겼나이다".

그날 칭찬받는 것에 대해서 한 마디 하겠다. 그날이 아니어도 오늘도 조금 알 수 있다. 지금 여러분은 주님이 주신 것을 가지고 계속 장사를 하고 있는가? 뭔가 남기려는 마음을 가지고 역사하고 있느냐는 말이다. 그런 사람은 장래에까지 가보지 않아도 어느 정도 안다. "지금 나는 충성을 다해서 나름대로 주님이 주신 은사를 발휘하고 있다. 계속 장사를 하고 있다." 이걸 전혀 모르겠는가? 모른다면 "다섯 달란트를 남겼나이다"라고 할 수 없을 것이다. 내게 얼마를 주신 것도 알고 내가 얼마를 남긴 것도 어느 정도 안다는 것이다. 이 사람은 주님 앞에 와서 "주님이 주신 것이나 제가 남긴 것이나 다 아실 것입니다." 하지 않았다. 스스로 안다. 받은 것도 알고 남긴 것도 어느 정도 안다. 이 세상에서 장사하는 사람도 자본이 얼마인지, 하루에 얼마를 벌었는지, 한 달에 얼마를 벌었는지 모르겠는가? 그런 사람은 장사하지 않는 것이 낫다. 정말 장사를 잘 하는 사람은 계산해보지 않아도 안다. 그 정도로 빠르다. 그렇기 때문에 자신이 주님으로부터 받은 것을 알고 그리고 열심히 장사해서 얼마 남긴 것도 어느 정도 알 수 있어야 한다. 그럴 때 주인이 "잘 하였도다, 착하고 충성된 종아" 할 것이다.

그날 주님이 파루시아 때 우리를 만나 계산하실 때 이 말은 꼭 들어야 한다. "잘 하였도다 착하고 충성된 종아 네가 작은 일에 충성하였으매 내가 많은 것으로 네게 맡기리니". 다섯 달란트를 가지고 다섯 달란트를 남기는 큰일을 했는데, 이 땅에서 그렇게 큰일을 한 사람들이 얼마나 많은가? 무디, 찰스 피니, 루터, 칼빈 등 큰일을 한 사람들이 많다. 그런데 주인은 뭐라고 말씀하시는가? "네가 작은 일에 충성했다." 그리고 "많은 것으로 네게 맡기겠다." 이 시대에서 아무리 큰일도 주님 앞에서는 작은 일이다. "우리가 하는 일은 크다"고 말하지 말라. 그렇게 말하는 사람은 어리석은 사람이다. 아무리 커도 주님의 눈으로 볼 때 이 시대의 우리의 일은 작은 일이다. 정말 큰일은 왕국 시대의 일이다. 주님이 다시 오셔서 우리에게 일을 맡기실 때에는 정말 큰일을 맡기신다. 지금은 작은 일을 하면서 연습하고 있다. 장차 왕국에서 주님은 우리에게 많은 것을 맡기실 것이다. 영어 성경에는 "I will set the over many things(내가 많은 것으로 네게 맡기리니)"라고 되어 있다. 성경학자들이 'over many things'라는 이 말에는 권위가 들어 있다고 했다. 많은 것을 할 수 있는 권위를 맡기겠다는 뜻이다.

장차 왕국에서는 분명히 우리에게 권위가 주어진다. 오늘 이 시대는 권위가 주어지는 시대가 아니다. 오늘은 우리가 종 노릇 하는 시대이다. 그런데 장차 주님은 큰 일을 하도록 우리에게 왕권을 맡기신다. 그것이 왕국 시대이다. 그때는 정말 큰 일을 하게 된다. 이 시대에는 우리가 어느 정도 훈련을 받고 있다. 그 시대에 큰 일을 맡기시기 위해서이다. 우리 주님께는 왕국에서 할 일이 많으시다. 그때 할 일이 있다. 그 일을 위해서 그분은 공동으로 다스릴 자를 지금 훈련을 시키고 계신다. 지금 다섯 달란트, 두 달란트, 한 달란트를 주었지 않은가? 지금 장사를 시키고 있잖은가? 이것이 다 훈련이다.

주님은 왕국 시대에 왕이시다. 그분은 함께 다스리며 왕 노릇 할 공동 왕들을 지금 훈련시키고 계신다. 작은 일들을 맡기고 훈련시키고 계신다. 그날 주님을 만날 때 주님은 큰 일을 우리에게 맡기신다. "많은 것으로 네게 맡기리니 네 주인의 즐거움에 참예할지어다." 이것이 보상이다. 주님은 그때 즐거워하신다. 즐거워하는 시기가 있다. 두 가지이다. 하나는 많은 일을 맡기는 것, 일종의 권위를 가지고 많은 일을 맡게 되는 보상이다. 둘째는 주인의 즐거움에 참여하는 것이다.

우리는 왕국 시대가 보상의 때인 것을 알고 있다. 주님이 다시 오실 때에는 공의로 우리를 보상하신다. 이것은 데살로니가 전서 1장을 읽거나 이곳저곳을 볼 때 그분이 의로운 재판장으로서 공의롭게 상을 주시는 분임을 알 수 있다. 이것은 다섯 달란트 받은 사람이 그것을 가지고 장사를 하면서 괴로움과 외로움과 고통을 많이 당했다는 이야기를 함축하고 있다. 왜 그런가? 즐거움으로 보상해주시기 때문이다. 그 반대의 분위기가 이 시대에 있었음을 암시한다.

장사를 하려면 힘들고 거기에 모험이 있고 위험이 있고 괴로움이 있다. 뭔가 남기려니까 그렇다. 그런데 그렇게 장사해서 이득을 남기려고 하는 것이 자기가 잘 먹고 잘 살려고 하는 게 아니잖은가? 지금 이 다섯 달란트 받은 사람은 주님의 소유를 늘리려고 장사를 했다. 그 자체가 주님을 기쁘게 한다. 그런데 이 시대에 그러한 장사를 하는 종들이 힘들어서 눈물을 흘리고 고통을 당하게 된다. 그러나 주님이 그날 오셔서 그 눈물을 씻어 주시고 그 즐거움에 참예케 할 것이다. 왕국 시대는 보상의 시대이다. 주님도 그때는 누리시고 그분의 신실한 성도들도 함께 즐거워하는 시대가 왕국 시대이다.

그리고 그러한 종들에게 권위를 주신다고 했다. 우리가 생각할 때는 큰 권위를 가지고 다스려서 남겼을 것 같은데 그렇지 않고 이 시대에 그렇게 장사한 사람들은 다 잃어버린 사람들이다. 거꾸로 생각하면 된다. 그날에 왕권을 얻고 권위를 얻는 것은 이 땅에서 그가 종 노릇 했기 때문이다. 이 땅에서 그는 권위를 잃어버린 사람이다. 주 예수님이 그러한 분이다. 빌립보서 2장에서는 그분이 낮춰지셨다고 말한다. 그분은 원래 보좌에 계신 영광스런 하나님의 본체이시다. 그런데 점점 낮아지셔서 사람보다 못한 대우를 받으시고 사람들에게 싫어버린 바 되시고 십자가에 죽으시며 죽기까지 복종하시니 곧 십자가에 죽으신 것이다. 그분이 사람도 아닌 종의 형체를 지니셨다고 했다. 그리고 죽음도 그저 일반적인 사람의 죽음이 아닌 가장 참혹하고 신분 낮은 노예, 그 노예들이 도망가다가 붙잡혀서 처형되는 방법인 십자가에서 죽으셨다. 이렇게 낮춰지셨기 때문에 하나님이 그를 지극히 높여 모든 이름 위에 뛰어난 이름을 주셨다고 했다. 모든 무릎을 예수의 이름 앞에 꿇게 하셨다고 했다.

22-23절, 두 달란트 받았던 자도 와서 가로되 주여 내게 두 달란트를 주셨는데 보소서 내가 또 두 달란트를 남겼나이다 그 주인이 이르되 잘 하였도다 착하고 충성된 종아 네가 작은 일에 충성하였으매 내가 많은 것으로 네게 맡기리니 네 주인의 즐거움에 참예할지어다 하고

두 달란트 받은 사람은 다섯 달란트 받고서 다섯 달란트 남긴 사람과 똑같다. 한 가지 차이가 있다면 두 달란트 받고서 두 달란트 남긴 것이다. 그런데 우리는 이 성경을 읽을 때마다 이렇게 반복해서 똑같은 걸 쓰실 필요가 있는가 하고 생각한다. 성경은 굉장히 간략하게 경제적으로 씌어진 책인데 이렇게 같은 얘기를 그냥 뭉뚱그려서 말씀하지 않고 왜 다섯 달란트 한 번, 두 달란트 한 번 똑같은 말씀을 반복하셨는지 이것도 우리가 한 번 생각해 보아야 한다.

우리가 이 구절을 통해서 이해할 수 있는 것은 이렇다. 많은 능력을 가지고 많은 은사를 받아서 많이 남긴 사람과 적게 받아서 적게 남긴 사람의 보상은 같다는 것이다. 두 달란트 받은 사람도 주님이 주신 것을 가지고 최선을 다했다. 그러면 그것으로 족하다는 것이다. 그리고 그 보상은 똑같다. 이 구절에서 우리는 결코 "나의 은사는 작다. 저 사람만큼만 은사가 있었으면 나도 한번 크게 일을 했을 텐데." 하는 생각을 할 필요가 없다는 것이다. 주님이 이미 내게 주셨다. 여러분에게도 이미 주셨다. 이미 결정되었다. 그러면 그 받은 것을 가지고 어떻게 사용하느냐에 달려 있다. 주신 것을 최대로 사용해서 그만큼 남겼으면 그 상급에 대해서는 다섯 달란트 받은 사람이나 두 달란트 받은 사람이나 똑같다. 한 마디도 가감하지 않으셨다. "잘 하였도다 착하고 충성된 종아" 그리고 "주인의 즐거움에 참예할지어다"라고 하셨다. 똑같은 칭찬을 주시고 있다.

사도 바울은 다섯 달란트를 받았다고 생각한다. 그리고 그는 다섯 달란트를 남긴 종이라고 생각한다. 그는 틀림없이 주님으로부터 "잘 하였도다 착하고 충성된 종아 네 주인의 즐거움에 참예할지어다" 하는 칭찬을 받을 것이다. 그는 디모데후서 4장에서 자신의 면류관이 이미 예비되었다고 말한 사람이기 때문에 그 말에 근거해서 우리들은 이렇게 말할 수 있다. 그런데 오늘 우리는 그와 같은 달란트는 갖고 있지 않다. 어쩌면 두 달란트나 한 달란트일 것이다. 그렇다 하더라도 우리가 받은 것으로 힘을 다해 충성하면 그날 놀라운 광경을 보게 될 것이다. "아니, 저 큰 바울 사도와 똑같이 우리를 칭찬해주시다니!" 얼마나 좋은가! 만일 여기 한 달란트 받은 사람도 그 한 달란트로 장사해서 한 달란트를 남긴다면 주님이 틀림없이 "잘 하였도다 착하고 충성된 종아" 라고 하셨을 것이다.

따라서 여러분은 받은 것을 작다고 하지 말고 그것으로 힘을 다해 충성을 다해 섬겨야 한다는 말이다. 그러면 그 보상이 다섯 달란트나 두 달란트나 한 달란트나 같을 것이다. 이것을 볼 때 주님이 반복해서 말씀하신 의미를 알 것이다. 그런데 오늘날 많은 사람이 다른 사람이 가지고 있는 은사를 부러워하다가 시간을 다 보낸다. "저 정도는 되어야 하는데. 아, 나는 안 되겠다" 하는 것이다. 적더라도 그걸 가지고 충성을 다해서 그만큼만 남긴다면 주님이 칭찬하실 텐데 말이다.

여기서 또 한 가지 말할 것은, 그것이 꼭 사람의 눈으로 볼 때 두 달란트로 두 달란트를 남기고 다섯 달란트로 다섯 달란트를 남기고 하는 어떤 일의 성공만을 말씀하시는 게 아니라는 것이다. 그 측정은 전적으로 주님이 하신다. 그런데 참으로 그것을 헤아리기가 어렵다. 스데반 같은 사람은 많이 사역하지 못하고 순교당했다. 그런데 그는 참으로 충성된 자가 아닌가? 사람의 눈으로 볼 때 업적이나 성공한 것이 꼭 다섯 달란트나 두 달란트를 남긴 것이냐는 말이다. 그것이 반드시 아닐 수도 있다. 영적인 가치가 있는 것이어야 한다. 다섯 달란트를 남겼다고 해서 보니까 짚이고 나무고 진흙이라면 "내가 금을 주었는데 너 왜 짚을 잔뜩 쌓아놓았느냐?" 할 수도 있는 것이다. 그래서 이것은 사람의 눈으로 측정한 이득이 아니라는 것이다.

그러므로 우리 편에서는 다만 충성되게 섬기는 것이 필요하다. 주님의 중요한 심사 규정이 무엇이냐면 충성이다. 주님께 충성을 다하는 것이다. 주님이 주신 것, 내가 할 수 있는 것으로 충성을 다하는 것이다. 주님은 우리에게 역량 외의 것을 요구하지 않으신다. 지금 두 달란트밖에 갖지 않은 사람에게 "너 왜 다섯 달란트를 남기지 않았느냐?" 하지 않으신다. 우리 역량 이상으로 초과해서 요구하지 않으시는 주님이시다. 따라서 우리에게 주신 것을 힘을 다해 발휘하면 주님은 다섯 달란트 받은 사람을 칭찬하신 것과 똑같은 방식으로 우리 한 달란트 받은 사람, 두 달란트 받은 사람도 칭찬해 주신다. "잘 하였도다 잘 하였도다 착하고 충성된 종아". 그것이 착한 것이다.

24-25절, 한 달란트 받았던 자도 와서 가로되 주여 당신은 굳은 사람이라 심지 않은 데서 거두고 헤치지 않은 데서 모으는 줄을 내가 알았으므로 두려워하여 나가서 당신의 달란트를 땅에 감추어 두었었나이다 보소서 당신의 것을 받으셨나이다

이제 이 한 달란트 받은 사람이 문제이다. 이 비유에서 초점은 여기에 있다. 이 사람이 조심해야 할 사람이다. 쉽게 말해서 이렇게 하면 안 된다는 것을 주님이 말씀하시는 것이다. 이렇게 하면 문제가 있다는 것이다.

첫째, 한 달란트 받은 사람은 자신이 받은 은사가 적다고 생각한 것 같다. "이것 가지고 뭘 해"라고 한 것이다. 한 달란트 받은 사람도 주님께 오기는 왔다. 그리고 그는 주님께 와서 "주여, 당신은 굳은 사람이라"고 말했다. 이 사람은 주님이 상당히 엄하시다고 생각했다. 영어로 'hard(어렵다)', 아주 어렵게 생각했다는 것이다. 잘못하면 "너 왜 그렇게 했어" 하면서 회초리로 때릴 분으로 생각했다. 일반적으로 위에 사람을 어려워하는 사람들이 있다. 그것이 좋은 면도 있지만 대체적으로 소극적인 성품을 가진 사람들이 그러하다. 그들은 대체로 적극적으로 담대하게 일을 추진하는 영이 부족하다. 그러다가 나중에 왜 일을 하지 못했는가, 왜 떠났는가를 물으면 당시에 어려워서 말도 못했다고 대답한다. 소심하고 두려워하는 성격은 주님을 위해서 아무 것도 이뤄내지 못한다.

"심지 않은 데서 거두고". 한 달란트 받은 자는 그분이 다 하신다고 생각했다. 그는 주님이 심지 않은 데서 거두실 수 있고 헤치지 않은 데서 모으시는 분이라고 말했다. 그분이 심지도 않고 거두시는 분이라는 이 말은 맞는 말 같다. 겉으로 볼 때 틀린 말이 아니다. 주님은 아무 것도 심지 않은 데서 거두실 수도 있는 분이잖은가? 또 아무 것도 헤치지 않은 데서 모으실 수 있는 분이잖은가? 물론 그분은 그렇게 하실 수 있다. 그런데 그러한 말씀일지라도 아무 데나 적용하는 것이 아니다. 어떤 말이 맞는 말일지라도 때에 맞지 않게 사용할 때 변명이 되고 핑계가 되는 것이다. 주님은 이미 장사하라고 우리에게 달란트를 주셨잖은가? 주신 이유는 우리가 관리하고 장사하라는 것인데 지금 엉뚱한 핑계를 대고 있는 것이다. 그래서 이 사람은 두려워하는 것이 문제이다. 주님을 너무 엄하고 굳은 사람으로 생각한 나머지 내가 실수해서 잘못해 가지고 죄를 짓느니 아무 것도 하지 말고 그 주신 것이나 지키자 하는 심산이었다.

24장에서 악한 종은 주님이 더디 오리라 생각해서 동무들을 때리고 술 친구들로 더불어 먹고 마시고 했다. 이 사람은 열심히 일을 하기는 했다. 그러나 동무들을 때리면서 일을 잘못했다. 성도들을 때리고 괴롭혀 가면서 일을 한 것이다. "빨리 복음 전하러 나가" "한 사람씩 데려와" 하고서 안 데려 오면 또 혼을 낸다. 그래서 그는 주님께 책망을 받았다. 그런데 이것을 깨닫고 나니까 이 사람은 "아, 이렇게 하면 외식하는 자의 받는 율에 처하는구나. 많이 맞는구나. 할 줄 아는 게 그것뿐인데." 그래서 그때부터는 두려워서 안 하는 것이다. 발람도 안 된다지 니골라당도 안 된다지 또 동무들을 때려도 안 된다지 그러니 할 게 없다. 그래서 "차라리 안 하는 게 낫다. 그러면 혼나지는 않을 것 아니냐" 하는 것이다.

이제 아무 것도 안 하는 사람이 25장에 나타났다. "한 달란트 받은 사람이 안전한 것은 가만히 있는 것이다. 그러면 벌을 받지는 않을 게 아니냐" 하고 생각했는데 그런 사람에게도 벌이 있다는 것이다. 참으로 어렵다. '하자니 혼날 일만 하지, 안 하자니 쫓겨나지… ' 그래서 25장을 깊이 말하는 사람들은 십자가를 말한다. 달란트 비유를 깊이 말하는 사람들이 십자가와 보혈을 말한다. 이것은 말씀을 깊이 읽은 사람들이다. 쉽게 말해서 하기는 하되 십자가로 자신을 처리하고 하지 않으면 안 된다는 말이다. 그리고 혹시 잘못한 것이 있으면 보혈로 용서를 구해야 한다는 것이다. 그런데 이 사람은 틀리지 않으려고 아무 것도 하지 않는 것이다. 주님을 너무 엄하게 생각하고 두려워한 나머지 아무 것도 하지 않은 것이다.

그러나 주님이 여기서 우리에게 가르쳐 주시는 것은 무엇인가? "한 달란트 받은 자들아". 보다 많은 사람들이 한 달란트를 받았다. "다섯 달란트, 두 달란트보다 너희들이 받은 그 한 달란트가 적다 하지 말고 장사해라. 나를 너무 두려워하지 말아라. 하다가 잘못하면 다시 고치면 된다. 또 내가 너희를 위해 흘린 피가 있지 않느냐? 나는 그렇게 두렵고 엄하지 않다. 나는 너희들이 그렇게 하는 것을 좋아한다" 하는 것이다. 이것이 여기서 주님이 우리에게 시사해주시는 것이다. 그러니 여러분은 열심히 받은 은사를 발휘하라. 두려워하지 말라. 그분을 너무 엄한 분으로 생각지 말라!

나도 때로는 주님의 말씀의 수준과 빛을 보면 두려워서 온 몸에 힘이 빠질 때가 있다. 조금 잘못하면 발람이 되겠고 조금 잘못하면 니골라당이 되겠고… 발람도 안 되고 니골라당도 안 되고 그러면 또 형제자매들을 못살게 굴겠고 그런 게 두려워서 아무 것도 안 하면 이제 아무 것도 할 수가 없는 것이다. 말씀을 깊이 읽을 때 내가 할 수 있는 게 아무 것도 없다. 그런데 또 아무 것도 안 하면 여기 말씀대로 혼난다. "네 달란트 어디에 갖다 두었느냐?"

달란트가 성령의 은사가 아닌가? 열 처녀의 비유는 내적으로 성령으로 충만 되는 것이고 이 달란트 비유는 성령의 은사를 말한다. 이 은사를 가지고 주님을 섬기는 것을 말한다. 성령 충만한 것과 성령의 은사는 연결되어 있다. 이 두 가지 중 어느 하나에 치우치면 안 된다. 어떤 사람은 그저 개인적으로 성령 충만을 구하고 어떤 사람은 성령 충만이나 주님과의 깊은 연합이나 관계도 없이 그저 일만 한다. 이 두 가지는 다 치우친 것이다. 우리는 내적인 성령 충만과 은사 발휘를 다 함께 중요시해야 한다.

여기서 한 달란트 받은 사람은 주님을 두려워한 사람이다. 너무 두려워하지 말라는 것이다. 그리고 자기의 은사를 발휘하라는 것이다. 여기서 한 가지 더 이야기할 것은, 주님이 달란트를 주셨는데 "그 달란트는 어떤 것을 말하고 너의 달란트는 무엇이다. 너는 무엇을 해야 한다." 하면서 구체적으로 한 사람 한 사람 말씀해주지 않으셨다. 여기서 장사를 해서 남겨야 하는 사람은 어떠한 책임이 있는가? "내가 어떻게 해서 주님을 섬길 것인가? 주님이 나더러 하라시는 것은 무엇인가?" 하고 성실하게 주님 앞에 가서 항상 묻고 추구해야 하는 것이다. 그럴 때 알게 될 것이다. 사람이 말해 준 것은 위험하다. "당신 주일학교 봉사하는 게 좋겠어. 당신 중고등부 봉사하는 게 좋겠어. 딱 맞을 것 같애." 이런 것은 위험하다. 그런 것이 아니다. 우리가 주님을 추구함으로써 주님의 뜻을 찾는 것이다. 전심으로 찾으면 알 수 있다. 그렇게 주님의 뜻을 열심히 부단히 추구해서 주님이 나에게 하라고 하시는 것을 알아내야 한다. 그리고 그 뜻을 이루어야 한다. 여기에 묘미가 있다. 그래서 여러분은 주님과 접촉하게 된다. 주님의 뜻을 알기 위해 그분을 접촉하는 것이다. 그 중간에 사람이 끼면 안 된다. 조직이 끼면 안 된다. 그러면 실패하게 되어 있다. 주님을 늘 접촉하여 교제하고 기도함으로 주님이 우리에게 무얼 하라고 하시는가를 알아내야 한다.

한 달란트 받은 종은 두려워했다. 주인에게 벌 받을까봐 두려워한 것이다. 내가 해외에 역사를 시작할 때 항상 걱정 되는 것이 한 가지 있었다. 예전에 허드슨 테일러, 윌리엄 케리 같은 사람들의 이야기를 들어보면, 허드슨 테일러는 어느 날 기도하는데 "중국으로 가라! 중국으로 가라!" 하는 말을 들었다고 한다. 자나깨나 중국이었다고 한다. 그래서 그는 중국으로 갔다. 윌리엄 케리는 인도로 가라는 음성을 듣고 인도의 선교사가 되었다.

그런데 나는 유럽도 가고 아프리카도 가고 몽골도 가고 베트남도 가고 캄보디아도 가고 여러 나라를 가는데 "베트남이다. 베트남으로 가라!" 또는 "캄보디아다. 캄보디아로 가라!" 하는 분명한 말씀이 속에 없었다. 그래서 나는 항상 "주님이 가지 말라시는데 내가 가는 게 아닙니까? 주님, 가지 말라시는 것이면 말씀 좀 해주세요. 그런데 속에서 가고 싶은 걸 어떻게 합니까?" 하는 걱정이 있었다. 내가 아프리카에 가서 고생할 때는 괜히 가지 말라는데 와서 이 고생을 하는가 하는 생각이 들었다. 그런데 또 한편으로는 "아프리카에서 죽을 고생을 하니까 왜 이런 생각이 들까? 그러면 왜 한국에서 편하게 지낼 때에는 이렇게 편하게 있는 것을 주님이 안 기뻐하시는 게 아닌가 하는 생각을 하지 않을까?" 하는 마음도 있었다. 거기서 죽을 지경이 되니까 주님이 여기 오지 말라시는 것을 내가 주제넘게 온 것이 아닌가 하고 생각하는 것이다.

내가 왜 이런 말씀을 드리는가? 그렇다 할지라도 내가 내린 결론은 주님이 원하시는 것 같고 내 마음속에 갈망이 있으면 가라는 것이다. 가면서 배울 수 있다. "아, 이게 아니었구나. 아, 이건 너무 지나쳤구나" 하면서 배운다. 그러나 언제든지 주님의 권위 아래서 순복하는 영 가운데서 배울 수 있다. 형제자매들과의 교통과 순복하는 영 가운데서 그렇게 적극적인 영을 가지면 주님이 가르쳐주신다. 지레 겁을 먹고 실수할까봐, 잘못할까봐 아무 것도 안 하는 사람을 깨우치기 위해 여기 한 달란트 갖고 있는 사람의 위험성을 지적해 주고 있다.

"두려워하여 나가서 당신의 달란트를 땅에 감추어 두었었나이다". 그는 땅에 감추어 두었다. 땅이라는 것은 무엇인가? 이 세상이다. 이 땅에 달란트를 감추어 두는 것은 아무 것도 안 하는 것이다. 감추어 두는 것 자체가 육체이다. 아무 것도 안 하는 것 자체가 육체이다. 주님은 사람을 심판하실 때 죄를 범치 않았다고 심판하지 않으시는 것이 아니다. 말하자면 하지 않아야 할 일을 했다고 심판하시는 것만이 아니라 그 사람의 태만, 즉 그 사람이 응당 해야 할 일을 안 했을 때에도 심판하신다. 이것은 정말 심각하다. "나는 잘못하지 않았다. 나는 그때 가만히 있었다. 다른 사람은 다 잘못해도 나는 아무 일도 저지르지 않고 가만히 있었다." 이러한 것을 당신은 자랑하지 못할 것이다. 우리는 다 조심해야 한다. 심판받게 된다.

아무 것도 하지 않는 것은 잘하는 것이 아니다. 성령의 은사를 소멸하는 것이다. 성령의 느낌을 소멸하는 것이다. 주님의 느낌인 것 같고 주님의 음성인 듯하면 일단 기도하고 가야 한다. 순종해야 한다. 그렇다고 100퍼센트 다 잘한다는 것은 아니다. 어쩌다 보면 잘못한 것일 수도 있다. 그러면 회개하고 주님의 보혈로 씻음을 얻고 십자가로 자신을 처리하면 된다. 그럴 때 점점 진보할 수 있다. 나는 지금까지 주님의 일은 모든 적극적인 영을 갖고 있는 사람들에 의해서 일어났다는 것을 안다. 주님의 필요가 있을 때 무언가 착상하고 헌신하며 일을 벌리는 사람들에 의해서 일은 일어나곤 하였다. 무엇이든 한번 해도 정확하게 안틀리게 하려고 조심하고 돌다리를 두드리고 하다가 세월 다 보내는 사람들을 통해서는 일을 하기가 매우 어렵다. 주의 일에서도 그런 사람을 통해서는 되는 일이 거의 없다.

그리고 또 한 가지, 달란트를 땅에 감추어두지 말아야 한다. 우리가 은사를 잘 사용할 수 있는 비결 하나가 여기에 들어 있다. 절대 은사를 땅과 연결시키면 안 된다. 이 땅은 육체이다. 육신에 속한 생활을 하지 말아야 한다. 육체에 속한 말을 하지 말아야 한다. 육체 가운데, 세상 가운데 우리의 은사가 파묻혀 있지 못하게 해야 한다. 심지어 우리의 잘못한 말, 약간 땅에 속한 일들, 그러한 것 가운데 우리를 두면 이 은사가 발휘되지 않는다. 발휘되더라도 제한을 받는다. 절대적이다. 내가 땅 속에 감추어 두고 싶지 않아도 내 의도로 땅 속에 파묻게 된다. 책임이 우리에게 있다는 말이다. 우리에게 있는 책임의 문제는 언제나 이 은사가 발휘되기 좋은 상태에 있도록 만들어 놓는 것이다. 총으로 말하면 군대에서 언제든지 총을 쏘면 나갈 수 있는 상태로 만들어 놓아야 하는 것이다.

그런데 이 사람은 의도적으로 땅 속에 감추었다. 자기 것을 감소시키지 않음으로 주님께 칭찬을 받으려는 것이다. 그러니까 이렇게 떳떳하게 말하는 것이다. 감히 주님 앞에 가서 이렇게 말할 수 있다고는 생각지 않는다. 그러나 그러한 마음을 가지고 이렇게 했다는 것이다. 그는 "주님이 주신 것을 잃지 않고 지키는 것만으로도 저는 힘들었습니다." 하고 생각했을 것이다. 그런데 여기 이 사람이 이렇게 한 행동은 주님에 의해서 전혀 인정되지 않는다.

이익을 남기는 좋은 기질

장사하여 이익을 남기는 문제는 매우 중요한 문제이므로 조금 더 자세히 다루어 보겠다. 다섯 달란트, 두 달란트 받은 자와 한 달란트 받은 자는 장사하여 이를 남기려는 영과 기질에 있어서 차이가 있다. 그리스도인은 내적인 생명의 변화만을 추구해서는 안 된다. 반드시 열매 맺음에 대하여 추구가 있어야 한다. 주님은 열매맺지 못하는 가지는 포도나무에서 제해질 것이며 밖에 버리워 말라질 것이며 결국 불사름을 당할 것이라고 말씀하셨다(요 15:2, 6).

오늘날 많은 추구하는 그리스도인들이 자신의 영성 발전만을 주의하는 것을 본다. 그들은 자신이 영적으로 온전케 되어야 다른 사람들에게 유익을 줄 수 있을 것이라고 믿는다. 나는 이 생각이 전적으로 틀리다고 말하는 것이 아니라 그 생각 속에 이기적인 영성이 자리잡을까 염려하는 것이다. 즉 남을 위한 섬김이 주가 되는 것이 아니라 자신의 영적 유익과 성화와 영적성장이 주가 되는 것이다. 이것은 매우 위험한 것이다. 주님은 섬김을 받으러 오신 것이 아니라 다른 사람을 섬기러 오셨으며 남을 위해 목숨을 바치러 오셨다. 즉 주님의 영성은 전적으로 남을 위한 것이었다.

오늘날 많은 그리스도인들은 적극적으로 열매 맺는 길을 걸어가지 않는다. 대신에 자신들의 옳음과 영적성장에 지대한 관심을 기울인다. 따라서 많은 열매를 맺지 못한다. 바울은 어떻게 해서 많은 열매를 맺을 수 있었는가? 그는 자신을 기쁘게 하거나 자신의 영성을 돌아본 것이 아니라 주님을 닮아서 남을 기쁘게 하고 다른 사람에게 유익을 주기 위해 모든 것을 행했다(고전 10:33). 즉 그는 남을 위해 살았다.

타인에 대한 진정한 사랑이 없이 그저 열매를 맺겠다는 목적의식까지도 열매 맺는 생명을 좌절시킨다. 생각이 전환되지 않고서는 열매를 맺으려는 마음까지도 자아 중심적인 영성적 사고이기 때문이다. 그러므로 나는 참되게 열매를 맺으려는 마음은 남을 위하고 다른 사람들을 축복하며 섬기려 하는 정신이라고 말하고자 하는 것이다. 타인을 자신의 목적하는 바대로 이끌려는 동기로 섬긴다면 순수한 섬김이라고 말할 수 없다. 우리는 어떤 의도를 갖고 사람들을 섬기는 것이 아니라 진정으로 그들의 영혼을 사랑함으로 섬기는 것이다.

열매를 맺는 일에 있어서 가장 중요한 것은 자아의 부인과 상실이다. 많은 사람들을 접촉하고 섬기려면 진성으로 타인을 위한 사랑과 기도와 수고가 필요하다. 왜 많은 사람들이 복음을 전하고 양육하려는 마음을 가지고 있으면서도 실행에 옮기지 못하는가? 자아의 문제 때문이다. 그것은 다른 사람들로부터의 멸시와 반대와 무반응으로부터의 자아에 대한 상처를 싫어하기 때문이다. 그러면 무엇이 이런 자아의 문제를 해결하는가? 십자가와 자기부인을 끊임없이 실행하는 것이다. 또한 다른 이를 위해 사는 것을 기질화 해야 한다. 언제나 자신이 아니라 남을 위해 살겠다는 굳은 결심이 필요한 것이다. 그러므로 나는 장사를 하여 이익을 남기는 사람의 특징은 하나의 기질의 문제가 있다고 하는 것이다. 당신이 만일 자신의 영성만을 위한 추구하는 기질의 성도라면 그 기질을 반드시 남을 위한 것으로 바꿀 수 있기를 바란다. 다른 사람을 사랑하고 그들을 기쁘게 하고 그들에게 유익을 주며 남을 위해 일생을 사는 기질이다. 이러한 기질이 열매를 맺는 기질이라고 말할 수 있다.

우리가 열매 맺는 사람의 성품을 기질이라고 말하는 이유는 또 있다. 그것은 다른 사람을 섬기는 것의 끈기의 문제가 있기 때문이다. 가지가 열매를 맺으려면 눈이 오거나 비가 오거나 바람이 불거나 포도나무에 붙어 있을 때 열매를 맺게 된다. 쉽게 포기하는 사람은 열매를 맺지 못한다. 열매를 많이 맺는 사람들의 특징은 적극적이며 쉽게 포기하지 않는 데 있다. 우리가 다른 사람들을 섬기다 보면 낙심되고 좌절될 때가 있다. 그리고 더 이상 소망이 없다고 느껴지기도 한다. 그럴 때 포기해 버리면 길이 없는 것이다. 주님이 만일 우리를 그렇게 대하셨다면 우리는 길이 없었을 것이다. 주님은 자기 사람들을 사랑하시되 끝까지 사랑하시는 분이다(요 13:1).

우리가 돌보며 사랑하는 사람들은 종종 우리에게 더 이상 소망이 없다고 느끼게 할 만큼 좌절시키는 일들을 일으킨다. 그때 우리가 손을 놓아버린다면 그들에게는 더 이상 길이 없는 것이다. 우리는 그럴 때마다 주님의 사랑을 생각해야 한다. 그분의 사랑은 무한하고 끝이 없는 사랑이다. 우리는 그리스도에게서 사랑을 배워야 한다. 그분은 원수도 사랑하시는 분이다. 우리가 만일 사람들을 끝까지 사랑한다면 결국 열매를 맺을 것이다. 많은 사람들이 열매를 맺기 원하면서도 맺지 못하는 이유는 몇 번 접촉하고 시도한 뒤에 자기의 의도대로 이루어지지 않을 때 쉽게 포기하는 데 있다. 가장 어렵다고 여겨질 때 한 번 더 접촉해 보라! 다시 연결의 끈이 이어지며 바람직한 역사가 시작될 것이다.

과거부터 오늘날까지 열매를 맺는 사람들의 특징은 적극적이고 열심일 뿐 아니라 한 번 붙잡으면 놓지 않는 사람들이다. 매우 냉철하고 신사적인 사람은 평판은 좋을 지 모르나 열매는 맺지 못한다. 그런 사람들은 다른 사람들에게 전혀 부담을 주려 하지 않고 자신도 다른 사람들에게 부담스럽게 되는 것을 피한다. 어쩌면 당신이 한 두번 더 권했더라면 주님을 믿었을 것이고 교회에도 출석했을 것이다. 그러나 당신은 너무 신사적이어서 그를 놓치고 말았다. 성경에는 권한다는 말이 있다. 헬라어로 '파라칼로'이다. 이는 원문에서 '옆에서 살짝 밀어 준다'는 말이다. 물론 사람들에게 무례하거나 함부로 대해도 된다는 말이 아니다. 때로는 많은 사람들이 옆에서 살짝 밀어주는 사람들에 의해서 그리스도인이 되었다. 나 또한 초기에 그러한 밀어줌에 의하여 그리스도인이 된 것이다. 그때 만일 사람들이 내가 그 자리에서 복음을 거절하고 일어나서 나가려 할 때 붙들지 않았다면 오늘날 내가 없었을 것이다. 그들은 내게 매우 간절하게 권하고 있었다. 그것은 일종의 신사적인 행동이 아니었다. 그러나 내게는 그들의 한 번의 밀어줌과 강권함이 구원이 되었던 것이다.

이 구절에서 한 달란트의 사람은 확실히 이러한 종류의 사람이 아니다. 이는 주님의 맡기신 일에 있어서 매우 소극적인 생각을 갖고 있었던 것이다. 당신이 사람들을 내적인 생명 안에서 사랑한다 하지만 그 사랑의 생명은 사람들을 구원할 수 있을 정도로 재능과 은사와 기질이 되게 발전시켜야 한다. 그렇지 않으면 당신 안의 숨겨진 사랑은 사람들에게 무슨 이익이 있는가?

26절, 그 주인이 대답하여 가로되 악하고 게으른 종아 나는 심지 않은 데서 거두고 헤치지 않은 데서 모으는 줄로 네가 알았느냐

여기서 주님은 악하고 게으른 종이라고 하셨다. 게으른 것이 문제이다. 주님이 잘못한 사람만 심판하신다고 생각지 말라. 은사를 파묻고 할 일을 하지 않는 것도 죄이다. 디모데 전서 5장 13절을 보겠다. "또 저희가 게으름을 익혀 집집에 돌아다니고 게으를 뿐 아니라 망령된 폄론을 하며 일을 만들며 마땅히 아니 할 말을 하나니". 보라. 게으른 사람은 자기가 마땅히 해야 할 일을 하지 않는 사람이다. 은사가 있고 성령의 느낌도 있는데, 자본도 있는데 마땅히 할 일을 하지 않는 것이다. 그런 사람은 게으를 뿐 아니라 악하다. 악하고 게으른 종이라고 하지 않는가? 제 할 일을 하지 않는 사람은 주님 앞에서 게으를 뿐 아니라 악한 일을 하게 된다. 아무 것도 하지 않고 "주님, 한 달란트를 잘 지키겠습니다"하는 일은 없다. 그런 사람은 반드시 주님 앞에서 쓸데없는 일을 하게 된다. 악한 말을 하고 악한 일을 하게 된다. 그러기 때문에 하지 않은 사람의 죄가 크다.

여러분은 은사를 발휘하지 않는 것이 얼마나 큰 죄악인지, 한 달란트를 감추어 둔 것이 얼마나 큰 죄악인지 알았을 것이다. 그리스도인은 앞으로 전진 하는 수밖에 달리 길이 없다. "아, 나는 쉬고 싶어"하는 사람이 있다. 쉬어서 영적으로 좋아지는 사람은 하나도 없다. 쉬어서 본전이라도 찾는 사람은 하나도 없다. 아무 것도 안 하면 점점 악화되게 되어 있다. 그리스도인은 앞으로 달려 나가는 길밖에 다른 길이 없다.

27-28절, 그러면 네가 마땅히 내 돈을 취리하는 자들에게나 두었다가 나로 돌아와서 내 본전과 변리를 받게 할 것이니라 하고 그에게서 그 한 달란트를 빼앗아 열 달란트 가진 자에게 주어라

여기서 주님은 "네가 마땅히 내 돈을(주님이 '내 돈'이라고 말씀하신다) 취리하는 자에게나 두었다가 나로 돌아와서 내 본전과 변리를 받게 할 것이니라"라고 하셨다. 이 한 달란트 받은 자가 본전은 드렸다. 그런데 주님은 본전을 도로 받으려고 그에게 한 달란트를 주신 게 아니라는 것이다. 최소한도 이자는 가져왔어야 될 게 아니냐고 하신다. 네가 장사할 수 없다면 왜 그걸 파묻어 두었느냐고 하신다. 취리하는 자에게라도 주어서 이자는 남겼어야 한다는 것이다.

여기서 '취리하는 자'에 대한 해석이 분분하다. 나는 이렇게 생각한다. 취리하는 자에게 주는 것은 자기가 스스로 사업하고 장사하는 게 아니다. 자기가 그렇게 하기 어려우면 전적으로 돈을 남기기 위해서 일하는 사람들에게 주어서 이자라도 남겨야 한다는 것이다. 사람들은 취리하는 자들에 대해 여러 가지로 말한다. 그런데 내가 아무리 생각해도 이 취리하는 자들은 전적으로 사역하는 사람들을 가리키는 듯하다. 바울 사도와 같이 복음 사역을 하는 사람들이 아니겠느냐는 것이다. 빌립보 교회를 한번 생각해 보라. 빌립보 성도들은 사도 바울의 사역에 동참했다. 그의 괴로움에 참여했다고 했다. 그렇다. 그는 감옥에 갇혔다. 그런데 사도 바울의 사역은 참으로 많은 달란트를 남기는 사역이었다. 그 일행과 더불어서 말이다. 그런데 빌립보 성도들이 그의 사역을 도왔다. 기도로 돕고 물질로 도왔다. 그럴 때 바울 사도는 그들의 기도를 통해서 더 큰 봉사를 할 수 있는 힘을 얻었다. 그리고 그들이 보내준 물질은 바울 사도의 궁핍하고 어려운 상황을 해결할 수 있었다. 그럴 때 사도 바울은 더 많이 수고하고 말씀을 전할 수 있었을 것이다.

그래서 바울은 이런 말을 했다. "잘 하였다, 빌립보 사람들아." 너희들이 나의 괴로움에 참여한 것은 잘한 것이라고 했다. 성도들의 이런 행동이 취리하는 자들에게 자본을 맡기는 것이라고 생각지 않는가? 말하자면 거기에 뭔가 기여하고 공헌한 게 있지 않겠는가? 그러면 바울 사도 일행의 사역의 효과 속에는 빌립보 성도들이 투자한 것도 들어 있다는 말이다. 내 말을 이해하겠는가? 그래서 이 사도들의 사역에 동참한 것이다. 또 복음을 전하는 무리, 그러한 교회에 동참하는 것이다. 몇몇 사람들이 복음을 전할 때 나도 동참한다. 이 모든 것이 취리하는 자이다.

주님 당시에도 오늘날 은행과 같이 돈을 넣어두면 이자를 주는 그런 곳이 있었나 보다. 그러니까 주님이 그것을 이야기하는 것이다. "거기에다 맡겨두었다면 내가 본전과 변리를 받았을 것이 아니냐? 너는 왜 그걸 갖다가 파묻었느냐?" 이것이다. 오늘 이런 모든 말씀을 마치면서 나는 여러분 모두에게 말씀드리고 싶다. 그날 주님은 파루시아 때 오셔서 우리와 회계하신다. 주님은 그분이 주신 재산을 가지고 여러분이 어떻게 장사를 했는지 철저히 관심하신다는 것이다. 다만 영적인 상태가 좋고 성령으로 충만하고 여분의 기름을 갖고 있다는 것만 가지고는 안되고 이제 은사를 발휘해서 남긴 것이 있어야 한다. 남긴 것이 있도록 해야 한다. 이것이 주님의 다시 오심에 대한 예비가 될 것이다.

28-29절, 그에게서 그 한 달란트를 빼앗아 열 달란트 가진 자에게 주어라 무릇 있는 자는 받아 풍족하게 되고 없는 자는 그 있는 것까지 빼앗기리라

여기서 이 사람은 첫째로 게으르고 악한 종이라는 책망을 들었고 두 번째는 가지고 있는 한 달란트마저 빼앗겼다. 이것을 보라. 이 사람은 가지고 있던 은사를 빼앗겼다. 주님은 주셨던 것을 빼앗아서 열 달란트 있는 자에게 주라고 하셨다. 있는 자는 더 많이 받게 되고 없는 자는 그 있는 것도 빼앗기게 된다.

30절, 이 무익한 종을 바깥 어두운 데로 내어쫓으라 거기서 슬피 울며 이를 갊이 있으리라 하니라

주님은 아무런 효과도 발생시키지 않은 그 사람을 무익한 종이라고 하셨다. "이 무익한 종을 바깥 어두운 데로 내어쫓으라". 이 바깥 어두운 데가 어디일까? 자세하게는 모르지만 분명히 어두운 데이다. 주님은 장차 이 땅에 강림하실 때 빛 가운데 오신다. 그러므로 그날 혼인잔치에 들어가는 사람은 다 그분의 영광과 빛 가운데 들어가게 된다. 그런데 이러한 사람들은 다 어두운 데로 내어쫓기게 된다.

시편 18편 9절, "저가 또 하늘을 드리우시고 강림하시니 그 발 아래는 어둑캄캄하도다". 주님이 이 땅에 오실 때에는 영광과 빛 가운데 오시는데 어떤 곳은 어둡다. 주님 앞에 서지 못한다. 결국 내어쫓기게 된다. "이 무익한 종을 바깥 어두운 데로 내어쫓으라 거기서 슬피 울며 이를 갊이 있으리라". 주님은 왜 이러한 말씀을 미리 하시는가? 이러한 상황에 도달하지 말라는 것이다. 여러분은 열 처녀의 비유를 들었고, 또 달란트의 비유를 듣고 이제 어떻게 해야 할 줄을 다 알았다. 여러분에게는 다 최소한 한 달란트가 있다. 적다고 생각하지 말고 이제 그 달란트를 사용해야 한다. 그 은사를 발휘해서 적어도 한 달란트 받은 사람은 한 달란트를 남겨야 한다. 그러면 다섯 달란트 받은 사람이 주님께 받은 칭찬과 똑같은 칭찬을 받게 된다.

양과 염소에 대한 심판의 말씀

이 부분의 말씀은 주님이 십자가에 달리기 위하여 가시기 전 마지막으로 제자들에게 강론하신 말씀이다. 이 부분의 말씀은 이해하기가 쉽지 않고 성경학자마다 해석하는 것이 다르기 때문에 주의해서 듣지 않으면 이해하기가 쉽지 않다. 그러므로 오늘은 다 주님 앞에서 차분한 생각으로 하나님께서 이 부분의 말씀에서 우리에게 주시고자 하시는 것이 무엇인지 잘 듣기 원한다. 먼저 마태복음 25장에는 우리가 잘 아는 대로 열 처녀의 비유가 있고 달란트의 비유가 있다. 그리고 마지막으로 양과 염소에 대한 심판의 말씀이 있다. 앞의 두 가지는 비유이다. 슬기로운 다섯 처녀와 미련한 다섯 처녀, 다섯 달란트, 두 달란트, 한 달란트 받은 종들과 그들과 회계하는 주인이 있다. 그런데 마지막 말씀은 양과 염소이기 때문에 비유인 것 같으나 사실 그대로이다.

31절, 인자가 자기 영광으로 모든 천사와 함께 올 때에 자기 영광의 보좌에 앉으리니

영문 성경에는 이 말씀 앞에 'but(그러나)'이 있다. '그러나'라는 말은 이 말씀이 별도로 주어진 말씀임을 의미한다. 마태복음 24장, 25장은 주님이 감람산 위에서 제자들에게 주신 말씀이다. 그 앞에서 주님은 이미 성전 안에서 대제사장, 서기관, 바리새인들과 이야기하셨고 그 후에 성전에서 나오셔서 감람산으로 올라가셨다. 성전에서 나와 제자들이 성전 건물을 가리켜 말했을 때 주님은 이 성전 건물이 돌 하나도 돌 위에 남지 않고 다 무너질 것이라고 하셨다. 그러자 제자들이 어느 때에 이런 일이 있겠느냐고 물었다. 또 세상 끝에는 어떤 징조가 있느냐고 물었다. 그때부터 주님이 주신 말씀이 지금 25장 마지막까지의 말씀이다.

24장의 말씀은 처음에 유대인들을 대상으로 하신 말씀이고 그 다음은 교회로 전환하신다. 교회로 전환하여 하신 말씀이 24장 32절부터의 말씀이다. "무화과나무의 비유를 배우라"는 말씀부터 교회 사람들에게 주시는 말씀이다. 그리고 25장 1절부터 30절까지, 열 처녀의 비유와 달란트 비유까지가 교회 사람들, 거듭난 믿는이에게 하신 말씀이다. 그런데 이제 31절, "그러나 인자가 자기 영광으로 모든 천사와 함께 올 때에"라는 말씀은 유대인에게 하신 말씀도 아니고 교회에게 하신 말씀도 아니다. 영어로는 "But when the Son of Man come in His glory(인자가 자기, 그분의 영광으로 오실 때)"라고 되어 있다. 이 부분의 말씀을 많은 성경학자들은 모든 인류에 대한 종합적인 심판이라고 보고 또 어떤 사람들은 모든 산 자와 죽은 자에 대한 심판, 백보좌의 심판과 연결지어 해석하기도 한다. 그러나 이 부분을 성경의 다른 부분과 관련지어 고려할 때 그렇게 해석하는 것은 맞지 않다. 사실 이 부분은 이방인들에 대한 말씀이다. 이제 천천히 보겠다. 여기서 인자는 만국을 심판하러 오신다. 이 땅에 주님은 왕으로 오신다. 주님은 먼저 보좌를 떠나서 공중으로 오신다. 공중으로 오셨을 때 이기는 믿는이들을 들림받게 하신다. 그런 다음 공중에서 그분은 믿는이들을 심판하신다. 믿는이들에 대한 심판은 이 땅에서 이루어지는 것이 아니다. 믿는이들에 대한 심판은 공중에서 이루어진다. 마태복음 25장 1절부터 30절까지의 열 처녀 비유와 달란트 비유는 다 믿는이들에게 해당되는 말씀이다. 이 일은 공중에서 일어난다. 믿는이에 대한 것이기 때문이다. 믿는이에 대한 심판을 다 끝마치신 후에 그분은 이제 땅으로 오신다. 이 땅으로 오셔서 첫째는 유대인의 남은 자들을 구원하시고 그런 다음 그곳에서 영광의 보좌를 정하신다.

누가복음 1장을 보겠다. "저가 큰 자가 되고 지극히 높으신 이의 아들이라 일컬을 것이요 주 하나님께서 그 조상 다윗의 위를 저에게 주시리니 영원히 야곱의 집에 왕 노릇 하실 것이며 그 나라가 무궁하리라"(32-33절). 다윗의 위를 저에게 주신다는 말은 그분이 이스라엘 왕이 되신다는 말이다. 주님이 초림하셨을 때에는 왕이 되시지 않았다. 그분은 이스라엘 사람에게 배척당하시고 십자가에 죽으셨다. 그러므로 이 말씀은 그분의 첫 번째 오심을 의미하는 것이 아니다. 그분이 다시 오셨을 때, 재림하셨을 때 그분은 다윗의 위에 앉으시고 영원히 야곱의 집에 왕 노릇 하실 것이고 그 나라가 무궁할 것이다.

다시 마태복음 25장으로 가서, 인자가 자기 영광으로 모든 천사와 함께 오신다고 하셨다. 이때는 주 예수님이 인자로서 이 땅에 강림하셔서 이스라엘의 명실상부한 왕이 되실 것을 말씀하신 것이다. 그때 주님은 영광의 보좌에 앉으실 것이다. 그것이 바로 다윗의 보좌이다. 그리고 영원히 왕 노릇 하실 것이다. 그리고 주님은 그때 모든 천사와 함께 오신다고 했다. 성경에서 천사가 하는 일이 많다. 주님의 시중을 다 들어야 한다. 사람들을 모으는 일이라든가 주님이 오실 때 하셔야 할 일들을 천사들이 다 한다. 모든 천사가 주님이 오실 때 함께 온다.

그리고 주님은 자기 영광의 보좌에 앉으신다. 주 예수님의 영광에는 그분의 신성의 영광과 인성의 영광과 부활의 영광과 승천의 영광이 있다. 그분 자신의 영광이 있다. 그런데 다시 오실 때 그분은 자기 영광의 보좌에 앉으신다. 현재 주님은 그분 자신의 보좌에 앉아 계신 것이 아니고 아버지의 보좌에 앉아 계신다. 그분은 이 땅에서 충성을 다하시고 고난당하시고 결국 승리하셨기 때문에 아버지께서 그분의 보좌를 주셔서 아버지와 함께 보좌에 앉아 계신다. 그러나 주님이 이 땅에 오셔서 왕 노릇 하실 때에는 그분의 보좌에 앉으신다. 그리고 이기는 자들을 그분의 보좌에 함께 앉게 해주신다. 계시록 3장을 보겠다. "이기는 그에게는 내가 내 보좌에 함께 앉게 하여 주기를 내가 이기고 아버지 보좌에 함께 앉은 것과 같이 하리라"(21절). 이 말씀을 보면 주님이 이기셨으므로 아버지 보좌에 함께 앉아 계신다. 지금 교회 시대에 주님은 성도들에게 이기라고 말씀하신다. 이기면 주님이 장차 이 땅에 오실 때에 자기의 보좌, 영광의 보좌, 아들의 보좌에 앉게 해주시겠다고 말씀하신다. 다시 25장으로 가겠다. 주님은 공중에서 믿는이들을 심판하시고 이 땅에 강림하신다. 예루살렘 동편 감람산에 그분의 발을 두신다. 이것이 그분의 재림이다. 그리고 그분은 자기의 보좌에 앉으신다. 영광의 보좌에 앉으신다.

32-33절, 모든 민족을 그 앞에 모으고 각각 분별하기를 목자가 양과 염소를 분별하는 것같이 하여 양은 그 오른편에, 염소는 그 왼편에 두리라

여기서 모든 민족이라는 말은 다른 말로 이방인이다. 이 말은 마태복음 다른 곳들에서 민족들, 이방인들 등으로 번역되었다. 그러나 헬라어로 '에스네'는 이방인을 말한다. 그래서 이 부분의 사람들은 유대인도 아니고 교회 사람도 아니고 이방인들이다. 주님이 재림하실 때까지 살아 남아 있는 이방인들을 말한다. 그들은 아직 주님을 믿지 않는 자들이다. 마지막 시대에 대환난이 일어나는데 대환난 끝에 적그리스도는 이방인들 가운데서 군대를 모아 이스라엘을 친다. 그런데 이 일이 있기 직전에 주 예수님이 이기는 자들과 함께 이 땅에 강림하셔서 적그리스도와 모든 그의 군대를 진멸하신다. 그분의 입으로 나온 검으로 만국을 치신다. 그래서 적그리스도와 그를 따르는 군대가 다 죽임을 당한다.

그러나 이 땅에는 적그리스도를 따르지 않는 사람들, 그의 군대가 되지 않은 이방인들도 있다. 그 이방인들을 말하는 것이다. 오늘 이 지구상에 주님을 믿지 않는 사람들이 많이 있다. 그들은 주님이 오실 때 다 소집된다. 주 예수님 앞으로, 영광의 보좌 앞으로 다 소집된다. 그 소집하는 일을 천사가 한다. 모든 천사가 주님과 함께 이 땅에 와서 모든 사람들을 주 예수님 앞에 모은다.

여기에 좀 특별한 것이 있다. 달란트 비유나 열 처녀의 비유에서는 미련한 자나 슬기로운 자나 충성된 자나 게으른 자나 모두 믿는이들이기 때문에 그들은 천사들이 모은 게 아니라 스스로 신랑을 만나러 왔다. '왔다'고 표현되어 있다. 달란트 비유에서도 "다섯 달란트 받았던 자는 다섯 달란트를 더 가지고 와서"라고 표현되어 있다. 그들 스스로가 왔다. 그들은 다 믿는이들이기 때문에 어찌하든간에 공중으로 들림받아 주님 앞에 있게 된다. 그런데 이 땅에 살아 있는 이방인들은 주님을 모른다. 그렇기 때문에 모을 필요가 있다. 여기 '모은다'는 표현이 있다. 모은다는 말은 원문에서 소환한다는 뜻이 있다. 이때 주님은 왕으로 오신다. 모든 민족을 그 앞에 모으시고 각각 분별하기를 목자가 양과 염소를 분별하는 것같이 하신다고 했다. 모든 이방인들을 다 주님 앞에 모은다. 이것이 주님이 다시 오실 때 이 땅에서 벌어질 상황이다.

주님은 마지막으로 감람산에서 그분이 다시 오셔서 이 땅에서 행하실 모든 일들—심판, 역사—을 다 말씀하신다. 유대인은 어떻게 처리할 것인가, 교회는 어떻게 될 것인가, 이방인들은 어떻게 다룰 것인가 등이다. 믿는이들 중 기름을 충분하게 예비한 사람은 혼인 잔치에 들어갈 것이고 그렇지 않은 사람은 들어가지 못하고 쫓겨남을 당할 것이며 달란트를 사용하여 장사를 잘 해서 이득을 남긴 사람은 주님으로부터 칭찬이 있고 주인의 즐거움에 참예할 것이고 그렇지 않은 자들은 어두운 데 쫓겨나서 슬피 울며 이를 갊이 있을 것이다. 이 말씀은 교회에게 하신 말씀이다.

그런데 이 마지막 부분에 나머지 이방인들, 살아 있는 믿지 않은 이들은 어떻게 될 것인가에 대한 말씀이 있다. 그들까지 처리해야 이 땅이 깨끗하게 정리가 된다. 그래서 주님이 그들을 다 모아 분별하시는데 양과 염소로 분별하신다고 했다. 양은 아주 착한 짐승이다. 염소는 비슷하게 생겼는데 그 본성이 다르다. 죄인을 뜻한다. 그래서 양과 염소는 서로 다르다. 이들을 누가 분별하는가? 주님께서 오셔서 모든 천사와 함께 분별하신다. 사람들 눈으로는 그 둘을 분간할 수 없을지 모르지만 주님의 눈은 다 분별하신다. 양이나 염소나 모양도 비슷하고 우는 소리도 비슷하지만 주님은 다 분별하신다. 마태복음 13장에도 동일한 일을 말하는 비유가 있다. 그물로 고기를 잡아서 나쁜 고기와 좋은 고기를 분별하는 비유이다.

여기서 양은 오른편에 두고 염소는 왼편에 둔다고 했다. 오른편은 성경에서 언제나 영예로운 자리, 축복된 자리이다. 하나님이 만일 여러분을 오른편에 앉히신다면 그것은 아주 존귀한 것이다. 밧세바가 나아왔을 때 솔로몬은, "어머니여 오른 편에 앉으소서"라고 말했다. 오른편은 항상 이렇게 영광된 자리를 뜻한다. 호의를 입은 자리이다. 시편 45편에서도 "왕후는 그의 우편에 서서"라고 했다. 왕후가 설 수 있는 영광의 자리가 우편이다. 그러므로 양은 호의를 입은 자리인 우편으로 가고 염소는 저주를 받기로 되어 있기 때문에 왼편으로 가는 것이다. 이렇게 하나님은 양이 누구이고 염소가 누구인지 분명히 구분하신다. 분명히 아신다. 이것이 마지막에 있을 상황이다.

이것이 주님의 파루시아, 천국을 말하는 것인데 천국을 이해하는 것은 그렇게 쉽지 않다. 성경 전체를 읽어볼 때 천국은 세 영역으로 되어 있다. 첫째, 양들이 들어갈 영역이 있다. 하나님이 창세로부터 예비하신 영역이다. 이들이 그곳에 들어간다. 둘째로, 다윗의 왕국이 있다. 이스라엘 백성이 이 땅에서 이루게 될, 천년왕국의 땅에 속한 영역이다. 성경을 보면 천년왕국 시대에 땅에 속한 영역은 이스라엘 사람들이 다스리게 되어 있다. 지금은 미국이 온 땅을 다스리고 있다고 보아도 된다. 미국 대통령은 온 세계의 대통령이나 마찬가지이다. 그런데 장래 천년왕국 때에는 이스라엘이 작은 나라이지만 열국을 다스리게 된다. 현재 미국이 다스리는 것보다 직접적인 다스림으로 다스리게 될 것이다.

이사야서 60장을 보겠다. 10절-12절, "내가 노하여 너를 쳤으나 이제는 나의 은혜로 너를 긍휼히 여겼은즉 이방인들이 네 성벽을 쌓을 것이요 그 왕들이 너를 봉사할 것이며 네 성문이 항상 열려 주야로 닫히지 아니하리니 이는 사람들이 네게로 열방의 재물을 가져오며 그 왕들을 포로로 이끌어옴이라 너를 섬기지 아니하는 백성과 나라는 파멸하리니 그 백성들은 반드시 진멸되리라". 이것이 마지막 천년 왕국 때 이스라엘이 온 세계를 다스리는 장면이다.

스가랴서 14장 16절부터 19절까지이다. "예루살렘을 치러 왔던 열국 중에 남은 자가 해마다 올라와서 그 왕 만군의 여호와께 숭배하며 초막절을 지킬 것이라 천하만국 중에 그 왕 만군의 여호와께 숭배하러 예루살렘에 올라오지 아니하는 자에게는 비를 내리지 아니하실 것인즉 만일 애굽 족속이 올라오지 아니할 때에는 창일함이 있지 아니하리니 여호와께서 초막절을 지키러 올라오지 아니하는 열국 사람을 치시는 재앙을 그에게 내리실 것이라 애굽 사람이나 열국 사람이나 초막절을 지키러 올라오지 아니하는 자의 받을 벌이 이러하니라".

천년왕국 시대에는 이스라엘이 만국을 다스리고 유대인들이 만국의 사람들에게 하나님을 경외하고 섬기는 법을 가르쳐주는 제사장이 된다. 그런데 그때 열국을 구성하게 될 백성들이 누구인가? 바로 여기서 양으로 선택된 사람들이다. 그 다음 천년왕국에서 하늘에 속한 영역 안으로 들어갈 사람들이 누구인가 하면 그리스도인 중에서 이기는 사람들이다. 그들이 그리스도와 함께 왕들이 된다. 그래서 천년왕국은 그렇게 간단하지가 않다. 이기는 자는 올라가서 왕이 되고 패배한 사람들은 징계 받는다는 정도만 알면 안 된다. 적어도 세 가지를 알아야 한다. 첫째, 양들이 들어가는, 창세로부터 예비 된, 영생을 상속받는 영역이 있다. 두 번째는 유대인들이 만국을 다스리는 땅에 속한 다윗의 왕국이 있다. 이것이 천년왕국의 부분이다. 그리고 가장 영예롭고 가장 뛰어난 사람들이 누구냐면 믿는이들 중에서 이기는 자들이다. 그들이 그리스도와 더불어 천 년 동안 왕 노릇 할 것이다.

우리가 이기는 자들이라면 우리는 천년왕국에서 그리스도와 함께 왕이 될 것이다. 그리고 천년왕국에서 하나님의 백성, 만국에게 하나님을 섬기는 법을 가르쳐주는 제사장들은 남아 있는 유대인이다. 이것도 스가랴서에 나와 있다. 그때는 열 사람의 이방인들이 한 사람의 유대인을 붙잡고 우리가 어떻게 하나님을 섬겨야 하느냐고 묻게 된다. 이래서 우리는 주님이 다시 오셔서 이루어질 왕국의 상황이 그렇게 간단하지 않다는 것을 알 수 있다. 그리고 주님의 심판도 한번이 아니고 공중에서 믿는이들을 심판하시고 그 다음 이 땅에 오셔서 이와같이 모든 열국을 모아서 심판하신다. 이것은 천년왕국 전의 상황이고 천년왕국 후에는 죽은 믿지 않는 이방인들이 다시 부활하게 되어 백보좌 앞에서 심판받고 지옥에 들어가게 된다.

34절, 그 때에 임금이 그 오른편에 있는 자들에게 이르시되 내 아버지께 복 받을 자들이여 나아와 창세로부터 너희를 위하여 예비된 나라를 상속하라

창세로부터이다. '창세로부터'와 '창세 전'은 차이가 있다는 것을 알아야 한다. '창세로부터'(from the foundation)는 창세 이후라는 말이고 '창세 전(before the foundation)'이란 영세를 말하는 것이다. 믿는이들인 우리가 받는 축복은 영세의 축복, 창세전의 축복이다. 에베소서 1장에서는 창세전에 그리스도 안에서 우리를 택하사 하늘에 속한 모든 복을 주셨다고 말한다. 그것은 우리 믿는이가 받는 축복이다. 그러나 양들이 받는 축복은 창세로부터, 즉 하나님께서 창조하심으로 말미암아 예비하신 왕국의 축복이다. 양들이 받는 축복과 믿는이들인 우리가 받는 축복은 차이가 있다.

"내 아버지께 복 받을 자들이여 나아와 창세로부터 너희를 위하여 예비 된 나라를 상속하라." 여기에 두 동사가 있다. 하나는 'come(나아와)'이다. 왕께서 그날 양들에게 너희는 나에게 나아오라고 말씀하신다. 그러나 나중에 보겠지만 염소에게는 '떠나라(depart from me)'고 말씀하신다. 나아오라는 말씀은 참으로 복된 말씀이다. 주님께서 그날 우리에게 "이리 오라"고 말씀하시는 것을 듣기를 우리가 얼마나 고대하는지. 그러나 주님 면전에서 쫓겨나는 것은 불행한 것이다.

지금 예수를 믿는다고 하면서도 어떤 사람들은 구원의 확신도 없다. 제대로 구원을 받지 못했다. 그리고서 구원받은 척하는 것이다. 오늘 날도 그런 사람이 많다. 그런 사람에게 주 예수의 피로 구속받았느냐고 물으면 두려움이 있다. 요한계시록 22장 8절에서 믿지 않는 자들과 두려워하는 자들은 불과 유황으로 타는 못에 참여한다고 했다. 사도 요한이 누가 지옥에 가나 보니 두려워하는 자들이 가더라고 했다. 다른 사람이 인정해주는 것은 소용이 없다. 사람들이 다 "당신은 구원받은 것 같다"고 말해주어도 소용없다. 스스로 확신이 있어야 한다.

여기서 우리 주님은 누가 양인지 누가 염소인지 아신다. 그분이 양과 염소를 분별하신다. 그리고 양들에게는 "복 받을 자들이여, 나아와 창세로부터 예비한 복을 받으라."고 하셨다. 여기서 한 가지 알아야 할 것이 있다. 주님이 하신 일은 한 가지도 헛된 것이 없다. 그분은 에덴 동산을 창조하셨다. 그러나 인간의 타락으로 인하여 화염검으로 감춰졌다. 그런데 이 양들에게는 하나님이 창조하신 원래의 그 영역 안에서 누릴 수 있는 축복을 주신다는 것이다. 왜 그런가? 이들은 적어도 아담이 타락하기 전의 상태로는 돌아갔다는 것이다. 그러니까 그 축복을 주시는 것이다. 하나님이 하시는 일은 하나도 공허한 것이 없다. 다 의미가 있다. 이들은 그러한 창세로부터 예비한 나라를 상속하게 된다. 여기에 'come(와서)'과 'inherit(상속하라)'이라는 두 동사가 있다. "나에게 와서 이 나라를 상속하라." 이것이 양들이 받을 축복이다.

35-40절, 내가 주릴 때에 너희가 먹을 것을 주었고 목마를 때에 마시게 하였고 나그네 되었을 때에 영접하였고 벗었을 때에 옷을 입혔고 병들었을 때에 돌아보았고 옥에 갇혔을 때에 와서 보았느니라 이에 의인들이 대답하여 가로되 주여 우리가 어느 때에 주의 주리신 것을 보고 공궤하였으며 목마르신 것을 보고 마시게 하였나이까 어느 때에 나그네 되신 것을 보고 영접하였으며 벗으신 것을 보고 옷 입혔나이까 어느 때에 병드신 것이나 옥에 갇히신 것을

보고 가서 뵈었나이까 하리니 임금이 대답하여 가라사대 내가 진실로 너희에게 이르노니 너희가 여기 내 형제 중에 지극히 작은 자 하나에게 한 것이 곧 내게 한 것이니라 하시고

여기 양들이 복을 받는 이유가 있다. 여기의 의인들은 양들이고 오른 편에 있는 자들이다. 그들이 "주여 우리가 어느 때에 주의 주리신 것을 보고 공궤하였으며 목마르신 것을 보고 마시게 하였나이까…"라고 묻는다. 참된 의인들은 자신들이 언제 그렇게 하였는지도 모르고 있다. 오늘 날 자신들이 주님을 위해 많은 것을 했다고 생각하는 사람들은 참된 이기는 자들이 아니다. '여전히 무익한 종이라'고 할 수 있어야 한다. 무언가를 많이 했다는 것이 언제나 문제가 된다. 진정으로 착한 사람은 좋은 일을 많이 하고도 아무 것도 한 것이 없다고 생각하는 것이다. 그러나 일반적으로 사람들은 조금 해놓고서 큰 일을 한 것처럼 말한다.

요한 계시록 14장 6절-7절, "또 보니 다른 천사가 공중에 날아가는데 땅에 거하는 자들 곧 여러 나라와 족속과 방언과 백성에게 전할 영원한 복음을 가졌더라 그가 큰 음성으로 가로되 하나님을 두려워하며 그에게 영광을 돌리라 이는 그의 심판하실 시간이 이르렀음이니 하늘과 땅과 바다와 물들의 근원을 만드신 이를 경배하라 하더라". 이 때가 바로 대환난 때이다. 14장 전반부에는 첫 열매의 휴거가 있다. 휴거가 있은 직후 이 땅에는 대환난이 있게 된다. 대환난 때 대다수의 휴거되지 못한 믿는이들은 이 땅에서 환난을 거치게 된다. 그런데 환난받는 믿는 이들을 주님은 돌보신다. 그리고 대환난이 있을 당시 살아 있는 이방인들에게 하나님은 복음을 전하시는데 그것은 대환난 이전의 은혜 시대에 전하는 은혜의 복음이 아니다. 대환난 이후에는 거듭나는 사람들이 없다. 대환난 끝이 되면 예수 믿고 구원받는 사람이 없다.

그래도 주님은 이 땅의 사람들에게 긍휼을 베푸셔서 그때는 공중의 천사가 복음을 전한다. 그 복음은 은혜의 복음, 생명의 복음, 천국복음이 아니라 영원한 복음이다. 영원한 복음의 내용은 예수 믿고 천당 간다, 예수 믿고 거듭난다는 것이 아니다. 이 복음은 "하나님을 두려워하며 그에게 영광을 돌리라 이는 그의 심판하실 시간이 이르렀음이니 하늘과 땅과 바다와 물들의 근원을 만드신 이를 경배하라"는 것이다. 하나님을 경외하라, 하나님을 경배하라는 것이다. 이것이 대환난 때에 하나님의 천사가 이 땅에 사는 사람들에게 전하는 복음이다. 이때 전하는 천사의 복음을 듣고 그 복음을 받아들여서 순종한 이방인들이 양이 되는 것이다.

주님이 주리실 때 먹을 것을 주었다는 것은 대환난을 통과하는 믿는이들에게 양들이 그렇게 했다는 것이다. 주님은 이 땅에 있는 그분의 믿는이들을 자신으로 여기신다. 자신과 하나로 여기신다. 그렇게 믿는이들을 아끼신다. 지금도 마찬가지이다. 하나님의 자녀들은 주 예수님과 하나이다. 믿는이들을 핍박한 사울에게 승천하신 주님은 "너는 왜 나를 핍박하느냐?"고 하셨다. 그들이 승리하는 삶을 살지 못해서 들림 받지 못하고 대환난 때 이 땅에 남아 있지만 주님은 그들을 그분의 지체로 여기신다. 그분과 하나로 여기신다. 그래서 그들에게 한 것이 곧 나에게 한 것이라고 말씀하시는 것이다. 여기서 '지극히 작은 자에게 한 것이 곧 나에게 한 것'이라고 하셨는데 '지극히 작은 자들'이란 바로 대환난 때 이 땅에 남아 있는 그리스도인들이다. 큰 자들은 다 어디 있는가? 이미 휴거되었다. 이 땅에는 작은 그리스도인들만 남아 있다. 영적으로 어린 그리스도인들만 남아 있다. 그러나 그들이 비록 어리다 하더라도 주님은 그들을 너무나 사랑하신다.

자녀가 못나고 아직 어리고 말썽을 부려도 부모는 그를 너무나 사랑한다. 주 예수님은 대환난 시대에 이 땅에 남아서 고생하고 환난 받는 믿는이들을 사랑하신다. 이들은 어떤 사람들이냐면 주린 사람들, 목마른 사람들, 나그네 된 사람들, 헐벗은 사람들, 옥에 갇힌 사람들이다. 대환난 때 그리스도인들은 다 이렇게 어렵다. 먹을 것도 없고 마실 것도 없고 입을 것도 없다. 감옥에 갇힌다. 이것이 대환난 때 고생하는 광경이다. 그런데 그때에 천사가 공중에서 영원한 복음을 전한다. 이러한 복음을 듣고 "하나님을 경외해야 겠구나. 천지를 창조하신 하나님을 경배해야 겠구나." 하고 받아들이는 사람들이 있다. 그들이 믿는이들을 잘 대해 주는 것이다. 감옥에 갇힌 사람들을 돌보아주고 입을 것이 없는 사람들, 먹을 것이 없는 사람들을 잘 보살펴 주는 것이다. 그들은 그야말로 그리스도의 생명으로 구원받은 것은 아니겠지만 인간의 본연의 가장 착한 심성으로 돌아간 것이다. 그런 사람들이 다 양이 되는 것이다. 그들이 다 주님의 오른편에 분류되어 창세로부터 예비 된 나라를 상속받는 것이다.

그런데 이 사람들은 어느 때에 자기들이 이렇게 하였는지 모른다. 여기서 나는 이런 말을 하고 싶다. 이들은 첫째로 주님을 잘 알지 못하고 말씀을 잘 알지 못하는 고로 하나님의 자녀를 섬기는 것이 곧 주님을 섬기는 것임을 잘 알지 못한다. 다만 영원한 복음을 듣고 두려워서 예수 믿는 자들을 잘 대해 준 것이다. 착한 것이다. 거듭나지 않았어도 인간 속에는 하나님의 음성을 듣고 순종하는 착한 심성이 있을 수 있다. 에덴 동산의 아담을 생각해보면 된다. 그런데 주님은 지극히 작은 자에게 한 것이 바로 주님에게 한 것이라고 말씀하신다. 마지막 심판은 영원한 복음에 의해 시행된다. 은혜의 복음이나 율법에 의해 심판되는 것이 아니다.

마지막으로 주님이 강림하셔서 하시는 심판은 삼 년 반의 대환난 동안 천사가 전파한 영원한 복음을 받았는가 받지 않았는가에 의해 이루어진다. 결과적으로 그분의 믿는이들을 어떻게 대했느냐에 따라 심판되는 것이다. 그때 염소들은 다 영영한 불에 들어갈 것이며 양들은 창세로부터 예비 된 나라에 들어갈 것이다. 적어도 피조된 인간으로서 에덴 동산의 타락 이전 아담처럼 최선을 다해 착한 심성으로 하나님의 음성을 듣고 순종한 자에게는 에덴의 축복을 누리게 해주신다.

41절, 또 왼편에 있는 자들에게 이르시되 저주를 받은 자들아 나를 떠나 마귀와 그 사자들을 위하여 예비된 영영한 불에 들어가라

이것은 분명히 영원한 불못이고 지옥이다. 이건 믿는 자들에 대한 심판은 아니다. 염소들은 영영한 불못에 들어간다. 불못에 들어가는 것도 차례가 있다. 일차, 이차, 삼차로 불못에 들어간다. 제일 먼저 불못에 들어가는 것은 적그리스도와 거짓 선지자이다. 그 다음에는 염소들이 들어간다. 이것은 천년왕국 전에 있을 일이다. 세 번째는 마귀가 들어간다. 천년왕국 후에 마귀는 잠깐 놓였다가 불못에 들어가게 된다. 천년왕국 전에는 적그리스도, 거짓 선지자, 염소들이 불못에 들어가고 천년왕국 후에는 마귀가 들어간다. 그리고 끝으로 믿지 않은 자들(불신자들)이 백보좌 심판을 받고 불못에 들어간다.

42-44절, 내가 주릴 때에 너희가 먹을 것을 주지 아니하였고 목마를 때에 마시게 하지 아니하였고 나그네 되었을 때에 영접하지 아니하였고 벗었을 때에 옷 입히지 아니하였고 병들었을 때와 옥에 갇혔을 때에 돌아보지 아니하였느니라 하시니 저희도 대답하여 가로되 주여 우리가 어느 때에 주의 주리신 것이나 목마르신 것이나 나그네 되신 것이나 벗으신 것이나 병드신 것이나 옥에 갇히신 것을 보고 공양치 아니하더이까

대환난 시대에는 양과 염소가 있다. 그 복음을 받은 사람들은 착한 심령을 가진 사람들이다. 그리고 예수 믿는 사람들을 잘 대접해 주었다. 염소들은 악한 사람들이기 때문에 그런 그리스도인들을 대접하지 않은 것이다.

주님은 참으로 작은 자를 주의하신다. 이 시대에도 같다. 예수 믿는다고 하면서 큰 일만 주의하고 큰 역사를 한다고 하는데 그런 사람 눈에는 작은 형제가 헐벗은 것이 안 보인다. 주님을 위한 일을 대단하게 한 번 해보자 하는 사람의 눈에는 작은 사람의 형편이 안 보인다. 형제 한 사람이 굶주리고 헐벗고 있는 것이 안 보인다. 왜 그런가? 지금 큰 일이 많아서 정신이 없다는 것이다. 지금 할 일이 많다는 것이다.

주님이 사람을 심판하실 때 양과 염소를 나누는데 그 기준이 무엇이었는가? 여기 있는 작은 형제 하나를 어떻게 대했느냐는 것이다. 헐벗고 굶주리고 상처받고 외로워하고 갈 곳 없어하고 한숨 쉬는 형제, 괴로워하는 형제, 그 형제를 어떻게 대했느냐는 것이다. 그것이 바로 나를, 주님을 대한 것이라고 하신다. 소자에게 냉수 한 그릇을 준 것을 주님은 잊지 않으신다고 했다. 주님이 이 땅에 오신 것은 한 마리의 잃어버린 양을 찾기 위한 것이다.

마태복음 18장을 보겠다. "너희 생각에는 어떻겠느뇨 만일 어떤 사람이 양 일백 마리가 있는데 그 중에 하나가 길을 잃었으면 그 아흔아홉 마리를 산에 두고 가서 길 잃은 양을 찾지 않겠느냐 진실로 너희에게 이르노니 만일 찾으면 길을 잃지 아니한 아흔 아홉 마리보다 이것을 더 기뻐하리라 이와같이 이 소자 중에 하나라도 잃어지는 것은 하늘에 계신 너희 아버지의 뜻이 아니니라"(12-14절). 소자 중의 하나라고 했다. 아흔아홉 마리가 아니라 소자 중의 하나이다.

나는 몇 해 전 외국의 어떤 단체의 리더인 형제들과 대화할 기회가 있었다. 그때 내 마음과 그들의 마음이 너무 다르다고 느낀 것이 있었다. 그들은 큰 것을 주의했다. 한국에서도 똑같은 것을 발견했다. 그래서 내가 말했다. "형제들과 나는 다릅니다. 형제들은 전체를 놓고 '앞으로 나란히, 차려'하는 것을 좋아하는 것 같습니다. 그러나 나는 저 뒤에서 눈물짓고 한숨쉬고 탄식하는 한 영혼에게 가겠습니다." 그리스도인의 길이 무엇인가? 주님의 본을 따르는 것이다. 아흔아홉 마리를 두고 한 마리를 찾아나서는 것이 그리스도인이다. 그것이 아버지의 뜻이다. 아흔아홉 마리는 이미 건강하다. 그러니까 그날에 심판도 주님의 그러한 성품을 따라 집행하시는 것이다. 작은 형제에게 한 것이 곧 나에게 한 것이라고 하신다. 오늘날도 똑같다. 오늘날도 형제들에게 내가 어떻게 대하는가에 따라 주님 앞에서 심판을 받는다. 헐벗고 굶주리고 목마르고 병들고 옥에 갇히고 사람들이 주의하지 않는 형제에게 가서 그 형제를 붙잡고 울면서 기도할 수 있는 사람. 주님은 그렇게 한 것을 곧 주님께 한 것이라 하신다. 오늘날 많은 사람들이 하나님의 뜻과 반대로 가려 한다. 이 말씀은 최종적으로 주님이 십자가에 가시기 전 남아 있는 제자들에게 주신 말씀이다. 가장 마지막에 주신 말씀이다. 이제 더 이상의 교리가 없다.

욥이 고난받을 때 친구들이 와서 돕는다 했지만 욥에게는 하나도 도움이 되지 않았다. 위로가 되지 않은 것이다. 우리는 오늘 욥의 친구들과 같이 되어선 안 된다. 참으로 우는 자들과 함께 울고 외로운 자의 벗이 되어 주어야 한다. 이것이 예수의 영이다. 얼마 전에 우리 주위에 있는 형제들과 교통했다. 우리 주위에 많은 사람이 있다. 우리는 많이 바쁘다. 그러다 보니 우리 주위에 있는 외로운 영혼, 주님을 잘 알지 못하는 사람에 대해 소홀히 하는 것을 발견했다. 우리는 이런 점을 고쳐야 한다고 말했다. 오늘 우리가 이러한 멀리 있고 외로운 양들을 관심하게 해주신 주님께 감사한다.

45절, 이에 임금이 대답하여 가라사대 내가 진실로 너희에게 이르노니 이 지극히 작은 자 하나에게 하지 아니한 것이 곧 내게 하지 아니한 것이니라 하시리니

그리스도인은 적극적으로 뭔가 하지 않는 것도 죄이다. 불쌍한 것을 보고도, 외로운 것을 보고도 그 사랑의 마음을 막으면 죄이다. "나는 죄 짓지 않았습니다. 그 사람 욕하지 않았습니다"하는 문제가 아니다. 그러므로 수동적이고 피동적이고 할 수 있는 일을 하지 않는 것은 염소가 되는 길이다. 우리는 이 부분의 말씀이 꼭 대환난 때 해당되는 것이라고만 생각하지 말기 바란다. 오늘도 우리 가운데 지극히 작은 형제들, 배고프고 외롭고 굶주리는 형제들이 있다. 그들에게 우리가 어떻게 했는지를 주님이 기억하신다. 그런 자에게 냉수 한 그릇을 준 것도 잊지 않는다고 하셨다.

46절, 저희는 영벌에, 의인들은 영생에 들어가리라 하시니라

이때에 양들은 영생을 얻는 것이 아니라 영생 안으로 들어가 하나님이 예비하신 왕국을 축복으로 얻게 된다. 이들이 천년왕국에서 열국 백성을 구성하게 된다. 이기는 자들과 유대인 중 남은 자들이 이들을 다스리게 된다.

계시록 2장 26절, 27절, "이기는 자와 끝까지 내 일을 지키는 그에게 만국을 다스리는 권세를 주리니 그가 철장을 가지고 저희를 다스려 질그릇 깨뜨리는 것과 같이 하리라 나도 내 아버지께 받은 것이 그러하니라". 12장 5절, "여자가 아들을 낳으니 이는 장차 철장으로 만국을 다스릴 남자라 그 아이를 하나님 앞과 그 보좌 앞으로 올려가더라". 장차 철장으로 만국을 다스릴 사람이 바로 사내아이이다. 이들이 다 이기는 자들이다.

20장 4-6절, "또 내가 보좌들을 보니 거기 앉은 자들이 있어 심판하는 권세를 받았더라 또 내가 보니 예수의 증거와 하나님의 말씀을 인하여 목 베임을 받은 자의 영혼들과 또 짐승과 그의 우상에게 경배하지도 아니하고 이마와 손에 그의 표를 받지도 아니한 자들이 살아서 그리스도로 더불어 천 년 동안 왕 노릇 하니 (그 나머지 죽은 자들은 그 천 년이 차기까지 살지 못하더라) 이는 첫째 부활이라 이 첫째 부활에 참예하는 자들은 복이 있고 거룩하도다 둘째 사망이 그들을 다스리는 권세가 없고 도리어 그들이 하나님과 그리스도의 제사장이 되어 천 년 동안 그리스도로 더불어 왕 노릇 하리라". 여기서 이기는 자들은 천 년 동안 왕 노릇하고 양들은 만국을 구성하며 이기는 자들의 다스림을 받게 된다.

마태복음 24장 1절부터 31절까지는 유대인들을 어떻게 다루는가를 언급한다. 주님이 이렇게 하여 무엇을 얻으려 하시는 것인가? 적그리스도가 나타날 때 유대인들은 상당수가 죽임을 당한다. 그런데 남은 유대인이 있게 된다. 그들이 인침을 받고 제사장들이 된다. 이것은 구약 성경, 특별히 선지서들에서 반복적으로 예언된 말씀들이다. 특히 이사야서는 남은 자들에 대한 예언이 가득한 책이다. 그들은 왕국시대에 이 땅에 있는 열국 백성에게 하나님을 섬기는 법을 가르쳐 주게 된다. 24장 32절부터 25장 30절까지는 교회를 말한다. 주님은 교회 사람들에게 하신 말씀으로 무엇을 얻고자 하시는가? 이기는 자를 산출하려 하신다.

이제 25장 31절부터 마지막 절까지는 무엇을 얻으려 하시는 것인가? 이 땅에 있을 만국 백성을 얻으려 하는 것이다. 말하자면 왕들을 얻고 제사장들을 얻고 백성을 얻는 것이다. 이렇게 하시고 주님은 마치셨다. 주님의 말씀은 조금도 빈틈이 없다. 이 땅에 일어날 일들을 다 말씀하셨다. 한 가지 한 가지 다 말씀하신 후에 십자가로 나아가실 준비를 하신다.

26 장

1-2절, 예수께서 이 말씀을 다 마치시고 제자들에게 이르시되 너희의 아는 바와 같이 이틀을 지나면 유월절이라 인자가 십자가에 못박히기 위하여 팔리우리라 하시더라

주님은 그분이 언제 죽으실 것을 아셨고 또 그 시간까지 주님이 하실 일을 다 하셨다. 아버지께서 그분을 보내셔서 그분이 이루시기 원하시는 일들, 가르치셔야 할 것들을 다 말씀하셨다. 주님이 하실 일을 다 마치셨기 때문에 이제는 그분 자신을 죽음에 내어주실 수가 있다. 따라서 그분은 제자들에게 이틀이 지나면 유월절인데 인자가 십자가에 못박히기 위하여 팔리울 것이라고 말씀하셨다.

주님은 지금 십자가로 가시고 있다. 십자가에 못박히셔야 하는 것은 우리의 죄 때문이다. 우리는 너무나 많은 죄를 지었다. 우리의 죄를 생각하면 너무나 근심이 많다. 주님이 우리를 사랑하시고 우리를 위하시기 때문에 우리를 구원하기 원하셨고, 우리를 죄에서 구원하기 위해서는 주님 자신이 못박히시지 않으면 안 되었다. 팔리우시고 십자가에 못박히도록 자신을 내어주신 것은 주님 자신이 하신 일이고 하나님이 의도하신 일이고 하나님께서 사람을 구원하기 위해 계획하신 것이다. 그것은 다 우리를 위한 것이다.

그리스도께서 죽으신 것은 우리 죄를 위한 것이다. 우리가 범한 죄들이 예수 그리스도를 십자가로 보내었다. 우리가 참으로 근심스럽고 마음이 아픈 것은 우리의 죄가 그분을 십자가로 보내었다는 것이다. 우리의 지은 죄가 그분이 십자가에 달리도록 강요한 것이다. 그러면서도 무지한 우리는 여전히 그분의 십자가의 고통을 무겁게 하고 있다. 참으로 우리는 이러한 죄 가운데서 아직도 헤어나지 못하고 있다. 정말 십자가에서 돌아가신 주님의 마음을 아프게 해드렸다. 결국 우리의 지은 죄가 예수님을 십자가로 내몬 것이다.

"인자가 십자가에 못박히기 위하여 팔리우리라". 여기서 주님은 그분이 팔려서 십자가에 못박힐 것이라고 하셨다. 그분은 사람들에게 대가를 받고 팔려서 못박히게 되실 것이다. 이 말씀을 하신 것은 유월절 이틀 전이다. 주님은 정확하게 유월절 절기에 십자가에 달려 죽으셨다. 주님의 마태복음 25장 이전의 귀중한 말씀들은 십자가에 못박히기 이틀 전, 혹은 삼 일 전에 하신 말씀들이다. 그분은 앞으로 일어날 모든 것을 아시고 계셨던 것이다. 이 모든 말씀을 마치신 주님은 제자들에게 "이제 이틀 후면 유월절인데 내가 십자가에 못박히기 위하여 팔리울 것이다."라고 말씀하신다. 주님은 그분의 제자들에게 그분이 십자가에 못박히시고 죽으실 것에 대하여 최소한 세 번 가르치셨는데 이것이 마지막 말씀인 것이다.

3-4절, 그때에 대제사장들과 백성의 장로들이 가야바라 하는 대제사장의 아문에 모여 예수를 궤계로 잡아 죽이려고 의논하되

당시의 대제사장은 가야바였다. 또 안나스라는 사람도 있었다. 당시에 중요한 이스라엘 백성의 지도자들인 대제사장과 백성의 장로들이 가야바의 정원 아문에 함께 모여서 모의를 했다. 그것은 예수님을 잡아 죽이자는 것이다.

많은 사람들이 예수님의 가르침을 들었다. 그분의 가르침은 귀하지 않은 것이 없고 진리가 아닌 것이 없다. 참으로 그때까지 이스라엘 백성들은 그러한 말씀을 들어본 적이 없었다. 하나님의 참되신 말씀, 그것은 아들의 말씀이요 진리의 말씀이었다. "내가 곧 길이요 진리요 생명이라". 주님은 이 땅에 오셔서 이러한 참된 말씀을 하셨다. 그리고 그분은 목자이시다. 양들에게 참된 양식으로 공급하셨다. 목자의 음성을 아는 양들은 그 음성을 듣고 가르침받고 영접하고 기뻐했다.

그러나 그러한 일을 당시 이스라엘의 집권자들, 세력을 가진 자들은 기뻐하지 않았다. 그들은 유대교 조직을 더 사랑했다. 그들은 그것을 더 보존하고 싶어 했다. 그러한 일에 가장 방해가 되는 자가 바로 당시의 예수였던 것이다. 그러므로 그들은 어찌하든지 예수를 잡아죽이려고 했다. 그 전에는 예수에게 사람들을 보내서 뭔가 올무를 놓아 죽일 구실을 찾았다. 뭔가 허물을 찾으려고 한 것이다. 그러나 그때마다 실패했다. 그분은 지혜로운 말씀으로 모든 상황에 대처하셨다. 그들은 그분에게서 아무 잘못도 발견할 수 없었다. 그분을 책잡아 죽일 만한 어떤 구실을 얻지 못한 것이다. 그렇다 하더라도 이 사람들은 그분을 그대로 둘 수 없다고 생각했다. 그들은 한 사람이 죽어야 온 민족이 평안할 것이라 생각했다. 그래서 이 예수 한 사람을 죽이려고 모의하고 있는 것이다. 그들은 죽일 만한 합당한 이유를 찾을 수 없자 궤계로 죽이려고 했다. 거짓된 증거, 궤계로 예수를 죽일 수밖에 없다고 생각한 것이다.

5절, 말하기를 민요가 날까 하노니 명절에는 말자 하더라

그러나 그들은 유월절을 피하고 싶었다. 왜냐하면 유월절에 예수를 죽이면 당시에 많은 이스라엘 사람들이 예루살렘에 모이고 성전에 모여서 유월절 절기를 지키는데 민요가 날까 해서이다. 그 기간은 적절하지 않았다. 그래서 유월절 절기가 끝나고 사람들이 다 흩어졌을 때 소란과 민요가 없도록 그때 죽이자고 했다. 그러나 우리가 결과를 볼 때 모든 것은 그들의 뜻대로 되지 않았다. 예수님은 유월절에 십자가에 못박히셨다. 그들은 백성들의 동향, 백성들의 소요를 두려워했으므로 유월절에는 피하자고 한 것이다. 그러나 주님은 하나님의 유월절 어린양이시기 때문에 유월절에 죽임을 당하셔야 했다. 모든 것은 악한 음모를 꾸민 그 죄인들의 계획과 뜻대로 이루어지지 않았다. 모든 것은 하나님의 계획과 뜻대로 이루어진다. 주님이 자신을 죽음에 내어줄 권세는 그분께 있지 이 세상 집권자들이나 대제사장과 서기관들에게 있지 않다. 모든 일은 주님의 뜻대로 되어 가는 것이다. 왜냐하면 그분이 우리 같은 죄인들을 구원하시기 위해 십자가에 달리셔야 했기 때문이다.

6절, 예수께서 베다니 문둥이 시몬의 집에 계실 때에

이때는 유월절 이틀 전이 아니다. 요한복음 12장에서는 유월절 엿새 전이라고 기록되어 있다. 마태복음은 주님이 행하신 일의 순서에 따라 기록된 것이 아니라 교리적인 체계에 따라 이루어졌기 때문에 시간적인 순서로 보면 그 이전이다.

7절, 한 여자가 매우 귀한 향유 한 옥합을 가지고 나아와서 식사하시는 예수의 머리에 부으니

여기의 '한 여자'는 마리아일 것이다. 우리는 마가복음이나 요한복음에서도 동일한 사실을 본다. 마리아는 예수님이 베다니에 계실 때 나드 향유 한 옥합을 가지고 왔는데 이것은 매우 비싸고 귀한 것이다. 그것을 가지고 나아와 식사하시는 예수의 머리에 부었다고 기록되어 있다.

마가복음 14장 3절, "예수께서 베다니 문둥이 시몬의 집에서 식사하실 때에 한 여자가 매우 값진 향유 곧 순전한 나드 한 옥합을 가지고 와서 그 옥합을 깨뜨리고 예수의 머리에 부으니". 이 말씀에 의하면 이 여자가 가져온 것은 순전한 나드 한 옥합이다. 그리고 이 옥합을 깨뜨려 예수님의 머리에 부었다. 요한복음 12장 3절, "마리아는 지극히 비싼 향유 곧 순전한 나드 한 근을 가져다가 예수의 발에 붓고 자기 머리털로 그의 발을 씻으니 향유 냄새가 집에 가득하더라". 여기에서는 마리아라고 했다. 마태복음에서는 한 여자라고 하면서 이름을 밝히지 않았고 요한복음 12장 3절에서는 그 여자가 마리아임을 밝히고 있다. 또한 그 향유가 지극히 비싼 나드 한 근이라고 말하고 있다.

마태복음과 마가복음은 이 마리아가 향유를 예수의 머리에 부었다고 말하는데 요한복음은 발에 부었다고 기록되어 있다. 그렇다면 향유를 발에 부은 것인가, 머리에 부은 것인가? 이 여자가 부은 향유가 많아 머리에 부은 것이 결국은 발까지 다 적셨을 것이다. 요한은 발에 부어진 것을 유심히 보았던 것이다. 그러나 마태나 마가는 그 여인이 주님의 머리에 이 향유를 부은 것을 보았다. 이 나드 한 근, 또는 나드 한 옥합은 삼백 데나리온의 가치가 있었고 그것은 당시에 한 가정이 십개월 정도 먹고 생활할 수 있는 돈이었으므로 상당히 큰 돈이었음에 틀림없다.

8절, 제자들이 보고 분하여 가로되 무슨 의사로 이것을 허비하느뇨

마리아는 향유를 가지고 와서 예수의 머리에 부었다. 그런데 제자들은 보고 분했다고 했다. 제자들이 볼 때 마리아의 귀한 향유를 붓는 것이 허비라고 생각했다. 그러나 사람이 주님을 위해 드리는 대가는 한 가지도 지나친 것이 없음을 기억해야 한다. 그분이 받아주시기만 한다면 목숨인들 아까우랴! 그분께 드리는 한 허비라는 것이 없다.

9절, 이것을 많은 값에 팔아 가난한 자들에게 줄 수 있었겠도다 하거늘

이러한 말은 그리 나쁜 말같이 들리지 않는다. "귀한 옥합을 깨뜨려 향유를 예수님의 머리와 발에 붓다니 이게 뭐하는 거냐? 그 귀한 향유를 팔아 가난한 자들에게 나누어주면 얼마나 좋겠는가?" 얼마나 유용한 것인데 그것을 깨뜨려 식사하시는 예수님 머리에 붓느냐는 것이다. 그들은 마리아의 깊은 심정을 알지 못했다. 그런데 이러한 말을 먼저 한 사람이 유다이다. 요한복음 12장을 보겠다. "제자 중 하나로서 예수를 잡아 줄 가룟 유다가 말하되 이 향유를 어찌하여 삼백 데나리온에 팔아 가난한 자들에게 주지 아니하였느냐 하니 이렇게 말함은 가난한 자들을 생각함이 아니요 저는 도적이라 돈궤를 맡고 거기 넣는 것을 훔쳐감이러라"(4

절). 요한은 이러한 말을 한 사람을 분명하게 지적했다. 마태복음 26장에서는 제자들이 보고 분하여 했다고 한다. 유다가 앞서서 그러한 말을 했을 것이고 다른 제자들도 유다의 말이 매우 설득력 있고 또 합리적이라고 생각했기 때문에 유다의 말을 따랐을 것이다. 제자들이 한 말은 더 유익하고 효용성 있게 이 귀한 옥합을 사용했더라면 좋았을 것이 아닌가? 왜 그 비싼 것을 여기서 깨뜨려서 그렇게 필요한 것 같지 않은 데에 사용하느냐는 것이다. 그들은 그것을 허비라고 보았다. 그리고 제자들은 그것을 보고 분했다. 그 아까운 것을 그렇게 허비하다니. 쓸모없이 버린다고 생각했다. 그리고 그것을 가난한 자들에게 나누어주면 많은 사람들에게 더 유익하지 않겠는가 했다. 주님의 말씀은 제자들, 특히 유다의 발상이 정말 가난한 자들을 생각하고 동정해서 나온 것이 아니라 돈에 욕심이 나서, 돈을 사랑하는 마음에서 나온 것이라고 하신다. 그 돈을 자신의 호주머니에 넣었더라면 얼마나 좋았겠느냐고 생각했기 때문에 그렇게 말한 것이라고 성경에 기록하고 있다. 마리아가 향유를 부은 이유는 주님의 장사를 위한 것이다.

10-11절, 예수께서 아시고 저희에게 이르시되 너희가 어찌하여 이 여자를 괴롭게 하느냐 저가 내게 좋은 일을 하였느니라 가난한 자들은 항상 너희와 함께 있거니와 나는 항상 함께 있지 아니하리라

마리아는 계시가 있었다. 그는 주님이 곧 돌아가실 것임을 알았다. 돌아가신 뒤에 사흘 만에 부활하실 것도 알았다. 일반적으로 향유를 붓는 것은 귀한 사람이 죽었을 때이다. 죽은 시체를 위하여 붓는 것이다.

그런데 주님은 부활하실 분이다. 그분은 몇 차례 이것을 말씀하셨다. "나는 십자가에 못박혀 죽을 것이고 사흘 만에 살아날 것이다." 그 말씀을 귀담아 들었다면 결국 그분의 장사를 위하여 향유를 붓는 것은 그분의 죽음 이전이어야 하며 돌아가신 후에는 향유를 부을 시간이 없다는 것을 알았을 것이다. 그분은 부활하실 것이기 때문이다. 향유를 부어드릴 몸이 없다. 그러므로 마리아는 계시가 있어서 그 기회를 찾고 있었다. 그는 주님을 사랑하는 표현을 하고자 한 것이다. 그런데 제자들이 그것을 이해했는가? 이해하지 못했다. 가난한 자들을 동정하는 것도 당시에 주님이 주의하셨던 바이고 또 구약 성경에 있는 말씀으로서 하나님의 백성이 마땅히 시행해야 할 바이다. 가난한 자들을 동정하고 구제하는 것은 좋은 것이다. 그런데 마리아는 여기에서 주님에 대한 특별한 체험, 깊은 느낌이 있었다. 그러나 일반적으로 다른 제자들은 그 깊은 느낌을 생각하지 못했다.

오늘날도 동일하다. 한 믿는이가 많은 무리 가운데 있다가 소생되기 원하고 생명의 갈급함을 갖고 깊이 주님을 체험하기 원하여 주님께 달려가면 옆에 있는 사람들이 분을 낸다. 이것은 아가서 1장에 있다. 그들은 이해하지 못하기 때문이다. 그들은 일반적인 과거의 가르침과 실행 속에서 만족하고 있는 사람들이다. 과거의 좋은 것에 매달려 있는 사람들은 주님을 놓친 사람들이다. 주님을 진정 사랑하는 사람들은 현재의 주님을 만나고 싶어하는 것이다. 주님은 언제나 현재의 주님이시다. 따라서 현재의 말씀과 현재의 사역은 존재하는 것이다(벧후 1:12). 마리아의 장점은 현재의 주님의 필요가 무엇인지를 아는 자매였다. 과거도 아니고 미래도 아니었다. 그녀의 섬김은 현재였다. 현재의 헌신이 아니면 참된 것이 아니다.

누군가가 과거의 체험에 대해 만족하지 못하고 더 깊이 주님을 만지려고 하면 그냥 두는 것이 아니라 사람들은 분을 낸다. "너 왜 그렇게 하느냐?" 이것은 주님이 이 땅에 계실 때부터 많은 사람들이 하는 실수이다. 여기서 제자들은 마리아의 이 깊은 심정을 이해하지 못했다. 그리고 거기에서 돈을 가장 사랑하는 사람인 유다의 실용성의 논리가 많은 사람을 지배했다. "그게 맞아. 그것을 팔아서 많은 사람들을 유익하게 하면 더 좋지 않겠느냐?" 그런데 주 예수님은 저가 내게 좋은 일을 한 것이라고 하셨다.

오늘날도 참으로 장래가 촉망되는 많은 사람들이 나사렛 예수를 따르기 위해 모든 장래와 유용성을 포기하고 성공과 발전, 사람들의 칭송과 명예, 모든 것을 포기하고 주님께 드리는 것을 볼 때 가족이나 친척이나 친구들이나 이웃들은 다 "저 사람 미쳤군. 자기 일생을 허비하는군." 할 것이다. 그러나 우리는 이 마리아라는 이름을 기억해야 한다. 그는 주님께 좋은 일을 한 여자이다. 이때 다른 많은 사람들은 그 마음이 마리아와 같지 않았다.

주님은 십자가에 달리기 위해서 지금 나아가고 계시는데 사람들의 태도가 이제 드러나기 시작한다. 예수님을 돈 받고 팔려는 사람도 있고 도망가려는 사람도 있다. 여기의 마리아는 자기의 가장 귀한 것을 주 예수님께 쏟아 부으려 하고 있다. 그리고 옥합을 깨서 예수님께 다 부었다. 그것은 그녀의 모든 것이었다. 그녀의 모든 것을 예수님께 부었다. 그것을 이해하지 못하는 주위의 사람들이 분을 내면서 그 여자를 꾸짖었다. 오늘날 많은 사람들이 "저 사람 잘못하는 것이다. 저것은 틀린 것이다." 하면서 나무라고 꾸짖는다. 그러나 진정으로 그가 주님을 위해 그렇게 하는 것이라면 다른 사람들의 책망과 잘못되었다 하는 말이 반드시 옳은 것은 아니다. 이때에도 주위에 있는 모든 사람이 다 "마리아가 틀렸다. 잘못했다. 허비한 것이다."라고 분내어 말을 했다. 그러나 오직 주 예수님 한 분만은 "아니다. 그것은 좋은 일이다. 내게 좋은 일을 한 것이다." 라고 하셨다.

참으로 주님께 좋은 일을 한 사람이 이 시대에 사람들에게 책망을 받고 업신여김을 당하고 괴롭힘을 당하는 것은 당연한 것이다. 여기서 주님은 마리아의 주님에 대한 사랑과 깊은 마음을 알지 못하는 주위 사람들에게 "너희가 왜 이 여자를 괴롭게 하느냐. 저가 내게 좋은 일을 하였다. 가난한 자들은 항상 너희와 함께 있거니와 나는 항상 함께 있지 아니하니라."고 하셨다. 예수님께 향유를 부어 사랑을 표현할 수 있는 시간은 항상 주어지지 않는다는 것이다. 우리가 주님께 우리 자신을 쏟아 부을 수 있는 기회는 바로 지금이다. 남들이 볼 때 "저 사람 너무 심하게 허비한다."라고 생각할 정도로 우리가 주님을 사랑하고 주님께 쏟아 붓는 것은 잘못한 것이 아니다. 기회는 많지 않다. 우리의 온 마음과 정성과 모든 것을 주님께 쏟아 부을 수 있는 시간은 바로 이 시간이다. 또 다른 시간이 없다고 생각해야 한다. "앞으로 돈도 좀 벌고 건강하게 되고 또 여건이 허락하면 그때 하나님을 섬기겠다. 그때 가서 한 번 잘 드려보겠다." 그런 시간은 어쩌면 당신에게 오지 않을 수도 있다. 그러기 이전에 주님이 오실 수도 있고 그러기 이전에 당신이 주님께 갈 수도 있다. 시간이란 그렇게 우리가 생각하는 대로 항상 주어지는 것이 아니다.

"가난한 자들은 항상 너희와 함께 있거니와 나는 항상 너희와 함께 있지 아니하리라". 주님께 드릴 수 있는 시간이 이틀 남았다. 요한복음에 따르면 유월절 엿새 전이니 약 육 일 남았다. 그 이후에는 향유를 부어드리고 싶어도 부어드릴 수 없다. 아닌 게 아니라 그분이 돌아가신 후 몇몇 여자들이 향품을 가지고 무덤에 갔다. 그러나 그들은 빈 무덤을 보았고 이미 예수님은 부활하셨다. 그 향유를 부어드릴 주님은 계시지 않았다. 그들은 향유를 가지고는 갔지만 사용할 수 없었다. 그것은 시간의 문제였다. 주님을 섬기고 주님께 자신을 드리는 것에는 시간의 문제가 있다.

예수의 십자가 앞에서 모든 사람은 드러난다. 유다는 배신자로, 나머지 제자들은 도망갔다. 마리아는 옥합을 깨서 주님의 머리에 부었다. 우리는 이 생명의 주 앞에 어떤 자로 드러날 것인가?

12절, 이 여자가 내 몸에 이 향유를 부은 것은 내 장사를 위하여 함이니라

여러분, 누가 이 말씀을 깨달았겠는가? 장사를 위해서 향유를 붓는다는 것은 돌아가신 후에 시체에 붓는 것으로만 알고 있는데 누가 이 말씀을 깨달을 수 있겠는가? 제자들이 이 생각을 할 수 있었겠는가? 주님을 깊이 생각하고 사랑한 마리아가 아니라면 이런 일을 하지 못한다. 마리아는 이분이 돌아가시면 향유를 쏟아 부을 기회가 없다고 생각하여 좇아온 것이다. 제자들이 그것이 주님의 장사를 위하여 붓는 향유라는 것을 어떻게 상상이나 할 수 있었겠는가? 주님을 따르고 헌신하고 그분을 섬기는 길은 일반 사람의 생각과 다르다. 보편 타당성 있는 어떤 길과 다르다. 사람의 추론으로 생각해내는 길이 아니다. 생각과 이해를 뛰어넘는 그 어떤 것이 있다. 사람은 이해할 수 없다. 그 귀한 것, 나드 한 옥합을 예수님께 쏟아부었는데 이것에 대해 주님은 그것이 그분의 장사를 위한 것이라고 하셨다. 이와 같이 참된 신앙은 사랑에 기본이 있다. 그녀의 행한 일은 주님 자신을 사랑한 것에 있다. 일이 아니다. 일에 중점을 둔 사람마다 실패한다. 제자들은 일에 관심을 많이 두었다. 일을 위해서는 물질이 필요한 것이다. 그러나 마리아는 주님 자신을 관심했고 그분의 말씀을 관심했기에 기회를 잡아서 주님께 옥합을 깰 수 있었다.

13절, 내가 진실로 너희에게 이르노니 온 천하에 어디서든지 이 복음이 전파되는 곳에는 이 여자의 행한 일도 말하여 저를 기념하리라 하시니라

주님의 죽으심과 부활을 위해서 향유가 필요하다. 주님의 죽으심과 부활이 복음이고 복음에는 향기가 필요하기 때이다. 사도 바울은 그들이 전파하는 복음이 그리스도의 향기라고 했다. 그들이 가서 전파할 때 받아들이는 자들은 생명을 얻을 것이고 받아들이지 않는 자들은 사망에 이를 것이라고 했다. 이 복음에는 향기가 있다. 예수의 죽음과 부활은 그리스도의 복음이다. 그 복음이 온 땅에 전파되기 위해서는 그의 죽음과 부활을 위해 향유가 부어져야 했다. 온 땅에 그리스도의 죽음과 부활의 향기가 흩날려야 하기 때문이다. 그것이 바로 복음전파이다. 이 복음을 위해서, 복음의 향기를 위해서 한 여인이 쏟아 부은 향유가 그렇게 유용할 줄을 누가 알았겠는가? 주님은 그 향유를 달게 받으셨다. 그분에게는 그 향유가 필요했다. 그런 기름부음 받으심이 필요했다. 그러므로 주님은 온 천하에 복음이 전파되는 곳에는 이 여자의 행한 일도 말하여 기념하라고 하셨다.

또한 이 여자의 행한 일은 헌신이다. 그녀의 온 존재, 모든 것을 다 드린 것이다. 가장 비싼 향유를 붓고 머리털로 씻었다. 여자의 머리털은 여자의 영예이고 모든 것이다. 그 행위야말로 사람의 온전한 헌신이다. 복음은 하나님이 사람을 위해 모든 것을 주신 것이고, 이 여인의 행한 일은 사람 편에서 하나님께 모든 것을 드린 것이다. 이것이 합당하다. 복음은 하나님이 우리에게 주신 것만이 아니라 우리 자신을 그분께 드리는 것을 포함한다. 그렇지 않으면 균형 잡히지 않는다. 그래서 주님은 이 여자의 행한 일을 기념으로 삼으셨다. 이 여자가 옥합을 깬 행위가 주님께 이렇게 유용하게 사용될 줄 누가 알았겠는가? 주위에 있는 제자들은 다 오해하고 분을 내었다. 우리도 주의하지 않으면 주님이 귀하게 여기시는 어떤 형제의 일을, 주님이 귀하게 여기시는 어떤 자매의 헌신을 오해하고 그 자매를 괴롭게 하고 분내고 판단하고 함부로 말할 수도 있다. 오히려 주님은 그러한 일을 자신에게 참으로 좋은 일이라고 말씀하셨다.

사도바울은 자신의 사역을 그리스도의 향기라고 표현하였다(고후 2:15). 그는 어떻게 그리스도의 향기가 될 수 있었는가? 나는 그것이 그의 헌신에 있다고 본다. 바울은 그의 일생을 주님께 쏟아부은 사람이다. 그의 몸, 그의 마음, 그의 목숨, 그의 소유, 그의 일생, 장래를 모두 그리스도께 부은 사람이다. 마리아는 옥합을 깨어 부었지만 바울은 그의 전체를 복음을 위해 부었다. 그는 이고니온에서 돌로 맞고 일어나서 다시 복음을 전하였다. 그리고 하나님 나라에 들어가려면 많은 환난을 당해야 마땅하다고 말했다. 그는 과연 움직이는 향기가 되었다.

오, 성도들이여! 여기에 향기가 되는 길이 있다. 바로 헌신이다. 우리 자신을 주님께 온전히 드려 산 제물이 될 수 있다면 우리는 예수의 향기가 된다. 복음은 말이 아니다. 이렇게 자신을 온전히 드린 예수의 포로들의 행진이다(고후 2:14).

14절, 그때에 열둘 중에 하나인 가룟 유다라 하는 자가 대제사장들에게 가서 말하되

여기서 '그때에'란 내가 연구한 바에 의하면 26장 1절과 2절에 연결되어야 한다. 왜냐하면 6절에 있는 베다니 문둥이 시몬의 집에서 주님이 향유로 기름부음 받으신 것은 유월절 엿새 전이고 2절의 주님의 말씀은 유월절 이틀 전에 하신 것이기 때문이다. 시간상으로 보면 베다니에서 마리아가 옥합을 깨서 부어드린 것은 이 장면의 약 사 일 전쯤 된다. 그런데 그때라면 바로 2절과 3절로 연결되어야 한다. 베다니의 일은 그 사이의 삽입으로 생각할 수 있다.

유월절 이틀 전에 대제사장들은 아문에 모여서 예수님을 잡아 죽일 계획을 세우고 있었다. 바로 그때이다. 마태의 사상에 따라 교리적인 의미로 말한다면 예수님이 마리아에게서 최고의 사랑을 받으실 때라고 말할 수 있다. 예수님이 이렇게 십자가에 달리시기 바로 전 예수님이 가장 어려우실 때 사람들의 상태가 다 드러난다. 주님을 사랑하는 사람은 그때 드러난다. 거짓된 사람도 그때 드러난다. 열두 명 중에 섞여 따라 다니는 사람이 한 사람 있었다. 그도 제자라고 따라다녔다. 그 누구도 알지 못했다. 나머지 열한 명의 제자들도 그 사람이 배신할 것을 몰랐다. 한 분, 주님만 처음부터 아셨다. 주님이 한 번도 말씀하시지 않았기 때문에 제자들은 아무 것도 몰랐다. 그리고 주님은 그에게 재정을 맡기셨다. 돈궤를 맡기신 것이다. 주님을 포함하여 열두 제자들에게 어떤 필요가 있을 때에는 유다가 돈을 집행했다. 그런데 그렇게 했던 열두 명 중의 하나인 유다가 그때 예수를 팔 궁리를 하고 있었다. 그런데 대제사장과 장로들은 대제사장의 정원에 모여 예수를 궤계로 잡아 죽일 것을 모의하고 있었다. 그런 정황을 어느 정도 알고 있었던 유다는 그 기회를 잡았다. 나는 유다가 그들이 원하는 것이 무엇이었는지를 전혀 몰랐다고 생각지 않는다. 그러므로 그는 자기 선생을 그들에게 팔면 돈을 줄 것이라고 생각한 것이다.

15-16절, 내가 예수를 너희에게 넘겨주리니 얼마나 주려느냐 하니 그들이 은 삼십을 달아 주거늘 저가 그때부터 예수를 넘겨줄 기회를 찾더라

이 유다라는 사람은 이제 대제사장에게 갔다. 예수를 어떻게 잡아 죽일 것인가 모의하고 있던 사람들, 그러나 민요가 날까 하여 명절에는 말자고 했던 사람들이다. 많은 사람이 있을 때 성전에서 예수님을 잡으면 민요가 날 가능성이 많기 때문이다. 그런데 그들에게 아주 좋은 상황이 이루어졌다. 예수님을 따르던 제자가 예수님을 넘겨주겠다고 하니 대제사장이나 장로들은 매우 잘 되었다고 생각한 것이다. 이것이 사탄적인 모의가 아니겠는가? 우리가 생각하기에 이런 사탄적인 일은 잘못되어야 하는데 왜 이리도 앞뒤가 잘 맞아 들어가는지. 대제사장이나 장로들 생각에 이것이 하나님의 뜻이라고 할 정도로 일이 척척 이루어져 가고 있었다.

이들은 민요가 날 것을 두려워하여 명절에는 말자고 하였는데 유다가 좋은 기회를 제공함으로 말미암아 유월절에 예수님을 십자가에 못박게 되었다. 예수님은 그래서 하나님의 유월절 어린양으로 십자가에 달리셨다. 이 놀라운 일이 이렇게 이루어졌다. 그러므로 모든 일은 사탄의 수중에 있지 않다. 악한 자가 궤계를 꾸미고 마귀가 유다 속에 들어와서 예수님을 팔았지만 모든 일의 주권은 하나님 손에 있다. 하나님의 아들이 죄인들을 위해 유월절 어린양으로 그때 죽임을 당하셔야 하기 때문이다. 그들은 민요를 피해서 유월절 후에 조용히 죽이자고 했지만 그렇게 되지 않았다. 주님은 유월절날 죽임을 당하셔야 하나님의 어린양이시다.

구약에서부터 그렇게 정해지셨다. 니산월, 정월 십사일이 유월절이다. 그날 죽임을 당하셔야 했다. 그런데 그들은 그것을 이루려고 모의하고 제자 중 하나는 예수님을 파는 일을 진행하고 있었다.

"내가 예수를 너희에게 넘겨주리니 얼마나 주려느냐 하니 그들이 은 삼십을 달아 주거늘". 이 은 삼십이라는 돈은 그렇게 큰돈이 아니다. 당시 노예의 몸값이다. 당시에 노예 하나를 팔면 은 삼십이다. 그 값을 받고 유다는 주인을 팔았다. 유다가 배신한 것은 돈 때문이다. 돈 때문에 배신한 것이다. 돈을 많이 취급하다 보니 돈의 유용성, 돈의 귀함, 돈의 위력을 알았다. 이 사람은 먹고사는 것이 가장 큰 일이었다. 하나님의 아들 그리스도, 그의 선생, 그의 주 예수님보다 돈이 더 중요했다. 그의 눈에는 돈밖에 보이지 않았다. 그가 예수님을 따라다녔지만 그의 마음은 온통 돈에 있었던 것이다. 그는 대제사장에게 가서 얼마 줄 것인지를 물었다. 이 제자는 제대로 흥정도 못하고 비싼 값도 못 받았다. 단지 은 삼십을 받았다. 불쌍한 사람인 것이다. 유다는 은 삼십을 호주머니에 넣고 다니면서 예수를 넘겨줄 기회를 찾기 시작했다.

17절, 무교절의 첫날에 제자들이 예수께 나아와서 가로되 유월절 잡수실 것을 우리가 어디서 예비하기를 원하시나이까

나는 무교절의 첫날이 주님이 죽으시기 하루 전이라고 생각한다. 주님은 현재 우리 시간으로 금요일에 십자가에 못박히셨다. 그랬다면 무교절의 첫날은 목요일 저녁으로 볼 수 있다. 그리고 주님은 주일 새벽에 부활하셨다. 금요일 오전 아홉시에 못박히시고 금요일 오후 세시에 운명하셨다. 그리고 주일 새벽에 부활하신 것이다. 무교절의 첫날인 목요일에 제자들이 예수께 나아왔다.

주님은 이날 저녁부터 유월절을 지키기 시작하여 최후의 만찬을 가지셨고 이날 붙잡히셨다. 유다가 대제사장의 군병들과 함께 와서 예수님을 잡았다. 그리고서 그날 밤새도록 주님은 잠을 못 주무시고 이리 저리 끌려다니시다가 새벽에 빌라도에게 끌려가셨다. 그리고 오전 아홉시에 못박히셨다. 사건은 이렇게 되었다. 제자들은 주님이 항상 그렇게 하셨으므로 유월절을 지켰다. 유대인들은 출애굽 시부터 시작하여 계속 유월절을 지켜 왔다. 그들은 지키지 않을 때도 있었다. 열왕기 시대에는 거의 지키지 않았다. 히스기야 때와 요시야 왕 때 한 번 지킨 것 같다. 그 외에는 거의 지키지 않았다. 주 예수님은 이 땅에 오셨을 때 유월절을 지키셨다. 주님이 어리셨을 때도 마리아와 요셉과 함께 유월절을 지키기 위해 예루살렘에 가셨다는 기록이 있다.

18-23절, 가라사대 성 안 아무에게 가서 이르되 선생님 말씀이 내 때가 가까웠으니 내 제자들과 함께 유월절을 네 집에서 지키겠다 하시더라 하라 하신대 제자들이 예수의 시키신 대로 하여 유월절을 예비하였더라 저물 때에 예수께서 열두 제자와 함께 앉으셨더니 저희가 먹을 때에 이르시되 내가 진실로 너희에게 이르노니 너희 중에 한 사람이 나를 팔리라 하시니 저희가 심히 근심하여 각각 여짜오되 주여 내니이까 대답하여 가라사대 나와 함께 그릇에 손을 넣는 그가 나를 팔리라

주님은 제자들에게 이렇게 말씀하신 적이 많이 있다. 대개 다 기적적인 방법이다. 주님이 이렇게 말씀하셨을 때마다 다 이루어졌기 때문에 제자들은 의심 없이 가서 시키신 대로 어떤 사람을 붙들고 말하여 그 집에 가서 유월절 잔치를 준비했다.

이때에는 유다도 있었다는 이야기이다. 유다는 은 삼십 냥을 호주머니에 넣고 계속 예수를 쫓아다니고 있었다. 주님은 이미 유다의 한 일이며 모든 일을 다 알고 계셨다. 그분은 한 사람이 그분을 팔리라고 하셨다. 제자들은 팔자가 누구인가, 다 자기인가를 물었다.

당시에 먹는 그릇을 함께 사용했을 것이다. 음식을 같이 먹는 자, 한 솥밥을 먹는 자, 나와 같이 다니던 자, 그렇게 친밀하게 같은 그릇에 있는 밥을 먹는 친구가 나를 팔 것이다.

24절, 인자는 자기에게 대하여 기록된대로 가거니와 인자를 파는 그 사람에게는 화가 있으리로다 그 사람은 차라리 나지 아니 하였더면 제게 좋을 뻔하였느니라

인자를 파는 사람에게는 화가 있을 것이다. 배신의 죄는 큰 것이다. 거기에는 화가 있다. 돈 때문에 눈이 어두워져서 자기의 상전을 판 사람에게는 화가 있을 것이다. 그 사람은 나지 않는 것이 좋을 뻔하다. 이 땅에 출생하지 않는 것이 나을 뻔 하였다고 말씀하신다. 오늘 날도 여러분은 다른 모든 죄보다 배신의 죄는 더욱 심판이 크다는 것을 알아야 한다.

25절, 예수를 파는 유다가 대답하여 가로되 랍비여 내니이까 대답하시되 네가 말하였도다 하시니라

이렇게까지 말씀하시니 당사자인 유다가 물었다. "저입니까?" 이쯤 된 사람은 정신이 없다. 그리고 눈이 어둡게 된다. 예수님이 설마 자기를 모르시겠지 한다. 주님이 분명하게 지적해서 "너다"라고 말씀하실 것이라고는 절대 생각지 않았을 것이다. 모든 것은 다 비밀리에 이루어지고 있었기 때문이다.

그러나 주님은 처음부터 아셨다. 주님은 모든 것을 아시는 하나님이시다. 전지전능하신 하나님을 앞에 두고 이 무지한 인간은 지금 이런 정도밖에 말할 수 없었다. 다른 제자들도 다 자기냐고 물었다. "예수를 파는 유다가 대답하여 가로되 랍비여 내니이까 대답하시되 네가 말하였도다 하시니라". "네가 말하였도다." 그렇게 주님은 답변해주셨다. 그리고서 유다는 자리를 박차고 나갔다. 속으로 역시 나를 믿어주지 않는구나, 했을 수 있다. 그는 그 말씀을 듣고 더 이상 그 자리에 앉아 있을 수 없었던 것이다.

26절, 저희가 먹을 때에 예수께서 떡을 가지사 축복하시고 떼어 제자들을 주시며 가라사대 받아 먹으라 이것이 내 몸이니라 하시고

유월절 날 먹은 어린 양 고기는 주님의 살로 대치되었다. 문설주와 인방에 바른 피는 예수님의 보혈로 대치되었다. 이렇게 그림자가 지나가고 있고 실제가 도래하고 있었다. 주님은 먼저 떡을 가지사 축복하시고 떼어 제자들에게 주시면서 "받아 먹으라 이것이 내 몸이니라"고 하셨다. 주님은 십자가에 달려 죽으실 때 하나님의 어린양이셨다. 유월절에 그 어린양의 피는 문설주에 바르고 그 고기는 집에서 먹었다. 그 양고기는 먹는 사람의 영양 공급이 되고 힘이 되었다. 우리가 이 죄악 된 세상을 살아나가려면 주님의 생명 공급이 필요하므로 그분을 음식으로 먹어야 한다. 그런데 이 말씀에서 떡이 먼저이다. 떡은 우리에게 생명을 주신다. 하나님이 사람에게 주시고자 했던 것은 생명이며 생명이 하나님의 원래의 뜻이다. 그러므로 떡이 먼저이다. 잔이 먼저가 아니다. 만찬에서 잔이 먼저가 아니라 떡이 먼저인 것은 떡을 먹는 것, 즉 생명이 하나님의 원래의 뜻이기 때문이다.

이 떡은 예수님의 살이고 우리의 공급과 힘을 위한 것이다(요 6:51). 우리의 자양분이 되는 것이다. 이것을 먹어야 우리가 살 수 있다. 우리는 매일 아침 한두 구절의 말씀을 기도하며 먹는데 이것이 사실은 생명의 떡이다. 사람이 떡으로만 살 것이 아니라 하나님의 입으로 나오는 모든 말씀으로 산다고 하셨다(마 4:4). 하나님의 말씀이 우리의 떡이고 주 예수님의 살이며 우리의 공급이다. 우리는 주 예수를 믿을 때 새로운 생명, 하나님의 생명을 얻는 것을 알아야 한다. 오늘 날 많은 사람들이 예수를 믿으면서 생명을 주의하지 않는 것을 볼 수 있다. 아예 생명이 무엇인지도 모른다. 주 예수님은 우리에게 생명을 주시러 오셨는데(요 10:10), 사람들이 그저 죄사함만 알 뿐 생명주시는 것이 무엇인지를 모른다. 그저 영원히 살게 하신 것만으로 생명을 안다. 주님이 주시는 생명은 죽어서 천당가기 위해 주신 것만이 아니라 이 시대에도 그 생명으로 살 수 있도록 주신 것이다. 주 예수는 그분 자신이 부활이요 생명이라고 하셨다(요 11:25). 우리의 생활 가운데 많은 고난과 압력이 있고 죽임당하는 체험이 있다. 그러나 그리스도는 우리의 생명이요 부활이다. 우리는 그 모든 환경에 억눌리는 자들이 아니다. 부활의 능력을 체험한다(고후 4:7-11). 그 부활의 능력은 다른 것이 아니라 바로 그리스도이다. 지금 여러분이 너무 힘들어 부활을 체험하지 못한다면 믿음으로 기다리라! 생명이 있으면 부활이 있다. 곧 부활을 체험하며 사망과 음부에서 솟아오르게 될 것이다.

요한복음 6장 57절을 보라! “내가 아버지로 인하여 사는 것 같이 나를 먹는 그 사람은 나로 인하여 살리라!” 이것은 이 시대에 사는 것을 말한다. 갈라디아서 2장 20절도 “이제는 내가 사는 것이 아니요 오직 내 안에 그리스도께서 사신 것이라”고 한다. 즉 성도들은 그리스도께서 오늘 그들의 생명이 되신 것이다(골 3:4). 물고기는 물에서 사는 생명을 갖고 있고 새는 공중에서 사는 생명을 갖고 있다. 맹수는 맹수의 생명이 있기에 표독한 것이고 양은 순진하고 착한 생명이기에 양처럼 사는 것이다. 우리 그리스도인이 얻은 생명은 다른 것이 아니라 그리스도 자신인 것이다. 그분이 우리의 생명이기에 그리스도같은 생활을 사는 것이다. 따라서 마태복음 5-7장의 산상수훈의 말씀을 살아내는 것이 가능한 것이다. 오른편 빰을 치면 왼편도 돌려대라는 말, 송사하여 속옷을 달라는 자에게 겉옷까지 주라는 말씀은 우리의 천연적인 인간생명으로는 불가능하다. 이런 말씀은 오직 그리스도의 생명을 얻은 자만이 지킬 수 있는 것이다. 그러기에 이런 생명얻어서 생활하는 자들이 바로 천국의 자녀들인 것이다.

그런데 이 생명을 얻는 것은 말씀을 통해서이다(내가 너희에게 이른 말이 영이요 생명이라, 요 6:63). 우리가 말씀을 먹는 것을 모른다면 우리가 어떻게 생명을 얻고 풍성히 얻겠는가? 우리가 말씀을 먹어 생명을 얻으려면 여기서 유월절의 예표를 보는 것이 필요하다. 하나님께서는 그 양고기를 먹을 때 불에 구워먹으라고 하셨다. 날로나 물에 삶아서 먹지 말아야 한다. 그리고 먹을 때 주의해야 할 것이 몇 가지 더 있다. 그 머리와 내장과 정강이는 다 불에 구워먹어야 한다. 나는 이렇게 해석해보겠다. 머리는 지혜를 뜻한다. 정강이는 힘을 뜻한다. 내장은 사람의 심정, 마음을 뜻한다. 하나님의 말씀, 우리를 공급하는 그리스도의 살 속에는 지(智), 정(情), 의(意)가 다 포함된다. 따라서 말씀을 먹을 때는 전인적으로, 온 마음으로 먹어야 한다. 죽을 각오로, 온 몸과 마음을 다해 말씀을 먹어야 한다. "주여, 내가 당신의 이 말씀이 아니면 살 수 없습니다! 말씀만이 내 힘과 능력과 모든 것입니다. 말씀의 힘과 공급이 아니면 나는 살 수 없습니다!" 라고 해야 한다. 그럴 때 그 모든 공급이 말씀에서 온다. 이것이 불에 구워 말씀을 먹는 것이요 허리에 띠를 띠고 신을 신고 지팡이를 잡고 떠날 준비를 하며 먹는 것이다(출 12:11).

오늘 우리가 주님의 말씀을 먹을 때 다만 가벼운 지식으로 먹는다면 그것은 날로 먹는 것이다. 거기에 주님의 죽으심이 없고 불에 구워진 고난이 없다. 나는 오늘날 하나님의 자녀 가운데 주님의 말씀을 불에 구워진 것으로 여기지 않고 날로 먹는 것을 보면 괴롭다. 주의 말씀을 그렇게 귀하고 엄중하게 받지 않는다. 많은 이들이 주님의 말씀을 우리를 위해 고난 받으신 분의 말씀으로, 불에 구워진 양식으로 먹지 않는다. 그냥 너무 쉽게 날로 먹는다. 그저 가볍게 좀 읽고 깨달았다고 하며 주절주절 읊어댄다. 그것은 주님의 말씀을 받아들이는 태도가 아니다. 주의 말씀은 그렇게 세상 사람들이 철학 서적, 교양서적을 읽고 몇 마디 하는 것처럼 먹을 수 없는 것이다.

계시록에서 라오디게아 교회는 가난하고 빈곤하고 아무 것도 없었다. 주님은 그들에게 불로 연단된 금을 사라고 하셨다. 주님의 말씀을 읽을 때는 불로 연단된 금을 사듯이 해야 한다. 주님의 말씀을 먹을 때 세상 지식을 얻듯이 해서는 안 된다. 주님의 말씀은 불로 연단되어 구워져서 나온 것인데도 그러한 인식 없이 그저 일반적으로 조금 이해하고 생각하며 '아! 그렇구나.' 하고 끝나는 것은 주님의 떡을 받아먹는 자세가 아니다. 우리는 그 말씀을 받는 즉시 나도 불로 연단될 각오, 그리스도의 고난 안에 들어갈 수 있는 각오, 믿음으로 연합해 순종할 각오를 해야 한다. 발에 신을 신고 갈 준비를 해야 한다. 지팡이를 짚고 말씀을 지키려는 마음을 가져야 한다. 그런데 우리가 말씀을 지키려는 마음도 없고 아무 부담도 없이 주의 만찬을 먹을 수 있는가? 누군가 성경은 피의 말씀이라고 했다! 고난과 피의 느낌이 없이 어떻게 말씀을 대할 수 있는가!

27-28절, 또 잔을 가지사 사례하시고 저희에게 주시며 가라사대 너희가 다 이것을 마시라 이것은 죄 사함을 얻게 하려고 많은 사람을 위하여 흘리는바 나의 피 곧 언약의 피니라

여기에 살과 피가 나누어졌다. 살은 우리의 양식을 위한 것이며 주님의 피는 우리의 죄 사함을 위한 것이다. 오늘날 주님을 믿고 구원받았다고 하는 사람들이 주님의 살이 무엇이고 주님의 피가 무엇인지도 모른다. 오늘날 거짓 구원이 많다. 거짓 영적 체험도 많다. 거짓 죄 사함도 많다. 우리는 속지 말아야 한다. "나는 구원받았겠지. 죄 사함을 받았겠지. 이 정도 믿음인데. 이 정도 교회 생활했는데." 하고 안심하다가 지옥에 가게 되는 것이다. 그렇게 만드는 것이 바로 사탄이다. 우리가 왕국에 들어가는 것도 마찬가지이다. "나 이 정도면 왕국에 들어가겠지. 혼인 잔치에 들어가겠지." 하다가 주님이 참 빛을 비추실 때 아무 것도 없는 것이 드러나는 것이다.

오늘날 마귀가 하나님의 백성들의 생각을 혼미케 해서 주님의 빛을 보지 못하게 한다. 이방인들만 그런 것이 아니다. 그리스도인이라고 하는 사람들도 그 생각이 혼미해져 주의 말씀을 말씀대로 깨닫지 못하고 "그저 내가 잘 되겠지. 이 정도면 되겠지."라고 생각한다. 그렇지만 실제를 보면 자신에게 아무 것도 없다. 그러면서도 속은 것을 모르는 것이다. 그러나 우리가 주님의 긍휼을 얻어 이제라도 주님의 말씀을 깨닫고 이 모든 속임수에서 벗어날 수 있다면 어떠한 큰 긍휼이겠는가?

우리가 죄 사함을 얻는 것은 주님의 보혈 때문이다. 다른 것으로는 씻음 받을 길이 없다. 오직 주님의 피가 우리를 씻는다. "이것은 죄 사함을 얻게 하려고 흘리는바 나의 피 곧 언약의 피니라". 주님은 피로써 언약을 세우셨다. 이것이 바로 새 언약이다. 새 언약은 구주의 피로 세워진 것이다. "내가 너희 죄와 허물을 사하고 다시는 기억지도 않겠다." 이것이 새 언약이다. 그리스도께서 오셔서 주신 것이 이 두 가지이다. 첫째는 그분의 살이고 둘째는 그분의 피이다. 피는 첫째 죄사함을 위하여 흘리신 것이다. 하나님 앞에서 사람의 죄는 피가 없이는 사함을 받을 수 없다(히 9:22). 구약의 수많은 짐승의 피는 사람의 죄를 임시적이고 단회적으로 속죄할 수 있었다. 따라서 그 피로는 온전하고 영원하게 사람의 죄를 사할 수 없었던 것이다. 그러나 이제 예수께서 참된 하나님의 어린양으로 오셔서 그 구약의 대속제물의 실제로서, 또 궁극적인 속죄제물의 완성으로서 십자가의 제단에 오르신 것이다. "많은 사람의 죄를 위하여"는 어떤 특정한 많은 사람이라는 의미가 아니라 그분의 죽음은 세상 모든 사람을 위한 것이지만(요 3:16), 그분을 믿는 사람에게만 죄사함의 효능이 임하기 때문에 그 적용이 제한적인 것이다. 따라서 결국은 많은 사람을 위하여 흘리신 피가 되는 것이다.

또한 그분의 피는 죄사함만이 아니라 언약의 피가 되었다. 누가와 바울은 "내 피로 세우는 새 언약"이라는 표현을 했다(눅 22:19, 고전 11:25). 주 예수님은 구약의 모세 시대에 시내산에서 짐승의 피로 세우신 옛 언약을 취소하고 그분 자신의 피로서 새 언약을 세우려 하신다. 그분은 이제 갈보리에서 흘리신 보혈을 근거로 하여 온 인류와 교회 앞에 옛 언약보다 훨씬 나은 새 언약을 세우려 하시는 것이다. 오늘 예수의 흘린 피를 마시는 자들은 이 새 언약에 동참하며 그 축복을 누리는 성도들이 되는 것이다. 이 새 언약이 하나님의 아들의 피로 되었기 때문에 그 존엄성과 엄위함은 비교할 수 없으며 그 효능은 영원불변하다. 누가 이 언약을 믿지 않을 수 있겠나? 그분 자신의 피로 세우신 것인데... 그러면 그분이 피를 흘리시면서 세우신 계약 내용은 무엇인가? 우리의 불의를 긍휼히 여기고 저희 죄를 다시는 기억지 않겠다고 하신 것이다(히 8:12). 이것은 어떠한 은혜란 말인가! 새 언약의 축복은 여기서 그치지 않는다. "그분의 법을 저희 생각에 두고 저희 마음에 이것을 기록하리라"고 하신 것이다. 나는 이 법이 생명의 성령의 법이라고 믿는다(롬 8:2).

우리가 죄를 짓는 것은 죄의 법 때문이다. 죄짓는 것에 열심을 낼 필요가 없고 노력할 필요가 없다. 자연히 어떤 상황이 발생하면 죄를 생산하게 된다. 그러나 이제 그리스도 예수 안에 있는 자들에게는 생명의 성령의 법이 있어서 죄와 사망에서 우리를 해방한다. 에스겔 36장 27절은 "또 내 영을 너희 속에 두어 너희로 내 율례를 행하게 하리니 너희가 내 규례를 지켜 행할지라"고 하신다. 이것은 얼마나 아름다운 언약인가? 구약의 이스라엘은 십계명을 완전히 깨는 역사였다. 주님은 옛 언약으로 그분의 기뻐하시는 백성을 얻지 못하셨다. 이제 새 언약을 통해 그분의 참 백성을 얻으신다. 그것은 이제 그분의 생명의 법을 속에 두셔서 그들로 그분의 계명을 지키게 하신 것이다. 또한 거듭난 새 언약 하의 성도들은 작은 자로부터 큰 자까지 하나님을 아는 것이다. 요한복음 3장 3, 5절은 거듭나지 않으면 하나님 나라를 볼 수 없고 들어갈 수 없다고 하셨다. 우리가 거듭나서 얻은 축복은 속에서 하나님을 알게 되었다는 것이다. 성도들이 하나님을 아는 것은 어떠한 축복인가!

29절, 그러나 너희에게 이르노니 내가 포도나무에서 난 것을 이제부터 내 아

버지의 나라에서 새것으로 너희와 함께 마시는 날까지 마시지 아니하리라 하시니라

이제 주님께서는 떡과 잔을 나누어주시면서 "이것이 마지막이다. 이제 나는 이 만찬을 처음이자 마지막으로 너희들과 나눌 것이다. 그리고 다시 나눌 때는 내 아버지의 나라에서이다. 그때는 이 땅에서 난 것이 아니라 아버지의 나라에서 난 새 것으로 너희와 함께 먹고 마실 것이다." 하고 말씀하신다. 우리 또한 아버지의 나라에서 새 것으로 주님과 함께 만찬을 누릴 날을 기대한다. 따라서 주의 상을 누리고 떡과 잔의 축복, 새 언약의 축복을 누리는 시대는 바로 오늘임을 잊어서는 안된다. 주님의 재림과 왕국 시에는 새로운 포도나무의 포도주로 마시게 된다.

30절, 이에 저희가 찬미하고 감람산으로 나아가니라

여기서 주 예수님은 제자들과 함께 아버지를 찬미했다. 성경학자들은 이때 찬미한 것이 시편 113편부터 118편까지라고 한다. 그리고 이 구절에서 우리는 유일하게 주 예수님이 제자들과 함께 아버지를 찬미한 것을 볼 수 있다. 주님은 기도하시는 분일 뿐 아니라 찬미하시는 분이다. 주님은 제자들을 데리고 아버지께 찬미하셨다. 우리가 오늘 교회 만찬 집회에서 주님을 기념할 때 후반부에 아버지를 기념하는 것은 이 구절에 근거한다. 성찬의 전반부는 '나를 기념하라'고 하신 고로 아들에게 집중하여 기념하며 감사하며 찬미한다. 그러나 주님께 대한 기념이 충분하고 떡과 잔을 나누었다면 이제 아버지께 향하는 것이다. 주님은 제자들에게 만찬을 세우시고 축복하신 후 그들을 데리고 아버지를 찬미한 것이다. 이때 주님은 많은 아들들을 이끌어서 아버지를 경배하는 맏아들의 위치에 서시는 것이다. 그때 찬미하셨음직한 구절들을 읽어보겠다.

시편 115편 1절, "여호와여 영광을 우리에게 돌리지 마옵소서 우리에게 돌리지 마옵소서 오직 주의 인자하심과 진실하심을 인하여 주의 이름에 돌리소서." 118편 1절, "여호와께 감사하라 저는 선하시며 그 인자하심이 영원함이로다". 이것이 118편의 후렴이다. 마지막 절도 동일하다. 18-20절, "여호와께서 나를 심히 경책하셨어도 죽음에는 붙이지 아니하셨도다 내게 의의 문을 열지어다 내가 들어가서 여호와께 감사하리로다 이는 여호와의 문이라 의인이 그리로 들어가리로다". 이런 찬양을 제자들과 함께 아버지를 향해 하시며 감람산으로 나아가셨다.

31절, 때에 예수께서 제자들에게 이르시되 오늘밤에 너희가 다 나를 버리리라 기록된바 내가 목자를 치리니 양의 떼가 흩어지리라 하였느니라

이제 잠시 후에 주님은 잡히신다. 이 말씀을 하시고 얼마 되지 않아 붙잡히신다. 붙잡히실 때 제자들은 다 예수님을 버린다. 예수님이 말씀하셨다. "너희가 다 나를 버릴 것이다." 기록된 말씀에는 "내가 목자를 치리니 양의 떼가 흩어지리라"고 했다. 여기의 목자는 주님이시고 양의 떼는 제자들이다. 주님은 떠나시기 전까지 그분 주위에서 일어날 작은 일까지 다 예언해주시며 그분이 어떠한 분인지를 알리셨다.

32절, 그러나 내가 살아난 후에 너희보다 먼저 갈릴리로 가리라

이제 헤어질 주님은 제자들에게 갈릴리에서 만나자는 말씀이다. 모든 일에서 주님은 적극적이시다. 제자들은 양떼이고 그분은 목자이시다. 여기서 우리는 주님을 따라 목자들이 된 우리가 해야 할 일이 무엇인지를 볼 수 있다. 31-32절은 어린 제자들이 주님을 버릴 수 밖에 없는 상황이 올 것을 예견하시고 부활하신 후에 만나자고 지점(갈릴리)을 미리 말씀해 주시는 것이다. 이 모든 것이 목자가 성도들을 돌보는 방식이고 바울이 주 예수님을 따라 언제든지 어린 교회들이 닥칠 어려움들을 미리 예견하여 말해주고 경계시키는 방식이다. 그리고 필요할 때 그들에게 나아가 그들을 강화시키고 돌본다.

33-34절, 베드로가 대답하여 가로되 다 주를 버릴지라도 나는 언제든지 버리지 않겠나이다 예수께서 가라사대 내가 진실로 네게 이르노니 오늘밤 닭 울기 전에 네가 세 번 나를 부인하리라

가장 주님을 충성되게 따르고자 한 사람이 베드로이다. 주님은 제자들이 그분을 다 버릴 것이라고 하셨다. 그러나 베드로는 자신만은 아니라고 했다. 자신은 죽기까지 주님을 따르겠다고 했다. 그러자 주님이 "오늘밤 닭 울기 전에 네가 세 번 나를 부인하리라"고 하셨다. 주님은 그분의 사랑하는 제자가 그분을 부인할 것까지 미리 아시고 예고해주셨다.

35절, 베드로가 가로되 내가 주와 함께 죽을지언정 주를 부인하지 않겠나이

다 하고 모든 제자도 이와같이 말하니라

사람들이 오늘날도 목숨을 담보로 하여 충성을 맹세하는 말을 많이 한다. 그러나 그런 종류의 말들, 믿을 수 없는 말이다. 사역을 하는 동안 나는 배신을 많이 맛보았다. 내가 이러한 말씀을 이해하도록 주님이 그렇게 이끄신 것 같다. 나는 처음에 이런 종류의 말들을 들을 때 매우 감동했었다. 그러나 후에 그렇게 말한 사람들은 하나 하나 우리를 떠나갔다. 그리고 나는 주님의 말씀을 깊이 이해하게 되었다.

그런 일이 이천년 전에 있었고 성경으로 기록되어 있고 또 주님이 먼저 그런 길을 가셨으며 우리에게 이렇게 말씀해주셨다. 예수님은 십자가로 한 발 한 발 나아가고 계신다. 여기에서 우리가 본받아야 할 사람은 한 자매 마리아 뿐이다. 다른 사람은 다 본이 되지 못했다. 형편이 없다. 물론 제자들은 나중에 다 회개하고 배신한 유다는 끝났다. 오직 한 분의 성공이 있는데 바로 그리스도이시다. 그분만이 성공하시고 나머지 사람은 다 실패했다. 주님의 긍휼로 나중에 다 회복되었다. 하나님께 감사한다. 하나님의 아들 그리스도를 찬양한다. 하나님이시므로 그분은 모든 것을 다 아시고 우리의 죄를 위해 십자가의 길을 가신 것이다. 우리를 위해 고난받으신 주님을 생각하며 감사를 드린다.

26장 31-35절 요약

앞에 나온 구절들에서 우리는 주 예수님이 유월절을 제자들과 함께 지키시고 신약의 만찬으로 그분의 살과 피를 주심으로 유월절을 대치하시는 것을 보았다. 그리고 그분은 제자들과 함께 찬미하면서 감람산으로 나아가셨다. 이제 31절에서부터 주님은 고난받기 위해서 한 발 한 발 골고다로 나아가고자 하신다.

"때에 예수께서 제자들에게 이르시되 오늘밤에 너희가 다 나를 버리리라 기록된바 내가 목자를 치리니 양의 떼가 흩어지리라 하였느니라"(31절). 주님은 제자들과 함께 유월절 만찬을 나누시고 또 그분의 만찬상을 설립하신 뒤에 그리고 찬미하시고 감람산으로 나아간 뒤에 제자들에게 말씀하셨다. 주님은 여기서 제자들을 돌보기 원하신다. 왜냐하면 이제 이 밤은 상당히 심각한 일이 일어나는 밤이기 때문이다. 참으로 제자들에게 시험이 크게 임하는 밤이다. 그러므로 주님은 이런 제자들을 잘 돌보셔야 했다.

"오늘밤에 너희가 다 나를 버리리라." 주님은 모든 것을 아신다. 앞으로 일어날 일을 다 예견하고 계신다. "기록된바 내가 목자를 치리니 양의 떼가 흩어지리라." 이것은 스가랴 13장에 있는 말씀이다. 그분은 말씀에 기록된 대로 오셨고 말씀에 기록된 대로 모든 것이 수행된다.

"그러나 내가 살아난 후에 너희보다 먼저 갈릴리로 가리라"(32절). 주님은 도망가고 흩어진 제자들을 만나기 위해서 그분이 먼저 갈릴리로 가실 것을 말씀하신다. 이것은 그분이 부활하실 것을 말씀하시는 것이다.

"베드로가 대답하여 가로되 다 주를 버릴지라도 나는 언제든지 버리지 않겠나이다(33절). 베드로가 주님께 대답했다. 다 흩어질 것이라고 하실 때 베드로는 "다른 사람은 다 흩어질지 몰라도 나는 아닙니다." 라고 한 것이다. 그는 자기 자신을 매우 신뢰했다. 그리고 은근히 다른 제자들을 무시했다. 베드로의 말은 이렇다. "아마 그것은 다른 사람의 이야기일 것입니다. 다른 사람들은 다 도망갈 것입니다. 다른 사람들은 다 주님을 버릴 것입니다. 그러나 저만큼은 주님을 버리지 않을 것입니다."

"예수께서 가라사대 내가 진실로 네게 이르노니 오늘밤 닭 울기 전에 네가 세 번 나를 부인하리라"(34절). 그러나 그렇게 자신을 신뢰하고 장담한 베드로는 다른 제자들보다 더욱 심하게 실족하게 된다. 주님은 그것을 말씀해주신다. '오늘밤 닭 울기 전에' 닭은 대개 새벽에 운다. 주님은 닭이 울기 전에 베드로가 그분을 세 번 부인할 것을 미리 아셨다.

베드로는 말했다. "베드로가 가로되 내가 주와 함께 죽을지언정 주를 부인하지 않겠나이다 하고 모든 제자도 이와같이 말하니라"(35절). 주님이 그가 주님을 부인할 것이라고 말씀하실 때 베드로에게는 그런 마음이 전혀 없었다. 그때 당시에 그는 주님을 위해서 죽으면 죽었지 어떻게 세 번이나 그분을 부인하겠느냐고 생각했다. 문제가 있다면 베드로는 자기 자신을 모른 것이고, 자기 자신을 너무 신뢰했다는 것이다. 그러나 주 예수님은 베드로를 아셨다. 어떤 일이 일어날 것도 아셨다. 그러나 베드로는 주님이 누구신지 몰랐고 자신을 전혀 몰랐다. 그래서 자기가 현재 느끼는 것을 그대로 말했다. 그래서 베드로는 자신 만만하게 "내가 주와 함께 죽을지언정 주를 부인하지 않겠나이다" 했고 "모든 제자도 이와같이 말하니라". 다른 제자들도 "절대 우리가 도망갈 리 없습니다. 주님을 버리지 않겠습니다. 무슨 일이 일어나더라도 주님과 함께 있겠습니다."라고 말했다.

베드로가 죽을지라도 주를 버리지 않겠다고 하는 것은 들을 때 충성스러운 것 같다. 베드로야말로 주님을 사랑하고 제자들도 주님을 매우 사랑하는 것 같다. 거기에 문제가 전혀 없는 것 같다. 그러나 한 가지 문제는 그들이 자신을 몰랐다는 것이다. 이렇게 자신만만하게 주님을 뜨겁게 사랑한다고 하는 말은 별 가치가 없는 말이다. "아, 저렇게 주님을 사랑하는구나. 저렇게 뜨겁게 사랑하는구나. 정말 저 사람은 주님을 위해서 죽겠구나." 그러나 주님은 아신다. 그러한 말이 하나도 가치가 없다는 것을…. 더 큰 말을 해도 가치가 없는 것이다.

저도 지난 날 정말로 주님을 사랑하는 형제들과 함께 있었다. 나와 함께 동역도 하고 해외에 열심히 복음을 전하기도 하던 형제들이다. 정말로 그들 입에서 감동적인 말이 나왔다. "저는 주님을 위해 죽을 것입니다." 아직도 시간이 남아 있으니까 그들이 정말 주님을 위해서 목숨을 드릴지는 잘 모르겠다. 그러나 임박한 어려움 앞에서 육체는 물과 같다. 정말로 믿을 수 없는 것이 사람이다. 주님은 사람이 연약한 것을 아신다. 그러나 사람은 순간의 감동과 흥분으로 별로 가치가 없는 말을 하게 된다. 그리고 잘 모르는 사람들은 그런 말을 듣고 흥분을 한다. 여기서 베드로도 "나는 … 나는 …" 했고 주님도 "내가 …"라고 했다. 여기서 베드로가 말한 '나'는 옛사람인 '나'이고 그 입에서 나오는 말은 별 가치가 없는 말이다. 그러나 주님이 말씀하신 것은 전부 가치가 있고 그 말씀 그대로 이루어지는 말씀이다. 우리는 인생을 살면서 이렇게 가치 없는 말을 마구 할까봐 두렵다.

내 각오를 말하고 나의 열심, 충성을 전시해도 그런 말은 계산되지 않는다. 그리고 그대로 이루어지지도 않는다. 그러나 사람들은 그런 말 하기를 매우 좋아한다. 또 듣기도 좋아한다. 그리고 서로 감동한다. 그러한 감동 집회는 별 가치가 없다. 가장 가치가 있는 것은 옛사람이 십자가에 못박히고 자기를 신뢰하지 않는 사람들의 말이다.

요한복음 21장에서 주 예수님이 베드로에게 말씀하셨다. "네가 이것들보다 나를 더 사랑하느냐?" 그때서야 베드로는 많은 실패를 거친 뒤에 "내가 주를 사랑하는 줄 주께서 아시나이다."라고 말했다. 그제서야 베드로는 자기 자신을 신뢰하지 않게 된 것이다. 그러나 이때는 베드로와 모든 제자들이 무척이나 자신들을 신뢰하고 있었다.

36절, 이에 예수께서 제자들과 함께 겟세마네라 하는 곳에 이르러 제자들에게 이르시되 내가 저기 가서 기도할 동안에 너희는 여기 앉아 있으라 하시고

이제 주님은 한 걸음 더 나아가 겟세마네라는 곳으로 가셨다. 겟세마네라는 뜻은 '기름을 짜는 곳'이라는 뜻이다. 감람 열매들을 눌러 짜서 기름을 생산하는 곳이다. 이곳은 주님과 제자들이 가끔 가는 곳이기도 하다. 그래서 다른 복음서에는 이 구절에 '습관을 좇아'라는 말이 있다. 가끔 가셔서 기도하시고 교제도 하시는 그러한 곳이었던 것 같다. 유다는 제자들과 주님이 그곳을 자주 갔기 때문에 그 장소를 알았던 것이다. 당시 주 예수님은 소위 예배당이 없으셨다. 그저 동산에서 앉아 교제하시고 기도하셨다. 오늘 날 한국의 경우 수없는 십자가 건물을 보면 때로 부끄러움도 있다. 도대체 이것이 무엇이란 말인가? 이렇게 한 골목에도 수없는 예배당 처소가 반드시 필요하단 말인가? 주님이 이 광경을 보시고 어떻게 생각하실까?

주님은 그날 밤에 잡히실 것을 아셨다. 그러나 자신을 은밀한 곳에 숨기지 않으셨다. 그분은 그들이 잘 잡을 수 있도록 그들이 아는 장소에서 기도하기로 하셨다. 그곳이 바로 겟세마네이다. 예수님은 겟세마네라는 곳에 제자들과 함께 가셔서 제자들에게 말씀하셨다. "내가 저기 가서 기도할 동안에 너희는 여기 앉아 있으라." 주님은 제자들을 다 데리고 가시지 않았다. 대다수의 제자들은 거기 앉아 있으라고 하셨다.

37절, 베드로와 세배대의 두 아들을 데리고 가실새 고민하고 슬퍼하사

그런 다음에 베드로와 세배대의 두 아들을 데리고 가셨다. 베드로와 야고보와 요한을 말한다. 주님은 야이로의 딸을 살리실 때에도 이 셋만 데리고 가셨고 변화산에도—주님의 모습이 변형되었던 산—이 세 사람을 데리고 가셨다. 그리고 겟세마네 동산에서 기도하실 때에도 주님을 가장 가까이서 지켜보도록 했던 사람들이 이 세 사람이다.

그곳에 가셨을 때 주님은 고민하고 슬퍼하셨다고 했다. 마가복음 14장에는 '심히 놀라시며'라는 표현이 있다. 주님은 겟세마네에 가셔서 기도하려고 하실 때 심히 놀라시며 슬퍼하셨다. 고민하고 슬퍼하셨다. 헬라어로는 슬퍼하기 시작하셨다는 뜻이다. 이때부터 주님은 고민과 슬픔이 시작되었다는 뜻이다. 왜냐하면 이때에 주님의 죽음과 심판이, 저주의 그림자가 예수 그리스도께 점점 드리워져 오고 있었기 때문이다. 이제 몇 시간 후면 주님은 대제사장들과 장로들에게 체포를 당한다. 붙잡혀서 심문을 당하시게 된다. 그리고 십자가에 못박히시게 된다. 이러한 모든 상황을 앞에 두시고 주님은 고민하고 슬퍼하기 시작하셨다.

우리는 그분이 왜 그렇게 놀라고 슬퍼하셔야만 했는가에 대해서 다 이해할 수 없다. 오늘 어떤 사람들은 "예수님은 하나님의 아들이신데 뭐 그렇게 고민하고 슬퍼하실 필요가 있었을까? 많은 순교자들이 용감하게 죽음 앞에 서듯이 그렇게 주 예수님도 서실 수 있지 않았을까? 왜 주님은 겟세마네 동산에서 그렇게 슬퍼하셨을까?" 하고 생각할지도 모른다. 그러나 우리는 오늘 주님의 고민을 다 이해하지 못한다. 우리같이 타락하고 제한된 생각을 가지고 있는 사람들이 그분의 마음을 어찌 다 헤아릴 수 있겠는가? 그러나 우리가 좀 생각해 볼 수 있다. 왜 그분이 그렇게 심히 놀라시고 마음에 그토록 고민과 슬픔이 있으셨겠는가?

그분은 순교자의 죽음을 죽으신 것이 아니다. 많은 사람의 죄를 대속하는 죽음을 죽으셨다. 그분은 그때 많은 사람의 죄를 담당하고 계셨다. 한 사람의 죄만 생각해도 그 죄에 대한 형벌의 무게는 너무나 큰 것이다. 여러분 스스로를 생각해 보라. 여러분이 일생토록 지은 죄, 그 죄의 대가를 하나님으로부터 받는다고 생각해 보라. 그것이 얼마나 두렵고 무섭겠는가? 한 사람의 죄의 무게만도 얼마나 무겁겠는가? 한 사람의 죄의 형벌도 얼마나 크겠는가? 그런데 겟세마네에서 주님이 기도하실 때 그분은 한 사람이 아니라 온 인류의 죄를 다 짊어지고 계셨다. 그 죄를 다 담당하시기 위해서 주 예수님은 지금 어린양으로서 준비하고 계신다. 그 죄와 진노와 심판과 죽음의 그림자가 어린양 예수께 점점 드리워지고 있다. 우리는 그 죄의 무게를 감당할 수 없다. 우리 같으면 그 순간 기절하며 쓰러질지도 모른다. 그분은 죄가 없으신 분이다. 의로우시고 거룩하신 분이다. 그분은 하나님의 아들, 하나님 자신이신데 사람이 되어 이 땅에 오셔서 우리의 죄를 대속하려고 하신다. 지금 그분은 그분의 삶의 가장 중요한 순간을 맞이하고 계시는 것이다.

그분은 33년 반 동안 많은 병자를 고치기도 하시고 죽은 자를 살리기도 하시고 그분의 생활과 삶을 통해서 사람들에게 그분 자신을 본으로 보여주시고 또 가르치시며 많은 선한 일을 행하셨다. 그러나 이제는 그분이 뭔가를 가르치시는 것이 아니라 그분의 몸을 하나님께 제물로 드리는 순간이 왔다. 많은 사람의 죄를 짊어지는 순간이 온 것이다. 그러자 그분은 심히 놀라시며 고민하시고 슬퍼하기 시작하셨다. 그 죄의 무게, 죄의 고통, 죄의 두려움, 그것이 우리 주님을 억눌렀음에 틀림없다. 한두 사람의 죄악의 무게도 무거울 텐데 이렇게 많은 사람의 죄를 홀로 담당하신 주 예수님, 하나님 아버지 앞에서 그분이 그 죄를 담당하려 하실 때 우리는 그 심정을 헤아릴 수 없다.

우리는 다만 말씀에 이렇게 기록되어 있고 제자들이 우리에게 그 본 것을 증거해주기 때문에 그분이 그렇게 놀라셨고 고민하셨고 슬퍼하셨다는 것을 알 수밖에 없다. 그러나 우리는 어느 정도 추측할 수 있다. 그 고통이 얼마나 심하셨을까? 그분이 그날 밤에 그렇게 고통스러워하신 것은 우리와 관련되어 있다. 나의 많은 죄가, 죄인들의 더러운 수많은 죄가 그 밤에 그분의 마음을 그토록 슬프고 놀라고 고민하게 하였던 것이다. 우리의 죄의 무거운 무게가 그날 그분의 어깨에 지워졌다. 그로 인하여 그분은 심한 고통을 당하신 것이다. 순교자들의 죽음은 다르다. 왜냐하면 주님이 이미 죄를 없애셨고 구속을 완성하셨고 죄의 쏘는 독소를 제거하셨기 때문에, 정죄로부터 해방되었기 때문에 그들은 담대하게 정죄감이 없는 마음으로 죽음의 제단에 자기들을 드릴 수 있었다. 주 예수님은 죄가 없으신 분인데 많은 사람들의 죄를 담당하고 하나님의 정죄 아래 있으셨기 때문에 순교자들의 경우와 다른 것이다. 그분이 심히 놀라시고 고민하시고 슬퍼하셨다고 기록하고 있다.

38절, 이에 말씀하시되 내 마음이 심히 고민하여 죽게 되었으니 너희는 여기 머물러 나와 함께 깨어 있으라 하시고

"내 마음이 심히 고민하여". 주님은 슬픔으로 마음이 매우 무겁게 되셨고 고민하여 죽게 되셨다고 말씀하셨다. 죽을 지경에 이르셨다는 뜻이다. 어느 정도냐면 죽음 직전, 죽을 수밖에 없다는 느낌, 삶의 소망이라고는 조금도 없는 상태이다. 거룩하신 하나님, 아들 예수께서 지금 여러분과 나의 죄 때문에 겟세마네에서 이미 죽음의 지경에 이르셨다. 주님은 십자가에서 실지로 육체적인 죽임을 당하셨지만 그분의 영혼은 이미 겟세마네에서 죽음을 맛보고 계셨다. 그것은 여러분과 우리의 죄를 인하여서이다. 우리는 우리의 죄악을 깊이 느끼지 못했고 그로 인하여 주님을 과거에 깊이 인식하지 못했던 것을 시인하지 않을 수 없다. 가령 불효자가 그 불효자식의 죄악으로 고심하던 부친이 돌아가셨을 때 그 앞에서 모든 죄악들이 생각나 눈물을 짓듯이 오늘 우리는 주님의 겟세마네에서 우리의 죄악을 돌아볼 수 있어야 한다. 우리는 지금 이 순간 이분을 알아야 한다. 그 자리에 고민하고 슬퍼하셨던 예수님은 우리와 관계 있는 분이시다. 어떻게 해서 그분이 우리의 죄를 구속하셨는지, 어떤 과정을 거쳐서 우리를 용서하셨는지, 그리고 우리를 구원하셨는지 이 모든 일이 간단하지 않았다.

그분은 겟세마네에서 죽을 정도의 고통과 괴로움을 당하고 계셨다. 사람이 너무 괴로우면 살 소망이 끊어진다. "내가 이렇게 해서 죽는구나." 하게 된다. 주님은 너무 고민해서 죽을 수밖에 없는 상태에 이르렀다고 고백하고 계신다. 주님은 이 세 제자에게 말씀하셨다. "너희는 여기 머물러 나와 함께 깨어 있으라." 주님은 이 고통스러운 순간에 기도하고자 하셨다. 이제 점차 하늘이 닫혀가고 있었을 것이다. 아버지의 진노하심의 상태로 하늘이 바뀌고 있었을 것이다. 그러한 어려운 상황에서 주님은 함께 있던 세 제자에게 너희는 나와 함께 깨어 있어 달라고 부탁하신다.

39절, 조금 나아가사 얼굴을 땅에 대시고 엎드려 기도하여 가라사대 내 아버지여 만일 할만하시거든 이 잔을 내게서 지나가게 하옵소서 그러나 나의 원대로 마옵시고 아버지의 원대로 하옵소서 하시고

그리고 조금 나아가셨다. 다른 복음서를 보면 돌 던질 만큼 떨어진 곳으로, 그러니까 삼사십 미터 떨어진 곳으로 가셨다. 목소리가 어느 정도 들릴 수 있는 거리이다. 주님은 왜 이 제자들을 데리고 거기에 가셨을까? 그분은 영광을 받으실 때, 즉 변화산에서 모습이 변형되실 때에도 그들을 데리고 가셨다. 아마도 그들을 증인으로 데리고 가셨을 것이다. 베드로는 후에 그의 서신에서 "우리는 그의 영광을 친히 본 자라"고 하였다. 그는 우리를 위해서 그가 본 것을 다 증거하였다. 우리는 그를 통해서 그 일을 믿을 수 있다. 여기서도 마찬가지로 이 세 제자가 주님과 동행했고 가장 가까운 거리에서 인류의 죄를 감당하시려는 주님의 그 결연한 기도를 들을 수 있게 하셨다. 그들은 그들이 들은대로 지금 기록한 것이다.

주님은 돌 던질 만큼의 거리에 가서 엎드리셨다. "조금 나아가사 얼굴을 땅에 대시고". 이전에 주님이 많이 기도하셨고, 제자들은 주님이 기도하신 것을 여러 번 보았다. 그러나 이렇게 심각하게 하나님 앞에서 기도하시는 것은 처음 보았을 것이다. 이때 주님은 엎드릴 뿐 아니라 얼굴을 땅에 대셨다. 그 기도가 그만큼 진지하고 엄숙했다. 우리 주님은 하나님께 완전히 엎드리셨다.

"내 아버지여" 예수님은 '내 아버지'라고 친밀하게 부르셨다. 마가복음에서는 "아바 아버지"라고 부르셨다고 했다. '아바 아버지'라는 말은 하나님 아버지를 가장 신뢰하는 말이다. 마치 어린아이가 그 아버지를 부르는 것과 같다. 주님은 이렇게 낮아지셨다.

"내 아버지여 만일 할만 하시거든" 이때는 예수님의 뜻과 하나님 아버지의 뜻이 조금 떨어져 있는 것 같다. 마가복음에는 "아버지여 당신에게는 모든 것이 가능하오니"라고 기록되어 있다. 그것은 이런 뜻이다. "당신에게는 모든 것이 가능하오니 할만 하시거든 이 잔을 제게서 지나가게 해 주십시오. 만일 제가 이 잔을 받지 않고도 하나님께서 인류를 구원하실 수 있다면, 어떻게 하실 수 있다면, 아버지여, 이 잔을 지나가게 하실 수는 없는지요?"

여러분들은 예수님이 하나님이시지만 이 땅에 우리와 같은 연약한 인간의 육체를 입고 오셨다는 것을 잊지 말아야 한다. 어떻게 예수님이 이렇게 기도할 수 있느냐고 하지 말라. 그분은 우리와 같은 연약한 육체에 싸여 있으셨던 것이다. 히브리서 4장 15절, "우리에게 있는 대제사장은 우리 연약함을 체휼하지 아니하는 자가 아니요 모든 일에 우리와 한결같이 시험을 받은 자로되 죄는 없으시니라". 우리와 같은 죄는 없는 분이지만 모든 일에 우리와 같이 시험을 받으신 자라고 하였다. 그러기에 그분의 충성이 귀한 것이고, 그분의 고난이 귀한 것이다.

히브리서 5장 1절, "대제사장마다 사람 가운데서 취한 자이므로 하나님께 속한 일에 사람을 위하여 예물과 속죄하는 제사를 드리게 하나니". 주님 역시 사람 가운데서 취하심을 입은 분이시다. 사람이 사람의 죄를 대속할 수 있다. 그분은 우리와 같은 혈육을 입고 연약한 육체를 가지고 이 땅에 오셨기 때문에 그 무서운 진노 앞에서 먼저는 하나님께 이렇게 기도를 하신 것이다. "하나님, 당신은 모든 것이 가능하십니다. 이 잔을 내게서 지나가게 하실 수는 없습니까?"

그 다음 즉시 주님은 이렇게 말씀하신다. "그러나 나의 원대로 마옵시고 아버지의 원대로 하옵소서." 연약한 육체를 가지신 분의 원함이 있었다. 이때 주님의 원함은 아버지의 원함과 다소 차이가 있는 것 같다. 그러나 즉시 주님은 순복하는 위치를 취하신다. "나의 원대로 마옵시고". 그분은 그분의 원함을 하나님의 원함에 굴복시키시고 계신다. 그리스도의 구속 역사는 이렇게 진행된다. 그분은 인간의 육신적인 약함을 조금도 맛보지 않고 "죽음이여, 오라. 내가 모든 인류를 위해 죽겠노라." 하심으로 구속을 이루신 것이 아니다. 그분은 육신을 입고 오셔서 육신의 연약함을 맛보신 분이다. 그러기에 그분이 우리와 같은 인간들의 육신의 연약함을 체휼하실 수 있는 것이다. '사람이 약해지면 그렇게 약해질 수 있겠구나'라는 것을 아신다. 그분은 사람 되신 하나님이시기 때문에 그것을 아실 수 있다. 그러나 바로 이어서 "나의 원대로 마옵시고 아버지의 원대로 하옵소서." 하시며 자신의 원함을 내려놓으셨다. 이것이 첫 번째 기도이다.

40절, 제자들에게 오사 그 자는 것을 보시고 베드로에게 말씀하시되 너희가 나와 함께 한 시 동안도 이렇게 깨어 있을 수 없더냐

그리고 주 예수님은 다시 제자들에게 오셨다. 성경을 대충 읽는 사람은 주님이 세 번 반복해서 기도하신 다음에 제자들에게 오셔서 몇 마디 하셨다고 생각하는데 그렇지 않다. 주님은 한 번 기도하시고서 제자들에게 오시고 다시 가셔서 기도하시고 제자들에게 오시고 하셨다. 첫 번째 기도를 마치고 오셔서 보니까 제자들이 자고 있었다. 다른 복음서를 보면 눈이 무겁다고 하였다. 주님이 깨어 있으라고 하시니까 졸지 않으려고 하는데 자꾸만 눈꺼풀이 내려앉았다. 그들의 눈이 무거웠다.

"그 자는 것을 보시고 베드로에게" 주님은 세 사람에게 동시에 말씀하신 것이 아니라 베드로에게 말씀하셨다. 베드로가 방금 전에 아주 충성된 말을 했었다. "다 주를 버릴지라도 나는…" 하고 말이다. 그래서 주님은 제자들 중 베드로에게 말씀하시는 것이다.

"너희가 나와 함께 한 시 동안도 이렇게 깨어 있을 수 없더냐". 주님을 위해 죽고 또 일생을 드리겠다는 것은 관두고 한 시간도 깨어 있을 수 없더냐는 말이다. 다른 복음서를 보면 제자들이 어떻게 말할 줄을 몰랐다고 했다. 지금 주 예수님은 엄청난 인류의 구속 사역을 위해서 기도하고 계신다. 이때 우리 인류의 생사의 운명이 다 주 예수님께 달려 있었다. 여러분의 운명, 나의 운명, 우리 모든 그리스도인들의 운명이 한 분 예수님의 어깨에 달려 있었다. 겟세마네에서 그 한 분이 지금 이 일을 하고 계시는데, 주님은 혹시 이 세 사람이 나의 이 고통에 조금 힘이 되어주었으면 하고 원하셨을지도 모른다. 그래서 나와 함께 깨어 있으라고 하셨다. 그런데 기도하고 오시니까 그들은 아무 정신이 없다. 주 예수님은 심각하시지만 제자들은 심각하지 않다. 주 예수님께는 엄청난 일인데 제자들에게는 엄청나게 느껴지지 않은 것이다. 그리고 무슨 일인지도 몰랐다. 그러기 때문에 깨어 있기는 해야 겠는데, 심각하게 느껴졌으면 좋겠는데 그들의 심정은 거기까지 느껴지지 않는 것이다. 자꾸 눈꺼풀이 내려앉는 것이다. 졸지 않으려고 애쓰면서 조는 모습은 보기가 아주 안 좋다. 병든 닭 같은… 아마 그런 상태일 것이다. 이렇게 그리스도께서 구속을 이루실 때 겟세마네에서부터 혼자이셨다. 홀로 감당하시게 되었다. 옆의 제자들도 전혀 위로나 힘이나 도움이 되지 않았다.

41절, 시험에 들지 않게 깨어 있어 기도하라 마음에는 원이로되 육신이 약하도다 하시고

지금은 큰 시험의 시간이다. 주님은 누가복음에서 이렇게 말씀하신다. "이제는 너희의 때요 어두움의 권세로다". 사탄이 이제 권세를 부릴 시간이다. 어두움이 역사할 때이다. 그런 때에 제자들은 응당 깨어 있어야 했다. 깨어서 기도해야 했다. 그런데 그들은 깨어 있지 못했고 다 졸고 있었다.

그러나 주님은 아신다. "마음에는 원이로되" 이 '마음'은 원문에서 영이다. 영은 원한다는 것이다. 그들 속에는 원함이 있다. 졸고 싶지 않아 했다. 깨어 있고 싶었다. 그런데 육신이 약한 것이다. 그리스도인으로서 어떤 사람이 어린 사람인가? 영의 원함이 있지만 육신의 약함으로 인하여 따르지 못하는 사람이다. 영의 원함을 따르지 못하고 결국은 육신의 원함에 지는 것이다. 어린 그리스도인들은 이 두 가지가 불일치하고 갈등이 있기 때문에 항상 고통을 당한다. 깊은 속에서는 주님을 원하고 깨어 있기를 원하고 죄를 범하고 싶어하지 않는 것이 있다. 그런데 결국은 이 육신이 그 사람을 지배한다. 육신의 약함이 그를 지배하는 것이다.

지금 제자들은 그러한 상태에 있다. 그러나 자라게 되면 영이 강해져서 그 사람이 육신을 지배하게 된다. 육신의 약함에 지배를 받지 않는다. 그러나 이때 제자들의 상태는 영이 너무 약하다. 영은 원하는데 영의 원함대로 되지 않는다. 육체의 약함에 사로잡히게 된다. 그러나 주님은 이것을 아신다.

42절, 다시 두 번째 나아가 기도하여 가라사대 내 아버지여 만일 내가 마시지 않고는 이 잔이 내게서 지나갈 수 없거든 아버지의 원대로 되기를 원하나이다 하시고

이제 두 번째로 다시 나아가셨다. 그때 기도는 첫 번째 기도와 약간 다르다. 이러한 말씀도 주의 깊게 읽지 않는 사람은 세 번을 똑같이 기도했을 거라고 생각한다. 똑같지 않다. 첫 번째는 "만일 할만 하시거든"이라고 하셨다. 뭔가 가능성의 여지를 두신 것이다. 아버지 하나님의 뜻과 약간 간격이 있는 것 같다. 그러나 두 번째 기도에서는 주님이 첫 번째 기도를 통해서 조금 강화되시고, 아시고 느낌이 있으셨기 때문에 "내 아버지여 만일 내가 마시지 않고는 이 잔이 내게서 지나갈 수 없거든 아버지의 원대로 되기를 원하나이다."라고 하셨다. 이 아들은 완전히 순복하셨다. 자신을 온전한 순복의 위치에다 두셨다. 이때는 주님의 뜻이 아버지의 뜻과 거의 일치된 단계이다.

43절, 다시 오사 보신즉 저희가 자니 이는 저희 눈이 피곤함일러라

그리고 다시 오셔서 보니까 저희가 아예 자고 있었다. 첫 번째 기도를 하시고서 오셨을 때 그분은 "너희가 나와 함께 한 시 동안도 이렇게 깨어 있을 수 없더냐"고 하셨는데 이 첫 번째 말씀을 들은 제자들은 졸고 있었다. 주님이 두 번째로 가서 기도하실 때 그들은 아예 자버렸다. 여기 한 말씀이 추가되었다. "저희 눈이 피곤함일러라". 영어로는 "저희 눈이 무거움이라"는 뜻이다. 이때는 안 자려고 더 애썼던 모양이다. 그런데 눈이 무거우니 자지 않을 수 없다.

44-45절, 또 저희를 두시고 나아가 세 번째 동일한 말씀으로 기도하신 후 이에 제자들에게 오사 이르시되 이제는 자고 쉬라 보라 때가 가까웠으니 인자가 죄인의 손에 팔리우느니라

두 번째와 세 번째는 기도가 같다. 그리고 기도를 마치신 다음에 제자들에게 오셨다. 세 번째 오셨을 때에도 상황은 동일하다. 제자들의 상태는 조금도 개선되지 않았다. 졸고 자는 것이 여전하다. 그런데 세 번 기도하신 주님은 이제 기도를 다 마치셨다. 겟세마네에서 그분이 하실 일을 다 하셨다. 나는 성도들이 기도가 하나의 필수적인 일임을 알았으면 좋겠다. 기도하지 않고 사역하고 기도하지 않고 말씀전하고 기도하지 않고 선교하는 등 모든 것이 가치가 줄어든다. 그 일이 클수록 우리는 주님께 전일하게 기도해야 한다. 주 예수는 기도를 통해서 그분에게 하나님의 뜻이 확실해졌다. 그러니까 이제 자도 된다 하셨다. "이제는 자고 쉬라"는 말씀에 대해서 신학자들 간에 견해가 아주 많다. 그러나 그렇게 많을 필요가 없다. 그렇게 의견이 분분할 필요가 없다. 왜냐하면 주님 속에서 이미 아버지의 뜻이 분명해졌기 때문이다.

이제 주님의 겟세마네 기도에 대해서 몇 가지를 보겠다. 그 의미를 좀 생각해 보아야 한다. 첫째로, 겟세마네 기도는 주님이 인류를 구속하시려는 하나님 아버지의 뜻을 받아들이시는 기도이다. 여기서 우리는 한 가지 알아야 한다. 이렇게 엄청난 상황, 즉 주님이 인류를 구속하시는 역사를 하실 때 기도하지 않으시겠는가? 주님은 다른 적은 일들을 하실 때에도, 예를 들어 죽은 어린 여아를 살리거나 또는 오병이어로 많은 사람을 먹일 때에도 기도하셨다. 하늘을 우러러 기도하셨다. 그런데 주 예수님의 사역 중에서 가장 엄청난 사역을 하시는 이때 기도하지 않으시겠는가? 그 기도가 이루어진 장소가 겟세마네이다. 여러분이나 나 같은 사람을 구원하시기 위해서 아버지께 간절히 기도하신 장소가 겟세마네이다. 그 뜻을 하나님 아버지께 다시 한 번 확실하게 위임받은 장소가 겟세마네이다.

그분은 자신이 이 땅에 죽으러 오신 것을 아셨다. 그러기 때문에 이 일을 제자들에게 몇 번 가르치셨다. "내가 십자가에 죽을 것이다. 그리고 다시 부활할 것이다." 그럼에도 불구하고 그분은 다시 한 번 하나님 아버지의 뜻을 구하셨다. "정말 아버지의 뜻이 제가 이 잔을 마시는 것입니까?" 사람이 육신이 약하면 하나님의 뜻에 대해서 약간 불분명해질 수도 있다. 주님은 기도를 통해서 하나님의 뜻을 견고하게 붙잡기 원하셨다. 그래서 주님은 겟세마네에서 기도하신 것이다. 그리고 기도를 통해서 그분은 강화되실 필요가 있었다.

그분은 세 번 기도하신 후에 기도하기 전과 달라지셨다. 기도하시기 전에는 그 죽음의 그늘이 드리워질 때 주님은 그분이 고민하여 죽게 되셨다고 하셨다. 우리는 여기서 사람이신 하나님, 예수 그리스도의 고뇌를 볼 수 있다. 여기서 우리는 삼위 하나님의 거룩한 구분을 볼 수 있다. 그분은 한 분이시지만 여전히 세 위의 구분이 있으신 것이다. 이것은 비밀이므로 다 헤아릴 수 없다. 그러나 성 삼위 하나님이 우리의 구원의 역사를 위해 역사하고 계셨다. 여기서 우리는 그 역사가 그렇게 쉽지 않다는 것을 볼 수 있는 것이다. 그러나 그분이 간절히 기도하실 때, 누가복음을 보면 한 천사가 나타나 그를 돕더라고 하였다. 한 천사가 나타나서 그분을 강화시켰다. 주님은 기도를 통해서 강화되신 것이 분명하다. 그리고 아버지의 뜻을 분명히 붙잡으셨다. 이것이 하나님의 뜻임을 아시는 순간, 세 번 기도를 통해서 하나님 아버지의 뜻과 아들의 뜻이 일치된 순간, 주님은 더 기도하지 않으셨다. 그리고 제자들에게 오셔서 "이제는 자고 쉬라." 그리고 "일어나라 함께 가자."하셨다.

사실 어떤 고통이 있어도 그것이 하나님의 뜻인 줄만 알면 두려울 것이 없다. 두려운 것은 '정말 이것이 하나님의 뜻이어서 내가 이렇게 고난을 받는 것인지'를 잘 모를 때이다. 내가 아프리카에 가서 굉장히 고생을 할 때가 있었다. 그때 나는 정말 죽는 줄 알았다. 그런데 그때 육신적으로나 정신적으로 고생하는 것보다 내게 가장 어려운 부분이 이것이었다. "내가 괜히 와서 고생하는 것 아닌가? 하나님이 가서 일하라고도 하지 않으셨는데 내 열심을 가지고 와서 이렇게 고통당하는 것이 아닌가?" 하는 것이다. 그것은 우리의 기도가 충분하지 않았다는 것을 증명한다. 만일 기도를 통해서 내가 그곳에 가고 그러한 고통을 당하는 것이 하나님의 뜻이라는 것이 분명해지면 그 다음은 문제가 안 된다. 우리 마음속에 그 일이 하나님 아버지의 뜻이라는 분명한 응답이 있어야 우리가 갈 수 있다. 그리고 그것이 하나님 아버지의 뜻임을 알면 그 다음에는 두려운 것이 없다. 주님은 겟세마네에서 이것을 확인하신 것이다.

히브리서 5장을 보면 그분은 눈물과 통곡으로 하나님께 간구를 올렸고 하나님의 들으심을 얻었다고 했다. 그분의 겟세마네의 기도가 응답이 된 것이다. 어떤 방식으로 되었는가? 첫째는 기도를 통해서 하나님의 뜻이 확실해졌고, 둘째는 강화되었고, 셋째는 부활로 응답을 얻었다.

우리는 겟세마네의 의미를 살펴보았다. 우리에게 감당할 수 없는 시험이 닥쳐온다면 우리도 우리 주님에게서 배울 수 있다. 주님께 지속적으로 기도하는 것이다. 그분의 뜻을 이해하는 것이다. 우리가 십자가를 지는 것이 아버지의 뜻이라고 확정되기만 하면 그 다음은 두렵지 않다. 이것을 우리 주님에게서 배울 수 있다.

46절, 일어나라 함께 가자 보라 나를 파는 자가 가까이 왔느니라

이렇게 해서 주님은 겟세마네를 떠나신다. 일어나서 가시는데 얼마 안 되어서 주님은 이제 죄인들의 손에 붙잡히시게 된다. 주님은 이제 모든 것이 준비되셨다. 온 인류를 위해서 구속의 역사를 성취하시고 자신을 제물로 드리기 위한 마음의 준비가 다 되셨다. 다른 복음서를 보면 천사가 와서 그분을 부축하고 강하게 해 주었다고('힘을 돕더라', 눅 22:43) 되어 있다.

47절, 말씀하실 때에 열둘 중에 하나인 유다가 왔는데 대제사장들과 백성의 장로들에게서 파송된 큰 무리가 검과 몽치를 가지고 그와 함께하였더라

이렇게 주님은 기도하신 후 말씀하고 계시는데 유다가 왔다. 주님은 시간을 자로 재듯이 쓰셨다. 사실 그 마지막 날 하신 일이 많다. 그러니까 제자들이 피곤했던 것이다. 이때는 아마 굉장히 깊은 밤일 것이다. 그때까지 주님은 주무시지 않고 계속 인류의 구속 사역을 준비하고 계셨다. 주 예수님은 그 몸을 제물로 드릴 것을 준비하고 계시는데 제자들은 그 심각한 상황을 모르니까 그저 피곤할 뿐이다. 며칠 전부터 베다니와 예루살렘을 왔다 갔다 하면서 얼마나 많은 일을 하셨는가? 따라다니는 사람은 언제나 피곤한 법이다.

주님은 인자하시다. 나는 그런 상황을 보면 속에서 부글부글 일어날텐데 주님은 자비로우시게도 그 졸고 있는 제자들에게 와서 마음은 원이로되 육신이 약해서 그렇다고 말씀하셨다. 나 같으면 "너희들 그렇게 졸리면 일어나 서 있어!" 할 것이다. 그리고서 정확하게 기도하시는 시간이 끝나고 다 준비되시니까 바로 잡으러 왔다. 하늘에서 계획하시고 구상하시고 섭리하신 그대로 그 시간에 역사가 이루어지고 있는 것이다. 유다가 배반하고 대제사장과 장로들이 모의하여 예수님이 죽으신 것 같지만 이 모두가 하나님의 섭리 가운데서 계획된 것이다. 여러분과 나 같은 죄인을 구원하기 위해 예정된 것이다.

여기서 큰 무리라고 하였는데 어떤 사람은 이 무리가 200명이 넘는다고 하였다. 정확히 얼마인 줄은 모르겠다. 몽치라고 하는 것은 곤봉이다. 누가 앞장섰는가? 유다이다. 조금 전까지만 해도 예수님과 함께 유월절 잔치에 있던 제자 중 하나가 지금 이 순간에는 대적의 편에서 앞장서서 주님을 잡으러 오고 있다. 이것이 무엇인가? 배신이다. 조금전까지 예수님 편에서 함께 떡을 먹던 사람이 이제는 대적자들을 인도하여 예수님을 체포하는 데 앞장서고 있다.

48절, 예수를 파는 자가 그들에게 군호를 짜 가로되 내가 입맞추는 자가 그이니 그를 잡으라 하였는지라

유다는 그 사람들에게 군호를 짰다. "내가 입맞추는 자가 그이니 그를 잡으라." 지금 이 사람들이 잡으려는 사람은 예수이다. 다른 여러 사람이 아니라 예수를 잡아야 한다. 그런데 여기서 우리가 생각할 수 있는 것은 밤이니까 그분을 분간하기가 어려울 수도 있고 또 한 면으로 생각해볼 수 있는 것은 예수님이 특별하지 않으셨다는 것이다. 주 예수님은 사람들 가운데 나타나셔서 사람들과 같이 되셨다고 하였다. 열둘 중에 누구인지 분간이 잘 안 된다고 하는 것은 우리 예수님이 우리와 똑같은 혈육을 입은 사람이시라는 것이다. 배신자 유다가 가까이 가서 신호를 하여 "이분이 예수다. 이 사람을 잡으라."고 해야 잡을 수 있다는 것이다. 오늘 어떤 무리 가운데 가서 지도자를 잡으라면 대번 잡는다. 왜 그런가? 표시가 분명히 나기 때문이다. 그러나 예수님은 그 정도도 표시가 나지 않았던 것이다. 고운 풍채나 놀라운 모습이 없으셨다. 우리는 예수님이 그렇게 오셨다는 것을 생각해볼 필요가 있다. 그런데 이 유다라는 사람은 내가 입을 맞추는 그 사람이 예수이니 그를 잡으라고 했다. 다른 복음서를 보면 아주 단단하게 잡으라고 했다. 놓치지 말고 꼭 잡으라, 단단히 잡으라고 한 것이다.

49절, 곧 예수께 나아와 랍비여 안녕하시옵니까 하고 입을 맞추니

인사를 정중하게 하며 "랍비여" 하고 불렀다. 이 자는 예수님을 부르는 것부터가 다르다. 다른 제자들은 예수님을 랍비라고 부르지 않았다. "랍비여 안녕하시옵니까?" 유다의 이 인사도 아주 친절한 인사이다. "입을 맞추니". 입을 맞춘다는 말이 헬라어 원문에서는 아주 강렬하게 입을 맞춘다는 뜻이 있다. 유다가 표시만 살짝 한 것이 아니라 매우 친절한 척 한 것이다. 배신하는 사람들은 악수할 때 손을 꼭 잡기도 한다. 이 배신자, 더러운 죄인이 거룩하신 성자, 하나님의 아들,

죄 없으신 분, 인류를 구속하실 구속자의 얼굴에 그 더러운 입술로 입을 맞췄다는 것을 생각해 보라. 주 예수님은 그러한 배신자의 입맞춤을 그냥 받고 서 계셨다. 그분은 다 알고 계셨던 것이다. 이 유다라고 하는 사람은 자기가 그렇게 하더라도 모를 거라고 생각했는가? 사람이 거역하고 배신하면 잘 잊어버리고 눈이 멀게 된다. 그분이 하나님이시라는 사실, 전지전능하신 분이라는 사실을 모른다. 눈이 멀었기 때문이다.

50절, 예수께서 가라사대 친구여 네가 무엇을 하려고 왔는지 행하라 하신대 이에 저희가 나아와 예수께 손을 대어 잡는지라

"친구여"라고 하셨다. 우리 같으면 "이 배신자야."라는 말이 입에서 나오지 않겠는가? 그런데 예수님은 "친구여"라고 하셨다. 헬라어로는 가장 친한 친구에게 쓰는 말은 아니다. 일반적으로 가까이하던 사람들에게 쓴다고 한다. 이 구절은 다른 복음서들과 약간 차이가 있다. 주님이 누구를 찾느냐고 하시니까 그들이 예수라고 했다. 그러자 주님이 "내로라(I Am)" 하시니까 사람들이 물러가서 거꾸러졌다(요 18:6). 여기에는 이런 모든 말이 생략되어 있다. 주님은 그 자리에서도 상당히 위엄 있고 담대하셨다는 것을 뜻한다.

51절, 예수와 함께 있던 자 중 하나가 손을 펴 검을 빼어 대제사장의 종을 쳐 그 귀를 떨어뜨리니

"예수와 함께 있던 자 중 하나". 이는 베드로를 말한다. 다른 복음서에서는 베드로라고 했는데 여기서는 베드로라는 이름이 생략되어 있다. 여기 대제사장의 종의 이름은 '말고'이다. 말고를 쳐서 그 귀를 떨어뜨렸다. 다른 복음서를 참고해 보면 이때 제자들은 검을 두 개 갖고 있었다. 왜 검을 소지하게 되었는지는 모르겠다. 유월절 양을 잡기 위해서 소지했을 수도 있다. 어쨌든 주님이 가지고 있으라고 하셨다.

그런데 제자들은 이때 상황이 닥치니까 칼을 휘둘렀다. 아마 제자들은 위급한 상황에서 쓰려고 예비했는지도 모른다. 이때 베드로만 칼을 휘두른 것이 아니다. 다른 제자들도 휘두르려는 마음이 다 있었다. 이때 제자들은 갑자기 검투사들 같이 되었다.

누가복음 22장 48절과 49절, "예수께 입을 맞추려고 가까이하는지라 예수께서 이르시되 유다야 네가 입맞춤으로 인자를 파느냐 하시니 좌우가 그 될 일을 보고 여짜오되 주여 우리가 검으로 치리이까 하고". 좌우라는 말은 거기 있던 사람들, 제자들을 가리키는 말이다. "주여, 우리가 검으로 치리이까?" 이것은 베드로만 한 말이 아니다. 제자들 모두가 다 "한 판 붙을까요?" 한 것이다. 베드로만 갑자기 칼을 뺀 것이 아니고 제자들이 다 그런 마음이 있었다는 말이다. 이 베드로는 가장 잘 나서는 사람이 아닌가? 칼을 빼는 데서도 앞장섰다. 다른 제자 하나도 검을 가지고 있었을 것이다.

여기서 검을 빼어 쳐서 말고의 귀를 떨어뜨렸다고 했는데 이것에 대해 신학자들은 생각이 다 다르다. 여러 가지로 해석을 한다. 베드로가 머리를 내려치다가 살짝 비켜서 귀가 맞았다고도 한다. 그 신학자는 만일 머리가 갈라졌으면 어떻게 될 뻔했느냐고 했다. 그런데 그가 피해서 귀가 맞았다고 했다. 나는 그렇게 생각지 않는다. 어깨를 치려다가 귀가 맞았을지는 몰라도 머리를 치려다가 귀가 맞은 것은 아닐 거라고 생각한다. 그런데 어쨌든 귀가 떨어졌다. 여기에는 나오지 않는 다만 주님은 그 귀를 만져서 낫게 하셨다(눅 22:51).

52-54절, 이에 예수께서 이르시되 네 검을 도로 집에 꽂으라 검을 가지는 자는 다 검으로 망하느니라 너는 내가 내 아버지께 구하여 지금 열두 영(營) 더 되는 천사를 보내시게 할 수 없는 줄로 아느냐 내가 만일 그렇게 하면 이런 일이 있으리라 한 성경이 어떻게 이루어지리요 하시더라

주님은 칼을 사용하지 말라고 하셨다. 혈기를 내지 말라고 하셨다. 검을 사용하는 자는 다 검으로 망한다고 하셨다.

베드로가 칼을 휘두르는 것은 주 예수님께 전혀 도움이 되지 않는다. 왜냐하면 주님이 만일 그런 식으로 그 상황을 피하려 하셨으면 하나님 아버지께 구하여 열두 영 더 되는 천사를 보내시게 할 수 있으셨기 때문이다.

한 영(營)이면 군사가 6천 명이라고 한다. 그리고 거기에 기병대까지 포함된다고 하니까 한 영(營)이면 막강한 것이다. 그런데 그분이 아버지께 구하면 열두 영, 즉 칠만이천 이상의 천사들을 보내신다는 것이다. 천사의 군단이라면 한 천사만도 말할 수 없이 많은 사람의 병력을 해치우는데 이 정도면 아마 몇 나라 군대를 끝낼 것이다. 그러한 힘을 가지신 주님이신데 그분이 만일 그렇게 하려 하셨다면 왜 그렇게 안 하셨는가? 그러니 베드로가 지금 칼을 가지고 그의 한 쪽 귀를 벤다고 되는 것이 아니라는 말이다. 이러한 모든 말씀을 볼 때 이 구속의 역사는 하나님이 계획하신 것이고 하나님의 뜻이고 우리 주 예수님은 자원하여 자신을 제물로 드리신 것이 분명하다.

주님이 이렇게 하심으로 그리스도께서 이 땅에 오셔서 구속을 이루시는 것에 대한 예언이 하나하나 그대로 성취되어 가고 있다. 주님은 만일 그렇게 하면 성경이 어떻게 이루어지겠느냐고 말씀하고 계신다.

55절, 그때에 예수께서 무리에게 말씀하시되 너희가 강도를 잡는 것같이 검과 몽치를 가지고 나를 잡으러 나왔느냐 내가 날마다 성전에 앉아 가르쳤으되 너희가 나를 잡지 아니하였도다

주님이 그 무리에게 이렇게 말씀하셨다. "너희가 강도를 잡는 것같이 검과 몽치를 가지고 나를 잡으러 나왔느냐?" 이렇게 잡으러 나온 것도 주님을 수치스럽게 하는 것이다. 주님은 그렇게 잡을 필요가 없는 분이시다. 예수님은 제자 열두 명을 데리고 여기서 폭도가 덤비면 같이 싸우려고 하는 분이 아니다. 하긴 베드로나 다른 제자들은 착각해서 한판 붙으려고 하긴 했다. 육체끼리는 서로 아는 게 있다. 어쩌면 유다가 가서 그들에게 "그 제자들이 덤빌지도 모릅니다." 하고 말했을 수도 있다. 유다는 그런 생각을 할 수도 있다. 왜냐하면 그가 베드로의 성질을 알지 않았겠는가? "그들이 가만히 있지 않을 거야." 하고 생각하니까 완전히 강도 잡으러 온 것처럼 중무장을 하고 온 것이다.

예수님이 그렇게 말씀하셨다. "너희가 강도를 잡는 것같이 검과 몽치를 가지고 나를 잡으러 나왔느냐 내가 날마다 성전에 앉아 가르쳤으되 너희가 나를 잡지 아니하였도다". 예수님은 그 이전에 늘상 성전에서 가르치셨고 한 번도 세력을 형성해서 어떤 상황이 벌어지면 싸워서라도 그 상황을 피해보려고 하는 그런 분이 절대 아니셨다. 그런데 이 자들은 자신들이 강도들이니까 주 예수님도 그러한 사람으로 여겼다. 그래서 강도를 잡는 것같이 예수님을 잡으러 나온 것이다. 또 유다는 주 예수님이 못하시는 일이 없다는 것을 안다. 죽은 자도 살리시는 등 많은 일을 행하셨다. 그분이 이런 사람에게는 쉽게 보일 리 없다. 그러니까 단단히 잡으라고 말한 것이다. 우리 주 예수님은 이렇게 해서 잡히시게 되었다.

고린도 후서 13장에는 "예수께서도 연약함으로 십자가에 못박히셨으니"라고 기록되어 있다. 우리를 위해서 주님은 연약하게 되셨다.

56절, 그러나 이렇게 된 것은 다 선지자들의 글을 이루려 함이니라 하시더라

이에 제자들이 다 예수를 버리고 도망하니라

주님은 잡히셨다. 체포되신 것이다. 주님이 체포되신 상태에서 "이렇게 된 것은 다 선지자들의 글을 이루려 함이니라" 하시니까 "이에 제자들이 다 예수를 버리고 도망하니라". 주님은 완전히 혼자이시다. 그분은 열둘 중에 한 사람, 제자 유다에게 배신당하고 팔리셨으며 이제 결정적인 순간에 다른 제자들은 다 예수님을 버리고 도망갔다. 예수님을 버려두었다고 했다. 마가복음을 보면 마가는 베 홑이불을 두르고 있다가 벗고 도망갔다고 말한다. 그때 제자들은 다 도망가기에 아주 바빴다. 그러한 상태에서 우리 예수님이 홀로 구속의 역사를 담당하셨다. 우리는 이것을 말씀들에서 볼 수 있다.

"시험에 들지 않게 깨어 있어 기도하라 마음(영)에는 원이로되 육신이 약하도다 하시고"(26:41). 우리는 앞에서 주 예수님이 겟세마네에서 기도하고 나오시다가 유다와 함께 온 대제사장들과 장로들에게서 보냄 받은 사람들에게 체포되시는 것을 보았다. 이제 주 예수님을 체포한 사람들은 그분을 끌고 대제사장 가야바에게로 갔다. 이것이 57절의 말씀이다. 더 자세하게 이 부분을 기록한 요한은 가야바 대제사장에게 가기 전에 안나스라는 대제사장에게 데리고 갔다고 기록되어 있다.

우리는 마태복음 26장 57절부터 보기 전에 요한복음 18장 12절부터 잠시 보도록 하겠다. "이에 군대와 천부장과 유대인의 하속들이 예수를 잡아 결박하여 먼저 안나스에게로 끌고 가니 안나스는 그 해의 대제사장인 가야바의 장인이라"(12-13절). 이 말씀을 보면 예수님이 겟세마네에서 나오시는 길에 그분을 붙잡은 사람들이 먼저 안나스라는 가야바의 장인(그도 대제사장이었다. 정식 대제사장은 가야바이지만 안나스 또한 대제사장이었다)에게 데리고 갔다. 그런 다음 이제 요한복음 18장 19절부터 24절까지에서 대제사장 안나스 앞에서 심문받으시는 광경을 본다. 이것은 예비 심문이라고 볼 수 있다. 그 예비 심문을 받으시는 동안에도 주님은 하속 하나에게 맞으셨으며 사람들은 그분을 결박한 채로 대제사장 가야바에게로 데리고 갔다. 이때까지 주 예수님은 포승에 결박되신 상태이다. 먼저는 안나스에게 예비 심문을 받으시고 그 다음 그들은 그분을 가야바에게 데리고 갔다. 그 집이 안나스 집과 가까이 있는지 멀리 있는지는 모르겠다. 아마 멀지는 않았던 것 같다.

57절, 예수를 잡은 자들이 끌고 대제사장 가야바에게로 가니 거기 서기관과

장로들이 모여 있더라

서기관과 장로들은 대제사장과 더불어서 당시에 공회(산헤드린)를 구성하는 사람들이다. 사람들은 예수님을 붙잡아 대제사장 가야바 앞에 세웠다. 주 예수님은 이제 하나님의 어린양, 희생 제물로서 사람들에게 잡혀 대제사장 집 뜰로 끌려가셨다. 그리고 그곳에 서기관과 장로들이 함께 모여 있었다. 26장 3절에서는 대제사장들과 백성의 장로들이 가야바라 하는 대제사장의 아문에 모였다고 한다. 이것은 2절에 의하면 유월절 이틀 전이다. 그러니까 이들은 이틀 전에 모인 적이 있고 겟세마네 동산에서 붙잡혀 온 예수를 심문하기 위해서 다시 이틀 후에 모였다. 그리고 그들은 예수님을 죽이기 위해서 심문하고 또 어떤 증거를 붙잡기 위해서 모의하고 있었다.

58절, 베드로가 멀찍이 예수를 좇아 대제사장의 집 뜰에까지 가서 그 결국을 보려고 안에 들어가 하속들과 함께 앉았더라

문제는 여기서부터이다. 여기에 베드로의 실패가 있다. 제자들 중에서 가장 앞서 예수를 따른다는 베드로, 그는 예수를 좇아갔다. 다른 제자들은 다 도망갔고 사실은 베드로도 같이 도망갔다. 베드로는 아마 도망가다가 "아니다. 내가 이렇게 도망가는 게 아니지."라고 생각했던지 다시 예수님을 좇아왔다. 그건 주님을 사랑하기 때문일 것이고 자기가 말한 것도 있기 때문일 것이다. 그가 주님과 함께 겟세마네에서 나오다가 주님을 잡으러 온 사람들을 만났을 때에는 아주 용감했다. 그래서 칼을 뽑아 대제사장의 종의 귀를 베었다. 그렇게 용감했던 베드로가 이제는 예수를 버리고 도망갔다가 멀찍이서 예수를 좇게 되었다. 이 '멀찍이'라는 말은 매우 위험한 말이다. 베드로의 실패는 주님에 의해서 이미 예고되었다. "시험에 들지 않도록 하라. 그러려면 너희는 깨어 기도해야 한다."는 말씀을 들었다. 그런데 지금 시험에 빠져 들어가고 있다. 정말로 베드로가 자기 말대로 죽더라도 주님을 부인하지 않으려 했다면 베드로는 주님 가까이 갔어야지 멀찍이 따라서는 안 되었다. 그러나 베드로는 주님을 멀찍이서 따랐다. 그러나 그 결국을 보려고 대제사장 집 뜰에까지 좇아갔다.

그래서 직접 예수의 고난에 동참하는 입장이 아닌, 말하자면 객관적인 입장에서 관망하는 위치에 서게 되었다. 그것은 일단 고난을 받는 입장에서는 약간 물러서 있는 것이다. 주님과 우리의 사이를 뜨게 만드는 이것이 바로 우리의 타락의 시작이다. 우리는 주님과의 관계에 있어서 조금치의 간격도 벌어져서는 안 된다. 아마도 여러분은 "나는 주님과 조금도 사이가 벌어지고 싶지 않다."고 말할 것이다. 그러나 주님에 대해서 베드로와 같이 그렇게 호언 장담할지라도 막상 어떤 상황이 벌어졌을 때 그분의 말씀(주 예수님은 오늘날 말씀이시고 진리이시다)과 그분의 생명, 그 말씀의 표준과 믿음으로부터 약간이라도 벗어나려고 하는 것은 바로 베드로와 같이 객관적인 위치(자신의 편함과 안전을 위해서 몸을 사리는 위치)에 서는 것이다. 베드로의 실패는 바로 여기서부터 시작한다. 그렇기 때문에 여기 한 절을 이렇게 써놓았다. "멀찍이 예수를 좇아… 그 결국을 보려고". 베드로 자신의 말대로라면 주님께 바짝 붙어서 "주님, 죽더라도 같이 죽읍시다." 했어야 하는 것이다. 주님과 우리의 관계는 조금의 불일치도 있어서는 안 되며 그분의 죽음이 나의 죽음이 되어야 하고 그분의 수치가 나의 수치가 되어야 하는 것이지 상황이 어떻게 되는지 보려고 하는 것은 벌써 잘못되어 가고 있는 것이다.

요한복음을 보면 주님의 제자 중 한 사람이 대제사장을 잘 알고 있어서 베드로가 그 문 안으로 들어오도록 도와주었다고 기록되어 있다. 그래서 베드로는 그 문 안으로 들어갈 수 있게 되었다. 그래서 그는 하속들과 함께 앉았다. 베드로는 하속들과 함께 앉아 있으면 안 되었다. 주님과 함께 앉아 있어야 했다. 하속들과 함께 앉아 있다는 것은 일단 자기를 안전한 위치에다 둔 것이다. 주님과 함께 앉아 있으면 불안하기 때문이다. 주님이 당하시는 고난을 같이 당하게 되고 그 위험한 상황을 같이 맞이하게 되기 때문에 감히 그곳에 갈 엄두는 내지 못하고 다만 그 상황을 지켜보려고 자기의 위치를 하속들에게 두었다. 하속들의 일원처럼 된 것이다. 그들은 예수님을 잡아 죽이려고 하는 폭도들은 아니지만 그래도 그들에게 포함된 사람들이었다. 그들 속에 자기를 숨겨놓았으니 그것 자체가 문제가 되는 것이 아니겠는가?

59절, 대제사장들과 온 공회가 예수를 죽이려고 그를 칠 거짓 증거를 찾으매

대제사장들과 온 공회(산헤드린)는 당시에 73명으로 이루어졌고 정족수는 23명이다. 그들은 이스라엘 백성들의 많은 일들을 재판하는 기관이다. 억울한 사람들을 판결을 통해 해결해 주고 어려운 재판 문제를 공정하게 처리해주기 위해서 세워진 기관이다. 그런데 이스라엘의 대표인 이 단체가 하나님의 어린양이신 예수를 죽이려고 모의하고 있는 것이다.

"대제사장과 공회가 예수를 죽이려고 그를 칠 거짓 증거를 찾으매". 재판이란 어떤 죄인의 죄가 드러났을 때 그 죄인을 처리하기 위해서 절차를 밟는 것이다. 그런데 여기서는 먼저 예수를 죽이는 것을 전제로 하고 그 다음에 증거를 찾으려고 하는 것이다. 이런 재판이 어디 있는가? 어떤 죄가 증거를 통해 드러날 때 죄인을 잡아다가 죽여야 할지 말아야 할지를 결정해야하는데, 이것은 그것이 아니고 이 사람을 죽여야 겠는데 죽일 증거를 포착해야 겠다는 것이다. 이 사람들은 어떻게 하든지 예수를 죽이고 싶었다. 나타나고 드러난 증거가 없기 때문에 거짓 증거를 찾았다.

60절, 거짓 증인이 많이 왔으나 얻지 못하더니 후에 두 사람이 와서

예수님을 죽이고 싶은 사람이 많았다는 것은 세상 민심이 다 그렇다는 것이다. 세상은 한 번 돌아서면 겉잡을 수없이 휩쓸린다. 도대체 믿을 수 없는 것이다. 그래서 거짓 증인들이 많이 왔다. 시편 27편 12절, "위증자와 악을 토하는 자가 일어나 나를 치려고 함이니이다". 주 예수님에 대해서 하신 말씀이다. 위증자와 악을 토하는 자들이 주님을 치려하고 있다. 많은 거짓 증인들이 일어나서 예수님에 대해 많은 말로 증언했다. 그런데 그 증거란 두 사람 이상이 합치되어야만 한다. 그럴 때 그 증언들을 죄목으로 취할 수 있다. 그러나 그렇게 취할 만한 합당한 증거들을 잡지 못하고 있는데 두 사람이 왔다.

61절, 가로되 이 사람의 말이 내가 하나님의 성전을 헐고 사흘에 지을 수 있다 하더라 하니

그 중에서 사람들이 가장 믿을 만하고 취할 만한 증거가 바로 이 두 사람이 한 말이다. 이것 외에는 예수를 죽일 만한 다른 증거가 없는 것 같다. 그러니까 주 예수님은 당시에 아무 죄가 없는 분이시다. 그런데 그 두 사람이 와서 한 말이 무엇이냐면 예수님이 "내가 하나님의 성전을 헐고 사흘에 지을 수 있다."고 하셨다는 것이다. 주님이 이런 말씀을 하셨는가? 그런 비슷한 말이 있지만 정확하게 그 말은 아니다. 요한복음 2장을 보겠다.

"예수께서 대답하여 가라사대 너희가 이 성전을 헐라 내가 사흘 동안에 일으키리라"(19절). 여기서 주님은 "너희가 이 성전을 헐라"고 하셨다. 주님은 "내가 이 성전을 헐고 다시 지을 것이다."라고 말씀하신 적이 없다. 너희가 이 성전을 헐면 내가 사흘 동안에 다시 일으킬 것이라고 말씀하신 것이다. 그것도 그 물질적인 성전을 말씀한 것이 아니라 그분의 육체를 가리켜 말씀하신 것이다. 즉 그분의 죽음과 부활을 말씀하신 것이다.

마태복음 24장 1절과 2절, "예수께서 성전에서 나와서 가실 때에 제자들이 성전 건물들을 가리켜 보이려고 나아오니 대답하여 가라사대 너희가 이 모든 것을 보지 못하느냐 내가 진실로 너희에게 이르노니 돌 하나도 돌 위에 남지 않고 다 무너뜨리우리라". 이것 또한 주 예수님이 이 성전을 무너뜨리시겠다는 말씀이 아니다. 장래 그렇게 될 것이라는 예언의 말씀이다. 로마 군대가 와서 이 성전을 훼파할 것이라는 말씀이다.

다시 26장으로 가서, "내가 하나님의 성전을 헐고". 주님은 내가 이 성전을 헐겠다고 말씀하신 적이 한 번도 없다. 그런데 성전이 헐리게 된다는 이야기가 있고 다시 성전을 짓는다는 말이 있기 때문에 이렇게 약간만 왜곡시키면 주님이 헐으신다는 것이 되고 이것을 듣는 사람들은 극도로 분노하게 되어 있었다.

당시에 유대인들은 성전을 중심으로 모였다. 그리고 성전을 가장 대단한 것으로 여겼다. 사람들을 가장 자극시킬 수 있는 말이 바로 이 성전에 대한 것이다. 원래 이 성전은 솔로몬이 지었고 하나님이 임재하셨다. 그리고 바벨론에 파괴되었던 성전을 에스라 시대에 다시 지었다. 하나님께서는 그 성전 안에 거하시는 것을 기뻐하셨다. 그러나 우리가 알다시피 그들이 하나님께 대한 신앙과 경배를 다 잃어버렸을 때 하나님은 껍데기 성전 안에 거하시지 않았다.

오히려 주 예수님이 이 땅에 오셨을 때에는 그분 자신이 성전이시다. 주님이 성전이시다. "성전보다 큰 이가 여기 있으니" 말씀이 육신이 되어 우리 가운데 거하신다. 거하신다는 말은 영어로 'tabernacle' 혹은 'dwell'인데, 장막을 치고 그 가운데 거하셨다는 뜻이 있다. 그분 자신이 하나님의 성전이시다. 성전의 실제가 바로 여기에 있다. 그렇기 때문에 당시의 예루살렘 성전은 껍데기였다. 물론 주님이 처음 사역하실 때에는 '내 아버지의 집'이라고 말씀하셨고 내 아버지의 집은 기도하는 집이니 강도의 굴혈로 만들지 말라고 하셨다.

그러나 나중에는 주님이 '너희 집'이 황폐하여 버린 바 되리라고 말씀하셨다. 그들은 이렇게 껍데기만 남은 성전을 꽉 붙잡고 있었다. 그러나 그들은 실제의 성전을 버렸다. 그들은 마치 우상처럼 성전을 붙잡고 있었던 것이다. 그들은 이 성전에 대해서 잘못하기만 하면 심히 분노했다. 우리는 스데반이 순교할 때 사람들이 고소한 말이 "저 사람이 성전을 모독하는 말을 했다."는 것임을 알고 있다. 그래서 사람들이 분을 내며 돌로 그를 친 것이다. 또 사도 바울이 예루살렘에 들어갔을 때 유대인들이 "저 사람이 거룩한 곳에서 성전을 더럽히는 일을 했다."고 외치는 것을 본다. 하여튼 성전을 더럽힌다거나 잘못되게 하는 것이 당시 유대인들을 가장 자극하는 것이었다. 이 땅에 잘못된 종교는 모두가 그것이 사람이든 가르침이든 건물이든 단체이든 다 외적인 어떤 상징물을 붙들고 예수를 대치하고 있는 것이다.

그런데 여기서 두 증인이 와서 예수가 성전을 헐고 사흘 동안에 다시 짓겠다고 하더라는 말을 했다. 마가복음 14장을 보겠다. "어떤 사람들이 일어나 예수를 쳐서 거짓 증거 하여 가로되 우리가 그의 말을 들으니 손으로 지은 이 성전을 내가 헐고 손으로 짓지 아니한 다른 성전을 사흘에 지으리라 하더라 하되"(57-58절). 다시 말하지만 주 예수님은 손으로 지은 이 성전을 내가 헐겠다고 말씀하신 적이 없다. 그분이 이 성전을 헐라고 하실 때 그것은 성전 된 그분의 몸을 가리켜 말씀하신 것이다. 이것은 그분의 죽음과 부활을 두고 하신 말씀이다. 그런데 여기 이 사람들은 주 예수님에 대해 거짓 증거를 했다. 그 다음 59절에서는 "오히려 그 증거도 서로 합하지 않더라"고 말한다. 그 증거도 서로 합하지 않았으므로 그것도 증거로 채택되지 못했다. 예수님을 잡아 죽일 아무런 증거가 없었다. 그 사람들은 예수님을 잡아 죽였으면 좋겠는데 잡아 죽일 증거가 나오지 않았다. 유다의 배신과 판 것으로 인해서 잡기까지는 했는데, 죽여야 한다는 데는 일치가 되어 있는데 죽일 만한 마땅한 증거가 나오지 않는 것이다.

62절, 대제사장이 일어서서 예수께 묻되 아무 대답도 없느냐 이 사람들의 너를 치는 증거가 어떠하뇨 하되

대제사장은 심판석의 의장과 같다. 대제사장 가야바는 앉아 있다가 상황이 이렇게 되어 가니 일어났다. 아마도 좀 당황했을 것이다. 증거가 잡힐 만했고 또 잡힐 줄 알았는데 증거가 잡히지 않으니까 자리에서 일어난 것이다. "일어서서 예수께 묻되 아무 대답도 없느냐?" 그들의 말이 서로 합하지는 않았어도 예수님에 대해서 이렇게 저렇게 성토하는 말은 많았다. 거기서 예수님에 대해 찬성하는 말, 좋다고 하는 말은 한 마디도 없고 서로 말이 맞지는 않아도 다 그분이 잘못했다는 것이다. 잘못했다는 말이 계속 터지고 있는 것이다. 그러나 다 거짓된 말들이다. 예수님의 본심, 그분의 뜻은 그것이 아닌데 그 말들을 왜곡해서 나쁘게 말했다. 그런데 그것을 마땅히 죽일 만한 증거로는 채택할 수가 없었다. 그 때 이 사람 가야바가 앉아 있다가 일어서서 직접 심문을 한 것이다.

"아무 대답도 없느뇨?" 뭐라고 말 좀 해보라는 것이다. 어떤 문제의 대답을 하면 그 대답이 올무가 되므로 대답을 해보라고 하는 것이다. 이것은 주 예수님에게 그들의 고소에 대한 변명의 기회를 주겠다는 것이 아니다. 다만 꼬투리를 잡을 수 있는 말이 나오지 않을까 해서 그렇게 말했을 뿐이다. 맞는지 틀리는지를 예수님의 입에서 직접 듣고 싶은 것이다.

63절, 예수께서 잠잠하시거늘 대제사장이 가로되 내가 너로 살아계신 하나님께 맹세하게 하노니 네가 하나님의 아들 그리스도인지 우리에게 말하라

"잠잠하시거늘". 주 예수님은 조용하시고 말이 없으셨다. 침묵을 지키셨다. 아무 말이 없으셨다. 우리는 이사야 53장에서 이사야 선지자가 예언한 것이 생각난다. "그가 곤욕을 당하여 괴로울 때에도 그 입을 열지 아니하였음이여 마치 도수장으로 끌려가는 어린 양과 털 깎는 자 앞에 잠잠한 양같이 그 입을 열지 아니하였도다"(7절). 주님은 한 발짝 한 발짝 당신에 대하여 예언하신 말씀을 이루고 계신다. 이렇게 많은 사람들이 주 예수님을 나쁘게 증거하고 있는데 우리 같으면 "내가 말한 것은 그런 뜻이 아니야, 이 사람들아!" 하고 말하고 싶을 것이다. 그런데 예수님은 한 말씀도 안 하시고 그냥 잠잠하셨다. 잠잠하셨다는 것은 침묵의 시간이 좀 흘렀다는 것이다.

"대제사장이 가로되 내가 너로 살아계신 하나님께 맹세하게 하노니 네가 하나님의 아들 그리스도인지 우리에게 말하라". 그러니까 대제사장은 더욱더 당황했을 거라고 생각한다. 주 예수님은 아무 말이 없으시다. 죽일 증거가 없다. 그러자 대제사장이 이제 이렇게 말했다. "내가 너로 살아계신 하나님께 맹세하게 하노니". 이 사람이 정말 살아계신 하나님을 존경하고 공경하기 때문에 그렇게 말했겠는가? 그는 지금 살아계신 하나님을 앞에 두고 있다. 그의 말은 "내가 지금 한 마디 물을 텐데 너는 이 대답을 하나님께 맹세하는 말로 대답하라."는 것이다. 말하자면 신중하고 엄숙하게 하나님 앞에서 조금도 거짓이 없이 분명하게 말하라는 뜻이다. 조금도 어길 수 없고 번복할 수 없고 변개할 수 없는 맹세하는 말로 대답하라는 말이다. 대제사장이 질문할 최종적인 카드가 하나 있는데 이 말에 대한 대답은 보통 말로 해서는 안 되고 살아계신 하나님께 맹세하는 말로 대답하라는 것이다.

"내가 너로 맹세하게 하노니". 헬라어로 '엑스루키소스'인데 아주 강한 표현이다. "네가 하나님의 아들 그리스도인지 우리에게 말하라". 그분이 하나님의 아들 그리스도냐는 것이다. 결국 주님이 돌아가신 것은 이 말 때문이다. 이 사람들이 예수님을 잡아죽이려고 한 것은 예수님의 가르침이 당시 그들과 달랐기 때문이다. 주로 이 사람들은 시기 때문에 주님을 죽이려 했다. 그들은 예수님의 가르침, 예수님의 성령의 역사가 계속 그들의 유대교 조직을 위협하고 있다고 생각했다. 갈릴리의 한 사람이 지금 그들을 위협하고 흔들고 있는 것이다. 그래서 그들은 시기가 발동했다.

"네가 하나님의 아들 그리스도인지 우리에게 말하라". 주 예수님이 사역하러 나오셔서 계속 사람들로 믿게 하고 알려주고 싶으신 것이 바로 그분이 하나님의 아들이시라는 것이다. 베드로는 그런 계시를 받았기 때문에 "주는 그리스도시요 살아계신 하나님의 아들이시니이다"라는 고백을 했다. "나와 아버지는 하나이니라", "세상 죄를 지고 가는 하나님의 어린양이로다". 그분은 자신이 분명 하나님의 아들이신 것을 선포하셨다. 그런데 지금 대제사장은 그분이 하나님이 아니라는 것을 확신하고 있기 때문에 그분이 그렇다고만 대답하면 그 하나로 죽일 명목이 충분하다고 생각한 것이다. 그러니 이 대제사장은 그분이 아니라고 할까봐 걱정하고 있을 것이다.

이때 주 예수님이 대답하셨다. 잠잠하신 예수님! 어떤 성경 해설자가 이 부분에 대해 이렇게 말했다. "이때 온 우주가 호흡을 중단하고 예수님의 입에서 무슨 말씀이 나올까 기대하고 있었다." 한 마디만 떨어지면 이제 어떻게 되는 것이다.

64절, 예수께서 가라사대 네가 말하였느니라 그러나 내가 너희에게 이르노니 이 후에 인자가 권능의 우편에 앉은 것과 하늘 구름을 타고 오는 것을 너희가 보리라 하시니

다른 복음서에서는 "내가 그니라"(눅 22:70)고 하셨다. 네가 말한 것이 맞다고 시인하신 것이다. 주님은 이렇게 말씀하시면 죽음에 넘기워질 것을 모르셨을까? 아셨다. 다른 말에는 결코 답변하지 않으셨다. 거짓 증거 하는 말에는 답변을 전혀 하지 않으셨다. 변명도 없으셨다. 그러나 그분 자신의 인격을 묻는 말, 하나님의 아들 그리스도이신지를 묻는 말에는 답변하셨다. "네가 바로 말하였다." 그러시면서 "그러나 내가 너희에게 이르노니 이 후에 인자가 권능의 우편에 앉은 것과 하늘 구름을 타고 오는 것을 너희가 보리라"고 하셨다. 여기의 '그러나'라는 말은 '그럼에도 불구하고'이다. 신학자들은 이 단어를 가지고 의견이 참으로 분분하다. 왜 여기에다 '그럼에도 불구하고'를 넣었느냐는 것이다. 주님이 "네가 말하였느니라"고 하실 때 그 사람들의 얼굴은 가소롭다는 듯한 표정을 지었을 것이다. 사람들이 그 말씀을 맞다고 인정하겠는가? 그 말씀을 받아들이겠는가? 그러한 상황에서 주 예수님은 "너희들이 그렇게 가소롭게, 아니라고 확신하며 생각하는지 몰라도, '그럼에도 불구하고' 내가 너희에게 이르노니 이 후에 인자가 권능의 우편에 앉은 것과 하늘 구름을 타고 오는 것을 보리라"고 하셨다.

다니엘 7장에 있는 이 말씀은 하늘의 그리스도에 대한 말씀이다. 메시야에 대한 말씀이다. 권능의 우편에 앉으실 분, 하늘 구름을 타고 오실 분이다. 주님은 그 분이 하나님의 아들이심을 시인하실 뿐 아니라 그분이 구약에서 말한, 즉 그들이 성경에서 읽은 메시아, 하나님 우편에 앉으실 그리스도, 그리고 하늘 구름을 타고 오실 그리스도라고 말씀하셨다.

65절, 이에 대제사장이 자기 옷을 찢으며 가로되 저가 참람한 말을 하였으니 어찌 더 증인을 요구하리요 보라 너희가 지금 이 참람한 말을 들었도다

이 말을 듣고는 대제사장이 옷을 찢었다. 이 옷을 찢는다는 것은 당시에 하나님을 모독하는 말, 들을 수 없는 말을 들었을 때 하는 표현이다. 어찌 이런 말을 들을 수 있는가? 가장 경건하고 거룩한 척하는 것이다. 예수님이 그분 자신을 분명하게 나타내시자 "이렇게 모독하는 말을 들을 수 있는가?" 하면서 옷을 찢은 것이다. 이 옷은 마가복음에서는 속옷을 말하고 마태복음에서는 겉옷을 말한다. 헬라어로는 이 두 가지 단어가 서로 다르다. '시마티아'는 겉옷을 의미하고 '키토나스'는 속옷을 의미한다. 그러니까 가야바는 겉옷과 속옷을 다 찢은 것이다. 그것이 하나님을 최고도로 경건하게 섬기고 있다는 표현이다. 사람들이 그렇게 나타내는 것이다.

레위기 21장 10절을 보면 대제사장은 옷을 찢지 못하게 되어 있다. 어떤 일이 있어도 옷을 찢으면 안 된다. 그러나 이 상황에서는 가장 경건한 척해야 하기 때문에, 내가 하나님의 백성으로서 이렇게 모독하는 말을 듣고는 도저히 참을 수 없다, 옷을 안 찢을 수 없다 해서 찢은 것이다. 그것은 매우 정치적이고 선동적인 행위이다. 그러면서 "그가 참람한 말을 하였으니 어찌 더 증인을 요구하리요?" 했다. 어찌 증인을 더 요구하겠느냐는 말은 지금까지는 증인이 별로 합당하게 나타나지 않았다는 말이다. 그러니까 이 말 한 마디로 죽어 마땅한 충분한 증거가 확보되었으니 증인은 더 이상 필요없다는 뜻이다. 이 사람은 매우 정치적인 자이다. 지금까지의 증인과 이 말을 포함하면 더 이상 증인이 필요없다, 이 정도면 충분히 죽일 이유가 된다는 것이다.

66절, 생각이 어떠하뇨 대답하여 가로되 저는 사형에 해당하니라 하고

대제사장은 이제 공회의 배석 판사들에게 묻는 것이다. 같이 있는 자들에게 묻는 것이다. 이 사람은 하나의 재판장으로서 배심원들에게 먼저 묻고 나중에 그가 결론을 내리는 법인데 자기가 이미 결론을 내려놓고 물었다. 죽이는 것이 합당하지 않느냐는 말이다. 더 무슨 증인이 필요하느냐고 하고서 너희 생각은 어떠냐고 하는 것이다. 배석자들 모두는 "가로되 저는 사형에 해당하니라." 마가복음에서는 저희가 만장일치로 그렇게 말했다고 했다. 그 중에는 그렇게까지 할 필요가 있을까 하는 사람도 왜 없었겠는가만은 그런 상황 속에서 누가 반대할 수 있는가? 결국 전체가 다 동의해서 죽어 마땅하다고 가결한 것이다.

이것이 당시 공회의 판결이다. 그들이 만일 로마의 식민지, 속국이 되지 않았더라면 이 산헤드린의 결정으로 그냥 죽이게 된다. 그러나 산헤드린의 결정권, 사람을 죽이기로 판결하는 최종 권한은 로마에 넘어가 있었다. 그래서 그들은 유대의 법으로는 여기까지밖에 판결을 내릴 수 없었다. 그리고서 이제 주 예수님을 빌라도에 넘기려 하고 있다. "저는 사형에 해당하니라" 하고서 공회의 판결은 66절로 끝난다. 이제 주 예수님은 유대인들에 의해 죽임을 당하도록 판결되셨다. 사형언도가 공회에서 내려진 것이다. 선지자의 예언이 생각난다. "낮을 때에 공변된 판단을 받지 못하였으니 누가 가히 그 세대를 말하리요 그 생명이 땅에서 빼앗김이로다"(행 8:33)

67절, 이에 예수의 얼굴에 침뱉으며 주먹으로 치고 혹은 손바닥으로 때리며

그렇게 판결이 나자 이제 이 사람들은 폭도들이 되었다. 공회의 일원이라면 당시에 유력한 자들이고 배운 사람들이고 할 텐데 이들은 시기와 미움으로 가득해서 그 판결을 내리자마자 예수님에게 와서 침을 뱉었다. 이것은 최대의 경멸의 표시이다. "주먹으로 치고 혹은 손바닥으로 때리며". 주 예수는 무죄하신 분이다. 그분은 아무 죄도 지은 적이 없다. 죄 없으신 주님의 얼굴을, 거룩하시고 인자하시고 자비로우시며, 이 땅에 오셔서 한 번도 죄를 범하지 않고 욕도 한 번 안하신 그분의 얼굴을 이 죄인들이 무자비하게 때리고 치고 했다. 그분은 침 뱉음과 모든 수욕을 당하셨다. 그분이 누구인가? 하나님이신 분이다. 창조주 하나님의 인격이 그 자리에서 죄인인 피조물들에게 수치를 당하고 계셨다. 누구 때문인가? 우리 때문이다. 우리의 죄 때문에 예수님이 그렇게 되신 것이다.

68절, 가로되 그리스도야 우리에게 선지자 노릇을 하라 너를 친 자가 누구냐 하더라

이들이 정말 그리스도를 그리스도라고 믿기 때문에 그렇게 부른 것이 아니다. 주님은 참으로 그리스도이시다. 그러나 그들은 조롱하는 방식으로 그리스도를 불렀다. 이것은 그리스도의 이름을, 하나님의 이름을 망령되이 부르는 것이다. 진짜 그리스도라고 믿지도 않으면서 훼방하는 식으로 "그리스도야, 우리에게 선지자 노릇을 하라. 너를 친 자가 누구냐?" 한 것이다. 마가복음을 보면 예수님의 눈을 가리고 많은 사람이 치면서 네가 선지자면 누가 때렸는지 맞추어보라고 했다. 주님은 그렇게 수치를 당하셨다.

사랑하는 성도 여러분, 우리는 주 예수님의 고난에 대해서 생각해 보아야 한다. 죄가 없으신 구주께서 우리 같은 죄인 때문에 경멸을 당하셨다. 그 갖은 모욕을 당하신 것이다. 그것은 다 우리를 위한 것이다. 우리의 죄 때문이다. 죄인들이 침 뱉고 주먹으로 치고 손바닥으로 때리면서 "그리스도야, 네가 그리스도면 누가 때렸는지 맞추어보아라." 하는 것은 그분을 완전히 부정하는 것이다. 그렇게 해서 예수님은 철저히 모욕과 수치와 횡포를 당하고 계셨다. 그리고 그들이 그분을 부정하고 싶은 이유는 자신들에 의해 만들어진 그리스도, 자신들의 육체의 안위를 보존해 줄만한 그리스도가 아니라는 그 단 한가지 이유에서이다. 오늘날 우리도 그분 자신을 원하는 것이 아닌 우리의 만족을 위한 주님을 원한다면 주님을 모욕하고 십자가에 못박은 그 무리에 속하지 않는다고 말할 수 없는 것이다. 우리는 우리의 원함과 만족이 아닌 오직 주님 자신과 그분의 말씀에 주의해야 한다.

69절, 베드로가 바깥 뜰에 앉았더니 한 비자가 나아와 가로되 너도 갈릴리 사람 예수와 함께 있었도다 하거늘

주님은 이렇게 우리의 구속을 위하여 고난을 당하시고 있는데 베드로는 들어와서 이 대제사장의 집 바깥 뜰에 앉아 있었다. 그럴 때 한 비자, 즉 여종이 와서 너도 갈릴리 사람 예수와 함께 있었다고 했다. 베드로가 한 발을 뒤로 빼서 자신을 하속들과 일치시킨 것부터가 병이다. 한 발을 뒤로 뺀 것이 문제이다. 한 발 떨어진 것이 문제이다. 예수님과 한편이 아닌 것처럼 보이게 한 것이다. 사탄이 그때 시험하기 시작했다. 사탄은 사람이 약해진 틈을 비집고 들어온다.

"너도 갈릴리 사람 예수와 함께 있었지?" 작은 여종이 이렇게 물었다. 대제사장도 아니고 그 중 서기관도 아니고 총이나 칼을 든 사람도 아니고 아무 것도 아닌 여종이다. 그런데 그 여종 혼자 있는 것이 아니고 여러 사람 앞에서 물었다. 여기서 이 여종이 하는 말을 들어보라! '갈릴리 사람 예수' 아주 무시하는 말투이다. 당시 주 예수님은 붙잡혀서 갖은 수치를 다 당하시고 있었다. 그분은 지금 완전히 끝난 사람이다. 그렇게 끝난 위치에 있으니까 형세가 주 예수님께 매우 불리해졌다. 그리고 대제사장 집 여종까지도 멸시하는 투로 "갈릴리 사람 예수와 함께 있었지?"라고 했다.

베드로는 주 예수님 편에 자신을 일치시키기가 매우 어렵고 위험하게 느껴지는 상황에 처했고 그런 때에 주 예수님 편에다가 자기를 일치시키면 자기가 안전하지 않고 아주 곤경에 처하겠다는 느낌이 충만했을 것이다. "내가 살기 위해서는 어느 쪽에 서야 하나?" 이렇게 육체의 본능대로 느껴지자 모든 사람 앞에서 주님을 부인하는 지경에 이르렀다. 배반의 길은 이렇게 시작되는 것이다.

70절, 베드로가 모든 사람 앞에서 부인하여 가로되 나는 네 말하는 것이 무엇인지 알지 못하겠노라 하며

이 사람 베드로는 처음부터 직접적으로 예수님을 부인하고 싶은 게 아니었다. 그럴 의도는 없었기 때문이다. 따라서 처음에는 그렇게 직접적으로 부인하는 말을 하지 않았다. 다만 그녀의 하는 말이 무슨 말 하는지 모르겠다고 했다. 그는 최선을 다해서 부인하고 싶지 않았다. 하속들과 함께 앉아 있을 때만 해도 베드로의 마음은 주님 편이었다. 함께 앉아 있는 사람들과는 다른 마음이었다. 그러면서 마음을 다해 편안하게 앉아 있었던 것이다. 그래도 제 딴에는 그렇게 멀리 서라도 주님을 위하고 그래도 주님을 사랑하는 방식이었다. 그런데 그 비자가 그렇게 묻자 깜짝 놀랐다. "아니 어떻게 해야 하나?" 한 발 더 미끄러졌다. 미끄러졌는데 완전히 부인하는 것은 아니고 '나는 네가 무슨 말을 하는지 모르겠다'는 것이다. 부인하는 성향은 있는데 완전히 부인하자니 사람 체면이 말이 아니니까 중간선에서 "나는 네가 무엇을 말하는지 모르겠노라."고 한 것이다. 이것이 일차 미끄러진 것이다.

71절, 앞문까지 나아가니 다른 비자가 저를 보고 거기 있는 사람들에게 말하되 이 사람은 나사렛 예수와 함께 있었도다 하매

그런데 왜 앞문까지 나아갔는가? 그 자리에 있다가는 계속 곤란한 상황이 발생할 것 같으니까 바깥으로 나갈 수 있는 쪽으로 몸을 숨기려고, 그리고 사람들이 괴롭히지 않을 만한 곳으로 간 것이다. 아직 완전히 뛰쳐나간 것은 아니다. 지금은 이렇게 뒷걸음질치는 장면이다. 자기를 보호하려고 최대의 보호 본능이 발동하고 있는 것이다. 자기 보호 본능이다. 그래서 앞문까지 나아간 것이다. 그런데 "다른 비자가 저를 보고 거기 있는 사람들에게 말하되". 베드로의 이 이야기는 사복음서에 다 들어 있다. 주님이 하신 일도 어떤 것들은 빠져 있다. 겟세마네에서의 그렇게 중요한 주님의 기도도 요한복음에는 빠져 있다. 그런데 왜 하필이면 베드로의 이야기는 요한복음을 포함해서 네 복음서에 다 들어 있는가? 그것이 그렇게도 중요하단 말인가? 오늘은 우리가 베드로의 실패를 소상하게 볼 필요가 있다. 여기서는 다른 비자라고 했는데 마가복음을 보면 같은 비자라고 되어 있다. 누가복음을 보면 어떤 남자라고 되어 있다. 요한복음을 보면 그들이 물었다고 되어 있다. 그래서 서로 약간씩 다른 것 같다.

그러면 남자가 물은 건가, 아니면 여자가 물은 건가? 먼저 물은 여자가 또 물은 것인가, 다른 여자가 물은 것인가? 어떻게 된 것이란 말인가? 복음서들은 두 번째로 물은 사람에 대하여 서로 좀 다르게 기록해 놓았다. 우리가 정확하게 그 진상을 알 수는 없지만 두 번째로 물은 사람은 먼저 물은 여자와 함께 있었던 남자일 수도 있고 그 여자일 수도 있고 몇몇 사람들이 함께 물은 것일 수도 있다. 그러기 때문에 그것은 서로 불일치한다 해서 틀린 것이라고 할 수는 없다. 어쨌든 앞문까지 나아가니까 다른 비자가 저를 보고 거기 있는 사람에게 이 사람은 나사렛 예수와 함께 있었도다 하고 말했다. "이 사람은 나사렛 예수와 함께 있었다." 첫 번째에는 갈릴리 사람, 두 번째에는 나사렛 예수, 다 멸시하는 칭호이다.

72절, 베드로가 맹세하고 또 부인하여 가로되 내가 그 사람을 알지 못하노라 하더라

이때는 확실하게 부인했다. 처음에는 부인하는 데까지는 가고 싶지 않았다. 그런데 두 번째로 사람들이 묻자 "내가 살기 위해서는 부인하지 않을 수 없다." 해서 입에서 튀어나온 말이 "나는 그 사람을 알지 못한다."는 것이다. 부인한 것 아닌가? 부인한 것이다. 그러나 첫 번째 말이 두 번 째 말의 바탕이 된 것이다. 첫 번째 말로 일단 배반의 근거를 마련했기에 두 번째 말이 쉽게 나올 수 있었다.

73절, 조금 후에 곁에 섰던 사람들이 나아와 베드로에게 이르되 너도 진실로 그 당이라 네 말소리가 너를 표명한다 하거늘

"조금 후에"라고 했는데 누가복음 22장을 보면 "한 시 후에"라고 했다. 우리는 여기에서 그래도 베드로가 상당히 끈질겼다는 것을 볼 수 있다. 두 번째 질문에 주님을 부인하고 나서도 한 시간을 또 기다리며 꾸물거리고 있었다는 것을 보면… 베드로를 너무 그렇게 말하지 말라. 여러분 같으면 십 분 정도 있다가 얼른 도망갔을지도 모른다. 한 시간 정도를 또 기다리면서 어떻게 되어가는지를 보려고 했다는 것은 상당히 힘들게 인내하면서 어떻게든지 한 번 해보려고 했던 사람이다. 그는 자기가 목숨을 잃더라도 주님을 위해서 하겠다고 한 말을 나름대로 지켜야만했다. 그러나 힘이 너무 부족했다. 만일 어떤 사람이 당시에 베드로더러 "너 어떻게 그럴 수가 있어?"라고 한다면 베드로가 말할 것이다. "그런 소리 하지 마라. 나 힘들었어. 한 시간 이상 어렵게 버텼어."

"조금 후에 곁에 섰던 사람들이 나아와 베드로에게 이르되 너도 진실로 그 당이라 네 말소리가 너를 표명한다 하거늘". 몇 마디 하다 보니까 갈릴리 말투가 나온 것이다. 우리나라로 말하면 경상도 억양이 나온 것이다. 급하게 부인하면서 말하다 보니 말투를 숨길 수 없었던 것이다. 급할수록 고쳐서 말할 겨를이 없다. 예를 들어서 히브리어로 '이쉬'를 갈릴리 사람들은 그렇게 발음하지 못하고 '이투' 한다고 한다. 이렇게 발음이 다른 것이 말에 섞여 나오지 않겠는가?

74절, 저가 저주하며 맹세하여 가로되 내가 그 사람을 알지 못하노라 하니 닭이 곧 울더라

이쯤 되니 베드로는 상당히 당황했다. 사람들이 네 말소리가 너를 표명한다고 말하니 베드로는 저주하며 맹세하였다. "저가 저주하며 맹세하여 가로되". 두 번째까지 부인하고 나니 세 번째 말은 생각하지 않고도 술술 입에서 나올 수 있었다. 맹세한다는 것은 우리말로 "내 말이 거짓이라면 내 손가락에 장을 지지겠다."는 것이다. 베드로는 이정도로 맹세하며 부인했다. 사람들에게 확실하게 보이도록 이제 하늘을 가리키며 "내가 거짓말을 하면 하나님이 나를 저주하실 것이다."라고 한 것이다. 하늘로 저주까지 해가면서 부인한 것이다. 이 정도면 배반은 완성된 것이다. 이 정도면 누구든지 그의 부인하는 말을 믿지 않을 수가 없다. 그는 이렇게 철저하게 부인했다. 그렇게 부인하고 나니까 "꼬끼요" 하고 닭이 울었다.

그런데 마가복음을 보면 주 예수님이 말씀하시기를, 닭이 두 번 울기 전에 네가 세 번 나를 부인하리라고 하셨다. 마가복음은 마가가 썼지만 사실 그것은 베드로의 복음이다. 여러분이 마가복음을 읽어보면 이 부분이 마태복음보다 더 자세하게 나와 있음을 볼 것이다. 베드로는 자기의 실패에 대해서 가리고 싶지 않았다. 쓸 수 있는 대로 자세하게 썼다. 그는 닭이 우는 소리를 가슴깊이 듣고 있었다.

마가복음을 잠시 보겠다. 마가복음 14장 66절, "베드로는 아래 뜰에 있더니 대제사장의 비자 하나가 와서 베드로의 불 쬠을 보고 주목하여 가로되". 그때 베드로는 불을 쬐고 있었다. "너도 나사렛 예수와 함께 있었도다 하거늘". 베드로는 그때 하속들과 함께 불을 쬐고 있었다. 그 따뜻한 온기에 얼굴이 화끈화끈했을 것이다. 요한복음 21장에서는 예수님이 정말 불을 펴놓고 말씀하셨다. "네가 이것들보다 나를 사랑하느냐?" 그때도 세 번 물으셨다. 여기는 세 번 주님을 부인하고 있는 장면이다.

"베드로가 부인하여 가로되 나는 네 말하는 것이 무엇인지 알지도 못하고 깨닫지도 못하겠노라". 알지도 못하고 더 나아가 깨닫지도 못하겠다고 했다. 그리고 "앞뜰로 나갈새 비자가 그를 보고 곁에 서 있는 자들에게 다시 이르되 이 사람은 그 당이라 하되 또 부인하더라 조금 후에 곁에 서 있는 사람들이 다시 베드로에게 말하되 너는 갈릴리 사람이니 참으로 그 당이니라"(68-70절). 71-72절, "베드로가 저주하며 맹세하되 나는 너희의 말하는 이 사람을 알지 못하노라 하니 닭이 곧 두 번째 울더라. 이에 베드로가 예수께서 자기에게 하신 말씀 곧 닭이 두 번 울기 전에 네가 세 번 나를 부인하리라 하심이 기억되어 생각하고 울었더라".

닭이 두 번 울었다. 한 번은 예고로 운 것이다. 그런데 한 번 울 때는 잘 안 들렸을 것이다. 그때 회개했더라면 세 번까지는 부인하지 않았을지도 모른다. 그러나 닭이 한 번 울 때는 정신이 없었다. 두 번 "꼬끼요" 하니까 예수님의 그 말씀이 생각난 것이다. "닭 울기 전에 네가 세 번 나를 부인하리라". 그대로 이루어진 것이다.

누가복음을 보면 이 장면에서 예수님이 돌이켜 베드로의 얼굴을 보셨다는 말씀이 나온다. 누가복음 22장 60절, "베드로가 가로되 이 사람아 나는 너 하는 말을 알지 못하노라고 방금 말할 때에 닭이 곧 울더라". 주님은 닭이 우는 것으로 베드로의 마음을 일깨우기 원하셨다. 만유를 그분의 뜻대로 주장하시는 주님께서는 닭 한 마리를 예비하셔서 "크게 울어라, 베드로를 위해서. 육신이 약해서 나를 부인하는 베드로를 위해서 울어라." 하시자 닭이 곧 울었다. 닭이 울자 베드로는 예수님이 미리 말씀하신 것이 생각났다. 이것이 다 무엇인가? 주님의 사랑이다. 어떻게든지 이 약한 제자들을 주님께로 보호하려는 주님의 목양이다. 주님의 목양은 이렇게 각별하시다. 약한 것을 다 아시고 실패할 것도 다 아신다. 그리고서 우는 닭을 예비하신 것을 보라. 미리 이야기하시고 그 시간에 닭이 울게 하시고 생각나게 하신다. 긍휼이 풍성하신 주님이시다.

61절, "주께서 돌이켜 베드로를 보시니 베드로가 주의 말씀 곧 오늘 닭 울기 전에 네가 세 번 나를 부인하리라 하심이 생각나서". 주님은 닭을 울게 하셨을 뿐 아니라 그 순간 돌이켜 베드로를 보셨다. 어떻게 보셨는지 모른다. 그분이 심문당하시는 곳과 베드로가 피해 있었던 곳은 상당히 거리가 있었을 것이라고 생각되는데 여기서 주님이 돌이켜 베드로를 보셨다고 되어 있다. 어쩌면 주님이 심문을 당하시고 끌려가시다가 베드로의 얼굴을 바라보셨을 수도 있다. 침 뱉음 당하시고 주먹으로 맞아서 멍들고 하신 그러한 얼굴, 그러나 아직도 주님의 얼굴은 너무나 자비로우시고 평안하고 사랑이 가득하시며 베드로가 세 번이나 부인한 것을 다 아시는 주님은 그 눈으로 바라보아 주셨다. 그 주님의 눈을 본 베드로의 마음은 어떻게 되었겠는가? 그래서 62절, "밖에 나가서 심히 통곡하니라".

75절, 이에 베드로가 예수의 말씀에 닭 울기 전에 네가 세 번 나를 부인하리라 하심이 생각나서 밖에 나가서 심히 통곡하니라

베드로는 울었다. 울고 또 울었다. 그는 진정 자기가 실패한 것을 알았다. 정말 나 자신은 믿을 수 없는 사람이라는 것을 알았다. 그는 자기가 엉겁결에 주님을 세 번이나 부인해 놓고 정말 마음에 심한 통곡이 있었다. 이렇게 통곡할 수 있는 사람, 주님은 그러한 사람을 사랑하신다. 나는 눈물이 없는 형제나 자매를 두려워한다. 부인하고 잘못해 놓고도 눈물이 없는 사람은 무정한 사람이다. 베드로는 그러면서도 주님에 대한 인식과 사랑이 있었다. 육신이 약해서 비록 실패했지만 그는 속에 진심으로 주님을 사랑하는 마음이 있었다.

상황이 불리하게 되니까, 주님이 심문을 당하시고 죽임을 당하실 상황에 처하시니까 그들의 세력이 너무나 크게 보였던 것이다. 그래서 일개 동녀, 작은 하녀 앞에서 살아보겠다고 구걸하며 예수님을 부인한 사람이 바로 베드로였다. 왜 이것을 네 복음서에 다 기록한지 아는가? 주님의 고난의 장면에 한 인간의 실패의 체험을 왜 꼭 대비시켜 놓았겠는가? 그리고 왜 복음서마다 이 일을 기록해 놓았겠는가? 왜 그렇게 했는가? 베드로가 바로 당신이고 나이기 때문이다. 그는 우리의 대표이다. 그가 다른 사람이 아니다. 베드로가 다른 사람이라고 생각하지 말

라. 그는 그 자리에서 우리의 대표로서 철저하게 실패를 하고 있었다. 나는 여기 계신 여러분이나 저나 지금까지 주님을 한 번도 부인하지 않았다고 생각지 않기를 바란다. 이번 주(週)만 해도 어쩌면 주님을 부인한 일이 있었을 것이다. 그게 바로 우리이다. 작은 여자 앞에서 내가 떳떳하게 내 신앙을 밝히고 우리의 위치를 밝히면 혹시 불리하지나 않을까 싶어서 슬슬 말을 바꾸는 것이다. 그것이 무엇인가? 주님을 부인하는 것이다. 진리 위에 굳게 선다는 것은 쉬운 일이 아니다. 그러니까 많은 사람들이 타협하는 것이다.

오늘 주 예수님의 인격을 부인하는 사람은 별로 없다. "나는 예수가 누군지 몰라." 이렇게는 하지 않을 것이다. 그러나 주님의 말씀, 주님의 의도, 우리가 깨달은 진리, 우리에게 보여주신 빛, 성령의 길을 취하는 데 있어서 담대하지 못하고 뒤로 물러난다. 그 길을 가려면 죽음이 있고 가난이 있고 핍박이 있고 비방이 있고 막막한 게 있다. 힘이 든다. 갈 길이 없고 소망이 없는 것 같다. 그래서 어떻게 하는가? 큰 세력의 사람들에게 빌붙어서 그들에게 혹 잘못 보일까봐, 자신에 대하여 잘못 소문이 퍼질까봐 할 말도 제대로 못하고 비굴하게 된다.

베드로는 다른 사람이 아니라 바로 우리이다. 주님을 부인할 수 있는 것이 바로 우리 인간이다. 다른 사람이라고 생각지 말라. 우리는 이 성경을 읽을 때마다 "베드로, 어떻게 주님을 세 번이나 부인할 수 있어?" 하지만 그가 바로 당신과 나이다. "시험에 들지 않게 깨어 있어 기도하라 영으로는 원이로되 육신이 약하도다". 우리는 이 말씀을 기억해야 한다. "시험에 들지 않게 깨어 있어 기도하라." 달리 장사가 없다. 그러므로 깨어 있어 기도해야 한다. 아침 저녁으로 순간순간 깨어 기도하라. "나는 그렇지 않을 것이다. 내 마음은 변함이 없다." 하지 말라. 그것은 베드로와 같은 음조이다. 여러분 자신도 믿지 말고 다른 사람도 믿지 말라. 나도 내 자신을 믿지 않는다. 아무도 인간은 믿을 수 없다. 베드로의 육체만 육체가 아니다. 우리 인간은 다 육체이다. 조금만 주님에게서 벗어나면 살고 싶어서 부인하는 말이 나온다. 나는 베드로가 아니라고 말하지 말라. 오직 한 분의 승리가 있을 뿐이다. 주 예수의 승리이다. 우리가 주 예수님과 연합하지 않으면 다 패배자이다.

여기에 두 극명한 대조가 있다. 승리자 예수가 계신다. 예수는 승리자이시다. 대제사장이 아니라 그 누구라도 그분을 넘어뜨릴 수 없다. 그분은 성령 자신이시다. 그분은 하나님 자신이시다. 우리의 구속을 위해서 그분은 굳게 서서 끝까지 시험을 이기고 승리하셨다. 그러나 나약한 인간 베드로를 보라. 베드로는 서지 못했다. 자기의 신앙을 팔았다. 그러므로 우리가 알아야 할 것은 자기를 신뢰하지 말아야 한다는 것이다. "시험에 들지 않게 깨어 있어 기도하라 영으로는 원이로되 육신이 약하도다". 문제는 육신이 약하다는 것이다. 그러므로 육신을 신뢰하지 말고 영이 강해져야 한다. 우리 육신은 신뢰할 것이 아니다. 영이 강화되어야 한다. 그럴 때 죽으면 죽으리라는 믿음이 생긴다. 죽음에 대하여 두려움이 없어진 것은 영이 강해졌을 때의 느낌이다.

두 번째로 우리 주님의 목양에 대해서 보겠다. 주님은 이렇게 철저하게 실패한 제자를 목양하시고 죽으시기 직전까지 그분의 사람들을 하나도 잃어버리지 않으시려고 이렇게 목양하고 보호하신다. 그리고 그렇게 철저한 실패를 거쳐서 베드로는 맨 먼저 회복된다. 회복된 뒤에 나머지 제자들을 굳게 한다. 주님은 이렇게 말씀하신다. 누가복음 22장 31-32절, "시몬아, 시몬아, 사단이 밀 까부르듯 하려고 너희를 청구하였으나 그러나 내가 너를 위하여 네 믿음이 떨어지지 않기를 기도하였노니 너는 돌이킨 후에 네 형제를 굳게 하라". 보라. 돌이킨 후에 네 형제를 굳게 하라. 주님은 베드로가 돌이킬 것도 아신다. 통곡할 것도 아시고 돌이킬 것도 아신다. 우리 같으면 어떻게 하겠는가? "내가 이렇게 가장 어렵고 힘들 때 삼년 반 동안이나 나를 따라 다니던 사람들이 다 도망가다니, 저리 가라." 하지 않았겠는가? 그게 우리와 예수님의 차이이다. 이렇게 세 번이나 부인하고 다 도망가버린 제자들을 아시고 돌보시는 것을 보라.

베드로는 이렇게 철저하게 실패한 뒤에 통곡했다. 예수님은 돌이켜 그를 바라보셨다. 이것이 바로 목양을 받는 것이다. 내가 잘못한 것이 얼마나 큰가! 이 죄가 얼마나 큰가! 그러나 주님은 인자한 얼굴로 나를 바라보신다. 나로 돌이키도록 도와주신다. 나를 받아주신다. 그리고 갈릴리에서 만나자고 하신다. 주님은 부활하신 후에 천사에게 말씀하셨다. 또 자매들에게 말씀하셨다. '너는 베드로에게 가서 말하라.'고 하셨다. 주님은 그렇게 철저하게 그분의 제자들을 붙잡아 주셨다. 주님은 먼저 실패를 경험하고 돌이킴을 얻은 베드로가 나머지 제자들을 굳게 해주기를 기대하셨다. 여기서 우리는 주님의 사랑과 목양을 볼 수 있다. 우리는 주님에게서 배울 것이 너무나 많다. 나는 이러한 주님이 계신 것으로 인해 정말 주께 감사한다.

27 장

1-2절, 새벽에 모든 대제사장과 백성의 장로들이 예수를 죽이려고 함께 의논하고 결박하여 끌고 가서 총독 빌라도에게 넘겨주니라

새벽에 모든 대제사장과 백성의 장로들이 예수를 죽이려고 함께 의논했다. 이들은 26장에서 이미 산헤드린에서 예수님을 죽이기로 결정했다. 그러나 당시에 그 산헤드린이란 기관은 사람을 죽일 결정권은 없었다. 그 권한은 로마 총독부에 있었다. 그렇기 때문에 그들은 이 예수님을 죽이기 위해서 총독 빌라도에게 넘겨주었다. 그 시간이 새벽이다. 전날 밤 겟세마네 동산에서 기도하시기전 제자들에게 만찬을 설립하시고, 그리고 겟세마네에서 기도하시고, 그런 다음에 잡히시고, 그 후 안나스에게 끌려가시고, 그 다음 가야바에게 가셨다. 그래서 산헤드린에서 사형 선고를 받으시고 이제 새벽이 되었다. 어쩌면 주님은 그날 밤에 한숨도 주무시지 못했을 것이다. 그리고서 새벽에 대제사장과 백성의 장로들은 예수님을 포승으로 묶어 가지고 끌고 총독 빌라도에게 갔다. 사랑의 주님은 우리를 자유케 하시려고 결박을 당하신 것이다.

이 광경이 요한복음 18장에는 좀더 자세하게 기록되어 있다. 요한복음 18장 28절, "저희가 예수를 가야바에게서 관정으로 끌고 가니 새벽이라". 여기의 관정은 총독의 관사(官舍)로서 빌라도가 있는 곳이다. "저희는 더럽힘을 받지 아니하고 유월절 잔치를 먹고자 하여 관정으로 들어가지 아니하더라". 이 사람들, 대제사장과 백성의 장로들은 "명절에는 예수를 죽이지 말자. 민요가 날까 한다."고 계획을 세웠다. 그래서 명절 이후로 그 일을 돌리고자 했는데 그들의 뜻대로 되지 않았다. 이때는 유월절이다. 유월절 잔치를 먹을 때에 자신들이 이방인의 관정에 들어가면 더럽혀질까 해서 예수님은 관정에 들여보내고 자기들은 깨끗한 척하며 들어가려 하지 않았다.

29절, "그러므로 빌라도가 밖으로 저희에게 나가서 말하되 너희가 무슨 일로 이 사람을 고소하느냐".

30절, "대답하여 가로되 이 사람이 행악자가 아니었더면 우리가 당신에게 넘기지 아니하였겠나이다". 유대인들은 당연히 예수님이 악한 범죄자이기 때문에 그에게 넘겼다는 말이다.

31절, "빌라도가 가로되 너희가 저를 데려다가 너희 법대로 재판하라 유대인들이 가로되 우리에게는 사람을 죽이는 권이 없나이다 하니". 매질하는 것 정도는 할 수 있지만 사람을 죽이는 것은 당시에 로마의 권한에 있었다.

32절, "이는 예수께서 자기가 어떠한 죽음으로 죽을 것을 가리켜 하신 말씀을 응하게 하려 함이니라". 만일 유대인들이 죽인다면 유대인들은 돌로 쳐 죽이게 된다. 그런데 당시에 로마의 법대로 사형시키는 것은 십자가에 못박아 죽이는 것이었다. 그래서 유대인들이 예수를 그들 스스로 죽이지 아니하고 로마의 법에 붙여서 죽이게 된다면 필경 십자가의 형벌이 된다. 그러기 때문에 여기 32절에서 말한 대로 예수님이 이렇게 예언대로 십자가에 죽으실 것을 그 당시에는 전혀 생각할 수가 없었다.

주님은 몇 번이나 그분이 십자가에 못박혀 죽으시고 제 삼일에 살아나리라는 말씀을 하셨는데 이 상황에 왔을 때 제자들은 다시 생각하게되었을 것이다. "정말 십자가에 못박히시게 되는구나. 과연 그분이 말씀하신 대로 되는구나." 유대인들은 신성모독의 죄를 지었다든가 율법에서 죽임당해야 할 죄를 지은 사람들에 대해서는 돌로 쳐죽이게 되어 있었다. 이 때 일반적으로 유대인들 스스로는 십자가에 못박히는 일이 일어날 거라고 생각 할 수 없는 일이다. 그런데 이들은 예수님을 죽이기 위해서 로마의 재판정에 세우게 된다. 십자가형에 처해지도록 대제사장이나 장로들은 예수님을 총독 빌라도에게 넘겨주었다.

"새벽에 모든 대제사장과 백성의 장로들이 예수를 죽이려고 함께 의논하고". 이 사람들은 밤에 거의 잠을 자지 않았다. 예수님은 겟세마네 동산에서부터 시작해서 죄수가 되셔서 결박되어 안나스에게 끌려가 심문당하셨고 그 다음에 가야바에게 끌려가서 공회에서 심문을 받으셨다. 그러고서 거의 밤을 새우셨다. 밤새 조금도 주무시지 못했을 것이다. 이제 새벽에 이 공회 사람들은 다시 모여 예수를 죽일 것을 모의했다. 주 예수님은 겟세마네 동산에서 나오시면서 유다와 함께 온 무리에게 붙잡혀 결박당하셨을 것이다. 그리고 심문당하실 때 잠시 풀어주었는지 모르겠다. 새벽에 빌라도에게 데리고 가기 위해서 포승으로 손을 뒤로 하여 묶었을 것이다. 예수는 무슨 죄를 지었는가? 왜 그분이 결박을 당하셨는가?

"결박하여 끌고가서 총독 빌라도에게 넘겨주니라". 유대인들은 이제 예수를 이방인에게 넘겨주었다. 이방인 집권자인 총독 빌라도에게 넘겨 준 것이다. '헤게모니'라는 말을 들어보았을 것이다. '총독'의 헬라어가 헤게모니이다. '집권한다'는 뜻이다. 이방인 집권자에게 주 예수님을 넘겨주었다. 주 예수님은 유대인과 이방인의 손에 죽으시게 된다. 왜 이방인의 손에 죽으시게 되는가? 그것은 주 예수님의 죽으심이 이방인과도 관련이 있기 때문이다. 당신과 나도 관련이 된다. 그분이 죽으신 것은 유대인의 죄 뿐 아니라 이방인의 죄도 위하신 것이다. 유대인과 이방인을 모두 구속하실 구원자 예수는 유대인과 이방인의 손에 죽으시게 된다. 어찌 우리 모든 사람의 죄를 대속하신 주 예수를 거절할 수 있는가? 어찌 주 예수를 믿지 않을 수 있는가? 어찌 주 예수를 사랑하지 않을 수 있는가? 그분을 어찌 저버릴 수 있는가? 그 사랑을 거절한 영혼이 어찌 멸망당하지 않을 수 있는가?

참으로 하나님이 우리 모두를 긍휼히 여겨 주시기를 바란다. 베드로의 실패가 우리의 실패이며 그의 실패로 족하다. 우리는 정말 깨어 기도해서 이러한 실패가 우리의 일생 없기를 바란다. 주님을 의지하고 그분과 하나 되어서 그분의 고난을 우리도 받고 충성을 다해 진리의 길로 나아갈 수 있기를 바란다.

3절, 때에 예수를 판 유다가 그의 정죄됨을 보고 스스로 뉘우쳐 그 은 삼십을 대제사장들과 장로들에게 도로 갖다 주며

이제 예수를 판 유다에 대해서 말하고 있다. "유다는 그의 정죄됨을 보고" 유다는 예수님이 정죄를 당하여 이제 십자가에 죽으시게 되는 광경을 보고 있었다. 그럴 때 유다는 스스로 뉘우쳤다. 아마 유다는 예수님을 팔고 나서 예수님이 그렇게 정죄를 당하고 넘겨져서 십자가에서 죽으실 것이라고는 생각지 않았을 수도 있다. 다만 그 상황에서 유다는 자기의 이득을 좀 취하려고 했을지도 모른다. 그런데 그들에게서 은 삼십을 받고 예수님을 판 다음 그 광경을 지켜보고 있는데 점점 상황이 예수님이 죽으시게 되는 쪽으로 가고 있는 것이다. 그러자 이제 그 책임이 유다 자신에게 다가오고 있었다. 유다는 자기도 돈 좀 벌고 예수님도 그렇게까지 되지는 않기를 기대하지 않았나 생각해본다. 그런데 상황이 점점 험악하게 돌아가니까 이런 끔찍한 일의 책임이 유다 자신에게 오고 있었던 것이다. 이 구절은 유다가 그의 정죄됨을 보고 스스로 뉘우쳐 그 은 삼십을 대제사장과 장로들에게 도로 갖다 주었다고 말한다.

유다가 예수님을 팔 때만 해도 그 돈을 받고 기뻐하였을 것이다. 그래도 돈을 호주머니에 넣고 흐뭇한 웃음을 지었을지도 모를 일이다. 돈을 좀 두둑하게 벌었다고 생각했을 것이다. 그러나 그는 아직 그 돈을 한 푼도 쓰지 않았다. 그런데 상황이 전개되는 것을 보니까 예수님이 정죄를 당하고 죽으시게 되었다는 말이다. 그러자 호주머니에 들어 있는 이 돈의 맛이 점점 뜨겁게 변하고 있었다. 처음에 돈에 욕심이 난 것은 틀림이 없다. 그런데 시간이 갈수록 돈을 소지하고 있는 것이 큰일이 된 것이다. 그 돈은 자신이 편안하게 쓸 수 있는 돈이 아니라는 생각이 들게 되었다. 그 돈 때문에 점점 불안한 생각이 엄습해 왔다. 이 유다라는 사람은 이제 정신이 난 후 그 돈이 자신의 몸에서, 자신의 호주머니에서 차라리 없어지는 것이 좋겠다는 생각이 들었다. 그래서 어서 빨리 그 돈을 반환시키고 싶은 마음뿐이었다. 반환시킬 수만 있다면 반환해서 자기의 답답한 양심의 정죄를 없애버리고 싶었다. 유다는 이제 이러한 다급한 상황에 이르렀다.

4절, 가로되 내가 무죄한 피를 팔고 죄를 범하였도다 하니 저희가 가로되 그것이 우리에게 무슨 상관이 있느냐 네가 당하라 하거늘

유다는 그 은 삼십을 대제사장과 장로들에게 도로 갖다 주면서 “내가 무죄한 피를 팔고 죄를 범하였다”고 했다. 이제 유다는 예수님에 대해서 생각했다. 당시 유다가 예수님을 팔 때만 해도 상황은 어두움의 상황이었다. 주님이 “어두움의 때요 어두움의 권세로다”라고 하셨다. 그 상황에서 예수님의 권세와 빛은 점점 약화되는 것 같고 사단의 세력은 강화되고 있었다. 말하자면 대제사장이나 장로들, 산헤드린의 세력은 빛나고 강화되고 있었다.

예수님의 빛과 거룩하심, 말씀의 능력은 점점 약화되고 있었으므로 유다의 눈에 예수님은 아주 작게 보였다. 그래서 그는 그 유대교의 강해보이는 세력에 기대고 붙었으며 선생을 팔았다. 그리고서 그들로부터 호의와 돈을 받았다. 그런데 시간이 가면서 이제 의식이 깨어나자 양심이 정죄를 받으면서 “예수님이 무슨 죄가 있느냐?”고 생각하게 된다. “그분이 무슨 죽을 죄가 있나? 내가 무죄한 사람을 이 은 삼십을 받고 팔았구나.” 이 생각이 점점 떠오르자 견딜 수가 없어 돈을 도로 갖다 주었다. “내가 무죄한 사람을 팔았다. 내가 죽을 죄를 지었다.”고 했다.

이 유다는 예수님께 나아가 죄를 회개한 것이 아니다. 예수님께 나아가 “제가 죄를 지었사오니 저를 용서해주십시오. 사랑하는 주님, 제가 정말 잘못했습니다.” 한 것이 아니고 공범자들, 예수님을 미워하고 죽이려 한 사람들에게 갔다. 한 편은 팔았고 한 편은 죽이려고 했는데 그 자들에게 가서 자기 죄를 시인해 본들 그들이 유다의 죄를 용서해줄 수 있겠는가? 어쨌든 유다는 장로들과 대제사장들에게 가서 '제발 이 돈을 도로 받아다오' 했다. 빨리 자기 양심의 거리낌을 제하고 싶었다. 그는 진정한 회개를 한 것이 아니다. 그는 지금 양심이 답답해져 오고 괴로워지니까 그 괴롭고 답답한 양심만 좀 해결했으면 좋겠다는 것이다. 그래서 선택한 것이 대제사장들과 장로들에게 가서 이 돈을 도로 받아달라는 것이었다. 그리고 "이것은 내가 죄를 지은 것이다. 그분은 무죄하다." 하고 말하여 이 일을 원위치로 돌리고 싶었다.

오늘 그리스도인들이 회개를 이런 식으로 한다면 잘못된 것이다. 죄를 지었으면 주님께 나아가 회개를 해야 하는 것이다. 다윗처럼 "내가 주님께만 죄를 지었습니다. 내 죄를 사해 주십시오." 해야 한다. 그런데 이 사람은 양심의 거리낌만 해소했으면 좋겠다는 것이다. 자기가 잘못한 원인만 해소하면 양심의 정죄감이 없어질 것으로 생각한 것이다. 여기의 뉘우침이라는 단어가 헬라어로는 죄책감이라는 뜻이다. 원래 회개의 정확한 헬라어는 '메타노이아'이다. 생각을 바꾸는 것이다. 철저한 회개, 정말 주님께 죄를 자복하는 회개, 진정으로 주님께 나아가 용서를 구하는 회개를 뜻한다. 그런데 여기의 뉘우침은 영어로 '리몰스(remorce)'이다. 이것은 죄책감을 뜻한다. 말하자면 이것은 주님께 대한 진정한 회개보다 가벼운 개념이다. 유다는 진정한 자기 양심으로 돌아가서 정식으로 자기 죄에 대해서, 그 죄의 뿌리에 대해서 주님께 회개한 것이 아니다. 자기의 양심, 자괴감, 정죄감만을 속히 해결하면 좋은 것이다. 그래서 그들에게 그 돈을 반환하고 내가 죄를 지었다고 말하면 용서될 줄 알았던 것이다. 그러나 그런 방식으로는 해결이 되지 않는다. 우리의 죄에 대한 회개는 오직 주님을 향한 것이다. 자비로우시고 의로우시며 모든 것의 근본이신 주님께 용서를 구해야 하는 것이다. 회개는 어떤 행위에 대한 되돌림만이 아니라 그 행위의 원인적인 일을 대상자에게 고하는 일이 필요하고 그 죄를 버리며 주님 편으로 완전히 돌아가는 일이 있어야 되는 것이다. 그러나 유다는 거기까지는 가지 않았다. 다만 자기의 행위정도만 되돌리고자 했던 것이다. 그는 주님께 돌아가 진정한 배신의 죄를 사해달라고, 용서를 구하는 데까지는 이르지 못했던 것이다.

또 한 편으로는 유다가 회개할 시간이 너무 늦었다. 주인을 팔고서 그분께 직접 가서 용서를 구할 용기가 도저히 나지 않았을 수도 있었을 것이다. 용서받을 수 없는 죄를 지었다고 느꼈을 것이다. 물론 주님은 어떤 죄든지 용서하실 수 있다. 그러나 인간적인 측면에서 볼 때도 너무 멀리갔다. 도저히 인간으로서 다시 주인 앞에 나아가서 잘못했다고 할 수 없는 지경까지 간 것이다. 그렇게 되었을 때 대제사장이나 장로들이 뭐라고 했는가? "가로되 그것이 우리에게 무슨 상관이 있느냐 네가 당하라." 처음에 유다가 돈을 받고 팔기로 했을 때에는 이 대제사장과 장로들이 아주 기뻐했다. 기뻐하고 돈을 주면서 아주 좋게 대우해 주었다. 그런데 막상 양심이 괴로워서, 정말 고달파서 그것을 어떻게 좀 달래볼까 하고 찾아온 유다… 그 사람들은 사람의 깊은 양심의 괴로움 같은 것은 돌보지 않았다. 그들은 자신들의 목적만 성취하면 되었다. 그들은 유다에 대하여 싸늘하기만 했다. 자신들의 목적과 상관없는 말을 듣고 있다고 바라보며 핀잔이나 주고 있었다. 더 이상 유다 정도의 양심이나 괴로움 따위는 주의할 여지가 없었다. "그것이 우리와 무슨 상관이 있느냐? 네가 당하라."고 말했다. 이 대제사장이나 그 장로들은 사람의 심정이 얼마나 어렵고, 양심의 정죄를 받으며 얼마나 괴로워하는가는 전혀 관심이 없었던 것이다.

5절, 유다가 은을 성소에 던져놓고 물러가서 스스로 목메어 죽은지라

그러자 유다는 그 죄를 도저히 해결할 길이 없다고 생각한 것이다. 그리고서 이제 죽는 길밖에는 없다고 생각하고 은을 성소에다 던져넣고 목메어 자살했다. 이것이 유다의 최후이다. 유다의 문제가 무엇인가? 사단이 들어간 것이다. 유다의 마음속에 사단이 들어간 것이다. 어떻게 해서 그렇게 되었는가? 주로 돈 때문이다. 여러분이 생각할 때 돈과 사단은 별개 같은가? 돈과 사단은 관계가 깊다. 사단이 예수를 팔려는 생각을 유다 속에 넣었다고도 하고 다른 복음서는 사탄이 그 마음속에 들어갔다고도 한다. 돈과 사단은 관계가 긴밀한 것이다. 성경에서 돈을 그냥 돈이라고 한 데도 있지만 돈을 매몬(mammon)이라고도 했다. 매몬이란 재물신(神)을 가리킨다. 주 예수님은 하나님과 재물을 겸하여 섬길 수 없다고 하셨다. 돈도 어떤 신과 같은 존재가 되어 버렸다. 그래서 돈을 사랑하는 마음이 커지면 귀신 들리게 된다. 구약에서 재물을 위한 종교는 바알신이고 음란을 위한 신은 아세라신이다. 가장 강력하게 사람의 마음을 하나님에게서 빼앗는 것이 두 가지이다. 돈과 성욕이다.

음란한 것도 다만 육신의 정욕과 쾌락을 탐하는 것만이 아니고 귀신 들린 것일 수가 있다. 그러면 어느 날 자기의 사랑하는 아내도 버린다. 그게 제 정신인가? 그것은 귀신의 정신이다. 그렇게 사랑하던 아내가 어느 날 미워지고 다른 여자가 좋아보이는 것이다. 도망가든지 없어졌으면 좋겠다는 생각을 한다. 왜냐하면 음란하고 요망한 마귀가 들어갔기 때문이다. 그것이 귀신이다. 그런데 사람들은 그것을 자기라고 생각한다. 그것이 자기 생각, 자기 감정이라고 마귀가 믿게 한다.

마귀는 그렇게 거짓말쟁이다. "이건 너야. 이게 네 생각이야." 그러나 그것은 사람의 생각이 아니다. 마귀가 들어온 것이다. 음란을 통해서, 육신의 정욕을 통해서이다. 그래서 사람을 망하게 만드는 것이다. 따라서 수많은 이혼이 있다. 그리스도인 사이에도 이혼이 있다. 귀한 아내를 버린다. 그것이 귀신의 장난인 줄 아는가? 돈도 마찬가지이다. 돈을 합당하게 쓰지 않고 돈에 미치면 마귀가 들어간다. 그래서 돈 때문에 친구도 팔고 형제도 팔고 부모도 팔고 다 팔아버린다. 사랑하는 사람을 죽이기도 한다. 돈 때문이다. 신문지상에는 이런 일이 비일비재하다. 여기서 유다는 돈 때문에 주인을 팔았다.

디모데 전서 6장 3절, "누구든지 다른 교훈을 하며 바른 말 곧 우리 주 예수 그리스도의 말씀과 경건에 관한 교훈에 착념치 아니하면". 여기서 착념한다는 말은 바짝 붙잡고 하나 되고 추구하고 간절히 매달리는 것을 말한다. 그런데 우리가 무엇에 매달려야 한다는 말인가? 바른 말씀, 건강한 말씀, 주 예수 그리스도의 말씀, 경건에 관한 교훈이다. 그런데 이러한 것에 착념하지 않고 돈에 착념하면 부패케 된다.

4절, "저는 교만하여 아무 것도 알지 못하고 변론과 언쟁을 좋아하는 자니 이로써 투기와 분쟁과 훼방과 악한 생각이 나며". 주 예수님의 건강한 말씀과 경건에 관한 교훈에 착념치 않으면 자동적으로 악한 생각이 난다. 유다는 돈 관리에만 신경을 쓰고 일에만 신경을 썼지 주 예수의 말씀을 잘 듣지 않은 것이다. '십자가에서 죽을 것이다, 부활할 것이다' 하는 말씀을 귀담아 듣지 않았다. 그는 다른 제자들이 열심히 말씀을 듣고 있을 때 돈통을 만지작 거리며 돈만을 관심했다. 다른 제자들보다 이재에 밝았다. 그것은 마리아가 옥합을 깰 때 나타났다. "그 아까운 것을…" 유다는 머리가 빨리 돌아갔고 계산이 빨랐다. 결국 돈에 대한 관심과 애착은 주인을 파는데 까지 나아간 것이다. 그러므로 우리는 주님의 말씀을 가까이해야 타락을 면할 수 있다. 돈을 가까이하니 마귀가 들어가는 것이다. 우리가 갈 곳은 한 군데밖에 없다. 성경 말씀, 진리의 말씀으로 가야 한다. 이 말씀을 붙들어야 타락을 면할 수 있다.

5절, "마음이 부패하여지고 진리를 잃어버려 경건을 이익의 재료로 생각하는 자들의 다툼이 일어나느니라". 진리를 가까이하지 않음으로 진리를 잃어버리게 된다. 그래서 마음이 부패해진다. 또 경건을 이익의 재료로 사용하고자 하는 사람들의 다툼이 일어나게 된다. 이 모든 것의 원인은 진리에서 떠났기 때문이다. 사도 바울은 먹을 것과 입을 것이 있은즉 족한 줄로 알라고 했다.

9절, "부하려 하는 자들은 시험과 올무와 여러 가지 어리석고 해로운 정욕에 떨어지나니 곧 사람들을 침륜과 멸망에 빠지게 하는 것이라". 유다는 은 삼십을 더 벌어보려고 하다가 결국 침륜과 멸망에 빠지게 되었다. 시험과 올무와 여러 가지 어리석고 해로운 정욕에 떨어지게 된 결과이다.

10절, "돈을 사랑함이 일만 악의 뿌리가 되나니 이것을 사모하는 자들이 미혹을 받아 믿음에서 떠나 많은 근심으로 자기를 찔렀도다". 돈을 사랑하는 것이 일만 악의 뿌리라고 했다. 모든 종류의 악이 돈을 사랑하는데서 나온다. 바울은 이것을 자신의 동역자에게 썼다. 일반 그리스도인이 아니라 주님을 섬긴다 하는 사람에게도 필요한 말씀이라는 말이다.

예수님을 판 사람은 멀리 있는 사람이 아니라 예수님 가까이에서 따르던 열두 제자들 중 하나였다. 그 가운데 돈을 사랑하는 사람이 있었다는 게 믿어지는가? 정말 믿기 어렵다. 유다는 돈 때문에 주인을 팔았다. 주인을 배신한 것이다. 그 뿌리가 어디에 있는가? 돈을 사랑하는 데 있었다. 돈을 사랑하는 것이 없었다면 유다는 배신할 일이 없었다. 그러기 때문에 그 누구라도 물질 문제를 철저히 해결하지 않으면 유다같이 될 가능성이 있다. 유다가 인류에 한 사람밖에 없을 것이라고 생각하지 말라. 오늘 날 수많은 유다가 있을 수 있고 어떤 귀하게 쓰임받은 주의 종은 말하기를 유다보다 더 악한 사람도 많다고 했다. 이처럼 돈을 사랑하는 마음에서 많은 악이 나온다. 그 뿌리에는 돈이 있다.

만일 유다가 진정으로 회개를 하려면 주님께 나아가서 돈을 사랑하는 것을 회개해야 했을 것이다. 그는 당시 주님보다 돈이 크게 보인 것이다. 그는 하나님 보다 재물을 더 사랑한 것이다. 내가 무죄한 자의 피를 팔았다 등등은 죄의 뿌리가 아니다. "내가 돈 때문에, 돈 욕심 때문에 주님을 팔았습니다. 용서해주십시오." 하고 회개했어야 했다. 유다는 원래 돈궤를 맡고 있던 사람이다. 그래서 이러한 죄악을 저지른 것 같다. 잠시 돈에 눈이 어두워서 이 악한 죄를 저지른 것이다. 이것이 가장 핵심적인 죄악이다. 그렇지 않고는 단지 양심이 괴로우니까 괴로운 양심을 달래보고자 하는 것 외에는 아무 것도 아니다. 자기의 양심을 위할 것이 아니라 그가 향하여 죄를 지은 주님께 나아가 죄를 자복하고 회개해야 한다. 나는 오늘도 어떤 사람들이 많은 은혜받은 상대를 모욕하고 배은망덕하고 죄를 지은 후에 그 죄를 지은 상대에게 직접 회개하지 않고 다른 방식으로 울고 회개하고 처리하여 양심을 좀 진정시키려는 것을 본다. 그것이 곧 유다식의 회개이다. 나는 오늘날까지 살면서 유다만도 못한 양심들을 많이 보았다. 그는 그래도 자책이라도 하였건만, 많은 이들이 돈 때문에 배신하고 자책할 줄도 모른다.

6절, 대제사장들이 그 은을 거두며 가로되 이것은 피 값이라 성전고에 넣어둠이 옳지 않다 하고

이 사람들은 유다가 예수님을 판 돈, 이제는 양심의 가책 때문에 성전고에 던져 넣은 돈을 성전고에 넣어두는 것이 옳지 않다고 했다. 성전고에는 고르반, 즉 하나님께 드리는 거룩한 돈만 넣어두어야지 이런 피 값은 성전고에 넣어두면 안 된다는 것이다. 그 사람들도 명분을 찾고 나름대로 하나님의 말씀을 지킨다고 그렇게 한 것이다.

7절, 의논한 후 이것으로 토기장이의 밭을 사서 나그네의 묘지를 삼았으니

그러고서 의논한 후에 토기장이의 밭을 사서 나그네의 묘지를 삼았다. 그들은 그 돈을 어떻게 의미 있게 쓰는가를 상의했다. "아, 우리 가운데 나그네의 묘지가 없지! 이 돈으로 그것을 사는 게 어때?" 그러니까 다 좋다고 해서 아주 명분 있는 일을 한 가지 했다. 그래서 나그네의 묘지를 구입한 것이다. 당시에 유대인들 중에서 나그네 된 사람들의 묘지를 만든 것이다. 가령 절기를 지내러 왔다가 죽었는데 매장지가 마땅치 않을 때 그런 사람들을 묻어주자는 것이다. 그들은 나름대로 중지를 모아 하나님의 말씀을 지키는 것처럼 행하였다.

8-10절, 그러므로 오늘날까지 그 밭을 피밭이라 일컫느니라 이에 선지자 예레미야로 하신 말씀이 이루었나니 일렀으되 저희가 그 정가된 자 곧 이스라엘 자손 중에서 정가한 자의 가격 곧 은 삼십을 가지고 토기장이의 밭 값으로 주었으니 이는 주께서 내게 명하신 바와 같으니라 하였더라

유대인들은 그 밭이 나그네의 묘지로 불려지기를 원했다. 그런데 사람들은 그렇게 좋은 이름으로 부르지 않고 그 핵심을 찌르는 이름으로 '피밭'이라고 불렀다. 두고두고 그 피 값을 주고 샀다는 뜻을 나타내어 그 죄가 생각나게 한 것이다. '아겔다마'란 피밭이라는 뜻이다(행 1장).

"이에 선지자 예레미야로 하신 말씀을 이루었나니 일렀으되 저희가 그 정가된 자 곧 이스라엘 자손 중에서 정가한 자의 가격 곧 은 삼십을 가지고 토기장이의 밭 값으로 주었으니 이는 주께서 내게 명하신 바와 같으니라 하였더라". 이 사실은 이미 구약 성경에 예언되어 있다. 참 놀랍다.

스가랴서 11장 12절, “내가 그들에게 이르되 너희가 좋게 여기거든 내 고가를 내게 주고 그렇지 아니하거든 말라 그들이 곧 은 삼십을 달아서 내 고가를 삼은지라”. 자, 이 말씀을 보라. 구약 시대에 선지자가 이미 곧 은 삼십을 달아서 ‘내 고가’를 삼았다고 했다. “여호와께서 내게 이르시되 그들이 나를 헤아린바 그 준가를 토기장이에게 던지라 하시거늘 내가 곧 그 은 삼십을 여호와의 전에서 토기장이에게 던지고”. 이 말씀은 무섭게도 일치되었다. 이 말씀 그대로 성취되었다.

“이에 선지자 예레미야로 하신 말씀을 이루었나니 일렀으되”. 이 말씀이 스가랴서에 있는데 왜 예레미야의 말씀이라고 했는가? 이에 대해서는 신학적으로 아주 논쟁이 많다. 분명히 이 말은 스가랴서에 있는 말씀을 인용한 것인데, 또 그것이 성취된 것인데 왜 예레미야로 하신 말씀이라고 했는가 말이다. 어떤 사람들은 예레미야서에도 이곳저곳에 토기장이에 관한 얘기가 있기 때문이라고 한다. 그래서 그렇게 말한 것이 아니냐는 것이다. 또 다른 여러 가지 견해를 내놓았다. 그러나 당시에 선지자들의 선지서는 예레미야서로 대표되었다. 그래서 여기서 “스가랴서에서 하신 말씀을 이루었나니” 하지 않고 대표적인 사람의 이름으로 칭했다는 것이 정설로 받아들여지고 있다.

“저희가 정가된 자 곧 이스라엘 자손 중에 정가한 자의 가격 은 삼십을 가지고 토기장이의 밭 값으로 주었으니 이는 주께서 내게 명하신 바와 같으니라”. 그러니까 하나님께서 아들 예수 그리스도께 그렇게 되도록 명하셨다는 것이다. 이것은 대제사장이 그렇게 한 것 같고 유다가 은 삼십에 팔아서 그런 일이 생긴 것 같지만 하나님의 말씀은 그게 아니고 여호와 하나님께서 명하신 것이고 그분이 다 이렇게 이루신 것이라는 말씀이다. 누구 때문에 그렇게 하셨는가? 여러분과 나 때문에 그렇게 하셨다.

11절, 예수께서 총독 앞에 섰으매 총독이 물어 가로되 네가 유대인의 왕이냐 예수께서 대답하시되 네 말이 옳도다 하시고

이제 예수님은 총독 앞에 끌려가셔서 당시에 유대 땅 총독인 빌라도 앞에서 심문을 받으시게 된다. 그런데 총독이 첫 번째 물어본 말은 “네가 유대인의 왕이냐?” 하는 것이다. 대제사장들은 그것을 묻지 않았다. “네가 그리스도냐? 네가 찬송받을 자의 아들이냐?” 이것만 물었다. 그리고 사실은 이 말 때문에 산헤드린은 예수를 정죄하고 죽이기로 했다. 그런데 이 빌라도 앞에 예수님을 세워놓고서 유대인들은 종교적인 그런 말을 하지 않았다. 그런 말을 하면 빌라도는 취미가 없다고 말할 것이기 때문이다. 그러니까 유대인들은 빌라도 앞에 예수님을 세워놓고는 "이 사람이 하나님의 아들이라고 해요. 그리스도라고 해요. 말도 안 되는 소리를 합니다." 하고 고소하지 않았다. 이제 다른 죄목으로 죄를 씌우는 것이다.

이것을 보려면 먼저 누가복음을 보아야 한다. 23장 1절부터, "무리가 다 일어나 예수를 빌라도에게 끌고 가서 고소하여 가로되 이 사람을 보매 우리 백성을 미혹하고 가이사에게 세 바치는 것을 금하여… ". 이 모든 말이 거짓이다. 가이사의 것은 가이사에게, 하나님의 것은 하나님에게 돌리라고 했지 가이사에게 세 바치는 것을 금한 적이 없으시다. 그러나 유대인들이 이 빌라도 앞에 가서는 매우 정치적으로 말했다. 그들의 관심을 최고도로 자극하는 말이다. "이 사람을 보매 우리 백성을 미혹하고 가이사에게 세 바치는 것을 금하며 자칭 왕 그리스도라 하더이다." 그러니까 3절에서 "빌라도가 예수께 물어 가로되 네가 유대인의 왕이냐?" 하고 물은 것이다.

"네가 유대인의 왕이냐"고 묻자 주님은 즉시 "네 말이 옳도다." 하셨다. 그런데 요한복음을 보면 빌라도와 주님 사이에 약간의 대화가 있다. 요한복음 18장 33절, "이에 빌라도가 다시 관정에 들어가 예수를 불러 가로되 네가 유대인의 왕이냐".

34절, "예수께서 대답하시되 이는 네가 스스로 하는 말이뇨 다른 사람이 내게 대하여 한 말이뇨?". '빌라도, 네가 스스로 한 말이냐 다른 사람이 내게 대하여 한 말이냐'고 물으시자 35절에서 빌라도가 "내가 유대인이냐?"고 대답했다. 영어로는 "나는 유대인이 아니라."이다(NASB). "네 나라 사람과 대제사장들이 너를 내게 넘겼으니 네가 무엇을 하였느냐?" 이것은 별로 의미 없는 말이다. 자기는 유대인이 아니라는 책임 회피성의 발언이다. 자기는 유대인이 아닌데 네 나라 사람이 너를 내게 넘겨주었다는 말이다.

그러니까 36절에서 주님이 "내 나라는 이 세상에 속한 것이 아니라 만약 내 나라가 이 세상에 속한 것이었다면 내 종들이 싸워 나로 유대인들에게 넘기우지 않게 하였으리라"고 하신다. 내 나라는 이 땅에 속한 나라가 아니라는 것이다.

37절, "빌라도가 이르되 그럼 네가 왕이 아니냐?" 이때 이렇게 물었다. 그러자 예수께서 대답하시되 "네 말과 같이 내가 왕이니라". 분명하게 "내가 왕이니라" 하시면서 "내가 이를 위하여 났으며 이를 위하여 세상에 왔나니 곧 진리에 대하여 증거하려 함이로라 무릇 진리에 속한 자는 내 말을 듣느니라"고 하셨다. 주님의 왕국은 진리의 왕국이지 이 땅에 속한 왕국이 아니다. 빌라도가 진리가 무엇이냐고 하면서 별로 답변을 듣고 싶지 않은 말을 하고서 끝냈다. "그것이 무슨 소리인지 못 알아듣겠다."는 것이다. 다만 빌라도는 무슨 생각을 했는가? "이 말을 하고 다시 유대인들에게 나가서 이르되 나는 그에게서 아무 죄도 찾지 못하노라". 이 대화를 통해서 들어볼 때 유대인들이 정죄하는 이 사람이 왕이라고 한다는데 빌라도는 그게 죄가 아니라는 것 하나는 분명히 말했다.

다시 마태복음 27장으로 가겠다. 빌라도가 유대인의 왕이냐고 물으니까 다만 "네 말이 옳도다" 하셨다. 헬라어로는 '쉬 레게이스', 네가 말한 것이 맞다, 네가 그렇게 말했다는 뜻이다. 예수님은 자신이 유대인의 왕이심을 시인하셨다.

12절, 대제사장들과 장로들에게 고소를 당하되 아무 대답도 아니하시는지라

그 말을 듣고 대제사장들과 장로들은 얼마나 고소를 했겠는가? "저것 보십시오. 왕이라고 하잖습니까?" 하면서 말이다. 그렇게 고소를 당하는데 예수님은 아무 대답도 하지 않으셨다. 예수님은 대제사장 앞에서도 잠잠하셨다. 또 여기 빌라도 앞에서도 많은 사람이 고소하고 정죄하고 예수님께 죄를 뒤집어 씌우는 그 순간에도 아무 말 안 하셨다.

그분의 그 침묵, 그리스도의 침묵에 대해서 이사야 선지자는 이렇게 말했다. 이사야 53장 7절, "그가 곤욕을 당하여 괴로울 때에도 그 입을 열지 아니하였음이여 마치 도수장으로 끌려가는 어린양과 털 깎는 자 앞에 잠잠한 양같이 그 입을 열지 아니하였도다". 주 예수님은 그 사람들의 고소를 당하실 때 곤욕을 당하여 괴로우셨다는 말이다. 그래도 그분은 입을 열지 않으셨다.

주님은 당시에 심문을 당하실 때 사람들 눈에 입을 열지 않으시는 것이 많이 목격되었다. 대제사장 앞에서도 잠잠하셨다고 기록되어 있고 여기서 사람들이 마구 고소할 때에도 잠잠하셨다고 했다. 그리고 요한복음 19장에도 잠잠하셨다는 말씀이 있다. "다시 관정에 들어가서 예수께 말하되 너는 어디로서냐"(9절). 빌라도가 예수께 '너는 도대체 어디서부터 온 사람이냐'고 물을 때 "예수께서 대답하여 주지 아니하시는지라"(9절). 그러자 빌라도가 "내게 말하지 아니하느냐 내가 너를 놓을 권세도 있고 십자가에 못박을 권세도 있는 줄 알지 못하느냐" 하고 말했다. 역시 예수님은 말이 없으시다. 말이 없으신 어린양이시다. 심판대에서 예수의 특징은 말이 없으신 것이다. 빌라도가 이렇게 말하자 예수님이 여기서 한 마디 하셨다. "위에서 주지 아니하셨더면 나를 해할 권세가 없었으리니 그러므로 네게 나를 넘겨준 자의 죄는 더 크니라".

13절, 이에 빌라도가 이르되 저희가 너를 쳐서 얼마나 많은 것으로 증거하는지 듣지 못하느냐 하되

사람들은 많은 증거로 예수님을 고발하고 있었다. 그러니까 빌라도가 말했다. "너는 저 말을 듣지 않느냐? 이렇게 많은 말로 네가 죄가 있다고 증거하는데 왜 한 마디도 말하지 않느냐?"

14절, 한 마디도 대답지 아니하시니 총독이 심히 기이히 여기더라

빌라도가 그렇게 말했는데도 한 마디도 하지 않자 총독은 심히 기이히 여겼다. 여기서 빌라도가 예수님에게 왜 한 마디도 하지 않느냐고 말한 것은 이러한 뜻이었을 것이다. 첫째는 예수 당신이 피고라는 말이다. 많은 원고들이 예수님을 고발하고 있었다. 자기는 공정하게 재판을 하니 당신도 말하라는 것이다. 둘째로 이 빌라도는 궁지에 몰린 상태였다. 자기 앞에 서 계신 예수라는 분은 무죄한데 군중은 예수를 죽이고 싶어한다. 여기서 자기가 책임을 모면하고 싶은 것이다. 그 모면할 길은 예수님이 말하는 것이다. 예수님이 스스로 말하고 풀려나는 것이다. "내가 한 말은 그런 뜻이 아니다. 내가 왕이라고 한 것은…" 등등 많은 말을 하면 풀려날 수가 있지 않겠느냐는 것이다.

빌라도가 이 붙잡혀 온 죄수를 가만히 보니 죄가 하나도 없어 보이는 데 사람들이 무고히 많은 거짓된 증거로 말하고 있다. 그런데 예수는 자기를 변명하기 위해서 한 마디도 하지 않는 것이다. 이 세상에 그런 죄수가 어디 있느냐는 말이다. 빌라도는 이에 대하여 아주 이상히 여긴 것이다.

15-18절, 명절을 당하면 총독이 무리의 소원대로 죄수 하나를 놓아주는 전례가 있더니 그 때에 바라바라 하는 유명한 죄수가 있는데 저희가 모였을 때에 빌라도가 물어 가로되 너희는 내가 누구를 너희에게 놓아 주기를 원하느냐 바라바냐 그리스도라 하는 예수냐 하니 이는 저가 그들의 시기로 예수를 넘겨 준 줄 앎이러라

이것은 오늘날도 마찬가지이다. 8·15 경축 축사 등 명절을 당하면 죄수를 놓아주는 것이 있다. 그 명절을 더 빛내기 위해서 그렇게 하는 것이다. 그때 로마 총독 빌라도도 어떤 명절이 있을 때(지금 유월절이다) 로마식으로 생각해서 전례를 만든 것 같다. 그래서 죄수 하나를 놓아 주는 것이다. 이것도 아마 빌라도의 머리에서 나왔을 것이다. 어떻게 해서든 예수님을 풀어주려고 머리를 쓴 것이다. 그래서 아주 극악한 죄수와 대비시키면 유대인들이 그래도 자기 동족이고 동족 중에서도 존경받는 분이니, 그렇게 악한 죄를 범한 분은 아니니 예수를 풀어달라고 하지 않겠는가 하는 생각을 했을 수도 있다. 그래서 이제 그들로 선택을 하게 했다. 그 속에도 일종의 책임 회피성 의도가 깔려 있다. 말하자면 그래도 예수를 죽여야 한다고 하면 "이제 너희 책임이다."라고 말하려는 것이다.

이때 바라바라는 유명한 죄수가 있었는데 "저희가 모였을 때에 빌라도가 물어 가로되 너희는 내가 누구를 너희에게 놓아주기를 원하느냐 바라바냐 그리스도라 하는 예수냐 하니 이는 저가 그들의 시기로 예수를 넘겨준 줄 앎이러라". 오히려 이방 총독은 왜 이 사람들이 예수를 잡아죽이려고 하는지 알고 있었다. 이 말 저 말로 고소를 하는데 빌라도가 가만히 보니 예수를 죽이려는 것은 다른 이유가 아니고 예수라고 하는 분의 종교적인 영향력을 시기하는 것이다. 종교적으로 그들의 조직, 그들의 지위가 침해를 받으니 이 사람을 죽여 없애려는 것을 빌라도가 알았다는 말이다. 이는 종교를 가장한 정치이기 때문에 정치가인 빌라도는 그에 대하여 잘 알았던 것이다. 그래서 그는 바라바냐 예수냐 하면서 그 선택적인 상황을 만들어놓았다.

그러면 이 시기가 누구로부터 시작되었는가? 백성들인가, 아니면 지도자들인가? 물론 대제사장과 장로들, 이들 지도자들부터 시기가 시작되었다. 여기서 우리는 누가복음을 잠시 보겠다. 누가복음 23장 13절, "빌라도가 대제사장들과 관원들과 백성을 불러 모으고 이르되 너희가 이 사람을 백성을 미혹하는 자라 하여 내게 끌어왔도다 보라 내가 너희 앞에서 사실하였으되 너희의 고소하는 일에 대하여 이 사람에게서 죄를 찾지 못하였고 헤롯이 또한 그렇게 하여 저를 우리에게 도로 보내었도다 보라 저의 행한 것은 죽일 일이 없느니라".

마태복음에는 기록되지 않았는데 누가복음 23장을 보면 예수님이 처음 빌라도에게 왔을 때 빌라도가 몇 마디 나눈 뒤 릴리 사람이란 것을 알았다. 그래서 헤롯에게 보냈는데 그가 도로 빌라도에게 보낸 것이다. 주님은 이리저리 끌려다니셨다. 헤롯에게 끌려갔다가 거기서도 조롱당하시고 옷 벗김 당하시고 다시 옷을 입혀가지고 이제 다시 빌라도에게 보낸 것이다. 그런데 헤롯이 볼 때도 죄가 없더라는 것이다. 빌라도가 보아도 죄가 없다. 그래서 빌라도는 죽을 일이 없다고 선언한다. "헤롯도 이렇게 하여 도로 우리에게 보내었도다 보라 저가 행한 일에 죽일 일이 없느니라 그러므로 때려서 놓겠노라"(15-16절). 그래서 매질을 한 다음에 놓겠다는 것이다.

빌라도는 지금 이 예수님 한 사람을 심판하는 데 있어서 그 양심 때문에 딜레마 속에서 어떻게 피해 나갈 길을 찾고 있는 사람이다. 왜인가? 예수님이 무죄한 것은 알기에 그러하다. 재판장이 무죄한 사람을 죽게 둔다는 것은 양심의 문제가 있고 또 법의 문제가 있기 때문이다. 어떻게 해서든 이것을 모면해야 하겠는데 모면할 길이 없다. 그래서 "둘 중 하나를 너희가 골라라. 바라바냐, 예수냐?" 한 것이다. 그런데 그것도 안 되면 때려서 놓겠다고 했다. 왜 죄가 없는 사람을 때리는가? 이것이 바로 세상 정치이다. 세상 사람들의 여론과 평판을 잠재우기 위해서 무죄하더라도 매를 치겠다는 것이다. 공의라면 죄가 없는 사람은 때리지도 말아야 한다.

이 사람 빌라도는 자기 양심도 편해야 겠지, 백성의 무리도 달래야 겠지 하니 이러한 구상이 나온 것이다. 법과 원칙을 따른다면 무죄하다면 때리지도 말아야 한다. "너희들 잘못이야. 이 사람은 무죄!" 이렇게 해야 법관이다. 그런데 그는 그렇게 할 수 없었다. 그렇게 하면 자신의 지위가 위태롭게 된다. 사태가 어렵게 돌아갈 수 있다. 그러므로 정치와 방법이 나오는 것이다. 누가복음에서는 이 빌라도가 사람들을 모았다. 관원들만 모은 게 아니라 백성까지 모았다. 그러고서 "바라바냐, 예수냐?" 하고 물었다. 그러니까 20절에서 "대제사장과 장로들이 무리를 권하여 바라바를 달라 하게 하고 예수를 멸하자 하게 하였더니". 아마 총독은 지도자들이 아니라 주로 군중에게 이 선택을 하게 한 것 같다. '관원들은 시기 때문에 예수를 죽이려 한다 하자. 그래도 대다수의 군중은 바라바를 죽이자고 하지 차마 예수를 죽이자고 하겠느냐?'라고 예측한 것일까? 그러나 대제사장과 장로들이 이를 알고서 무리를 충동했다. 여기서는 무리를 권했다고 했는데 마가복음을 잠시 보겠다.

마가복음 15장 11절, "그러나 대제사장들이 무리를 충동하여". 실상 무리도 믿을 수 없다. 무리는 쉽게 충동을 당하는 것이다. 결국 예수님은 군중들의 외치는 소리에 돌아가셨다. "십자가에 못박혀야 하겠나이다!" 이 소리이다. 백성 전체가 성토했다. 지도자들이 온 이스라엘 백성을 성토하게 만든 것이다. '무리를 권했다', 혹은 '충동했다'는 두 단어를 사용했다.

19절, 총독이 재판 자리에 앉았을 때에 그 아내가 사람을 보내어 가로되 저 옳은 사람에게 아무 상관도 마옵소서 오늘 꿈에 내가 그 사람을 인하여 애를 많이 썼나이다

이런 일이 하나 삽입되어 있다. 그러니까 예수님이 무죄한 분이시고 이것이 보통 일이 아니라는 것을 알도록 이 총독 빌라도는 아내에게도 경고를 받았다. 아내에게도 경고를 받았는데 총독은 정신을 못 차리고 있다. 오죽하면 이 믿지 않는 부인이 예수님 때문에 꿈을 꾸었겠는가? 꿈에 보니까 남편이 그 옳은 사람을 판단하고 있더라는 말이다. 잘못하면 남편이 무슨 일을 당하게 생겼다. 그런 상황을 직감적으로 느낀 부인은 사람을 보내서 재판석에 있는 빌라도에게 "여보, 당신 조심해요. 내가 꿈에 이 옳은 사람 때문에 큰 고통을 당했어요. 함부로 하지마세요." 하고 경고했다. 그래서 빌라도는 이것이 심각한 것임을 알고 있었다. 그럼에도 불구하고 다 소용 없게 되었다.

20-22절, 대제사장들과 장로들이 무리를 권하여 바라바를 달라 하게 하고 예수를 멸하자 하게 했더니 총독이 대답하여 가로되 둘 중에 누구를 너희에게 놓아주기를 원하느냐 가로되 바라바로소이다 빌라도가 가로되 그러면 그리스도라 하는 예수를 내가 어떻게 하랴 저희가 다 가로되 십자가에 못박혀야 하겠나이다

빌라도가 '그러면 그리스도라 하는 예수를 내가 어떻게 하랴' 하고 물었다. 예수는 실지 그리스도이시다. 그러나 빌라도가 하는 말은 '소위 그리스도'이다. 마가복음과 다른 곳에서는 '유대인의 왕 예수'라고 했다. 그리스도라고 하는 예수를 내가 어떻게 하랴 하니까 "저희가 다 가로되 십자가에 못박혀야겠나이다". '스타우로세토!' 십자가에 못박으라는 뜻이다. 이것을 한 번, 두 번, 계속 외쳤다.

23절, 빌라도가 가로되 어찜이뇨 무슨 악한 일을 하였느냐 저희가 더욱 소리 질러 가로되 십자가에 못박혀야 하겠나이다 하는지라

이때부터는 이 군중들이 빌라도를 우습게 보기 시작한다. 군중들이 보니 빌라도가 여기서 정치를 하고 있었다. 그러기 때문에 군중들이 결국 자기들 말대로 되겠구나, 자기들 뜻대로 하지 않고는 못 배기겠구나 하는 것을 보고 함성으로 압도하려는 것이다. 마구 외쳐대면 저 사람은 꼼짝 못하겠구나 하는 약점이 잡힌 것이다. 군중들은 더 크게 소리 질렀다. "십자가에 못박혀야 하겠나이다!"

24절, 빌라도가 아무 효험도 없이 도리어 민란이 나려는 것을 보고 물을 가져

다가 무리 앞에서 손을 씻어 가로되 이 사람의 피에 대하여 나는 무죄하니 너희가 당하라

자기는 이 사건에 책임지고 싶지 않다는 말이다. 무책임, 책임 회피이다. 그렇다고 책임 회피가 되는가? 이천 년 내내 그리스도인들이 외우는 사도신경에 "본디오 빌라도에게 고난을 받으사 십자가에 못박혀 죽으시고 장사된 지 사흘 만에 죽은 자 가운데서 부활하사…"라고 되어 있다. 본디오 빌라도가 예수님을 죽였다는 것이다. 손을 씻는다고 책임 회피가 되는 것이 아니다. 자기가 지금 총독으로서 재판장인데 죄가 없는 사람을 죽이라고 해놓고 그 죄를 다른 사람에게 양도할 수 있겠는가? 지금 재판장이라는 빌라도는 그 책임을 군중에게 돌리고 싶었던 것이다. "너희가 바라바 대신 그리스도를 달라고 했지 않느냐? 너희가 데려다가 죽여라." 이런 식이다. 완전한 책임 회피이다.

25절, 백성이 다 대답하여 가로되 그 피를 우리와 우리 자손에게 돌릴지어다

빌라도가 "나는 무죄하니 너희가 당하라"고 하자 이스라엘 백성이 다 대답하여 이르기를 "그 피를 우리와 우리 자손에게 돌릴지어다." 했다. 이 뜻은 "그는 죽여야 마땅하니 걱정하지 말아라. 우리가 당할 뿐 아니라 우리 자손까지 당하겠다."는 것이다. 왜 이렇게 말했는가? 이들은 예수가 메시아가 아니라는 것에 대해 확신을 가지고 있었던 것이다. 확신이 있다고 해서 다 좋은 것이 아니다. 제대로 알지도 못하면서 확신을 갖는 것은 맹신이다.

어떤 사람이 틀렸다는 것을 확신하는 사람에게 내가 이런 말을 해보겠다. 어떤 사람이 틀렸으니까 당신이 반드시 옳은 것은 아니다. 그러나 오늘날 많은 사람들이 그렇게 생각한다. 나와 반대되고 상대되는 사람이 틀렸기 때문에 자신은 옳다고 생각한다. 대부분 그렇게 생각한다. 그러나 그렇지 않다. 그 사람도 틀리고 당신도 틀릴 수 있다. 또 오히려 그 사람이 옳고 당신이 틀릴 수도 있다. 그가 틀렸다고 해서 당신이 옳을 가능성이 있는가? 그러나 오늘날 많은 사람이 이러한 함정에 빠진다. '나하고 상대되는 쪽이 틀렸으니까 나는 상대적으로 옳을 것이다'는 것이다. 그러나 그게 반드시 그렇지 않을 수도 있다. 여기 유대인들은 예수님이 틀렸다고 확신했다. 그러니까 자기들은 상대적으로 옳다고 생각한 것이다. 그러니까 이 죄를 너희가 당하라 하니까 "아, 그거야 물론이지. 우리만 당할 뿐 아니라 자손까지 당하겠어요." 한 것이다. 그럴 리는 100% 없다고 생각하기 때문이다.

그런데 그들이 "십자가에 못박혀야 하겠나이다!" 하고 외쳤던 예수, 그가 결국은 참 하나님의 아들이셨고 메시야이셨다. 그들의 확신은 완전히 빗나갔다. 완전히 틀렸다. 이게 유대인이 범한 최대의 실수요 죄악이다. 결국 그 결과를 보자. 그래서 유대인들이 어떠한 결과를 얻었는지 말이다. A. D. 70년 타이터스 장군에 의해 예루살렘이 훼파된 것부터 시작해서 백성이 온 땅에 다 흩어져서 고난을 당하는 신세가 되었다. 유랑 민족이 되었다. 그리고 근세 2차 세계 대전 때 수많은 유대인들이 고난을 당하고 학살을 당했다. 1933년부터 1945년까지 유대인들의 대학살이 자행되었다. 아돌프 히틀러가 1933년 독일 총리가 된 때부터 유대인 학살이 시작되었다. 독일의 강제 수용소 아우슈비츠, 여기서 유대인 집단 학살이 감행되었는데 약 250만 명의 유대인들이 살해되었다. 또 독가스로도 죽였다. 이때만 6백만 명 가량의 유대인들이 학살되었다.

사진 자료를 보면, 수용소 내부에 있는 소각로, 살해된 무수한 희생자의 유골들을 볼 수 있다. 가스실에서 죽은 유대인들의 시체를 소각시켜 증거를 없애버리는 화장 소각로도 있었다. 또 독일군들이 유대인들의 시체를 웅덩이에 넣고 매장하지 못한 채 철수해버린 광경이 있다. 독일의 한 의사가 생체 실험한 시체들도 있다. 또한 유대인 아이들까지 생체 실험의 대상이 되었다. 죽을 때까지 생체 실험을 했다. 수많은 수용소의 시체들이 있고 처형 직전의 모습들도 있다.

"백성이 다 대답하여 가로되 그 피를 우리와 우리 자손에게 돌릴지어다". 그들은 무지한 확신 가운데 참으로 무서운 말을 했다.

26절, 이에 바라바는 저희에게 놓아주고 예수는 채찍질하고 십자가에 못박히도록 넘겨주니라

"예수는 채찍질하고 십자가에 못 박히도록 넘겨주니라". 채찍질한 것이 먼저이고 십자가에 못박힌 것이 나중이다. 이 장면에 대해서는 요한복음을 보아야 한다. 요한복음 19장 1-3절, "이에 빌라도가 예수를 데려다가 채찍질하더라 군병들이 가시로 면류관을 엮어 그의 머리에 씌우고 자색옷을 입히고 이에 앞에 와서 가로되 유대인의 왕이여 평안할지어다 하며 손바닥으로 때리더라". 먼저 예수를 데려다가 채찍질을 하고 가시로 면류관을 엮어서 씌우고 자색옷을 입혔다. 마태복음에서는 홍포라고 했고 여기 요한복음에서는 자색옷이라고 했다. 그리고 앞에 와서 유대인의 왕이여 평안할지어다 하며 손바닥으로 때렸다.

4절, "빌라도가 다시 밖에 나가 말하되 보라 이 사람을 데리고 너희에게 나오나니 이는 내가 그에게서 아무 죄도 찾지 못한 것을 너희로 알게 하려 함이로라". 마태복음 기록은 조금 다르지만 이런 일은 사실적으로 벌어진 것이다. 그러니까 여기서 우리가 추측할 수 있는 것은, 빌라도가 왜 예수님을 채찍으로 때렸느냐 하면 그냥 예수님을 때려서 놓아주겠다는 것이다. 아마도 빌라도는 예수를 심하게 채찍으로 때리면 유대인들이 놓아줄 줄 알았던 것 같다. 그래서 이렇게 참혹하게 때린 것이다. 물론 영적인 의미에서는 그의 채찍에 맞으심은 우리의 치료를 위한 것이다(벧전 2:24). 그래서 이 채찍으로 맞으신 예수, 가시관을 씌워 피 흘리시는 예수를 데리고 사람들 앞에 나왔다. 빌라도가 그렇게 했다. 그리고 유대인들 앞에 보여주면서 "보라 이 사람이다. 내가 그에게서 아무 죄도 찾지 못한 것을 너희로 알게 해 주겠다"(4절)고 말했다.

5절, "이에 예수께서 가시 면류관을 쓰고 자색옷을 입고 나아오니 빌라도가 저희에게 말하되 보라 이 사람이라". 이 예수님, 채찍으로 맞아 피 흘리시는 예수님을 자색옷을 입혀 가지고 데리고 나왔다. 이것이 희롱이 아닌가? 가시관도 그렇다. 당시에 로마 황제들은 면류관을 썼다. 우리가 티베리우스 동전을 보면 거기에 면류관을 쓰고 있고, 네로도 관을 쓰고 있다. 그러니까 예수님에게 날카로운 가시로 관을 만들어 머리에 씌우고 네가 왕이라면 면류관이 있어야지 한 것이다. 그리고서 그 당시 왕은 홍포를 입었다. 진짜 왕의 옷은 아니겠지만 병사들이 입고 있었던 붉은 색 옷을 구하여 예수님께 입힌 것이 아닐까 싶다. 그리고 왕이면 홀이 있어야 할 것 아닌가? 오늘날 장군들 지휘봉 같은 것이다. 그래서 그 홀 대신 갈대를 손에 쥐어 주었다. 완전히 예수님을 놀림감으로 만들고 채찍으로 치고 얼굴을 때리고 그렇게 한 다음에 빌라도가 데리고 나가서 '너희는 이 사람을 보아라' 한 것이다. 그러니까 예수님이 채찍에 맞으신 것은 영적으로 해석하기 전에 이 빌라도 생각에 "그렇게 수욕, 챙피를 당하게 했으면 되지 않았느냐. 때려서 놓자." 해서이다.

그래서 주님은 맞으신 것이다. 그런데 사실 영적으로 그분은 우리를 위해 맞으신 것이다. 우리가 맞을 대신 예수님이 맞으신 것이다. 우리 때문에 가시 면류관을 쓰신 것이다. 이 사람들은 주님 손에서 갈대를 빼앗았다고 했다. 이 홀, 갈대를 손에 쥐어주었다가 그걸 빼앗아가지고 '네가 무슨 왕이야' 하면서 가시관을 친 것이다. 이 모든 것이 조롱이다. 주 예수님은 완전히 멸시를 당하신 것이다.

이 채찍은 당시에 손잡이가 있고 줄이 여러 개로 되어 있고 끝에는 납조각이나 뼈조각을 달아 놓았다. 그래서 때리면 끝머리에 살점이 떨어지게 되어 있다. 그래서 피가 나고 뼈가 보일 정도로 살점이 떨어져 나갔다는 것이다. 그러한 채찍으로 주님을 수도 없이 때린 것이다. 우리는 안다. 예수님이 십자가에 죽으실 때 다른 두 강도보다 왜 먼저 운명하셨는지. 창으로 옆구리를 찌른 것도 다리를 꺾어야 하는데, 두 강도는 아직 안 죽었기 때문에 다리를 꺾었지만 예수님은 이미 운명하셨기 때문에 그냥 창으로 옆구리를 찌른 것이다. 우리 주님은 죄인들보다 먼저 운명하셨다. 왜인가? 이미 채찍으로 너무 많이 맞으셨다. 그가 채찍에 맞으신 것은 우리의 나음을 위해서, 치료를 위해서이다. 그분의 모든 고난은 우리를 위한 것이다. 그가 상함은 우리의 죄악을 인함이다. 이사야 53장 5절을 읽어보자. "그가 찔림은 우리의 허물을 인함이요. 그가 상함은 우리의 죄악을 인함이라 그가 징계를 받음으로 우리가 평화를 누리고 그가 채찍에 맞음으로 우리가 나음을 입었도다".

27-31절, 이에 총독의 군병들이 예수를 데리고 관정 안으로 들어가서 온 군대를 그에게로 모으고 그의 옷을 벗기고 홍포를 입히며 가시 면류관을 엮어 그 머리에 씌우고 갈대를 그 오른손에 들리고 그 앞에서 무릎을 꿇고 희롱하여 가로되 유대인의 왕이여 평안할지어다 하며 그에게 침 뱉고 갈대를 빼앗아 그의 머리를 치더라 희롱을 다한 후 홍포를 벗기고 도로 그의 옷을 입혀 십자가에 못 박으려고 끌고 나가니라

그들은 주님을 몇 번이나 옷을 벗겼다 입혔다 했다. 헤롯에게 갔을 때도 옷을 입혔다 벗겼다 했다. 여기서도 옷을 입혔다 벗겼다 했다. "그의 옷을 벗기고 홍포를 입히며". 이것도 조롱하는 것이다. 왜 그분의 옷을 벗기고 홍포를 입혔는가? 왕이라면 붉은 옷을 입어야 하니까 그렇게 한 것이다.

또 왕이라면 면류관이 있어야 하지 않겠는가? 그래서 가시로 면류관을 만들어서 그 머리에 씌웠다. 그리고 갈대를 그 오른손에 들리웠다. 이것은 홀이다. 왕이면 홀이 있어야 하지 않겠느냐는 것이다. 그래서 이렇게 우스꽝스러운 것들, 수치스러운 것들을 만들어서 주님께 씌우고 들리고 입히고 했다. 그리고서 이 로마 병정들은 그 앞에 무릎 꿇고 희롱하는 식으로 "유대인의 왕이여 평안할지어다" 했다. 이것은 왕에게 하는 인사인데 주 예수님을 조롱하는 것이다.

원래 왕에게는 존경하는 의미로 입을 맞추었다. 그런데 입을 맞추는 대신 침을 뱉았다. 완전히 수치를 주는 것이다. 그리고 갈대를 빼앗아 그의 머리를 치더라. 그때 가시가 얼마나 날카로웠겠는가? 우리나라 탱자나무 가시보다도 중동 지방의 가시는 더 날카롭다고 한다. 그 날카로운 가시, 갈대로 한 번 치면 그대로 박힌다. 그래서 그 이마에서 피가 흘렀다고 했다.

주 예수님은 철저하게 사람들에게 죄인 취급을 당하시고 못 박히시기 위해 끌려 나가고 계신다. 후반부 광경에서 마태의 기록은 짧다. 십자가에 못 박히시는 장면에서 놀라우리만큼 그 기록이 짧은 것이다. 어떻게 못을 박았고 어떻게 못에 찔리셨는지 등등의 기록이 없다. 그냥 못 박았다고 되어 있다. 왜 그랬을까? 복음서 기자들이 왜 이 부분에 와서 이렇게 했을까? 한 번 생각해보라. 제자들은 그 부분에서 차마 하나하나 쓸 수가 없었던 것이다. 지금까지 해온 자세한 서술로 미루어 십자가에 못 박히시는 장면은 하나하나 더 자세하게 묘사할 것 같았지만 그 장면에 대한 기록은 다만 '못 박히셨다'는 것이다. 제자들은 그 광경을 차마 볼 수가 없어서 다만 "채찍질하고", "못 박았더라"고만 기록했다(이 부분의 강해 집회 현장에서 전하는 자도 듣는 자들도 모두 눈물이 흘렀다. 이때는 모든 사람이 금식하는 가운데 이 말씀을 전하며 들었다—편자 주).

주님의 십자가

마태복음 말씀 중에서 주 예수님이 십자가에 달리시는 부분이다. 우리의 마음은 심히 두렵고 떨리며 감사와 사랑으로 가득하다.

기도

하나님, 저희와 함께하시어 당신의 어떠하심을 나타내시고 그때의 그 광경을 다시 한 번 나타내 주옵소서. 아무리 마음이 강퍅하고 딱딱한 사람이라 할지라도 주님의 죽으심과 십자가의 공로 앞에 마음을 다 열게 하시고 더 이상 교만하고 강퍅한 마음을 갖지 않게 하시고 주의 사랑에 감화 감동되게 하시며 마음을 겸손히 낮추고 주의 십자가 앞에 나아가 무릎을 꿇게 하옵소서.

오, 주님, 십자가는 어두움과 빛을 가릅니다. 악인과 의인을 나눕니다. 오, 주님, 주님의 십자가를 어떻게 대해야 할지 오늘 우리가 이 자리에서 결정하기를 원합니다. 우리의 일생 십자가를 멀리하지 아니하고 가까이하기로 결심하는 날이 되게 하옵소서.

주 예수 우리 구주께서 어떻게 고난당하시고 죽으셨는지, 하나님 아버지, 우리의 눈을 열어서 보게 하시고 우리의 일생이 그 십자가에 통제받게 하소서. 주의 십자가를 사랑하는 자들이 되게 하시고, 주의 십자가만을 자랑하고 붙잡고 살아가는 사람들이 되게 하소서.

하나님, 이 시간 우리 모두 가운데 성령으로 역사하시고 하나님의 임재로 축복해 주시기 바랍니다. 모든 당신의 자녀들을 축복하시고 어떤 사정, 어떤 위치에 있든지 함께하시며 모든 필요를 채워주시고 은혜 내려주시고 복 주옵소서. 주님이 십자가에서 죄와 저주를 담당하심으로 우리에게 은혜와 축복을 가져오셨습니다. 우리는 당신의 은혜로 인하여 이 자리에 있습니다. 함께하시고 말씀해 주시옵소서. 악령 사탄 마귀는 일체 이 모임에 틈타지 못하게 하시고 주님만이 홀로 영광 받으옵소서. 예수 그리스도의 이름으로 기도합니다. 아멘.

31절은 "희롱을 다한 후 홍포를 벗기고 도로 그의 옷을 입혀 십자가에 못 박으려고 끌고 나가니라"고 말한다. 예수님은 우리 죄인들을 위해서 죄인과 같이 끌려가셨다. 사실은 우리 모든 사람이 죄수로서 우리 죄로 인하여 끌려가야 했다. 우리가 죄인이고 죄는 우리가 지었는데 죄 없으신 하나님의 어린양 예수께서 대신 죄인이 되셔서 십자가에 못 박히기 위해 끌려가셨다.

32절, 나가다가 시몬이란 구레네 사람을 만나매 그를 억지로 같이 가게 하여 예수의 십자가를 지웠더라

이 '나가다가'라는 말은 예루살렘 성문을 나간다는 것을 의미한다. 주님은 예루살렘에서 심문을 당하시고 채찍을 맞으시고 온갖 조롱을 당하신 후에 못 박히기 위해 나가셨다. 나가실 때 십자가를 지고 가셨는데 시몬이라는 구레네 사람을 만나매 그를 억지로 같이 가게 하여 예수의 십자가를 지웠다고 했다. 주님은 로마 총독 빌라도의 관정으로부터 그분 자신이 지실 십자가를 지고 골고다까지 가셔야 했다. 그런데 그때에 시몬이라는 구레네 사람 하나를 만나자 로마 병정들은 그에게 억지로 십자가를 지게 했다.

그 이유는 무엇이겠는가? 우리가 지난 시간에 보았듯이 예수님은 목요일 저녁에 붙잡히셔서 말할 수 없는 고초를 당하시고 밤에 한숨도 주무시지 못했다. 그리고서 주님이 고난을 당하신 날은 금요일이다. 금요일 아침까지 잠을 못 주무셨고 그분은 특별히 채찍을 많이 맞으셨다. 그러므로 그분은 기력이 진하여 기운이 없는 고로 십자가를 지고 골고다까지 가실 수 없었던 것으로 보인다. 그러므로 로마 병정들은 어찌하든 십자가에 달려 죽을 죄인—물론 그분은 죄가 없으시지만 그들은 그분을 죄인으로 여겼다—을 골고다까지 가게 해야 하기 때문에 기력이 빠진 예수님을 위해서 어떤 사람 하나를 채용해야 했다.

그 사람이 구레네 사람 시몬이다. 구레네는 북아프리카에 위치해 있다. 키레네라고도 한다. 그곳 사람이라면 멀리서 온 사람이다. 그런 사람이 예루살렘에 와서 지나가다가 로마 병정들에게 붙잡혀 억지로 예수님의 십자가를 지게 되었다. 그는 엉겁결에 예수님의 십자가를 지고 가는 일을 조력하게 된 것이다. 그런데 이 구레네 사람 시몬은 예수님의 십자가를 대신 짊어진 사람으로서 끝난 것이 아니고 그의 온 가족이 예수 그리스도를 믿게 되었다. 행운을 얻었다고 말할 수 있다. 마가복음에는 그가 알렉산더와 루포의 아버지라고 기록되어 있다. 사도들은 구레네 사람 시몬의 자녀들을 알게 되었던 것이다. 그리고 특별히 로마서 16장에 루포가 나온다. 우리는 이 루포와 구레네 사람 시몬이 부자(父子) 관계인 것을 마가복음을 통해서 알 수 있다. 그런데 로마서 16장에서 바울은 로마에 있는 성도들에게 편지를 쓸 때 루포에게 안부를 전하라고 했다.

마가복음 15장 21절, "마침 알렉산더와 루포의 아비인 구레네 사람 시몬이 시골로서 와서 지나가는데 저희가 그를 억지로 같이 가게 하여 예수의 십자가를 지우고". 여기서 마가는 알렉산더와 루포의 아버지인 구레네 사람 시몬을 말했다. 다음 로마서 16장 13절, "주 안에서 택하심을 입은 루포와 그 어머니에게 문안하라 그 어머니는 곧 내 어머니니라". 이 말씀을 보라. 로마 병정들은 무지하게 예수님을 형장으로 끌고 가다가 기력이 빠지시니까 어떤 사람 하나를 잡아서 그 십자가를 대신 지게 만들었는데 그 사람 시몬과 그 자녀들은 분명히 우리가 알거니와 그리스도인이 되었다. 그리고 그 루포라고 하는 사람의 어머니는 사도 바울의 어머니같이 되었다.

어떤 사람들은 예수의 이야기의 사실성을 의심한다. 그것은 성경의 사실성에 대한 의심으로 이어진다. 우리는 이 구절을 통해 성경의 역사성과 사실성을 말해줄 수 있다. 첫째는 예수의 출생과 생전의 일들이 지금으로부터 2천 년 전의 이야기를 다루고 있다는 점이다. 이는 공자보다도 훨씬 뒤의 일이다. 우리는 역사에서 공자에 대한 자세한 기록이 남겨져 있음을 본다. 또한 사람들은 공자와 동 시대의 석가모니와 소크라테스의 이야기는 의심하지 않고 실존 인물로 받아들인다. 그런데 그들보다 5백 년이나 후의 예수의 이야기는 유독 의심의 눈을 가지고 대한다. 여기서 우리는 공자에 대하여 약간의 기록을 읽어보기로 하자!

공자(孔子)는 B.C.551년 현재 산동성(山東省) 곡부(曲阜) 지방인 노(魯)나라의 작은 마을 추읍(邑)에서 태어났다. 이 때는 인도의 석가모니가 태어난 지 10여년 뒤이고, 소크라테스가 태어나기 얼마 전 시기에 해당한다. 공자는 은(殷)나라 왕족의 몰락한 후예의 집안에서 출생했다고 전해지는데, 그의 아버지는 하급무사였던 숙량흘(叔梁紇)이었고, 어머니는 아버지보다 훨씬 나이가 어린 안징재(顔徵在)였다. 공자의 어머니 안징재는 이구산(尼丘山)에 남몰래 치성을 드려 공자를 낳았고 공자의 머리가 움푹 들어갔기 때문에 공자의 이름을 구(丘), 자를 중니(仲尼)라고 하였다고 한다. 공자가 태어날 때 그의 집안은 불우하였고 세 살 때에 아버지를 여의었기 때문에 매우 가난하고 외롭게 자랐다. 아버지가 돌아가셨을 때 장례식마저 제대로 치르지 못할 정도였던 모양이다. 당시 공자의 집안은 몰락하여 겨우 벼슬을 할 수 있는 계급인 사(士)에 속해 있었다. 사 계급은 위로는 귀족과 대부, 아래로는 서민의 중간에 있어서 벼슬살이를 하지 않으면 매우 가난한 생활을 할 수밖에 없던 처지였다. 그래서 공자는 18살에 과부가 된 어머니를 모시느라 여러 비천한 일들을 해야만 했고, 공부도 15세가 되어서야 시작할 수 있었다. 늦게 시작한 공부이지만 공자는 배우는 데 있어서만은 누구에게도 뒤지지 않을 정도로 열정과 자부심을 가졌다. 그는 아침에 도를 깨달으면 저녁에 죽어도 좋겠다고 할 정도로 배움에 대해 간절한 소망을 가졌고, 자기처럼 배우고 묻기를 좋아하는 사람은 없을 것이라는 자부심을 가졌다. 그 당시에 공자가 공부한 교과 내용은 아마 역사, 경전, 문학, 예악(禮樂), 산수, 글쓰기, 활쏘기, 말몰기 같은 것들이었을 것이다. 공자는 일정한 스승의 지도 없이 당시의 학교와 인물로부터 두루 배웠으며, 나중에는 주(周)나라로 가서 노자(老子)를 찾아 뵙고 예(禮)에 대해 묻기도 했다. 이렇게 해서 공자는 20대에 벌써 당시 노(魯)나라에서 무시 못할 인물이 되었으며, 제자들을 모아 가르치기 시작했다. 22세의 나이로 이미 높은 학식을 인정받고 이름을 얻은 그는 성의를 가지고 공부하고자 하는 학생들로부터 그들의 능력에 알맞은 폐백(幣帛)을 받고 그들의 수준에 알맞은 공부를 시켰다. 나중에 벼슬을 하기는 하였지만 공자의 일생을 통틀어 보면 젊은 시절부터 죽기 직전까지 가장 많은 시간을 남을 가르치는 데 보낸 직업적인 교육자로서의 면모를 가장 많이 지닌 사실을 확인할 수 있다. 그리하여 덕행에 뛰어난 제자로는 안연(顔淵), 민자건(閔子騫), 염백우(伯牛), 중궁(仲弓)같은 인물을 꼽을 수 있고, 언어에 능한 이로는 재아(宰我)와 자공(子貢)이 있으며, 정사에 유능한 제자로는 염유(有)와 계로(季路)가 있으며. 문학을 잘 하는 이로는 자유(子游)와 자하(子夏) 같은 인물을 꼽을 수 있는 등 각 분야에 뛰어난 수많은 인재들이 배출되었다. 공자 나이 24살 되던 기원전 528년에 공자의 어머니는 40의 나이로 세상을 떠났다. 어머니를 방(防) 땅에 아버지와 합장하여 묻고 삼년상을 지낸 뒤 또 2, 3년 지나서야 다시 배우고 가르치는 일을 계속했다. 공자가 꿈꾸던 세상은 예(禮)와 덕(德)과 문(文)이 지배하는 사회였다. 그래서 공자는 그러한 이상을 실현한 주(周)나라를 동경하였고, 그 반대로 당시의 권세 있는 대부(大夫)들이 제후(諸侯)들을 무시하고 권력을 농단하던 사태를 못마땅하게 생각하였다. 공자가 정치에 관여하게 된 것은 필연적인 것이었다. 공자가 살던 당시 춘추시대에는 국가 간이나 나라 안이나 간에 약육강식의 힘의 논리가 횡행하여 온갖 명목의 전쟁과 난리가 연이어 일어나 민중들은 피폐할 대로 피폐해지게 되었다. 기본적으로 인(仁)의 실천, 곧 백성을 사랑하는 것을 자기의 임무로 생각했던 공자로서는 그러한 현실을 목도하고서도 책이나 읽고 학생들을 가르치는 일에만 매달려 있을 수는 없었다. 그래서 그는 정치에 관여하게 되었다. 당시의 정치가들에게 자기의 덕치주의(德治主義)를 설파하기 위해 수레를 타고 여러 나라를 주유하기도 하였고, 직접 벼슬을 맡아서 자기의 이상을 실현하려고 노력하기도 하였다. 그러나 현실정치의 벽은 그의 꿈을 실현하기엔 너무나 두터웠고, 많은 좌절과 오해를 받기도 하였다. 그러나 그의 합리적인 도덕정치철학은 시대를 넘어 후대에 계승되어 한(漢)나라에서 국정이념으로 채택된 이래 동양의 역사상에 큰 영향력을 행사하게 되었다. 이렇게 위대한 교육자와 뛰어난 정치철학자로서의 일생을 보낸 공자도 인간적으로는 매우 불행하였다. 앞에서 언급한 것같이 어려서 어버이를 여의었을 뿐만 아니라 자기의 아들 리(鯉)와 가장 아끼던 제자 안연(顔淵)을 먼저 보내는 슬픔을 겪었으며, 여러 나라를 떠도는 가운데 양식이 떨어지기도 하고 테러의 위협을 받기도 하였다. 그래서 노년에는 이런 모든 것을 잊고 《시경(詩經)》 《서경(書經)》 《춘추(春秋)》같은 책을 엮고 《역경(易經)》에 재미를 붙여 책을 묶은 끈이 세 번이나 떨어질 정도로 공부하는 한편, 고향의 이상이 큰 젊은이들을 가르치는 일에 전념하다가 기원전 479년 73세를 일기로 세상을 떠났다.

예수 그리스도보다 수백 년 전의 사람을 기록이 남겨져 이렇게 자세하게 알 수 있다면 주 예수에 대하여는 어떠하리요! 우선 우리는 신약의 복음서 마태, 마가, 누가 등의 기록이 예수의 십자가 죽음 후 이삼십 년밖에 안 된 사실을 기록한 점을 간과해서는 안 된다. 그들이 예수를 따랐을 때는 젊은 청년 시절이었을 것이고 기록할 당시는 나이가 들었을 것이지만, 요한복음과 계시록을 기록한 사도 요한보다는 먼저 기록했을 것이기 때문이다. "알렉산더와 루포의 아비인 구레네 사람 시몬이 시골로서 와서 지나가는데 저희가 그를 억지로 같이 가게 하여 예수의 십자가를 지우고". 당시 기록자 마태나 마가는 예수의 십자가를 대신 졌던 사람의 인적 사항을 자세히 적었다. 따라서 당시 사람들이 사실 여부를 알아보려면 시몬의 아들들인 알렉산더나 루포를 만나보면 되었다. 루포라는 사람은 바울이 사역할 때에도 존재하였고 그리스도인이 되었었다. 성경을 기록한 마태, 마가, 누가 등은 실존 인물로서 당시 살아 있는 사람들의 이름을 언급하며 성경을 기록한 것이다.

여기서 우리가 알 수 있는 것은 예수 그리스도의 십자가를 대신 짊어졌던 시몬이라는 사람은 그때 십자가의 그 광경을 보고 깊은 인상을 받았음에 틀림없다는 것이다. 죄가 없는 한 분이 그곳에서 십자가에 달려 죽으시는 그 모든 놀라운 광경을 보고 그 가족과 더불어 예수를 믿은 것 같다. 그리고 당시 주님이 십자가를 짊어지고 골고다까지 가시는 도중에 많은 사람이 따라갔다. 우리는 이것을 누가복음을 통하여 알 수 있다. 누가복음 23장 26절, "저희가 예수를 끌고 갈 때에 시몬이라는 구레네 사람이 시골로서 오는 것을 잡아 그에게 십자가를 지워 예수를 좇게 하더라". 이 세 공관복음 기자들은 예수님의 십자가를 대신 짊어진 시몬을 다 기록했다.

27-31절, "백성과 및 그를 위하여 가슴을 치며 슬피 우는 여자의 큰 무리가 따라오는지라 예수께서 돌이켜 그들을 향하여 가라사대 예루살렘의 딸들아 나를 위하여 울지 말고 너희와 너희 자녀를 위하여 울라 보라 날이 이르면 사람이 말하기를 수태(受胎) 못하는 이와 해산하지 못한 배와 먹이지 못한 젖이 복이 있다 하리라 그 때에 사람이 산들을 대하여 우리 위에 무너지라 하며 작은 산들을 대하여 우리를 덮으라 하리라 푸른 나무에도 이같이 하거든 마른 나무에는 어떻게 되리요 하시니라".

주 예수님은 그분이 십자가를 지고 가실 때 슬피 울며 따라오던 많은 여인들을 향해서 말씀하셨다. "예루살렘의 딸들아 나를 위하여 울지 말고 너희와 너희 자녀를 위하여 울라". 주님은 곧 다가올 예루살렘의 멸망, 곧 그들이 당해야 할 환난을 보고 그들을 동정하고 계셨다. 그분은 죽음에 임박하셨어도 그분이 왜 죽으셔야 하는지를 잘 아셨다. 그분은 모든 죄인을 구속하기 위한 죽음을 죽으시기 위해 나아가고 계셨던 것이다. 많은 여인들은 단지 주님의 죽음을 슬퍼해서 울었을 것이다. 그러나 주님은 자신보다도 오히려 장래 하나님을 알지 못하고 하나님을 거역한 고로 수많은 환난을 당할 예루살렘 거민들을 동정하셨다.

"푸른 나무에도 이같이 하거든 마른 나무에는 어떻게 되리요 하더라". 물론 푸른 나무는 우리 주 예수님을 가리킬 것이다. 푸른 나무가 이같이 될진대 마른 나무인 생명 없는 죄인들은 어떻게 되겠느냐고 경고하시며 그것을 위해서 기도하라고 말씀하신다.

33절, 골고다 곧 해골의 곳이라는 곳에 이르러

골고다라는 지명 자체가 해골이라는 뜻을 가지고 있다. 아마도 시체들이 버려지는 곳이기 때문에 거기에 해골들이 많이 있어서 그 지명이 골고다가 된 것 같다. 또 어떤 사람들은 골고다의 돌들 형태가 해골 같아서 그 지명을 해골이라고 했다는데 그것은 정확하지 않다.

어쨌든 그곳은 형장임에 틀림없고 많은 사람이 죽었기 때문에 그곳에 해골들이 널려 있었을 것이다. 주 예수님은 태어나실 때에 초라한 구유에서 태어나시고 마지막으로 돌아가실 때에는 쓸쓸한 골고다, 해골의 곳, 많은 범죄자들의 시체가 버려지고 해골이 널려 있는 곳에서 운명하셨다. 그분의 인생은 말구유에서 골고다까지이다. 우리의 주님이 그러한 초라하고 불쌍한 인생을 사셨던 것이다. 오늘날도 예수의 제자들은 예수를 따르는 길이 어떠해야 하는가를 생각해보기 바란다.

34절, 쓸개 탄 포도주를 예수께 주어 마시게 하려 하였더니 예수께서 맛보시고 마시고자 아니하시더라

여기의 쓸개 탄 포도주를 다른 복음서에서는 몰약을 탄 포도주라고 했다. 이것은 일종의 마취제로서 십자가의 형벌이 너무 고통스럽기 때문에 그 고통을 다소나마 경감시키기 위해 마시게 하는 것이다. 십자가 형은 두 손과 두 발에 못을 박고 피가 다 흘러야 죽는 그런 참혹한 형벌이며, 자기 몸에 임하는 죽음을 일 분 일 분 다 맛보며 죽는 가장 고통스러운 형벌이다. 그러기 때문에 당시에 사람들은 십자가에 달려 죽는 죄수를 위해서 지금으로 말하면 마취제를 마시게 한 것이다. 포도주에다 쓸개를 타서 마시면 고통을 좀 감소시킬 수 있다고 한다. 사람들은 주 예수님께도 그 쓸개 탄 포도주를 드렸지만, 예수님은 맛보시고 마시고자 아니하셨다. 사람들은 몇 번 드렸던 것 같다. 그러나 주님은 한 번 맛보시고 마시고자 아니하셨다. 그것은 히브리서 2장 9절의 말씀처럼 "이를 행하심은 하나님의 은혜로 말미암아 모든 사람을 위하여 죽음을 친히 맛보려" 하셨기 때문이다. 그분은 그분의 정신, 맑은 생각, 느낌을 무감각하게 하여 우리를 구원하는 일을 행하기를 원치 않으셨다. 그분은 죄에 대한 형벌의 고통을 친히 느끼고 깨어 있는 정신으로 깨달으면서 우리를 위한 구속을 성취하길 원하셨기 때문이다. 그것은 우리를 사랑하시는 지극히 큰 사랑으로 인한 것이었다. 그래서 그분은 그 쓸개 탄 포도주를 거절하신 것이다.

35절, 저희가 예수를 십자가에 못 박은 후에 그 옷을 제비뽑아 나누고

"저희가 예수를 십자가에 못 박았다". 사복음서 기자들은 예수님을 십자가에 못 박은 광경에 대해서 다만 한 마디로 말할 뿐이다. "저희가 예수를 십자가에 못 박았다." 그리고 설명이 없다. 이 복음서 말씀에서 가장 중심이 되는 부분이 바로 예수님의 십자가의 죽으심이다. 그것이 복음서의 핵심이다. 우리의 믿음의 핵심이기도 하다. 바로 십자가이다. 주님은 그분이 십자가에 달려 죽으실 것을 세 번 이상 말씀하시고 가르치셨다. 그리고 그분의 발걸음은 계속해서 골고다의 십자가로 나아가셨다. 그러나 막상 주님이 십자가에 못 박히시는 광경 앞에서 제자들은 한 마디 '저희가 예수를 십자가에 못 박았더라' 외에 다른 서술을 하지 않았다. 헬라어로 '스타우로산테스'이 한 마디이다. 과거 시제로 '못 박았더라', 이미 이루어진 사실이다. 이 때 요한복음은 '주님이 다 이루었다(테테레스타이)' 하셨다고 기록했다(19:30). 주님은 아버지의 뜻에 따라 구속의 큰 사업을 다 이루신 것이다. 거기에서 우리의 모든 죄가 다 해결되었다.

우리가 알 수 있는 것은 제자들은 너나 할 것 없이 그 광경을 차마 볼 수 없었다는 것이다. 그들은 차마 예수 그리스도께서 못 박히시던 광경을 볼 수 없었다. 그래서 다만 한 마디를 할 뿐이다. "저희가 예수를 십자가에 못 박았더라". 못 박히신 후에 군병들이 예수의 옷을 제비뽑아 나누는 것에 대해서는 또 자세하게 기록했다. 옷을 제비뽑아 나누는 것이 중요하겠는가, 주님이 십자가에 못 박히시는 것이 중요하겠는가?

요한복음 19장 23절을 보겠다. "군병들이 예수를 십자가에 못 박고". 한 마디이다. '스타우로산테스'. "그 옷을 취하여 네 깃에 나눠 각각 한 깃씩 얻고 속옷도 취하니 이 속옷은 호지 아니하고 위에서부터 통으로 짠 것이라 군병들이 서로 말하되 이것을 찢지 말고 누가 얻나 제비뽑자 하니 이는 성경에 이는 저희가 내 옷을 나누고 내 옷을 제비뽑나이다 하는 것을 응하게 하려 함이러라". 군병들이 예수님의 옷을 나눠 갖는 문제는 이렇게 자세하게 기록했다. 그런데 주 예수님이 십자가에 못 박힌 광경은 요한도 마태도 "저희가 예수를 십자가에 못박았더라"고 할 뿐 어떻게 못 박았다 등등은 전혀 서술하지 않았다. 주님의 고통스러워하시는 얼굴이며, 그 눈물, 그 슬픈 모습이며, 온 몸의 피가 하염없이 흘러내렸을 텐데, 제자들은 다른 것들은 일체 기록하지 않았다. 하여간 이 무지하고 잔인한 인생들은 구주를 십자가에 못 박고서 겉옷과 속옷을 서로 누가 가질 것인가 하며 제비뽑아 나눠가졌다. 성령께서는 오직 이 한 가지 사실-주 예수님이 우리를 위한 구속을 성취하시기 위해 십자가에 못 박혀 죽으셨다-만을 중시하여 기록한 것이다.

군병들이 예수님의 속옷을 갖기 위해 제비뽑았다는 것은 그분이 겉옷과 속옷을 다 벗기심을 당한 채 십자가에 못 박히셨다는 것을 말해준다. 나는 조금이라도 가리워드렸을 것이라 생각하지만, 알 수 없다. 어쨌든 예수님은 거의 벌거벗은 채로 십자가에 달리셨다. 그러한 고통, 수치, 누가 상상이나 할 수 있겠는가? 그분은 우리와 똑같은 성정을 갖고 계셨다. 그러므로 우리가 느낄 수 있는 아픔을 예수님도 똑같이 느낄 수 있으셨다. 예수님은 죄가 없으신 거룩한 분이신데 무지한 로마 병정은 그 험한 못으로 그 손과 발을 못 박았다. 그리고 예수님은 완전히 다 탈취당하셨다. 사람들은 예수님의 옷을 나누어 가졌다. 겉옷은 네 깃으로 되어 있으니까 나눠 갖고 속옷은 통으로 되어 있으니까 누가 가질 것인가 제비뽑은 것이다. 이 말씀은 구약 시편 22편에서 다윗이 말한 그 예언적인 시와 똑같이 이루어졌다. 여기서 잠시 시편 22편을 보겠다.

1절, "내 하나님이여 내 하나님이여 어찌 나를 버리셨나이까 어찌 나를 멀리하여 돕지 아니하옵시며 내 신음하는 소리를 듣지 아니하시나이까". 16절, "개들이 나를 에워쌌으며 악한 무리가 나를 둘러 내 수족을 찔렀나이다". 17절, "내가 내 모든 뼈를 셀 수 있나이다 저희가 나를 주목하여 보고". 이것도 다 이루어진 말씀들이다. '그들이 나를 주목하여 보았다(They look and stare upon me)'고 했다. 18절, "내 겉옷을 나누며 속옷을 제비뽑나이다". 정확하게 이루어졌다. 겉옷은 네 조각으로 되어 있으니까 나눠 갖고 속옷은 통으로 되어 있으니까 제비뽑았다. 다윗이 쓴 메시아 시편은 그리스도가 당하실 고난을 이미 다 예언하고 있었다. 이 말씀들은 그대로 다 이루어졌다.

36절, 거기에 앉아 지키더라

앞에서 말했듯이 메시아께서는 이미 다윗 시대에 다윗의 영을 통하여 그들이 그분을 못 박고 지켜 바라보고 있을 것을 다 아시고 예언하셨다. "저희가 주목하여 나를 보고"(시 22:17).

37절, 그 머리 위에 이는 유대인의 왕 예수라는 죄패가 붙었더라

그리고 십자가 위에 죄패가 붙었는데 '유대인의 왕 예수'라고 썼다. 이것은 빌라도가 쓴 것이다. 그분은 죄가 없으신 분이다. 빌라도는 예수의 죄목을 쓰긴 써야 하는데 달리 죄가 없으시기 때문에 '유대인의 왕 예수'라고 쓴 듯하다. 유대인들이 고발한 대로이다. 그들이 빌라도에게 말했었다. "이 사람이 자기가 유대인의 왕이라고 합니다." 그는 그들이 말한 그대로 썼다.

요한복음을 보겠다. 요한복음 19장 19절-20절이다. "빌라도가 패를 써서 십자가 위에 붙이니 나사렛 예수 유대인의 왕이라 기록되었더라 예수의 못 박히신 곳이 성에서 가까운 고로 많은 유대인이 이 패를 읽는데 히브리와 로마와 헬라 말로 기록하였더라". 모든 사람들이 읽을 수 있도록 세 종류의 말로 기록하였다. 그러자 유대인의 대제사장들이 빌라도에게 '유대인의 왕'이라 쓰지 말고 '자칭 유대인의 왕'이라 쓰라고 하니까 빌라도가 말하기를 "나의 쓸 것을 썼다."고 했다.

이 우유부단한 사람 빌라도, 우리가 언뜻 듣기에는 그 말이 소신 있는 말처럼 들리지만 정말로 소신이 있다면 예수님을 십자가에 못 박히도록 넘겨주지 말았어야 했다. 그는 예수님이 무죄하시다는 것을 알았기 때문이다. 그렇게 십자가에 못 박히게 내어주고 나서는 그 죄목을 '나사렛 예수 유대인의 왕'이라고 쓴 것이다. 그러고서 유대인의 대제사장들이 '자칭 유대인의 왕'이라 고쳐 쓰라 하니 "나는 내가 쓸 것 썼다."고 했다. 이것으로 그가 할 일은 다 했다는 듯하다. 빌라도는 우유부단한 인간, 중간에서 타협하는 인간이다. 어쨌든 그분의 죄패는 그분의 신분 그대로 씌어지게 되었다. 그분은 그야말로 유대인의 왕이시다. 주 예수님이 태어나셨을 때 동방에서 박사들이 별을 보고 찾아와서 헤롯에게 물었다. "유대인의 왕으로 나신 이가 어디 계시뇨 우리가 그의 별을 보고 그에게 경배하러 왔노라". 결국 마지막에도 자기들끼리 논란하면서 믿지 않는 불신의 마음으로 썼지만 그분은 오실 때나 가실 때나 유대인의 왕이셨다.

38절, 이때에 예수와 함께 강도 둘이 십자가에 못 박히니 하나는 우편에, 하나는 좌편에 있더라

이 로마 병정들은 예수님을 중앙에 있는 십자가에다 매달았다. 그리고 그 양편에는 강도들이 있었다. 이것 역시 예수님을 가장 모욕하기 위한 것이었다. 이사야 선지자는 이미 700년 전에 이것을 예언했다. "이는 그가 자기 영혼을 버려 사망에 이르게 하며 범죄자 중 하나로 헤아림을 입었음이라"(사 53:12). 그분은 범죄자 중 하나로 여겨지셨다. 이미 범죄자들과 함께 처형될 것을 예언한 것이다. 그 거룩하신 분은 우리를 구하기 위해 범죄자로, 범죄자와 죄인들의 동류로 여겨지신 것이다.

39-40절, 지나가는 자들은 자기 머리를 흔들며 예수를 모욕하여 가로되 성전을 헐고 사흘에 짓는 자여 네가 만일 하나님의 아들이어든 자기를 구원하고 십자가에서 내려오라 하며

지나가는 사람들, 당시의 많은 군중을 의미한다. 지나가는 사람들이 머리를 흔든다는 것은 경멸한다는 뜻이다. 그분을 미워하고 인정하지 않는다는, 그분을 매우 경멸한다는 몸짓이다.

"성전을 헐고 사흘에 짓는 자여." 이 말은 누가 만들어냈는가? 유대인 지도자들이 만들어냈다. 예수님에 대해서 온갖 나쁜 말이 있는 중 이 말이 증거로 채택될 뻔했다. 물론 고소하는 사람들끼리도 말이 서로 맞지 않아서 결국은 채택되지 않았다. 이 거룩하신 말씀, 주 예수님이 친히 하신 거룩한 계시의 말씀, "너희가 이 성전을 헐라 내가 사흘 만에 이 성전을 다시 일으키리라"는 말씀은 성전 된 그분의 육체를 두고 하신 것이었다. 그리고 거룩하신 그분의 몸이 다시 일어날 것을 두고 하신 말씀이었다. 그런데 이러한 거룩한 말씀을 그들은 그분을 모욕하는 데에 썼다. "성전을 헐고 사흘에 짓는 자여". 주님은 자신이 성전을 헐겠다고 말씀하신 적이 없다. 이 거룩한 말씀, 인류를 구원하고 축복하기 위한 그분의 역사를 설명하는 이 귀한 말씀을 조금 왜곡해서 말하니까 굉장히 나쁘게 들린다.

당시에 유대인들은 성전을 굳게 붙잡고 있었다. 성전을 매우 아끼고 성전을 중심으로 모이고 하는데 그 성전을 예수님이 헐겠다고 했다는 것이다. 그러니 유대인들은 얼마나 속이 끓었겠는가? 예수를 얼마나 미워했겠는가? 그들은 군중심리를 자극하기 위해 그런 말들을 만들어내었다. 그 말이 퍼지니 모든 유대인들이 예수를 미워하게 되었다. 그러니까 심지어 지나가는 사람들도 자기 머리를 흔들면서 예수를 모욕하여 "성전을 헐고 사흘에 짓는 자여 네가 만일 하나님의 아들이어든 자기를 구원하고 십자가에서 내려오라"고 한 것이다. 그들은 무슨 말을 해야 사람들이 주 예수를 미워하는가를 잘 알았다.

"네가 만일 하나님의 아들이어든". 이 말은 사탄적인 말이다. 주님이 광야에서 40일 동안 굶주리시며 마귀에게 시험당하실 때에 꼭 이 말을 들었다. "네가 만일 하나님의 아들이어든 돌들을 명하여 떡덩이가 되게 하라". 이 사탄적인 말을 많은 군중이 하고 있다. 지금 사탄은 많은 군중 속에서 그리스도를 대적하기 위해 열심히 역사하고 있다.

41-42절, 그와 같이 대제사장들도 서기관들과 장로들과 함께 희롱하여 가로되 저가 남은 구원하였으되 자기는 구원할 수 없도다 저가 이스라엘의 왕이로다 지금 십자가에서 내려올지어다 그러면 우리가 믿겠노라

'그와 같이'라는 말은 지나가는 사람들이 모욕하고 조롱하는 말을 했는데 그 자리에 있던 대제사장들과 서기관들, 장로들도 그렇게 희롱했다는 것이다. 이들은 산헤드린(공회)에서 주 예수를 죽이기로 결안했던 사람들이다. 그리고서 이들은 골고다까지 따라와서 어떻게 예수님이 과연 죽는가를 끝까지 지켜보고 있었던 것이다. 그런데 지나가던 사람들이 모욕하고 조롱하니까 이들도 따라서 조롱한 것이다. 예수님이 이 땅에 계실 때 얼마나 많은 선한 일을 하셨는가? 병든 자를 고쳐주고 귀신 들린 자를 낫게 해주고 죽은 자를 살려주시는 등 많은 선한 일을 하셨다. 그런데 이들은 그런 일을 다 웃음거리로 만들고 있다. 그래서 여기서 남을 구원했다는 말조차도 다 비웃는 말이다.

"저가 이스라엘의 왕이로다". 자기가 그렇게 말한다는 것이다. "지금 십자가에서 내려올지어다 그러면 우리가 믿겠노라". 십자가에 못박아 매달아 놓고 이제 십자가에서 내려오라고 한다. 그러한 능력이 있으면 믿겠다는 것이다. 이것은 예수를 완전히 무시하는 말이다. 그분이 자기를 구원하시면 우리를 구원하실 길이 없다. 우리를 구원하기 위해서 십자가에서 고난받고 계시는데 "네가 남은 구원하는데 자기는 구원하지 못하는구나. 십자가에서 지금 내려오라. 그러면 그 능력을 보고 믿겠노라." 하며 희롱하는 것이다. 얼마나 얕고 얼마나 피상적이고 얼마나 유치한 사람들인가? 자기 자신을 희생하지 않으면 다른 사람을 구원할 수 없다는 이 쉬운 진리조차도 그들은 모르고 있는 것이다. 예수님은 지금 못박혀 죽으심으로 인류를 구원코자 하시는데 "너를 구원해보아라." 하며 놀리고 있다. 주님은 우리를 구원하기 위해 자기를 구원하지 않으셨다. 사탄은 자기의 할 수 있는 모든 것을 다하여 주님을 대적하고 있다(골 2:15). 골로새서 2장 말씀은 십자가에서 사탄의 권세는 총동원하여 그분을 에워싸고 공격하고 있었다고 암시한다. 그러나 주님은 그 에워싸는 사탄들을 벗어버리고 밝히 드러내시고 승리하신 것이다.

43절, 저가 하나님을 신뢰하니 하나님이 저를 기뻐하시면 이제 구원하실지라 제 말이 내가 하나님의 아들이라 하였도다

그분은 하나님의 아들이시요 이스라엘의 왕이시다. 그러나 이들은 절대 그럴 리가 없다는 것이다. 그들은 주님에 대해서 그분이 정말 이스라엘의 왕이신지, 정말 하나님의 아들이신지 알아보려고 하지도 않고 무조건 아니라는 것이다. "네가 무슨 하나님의 아들이냐? 네가 무슨 유대인의 왕이냐?" 하는 것이다. 그들은 예수님을 완전히 육체로 보고 외모로 보았다. 그러기 때문에 이들은 하나님의 말씀을 인용해서 그분을 조롱한 것이다. "저가 하나님을 신뢰하니 하나님이 저를 기뻐하시면 이제 하나님이 저를 구원하실지라 저의 말이 나는 하나님의 아들이라 하였도다". "하나님의 아들이면 하나님께서 저를 구원하실 거다. 그런데 하나님께서 구원하지 않으시는 것을 보라. 십자가에 매달려 그대로 죽고 있는 것을 보라. 그러면서 저가 하나님의 아들이라고 한다." 그들은 예수님을 철저하게 조롱하고 모욕했다.

두 면의 고통이다. 지금 이 시간 주님은 십자가에 매달려 있으시다. 머리에는 가시관을 쓰셨다. 아마 그들은 그것을 벗기지 않았을 것이다. 따라서 머리에서 피가 흘러내리고 두 손과 두 발에 못이 박혀 피가 흘러내린다. 죄인들이여, 지금 눈을 들어 십자가에서 흘리시는 주님의 그 피를 보고 구원을 받으라! 그가 흘리는 피는 다른 것을 위한 것이 아니라 당신의 죄를 사하기 위한 것이다. 그분은 우리를 죄와 죽음에서 구하기 위해 철저히 고난과 수치를 당한 것이다. 그분에게 십자가에서 당하신 육신적인 고통이 한 가지고, 또 한 가지 고통은 정신적인 것으로 그들이 퍼붓는 갖은 모욕과 조롱을 당하고 계신 것이다.

44절, 함께 못박힌 강도들도 이와같이 욕하더라

지나가는 사람들, 대제사장들과 장로들, 모든 사람들이 예수를 모욕했다. 로마 군병들은 그나마 한 가지 남은 주님의 재산이라면 재산인 옷을 제비뽑아 탈취했다. 사람들은 이렇게 잔인했다. 죽을 사람은 죽고 산 사람은 옷 한 가지라도 더 갖자는 얘기다. 죄 없으신 예수님을 십자가에 못박아놓고 십자가 아래서는 제비뽑아 그분의 옷을 나눠 갖는 일을 한다. 여러분이 생각할 때 어찌 그런 일이 있을 수 있는가 하겠지만 오늘날에도 이런 일은 얼마든지 일어날 수가 있다. 재산 좀 있는 사람의 죽은 영안실에서 서로 재산 싸움을 벌리는 일이 있다. 여러분은 인간의 육체가 이렇게 더럽다는 것을 아는가?

함께 십자가에 못박힌 강도들도 이와같이 욕했다. "당신이 그리스도라면 나 좀 살려줘." 하고 말이다. 그런데 이 중 한 강도가 처음에는 같이 욕을 한 것 같으나 나중에는 회개했다. 그리고 믿었다.

누가복음을 보겠다. 23장 39절, "달린 행악자 중 하나는 비방하여 가로되 네가 그리스도가 아니냐 너와 우리를 구원하라". '네가 그리스도면 우리를 구원해봐' 하는 것이다. 주님은 하여간 모든 사람에게 미움을 받으셨다. 그런데 40절에서 "하나는 그 사람을 꾸짖어 가로되 네가 동일한 죄를 받고서도 하나님을 두려워 아니하느냐 우리는 우리의 행한 일에 대하여 상당한 보응을 받는 것이 당연하거니와 이 사람의 행한 것은 옳지 않은 것이 없느니라 하고". 42절, "가로되 예수여 당신의 나라에 임하실 때 나를 생각하소서". 43절, "예수께서 이르시되 내가 진실로 네게 이르노니 오늘 네가 나와 함께 낙원에 있으리라 하시니라".

우리 한 번 생각해 보자. 이 강도가 어떻게 해서 거기서 회심할 수 있었겠는가? 적어도 그는 한 마디의 복음을 들었다. 34절에 있는 말씀이다. "이에 예수께서 가라사대 저희의 죄를 사하여 주옵소서 저희의 하는 것을 알지 못함이니이다". 이 강도는 옆에서 이렇게 기도하시는 것을 들었을 것이다. 그래서 같이 욕을 하다가 "아, 이분은 무죄한 자이시구나. 죄인을 위해서 고난을 당하시는구나."하는 것을 깨닫고 그 마음에 회개하는 것이 있었을 가능성이 크다. 일생토록 강도질하고 도둑질한 사람은 아무 것도 잘한 것이 없다.

그런데 마지막으로 십자가에 올라가서 죽는 그 순간 다행히 옆에 예수님이 함께 죽음에 이르고 계셨다. 그 한순간에 천국과 지옥이 결정되고 있었다. 그런데 이 사람은 거기서 회개했다. "예수여, 당신의 나라에 임할 때 나를 생각하소서." 그러자 주님이 "네가 오늘밤에 나와 함께 낙원에 있으리라."고 하셨다. 예수를 믿는 것은 이렇게 간단한 것이다. 마태는 그 회심한 강도에 대해서 기록하지 않았다. 마태는 모든 사람이 예수를 조롱하고 멸시한 그 광경만을 강조해 기록한 것 같다. 어쩌면 구원받은 강도도 처음에는 조롱하는 말에 가담하였을 수도 있다. 44절은 이를 증명한다. "함께 못박힌 강도들도 이와같이 욕하더라" 그러나 주님은 십자가에서 도합 일곱마디의 말씀을 하셨다. 모두가 죄인을 사랑하시는 말씀, 어머니를 부탁하는 말씀 등이었다. 그 한 편 강도는 주님의 십자가에 달리신 모습에서, 그분의 입에서 나오는 말씀에서 성령의 감동이 있었을 것이다. 그리고 거기서 그는 주님을 믿게 되었다.

45절, 제 육시로부터 온 땅에 어둠이 임하여 제 구시까지 계속하더니

시간에 대하여 정확하게 기록한 사람은 마가이다. 마가복음을 잠시 보겠다. 마가복음 15장 25절, "때가 제삼시가 되어 십자가에 못박으니라". 33절, "제 육시가 되매 온 땅에 어두움이 임하여 제 구시까지 계속하더니". 34절, "제 구시에 예수께서 크게 소리 지르시되 엘리 엘리 라마 사박다니 하시니…". 당시에 시계도 없었을 텐데 마가는 시간을 아주 정확하게 적었다. 그래서 주 예수님이 십자가에 달리신 시간부터 온 땅에 어둠이 임한 시간까지는 정확하게 세 시간이다. 제 삼시는 우리나라 시간으로 오전 아홉시이다. 그리고 제 육시면 열두시이다. 그 세 시간 동안은 날씨가 정상이었다. 그 시간 동안 사람들이 예수님을 조롱하고 핍박하고 모욕하고 했다. 그러더니 육시, 즉 정오가 될 때 온 땅에 어둠이 임했다. 그리고 제 구시까지 세 시간 동안 어두움이 임했다. 그 시간은 이제 하나님께서 개입하시는 시간이다. 처음 오전 세 시간은 사람들이 주님을 못박고 조롱하고 핍박하는 시간이었고, 오후 세 시간은 하나님이 모든 인류의 죄악을 담당하는 주 예수님을 심판하시는 시간이었다. 그 세 시간 동안 여러분들과 나의 죄가 그분에게 담당되어 하나님의 공의의 심판을 받고 있었던 것이다.

46절, 제 구시쯤에 예수께서 크게 소리질러 가라사대 엘리 엘리 라마 사박다니 하시니 이는 곧 나의 하나님, 나의 하나님, 어찌하여 나를 버리셨나이까 하는 뜻이라

오후 세시까지 주님은 여섯 시간 동안 십자가에 매달려 계셨다. 여섯 시간 동안 그 손과 발에서 피가 계속 흘러내렸다. 십자가형이란 피가 계속 흘러내리다가 이제 어느 만큼 흘렀을 때 정신이 몽롱해지면서 사망하게 되는 그런 형벌이다. 계속 피가 빠져 나가면서 죽어가는 것이다. 십자가의 형벌을 아는 사람은 십자가형의 가장 큰 고통은 두 가지로서 하나는 두통이고 하나는 목마름이라고 했다. 목마름과 두통, 온 몸에 열이 올라가는 것이다. 그러한 심각한 고통을 당하시면서 주 예수님은 온 몸의 피를 쏟고 계셨다.

여섯 시간이 거의 지났다. 제 구시쯤에 예수께서 크게 소리를 지르시면서 "엘리 엘리 라마 사박다니" 하셨다. 이 말은 "나의 하나님, 나의 하나님, 어찌하여 나를 버리셨나이까?"라는 뜻이다. 주님은 십자가상에서 일곱 마디를 하셨다. 복음서들을 다 합하면, 첫째는 "저희를 사해 주옵소서." 둘째는 "네가 나와 함께 낙원에 있으리라". 누가복음에 있는 말씀이다. 요한복음에 있는 어머니를 부탁하는 말씀, "보소서, 아들이니이다". 그 다음에 이 말씀, "엘리 엘리 라마 사박다니". 그리고 요한복음에 있는 말씀, "내가 목마르다". "다 이루었다". 그 다음 누가복음에 있는 "내 영혼을 아버지 손에 부탁하나이다". 이 일곱 마디를 십자가 칠언(七言)이라고 한다.

그런데 여기 "엘리 엘리 라마 사박다니"라는 말씀은 크게 외치셨다. 너무나 고통스러워서이다. 육신의 고통뿐 아니다. 지금까지 주 예수님은 두 가지 고통을 당하셨다. 첫째는 육신의 고통이다. 우리와 똑같은 혈육을 입고 계시기 때문에 그 아픈 고통이 똑같다. 그대로 맛보셨다. 쓸개 탄 포도주도 마시지 않고 그대로 맛보셨다. 그 아픈 것을 여섯 시간 동안 십자가에 달려서 다 맛보신 것이다. 또 한 가지는 그 수치이다. 옷을 벗기고 머리를 흔들고 모욕하고 희롱하는 말을 하고 그 모든 것이 다 수치이다. 십자가에 달려 계시는 것, 유대인의 왕 예수라는 죄패, 모든 것이 다 수치이다. 주님은 왜 그런 일을 당하셨는가? 여러분과 나를 위한 것이다. 거기서 그분은 우리가 받을 수치를 당하신 것이다.

여러분은 여러분의 죄를 들추어내면 수치스럽다고 느끼지 않는가? 아무도 모르게 지은 죄들이 없는가? 여기서 말하면 부끄러워 얼굴을 들 수 없는 죄악들은 없는가? 다 있다. 많이 있다. 더러운 죄, 감추인 죄, 과거를 다 폭로하면 여기에 서 있을 사람은 아무도 없다. 왜 주 예수님이 그렇게 수치를 당하셔야 했는가? 주 예수님은 다른 분이 아니다. 여러분의 주요 나의 주요, 여러분의 하나님이요 나의 하나님이시다. 여러분의 아버지 같고 내 아버지 같고 내 형 같고 아니 내 자신 같다. 우리를 창조하신 분이시다. 우리 대신 우리가 받을 수치를 대신 다 담당하시느라고 이렇게 죽으신 것이다.

여러분들은 다른 것은 몰라도 이것은 알아야 한다. 이 모든 것을 나를 위해 감당하신 것이라는 것이다. 다른 사람들이 아니다. 우리 영의 눈이 열려서 이 사실을 한 번 보아야 한다. 여기의 한 죽음은 여러분과 가장 밀접한 관계가 있는 죽음이다. 주님은 육신의 고통과 정신적인 고통을 당하시고 이제 마지막에는 하나님이 개입하셨다. 온 땅에 어두움이 임하게 하더니 하나님께서 그분을 버리셨다. 그때 그분은 엄청나게 큰 하나의 죄 덩어리 그 자체이셨다(고후 5:21). 하나님은 그 사랑하는 아들이시라도 그 시간 죄가 되신 그 아들을 죽음에 버리시지 않으면 안 되었다. 그 버림받은 고통이 사랑하는 아들에게는 가장 크게 다가왔다. 그 말씀을 하는 대목에서는 기자들이 주님이 하신 말 그대로 "엘리 엘리 라마 사박다니"라고 기록했다. 히브리어와 아람어가 합쳐진 것이다. 예수님이 발하신 음성

그대로를 적었다. 가장 고통스런 순간이다. 오! 사랑스런 아들이여!

예수님은 이 땅에 오셔서 한 번도 하나님 아버지와 분리되신 적이 없으셨다. 언제나 아버지와 함께 계셨다. 아무리 어렵고 고통스런 상황일지라도 주님은 아버지와 늘 함께 계셨기 때문에 어렵지 않았다. 그런데 이 순간 사랑하는 아들, 주 예수님은 아버지로부터 버림당하시는 것을 느끼셨다. 그분은 먼저 사람들에게 철저히 버림을 당하셨고, 이제 우리를 위해서 죄가 되셨기 때문에, 우리 죄를 담당하고 계시기 때문에 하나님께로부터 버림을 받으셨다. 아버지는 우리 죄를 담당하고 계신 그를 버리시지 않을 수 없었다. 항상 하나님과 떨어져 사는 사람은 그분이 받으시는 버림받는 고통이 뭔지 모른다. 항상 떨어져 있으니까. 어제도 떨어져 있었고 오늘도 떨어져 있으니까 감각이 없는 것이다.

그러나 경건하고 참으로 주님과 함께하는 좋은 믿는이는 가장 고통스러운 것이 주님과 떨어지는 것이다. 그와 같이 주 예수님의 가장 큰 고통은 아버지와 분리되는 순간이다. 하나님 아버지께서 그를 버리셨다. 그때는 그분도 십자가상에서 크게 부르짖으셨다. "엘리 엘리 라마 사박다니, 나의 하나님, 나의 하나님, 어찌하여 나를 버리셨나이까?" 우리 죄 때문에 그분은 죄가 되신 것이다. 아사셀 양이 되셔서 죽음의 광야로 내어쫓기신 것이다. 저주를 당하셔야 했던 것이다. "나무에 달린 자마다 저주 아래 있는 자라". 주님은 그 저주를 담당하셨다. 하나님은 그 공의의 분노를 예수님께 쏟아 부으셔야 했다.

하나님은 그분을 죄인으로 여기지 않으실 수 없었다. 아들 그리스도는 우리를 구원하기 위해서 그렇게 하기로 합의하시고 십자가에 올라가신 것이다. 그것이 하나님의 거룩하신 섭리이다. 영원 전에 성 삼위 하나님은 그것을 계획하셨다. 우리 불쌍한 인간을 구원하기 위해서 신격의 두 번째이신 예수께서 십자가에 달려서 인간을 구원하고자 하는 계획을 세우셨던 것이다. 그 거룩한 합의에 의해서 제이격이신 아들은 순종하셨다. 그리고 그분은 십자가에 높이 달려서 하나님께 버림당하셨다. 우리 그리스도인은 그것을 알아야 한다. 주님의 그 음성을 들을 줄 알아야 한다. 우리 때문에 버림당하신 주님, 하나님께 버림당하시고 사람에게 버림당하시고 그 고통을 당하신 주님, 다 우리의 죄악을 인한 것이다.

이렇게 주님은 우리를 위해서 수치와 고난과 모욕을 당하시고 죽임당하시고 하나님께 버림을 당하셨는데 이러한 사랑을 받지 아니하고 하나님께 나아가지 아니하고 믿지 아니하는 영혼이 어찌 멸망을 피할 수 있겠는가? 죄인이여, 속히 나와 주 예수의 구원을 받아들이라! 그리하면 영원한 삶을 얻을 수 있다. 여기서 우리는 찬송하나를 크게 불러보자!

거기 너 있었는가 그 때에 주가 그 십자가에 달릴때
오, 때로 그 일로 나는 떨려 떨려 떨려
거기 너 있었는가 그 때에

거기 너 있었는가 그 때에 주가 그 나무 위에 달릴때
오, 때로 그 일로 나는 떨려 떨려 떨려
거기 너 있었는가 그 때에

거기 너 있었는가 그때에 해가 그 밝은 빛을 잃을 때
오, 그 일로 나는 떨려 떨려 떨려
거기 너 있었는가 그때에

거기 너 있었는가 그때에 그를 그 무덤 속에 뉘일때
오, 그 일로 나는 떨려 떨려 떨려
거기 너 있었는가 그 때에

47-49절, 거기 섰던 자 중 어떤이들이 듣고 가로되 이 사람이 엘리야를 부른다 하고그 중에 한 사람이 곧 달려가서 해융을 가지고 신 포도주를 머금게 하여 갈대에 꿰어 마시우거늘 그 남은 사람들이 가로되 가만 두어라 엘리야가 와서 저를 구원하나 보자 하더라

십자가 아래 있던 사람들은 다 엉뚱했다. 아들 예수께서는 그 위에서 가장 숭고하고 거룩하고 깊고 높으신 역사를 수행하고 계시며 그분의 입에서 나오는 모든 말은 거룩하고 동정이 가득하고 깊고 높은 데 반해서 이 아래 있는 사람들은 주님이 "엘리 엘리 라마 사박다니" 하시니까 "이 사람이, 엘리야를 부른다." 하고 그 중에 한 사람은 달려가서 해융(스폰지 같은 것)에 신 포도주를 적셔 갈대에 꿰어 마시게 했다. 또 그 남은 사람들은 "가만 두어라. 엘리야가 와서 그를 구원하나 보자." 했다. 갈대에 꿰어 마시게 한 사람은 상당히 착한 사람 같지만 사실 주님이 목말라 하시니까 그렇게 해서라도 목을 축이시게 한 게 아니다. 이 사람조차도 그렇게 마시게 하는 것이 다 조롱하는 것이다.

마가복음 15장을 보자. "한 사람이 달려가서 해융에 신 포도주를 머금게 하여 갈대에 꿰어 마시우고 가로되 가만 두어라 엘리야가 와서 저를 내려주나 보자"

(36절). 그러니까 신포도주를 준 이 사람이 주님께 마시우게 하면서 "가만 두어라 엘리야가 와서 저를 구원하나 보자" 한 것이다. 생명을 좀 더 연장해 줄 테니까 어디 엘리야가 와서 구원해주나 보자고 조롱하는 것이다. 십자가에 달리신 주님은 끝까지 철저하게 조롱당하셨다. 그러니까 신포도주를 갖다 준 사람과 함께 있었던 사람들이 다 똑같이 함께 말한 것이다. "엘리야가 와서 저를 구원하나 보자." 주님은 십자가상에서 그렇게 심한 고통을 당하고 계셨다. 아버지께 버림받으신 그 심정을 토로하고 계시는데, 우리 타락한 인간을 위해서 버림받으시는 그 순간 절규하고 계시는데 이 사람들은 그 밑에서 엉뚱하게 오역을 해서 오해하여 돌아가시는 그 순간까지 조롱하고 있는 것이다. 그렇게 최후 순간까지 사람들이 조롱할 때…

50절, 예수께서 다시 크게 소리 지르시고 영혼이 떠나시다

마지막 그 순간까지 아무도 동정하지 않고 조롱하는 가운데서 제 구시에 이렇게 크게 소리를 지르셨다. 이 큰 소리로 무슨 말씀을 하셨을까? 요한복음 19장 30절에서는 "다 이루었다" 하시고 운명하셨다고 했다. 그러니까 크게 소리 지른 말씀이 바로 "다 이루었다"이다. 그것은 실패의 소리가 아니다. 그분은 성공하셨다. 그분은 모든 사탄의 졸개들을 이기실 수 있는 능력이 있으시다. 모든 것을 하실 수 있는 분이 그 처참한 고통과 비웃음과 조롱을 뒤로 하셨다. 그분은 모든 것을 참으셨다. 우리를 위한 구원을 이루시기까지… 그리고 마침내 승리하신 것이다. 십자가 상에서 주 예수님은 인류의 구속을 위한 거룩한 역사, 구속의 사업을 수행하고 계셨다. 그 역사를 이로써 다 이루었다는 것이다. 헬라어로 '테텔레스타이'라고 한다. 큰 소리로 "테텔레스타이!" 한 마디 외치시고 운명하셨다. 이렇게 해서 우리가 구원받은 것이다. 그분이 이러한 죽음을 통해서 우리를 구원하신 것이다.

여러분은 이와같이 우리의 죄를 위해 십자가에 높이 달리신 예수를 바라보면 된다. 어떤 죄인이든지 요한복음 3장을 보라. 민수기 21장을 보라. 이스라엘 사람들이 뱀에 물려 죽어가고 있었을 때, 여호와께서 장대에 놋뱀을 달아 높이 세우라고 하셨다. 그리고 뱀에 물린 자마다 장대에 높이 달린 놋뱀을 바라보면 산다고 하셨다. "누구든지 뱀에 물린 자는 장대에 높이 달린 놋뱀을 보라. 쳐다보면 살리라. 모세가 광야에서 뱀을 든 것과 같이 인자도 들려야 하리니 이는 그를 믿는자마다 영생을 얻게 하려 함이라." 주 예수님이 이렇게 십자가에 달리신 것은 사탄적인 죄의 뱀, 그 뱀에 물린 죄인을 구원하기 위해서 십자가에 높이 달린 놋뱀이 되신 것이다. 그러므로 우리는 우리의 구원을 위해서 아무 것도 할 일이 없다. 다만 우리를 위해 십자가에 달리신 예수를 바라보면 사는 것이다.

50절과 51절 사이에 우리가 반드시 짚고 넘어가야 할 대목이 있다.

요한복음을 보겠다. 19장 30절, "예수께서 신 포도주를 받으시고 가라사대 다 이루었다 하시고 머리를 숙이고 영혼이 돌아가시다". 주 예수님은 그분을 동정하는 것처럼 드린 신 포도주를 한 모금 마시고 한 마디를 외치셨다. 내가 생각하기에 그 신 포도주는 목마르신 주님이 이 말씀을 외치시기 위해 필요했던 것 같다.

"다 이루었다 외치시고". 다 이루셨음을 찬양한다. 그분의 우리를 위한 역사는 다 이루어졌다. 우리가 한 일이 아니다. 그분이 다 이루신 것이다. 그리고 "영혼이 돌아가시다".

31절, "이날은 예비일이라 유대인들은 그 안식일이 큰 날이므로 그 안식일에 시체들을 십자가에 두지 아니하려 하여 빌라도에게 그들의 다리를 꺾어 그들의 시체를 치워 달라 하니". 이들은 아주 종교적이다. 거룩하신 예수님을 죽이고 자기들은 안식일이든지, 규례들을 매우 잘 지키는 자들로 자처하고 있었다. 자기들을 아주 경건한 자들로 생각한 것이다. 무죄한 예수를 죽이고도 자기들은 아주 경건한 척하기 위해서 안식일날 시체를 거기에 두면 안 되겠다 해서 빌라도에게 십자가에 매달린 죄수들의 다리를 꺾어서 시체를 치워달라고 했다. 32절, "군병들이 와서 예수와 함께 못박힌 첫째 사람과 또 다른 사람의 다리를 꺾고". 그들은 아직 안 죽었다. 그러나 예수님은 이미 운명하셨다. 전날부터 죄인들이 계속 끌고 다니면서 채찍으로 치고 주먹으로 때리고 하여 주님은 기진맥진하셨다. 그래서 주님은 먼저 운명하신 것이다.

그러기 때문에 33절에서, "예수께 이르러서는 벌써 죽은 것을 보고 다리를 꺾지 아니하고 그 중 한 군병이 창으로 옆구리를 찌르니 곧 피와 물이 나오더라". 이미 운명하셨다. 그들은 죽은 것을 확인하는 작업만 했다. 그러므로 주 예수님은 죽으신 것이다. 그렇게 해서 주님은 결국 구약 성경에 예언된 대로 옆구리를 창에 찔리게 되셨다. "옆구리를 찌르니 곧 피와 물이 나오더라 이를 본 자가 증거하였으니 그 증거가 참이라 저가 자기의 말하는 것이 참인줄 알고 너희로 믿게 하려 함이라 이 일이 이룬 것은 그 뼈가 하나도 꺾이우지 아니하리라 한 성경을 응하게 하려 함이라".

또 다른 성경에서는 "그들이 그 찌른바 그를 바라보고"라고 했다. 스가랴 12장에 있는 말씀이다. 구약 성경에 예언된 대로 이루어지기 위해서 그분은 다리가 꺾이시면 안 된다. 그분은 창으로 찔리셔야 한다. 구약 성경에서 선지자들이 예언한 대로 이루어지기 위해서 군병들이 창으로 그분의 옆구리를 찌른 것이다. 로마 군병들이야 성경을 알았겠냐만 선지자의 영은 미리 모든 것을 내다보는 고로 예언된 그대로 이루어지기 위해서 로마 군병들은 다리를 꺾으러 갔지만(아직 죽지 않았으면 다리를 꺾으려 했다) 주 예수님께서 이미 운명하셨기 때문에 옆구리를 창으로 찔렀다. "거기서 피와 물이 나오더라".

주님은 이렇게 운명하셨고 이렇게 해서 그분의 옆구리가 열렸다. 여러분은 교회가 무엇인지 아는가? 이렇게 찔리신 그분의 옆구리로부터 나온 피로 씻음 받고 그 물로 생명을 얻어서 그분 앞으로 모여든 사람들이 바로 교회이다. 교회는 그분의 옆구리로부터 나온 사람들이다. 하와가 아담의 옆구리로부터 나왔듯이 교회는 창으로 찔리신 그리스도의 옆구리로부터 나온 사람들이다.

어찌 교회가 예수 그리스도의 십자가를 멀리할 수 있겠는가? 많은 그리스도인들이 유감스럽게도 예수 그리스도의 옆구리를 멀리하고 십자가에 대해서는 아랑곳하지 않고 그 십자가의 고통, 피 흘리심은 생각지도 아니하고 많은 교리와 이론을 가지고 싸운다. 사랑하는 성도들이여, 그것은 옳지 않다. 교회가 있어야 할 자리는 예수님의 옆구리요, 우리는 거기서 나왔다. 거기가 우리가 태어난 자리이다. 십자가 앞에 나아갈 때, 주님의 옆구리에 나아갈 때 우리는 아무 할 말이 없는 것이다.

51절, 이에 성소 휘장이 위로부터 아래까지 찢어져 둘이 되고 땅이 진동하며 바위가 터지고

주님이 운명하신 뒤의 광경이다. 제 육시로부터 하나님께서 개입하셨다. 그때부터 하나님께서 역사하시기 시작했다. 주님이 이 땅에 오셨을 때, 아니 이 땅에 오시기 전부터 성령께서 마리아를 통해서, 천사 가브리엘을 통해서 역사하기 시작하셨다. 그리고 그분이 침례받고 일어났을 때 하늘의 음성이 있었다. 또 변화산에서 하나님의 음성이 있었다. "너는 나의 사랑하는 아들이요 기뻐하는 자라." 주님이 일하실 때마다 하나님께서 역사하여 주셨다. 그런데 주님이 고난 받으실 때 하늘은 잠잠하고 침묵하는 것 같았다. 천지에 아무 일이 없는 것 같았다. 죄인들의 손에 그대로 놓여졌다. 죄인들이 어떻게 하든지, 죄인들이 어떻게 조롱을 하든지 하늘은 조용했다. 저희들 마음대로, 하고자 하는 대로 했다. 주님이 지금은 어둠의 권세라고 하신 대로이다. 어두움의 권세가 주 예수님을 어떻게 해도 하늘은 조용했다.

그러나 제 육시가 되었을 때 하늘이 역사하기 시작했다. 어두움이 임하더니 이제 주님이 운명하시고 나니 성소 휘장이 위로부터 아래로 찢어져 둘이 되었다. 이것은 무엇을 의미하는가?

첫째, 성소의 휘장은 위에서부터 아래로 찢어졌다. 지성소는 하나님이 임재하시는 곳이다. 하나님의 영광이 있는 곳이다. 대제사장이 일 년 일 차 그것도 피를 가지고 들어가야 하는 곳이다. 아무나 하나님을 접촉할 수 없다. 그런데 주 예수님이 십자가에서 돌아가심으로 말미암아 새롭고 산 길을 여시고 하나님께로 나아갈 수 있는 길을 여셨다. 그분이 여신 것이다.

주 예수님이 운명하실 때 곧 휘장이 찢어질 때 그것은 하나님과 사람이 화목되는 순간이었다. 하나님께서는 그것을 기뻐하셨다. 위에서 아래로 찢어진 것은 사람이 찢은 것이 아니다. 하나님만이 그 높은 휘장을 위에서 아래로 찢으실 수 있다. 하나님과 사람 사이에 막힌 것, 원수 된 것, 죄악의 담은 예수 그리스도의 육체의 죽음 외에는 해결할 길이 없다. 그분이 죽으실 때 비로소 휘장이 위에서부터 아래로 찢어졌다. 이제 사람은 주님의 죽으심을 통해서 죄인들은 아버지께 담대히 나아갈 수 있게 되었다. 그때 땅이 진동하며 바위가 터졌다고 했다. 이 모든 것들이 하나님이 개입하고 계시다는 것을 증명한다. 구약 성경에서도 하나님이 무언가 역사하시면 이러한 상황이 벌어졌다. 성도들이여! 기뻐하라! 지성소, 하늘의 아버지께로 나아가는 길이 활짝 열린 것이다!

52절, 무덤들이 열리고 자던 성도들의 몸이 많이 일어나되 예수의 부활 후에 저희가 무덤에서 나와서 거룩한 성에 들어가 많은 사람에게 보이니라

놀라운 일이다. 주님의 운명하신 일이 보통 일이 아니라는 것이다. 그때 초자연적인 일이 일어나기 시작했다. 무덤이 열리더니 자던 성도들이 일어난 것이다.

이 사람들은 이 말씀을 보면 주님이 죽으실 때 일어났다. 그리스도의 죽음의 큰 능력에 의해서 일어난 것이다. 그런데 부활하기 위해서는 삼 일이 더 필요했다. 그때까지는 일어났지만 그 살아난 자들이 무덤에 있었던 것 같다. 주님의 부활 후에야 저희가 무덤에서 나와서 거룩한 성에 들어가 많은 사람에게 보였다. 아무튼 이러한 놀라운 일이 있었다.

54절, 백부장과 및 함께 예수를 지키던 자들이 지진과 그 되는 일들을 보고 심히 두려워하여 가로되 이는 진실로 하나님의 아들이었도다 하더라

예수님을 십자가에 못박을 때 지키고 있었던 백부장과 병사들은 이방인들, 로마 사람들이다. 그들은 그 광경을 다 보았다. 처음에는 사람들이 조롱하고 못박고 찌르고 해도 보통 사람이 죽은 것과 똑같이 여겼다. 그런데 제 육시부터 심상치 않은 일이 일어났다. 어두움이 임하고 주님이 운명하시더니 바위가 터지고 자던 성도들이 일어나는 등 많은 역사가 있는 것이다. 그것을 보고 이 사람들은 심히 두려워하면서 "이는 진실로 하나님의 아들이었도다"라고 했다. 차라리 이방인의 양심이 뭔가를 알 수 있다. 여기서 유대인 대제사장이나 서기관이나 장로들은 한 마디도 하지 않았다. 그들은 주 예수님에 대해서 불신하고 조롱하고 미워하는 채로 끝나버렸다. 차라리 이방인들이 그 모든 상황을 보고 "이게 보통 일이 아니구나." 한 것이다. 다른 성경을 보면 "그는 진실로 의인이었도다. 그는 진실로 하나님의 아들이었도다."라고 고백했다. 이 위대한 선포는 베드로가 마태복음 16장에서 "주는 그리스도시요 살아계신 하나님의 아들이시니이다"라고 고백한 것과 흡사하다. 이 이방인 로마 백부장이 주 예수님이 십자가에서 죽으시는 광경을 다 보고 나서 그분에 대해서 확증하는 말을 한 마디 한 것이다. 오늘 이 글을 읽는 여러분들에게 말하겠다. 베드로와 같이 그렇게 고백하지는 못할지라도 적어도 주님의 이러한 역사를 보고 듣고 나서 백부장과 같이 여러분의 입을 벌려 그분에 대해서 선포할 수 있기를 바란다. "그는 진실로 하나님의 아들이었도다". 여러분들도 이 말을 큰 소리로 선포하기를 바란다.

55-56절, 예수를 섬기며 갈릴리에서부터 좇아온 많은 여자가 거기 있어 멀리서 바라보고 있으니 그 중에 막달라 마리아와 또 야고보와 요셉의 어머니 마리아와 또 세배대의 아들들의 어머니도 있더라

예수를 섬기며 갈릴리에서 좇아온 많은 여인들. 주 예수님을 물질로 섬기던 요한나, 수산나, 또 마리아 등등 많은 여인들이 있다. 우리가 복음서를 읽어볼 때 여인들은 주님을 공격하고 배신하는 것이 없다. 문제는 남자들이 많이 일으켰다. 그런데 주 예수님이 마지막 운명하시는 십자가의 그 모든 광경을 지켜보며 마음 아파하던 사람들이 누구였는가? 여인들이었다. 그들은 끝까지 따라왔다. 예수님의 죽으시는 그 모든 광경을 보고 마음 아파했다. 이렇게 자매들이 주님을 사랑하는 데 앞장서는 수가 있다. 물론 이제 조금 지나면 오순절 때 성령 충만을 받고 죽음을 무릅쓰고 나가서 역사하는 것은 또 형제들이다. 물론 자매들도 있다.

오늘 우리는 주님의 죽으심의 광경을 보았다. 여기서 내가 강조하고자 하는 한 마디는 "주 예수님의 십자가가 너희 눈 앞에 밝히 보이거늘 누가 너희를 꾀더냐?" 모든 그리스도인들은 예수 그리스도의 십자가를 멀리하면 안 된다. 다른 것을 가까이하지 말라. 사도 바울이 전파한 것은 오직 한 가지, 예수 그리스도와 그분의 십자가에 못박히신 것이다. 다른 것을 주의하지 않았다. 여기서 이런 말씀을 들으면서도 혹 "왜 이들은 십자가만 이야기하지?" 하는 사람이 있는가? 우리 주 하나님의 종들, 하나님의 말씀의 전파자들이 전할 제목은 주 예수 그리스도의 십자가인 것이다.

주님이 죄인을 구원하시기 위해 죽으신 십자가 외에 무엇을 전하라는 말인가? 바울이 전한 복음, "다른 복음은 없나니 우리나 혹 천사들이라도 우리가 너희에게 전한 복음 외에 다른 복음을 전하면 저주를 받을지어다." 사도들이 당시에 전한 복음이 십자가의 복음이나. "내가 그리스도와 함께 십자가에 못박혔나니 그런즉 이제는 내가 산 것이 아니요 오직 내 안에 그리스도께서 사신 것이라"(갈 2:20).

십자가의 복음, 십자가를 전해야 한다. 십자가가 나타날 때 사람들은 분리된다. 십자가 앞에서 우리는 우리의 태도를 결정해야 한다. 여러분의 태도를 결정해야 한다. 십자가는 사람들을 분리한다. 십자가는 사람들의 태도를 표명하게 한다. 여기에 지나가면서 예수님의 십자가에 달린 모습을 보고 모욕하는 사람도 있고 대제사장, 서기관, 장로들처럼 주 예수님을 희롱하는 사람들도 있고 참으로 긍휼을 얻은 자도 있다. 십자가상의 강도는 십자가에 달리신 주 예수님을 바라보고 구원을 받았다. 십자가가 주님 양편에 있는 두 강도의 운명을 결정지었다. 십자가가 그들의 운명을 각기 다르게 결정지었다. 그리고 마지막으로 이 여인들을 보라. 그들은 주님이 십자가에 달리신 것을 끝까지 바라보고 멀리서나마 그분을 사랑하였다.

과연 여러분은 십자가를 사랑하고 십자가를 끝까지 붙잡고 십자가에 입맞추고 그분을 가까이하며 나아갈 것인지, 아니면 십자가를 멀리하고 조롱하고 갈 것인지 태도를 결정지어야 한다. 주님께서 여러분의 마음을 다 만지셔서 예수 그리스도의 십자가 앞에 나와서 굴복할 수 있기를 바란다. 이 시간 전까지 어떻게 마음이 강퍅했다 할지라도 성령의 감화 감동을 받으시고 십자가 앞에 나아가서 무릎을 꿇기 바란다. 여러분의 죄를 고하고 주님께 용서를 구하고 내 죄가 그분을 십자가에 못박았다는 것을 알기 바란다. 나의 수치스럽고 악하고 더러운 죄가 그분으로 하여금 그렇게 고통스럽고 참혹한 형벌을 당하게 했다는 인식을 가질 수 있기를 바란다. 부디 십자가 앞에 나아가서 눈물을 흘리며 우리의 지은 죄를 인하여 주님께 회개하고 애통하며 그분을 사랑한다고 고백할 수 있기를 바란다.

57-58절, 저물었을 때에 아리마대 부자 요셉이라 하는 사람이 왔으니 그도 예수의 제자라 빌라도에게 가서 예수의 시체를 달라 하니 이에 빌라도가 내어 주라 분부하거늘

마태는 이제 예수 그리스도의 장사(葬事)에 대해서 기록하는데 먼저 아리마대 사람 부자 요셉이 왔다. 여기서 특별히 부자라고 칭한 것은 이사야 53장 9절 말씀이 응한 것으로, 그는 예수께서 그리스도이심을 증명하고 그분이 왕이신 것을 증명하고자 했을 것이다. "그는 강포를 행치 아니하였고 그 입에 궤사가 없었으나 그 무덤이 악인과 함께 되었으며 그 묘실이 부자와 함께 되었도다"(사 53:9). 비록 주 예수님은 강도들과 함께 죄인들의 동류로 취급되어 죽으셨지만 그분이 장사되실 때에는 부자의 묘실에 안장되실 것이라고 예언되어 있다. 그렇게 구약에 예언된 말씀 그대로 예수님은 십자가에 죽으시고 그날 저물었을 때에 장사되셨다.

우리나라 시간으로 따지면 이날은 금요일이다. 주님은 이날 오후 3시쯤 운명하셨고 그 저녁에 한 사람이 왔다. 그가 누구냐면 아리마대라는 동네에 사는 부자 요셉이다. 우리는 누가복음과 요한복음을 통해 이 아리마대 요셉이 공회 의원이라는 것과 아주 의롭고 경건한 사람이라는 것을 알 수 있다.

누가복음 23장 50절, "공회 의원으로 선하고 의로운 요셉이라 하는 사람이 있으니". 공회 의원이라면 당시 권세 당당한 산헤드린의 의원이었다. 그는 상당히 높은 지위에 있었던 것이다. 그는 산헤드린의 의원이었지만 그들이 예수님을 죽이자 하고 그렇게 결의할 때에 그들의 결의와 행사에 참여하지 않았다. 51절, "저희의 결의와 행사에 가타하지 아니한 자라 그는 유대인의 동네 아리마대 사람이요 하나님의 나라를 기다리는 자러니".

요한복음 19장 38절-40절, "아리마대 사람 요셉이 예수의 제자나 유대인을 두려워하여 은휘하더니 이 일 후에 빌라도더러 예수의 시체를 가져가기를 구하매 빌라도가 허락하는지라 이에 가서 예수의 시체를 가져가니라 일찍 예수께 밤에 나아왔던 니고데모도 몰약과 침향 섞은 것을 백 근쯤 가지고 온지라 이에 예수의 시체를 가져다가 유대인의 장례법대로 그 향품과 함께 세마포로 쌌더라". 예수님이 십자가에 죽으시고 장사되실 때에는 부자들이 참여하였다.

이 아리마대 요셉이라고 하는 사람은 산헤드린의 의원이었다. 그 산헤드린은 예수님을 죽이자고 결의했던 기관이었다. 그런데 이 사람은 거기에 참여하지 않았다. 그렇다 하더라도 그는 유대인을 두려워하여 은휘하였다. 그러다가 막상 주님이 운명하시자 그는 그분의 시체를 관심했다. 그래서 용감하게 빌라도에게 가서 예수의 시체를 달라고 하였고 빌라도는 예수님의 시체를 그에게 내어주라고 분부하였다. 빌라도는 예수님의 시체를 내어줄 수 있는 권한을 갖고 있는 사람이었다.

59-60절, 요셉이 시체를 가져다가 정한 세마포로 싸서 바위 속에 판 자기 새 무덤에 넣어 두고 큰 돌을 굴려 무덤 문에 놓고 가니

첫째로, 이 아리마대 사람 요셉은 빌라도에게 가서 예수님의 시체를 장사할 것을 허락받았다. 그 다음에는 십자가에서 이 시체를 가져와야 했을 것이다. 못박히셨던 두 손과 두 발을 다 십자가에서 분리시켜 가져와야 했을 것이다. 그때 아리마대 사람이요, 공회 회원인 이 요셉이라는 사람과 또 한 사람 관원이었고 바리새인이었던 니고데모가 이 장사하는 일에 참여했다. 이와같이 주님이 십자가에서 죽으시고 난 후에는 이러한 관원들이 그분의 장사에 관심을 보였다. 이것은 매우 기묘한 일이다.

우리는 이 복음서 기자들, 마태, 마가, 누가, 요한이 이 아리마대 사람 요셉에 대해 기록할 때에 그가 부자이다, 공회 의원이다, 또 선하고 의로운 사람이다, 그런데 유대인들을 두려워하여 은휘하였다 등의 표현을 한 것을 볼 수 있다. 그런데 거기에 특이한 한 가지 사항은 그도 예수의 제자라고 한 것이다. "그도 예수의 제자라". 주 예수님은 갈릴리 사람들 가운데만 제자들을 두신 게 아니고 이렇게 높은 지위에 있는 사람들 가운데에도 제자들을 두고 계셨음을 알 수 있다.

그런데 그들은 주님께서 그 많은 일을 거치시고 십자가에 못 박히실 때에는 참여하지 않았고 가까이에 있지 않았다. 그러다가 그분이 죽으시고 나니까 이제 가까이 왔다. 그리고 그분의 시체에 대해서 관심했다. 이것은 그분이 오시기 700여 년 전에 이사야 선지자가 예언했던 사항이다. "그 묘실이 부자와 함께 되었도다" (사 53:9). 이 모든 일들을 볼 때 그분은 구약에 예언된 바로 그 그리스도이심에 틀림없다.

만일 이 아리마대 요셉 같은 사람이 주 예수님의 시체를 관심하지 않았다면 어떻게 되었을지 모르겠다. 제자들은 다 도망가고 보이지 않았다. 지금 그들은 과연 어디에 있는지 모르겠다. 친척들이나 심지어 가족도 지금 보이지 않았다. 어디에들 다 피신하고 잠적한 것 같다. 안전한 곳으로… 그런데 이 상황에서 하나님은 관원들을 예비하셔서 그분의 시체를 관심하게 하셨다.

또 한 가지는 요셉이 바위 속에 판 자기의 새 무덤에 장사했다고 했다. 이 무덤은 자신의 무덤이다. 부자여서 자신을 위한 무덤을 갖고 있었던 모양이다. 그런데 주 예수님은 이 땅에 오셨을 때 한 가지도 자기 것을 갖지 않으셨다. 그분은 집도 없으셨다. 창조주 하나님은 이 땅에 계셨을 때 거하실 집이 없으셨다. 사랑하는 주의 종들이여, 이 땅에서 좋은 집을 사모하는 것이 우리의 격에 맞는가? 우리는 복음서에서 예수님이 자기 집에서 주무셨다는 기록을 한 번도 볼 수 없다. 그분은 첫째로 집이 없으셨고 거처가 없으셨다. 여우도 굴이 있고 새도 둥지가 있지만 인자는 머리 둘 곳이 없다고 하셨다. 예수님은 이 땅에 오셨을 때에 일정한 거처가 없으셨던 것이다. 한 가지도 소유한 것이 없으셨다.

그분이 예루살렘에 입성하실 때에 타고 계셨던 나귀도 다른 사람의 것이다. 잠시 빌려서 타셨다. 한 가지도 그분은 자기 소유로, 자기의 명의로 하신 것이 없으시다. 심지어 그분은 십자가에 죽으시고 무덤에 장사되셨을 때에 그 무덤도 자기 것이 아니다. 아리마대 사람 부자 요셉의 것을 잠시 삼 일간만 빌리시면 된다. 그 후에는 필요가 없다. 주님은 이 땅에서 아무 것도 소유하지 않으셨다. 만일 오늘 우리가 예수님과 같이 살고 그분의 본을 따르고 그분과 같이 되고자 한다면 어떠해야 하는지 아시겠는가?

좋은 집을 탐하는 사람은 예수님과 같지 않다. 여러분 가운데 안식할 집이 없다고 한탄하시는 분이 혹시 계신가? 그런 분은 주 예수님을 따르는 것이 무엇인지 모르는 사람이다. 여러분은 다른 걸 자랑하지 말고 예수님같이 집이 없음을 자랑하고 감사해야 할 것이다. 주님은 이 땅에 오셨을 때에 참으로 정처가 없으셨다. 아무 것도 없이 사셨다. 주 예수님이 그분의 제자들에게 정하신 삶은 바로 참새와 같고 백합화 같은 삶이다. 우리 주 예수님은 이 땅에 오셨을 때 아무 것도 소유하지 않고 그렇게 사셨다. 이 세상 사람들은 아무 것도 없으면 어떻게 사느냐고 걱정한다. 그러나 주님은 말씀하신다. "너희는 이 참새만도 못하냐? 이 백합화만도 못하냐? 믿음이 적은 자들아, 이것들도 다 천부께서 먹이고 입히시는데 너희가 무엇을 먹을까 무엇을 마실까 염려하느냐?" 우리는 천부께서 우리를 먹이시므로 집이 없거나 저축해 놓은 것이 아무 것도 없어도 근심하거나 염려할 필요가 없다. "너희는 먼저 그의 나라와 그의 의를 구하라 그리하면 이 모든 것을 너희에게 더하시리라"고 주님은 말씀하신다.

주님은 그분이 죽으시고 무덤에 묻히실 때 심지어 그 무덤조차도 이 땅에 갖기를 원치 않으셨다. 남의 무덤을 잠시 빌려 사용하시면 된다. 왜냐하면 그분은 부활하시기 때문이다. 유대인들은 큰 돌로 무덤 문을 막아놓는 것이 하나의 전례였다. 그래서 주 예수님의 시체를 무덤에 넣고 돌을 굴려 그 문 앞에 놓았다.

61절, 거기 막달라 마리아와 다른 마리아가 무덤을 향하여 앉았더라

주 예수님을 따르고 사랑하는 사람들은 따로 있었다. 어떤 사람들이냐면 주로 자매들이다. 어디든지 따라다녔다. 주님의 시체를 무덤에 매장할 때 남자들은 어디 갔나 보이지 않았다. 그러나 여기 두 자매는 무덤을 향해 앉아 있다. 이것이 바로 사랑하는 마음이다. 어디를 가시든지 그저 함께하려는 마음, 따라가려는 마음, 함께 있으려는 마음, 이게 중요한 것이다. 예수는 사람의 두뇌로, 머리로 믿는 것이 아니다. 무얼 많이 안다고, 지식이 많다고 자랑할 필요가 없다. 이 여자들은 많이 몰라도 그저 예수님이 어디를 가시면 따라가서 거기 있었다. 무덤에 누이셨을 때 그들은 그저 그 앞에 기다리고 앉아 있었다. 왜? 주 예수님이 거기 계시니까 거기 있는 것이다.

매일의 생활 가운데 있는 우리 자신의 모습을 가만히 보자. 물론 집회 시간에는 다 주님과 함께 있기를 좋아한다. 그 얼굴들이 주님과 함께 있다. 참 보기가 좋다. 그런데 이제 모임이 끝나고 집에 돌아가거나 다른 여러 장소에서 그 얼굴들을 보면 별로 예수님과 함께 있지 않는 것을 보게 된다. 연예인들과 함께 있고 TV와 함께 있고 스포츠와 함께 있고 또 여러 가지 분주한 일들과 함께 있고 심지어는 성질과 함께 있고 다툼과 함께 있다. 주 예수님과 함께 있지 않다. 정말로 주님을 사랑하는 사람들은 주님과 더 오래 함께 있는 사람들이다. 어떤 환경에서든지 주님과 함께 앉아 있고자 하는 사람들이 주를 사랑하는 사람들이다. 그래서 이 말씀 "무덤을 향하여 앉았더라"는 말씀은 매우 인상적인 말씀이다. 이들이 거기서 무엇을 했는가? 다만 주님을 향하여 앉아 있는 것이다. 주님을 생각하며 바라보고 앉아 있는 것이다.

여러분도 이 경배드리는 시간 외에도 많은 시간 주님과 함께 앉아 있는 것을 더 배워야 한다. 그것은 표시가 난다. 여기에 다른 사람들은 보이지 않는다. 막달라 마리아, 그녀는 참으로 주님을 사랑하는 자매였다. 다른 마리아는 누군지 모르겠다. 당시에 마리아라는 이름이 많았다.

62절, 그 이튿날은 예비일 다음 날이라 대제사장들과 바리새인들이 함께 빌라도에게 모여 가로되

"그 이튿날은 예비일 다음 날이라". 예비일 다음 날은 안식일이다. 예비일은 안식을 예비하는 날이다. 그런데 마태는 왜 안식일이라고 하지 않고 예비일 다음 날이라고 표기했는지 잘 모르겠다. 어쨌든 그는 완곡한 표현을 썼다. 오늘날 우리의 달력으로 말하면 안식일은 토요일이다. 주님은 금요일에 십자가에 못박혀 죽으시고 그날 저녁에 이 부자들에 의해서 안장되시고 그리고 다음 날인 이날은 안식일이다. 안식일날 당시 예수를 죽이는데 참여했던 대제사장들과 바리새인들은 안식이 없었다. 그들은 그들의 불안한 마음을 안정시키려 무언가를 해야 했다.

63절, 주여 저 유혹하던 자가 살았을 때에 말하되 내가 사흘 후에 다시 살아나리라 한 것을 우리가 기억하노니

이제 이 대제사장이나 바리새인들은 예수님을 십자가에 못박은 뒤에도 안식이 없었다. 마음이 놓이지 않은 것이다. 왜냐하면 그 종교적인 힘이, 그 영적인 영향력이 주님이 돌아가신 후에도 발휘되지 않을까 하는 염려 때문이다. 이 사람들은 빌라도에게 사적으로 찾아갔을 것이다. 여기는 바리새인들이 있다. 대제사장들과 장로들은 주로 주님이 못박히실 때에 행사했던 사람들이다. 그런데 여기는 바리새인이 나온다. 그러므로 바리새인들도 뒤에서든 앞에서든 예수님을 돌아가시게 하는데 일조한 사람들임에 틀림없다.

그들은 빌라도에게 모여서 빌라도를 '주여'라고 불렀다. 그리고 예수님에 대해서는 유혹하는 자라고 했다. '쿠리에'는 헬라어로서 '주(主)'라는 말인데 우리 주 예수님께 붙여야 할 호칭을 빌라도한테 붙였다. 아첨하느라고 그런 것이다. 이 바리새인들이나 대제사장들은 제자들보다 주님의 부활을 더 잘 기억한다. 주님이 하신 말씀을 더 잘 알고 있다. 제자들은 지금 어디 갔나 모르겠다. 그들은 주님의 말씀을 다 잊어버렸는데 오히려 주 예수님을 대적하는 사람들이 그분이 하신 말씀을 더 잘 기억하고 있다. 왜인가? 대적하려는 것이다. 그러기 때문에 성경을 많이 알고 있다 해서 반드시 그들이 주님을 사랑하는 사람은 아니다. 성경지식이 많이 없어도 주님을 많이 사랑하는 사람들이 있다.

이 사람들은 예수님이 한 말, '사흘 후에 내가 다시 살아나리라'고 한 것을 기억하고 걱정이 된 것이다.

64절, 그러므로 분부하여 그 무덤을 사흘까지 굳게 지키게 하소서 그의 제자들이 와서 시체를 도적질하여 가고 백성에게 말하되 그가 죽은 자 가운데서 살아났다 하면 후의 유혹이 전보다 더 될까 하나이다 하니

이 사람들은 예수님이 정말 부활하실 것이라고는 믿지 않았다. 바리새인들은 부활을 믿는 것으로 유명한 사람들이다. 사두개인들은 부활을 믿지 않았다. 그런데 이 바리새인들이 예수님의 부활을 믿지 않고 있는 장면이다. 그러므로 바리새인들이 부활을 믿는다고 해도 실제에 있어서는 아무 소용이 없다. 믿는다고 공언(空言)하는 것뿐이다. 실제의 부활은 믿지 않았던 것이다. 부활이 있다는 교리의 종교를 세운 것뿐이다. 단지 머릿속에 있는 부활일 뿐 그것이 그들의 생각과 삶에 있어서 전혀 영향을 끼치고 있는 것이 없었다.

그래서 이 사람들은 예수님이 부활하실 리는 없지만 사흘 후에 살아나리라고 했기 때문에 사흘까지만 무덤을 지키면 제자들이 와서 시체를 도적질해 가고서 사람들에게 부활했다고 선전해서 사람들을 유혹하지는 못하게 될 거라는 말이다. 이 사람들은 자신들의 이성적인 판단으로서 주 예수님의 영적인 영향력이 유대인들에게 미치지 않도록 최대의 계략을 썼다. 부활한다면 사흘 후에 한다고 했으니 그때까지만 무덤을 철저히 지키면 도둑질해 가고서 “보아라, 부활하지 않았느냐?” 하는 거짓말을 퍼뜨리지 않을 거라는 말이다. 그래서 예수 믿는 자들이 이 땅에 발붙일 수 없게 되지 않겠느냐는 것이다. 얼마나 그럴듯한가? 꼼짝할 수 없을 것 같다. 그래서 이들은 안식일날 아주 철저한 계획을 세우고자 했다.

65절, 빌라도가 가로되 너희에게 파수꾼이 있으니 가서 힘대로 굳게 하라 하거늘

이 유대인들, 대제사장과 바리새인들은 빌라도에게 굳게 지켜 달라고 했다. “그 무덤을 사흘까지 굳게 지키게 하소서”. 그러자 빌라도가 너희에게 파수꾼이 있으니 가서 힘대로 굳게 하라고 했다. 이 빌라도는 우유부단한 인물이라고 내가 말한 적이 있다. 주님의 제자 된 관원이 호의적으로 예수님의 시체를 장례하고 싶다고 하니까 그에게 내주었다. 그런 다음 반대편의 바리새인들과 공회원들이 그 무덤을 지켜서 미혹하는 일이 일어나지 않게 해야 겠다니까 그럼 너희가 가서 힘대로 굳게 지키라고 말했다. 그러니까 이 사람들에게도 만족을 주고 저 사람들에게도 만족을 주는 것이다. 이것이 바로 정치가 빌라도이다. 어떤 사람들은 빌라도도 결국 기독도인이 되지 않았나 하는데 나는 그 말을 믿을 수 없다. 그렇게 말하는 사람들은 이 말이 그 유대인 대제사장과 바리새인들에게 냉소적이고 비판적인 말이었기 때문이라는 것이다. 그러나 나는 그 반대로 생각한다. 중립은 있을 수 없다. 빌라도는 결국 대제사장과 바리새인의 편에 있는 사람으로 발견된 것이다. 그 부활을 믿지 않는 사람들과 한편이 된 것이다.

66절, 저희가 파수꾼과 함께 가서 돌을 인봉하고 무덤을 굳게 하니라

이제 그 돌을 산헤드린의 이름으로 인봉했을 것이다. 오늘날 법정에서 나와서 어떤 물건들을 차압할 때에 그 인지를 붙인다. 그들은 그렇게 무덤을 인봉했다. 돌을 움직여 시체를 훔쳐가지 못하게 하려는 것이다. 그리고 무덤을 굳게 지키기 위해서 파수꾼을 세웠다. 로마 병정들이다. 자, 그렇다면 인간으로서 할 수 있는 일은 더 이상 없다. 철저하게 해 놓았다. 파수꾼을 세워 놓고 큰 돌로 막아놓고 거기에 인봉까지 했다. 삼 일 간만 철저히 지키면 문제가 일어나지 않을 것이라고 그렇게 한 것이다. 이 모든 일들은 결국 주 예수님의 부활의 사건이 확실한 것으로 드러나게 한 증거들이 되었을 뿐이다.

그리스도의 고난

1. 고난의 중요성

1) 성경에서 그리스도의 십자가는 그 중심에 있다(고전 2:2). 성도들은 초신자일 때부터 십자가 중심의 신앙을 가져야 건강하게 신앙생활을 할 수 있다. 역대의 좋은 신앙자들은 다 십자가의 고난을 늘 생각하며 살았다. 성 프란체스코는 십자가의 주님을 밤낮없이 생각하다보니 어느 날 양손에 못자국이 생겨나더라고 했다. 순교자 손양원 목사는 '십자가 생활에 불충한 나를 위하여'라는 글을 썼다. "양원(良源)아! …… 너는 무겁고 괴로운 십자가를 지고 좁고도 험한 갈보리 형곡(荊谷)을 향하는 노선에 있음을 깨닫지 못하느냐? 밭 갈기를 예비한 암소가 어찌 멍에를 끌겠으며 전쟁에 나간 군인이 어찌 죽음을 무서워하겠느냐? 내 목에 매인 십자가 내 어이 하리이까? 기쁘게 지고 나아가리라. 너는 십자가 지기를 꺼리지 말라. 다시는 세상에 돌아오지 못할지니라." 주기철 목사 역시 십자가 중심의 신앙인이었기에 순교했다. 그 역시 십자가 길이 생명과 능력을 얻는 길, 참 진리의 길, 주님과 동행하는 길이라고 역설했다.

우리가 공관복음을 연구함에 있어서 그리스도의 고난과 십자가를 가장 중히 여겨야 한다. 구약의 인간의 타락 이래로 하나님의 어린양의 죽음과 구속의 사역은 성경의 중심으로 자리를 잡고 있다. 따라서 성도들은 그 중심에 십자가가 있어야 한다. 오늘날 성령의 은사, 방언, 재림 사상, 선교 등 많은 것들을 중심으로 하여 열심을 내지만 그 모든 것의 중심에 십자가가 자리하지 않으면 건강하지 않다.

2) 사람들은 십자가의 고난에 대한 부분을 소홀히하고 깊이 묵상하거나 읽기를 회피하는 경우가 많다. 이는 사탄의 전략과도 무관하지 않다. 마태복음 16장에서 베드로는 주님이 십자가로 나아가시는 것을 말렸는데, 거기에는 사탄의 계교가 들어 있었다(마 16:22-23). 마리아가 주님의 죽으심을 예비하기 위해 향유를 부었을 때 유다는 그 일을 비평하고 방해하려 하였다(요 12:1-8). 주 예수님은 그분의 고난(죽으심과 부활)이 가장 큰 표적이라 하셨고 그것을 몇 번이고 예언하셨을 뿐 아니라 가르치셨다. 주 예수님은 돌아가시기 전 제자들에게 최소한 세 번 이상 그분이 십자가에서 죽으실 것과 부활하실 것을 가르치셨다. 이는 그것이 하나님께서 그분의 백성을 구원하기 위한 가장 큰 경륜이었기 때문이다. "우주 가운데 하나님의 아들이 죄인을 위해 십자가에 달려 죽으신 것, 그리고 사흘 만에 부활하신 것보다 더 큰 일은 없다."(니토셍).

2. 향유를 부음

주 예수님의 십자가의 고난과 장사 이전에 마리아는 그분의 몸에 향유를 부었다. 주님이 베다니 문둥이 시몬의 집에 계실 때 마리아가 귀한 향유 옥합을 깨어 그분의 머리에 부어드린 것이다. 주님은 이것이 그분의 장사를 위한 것이라고 하셨다. 주 예수님은 비록 채찍에 맞고 십자가에 못 박히고 무덤에 장사되셨지만 그분의 몸에서는 마리아의 부은 향유 냄새가 가득하였다. 이것이 그분의 복음의 향기가 되었다. 오늘날에도 그리스도의 복음이 전파되는 곳에는 그 향기가 있게 된다(고후 2:15-16).

3. 유다의 배신 - 제자에게 팔리심

요한복음에 의하면, 주 예수님이 38년 된 병자를 고치신 것과 날 때부터 소경된 자를 고치신 것과 죽은 나사로를 살리신 일 등이 유대인들에게 극도의 적개심을 불러일으켰고 그로 인해 예수를 잡아 죽이려는 험악한 분위기가 형성되었다고 말한다. 그 분위기를 틈타 유다는 대제사장에게 가서 예수를 넘겨주겠다고 약속하고 은 삼십을 받아 챙겼다. 그리고서 예수를 그들 손에 넘겨줄 기회를 찾고 있었다.

유다가 예수를 판 일은 그로부터 이미 5백 년 전 스가랴 선지자에 의해 예언된 바 있다(슥 11:12, "그들이 은 삼십을 달아 내 고가를 삼은지라"). 심지어 그 판 돈으로 무엇을 할지도 예언되었다(슥 12:13, "그들이 나를 헤아린바 그 준가로 토기장이에게 던지라 하시기로"). 우리는 예언의 말씀을 중히 여기며 두려워해야 한다. "날이 새어 샛별이 너희 마음에 떠오르기까지 이것을 주의하는 것이 가하니라"(벧후 1:19). 우리는 하나님의 말씀과 한 편이 되어야지 소홀히하고 함부로 살다가는 유다처럼 멸망의 자식이 된다. 오늘날도 유다의 길이 무엇인지도 모르고 자기에게 도움과 은혜를 베푼 사람에 대하여 자신의 갈 길을 위해 훼방하고 무너뜨리며 공격하는 행위는 유다의 길과 같이 멸망의 길이다. 유다는 이미 유월절 잔치 전에 주 예수를 팔고 돈을 받아 챙기고서도 최후의 만찬에 참여하여 다른 제자들과 더불어 "내가 그니이까"라고 묻기도 하였다. 그리고서 만찬의 도중에 나간 것으로 기록되어 있다. 새 언약을 세우실 때 주님은 "보라 나를 파는 자의 손이 나와 함께 상 위에 있도다"(눅 22:21)라고 하시면서 "인자는 이미 작정된 대로 가거니와 그를 파는 그 사람에게는 화가 있으리로다"라고 하셨다.

4. 유월절 잔치와 주의 만찬의 설립

주님은 무교절의 첫날 곧 유월절 양 잡는 날에 제자들과 큰 다락방에 들어가셔서 유월절 절기를 지내시고 그곳에서 새 언약을 세우셨다. 그 장소를 택하심에 있어서 그분의 전지성을 다시 한 번 더 드러내셨다. 제자들을 보내시면서 물동이를 가지고 가는 사람을 만나면 큰 다락을 보일 것이라고 말씀하신 것이다. 유월절은 유대인들이 애굽에서 나온 날을 기념하는 큰 명절이며 무교절은 유월절 다음 날부터 7일 동안 누룩 없는 떡을 먹는 절기이다. 즉 성도들은 먼저 유월절 곧 죄 사함을 받고, 그때부터 무교절 곧 죄 없는 일생을 살아야 한다는 것이다. 그분은 유월절 잡수시기를 간절히 원하셨다고 말씀하신다(눅 22:15). 그리고 그곳에서 떡을 나눠주시고 잔을 주시며 마시라고 하셨다. 이는 구약의 모세 시대에 시내 산에서 세우신 옛 언약을 폐하시고 새 언약을 세우시는 놀라운 역사였다(막 14:24, 눅 22:20). 구약의 유월절 절기는 그리스도의 살과 피를 먹고 마시는 것의 예표로서 이 밤에 그 실제로 대치된 것이다.

5. 주님의 만찬과 겟세마네 사이

주님은 만찬을 설립하시고 찬미하며 감람산으로 나아가셨다. 그리고 제자들이 다 그분을 버리고 도망갈 것을 예언하셨으며 베드로가 세 번 부인할 것도 예언하셨다. 누가복음에 의하면, 그 와중에도 제자들은 서로 누가 크냐고 다투었다. 또한 베드로에게 믿음에서 떨어지지 않도록 하라 하시고 또 돌이킨 후에 형제들을 굳게 하라고 하셨다. "내가 목자를 치리니 양들이 흩어지리라". 예언의 말씀을 그대로 말씀해주셨는데 베드로는 장담했다. "다 버릴지라도 나는 그렇지 않겠나이다". 주님은 그 순간도 제자들이 모든 시험에 예수와 함께한 자들임을 잊지 않으실 것이며 결국 그들이 이스라엘 열두 지파를 다스리게 될 자들이라고 예언해주셨다(눅 22:28-30).

6. 겟세마네에서

예수님은 습관적으로 가시던 동산이 있었는데, 곧 감람산이고 겟세마네 동산이었다. 그분은 다른 제자들은 좀 떨어진 곳에 두시고서 베드로, 야고보, 요한만을 가까이 있게 하셨다. 그리고서 그들로부터 돌 던질 만한 거리에서 기도하셨다. 그분은 고민하시고 슬퍼하셨으며 "내 마음이 심히 고민하여 죽게 되었다"고 말씀하셨다. 그분은 세 번 기도하셨는데 누가복음에는 한 천사가 하늘로부터 나타나 그분이 기도할 때 힘을 도왔다고 기록한다. 그리고 그분의 땀이 땅에 떨어지는 핏방울 같았다고 말한다(눅 22:44). 그분의 기도 내용은 "내 아버지여 만일 할 만하시거든 이 잔을 내게서 지나가게 하옵소서 그러나 나의 원대로 마옵시고 아버지의 원대로 하옵소서"였다. 그분은 한 번 기도하고 제자들에게 오셔서 그들의 졸며 자는 모습을 보시고 두 번 기도하고 제자들에게 오셔서 여전히 그들의 졸며 자는 모습을 보셨다. 세 번째 기도하고 오셔서는 '이제는 자고 쉬라 때가 가까웠다 인자가 죄인의 손에 팔릴 것이라'고 하셨다.

그 말씀을 하실 때에 유다와 대제사장과 장로들에게서 파송된 큰 무리가 검과 몽치를 가지고 예수를 잡으러 왔다. 유다가 예수께 입을 맞추며 "랍비여 안녕하시옵니까?" 하자 함께 온 자들이 예수께 손을 대어 잡았다. 그 때 베드로가 대제사장의 종 말고라는 자의 귀를 베어 떨어뜨렸고, 주님은 베드로에게 검을 도로 집에 꽂으라 하시면서 그 귀를 만져 낫게 해주셨다. 그분은 엄청난 능력이 있으신 하나님의 아들이시지만 인류의 구속 역사를 위하여 그들에게 자신을 내어주셨으며 "이제는 너희 때요 어둠의 권세로다"고 하셨다. 요한복음에는 그분이 그들에게 "내로라!"하실 때에 그들이 엎드러졌다고 말한다. 그리고 주님이 "나를 찾거든 이 사람들(제자들)의 가는 것을 용납하라" 하셨다고 기록한다. 주님은 '내게 주신

자 중 하나도 잃지 않았다'는 말씀을 응하게 하신 것이다. 요한복음에서 베드로가 칼을 사용한 사건은 이 말씀 이후에 기록된다. 주 예수님은 여기서 결박당하셨다.

7. 공회에서 심문 받으심

그들은 예수를 끌고 먼저 안나스에게 갔다. 안나스는 대제사장 가야바의 장인이었다. 가야바는 유대인들에게 한 사람이 백성을 위해 죽는 것이 유익하다고 권고한 사람이다. 안나스는 예수에게 그분의 교훈에 대하여 물었고 주 예수님은 그분이 은밀하게 가르치신 것이 없고 늘 사람들 앞에서 말한 그대로라고 답하신다. 그러자 하속 하나가 그분을 손바닥으로 쳤다. 안나스는 예수를 가야바에게 보내었고 가야바는 그분을 죽일 증거를 찾았지만 그들 가운데 일치하는 증거를 얻지 못했다. 많은 거짓 증인들 앞에서 예수님은 잠잠하셨다. 이는 그분에 대한 예언, "저가 사지로 가는 양과 같이 끌리었고 털 깎는 자 앞에 있는 어린 양의 잠잠함과 같이 그 입을 열지 아니하였도다"라는 말씀을 이룬 것이다. 그러다가 대제사장이 "네가 하나님의 아들 그리스도인지 말하라!" 하니 주님이 "네가 말하였느니라"고 답하셨다. 그 답변에 가야바는 옷을 찢으며 배석자들과 함께 그분을 사형에 해당한다고 정죄한다. 그리고 사람들은 예수의 얼굴에 침 뱉으며 주먹으로 치며 조롱했다. 예수님이 대제사장 안나스에게로, 가야바에게로 끌려 다니시는 사이 베드로는 세 번 예수를 부인하게 된다. 이러한 베드로의 참담한 실수가 기록되어 있으며 이때 닭이 울자 베드로는 예수의 미리 하신 말씀이 생각 나서 밖에 나가서 심히 통곡하였다(마 26:75).

8. 유다의 자살

사람들은 예수를 밤새 끌고 다니다 새벽에 빌라도에게 데리고 갔다. 그 사이에 유다의 자살 사건이 기록되어 있다. 예수를 판 유다는 진정한 회개를 하지 못하고 은 삼십도 써보지 못하고 대제사장들과 장로들에게 그 돈을 도로 갖다 주었으나 받지 않자 그 돈을 성소에 던져 넣고 스스로 목매어 자살을 하였다. 사도행전에서 누가는 (아마도 유다가 목매어 자살한 후에) 몸이 곤두박질하여 배가 터져 창자가 다 흘러나왔다고 기록한다. 배신자의 최후는 비참하다는 것을 보여주는 것이다. 그 대제사장은 피값을 성전고에 두는 것이 옳지 않다 하여 그 돈을 거두어 토기장이의 밭을 사서 나그네의 묘지를 삼았다. 그러므로 사람들은 그 밭 이름을 피밭(아겔다마)이라 하였다.

9. 빌라도의 심판대에서

무리가 예수를 빌라도에게 끌고 간 이유는 당시 정치적으로 그들(유대인)에게 사람을 죽일 권한이 없기 때문이라고 말한다(요 18:31). 그들이 유대 지방의 총독인 빌라도에게 고소한 내용은 1) 우리 백성을 미혹한다는 것, 2) 가이사에게 세 바치는 것을 금한다는 것, 3) 자칭 왕 그리스도라고 한다는 것 등이다. 히브리 종교를 전연 모르는 빌라도는 예수에게 죄가 없음을 알았고 유대인들이 종교적인 시기로 예수를 죽이려고 한다는 것을 알았다. 빌라도는 예수에게 몇 가지 질문을 하였는데, 1) 네가 유대인의 왕이냐, 2) 네 나라 사람과 대제사장들이 너를 내게 넘겼으니 네가 무엇을 하였느냐, 3) 네가 왕이 아니냐, 4) 진리가 무엇이냐 등이다. 주 예수님의 답변은 이러했다. 1) 네가 스스로 하는 말이냐 다른 사람들이 나를 대하여 네게 한 말이냐, 2) 내 나라는 이 세상에 속한 것이 아니라…내 나라는 여기에 속한 것이 아니니라, 3) 네 말과 같이 내가 왕이니라 내가 이를 위하여 왔나니 곧 진리에 대하여 증거하려 함이라 무릇 진리에 속한 자는 내 말을 듣느니라.

10. 헤롯에게로

주 예수님은 밤에 안나스에게서 가야바로 끌려다니시며 심문을 당하셨고, 새벽이 되어서는 빌라도에게 보내어지셨고 빌라도는 다시 헤롯에게 보냈다. 빌라도는 예수가 갈릴리 사람이라 하자 심문하다가 갈릴리 분봉왕이었던 헤롯에게로 보냈다. 헤롯은 예수를 보고 크게 기뻐하였다고 기록한다. 헤롯과 빌라도는 서로 원수 사이였으나 예수를 죽이는 일에 서로 의기투합을 하여 당일에 친구가 되었다. 대제사장과 서기관들은 헤롯에게 가서도 열심히 예수를 고소하였다. 헤롯은 군병들과 함께 예수를 업신여기고 희롱하며 빛난 옷을 입혀 빌라도에게 도로 보냈다. 헤롯 역시 예수에게서 죄를 찾지 못하였다고 기록한다(눅 23:15).

11. 다시 빌라도에게로

빌라도는 다시 예수를 인계받고 놓아주려 하면서 유대인들의 마음을 만족케 하려고 "때려서 놓겠노라"고 하였다. 빌라도는 세 번이나 예수의 무죄를 증거했다. 죽일 죄를 찾지 못하였으니 때려서 놓겠노라고 두 번이나 말한다. 당시 명절의 특사제도가 있어서 빌라도가 예수와 바라바(민란을 꾸미고 잡혀온 중죄인) 중 누구를 놓아주기 원하느냐고 묻자 유대인들은 바라바를 놓아주고 예수를 십자가에 못 박게 하라고 소리를 지르기 시작하였고 결국 그 소리가 이겼다고 말한다.

빌라도는 예수님께 “너는 어디로서냐”고 예수의 내력을 물었는데, 그것은 예수께서 하나님의 아들이시라는 말에 겁이 나서 예수가 과연 누구인가를 알아보려고 질문한 것이다. 빌라도는 아무 대답도 하지 않으시는 예수께 자기가 십자가에 못 박을 권세도 있고 풀어줄 권세도 있다고 말한다. 그러자 예수님은 “위에서 주지 않으면 나를 해할 권세가 없으리라”고 말씀하시면서(요 19:10-11) “나를 네게 넘겨준 자의 죄는 더 크니라”고 하셨다. 이는 신약 성경에서 죄가 다 같은 것이 아님을 보여준다. 큰 죄가 있고 작은 죄가 있다. 물론 형벌도 그에 따라 다를 것이다. 빌라도도 죄가 있지만 빌라도에게 예수님을 넘겨준 대제사장 등의 죄는 더욱 큰 것이다.

빌라도의 아내도 빌라도에게 꿈자리가 사나우니 예수에 대해 상관하지 말라고 충고했다. 그는 예수를 놓으려고 힘썼으나 유대인들은 “이 사람(예수)을 놓으면 가이사의 충신이 아니라 가이사를 반역하는 것이라”고 외쳤다(마 27:19). 결국 빌라도는 박석(히브리 말로 가바다)이라는 곳에 가서 정식으로 예수님께 사형언도를 하여 십자가에 못 박도록 내어주었다.

12. 채찍에 맞으심

당시 십자가 형은 로마시대에 잠시 시행한 사형제도로서 도망한 노예를 다시는 도망하지 못하게 처참한 방식으로 죽이는 것이었다. 먼저 엎드리게 해놓고 채찍질을 했다고 한다. 빌라도는 무리가 처참하게 채찍에 맞은 예수를 보면 동정하여 풀어주라고 할 것이라는 기대도 있었다. 어쨌든 주 예수님은 채찍에 맞으셨고 빌라도는 채찍에 맞으신 예수, 가시 면류관을 쓰신 예수, 자색 옷을 입으신 예수를 관정 밖으로 끌고 나와서 “보라 이 사람을…나는 그에게서 아무 죄도 찾지 못하였다!”고 하였다. 그럼에도 유대인들은 예수를 죽이라고 외쳤고 빌라도는 결국 사형언도를 하였다. 빌라도가 예수를 내어주면서 “보라, 너희 왕이로다!” 하자 유대인들은 “십자가에 못 박게 하소서 우리에게는 가이사 외에 왕이 없나이다”라고 외쳤다. 빌라도는 민란이 일어날까봐 두려워서 물을 가져다가 손을 씻으며 “이 사람의 피에 대하여 나는 무죄하다”고 했다. 그 말에 유대인들은 “그 피를 우리와 우리 자손에게 돌릴지어다”라고 했다.

총독의 군병들은 예수님께 홍포를 입히고 조롱하였으며 희롱을 다한 후 다시 그의 옷을 입히고 십자가에 못 박기 위해 골고다 쪽으로 십자가를 지고 가게 하였다.

13. 골고다 길

그 며칠 전부터 많은 말씀을 하시고 겟세마네에서 온 힘을 다 쏟아 기도하신 후 잡히셔서 밤새 끌려다니셨기 때문에 온 몸의 힘이 다 빠지셨을 것이다. 힘이 하나도 없으신 예수에게 십자가의 무게는 감당하기 어려운 것이었다. 그들은 시몬이라는 구레네 사람에게 억지로 예수의 십자가를 지워 언덕으로 올라가게 하였다. 그(구레네 사람 시몬)의 가족은 후에 그리스도인이 되었다(롬 16:13). 누가복음은 가슴을 치며 슬피 우는 여자의 큰 무리가 예수를 따라왔다고 기록한다. 그때 주 예수님은 따라오는 여자들을 향하여 "나를 위하여 울지 말고 너희와 너희 자녀들을 위하여 울라"고 하셨다.

14. 골고다에서

군병들이 예수님께 쓸개 탄 포도주를 마시게 하려 하였으나 그분은 마시지 않으셨다. 그것은 당시 마취제로 사용되던 것이었다. 주 예수님은 우리의 죄 사함과 구속을 위해 십자가의 고통을 다 맛보려 하셨다. 주님은 무감각하게 십자가의 고통을 받으려 하지 않으시고 우리의 구속을 위해 온전히 깨어있기를 원하셨던 것이다. "모든 사람을 위하여 죽음을 맛보려 하심이라"(히 2:9). 그분은 죽음을 하나도 빼놓지 않고 맛보셨다. 거기에는 두 강도가 사형언도를 받고 예수님 양 옆에 못 박혀 있었다.

15. 십자가

골고다 즉 해골이라는 곳에 이르러 사람들은 예수를 십자가에 못 박았다. 성경은 간단히 예수를 못 박았다고만 말한다. 그분은 두 강도 사이에서 못 박히셨으며 지형으로는 예루살렘 성 밖에 높이 솟은 곳으로서 예수의 십자가 죽음은 모든 사람이 볼 수 있게 되어 있었다. 그분이 높이 달리심은 모든 불뱀에 물린 죄인들이 바라보고 살게 하려는 것이었다. 그분이 강도들 사이에 달리사 가장 악한 죄인처럼 되신 것은 우리의 죄악을 담당하기 위해서였다. 그분을 못 박았던 군병들은 먼저 그분의 옷을 벗기고 제비를 뽑아 그 옷을 나누었는데, 이는 시편의 말씀을 정확하게 응하게 한 것이었다(시 22:18, "내 겉옷을 나누며 속옷을 제비뽑나이다"). 그분이 그렇게 나무에 달려 죽으신 것은 우주적인 저주를 담당하시기 위해서였다. "나무에 달린 자마다 저주 아래 있다"(신 21:23)는 말씀대로 그분은 우리를 위해 저주를 받으사 율법의 저주 아래 있는 우리를 속량하시고 우리에게 축복을 주고자 하셨다(갈 3:13).

예수께서 십자가에 못 박히실 때 그의 죄패에 '유대인의 왕'이라고 세 나라 언어로 기록되었다. 당시 히브리어, 헬라어, 로마어로 기록한 것은 세계의 모든 언어로 기록한 것을 나타낸다. 당시 못 박힌 강도 중 한 사람은 예수를 믿고 구원을 받았다. 주 예수님은 오늘날 시간으로 오전 9시에 못 박히셔서 오후 3시까지 여섯 시간 동안 십자가에 달려 계셨으며 온 몸의 피를 다 쏟으셨다. 그 피는 우리의 죄 사함을 위한 것이다. 오전 세 시간 동안 사람들은 예수를 조롱하고 비웃었다. "저가 남은 구원하였으나 자기는 구원할 수 없도다", "저가 하나님을 신뢰하니 하나님이 저를 기뻐하시면 이제 구원하실지라".

정오가 되었을 때 하나님이 개입하셨다. "때가 제 육시 쯤 되어 해가 빛을 잃고". 또한 "온 땅에 어두움이 임하여 제 구시까지 계속되었다". 이는 하나님께서 그 시간에 우리 모든 인류의 죄를 담당하신 주 예수를 심판하시기 위해 개입하신 것을 말한다. 주 예수님은 큰 소리로 "엘리 엘리 라마사박다니(나의 하나님 나의 하나님 어찌하여 나를 버리셨나이까)"를 외치셨다. 이는 그분이 우리를 위해 하나님께 버림당하셨음을 말한다. 그때 사람들이 해융에 신포도주를 머금게 하여 갈대에 꿰어 마시게 하였다. 주님은 마신 후 크게 소리 지르시고 운명하셨다. 우리의 죄는 거기서 해결된 것이다. 돌아가실 때 성소의 휘장 한 가운데가 찢어졌다. 그때 큰 소리로 외치신 말씀은 "아버지여 내 영혼을 아버지 손에 부탁하나이다"였다(눅 23:46). "이 말씀을 하시고 운명하시다".

구경하러 온 무리들이 그 된 일을 보고 다 가슴을 두드리며 돌아갔고 예수의 아는 자들과 갈릴리로부터 따라온 여자들도 이 모든 일을 멀리서 바라보았다. 돌아가신 날은 금요일 오후이고 그날 저녁에 시체가 십자가에 매달려 있기를 원치 않는 유대인의 요청에 따라 빌라도는 군병들에게 시체를 치우라고 했다. 그때 한 군병이 예수님의 옆구리를 창으로 찔렀다. 다른 죄수들은 다리를 꺾었는데 예수께 와서는 이미 죽은 것을 알고 창으로 옆구리를 찌른 것이다. 그때 요한은 그분의 옆구리로부터 피와 물이 나오더라고 했다(요 19:34). 이는 성경이 그대로 응한 것이다(시 34:20, "그 모든 뼈를 보호하심이여 그 중에 하나도 꺾이지 아니하도다", 슥12:10, "저희가 그 찌른 자를 보리라"). 그리스도의 죽으심으로 우리는 죄 사함을 받고 구원을 받게 된 것이다. 나는 영원히 나를 위해 십자가에 죽으신 그분의 고난을 잊지 않고 내 마음에 늘 기억하기 원한다.

28 장

1절, 안식일이 다하여 가고 안식 후 첫날이 되려는 미명에 막달라 마리아와 다른 마리아가 무덤을 보려고 왔더니

이제 안식일이다. 이 안식일은 토요일이다. 이 날이 다 가고 '안식 후 첫날이 되려는 미명에'. 이제 주일이다. 안식일의 시대는 지나갔다. 어쩌면 마태가 앞에서 안식일이라는 말을 쓰지 않고 '예비일 다음 날'이라는 표현을 쓴 것은 안식일은 더 이상 의미가 없다는 암시도 된다. '안식 후 첫날'은 바로 주의 날, 주님의 부활의 날이다. 그래서 신약의 믿는이들은 주의 날에 모이는 것이다. 이날 아침 미명에 주 예수께서 부활하셨다.

주님이 매장되셨던 그날 금요일 저녁에 이 자매들은 무덤을 향하여 앉아 있었다. 그리고 안식일 날은 움직이지 못하니 기다렸다가 안식 후 첫날 미명에 왔다. 이 자매들을 한 번 생각해 보라. 그들은 금요일 저녁 늦게까지 무덤 앞에 있었다. 사실 금요일 저녁부터 안식일이 시작된다. 그리고 안식일에는 이 자매들이 움직일 수 없으니까 무덤에 오지 않았을 것이다. 그런 다음 안식일이 다하여가자 새벽에 또 온 것이다.

병문안을 하는 사람들 중에 자기 어머니가 아프시다든지 아버지가 아프시다든지 해도 얼굴만 한 번 내밀고 가는 사람들이 많다. 대부분 그렇다. 한 번 얼굴 쳐다보고 사라진다. 그러나 정말로 부모를 사랑하는 자녀들은 떠나지 않고 계속 거기서 수발을 한다. 이는 교회 집회에도 적용된다. 진정 마음을 다하는 신앙의 소유자들은 집회에 빠지지 않는다. 주님을 사랑하는 사람은 집회를 사랑한다. 모임마다 참석하는 것이다. 그러나 마지못해서 한 번 나오지만 곧 나오지 않는 사람들은 그 마음이 주님에게서 그만큼 먼 것이다.

여기 이 자매들이 그렇다. 무덤에 누이신 주 예수님을 향하여 앉아서 떠나지 않고 계속 거기 있다. 안식일이 다 끝나고 새벽이 되니 바로 또 무덤에 왔다. 이것이 무엇인가? 이것이 바로 주님에 대한 지극한 사랑이다. 제가 여러분에게 수차 말씀드렸지만 주 예수를 믿는 것은 마음으로 믿는 것이지, 아는 것으로, 지식으로 믿는 것이 아니다.

이들은 무덤을 보려고 왔는데 여기서는 막달라 마리아와 다른 마리아라고 했다. 마가복음 16장 1절에는 막달라 마리아와 야고보의 어머니 마리아라고 되어 있다. 여기 다른 마리아는 아마 야고보의 어머니 마리아일 것이다. 그런데 마가복음 16장 1절에는 살로메라는 자매가 하나 더 있다. 또 누가복음 24장 10절에는 막달라 마리아가 있고 야고보의 어머니 마리아가 있고 또 요안나라는 자매가 있다. 그리고 또 다른 여자들이 있다고 했다. 유사 구절인 요한복음 20장 1절에서 요한은 다른 여자는 기록하지 않고 막달라 마리아만 기록했다. 그리고 막달라 마리아 혼자 예수님을 만난 것처럼 되어 있다. 그럼 도대체 두 명이 있었다는 것인가, 아니면 한 명이 있었다는 것인가? 아니면 많은 여자들인가? 여기서 남자가 없었다는 것이 매우 유감스럽다.

2절, 큰 지진이 나며 주의 천사가 하늘로서 내려와 돌을 굴려내고 그 위에 앉았는데

이 자매들이 왔더니 "큰 지진이 나며 주의 천사가 하늘로서 내려와 돌을 굴려내고 그 위에 앉았는데". 그런데 천사가 여기서는 하나인데 다른 복음서들을 보면 마가복음에는 한 청년이라고 되어 있고(16:5) 누가복음에는 찬란한 옷을 입은 두 사람이라고 되어 있다(24:2). 요한복음에는 하나는 예수님의 머리 편에 앉아 있고 하나는 발편에 앉아 있다고 했다. 복음서들은 이렇게 어떤 상황에 있어서는 일치되지 않는 면이 있는 것 같다. 그것이 성경의 사실성을 훼손할 수 있는 것은 아니다. 서로 상의하지 않고 기록한 것이 이 정도 일치된다면 그것도 놀라운 것이라고 보아야 한다. 하여간 여기서 이 여자들과 대화를 한 천사는 하나이다.

3-4절, 그 형상이 번개 같고 그 옷은 눈같이 희거늘 수직하던 자들이 저를 무서워하여 떨며 죽은 사람과 같이 되었더라

천사의 형상이 번개 같고 그 옷은 눈같이 희더라는 것이다. 우리는 여기서 천사의 형상을 잠시 볼 수가 있다.

로마 병정들은 큰 지진이 나고 번개 같고 눈같이 흰 모습을 한 천사들이 나타나니 무서워 떨었다. 그래서 죽은 사람과 같이 되었다.

5절, 천사가 여자들에게 일러 가로되 너희는 무서워 말라 십자가에 못 박히신 예수를 너희가 찾는 줄을 내가 아노라

천사는 그 사람들이야 죽은 사람같이 되거나 말거나 관심하지 않았다. 다만 여인들에게 말했다. 여기서 우리가 알 수 있는 것은, 사람이 예수를 찾는 마음은 하늘이 안다는 것이다. 천사가 알고 주 예수님이 아신다. "찾으라 그러면 찾을 것이요 문을 두드리라 그러면 열릴 것이라". 하나님께서는 전심으로 그분을 찾는 자들에게 나타나신다. 우리에게 주님을 찾는 마음이 없다면 그분을 만날 수 없다. 이 여자들은 예수님을 찾고 또 찾았다. 그렇기 때문에 그렇게 무덤에 가고 또 가고 하는 것이다. 그러한 여인들 앞에 천사가 나타났다. 이는 주님의 지시가 있었다고 보아야 한다. 천사들은 부리는 종이기에 자의로 어디에 나타나는 것이 아니다. 주님은 간절히 찾는 자들에게 나타나 주신다.

6절, 그가 여기 계시지 않고 그의 말씀하시던 대로 살아나셨느니라 와서 그의 누우셨던 곳을 보라

"그가 여기 계시지 않고". 천사가 한 말이다. 천사의 증거인 것이다. 예수님이 아기로 태어나셨을 때, 아니 태어나시기 전에도 천사가 증거했다. 마리아에게 나타나서 증거 했다. 또 예수님이 구유에 태어나셨을 때에도 천사가 증거 했다. 그분이 죽고 부활하실 때에도 그 광경을 천사가 증거 한 것이다. 여기서 "그의 말씀하시던 대로"라는 말은 중요한 말이다. 이 여인들은 그분이 하신 그 말씀을 믿고 기억했어야 했다.

그날이 바로 사흘째 되는 날이었다. 주님은 몇 번이나 제자들에게 그분이 십자가에 죽고 사흘 만에 다시 살아나야 하리라고 가르치셨다. 가르치고 또 가르치셨다. 그러나 유감스럽게도 그들 가운데 그 말씀을 기억한 사람이 없었다. 그러므로 우리는 이것을 기억해야 한다. 우리가 주님이 하신 말씀을 잘 믿는 것은 매우 중요하다는 것이다. 사람들은 주 예수님이 십자가에 죽으시는 것까지는 믿을 수 있었다. 누구나 다 죽으니까, 그런데 부활하신다는 것은 믿기 어렵지 않았겠는가? 이들도 그렇게 쉽게 믿어지지 않았던 것이다.

이렇게 주님의 말씀 중에는 믿기 어려운 것들이 더러 있다. "너는 세상에 대하여 이미 죽었다. 너는 이미 죽고 예수와 함께 다시 부활하였다." 이런 말도 그렇게 믿기 쉬운 말이 아니다. "우리는 주님과 연합되었다. 우리는 주님과 하나 되었다.

너희 생명이 그리스도와 함께 하나님 안에 감춰어졌다. 내가 그리스도와 함께 이미 십자가에 못박혔다. 그런즉 이제는 내가 산 것이 아니요 오직 내 안에 그리스도께서 사신다." 이러한 말씀들이 다 그렇게 쉽게 믿을 수 있는 말씀들이 아니다. 그런데 이러한 엄청난 말씀, 놀라운 말씀을 믿는 자여, 그대는 복이 있도다! 믿기 어려운 것을 믿는 자가 복이 있는 것이지 아무나 다 믿을 수 있는 것을 믿는 것은 일반적이다. 하나님이 말씀하신 위대한 사실들, 그러한 말씀들을 의심 없이 믿는 자는 복이 있다. "우리가 그리스도와 함께 죽었다. 그분과 함께 부활하였다. 새 사람이 되었다." 다 믿을 수 있는 말씀들이다. 왜? 그분의 말씀이기 때문이다. "그의 말씀하시던 대로" 천사는 이 말을 강조했다.

"와서 그의 누우셨던 곳을 보라". 이제 천사는 이 자매들을 이끌어서 예수께서 누우셨던 빈 무덤을 보여준다. 이것은 이 마리아만 볼 것이 아니라 오늘 여기 앉아 계신 여러분도 다 이 빈 무덤을 보아야 한다. 이 빈 무덤이 예수 그리스도의 부활하심을 증거하는 것이다.

7절, 또 빨리 가서 그의 제자들에게 이르되 그가 죽은 자 가운데서 살아나셨고 너희보다 먼저 갈릴리로 가시나니 거기서 너희가 뵈오리라 하라 보라 내가 너희에게 일렀느니라 하거늘

"또 빨리 가서". 이들은 주님이 부활하셨다는 것을 맨 먼저 보았다. 여기서 우리가 한 가지 한 가지 살펴보자.

첫째, 이 자매들은 주님을 사랑했다. 사랑한 것이 첫째이다. 둘째, 그들은 대가를 지불해서 주님을 만나러 갔다. 셋째, 그들은 뭔가를 보았다. 주님은 그분을 사랑하는 자들에게 뭔가를 보이신다. 넷째, 주님은 그런 자들을 보내신다. 중요한 것은 주님을 사랑하는 것으로부터 시작한다. 주님이 부활에 대해 사전에 말씀하신 것을 잘 못 믿는다 해도, 그 말씀을 그렇게 잘 기억하지 못했다 해도 그분을 사랑하기 때문에 주님은 그녀들에게 보여주셨다. 그리고 본 다음에 그들을 보내시는 것이다.

"또 빨리 가서 그의 제자들에게 이르되 그가 죽은 자 가운데서 살아나셨고 너희보다 먼저 갈릴리로 가시나니 거기서 너희가 뵈오리라 하라". 마가복음을 보면 여기에 "제자들과 그리고 베드로에게"라는 말씀이 있다. 베드로에게 갈릴리에서 만나자고 하셨다. 주님은 세 번이나 실패한 베드로를 기억하셨다. 세 번이나 예수님을 부인한 베드로를 버리지 않으시고 기억하신 것이다. 그래야만 그가 용기를 갖고 위로를 얻고 주님을 만나러 갈릴리로 갈 수 있기 때문이다. "너희보다 먼저 갈릴리로 가시나니 거기서 너희가 뵈오리라 하라 보라 내가 너희에게 일렀느니라 하거늘". 주 예수님은 살아계실 때 이미 갈릴리에서 만날 것을 약속하셨다. 우리는 26장 32절에서 이미 이 말씀을 보았다. "그러나 내가 살아난 후에 너희보다 먼저 갈릴리로 가리라". 이 말씀 그대로 예수님은 살아나셔서 갈릴리로 먼저 가신다.

"보라 내가 너희에게 일렀느니라". 이것은 천사의 공적인 선포이다. "Behold, I have told you."

8절, 그 여자들이 무서움과 큰 기쁨으로 무덤을 빨리 떠나 제자들에게 알게 하려고 달음질할새

그때 이 자매들은 첫째로 무서웠다. 왜냐하면 큰 지진이 나고 나타난 주의 천사의 형상이 번개 같고 눈같이 희었기 때문이다. 이러한 엄청난 일들을 보고 또 천사의 말을 들으면서 한 면으로는 무섭고 또 한 면으로는 크게 기뻤다. 왜냐하면 주 예수님이 부활하셨다고 하기 때문이다.

"큰 기쁨으로 무덤을 빨리 떠나 제자들에게 알게 하려고 달음질할새". 이것은 그 분부에 순종하는 것이다. 먼저 본 자들은 천사의 말을 듣고 제자들에게 알게 하려고 달음질했다. 그 때 놀랍게도 예수께서 그들에게 나타나셨다.

9절, 예수께서 저희를 만나 가라사대 평안하뇨 하시거늘 여자들이 나아가 그 발을 붙잡고 경배하니

"예수께서 저희를 만나" 우리는 요한복음 20장에서 막달라 마리아가 무덤에서 예수님을 만난 것을 읽을 수 있다. 결국은 찾고 찾는 사람에게 예수님이 나타나 주신다. 제자들은 와서 보기도 하고 무덤을 들여다보기도 했다. 다른 복음서와 이 부분을 대조해 보면 자매들이 와서 "무덤이 비었습니다. 이게 어떻게 된 일입니까?" 하였다. 베드로도 몸을 구푸려 확인해 보았을 때 무덤이 비어 있었다. 그 때 성경은 무어라고 기록하고 있는가? "이에 두 제자가 자기 집으로 돌아가니라" (요 20:10). 이것이 대부분의 형제들이다. 그런데 막달라 마리아는 이 형제들, 제자들이 돌아간 뒤에도 가지 않고 울면서 서 있었다. 그때 예수님이 이들에게 나타나셨다.

여기 마태복음에서는 달려가는데 예수님이 나타나셨다. 마리아는 동산에서 예수님을 보았고 달려가다가 또 보았다. 찾고 또 찾는 자에게 주님은 나타나신다. 마리아는 부활하신 예수님을 만나리라는 기대까지는 하지 않았을 것이다. 다만 이 소식을 제자들에게 전해주려는 마음으로 가득한 것이다. 그럴 때 의외의 축복이 있었다. 바로 예수님이 나타나신 것이다. 나는 여기서 여러분에게 말씀드릴 것이 있다. 우리 한국 속담에 '부모님 말씀을 잘 들으면 자다가도 떡이 생긴다'는 말이 있다. 꼭 그렇다. 말을 잘 듣는 사람은 자다가도 떡이 생긴다. 이 자매들은 지금 천사들의 말을 듣고 흥분해서 한 면으로는 두렵기도 하고 또 빨리 제자들에게 이 말을 전해 주고 싶어서 뛰어가고 있는데 예수님을 만난 것이다.

여러분이 만일 주님을 사랑하고 따르고 순종해서 무언가 주님을 위해서 열심히 하고자 한다면 여러분이 기대하지 않은 축복을 만나게 된다. 비결은 다른 데 있지 않고 주님을 사랑하는 데 있다. 그리고 순종하는 데 있다. 그분 말씀대로 행하고 따르고 가고 일하고 그러한 자들에게 주님은 갑자기 나타나신다. 그분 자신을 보이신다는 말이다. 나는 감히 내가 주님을 그렇게 많이 사랑한다거나 많이 순종한다거나 많이 섬긴다고 말할 수는 없다. 그러나 나는 주님을 섬기고 그분을 사랑한다. 어쨌든 나는 그분을 사랑하지 않는다고 말할 수 없다. 그런데 주님은 항상 나에게 예기치 않은 방식으로 찾아오신다.

나는 여러분에게 그러한 주님을 소개해 드리고 싶다. 항상 예기치 않은 방식으로 오시는 주님이시다. 나는 전혀 생각지 않았는데 어느 날 주님이 오신다. 그래서 나에게 무언가를 알려 주시고 느끼게 해주신다. 나에게는 이러한 체험이 있다. 그런데 그 비결이 우리의 마음과 뜻을 온전히 그분께 두는 것이다. 주님은 마치 어떤 길목에서 기다리시는 분 같다. 우리가 계속 주님을 위해서 나아가다 보면 우리가 기대하지 않은 그 자리에 주님이 서서 우리를 기다리신다.

'평안하뇨'라는 말은 헬라어로 '카이레인', 즉 인사하는 말이다. 이것은 아주 평범한 인사말이다. 우리말로 하면 '안녕하세요. 평안하세요.'이고, 영어로는 '굿모닝', 이탈리아 사람은 '빠체', 독일 사람은 '구텐탁', 불란서 사람은 '봉쥬르', 캄보디아어로는 '주무리업수어', 몽골어는 '센바이노' 등으로 평범한 인사말이다. 이렇게 주님은 "평안하뇨" 하셨다.

우리는 여기서 부활하신 주님의 인성에 대해서 조금 볼 수 있다. 주님은 이 땅에 계셨을 때에도 매우 온유하고 자비로우셨다. 그런데 부활하신 주님도 이와같이 평범하게 우리에게 인사하신다. 주님은 다정하시다. 우리는 육신으로 계실 때에는 매우 다정하셨지만 부활하신 후에는 완전히 다르게 나타나실 거라고 생각하지만, 그렇지 않다. 주님은 매우 다정하신 방식으로 이 자매들에게 나타나셔서

"평안하뇨" 하셨다.

"여자들이 나아가 그 발을 붙잡고 경배하니". 그 이전에는 이 여자들이 주님 발에 향유를 붓기는 했어도 발을 붙잡고 경배하지는 않았다. 그러나 그분이 죽은 자 가운데서 부활하신 후에 그들은 부활하신 주 예수님을 뵙고서 특히 그분이 경배해야 할 대상이 하나님이심을 느낀 것이다. 그 발을 붙잡고 경배한 것이다. 여러분 같으면 부활하신 주님의 모습을 보았을 때에 그 여인들이 어떻게 느꼈겠는가? 그분이 하나님이시라고 느끼지 않았겠는가? 분명 하나님이시라고 느꼈을 것이다. 하나님이 아니시라면 어떻게 그렇게 영광스러운 모습으로 부활하시겠는가? 그럴 때 이 여인들은 그 하나님께 경배를 드린 것이다.

10절, 이에 예수께서 가라사대 무서워 말라 가서 내 형제들에게 갈릴리로 가라 하라 거기서 나를 보리라 하시니라

천사가 말한 것으로는 부족하고 이제 주님이 직접 말씀하신다. 주님은 두려워하는 이 자매들에게 무서워 말라 하시고 "가서 내 형제들에게 갈릴리로 가라 하라"고 말씀하셨다. '내 형제들에게' 이렇게 놀라우신 예수님이 제자들을 형제들이라고 하셨다. 그들은 지금 도망가서 어디서 무엇을 하고 다니는지 모르겠다. 그러한 제자들에게 이 놀라우신 예수님께서, 부활하시고 영화롭게 되신 하나님께서 그들을 형제라고 하신다. '내 형제'라고 하신다. 어떤 약하고 작은 지체도 주님은 여러분을 귀한 형제라고 부르신다.

사실 예수님이 이 땅에 계실 때에는 제자들에게 형제라는 표현을 쓰지 않으셨다. 그분이 죽고 부활하신 후에야 그분은 그 분의 생명을 분배하셨다. 그분은 죽으셨을 때 우리 옛사람을 십자가에 못박으셨고 부활하셨을 때 우리와 함께 연합하여 부활하여 새 생명을 우리에게 넣어주셨다. 이것에 근거해서 그분은 우리 모두를 형제라고 부르실 수 있다. 주님과 우리는 형제지간(兄弟趾間)이다. 이제 형제들과의 모임, 최초의 교회의 모임을 갈릴리에서 지금 갖게 되는 것이다. 그렇다고 해서 정식 교회의 출현이라는 말이 아니다. 정식적 교회의 출현은 오순절 날에 일어난다.

부자의 묘실에 안장되신 예수

예수께서 십자가에서 오후 3시경 운명하신 날, 저녁 나절에 아리마대 사람 요셉(그는 당시 산헤드린 요원이었지만 예수의 제자가 되었고 그들의 예수를 죽이려는 결의와 행사에 참여하지 않았다-그는 선하고 의로운 자였으며 하나님의 나라를 기다리는 자였다)이 빌라도에게 가서 예수의 시체를 달라고 하였다. 아리마대 요셉은 주님의 살아계실 때는 유대인들을 두려워하여 자기를 그리스도의 제자로 드러내지 못했다. 그러나 예수께서 죽으신 후 그는 가만히 있을 수 없었고 예수의 장례라도 도우려고 힘썼다. 빌라도는 이를 허락하였으며 요셉은 자기의 파놓은 새 무덤에 예수의 시체를 정한 세마포로 싸서 넣어두었다. 이로써 구약 성경에 메시아가 부자의 묘실에 안장될 것임이 예언된 그대로 성취되었다(사 53:9). 대제사장과 바리새인들은 주 예수께서 돌아가신 다음 날 함께 모여서 빌라도에게 갔다. 예수께서 죽었다가 다시 살아난다고 한 말을 기억하고 그들은 대책을 세웠다. 그들은 무덤을 사흘까지 굳게 지키게 해달라고 청원하였고 그들은 파숫군과 함께 가서 무덤을 돌로 막고 인봉하였으며 파숫군들은 그 무덤을 지키고 있었다. 그러나 이러한 그들의 철저한 대비는 그분의 부활을 반증하는 계기를 만들어줄 뿐 헛된 수고였다. 안식 후 첫날 큰 지진이 나며 무덤을 막았던 돌이 굴려내어졌으며 그분은 이른 아침 벌써 살아나셔서 동산에서 마리아를 만나시고 갈릴리로 가셔서 제자들을 만날 준비를 하고 계셨다. 무덤에 새벽에 왔던 막달라 마리아 등 몇 자매들이 무덤에서 천사들을 보았고 예수의 부활에 대하여 듣게 되었다. 천사들은 그리스도의 누우셨던 곳(빈 무덤)을 보여주었다. 그리고 제자들에게 갈릴리에서 만나자 말해주라고 일렀다. 그들이 기쁨과 두려움으로 제자들에게 알리려고 가는 노중에 예수를 만나게 되고 형제들(제자들을 형제들이라고 부르셨다)에게 갈릴리에서 만나자고 말씀하셨다. 우리의 죄를 위해 십자가에 죽었다가 사흘만에 부활하신 우리의 구주 예수를 찬미한다! 오늘 날 성도들의 신앙은 예수의 부활에 있다. 누구든지 예수의 죽었다가 다시 사신 것을 믿는 자는 구원을 얻게 된다(롬 10:9).

11-13절, 여자들이 갈제 파수꾼 중 몇이 성에 들어가 모든 된 일을 대제사장들에게 고하니 그들이 장로들과 함께 모여 의논하고 군병들에게 돈을 많이 주며 가로되 가로되 너희는 말하기를 그의 제자들이 밤에 와서 우리가 잘 때에 그를 도적질하여 갔다 하라

여자들은 갈릴리로 가고 있는데 이제 파수꾼들은 큰일이 났다. 문제가 생겼다. 예수님의 시체가 없는 것이다. 그러자 이 파수꾼들은 이 사실을 대제사장들에게 가서 고했다.

왜 돈을 주는가? 입을 막으려고 하는 짓이다. 이것이 세상 사람들이 하는 방식이다. 돈을 가지고 안 되는 일이 없다고 생각한다. 종교인들도 동일한 것이다. 여기 종교인들과 세상 사람들은 잘 통하고 있다.

사람들이 죄를 짓고 당황하고 정신이 없다 보면 자기들이 말을 실수한 것인지를 잘 모른다. 이 사람들은 그 제자들이 밤에 와서 우리가 잘 때에 그를 도적질하여 갔다 하라고 했다. 그럼 파수꾼들이 잤다는 말이다. 자고 있었는데 다른 누가 와서 가져갔는지 그것을 어떻게 아는가? 앞뒤가 맞지 않은 말이다. 그리고 이전에 그들은 예수님의 시체를 도적질하여 갈까봐 걱정을 많이 했다. 도적질해 가고서 살아났다고 소문낼까봐 걱정을 많이 했다는 말이다. 그런데 이제는 도적질해 갔다 하라고 말했다. 이 사람들은 거짓말을 해서라도, 어떻게 해서든지 주 예수님의 부활을 무효화시키고 그 사실을 없애버리려고 하는 것이다.

14절, 만일 이 말이 총독에게 들리면 우리가 권하여 너희로 근심되지 않게 하리라 하니

이게 무슨 말인가? 말하자면 파수꾼들은 총독 관할 아래 있는 군병들인데 왜 잠을 자다가 시체를 도둑맞았느냐고 문초를 당하지 않겠는가? 매를 맞든지 감옥에 갇히든지 할 것 아닌가? 그래도 그렇게 말하라는 것이다. 혹시 총독에게 들려서 이 일이 너희들한테 해가 되면 자기들이 잘 말해서 아무 탈이 없게 해주겠다는 말이다.

15절, 군병들이 돈을 받고 가르친 대로 하였으니 이 말이 오늘날까지 유대인 가운데 두루 퍼지니라

이렇게 예수님이 부활하셨고 천사가 나타났고 큰 지진이 났다는 말을 퍼뜨리면 큰 일이니까 그 입을 막으려고 돈을 썼다. 그러고서 이제 돈 받은 사람들은 그들이 지시한 대로 퍼뜨린 것이다. 악한 사람들이 하는 짓은 항상 민중에게 악한 거짓말을 퍼뜨리는 것이다. 모두가 예수의 부활을 무효화하려는 마귀의 술책들이다.

16-17절, 열한 제자가 갈릴리에 가서 예수의 명하시던 산에 이르러 예수를 뵈옵고 경배하나 오히려 의심하는 자들도 있더라

원래 열두 명이었는데 유다는 배신하고 끝나버렸다. 이제 열한 제자가 갈릴리에 가서 예수에 명하시던 산에 이르렀다.

부활하신 예수님을 뵈옵고 경배하나 오히려 의심하는 자들도 있더라. 제자들은 당시의 상황을 이렇게 빼놓지 않고 모든 일을 다 기록했다. 아마 도마가 의심한 이야기일 것이다. 이는 요한복음에 자세히 기록했다. 아니면 이 열한 명 외에 어떤 사람들이 그 자리에 있었을지도 모른다. 어쨌든 의심하는 사람들도 있었다는 말이다.

18절, 예수께서 나아와 일러 가라사대 하늘과 땅의 모든 권세를 내게 주셨으니

여기에 예수님을 약간 의심하는 사람도 있고 약한 자도 있지만 개의치 않으셨다. 주 예수님은 하늘과 땅의 모든 권세를 가지셨다. 이 땅에서 십자가의 고난을 당하시고 죽고 부활하신 주님, 그분은 이제 하늘과 땅의 모든 권세를 얻으셨다.

19절, 그러므로 너희는 가서 모든 족속으로 제자를 삼아 아버지와 아들과 성령의 이름으로 세례를 주고

이 모든 구속의 역사를 성취하신 주님, 죄를 사하시고 죄인들을 구원하시는 일을 성취하신 주님, 화목의 사역을 이루신 주님, 이러한 역사를 하신 주님은 이제 하늘과 땅의 모든 권세를 얻으셨다. 그러므로 그분은 제자들을 보내신다.

"모든 족속으로 제자를 삼아". 이제 유대인만이 아니다. 모든 족속으로 제자를 삼으라고 하셨다. 제자는 예수님을 따르는 자들이다. 주 예수님을 따르는 자들을 삼는 것이다.

"아버지와 아들과 성령의 이름으로 세례를 주고". 이 세례는 물속에 잠기는 방식의 침례(baptism)이다.

20절, 내가 너희에게 분부한 모든 것을 가르쳐 지키게 하라 볼지어다 내가 세상 끝날까지 너희와 항상 함께 있으리라 하시니라

복음서에는 주 예수님이 말씀하신 것이 많이 있다. 우리는 마태복음을 통해서 예수님께서 하신 말씀을 다 보았다. 한 번 다 들을 수 있는 기회를 가졌다. 왜 이것을 여러분에게 말씀해 주셨는가? 전하라는 것이다. 이 말씀을 들은 대로 순종하는 무리가 제자들이다. "내가 너희에게 분부한 모든 것을 가르쳐 지키게 하라". 여기에서 모든 것이라고 했다. 한두 가지만 지키면 되는 것이 아니다. 어떤 사람들은 하나님의 말씀에서 중요한 몇 가지만 강조하고 그것만 지키면 되는 줄 알고 있다. 그렇지 않다. 예수님은 '내가 분부한 모든 것'이라고 말씀하셨다. 한 가지라도 빼놓으면 안 된다. 우리가 볼 때에는 작은 말씀 같아도 그런 말씀도 중요하다. 다 지켜야 한다.

"세상 끝날까지". 주님은 세상의 종결, 마지막 때까지 우리와 항상 함께 계시겠다고 하셨다. 이 약속은 참 놀랍다. 첫 시대의 사도들인 베드로, 요한, 야고보, 바울 등등과만 함께 계시는 것이 아니라 주님의 분부를 받들고 주님의 명령을 붙잡고 나아가는 모든 사람들, 복음을 전하러 가는 모든 사람들에게 주님은 말씀하신다. "내가 세상 끝날까지 항상 너희와 함께 있으리라". 이 약속은 믿을 수 있는 약속이다. 하늘과 땅의 모든 권세를 가지신 주님이 '내가 너희와 항상 함께 있으리라'고 하신다. 아무리 어렵고 힘들더라도, 상황이 참으로 좋지 않다 하더라도 주 예수님은 '항상 내가 너희와 함께 있겠다'고 하신다.이 말씀은 영어로 "I will be with you.(내가 앞으로 너와 함께 있을 것이다)"가 아니라 "I am with you.(내가 너와 함께 있다)"이다. 주님은 항상 우리와 함께 계시는 분이다. 그러므로 우리는 어디든지 갈 수 있다. 왜냐하면 주님이 우리와 항상 함께 계시기 때문이다.

나는 교회가 무엇인지를 잠시 생각해 보았다. 교회는 그분의 양 무리이다. 그분이 인도하시는 무리가 교회인 것이다. 여러분에게 묻겠다. 이스라엘 백성을 모세가 인도했는가, 하나님께서 인도하셨는가? 물론 하나님께서 인도하셨다. 교회는 참된 하나님의 이스라엘이다. 나는 왜 이렇게 항상 내 어깨가 가벼운가 하고 생각했다. 내가 고백하거니와 참 나의 어깨가 가볍다. 그것은 여러분이 나의 양 무리가 아니고 주님의 양 무리이기 때문이다. 그리고 또 한 가지는 나도 또한 그분의 하나의 양이기 때문이다. 그래서 우리 모두를 주님이 인도하고 계신다는 것을 느꼈다. 다만 그분을 성실히 따르면 된다. 주님이 우리와 항상 함께 계신다. 주님의 인도하고 목양하는 무리가 아니라면 교회가 아니다. 사람의 주장이 인도하는 무리는 교회가 아니다. 주님이 인도하신다는 확신이 있으면 그것이 교회이다. 나는 갈수록 그것을 느끼게 된다. 한 발 한 발을 주님이 인도하시는구나 하는 느낌을 갖는다. 주님이 인도하시고 거느리시니 염려가 없다. 그분이 교회의 머리되시고 우리 모두의 왕이시다. 얼마나 감사한지! 앞으로도 우리를 어떻게 인도하시든지 나는 여러분과 함께 주님을 따르겠다. 세상 끝날 까지 주님이 우리를 인도하실 것이다. 참으로 하나님께 감사한다.

그리스도의 십자가의 죽음과 부활

1. 죄에 대한 정의

성경에서 죄는 하나님 앞의 것을 말한다. 성경은 우리가 죄라고 생각하는 것이 죄라고 하지 않았다. "내가 주께만 범죄하여 주의 목전에 악을 행하였나이다"(시 51:4) 죄는 우리의 양심을 따른 것이 아니라 하나님의 견해를 따르며 그분의 표준과 율법에 따른 것이다. 예를 들어 우리가 차량을 모르고 주차하였는데 범칙금이 나왔다. 그것은 도로교통법을 우리가 모른 것이지 우리가 법을 모른다해서 법을 위반하지 않은 것이 아니다. 우리는 우리가 알지 못하는 많은 죄를 지었음을 시인하지 않을 수 없다.

2. 죄에 대한 용서

우리의 죄에 대한 용서는 피로 말미암는다. 우리가 율법을 어겼다면 우리는 죽어야 마땅하다. 우리의 죄를 용서하기 위해 하나님은 그분의 아들을 주셨다. 하나님은 사랑으로 말미암아 우리가 마땅히 갚아야 할 죄의 빚을 그분이 대신 갚아주셨다. 그것은 하나님 앞에서 죄를 사한 것이며 하나님의 공의의 요구를 만족시킨 것이다. 따라서 이는 율법이 아니고 율법 외의 일이다. 하나님의 사랑이 그분의 아들을 우리에게 주사 우리를 대신해 피를 흘리심으로 우리가 하나님께 지은 죄를 깨끗이 갚아주셨다. 우리는 그리스도의 피를 의지하여 하나님 앞에 나아갈 수 있다. 우리의 죄는 대충 사해진 것이 아니라 심판을 받은 것이다. 하나님은 우리에게 더 이상 빚을 독촉하실 수 없다. 왜냐하면 우리의 죄는 완전히 갚아졌기 때문이다. 따라서 그리스도의 죄 사함의 근거는 공의이다(요일 1:9). 우리는 거저 죄사함을 받은 것이 아니라 속전을 지불하였기에 사함을 받은 것이다. 여러분의 구원받은 것이 피로 말미암은 것임을 성경이 알려준다(요일 1:7). 그리스도께서 단번에 우리의 죄값을 갚아주셨으므로 하나님은 우리의 죄악에 대하여 다시는 청구하실 수 없다. 따라서 우리는 담대한 마음으로 하나님 앞에 나아갈 수 있다. 따라서 피는 사람의 마음을 씻는 것이 아니라 양심을 씻는 것이다. 주님의 피가 우리의 양심을 씻었다는 것은 그분의 피가 우리의 하나님 앞에서의 죄를 제하였다는 것이며 우리가 받아야 할 형벌을 그분이 담당하셨다는 것이다. 우리의 죄가 그분의 피로 사함을 얻었다. 원래 우리의 양심은 죄의 거리낌이 있어서 죄와 장래의 심판을 생각하면 불안을 느꼈다. 그러나 주님의 피가 대속함을 알고 즉시 양심이 편해지는 것이다. 피는 하나님께 필요한 것이며 하나님의 공의의 요구이다. 출애굽기 12장 13절은 "하나님이 피를 본즉 넘어가리니"라고 한다. 사람이 피를 보는 것이 아니라 하나님이 보셨다. 하늘과 땅 사이에 오직 한 종류의 피만 우리가 마실 수 있다. 이는 오직 한 분의 구주만 존재한다는 것을 가리킨다.

3. 부활

부활은 그리스도께서 우리의 죄를 사했다는 증명서이다. 그분은 우리의 범죄함을 인하여 내어준 바 되셨고 우리를 의롭다 하심을 위하여 살아나셨다(롬 4:25). 하나님은 그분을 죽음에서 부활케하심으로 모든 사람에게 믿을만한 증거를 주셨다(행 17:31). 예수의 피가 우리의 죄를 사할 수 있나 없나는 우리가 관여할 부분이 아니다. 여러분이 이미 하나님께서 예수를 죽은 자 가운데서 살리신 것을 믿는다면 이미 구원을 얻은 것이다(롬 10:9). 여러분은 이미 죄사함을 받았는가? 의롭다함을 얻었는가? 그렇다면 여러분은 이 세상에서 가장 축복된 사람이다!

부활이란 과연 무엇인가?

부활이란 하나님이 원하시는 사람을 얻으신 것이다(행 13:33-34절, 시 2편 6-7절, 히1장 5절). "너는 내 아들이라 내가 오늘 날 너를 낳았도다"란 그리스도의 부활을 말한 것이지 베들레헴의 출생을 말한 것이 아니다. 그것은 사도행전 13장 33-34절을 읽으면 분명해진다. 또한 히브리서 1장 5절도 동일하다. 하나님은 그리스도의 부활을 통해 그분이 완전히 원하시는 아들을 손에 넣으신 것이다. 요한복음 1장은 독생자를 말한다. 그 안에 생명이 있었고 그분은 아버지의 품 속에 있었다. 12장에서 그분은 한 알의 밀알로서 죽으려 하신다. 그 목적은 많은 밀알을 생산하고자 하심이다. 그분은 죽음과 부활을 거쳐서 많은 밀알 속에 그 생명을 분배하셨다. 따라서 요20장과 히브리서 2장의 표현에 의하면 주님은 많은 형제들을 얻으셨다. 이것은 모두 그리스도의 부활과 관계된다. 하나님은 창조하셨지만 창조로 목적을 이루시는 것이 아니라 부활로 이루신다. 창조는 1차이고 부활은 2차이다. 그분은 부활이 아닌 것은 목적을 이루지 못하는 것으로 보신다. 사람이 된 것은 창조이지만 거듭나는 것은 부활이다. 하나님이 창세기 1장에서 사람을 창조하신 후 심히 좋으셨다고 하셨지만 아직 그분의 갈망과 목적에 이른 것은 아니다. 그리스도의 부활을 통해서 하나님은 그분의 완전히 원하시는 아들을 얻으신 것이다. 이것은 매우 비밀스런 일이다. 그리스도만 부활하신 것이 아니라 신약에 의하면 그리스도 안에 있는 우리 모두가 부활한 것이다.

첫 번째 부활의 체험은 우리가 거듭나는 것이다. 거듭나는 것은 새로운 사람, 부활의 사람이 되게 하는 것이다. 우리가 성령을 받았다고 할 때 그 성령은 부활의 실제이다. 주님은 우리가 부활을 체험하기를 원하시며 부활을 살기 원하신다. 부활에 대하여 객관적인 지식만 갖는 것은 충분하지 않다. 부활은 우리의 체험에서 주관적이어야 한다는 것이 신약의 가르침이다(고후 4:7, 빌 3:10-11).

마태복음 5장은 부활의 생활을 말한다. 오른편 뺨을 맞고 왼편도 돌려대는 것은 부활의 사람의 체험이다. 고린도 전서 15장은 부활의 사역을 말한다. 바울은 그의 넘치는 수고 사도된 것이 자기가 아니라 하나님의 은혜라고 고백한다. 그의 모든 수고가 부활의 능력 안에서 수행되어졌다. 몸의 부활이 있기에 소망이 있고 죽음을 불사한다. 빌립보서 3장은 그리스도를 알고 부활의 능력을 아는 것을 말한다. 부활이란 천연적인 것이나 옛 사람에 속한 것이 아니라 주님이 하시는 것을 말한다. 우리는 죽을 수는 있겠지만 부활은 우리의 영역이 아니다. 부활은 하나님이 다시 살리셔야 하는 영역이다. 사라는 이삭을 낳았는데 이는 하나님이 하신 것이요 사라가 한 것이 아니다. 사라는 부활을 예표한다.

교회는 무엇인가? 부활이 없으면 교회가 없다. 원래의 재료 나무와 풀과 짚은 교회의 재료가 아니다. 한 번 태워진 것들, 금과 은과 보석만이 부활 안에서 성전의 건축재료가 된다. 교회는 부활의 그리스도의 몸이다. 그리스도께서 부활하사 그분의 성령을 부어주셔서 몸이 되게 하셨다. 교회는 그리스도의 부활 능력이 살아 숨쉬는 곳이다. 왜 교회에 어려움이 있는가? 부활을 체험하기 위한 것이다. 부활이 아니면 교회가 아니다. 부활의 능력을 최대한 강하게 역사하는 곳이 교회이다. 교회가 아니면 부활의 능력은 부분적이고 작은 것이다. 그러나 교회는 부활한 그리스도의 충만이다. 그분의 모든 부활의 능력이 교회 안에서 충만히 발휘될 수 있다(엡 1:23). 개인이 부활을 체험할 수 있지만 교회의 분량에 미치지 못한다. 개인이 마시는 컵의 물은 개인의 목마름을 채우지만 그 물의 힘으로는 공장의 큰 기계를 돌리지 못한다. 하나님은 만물을 정복하고 다스릴 권세를 교회에 주셨는데 이는 그분의 부활의 능력과 승천과 머리되심의 모든 권세를 교회에 주셨기 때문이다.

그러나 그러한 교회가 이 땅에 존재하기 위해서 우리 개개인이 부활한 사람이 아니면 몸의 지체가 될 수 없다. 구원받기 전에 우리는 옛 사람이고 거기에는 옛 사람의 특징이 있었다. 옛 사람은 자신이 다 전체인 것처럼 행동한다. 자기 중심적인 것이다. 그러나 부활 안에서 새로 태어난 거듭난 믿는 이는 부분(part)들이지 몸 전체가 아니고 더구나 머리는 아니다. 머리는 오직 그리스도요 우리는 귀면 귀, 코면 코, 입이면 입, 손이면 손, 다리면 다리 이렇게 한 부분의 지체들이 되어 다른 지체들과 함께 섬기게 되어 있다. 이제 우리는 한 새 사람 안에서 어떤 차별도 없이 한 몸의 지체가 되었다(골 3:11). 성도들이 다 한 부분의 지체들이 되어 몸으로 건축되지 않는다면 어떻게 몸에 준 능력을 체험할 수 있겠는가? 오늘 교회의 사명을 충분히 수행하지 못하는 것은 이 땅에 주 예수님이 권세를 우리에게 주시지 않은 것이 아니라 담을 그릇인 교회가 온전히 건축되지 않았기 때문임을 시인해야 할 것이다. 모든 권세는 아버지께 있고 머리이신 그리스도께 있다. 그분의 머리되심이 통행되는 범위가 교회인 것이다. 우리가 오늘 이 땅에서 교회의 정당한 위치에 서 있다는 것은 놀라운 특권이다. 이 땅의 교회, 그리스도의 몸은 하나님이 시온에 세우신 유일한 왕이신 그리스도를 머리로 삼기 위한 것이다. 이것이 그분의 왕국(나라)이다.

그리스도의 몸이 산출된 목적은 그리스도를 머리로 삼기 위한 것이다. 그리스도는 만유의 머리시다. 에베소서 1장은 만유의 창조의 목적을 말한다. 계시록 4장 11절은 하나님이 목적을 갖고 창조하셨다고 한다. 그 답은 에베소서 1장에 10절에 있다. 그 목적은 만유를 그리스도의 머리되심 아래 복종케 하는 것이다. 만유가 그리스도를 충만케 하는 것이다. 하나님은 그리스도를 만유의 으뜸과 머리로 세우셨다. 또 그리스도를 만물의 중심으로 세운 것이다. 만유가 그리스도께 돌아가기 전에 하나님은 교회를 세우시고 그리스도를 교회의 머리가 되게 하셨다. 그리고 머리와 몸이 한 생명을 갖게 하신 것이다. 오늘 이 땅은 사탄의 개입으로 혼란되었다. 질서가 무너졌다. 하나님은 하늘의 뜻(질서)이 이 땅에 임하기를 기도하라고 하셨다. 머리와 몸이 한 생명으로 되어 이 땅의 교회는 완전한 권위와 순종을 집행할 수 있다. 이것이 만물의 첫 열매이다. 따라서 모든 만유가 그리스도의 머리되심 아래 통일될 길을 찾는다.

골로새서 1장 17-18절을 읽자... 또한 그가 만물보다 먼저 계시고 만물이 그 안에 함께 섰느니라 그는 몸인 교회의 머리라 그가 근본이요 죽은 자들 가운데 먼저 나신 자니 이는 친히 만물의 으뜸이 되게 하려 하심이요

오늘 교회가 그리스도를 머리 삼지 못하면 교회의 존재의미는 없다. 교회란 모든 지체가 주님을 섬기는 곳이다. 그러기에 모든 한 달란트가 나와서 섬겨야 한다. 고린도 전서 12장 말씀은 모든 각각 다른 지체들이 나와서 은사를 발휘한다. 그러나 한 달란트가 나오면 육체가 따라 나온다. 육체는 하나님과 원수이다. 그것이 굴복되지 않으면 교회는 없다. 교회 안에 합당한 권위가 세워지지 않으면 육체

를 처리할 길이 없다. 권위로서 그리스도가 머리로 세워지지 않는다면 우리의 교회생활의 목적은 무엇인가?

부활한 그리스도의 몸

히브리서 1장 5절의 "네가 내 아들이라 오늘 날 내가 너를 낳았다"하신 말씀은 그리스도의 부활을 말한 것이다(시 2:7). 그분이 육신을 입으셨을 때 그분은 시공의 제한을 받으셨다. 사람들이 그분에게 가려면 지붕을 뜯어야 했고 옷자락을 만지기 위해 군중들을 헤쳐야 했다(막 2:1-4, 5:24-27). 그러나 백부장은 예외였다. 그의 믿음은 시공을 초월하였다. 나사로가 병들었을 때 주님께 요청했던 마르다와 마리아의 믿음도 아직 시간과 공간에 매여 있는 믿음이었다. 그러나 그분은 "나는 부활이요 생명이니"라고 하셨다. 부활의 능력은 가장 큰 능력이다. 부활은 모든 경계를 다 헐었다. 현재만이 아니라 내세도 다 초월하신 것이 부활이다. 교회란 무엇인가? 교회에 운행하시는 그리스도의 능력은 부활능력임을 우리에게 보여준다(엡 1:19-23). 주님이 이 세상에 계실 때 아직 교회가 없었는데 이는 그리스도께서 아직 부활하시지 않았기 때문이다. 그리스도의 부활의 성질과 능력을 지닌 곳이 아니면 교회가 아니다. 그리스도가 어떠하면 교회가 어떠한 것이다. 성령은 우리를 한 몸이 되게 하셨고 부활을 체험케 하셨다. 교회의 최소 단위는 두 사람이다. 두 사람이 땅 위에서 그리스도의 부활을 만지면 그들이 묶고자 하는 것을 묶고 그들이 풀고자 하는 것을 푼다(마 18:18-19). 만일 두 사람이라도 확고하게 부활의 능력을 믿고 그 위치에 선다면 어디든지 갈 수 있고 무엇이든지 해결할 수 있다. 이것 또한 믿음 문제일줄이야 누가 알겠는가? 교회가 이것을 알지 못한다면 수십년을 소비해야 한 걸음 나아가겠지만 부활을 알게 되면 순간에 지나간다. 성도들은 교회가 무엇인지를 알아야 하고 알고 믿게 되면 성령께서는 그리스도의 부활의 능력을 교회 안에서 나타내신다. 음부는 사망을 대표하고 교회는 부활을 대표하기 때문에 교회는 응당 사망을 이기고 승리하는 것이다(고후 4:7-10).

교회는 모든 형제 자매들에게 봉사할 기회를 부여해야 한다. 모든 지체, 덜 귀히 여기는 지체를 포함하여 누구에게나 영적인 사역에 있어서 기능이 있다. 그러므로 모든 형제 자매들은 몸의 한 지체로서 각자의 봉사의 기능과 직분이 있다. 모든 사람이 봉사를 해야지 소수의 사람이 독차지하는 것은 몸의 봉사가 아니다.

모든 사람이 다 섬겨야 몸이라고 할 수 있다(롬 12:4-8). 모든 지체가 다 눈이면 몸이 어디에 있느냐고 반문한다(고전 12:17-20, 만일 온 몸이 눈이면 듣는 곳은 어디며 온 몸이 듣는 곳이면 냄새 맡는 곳은 어디뇨 그러나 이제 하나님이 그 원하시는대로 지체를 각각 몸에 두셨으니 만일 다 한 지체 뿐이면 몸은 어디뇨 이제 지체는 많으나 몸은 하나라) 오늘 날 소수의 은사받은 사람들만이 영적인 봉사에 참여하는 것은 그리스도의 몸의 생활이나 몸의 건축이 아니다.

에베소서 4장의 사역이란 몸의 건축을 말한다. 사람들은 교회에 출석하면 되지 무슨 건축이냐고 한다. 그러나 신약은 그리스도의 몸의 건축을 말한다. 이것이 진정한 사역이요 신약의 사역자들의 중심이다. "엡 4:11-12 그가 혹은 사도로, 혹은 선지자로, 혹은 복음 전하는 자로, 혹은 목사와 교사로 주셨으니 4:12 이는 성도를 온전케 하며 봉사(사역)의 일을 하게 하며 그리스도의 몸을 세우려(건축하려) 하심이라".

건축하지 않은 몸은 마치 벽돌 무더기와 같다. 오늘 교회는 신령한 집으로 건축되며(엡 2:21-22, 벧전 4-5), 우리 모두는 그분의 몸의 건축을 위한 산돌들이다. 사역자들은 몸을 건축하기 위하여 주신 선물들이다(엡 4:11-12). 성도들은 누가 몸을 세우기 위한 사역자들인가를 알 필요가 있다. 스스로 사역자라고 해서 아무나 몸을 건축하는 은사자들이 아니다(고전 12:28). 승천하신 그리스도께서 선물로 교회에 주신 자들이어야 하고 하나님께서 교회를 세우기 위해 세우신 자들이어야 한다. 주님의 세우신 합당한 사역자가 있을 때 비로소 주님의 기뻐하시는 교회가 건축될 수 있다. 에스겔 골짜기의 이상을 생각해보라! 마른 뼈들의 무더기는 결코 주님의 기뻐하시는 교회의 모습이 아니다. 교회가 건축되는 것은 건물처럼 기초(터-고전 3:10-11)가 있고 그 위에 건물이 올려지는 것과 똑 같다.

우리는 이 땅에 살면서 몸의 하나를 나타낼 수 있어야 한다. 우리는 하늘에 올라가서 몸의 하나를 나타내는 것이 아니라 이 땅에서 한 몸의 간증을 나타내야 한다. "고전 10:16-17 우리가 축복하는바 축복의 잔은 그리스도의 피에 참예함이 아니며 우리가 떼는 떡은 그리스도의 몸에 참예함이 아니냐 10:17 떡이 하나요 많은 우리가 한 몸이니 이는 우리가 다 한 떡에 참예함이라".

우리가 성찬에서 떡을 떼는 것은 한면에서 주님이 우리에게 영생을 주시도록 몸이 갈라지신 것을 기념하고 또 한면으로는 이 몸이 하나임을 나타내는 것이다. 우리는 이 하나를 간증하는 무리가 될 수 있기를 원한다. 그리스도의 몸을 안다면 우리가 떡을 뗌으로서 몸의 하나를 간증하는 것이 얼마나 중요한지를 안다. "떡이 하나이요 많은 우리가 한 몸이니" 이것이 곧 하나를 간증하는 것이다.

하늘과 땅의 모든 권세를 내게 주셨으니

부활하신 그리스도에게 모든 권세가 주어졌다. 이 권세를 주님은 복음을 전하고 진리를 가르치는 자들에게 주었다. 그러면 이런 권위는 어떠한 자들에게서 나타나는가? 복음의 전파도 단순한 전파가 아니라 사람들로 믿고 순종하게 하는 것이어야 한다. 그것은 복음이 은혜로운 말씀만이 아니라 권위의 말씀이기도 하다는 뜻이다. 결국 한 사람이 예수를 믿게 한다는 것은 그리스도의 권위 아래로 굴복케 하는 것이다. 그러나 에베소서에 의하면 부활과 승천의 권능이 개인이 아닌 몸에 주어진 것을 알 수 있다(엡 1:19-23). 그리스도의 몸이 그리스도의 충만이며 그 몸에 그분의 모든 능력이 주어진 것이다. 우리가 이 권세를 사용할 수 있는가 없는가는 이 땅에 그분의 교회가 세워지는가 아닌가에 달려 있다.

그러나 오늘 지상에 교회가 세워지는가 그렇지 못한가의 여부는 교회 중에 합당한 권위와 질서가 세워지는가 아닌가에 달려있다. 그것은 교회라는 단체가 우주의 혼란된 질서를 잡기 위해 세워진 기관이기 때문이다. 따라서 교회 안에 합당한 권위와 질서가 세워지는 문제는 주님의 교회가 세워지는 것과 밀접한 관계가 있다. 교회는 권위에 대한 인식이 있어야 한다. 사울이 다메섹에서 쓰러졌을 때 그는 주님을 믿고 구원받은 것만이 아니라 권위에 대한 빛을 본 것이다. 누구든지 권위가 무엇인지를 알지 못하면 합당한 교회 생활을 할 수 없다. 또 주님이 갈망하시는 교회를 건축할 수 없다. 교회는 머리이신 그리스도가 실제로 그분의 권위를 모든 지체 가운데 두루 행하시며 행사하실 때만이 그 가치가 있다.

교회가 세워지려면 권위가 세워져야 한다.

그러므로 진정한 그리스도의 교회의 권위자들이 세워지는 것은 교회가 세워지기 위해 매우 중요하다. 나는 모세가 진정한 권위자로 세워지기 위해 40여년의 훈련이 필요했다고 보며 다윗이 진정한 이스라엘의 권위자로 세워지기 위해 수많은 고난을 경험했다고 본다. 다윗처럼 권위를 아는 사람을 얻으셨을 때 주님은 진정한 그분의 왕국을 가져올 수 있다. 따라서 우리는 진정한 권위자들이 많이 나타나기를 위해 기도해야 한다. 그러나 오늘 날의 권위자들은 하나 둘이 아니라 몸 전체의 지체들이 다 권위를 가진 자들이어야 하는 시대이다. 이는 신약은 모든 지체가 왕이요 제사장이기 때문이다(벧전 2:9). 신약의 교회의 모든 지체는 작으나 크나 은사와 직분이 있으며 그들의 몸 가운데서 가진 은사와 직분은 성령과 주님으로부터 온 것이니 권위인 것이다. 그 권위를 서로 알아 복종하고 피차 순종할 때 몸이 세워지는 것이다. 따라서 모든 지체들이 권위가 무엇인지를 알고 순복이 무엇인지를 알지 못하면 교회는 없다. 따라서 성도들은 다 권위자가 무엇인지를 보아야 한다. 이는 그리스도의 몸을 건축하기 위함이다.

첫째로 권위자의 자격은 자신이 권위를 만난 경험이 있어야 한다. 즉 권위가 무엇인지를 아는 사람이 권위자가 될 수 있다. 바울이 권위가 있는 사도가 되기 전에 그는 다메섹에서 권위를 만났다. 이는 야곱의 얍복강에서의 체험과 동일하다. 뿐만 아니라 주 예수처럼 끊임없이 하나님과 교통을 가져야 한다. "아들이 아버지의 하시는 일을 보지 않고는 아무 것도 스스로 할 수 없나니 아버지께서 행하시는 그것을 아들도 그와같이 행하느니라" 오늘 날 많은 주님을 섬긴다는 종들이 너무 담대하고 용감하다. 심지어 너무 방자하게 행한다. 따라서 하나님의 백성들 가운데 합당한 권위가 세워지지 않는다.

둘째로 권위자는 계시가 있는 자이다. 계시는 그가 머리가 좋아서 오는 것이 아니라 하나님을 경외하고 가까이 하며 마음이 순수함에서 온다. 하나님은 모세에게 대면하여 명백히 말하고 은밀한 말로 아니하고 그분의 형상을 본 사람이었다. 따라서 모세는 하나님의 종이었고 권위자로 세워졌다. 계시가 있는 자는 자연히 하나님을 대표하는 자이고 권위가 그에게 있다. 모세가 계시가 있는 자가 될 때까지 그는 참으로 많은 시련을 통과했으며 비로소 호렙산에서부터 하나님은 그에게 나타나기 시작하였다. 계시는 권위의 근거임을 잊지 말라! 그는 하나님의 온 집에 충성된 자였다. 충성된 만큼 하나님의 백성들 가운데 존중을 받게 된다. 그 누구도 "내가 당신의 권위다"라고 말하지 말라! 권위는 시간과 계시로 증명이 되는 것이지 말로 되는 것이 아니다. 스스로 권위를 세우려 하지 말라! 당신이 만일 하나님의 집에서 모든 것을 내려놓고 충성을 다한다면 하나님은 당신을 언젠가 권위로 세울 것이다. 당신이 권위자인데 어떤 사람이 당신을 만진다면 그의 하늘은 닫힐 것이고 그들은 결국 당신이 하나님의 권위자임을 승인케 할 것이며 다른 사람을 제쳐놓고 당신을 권위자로 세우실 것이다. 이는 구약의 모세에게만 해당되는 것이 아니다. 오늘 날 모든 지체들은 다 모세나 다윗보다 큰 천국의 왕들로 세워졌다. 다 권위를 가지고 있음을 잊어서는 안된다. 성도들 위에 군림하려 하는 자들마다 진정한 신약의 교회의 계시를 모르는 자들이다. 따라서 다 모세와 다윗과 같이 신약의 성도들은 계시를 얻을 수 있으며 하나님을 알 수 있다. 신약의 성도들은 작은 자나 큰 자나 다 하나님을 안다.

셋째는 권위자는 사람들에게 은혜를 베푸는 자이다. 고라당이 모세를 배역했을 때 모세는 그들을 권면하여 회복하려 하였다. 민수기 16장 8-10절은 모세가 거역한 레위사람들을 권면하여 회복하려 한 말이다. 모세에게는 그들을 심판하려는 마음이 없었다. 모세는 그의 일이 자신이 하려한 것이 아니라 하나님께서 보내셔서 한 일이라고 말해주었다(28절). 또한 모세는 그들을 위해 중보기도했으며 속죄기도를 드려주었다(47-48절).

마지막으로 대표권위가 되는 길은 부활에 있다. 이것이 민수기 17장의 말씀이다. 하나님은 그분이 세우신 권위를 반대하는 자들에 대하여 17장에 부활로 확증하셨다. 이로서 사람들의 원망을 그치게 하신 것이다. 여기서 우리는 권위가 우리 자신과 아무 관계가 없고 오직 하나님에게 있음을 알게 한다. 따라서 권위는 쟁취해서 얻는 것이 아니라 하나님이 세우신 것이다. 부활이란 내가 할 수 없고 미치지 못한 영역을 말한다. 아론의 지팡이에 싹이 나게 하는 것은 우리가 할 수 있는 일이 아니다. 부활이란 자신이 할 수 있는 것이 아니라 하나님을 의지하는 것이요 우리는 다른 사람과 다른 것이 없지만 오직 우리를 통해서 역사하시는 하나님만이 권위이시다. 오늘 날 이렇게 부활로 사는 사람들이 일어나지 않으면 몸의 건축을 위해, 그리스도의 권위를 세우기 위한 참된 사역자들의 산출은 없다. 그리고 그리스도의 몸의 건축을 위한 길이 없다. 부활의 생활을 해야 하는 것은 특별한 성도들만이 아니다. 모든 성도들이 다 부활을 알고 부활 안에 생활해야 만이 그리스도의 몸이 건축될 수 있다. 오늘 누가 성경에서 말하는대로 그리스도의 부활을 이해하며 그분의 몸을 알고 건축하기 위해 자신을 드리는가? 주님께서 모든 독자들에게 긍휼을 베푸시기 원한다. 아멘

마태복음 강해

초판 발행 | 2002년 7월 31일
2판 1쇄 | 2006년 7월 10일
3판 1쇄 | 2013년 2월 1일

저자 | **유동근**

발행처 | 벧엘서원.IMC
발행인 | 유병헌
신고번호 | 제 387-2012-000037 호

420-867 | 경기도 부천시 원미구 부일로 123 그린프라자 III 2F
영업부 : TEL 032)322-3095 FAX 0303-3440-3452
편집부 : TEL 032) 326-3096
홈페이지 : www.bethelbook.co.kr
E-mail : bethelbook@bethelbook.co.kr

값 30,000원

ISBN 987-89-92014-32-8 94230
ISBN 987-89-92014-01-4 94230 (세트)